계리직 공/무/원

한권으로 합격

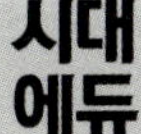

끝까지 책임진다! 시대에듀!

QR코드를 통해 도서 출간 이후 발견된 오류나 개정법령, 변경된 시험 정보, 최신기출문제, 도서 업데이트 자료 등이 있는지 확인해 보세요! 시대에듀 합격 스마트 앱을 통해서도 알려 드리고 있으니 구글 플레이나 앱 스토어에서 다운받아 사용하세요.

또한, 파본 도서인 경우에는 구입하신 곳에서 교환해 드립니다.

편집진행 장민영 · 김시아　|　**표지디자인** 박종우　|　**본문디자인** 임창규 · 김예슬

계리직이란?

📩 우정사업본부에서 하는 사업은?

우정사업본부(지방우정청)는 과학기술정보통신부 산하기관으로, 핵심 업무인 우편물의 접수 · 운송 · 배달과 같은 우정사업을 비롯하여 우체국보험 등 금융 관련 사업에 관한 정책을 수립하고 집행하는 일을 담당합니다.

📩 계리직 공무원이 하는 일은?

계리직 공무원의 직무는 우체국 금융업무, 회계업무, 현업창구업무, 현금수납 등 각종 계산관리업무와 우편 통계관련업무입니다.

📩 계리직 공무원을 선호하는 이유는?

1 영어 · 한국사 부담 DOWN

계리직 공무원은 전문성 있는 인재를 뽑고자 업무에 필요한 영어 7문제 출제와 한능검 자격제도를 도입 하였습니다. 이는 수험생들이 직무관련 과목에 집중할 수 있도록 하여 학습의 효율성을 높여줍니다.

2 업무 만족도 UP

계리직 공무원은 대부분 발령이 거주지 안에서 이루어지므로 거주지 이전의 부담이 적습니다. 또한 업무 특성상 명절 기간 등을 제외하고는 야근을 하는 일이 드물어 업무 만족도가 높은 편입니다.

시험안내

📬 주관처

우정사업본부 및 지방우정청

📬 응시자격

구분	내용
학력 · 경력	제한 없음
응시연령	만 18세 이상
결격사유	**다음에 해당하는 자는 응시할 수 없음** ❶ 「국가공무원법」 제33조의 결격사유에 해당되는 자 ❷ 「국가공무원법」 제74조(정년)에 해당되는 자 ❸ 「공무원임용시험령」 등 관계법령에 의하여 응시자격을 정지당한 자(판단기준일: 면접시험 최종예정일)
구분 모집 응시 대상자	❶ **장애인 구분 모집 응시 대상자** 「장애인복지법 시행령」 제2조에 따른 장애인 및 「국가유공자 등 예우 및 지원에 관한 법률 시행령」 제14조 제3항에 따른 상이등급 기준에 해당하는 자 ❷ **저소득층 구분 모집 응시 대상자** 「국민기초생활 보장법」에 따른 수급자 또는 「한부모가족지원법」에 따른 지원대상자에 해당하는 기간이 응시원서 접수일 또는 접수마감일까지 계속하여 2년 이상인 자
거주지역 제한	공고일 현재 응시하는 지방우정청 거주지역에 주민등록이 되어 있어야 응시 가능

📬 시험과목 및 시험기간

구분	내용
시험과목	❶ 우편일반 ❷ 예금일반 ❸ 보험일반 ❹ 컴퓨터일반(기초영어 7문항 포함)
문항 수	과목당 20문항
특이사항	한국사는 한국사능력검정시험으로 대체(한능검 3급 이상)

※ 세부 사항은 반드시 시행처의 최신 공고를 확인해 주세요.

2025 시험 리포트

✉ 우편일반 및 예금일반 출제경향

우편일반과 예금일반 과목은 전반적으로 작년에 비해 난도가 높게 출제되었다. 특히 우편일반은 특정 영역에서 난도가 많이 상승하여, 문제를 해결하는 데 많은 시간이 소요됐을 것으로 판단된다. 예금일반 역시 이론의 세부 내용까지 숙지해야만 풀 수 있는 문제들이 다수 출제되어, 문제 풀이에 어려움이 있었을 것으로 보인다.

우편일반

응용 · 통합 문제가 다수 출제되었으며, 국내우편이 여전히 높은 비중을 차지하였다. 국내우편과 국제우편 영역에서 문제가 어렵게 출제되어 체감 난도는 더욱 높았을 것으로 보인다.

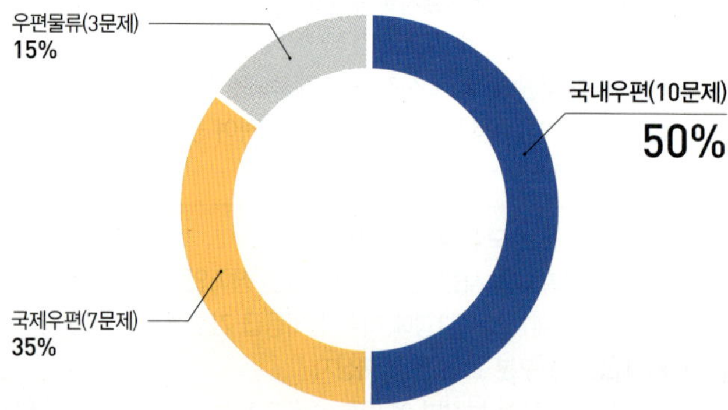

예금일반

우체국금융 상품과 관련된 문제가 다수 출제되었으며, 지엽적인 내용을 묻는 문항이 많았다. 특히 이론에 대한 구체적인 이해를 요구하는 문제들이 대부분을 차지해, 향후 학습 시에는 세부적인 내용까지 꼼꼼히 정리할 필요가 있을 것으로 예상된다.

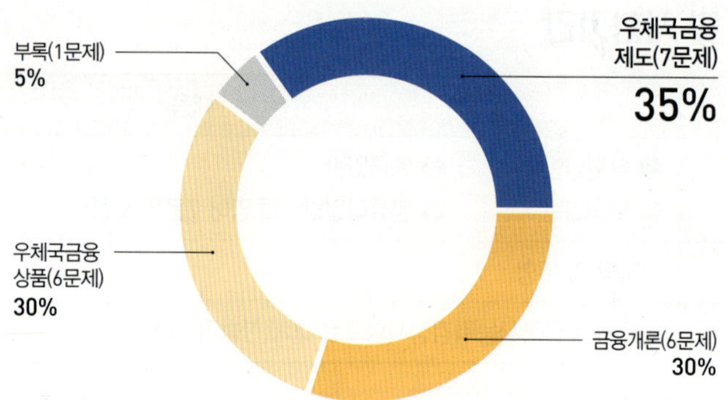

✉ 보험일반 및 컴퓨터일반 출제경향

보험일반과 컴퓨터일반 과목의 난도는 작년에 비해 높았으며, 전반적으로 이해와 응용력을 요구하는 문제들이 다수 출제되었다. 보험일반과 컴퓨터일반은 그동안 출제되지 않았던 영역에서 문제가 출제되는 등 출제경향에 변화가 있었기 때문에 이를 파악하여 과목별로 충분한 대비가 필요하다.

보험일반

단순 암기 위주의 문제보다는 변별력을 갖춘 문항들이 다수 출제되었다. 특히 우체국보험 상품의 경우, 개별 상품의 세부 내용뿐만 아니라 상품 간 비교를 요구하는 문제도 출제되어 출제 경향에 다소 변화가 나타났다.

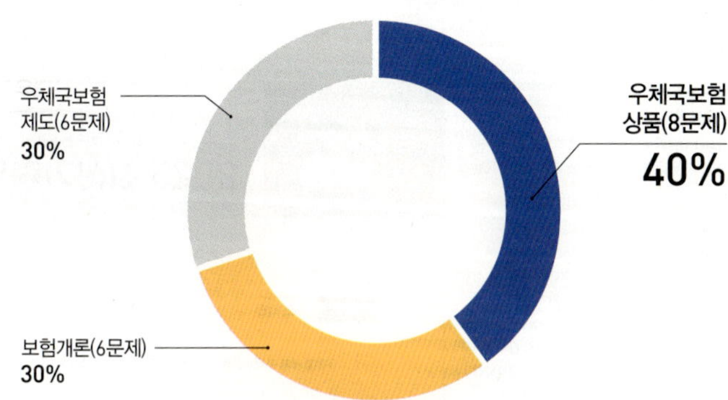

컴퓨터일반

컴퓨터 구조 영역 문제가 전혀 출제되지 않은 점이 특징적이며, 스프레드시트, 자료구조, 알고리즘 영역에서 심화 문제가 출제되는 등 전반적으로 어려운 구성이었다. 또한 정보보호론 영역에서 출제 범위 밖의 내용으로 볼 수 있는 문제도 다수 포함되어 있었다.

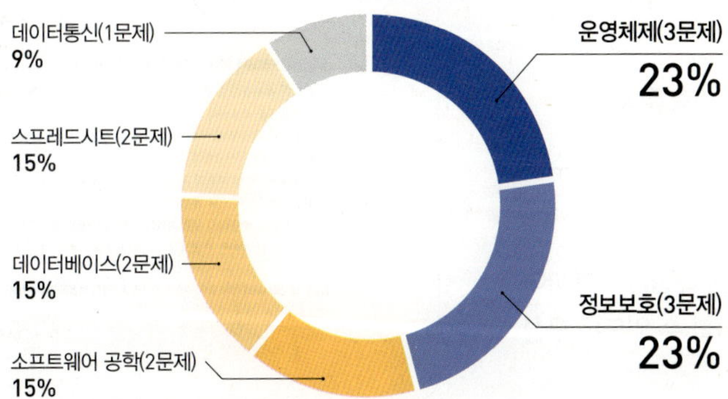

이 책의 구성과 특징

STRUCTURES

CHAPTER

01 보험일반 이론

01 위험관리와 보험

1 보험의 정의

(1) 사람은 출생에서 사망에 이르는 생애주기 동안 질병 · 상해 · 우연한 사고 등 수많은 위험에 노출되어 있으며, 생사에 관한 사고 및 질병은 가족의 생계유지와도 관련되어 있다. 보험은 이러한 위험에 대비해 상부상조 정신을 바탕으로 경제적 손실을 보전하기 위한 준비 제도로 볼 수 있다.

(2) 보험이란 장래 어떠한 손실이 발생할 경우 그 손실을 회복하는 데 드는 비용을 같은 위험에 노출되어 있는 여러 사람들이 공동으로 부담하는 제도적 장치로 손실이 발생할 경우 손실을 보상하거나, 다른 금전적 대가를 제공 혹은 위험과 관련된 서비스를 제공하기로 약정한 보험자(보험회사)에게 손실 발생과 관련된 불확실성을 전가함으로써 계약자의 예기치 못한 손실을 집단화하여 분배하는 것이라 정의할 수 있다.

(3) 보험이란 피보험자(보험대상자)가 불의의 사고를 당했을 경우 보험회사가 그 손실에 상응하는 금전적 보상을 한다는 계약을 통해 보험회사에게 전가된 피보험자(보험대상자) 위험의 집합체이다.

2 보험의 목적과 특성

(1) 보험의 목적

① 보험은 불확실한 손실에 대한 경제적 결과를 축소하고자 하는 것을 목적으로

② 보험은 대규모의 불확실한 손실의 위험을 타인에게 전가하거나 타인과 공유

③ 보험은 손실을 보상 또는 회복할 자금을 제공해 줄 수는 있으나 보험 그 자 는 것은 아니다.

(2) 보험의 일반적인 특징(5가지)

① 예상치 못한 손실의 집단화

㉠ 손실의 집단화란 손실을 한데 모아 개별위험을 집단의 위험으로 전환하 제 손실을 위험그룹의 평균손실로 대체하는 것을 의미한다.

예 주택가격이 1억원인 주택이 1만 가구가 있고 1년 동안 평균 10건의 손실은 10억원으로 볼 수 있다. 보험이 없을 경우 1만 가구 중 10가 각각 부담해야 하지만, 보험이 있음으로써 가구당 손실은 1년간 10만

이론편

❶ 계리직 전 과목(우편 · 예금 · 보험 · 컴퓨터일반)의 핵심이론을 수록하였습니다.

❷ '기초영어 핵심요약' 및 「우편업무 규정」 자료를 제공합니다.

QR 스캔 ➡ 도서업데이트 검색창에 '계리직' 입력 ➡ 무료 학습자료 다운

부록 2025 최신기출문제

01 우편일반

01 우편엽서의 규격요건에 대한 설명으로 옳지 않은 것은? ★★

① 세로 크기가 125mm인 경우, 규격 외로 취급한다.

② 문자, 도안 표시에 발광, 형광, 인광 물질은 사용할 수 없다.

③ 50g까지 규격 외 사제엽서는 450원의 우편요금을 적용한다.

④ 가로 크기가 155mm이고 중량이 2g인 경우, 규격 외로 취급한다.

해설 ① 우편엽서의 크기 요건 중 세로 크기는 최소 90mm, 최대 120mm(허용 오차 ±5mm)이다. 따라서 125mm는 허용 오차 안에 포함되므로 규격으로 취급한다.

02 등기통상 우편물에 대한 설명으로 옳지 않은 것은? ★★

① 준등기 우편물이 우편집중국으로 발송된 이후에 반환청구될 경우, 반환청구수수료는 일반통상 기본 우편요금을 적용한다.

② 민원우편을 신청하는 발송인이 회송할 때의 취급요금(50g 규격우편요금 + 등기취급수수료 + 익일 특급수수료)을 선납한다.

③ 동문내용증명 우편물의 취급수수료는 수취인 수 1명 초과마다 내용문서 매수와 관계없이 내용문서 최초 1매의 반값으로 계산한다.

④ 수취인에게 배달되지 못하고 발송인에게 반송된 착불배달 일반형 계약등기 우편물은 발송인에게 착불수수료를 제외한 우편요금(등기취급수수료 포함)과 반송수수료를 징수한다.

해설 ③ 동문내용증명의 경우, 수취인 수 1명 초과마다 내용문서 매수와 관계없이 내용문서 최초 1매의 금액으로 계산한다.

2025년 최신 기출문제

❶ 2025년 계리직 기출문제를 수록하였습니다.

❷ 문제 바로 아래에 해설을 수록하여 효율적으로 학습할 수 있도록 구성하였습니다.

목차

제1과목 우편일반

PART 01 국내우편
CHAPTER 01 총론   4
CHAPTER 02 우편서비스 종류와 이용조건   11
CHAPTER 03 우편물의 접수   24
CHAPTER 04 국내우편물의 부가서비스   27
CHAPTER 05 그 밖의 우편서비스   44
CHAPTER 06 우편에 관한 요금   63
CHAPTER 07 손해배상 및 손실보상   94
CHAPTER 08 그 밖의 청구와 계약   100

PART 02 우편물류
CHAPTER 01 발착 및 운송작업   106
CHAPTER 02 우편물 수집 및 배달   125

PART 03 국제우편
CHAPTER 01 국제우편 총설   168
CHAPTER 02 국제우편물 종별 접수요령   192
CHAPTER 03 국제우편요금   211
CHAPTER 04 주요 부가서비스 및 제도   224
CHAPTER 05 EMS프리미엄 서비스   237
CHAPTER 06 각종 청구제도   241
CHAPTER 07 국제우편물 및 국제우편요금의 반환   252
CHAPTER 08 국제우편 수수료 및 우편요금 고시   257

PART 04 우편일반 관련 법령
CHAPTER 01 우편법   286
CHAPTER 02 우편법 시행령   300
CHAPTER 03 우편법 시행규칙   313
CHAPTER 04 국제우편규정   349

제2과목 예금일반

PART 01 금융 개론
CHAPTER 01 금융경제 일반   360
CHAPTER 02 금융회사와 금융상품   383
CHAPTER 03 저축과 금융투자에 대한 이해   412
CHAPTER 04 우체국금융 일반현황   448

PART 02 우체국금융 제도
CHAPTER 01 예금업무 개론   454
CHAPTER 02 내부통제 및 금융소비자 보호   488
CHAPTER 03 예금관련법   510

PART 03 우체국금융 상품
CHAPTER 01 우체국금융 상품   526
CHAPTER 02 우체국금융 서비스   555
CHAPTER 03 전자금융   570

PART 04 예금일반 관련 법령
CHAPTER 01 우체국 예금거래 기본약관   596
CHAPTER 02 입출금이 자유로운 예금 약관   602
CHAPTER 03 거치식예금 약관   604
CHAPTER 04 적립식예금 약관   605
CHAPTER 05 금융실명거래 및 비밀보장에 관한 법률   607
CHAPTER 06 우체국예금·보험에 관한 법률   615
CHAPTER 07 우체국예금·보험에 관한 법률 시행령   627
CHAPTER 08 우체국예금·보험에 관한 법률 시행규칙   631

목차

제3과목

보험일반

PART 01 보험 개론

CHAPTER 01 보험일반 이론 … 648
CHAPTER 02 생명보험 이론 … 659
CHAPTER 03 보험윤리와 소비자 보호 … 681
CHAPTER 04 생명보험과 제3보험 … 699
CHAPTER 05 보험계약법(인보험편) … 716
CHAPTER 06 우체국보험 일반현황 … 735
CHAPTER 07 리스크관리 및 자금운영 … 743

PART 02 우체국보험 제도

CHAPTER 01 우체국보험 모집 및 언더라이팅 … 750
CHAPTER 02 우체국보험 계약유지 및 보험금 지급 … 767

PART 03 우체국보험 상품 및 관련 세제

CHAPTER 01 우체국보험 상품 … 786
CHAPTER 02 우체국보험 관련 세제 … 936

PART 04 보험일반 관련 법령

CHAPTER 01 상법 제4편 보험(손해보험부분 제외) … 948

제4과목

컴퓨터일반

CHAPTER 01 핵심요약으로 합격하기 … 957

부록

2025 최신기출문제

제1과목

우편일반

※ 출처 : 제1과목 우편일반은 2025년 11월 14일에 우정사업본부(https://www.koreapost.go.kr/) 시험자료에 기재된 『26년 우편일반 학습교재』를 참고하였습니다.

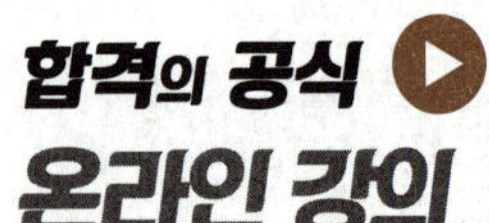

합격의 공식
온라인 강의

PART 01

국내우편

CHAPTER 01	총론
CHAPTER 02	우편서비스 종류와 이용조건
CHAPTER 03	우편물의 접수
CHAPTER 04	국내우편물의 부가서비스
CHAPTER 05	그 밖의 우편서비스
CHAPTER 06	우편에 관한 요금
CHAPTER 07	손해배상 및 손실보상
CHAPTER 08	그 밖의 청구와 계약

01 총론

01 우편의 의의 및 사업의 특성

1 우편의 의의

(1) 우편의 개념

① 좁은 의미 : 우정사업본부가 책임지고 서신 등의 의사를 전달하는 문서나 통화 그 밖의 물건을 나라 안팎으로 보내는 업무

② 넓은 의미 : 우편관서가 문서나 물품을 전달하거나 이에 덧붙여 제공하는 업무를 통틀어 이르는 말

(2) 우편은 국민이 일상생활에서 평균적인 삶을 꾸릴 수 있도록 국가가 제공하는 기본적인 사회 서비스 가운데 하나로 우리나라뿐만 아니라 많은 나라에서 의무적으로 보편적 우편 서비스를 제공할 것을 법령에 규정하고 있다.

(3) 우편은 주요 통신수단의 하나로 정치 · 경제 · 사회 · 문화 · 행정 등의 모든 분야에서 정보를 전달하는 중추신경과 같은 임무를 수행한다. 다만, 서신이나 물건 등의 실체를 전달한다는 점에서 전기적인 방법으로 정보를 전달하는 전기통신과는 구별된다.

2 우편사업의 특성

(1) 우편사업은 「정부기업예산법」에 따라 정부기업*으로 정해져 있다. 구성원이 국가공무원일 뿐만 아니라 사업의 전반을 법령으로 정하고 있기 때문에 경영상 제약이 많지만, 적자가 났을 때에는 다른 회계에서 지원을 받을 수 있다.

*정부기업 : 국민의 이익을 추구하기 위해 정부가 출자 · 관리 · 경영하는 기업

(2) 우편사업의 회계 제도는 경영 합리성과 사업운영 효율성을 확보하고 예산을 신축적으로 사용하기 위해 특별회계로서 독립채산제를 채택하고 있다. 우편사업은 정부기업으로서의 공익성과 회계상의 기업성을 다 가지고 있으므로 이 두 면의 조화가 과제이다.

(3) 우편사업은 콜린 클라크(Colin Clark)의 산업분류에 의하면 노동집약적 성격이 강한 3차 산업에 속한다. 많은 인력이 필요한 사업 성격 때문에 인건비는 사업경영에 있어서 큰 부담이 되고 있다.

3 우편의 이용관계

(1) 개념

① 우편 이용관계는 이용자가 우편 서비스 제공을 목적으로 마련된 인적·물적 시설을 이용하는 관계이다.

② 우편 이용자와 우편관서 간의 우편물 송달 계약을 내용으로 하는 사법(私法)상의 계약 관계(통설)이다. 다만, 우편사업 경영주체가 국가이며 공익적 성격을 띠고 있으므로 이용관계에서 다소 권위적인 면이 있다.

(2) 우편 이용관계자

우편 이용관계자는 우편관서, 발송인, 수취인이다.

(3) 우편 송달 계약의 권리와 의무

우편관서는 우편물 송달의 의무, 요금·수수료 징수권 등, 발송인은 송달요구권, 우편물 반환청구권 등, 수취인은 우편물 수취권, 수취거부권 등 권리와 의무관계를 가진다.

(4) 우편이용 계약의 성립시기

① 우체국 창구에서 직원이 접수한 때나 우체통에 넣은 때를 계약의 성립시기로 본다.

② 방문 접수와 집배원이 접수한 경우에는 영수증을 교부한 때가 계약 성립시기가 된다.

※ 준등기 등을 집배원이 접수한 경우 접수부서 인계 시가 될 수 있다.

4 우편사업 경영주체 및 관계법률

(1) 경영주체

① 우편사업은 국가가 경영하며, 과학기술정보통신부장관이 관장한다. 다만, 과학기술정보통신부장관은 우편사업의 일부를 개인, 법인 또는 단체 등으로 하여금 경영하게 할 수 있으며, 그에 관한 사항은 따로 법률로 정한다(「우편법」 제2조 제1항).

※ "관장"이라 함은 관리와 장악을 말하는데 경영주체와 소유주체를 의미한다.

② 전국에 체계적인 조직을 갖춰 적정한 요금의 우편 서비스를 신속하고 정확하게 제공하기 위해서 국가가 직접 경영한다.

(2) 우편에 관한 법률

경영주체는 과학기술정보통신부장관이며, 전국에 체계적인 조직을 갖춰 적정한 요금의 우편 서비스를 신속하고 정확하게 제공하기 위해서 국가가 직접 경영한다.

① 「우편법」

사실상의 우편에 관한 기본법으로서 우편사업 경영 형태·우편 특권·우편 서비스의 종류·이용 조건·손해 배상·벌칙 등 기본적인 사항을 규정하고 있다.

※ 최초제정 : 법률 제542호(1960.2.1.), 최근 개정 법률 제20063호(2024.7.24.)

② 「우체국창구업무의 위탁에 관한 법률」

  ㉠ 이 법은 개인이 우편창구 업무를 위임받아 운영하는 우편취급국의 업무, 이용자보호, 물품 보급 등에 대한 사항을 규정한 법령이다.

  ㉡ 우편취급국은 국민의 우체국 이용 수요를 맞추기 위해 일반인에게 우편창구의 업무를 위탁하여 운영하게 한 사업소이다.

    ※ 최초제정 : 법률 제3601호(1982.12.31.), 최근 개정 법률 제14839호(2017.7.26.)

③ 「우정사업 운영에 관한 특례법」

  ㉠ 우정사업의 경영 합리성과 우정 서비스의 품질을 높이기 위한 특례 규정이다.

  ㉡ 사업범위는 우편·우편환·우편대체·우체국예금·우체국보험에 관한 사업 및 이에 딸린 사업이고 조직·인사·예산·경영평가, 요금 및 수수료 결정, 우정재산의 활용 등을 규정하고 있다.

    ※ 최초제정 : 법률 제5216호(1996.12.30.), 최근 개정 법률 제21065호(2025.10.1.)

④ 「별정우체국법」

이 법은 개인이 국가의 위임을 받아 운영하는 별정우체국*의 업무, 직원 복무·급여 등에 대한 사항을 규정한 법령이다.

*별정우체국 : 우체국이 없는 지역의 주민 불편을 없애기 위해, 국가에서 위임을 받은 일반인이 건물과 시설을 마련하여 운영하는 우체국

※ 최초제정 : 법률 제683호(1961.8.17.), 최근 개정 법률 제20060호(2024.1.23.)

⑤ 국제법규

  ㉠ UPU 조약

- 만국우편연합헌장(조약 제197호 1966.5.20. 공포)
- 만국우편연합헌장 제9추가의정서(2018.1.1.)
- 만국우편연합총칙 제1추가의정서(2018.1.1.)
- 만국우편협약 및 최종의정서
- 우편지급업무약정
- 만국우편협약 통상우편규칙 및 최종의정서
- 만국우편협약 소포우편규칙 및 최종의정서
- 우편지급업무약정규칙

  ㉡ 아시아·태평양우편연합(APPU) 조약

1962년 4월 1일 창설된 APPU(아시아·태평양 우편연합, 종전 아시아·대양주 우편연합의 개칭)는 아시아와 태평양 지역에 있는 우정청 간에 광범위한 협력관계를 설정하고 이를 발전시킬 것을 목적으로 한다. 이 조약은 회원국 간의 조약으로 회원국 상호 간의 우편물의 원활한 교환과 우편 사업 발전을 위한 협력증진을 목적으로 하고 있다.

  ㉢ 표준다자간 협정 또는 양자협정

국제특급우편(EMS)을 교환하기 위하여 우리나라와 해당 국가(들) 사이에 맺는 표준다자간 협정 또는 양자협정(쌍무협정)이 있다.

    ※ 양해각서(MOU ; Memorandum of Understanding) : 우리나라와 상대국 사이에 이루어지는 문서로 된 합의

5 우편사업의 보호규정

우편사업은 성격상 국민생활에 많은 영향을 미친다. 그래서 공공의 이익과 국민의 권리를 보호하고 안정적인 우편 서비스를 제공하기 위하여 법률로 보호 규정을 두고 있다.

(1) 서신독점권

① 「우편법」 제2조 제2항에서 "누구든지 제1항과 제5항의 경우 외에는 타인을 위한 서신의 송달 행위를 업(業)으로 하지 못하며, 자기의 조직이나 계통을 이용하여 타인의 서신을 전달하는 행위를 하여서는 아니 된다."라고 규정함으로써 서신독점권이 국가에 있음을 분명히 하고 있다.

② 독점권의 대상은 서신이다. "서신"이라 함은 의사전달을 위하여 특정인이나 특정 주소로 송부하는 것으로서 문자 · 기호 · 부호 또는 그림 등으로 표시한 유형의 문서 또는 전단을 말한다(「우편법」 제1조의2 제7호). 다만, 신문, 정기간행물, 서적, 상품안내서 등 대통령령으로 정하는 것은 제외한다(「우편법 시행령」 제3조).

③ 서신 독점 범위

  ㉠ 무게가 350g 이하이고 통상우편요금 10배 이하인 서신

  ㉡ 국가기관이나 지방자치단체에서 보내는 등기 취급 서신

    ※ 서신 제외 대상(「우편법 시행령」 제3조)

> - 「신문 등의 진흥에 관한 법률」 제2조제1호에 따른 신문
> - 「잡지 등 정기간행물의 진흥에 관한 법률」 제2조제1호가목에 따른 정기간행물
> - 다음 각 목의 요건을 모두 충족하는 서적
>   - 표지를 제외한 48쪽 이상인 책자의 형태로 인쇄 · 제본되었을 것
>   - 발행인 · 출판사 · 인쇄소의 명칭 중 어느 하나가 표시되어 발행되었을 것
>   - 쪽수가 표시되어 발행되었을 것
> - 상품의 가격 · 기능 · 특성 등을 문자 · 사진 · 그림으로 인쇄한 16쪽 이상(표지 포함)인 책자 형태의 상품안내서
> - 화물에 첨부하는 봉하지 아니한 첨부서류 또는 송장
> - 외국과 주고받는 국제 서류
> - 국내에서 회사(「공공기관의 운영에 관한 법률」에 따른 공공기관 포함)의 본점과 지점 간 또는 지점끼리 주고받는 우편물로서 발송 후 12시간 이내에 배달이 요구되는 상업용 서류
> - 「여신전문금융업법」 제2조제3호에 해당하는 신용카드

④ 서신송달업 신고 제도

  ㉠ 서신독점권 관리, 이용자 보호, 시장 질서를 유지하기 위해 신고를 의무화함

  ㉡ 신고사항

    – 서신송달업을 하려는 자는 신고서를 관할지방우정청장에게 제출

      ※ 사업계획서(사업운영, 시설사항, 수지계산서 등 포함)를 신고서에 첨부

    – 상호, 소재지, 대표자 및 사업계획 등이 변경된 경우에는 변경 신고

    – 30일 이상 휴 · 폐업 또는 휴업 후 재개 시에도 신고서 제출

⑤ 위반한 때의 법적 규제

㉠ 발송자(서신송달을 위탁한 자)

위반행위(해당서신*의 송달을 위탁 하는 경우)	과태료 금액			근거 법조문
	1차위반	2차위반	3차이상위반	
해당 서신을 우편관서에 접수하는 경우의 우편요금이 1천만원 이하인 경우	750만원	1,000만원	2,000만원	우편법 제54조2 (과태료)
해당 서신을 우편관서에 접수하는 경우의 우편요금이 1천만원을 초과하는 경우	5,000만원의 범위에서 해당 우편요금의 2배 이하의 금액			

*(해당서신) 중량이 350g 이하이고, 송달요금이 통상우편요금의 10배 이하인 서신

㉡ 서신송달업자

위반행위	벌 칙	근거 법조문
중량이 350g 이하이고, 송달요금이 통상우편요금의 10배 이하인 서신을 송달한 경우	3년 이하의 징역 또는 3천만원 이하의 벌금	우편법 제46조 (사업독점권 침해의 죄)
서신 개봉 · 훼손 · 은닉 · 방기 시	5년 이하의 징역 또는 5천만원 이하의 벌금	우편법 제48조 (우편물 등 개봉 · 훼손의 죄)
서신의 비밀 침해 시		우편법 제51조 (서신의 비밀침해의 죄)
서신송달업을 신고하지 않은 경우	1차위반 시 300만원 2차위반 시 600만원 3차이상위반 시 1,000만원	우편법 제54조2(과태료)
휴 · 폐업 또는 휴업 후 재개업 시 신고하지 않은 경우		
자료제출 요구에 응하지 않은 경우		
우편, 우편물, 우체국 및 그와 유사한 명칭 사용		
서신송달업 명의 대여금지를 위반한 경우		

위반행위	행정처분 기준			근거 법조문
	1차위반	2차위반	3차이상위반	
거짓으로 작성된 사업신고서 제출 시	영업소 폐쇄	–	–	우편법 제45조의6 (영업소의 폐쇄 등)
중량 및 요금 기준을 위반하여 서신을 취급한 경우	영업정지 1개월	영업정지 3개월	영업정지 6개월	
서신송달업 대여금지를 위반한 경우	영업정지 1개월	영업정지 3개월	영업정지 6개월	
사업개선명령에 따르지 아니한 경우	경고	영업정지 1개월	영업정지 3개월	
사업정지명령을 위반하여 그 기간에 사업을 한 경우	영업소 폐쇄	–	–	

ⓒ 공통

위반행위	벌칙	근거 법조문
우체국 요금 별·후납 표시인영 부정 사용 시	3년 이하의 징역 또는 3천만원 이하의 벌금	부정경쟁방지 및 영업비밀 보호에 관한 법률 제18조(벌칙)

※ 서신독점권 관련 조문의 용어 해석

- 타인(他人)
  - 자기 자신 이외의 사람을 가리키며, 자연인과 법인을 모두 포함
  - 서신독점권은 다른 사람의 서신을 보내는 것만 금지하고 있기 때문에, 자기의 서신을 직접 송달하는 행위는 법령 위반이 아님
- 업(業)
  - 이익을 얻기 위해 일정한 행위를 계속적이고 반복적으로 하는 것
- 조직, 계통
  - 목적을 달성하기 위해 두 사람 이상이 모인 집단
- 그 밖의 사항
  - 다른 사람에게 서신 송달을 위탁하는 행위도 금지(우편법 제2조제4항)
  - 서신 송달의 위탁 계약 성립 : 다른 사람에게 송달을 요청하고 이를 승낙한 경우

(2) 우편물 운송요구권

우편관서는 철도, 궤도, 자동차, 선박, 항공기 등의 경영자에게 운송요구권을 가진다. 이 경우 우편물을 운송한 자에 대하여 정당한 보상을 한다.

※ 요구대상 : 철도·궤도사업 경영자 및 자동차·선박·항공기 운송사업 경영자

(3) 운송원 등의 조력청구권

우편업무를 집행 중인 우편운송원, 우편집배원과 우편물을 운송 중인 항공기, 차량, 선박 등이 사고를 당하였을 때에는 주위에 조력을 청구할 수 있으며, 조력의 요구를 받은 자는 정당한 사유 없이 이를 거부할 수 없다. 이 경우 우편관서는 도움을 준 자의 청구에 따라 적절한 보수를 지급하여야 한다.

(4) 운송원 등의 통행

우편운송원, 우편집배원과 우편물을 운송 중인 항공기, 차량, 선박 등은 도로의 장애로 통행이 곤란할 경우에는 담장이나 울타리 없는 택지, 전답, 그 밖의 장소를 통행할 수 있다. 이 경우 우편관서는 피해자의 청구에 따라 손실을 보상하여야 한다.

(5) 운송원 등의 통행료 면제

우편물 운송 중인 우편운송원, 우편집배원은 언제든지 도선장의 도선을 요구할 수 있으며(「우편법」 제5조 제3항), 우편업무 집행 중에 있는 운송원 등에 대하여는 도선장, 운하, 도로, 교량 기타의 장소에 있어서 통행요금을 지급하지 아니하고 통행할 수 있다. 그러나 청구권자의 청구가 있을 때에는 우편관서는 정당한 보상을 하여야 한다(「우편법」 제5조 제2항).

(6) 우편업무 전용 물건의 압류 금지와 부과면제

① 우편업무 전용 물건의 압류 금지 : 우편업무를 위해서만 사용하는 물건과 우편업무를 위해 사용 중인 물건은 압류할 수 없다.

② 우편업무 전용 물건의 부과 면제 : 우편업무를 위해서만 사용하는 물건(우편에 관한 서류를 포함)에 대해서는 국세 · 지방세 등의 제세공과금을 매기지 않는다.

(7) 공동해상 손해부담의 면제

공동해상 손해부담이라 함은 선박이 위험에 직면하였을 때 선장은 적하되어 있는 물건을 처분할 수 있으나, 이때의 손해에 대하여는 그 선박의 화주전원이 적재화물비례로 공동 분담하는 것을 말하며(「상법」), 이 경우에도 우편물에 대하여는 이를 분담시킬 수 없다.

(8) 우편물의 압류거부권

우편관서에서 운송 중이거나 발송 준비를 마친 우편물에 대해서는 압류를 거부할 수 있는 권리이다.

(9) 우편물의 우선검역권

우편물이 전염병의 유행지에서 발송되거나 유행지를 통과할 때 등에는 「검역법」에 의한 검역을 최우선으로 받을 수 있다.

(10) 제한능력자의 행위에 대한 법률적 판단

① 우편물의 발송 · 수취나 그 밖에 우편 이용에 관하여 제한능력자의 행위라도 능력자가 행한 것으로 간주된다. 이에 따라 제한능력자의 행위임을 이유로 우편관서에 대하여 임의로 이용관계의 무효 또는 취소를 주장할 수 없다.

② 다만, 법률행위에 하자가 발생한 경우에는 관련규정에 따른다. 제한능력자라 함은 민법상의 제한능력자를 말하며, 행위제한능력자(미성년자, 피한정후견인, 피성년후견인)와 의사제한능력자(만취자, 광인 등)를 모두 포함한다.

우편서비스 종류와 이용조건

01　우편서비스의 구분 및 배달기한

1　우편서비스의 구분

우편서비스는 보편적 우편서비스와 선택적 우편서비스로 구분한다.

2　보편적 우편서비스

(1) 국가가 국민에게 제공하여야 할 가장 기본적인 보편적 통신서비스

(2) 전국에 걸쳐 효율적인 우편송달에 관한 체계적인 조직을 갖추어 모든 국민이 공평하게 적정한 요금으로 보내고 받을 수 있는 기본 우편서비스를 제공한다.

(3) 서비스 대상

　① 2kg 이하의 통상우편물

　② 20kg 이하의 소포우편물

　③ 위 ①, ②의 우편물의 기록취급 등 특수취급우편물

　④ 그 밖에 대통령령으로 정하는 우편물

3　선택적 우편서비스

(1) 보편적 우편서비스에 부가하거나 부수하여 제공하는 서비스로 이용자가 선택적으로 이용할 수 있는 서비스

(2) 서비스 대상

　① 2kg을 초과하는 통상우편물

　② 20kg을 초과하는 소포우편물

　③ 위 ①, ②의 우편물의 기록취급 등 특수취급우편물

　④ 우편과 다른 기술 또는 서비스가 결합된 서비스[전자우편, 모사전송(FAX)우편, 우편물 방문접수 등]

　⑤ 우편시설, 우표, 우편엽서, 우편요금 표시인영이 인쇄된 봉투 또는 우편차량장비 등을 이용하는 서비스

　⑥ 우편 이용과 관련된 용품의 제조 및 판매

　⑦ 그 밖에 우편서비스에 부가하거나 부수하여 제공하는 서비스

(1) 우정사업본부가 약속한 우편물 배달에 걸리는 시간

(2) 우편물 배달기한

구 분	배달기한	비 고
일반통상, 일반소포	접수한 다음 날부터 4일 이내	–
등기통상(준등기 포함)	접수한 다음 날부터 3일 이내	–
익일특급, 등기소포	접수한 다음 날	※ 제주선편 : D+2일

※ 'D'는 우편물을 접수한 날을 말하며, 아래와 같은 날은 배달기한에서 제외한다.
– 「관공서의 공휴일에 관한 규정」에 따른 공휴일과 그 밖에 다른 법령으로 정한 유급 휴일·토요일과 우정
  사업본부장이 배달하지 않기로 정한 날은 기간 일수에서 제외한다.

(3) 도서·산간 오지 등의 배달기한

① 우편물 배달기한은 수집이나 접수한 날의 다음 날부터 8일 이내로 하며, 교통 여건 등으로 인해 우편물
  운송이 특별히 어려운 곳은 관할 지방우정청장이 별도로 배달 기한을 정하여 공고한다.

② 일반적인 배달기한 적용이 어려운 지역 선정 기준

　㉠ 접수 우편물 기준 : 접수한 그날에 관할 집중국으로 운송하기 어려운 지역

　㉡ 배달 우편물 기준 : 관할 집중국에서 배달국의 당일 배달 우편물 준비 시간 안에 운송하기 어려운 지역

③ 운송 곤란 지역의 배달 기한 계산 방법

　㉠ 접수·배달 우편물의 운송이 모두 어려운 곳은 각각의 필요 일수를 배달기한에 합하여 계산한다.

　㉡ 다른 지방우정청에서 다르게 적용하도록 공고한 지역이 있는 경우에도 각각의 필요 일수를 합하여 계
　　산한다.

④ 배달기한 적용의 예외

　㉠ 예외 규정 : 일반우편물을 다음날까지 배달하도록 정한 규정

　㉡ 예외 대상

　　•「신문 등의 진흥에 관한 법률」 제9조에 따라 주 5회 발행하는 일간신문

　　• 관보규정에 따른 관보

1 개념

서신 등 의사전달물, 통화(송금통지서 포함), 소형포장우편물

(1) 서신

의사전달을 위하여 특정인이나 특정 주소로 송부하는 것으로서 문자 · 기호 · 부호 또는 그림 등으로 표시한 유형의 문서 또는 전단을 말한다. 다만, 신문, 정기간행물, 서적, 상품안내서 등 대통령령으로 정하는 것은 제외된다.

(2) 의사전달물

의사 전달이 목적이지만 '(1) 서신'의 조건을 갖추지 못한 것과, 대통령령에서 정하여 서신에서 제외한 통상우편물(「우편법」 제1조의2 제7호, 「우편법 시행령」 제3조 관련)

→ 신문, 정기간행물, 서적, 상품안내서, 화물 첨부 서류 혹은 송장, 외국과 주고받는 국제서류, 본점과 지점 간 또는 지점 상호 간 12시간 이내 주고받는 서류, 신용카드

(3) 통화

유통 수단이나 지불 수단으로 기능하는 화폐, 보조 화폐, 은행권 등

(4) 소형포장우편물

우편물의 용적, 무게와 포장방법 고시 규격에 맞는 작은 물건을 말한다.

2 발송요건

(1) 원칙 : 통상우편물은 봉투에 넣어 봉함하여 발송한다.

(2) 예외

① 봉투에 넣어 봉함하기가 적절하지 않은 우편물은 우정사업본부장이 정하여 고시한 기준에 적합하도록 포장하여 발송할 수 있다.

② 예외적으로 우정사업본부장이 발행하는 우편엽서와 사제엽서 제조요건에 적합하게 제조한 사제엽서 및 전자우편물은 그 특성상 봉함하지 아니하고 발송할 수 있다.

③ 우편물 정기발송계약을 맺은 정기간행물은 고시에서 정하는 바에 따라 띠종이 등으로 묶어서 발송할 수 있다.

(3) 우편이용자는 우편물 접수 시 우편물의 외부에 다음 각 호의 사항을 표시하여 발송하여야 한다.

① 발송인 및 수취인의 주소, 성명과 우편번호

② 우편요금의 납부표시

(1) 봉투에 넣어 봉함하거나 포장하여 발송하는 우편물의 규격요건 및 외부표시(기재) 사항

※ 위반 시 규격 외 취급

요 건		내 용
① 크기	세로(D)	최소 90mm, 최대 130mm(허용 오차 ±5mm)
	가로(W)	최소 140mm, 최대 235mm(허용 오차 ±5mm)
	두께(T)	최소 0.16mm, 최대 5mm(누르지 않은 자연 상태)
② 모양		직사각형 형태
③ 무게		최소 3g, 최대 50g
④ 재질		종이(창문봉투의 경우 다른 소재로 투명하게 창문 제작)
⑤ 우편번호 기재		• 수취인 주소와 우편번호(국가기초구역 체계로 개편된 5자리 우편번호)를 정확히 기재해야 하며, 일체의 가려짐 및 겹침이 없어야 함 • 수취인 우편번호 여백규격 및 위치 　－ 여백규격 : 상 · 하 · 좌 · 우에 4mm 이상 여백 　－ 위치 : ⑦의 공백 공간 밖, 주소 · 성명 등 기재사항보다 아래쪽 및 수취인 기재영역 좌우 너비 안쪽의 범위에 위치 　※ 해당 영역에는 우편번호 외에 다른 사항 표시 불가 • 우편번호 작성란을 인쇄하는 경우에는 5개의 칸으로 구성하여야 함 　※ 단, 여섯자리 우편번호 작성란이 인쇄(2019년 10월 이전)된 봉투를 이용한 통상우편물은 우편번호 숫자를 왼쪽 칸부터 한 칸에 하나씩 차례대로 기입하고 마지막 칸은 공란으로 두어야 함
⑥ 표면 및 내용물		• 문자 · 도안 표시에 발광 · 형광 · 인광물질 사용 및 기계판독률을 떨어뜨릴 수 있는 배경은 인쇄 불가 • 봉할 때는 풀, 접착제 사용(스테이플, 핀, 리벳 등 도드라진 것 사용 불가) • 우편물의 앞 · 뒤, 상 · 하 · 좌 · 우는 완전히 봉해야 함(접착식 우편물 포함) • 특정부분 튀어나옴 · 눌러찍기 · 돋아내기 · 구멍뚫기 등이 없이 균일해야 함 　※ 종이 · 수입인지 등을 완전히 밀착하여 붙인 경우나 점자 기록은 허용
⑦ 기계 처리를 위한 공백 공간 　※ 허용 오차 ±5mm		• 앞면 : 오른쪽 끝에서 140mm×밑면에서 17mm, 우편번호 오른쪽 끝에서 20mm • 뒷면 : 왼쪽 끝에서 140mm×밑면에서 17mm

(2) 우정사업본부에서 발행하는 우편엽서의 규격 요건

※ 위반 시 규격 외 취급

요 건		내 용
① 크기	세로(D)	최소 90mm, 최대 120mm(허용 오차 ±5mm)
	가로(W)	최소 140mm, 최대 170mm(허용 오차 ±5mm)
② 형식		• 직사각형 형태 • 별도 봉투로 봉함하지 않은 형태
③ 무게		최소 2g, 최대 5g ※ 단, 세로 크기가 110mm를 넘거나 가로 크기가 153mm를 넘는 경우에는 최소 4g, 최대 5g
④ 재질		종이

⑤ 우편번호 기재		• 수취인 주소와 우편번호(국가기초구역 체계로 개편된 5자리 우편번호)를 정확히 기재해야 하며, 일체의 가려짐 및 겹침이 없어야 함
		• 수취인 우편번호 여백규격 및 위치
		  – 여백규격 : 상·하·좌·우에 4mm 이상 여백
		  – 위치 : ⑦의 공백 공간 밖, 주소·성명 등 기재사항보다 아래쪽 및 수취인 기재영역 좌우 너비 안쪽의 범위에 위치
		  ※ 해당 영역에는 우편번호 외에 다른 사항 표시 불가
		• 우편번호 작성란을 인쇄하는 경우에는 5개의 칸으로 구성하여야 함
		  ※ 단, 여섯자리 우편번호 작성란이 인쇄(2019년 10월 이전)된 봉투를 이용한 통상우편물은 우편번호 숫자를 왼쪽 칸부터 한 칸에 하나씩 차례대로 기입하고 마지막 칸은 공란으로 두어야 함

⑥ 표면 및 내용물		• 문자·도안 표시에 발광·형광·인광물질 사용 및 기계판독률을 떨어뜨릴 수 있는 배경은 인쇄 불가 • 특정부분 튀어나옴·눌러찍기·돋아내기·구멍뚫기 등이 없이 균일해야 함 ※ 종이·수입인지 등을 완전히 밀착하여 붙인 경우나 점자 기록은 허용
⑦ 기계 처리를 위한 공백 공간 ※ 허용 오차 ±5mm		앞면 : 오른쪽 끝에서 140mm×밑면에서 17mm, 우편번호 오른쪽 끝에서 20mm

(3) 사제하는 우편엽서

우정사업본부에서 발행하는 우편엽서의 규격요건 및 외부표시(기록) 사항을 충족하여야 한다.

※ 50g까지 규격 외 엽서는 450원(규격봉투 25g 초과 50g까지) 요금을 적용

(4) 권장요건

① 색상은 70% 이상 반사율을 가진 흰 색이나 밝은 색

② 지질(재질)은 70g/m² 이상, 불투명도 75% 이상, 창봉투 창문은 불투명도 20% 이하

③ 정해진 위치에 우표를 붙이거나 우편요금납부 표시

④ 봉투 뒷면, 우편엽서 기재란, 띠종이 앞면의 윗부분 1/2과 뒷면 전체 등 허락된 공간에만 원하는 사항을 표시할 수 있음

⑤ 우편물의 뒷면과 우편엽서의 허락된 부분에는 광고 기재 가능

⑥ 우편엽서의 경우 디지털 인쇄. 다만, 사제엽서는 예외

⑦ 정기간행물 등을 묶어 발송하는 띠종이의 요건

   ㉠ 띠종이의 크기

- 신문형태 정기간행물용 : 세로(70mm 이상)×가로(최소 90mm~최대 235mm)
- 다른 형태 정기간행물용 : 우편물을 전부 덮는 크기

   ㉡ 그 밖의 사항

- 우편물 아랫부분에 고정하여 움직이지 않게 밀착
- 신문형태의 경우 발송인 주소 · 성명 · 우편번호는 뒷면 기재
- 신문형태가 아닌 정기간행물 크기가 A4(297mm×210mm) 이하인 경우 우편물 원형 그대로 띠종이를 사용. 다만, 접어둔 상태가 편편하고 균일한 것은 접어서 발송 가능

4 통상우편물의 규격 외 취급대상

(1) **3** -(1)을 위반한 경우 통상우편물의 규격 외 취급

(2) **3** -(2)을 위반한 경우 우편엽서의 규격 외 취급

5 우편물의 외부표시(기재) 사항

(1) 우편번호

① 우편물 구분을 편리하게 할 수 있도록 만든 일종의 코드로서, 문자로 기재된 수취인의 주소정보를 일정한 기준에 따라 숫자로 변환한 것

② 우편번호는 국가기초구역 도입에 따라 지형지물을 경계로 구역을 설정한 5자리 국가 기초구역번호로 구성

[국가기초구역 체계의 우편번호 구성 체계도]

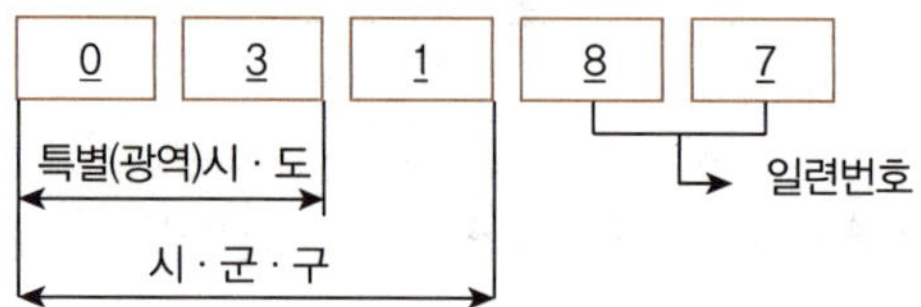

(2) 집배코드

① 우편물의 구분 · 운송 · 배달에 필요한 구분정보를 가독성이 높은 단순한 문자와 숫자로 표기한 것

② 집배코드는 총 9자리로 도착집중국 2자리, 배달국 3자리, 집배팀 2자리, 집배구 2자리로 구성

[집배코드 구성 체계]

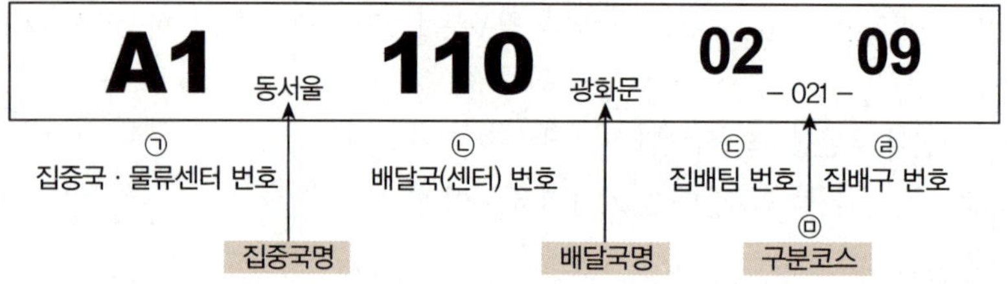

(3) 외부기재사항 표시

    ① 우편물에는 집배코드를 기재할 수 있다.

    ② 통상우편물 감액을 받기 위해서는 집배코드별로 구분하여 제출하여야 한다.

6 우편물의 외부표시(기재) 금지사항

(1) 우체국과 협의되지 않은 우편요금 표시인영은 표시할 수 없다.

(2) 공공의 안녕질서나 미풍양속을 저해하는 것으로 인정되는 사항은 기재할 수 없다.

    ① 인간의 존엄성, 국가 안전, 사회 공공질서를 해치는 내용

    ② 폭력, 마약 등 반사회적 · 반인륜적인 행태를 조장하는 내용

    ③ 건전한 성도덕을 해치는 음란하고 퇴폐적 내용

    ④ 청소년의 정신적, 신체적 건강에 해를 끼칠 우려가 있는 내용

(3) 개인정보보호 법령에 따른 주민등록번호 등 고유식별정보는 기재할 수 없다.

(4) 그 밖에 우편법령이나 다른 법령에서 금지하는 사항

7 제한용적 및 중량

(1) 최대용적

    ① 서신 등 의사전달물 및 통화

        ㉠ 가로 · 세로 및 두께를 합하여 90cm

        ㉡ 원통형은 "지름의 2배"와 길이를 합하여 1m

        ㉢ 다만, 어느 길이나 60cm를 초과할 수 없다.

    ② 소형포장우편물

        ㉠ 가로 · 세로 및 두께를 합하여 35cm 미만(서적 · 달력 · 다이어리 : 90cm)

        ㉡ 원통형은 "지름의 2배"와 길이를 합하여 35cm 미만

            (단, 서적 · 달력 · 다이어리 우편물은 1m까지 허용)

(2) 최소용적

    ① 평면의 크기가 길이 14cm, 너비 9cm 이상, 원통형으로 된 것은 직경의 2배와 길이를 합하여 23cm

    ② 단, 길이는 14cm 이상

(3) 제한중량

    ① 최소 2g~최대 6,000g

    ② 단, 정기간행물과 서적 · 달력 · 다이어리로서 요금감액을 받는 우편물은 1,200g, 요금감액을 받지 않는 서적 · 달력 · 다이어리는 800g, 국내특급은 30kg이 최대 중량

1　개념

(1) 소포우편물은 통상우편물 외의 물건을 포장한 우편물을 말한다.

(2) 보편적 우편서비스 : 20kg 이하의 소포우편물(기록 취급되는 특수취급우편물 포함)

(3) 선택적 우편서비스 : 20kg을 초과하는 소포우편물(기록 취급되는 특수취급우편물 포함)

(4) "우체국소포(KPS)"는 소포우편물 방문접수의 브랜드명이다.

2　취급대상

(1) 서신 등 의사전달물, 통화 이외의 물건을 포장한 우편물

　※ 백지노트 등 의사전달 기능이 없는 물건은 소포로 취급해야 한다.

(2) 우편물 크기에 따라서 소형포장우편물과 소포우편물로 나뉘고, 소형포장우편물은 통상우편물로 구분하여 취급한다.

(3) 소포우편물에는 원칙적으로 서신을 넣을 수 없으나 물건과 관련이 있는 납품서, 영수증, 설명서, 감사인사 메모 등은 함께 보낼 수 있다.

　예 우체국쇼핑 상품설명서, 선물로 보내는 소포와 함께 보내는 감사인사 메모

3　제한중량 및 용적

(1) 최대 중량 : 30kg

(2) 최대 용적 : 가로, 세로, 높이를 합하여 160cm 이내(단, 어느 길이도 1m를 초과할 수 없음)

(3) 최소 용적

　① 가로 · 세로 · 높이 세 변을 합하여 35cm(단, 가로는 17cm 이상, 세로는 12cm 이상)
　② 원통형은 "지름의 2배"와 길이를 합하여 35cm(단, 지름은 3.5cm 이상, 길이는 17cm 이상)

(4) 기타사항

　우편관서의 장과 발송인이 「계약소포우편물의 우편요금 및 이용요건 등에 관한 고시」에 따라 체결한 계약에서 취급 중량의 기준을 달리 정한 경우에는 그 기준에 따른다.

4 소포우편물의 접수

(1) 접수검사

① 내용품 문의

㉠ 폭발물 · 인화물질 · 마약류 등의 우편금지물품의 포함 여부

㉡ 다른 우편물을 훼손시키거나 침습을 초래할 가능성 여부

② 의심우편물의 개봉 요구

㉠ 내용품에 대하여 발송인이 허위로 진술한다고 의심이 가는 경우에는 개봉을 요구하고 내용품을 확인한다.

㉡ 발송인이 개봉을 거부할 때에는 접수를 거절할 수 있다.

③ 우편물의 포장상태 검사

내용품의 성질, 모양, 용적, 중량 및 송달거리 등에 따라 송달 중에 파손되지 않고 다른 우편물에 손상을 주지 않으며 질긴 종이 등으로 튼튼하게 포장하였는지를 확인해야 한다.

(2) 요금납부

① 우편요금은 현금이나 신용카드 결제로 납부가 가능하며, 월간의 이용요금을 합산하여 익월에 후납고지서에 의하여 납부할 수도 있다.

② 또한 우표로도 결제가 가능하며 우표로 결제하고자 하는 때에는 우표를 창구에 제출(우표납부)하거나 우편물 표면에 첨부(우표첩부)한다.

③ 착불소포는 우편물 수취인에게 우편요금(수수료 포함)을 수납하여 세입 처리한다.

(3) 수기접수 시 표시인 날인

① 소포우편물의 표면 왼쪽 중간에는 "소포" 표시를 한다.

② 소포우편물의 내용에 대하여 발송인에게 문의하여 확인한 후에는 우편물 표면 왼쪽 중간부분에 "내용문의 끝냄"을 표시한다.

(4) 소포등기번호 부여 및 운송장, 기타 안내스티커 부착

① 소포등기번호는 우편물류시스템에서 접수국 일련번호로 자동으로 부여된다.

② 소포등기번호의 표시는 발송인/수취인 주소, 등기번호, 접수국명, 중량 및 요금을 표시한 소포운송장을 우편물의 표면 왼쪽 하단에 부착한다.

③ 요금별 · 후납 등기소포는 우편물의 표면 오른쪽 윗부분에 요금별 · 후납 표시인을 날인해야 한다.

④ 부가서비스 안내 스티커는 우편물의 품위를 유지하면서 잘 보이는 곳에 깨끗하게 부착한다.

5 **등기소포와 일반소포와의 차이**

구 분	등기소포	일반소포
취급방법	접수에서 배달까지의 송달과정에 대해 기록	기록하지 않음
요금납부 방법	현금, 우표첩부, 우표납부, 신용카드 결제 등	현금, 우표첩부, 신용카드 결제 등
손해배상	분실 · 훼손, 지연배달 시 손해배상청구 가능	없 음
반송료	반송 시 반송수수료(등기통상취급수수료) 징수	없 음
부가취급 서비스	가 능	불가능

※ 보통소포(×)−일반소포(ㅇ) // 일반등기통상(×)−등기통상(ㅇ)

04 방문접수소포(우체국소포)

1 개요

(1) 우체국소포는 소포우편물 방문접수의 브랜드로 업무표장이다.

　※ 영문표기 : KPS(Korea Parcel Service)

(2) 소포우편물 방문접수의 공식 브랜드 및 업무표장으로서 소포우편물의 방문접수를 나타낸다.

(3) 소포우편물 방문접수와 관련한 모든 업무를 대표할 수 있는 명칭으로 사용할 수 있다.

2 종류

발송인의 요청 또는 발송인과 우편관서 간 사전계약에 따라 발송인을 방문하여 접수하는 등기소포 우편물로 그 종류는 다음과 같다.

(1) **개별방문소포** : 방문소포 중 발송인의 요청에 따라 방문하여 접수하는 등기소포 우편물

(2) **계약소포** : 방문소포 중 발송인과 우편관서 간 우편물 발송(수취)에 관한 별도의 계약에 따라 접수하는 등기소포 우편물

3 접수 지역

(1) 4급 또는 5급 우체국이 설치되어 있는 시 · 군의 시내 배달구(시내지역)

(2) 그 외 관할 우체국장이 방문접수를 실시하는 지역

4 이용 방법

(1) 우체국에 전화 : 전국 국번 없이 1588-1300번

(2) 인터넷우체국(www.epost.go.kr)을 통하여 방문접수 신청을 한다.

(3) 소포우편물을 자주 발송하는 경우에는 정기 · 부정기 이용계약을 체결하여 별도의 전화 없이도 정해진 시간
에 방문하여 접수한다.

(4) 요금수취인부담(요금 착불)도 가능하다.

(5) 방문소포 기표지 및 접수번호는 총괄국장이 창구접수 소포번호와 구분되게 부여한다.

5 계약 소포

(1) 계약요금

우편관서와 발송인이 발송물량, 우편물의 규격, 처리비용 등을 종합적으로 고려하여 상호계약에 의해 결정
하는 계약소포의 요금

① **규격 · 물량단계별 요금** : 계약요금 중 규격 · 물량단계에 따라 각 단계별로 구분하여 적용하는 요금

② **평균 요금**

    ㉠ 계약요금 중 규격 · 물량단계별 요금을 발송물량의 규격별 점유비에 따라 산출된 요금을 합산하여 적
용하는 단일요금

    ㉡ 단, 발송물량이 월 평균 1,000통 이상의 연간계약자에 한하여 적용 가능하며, 규격 구간별 평균요금
적용 가능

③ **초소형 특정 요금**

    ㉠ 초소형 계약소포에 대하여 규격 · 물량 단계별 요금 및 평균요금을 적용하지 않고 본부장 또는 지방우
정청장 승인으로 적용하는 요금

    ㉡ 단, 월평균 10,000통 이상 발송업체 중 초소형 물량이 90% 이상인 경우 적용 가능

(2) 특별감액

승인 권한이 있는 자가 특별히 감액하여 주는 금액

① **지방우정청장 특별감액** : 지방우정청장이 특별히 감액하여 주는 금액

② **총괄국장 특별감액** : 총괄국장이 특별히 감액하여 주는 금액

(3) 연간계약[계약기간이 12개월(1년)]

① 일반 계약 : 개인 또는 업체가 월평균 100통 이상 계약소포 발송을 위해 우편관서와 체결하는 일반적인 계약

② 연합체 발송계약 : 물류단지, 지식산업센터, 상가(빌딩), 시장 및 농장 등 일정 장소에 입주한 사업자 또는 임의단체의 회원들이 1개의 우편관서와 계약을 체결하고 한 장소에 집하하여 계약소포를 발송하는 것

③ 다수지 발송계약 : 계약자(계약업체)가 주계약 우편관서를 지정하여 계약을 체결하고 여러 우편관서에서 별도의 계약 없이 계약소포를 이용 · 발송하는 것

④ 반품계약 : 반품하는 물품 발송을 위해 체결하는 계약

(4) 한시적 발송계약

각종 행사 등 1개월 이내에 한시적으로 계약소포를 발송하기 위해 체결하는 계약

(5) 요금수취인 지불소포(착불소포)

계약소포 수취인이 요금을 납부하는 소포

(6) 집하발송

우편관서와 발송인이 사전 계약에 따라 계약소포 물품을 일정한 장소에 모아 일괄하여 계약소포로 발송하는 것 예 편의점택배 등

(7) 반송우편물

수취거절, 수취인불명, 주소불명 등으로 수취인에게 배달하지 못한 우편물을 발송인에게 다시 되돌려 보내는 우편물

(8) 반품우편물

수취인에게 정상적으로 배달한 우편물을 수취인 또는 발송인의 요구로 재접수하여 발송인에게 보내는 우편물

(9) 맞교환우편물

수취인의 교환 요청에 따라 발송인이 접수한 새로운 물품 배달 시 수취인으로부터 회수하여 발송인에게 돌려보내는 우편물

(10) LMS(Long Message Service) 문자전송 서비스

계약소포 발송 전에 「업체명, 내용품, 발송시각, 주소, 이벤트 홍보문안」 등을 문자로 미리 알려 주는 서비스

(11) 초소형 소포

중량이 1kg 이하이고, 크기는 50cm 이하인 계약 소포

6 소포우편물 접수 시 유의사항

(1) 포장불량 소포우편물의 접수 거절

① 포장방법이 포장기준에 적합하지 아니한 때에는 보완을 요구하고 이를 발송인이 거절한 때에는 그 우편물의 접수를 거절할 수 있다.

② 포장이 부실한 것을 알면서도 발송인의 요청을 거절하지 못하고 접수하여 다른 우편물을 오염 또는 훼손시킨 사례(화장품 파손, 유리액자 파손, 고추장 또는 김치 등의 누출)가 종종 발생하여 민원의 대상이 되고 있다.

※ 파손 변질에 취약한 물품 재포장[내부 완충재(에어캡, 비닐봉투 등)와 테이프를 이용 재포장]

(2) 기표지가 탈락할 우려가 있는 우편물은 보완하여 발송해야 한다.

(3) 우편물류통합시스템에 관련 접수정보를 정확히 입력하여 분실을 사전에 예방하여야 한다.

(4) 내용품에 적합하게 포장된 소포우편물의 포장용 끈 사용 억제

우편집중국의 소포 구분기에 소포우편물 포장용 끈이 끼어 운행 장애가 자주 발생되기 때문에, 내용품에 적합하게 포장된 소포우편물은 끈으로 묶지 않도록 안내한다. 단, 끈으로 묶는 소포우편물도 송달과정에서 끈이 풀리지 않도록 확인해야 한다.

우편물의 접수

01 우편물의 접수검사

1 우편물 접수 시 검사사항

(1) 우편물을 접수할 때에는 발송인 · 수취인 등 기재사항이 제대로 적혀 있는지 먼저 확인해야 한다.

(2) 검사 결과 규정에 위반된 것을 발견하였을 때에는 발송인이 보완하여 제출해야 하며, 불응할 때에는 접수를 거부할 수 있다. 다만, 이때에는 이유를 자세히 설명해야 한다.

2 우편금지물품

(1) **접수 불가 우편물** : 폭발성 물질, 화약류, 폭약류, 화공품류, 발화성 물질, 인화성 물질, 유독성 물질, 강산류, 방사성물질

(2) **예외**

① **독약류** : 독약 및 극약으로 관공서(학교 및 군대를 포함), 의사(군의관 포함), 치과의사, 한의사, 수의사, 약사, 제약업자, 약종상 또는 한약종상의 면허 또는 허가를 받은 자가 등기우편으로 발송하는 것은 예외로 한다.

② **병균류** : 살아있는 병균 또는 이를 함유하거나 부착되어 있다고 인정되는 물건으로 관공서 방역연구소, 세균검사소, 의사(군의관 포함), 치과의사, 수의사 또는 약사의 면허를 받은 자가 등기우편으로 발송하는 것은 예외로 한다.

③ **공안방해와 그 밖의 위험성의 물질** : 음란한 문서, 도화 그 밖의 사회질서에 해가 되는 물건으로서 법령으로 이동, 판매, 반포를 금하는 것으로 법적 · 행정적 목적으로 공공기관에서 등기우편으로 발송하는 것은 예외로 한다.

1 우편물의 포장검사 사항

(1) 내용품의 성질상 송달 도중 파손되거나 다른 우편물에 손상을 주지 않을 것인가

(2) 띠종이로 묶어서 발송하는 정기간행물의 경우 포장용 띠종이 크기는 발송요건에 적합한가

(3) 칼, 기타 위험한 우편물은 취급 도중 위험하지 않도록 포장한 것인가

(4) 액체, 액화하기 쉬운 물건, 냄새나는 물건 또는 썩기 쉬운 물건은 적정한 용기를 사용하여 내용물이 새지 않도록 포장한 것인가

(5) 독·극물 또는 생병원체를 넣은 것은 전호와 같이 포장하고 우편물 표면에 품명 및 "위험물"이라고 표시하고 발송인의 자격 및 성명을 기재한 것인가

(6) 독·극물은 두 가지 종류를 함께 포장한 것이 아닌가

(7) 혐오성이 없는 산동물은 튼튼한 상자 또는 기타 적당한 용기에 넣어 완전히 그 탈출 및 배출물의 누출을 방지할 수 있는 포장을 한 것인가

2 물품에 따른 포장방법

구 분	포장방법
1. 칼·기타 이에 유사한 것	적당한 칼집에 넣거나 싸서 상자에 넣는 등의 방법으로 포장할 것
2. 액체·액화하기 쉬운 물건	안전누출방지용기에 넣어 내용물이 새어나지 않도록 봉하고 외부의 압력에 견딜 수 있는 튼튼한 상자에 넣고, 만일 용기가 부서지더라도 완전히 누출물을 흡수할 수 있도록 솜, 톱밥 기타 부드러운 것으로 충분히 싸고 고루 다져 넣을 것
3. 독약·극약·독물 및 극물과 생병원체 및 생병원체를 포유하거나 생병원체가 부착한 것으로 인정되는 것	• 전호의 규정에 의한 포장을 하고 우편물 표면 보기 쉬운 곳에 품명 및 "위험물"이라고 표시할 것 • 우편물 외부에 발송인의 자격 및 성명을 기재할 것 • 독약·극약·독물 및 극물은 이를 2가지 종류로 함께 포장하지 말 것
4. 산꿀벌 등 일반적으로 혐오성이 없는 살아 있는 동물	튼튼한 병, 상자 기타 적당한 용기에 넣어 완전히 그 탈출 및 배설물의 누출을 방지할 장치를 할 것

1 통상우편물

최대부피	• 서신 등 의사전달물 및 통화 　− 가로, 세로, 두께를 합하여 90cm 　− 원통형은 "지름의 2배"와 길이를 합하여 1m 　− 다만, 가로 세로 어느 쪽이나 60cm를 초과할 수 없음 • 소형포장우편물 　− 가로, 세로, 높이의 합이 35cm 미만(다만, 서적 · 달력 · 다이어리 우편물은 90cm까지 허용) 　− 원통형은 "지름의 2배"와 길이를 합하여 35cm 미만(다만, 서적 · 달력 · 다이어리 우편물은 1m까지 허용)
최소부피	• 평면의 길이 14cm, 너비 9cm • 원통형은 "지름의 2배"와 길이를 합하여 23cm(단, 길이는 14cm 이상)
최대무게	• 최소 2g∼최대 6,000g • 단, 정기간행물, 서적, 달력, 다이어리로서 요금감액을 받는 우편물은 1,200g, 요금감액을 받지 않는 서적과 달력, 다이어리는 800g, 국내특급은 30kg이 최대 무게임

2 소포우편물

최대부피	• 가로 · 세로 · 높이 세 변을 합하여 160cm • 다만, 어느 변이나 1m를 초과할 수 없음
최소부피	• 가로 · 세로 · 높이 세 변을 합하여 35cm(단, 가로는 17cm 이상, 세로는 12cm 이상) • 원통형은 "지름의 2배"와 길이를 합하여 35cm(단, 지름은 3.5cm 이상, 길이는 17cm 이상)
무 게	30kg 이내이어야 함
기타사항	우편관서의 장과 발송인이 「계약소포우편물의 우편요금 및 이용요건 등에 관한 고시」에 따라 체결한 계약에서 취급 중량의 기준을 달리 정한 경우에는 그 기준에 따름

국내우편물의 부가서비스

01 등기취급

1 등기취급 제도의 의의

(1) 개념

① 우편물의 접수번호 기록에 따라 접수에서부터 받는 사람에게 배달되기까지의 모든 취급과정을 기록하며, 만일 우편물이 취급 도중에 분실되거나 훼손된 경우에는 그 손해를 배상하는 제도로서 우편물 부가취급의 기본이 되는 서비스이다.

② 다른 여러 가지 특수취급을 부가하기 위해서는 기본적으로 등기취급이 되어야 한다.

③ 2kg 이하의 통상우편물과 20kg 이하의 소포우편물에 대한 등기취급을 보편적 우편 서비스로 정함으로써 국민의 권리를 더욱 폭넓게 보장할 수 있다.

(2) 특징

① 등기취급은 각 우편물의 접수번호 기록에 따라 접수에서 배달에 이르는 모든 과정을 기록 취급함으로써 취급과정을 명확하게 추적할 수 있다.

② 보험취급이나 내용증명, 배달증명, 특급취급, 그 밖의 부가취급우편물 등 고가의 물품을 송달하거나 공적증명을 요구하는 물품 송달에 유리하다.

③ 잃어버리거나 훼손하면 이용자의 불만이 많고 손해배상의 문제가 생기는 유가물이나 주관적 가치가 있다고 인정되는 신용카드나 중요서류 등은 접수 검사할 때 내용품에 적합한 보험취급으로 발송하게 하고 이에 응하지 않을 때는 접수를 거절할 수 있다.

④ 우편물 취급과정에서 분실, 훼손 등의 사고가 일어날 경우에는 등기취급우편물과 보험등기우편물의 손해 배상액이 서로 다르므로 이용자에게 사전에 반드시 고지하여 발송인이 선택하도록 조치하여야 한다.

(3) 등기취급의 대상

고객이 우편물의 취급과정을 기록할 필요가 있다고 판단한 우편물과 우편물의 내용이 통화, 귀중품, 주관적으로 가치가 있다고 신고하는 것

2 선택등기 서비스

(1) 개념

등기취급 및 발송인의 우편물의 반환거절을 전제로 우편물을 배달하되, 그 우편물을 수취인에게 배달할 수 없는 경우에는 준등기 취급에 따라 우편물을 배달하는 특수취급 제도이다.

※ 2회 배달(하루에 1회 배달) 시까지는 일반등기처럼 배달을 시도하고, 폐문부재인 경우 우편함에 투함(우편함 투함 시 수취인의 수령여부는 확인되지 않음. 보험취급 · 내용증명 불가)

(2) 취급대상

6kg까지 통상우편물(특급 취급 시 30kg 가능)

(3) 요금체계

중량별 통상우편요금＋선택등기 취급수수료 2,400원

(4) 부가취급 서비스

① 전자우편, 익일특급, 발송 후 배달증명, 계약등기

② 단, 발송 후 배달증명은 수령인의 수령사실 확인 후 배달완료된 경우(무인우편함 포함)에 한해 청구가 가능하고, 우편함에 배달완료된 경우에는 청구가 불가하다.

(5) 배달기한

접수한 다음 날부터 3일 이내

(6) 배달방법

① 1회차 : 대면 배달(수령인 확인)

② 2회차 : 대면 배달 시도 후 폐문 부재일 경우 우편 수취함에 배달

(7) 손해배상

손실, 분실에 한하여 최대 10만원까지 손해배상을 제공하며, 배달완료(우편함 등) 후에 발생된 손실, 분실은 손해배상 대상에서 제외

3 계약등기 서비스

(1) 개념

등기취급을 전제로 우체국장과 발송인과 별도의 계약에 따라 접수한 통상우편물을 배달하고, 배달결과를 발송인에게 전자적 방법 등으로 알려주는 부가취급 제도이다.

(2) 종류와 취급대상

① 일반형 계약등기

    ㉠ 등기취급을 전제로 부가취급 서비스를 선택적으로 포함하여 계약함으로써, 고객이 원하는 우편서비스를 제공하는 상품

    ㉡ 한 발송인이 1회에 100통 이상, 월 5,000통 이상(두 요건 모두 충족) 발송하는 등기통상 우편물

② 맞춤형 계약등기

    ㉠ 등기취급을 전제로 신분증류 등 배달 시 특별한 관리나 서비스가 필요한 우편물로 표준요금을 적용하는 상품

    ㉡ 1회 및 월 발송물량에 제한이 없다.

    ㉢ 취급상품과 요금에 대해서는 과학기술정보통신부장관이 고시한다.

(3) 계약업무

① 계약체결관서

    ㉠ 우편집중국, 5급 이상 공무원이 우체국장으로 배치된 우체국

    ㉡ 단, 맞춤형 계약등기는 소속국(별정국, 우편취급국 제외)도 접수관서로 계약이 가능

② 계약기간 : 1년, 계약기간 만료 1개월 전까지 계약체결 관서나 이용자가 계약 해지·변경에 관한 의사 표시가 없을 경우에는 1년 단위로 자동 연장

③ 제공서비스

    ㉠ 일반 계약등기 : 등기취급을 전제로 부가취급 서비스를 선택적으로 포함하여 계약함으로써 고객이 원하는 우편서비스 제공

    ㉡ 맞춤형 계약등기 : 등기취급을 전제로 신분증류 등 배달 시 특별한 관리나 서비스가 필요한 우편물로 표준요금을 적용

(4) 부가취급 서비스

① 착불배달

    ㉠ 계약등기 우편물의 요금을 배달할 때 수취인에게 받는 부가취급제도

    ㉡ 우편요금 등을 수취인이 지불하기로 발송인이 수취인의 승낙을 얻은 계약등기 우편물이어야 한다.

    ㉢ 발송인이 우편요금을 납부하지 않고, 우편요금(등기취급수수료 포함)과 착불배달 수수료를 수취인에게서 받는다.

    ㉣ 수취인에게 배달하지 못하고, 발송인에게 반송된 착불배달 계약등기 우편물은 발송인에게 우편물을 반환하고, 발송인에게서 착불수수료를 제외한 우편요금(등기취급수수료 포함)과 반송수수료를 징수하되 맞춤형 계약등기는 착불수수료를 제외한 우편요금(등기취급수수료 포함)만 징수한다.

② 회신우편

  ㉠ 등기취급을 전제로 우체국 그리고 발송인과 별도의 계약에 따라 수취인을 직접 만나서 우편물을 배달하면서 서명이나 도장을 받는 등 응답이 필요로 하는 사항을 받거나 서류를 넘겨받아 발송인이나 발송인이 지정하는 자에게 회신하는 부가취급제도

  ㉡ 발송인이 사전에 배달과 회신에 대한 상세한 사항을 계약관서와 협의하여 정한 계약등기 우편물이어야 한다.

  ㉢ 수취인을 직접 만나서 우편물을 배달하고, 회송통지서(개인정보 활용동의서 등)에 필요한 서명, 날인을 받거나 수취인이 넘겨주는 서류를 인계받아 발송인 또는 발송인이 지정한 자에게 회신한다.

③ 본인지정배달

  ㉠ 등기취급을 전제로 우편물을 수취인 본인에게만 배달하여 주는 부가취급제도

  ㉡ 수취인이 개인정보 누출이나 재산상의 피해를 예방하기 위하여 발송인이 수취인 본인에게 배달하도록 지정한 우편물이다.

  ㉢ 수취인 본인에게만 배달한다.

④ 우편주소 정보제공

  ㉠ 등기취급을 전제로 이사 등 거주지 이전으로 우편주소가 바뀐 경우 우편물을 바뀐 우편주소로 배달하고, 수취인의 동의를 받아 발송인에게 바뀐 우편주소정보를 제공하는 부가취급제도

  ㉡ 이용조건 : 발송인이 계약관서와 미리 서비스에 대해 이용과 요금후납이 계약되어 있고, 수취인의 바뀐 주소정보를 발송인에게 알려주기 위해 배달할 때 수취인의 동의를 받은 우편물이어야 한다.

  ㉢ 취급방법 : 우편주소 변경사유(이사감, 주소불명, 수취인 미거주 등)가 생긴 때 해당 우편물을 바뀐 수취인의 주소지로 전송해 주고 수취인의 동의를 받아 발송인에게 바뀐 우편 주소 정보를 제공한다.

⑤ 반송수수료 사전납부

  ㉠ 대상 : 일반형 계약등기 우편물

  ㉡ 납부방법 : 우편물 접수 시 우편요금 반송률을 적용한 반송수수료를 합산하여 납부한다.

  ㉢ 반송률 산정

최초 적용 기준	• 최초 1년은 등기우편물 반환율에 0.5%를 가산하여 적용한다. • 등기우편물 반송률 적용 시에는 계약하고자 하는 등기우편물과 동일한 종류의 등기우편물 반송률, 계약하고자 하는 등기우편물과 가장 유사한 종류의 등기우편물 반송률, 전체 등기우편물 반송률 순으로 적용한다.
재산정 적용 기준	계약 우편물의 최근 1년간 반송률을 산정하여 적용한다.

(5) 요금 체계

① 일반형 계약등기 : 통상요금＋등기취급수수료＋부가취급수수료

  ※ 통상 우편요금 : 현행 무게별 요금체계 적용

② 맞춤형 계약등기 : 표준요금＋중량 구간별 요금＋부가취급수수료

  ※ 100g까지 표준요금(등기취급수수료 포함)을 적용하고, 100g 초과할 때마다 국내통상 우편요금의 중량 구간별 요금을 적용

㉠ 표준요금 : 상품별 서비스 수준에 맞추어 과학기술정보통신부장관 고시로 정한 요금

㉡ 중량 구간별 요금 적용

- 100g까지는 종별 표준요금을 적용한다.
- 100g부터 초과 100g마다 240원씩 추가한다(통상우편 초과 100g마다 추가요금 기준).

㉢ 부가취급수수료

부가취급 서비스	수수료	비 고
회신우편	1,500원	일반형 및 맞춤형 계약등기
본인지정배달	1,000원	
착불배달	500원	
우편주소 정보제공	1,000원	
반송수수료 사전납부	반송수수료×반송률	일반형 계약등기

※ 맞춤형 계약등기는 익일특급이 기본으로 전제된 서비스이며, 반송수수료는 면제됨

(6) 일반형 계약등기의 반송수수료 일부 면제

① 대상 : 「우편법 시행령」 제3조 제8호에 의거 서신 제외 대상인 신용카드 우편물

② 면제조건 : 면제적용 월 직전 3개월의 평균물량이 10만 통 이상이고, 해당 월 접수물량이 10만 통 이상인 경우

※ 월 단위 산정은 매월 1일에서 말일까지로 한다.

③ 면제비율 : 월 접수물량의 1~3%

㉠ 10만 통 이상 20만 통 미만 : 1% 이내

㉡ 20만 통 이상 30만 통 미만 : 2% 이내

㉢ 30만 통 이상 : 3% 이내

④ 징수방법 : 매월 면제비율에 의해 반송수수료의 일부를 면제하여 정산 후 우편요금과 동일하게 후납으로 징수한다.

4 선납 라벨 서비스

(1) 선납 등기통상 라벨

① 개념 : 등기번호 및 발행번호가 부여된 선납라벨을 우체국 창구 등에서 구매하여 첨부하면 우편창구 외(우체통, 무인우편접수기)에서도 등기우편물을 접수할 수 있도록 하는 서비스

② 대상 : 등기통상 우편물

③ 접수채널 : 전 관서 우편창구 및 우체통 투함, 무인우편접수기

④ 판매가격 : 중량별 차등 적용되는 등기통상우편물의 요금

㉠ 기본 : 중량별 통상우편요금＋등기취급 수수료

㉡ 선택 : 익일특급 수수료, 배달증명 수수료

⑤ 등기우편물로서 효력발생 시점

　　㉠ 창구접수 : 우체국 창구 접수 시

　　㉡ 우체통 투함 : 수거 후 우체국 창구 접수 시

　　㉢ 무인우편접수기 이용 : 무인우편접수기 접수 완료 시

(2) 선납 선택등기통상 라벨

① 개념 : 등기번호 및 발행번호가 부여된 선납라벨을 우체국 창구 등에서 구매하여 첨부하면 우편창구 외에서도 선택등기우편물을 접수할 수 있도록 하는 서비스

② 대상 : 선택등기 우편물

③ 접수채널 : 전 관서 우편창구 및 우체통 투함

④ 판매가격 : 중량별 차등 적용되는 선택등기통상우편물의 요금

　　㉠ 기본 : 중량별 통상우편요금＋선택등기취급 수수료

　　㉡ 선택 : 익일특급 수수료

⑤ 등기우편물로서 효력발생 시점

　　㉠ 창구접수 : 우체국 창구 접수 시

　　㉡ 우체통 투함 : 수거 후 우체국 창구 접수 시

(3) 선납 준등기통상 라벨

① 개념 : 준등기 번호 및 발행번호가 부여된 선납라벨을 우체국 창구 등에서 구매하여 첨부하면 우편창구 외(우체통, 무인우편접수기)에서도 준등기 우편물을 접수할 수 있도록 하는 서비스

② 대상 : 준등기 우편물(준등기우편 발송요건에 맞지 않는 경우 접수 불가)

③ 접수채널 : 전 관서 우편창구 및 우체통 투함, 무인우편접수기

④ 판매가격 : 200g까지 1,800원[정액(단일)요금]

⑤ 준등기우편물로 취급 시점

　　㉠ 창구접수 : 우체국 창구 접수 시

　　㉡ 우체통 투함 : 수거 후 우체국 창구 접수 시

　　㉢ 무인우편접수기 이용 : 무인우편접수기 접수 완료 시

(4) 선납 일반통상 라벨

① 개념 : 우편요금과 발행번호가 부여된 선납라벨을 우체국 창구에서 구매 후 일반통상우편물에 우표 대신 첨부하여 우편물을 접수할 수 있도록 하는 서비스

② 대상 : 일반통상 우편물(등기우편물에도 부착 가능)

③ 접수채널 : 전 관서 우편창구 및 우체통 투함, 무인우편접수기

④ 판매가격 : 중량별 일반통상 우편요금

(5) 공통사항

① **이용원칙** : 발송인은 우편물 당 1개의 선납라벨만 부착[우편물 봉투 우측 상단(우표 부착위치)에 부착]

　　※ 단, 선납일반통상라벨은 우편물에 기 부착한 선납라벨의 우편요금이 부족한 경우에는 동일 우편물에 추가로 부착 가능

② **판매채널** : 전국 우체국 우편창구(별정우체국, 우편취급국 포함)

③ **유효기간(권장사용기간)** : 구입 후 1년 이내 사용

　　※ 선납통상라벨은 시간이 경과하면 인쇄상태가 흐려질 수 있으므로 유효기간 내 사용을 권장하며, 다만 유효기간이 경과하더라도 고객 요청 시 재출력 가능

　　※ 선납등기(선택등기, 준등기) 라벨의 경우 유효기간 경과에 따른 고객의 라벨 재출력 요청 시 판매일자 기준으로 1년, 2년, 3년 중 유효기간 연장 선택하여 처리

④ 선납라벨 사용기간 권장 사용기간(1년 이내) 경과로 인해 인쇄 상태가 불량하거나 라벨 일부 훼손 등으로 사용이 어려운 경우, 해당 라벨 소지 후 우체국에 방문하여 동일한 발행번호와 금액으로 재출력 받을 수 있다.

⑤ 선납라벨 훼손 정도가 심각하여 판매정보(발행번호, 바코드, 요금 등)의 식별이 불가능한 경우에는 재출력이 불가하다.

⑥ 선납라벨로 접수된 우편물에 대해 접수를 취소하면, 선납라벨을 재출력하여 교부한다.

⑦ 선납라벨 구매 취소 및 환불은 구매 당일에 한해 구매자가 영수증을 소지하고, 판매우체국에 방문 시 환불 가능하고, 부분 환불은 불가하다.

⑧ 선납라벨을 부착한 우편물 접수 시 실제 우편요금보다 선납라벨 금액이 많은 경우 차액은 환불이 불가하다.

⑨ 미사용 선납 등기(선택등기, 준등기) 통상라벨은 라벨 금액 범위 내에서 1매 이상의 선납일반통상라벨로 교환하여 발행 가능하다.

⑩ 미사용 선납일반통상라벨은 라벨 금액 범위 내에서 2매 이상의 선납일반통상라벨로 분할 발행 가능하다.

1   보험취급 우편물의 종류

(1) 보험통상 : 통화등기, 물품등기, 유가증권등기, 외화등기

(2) 보험소포 : 안심소포

2   보험통상

(1) 통화등기

① 개념

    ㉠ 우편을 이용해서 현금을 직접 수취인에게 배달하는 제도로서 만일 취급하는 중에 잃어버린 경우에는 통화등기 금액 전액을 변상하여 주는 보험 취급제도

    ㉡ 주소지까지 현금이 직접 배달되므로 우편환이나 수표와 같이 해당 관서를 방문해야 하는 번거로움이 없어 방문시간이 절약되고 번잡한 수속절차를 생략할 수 있어 소액 송금제도로서 많이 이용된다.

② 취급조건

    ㉠ 취급대상 : 강제 통용력이 있는 국내통화에 한정

        ※ 다음의 것은 통화등기로 취급할 수 없음

        • 현재 사용할 수 없는 옛날 통화

        • 마모 · 오염 · 손상의 정도가 심하여 통용하기가 곤란한 화폐

        • 외국화폐

    ㉡ 통화등기 취급의 한도액 : 10원 이상 100만원 이하의 국내통화로서, 10원 미만의 단수는 붙일 수 없다.

    ㉢ 통화등기우편물은 등기취급우편물로 발송하여야 한다.

    ㉣ 우편요금과 취급수수료 계산방법

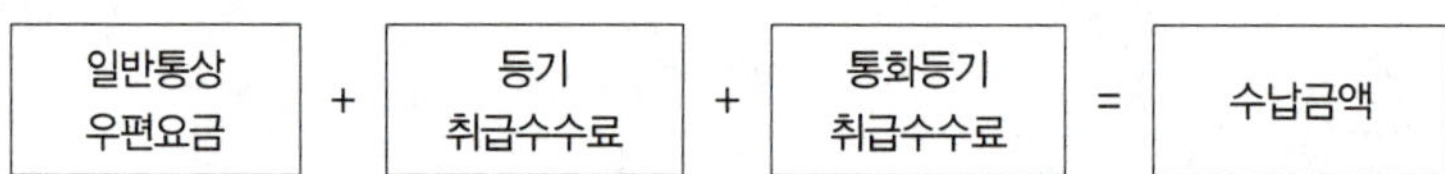

        • 부가취급(배달증명, 특급취급 등)이 있을 때에는 그 수수료를 가산

        • 보험등기 봉투요금은 별도로 계산한다.

(2) 물품등기

① 개념 : 귀금속, 보석, 옥석, 그 밖의 귀중품이나 주관적으로 가치가 있다고 신고하는 것을 보험등기 봉투에 넣어 수취인에게 직접 송달하고 취급 도중 분실되거나 훼손한 경우 표기금액을 배상하는 보험취급제도의 하나로 통상우편물에 한정한다.

② 취급대상

    ㉠ 귀금속 : 금, 은, 백금 및 이들을 재료로 한 제품

    ㉡ 보석류 : 다이아몬드, 진주, 자수정, 루비, 비취, 사파이어, 에메랄드, 오팔, 가닛 등 희소가치를 가진 것

    ㉢ 주관적 가치가 있다고 신고 되는 것 : 응시원서, 여권, 신용카드류 등

③ 취급가액 : 물품등기의 신고가액은 10원 이상 300만원 이하의 물건만 취급하며, 10원 미만의 단수를 붙일 수 없다.

④ 취급조건

    ㉠ 물품 가액은 발송인이 정하며, 취급 담당자는 가액 판단에 관여할 필요가 없다.

    ㉡ 물품등기우편물은 등기취급우편물로 발송하여야 한다.

    ㉢ 발송할 물품의 가액은 취급한도액을 초과한 것이 아닌지를 확인하여야 한다. 다만, 취급한도액을 초과한 것은 취급할 수 없으나 발송인이 취급한도액까지만 기록하기로 하고 취급을 요구할 때에는 취급할 수 있다.

(3) 유가증권등기

① 개념 : 현금과 교환할 수 있는 우편환증서나 수표 따위의 유가증권을 보험등기봉투에 넣어 직접 수취인에게 송달하는 서비스로 우편물을 분실하거나 훼손한 경우에는 봉투 표면에 기록된 금액을 배상하여 주는 보험 취급제도이다.

② 취급대상 및 한도액 : 액면 또는 권면가액이 10원 이상 2천만원 이하의 송금수표, 국고수표, 우편환증서, 자기앞수표, 상품권, 선하증권, 창고증권, 화물상환증, 주권, 어음 등의 유가증권으로 취급할 수 있다. 다만, 10원 미만의 단수를 붙일 수 없다.

    ※ 사용된 유가증권류, 기프트카드 등에 대하여 보험취급을 원할 경우 유가증권등기로 취급할 수 없으나 물품등기로는 접수가 가능하다.

③ 취급조건

    ㉠ 발송할 유가증권의 액면 금액과 봉투표기 금액을 대조하여 일치하는지 확인한다.

    ㉡ 등기취급우편물로 발송하여야 한다.

    ㉢ 발송할 물품의 가액은 취급한도액을 초과한 것이 아닌지를 확인하여야 한다. 다만, 취급한도액을 초과한 것은 취급할 수 없으나 발송인이 취급한도액까지만 기록하기로 하고 취급을 요구할 때에는 취급할 수 있다.

(4) 외화등기

① 우체국과 금융기관과의 계약을 통해 외국통화(현물)를 고객에게 직접 배달하는 맞춤형 우편서비스

② 맞춤형 계약등기(보험취급＋본인지정＋익일특급)

③ 이용방법 : 금융기관과의 계약을 통하여 외화현금을 접수 · 배달

　㉠ 접수우체국 : 계약에 따라 지정된 우체국

　㉡ 배달우체국 : 전국 우체국(익일특급 배달 불가능 지역은 제외함)

④ 취급 통화 : 계약기관별로 계약에 따라 지정된 외화

⑤ 취급 금액 : 최소 10만원 이상 150만원 이하(원화 환산 시 기준, 지폐만 가능)

⑥ 적용요금 : 표준요금 통당 10,000원

　※ 중량구간별 요금 미적용, 과금에 의한 반송 등을 모두 포함한 금액

3　보험소포(안심소포)

(1) 개념 : 고가의 상품 등 등기소포우편물을 대상으로 하며, 손해가 생기면 해당 보험가액을 배상하여 주는 부가취급제도

　※ 안심소포는 보험가액 한도 내에서 실손해액을 배상한다(안심소포가 제한되는 전자제품은 분실의 경우만 청구 · 배상 가능).

(2) 취급조건

① 취급대상

　㉠ 등기소포를 전제로 보험가액 300만원 이하의 고가품, 귀중품 등 사회통념상 크기에 비하여 가격이 높다고 발송인이 신고한 것으로서 그 취급에 특히 유의할 필요가 있는 물품과 파손, 변질 등의 우려가 있는 물품이어야 한다.

　㉡ 귀금속, 보석류 등의 소형포장우편물은 물품등기로 접수하도록 안내해야 한다.

　㉢ 부패하기 쉬운 냉동 · 냉장 물품은 이튿날까지 도착이 가능한 지역이어야 한다.

　　※ 우편물 배달기한 내에 배달하기 곤란한 지역으로 가는 물품은 접수 제외

② 취급가액

　㉠ 안심소포의 가액은 10만원 이상 300만원 이하의 물건에 한정하여 취급하며 10원 미만의 단수를 붙일 수 없다.

　㉡ 신고가액은 발송인이 정하는 가격으로 하며 취급담당자는 상품가액의 판단에 관여할 필요가 없다.

③ 취급조건

　㉠ 등기소포 안의 내용물은 발송인이 참관하여 반드시 확인하여야 한다.

　㉡ 발송할 물품의 가액은 취급한도액을 초과한 것이 아닌지를 확인하여야 한다. 단, 취급한도액을 초과한 것은 취급할 수 없으나 발송인이 취급한도액까지만 기록하기로 하고 취급을 요구할 때에는 취급할 수 있다.

1 내용증명

(1) 개념

① 발송인이 수취인에게 어떤 내용의 문서를 언제 발송하였다는 사실을 우편관서가 공적으로 증명해 주는 우편서비스이다.

② 내용증명제도는 개인끼리 채권·채무의 이행 등 권리의무의 득실 변경에 관하여 발송되는 우편물의 문서내용을 후일의 증거로 남길 필요가 있을 경우와 채무자에게 채무의 이행 등을 최고(催告)하기 위하여 주로 이용되는 제도이다.

③ 우편관서는 내용과 발송 사실만을 증명할 뿐, 그 사실만으로 법적 효력이 발생되는 것은 아님에 주의해야 한다.

(2) 접수할 때 유의할 사항

① 문서의 내용

  ㉠ 내용문서는 한글이나 한자 또는 그 밖의 외국어로 자획을 명확하게 기록한 문서에 한정하여 취급하며, 숫자, 괄호, 구두점이나 그 밖에 일반적으로 사용하는 단위 등의 기호를 함께 적을 수 있다.

  ㉡ 공공의 질서나 선량한 풍속에 반하는 내용이 아니어야 하며 내용문서의 원본과 등본이 같은 내용임이 쉽게 식별되어야 한다.

  ㉢ 내용증명의 대상은 문서에 한정하며 문서 이외의 물건(㈜ 우표류, 유가증권, 사진, 설계도 등)은 그 자체 단독으로 내용증명의 취급대상이 될 수 없다.

  ㉣ 내용문서의 원본과 관계없는 물건을 함께 봉입할 수 없다.

② 내용문서의 원본 및 등본

  ㉠ 내용증명의 발송인은 내용문서의 원본과 그 등본 2통을 제출하여야 한다.

  ㉡ 단, 발송인에게 등본이 필요하지 않은 경우에는 등본 1통만 제출이 가능하며, 이 경우 우체국 보관 등본 여백에 "발송인 등본 교부 않음"이라고 표시해야 한다.

  ㉢ 동문내용증명 우편물(문서의 내용은 같으나 2인 이상의 각기 다른 수취인에게 발송하는 내용증명 우편물)인 경우에는 각 수취인의 주소와 이름을 전부 기록한 등본 2통과 각 수취인 앞으로 발송할 내용문서의 원본을 함께 제출하여야 한다.

  ㉣ 내용문서의 원본이나 등본의 문자나 기호를 정정·삽입·삭제한 경우에는 정정·삽입·삭제한 문자와 정정·삽입·삭제한 글자 수를 난외나 끝부분 빈 곳에 적고 그곳에 발송인의 인장 또는 지장을 찍거나 서명을 하여야 하며, 고치거나 삭제한 문자나 기호는 명료하게 알아볼 수 있도록 하여야 한다.

[예 시]

① 정정의 경우

············ 금액 ~~30,000원~~ 80,000원 ·············· 　　**7자 정정 (인)**

② 삽입의 경우

············ 금액 ∨을 변제하여 주십시오 80,000원 　　**7자 삽입 (인)**

③ 삭제의 경우

····· 금액 80,000원을 ~~즉서~~ 변제하여 주십시오　　**2자 삭제 (인)**

※ 정정 및 삭제의 경우 본래의 글자를 알아볼 수 있도록 해야 하며 알아볼 수 없도록 완전히 지워서는 안된다(우편법 시행규칙 제50조제2항).

50,000원　　(O)　　　　　　50,000원　　(X)
~~30,000원~~　　　　　　　　30,000원

---

　　⑩ 내용증명 우편물의 내용문서의 원본과 등본에 기록한 발송인과 수취인의 주소·성명은 우편물의 봉투에 기록한 것과 같아야 한다. 다만, 동문내용증명 우편물인 경우 각 수취인의 주소·성명을 전부 기록한 등본은 예외로 한다.

　　⑭ 다수인이 연명으로 발송하는 내용문서의 경우 그 발송인들 중 1인의 이름, 주소만을 우편물의 봉투에 기록한다.

③ 내용증명우편물 취급수수료의 계산

　　㉠ 내용증명 취급수수료는 글자 수나 행 수와는 관계없이 A4 용지 규격을 기준으로 내용문서(첨부물 포함)의 매수에 따라 계산한다.

　　㉡ 내용문서의 원본과 등본의 작성은 양면을 사용하여 작성할 수 있으며, 양면에 내용을 기록한 경우에는 2매로 계산한다.

　　㉢ 내용문서의 크기가 A4 용지 규격보다 큰 것은 A4 용지의 크기로 접어서 총 매수를 계산하고, A4 용지보다 작은 것은 이를 A4 용지로 보아 매수를 계산한다.

　　㉣ 내용문서의 매수가 2매 이상일 경우에는 2매부터 최초 1매의 반값으로 계산한다.

　　㉤ 동문내용증명의 경우 수취인 수 1명 초과마다 내용문서 매수와 관계없이 내용문서 최초 1매의 금액으로 계산한다.

④ 취급요령

　　㉠ 수취인에게 발송할 내용문서의 원본, 우체국에서 보관할 등본, 발송인에게 교부할 등본에는 우편날짜도장을 걸쳐 찍거나 원본과 등본을 겹쳐서 같은 위치에 구멍을 뚫는(천공) 방식으로 계인한다.

　　㉡ 다만, 내용문서가 2매 이상인 경우로서 원본과 등본을 겹쳐서 같은 위치에 구멍을 뚫는(천공) 방식으로 계인한 것은 본문에 따라 간인한 것으로 본다.

　　㉢ 내용문서의 원본이나 등본의 수량이 2장 이상일 때에는 내용문서의 원본 및 등본의 글자를 훼손하지 않도록 빈 여백에 우편날짜도장으로 간인하거나, 천공기로 간인하여야 한다.

　　※ 발송인의 인장이나 지장으로 간인하지 않음에 주의해야 한다.

　　㉣ 내용증명 취급수수료에 해당하는 우표는 우체국에 보관하는 등본의 빈 곳에 붙이고 우편날짜도장으로 소인한다. 다만, 즉납으로 출력된 요금증지를 첨부하거나 날짜가 표시되어 있는 후납인을 날인하는 경우에는 소인을 생략하며, 후납인 아래에 취급수수료 금액을 표시하여야 한다.

(3) 내용증명의 재증명과 열람 청구

① 개념 : 내용증명 발송인 또는 수취인이 내용증명 문서의 등본(수취인인 경우는 원본)을 분실하였거나 새
로 등본이 필요할 때 우체국의 등본 보관기간인 3년에 한정하여 발송인 · 수취인이나 발송인 · 수취인으
로부터 위임을 받은 사람의 재증명 청구에 응하거나 열람 청구에 응하는 것을 말한다.

② 재증명 청구기간 : 내용증명 우편물을 접수한 다음 날부터 3년 이내

③ 청구국 : 전국 우체국(우편취급국 포함) 및 인터넷우체국

④ 청구인 : 내용증명 우편물의 발송인 또는 수취인, 발송인이나 수취인에게서 위임을 받은 사람

　※ 인터넷우체국으로 신청할 경우 발송인 및 수취인 본인만 가능(아이핀, 휴대폰 본인인증 실시)

⑤ 재증명 취급수수료 : 재증명 당시 내용증명 취급수수료의 반액을 재증명 문서 1통마다 각각 징수한다.

　※ 10원 미만의 금액이 발생할 경우에는 절사한다.

⑥ 재증명 취급수수료의 계산시점 : 재증명을 요청한 때

⑦ 열람 수수료 : 열람 당시의 내용증명 취급수수료 반액에 해당하는 수수료를 징수한다.

⑧ 열람방법 : 반드시 취급담당자가 보는 앞에서 열람(보고 옮겨 쓰는 것 포함)하도록 한다.

⑨ 타국 접수 내용증명 재증명 절차

　㉠ 내용증명 등본보관국 외(타국) 재증명 청구

　　• 청구인 본인(또는 대리인)임을 확인한 후, 발송 후 내용증명을 신청한다.

　　• 등본보관국 외에 신청하는 경우에는 우편(규격 외, 익일특급)으로 발송한다.

　　• 등본보관국에서는 D+1일 이내에 내용증명 등본을 복사한 후, 재증명 처리하여 우편(익일특급+우
　　편사무)으로 청구인에게 발송한다.

　㉡ 등본보관국에서 확인하기 전까지는 취소가 가능하다. 하지만 등본보관국 확인 후에는 내용문서 복사
로 인해 취소가 불가능하다.

　㉢ 내용증명 재증명 우편발송서비스 요금

> 내용증명 재증명 수수료(내용증명 수수료 1/2)+우편요금(규격 외 중량별 요금)+등기취급수수료+익일특급수수
> 료+복사비(장당 50원)+대봉투(100원)

2 배달증명

(1) 개념

① 수취인에게 우편물을 배달하거나 교부한 경우 그 사실을 배달우체국에서 증명하여 발송인에게 통지하는
부가취급 우편 서비스

② 배달증명은 등기우편물을 발송할 때에 청구하는 발송 때의 배달증명과 등기우편물을 발송한 후에 필요
에 따라 사후에 청구하는 발송 후의 배달증명으로 구분할 수 있다.

(2) 취급대상 : 등기우편물에 한정하여 취급할 수 있다.

(3) 요금체계

① 통상우편물 배달증명을 접수할 때

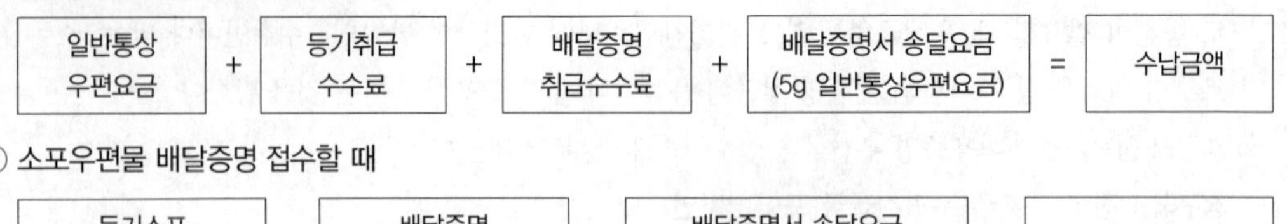

② 소포우편물 배달증명 접수할 때

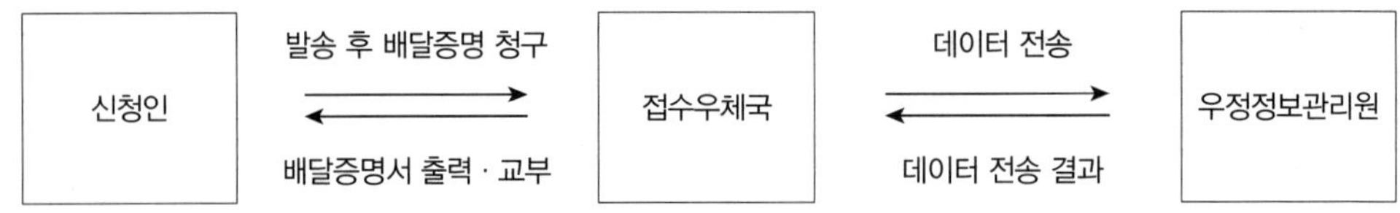

(4) 발송 후의 배달증명 청구

① **개념** : 등기우편물을 발송할 당시에는 배달증명을 청구하지 않고 발송하였으나, 사후에 등기우편물의 배달사실의 증명이 필요하게 된 경우에 발송인이나 수취인이 우체국에 청구하는 제도

② **처리절차** : 전국 우체국과 인터넷우체국에서 신청할 수 있으며, 청구 접수국은 정당한 발송인이나 수취인임을 확인한 후 처리한다.

③ 청구기간

 ㉠ 발송한 다음 날부터 1년

 ㉡ 단, 내용증명우편물에 대한 배달증명 청구는 발송한 다음 날부터 3년

(5) 인터넷우체국 발송 후 배달증명 서비스

① 우체국을 방문하지 않고 인터넷으로 조회하여 프린터로 직접 인쇄하는 서비스

② 등기우편물의 발송인이나 수취인만 신청할 수 있다.

③ 배달완료일 D+2일부터 신청이 가능하다.

④ **신청기한** : 등기우편물을 발송한 다음 날부터 1년 이내(다만, 내용증명은 3년)

⑤ **이용요금** : 1건당 1,600원

⑥ 인터넷우체국 회원에 대해서만 신청이 가능하다(회원전용 서비스).

⑦ 결제 후 다음 날 24시까지 (재)출력이 가능하다.

1　국내특급

(1) 개념

등기취급을 전제로 국내특급우편 취급지역 상호 간에 주고받는 긴급한 우편물을 통상의 송달 방법보다 더 빠르게 송달하기 위하여 접수된 우편물을 약속한 시간 내에 신속히 배달하는 특수취급제도

(2) 종류 및 배달기한

① 국내특급우편은 익일특급(통상우편물 한)이 있다.

② 배달기한 : 익일특급은 접수 익일 배달이다.

(3) 취급조건

① 취급대상 : 등기취급하는 우편물에 한정하여 취급한다.

② 제한중량 : 익일특급 통상우편물의 취급제한중량은 30kg

③ 접수우체국 : 익일특급우편물은 전국 모든 우체국에서 접수 가능하다.

④ 접수마감시각 및 배달시간

접수지정 우체국별 접수마감시각 및 배달우체국의 배달시간은 관할 지방우정청장이 정하여 고시한다.

⑤ 국내특급 취급지역

익일특급의 취급지역은 전국으로 하되, 접수한 날의 다음 날까지 배달이 곤란한 지역에 대해서는 별도의 추가일수 및 사유 등을 관할 지방우정청장이 고시한다. 이 경우 익일특급 우편물의 배달기한에 토요일, 공휴일(일요일 포함)은 산입하지 아니한다.

1　특별송달

(1) 개념

특별송달은 다른 법령에 따라 「민사소송법」이 정하는 방법으로 송달하여야 하는 서류를 내용으로 하는 등기 통상 우편물을 송달하고 그 송달의 사실을 우편송달 통지서로 발송인에게 알려주는 부가취급 서비스

(2) 취급조건

등기 취급하는 통상우편물에 한하여 취급할 수 있다.

(3) 취급대상

「민사소송법」 제187조에 따라 송달하여야 한다는 뜻을 명시하고 있는 서류에 한정하여 취급할 수 있다.

① 법원에서 발송하는 것

② 특허청에서 발송하는 것

③ 「군사법원법」에 따라 발송하는 군사재판절차에 관한 서류

④ 국제심판소, 소청심사위원회 등 준사법기관에서 관계규정에 의하여 발송하는 재결절차에 관한 서류

⑤ 공증인이 「공증인법」에 따라 발송하는 공정증서의 송달(「공증인법」 제56조의5) 서류

⑥ 병무청에서 「민사소송법」 제187조에 따라 송달하도록 명시한 서류

⑦ 선관위에서 「민사소송법」 제187조에 따라 송달하도록 명시한 서류

⑧ 검찰청에서 「민사소송법」 제187조에 따라 송달하도록 명시한 서류

⑨ 그 밖의 다른 법령에서 특별송달로 하도록 명시된 서류

(4) 요금체계

① 송달통지서가 1통인 소송서류를 발송하는 경우

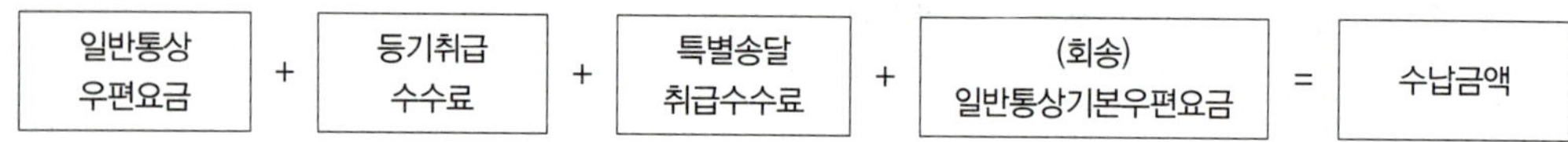

② 송달통지서가 2통 첨부된 소송서류를 발송할 경우

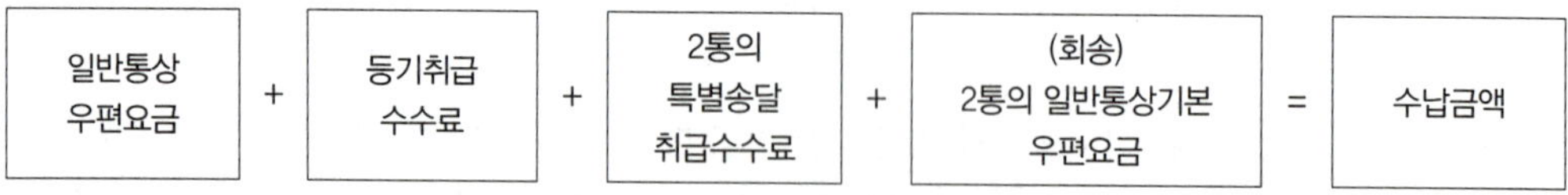

③ 특별송달우편물에 첨부된 우편송달통지서 용지의 무게는 우편물의 무게에 합산한다.

④ 일반통상 기본우편요금은 25g 규격 우편물을 기준으로 한다.

2 민원우편

(1) 개념

국민들의 일상생활에 필요한 각종 민원서류를 관계기관에 직접 나가서 발급 받는 대신 우편이나 인터넷으로 신청하고 그에 따라 발급된 민원서류를 등기취급하여 민원우편 봉투에 넣어 일반우편물보다 우선하여 송달하는 부가취급 서비스

(2) 제도의 특징

① 민원우편의 송달에 필요한 왕복우편요금과 민원우편 부가취급수수료를 접수(발송)할 때 미리 받는다.

② 우정사업본부에서 발행한 민원우편 취급용 봉투(발송용, 회송용)를 사용해야 한다.

③ 민원발급 수수료와 회송할 때의 민원발급 수수료 잔액을 현금으로 우편물에 봉입하여 발송할 수 있다.

④ 민원발급수수료의 송금액을 5,000원으로 제한한다(민원발급 수수료가 건당 5,000원을 초과하는 경우는 예외).

⑤ 민원우편은 익일특급의 배달방법에 따라 신속히 송달한다.

⑥ 우정사업본부장이 정하여 고시하는 민원서류에 한정하여 취급할 수 있다.

(3) 요금

발송할 때의 취급요금(우편요금＋등기취급수수료＋익일특급수수료)과 회송할 때의 취급요금(50g 규격우편요금＋등기취급수수료＋익일특급수수료)을 합하여 접수 시에 선납한다.

(4) 회송용 봉투의 요금선납 날짜도장 날인

민원우편 회송용 봉투에 날인하는 요금선납 날짜도장은 최초의 발송 민원우편 접수우체국의 접수한 날의 우편날짜도장으로 날인하는 것이며, 회송민원우편 접수우체국에서 날인하는 것이 아님에 주의하여야 한다.

(5) 발송용 봉투의 봉함

발송인이 봉함할 때는 인장(지장) 또는 서명(자필 서명)으로 한다.

(6) 회송용 봉투의 봉함

회송용 민원우편물의 봉함은 민원발급기관의 취급담당자(우체국 취급담당자가 아님)가 인장(지장) 또는 서명(자필)을 날인하여 봉함하여야 하며, 수수료 잔액 등 내용품 확인에 대하여는 우체국 담당자는 참관하지 않는다.

3 착불배달 우편물

(1) 개념

등기취급 소포우편물과 계약등기우편물 등의 요금을 발송인이 신청할 때 납부하지 않고 우편물을 배달 받은 수취인이 납부하는 제도

(2) 취급대상

수취인이 우편요금 등을 지불하기로 발송인이 수취인의 승낙을 얻은 등기 우편물을 취급한다.

(3) 발송인이 수취인의 승낙을 얻은 경우 착불배달 우편물로 접수할 수 있다.

(4) 착불배달 우편물이 수취인 불명, 수취거절 등으로 반송되는 경우 발송인에게 우편요금 및 반송수수료를 징수한다. 다만, 맞춤형 계약등기는 우편요금(표준요금＋중량구간별 요금)만 징수한다.

※ 접수담당자는 발송인에게 위 사항을 반드시 설명해야 한다.

그 밖의 우편서비스

01 우체국쇼핑

1 개념

전국 각 지역에서 생산되는 특산품과 중소기업 우수 제품을 우편망을 이용하여 주문자나 제3자에게 직접 공급하여 주는 서비스

구 분	주요 내용
특산물	검증된 우수한 품질의 농·수·축산물을 전국 우편망을 이용해 생산자와 소비자를 연결해주는 서비스
제철식품	출하시기의 농수산 신선식품, 소포장 가공식품, 친환경 식품 등을 적기에 판매하는 서비스
생활마트	경쟁력을 갖춘 우수 중소기업의 공산품 판매 서비스
B2B	우수 중소기업상품의 판로를 확보하고 기업의 구매비용 절감과 투명성을 높이기 위하여 기업과 기업 간의 거래환경을 제공하는 서비스
꽃배달	우체국이나 인터넷을 이용하여 꽃배달 신청을 할 경우 전국의 업체에서 지정한 시간에 수취인에게 직접 배달하는 서비스
전통시장	대형 유통업체의 상권 확대로 어려워진 전통시장 소상인들의 판로 확보를 위해 전국의 전통시장 상품을 인터넷몰에서 판매하는 서비스
창구판매	창구에서 우체국쇼핑상품을 즉시 판매하는 서비스

2 손실·분실 등에 따른 반품우편물의 처리

(1) 반품요청 접수관서에서의 처리

우체국쇼핑 상품이 운송 중 손실·분실·내용품 훼손 등의 사유로 수취인이 수취를 거절하는 경우에는 반품우편물의 교환, 환불 요구의 여부를 확인하고 우편물류시스템 반품관리에 등록한 후 우편물을 회수하여 반송 처리한다.

(2) 공급우체국에서의 처리

우체국쇼핑 상품의 반품우편물이 도착하면 우편물류시스템의 반품확인 관리에서 '반품확인' 처리하고, 지정된 우체국 공금계좌에 환불 요금 입금 여부를 수시로 확인하여 환불 요금이 입금되는 즉시 등록된 입금계좌로 환불 요금을 송금처리하고 우편물류시스템 환불관리에서 '환불처리'로 등록하여야 하며, 신용카드로 결제한 경우에는 '신용카드결제 취소'로 처리하여야 한다.

3 특산물

(1) 접수

    ① 고객은 우체국창구, 인터넷(ePOST), 우편고객센터, 모바일을 이용해 직접 주문한다.

    ② 결제는 신용카드, 현금, 계좌이체, 핸드폰결제, 기타 간편결제 서비스 등을 이용한다.

(2) 주문정보 통보

    ① 우정정보관리원의 전산서버에서 주문정보를 처리한다.

    ② 주문이 정상 처리된 건에 대해서는 공급우체국으로 자동 통보한다.

(3) 공급

    ① 공급우체국에서는 직접 주문 현황을 확인할 경우, 공급업체로 주문내역을 통보한다.

    ② 공급업체에서는 수시로 주문 현황을 확인하여 발송기한 내 상품을 발송한다.

(4) 발송

    ① 주문내역을 정확히 확인하고 상품별로 발송을 준비한다.

    ② 타업무 연계접수를 통한 등기소포 접수 후 발송한다.

    ③ 발송 때 우체국쇼핑 담당이 상품상태를 재확인한다.

      ※ 생활마트 및 B2B 등의 상품 중 일부 소포우편물로 취급할 수 없는 품목은 부득이 민간택배를 이용하며, 우체국 꽃배달은 화훼업체에서 직접 수취인에게 배달한다.

(5) 상품배달 : 배달우체국에서 수취인에게 배달한다.

(6) 정산 : 배달완료 후 판매대금 및 소포요금 정산한다.

4 제철식품, 생활마트, 전통시장

우편주문 접수를 한 후에는 공급업체에서 주문확인 및 상품발송을 진행하며, 특이사항 없이 특산물과 동일한 과정으로 업무처리한다.

5 꽃배달 서비스

(1) 주문 및 환불 : 특산물과 동일

(2) 상품배달

    ① 공급업체에서는 상품 주문내용(주문 상품, 수취인, 배달날짜, 시간, 리본 표시사항 등)을 확인하고 발송상품을 제작한다.

      ※ 상품을 발송할 때 반드시 우체국 꽃배달 태그를 동봉하여야 한다.

    ② 주문자가 지정한 시간에 수취인에게 상품을 배달해야 한다.

(3) 배달결과 입력 : 공급업체에서 직접 입력한다.

　※ 입력과 동시에 배달결과가 주문자의 SMS나 이메일로 자동적으로 통보된다.

(4) 상품 배상

　① 상품을 수취인에게 배달하는 중에 공급업체의 잘못으로 상품에 결함이 생기면 모든 비용은 공급업체에서 부담한다. 소비자가 교환이나 환불을 요구할 때에는 즉시 보상해야 한다.

　② 전액 환불 조치

　　㉠ 상품을 정시에 배달하지 못한 경우

　　㉡ 신청인이 배달 하루 전 주문을 취소할 경우

　　㉢ 상품에 하자(상품의 수량·규격 부족, 변질, 훼손 등)가 발생할 경우

　　㉣ 주문과 다른 상품이 배달된 경우

　③ 상품 교환 조치 : 상품의 훼손, 꽃송이의 부족 등으로 교환을 요구할 경우

　④ 일부 환불 조치 : 수취인이 수취 거부할 경우 신청인이 환불요구 시 공급업체는 꽃의 경우 30%, 화분의 경우 50%, 케이크 포함 상품의 경우 케이크를 제외한 금액의 30%를 환불해야 한다. 단, 배송정보 기재 오류 등 신청인의 귀책사유로 인한 교환 및 환불은 불가하다.

6　창구판매

(1) 상품 선정

　① 한국우편사업진흥원에서 선정한 창구전시판매 상품 목록 중 선택한다.

　② 목록에 없는 상품을 판매하고자 하는 경우, 한국우편사업진흥원 상품관리팀과 협의한다.

　③ 선정 사유 등을 명시하여 상품선정 문서 내부결재를 시행한다.

　　※ 총괄우체국은 10개 이내로 선택하고, 관내우체국은 최소한의 상품을 판매하되 가급적 총괄우체국 판매상품 중에서 선정한다.

(2) 상품 주문 및 입고확인

　① 창구에서 보관·판매가 가능한 적정 수량을 묶음 단위로 주문한다.

　② 신청 상태가 '업체확인'으로 표시된 것을 클릭하고 실제 받은 수량을 입력하여 입고 확인 처리 → 입고 처리 후 자동 재고 반영한다.

(3) 상품 판매

　① 견본을 진열 및 판매한다.

　② 현금영수증 발행이 가능하며, 세금계산서는 요청 시 업체에서 발행한다.

　③ 결제수단 변경 등 기존 결제변경이 필요한 경우 취소한 후 다시 결제한다.

(4) 재고등록 · 관리 · 반납

① 재고등록 : 상품 입고 처리 시 자동 재고등록(기타수입) 처리한다.

② 재고관리 : 등록된 재고와 현물재고가 일치되도록 관리하고, 미판매 재고분은 인근 관서와 '관리전환' 등을 통해 적극적으로 판매한다.

③ 재고반납

　㉠ 우체국 통폐합, 상품 불량, 배송 중 파손 및 천재지변으로 인한 판매 불가 상품에 대하여 반납 가능하다.

　㉡ 수량 또는 상품을 잘못 신청하거나 고객변심으로 판매가 어려울 경우, 입고일 기준 7일 이내(공산품은 2개월)에 공급업체와 협의하여 반납(우편사무로 발송)한다.

(5) 환불 · 배상

① 환불

　㉠ 판매 가능한 정상 상품은 구입가격으로 환불한다(박스 개봉, 파손 시 불가).

　　※ 영수증 확인필(증정품 및 경품이 있는 경우에는 함께 반납)

　㉡ 농수축산물은 함량, 용량, 중량, 개수부족, 표시내용 상이, 부패, 변질, 소비기한 경과, 이물 혼입에 대해서 교환 · 환불한다.

　㉢ 공산품은 '공산품 소비자분쟁 해결기준'에 따라 처리한다.

② 배상 : 부작용, 용기파손 등으로 인한 사고는 공급업체에서 치료비, 경비 및 일실소득 배상한다.

　※ 일실소득 : 피해로 인하여 소득상실이 발생한 것이 입증된 때에 한하며, 금액을 입증할 수 없는 경우에는 시중 노임단가를 기준으로 배상한다.

02　전자우편서비스

1　개념

(1) 고객(정부, 지자체, 기업체, 개인 등)이 우편물의 내용문과 발송인 · 수취인 정보(주소 · 성명 등)를 전산매체에 저장하거나 정보통신망을 통하여 우체국에 접수 또는 인터넷우체국을 이용하여 신청하면 내용문 출력과 봉투 제작 등 우편물 제작에서 배달까지 전 과정을 우체국이 대신하여 주는 서비스

(2) 편지, 안내문, DM 우편물을 빠르고 편리하게 보낼 수 있는 서비스

구 분		주요내용	규 격	전자우편 이용수수료
봉함식	소 형	편지, 안내문, 고지서 등의 안내문(최대 6장)을 편지형태로 인쇄하여 규격봉투에 넣어 발송하는 우편 서비스(동봉서비스 최대 6매 포함)	흑백(A4)	• 기본 1매 : 90원 • 추가 1매(5매까지) : 30원
			컬러(A4)	• 기본 1매 : 280원 • 추가 1매(5매까지) : 180원
			동봉서비스(A4)	• 기본 1매 : 20원 • 추가 1매(5매까지) : 10원
	대 형	다량의 편지 등 내용문(최대 150장)을 A4용지에 인쇄하여 대형봉투에 넣어 발송하는 우편 서비스(동봉서비스 최대 20매 포함)	흑백(A4)	• 기본 1매 : 130원 • 추가 1매(149매까지) : 30원
			컬러(A4)	• 기본 1매 : 340원 • 추가 1매(149매까지) : 180원
			동봉서비스(A4)	추가 1매(20매까지) : 15원
접착식		주차위반과태료, 교통범칙금, 통지서 등을 봉투 없이 제작 발송하는 우편 서비스	흑백 (A4/B5)	• 단면 : 60원 • 양면 : 80원 • 폼지 : 30원
			컬러(A4)	• 단면 : 220원 • 양면 : 370원
그림엽서		동창회 모임안내 등 내용문을 간략하게 그림엽서에 인쇄하여 발송하는 우편 서비스	148×105mm	1통 : 40원

※ 전자우편 제작발송 시 부과요금

　　예 등기우편 이용 시 부과요금 : 통상우편요금＋특수취급 수수료(요금)＋전자우편 이용수수료

※ 동봉서비스(A4 규격만 취급 가능) 이용 시

- 규격봉투(소형)에는 최대 6장, 대형봉투에는 최대 20장까지 동봉 가능
- 전자우편 이용수수료
  - 내용문이 있는 경우 : 규격봉투(소형) 규격은 기본 1장에는 20원, 초과 분량은 장당 10원, 대형봉투 규격은 구분 없이 장당 15원 적용
  - 내용문이 없는 경우 : 기본 1장은 해당 규격 흑백 이용수수료를 적용

　　예 봉함식(소형) 규격봉투 규격에 동봉물 2장만 발송할 경우 : 1장 흑백 이용수수료(90원)＋1장 동봉서비스 이용 수수료(20원)＝합산 적용(110원)

3 부가 서비스

전자우편은 통상우편물로서 취급방법에 따라 일반우편물과 등기우편물로 나누어지며, 반송 불필요는 고객이 원하는 경우에 적용함

부가서비스 명	서비스 내용	제작 수수료
내용증명	전자우편을 이용하여 다량의 내용증명을 제작, 발송	기존 제작수수료와 같음
계약등기	전자우편을 이용하여 우편물을 제작하고 계약등기로 배달	
한지(내지)	전자우편 내지의 기본 사양인(A4복사용지) 대신 고급한지 이용	제작수수료에 30원 추가

4 접수방법

(1) 우체국 창구(우편취급국 포함) 접수

우체국 창구접수는 발송인이 제출한 접수정보에 대하여 접수심사를 완료한 후 발송인에게서 우편요금과 제작수수료 수납으로 성립한다.

※ 우편물의 접수 취소 또는 수정 : 발송인이 우편물 접수를 철회하거나 해당 우체국 접수 담당자의 잘못으로 우편물 접수를 취소하거나 수정할 경우에는 접수 화면에서 해당 우편물의 접수번호를 검색한 후 접수 취소(수정) 처리한다. 다만, 접수 취소나 수정은 위탁제작센터에 접수한 당일(접수정보를 전송하기 전)에만 할 수 있다.

(2) 인터넷우체국 접수

이용자가 인터넷우체국이 제공하는 접수방법에 따라 접수하고, 우편요금 및 수수료 결제가 완료되면 접수가 성립된 것으로 본다.

(3) 계약고객 전용시스템 접수

우체국과 계약을 통해 정기적으로 등기우편물을 발송하는 고객이 계약고객시스템에서 주소록 및 내용문 파일을 가접수하고, 계약 우체국에서 가접수 내용을 검색하여 연계 접수하고 결제가 완료되면 접수가 성립된 것으로 본다.

(4) 기관연계시스템 접수

각 기관에서 외부연계(행정공동망, ESB, 상용솔루션)를 통해 우정정보관리원으로 접수정보 데이터를 전송하면 자체 검증 후 편집센터(현재 포스토피아)로 송수신하고(한국우편사업진흥원은 데이터 수신 후 선제작, 후결제), 송수신 작업이 완료되면 계약우체국에서 접수정보를 조회/결제가 완료되면 접수가 성립된 것으로 본다.

5 기타 서비스

(1) 동봉 서비스

① 봉함식(소형봉투와 대형봉투) 우체국전자우편(e−그린우편)을 이용할 때 내용문 외에 다른 인쇄물을 추가로 동봉하여 보낼 수 있는 서비스이다.

② 이용할 때 별도의 수수료를 납부하여야 하며, 우체국 창구에서 신청할 때만 이용이 가능하다.

　　※ 인터넷우체국은 이용불가

③ 동봉서비스로 접수된 동봉물은 최선편으로 위탁제작센터가 지정한 제작센터로 무료 등기 소포우편물(무게 20kg까지)로 발송한다.

④ 동봉물이 20kg을 초과하면 초과분에 대해 등기소포 우편요금을 적용하고 신청인이 그 요금을 납부하여야 한다.

(2) 고객맞춤형 서비스

① 개념 : 다량으로 발송할 때 봉투 표면(앞면·뒷면) 또는 그림엽서에 발송인이 원하는 로고나 광고문안(이미지)을 인쇄하여 발송할 수 있는 서비스이다.

② 이용대상 및 규격

㉠ 이용대상

구 분			이용 기준수량	비 고
봉함식		소형	1회 3만 통 이상	※ 반드시 '고객 맞춤형 이용신청서' 작성
	대형	봉투/속지 칼라인쇄	1회 3만 통 이상	
		봉투만 칼라인쇄	1회 1만 통 이상	
	접착식		1회 1만 통 이상	
	그림엽서		1회 4만 통 이상	

㉡ 이용요금 : 기존 전자우편 이용요금과 동일

㉢ 접수기한

- 발송 희망일 10일 전에 접수하되 사전에 위탁제작센터와 반드시 협의 후 접수 처리하여야 한다.
- 서비스 최소 소요기간(이미지 교정이 간단한 경우에는 8일도 가능)

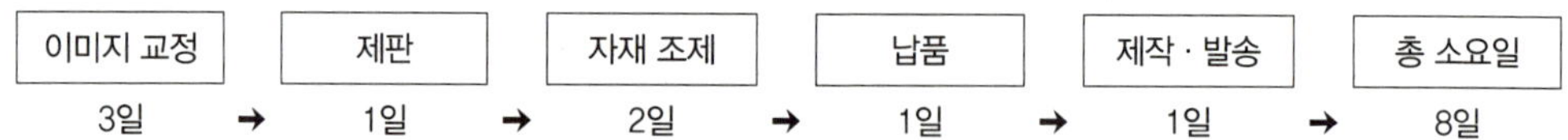

※ 위의 소요기간은 토요일, 공휴일, 우편물 배달 소요일을 제외한 기간이다.

6 감액조건과 감액률

(1) 우편요금

① 일반통상 우편요금 감액조건 및 감액률

㉠ 발송인(계약자)이 동일하며, 1회 1만 통 이상 발송하는 우편물로서 우편물의 종류, 중량 및 규격이 동일한 일반통상우편물

㉡ 우편번호는 우정사업본부 고시(「도로명주소 연계 우편번호 조정 고시」)에 따른 우편번호 사용

㉢ 물량구간별 감액률

구 분	물량감액률(%)	비 고
1만통 이상 ~ 5만통 미만	1	○ 우편요금 감액률은 총 우편요금의 합계에 감액률 적용
5만통 이상 ~ 10만통 미만	2	
10만통 이상	3	

② 특수통상 우편요금(수수료 포함) 감액조건 및 감액률

「등기통상우편물의 우편요금 감액대상, 감액요건, 감액범위 및 계약등기 우편물의 부가취급 서비스에 대한 고시(우정사업본부 고시)」 적용(단, '집배코드 인쇄 및 연번식 제출' 감액률은 적용 제외)

(2) 제작수수료

① 감액조건

ⓐ 발송인(계약자)이 동일하며, 1회 1만 통 이상 발송하는 우편물로서 우편물의 종류, 중량 및 규격이 동일한 통상우편물

ⓑ 우편번호는 우정사업본부 고시(「도로명주소 연계 우편번호 조정 고시」)에 따른 우편번호 사용

ⓒ 물량구간별 감액률

구 분	감액률(%)	비 고
1만통 이상 ~ 5만통 미만	2	ㅇ 제작수수료는 총 제작수수료의 합계에 감액률 적용
5만통 이상 ~ 10만통 미만	5	
10만통 이상 ~ 20만통 미만	8	
20만통 이상	11	

03 생활정보홍보우편서비스

1 개념

(1) 생활정보홍보우편은 「우편법 시행규칙」 제85조제1호사목의 '상품광고우편물의 맞춤형 서비스'로서 일정지역 내(배달우체국 관할)의 불특정 수취인(세대주 등)에게 생활정보에 관한 상품(재화·용역)의 홍보물(광고전단지, 카탈로그, 쿠폰북 등)을 일반통상우편물로 취급하여 발송하는 서비스이다.

(2) 고객이 우편물의 제작부터 발송까지 처리를 우체국에 위탁하여 제작하거나, 직접 제작하여 배달우체국 등에 접수하여 발송한다.

2 서비스 이용 제한 우편물

(1) 받는 사람의 개인정보(실명, 전화번호 등)가 기재된 우편물 등

(2) 우편법 제17조(우편금지물품, 우편물의 용적·중량 및 포장 등)에 따라 접수가 제한되는 우편물

(3) 그 밖에 사회적으로 물의를 일으킬 수 있다고 판단되는 내용이 포함된 우편물

3 **접수우체국**

(1) 우체국 위탁 제작

㉠ 전국 우체국(우편취급국 제외) 및 인터넷우체국

㉡ 배달국 당 500통 이상만 접수 가능

(2) 고객(발송인) 직접 제작

㉠ 우편물을 직접 배달할 우체국을 관할하는 5급 이상 우체국

㉡ 우편물을 직접 배달할 6급 이하 관서(별정우체국 포함)도 접수 가능

4 **생활정보홍보우편물별 1회에 발송할 최소 우편물 수**

구 분	전단지형	책자형
우편물 종류	접착형, 봉투형, 봉입형, 브로마이드형	카탈로그형
최소 우편물 수	500통	

5 **홍보우편물의 종류 및 형태**

구 분		형 태
전단지형	접착형	• 용지 1장(3단 접지, 6면)의 1면에 고객(발송인) 및 수취인 주소를 인쇄하고, 나머지 면에 홍보 내용을 인쇄하여, 3단으로 접어 접착방식으로 봉함한 우편물 • 중량 50g을 초과하지 않은 규격의 일반통상우편물
	봉투형	• 내용(홍보)문을 인쇄용지 양면에 인쇄하여 봉함한 우편물 • 중량 50g을 초과하지 않은 규격의 일반통상우편물
	봉입형	• 고객(발송인)이 홍보물을 제공하고 봉투제작은 우체국에 위탁한 우편물 • 중량 50g을 초과하지 않은 규격의 일반통상우편물
	브로마이드형	• 내용(홍보)문이 인쇄된 용지 1장(2절지, 4절지)을 접지(4회, 3회)하고 홍보내용을 인쇄하여 봉함한 우편물 • 중량 1,200g을 초과하지 않은 규격 외의 일반통상우편물
책자형	카탈로그형	• 철침, 풀 등에 의해 내용(홍보)문을 책자 형태로 제본하여 봉함한 우편물(카탈로그, 쿠폰북 등) • 중량 1,200g을 초과하지 않은 규격 외의 일반통상우편물

6 **우편물의 규격**

(1) 우정사업본부 고시 「우편물의 용적, 중량 및 포장방법」의 요건에 적합해야 한다.

(2) 우편물의 외부기재사항은 우정사업본부 고시 「통상우편물의 규격요건 및 우편물의 외부표시(기재) 사항」의 기준에 적합해야 한다.

7 우편물 제출방법

(1) 기본 제출요건

① 서비스 이용 신청서를 작성하여 제출해야 한다.

② 수취인 주소, 우편번호, 요금인영 등 우편물의 외부기재 사항이 국내 통상우편물 기준에 적합해야 하며, 수취인의 주소는 한글로 표기해야 한다.

③ 우편물 표면 왼쪽 중간에 생활정보홍보우편 및 반송불필요를 표시해야 한다.

④ 우편물 표면에는 연속번호(Serial Number)를 표기해야 한다.

⑤ 우편물 표면 왼쪽 아래에 약도, QR(Quick Response) 코드, 쿠폰 등을 표시할 수 있다.

⑥ 집배코드를 표기해야 한다.

(2) 구분 제출요건

① 집배코드를 사용하여 배달국–집배팀 번호별로 구분하여 제출해야 한다.

② 집배코드 표기는 항목별 규격에 모두 적합해야 한다.

③ 아파트 지역에 배달하는 우편물은 아파트 동별로 구분하고 호수는 순차적으로 정리하여 제출해야 한다.

④ 우체국의 순로구분기 구분요건에 적합하도록 제출해야 한다.

(3) 묶음 형태로 우편물 제출

① 묶음 1개의 두께는 30㎝ 이하로 최소 10통 이상이어야 하나, 동일한 행선지의 자투리 우편물은 10통 이내로 할 수 있다.

② 우편물을 묶을 때에는 흐트러지지 않도록 가로, 세로 '+' 형태 등으로 견고하게 묶어야 한다.

③ 각 묶음에는 정확한 아파트별 동별 또는 집배코드 및 배달국명이 기재된 표지가 잘 보이도록 앞·뒤에 끼워야 한다. 단, 아파트 동(번호) 및 집배코드는 글자크기가 14포인트 이상일 경우 표지 부착 생략이 가능하다.

④ 배달국–집배팀별로 구분(묶음)하여 제출할 때 1개의 묶음에 들어 있는 우편물은 집배팀이 동일하여야 하며, 동일 묶음내의 우편물은 집배구 번호가 연번으로 정렬되어 있어야 한다. 다만, 10통 미만의 자투리 물량은 2개 이상의 팀을 한 묶음으로 제출할 수 있으며, 이때 집배팀은 연번으로 정렬하고 팀 간에 간지를 삽입해야 한다.

⑤ 집배코드 인쇄 시 한글 표기 도착집중국명과 배달국명은 생략이 가능하다.

⑥ 제출된 우편물은 집배코드 및 아파트 동별 구분의 정합성 여부 및 인쇄 상태 등을 무작위 샘플로 추출 검사하여 감액을 적용한다.

8 물량(기본) 감액률

구 분	전단지형				책자형
	접착형	봉투형	봉입형	브로마이드형	카탈로그형
우편요금 감액률	30%	30%	30%	30%	27%
이용중량한도	50g	50g	50g	1,200g	1,200g
적용 우편요금	규격			규격 외	

9 우체국 위탁 제작

(1) 고객은 우체국 및 인터넷우체국을 통해 생활정보홍보우편의 봉투 제작, 내용물 제작, 봉입, 발송을 우체국에 위탁할 수 있다.

(2) 우체국이 생활정보홍보우편을 제작하는 경우에는 우편요금과 별도로 생활정보홍보우편 내용물, 봉투 제작과 봉입, 동봉물 봉입 수수료를 고객은 우체국에 지급하여야 한다.

(3) 고객이 광고전단지 및 봉투 또는 동봉물만 제작하고, 생활정보홍보우편물에 봉입 또는 동봉 작업을 우체국에 위탁하는 경우, 고객은 우체국이 지정한 업무대행기관(한국우편사업진흥원)에 광고전단지 및 봉투 또는 동봉물을 소포 등으로 송부해야 한다.

10 생활정보홍보우편 위탁제작 수수료

(1) 접착형 및 봉투형

구 분	접착형	봉투형		
		A4 / B5용지	A3 / B4용지	A2 / B3용지
홍보물 인쇄비	80원/장(2면)	90원/장(2면)	140원/장(2면)	240원/장(2면)
디자인 제작비	20,000원/1건(2면)	20,000원/1건(2면)	40,000원/1건(2면)	80,000원/1건(2면)

※ A4/B5용지는 4장까지 가능하며, 기본 1장 초과 시 1장당 제작수수료 50원과 디자인 제작비 20,000원 부과

(2) 봉입형 : 내용물 1장에 한하여 이용 가능

구 분	A4 / B5용지	A3 / B4용지	A2 / B3용지
봉입 수수료	60원	65원	70원

(3) 동봉서비스 수수료 : 1장당 20원을 적용(5장까지 가능)

11 요금별납인 사용 특례

(1) 홍보우편물에 표시하는 요금별납인에는 접수우체국명을 표시하는 것이 원칙이다(기본형).

(2) 다만, DM사(인쇄사, 광고기획사 포함)에서 작업하여 접수하는 홍보우편물이 다수의 접수우체국일 경우에는 별납표시인에 접수우체국명 대신에 「우체국」으로 표시(확장형)해야 하며, 접수우체국명은 연속번호(Serial Number) 기재란 뒤에 표시해야 한다.

04 기타 부가서비스

1 월요일 배달 일간신문

(1) 토요일 자 발행 조간신문과 금요일 자 발행 석간신문(주3회, 5회 발행)을 토요일이 아닌 다음주 월요일에 배달(월요일이 공휴일인 경우 다음 영업일)하는 일간신문

(2) 신문사가 토요일 자 신문을 월요일 자 신문과 함께 봉함하여 발송하려 할 때에 봉함을 허용하고 요금은 각각 적용한다.

2 모사전송(팩스) 우편 서비스

(1) 개념 : 팩시밀리(이하 '팩스'라 함)를 수단으로 통신문을 전송하는 서비스

(2) 이용수수료
    ① 시내, 시외 모두 동일한 요금을 적용한다.
    ② 최초 1매 500원, 추가 1매 당 200원, 복사비 1장 당 50원

(3) 취급조건
    ① 취급대상은 서신, 서류, 도화 등을 내용으로 한 통상우편물이어야 한다.
    ② 통신문 용지의 규격은 A4 규격(210mm×297mm)에 통신내용을 기록, 인쇄한 것으로 한다.
    ③ 통신문은 몹시 치밀하여 판독이 어렵지 않고, 선명하여야 하며 검은색이나 진한 파란색으로 표시한 것이어야 한다. 다만, 발신 · 수신 시 원형 그대로 재생이 곤란한 컬러통신문은 취급은 하지만 그에 따른 불이익은 의뢰인이 부담한다.
    ④ 우정사업본부장이 지정 고시하는 우체국에서만 취급할 수 있다.
        ㉠ 우편취급국은 제외
        ㉡ 군부대 내에 소재하는 우체국은 우정사업본부장이 지정, 고시하는 우체국만 가능

(1) 개념

개인의 사진, 기업의 로고 · 광고 등 고객이 원하는 내용을 신청받아 우표를 인쇄할 때 비워놓은 여백에 컬러복사를 하거나 인쇄하여 신청고객에게 판매하는 IT 기술을 활용한 신개념의 우표 서비스

(2) 종류 : 기본형, 홍보형, 시트형, 카드형

(3) 접수 방법

① 전국 우체국(별정우체국, 우편취급국 포함), 인터넷우체국, 모바일 앱, (재)한국우편사업진흥원 및 접수위탁기관에서 접수할 수 있다.

② 신청인에게 신청서를 작성하게 한 후 사진, 데이터 파일 등과 함께 제출하도록 안내한다.

③ 신청서에 배달 희망주소와 이름, 우편번호, 전화번호 등을 정확히 기록하였는지 확인한다.

④ 신청자가 사진을 제출한 경우 사진 뒷면에 이름과 전화번호를 기록한다.

⑤ 접수할 때 제작과 발송에 걸리는 기간, 신청수량, 판매가격, 할인율 등을 신청자에게 안내한다.

⑥ 기본형은 고객 이미지 1종이 기본이며, 홍보형 및 시트형은 기본 종수(1종) 외에 큰 이미지 1종을 무상으로 제공한다.

※ 기본이미지 외 이미지 추가 요청 시 1종 추가마다 600원씩 추가됨. 단, 신청량이 전지 기준 101장부터 추가 이미지(최대 20종) 무료 제공

전지 신청량	1~100장	101장 이상
이미지 서비스 수량 (기존 종수)	1종	20종

⑦ 접수자는 신청서에 우편날짜도장으로 날인하여 원본은 우체국에 1년 동안 보관하고, 신청자에게 사본 1부를 접수증으로 교부하며, 1부는 제작기관에 사진이나 데이터와 함께 송부한다.

(4) 접수할 때 거절해야 하는 사항

① 공공의 질서와 선량한 풍속, 국민의 건전한 소비생활에 해를 끼치는 내용

② 국가 정책을 비방하거나 우정사업에 지장을 주는 내용

③ 「선거법」 등 각종 법령에서 제한하는 내용

④ 과대나 거짓임이 명백한 내용, 다른 사람을 모독하거나 명예를 훼손하는 내용

⑤ 정치적 · 종교적 · 학술적 논쟁의 소지가 있는 소재

⑥ 그 밖에 사회적으로 물의를 일으킬 수 있다고 판단되는 내용

(5) 접수 시 유의사항

① 나만의 우표를 신청하는 사람은 사진 등의 자료를 사용할 수 있는 권한이 있어야 하며, 자료의 내용이 초상권, 저작권 등 다른 사람의 권리를 침해하면 이에 대한 법적 책임이 있다는 것을 설명해야 한다.

② 접수할 때 신청 자료의 내용이 다른 사람의 초상권, 저작권 등을 침해한 것으로 확인된 경우에는 신청고객이 해당 권리자에게서 받은 사용허가서나 그 밖의 사용 권한을 증명할 수 있는 서류를 제출하도록 안내한다.

※ 서류 보관기간 : 접수한 날부터 5년(이미지 : 3개월)

③ 접수자는 선명도가 낮은 사진 등에 대해서는 우표품질이 떨어진다는 사실을 설명한 후 신청자가 원하는 경우에만 접수하고, 그렇지 않은 경우에는 보완하여 제출하게 한다.

④ 접수자는 사진 등 관련 자료는 명함판(반명함판)이 적정하나 제출한 사진 자료의 크기가 너무 크거나 작을 경우에는 축소 또는 확대 복사, 인쇄에 따라 선명도가 낮아질 수 있음을 설명해야 한다.

⑤ 나만의 우표를 우편물에 붙인 경우 고객의 사진부분에 우편날짜도장이 날인될 수 있음을 사전에 설명해야 한다.

⑥ 접수된 이미지나 자료는 우표 제작이 완료된 후에 신청고객이 반환을 요구하는 경우에만 반환하고 반환하지 않은 이미지는 제작기관에서 일정기간 보관 후 폐기한다는 것을 설명한다.

⑦ 영원우표가 아닌 구 권종(300원, 270원, 250원권 등)은 판매가 중지되었다.

4 고객맞춤형 엽서

(1) 개념

우편엽서에 고객이 원하는 그림 · 통신문과 함께 발송인과 수취인의 주소 · 성명, 통신문 등을 인쇄하여 발송까지 대행해 주는 서비스

(2) 종류

① 기본형

㉠ 우편엽서의 앞면 왼쪽이나 뒷면 한 곳에 고객이 원하는 내용을 인쇄하여 신청고객에게 판매하는 서비스

㉡ 앞면 왼쪽에 고객이 원하는 내용을 인쇄하는 경우에는 희망 고객에 한하여 발송인이나 수취인 주소 · 성명을 함께 인쇄

② 부가형

㉠ 우편엽서의 앞면 왼쪽과 뒷면에 고객이 원하는 내용을 인쇄하여 신청고객에게 판매하는 서비스

㉡ 희망하는 고객에게만 발송인 · 수취인의 주소 · 성명, 통신문까지 함께 인쇄하여 신청고객이 지정한 수취인에게 발송까지 대행

(3) 접수방법

① 접수창구 : 전국 우체국(별정우체국, 우편취급국 포함), 인터넷우체국 및 모바일앱

② 접수 시 안내사항

　　㉠ 고객맞춤형 엽서를 신청하는 사람은 사진 등의 자료를 사용할 수 있는 권한이 있어야 하며, 자료의 내용이 초상권, 저작권 등 다른 사람의 권리를 침해하면 이에 대해 법적 책임이 있다는 사실을 설명해야 한다.

　　㉡ 접수할 때 신청 자료의 내용이 다른 사람의 초상권, 저작권 등을 침해한 것으로 확인한 경우에는 신청고객이 해당 권리자에게서 받은 사용허가서나 그 밖의 사용권한을 증명할 수 있는 서류를 제출하도록 안내한다.

　　※ 서류 보관기간 : 접수한 날부터 5년(이미지 : 3개월)

③ 접수에 따른 고지사항

　　㉠ 고객맞춤형 엽서를 우편물로 발송하기 이전에는 엽서에 표기되어 있는 액면금액만을 우편요금으로 인정하며, 교환을 청구할 때에는 훼손엽서의 처리규정을 적용함을 안내해야 한다. 다만, 부가형은 교환대상에서 제외한다.

　　㉡ 신청고객이 제출한 사진이나 이미지 데이터가 수록된 저장매체의 자료는 신청고객 본인이나 그 데이터의 소유자가 사용을 허락한 것으로 간주하며, 법적인 문제가 생길 경우에는 모든 손해배상 책임은 신청고객에게 있음을 안내한다.

　　㉢ 신청고객이 제출한 사진이나 이미지 데이터의 선명도가 낮은 경우에는 신청고객이 원하는 경우에만 접수하고, 그렇지 않은 경우에는 보완하여 제출하게 한다.

　　㉣ 사진이나 이미지 데이터의 규격이 너무 크거나 작을 경우에는 축소하거나 확대하여 인쇄해야 하므로 선명도가 낮아질 수 있음을 설명해야 한다.

(4) 고객맞춤형 엽서의 교환

고객이 교환을 요청한 때에는 훼손엽서로 규정하여 교환금액(현행 10원)을 수납한 후 액면금액에 해당하는 우표, 엽서, 항공서간으로 교환해 준다.

5 인터넷 우표

(1) 개념

① 고객이 인터넷우체국을 이용하여 발송 우편물에 해당하는 우편요금을 지불하고 본인의 프린터에서 직접 우표를 출력하여 사용하는 서비스

② 인터넷우표는 고객편의 제고와 위조, 변조를 방지하기 위하여 단독으로 사용할 수 없으며 수취인 주소가 함께 있어야 한다.

(2) 종류

① 일반통상과 등기통상 두 종류가 있으며, 등기통상의 경우 익일특급 서비스도 부가할 수 있다.

② 국제우편물과 소포우편물은 이용대상이 아니다.

(3) 결제방법

신용카드, 즉시계좌이체, 전자지갑, 휴대폰, 간편 결제 등

(4) 구매 취소

① 구매한 후 출력하지 않은 인터넷 우표에 한정하여 구매 취소가 가능하다.

② 요금을 결제한 우표 중 일부 출력 우표가 있는 경우에는 구매 취소를 할 수 없다.

　※ 1회에 10장을 구입하여 1장을 출력한 경우이면 구매 취소가 불가하다.

③ 결제 취소는 결제일 다음 날 24시까지 가능하다.

　※ 다만, 휴대폰 결제인 경우 당월 말까지 취소가 가능하다.

(5) 재출력 대상

① 인터넷우표 출력 도중 비정상으로 출력된 우표

② 요금은 지불하였으나, 고객 컴퓨터의 시스템 장애로 출력하지 못한 우표

③ 정상 발행되었으나 유효기간이 경과한 우표

④ 그 밖에 다시 출력할 필요가 있다고 인정되는 우표

(6) 우표류 교환

① 정가 판매한 인터넷우표는 우표류 교환 대상에서 제외한다.

② 인터넷 우표는 장기간 보유하지 않으며, 수취인 주소가 기록되어 있어 다른 이용자에게 판매할 수 없기에 우표류 교환 대상에서 제외한다.

(7) 유효기간

① 인터넷 우표는 국가기관이 아닌 개별 고객의 프린터에서 출력하여 사용하기 때문에 우표의 품질이 일정하지 않으며, 또 장기간 보관에 따른 우표의 오염이나 훼손 우려가 있어 출력일 포함 10일 이내에 사용하도록 한다.

② 유효기간이 경과한 인터넷 우표를 사용하려 할 경우에는 유효기간 경과 후 30일 이내에 재출력을 신청하여야 사용이 가능하다.

6 준등기 우편

(1) 개념

우편물의 접수에서 배달 전(前)단계까지는 등기우편으로 취급하고 수취함에 투함하여 배달을 완료하는 제도로 등기우편으로 취급되는 단계까지만 손해배상을 하는 서비스

(2) 대상

200g 이하의 국내 통상우편물

(3) 요금

1,800원(정액 요금)

※ 전자우편 제작수수료 별도

(4) 접수채널

전국 우체국(우편집중국, 별정우체국 및 우편취급국 포함)

(5) 부가역무

전자우편(우편창구 및 연계 접수에 한함)

(6) 우편물의 처리

① 배달기한 : 접수한 다음 날부터 3일 이내

② 전송 : 준등기 우편물로 처리(수수료 없음)

③ 반송 : 일반우편물로 처리(수수료 없음)

④ 반환

㉠ 일반우편물로 처리

㉡ 우편물이 우편집중국으로 발송되기 전까지 반환청구 수수료는 무료이나, 우편물이 우편집중국으로 발송된 후에는 반환청구 수수료를 징수해야 한다. 반환청구 수수료는 통상우편 기본요금을 적용한다.

(7) 번호체계

첫째 자리가 "5"로 시작하는 13자리 번호 체계로 구성

(8) 알림서비스

① 발송인은 준등기 우편서비스의 배달결과를 문자 또는 전자우편(e-Mail)으로 통지받을 수 있다.

② 다만, 우편물 접수 시에 발송인이 연락처 정보를 제공하지 않는 경우에는 배달결과 서비스를 받지 못함을 발송인에게 안내한 후 준등기 우편을 접수해야 한다.

③ 집배원이 배달결과를 PDA에 등록하면 배달결과 알림 문자가 자동으로 발송인에게 전송되며, 접수 시 발송인이 '통합알림'을 신청한 경우에는 배달완료일 다음날(최대 D+4일)에 발송인에게 배달결과를 함께 전송한다.

(9) 종적조회

① 접수 시부터 수취함 투함 등 배달완료 시까지 배달결과에 대한 종적조회가 가능(전송 우편 포함)하다.

② 다만, 반송 시에는 결과 값이 반송우편물로만 조회가 되고, 발송인에게 도착되기까지의 종적정보는 제공되지 않는다.

(10) 손해배상

우체국 접수 시부터 배달국에서 배달증 생성 시까지만 최대 5만원까지 손해배상을 제공하며, 배달완료 후에 발생된 손실 · 분실은 손해배상 제공대상에서 제외된다.

7 인터넷우체국

(1) 개념

우정사업본부장이 우체국 서비스를 컴퓨터, 스마트폰 등 정보통신설비를 이용하여 거래할 수 있도록 설정한 가상의 영업장

(2) 접속방법 및 회원가입

① PC(www.epost.go.kr), 우체국 앱으로 접속하여 회원 · 비회원으로 이용

② 가입절차

　㉠ 연령 제한은 없으며, 개인회원, 외국인회원, 사업자 회원, 아동회원으로 구분

　㉡ 가입할 때는 본인확인(아이핀인증 또는 휴대폰인증)을 거친 후 '이용약관', '개인정보 수집 및 이용안내', '개인정보 취급위탁', '개인정보 제3자 제공(선택)'에 대해 동의해야만 회원가입 가능

(3) 인터넷우체국 서비스 종류

① 우편 서비스

　㉠ e-그린우편(소형봉투, 대형봉투, 접착식), 맞춤형 편지 등 전자우편 서비스

　㉡ 생활정보홍보우편 신청접수 및 증명서비스(내용증명, 발송 후 내용증명, 발송 후 배달증명)

　㉢ 간편사전접수서비스(등기통상, 창구소포, 국제우편물), 주소라벨(등기통상)인쇄, 간편사전접수 우체통접수서비스

　㉣ 현금배달, 주거이전서비스, 수취인 배달장소 변경, 무인우체국 가입, 전자지갑 등 부가서비스

　㉤ 기념우표 사전예약판매, 우표류 판매(일반우표, 우표책 · 첩 및 초일봉투, 인터넷우표), 나만의우표 제작, 우표역사 · 우표이야기 · 우표제작방법을 안내하는 한국우표포털 등 우표 서비스

　㉥ 그림엽서, 기념엽서, e-그린엽서, 고객맞춤형엽서, 모바일엽서, 축하카드, 연하카드 등 엽서류 · 축하카드 서비스

　㉦ 방문결제영수증출력, 모바일영수증 보관함, 우편물배달조회(등기, EMS), 우편번호 검색(지번 · 도로명), 우체국전화번호안내, 우체국 · 우체통 위치안내, 국내 · 국제 우편요금 조회 등 고객 편의 서비스

　㉧ 우편물 손해배상 신청(모바일만 제공)

② 우체국소포

　㉠ 방문접수소포 예약, 방문접수소포 반품예약, 창구소포접수 예약, 창구(다량)소포라벨인쇄

　㉡ 착불배달우편물결제 서비스

③ 우체국 EMS · 국제우편

　㉠ 국제우편스마트접수 : 국제특급(EMS), EMS프리미엄, 국제소포(항공 · 선편), 등기소형포장물(항공)

　㉡ 통관절차대행수수료 납부 행방조회/조사청구

④ 우체국쇼핑

　㉠ 농산물, 수산물, 농산가공품, 축산물/공예품, 전통주 등 우리특산물 서비스

　㉡ 신선 농산물, 신선 수산물, 즉석/가공식품, 건강식품 등 제철식품 서비스

　㉢ 의류/패션/화장품, 가구/생활/유아/가전, 가공식품 등 생활마트 서비스

② 꽃테마, 커뮤니티 등 꽃배달 서비스

⑪ 국내산 식품의 해외판매를 위한 해외배송몰 서비스

⑫ 전국의 전통시장 상품을 판매하는 전통시장 서비스

⑭ 기업고객 대상 빠른구매, 입찰구매, 법적의무 구매 등 우체국 B2B 서비스

⑮ 임직원 대상 직원몰 및 우체국보험 FC를 위한 선장품몰 서비스

⑯ 결제수단으로 신용카드, 즉시계좌이체, 무통장, 간편결제 등 제공

⑤ 우체국알뜰폰

㉠ 이동통신 재판매로써 기존 휴대전화 고객을 위한 저가형 휴대전화 서비스

㉡ 알뜰폰 소개, 요금제 안내, 단말기 안내, 가입절차, Q&A 등 안내 서비스

㉢ 알뜰폰 온라인 숍, 판매우체국 찾기 등 가입 서비스

㉣ 본인인증수단으로 우체국, 신용카드, 간편인증 등 제공

⑥ 우체국골드바

㉠ 금 시세 안내 서비스

㉡ 미니골드바, 우표형골드바 등 판매 서비스

⑦ 계약고객전용시스템

㉠ 이용절차

- 우체국과 계약[(계약)고객번호 부여]
- 회원가입 : 인터넷우체국(www.epost.go.kr)
  - 신규고객인 경우 : 고객회원종류 선택(개인, 사업자) ⇨ 약관동의 ⇨ 기본정보 입력 시 계약고객
    번호 입력 및 고객유효성검증 ⇨ 가입완료
  - 기존고객인 경우 : 로그인 후 고객정보수정에서 계약고객번호 입력 ⇨ 고객유효성 검증
  ※ 계약고객번호를 모를 경우 계약우체국에 문의
- 시스템 접속
  - 인터넷우체국(www.epost.go.kr) ⇨ 계약고객전용 클릭
  - 계약고객전용시스템(http://biz.epost.go.kr) 직접 접속
- 시스템 사용설정
  사용할 시스템(계약소포, 계약 EMS, 다량등기, e-그린우편, 소포기업 간 연계) 및 접수우체국
  설정

㉡ 서비스 종류

- 계약고객 대상 계약소포, 계약 EMS, 기업 간 연계, 다량등기 및 e-그린우편 등 계약고객 전용 서
  비스
- 오픈 API(우편번호조회, 국내우편물 종추적, EMS 종추적, EMS 신청, 소포신청, 집배코드조회,
  공지사항조회, 우체국명조회)

우편에 관한 요금

01 요금별납 우편물

1 개념

(1) 동일인이 동시에 우편물의 종류, 중량, 우편요금 등이 동일한 우편물을 다량으로 발송할 경우에 개개의 우편물에 우표를 첨부하여 요금을 납부하는 대신 우편물 표면에 "요금별납"의 표시만을 하고, 요금은 일괄하여 현금(신용카드 결제 등 포함)으로 별도 납부하는 제도

(2) 관할 지방우정청장이 지정하는 우체국(우편취급국 포함)에서만 취급이 가능하다.

(3) 발송인이 개개의 우편물에 우표를 붙이는 일과 우체국의 우표 소인을 생략할 수 있어 발송인 및 우체국 모두에게 편리한 제도이다.

2 취급조건

(1) 우편물의 종별, 중량, 우편요금 등이 같고 동일인이 동시에 발송해야 한다.

(2) 취급기준

① 10통 이상의 통상우편물이나 소포우편물 발송 시 이용이 가능하다.

② 동일한 10통 이상의 우편물에 중량이 다른 1통의 우편물이 추가되는 경우에도 별납으로 접수가 가능하다.

(3) 발송인이 우편물 표면에 '요금별납'을 표시해야 한다.

(4) 관할 지방우정청장이 별납우편물을 접수할 수 있도록 정한 우체국이나 우편취급국에서 이용이 가능하다.

3 접수요령

(1) 발송인이 요금별납 표시를 하지 않은 경우에는 우체국에 보관된 요금별납 고무인을 사용하여 발송인에게 날인하도록 하거나, 요금즉납으로 접수한다.

(2) 요금별납 고무인은 책임자(5급 이상 관서 : 과장, 6급 이하 관서 : 국장)가 수량을 정확히 파악해서 보관해야 하며, 담당자는 책임자에게 필요할 때마다 받아서 사용한다.

(3) 요금별납 우편물은 책임자가 보는 앞에서 접수하고, 접수담당자와 책임자는 요금별납 발송신청서의 해당 칸에 각각 서명한다.

(4) 요금별납 우편물에는 원칙적으로 우편날짜도장을 찍지 않는다.

(5) 요금별납 우편물은 우편창구업무 시간 내에 접수하는 것이 원칙이다.

(6) 요금별납 우편물은 우편창구에서 접수하는 것이 원칙이다.

02 요금후납 우편물

1 개념

(1) 우편물의 요금(부가취급수수료 포함)을 우편물을 발송할 때에 납부하지 않고 1개월간 발송 예정 우편요금 액의 2배에 해당하는 금액을 담보금으로 제공받고, 1개월간의 요금을 다음 달 20일까지 납부하는 제도

(2) 접수 시 신용카드로 결제할 수 있다.

(3) 이 제도는 우편물을 자주 발송하는 공공기관, 은행, 회사 등이 요금납부를 위한 회계 절차상의 번잡함을 줄이는 동시에 우체국은 우표의 소인 절차를 생략할 수 있다.

2 취급대상

(1) 대상우편물

① 한 사람이 매월 100통 이상 발송하는 통상우편물, 소포우편물

② 모사전송(팩스)우편물, 전자우편물

③ 우편요금표시기 사용 우편물

④ 우편요금 수취인부담 우편물

⑤ 반환우편물 중에서 요금후납으로 발송한 등기우편물

⑥ 발송우체국장이 정한 조건에 맞는 국가 또는 지방자치단체 우편물

(2) 이용 가능 우체국

① 우편물을 발송할 우체국 또는 배달할 우체국

② 우편취급국은 총괄우체국장의 사전 승인을 받은 후 이용 가능

3 요금후납 계약을 위한 담보금

(1) 담보금의 제공

① 담보금액

계약자가 납부할 1개월 분의 우편요금을 개략적으로 추산한 금액의 2배 이상

② 제공방법

보증금, 본부장이 지정하는 이행보증보험증권이나 지급보증서

③ 담보금액의 조정

납부한 담보금액이 실제 1개월 발송 우편요금의 2배액에 미달되거나 초과되는 경우에는 담보금액을 증감 조치할 수 있다.

(2) 담보금의 면제

① 1/2 면제 대상

최초 계약한 날부터 체납하지 않고 2년간 성실히 납부한 사람

② 전액 면제 대상

㉠ 국가, 지방자치단체, 공공기관, 은행법에 따른 금융기관과 특별법에 따라 설립된 공공기관

㉡ 최초 후납계약일부터 체납하지 않고 4년간 성실히 납부한 사람

㉢ 우체국장이 신청자의 재무상태 등을 조사하여 건실하다고 판단한 사람

㉣ 1개월간 납부하는 요금이 100만원 이하인 사람

㉤ 신용카드사 회원으로 등록하고, 그 카드로 우편요금을 결제하는 사람

㉥ 우체국소포 및 국제특급(EMS) 계약자 면제(다음의 기준을 모두 충족하는 경우)

- 우편관서 물류창고 입점업체로서 담보금 수준의 물품을 담보로 제공하는 사람
- 최근 2년간 체납하지 않은 사람
- 신용보증 및 신용조사 전문기관의 신용평가 결과가 B등급 이상인 사람

(3) 담보금 제공 면제의 취소

① 담보금 제공을 면제받은 후 2년 이내에 요금을 2회 이상 체납한 경우

㉠ 담보금 1/2 면제 대상인 경우 담보금 제공 면제 취소

㉡ 담보금 전부 면제 대상인 경우 담보금 제공 1/2 면제로 변경

② 담보금 전부면제 대상이 담보금 제공을 면제받은 후 2년 이내에 요금 납부를 3회 이상 체납한 경우 : 담보금 제공 면제 취소

③ 우체국소포 및 국제특급(EMS) 계약자인 경우

㉠ 신용보증 및 신용조사 전문기관의 평가 결과가 B등급 미만으로 하락한 경우

㉡ 담보금 제공을 면제받은 후 요금납부 납부기준일부터 요금을 1개월 이상 체납한 경우

㉢ 담보금 제공을 면제받은 후 우편요금을 연속 2회 이상 체납하거나, 최근 1년 이내에 3회 이상 체납한 경우

④ 우편요금후납 계약우체국장은 우편요금 체납을 이유로 담보금 면제 취소를 받은 사람에 대해서 담보금 면제 혜택을 2년간 금지할 수 있다.

(1) 개념

계약자가 다른 우체국으로 요금후납 계약국을 변경하는 제도

(2) 신청 대상

모든 우편요금후납 계약

(3) 처리 절차

① 이용자의 요금후납 계약국에 변경신청서를 제출한다.

② 접수국은 인수하는 우체국이 업무처리가 가능한지 다음과 같은 사항을 검토한다.

- 인수하는 우체국의 운송 여력과 운송시간표
- 인수하는 우체국의 업무량 수준
- 고객의 불편이 예상되는 경우 사전 안내하여 변경 신청 여부를 다시 확인

③ 계약국 변경이 가능한 경우에는 계약국, 이관국, 이용자에게 변경사항을 알리고 우편요금후납 계약서류와 담보금을 이관국으로 송부한다.

※ 담보금이 이행보증증권(피보험자＝계약우체국장)인 경우 계약국 변경 시 보증증권 재발행 필요

④ 인수국은 계약사항을 우편물류시스템에 입력한 후 후납계약 업무를 시작한다.

5 접수 방법

(1) 요금후납의 표시

① 발송인이 요금후납 표시를 하지 않은 경우, 우체국에 보관된 고무인으로 표시한다(발송인에게 날인하도록 할 수 있음).

② 우편날짜도장 날인은 생략한다.

③ 요금후납 고무인 관리와 안내에 대한 사항은 요금별납의 처리 방법에 따른다.

(2) 접수와 참관

① 후납우편물 접수 후 '접수통지서'는 책임자에게 결재를 득하여 접수부서에서 보관하고, 책임자는 결재 시 요금과 물량을 확인한다.

② 발송표에 적힌 등기우편물 승인번호를 조회하여 접수 처리한다.

③ 발송표 및 접수통지서의 날인은 요금별납우편물의 처리 방법을 따른다.

④ 창구업무 시간 내 접수하는 것이 원칙이다. 다만, 정기발송계약을 맺어 발송하는 일간신문과 시한성 주간신문은 창구업무 시간 외에도 접수 가능하다.

(3) 요금후납우편물 발송표의 처리

① 접수 검사가 끝나면 '요금후납우편물 발송표'와 '접수통지서'에 우편날짜도장을 날인한다.

② 발송표는 접수 부서에서, 접수통지서는 발송 부서에서 보관하고 영수증은 발송인에게 내어준다.

③ 발송표는 접수일자별로 구분하여 매월 정리하고, 발송 기간과 매수가 표시된 표지를 붙여 보관한다.

1 개요

(1) 개념

우편요금을 표시할 수 있는 기계를 가진 사람이 발송할 우체국과 계약을 하고 우편물을 발송하며 요금을 따로 납부하는 제도

(2) 이용 방법

① 기계를 사용하여 우편물에 직접 요금인영을 표시하거나, 별도 증지에 표시하여 우편물에 부착

② 발송할 때마다 요금을 납부하거나 1개월 사용요금을 한 번에 정산하여 납부

2 사용 계약

(1) 계약 과정

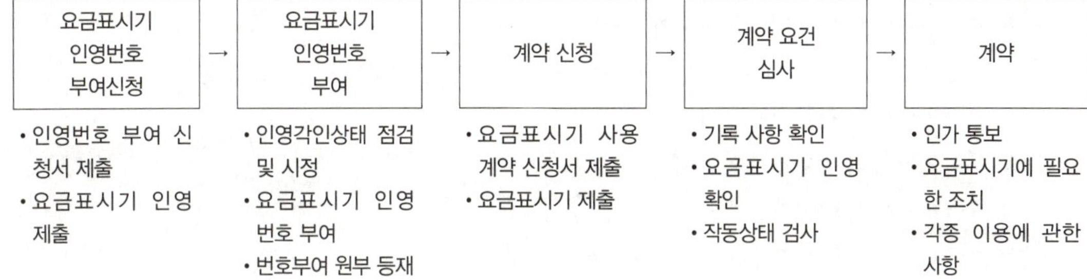

(2) 계약 절차

① 요금표시기 인영번호 부여 신청서 접수와 인영번호 부여

　㉠ 신청서 접수와 검사

　　• 인영의 크기 : 최대 가로 70mm×세로 35mm

　　• 날짜도장 크기 : 최대 지름 30mm, 날짜도장 안에 다른 모양이나 선 표시 금지

　　• '대한민국 우편'이라고 표시, 위치는 오른쪽 위 모서리 기준 가로·세로 어느 쪽으로도 표시 가능. 다만, 반드시 '대한민국 우편'이라고만 표기해야 함

　　　※ '대한민국 우표' 등 다른 문자사용은 금지

　　• 광고 인영 크기 : 최대 가로 55mm

　　• 그 밖에 인영 주위의 무늬 도안 등 디자인에 대해서는 우편요금표시기 신청자에게 사용할 수 있는 권한이 있어야 하며, 디자인이 초상권, 저작권 등 다른 사람의 권리를 침해하면 이에 대한 법적 책임이 있다는 것을 설명

　　　※ 접수할 때 신청 자료의 내용이 다른 사람의 초상권, 저작권 등을 침해한 것으로 의심되는 경우에는 신청고객이 해당 권리자에게서 받은 사용동의서나 그 밖의 사용권한을 증명할 수 있는 서류를 제출하도록 안내

② 계약신청서 접수검사

   ㉠ 인영번호가 새겨진 표시기와 사용계약신청서가 접수되면 다음의 사항을 확인한다.

- 표시기의 명칭 · 구조 · 조작방법
- 인영 번호
- 발송우체국명
- 발송인의 주소 · 성명과 우편번호
- 인영 견본 10장

   ㉡ 계약신청서 검사

- 신청서 기록 사항과 표시기 내용이 다르지 않은지
- 인영에 발송우체국 이름, 우편요금액, 발송연월일, 인영번호 등이 바르고 선명히 나타나는지
  ※ 광고 인영은 계약요건 대상이 아니므로 계약서를 작성할 때 광고 인영을 표시하지 않으며, 사용자가 임의로 사용하여도 된다.
- 요금표시기는 원활하게 작동하고 요금검사에 지장이 없는지
- 요금납부나 그 밖의 의무사항을 성실하게 이행할 사람인지
- 요금납부방법을 별납으로 하는지 후납으로 하는지

③ 계약을 체결할 때 사용자에게 알려야 할 사항

   ㉠ 후납인 경우, 요금표시기 사용 우편물에 대한 담보금의 납부방법 및 금액

   ㉡ 요금표시기 및 잠금장치의 제시에 관한 사항

   ㉢ 우편요금 등의 납부에 관한 사항

   ㉣ 요금표시기 사용에 관한 주의사항

   ㉤ 요금표시기 사용 우편물의 발송요령에 관한 사항

   ㉥ 요금표시기가 고장 난 때의 처리와 수리에 관한 사항

   ㉦ 요금표시기 사용에 관한 각종 신고 사항

   ㉧ 요금표시기 계약의 취소에 관한 사항

④ 계약이 성립되었을 때에는 우편요금표시기 사용계약원부를 비치하고 필요한 사항을 적어 관리하여야한다.

   ※ 계약원부 등록 및 관리는 요금후납계약 방법에 따라 처리한다.

(3) 담보금 및 요금징수와 관련된 업무는 요금후납계약 방법에 따라 처리

(4) 신고사항의 처리

① 계약자가 개명, 대표자의 교체 등으로 발송인 명의가 바뀐 때에는 바뀐 날부터 5일 안에 신고하여야 한다.

② 발송인이 표시기 사용 계약을 해지하려 할 때에는 표시기 사용해지신고를 하여야 하며, 이 경우에는 표시기를 발송우체국에 보여주어야 한다.

③ 발송우체국 또는 표시기가 바뀐 때에는 새로운 계약으로 판단하고 처리한다.

(5) 계약 취소

① 계약자가 아래의 사항에 해당하는 경우, 계약을 취소할 수 있다.

　　㉠ 우편요금표시기를 부정하게 사용한 때

　　㉡ 우편요금표시기의 인영을 위조하거나 변조하여 사용한 때

　　㉢ 우편요금표시기의 인영을 잃어버리고 즉시 알리지 않은 때

　　㉣ 우편요금의 납부를 게을리 한 때

② 계약을 해지한 때에는 사용자에게 문서로 알려야 한다.

③ 후납요금 미납으로 말미암은 정지와 해지

　　㉠ 지정 기한까지 납부하지 않았을 때에는 독촉을 하고 독촉 기한도 지키지 않았을 경우, 사용을 정지한다.

　　㉡ 정지한 날부터 15일 안에 납부하지 않으면 계약을 해지하여야 한다.

3　요금표시기인영 첩부우편물 취급방법

(1) 발송표 및 우편물 제출

① 요금표시기 별납우편물 발송표 2부와 요금인영이 표시된 우편물을 계약한 우체국의 창구에 제출한다.

② 잘못 표시되거나 그 밖의 사유로 사용하지 않은 인영증지, 인영봉투가 있는 경우, 발송표에 첨부하여 제출한다.

(2) 접수 검사

① 접수하는 우체국과 계약한 것인지 확인한다.

② 우편물 오른쪽 윗부분에 정확히 인영이 표시되어 있는지 확인한다.

　　• 확인사항 : 우편요금, 발송우체국명, 발송연월일, 요금표시기 인영번호

③ 신청내용과 실제 우편물이 같은지 확인한다.

④ 인영에 표시된 날짜가 접수하는 날과 같은지 확인한다.

⑤ 사용하지 않고 제출한 인영증지 · 인영봉투는 정당한지 확인한다.

⑥ 표시기 사용금액(이번에 사용한 금액과 지난번에 사용한 금액의 차액)이 발송하는 우편요금과 사용하지 않은 인영증지 · 인영봉투의 금액을 합한 금액과 일치하는지 확인한다.

⑦ 그 밖의 발송표에 적힌 사항이 정당한지 확인한다.

(3) 요금 납부

① 요금표시기 별납 요금(부가취급수수료 포함)은 발송표의 지난번 표시액과 이번 표시액의 차액을 현금 등으로 납부한다.

② 사용하지 않은 인영증지 · 인영봉투 등을 발송표에 첨부하여 제출한 때에는 그 금액을 납부요금에서 공제한다.

③ 요금표시기 후납계약을 한 경우에는 사용자별로 매월 사용액을 집계하여 요금후납 세입조정 절차에 따라 처리한다.

(4) 날짜도장 날인

① 요금표시기사용 우편물에는 우편날짜도장의 날인을 생략한다.

② 다만, 요금이 부족하여 추가로 우표나 요금증지를 붙인 경우에는 우표는 소인하며, 요금증지는 소인하지 않는다.

(5) 발송표의 처리

① 접수검사가 끝난 발송표 2장은 우편날짜도장을 찍어 1장은 발송인에게 교부한다.

② 사용자별로 매월분을 정리하여 사용자명, 사용기간, 발송표 매수를 적은 표지를 붙여 보관한다.

(6) 발송표 정리부의 기록

접수우체국은 요금표시기별(후)납 월별 발송실적과 요금표시기별(후)납 발송표를 계약 업체별로 구분하여 관리하여야 한다.

(7) 사용하지 않은 인영 · 봉투를 처리할 때의 확인사항

① 제출된 인영증지나 봉투의 사용 여부를 확인한다.

② 발송표에 기록한 사용하지 않은 인영 · 봉투의 매수와 금액이 실제 물건과 일치하는지 확인한다.

04 요금수취인부담 우편물

1 개념

(1) 요금수취인부담이란 배달우체국장(계약등기와 등기소포는 접수우체국장)과의 계약을 통해 그 우편요금을 발송인에게 부담시키지 않고 수취인 자신이 부담하는 제도이다.

(2) 통상우편물은 주로 "우편요금수취인부담"의 표시를 한 사제엽서 또는 봉투 등을 조제하여 이를 배부하고 배부를 받은 자는 우표를 붙이지 않고 그대로 발송하여 그 요금은 우편물을 배달할 때에 또는 우체국의 창구에서 교부받을 때는 수취인이 취급수수료와 함께 지불하거나 요금후납계약을 체결하여 일괄 납부하는 형태이다.

(3) 일반통상우편물은 통신판매 등을 하는 상품 제조회사가 주문을 받기 위한 경우 또는 자기 회사의 판매제품에 관한 소비자의 의견을 알아보기 위한 경우 등에 많이 이용되고 있다.

2 취급 방법

(1) 취급대상은 통상우편물, 등기소포우편물, 계약등기이며, 각 우편물에 부가서비스도 취급할 수 있다.

(2) 국가기관 등에 있어서의 발송 유효기간

발송 유효기간은 요금수취인부담 계약일로부터 2년이 원칙이다. 다만, 국가기관, 지방자치단체 또는 정부투자기관에 있어서는 발송 유효기간을 제한하지 아니할 수 있어 2년을 초과하여 발송 유효기간을 정할 수 있다.

(3) 발송 유효기간의 표시의 생략

국가기관, 지방자치단체 또는 정부투자기관에 있어서는 발송 유효기간을 표시하지 아니할 수 있다.

(4) 발송 유효기간을 경과한 요금수취인부담우편물 처리

발송 유효기간을 경과하여 발송한 요금수취인부담 우편물은 발송인에게 반환한다.

(5) 계약의 해지 후 발송 유효기간 내에 발송된 요금수취인부담 우편물은 수취인에게 배달한다.

(6) 요금수취인부담 우편물에는 우편날짜도장의 날인을 생략한다.

(7) 요금의 징수

① 요금수취인부담 우편물의 우편요금은 수취인이 우편물을 받을 때에 납부한다. 다만, 요금후납 계약을 맺은 때에는 요금후납의 예에 준하여 처리한다.

② 우편요금은 부가취급 수수료를 포함한 금액의 110%이다. 우편요금 합계금액에 원 단위가 있을 경우에는 절사한다.

예 우편요금이 430원인 경우 수수료는 10%인 43원, 우편요금 합계금액은 470원(원 단위 3원 절사)

05 우편요금의 감액

1 우편요금 감액제도 개요

우편 이용의 편의와 우편물의 원활한 송달을 확보할 수 있는 방법으로 발송하는 다량 우편물에 대하여 그 요금의 일부를 감액할 수 있다.

(1) 정기간행물

① 감액대상

「신문 등의 진흥에 관한 법률」(이하 "신문법"이라 함) 제2조 제1호에 따른 신문(관련된 호외·부록 또는 증간을 포함)과 「잡지 등 정기간행물의 진흥에 관한 법률」(이하 "잡지법"이라 함) 제2조 제1호 가목·나목 및 라목의 정기간행물(관련된 호외·부록 또는 증간을 포함)

※ 발행주기를 일간·주간 또는 월간으로 하여 월 1회 이상 정기적으로 발송해야 한다.

※ 요금별납 또는 요금후납 일반우편물로서 무게와 규격이 같아야 한다.

② 감액 제외대상

㉠ 「신문법」 제9조에 따라 등록하지 않은 신문과 「잡지법」 제15조, 제16조에 따라 등록 또는 신고하지 않은 정기간행물, 「잡지법」 제16조에 따라 신고한 정보간행물 및 기타 간행물 중 상품의 선전 및 그에 관한 광고가 앞·뒤 표지 포함 전 지면의 60%를 초과하는 정기간행물

㉡ 우편물의 내용 중 받는 사람에 관한 정보나 서신 성격의 안내문이 포함되어 있는 경우

③ 우편요금 감액요건

㉠ 우편물 정기발송계약

• 계약당사자

– 「신문법」 제2조 제3호에 따른 '신문사업자'

– 「신문법」 제2조 제7호에 따른 '발행인'

– 「신문법」 제2조 제11호에 따른 '지사 또는 지국장'

– 「잡지법」 제2조 제2호에 따른 '정기간행물사업자'

– 「잡지법」 제2조 제3호에 따른 '발행인'

– 「잡지법」 제2조 제5호에 따른 '지사 또는 지국장'

– 정기간행물의 원활한 보급을 위하여 보급업무를 대행하는 자(이하 '보급대행인'이라 함)

※ 보급대행인이란 정기간행물의 보급 및 배포를 위하여 정기간행물의 발행인과 계약을 통하여 맺은 이해관계인을 말한다.

※ 계약당사자가 아닌 대리점, 영업사원, 개인 등이 발송하는 정기간행물은 감액대상에서 제외한다.

• 계약을 체결할 우체국

– 우편집중국(우편물 접수부서가 없는 집중국에 설치된 우체국 포함)

– 직접 배달할 우체국

– 5급 이상 공무원이 우체국장으로 배치된 우체국

• 계약 체결에 필요한 사항

– 우편물 정기발송계약신청서, 계약서

– 사업자등록증 사본

– 신문 또는 잡지 사업 등록증, 정보간행물, 기타 간행물 신고증(최근 6개월 이내인 것으로 한다)

- 미등록물은 발행주기와 동일하게 계속해서 계약일 이전 일간은 10회 이상, 주간은 5회 이상, 월간은 3회 이상의 발행 실적을 증빙하는 서류 및 기 발행된 간행물(또는 표지)을 제출할 것
  - 계약체결 신청인이 신문(정기간행물)사업자, 발행인이 아닌 지사 또는 지국일 경우 그 설치를 입증할 수 있는 서류 사본, 보급대행인일 경우 보급 대행에 관한 계약을 입증할 수 있는 서류를 추가적으로 제출해야 한다.

- 계약 내용의 변경 신고

  정기간행물의 등록사항 변경과 휴간, 정간 등의 사유가 생기거나 계약서의 내용이 변경되었을 경우에는 그 사유가 발생한 날로부터 10일 이내에 서면으로 신고하여야 하며, 이에 따른 정기간행물은 정기 발송일에 발송한 것으로 간주한다. 단, 휴간 횟수는 최근 6개월간(일간은 1개월간) 정기발송 횟수의 20% 이하로 제한한다.

- 계약의 해지

  - 우편물의 정기 발송일에 우편물을 3회(일간은 10회) 이상 계속해서 발송하지 아니하는 경우
  - 최근 6개월간(일간은 1개월간) 우편물 발송 횟수가 80%에 미달한 경우
  - 우편요금 감액대상이 아닌 우편물을 우편물 정기발송계약에 따라 발송한 경우
  - 정기간행물의 등록사항 변경과 휴간, 정간 등의 사유가 생기거나 정기발송 계약서의 내용이 변경되었음에도 그 사유가 발생한 날로부터 10일 이내에 서면으로 신고하지 아니한 경우

- 계약해지 후 재계약의 제한

  계약 해지일로부터 1년(일간신문은 4개월)이 지나야 재계약이 가능하다.

- 계약체결 우체국의 이관

  계약당사자가 계약체결 우체국 변경을 요청할 경우 당초 계약체결 우체국은 관련서류를 계약변경 우체국으로 옮겨야 한다.

ⓛ 감액대상 우편물 취급 우체국

- 계약을 체결한 우체국
- 요금후납으로 계약한 정기간행물은 계약을 체결하지 않은 배달국 관할 우편집중국에도 접수 가능
- 결제방법을 요금별납으로 계약한 정기간행물은 계약우체국에 타국접수 신청을 한 후 계약을 체결하지 않은 우체국(우편집중국 포함)에도 접수 가능

ⓒ 1회 발송 최소 우편물 수

기본 감액	구분 감액	비 고
요금별납 100통 요금후납 50통	요금별납 2천 통 요금후납 1천 통	「우편법 시행규칙」 제14조 관련 우편물은 '1회 발송 최소 우편물 수'의 적용을 받지 않음

ⓔ 기본 감액 적용 요건

- 우편물의 발송은 발행 주기와 같아야 한다.
- 우편물에는 본지 또는 부록의 게재 내용과 관련된 물건(이하 '부록'이라 함)이나 호외 등을 첨부하거나 제본할 수 있다.

- 부록은 본지의 부록임을 알 수 있도록 본지 및 부록의 표지에 '부록'의 문자를 표시해야 하며, 호외는 표지에 '호외'의 문자를 표시해야 한다(부록 및 호외임을 판단하기 어려운 경우에는 감액을 받을 수 없다).
    - 부록은 본지와 별도로 발송할 때는 감액을 받을 수 없으나, 호외는 본지와 별도로 발송 시 감액을 받을 수 있다.
  - 본지, 부록, 호외 등을 포함한 우편물 1통의 총 무게는 1,200g을 초과할 수 없으며, 본지 외 내용물의 무게가 본지의 무게를 초과해서는 안 된다. 다만, 1통의 우편물에 여러 부의 간행물을 함께 넣어 발송하는 경우에는 350g을 초과할 수 없다.
  - 관보는 우편물 1통의 무게 및 부록의 매수에 제한없이 접수할 수 있다.
  - 우편물을 봉함하여 발송할 경우에는 우편물의 표면 왼쪽 중간 부분에 '정기간행물'이라고 표시해야 한다.
  ㅁ 구분 감액 적용 요건
    - 기본 감액 적용에 필요한 기준을 준수한 자는 감액대상 우편물 취급 우체국에 따라 「서적우편물, 다량우편물 및 상품광고우편물의 우편요금 감액대상, 감액요건, 감액범위 등에 관한 고시」의 '구분 감액 적용 요건'을 갖춘 감액대상 우편물에 대하여 구분 감액을 받을 수 있다.
    - 다만, 우편물을 직접 배달할 우체국을 제외한 5급 이상 공무원이 우체국장으로 배치된 우체국에 접수하는 경우에는 구분 감액을 받을 수 없다.
④ 우편요금 감액범위
  ㄱ 기본 감액률

요금 감액 대상		요금 감액률	비 고
종 별	간 별		
등 록	신문 / 일 간	62%	주 3회 이상 발행하여 발송하는 정기간행물
	신문/잡지 / 주 간	59%	월 4회 이상 발행하여 발송하는 정기간행물. 단, 월 4회 미만 발행하여 발송하는 격주간 신문 등은 잡지(월간) 감액률 적용
	잡지 / 월 간	50%	월 1회 이상 발행하여 발송하는 정기간행물
미등록	일간/주간/월간	37%	• 「잡지법」 제2조 제1호 나목 · 라목에 의한 정기간행물 • 「신문법」 제9조 제1항 단서조항 및 「동법 시행령」 제7조 제1호에 의한 신문 • 「잡지법」 제15조 제1항 단서조항 및 「동법 시행령」 제8조 제1항 제1호에 의한 잡지 • 「잡지법」 제16조 제1항 단서조항 및 「동법 시행령」 제8조 제2항 제1호에 의한 정보간행물, 기타간행물

※ 「신문법」 제9조 및 「잡지법」 제15조, 제16조에 의거 등록관청에 등록 및 신고하지 아니하는 정기간행물 중 국가 및 지방자치단체가 발행하는 정기간행물은 그 간별에 따라 신문 또는 잡지에 해당하는 감액률을 적용

ⓛ 구분 감액률

구 분			규격·규격 외 우편물		규 격	규격 외	비고(최고)	
			접수국 기준	우편집중국별 운반차적재	수취인 주소 인쇄규격	우편집중국별 (배달국별) 적재	규 격	규격 외
집배코드	배달국별 구분	집중국 접수	0.5%	1%	0.5%	0.5%	2.0%	2.0%
		집중국 접수 (배달국관할)	3%	–	0.5%	0.5%	3.5%	3.5%
	배달국–집배팀별 구분	집중국 접수	2%	1%	0.5%	0.5%	3.5%	3.5%
		집중국 접수 (배달국관할)	4%	–	0.5%	0.5%	4.5%	4.5%
		배달국 접수	6%	–	0.5%	–	6.5%	6.0%

※ 구분 감액률은 정기간행물 · 서적우편물 · 다량우편물 · 상품광고우편물에만 적용

- 집배코드 배달국별 구분 시 묶음의 우편물은 팀번호가 오름차순으로 되어 있어야 함
- 집배코드 배달국별–집배팀별 구분 시 묶음의 우편물은 집배구 번호 연번식으로 되어 있어야 함

ⓒ 감액률 상한기준

기본 감액률과 구분 감액률 합계가 신문(일간) 67%, 신문(주간) 64%, 잡지 55%, 잡지 외 미등록물 42%를 초과하지 않는 범위 내에서 감액률을 적용한다.

ⓔ 일간신문의 물량감액 적용

다량우편물에 적용하는 물량감액 적용 기준에 따라 감액

(2) 서적 우편물

① 감액대상 우편물

표지를 제외한 쪽수가 48쪽 이상인 책자의 형태로 인쇄 · 제본되어 발행인 · 출판사 또는 인쇄소의 명칭 중 어느 하나와 쪽수가 각각 표시되어 발행된 종류와 규격이 같은 서적으로서 '② 우편요금 감액요건'을 갖춰 접수하는 요금별납 또는 요금후납 일반우편물. 다만, 상품의 선전 및 광고가 전 지면의 10%를 초과하는 것은 감액대상에서 제외한다.

㉠ 공중이 이용할 수 있도록 가격정보(출판물에 가격이 표시된) 또는 국제표준도서번호(ISBN ; International Standard Book Number), 국제표준일련간행물번호(ISSN ; International Standard Serial Number)가 인쇄된 출판물에 대해 감액을 적용한다.

㉡ 비정기적으로 발간되는 출판물에 대해서만 감액을 적용한다. 다만, 「정기간행물의 우편요금 감액대상, 감액범위, 감액요건 등에 관한 고시」에 따라 감액을 적용받지 않는 정기간행물(격월간, 계간 등)은 비정기적 간행물로 간주한다.

㉢ 우편물의 표면 왼쪽 중간 부분에 '서적'이라고 표기해야 한다.

㉣ 우편엽서, 빈 봉투, 지로용지, 발행인(발송인) 명함은 각각 1장만 동봉이 가능하고, 이를 본지 및 부록과 함께 제본할 때는 수량의 제한이 없다.

ⓜ 우편물에는 본지의 게재내용과 관련된 물건(이하 '부록'이라 함)을 첨부하거나 제본할 수 있다.
- 부록은 본지에는 부록이 첨부되었음을 표시하고, 부록의 표지에는 '부록'이라고 표기해야 한다.
- 부록을 본지와 별도로 발송하거나 부록임을 판단하기 어려운 경우에는 감액을 받을 수 없다.
ⓗ 본지, 부록 등을 포함한 우편물 1통의 총 무게는 1,200g을 초과할 수 없으며, 본지 외 내용물(부록, 기타 동봉물)의 무게는 본지의 무게를 초과해서는 안 된다.
ⓢ 서신성 인사말, 안내서, 소개서, 보험안내장을 본지(부록 포함)에 제본하거나 동봉하는 우편물은 감액을 받을 수 없다.

② **우편요금 감액요건**

㉠ 우편물을 제출할 우체국

- 우편물을 직접 배달할 우체국
- 5급 이상 공무원이 우체국장으로 배치된 우체국
- 우편집중국(우편물 접수부서가 없는 우편집중국에 설치된 우체국 포함)

㉡ 1회 발송 최소 우편물 수

구 분	물량(기본) 감액	구분 감액
서적우편물	요금별납 100통 이상 요금후납 50통 이상	요금별납 2천 통 요금후납 1천 통

㉢ 물량(기본) 감액 적용요건

- 우편물 집배코드별로 구분하여 제출
  - 집배코드를 사용하여 배달국 번호, 또는 배달국–집배팀 번호별로 구분하여 제출하여야 한다.
  - 1개의 묶음 및 용기에는 집배코드의 배달국 번호가 동일한 우편물을 담아 제출해야 한다.
- 묶음 제출
  - 묶음 1개의 두께는 20cm 이하로 하여야 하며, 흐트러지지 않도록 가로, 세로 '+' 형태 등으로 단단히 묶어야 한다.
  - 각 묶음에는 정확한 행선지별 집배코드, 배달국명 등을 표시한 표지를 잘 보이도록 앞에 끼워야 한다. 단, 집배코드 글자 크기가 14포인트 이상일 경우 표지 부착을 생략할 수 있다(한글 표기 도착 집중국명과 배달국명은 최소 9포인트 가능).
- 발송인이 준비한 종이상자에 담아서 제출
  - 상자 표면에는 상자 속에 들어 있는 우편물의 행선지별 집배코드, 배달국명 등을 정확히 표시해야 한다.
  - 종이상자는 크기, 재질 등이 같고 우편물 운반 시 변형되지 않는 골판지 등을 사용해야 한다.
- 우정사업본부장이 지정하는 운반차(pallet)에 실어서 제출
  - 우편물은 도착 우편집중국별로 분류하여 운반차(pallet)에 실어야 하며, 운반차(pallet) 높이 기준으로 최소 50% 이상, 최대 100% 이하를 실어야 한다.

- 우편물은 집배코드 순서로 정렬하거나 도착 우편집중국별 기계구분계획 순서(sorting plan)(규격 우편물), 우편집중국별(시,군,구)(규격 외 우편물)로 정렬하되, 구별할 수 있도록 종이 등을 끼워야 한다(집배코드 정렬 시에는 배달국 번호 단위로 간지 삽입). 다만, 대형우편물(가로 360mm, 높이 265mm, 두께 20mm 초과)과 띠지, 반봉투를 사용한 우편물은 묶어서 실어야 한다.
- 우편물의 종류, 구분 정도, 묶음 및 용기 수, 우편물 수 등을 기재한 접수신청서와 일련번호, 집배코드, 우편물 수 등을 기재한 접수목록표를 제출해야 한다.

[접수국별 접수신청서 및 접수목록표 제출방법]

구 분	제출방법
접수신청서	서면
접수목록표	파일(엑셀)

※ 서적우편물 소량 접수분은 접수우체국과 협의한 경우 접수목록표 생략 가능

ⓒ 기타 사항
- 수취인 주소, 우편번호, 요금인영 등 우편물의 외부기재 사항이 국내 통상우편물 기준에 적합해야 하며, 수취인의 주소는 한글로 표기해야 한다.
- 집배코드 표기는 다음 항목별 규격에 모두 적합해야 한다.

항 목		규 격
글꼴 및 속성	글씨체	바탕체, 명조체, 고딕체, 굴림체, 돋움체, 중고딕, 맑은 고딕 등
	글씨크기	9 point 이상(최소)
	글씨모양	기울임체, 밑줄, 윗줄, ( )를 제외한 특수문자[@, /, −(하이픈), &, 쉼표 등] 사용 제한
	인쇄품질	200 dpi 이상(최소)
단어 간 공백		단어와 단어 사이는 일정 간격을 유지(예 키보드 자판의 스페이스 1칸 이상)
인쇄 위치		우편번호 하단에 표기하되 우편물 밑면에 17mm 이상, 오른쪽 면에 20mm 이상 여백 필요 ※ 우편물의 표기면이 부족할 경우 우편번호 바코드 인쇄 생략 가능
표기 형식		• 집배코드와 도착집중국 및 배달국명 표기 • 도착집중국명과 배달국명은 한글 표기하되, 집배코드 바로 하단 또는 집배코드와 나란히 기재 예 A111001 05 / 동서울집 광화문 또는 A1(동서울집) 110(광화문) 01 05

- 요금후납 표시 인영에는 우편물을 접수하는 우체국(우편집중국 포함)의 이름으로 표기해야 한다.
- 요금후납 계약 체결 우편집중국이 아닌 배달국 관할 우편집중국으로 접수 시에는 계약승인번호를 제출해야 하며, 요금납부는 계약 체결 시에 등록된 신용카드로 결제해야 한다.

ⓜ 구분 감액 적용 요건
- 기본요건 : 물량(기본) 감액 적용요건 충족하되 집배코드를 사용하여야 한다.
- 우편집중국에 접수하는 경우 적용되는 감액항목별 요건

- 올바른 집배코드 사용 인증
  ⓐ 집중국(우체국)에서 발급한 "올바른 집배코드 사용률 인증서(유효기간 : 발급일로부터 1개월)"를 우편물과 함께 제출해야 한다.
  ⓑ 배달국별 구분감액은 집배코드의 집배팀 번호 정확도가 92% 이상, 배달국-집배팀별 구분감액은 집배구 번호 정확도가 92% 이상 되어야 감액을 적용한다.
  ⓒ 올바른 집배코드 사용률 인증서의 발급을 위해서는 최근 1개월간 발송한 우편물량(1개월 이내 발송물량이 없을 경우 최근 3개월 이내 발송한 우편물량) 중 1회 접수물량(정기 발송하는 고지서 등 동일한 내용의 우편물을 분할접수하는 경우에는 분할 접수한 물량을 합산) 최대치의 90% 이상의 '주소목록 전산자료(우편번호, 주소, 집배코드 9자리)'를 제출해야 하며, 접수국은 그중 10만 건을 무작위 추출(제출된 주소 목록이 10만 건 이하일 경우 제출 목록 전체)하여 사용한다.
  ⓓ 올바른 집배코드 사용률 인증서 발급 신청 시 제출한 주소목록 전산자료를 가지고 도로명 주소 사용률 인증서 발급을 동시에 신청할 수 있다.
  ⓔ 배달국별로 구분(묶음)하여 제출할 경우 1개의 묶음에 들어 있는 우편물은 배달국이 동일하여야 하며, 동일 묶음 내의 우편물은 집배팀 번호가 오름차순으로 정렬되어 있어야 한다.
  ⓕ 배달국-집배팀별로 구분(묶음)하여 제출할 경우 1개의 묶음에 들어 있는 우편물은 집배팀이 동일하여야 하며, 동일 묶음 내의 우편물은 집배구 번호가 연번으로 정렬되어 있어야 한다. 다만, 묶음 두께가 10cm 이하의 자투리 물량은 2개 이상의 팀을 한 묶음으로 제출할 수 있으며, 이때 집배팀은 연번으로 정렬하고 팀 간에 간지를 삽입해야 한다.
- 도로명주소 사용
  ⓐ 우편집중국에서 발급한 "도로명주소 사용률 인증서(유효기간 : 발급일로부터 3개월)"를 우편물과 함께 우편집중국에 제출해야 한다.
  ⓑ 도로명주소 사용률은 50% 이상 되어야 감액을 적용한다.
  ⓒ 도로명주소 사용률 인증서의 발급을 위해서는 최근 3개월간 발송한 우편물량 중 1회 접수물량 최대치의 90% 이상의 '주소목록 전산자료(DB)'을 제출해야 하며, 정기 발송하는 고지서 등 동일한 내용의 우편물을 분할 접수하는 경우에는 분할 접수한 물량을 합산한다.
  ⓓ 발송우편물이 도로명주소 사용률 인증서에 제시된 사용률 대비 80% 이하인 경우에는 발송인에게 해당 사실을 통보하고, 통보한 날의 다음 달부터 3개월간 도로명주소 사용 감액 적용을 받을 수 없다. 다만, 도로명주소 사용이 전체 우편물의 50% 이상인 경우에는 감액을 적용한다.
- 수취인 주소 인쇄 규격 준수
  ⓐ 우편집중국에서 발급한 "수취인 주소 인쇄규격 사용 인증서(유효기간 : 발급일로부터 3개월)"를 우편물과 함께 우편집중국에 제출해야 한다.
  ⓑ 우편물의 수취인 주소의 인쇄표기는 다음 항목별 규격에 모두 적합해야 한다.

항 목		규격(필수 요구사항)
1. 글꼴 및 속성	1-1. 글씨체	바탕체, 명조체, 고딕체, 굴림체, 돋움체, 중고딕, 맑은 고딕, Arial 등
	1-2. 글씨크기	9~14 point
	1-3. 글씨모양	• 볼드체, 이탤릭체(기울임체), 주소 밑줄, 윗줄 사용금지 • 주소 정보 표현 특수 문재[@, /, −(하이픈), (,), [,], &, ,(쉼표)] 이외의 특수문자 사용금지
	1-4. 인쇄품질	200 dpi 이상(최소)
2. 글자간격	2-1. 최소	0.35mm 이상
3. 단어 간 공백	3-1. 최소	단어와 단어 사이는 일정간격(예 키보드 자판의 스페이스 1칸 이상)을 유지해야 함
4. 문단간격	4-1. 최소	1.5mm 이상
5. 주소와 바코드 간격	5-1. 상하	2mm 이상(최소)
	5-2. 좌우	7mm 이상(최소)
6. 주소와 홍보 문구 사이의 공백확보 (도안 포함)	6-1. 상하	10mm 이상(최소)
	6-2. 좌우	10mm 이상(최소)
7. 행정구역 명칭	7-1. 명칭 표기 방법	"시", "군", "동", "읍", "면", "리", "가", "길", "로", "대로" 등은 생략 금지(지번, 도로명 주소 공통사항) 예 수원시 권선구 권선동(○), 수원 권선 권선(×) 　　수원시 권선구 권선대로(○), 수원 권선 권선(×)

- 우편집중국별 운반차(pallet) 적재

　ⓐ 1개의 운반차(pallet)에는 단일 우편집중국에서 처리할 우편물만 실어야 한다.

　ⓑ 운반차(pallet) 높이 기준으로 80% 이상을 채워야 한다.

- 집중국(시, 군, 구)별 적재 : 집중국 관할지역(우정사업본부 홈페이지에 게시)에 따라 묶음 제출의 형태로 집중국별로 운반차(pallet)에 실어서 접수해야 한다.

• 우편물을 직접 배달할 우체국에 접수하는 경우 적용되는 감액항목별 요건

- 집배코드의 배달국−집배팀 단위로 구분 제출

　ⓐ 묶음 제출 및 발송인이 준비한 종이상자에 담아서 제출 방법을 준수하여야 한다.

　ⓑ 집배코드 인쇄 시 한글 표기 도착 집중국명과 배달국명은 생략을 할 수 있다.

- 올바른 집배코드 사용 인증 : 상단의 우편집중국에 접수하는 경우 적용되는 감액항목별 요건 참고

- 수취인 주소 인쇄규격 준수 : 상단의 우편집중국에 접수하는 경우 적용되는 감액항목별 요건 참고

• 우편물을 직접 배달할 우체국을 제외한 5급 이상 공무원이 우체국장으로 배치된 우체국인 경우 : 구분감액 해당사항 없음

③ 우편요금 감액률

　㉠ 물량(기본) 감액률 : 일반우편요금의 40%

　㉡ 구분 감액률 : 정기간행물 구분감액률과 동일

(3) 다량우편물

① 감액대상 우편물

우편물의 종류, 무게 및 규격이 같고, 아래의 '② 우편요금 감액요건'을 갖춰 접수하는 요금별납 또는 요금후납 일반우편물

② 우편요금 감액요건

㉠ 우편물을 제출할 우체국

- 우편물을 직접 배달할 우체국
- 5급 이상 공무원이 우체국장으로 배치된 우체국
- 우편집중국(우편물 접수부서가 없는 우편집중국에 설치된 우체국 포함)

㉡ 1회 발송 최소우편물 수

구 분	물량(기본) 감액	구분 감액
다량우편물	1만 통 이상	요금별납 2천 통 요금후납 1천 통

㉢ 물량(기본) 감액 적용요건 : 서적우편물 요건과 동일

㉣ 기타 사항 : 서적우편물 요건과 동일

㉤ 구분 감액 적용 요건 : 서적우편물 요건과 동일

③ 우편요금 감액률

㉠ 물량(기본) 감액률

구 분 / 1회 접수물량	1만 통 이상		5만 통 이상		10만 통 이상	
	동일지역	타지역	동일지역	타지역	동일지역	타지역
다량우편물	1%	0.5%	2%	1%	3%	1.5%

- 우편물의 1회 접수물량, 우편물 접수·배달권역(동일지역 또는 타지역)에 따라 감액률을 적용
- 동일지역 타지역 미 구분 시 전체물량에 대해 타지역 감액률 적용
- 동일지역(우편물 접수지역과 배달지역을 권역화하여 권역 내인 경우)과 타지역(접수지역과 배달지역을 달리할 경우)으로 구분함

[우편물 접수·배달권역 분류 기준]

구 분	동일지역(아래 표 1개의 지역을 1개의 권역으로 구분)								타지역
지역명	서울 경기 인천	부산 울산 경남	대전 충남 세종	광주 전남	대구 경북	충북	전북	강원	제주	접수권역과 다른 권역으로 배달되는 우편물

㉡ 구분 감액률 : 정기간행물 감액률과 동일

(4) 상품광고 우편물

① 감액대상 우편물

　㉠ 상품의 광고에 관한 우편물로서 종류와 규격이 같고, 아래의 '② 우편요금 감액 요건'을 갖춰 접수하는 요금별납 또는 요금후납 일반우편물

　㉡ 부동산을 제외한 유형상품에 대한 광고를 수록한 인쇄물(별도 쿠폰 동봉) 또는 시디(CD)[디브이디(DVD) 포함]에 대해서만 감액을 적용한다.

② 우편요금 감액요건

　㉠ 우편물을 제출할 우체국

　　• 우편물을 직접 배달할 우체국

　　• 5급 이상 공무원이 우체국장으로 배치된 우체국

　　• 우편집중국(우편물 접수부서가 없는 우편집중국에 설치된 우체국 포함)

　㉡ 1회 발송 최소우편물 수

구 분	물량(기본) 감액	구분 감액
상품광고 우편물	1만 통 이상	요금별납 2천 통 요금후납 1천 통

　㉢ 물량(기본) 감액 적용요건 : 서적우편물 요건과 동일

　㉣ 기타 사항 : 서적우편물 요건과 동일

　㉤ 구분 감액 적용 요건 : 서적우편물 요건과 동일

③ 우편요금 감액률

　㉠ 물량(기본) 감액률

1회 접수물량 구 분	1만 통 이상		5만 통 이상		10만 통 이상	
	동일지역	타지역	동일지역	타지역	동일지역	타지역
상품광고 우편물	1%	0.5%	2%	1%	3%	1.5%

　• 우편물의 1회 접수물량, 우편물 접수·배달권역(동일지역 또는 타지역)에 따라 감액률을 적용

　• 동일지역 타지역 미 구분 시 전체물량에 대해 타지역 감액률 적용

　• 동일지역(우편물 접수지역과 배달지역을 권역화하여 권역 내인 경우)과 타지역(접수지역과 배달지역을 달리할 경우)으로 구분함

[우편물 접수·배달권역 분류 기준]

구 분	동일지역(아래 표 1개의 지역을 1개의 권역으로 구분)									타지역
지역명	서울 경기 인천	부산 울산 경남	대전 충남 세종	광주 전남	대구 경북	충북	전북	강원	제주	접수권역과 다른 권역으로 배달되는 우편물

　㉡ 구분 감액률 : 정기간행물 감액률과 동일

(5) 비영리민간단체 우편물

① 요금 감액대상

「비영리민간단체지원법」 제4조에 따라 등록된 비영리민간단체가 공익활동을 위하여 발송하는 요금별납 또는 요금후납 일반우편물로 공익활동을 위한 직접적인 내용이어야 한다.

② 우편요금 감액요건

㉠ 우편물을 제출할 우체국

- 5급 이상 공무원이 우체국장으로 배치된 우체국
- 우편집중국(우편물 접수부서가 없는 우편집중국에 설치된 우체국 포함)

㉡ 우편물의 제출방법

- 집배코드를 사용하여 배달국 번호 또는 배달국−집배팀 번호별로 구분하여 제출해야 한다.
- 1묶음은 100통 이내로 하여야 하며, 그 두께는 20cm를 초과할 수 없다.
- 각 묶음에는 집배코드의 배달국 번호와 배달국명, 우편물 수량을 기재한 표지를 끼워야 한다. 단, 집배코드 글자 크기가 14포인트 이상일 경우 표지 부착을 생략할 수 있다(한글 표기 도착 집중국명과 배달국명은 최소 9포인트 가능).
- 우편물 제출 시에는 우편물의 종류, 구분 정도, 묶음 및 용기 수, 우편물 수 등을 기재한 접수신청서와 일련번호, 집배코드, 우편물 수 등을 기재한 접수목록표를 같이 제출하여야 한다.
- 접수국별 접수신청서 및 접수목록표 제출방법

구 분	제출방법
접수신청서	서면
접수목록표	파일(엑셀)

- 우편물 제출 시(최초) 비영리민간단체는 주무장관이나 시 · 도지사에게 등록된 비영리민간단체 등록증 사본을 제출해야 한다.
- 우편물 발송은 비영리민간단체 또는 대표 명의로 발송해야 한다. 다만, 비영리민간단체의 하부기관(지사, 지점 등)에서 발송 시에는 비영리민간단체 등록증 사본과 본사와의 관계를 증명하는 서류를 제출해야 한다.

③ 우편요금 감액률

㉠ 일반 우편요금의 100분의 25를 감액한다.

㉡ 다만, 우정사업본부장이 고시한 감액율이 100분의 25를 상회하는 정기간행물, 서적, 상품광고 우편물은 그 감액기준을 적용한다.

(6) 상품안내서(카탈로그) 우편물

① 요금 감액대상

각각의 파렛(pallet, 운반차)에 적재되는 중량 · 규격이 같은 16면 이상(표지 포함)의 책자 형태로서 상품의 판매를 위해 가격 · 기능 · 특성 등을 문자 · 사진 · 그림으로 인쇄한 요금후납 일반우편물

㉠ 상품안내서(카탈로그) 한 면의 크기는 최소 120mm×190mm 이상, 최대 255mm×350mm 이하, 두께는 20mm 이하로 한다.

ⓛ 상품안내서(카탈로그) 중 최대 · 최소 규격의 범위를 벗어나는 내용물이 전지면의 10%를 초과하지 못한다.

ⓒ 책자 형태에 포함되지 않은 추가 동봉물은 8매까지 인정한다.

ⓡ 우편물 1통의 무게는 1,200g을 초과할 수 없으며, 추가 동봉물은 상품안내서(카탈로그)의 무게를 초과하지 못한다.

ⓜ 봉함된 우편물 전체의 내용은 광고가 80% 이상이어야 한다.

② 우편요금 감액요건

　㉠ 우편물 발송 계약 체결

　　• 계약당사자 : 우편집중국장과 상품안내서(카탈로그) 우편물 발행인

　　　※ 우편집중국장은 계약 체결 전 소속 지방우정청장과 사전 협의 필요

　　• 계약 체결 시 구비 사항 : 카탈로그 요금제 우편물 발송 계약 신청서

　㉡ 우편물 제출 요건

　　• 우편물은 모든 우편집중국에 접수 가능(우편물 접수부서가 없는 집중국에 설치된 우체국 포함)

　　• 우편물의 집배코드별로 구분하여 제출

　　　− 1개의 묶음에 들어 있는 우편물은 집배코드의 배달국−집배팀 번호가 동일하여야 한다. 다만, 10통 미만의 자투리 물량은 배달국별로 묶거나 집배코드의 배달국 번호별로 묶어서 제출할 수 있다.

　　• 묶음 처리된 우편물은 우정사업본부장이 지정하는 운반차(pallet)에 실어서 제출

　　　− 묶음 1개의 두께는 30cm 이하로 최소 10통 이상이어야 하나, 동일한 행선지의 자투리 우편물은 10통 이내로 할 수 있다.

　　　− 우편물을 묶을 때에는 흐트러지지 않도록 가로, 세로 '+' 형태 등으로 견고하게 묶어야 한다.

　　　− 각 묶음에는 정확한 행선지별 집배코드 및 배달국명이 기재된 표지가 잘 보이도록 앞뒤에 끼워야 한다. 단, 집배코드 글자 크기가 14포인트 이상일 경우 표지 부착을 생략할 수 있다.

　　　− 운반차(pallet)에는 우편집중국별로 분류하여 실어야 하며, 운반차(pallet) 높이 기준으로 최소 50% 이상, 최대 100% 이하를 실어야 한다.

　　　− 운반차(pallet) 적재한 후 자투리 물량도 접수 우편집중국의 요청에 따라 우편집중국별로 구분할 수 있도록 표시하여야 한다.

　　　− 각 운반차(pallet)에는 도착 우편집중국명과 집배코드 배달국 번호를 기재한 국명표(표지)를 붙여야 한다.

　　　− 우편물을 운반차(pallet) 제출 시에는 운반차(pallet)에 공간이 최소화되도록 가지런히 실어야 한다.

- 올바른 집배코드 사용 인증(집배코드별로 구분할 경우)
  - 우편집중국에서 발급한 "올바른 집배코드 사용률 인증서(유효기간 : 발급일로부터 1개월)"를 우편물과 함께 우편집중국에 제출해야 한다.
  - 집배구 번호 정확도가 92% 이상 되어야 감액을 적용한다.
  - '올바른 집배코드 사용률 인증서'의 발급을 위해서는 최근 1개월간 발송한 우편물량(1개월 이내 발송물량이 없을 경우 최근 3개월 이내 발송한 우편물량) 중 1회 접수물량(동일한 내용의 우편물을 분할 접수하는 경우에는 분할 접수한 물량을 합산) 최대치의 90% 이상의 '주소목록 전산자료(우편번호, 주소, 집배코드 9자리)'를 제출해야 하며, 접수국은 그중 10만 건을 무작위 추출(제출된 주소 목록이 10만 건 이하일 경우 제출 목록 전체)하여 사용한다.
  - 배달국-집배팀별로 구분(묶음)하여 제출하되 1개의 묶음에 들어 있는 우편물은 집배팀이 동일하여야 하며, 동일 묶음 내의 우편물은 집배구 번호가 연번으로 정렬되어 있어야 한다. 다만, 10통 미만의 자투리 물량은 2개 이상의 팀을 한 묶음으로 제출할 수 있으며, 이때 집배팀은 연번으로 정렬하고 팀 간에 간지를 삽입해야 한다.
- 우편물 제출 시에는 우편물의 종류, 구분정도, 묶음 및 용기 수, 우편물 수 등을 기재한 접수신청서와 일련번호, 우편번호(또는 집배코드), 우편물 수 등을 기재한 접수목록표를 같이 제출하여야 한다.

[접수국별 접수신청서 및 접수목록표 제출방법]

구 분	제출방법
접수신청서	서면
접수목록표	파일(엑셀)

③ 우편요금 감액범위

1회 접수물량	동일지역		타지역	비 고
	배달국 관할 집중국	기타 집중국		
10,000통 이상	46%	40%	38%	'배달국 관할 집중국현황'은 우정사업본부 홈페이지에 게시
50,000통 이상	48%	43%	40%	
100,000통 이상	50%	45%	42%	

(7) 등기통상우편물

① 접수물량 기준

　　㉠ 일반등기 : 요금별납 또는 요금후납이고, 1회에 10통 이상 발송하는 등기우편물

　　㉡ 계약등기 : 1회 500통 이상이고 월 10,000통 이상 발송하는 일반 및 맞춤형 계약 등기 우편물

　　㉢ 선택등기 : 요금별납 또는 요금후납이고, 1회에 10통 이상 발송하는 등기우편물로 하되, 1회 100통
　　　　이상인 경우 접수물량 감액 적용

② 우편물 제출요건

　　㉠ 1회 접수하는 우편물은 그 크기와 무게가 같아야 한다.

　　㉡ 등기번호 순서대로 제출해야 한다.

③ 감액요건 및 범위

　　㉠ 접수방법 감액

구 분	접수방법	감액률
일반등기 선택등기 계약등기	접수정보 On-Line 연계 제출	2%
	바코드 자체제작 라벨부착	1%
	집배코드 인쇄 및 연번식 제출	0.5%

　　㉡ 접수물량 감액

구 분	접수물량	100통 이상	1,000통 이상	1만 통 이상
선택등기	감액률	2%	3%	4%

　　㉢ 감액기준요금

　　　• 일반등기, 선택등기 : 우편요금 및 등기수수료 합산액

　　　　※ 보험취급 · 증명취급 · 특급 · 특별송달 수수료 및 민원우편의 특급수수료는 감액 제외

　　　• 계약등기 : 우편요금(또는 표준요금)과 부가요금을 포함한 전체금액

　　　　※ 착불배달을 이용하는 경우, 감액 제외

　　　• 선택등기 : 접수방법 감액 및 접수물량 감액 동시 적용

3 창구접수 및 방문접수 소포우편물의 감액

(1) 감액대상 : 창구접수(등기소포), 방문접수 우편요금(부가취급수수료 제외)

※ 창구접수 감액은 접수정보(주소록 등)를 고객이 사전에 제공(모바일 · 인터넷 우체국 등) 시에만 적용한다.

(2) 감액접수 대상관서 : 전국 모든 우편관서(우편취급국 포함)

(3) 요금감액 범위

구 분		3%	5%	10%	15%
창구접수	요금즉납	1~2개	3개 이상	10개 이상	50개 이상
	요금후납	–	70개 이상	100개 이상	130개 이상
방문접수	접수정보 사전연계	개당 500원 감액 (접수정보 입력, 사전결제, 보관장소 지정 시)			
분할접수		분할 전 20~30kg 고중량소포 요금을 기준으로 3,000원 감액 • 감액기준 : 20kg 초과 소포 1개를 2개로 분할하여 접수(분할 후 각각 10kg 초과 및 접수시각 · 발송인 · 수취인 동일) • 요금예시(창구접수) : 30kg 소포(13,000원)를 17kg · 13kg으로 분할접수 시 10,000원(=13,000원−3,000원) 납부			

---

06 우편요금 등의 반환청구

1 개념

(1) 우편요금은 과학기술정보통신부가 제공하는 우편의 서비스에 대한 대가로 납부하는 것이기 때문에 이 서비스를 제공하지 않은 경우에는 채무불이행으로 요금을 발송인에게 반환해야 하며, 또 발송인이 요금을 초과 납부한 경우에는 부당이득이 되므로 발송인에게 반환해야 한다.

(2) 그러나 이 모든 경우에 요금을 반환하면 반환사유의 인정이 극히 곤란한 경우가 있을 뿐만 아니라, 이의 해결을 위해 시간이 걸리므로 우편업무의 신속성을 해칠 염려가 있어 한 번 납부한 요금이나 초과 납부한 요금은 원칙적으로 반환하지 않으나, 대통령령으로 정한 경우에만 납부한 사람의 청구에 따라 요금을 반환하고 있다.

2 우편요금 등의 반환사유, 반환범위 및 반환청구기간

(1) 우편요금 등의 반환사유, 반환범위 반환기간(「우편법 시행령」 제35조)

반환사유 및 반환범위	근거규정	반환청구우체국	청구기간
1. 우편관서의 과실로 인하여 과다징수한 우편요금 등	영 제35조 제1항 제1호	해당 우편요금 등을 납부한 우체국	해당 우편요금 등을 납부한 날부터 60일
2. 우편관서에서 우편물의 특수취급의 수수료를 받은 후 우편관서의 과실로 인하여 특수취급을 하지 아니한 경우 그 특수취급수수료	영 제35조 제1항 제2호	〃	〃
3. 사설우체통의 사용을 폐지하거나 사용을 폐지시킨 경우 그 폐지한 다음날부터의 납부수수료 잔액	영 제35조 제1항 제3호	〃	폐지한 날부터 30일
4. 납부인이 우편물을 접수한 후 우편관서에서 발송이 완료되지 아니한 우편물의 접수를 취소한 경우	영 제35조 제1항 제4호	〃	우편물 접수 당일

(2) 우편요금 반환 청구서의 접수

청구인의 반환청구를 검토하여 지급하기로 결정한 때에는 우편요금반환청구서에 해당사항을 적은 후에 봉투 등의 증거자료를 첨부하여 제출하도록 한다.

(3) 우편요금 등의 반환

① 우표로 반환하는 경우 : 우표로 반환할 때에는 우선 창구에서 보관 중인 우표로 반환 금액에 상당하는 우표를 청구인에게 교부하고 영수증을 받는다.

② 현금으로 반환하는 경우 : 현금으로 반환할 때에는 지출관이 반환금 등에서 반환 후 청구인에게서 영수증을 받는다.

07 무료 우편물

1 개요

(1) 개념과 의의

① 송달에 필요한 우편요금을 내지 않고 보내는 우편

② 재해지역 구호, 전쟁포로 인권 보호 등 공익을 위해 법률로 지정하여 무료로 우편 서비스를 이용할 수 있도록 한 제도

(2) 이용할 수 있는 우편물

① 우편사무우편물

㉠ 과학기술정보통신부와 그 소속기관이 발송하는 우편물 중 우편업무와 관련된 것

㉡ 과학기술정보통신부와 그 소속기관으로 발송하는 우편물 중 우편물에 관한 손해 배상, 우편요금 등

의 반환청구, 우편물에 관한 사고조회 및 과학기술정보통신부와 그 소속기관의 우편업무상 의뢰에 의한 것

② 구호우편물

㉠ 구호기관이 이재민을 구호하기 위하여 서로 주고받는 우편물

※ 대상 구호기관 : 군 · 행정기관 또는 이재민의 구호를 목적으로 특별히 설치한 기관

㉡ 구호기관에서 재해지역의 이재민에게 발송하는 우편물

③ 전쟁포로우편물

㉠ 전쟁포로가 발송하는 우편물

㉡ 전쟁포로사무를 보는 기관에서 전쟁포로사무에 관하여 발송하는 우편물

④ 시각장애인용 우편물

㉠ 시각장애인용 점자

• 종이 위에 도드라진 점을 모아 만든 시각장애인용 점자 우편물

• 법률에 따라 설치된 시각장애인 단체 등이 보내는 점자 · 묵자* 혼용우편물

*묵자 : 점자를 해석하여 일반문자 등으로 표시한 것

㉡ 시각장애인용 녹음물 : 공인된 시각장애인 단체 등이 보내는 것

2 접수요령

(1) 접수검사

① 무료 우편물 대상인지 확인

② 우편물 종류에 따른 표시가 맞는지 확인

→ 종류별 표시 : 우편사무, 구호우편, 전쟁포로우편, 시각장애인용우편

③ 발송인 및 수취인의 구별에 따른 표시가 맞는지 확인

㉠ 발송인과 수취인이 국가 · 지방자치단체인 경우 기관명을 표시

㉡ 발송인과 수취인이 공무원인 경우 소속 · 직위 · 성명을 표시

㉢ 우편사무인 경우, 발송인과 수취인의 우편번호 반드시 표시

㉣ 우편사무로 발송되는 일반 문서류는 표면 왼쪽 아래에 내용품 표시

※ 주의 : 외부 표시 사항이 빠진 우편물의 처리

→ '②'와 '③'에서 정한 표시가 빠진 경우, 무료우편물로 취급하지 않음

(2) 부가취급

① 다른 우편물의 원활한 소통을 위해서 일반우편물로 취급하고 부가취급은 중요하거나 시한성이 있는 특별히 필요한 경우에만 발송인 요구에 따라 제한적으로 허용

② 부가취급을 할 수 있는 무료우편물

㉠ 우표류 · 수입인지 등 우편업무 관련 유가증권류

㉡ 귀금속 · 보석 · 옥석 · 기계부속품(형체에 비해 가격이 비싼 것) 등 귀중품

ⓒ 특별송달우편물의 송달통지서

ⓔ 우편부서에서 보내는 것으로 관서장이 중요하다고 인정하는 문서

ⓜ 시각장애인용 점자 · 녹음물, 전쟁포로우편물, 구호우편물

ⓗ 그 밖에 법령에서 규정한 것

3 무료 우편물 종류별 취급방법

(1) 우편사무우편물의 취급방법

① 과학기술정보통신부와 그 소속기관(우체국 포함) 간 이용절차 : 기존과 동일

　※ 시한성 우편물을 제외하고는 일반우편물로 취급

② 과학기술정보통신부와 그 소속기관(우체국 포함)과 개인 간 이용절차

　ⓐ 발송가능 우편물

> • 기관/단체로 발송하는 우편사업 홍보 안내문
> • 우편취급관서*의 업무종료 및 개국.이전 안내 등
> 　* 우체국, 우편집중국, 우편취급국 등
> • 우편요금 후납 고지서, 임대료 고지서 등
> • 배송 진행 중 기표지 탈락 물품 및 이탈품, 오배달 등
> • 우편 우수고객 선장용품 및 홍보(포상)용품
> • 계약서류, 송달확인서, 영수증 등 고객 교부용 서류
> • 전자우편 및 생활정보홍보우편 제작 시 제작센터 발송물품

　ⓑ 중요하거나 시한성 있는 우편물을 제외하고는 일반우편물로 취급

③ 무료물품등기우편물의 취급방법

　ⓐ 취급대상

　　• 우편관서 간에 보내는 우표류 · 수입인지

　　• 발송우편관서의 장이 인정하는 중요 우편물

　ⓑ 포장 방법

　　• 우표류 훼손 및 상호접착 등을 방지하기 위해서 2중 포장하여 묶음 처리한 후 우표발송 전용용기로 포장

　　• 우표류를 발송할 때에는 입회 공무원과 함께 포장한 봉함지에 3개처 이상 날인. 다만 한국조폐공사에서 봉함한 것으로 포장에 이상이 없는 경우, 그대로 발송

　ⓒ 표시사항 검사

　　• 우편물 표면과 국명표에 무게와 가격이 표시되어 있는지 확인

　　• 표시된 무게와 실제 무게가 같은지 확인

　ⓓ 부피와 무게가 우편사무우편물 제한 범위를 넘지 않는지 확인

　　• 부피 : '일반우편자루 나호'에 넣을 수 있는 범위

　　• 무게 : 20kg 이내

④ 우정사업조달센터 무료우편자루우편물의 취급방법

　　㉠ 우표류와 수입인지를 포장한 물품은 붉은 색의 우정사업조달센터 전용우편용기에 넣은 후 우편관서에서 무료물품등기우편물로 접수

　　㉡ 우편용기 국명표에는 발송기관명, 수취기관명, 우편번호와 빨간색 직선 2줄을 세로로 표시하고 라벨을 붙여 발송

　　※ 참고 : 우정사업조달센터 무료우편용기 성격

　　　　－ 접수단계와 배달단계에서는 1통의 우편물로 취급하기 때문에 배달증 필요

　　　　－ 운송단계에서는 운송용기로 취급하기 때문에 운송용기 송달증 필요

(2) 구호우편물의 취급방법

① 발송표 2부를 제출받아 실제 물량과 대조 확인

② '구호우편' 표시와 발송기관 이름이 적혀 있는지 확인

③ 일반적인 우편물 처리방법에 따라 접수하되, '구호우편물'을 선택하여 등록

④ 접수우체국장은 취급 장소를 따로 지정할 수 있고, 종류별·지역별·수취인 우편번호별로 구분하여 제출하도록 요구할 수 있음

⑤ 관할 지방우정청장은 재해가 발생하면 구호기관을 확인하여 신속히 소속우체국에 알려주어야 함

(3) 전쟁포로우편물의 취급방법

① 발송표 2부를 제출받아 실제 물량과 대조 확인

② '전쟁포로우편' 표시가 되어 있는지 확인

③ 수취인 주소지가 송달 가능지역인지 확인

(4) 시각장애인용 우편물의 취급방법

① 외부표시 사항 확인

　　㉠ '시각장애인용우편'이 표시되어 있는지 확인

　　㉡ 시각장애인용 녹음우편물과 점자·묵자 혼용우편물에는 시각장애인복지기관의 법인 설립인가번호가 표시되어 있는지 확인

　　　　예 보건복지부장관 인가 제85호 한국시각장애인복지협회

② 내용물 확인

　　㉠ 해당 우편물의 견본을 받아 무료취급 적정 여부 확인(확인 후 돌려줌)

　　㉡ 적정여부 판단기준

　　　　• 시각장애인용 점자 : 종이 위에 도드라진 점들을 모아 만든 시각장애인용 점자만 허용

　　　　• 법률에 따라 설치된 단체에서 보내는 시각장애인용 점자·묵자 혼용우편물

　　　　　－ 묵자는 점자를 해석한 것을 전제로 하며 점자 분량을 넘을 수 없음

　　　　　－ 묵자는 점자에 병기해서 표기하거나, 별도 페이지에 수록할 수 있으나, 한 가지 내용의 점자·묵자는 하나로 제본되어 있어야 함

　　　　　　※ 법률에 따라 설치된 단체 등이 보내는 경우에 한정하여 일반문자나 그림을 그대로 돋아낸 것 또한 묵자의 일종으로 인정

- 시각장애인용 녹음물 : 영상없이 음성만 포함된 녹음물

③ 우편물 접수

   ㉠ 위의 ①, ②의 조건을 모두 충족하는 경우, 무료로 취급

- 무료로 취급하는 경우에는 가급적 일반우편물로 취급하고, 발송인의 요구가 있는 경우에만 등기 취급
- 접수 시 포스트넷에 무료우편물 종류를 구분하여 선택*

    * 점자, 점자·묵자혼용, 녹음물, 구호우편물, 전쟁포로우편물

   ㉡ 위의 ①, ②의 조건 중 어느 하나라도 충족하지 못하는 경우에는 유료로 취급하거나 보완을 요청

(5) 그 밖의 무료우편물

그 밖의 무료우편물(국민투표법 등)의 발송방법, 취급절차 등에 관해서는 관계법령과 우정사업본부장이 정하는 취급지침 등을 참고하여 처리

08 통신사무 우편물

1 개요

(1) 개념

① 우정사업본부와 그 소속기관이 발송하는 것으로 '우편사무'와 관련없는 우편물

② 발송하는 부서에서 직접 요금을 납부하지 않고 각 사업부분별 요금을 본부에서 해당 사업비용과 우편사업 수익으로 회계 처리하여 정산하는 제도

(2) 의의

통신사무우편물은 접수 당시 요금을 계산하지 않을 뿐, 일반적인 우편물과 동일한 요금을 적용하기 때문에 무료우편물인 우편사무우편물과는 다름

2 접수요령

(1) 접수검사

① 간편 사전접수를 통해 접수된 내역과 실제 우편물이 같은지 확인

② 한 번에 발송하는 우편물의 무게가 각각 달라 적기가 어려운 경우, 평균 무게 단위로 통일하여 적음

③ 청남색(인쇄할 때는 검정색)으로 '통신사무' 표시를 했는지 확인

④ 우정사업조달센터에서 발송하는 우편물은 내용에 따라 예금, 보험, 기타로 분류

(2) 접수방법

① 일반우편물과 등기우편물은 일반적인 방법과 동일하게 접수

② 우편관서 간 자금송부, 사무용품 등 특별히 취급하는 우편물의 접수

ㄱ 통화등기 · 유가증권등기의 접수

- 우편관서 간 자금송부나 과초금을 납부하는 현금 송달은 통화등기우편물로, 수표는 유가증권등기로 접수

- 통화등기 및 유가증권등기를 접수할 때에는 각각의 자 · 과초금 송부용 봉투나 운송자루를 사용

- 봉함상태 이상 유무, 봉투 표면 · 운송자루 국명표에 수령우체국, 우편번호, 통신사무 글자가 확실히 적혀 있는지 확인한 후 무게 · 금액이 적힌 라벨을 붙여 발송

ㄴ 일반사무용품의 접수

- 내용품 성격과 목적에 따라 일반통상 · 등기통상 · 등기소포우편물로 접수

- 우편물 표면에는 '사무용품'이라고 표시

- 동일 기관으로 보내는 물품이 '보통우편자루 나호'를 가득 채울 정도로 많으면 그 자루를 하나의 우편물(특별체결우편물)로 하여 발송

- 위 경우, 국명표에 발송기관 · 수취기관 · 우편번호 등을 정확히 적은 다음 국명표에 빨간색 직선을 1줄을 그어 표시

※ 주의

- **특별체결우편물 접수부서** : 발송담당 부서에서 직접 접수하여 발송
- **특별체결우편물의 성격**
  - 접수 · 배달할 때 : 우편물 성격을 가지므로 배달증 필요
  - 운송할 때 : 운용용기 성격을 가지므로 운송용기 배달증 필요

ㄷ 우정사업조달센터에서 발송하는 식지류와 일반용품의 우편물 접수

- 식지류와 일반용품은 특별한 경우를 제외하고는 물품등기우편물로 접수

- 우정사업조달센터 전용 우편자루에 넣어 발송하며, 국명표에는 발송기관 · 우편번호 · 무게를 정확히 적고 빨간색 직선을 1줄을 그어 표시

- 우정사업조달센터에서는 우편물과 함께 현황 자료를 우체국이나 집중국에 보내야 함

ㄹ 우정정보관리원에서 발송하는 법원 진술최고서 답변 우편물 접수

- 등기우편물 접수 방법에 따라 처리

- 법원에서 진술최고서와 함께 보내온 회신용 우표는 별도 종이에 붙여 접수국에 제출하고, 접수국에서는 우표를 소인하여 보관

3 발송증 처리 및 요금정산

(1) 발송증 처리

접수내역은 창구직원이 '우편물 발송증'에 입력하고, 마감 시 책임직이 시스템에서 확인(필요시 출력)

(2) 요금정산

① 우체국예금과 보험관련 통신사무의 우편요금은 매월 우정사업본부에서 우체국예금특별회계 · 우체국보험특별회계 · 우편사업특별회계 간의 전출입금으로 일괄 계산하여 징수하고, 예금 · 보험의 사업비용과 우편사업수익(별납우편료)으로 회계처리

② 다만, 우정정보관리원에서 발송하는 법원 진술최고서 답변 우편물 중 우표를 첨부한 경우의 우편요금은 정산 대상에서 제외

손해배상 및 손실보상

01 국내우편물의 손해배상제도

1 개념 및 성격

(1) 개념

우편관서가 고의나 잘못으로 취급 중인 국내우편물에 끼친 재산적 손해에 대해 물어주는 제도

(2) 성격

① 손해배상은 위법한 행위에 대한 보전을 말한다.

② 적법한 행위 때문에 생긴 손실을 보전하는 손실보상과 재산적인 손해와 상관없이 일정 금액을 지급하는
이용자 실비지급 제도와는 성격상 차이가 있다.

2 손해배상의 범위 및 금액

우편법령의 규정에 의하여 발송된 우편물로서 손해를 배상하는 경우 및 배상금액은 다음과 같다. 다만, 손
실액이 최고 손해배상금액보다 적을 때에는 그 실제 손해액으로 한다.

구 분		손실, 분실(최고)	지연배달**
통 상	일반	없 음	없 음
	준등기	5만원	없 음
	등기취급	10만원	D+5일 배달분부터 : 우편요금과 등기취급수수료
국내특급	익일특급	10만원	D+3일 배달분부터 : 우편요금 및 국내특급수수료
소 포	일반	없 음	없 음
	등기취급	50만원	D+3일 배달분부터 : 우편요금 및 등기취급수수료
	안심소포*	300만원	

*안심소포 : 보험소포우편물
**지연배달 기준 : 송달기준보다 2일 이상 지연배달

(1) 분실 또는 훼손된 우편물은 손해배상액 한도 범위 내에서 실손해액을 배상(기대이익 등 간접손해 제외)하
며, 안심소포는 보험가액 한도 내에서 실손해액을 배상한다(안심소포가 제한되는 전자제품은 분실의 경우
만 청구 · 배상 가능).

(2) 등기 취급하지 않은 우편물은 손해배상을 하지 않는다.

(3) 'D'는 우편물을 접수한 날을 말하며, 공휴일과 우정사업본부장이 배달하지 않기로 정한 날은 배달기한에서 제외한다.

(4) 지연 배달로 보지 않는 경우

① 설·추석 등 특수한 기간에 우편물이 대량으로 늘어나 늦게 배달되는 경우

② 우편번호 잘못 표시, 수취인 부재 등 발송인이나 수취인의 책임으로 지연배달 되는 경우

③ 천재지변 등 불가항력*으로 인하여 지연배달 되는 경우

*태풍, 홍수, 호우, 대설, 지진, 감염병 등

3 손해배상 청구권자

(1) 우편물 발송인

(2) 우편물 발송인의 승인을 얻은 수취인

4 손해배상 제한사유

(1) 우편물의 손해가 주소 오표기, 포장부실* 등 발송인의 잘못 또는 수취인 부재, 수취거절 등 수취인의 사정으로 지연배달 된 경우

*내용품에 적합한 포장이 아님을 안내하였음에도 동일한 방식으로 포장하거나, 완충재 등의 포장 없이 발송하여 파손이 발생한 경우

(2) 우편물의 성질·결함 또는 불가항력적인 이유로 손해가 생긴 경우

(3) 우편물을 배달(교부)할 때 외부에 파손 흔적이 없고, 무게도 차이가 없는 경우

(4) 수취인이 우편물을 정당하게 받았을 경우

5 손해배상을 청구할 때의 업무절차

(1) 우편물 수취거부와 손해배상 접수

① 발송인이나 수취인이 우편물에 이상이 있다고 주장하는 경우, 우편물의 수취를 거부하고 신고하도록 안내한다.

② 손해배상 결정(처리) 관서

　㉠ 우체국 모바일앱, 우편고객센터(1588-1300) 및 우체국(자국 처리 제외) 청구건 : 우편고객센터

　　※ 손해배상액, 사고 경중 등을 고려하여 필요시 사고조사국(집중국, 배달국 등) 확인

　㉡ 우체국 청구건 중 자국 처리가 가능한 건 : 손해배상 접수우체국

　　※ 우편고객센터에서 처리하는 것이 원칙이나, 사고 원인이 명백하게 규명되어 추가 조사가 불필요하고 즉시 지급 처리가 가능한 경우 우체국 종결처리

(2) 손해사실 조사

손해사실의 신고를 받은 우편고객센터와 우체국에서는 즉시 당해 우편물의 외장 또는 중량의 이상 유무, 우편관서의 고의 · 과실 유무 등을 검사한다(필요시 접수 · 배달국에 조사 요청).

(3) 손해검사조서 작성 및 등록

① 손해검사 조서에는 각 항목을 명확히 기재하여 결과등록 및 승인
  ㉠ 청구금액(우체국창구 청구 시 손해배상액 지급결정을 위한 증빙서류는 스캔하여 저장)
  ㉡ 청구사유 및 손해 발생 원인 등을 구체적으로 작성
② 우편고객센터의 조사 요청 시에는 당해 우편물의 접수 및 운송 과정상 배상책임이 있는 관서에서 손해발생 원인 등을 조사하여 우편물류시스템 결과등록 및 승인

(4) 손해배상 심사

손해배상청구를 받았을 때에는 다음 사항을 심사하여야 한다.
① 우편물을 발송한 날로부터 1년 내에 청구한 것인가(「우편법」 제43조 제2호)
② 청구서의 사항이 구비되어 있는가
③ 책임원인의 제한 이유가 있는가(「우편법」 제39조)
④ 손해배상의 제한 사유가 있는가(「우편법」 제40조)
⑤ 우편물을 수취한 후에 이의를 제기한 것은 아닌가(「우편법」 제41조)
⑥ 청구자가 수취인인 경우에는 발송인의 승인을 얻은 것인가(「우편법」 제42조)

(5) 손해배상 결정

① 손해배상청구를 심사한 결과, 손해를 배상할 것으로 결정하였을 때에는 사고 조사 결과 등 손해배상 지급 결정 내용을 청구인에게 안내한다(알림톡, SMS 등).
② 사고우편물 접수등록부터 우편물 배상금액이 결정되어야 하며, 등록된 배상액과 지급요구서상의 정보를 대사하여 일치할 경우에만 금융시스템에서 지급 가능하다.

(6) 우편물의 처리

① 손해를 배상한 우편물은 배상한 우체국에서 반송불능우편물 처리방법에 따라서 처리한다. 다만, 수리비용 등 일부 손해를 배상한 경우에는 우편물을 교부할 수 있다.
② 검사결과 손해가 없는 것으로 판명된 경우에는 손해검사조사서 1통은 우편물과 함께 수취 거부자에게 보내고 1통은 해당 우체국에서 보관한다.
③ 손해가 있다고 신고한 우편물을 우체국에서 보관하거나 총괄우체국으로 보내는 경우, 우편물 상태를 책임자가 정확하게 확인하고 주고받아야 하며 손해 상태가 달라지지 않도록 취급해야 한다.
④ 손해배상금 지급 후 발견한 우편물은 배상금 수령자에게 우편물의 발견 사실과 3개월 이내에 배상금을 반환하고 당해 우편물을 수령할 수 있는지의 여부 등을 확인해야 한다.
⑤ 다만, 발견 통보를 받은 날로부터 3개월 이내에 배상금 수령자로부터 우편물의 교부청구가 없을 경우에는 반송불능 우편물의 처리 예에 의하여 취급한다.

(7) 기타 법적 사항

① 손해배상 청구권은 우편물을 발송한 날부터 1년이다. 다만, 손해배상 결정서를 받은 청구인은 우편물을 받은 날부터 5년 안에 배상액을 청구할 수 있다. 그 이후에는 시효로 인해 권리가 소멸된다.

② 손해배상에 이의가 있을 때는 결정통지를 받은 날부터 3개월 안에 민사소송을 제기할 수 있다.

③ 해당 손해배상에 대해 공무원의 고의 또는 중대한 잘못이 있는 경우, 배상책임을 물을 수 있다.

02 손실보상제도

1 손실보상 등의 범위

(1) 우편업무를 수행 중인 운송원 · 집배원과 항공기 · 차량 · 선박 등이 통행료를 내지 않고 도로나 다리를 지나간 경우

(2) 우편업무를 수행 중에 도로 장애로 담장 없는 집터, 논밭이나 그 밖의 장소를 통행하여 생긴 손실에 대한 보상을 피해자가 청구하는 경우

(3) 운송원이 도움을 받은 경우 도와준 사람에게 보상한다.

2 손실보상 청구

(1) 도와준 사람에게 줄 보수나 손실보상을 청구할 때에는 청구인의 주소, 성명, 청구사유, 청구금액을 적은 청구서를 운송원 등이 소속하고 있는 우체국장을 거쳐 관할 지방우정청장에게 제출하여야 한다. 이때 소속우체국장은 손실보상의 청구내용에 대한 의견서를 첨부하여야 한다.

(2) 청구서와 의견서를 받은 지방우정청장은 그 내용을 심사하여 청구내용이 정당하지 아니하다고 인정하는 때에는 그 사유서를 청구인에게 보내고, 청구내용이 정당하다고 인정하는 때에는 청구한 보수나 손실보상금을 청구인에게 지급하여야 한다.

(3) 지방우정청장은 필요하다고 인정하는 경우에는 청구인의 출석을 요구하여 질문하거나 관계자료를 제출하도록 할 수 있다.

(4) 그 사실이 있었던 날부터 1년 이내에 청구하여야 한다.

3 **보수 및 손실보상금액의 산정**

(1) 보수 및 손실보상금액은 청구인이 입은 희생 및 조력의 정도에 따라 다음 기준에 의하여 판단한 금액으로 결정한다.

   ① 「우편법」 제4조 제1항에 의한 조력자의 경우에는 일반노무비, 교통비, 도움에 소요된 실비

   ② 「우편법」 제5조의 택지나 전답을 통행한 경우에는 그 보수비나 피해를 입은 당시의 곡식 등의 가액

   ③ 도선이나 유료 도로 등을 통행한 경우에는 그 도선료나 통행료

   ④ 운송의 편의를 위하여 시설을 제공한 경우에는 그 보관료나 주차료 등

(2) 보수와 손실보상금액은 현금으로 일시불로 지급해야 한다.

4 **손실보상 등 결정에 대한 불복**

보수 또는 손실보상의 결정에 대하여 불복하는 사람은 그 통지를 받은 날부터 3개월 이내에 소송을 제기할 수 있다.

03　　이용자 실비지급제도

1 **의의**

(1) 우정사업본부장이 공표한 기준에 맞는 우편서비스를 제공하지 못할 경우에 예산의 범위에서 교통비 등 실비의 전부나 일부를 지급하는 제도

(2) 부가취급 여부 · 재산적 손해 유무를 요건으로 하지 않고 실비를 보전하는 점에서 손해배상과 성질상 차이가 있다.

2 **지급조건 및 지급액**

(1) 사유가 발생한 날부터 15일 이내에 해당 우체국에 신고해야 한다.

(2) 지급 여부 결정

이용자가 직원의 불친절한 안내 때문에 2회 이상 우체국을 방문하였다고 문서, 구두, 전화, 이메일 등으로 신고한 경우에는 해당 부서 책임자는 신고내용을 참고하여 신속히 지급 여부를 결정해야 한다(무기명 신고자는 제외).

(3) 실비지급 제한

우편서비스 제공과 관계없이 스스로 우체국을 방문한 때

(4) 이용자 실비지급제도의 범위와 지급액

구 분	지급사유	실비 지급액
모든 우편	우체국 직원의 잘못이나 불친절한 응대 등으로 2회 이상 우체국을 방문하였다고 신고한 경우	1만원 상당의 문화상품권 등 지급
EMS	종 · 추적조사나 손해배상을 청구한 때 3일 이상 지연 응대한 경우	무료발송권(1회 3만원권)
	한 발송인에게 월 2회 이상 손실이나 분실이 생긴 때	무료발송권(1회 10kg까지) ※ 보험가입여부와 관계없이 월 2회 이상 손실이나 분실이 생긴 때

그 밖의 청구와 계약

1 개념

(1) 수취인의 주소 · 성명의 변경청구

우편물이 배달되기 전에 발송인이나 수취인이 수취인의 주소나 성명을 바꾸려고 하는 경우 우편관서에 요청하는 청구(단, 수취인은 주소 변경청구만 가능)

(2) 우편물의 반환청구

발송인이 우편물을 보낸 후, 그 우편물이 배달되지 않아야 하는 이유가 생겼을 때 우편관서에 요청하는 청구

2 처리요령

(1) 청구의 수리 여부 검토

① 청구인의 정당 여부 확인

　㉠ 발송인 : 증명서, 신분증, 영수증 등

　㉡ 수취인 : 증명서, 신분증, 배달안내 문자 또는 우편물 도착통지서

② 청구가능 우편물 여부 확인

　㉠ 발송인이 수취인의 주소나 성명을 변경청구한 경우 내용증명 우편물이 아닌지 확인해야 한다.

　㉡ 내용증명 우편물의 수취인 주소 · 성명을 변경할 경우 우편물을 반환한 뒤 새로운 내용물로 다시 작성하여 발송하거나, 봉투와 원본, 등본의 내용을 모두 같게 고친 후 발송해야 한다.

　㉢ 수취인 주소 변경청구인 경우, 배달우체국에 도착한 등기우편물 중에서 관련 고시에서 제외하고 있는 특별송달, 내용증명, 선거우편, 외화현금배달우편물, 냉장 · 냉동 보관이 필요한 우편물이 아닌지 확인한다.

③ 우편물이 이미 배달(교부) 되었거나 배달준비가 완료된 것은 아닌지 확인한다.

④ 우편물이 이미 발송되었거나 발송준비가 완료가 된 경우 우편물 배달 전에 배달국에 알릴 수 있는 상황인지 확인한다.

⑤ 우편물 배달기한을 생각할 때 청구가 실효성이 있을지 확인한다.

⑥ 그 밖에 발송인의 청구를 받아들여도 업무상 지장이 없는지 확인한다.

(2) 청구서의 접수

수리를 결정한 때에는 청구서를 교부하여 접수하고 수수료를 받는다.

[취급수수료]

구 분	서비스 이용 구간	수수료
발송인 청구에 의한 성명·주소 변경 및 우편물 반환	우편집중국으로 발송 전	무 료
	우편집중국으로 발송 후	• 일반우편물 : 기본통상우편요금 • 등기우편물 : 등기취급수수료*
수취인 청구에 의한 주소변경		등기취급수수료**

*수취인 성명 변경 및 동일 총괄우체국 내 주소 변경 시 기본통상우편요금 징수
**동일 총괄우체국 내 변경청구 시 무료

(3) 우편물의 처리

① 발송준비 완료 전이나 자국 배달 전인 경우

　㉠ 수취인의 주소·성명 변경청구 : 변경 전의 사항은 검은 선을 두 줄 그어 지우고, 그 밑에 새로운 사항을 기록한다.

　㉡ 우편물 반환청구 : 접수 취소로 처리(우편물·수납요금 반환, 라벨·증지 회수)하거나 반환청구에 준해서 처리(라벨·증지 회수 불필요. 우편물만 반환하고 요금은 미반환)한다.

② 배달 완료 전이나 배달준비 완료 전인 경우

　㉠ 수취인의 주소·성명 변경청구 : 변경 전의 사항은 검은 선을 두 줄 그어 지우고, 그 밑에 새로운 사항을 기록한다.

　㉡ 우편물 반환청구 : 우편물에 반환사유를 적은 쪽지를 붙여 발송인에게 반송한다.

02 **국내우편물 보관우편물의 보관국 변경청구 및 배달청구**

1 개념

(1) 보관우편물이란 '우체국 보관' 표시가 있는 우편물과 교통 불편 등의 이유로 일반적인 방법으로 접근하기 어려운 지역으로 배달하는 우편물로서, 배달우체국의 창구에서 보관한 후 수취인에게 내어주는 우편물을 말한다.

(2) 해당 개념에 포함되지 않는 보관우편물

　① 수취인 부재 등의 이유로 우체국에서 보관하고 있는 우편물

　② 우편함 설치대상 건축물(「우편법」 제37조의2)인데도 이를 설치하지 않아 배달우체국에서 보관·교부하는 우편물(「우편법 시행령」 제51조 제2항)

(3) 보관우체국이 변경된 경우에는 보관기간이 다시 시작된다.

(1) 요청한 고객이 정당한 수취인인지 확인(정당한 수취인만 가능)

(2) 보관국 변경청구인 경우, 이미 다른 우체국을 보관국으로 변경청구한 것은 아닌지 확인(1회만 가능)

(3) 해당 우편물을 수취인이 수령하지 않았는지 확인(수령 전 우편물만 가능)

(4) 특히, 청구인이 수취인이 아닌 경우에는 정당하게 위임을 받은 사람인지 제출한 서류를 근거로 주의해서 확인하여야 한다.

  ① 일반적인 경우

    ㉠ 위임장과 위임인(수취인)의 인감증명서, 대리인의 신분증 확인

      ※ 인감증명서는 본인발급분이나 대리발급분 모두 가능하며, '본인서명 사실확인서'도 가능

    ㉡ 위임하는 사람이 법인의 대표인 경우에는 대표자의 위임장과 법인인감증명서, 대리인 신분증 확인

  ② 정당한 청구권자가 특별한 상황인 경우

    ㉠ 수감자 : 위임장과 교도소장의 위임사실 확인(명판과 직인 날인), 대리인 신분증 확인

    ㉡ 군복무자 : 위임장과 부대장(대대장 이상)의 위임사실 확인(명판과 직인 날인), 대리인 신분증 확인

03 우편사서함 사용계약

1 개요

우편사서함이란 신청인이 우체국장과 계약을 하여 우체국에 설치된 우편함에서 우편물을 직접 찾아가는 서비스이다. 우편물을 다량으로 받는 고객이 우편물을 수시로 찾아갈 수 있으며, 수취인 주거지나 주소 변경에 관계없이 이용할 수 있는 장점이 있다.

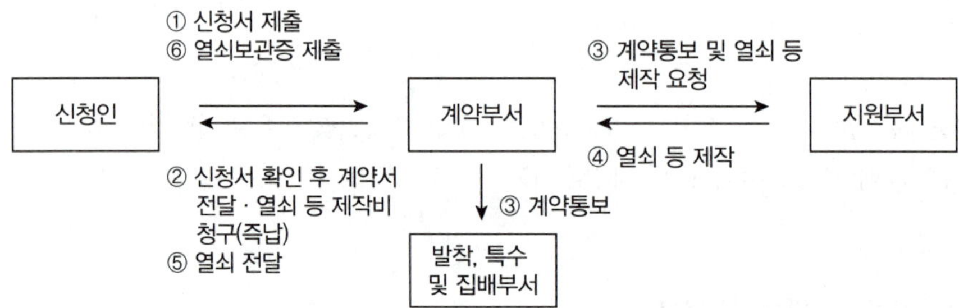

2 사용계약–신청서 접수

(1) 우편사서함의 사용계약을 하려는 사람은 주소 · 성명 등을 기록한 계약신청서와 등기우편물 수령을 위하여 본인과 대리수령인의 서명표를 사서함 시설이 갖춰진 우체국에 제출한다.

① 우편물 수령을 위한 서명표를 받고 우체국에 우편물 수령인으로 신고한 사람의 인적사항과 서명 이미지를 우편물류시스템에 등록하고 관리해야 한다.

② 법인, 공공기관 등 단체의 우편물 수령인은 5명까지 등록 가능하며, 신규 개설할 때나 대리수령인이 바뀐 때에는 미리 신고할 경우에만 가능하다.

(2) 사용인과 신청인의 일치 여부는 주민등록증의 확인으로 하되, 대리인이 신청하는 경우에는 위임장, 대리인의 신분증 등을 확인하고 접수해야 한다.

(3) 사서함 신청을 받은 우체국장은 국가기관, 지방자치단체, 일일 배달 예정물량이 100통 이상인 다량이용자, 우편물 배달 주소지가 사서함 설치 우체국의 관할구역인 신청자 순서로 우선적으로 계약할 수 있다.

(4) 사서함을 2인 이상이 공동으로 사용할 수 없다.

(5) 사서함 관리를 위해 필요한 경우 신청인(사서함 사용 중인 사람 포함)의 주소, 사무소나 사업소의 소재지를 확인할 수 있다.

3 신고사항의 처리

(1) 사서함 사용자는 다음 각 호의 경우에는 즉시 계약 우체국장에게 알려야 한다.

① 사서함이 훼손된 경우
② 사서함의 열쇠를 분실한 경우
③ 사서함 사용자의 주소 또는 명의가 변경된 경우
④ 사서함 우편물 대리수령인이 바뀐 경우

※ 사서함 사용자의 주소 이전 여부를 파악하기 위하여, 수시로 연락하거나 그 밖의 통지 사항을 사용자 주소지에 무료우편물로 보내는 방법으로 사용자 거주 여부를 확인하여야 한다.

(2) 신고사항 처리절차

① 변경신고서 접수

㉠ 사서함 사용자에게서 변경사항에 대한 신고서를 접수한다.
㉡ 변경사항의 확인이 필요한 경우에는 증빙서류를 제출하도록 안내한다.
㉢ 기록사항을 원부와 대조하여 확인한다.

② 원부정리

㉠ 원부의 변경사항을 정정하거나 해지사항을 기록한다.
㉡ 우편물 대리수령인이 바뀐 경우 인적사항과 서명표를 재작성해야 한다.

③ 통보
　　㉠ 인적사항과 서명표를 다시 작성하였을 때에는 사서함 우편물 교부 담당자에게 인적사항과 서명표를 통보하고 송부해야 한다.
　　㉡ 주소, 상호, 명의 변경, 대리수령인 변경 시에는 변경신고서를 공람하게 하고 담당자에게 통보한다.

4 사용계약의 해지

(1) 사서함 사용계약 우체국장은 다음의 경우 사서함 사용계약을 해지할 수 있다.
　① 사서함에 배달된 우편물을 정당한 사유 없이 30일 이상 수령하지 않을 경우
　② 최근 3개월간 계속하여 사서함에 배달된 우편물의 총 수량이 월 30통에 미달한 경우
　③ 우편 관계 법령을 위반한 때
　④ 공공의 질서나 선량한 풍속에 반하여 사서함을 사용한 때

(2) 사서함 사용자가 사서함 사용을 해지하려 할 때에는 해지예정일 10일 전까지 해지예정일 및 계약을 해지한 후의 우편물 수취장소 등을 기록하여 계약우체국에 통보해야 한다.

(3) 사서함 사용계약을 해지한 경우 원부, 대리수령인 인적사항, 서명표를 정리해야 한다.
　※ 해지 사유가 생긴 때에는 사용자에게 충분한 설명하여, 사용자의 의사와 관계없이 일방적으로 취소하는 일이 없도록 해야 한다.

(4) 열쇠는 반납할 필요가 없다.

5 사서함의 관리

사서함을 운영하고 있는 관서의 우체국장은 연 2회 이상 운영 실태를 점검하고 사용계약 해지 대상자 등을 정비하여야 한다.

PART 02

우편물류

CHAPTER 01   발착 및 운송작업

CHAPTER 02   우편물 수집 및 배달

발착 및 운송작업

01 우편물의 처리과정

우편물의 처리과정은 우편물의 접수부터 배달까지의 전반적인 과정을 말한다. 우편물의 흐름에 따른 처리과정을 살펴보면 다음과 같다.

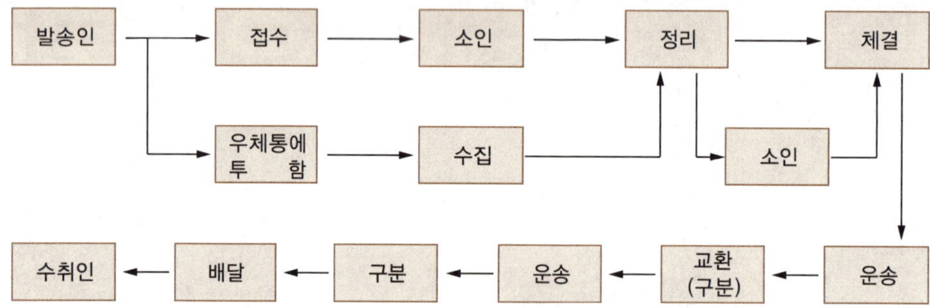

02 발착업무

1 개념

우편물 발착업무는 접수우편물을 행선지별로 구분하여 발송하거나, 배달우편물을 배달국 집배원별 또는 팀별로 구분하여 넘겨주는 작업을 말하며, 그 처리과정은 분류 · 정리, 구분, 발송, 도착 작업으로 구성되어 있다.

[발착업무의 범위(※ 점선 내)]

※ 발송우편집중국(발송집중국) : 우편물을 접수한 우체국(접수국)을 관할하는 우편집중국으로서, 접수국에서 접수된 우편물은 발송집중국으로 운송된다.

※ 도착우편집중국(도착집중국) : 우편물을 배달하는 우체국(배달국)을 관할하는 우편집중국으로서 도착집중국은 우편물을 배달국으로 운송한다.

> 【우편집중국의 개념과 주요 기능】
> • 개념 : 우편물량과 운송거리를 고려하여 관할 권역을 설정하여 우체국에서 분산하여 처리하던 우편물의 발송구분 ·
>   도착구분 업무를 한곳에 모아 우편기계시설 등을 이용하여 대량으로 일괄처리하는 우편물 처리 전담국
> • 주요 기능 : 다량우편물을 직접 접수하는 한편, 관할권역 내의 우체국 등에서 접수한 우편물을 수집하여 우편집중국
>   별로 구분 · 발송하고 다른 지역에서 도착한 우편물을 구분하여 관할 권역 내의 배달국으로 배분하는 역할을 함
>   – 관할 지역(권역) 내 우체국에서 접수한 우편물의 발송 구분과 관할 지역(권역) 내 배달국에서 배달할 배달우편물의
>   도착 구분 실시
>   – 다량우편물의 접수
>   – 전국 운송망의 운송거점 구실
>   – 운송용기 수급관리를 주관

2 작업내용

(1) 분류 · 정리 작업

① 우편물을 우편물 종류별로 구분

② 구분작업을 쉽게 하기 위하여 기계구분 우편물과 수구분 우편물로 분류하며, 기계구분 우편물의 경우 구분기계에 넣을 수 있도록 정리하는 등의 작업

(2) 구분작업

발송구분과 도착구분, 우편집중국별 구분과 집배원별(또는 팀별) 구분 등의 작업이다.

(3) 발송작업

구분이 완료된 우편물을 보내기 위한 송달증 생성, 체결, 우편물 적재 등의 작업이다.

(4) 도착작업

도착한 운송용기를 검사하고 개봉하여 확인하는 작업이다.

3 우편물의 분류

(1) 우편집중국(물류센터)에서 구분 작업을 쉽게 할 수 있도록 우편물의 접수국에서는 우편물 종류별, 기계구분 우편물과 수구분 우편물, 자국접수–자국배달 우편물 등으로 분류해야 한다.

(2) 우편물 종류별 분류 : 통상, 등기, 소포 등 우편물 종류별로 분류한다.

(3) 기계구분 우편물과 수구분 우편물로 분류

① 기계구분 우편물

㉠ 기계구분이 가능한 우편물로 기계처리에 적합하면 기계구분 우편물로 분류한다.

㉡ 다만, 부가취급우편물은 규격과 관계없이 수구분 우편물로 분류하되, 등기통상구분기가 설치된 우편집중국과 권역국에서는 규격의 소형 등기통상 우편물 또한 기계구분 우편물로 분류할 수 있다.

② 수구분 우편물

  ㉠ 부가취급우편물, 잘못 도착한 우편물, 반송우편물 및 기계구분 불가능우편물은 수작업으로 구분·분류한다.

  ㉡ 기계구분 불가능우편물은 다음과 같다.

- 주소와 우편번호를 기재하지 않은 우편물
- 주소와 우편번호의 기록위치가 적정하지 않은 우편물
- 주소와 우편번호를 손 글씨로 흘려 쓴 우편물
- 주소와 우편번호 주위에 다른 문자가 표시된 우편물
- 주소와 우편번호 문자 선명도가 낮은 우편물
- 표면이 고르지 아니한 우편물(도장, 동전, 병 덮개 등을 넣은 우편물)
- 봉투 색상이 짙은 우편물
- 봉투의 끝부분이 접혀있거나 봉함되지 아니한 우편물
- 스테이플러, 핀 등으로 봉투를 봉함한 우편물
- 내용물의 글씨가 봉투에 비치는 우편물
- 둥근 소포, 쌀자루, 취약소포 등

(4) 자국접수–자국배달 우편물 등의 분류

① 접수우편물 중 자국에서 배달할 우편물은 별도로 분류하여 자국 집배실로 인계한다.

② 다만, 일반통상 다량우편물의 경우, 그 접수우편물에서 자국배달분을 추출하거나 집배원(팀)별 구분이 곤란할 때에 한하여 우편물을 구분하지 않고 전체를 우편집중국으로 발송할 수 있다.

③ 요금부족·미납 우편물, 습득물 등의 법규 위반 우편물은 골라내어 규정대로 처리한다.

4 우편물의 정리

(1) 우편물을 우편상자에 넣을 때에는 주소 등이 적힌 앞면을 같은 방향으로 정리하고, 앞면이 위쪽으로 향하도록 담는다.

(2) 소포우편물을 우편운반차·우편운반대에 적재할 때는 수취인 주소가 적힌 앞면이 위쪽으로 향하도록 적재한다.

(3) 우편물 정리 시 유의사항

① 전산용지로 만든 우편물은 양쪽 끝 천공 부분을 제거하고 정리한다.

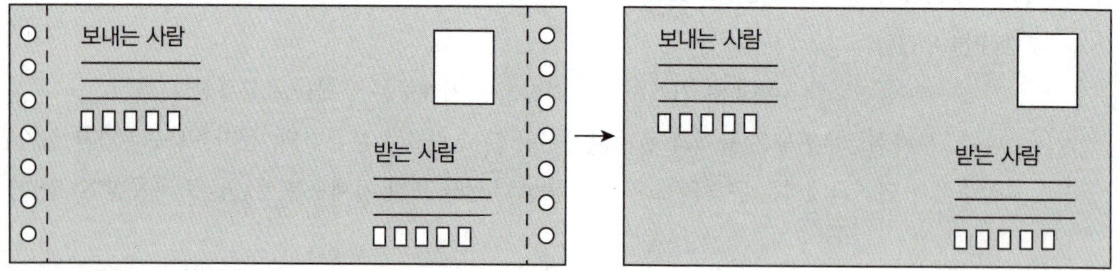

② 봉투를 봉하거나 우표를 붙이기 위해 칠한 접착제로 인해 여러 통의 우편물이 붙어 있는 경우, 우편물 구분 등에 불편을 초래하므로 낱개로 분리하여 정리한다.

03 우편물의 구분

1 구분원칙

(1) 우편물은 주소에 따라 구분하는 것이 원칙이며, 기계로 구분할 때에는 주소와 우편번호, 바코드로 구분할 수 있다.

(2) 우편물은 구분칸을 이용하여 구분하나 형태상 불가피한 경우 운송용기에 직접 구분할 수 있다.

(3) 우편집중국과 배달국에서는 작업시간 등 소통 여건을 고려하여 우편물의 종별(익일특급, 소포, 등기, 일반 우편물 순)에 따라 구분한다.

(4) 우편물을 구분할 때는 잘못 구분하는 일이 없도록 정확히 해야 하고 잘못 도착한 우편물은 발견 즉시 최선 편에 연결될 수 있도록 우선 구분한다.

(5) 배달국에서는 특급우편물이 배달기한일(시)까지 배달이 가능하도록 도착 즉시 구분하여 집배원에게 넘겨 준다.

2 구분 수단

(1) 기계구분

① 종류 : 소형통상구분기, 대형통상구분기, 소포구분기, 등기통상구분기 등
② 기계구분의 판독방식

㉠ 광학문자 판독 : 우편물의 주소나 우편번호를 자동으로 인식하여 판독
㉡ 바코드 판독 : 우편물의 바코드를 인식하여 판독

*바코드 판독은 광학문자 판독보다 판독률이 높고, 광학 판독에 따른 구분은 우편번호를 인쇄한 서체에 따라 바탕체, 그래픽체, 명조체보다 굴림체의 판독률이 높음

(2) 수구분

① 낱개구분 : 우편물을 낱개로 수작업 구분칸에서 구분
② 묶음구분 : 우편물 묶음을 우편자루와 우편운반차(팔레트)에서 구분

※ 우편물의 묶음 : 취급과정에서 빠지거나 풀어지지 않도록 이를 간추려서 '+'자 형이 되게 단단하게 묶어야 함

[수구분 묶음구분의 예시]

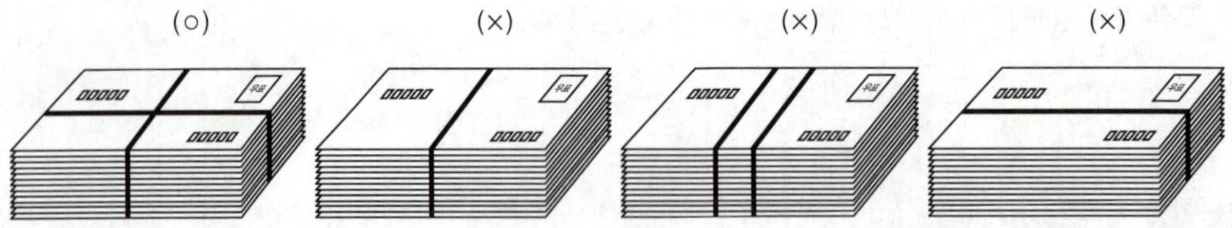

3 구분을 위한 기능별 지정(「우편업무규정」 제207조)

(1) 우편집중국(물류센터)

  ① 발송구분 : 접수우편물을 행선지별로 구분하는 작업

    ㉠ 도착(우편)집중국별

    ㉡ 도착(우편)집중국의 배달국그룹별(호기별)

    ㉢ 도착(우편)집중국의 배달국별

  ② 도착구분 : 배달우편물을 구분하는 작업

    ㉠ 배달국의 집배원별

    ㉡ 배달국의 집배원 그룹별 또는 동별

    ㉢ 배달국별

(2) 배달국

  ① 배달국에서는 배달우편물을 집배원별로 구분한다.

  ② 지정된 구분 칸에 의하여 배달우편물을 구분한다.

  ③ 잘못 도착한 우편물과 반송우편물은 우편집중국별로 구분하되, 또다시 잘못 구분되지 않도록 정확히 구분해야 한다.

4 기계구분

(1) 우편집중국(물류센터)

  ① 우편물 처리과정

    ㉠ 각 우체국이나 다량우편 접수창구 등에서 접수된 우편물은 우편운반차 · 우편운반대 등에 담겨서 우편집중국에 도착한다.

    ㉡ 도착한 우편물은 소형통상, 대형통상, 소포, 부가취급우편물로 분류하여 해당 작업장으로 운반된다.

    ㉢ 해당 작업장에서는 기계구분과 수작업 우편물로 구분한다.

    ㉣ 기계구분 우편물은 기계운영방법 설정 여부와 우편물 구분정리를 확인하여 소형통상구분기, 대형통상구분기 등 각종 구분기계에 넣는다.

ⓜ 통상우편물

- 기계 구분된 우편물은 잘못 구분하지 않았는지 확인하고 우편상자에 담는다.
- 우편물을 담은 우편상자를 우편운반차를 이용하여 발송장으로 이동시켜 행선지별로 구분한다.
- 발송장에서는 구분된 우편상자를 행선지별 우편운반차 또는 상자운반차에 실어서 발송한다.

ⓑ 소포우편물 : 기계 구분된 소포우편물은 오구분이 있는지 확인하고 우편운반차나 우편운반대에 실어 발송장으로 이동시킨 후 발송한다.

(2) 기계를 운용할 때의 고려사항

① 안전사고 예방을 위한 기계 운용 주의사항

ⓐ 기계를 운전할 때에는 움직이는 기계장치에 손이나 다른 물체가 닿지 않도록 주의한다.

ⓑ 막힘 등으로 기계를 멈출 때는 완전히 정지한 후에 우편물을 제거한다.

ⓒ 느슨한 옷은 이송벨트나 롤러에 낄 수 있으므로 입지 않는다.

ⓓ 기계를 재가동시에는 기계가 움직이는 부분에 관련 사람이 접촉하고 있는지 반드시 확인한 후 가동을 시작한다.

ⓔ 교육을 받지 않은 사람은 기계를 운전을 할 수 없다.

ⓕ 비상스위치 위에는 다른 물체를 올려놓거나 가까이 두면 안된다.

② 소형통상우편물을 인입할 때 알아두어야 할 사항

ⓐ 창문봉투 우편물

- 주소 또는 우편번호가 창문봉투의 창문이 아닌 부분에 가려진 우편물은 주소와 우편번호가 보이게 정리한 후 인입한다.
- 비닐창문의 접착력 때문에 겹침(Double Feeding)이 될 수 있는 우편물은 분리하여 인입한다.

ⓑ 끝부분에 구멍이 뚫린(천공된) 우편물은 구멍 부분을 제거한다.

ⓒ 우편번호를 잘못 읽을 우려가 있는 우편물 중 우편번호의 표기가 아래 사항에 해당되는 경우에는 해당 우편물을 골라내어 접수한 고객에게 알려준다.

- 도트프린터로 흐리게 인쇄된 우편물
- 인쇄체 중 숫자 하나의 인쇄 상태가 진한 부분과 옅은 부분이 섞여 있을 경우
  예 "61945" → 기계에서 "4"를 "1" 또는 "7"로 잘못 읽을 수 있음
- 우편번호 기록란의 테두리가 검정색일 경우
  예 "１２３４５" → 우편번호 기록란이 없는 것이 판독하기 쉬움
- 주소지 번지가 우편번호와 가깝게 적혀 있거나 큰 숫자로 적혀 있을 경우
- 주소나 우편번호 주위에 상표나 그 밖의 표식이 있을 경우
  예 "㉫ 04081", "우) 04081"
- 봉투 안의 내용물이 지나치게 비치는 우편물
- 우편번호가 정정된 우편물 중 기존 우편번호 위에 정정한 것
  예 우편번호 "０４０８１"을 "０**6**０８１"로 정정한 경우 잘못 읽을 수 있음
- 인입하는 우편물의 두께가 너무 얇으면 겹치고(Double Feeding), 두꺼우면 기계에 부담이 되어 잼이 발생할 수 있다.

(3) 소형통상우편물 구분

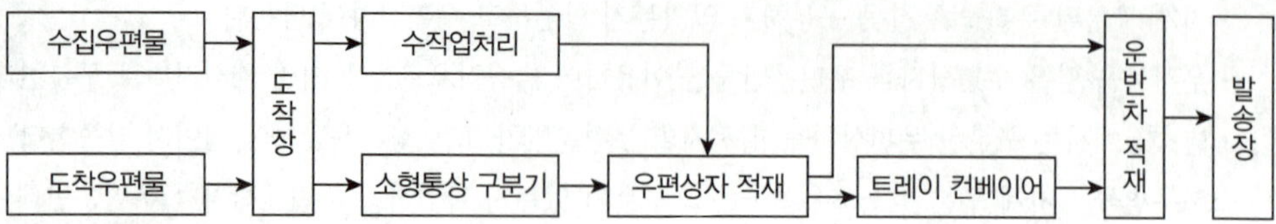

(4) 대형통상우편물 구분

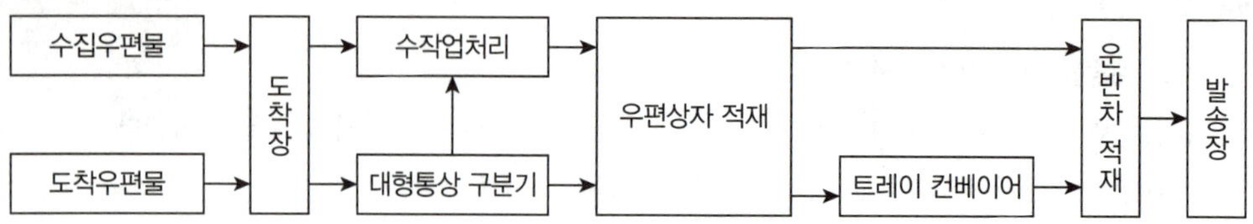

(5) 소포우편물 구분

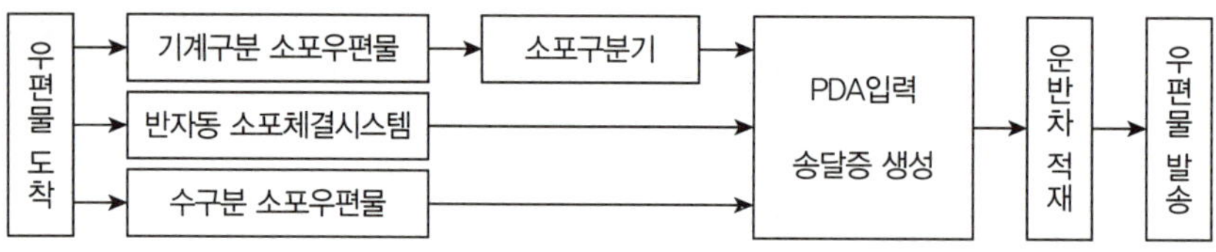

5 수작업 구분

(1) 구분선반과 구분칸

① 구분선반의 비치

㉠ 우편집중국 : 발송구분선반과 도착구분선반을 비치해야 한다.

㉡ 배달국 : 집배원별 구분선반과 우편집중국별 구분선반을 비치해야 한다.

② 구분칸 지정 원칙

㉠ 우편물량이 많은 지역은 구분선반의 중앙 부위에 위치하도록 배열한다.

㉡ 같은 지역에서는 우편번호 순서에 따라 좌 · 우 또는 상 · 하로 순차 배열한다.

㉢ 최적의 작업동선을 고려하여 배열해야 한다(다만, 미숙련자는 우편번호 순서에 따라 배열할 수 있다).

(2) 우편집중국에서의 수작업 구분

① 구분기준

㉠ 부가취급우편물, 잘못 도착한 우편물, 반송우편물, 기계로 구분하기 어려운 우편물은 수작업 구분한다.

㉡ 발송구분은 우편집중국별로 구분하며, 다만 같은 지방우정청 내에 있는 우편집중국은 관할 지방우정청장이 지역 특수성, 물량 등을 고려하여 달리 구분할 수 있다.

㉢ 도착구분은 우편집중국장과 배달우체국장이 협의하여 집배원별, 집배원팀별, 동별로 구분한다.

② 기계구분 불가능우편물 등의 처리

　㉠ 기계구분 후 기계 미판독칸으로 구분된 기계구분 불가능 우편물은 우편상자 등에 담고 우편물 형태 등을 고려하여 해당 수작업장으로 이동시킨다.

　㉡ 기계구분 불가능 요인을 제거할 수 있을 때에는 제거하여 구분기계에 투입한다.

　㉢ 국별 사정에 맞게 배치된 수작업장에서 구분한다.

　㉣ 구분칸별 우편물량이 적은 경우에는 고무밴딩이나 끈으로 묶어서 행선지별 우편상자에 적재한다.

③ 부가취급우편물

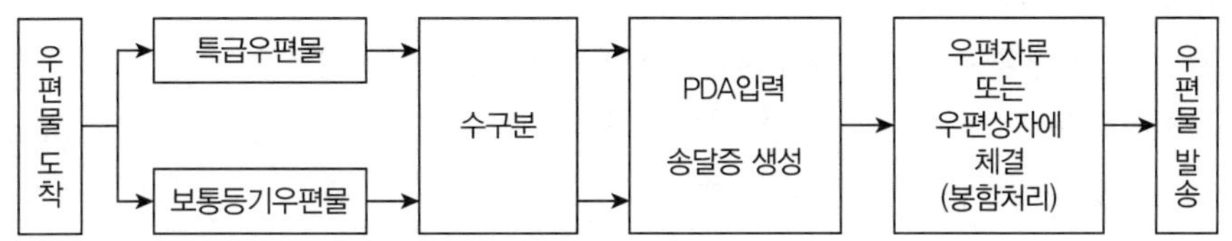

　※ 규격 소형 등기통상우편물은 등기통상구분기가 설치된 우편집중국에서만 기계구분을 할 수 있음

　㉠ 부가취급부서에 도착한 운송용기를 개봉하여 특급우편물과 그 외의 등기우편물로 분류하고 종류별 부가취급우편물 송달증과 현품 수량일치 여부를 확인한다.

　㉡ 특급우편물을 최우선으로 구분한다.

　㉢ 구분된 우편물은 부가취급우편물 송달증을 작성한다.

　㉣ 전산으로 부가취급우편물 송달증의 수량과 현품의 수량 일치 여부를 확인한다.

　㉤ 책임자나 책임자가 지정하는 사람이 참관하여 현품 수량 일치 여부가 확인된 우편물을 운송용기에 담아 운송용기 묶음 끈으로 묶어 봉함하여 발송한다.

(3) 배달국에서의 구분

① 우편집중국에서 집배원(팀)별로 구분되지 않은 상태로 도착된 우편물은 집배원(팀)별 또는 우체국 실정에 맞게 구분하여 집배실에 넘긴다.

② 일반통상우편물

　㉠ 순로구분기*로 기계구분한 집배원별 우편물은 집배실에 넘긴다.

　　• 집배원별 순로구분된 우편물

　　• 다량배달처 일반통상우편물은 순로*구분하지 않고 바로 집배실 인계

　　*순로(順路) : 사전적 의미로는 '원래의 순서에 따른 길 또는 방향'을 뜻하나 우편분야에서는 효율적인 집배업무를 위한 코스를 의미

　　*순로구분기 : 규격의 통상우편물을 투입하면 수취인 주소 등을 인식하여 배달순서대로 우편물을 자동 구분ㆍ정렬 해주는 자동화기기

　㉡ 집배원별로 구분되지 않은 상태로 도착한 우편물은 발착요원 또는 집배원 등이 구분한다.

　㉢ 집배원별 구분율 향상을 위하여 배달우체국장은 우편집중국의 기계구분계획이 최적으로 설정될 수 있도록 집배구 조정 등에 관한 정보를 제공하고 우편집중국장과 상호 협조체계를 유지해야 한다.

③ 등기통상우편물

　㉠ 부가취급우편물 취급부서에서는 우편물을 집배원별로 구분한 후 전산 입력하여 집배원에게 넘겨준다.

　㉡ 집배원 귀국 시 아직 배달되지 않은 등기통상우편물은 부가취급우편물 취급부서에 넘긴다.

④ 소포우편물

㉠ 소포전담팀 또는 집배원별 등으로 구분한 후 전산 입력하여 넘긴다.

㉡ 등기소포우편물을 소포위탁배달원에게 넘겨줄 경우에는 책임자나 책임자가 지정하는 사람이 참관하여야 한다.

(4) 잘못 도착한 우편물(과오취급우편물)의 구분과 처리

① 잘못 도착한 우편물의 구분 : 우편집중국이나 배달국에서는 도착우편집중국별로 구분한다.

② 잘못 도착한 우편물의 처리

㉠ 취급 원칙 : 우편물 표면의 '우체국 사용란'에 반드시 우선취급 표시를 하고 최선편으로 발송한다.

※ 우체국 사용란 : 우편물의 취급에 필요한 표시를 하기 위하여 지정된 우편물 표면(앞면) 좌측 하단의 공간을 말함

㉡ 표시방법

• 우선취급 의 사양

– 크기 : 가로 5cm, 세로 2cm(글씨 크기 : 고딕체 32포인트)

– 글씨와 테두리 색상 : 붉은색

[우편물 표시]

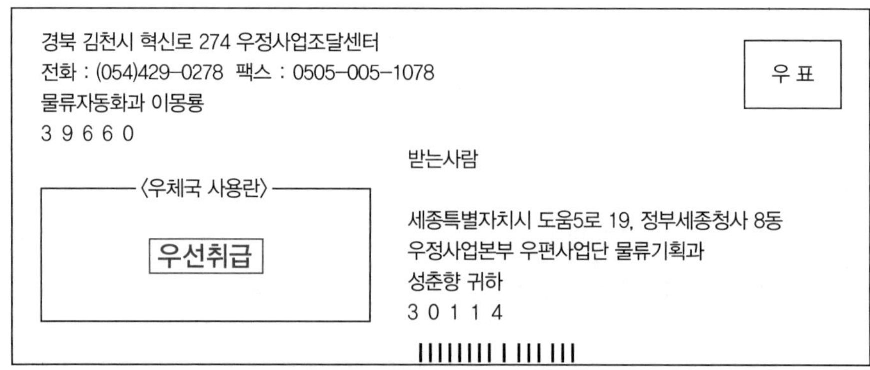

㉢ 관서별로 잘못 도착한 우편물의 전담 처리자를 지정하여 운영한다.

㉣ 처리절차

• 발견국 : 잘못 도착한 우편물 골라내기 ➡ 해당 우편물 표면의 '우체국사용란'에 반드시 우선취급 표시 ➡ 우편물의 과오취급명세를 우편물류시스템에 등록하여 과오취급국에 시정 통지 ➡ 적재한 운송용기에 잘못 도착한 우편물임을 표시하여 최선편으로 발송

• 우편집중국 및 배달국 : 우선취급 우편물은 최선편으로 구분 · 발송 · 배달

• 우선취급우편물 발견국에서는 그 명세를 우편물류시스템에 등록하고, 과오취급국에서는 매일 우편물류시스템의 과오취급 등록사항을 확인하여 시정 조치한다.

• 과오취급우편물의 입증자료 확보와 확인

– 과오취급우편물 발견국은 추후 과오취급국에서 근거자료를 요청할 때 서로 그 명세를 확인할 수 있도록 우편물류시스템 입력사항에 대한 입증자료를 확보한다(우편물의 촬영이나 복사 등 방법 활용)

– 과오취급우편물 발견국에서 잘못 도착한 우편물이 너무 많아 입증자료의 확보가 곤란하거나, 과오취급에 대한 입증자료에 대하여 과오취급국과의 분쟁이 있을 경우에는 발견국과 과오취급국의 관할 지방우정청 간 협의하여 조치한다.

6 집배코드

(1) 개념

우편물의 구분 · 운송 · 배달을 쉽게 하기 위하여 구분에 필요한 정보를 가독성이 높은 단순한 문자와 숫자로 우편물에 표기(인쇄)한 것을 말한다.

(2) 구조

① 집배코드는 총 9자리로 도착집중국 번호(약호) 2자리, 배달국(센터) 번호 3자리, 집배팀 번호 2자리, 집배구 번호 2자리로 구성된다.

② 도착집중국 번호(약호)와 배달국 번호는 기본값으로 확정이 되어있으나 집배팀 번호와 집배구 번호는 배달국에서 배달환경에 맞게 부여할 수 있게 되어 있어 탄력적으로 운용이 가능하다.

※ 배달국 번호 3자리는 배달 환경에 따라 통상과 소포로 분리사용 가능

③ 집배코드의 집배구 부여는 단순히 집배원 당 하나의 집배구를 부여하는 것이 아니며, 배달환경에 따라 1명의 집배원에 여러 개의 집배구를 할당하거나 배달단위별로 부여하는 것도 가능하다.

[집배코드 구성 체계]

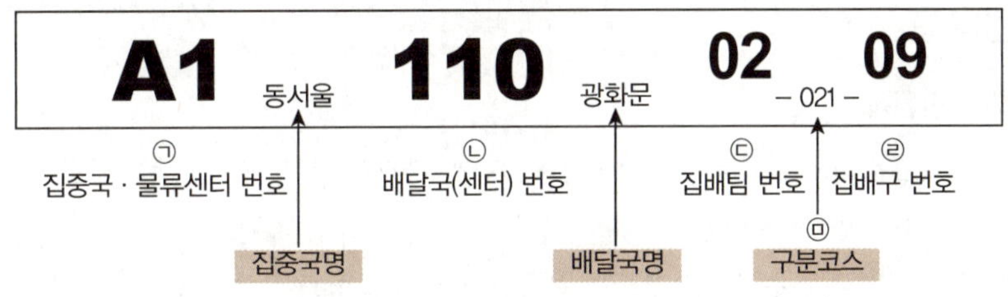

[집중국 번호 및 명칭]

A 서울청	A1 동서울 A2 동물류

B 경인청	B1 부천M B5 성남M B2 의집M B6 수원M B3 안양M B7 안양물 B4 고양M B8 부평물

C 강원청	C1 원주M C2 강릉M

부 부산청	부1 부산M 부2 진주M 부3 울산M 부4 창원M

충 충청청	충1 대전M 충2 청주M 충4 IMC* 천안권역 충5 IMC 대전권역

광 전남청	광1 광주M 광2 영암M 광3 순천M

경 경북청	경1 대구M 경2 안동M 경3 포항M

전 전북청	전1 전주M

제 제주청	제1 제주M

*IMC(Integrated Mail Center) : 광역우편물류센터의 약자로 현재 중부권 IMC를 운영 중임

ㄱ 집중국·물류센터 번호(약호) : 수도권과 강원청 소속 집중국은 알파벳, 지방권 집중국은 한글로 시작함

ㄴ 배달국(센터) 번호 : 첫 자리는 청번호, 두 번째는 일련번호

- 청번호 : 서울청(1), 강원청(2), 충청청(3), 경인청(4), 전남청(5), 부산청(6), 경북청(7), 전북청(8), 제주청(9)

ㄷ 집배팀 번호 : 배달국 내 집배팀의 일련번호

ㄹ 집배구 번호 : 배달국 내 집배구의 일련번호

ㅁ 구분코스 : 해당 집배구 내 배달코스에 따라 우편물을 구분하기 위한 번호

(3) 집배코드 검색 방법

① 인터넷우체국(http://www.epost.go.kr)

② 계약고객전용시스템(http://biz.epost.go.kr)

③ 우편번호(주소) 찾기 프로그램

④ OPEN API(개방형 API – Application Programming Interface)

04 발송작업

1 발송원칙

(1) 운송용기의 일반원칙

① 모든 우편물은 운송용기에 담아서 발송한다. 다만, 부피가 크고 외부포장이 단단한 소포우편물은 그 외장을 운송용기로 인정할 수 있다.

② 일반우편물과 부가취급우편물은 별도의 운송용기에 담으며 모든 운송용기에는 운송용기 관리기준에 따라 합당한 우편물을 담아야 한다.

③ 발송할 운송용기는 수수 시각 등을 고려하여 운송편의 연결에 지장이 없도록 준비하고, 각 작업장마다 우편물 운송시각표를 작성하여 게시한다.

(2) 운송용기의 발송준비 기준

① 모든 우편물은 우편상자에 담거나 운반차에 실어야 하나 우편물 운송과 발착 시설의 여건 등 불가피한 경우에는 제한적으로 우편자루를 사용할 수 있다.

② 모든 운송용기에는 행선지와 일치하는 해당 국명표 바코드를 부착한다.

※ 국명표 : 119쪽 ' **3** 국명표의 사용' 참조

[운송용기와 국명표의 사용]

우편종류별		운송용기와 운반차 적재	국명표	묶음끈 사용 여부
일반통상	소형통상	소형우편상자 → 우편운반차에 적재	운반차에 끼움	미사용
	대형통상	중형·대형우편상자 → 우편운반차에 적재	운반차에 끼움	미사용
	선구분우편물	우편물다발(우편상자) → 우편운반차에 적재	운반차에 끼움	미사용
등기통상		소형·중형 우편상자, 특수우편자루	상자덮개, 자루에 끼움	사 용
소 포		낱개 소포(무용기) → 우편운반차·우편운반대에 적재	우편운전차·우편운반대에 끼움(부착)	미사용

2 우편물의 발송

(1) 발송기준

① 발송·도착구분 작업이 끝난 우편물은 운송방법지정서에서 지정한 운송편에 따라 발송한다.

② 우편물은 특급우편물, 등기우편물, 일반우편물 순으로 발송한다.

③ 우편물을 발송할 때 운송확인서를 운전자와 교환한다.

(2) 우편물 발송의 우선순위(「우편업무규정」 제265조)

1편의 운송편에 발송 또는 운송할 우편물량이 많아서 일시에 발송 또는 운송할 수 없을 경우에는 다음의 규정순위에 의하여 처리해야 한다.

① 1순위 : EMS

② 2순위 : 익일특급우편물, 등기소포우편물, 일반등기·선택등기우편물 및 준등기우편물, 국제항공우편물

③ 3순위 : 일반소포우편물, 일반통상우편물, 국제선편우편물

(3) 일반우편물

① 일반우편물을 담은 운송용기는 운송송달증을 등록한 후 발송한다.

② 우편물은 형태별로 분류하여 해당 우편상자에 담되, 우편물량이 적을 경우에는 형태별로 묶어 하나의 용기에 담고 운송용기 국명표는 혼재 표시된 국명표를 사용한다.

(4) 부가취급우편물

① 부가취급우편물을 운송용기에 담을 때에는 책임자나 책임자가 지정하는 사람이 참관하여 우편물류시스템으로 부가취급우편물 송달증을 생성하고 송달증과 현품 수량을 대조 확인한 후 발송한다. 다만, 관리작업이 끝난 우편물을 발송할 때 부가취급우편물 송달증은 전산 송부한다.

② 덮개가 있는 우편상자에 담아 덮개에 운송용기 국명표를 부착하고 묶음끈을 사용하여 반드시 봉함한 후 발송한다.

(5) 운반차의 우편물 적재

① 분류하거나 구분한 우편물은 섞이지 않게 운송용기에 적재한다.

② 여러 형태의 우편물을 함께 넣을 때에는 작업을 쉽게 하기 위하여 하단부터 '일반소포 → 등기소포 → 일반통상 → 등기통상 → 중계우편물'의 순으로 적재한다.

③ 소포우편물을 적재할 때에는 가볍거나 취약한 소포를 상단에 적재하여 우편물이 파손되지 않게 주의한다.

(6) 우편물의 교환

행선지별로 구분한 우편물을 효율적으로 운송하기 위하여 운송거점에서 운송용기(우편자루, 우편상자, 운반차 등)를 서로 교환하거나 중계하는 작업이다.

① 용기 직접교환

㉠ 교환에 참가하는 우체국끼리 직접 교환할 수 있도록 생산된 운반차를 교환센터에서 직접 교환하는 작업을 말한다.

㉡ 다음의 수구분 우편물은 전량 직접 교환할 수 있도록 생산한다.

• 무게 초과 우편물(30kg 이상) : 구분기계시설 파손 우려 때문에 직접 교환함

• 규격 외 소포

• 취약소포 : 냉동식품과 액즙류 등

㉢ 용기를 직접 교환할 할 수 있도록 운반차(운반대)에는 다른 우체국으로 가는 우편물을 적재하면 안 된다.

㉣ 같은 도착국으로 발송되는 물량이 많을 때에는 해당국으로 직접 차량 운송한다.

② 교환절차

㉠ 우편집중국 단위로 묶여진 운반차는 도착장에서 전동견인차를 이용하여 교환을 실시한다.

㉡ 1대의 운반차에 여러 행선지의 우편상자나 우편자루가 섞여서 적재된 경우에는 운반차를 열고 행선지별로 다시 구분한다.

㉢ 차량용적에 초과하지 않는 범위에서 우편자루가 적재된 운반차 윗부분에 우편상자를 적재할 수 있다.

㉣ 다시 구분하여 적재한 운반차에 행선지별로 국명표를 삽입한다.

㉤ 운송차량 단위로 발송 처리한다.

3 국명표의 사용

(1) 국명표의 개념

우편용기의 도착/발송국번호, 용기종류, 서비스종류, 우편물형태 등 해당 운반차(운반대)나 운송용기 등의 운송에 관한 사항이 기재된 표지

(2) 국명표의 작성

① 국명표는 국명표 발행기나 우편물류시스템에서 발행하여 사용하고, 발행할 때는 용기종류, 서비스종류, 우편물 형태, 취급표시 등을 정확히 선택한다.

㉠ 용기종류 : 우편상자(소형, 중형, 대형), 우편운반차(롤팔레트), 상자운반차(트롤리), 자루, 무용기, 우편운반대(평팔레트), 접수상자

㉡ 서비스종류 : 일반, 등기, 국내특급, 국제일반, 국제등기, EMS, EMS프리미엄

㉢ 우편물형태 : 서장, 플랫, 패킷, 소포

㉣ 취급표시 : 적(자청, 타청, 혼재), 통적(자청, 타청, 혼재), 소포(자청, 타청, 혼재), 익일특급(여권, 자청, 타청, 혼재), 특송반송, 계약등기반송 등

※ 자청 : 발송하는 우체국이 속한 지방우정청

타청 : 발송하는 우체국이 속한 지방우정청이 아닌 그외의 지방우정청

혼재 : 자청과 타청으로 가는 우편물을 함께 넣는 경우

② 우편물의 종별에 따라 사용하는 운송용기의 국명표 색상

㉠ 일반우편물 : 하얀색

㉡ 특급우편물 : 하늘색

③ 발송할 준비가 된 운송용기에 발송국명·도착국명 등 필요 사항을 표시한 운송용기 국명표를 빠지지 않게 국명표집에 끼우거나 부착한다.

④ 국명표를 사용할 때에는 기존에 부착되어 있는 국명표를 제거하고 새 국명표를 삽입한 후 발송우편물의 행선지와 일치 여부를 반드시 확인한다.

(3) 국명표 바코드의 체계와 종류

① 체계 : 16자리

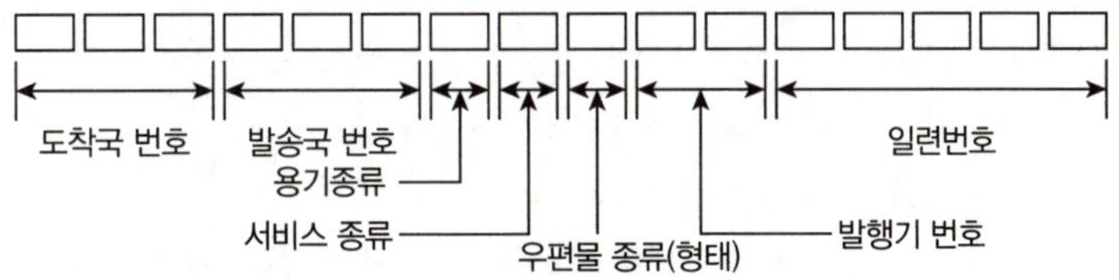

항 목	상세내용	
도착국 번호	집중국 · 집배국 식별번호	
발송국 번호	• 집중국 · 집배국 식별번호 • 발행기에 발송국 번호 세팅	
용기종류	우편상자용	1. 소형 2. 중형 3. 대형
	운송용기용	4. 우편운반차(롤팔레트) 5. 상자운반차(트롤리) 6. 우편자루 7. 무용기 8. 우편운반대(평팔레트)
서비스 종류	1. 일반 2. 등기 5. 국내특급 6. 국제일반 7. 국제등기 8. EMS 9. EMS프리미엄	
우편물 종류(형태)	1. 서장 2. 플랫 3. 패킷 4. 소포	

② 종류

㉠ 운반차, 우편자루용 국명표(예시)

㉡ 우편상자용 국명표(예시)

(4) 국명표의 정보를 이용한 작업

① 등기우편물(통상, 소포)이 담길 운송용기에 끼울 국명표 바코드를 전산입력한 후 등기우편물의 등기번호 바코드를 전산입력하여 부가취급우편물 송달증을 생성한다.
(등기우편물과 운송용기 간 모자관계 형성)

② 운송용기 중 우편상자를 상자운반차나 우편운반차에 적재할 경우, 상자운반차나 우편운반차에 끼울 국명표 바코드를 전산 입력한 후 우편상자의 국명표 바코드를 전산입력하여 운송용기 송달증(운송용기에 실린 우편물의 명세서)을 생성한다.
(우편상자와 상자운반차 · 우편운반차 간 모자관계 형성)

③ 도착국명과 운송확인서번호(운송선로 및 운송차량정보)를 입력한 후 위 운송용기의 국명표 바코드를 전산 입력하여 운송송달증(운송차량에 실린 우편물의 명세서)을 생성한다.

1 개념

(1) 우편물(운송용기)을 발송국에서 도착국까지 운반하는 업무이다.

(2) 운송계획에 따라 정기운송, 임시운송, 특별운송으로 구분된다.

2 종류

(1) 정기운송

우편물의 안정적인 운송을 위하여 관할 지방우정청장이 운송구간, 수수국, 수수시각, 차량톤수 등을 우편물 운송방법 지정서에 지정하고 정기운송을 시행한다.

(2) 임시운송

① 우편물의 증감에 따라 정기운송편 이외의 방법으로 운송하는 것

② 운송선로의 임시운송 방법

운행을 변경할 때	**감 편**	우편물의 발송량이 적어 정기편을 운행하지 아니함
	증 편	우편물의 과다 증가 등으로 정기편 외 추가로 운행함
	결 편	해당 편을 운행하지 않음
거리를 변경할 때	**거리연장**	운송구간에 추가로 수수국을 연장하여 운행함
	거리감축	정기운송편 수수국의 일부 구간을 운행하지 아니함
차량톤급 변경 시	**증 차**	우편물의 과다 증가로 운송편의 톤급을 상향 조정 예 2.5톤 → 4.5톤
	감 차	우편물 감소로 운송편의 톤급을 하향 조정 예 4.5톤 → 2.5톤

③ 정기 운송편에 발송한 후 잔량이 있을 것으로 예상이 되면 정기 운송편을 증차, 거리연장 등 정기편을 변경하여 운송한다.

④ 이후에도 발송할 잔량이 있는 경우 1순위~3순위(117쪽 ' **2** 우편물의 발송의 (2) 우편물 발송의 우선순위' 참조) 우편물에 대하여는 운송물량을 고려하여 다음과 같이 별도의 운송편을 확보하여 즉시 발송하여야 한다.

㉠ 해당 운송업자와 협의하여 임시운송편을 증회한다. 다만, 다음 운송편으로 발송하여도 우편물의 송달에 지장이 없는 경우에는 그 운송편으로 다른 우편물에 우선하여 발송한다.

㉡ 항공편인 경우에는 최선편으로 발송한다.

(3) 특별운송

① 우편물의 일시적인 폭주와 교통의 장애 등 그 밖의 특별한 사정이 있다고 인정되는 경우에는 우편물의
원활한 송달을 위하여 전세차량·선박·항공기 등을 이용하여 운송한다.

② 우편물 정시송달이 가능하도록 최선편에 운송하고 운송료는 사후에 정산한다.

3 운송선로

(1) 개념 : 우편물을 운송하는 경로

(2) 운송선로의 구분

① 운송수단에 따른 구분 : 육로우편운송선로, 항공우편운송선로, 선편우편운송선로, 철도우편운송선로

② 운영방법에 따른 구분

㉠ 직영운송 : 우체국 보유 차량으로 운송하는 것

㉡ 위탁운송 : 운송업체(우정사업본부장이 지정하는 비영리법인 및 운송사업자 등)에게 우편물을 위탁
하여 운송하는 방식으로 육로위탁운송, 항공위탁운송, 선편위탁운송, 철도위탁운송 등으로 구분

③ 운송선로 용어 설명

㉠ 구간 : 최초 발송국에서 최종 도착국까지의 운송경로

㉡ 편 : 정해진 운송구간을 운송형태별(교환, 수집, 배분 등)로 운행

예 수집 1호, 배분 1호, 배집 1호

㉢ 수집 : 접수한 우편물을 우편집중국 등으로 모아오는 운송형태

㉣ 배분 : 우편집중국 등에서 배달할 우편물을 배달국으로 보내는 운송형태

㉤ 배집 : 배분과 수집이 통합된 운송형태

④ 운송선로 조정

지방우정청장은 예산의 범위에서 관할 지역 내 운송선로를 합리적으로 신설·폐지·변경을 할 수 있으
며 그 내용을 우정사업본부장에게 보고한다.

4 운송용기

(1) 운송용기

우편물 보호, 차량적재, 발송·도착, 운반 작업을 효율적이고 원활하게 할 수 있도록 만든 규격화된 용기

(2) 운송용기의 종류와 용도

종 류		용 도	비 고
운반차 /운반대	우편운반차 (롤팔레트)	통상 · 소포우편물, 우편상자, 우편자루의 담기와 운반	
	우편운반대 (평팔레트)	소포 등 규격화된 우편물 담기와 운반	
	상자운반차 (트롤리)	우편상자 담기와 운반	※ 현재 미사용
우편상자 (트레이)	소형우편상자	소형 통상우편물 담기	부가취급우편물을 적재할 때에는 상자덮개를 사용하여 봉함하여야 함
	중형우편상자	얇은 대형 통상우편물 담기	
	대형우편상자	두꺼운 대형 통상우편물 담기	
접수상자		소형 통상 다량우편물 접수, 소형 통상우편물 담기	
우편자루	일반우편자루	일반우편물(통상 및 소포) 담기	크기에 따라 가호, 나호
	특수우편자루	등기통상 및 준등기우편물 담기	가호, 나호

[운송용기 사진(예시)]

우편운반차(롤팔레트)	우편운반대(평팔레트)	상자운반차(트롤리)	우편상자

접수상자	우편자루

※ 운송용기는 다른 용도로 사용해서는 안 되며, 용기가 부서지면 고쳐서 사용해야 함

06 도착작업 및 우편물 수수

1 도착작업

(1) 운송용기의 도착검사

① 운송용기가 도착한 때에는 책임자나 책임자가 지정하는 사람이 참관하고, 담당자는 다음 사항에 적합한지를 검사한 후 운송송달증을 조회하여 확인한다.

㉠ 운송용기의 외장과 봉함 상태는 이상이 없어야 한다.

㉡ 용기송달증의 기록내용과 종류별 운송용기 수가 일치해야 한다.

㉢ 국명표와 우편물의 행선지가 일치해야 한다.

② 운송용기의 도착 검사가 끝난 후에 해당 부서에 넘기고 중계우편물을 담은 운송용기는 해당 운송편에 연결될 때까지 안전하게 보관한다.

③ 도착장에 도착하는 일반통상우편물, 소포우편물, 등기우편물은 그 내용과 운송송달증을 대조 확인한 후 해당 작업장으로 이동한다.

㉠ 소형통상우편물 : 소형우편물 작업장

㉡ 대형통상우편물 : 대형통상 작업장

㉢ 소포와 등기우편물 : 소포 작업장과 특수계 작업장

※ 부가취급우편물을 담은 운송용기는 해당부서에 곧바로 넘겨야 함

(2) 운송용기의 개봉작업

도착검사가 끝난 운송용기가 해당 부서에 도착하면 운송용기에 부착된 국명표를 제거하고 다음과 같이 처리한다.

① 인계 · 인수가 끝난 우편물은 익일특급 등기우편물, 그 외 등기우편물 순으로 개봉하여 처리한다.

② 부가취급우편물을 담은 운송용기를 개봉할 때는 책임자 또는 책임자가 지정하는 사람이 참관하고, 담당자는 부가취급우편물 송달증의 기록명세와 우편물의 등기번호 · 통수에 이상이 없는지 확인해야 한다.

③ 개봉이 끝난 운송용기는 운송용기 관리지침에 따라 처리하고, 우편자루는 완전히 뒤집어서 남은 우편물이 없는가를 확인해야 한다.

2 우편물의 수수

인수인계 방법은 운송송달증, 용기송달증, 접수송달증에 따라 수수하는 방법 등이 있다.

(1) 운송송달증에 따른 수수 : 운송차량에 적재한 운반차 등의 명세를 수수한다.

㉿ 의정부우편집중국 ↔ 서울중랑우체국, 동서울우편집중국 ↔ 우체국물류지원단

(2) 용기송달증에 따른 수수 : 운반차 등에 적재한 운송용기 명세를 수수한다.

㉿ 부가취급부서(특수계) ↔ 발송부서(발착계)

(3) 접수송달증에 따른 수수 : 접수된 부가취급우편물 명세를 수수한다.

㉿ 접수부서 ↔ 발송부서

우편물 수집 및 배달

01 집배서비스

1 집배의 정의

집배국에서 근무하는 집배원이 우체통에 투입된 우편물을 지정한 시간에 수집하고, 우편물에 표기된 수취인(반송하는 경우에는 발송인)의 주소지로 배달하는 우편서비스이다.

1 집배의 범위

(1) 집배국 : 집배업무를 하는 우체국

(2) 취급우편물의 종류 : 통상·소포우편물

(3) 집배인력의 종류

　① 집배원 : 집배업무를 담당하는 공무원(별정우체국 직원 포함)

　② 공무직근로자 등

　　㉠ 상시계약집배원(상시집배원) : 집배업무를 담당하는 공무원과 같은 근무형태로 근무하는 사람이며, 공무원과 대비하여 업무의 난이도가 낮고 업무환경이 양호한 지역에 우선 배치한다.

　　㉡ 특수지계약집배원(특수지집배원) : 산간벽지, 도서, 그 밖에 교통이 불편한 지역과 집배업무상 특히 필요하다고 인정되는 지역 중 정상적 배달이 어려운 지역에서 우편배달업무를 수행하는 사람이며, 특수지 배달지역은 지방우정청장이 고시로 지정한다.

　　㉢ 아파트전담집배원 : 아파트 지역의 우편물 배달 업무를 수행하는 사람을 말한다.

　　㉣ 공무직 집배원에 대한 업무처리와 운영관리에 관한 사항은 「우정사업본부 공무직 및 기간제근로자 관리 규정」을 적용한다.

　③ 위탁배달요원 (「우편업무 규정」 제299조)

　　㉠ 집배업무위탁은 시간제위탁집배구 또는 일괄위탁집배구로 구분한다.

　　㉡ 소포위탁배달원 : 총괄국*과 물류지원단(지사) 간 소포배달 위탁 계약을 체결하고, 지원단은 소포위탁배달원과의 도급 계약을 통해 위탁배달 업무를 수행한다.

　　*총괄(우체)국 : 5급 이상의 행정·과학기술직공무원을 장으로 하고, 현업관서(우체국)을 그 소속으로 관할하는 우체국·우편집중국·물류센터를 말함

1 개요

(1) 수집이란 우체통에 투입된 우편물을 지정한 시간에 수거하여 집배국으로 모아오거나 처리하는 업무이다.

(2) 통상구 집배원은 관할 배달구역 내에 설치된 우체통에 투함된 우편물을 1일 1회 수집한다.

(3) 우편창구 직원은 국전(우체국 앞) 우체통에 투함된 우편물을 수거하고 시스템에 물량 등을 등록한다.

(4) 우체통 수집시간은 각 관서별 환경을 고려하여 해당 우체국에서 결정하며, 수집시간이 기록된 안내문을 우체통에 게시한다.

2 우체통의 수집

(1) 우체통 수집방법

① 우체통에서 수집할 때의 유의사항(「우편업무 규정」 제311조)

　㉠ 집배원이 우체통의 우편물을 수집할 때에는 관할구역 내의 우체통을 수집시각과 순로에 따라 수집하여야 한다.

　㉡ 우체통의 외관 및 잠금장치의 이상여부를 반드시 확인하고 필요한 경우 조치한다.

　㉢ 우체통에 투함된 우편물을 수집 시, PDA를 활용하여 수집 시각·결과를 등록하여야 하며, PDA 사용이 불가할 때에는 수집결과 등을 전산시스템에 직접 등록하여야 한다.

　㉣ 우편물을 수집한 후에는 우체통을 잠가야 한다.

　㉤ 수집과 배달을 겸행하는 때에는 수집우편물과 배달우편물이 혼합되지 아니하도록 하여야 한다.

　㉥ 수집우편물량이 특히 많아서 한꺼번에 수집 또는 운반할 수 없는 경우
- 즉시 소속국에 요청하여 지원 또는 지시를 받아야 한다.
- 가까운 곳에 우체국이 있는 경우에는 수집우편물을 우체국에 일시보관하고 소속국에 지원을 요청한 후에 수집을 계속한다.

② 수집업무의 확인(「우편업무 규정」 제312조)

　㉠ 집배책임직은 매일 전산시스템에 등록된 우체통 수집상황을 확인하여야 한다.

　㉡ 국전 우체통 등 집배원이 수집 하지 않는 우체통은 수집업무를 하는 관할우체국장이 수집상황을 매일 확인하여야 한다.

③ 개인휴대용단말기(PDA)를 활용한 우체통 수집

　㉠ 우체통 수집업무 확인용 바코드 출력 방법
- 우편물류시스템에 접속한 후 등기용 국기호 5자리와 우체통 번호 3자리를 입력하여 수집용 바코드를 생성한 후 출력한다.
- 출력된 바코드는 손상되지 않도록 코팅하여 우체통 내부에 부착한다.

[수집업무 확인용 바코드]

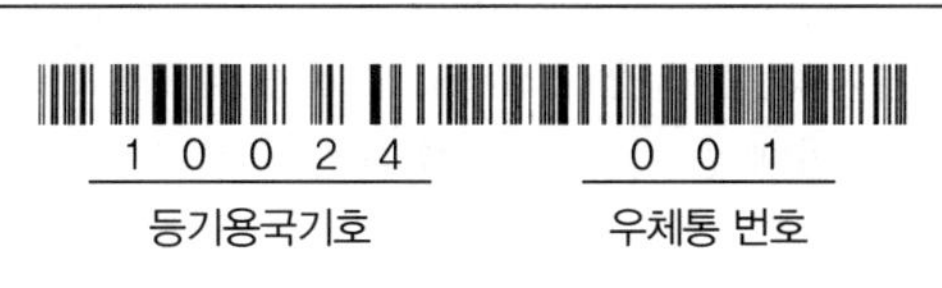

  ⓛ 우체통 수집 방법
- 우체통을 열어 우편물을 수집한 후 개인휴대용단말기(PDA)를 이용하여 바코드 스캔작업을 실시한다.
- 개인휴대용단말기(PDA)로 스캔한 수집자료를 실시간으로 전송, 실시간 처리가 안 될 경우 귀국 후 개인휴대용단말기(PDA)로 스캔한 수집자료를 컴퓨터로 전송한다.
- 우편물류시스템에서 우체통별 수집 기록을 확인 후 책임자의 일일결재를 받는다.

④ 수집확인증을 사용한 우체통 수집

 ㉠ 집배책임자는 수집확인증을 조제하여 우체통마다 갖추어 놓고 우편물의 수집상황을 확인한다.

 ㉡ 집배원은 우체국을 떠날 때 집배책임자로부터 수집확인증을 받아야 하며, 우체통 수집 시에는 이를 기존에 넣어 둔 수집확인증과 바꾸어 넣는다.

 ㉢ 우체통에서 꺼낸 수집확인증은 우체국에 돌아와서 집배책임자에게 반납 · 보관한다.

⑤ 우체통 열쇠의 관리(「우편업무 규정」 제313조)

 ㉠ 우체통의 열쇠는 책임자가 일정한 장소(함)에 보관하고 집배원이 출발할 때마다 내어준다.

 ㉡ 우편물의 수집 도중 잠금장치가 고장이 난 우체통을 발견하였을 때에는 우체통의 우편물 투입구에 '고장'이라고 써 붙이고 집배책임자에게 즉시 보고한다.

 ※ 이후 우체통에 투함된 우편물, 습득물 등의 분실을 예방하기 위함

 ※ 우체국(우편취급국 포함)의 국내함과 국전우체통의 우편물은 발송편마다 연결되도록 수집시각을 정하여 수집하며, 해당 우체국장은 수집확인증 등에 따라 이를 확인한다.

(2) 특수지계약집배원의 수집(「우편업무 규정」 제314조)

특수지계약집배원이 수집한 우편물은 그 집배원에게 우편물을 수수하는 사람에게 인계한다.

(3) 국가기관 등의 구내우체통 수집(「우편업무 규정」 제315조)

① 국가기관, 공공단체와 법인 등 일정한 구내에 있는 우체통의 우편물은 그 기관의 근무시간 내에 수집한다.

② 우체통이 있는 기관의 장은 우체통까지의 통로를 개방하여야 하고, 근무시간 후에도 수집을 요청하는 경우에는 이에 응하여야 한다.

(4) 사설우체통 우편물 수집(「우편업무 규정」 제324조)

① 사설우체통은 대규모 시설 이용자 편의를 위해서 우편관서가 우편물을 직접 수집하도록 설치한 우체통으로서, 이용자와 우체국 간의 계약이 필요하다.

② 사설우체통에 투함된 우편물은 사전에 약속하여 정한 수집회수와 수집시각에 따라서 수집하되, 수집방법은 일반적인 우체통 수집방법에 따른다.

(1) 수집우편물의 정리

① 수집하여 온 우편물은 소인 작업에 편리하도록 종류와 형태별로 분류하여 우표나 요금인면을 바르게 간추려 우표면에 날짜도장을 찍는다.

② 국제우편물은 국제날짜도장을 찍으며, 항공우편물은 국제우편물류센터로, 선편우편물은 부산국제우체국으로 발송한다.

③ 부가취급에 해당하는 우표를 붙인 우편물은 '취급 중 발견' 표시 후 우편창구에서 접수 처리한다.

④ 이탈품과 습득물은 책임자에게 인계한다.

(2) 요금미납이나 요금부족 우편물의 처리

① 수집우편물 중 우표를 붙이지 않은 경우(요금미납 우편물)와 우편물 표면에 붙여진 우표의 액면가격이 해당 일반우편요금보다 부족한 우편물(요금부족 우편물)이 발견되면 반환사유를 적고 우편날짜도장을 날인한 부전지를 그 우편물에 붙여 발송인에게 반환한다.

② 다음의 우편물 중 요금미납이나 요금부족 우편물을 발견한 경우, 발견국에서 그 우편물 표면에 '요금미납부족인'을 찍고, 받아야 할 요금(부족 요금의 2배)과 발견국명을 적은 후 수취인에게 보낸다.

ㄱ 발송인 성명 미상, 주소 불명 등의 사유로 인하여 우편물을 반환할 수 없는 경우

ㄴ 외국에서 도착한 국제우편물

ㄷ 해외근로자가 귀국인편을 통하여 국내에서 발송한 우편물

③ 요금부족우편물을 발송인에게 반환할 경우에는 붙어있는 우표에 날짜도장을 찍지 않고 반환한다.

(3) 취급 중 발견한 등기우편물의 처리

① 수집우편물의 요금 검사결과 우편요금과 부가취급수수료에 해당하는 우표가 붙어 있는 우편물을 발견한 경우에는 다음과 같이 처리한다.

ㄱ 우편요금과 등기취급수수료에 해당하는 우표가 붙어있고 다른 규정에 위반되지 않는 우편물은 표면 여백에 '취급 중 발견'이라 표시하고 등기우편물로 접수한다.

ㄴ 민원우편, 통화등기우편물 등 시한성 우편물과 내용품의 확인이 필요한 것은 창구에서 접수하도록 발송인에게 안내한다.

ㄷ 부가취급(배달증명)의 표시가 있고 그 수수료에 해당하는 우표를 붙인 우편물은 그에 해당하는 부가취급을 해야 한다.

② 우편물 표면에 '등기' 표시를 하였더라도 등기취급수수료에 미달되는 금액의 우표를 붙인 우편물은 일반우편물로 취급한다.

(4) 이탈품의 처리

① 정의 : 우편물 취급 중 우편물에서 이탈된 것으로 인정되는 물건

② 처리 방법

ㄱ 이탈품이 들어있던 우편물을 확인할 수 있을 때에는 그 우편물에 다시 넣고 보수한 후 그 사유를 밝혀 적은 부전지를 붙여 보낸다.

ⓛ 이탈품이 들어있던 우편물의 확인이 불가능할 때에는 발견 일시, 장소(다른 우체국에서 도착한 운송
　용기에서 발견된 것은 발송국명, 발송편명, 도착시간) 등 조사에 필요한 사항과 '이탈품'이라 기록한
　부전지를 붙여 반송불능우편물의 취급 방법에 따라 처리한다. 이때 반송불능우편물 송부서 원부의
　비고란에도 이와 같은 내용을 기록한다.

(5) 우체통 발견 습득물의 처리

① 정의 : 우체통에서 발견된 것 중 우편물 및 이탈품이 아닌 것
② 습득물의 종류별 처리 방법
　㉠ 공무원의 각종 신분증은 '습득물송부서'에 따라서 그 발행기관장 앞으로 일반 무료우편물로 송부한다.
　ⓛ 주민등록증의 처리 방법
　　• 주소지의 시 · 군 · 구청에 송부서 없이 봉투에 넣어 등기통상우편물로 발송하며, 주민등록증 상의
　　　주소지와 주민등록증이 발견된 시 · 군이 동일한 경우에도 우편요금을 징수한다(우편요금은 수취
　　　인후납부담).
　　• 봉투표면에는 '습득주민등록증 송부'라고 표시한다.
　　• 요금미납 표시인을 날인한 후 받아야 할 요금을 기록한다(무게에 따라 등기통상 우편요금 징수).
　　　※ 발송 당일 동일 지자체에 1건 이상의 습득주민등록증을 발송할 경우 일괄등기번호 부여 후 1건
　　　　의 등기우편물로 발송
　ⓒ 여권
　　• 습득 우체국과 가까운 여권사무 대행기관으로 등기우편 발송한다(우편요금은 수취인후납부담).
　　• 송부서 없이 봉투에 넣어 등기통상우편물로 발송하되, 봉투표면에는 "습득여권재중"이라 빨간색으
　　　로 표시하고 요금미납 표시인을 날인하여 징수할 요금을 기재하여야 한다.
　　• 발송 당일 동일 여권사무대행기관으로 1건 이상의 습득 여권을 발송할 경우, 한 개의 봉투에 동봉
　　　하여 묶음 발송한다.
　　　※ 묶음 발송을 위해 습득일이 다른 여권을 모아두면 아니되며, 습득 당일 발송 조치해야 함
　　　※ 외국여권은 경찰서로 발송함
　ⓔ 우편관서에서 발행한 각종 증서(우편환 증서 등)와 현금은 반송불능우편물의 취급에 따라 처리한다.
　ⓜ 핸드폰
　　• 핸드폰만 있는 경우 : '핸드폰 찾기 콜센터'로 송부
　　• 카드, 신분증 등이 함께 있는 경우 : 경찰서로 송부
　ⓗ 여러 가지 물건이 함께 들어있는 습득물의 처리 방법
　　• 경찰관서로 보내는 경우

대 상	• 재산물건 : 현금, 유가증권, 귀금속, 신용카드 등 • 재산물건과 비재산물건이 포함된 습득물 : 지갑 등 • 비재산물건으로서 분실인의 주소를 확인할 수 없는 습득물

송부방법	• 모든 물건은 1개의 물건으로 처리하며, 습득물송부서에 따라서 가까운 경찰서로 등기우편으로 발송하거나 직접 인계한다. • 유가증권류(우편환증서 제외)는 습득물송부서의 원본에 해당 증권류의 사본을 붙여서 보관한다. • 1개의 지갑 안에 신분증 등 여러 종류의 물건이 있을 경우에는 그 내용을 습득물송부서에 모두 적어야 한다.

• 우체국에서 직접 분실인에게 송부하는 경우

대 상	비재산물건으로서 분실인의 주소를 확인할 수 있는 물건
송부방법	• 경찰서장 명의의 유실물소포로 분실인에게 보내고 그 명세를 발송등기번호 포함하여 경찰서에 알린다. • 송부업무와 관련하여 분실물의 조사, 판단, 정확한 분류와 안전한 배달을 위해 현장방문 등의 조치가 필요한 경우에는 관할 경찰서에 협조 요청한다. • 발송한 습득물 소포가 수취거절, 수취인 불명, 주소불명 등으로 수취인에게 배달하지 못하는 경우에는 관할 경찰서로 반송한다. • 우체통에서 발견되는 습득물과 관련된 민원은 경찰관서에서 접수 처리한다(다만, 우체국 업무와 관련된 민원은 우체국에서 접수하여 처리).

③ 우체국에서의 발송 절차[우편물류과 집배(물류)실]

　㉠ 경찰서 앞으로 발송 습득물과 우체국 직접 발송 습득물로 구분하고, 습득물마다 번호를 부여, 습득물 명세서 순번과 일치하도록 해야 한다.

　㉡ 습득물 명세서는 엑셀로 작성하여(수취인 주소, 성명 포함) 접수부서에서 운송장을 쉽게 출력할 수 있도록 조치한다.

　㉢ 습득물 명세서와 함께 경찰서 발송 습득물은 경찰관서로, 우체국 직접 발송 습득물은 접수부서에 인계한다.

(6) 우표가 떨어진 우편물의 처리(「우편업무 규정」 제18조)

① 우편물을 취급할 때에는 우표가 떨어졌거나 일부러 떼어낸 흔적이 있는지 철저히 검사하고 우표가 떨어진 흔적이 있는 우편물은 다음과 같이 처리한다.

　㉠ 떨어진 우표가 있으면 해당 우편물을 확인하여 원상태로 붙여서 발송하고, 해당 우표가 없을 때에는 우편물 표면에 '우표 떨어짐' 표시 도장을 날인하고, 일부러 떼어낸 흔적이 있는 우편물은 발송국에 사고를 알린 후 송달한다.

　㉡ 우표를 일부러 떼어낸 우편물에 대하여 조사가 필요할 때에는 수취인의 양해를 구하고 그 우편물의 봉투를 회수한다.

　㉢ 외국으로부터 도착한 우편물 중 우표가 떨어지거나 파손된 우편물을 국제우편 교환우체국이나 통관우체국에서 발견하였을 때에는 '현상도착표시인'을 날인한 후 우체국명 밑에 취급 직원의 도장을 찍거나 서명한 후 송달한다.

[현상도착 표시인]

(7cm×2.5cm)

이 우편물은 아래와 같은 상태로 도착하였습니다. This mail has arrived in following condition(s): □ 파손 / 오손(damaged / spoiled) □ 우표 떨어짐(stamp missing)	○○우체국
	인(서명)

② 취급부서 간에 우편물을 주고받을 때 우표가 떨어지거나 일부러 떼어낸 것을 발견하였을 때에는 그 내용을 우편물수수부에 기록한다.

③ 우표가 떨어진 우편물이 있는 경우에는 해당 우편물을 확인하여 떨어진 우표를 원상태로 다시 붙여서 송달한다.

④ 떨어진 우표를 발견하였거나 해당 우편물이 없을 때에는 소인된 것과 소인되지 않은 것을 구분하여 '떨어진 우표처리부'에 붙이고 발견장소, 발견상황, 발견일시(편명) 등을 기록하여 보관한다.

⑤ 우표가 떨어졌다는 신고나 확인요청을 받았을 때에는 '떨어진 우표처리부'에서 확인하여 교부하고 동 처리부에 교부일시, 교부받은 사람의 주소, 성명을 기록한다.

4 무인우체국 우편물의 수집과 처리

(1) 무인우체국 접수 · 배달 통합기의 우편물 수집방법

① 우편물 수집 횟수와 시간은 영업일 기준 1회 이상으로 관할우체국장이 정한다.

② 우편물 수집업무 처리 기준

　　㉠ 일반통상, 등기통상, 일반소포, 등기소포로 구분하여 수집한다.

　　㉡ 등기통상은 특급과 특급이 아닌 것을 구분하여 수집한다.

　　㉢ 등기소포는 같은 지역, 다른 지역, 제주지역으로 구분하여 수집한다.

③ 접수함 만재 확인 : 우편물류시스템을 이용해 무인우체국 접수함 운영 현황을 조회하여 가득 찼는지 확인한 후 우편물을 수집하여야 한다.

④ 편마감 : 고지된 일 마감 시간 전에 수집 작업을 하였을 경우에는 편마감 처리한다.

⑤ 일마감 : 일마감 처리 시간에 수집작업을 마쳤을 경우에는 일마감 처리한다.

⑥ 마감 이후 우편물 처리

　　㉠ 일마감 처리 후 추가로 접수된 우편물을 수집한 경우에 그날 접수부서로 인계되어 배송작업 진행이 불가능할 때에는 편마감 처리한다.

　　㉡ 일마감 처리가 끝난 상태에서 추가로 접수된 우편물이 일마감 처리에 포함될 수 있도록 하려면 일마감을 취소한 후 다시 일마감 처리한다.

> **더 알아보기** 수취인과 수령인의 정의
>
> - 수취인 : 우편물을 받는 사람으로 우편 송달계약의 수혜자
> - 수령인 : 우편물 표면에 표시된 주소지에 있는 수취인 또는 그 외의 수취인에 준하는 사람

1 우편물 배달 흐름도

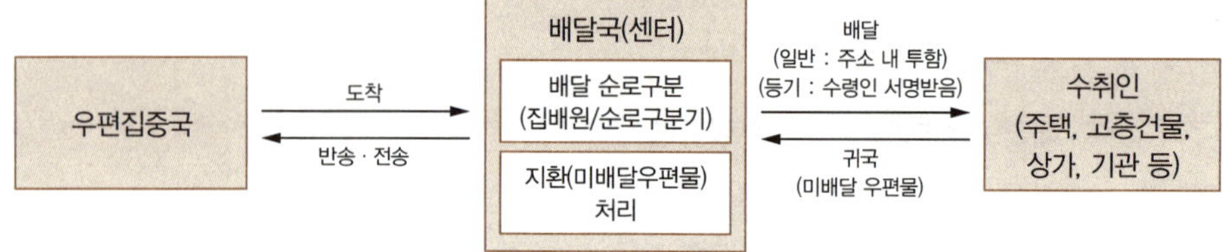

2 배달의 일반원칙

(1) 우편물은 그 표면에 기재된 곳에 배달한다. 다만, 대통령령으로 정하는 경우는 그러하지 아니한다(「우편법」 제31조).

(2) 2인 이상을 수취인으로 정한 우편물은 그중 1인에게 배달한다(「우편법 시행령」 제42조 제1항).

(3) 우편사서함 번호를 기록한 우편물은 당해 사서함에 배달한다(「우편법 시행령」 제42조 제2항).

(4) 취급과정을 기록하는 우편물은 정당 수령인으로부터 그 수령사실의 확인[서명(전자서명 포함) 또는 날인]을 받고 배달하여야 한다(「우편법 시행령」 제42조 제3항, 「우편법 시행규칙」 제28조).

3 우편물 배달 기준(「우편업무 규정」 제326조)

(1) 일반우편물은 우편물이 도착한 날 순로구분을 하여 다음날에 배달한다. 단, 순로구분기 보유관서의 오후 시간대에 도착한 우편물은 도착한 다음날 순로구분을 하여, 순로구분한 다음날에 배달한다.

(2) 취급과정을 기록하지 않는 일반통상우편물과 일반소포우편물은 수집이나 접수한 다음 날부터 4일 이내에 배달하고, 취급과정을 기록하는 등기통상우편물의 경우에는 수집이나 접수한 다음 날부터 3일 이내 배달하나, 도서·산간오지 등 교통이 불편하여 우편물의 운송이 특히 곤란한 지역에 대하여는 지역별 또는 지역 상호간에 적용할 우편물송달기준을 달리 정하여, 수집이나 접수한 날의 다음 날부터 8일 이내에 배달한다[「우편법 시행규칙」 제13조 및 「우편업무 규정」 제4조의3(도서·산간오지 등의 우편물 송달기준)].

(3) 시한성 우편물, 익일특급 우편물, 등기소포 우편물은 배달국에 도착한 날 구분하여 당일 배달한다.

(4) 특수(등기)취급우편물의 배달은 "2회 배달, 4일 보관 후 반환"을 원칙으로 하며, 2회째 배달(재배달)의 경우 우편물의 표면에 표기된 수취인(배달되지 못한 우편물이 발송인에게 반환되는 경우에는 발송인)이 보관기간 내 우체국 영업일 중 특정일을 배달일로 정하여 우체국에 재배달 신청 시 1회에 한해 실시한다. 단, 다음 각 호의 경우는 원칙의 예외로 하며, 예외 우편물의 2회째 배달은 수취인(반환하는 경우에는 발송인)의 신청이 없어도 우체국에서 재배달한다.

① 특별송달 : 3회 배달, 미 배달 시 보관하지 않고 반환(반송)

② 맞춤형 계약등기(외화 제외) : 3회 배달, 미 배달 시 2일 보관 후 반환(반송)

③ 외화 맞춤형 계약등기 : 2회 배달, 미 배달 시 보관하지 않고 반환(반송)

④ 내용증명, 보험취급(외화 제외), 선거우편, 등기소포 : 2회 배달, 미 배달 시 2일 보관 후 반환(반송)

⑤ 선택등기우편물, 복지등기통상우편물 : 2회 배달, 2회차 배달에 폐문부재 시 우편수취함 배달

⑥ 복지등기소포우편물 : 2회 배달, 2회차 배달에 폐문부재 시 주소지 문앞에 배달

⑦ 그 밖의 특별한 사유로 우정사업본부장이 정하는 경우

⑧ 그 밖의 특별한 사유로 관할지방우정청장이 정하는 경우

(5) 위 '(4)'에도 불구하고 통상집배구 수 등을 고려하여 우정사업본부장이 승인하는 우체국은 「우편물 배달기준 처리의 예외 고시」에서 정하는 바에 따라 배달 및 보관의 원칙을 달리하여 운영할 수 있다.

(6) 준등기우편물은 접수한 날의 다음날부터 3일 이내 배달한다. 다만, 특별한 사유로 관할지방청장이 정하는 경우는 예외로 한다.

(7) 국제우편물은 「국제우편규정」 제23조 제1항에 따라 배달하되, 국제특급우편물의 배달은 국내특급우편물 배달의 예에 따른다. 단, 도서지역 등 배달이 곤란한 지역일 경우, 국제특급우편물은 국내특급우편물 취급 예에 의하지 아니할 수 있다.

4　배달의 우선순위(「우편업무 규정」 제327조)

(1) 배달할 우편물량이 많아서 분할하여 배달할 때에는 다음 순서에 따라서 배달한다.

① 제1순위 : 기록취급우편물, 국제항공우편물

② 제2순위 : 준등기우편물, 일반통상우편물(국제선편통상우편물 중 서장 및 엽서 포함)

③ 제3순위 : 제1순위, 제2순위 이외의 우편물

(2) 제1순위부터 제3순위까지의 우편물 중 한 번에 배달하지 못하고 잔량이 있는 경우에는 다음 편에서 다른 우편물에 우선하여 배달하여야 한다.

5 **배달의 특례(「우편법시행령」 제43조)**

(1) 동일건물 내의 일괄배달
① 같은 건축물이나 같은 구내의 수취인에게 배달할 우편물은 그 건축물이나 구내의 관리사무소, 접수처, 관리인에게 배달이 가능하다.
  예 공공기관, 단체, 학교, 병원, 회사, 법인 등
② 관리사무소, 접수처, 관리인 등이 없는 경우에는 일반우편물은 우편함에 배달하고 우편함에 넣을 수 없는 우편물(소포·대형·다량우편물)과 부가취급 우편물, 요금수취인부담 우편물을 수취인에게 직접 배달한다.

(2) 우편물의 사서함 교부
① 사서함우편물 교부방법
  ㉠ 우편사서함에 교부하는 우편물은 운송편이나 수집편이 도착할 때마다 구분하여 즉시 사서함에 투입한다.
  ㉡ 등기우편물, 요금수취인부담, 요금미납부족 우편물과 용적이 크거나 수량이 많아 사서함에 투입할 수 없는 우편물은 이를 따로 보관하고, 우편물을 따로 보관하고 있다는 내용(사용자가 외국인인 경우에는 'Please, Contact the counter for your mail')의 표찰을 사서함에 투입한다.
  ㉢ 사서함 이용자가 사서함에서 안내 표찰을 꺼내 창구에 제출하면 담당자는 따로 보관하고 있는 우편물을 내어준다.
  ㉣ 등기우편물을 내줄 때에는 주민등록증 등 신분증으로 정당한 수령인(본인이나 대리수령인)인지 반드시 확인한다.
  ㉤ 전자서명방식[개인휴대용단말기(PDA), 펜패드(PENPAD) 등]으로 수령인의 서명을 받고 배달결과를 우편물류시스템에 등록한다.
② 사서함번호만 기록한 우편물은 해당 사서함에 정확하게 넣고 수취인에게 우편물 도착 사실을 알려주며, 생물 등 변질이 우려되는 소포는 냉동·냉장고에 보관하였다가 수취인에게 내어준다.
③ 사서함번호와 주소가 함께 기록된 우편물도 사서함에 넣을 수 있으며, 특별송달, 보험취급, 맞춤형 계약등기 우편물은 주소지에 배달한다.
④ 우편사서함 번호를 기록하지 않은 우편물이라도 우편사서함 사용자에게 가는 우편물이 확실할 때에는 우편사서함에 투입이 가능하다. 다만 특별송달, 보험취급, 맞춤형 계약등기, 등기소포 우편물은 사서함에 넣지 않고 주소지에 배달한다.

(3) 수취인 청구에 의한 창구교부
① 집배원 배달 전이나 배달하지 못해 반송하기 전 보관하고 있는 우편물은 수취인의 청구에 의해서 창구교부한다.
② 선박이나 등대로 가는 우편물에 대해서도 창구에서 교부한다.

(4) 개별 또는 공동우편함 배달

교통이 불편한 도서지역이나 농어촌지역 또는 과학기술정보통신부장관이 필요하다고 인정하는 지역에는 개별 또는 공동수취함을 설치하고 우편물을 그 수취함에 배달할 수 있다.

(5) 수취인 신고에 의한 '등기우편물 대리수령인' 배달

① 장기간 집을 비우는 경우나 많은 세대가 사는 아파트 같은 경우 수취인과 대리수령인의 신고를 통해서 '등기우편물 대리수령인'을 지정할 수 있다.

② 등기우편물 대리수령인 신고의 접수

  ㉠ 등기우편물 대리수령인 지정 · 해지를 신고하는 사람이 '등기우편물 대리수령인 신고서'를 작성하여 수취인 관할 우체국이나 집배원에게 제출한다.

- 수취인이 장기간 집을 비우는 경우에는 개별적으로 이웃주민 등을 대리수령인으로 지정하여 대리수령인의 확인을 받아 접수한다.
- 수취인이 빈번하게 부재하는 여러 세대가 공동으로 아파트 경비실(빌딩, 상가관리실) 근무자 등 특정인을 선정하여 세대주의 이름을 이어 쓴 뒤 대리수령인의 확인을 받아 우체국에 접수한다.

    ※ 수취인 본인과 대리수령인 모두의 동의 필요

  ㉡ 등기우편물 대리수령인 신고서를 접수할 때에는 다음 사항을 확인한다.

- 수취인이 지정하는 등기우편물 대리수령인은 수취인 주소지와 같은 집배구(인접 집배구 가능) 내에 거주하고 사리를 분별할 수 있는 사람인지 여부
- 대리수령인의 동의 여부
- 주민등록증 등의 신분증에 따른 신고인의 신분 등

③ 배달 방법

  ㉠ 일반우편물은 원래 주소지의 우편수취함에 배달하고, 등기우편물은 1차 배달할 때 수취인 부재일 경우에만 지정된 대리수령인에게 배달한다.

> **더 알아보기**   **대리수령인에게 배달할 수 없는 등기우편물**
>
> - 특별송달, 배달증명, 내용증명, 보험등기(안심소포), 맞춤형계약등기(회신, 본인 지정)

- 등기우편물을 대리수령인에게 배달한 경우에는 정당한 수취인에게 대리배달 사실을 문자메시지 등으로 안내한다.
- 수취인이 매일 낮 시간대에 부재일 경우 1차 배달할 때부터 대리수령인에게 배달하는 것도 가능하다.

  ㉡ 대리수령인이 이사하였거나 대리수령을 거부하는 경우에는 그 사실을 신고서 빈 곳에 적은 뒤 책임자가 확인하고 대리수령인 지정이 자동해지된 것으로 처리한다.

  ㉢ 대리수령인의 장기부재 등으로 대리수령인에게 배달이 불가능한 경우에는 부전지에 배달이 불가능한 사유를 적어 우편물에 붙인 후 일반적인 등기우편물 배달 방법에 따라 신고인에게 배달한다.

  ㉣ 등기우편물을 대리수령인에게 배달할 경우, 배달증 여백에 '대리'라고 기록하거나 우편물류시스템에 배달결과를 등록할 때 수취인과의 관계를 '대리수령인'으로 입력한다.

(6) 보관우편물의 교부

① 우편물에 '우체국보관'의 표시가 있는 것으로, 배달우체국의 창구에서 수취인에게 교부한다.

② 보관우편물의 보관기간은 우편물이 도착한 다음 날부터 계산하여 10일로 하며, 다만, 교통이 불편하거나 그 밖의 사유로 수취인이 10일 이내에 우편물을 교부받을 수 없다고 인정될 때에는 20일의 범위 안에서 교부기간을 연장할 수 있다.

(7) 보관교부지의 배달

① 보관교부지는 교통이 불편하여 통상의 방법으로 우편물 배달이 어려운 지역을 지정(관할 지방우정청장이 정하여 공고)한 곳

② 보관교부지 배달 지정된 지역의 우편물은 배달우체국에서 보관하고 수취인의 청구에 따라 교부함

※ 보관기간은 우편물이 도착한 다음 날부터 30일 임

(8) 무인우편물보관함 배달

① 무인우편물보관함의 형태와 위치

㉠ 무인우편물보관함은 수취인이나 수취인의 동의를 받은 사람만 수령할 수 있도록 기계적 · 전자적으로 수령이 가능한 것에 한정하여 배달한다.

㉡ 무인우편물보관함은 영수증이나 모니터 화면 등 우편물 보관에 대한 증명자료가 제공되는 것에 한정한다.

㉢ 수취인이 우편물 배달을 신청하거나 동의한 무인우편물보관함은 수취인과 같은 집배구에 자리하고 있는 것에 한정하여 배달한다.

② 무인우편물보관함에의 배달 방법

㉠ 수취인이 부재하여 무인우편물보관함에 배달할 때에는 수취인의 동의를 받은 후 배달해야 한다. 다만 사전에 수취인이 무인우편물보관함에 배달해 달라고 신청한 경우에는 수취인을 방문하지 않고 배달할 수 있다.

㉡ 특별송달, 보험등기 등 수취인의 직접 수령한 사실의 확인이 필요한 우편물은 무인우편물보관함에 배달할 수 없다.

③ 무인우편물보관함 배달 증명자료의 보관

㉠ 우편물을 무인우편물보관함에 배달 후 무인우편물보관함에서 제공하는 영수증을 개인휴대용단말기(PDA)로 촬영하여 이미지로 보관한다.

㉡ 영수증이 제공되지 않고 모니터로 보관내용을 표시하는 무인우편물보관함의 경우에는 모니터 화면을 개인휴대용단말기(PDA)로 촬영하여 보관 가능하다.

④ 무인우편물보관함 배달사항의 기록

무인우편물보관함에 우편물을 배달한 경우 배달증 여백에 '무인우편물보관함'이라고 기록하거나 전산시스템에 '무인배달'이라고 등록한다.

(9) 주거이전 우편물의 전송

① 주거를 이전한 우편물의 수취인이 주거이전 우편물 전송서비스를 신청한 경우, 서비스 기간 동안 표면에 구주소지가 기재된 우편물을 이전한 주소지로 전송한다.

② 우편물을 전송하는 때에는 주거이전 신고된 주소를 기재한 부전지를 해당 우편물에 붙여 관할 우체국으로 송부한다.

③ 주거이전신고를 철회한 경우와 우편물 전송기간이 만료된 후에 도착하는 우편물은 발송인에게 반송한다.

④ 우편물의 수취인이 해외 이주한 경우에는 우편물을 전송하지 아니하고 발송인에게 반송한다.

⑤ 주거이전을 신고한 날부터 3개월이 경과하거나 우편물 전송 시 상당한 비용이 소요되는 경우 과학기술정보통신부장관이 정하여 고시하는 수수료를 수취인에게 내게하고 우편물을 전송한다.

　㉠ 주거이전을 신고한 날부터 3개월이 지난 후에 도착하는 우편물을 수취인이 받기를 신고한 경우

　㉡ 수취인이 주거를 이전한 곳으로 우편물을 전송하는 데 상당한 비용이 소요되는 경우

⑥ ⑤에 따라 수수료를 내고 우편물을 전송받는 자가 해당 전송기간 중 철회를 요청할 경우에는 납입한 수수료에서 사용기간에 해당하는 금액을 일할 계산하여 공제하고 남은 금액을 반환하여 준다.

(10) 수취인의 청구에 의한 주소 변경(수취인 배달장소 변경 서비스)

① 수취인이 등기우편물에 표기된 주소지에서 우편물을 받기 어려울 때에는 배달장소 변경을 신청할 수 있으며, 우편물은 수취인이 변경하여 지정한 주소지로 배달한다.

② **대상우편물** : 배달국에 도착한 등기우편물

　※ 제외우편물 : 특별송달, 내용증명, 선거우편, 외화현금배달, 냉장 · 냉동, 이미 배달완료된 우편물 등

③ **서비스 방법** : 배달국에 도착한 등기우편물을 수취인이 변경 신청한 배달장소로 전송하여 배달한다.

　※ 발송인은 수취인 및 수취인 주소의 변경 또는 우편물의 반환을 청구할 수 있으며, 발송인과 수취인의 신청이 경합할 경우, 발송인의 신청이 수취인의 신청보다 우선함

④ **접수채널** : 우체국(우편취급국 포함), 인터넷 우체국, 모바일 앱, 배달예고문자(우편고객만족센터, 전화 신청은 불가)

⑤ **전송 수수료** : 등기취급수수료(2,400원)이며, 단, 변경하는 주소지가 최초 주소지와 동일한 총괄국 관할일 경우에는 무료이다.

6 고층건물 내 우편물의 배달

(1) 고층건물우편수취함의 설치

① 3층 이상인 건축물의 소유자나 관리인은 해당 건축물의 출입구에서 가까운 내부의 보기 쉬운 곳에 그 건축물의 주거시설, 사무소, 사업소별로 규격에 맞는 우편수취함을 설치하여야 한다. 다만, 건물 구조상 한 곳에 전부를 설치하기가 곤란한 경우에는 3층 이하의 위치에 3개 장소 이내로 분리하여 설치할 수 있다.

   ※ 건축법 시행령 제87조(건축설비 설치의 원칙) ⑧ 건축물에 설치하여야 하는 우편수취함은 「우편법」 제37조의2의 기준에 따름

② 설치대상 건물로서 1층 출입구, 관리사무소, 경비실 등에 우편물 접수처가 있는 경우에는 우편수취함을 설치하지 않을 수 있다(「우편법 시행규칙」 제131조).

(2) 주소지 배달

① 우편수취함 배달

   ㉠ 관리사무실이나 경비실 등이 없는 고층건물 내에 배달되는 일반우편물은 해당 건축물에 설치된 우편수취함에 배달한다.

   ㉡ 우편수취함에 투함된 우편물은 장기간 방치 여부와 관계없이 그대로 두되, 고객이 요청하거나 이사 등으로 수취인이 없음을 확인하였을 경우에는 반송 처리한다. 다만, 우편수취함 주변에 방치된 우편물은 반송함에 투함하여 반송처리기준 예에 따라 처리한다.

② 수취인 직접 배달(「우편법 시행규칙」 제134조)

   부가취급우편물, 요금수취인부담우편물, 양이 많거나 부피가 커서 고층건물우편수취함에 넣을 수 없는 우편물은 수취인에게 직접 배달한다.

(3) 관리사무소 등 일괄 배달

① 고층건물 내의 우편물은 우편수취함이나 수취인에게 직접 배달을 원칙으로 하되 같은 건축물 또는 같은 구내의 수취인에게 배달할 우편물은 그 건축물이나 구내의 관리사무소, 접수처, 관리인에게 배달할 수 있다. 다만, 보험등기(통화, 유가증권, 물품), 특별송달, 맞춤형 계약등기 등은 수취인에게 직접 배달하여야 한다.

② 등기로 취급하는 우편물은 수령인에게서 그 수령 사실의 확인을 받고 배달하여야 한다.

   ※ 등기우편물을 대리수령인에게 배달한 경우에는 정당 수취인에게 대리배달 사실을 문자메시지 등으로 안내.

   ※ 등기통상의 경우, 수취인이 알림톡, 전화 등을 통해 경비실, 관리사무소를 배달장소로 지정했다 하더라도 동 장소 근무자와 사전에 협의된 경우에 한하여 배달 가능

(4) 우편물 반송함의 설치

① 건축물 소유자는 공동주택(아파트, 연립, 빌라, 다가구 주택 등), 상가, 빌딩 등의 건축물에 우편수취함이 한 장소에 2개 이상 설치되어 있는 곳에는 우편물 반송함을 1개 이상 설치하여야 한다(각 세대별 또는 우편수취함이 1개 설치되어 있는 개인주택 등에는 반드시 설치할 필요 없음).

② 우편물 반송함의 규격은 고층건물용 우편수취함 규격에 따른다.

(5) 우편물 반송함에 투함된 우편물의 처리(「우편업무 규정」 제397조 제2항)

① 반송함에 투함된 우편물 중 반송(사유)의 표시가 있는 우편물은 즉시 전송하거나 반송 처리한다.

② 반송(사유)의 표시가 없는 우편물은 오배달 사례를 방지하기 위하여 봉투 표면 여백 또는 접착식 메모지 등에 날짜 및 반송사유 표기를 요청하는 내용을 기록하여 1회에 한하여 해당 우편함에 재투함하거나 또는 수취인에게 문의한 후 반송 처리한다.

(6) 우편수취함을 설치하지 않았을 때의 보관 교부(「우편법 시행령」 제51조)

① 우편수취함을 설치하여야 하는 건축물에 우편수취함 또는 우편물 접수처를 설치하지 아니하였을 때에는 일반통상과 보통소포우편물에 한정하여 배달우체국에서 보관교부할 수 있다.

② ①의 경우 배달우체국에서는 보관교부 실시일 5일 전까지 건물관리인과 입주자에게 우편수취함 설치를 촉구하고 다음 내용의 우편물 보관교부통지서를 발송한다.

[고층건물 우편물 보관교부 통지서]

고층건물 우편물 보관교부 통지서

수신 ○ ○ ○ ○ ○ 귀하

 귀하(사)께서 입주(관리)하고 있는 건물에는 「우편법」 제37조의2와 같은 법 시행령 제50조에서 정한 바에 따라 우편수취함을 설치하지 아니하였으므로(훼손하였으므로) 같은 법 시행령 제51조 제2항에 따라 20 년 월 일부터 귀하(사)께 가는 일반통상과 보통소포 우편물을 다음과 같이 우리 국에서 보관하겠으니 오셔서 수령해 가시기 바랍니다. 다만 보관교부 실시일까지 우편수취함을 설치(보수)하면 배달하여 드리겠습니다.

1. 보관 장소 : ○○우체국 우편물류과 ○○실
2. 우편물 수취방법
  가. 대표자를 선정하여 수취하여도 무방함
  나. 신분증 지참
3. 보관기간 : 우편물이 도착한 다음 날부터 10일간
4. 제3호의 보관기간이 경과하여도 우편물을 수취하지 아니하시면 발송인에게 반송하겠습니다.

○ ○ 우 체 국 장 직인

시행 우편물류과-24   (2025.10.05.)접수   (   )
☎ 03187   서울시 종로구 종로6
전화 02-222-1234 팩스번호 02-222-1235/ /www.koreapost.co.kr /kp_@mail.go.kr /비공개(6)

③ 보관교부 실시일 이후에 도착하는 우편물은 해당 우편물에 도착날짜도장을 날인하여 날짜별로 묶어서 안전한 장소에 보관

④ 보관 교부할 우편물의 보관기간은 도착한 날의 다음 날부터 10일로 하며 이 기간이 경과하여도 우편물을 수취하지 않을 때에는 '보관기간 경과하여 반송'이라 표시하고 발송인에게 반송

7 무인우체국 우편물의 배달

(1) 취급가능 우편물

① 대상우편물

  ㉠ 수취인 주소가 무인우체국 배달함으로 기록된 우편물

    • 서비스 가입고객 : 보통소포, 등기통상, 등기소포우편물

    • 서비스에 가입하지 않은 고객 : 등기통상, 등기소포우편물

  ㉡ 수취인이 부재할 때는 무인우체국에 배달하기로 수취인에게서 배달 동의를 얻은 등기통상과 등기소포우편물

    ※ 소포우편물은 우체국 소포상자 5호 이하이고 무게가 30kg 이하인 경우에만 배달

② 서비스 제외 우편물

  ㉠ 보험취급, 특별송달, 계약등기(회신, 본인지정) 우편물 등 우정사업본부 고시 제2022-32호에서 규정한 무인우편물 보관함에 배달할 수 없는 우편물

  ㉡ 국제우편물(국제통상 · 국제등기 · 국제소포 · EMS 등)

(2) 처리절차

① 우편물 배달 절차

  ㉠ 회원번호 입력은 서비스 가입자 우편물을 배달하는 경우에만 입력한다.

  ㉡ 부재중 우편물 배달이나 서비스 미가입자인 경우 비회원배달을 선택한다.

  ㉢ 무인우체국의 배달함에 우편물을 넣고 닫으면 배달완료로 자동 처리된다.

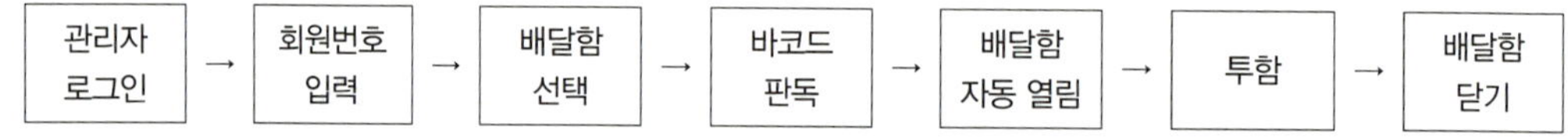

② 우편물을 배달 처리할 때의 유의사항

  ㉠ 수취인의 주소가 무인우체국으로 기록된 우편물은 무인우체국 배달함에 배달한다.

    ※ 부패 우려가 있는 소포우편물은 수취인의 동의를 얻은 후 배달

  ㉡ 서비스 가입회원의 회원번호와 회원명이나 관계인명이 일치하는 우편물만을 배달한다.

  ㉢ 고객 부재 우편물을 무인우체국 배달함에 배달하려는 경우에는 고객과의 통화 등 동의를 얻은 후 배달한다.

  ㉣ 서비스에 가입하지 않은 회원 접수 우편물과 고객부재 우편물 중 등록 · 확인이 된 이동전화번호가 유효하지 않은 우편물은 반송 처리한다.

  ㉤ 무인우체국 배달함에 배달 요청된 착불우편물은 배달 직전까지 착불 요금이 수납 완료된 경우에 배달이 가능하다.

  ㉥ 배달함이 부족한 경우, 고객의사를 확인하여 수취인의 관내 주소지나 관할 우체국에 배달한다.

  ㉦ 배달함 부족으로 관할 우체국에 배달한 경우, 무인우체국에 여유 배달함이 생기면 우선적으로 무인우체국 배달함에 배달한다.

  ㉧ 특별소통기간에 배달함이 부족한 경우, 수령인의 관내 주소지로 우선 배달하고, 이때 고객의사 확인 절차는 생략 가능하다.

ⓩ 특별송달 등 배달제한 우편물은 수령인의 관내 주소지로 배달한다.

ⓩ 배달함에 배달한 후 3일 이내에 우편물을 받지 않았을 때에는 '반송' 처리하고, 이때 재배달 · 전송 · 보관기간 연장은 불가하다.

04 등기취급(부가취급·특수취급) 우편물의 배달

1 정당 수령인

(1) 우편물 표면에 기재된 주소지의 수취인이나 동거인(같은 직장 근무자 포함)

(2) 같은 건축물 및 같은 구내의 관리사무소, 접수처, 관리인

(3) 대리수령인으로 지정되어 우편관서에 등록된 사람

(4) 수취인과 같은 집배구에 있고 수취인의 배달동의를 받은 무인우편물보관함

2 수령사실의 확인

(1) 등기우편물을 수취인이나 그 대리인에게 배달(교부)할 때에는 수령인에게 서명(전자서명 포함)날인을 받아야 한다.

(2) 수령인이 인장을 날인하거나 수령인 성명을 직접 자필로 기록하게 한다(외국인 포함).

(3) 수령인이 수취인 본인이 아닌 경우에는 수취인과의 관계를 정확히 기록하여야 하고, 반드시 실제 우편물을 수령한 수령인을 입력한다.

　※ 대리인 수령 시 우편물 표면에 기록된 수취인 이름으로 서명하면 안되며, 개인정보가 포함된 신분증 및 수령인 얼굴 등도 촬영하면 안됨

(4) 수령인이 한글 해독 불가능자 또는 기타의 사유로 서명이 불가능한 경우에는 우편물 여백에 인장이나 지장을 찍게 한 후 PDA에 장착된 카메라로 촬영하여 수령을 확인한다.

(5) '무인우편물 보관함'에 배달하는 경우에는 '무인우편물 보관함'에서 제공하는 배달확인이 가능한 증명자료(영수증 또는 배달완료 모니터 화면)를 PDA(개인휴대용단말기)에 장착된 카메라로 촬영하여 수령사실을 갈음할 수 있다.

(1) 일반우편물은 우편물이 도착한 날 순로구분을 하여 다음날에 배달한다. 단, 순로구분기 보유관서의 오후 시간대에 도착한 우편물은 도착한 다음날 순로구분을 하여, 순로구분한 다음날에 배달한다.

(2) 취급과정을 기록하지 않는 일반통상우편물과 일반소포우편물은 수집이나 접수한 다음 날부터 4일 이내에 배달하고, 취급과정을 기록하는 등기통상우편물의 경우에는 수집이나 접수한 다음 날부터 3일 이내 배달하나, 도서 · 산간오지 등 교통이 불편하여 우편물의 운송이 특히 곤란한 지역에 대하여는 지역별 또는 지역 상호간에 적용할 우편물송달기준을 달리 정하여, 수집이나 접수한 날의 다음 날부터 8일 이내에 배달한다 [「우편법 시행규칙」 제13조 및 「우편업무 규정」 제4조의3(도서 · 산간오지 등의 우편물 송달기준)].

(3) 시한성 우편물, 익일특급 우편물, 등기소포는 배달국에 도착한 날 구분하여 당일 배달한다.

(4) 특수(등기)취급우편물의 배달은 『2회 배달, 4일 보관 후 반환』을 원칙으로 하며, 2회째 배달(재배달)의 경우 우편물의 표면에 표기된 수취인(배달되지 못한 우편물이 발송인에게 반환되는 경우에는 발송인)이 보관기간 내 우체국 영업일 중 특정일을 배달일로 정하여 우체국에 재배달 신청 시 1회 한해 실시한다. 단, 다음 각 호의 경우는 원칙의 예외로 하며, 예외 우편물의 2회째 배달은 수취인(반환하는 경우에는 발송인)의 신청이 없어도 우체국에서 재배달한다.

① **특별송달** : 3회 배달, 미 배달 시 보관하지 않고 반환(반송)

② **맞춤형 계약등기**(외화 제외) : 3회 배달, 미 배달 시 2일 보관 후 반환(반송)

③ **외화 맞춤형 계약등기** : 2회 배달, 미 배달 시 보관하지 않고 반환(반송)

④ **내용증명, 보험취급**(외화 제외), 선거우편, 등기소포 : 2회 배달, 미 배달 시 2일 보관 후 반환(반송)

⑤ **선택등기우편물, 복지등기통상우편물** : 2회 배달, 2회차 배달에 폐문부재 시 우편수취함 배달

⑥ **복지등기소포우편물** : 2회 배달, 2회차 배달에 폐문부재 시 주소지 문앞에 배달

⑦ 그 밖의 특별한 사유로 우정사업본부장이 정하는 경우

⑧ 그 밖의 특별한 사유로 관할지방우정청장이 정하는 경우

(5) 위 (4)에도 불구하고 통상집배구 수 등을 고려하여 우정사업본부장이 승인하는 우체국은 「우편물 배달기준 처리의 예외 고시」에서 정하는 바에 따라 배달 및 보관의 원칙을 달리하여 운영할 수 있다.

(6) 준등기우편물은 접수한 날의 다음날부터 3일 이내 배달한다. 다만, 특별한 사유로 관할지방청장이 정하는 경우는 예외로 한다.

(7) 국제우편물은 「국제우편규정」 제23조 제1항에 따라 배달하되, 국제특급우편물의 배달은 국내특급우편물 배달의 예에 따른다. 단, 도서지역 등 배달이 곤란한 지역일 경우, 국제특급우편물은 국내특급우편물 취급 예에 의하지 아니할 수 있다.

4 우편물 도착 안내

등기우편물을 수취인 부재 등의 사유로 배달하지 못한 경우와 신고된 대리수령인에게 배달한 경우에는 '우편물 도착안내서'를 수취인이 잘 보이는 장소에 부착하거나 메시지 서비스(문자 메시지, 카카오톡, 포스트톡 등)를 통해 수취인에게 우편물 도착사실을 알린다.

5 보험취급 우편물의 배달

(1) 통화등기우편물

① 취급 시 유의사항

㉠ 통화등기 송금통지서와 현금 교환업무 취급 시 반드시 참관자를 선정하여 서로 확인하고 봉투의 표면에 처리자와 참관자가 확인하여 날인한다.

㉡ 국내특급으로 취급된 통화등기 우편물이 현금출납업무 마감시간 이후(또는 공휴일 · 토요일 · 일요일)에 도착했을 때는 시간외 현금 중에서 대체하여 배달하고, 시간외 현금이 없으면 다음날 현금출납업무 시작 즉시 처리한다.

㉢ 통화등기 우편물을 배달할 때에는 수취인으로 하여금 집배원이 보는 앞에서 그 우편물의 내용물을 확인하게 하여 내용금액과 표기금액을 서로 비교 확인한다.

② 통화등기 우편물의 반송 및 전송

㉠ 반송 또는 전송하는 곳을 관할하는 집배국 앞으로 송금통지서 및 원부를 발행하여 우편물에 넣은 후 반송 또는 전송한다.

㉡ 송금통지서 및 원부의 금액란 말미와 송금액 수수부 비고 란에는 '반송' 또는 'ㅇㅇ국 전송'이라 표시한다.

㉢ 반송불능 통화등기 우편물 : 통화를 넣은 상태로 반송불능우편물로 처리한다.

(2) 물품등기우편물

① 배달 시 유의사항

수취인에게 봉투와 포장상태의 이상 유무만 확인하도록 하면 되며, 우편물을 개봉하여 내용물을 확인할 필요는 없다.

(3) 유가증권등기우편물

① 배달 시 유의사항

㉠ 수취인에게 봉투를 열어 확인하게 한 후, 겉에 표기된 유가증권 증서류명, 금액, 내용을 서로 비교 확인한다.

㉡ 관공서, 회사 등 다량의 등기우편물 배달 시 유가증권 등기우편물이 포함된 사실을 모르고 상호 대조 확인 없이 일괄 배달하는 사례가 없도록 유의한다.

(4) 안심소포 우편물

① 배달 시 유의사항

ⓐ 배달국에서는 안심소포가 도착하면 집중국에서 알려준 정보를 가지고 신속히 골라내어 배달부서로 넘긴다.

ⓑ 집배원 등 배달업무 담당자는 수취인에게 전화하여 1회에 배달이 성공할 수 있도록 조치한다.

ⓒ 배달할 때에는 안심소포의 포장 상태, 파손, 무게 상이 등을 고객에게 확인하게 한 후 이상이 없으면 배달완료 처리한다.

ⓓ 배달 완료 후에는 즉시 발송인에게 배달 사실을 SNS, 문자메시지 등을 통해 통보한다.

6 증명취급 우편물의 배달

(1) 내용증명우편물의 배달(「우편법 시행규칙」 제52조~제55조)

① 발송인이 수취인에게 어떤 내용의 문서를 언제 발송하였다는 사실을 우편관서가 공적으로 증명하는 등 기우편물을 말한다.

② 내용증명우편물을 반송할 때의 유의사항

ⓐ 수취인 주소가 불분명하더라도 해당 주소지 또는 인근을 반드시 방문하여 확인한 후 반송한다.

ⓑ 배달할 수 없는 우편물은 수취인이나 발송인의 연락처가 기록된 경우에는 미리 전화로 확인한 후 반송 조치한다.

ⓒ 주거이전 신고건에 한하여 전송하며, 수취인의 신주소 등은 개인정보이므로 발송인이 문의하더라도 절대 알려주면 안된다.

> **더 알아보기** 내용증명우편물의 반환청구
>
> - 일반적인 방법에 의해 처리하되, 발송인이 아닌 접수국으로 반송하여야 함
> - 접수국에서는 원본 및 등본 2부 모두에 반환청구 사유와 교부 명세를 적고 우체국 보관 등본에는 청구서 사본을 첨부하여 보관함

(2) 배달증명우편물(배달증명서)의 배달

① 개요 : 수취인에게 우편물을 배달하거나 교부한 경우 그 사실을 우체국에서 증명하여 발송인에게 알려주는 우편 서비스이다.

② 배달증명서의 출력

ⓐ 배달증명서는 대상이 되는 우편물의 발송인 주소지 관할 집배국에서 출력하며 출력기준일은 그 우편물의 배달 완료 등록 후 D+2일이다.

ⓑ 배달증명서는 우편물 발송 시 발급 신청할 수 있을 뿐만 아니라 우편물 발송 후라도 전국 우체국 창구에서 발급이 가능하다.

③ 배달증명우편물의 전송 및 반송

　　㉠ 주거이전 신고된 배달증명우편물은 이사 간 주소로 전송 처리하여야 하며, 전송된 우편물을 배달할 경우 정당한 주소와 본인 여부를 확인하여 배달한다.

　　㉡ 배달증명우편물이 반송되었을 때에는 반송우편물처리 방법에 따라 처리한다.

05 특급취급 우편물의 배달(익일특급)

1 개요(「우편법 시행규칙」 제61조, 「우편업무 규정」 제350조~제354조)

등기취급을 전제로 관할 지방우정청장이 고시하는 지역 사이에서 주고받는 긴급한 우편물을 통상의 송달방법보다 더 빠르게 약속한 시간 내에 배달하는 제도이다.

2 배달기한

(1) 접수한 다음 날까지 수취인에게 배달한다.

(2) 취급지역은 관할 지방우정청장(「우편법 시행규칙」 제61조 제6항)이 고시하되, 접수한 날의 다음 날까지 배달이 곤란한 지역에 대해서는 별도로 추가일수를 더하여 고시한다.

(3) 우체국 축하카드, 온라인환, 민원우편은 익일특급으로 처리한다.

3 재배달 · 전송 · 반송 처리

(1) 재배달할 우편물은 2회째에는 가장 빠른 방법으로 배달한다.

(2) 수취인 부재 시에는 재방문 예정시각을 기재한 '우편물 도착안내서'를 주소지에 부착하고 수취인이 전화 등으로 재배달을 요구할 경우 재배달한다.

(3) 특급우편물을 전송하거나 반송하는 경우에는 전송 또는 반송하는 날의 다음 근무일까지 배달한다.

1 특별송달우편물의 배달

(1) 정의

민사소송법이 정하는 방법으로 송달하여야 할 서류를 내용으로 하는 등기통상 우편물을 배달하고, 배달한 사실은 우편송달통지서 등을 통하여 발송인에게 알려주는 서비스

(2) 배달절차

① 특별송달우편물을 배달하는 때에는 우편송달통지서의 해당란에 수령인의 서명(자필 성명 기재, 전자서 명 포함)이나 도장 또는 지장을 받아야 한다(전자서명 포함).

② 특별송달우편물의 수취인이 부재 시에는 그 사무원, 고용인 또는 동거자에게 배달하여야 한다.

③ 수취인이 일시 부재중이고 사리를 판별할 수 없는 나이가 어린 사람만 있는 경우에는 다음편에 다시 배 달하여야 한다.

④ 군부대 또는 선박에 있는 자와 교도소 또는 구치소에 수감된 자에게 배달하는 특별송달우편물은 그 기관 의 장 또는 접수처에 배달하여야 한다.

⑤ 특별송달우편물을 수령할 사람이 수령을 거절하는 경우에는 해당 특별송달우편물을 수령할 사람이 보는 곳에 두고 올 수 있다.

⑥ 그 밖의 특별송달우편물의 배달에 관한 사항은 대법원 '재판예규 제943-21호'를 따른다.

⑦ 1차 배달한 때에 수취인이 부재한 경우 우편물 도착안내서를 발행하여 부착하고, 다음 근무일에 다시 배 달하되, 총 3차까지 배달을 실시한다(우편물 도착안내서는 2차 때까지 발행하여 부착).

⑧ 3차 때까지도 수취인이 부재하여 배달하지 못한 경우 2일간 보관하지 않고 3차 배달일 다음 근무일 최 선편으로 반송처리한다.

⑨ 재배달 기간 중 수취인이 우체국을 방문하여 수령하려 할 경우에는 우체국에서 보관하였다가 교부하되, 이 경우에는 본인만 수령할 수 있다.

　※ 위임장 등 그 밖의 서류를 가지고 올 경우에도 본인이 아닌 경우에는 내어줄 수 없으므로 우체국 방 문수령을 희망할 경우에는 본인만 수령가능함을 설명(148쪽 ④ 조우송달 참조)

⑩ 배달결과는 반드시 배달한 그날에 전산 입력하며 정확하게 등록한다. 전산 등록한 배달결과는 다음 날 00시 00분을 기준으로 법원 재판사무시스템으로 자동 전송되며, 추후에 기전송된 건의 배달결과를 수정 하더라도 법원 재판사무시스템에는 반영되지 않는다.

　※ 비록 재판사무시스템에는 반영되지 않는다 하더라도 민원 예방 등을 위하여 우편물류시스템에는 배 달결과를 정상적으로 수정 등록해야 함

⑪ 특별송달우편물 표면에 '본인 외 배달금지', '배우자에게 주지 마세요' 등의 문구가 적혀있는 경우에는 반드시 우편물 표면에 기록된 내용에 따라 배달한다.

※ 특히, 가정법원에서 발송하는 우편물은 이혼소송, 친족확인 등 주로 가족관계와 관련된 서류로 배달대상에 대한 제한이 많으므로 가정법원에서 발송한 우편물에 대해서는 우편물 표면의 기록사항을 확인 후 배달해야 함

(3) 송달방법의 종류

① 교부송달(「민사소송법」 제178조, 제183조)

㉠ 교부송달은 우편물 표면에 기록된 주소지에서 수취인이나 이에 준하는 사람에게 배달하는 경우를 말한다.

※ 특별송달우편물 배달의 기본원칙임

㉡ 교부송달에서 수취인에 준하는 사람은 미성년자, 법인, 피구속자 등 예외적인 경우로서 법령으로 지정된 정당한 수취인을 말한다(「민사소송법」 제179조~제182조).

[수취인에 준하는 사람]

수취인	정당 수령인
미성년자, 피성년후견인, 피한정후견인, 피특정후견인	법정대리인(친권자, 후견인)
법인(회사)	법인(회사)의 대표자
국가를 대상으로 한 소송	검찰청 검사장이나 소송수행자
피구속자	구속된 교도소장(구치소장)
군사용의 청사	청사의 장
선박에 속하는 사람	선박의 선장

※ 위의 경우 대부분 우편물 표면에 수취인 외 추가로 정당한 수취인이 기록되어 있음

② 보충송달(「민사소송법」 제186조 제1항, 제2항)

㉠ 보충송달은 우편물에 표기된 주소지에서 수취인을 만나지 못하여 배달할 수 없을 때 그 사무원, 고용인, 동거인 등에게 배달하는 것으로 수취인을 대신할 수 있는 사람에게 배달하는 경우를 말한다.

㉡ 보충송달의 수령자는 소송서류를 수취인을 대신하여 수령할 수 있는 사람으로, 그 정당한 수령자의 범위는 상당히 제한적이다.

※ 「우편법」의 동거인, 회사동료의 범위와는 다르므로 보충송달의 정당한 수령인 여부를 철저히 확인한 후 배달해야 한다.

[보충송달의 정당한 수령인]

구 분	정당 수령인
사무원	• 법인의 대표자에 속한 사무소, 영업소 근무자 • 수취인, 무능력자, 송달영수대리인의 사무원
고용인	수취인의 업무 보조자로서 사무원이 아닌 사람 : 수취인이 고용한 경비원, 수위, 관리인, 청소부, 가정부, 운전기사
동거인	생계를 같이하는 같은 세대 거주자

ⓒ 보충송달을 하는 경우에 동거인의 나이 제한은 없으나, 법원에서 누구에게 보내는 편지라고 말하여 그 취지를 이해하는 정도(초등학교 5~6학년 이상)이면 가능하다(「대법원 재판예규」 제712호 라. 수령대행인에 대한 보충송달 ③ 동거인).

③ 유치송달(「민사소송법」 제186조 제3항)

　㉠ 유치송달은 수취인 본인이나 그 사무원, 고용인, 동거인(보충송달이 가능한 사람)이 정당한 사유 없이 수령을 거부할 경우 송달장소에 특별송달우편물을 두고 오는 경우를 말한다.

　㉡ 유치송달을 할 수 없는 경우
- 수취인의 장기 부재 등으로 대리수령자가 우편물을 수취인에게 전달할 수 없는 경우
  - 수취인이 행방불명일 때
  - 교도소나 구치소에 수감 중일 때
  - 군 복무 중일 때
- 우편물 표면의 주소지에 수취인이 거주하지 않을 경우
- 주소지에서 만난 사람이 보충송달 대상이 아닌 경우

④ 조우송달(「민사소송법」 제183조 제3항, 제4항)

　㉠ 조우송달은 우편물의 표면에 기록된 주소지가 아닌 곳에서 수취인 본인을 만나 배달하는 경우를 말한다(우체국 창구교부 포함).

　※ 수취인과 관계가 없는 도로, 건물 앞에서는 조우송달을 지양

　㉡ 조우송달은 수취인 본인에 한정하며, 신분증으로 본인 여부를 확인한 후 자필서명을 받고 배달하되, 배달장소를 배달특이사항란에 기록한다.

　㉢ 우체국 창구에서 내어줄 때는 수취인의 위임장, 인감증명서, 신분증 등을 지니고 오더라도 동거인, 사무원 등에게는 내어줄 수 없다.

　※ 법원 소송서류의 대리 수령은 「민사소송법」에서 규정한 송달영수인제도만 허용하고 있으며, 「민법」에서 규정한 대리인의 규정은 적용되지 않음

(4) 반송처리 방법과 절차

3차 배달 시도에도 수취인이나 동거인 등을 만나지 못하는 등 배달할 수 없는 사유가 발생한 경우에는 우편물의 앞 표면에 미배달날짜도장(반송날짜도장)을 날인하고 그 사유를 표기한 후 법원으로 반송 처리한다.

※ 최초에 반송불필요 우편물로 접수되었을 경우 그에 따라 처리함(160쪽 (8) '반송불필요' 표시가 적힌 우편물의 처리' 참조)

※ '반송불필요', '반송불요', '환부불필요', '환부불요'는 동일한 의미로 이하 혼용함

[배달 못한 이유(반송사유)]

반송사유	배달 못한 이유
수취인부재	수취인이 장기 여행 중, 군 입대 복무 중, 교도소 수감 등으로 현재 부재중인 경우(장기부재만 해당)
폐문부재	우편물에 표기된 주소지에 문이 잠겨있고 아무도 있지 않은 경우
수취인불명	우편물의 표기된 주소지에서 수취인이 누구인지 알 수 없는 경우

주소불명	• 도로명주소의 도로명과 건물번호 등을 적지 않았거나 잘못 적어 수취인을 찾을 수 없는 경우 • 지번 주소에 '동'이나 '리'만 적고 번지를 적지 않은 경우 • 같은 번지에 호수가 많아 주소 확인이 어려운 경우 • 같은 번지에 같은 호수가 많아 통반을 알지 못해 수취인을 찾을 수 없는 경우
이사불명	수취인이 이사를 하였는데 이사 간 주소를 모르는 경우

※ 등기우편물의 반송사유와 다른 것은 수취인부재와 폐문부재로 일반 등기우편물에서는 수취인부재를 더 넓은 의미로 사용하나, 특별송달우편물에서는 '폐문부재'를 더 광범위하게 사용

(5) 특별송달우편물을 배달할 때의 유의사항

① 다른 우편물과 섞이지 않도록 분리하여 별도로 배달한다.

② 우편물류시스템의 '배달특이사항'란은 법적 다툼이 예상되는 송달우편물의 보충자료 구실을 하는 중요한 사항으로 적극 활용하되 유용한 정보가 입력되도록 해야 한다.

③ 우체국 창구에서 교부할 때에는 배달결과를 반드시 그날 전산 입력한다.

④ 수령인명, 배달일자, 관계 등 법원 송달 규정을 준수하고 배달결과를 정확히 입력한다.

⑤ 개인휴대용단말기(PDA)로 수령인의 서명을 받아 정상적으로 배달하였으나 이미지가 삭제된 경우 수취인에게 다시 서명을 받거나, 다시 서명하기를 거부할 경우 실제 배달 사실을 우편물류시스템의 '배달특이사항'란에 입력한다.

2 계약등기우편물의 배달(「우편업무 규정」 제127조의2)

(1) 개요

등기취급을 전제로 우체국장과 발송인과 별도의 계약에 따라 접수한 통상우편물을 배달하고, 배달결과를 발송인에게 전자적 방법 등으로 알려주는 부가취급 제도이다.

(2) 배달방법

① 계약등기의 일반적인 배달방법은 등기취급 우편물의 배달 규정에 따라 처리하되, 배달서비스 수준을 제고하기 위하여 지속적으로 노력한다.

② 배달국에서는 개인휴대용단말기(PDA)를 활용하여 배달결과 정보를 100% 등록한다.

 ㉠ 우편물 배달명세는 고객이 요구할 때 제공해야 하는 정보이므로 결과를 반드시 등록하고 우편물류시스템에 전송해야 한다.

  ※ 배달명세 : 배달일자, 수령인, 수취인과의 관계, 서명이미지 등

 ㉡ 특히, 배달국 책임자는 서명이미지 등록 여부를 수시로 확인하고, 배달결과 등록 상황을 철저히 관리한다.

③ 계약등기우편물 우편주소 정보제공서비스 제공 시 부가취급수수료가 추가되므로 배달결과를 입력할 때 '전송'과 '반송' 구분에 유의하여 그날에 정확하게 입력한다.

- 착불배달(요금수취인지불) : 계약등기 우편물에 대하여 그 요금을 배달할 때 수취인에게서 받는 부가취급 제도
- 회신우편 : 등기취급을 전제로 우체국과 발송인과 별도의 계약에 따라 수취인을 직접 만나서 우편물을 배달하면서 서명이나 도장을 받는 등 응답이 필요한 사항을 받거나 서류를 넘겨받아 발송인이나 발송인이 지정하는 자에게 회신하는 부가취급 제도
- 본인지정배달 : 우편물을 수취인 본인에게만 배달하여 주는 부가취급 제도
- 우편주소 정보제공 : 이사 등 거주지 이전으로 우편주소가 바뀐 경우 우편물을 바뀐 우편주소로 배달하고, 수취인의 동의를 받아 발송인에게 바뀐 우편주소 정보를 제공하는 부가취급 제도
- 반송수수료 사전납부 : 발송인이 계약관서와의 계약에 따라 미리 우편물을 접수할 때 우편요금과 반송률을 적용한 반송수수료를 합산하여 사전 납부하는 부가취급 제도
- 전자우편 연계 : 우편물 제작과 관련하여 발송인이 요구하는 서비스를 집중국 내 전자우편 제작센터 등과 연계하여 우편물 제작편의를 제공하는 서비스

④ 수령인 범위 제한 : 수령인의 범위는 '본인지정배달' 선택 여부에 따라 변경된다.

　⊙ 경비실 · 관리실 · 문서실 등에 배달은 원칙적으로 불가하다.

　ⓒ '본인지정배달' 선택 또는 우편물 특성상 수령인 범위가 제한된 우편물에 대해서는 제한된 범위의 수령인에게만 배달한다.

　ⓒ 수령인 미지정 우편물은 일반 등기우편물의 배달범위에 대한 기준을 적용한다.

⑤ 배달결과는 우정정보관리원에서 5년간 전산시스템에 보존한다.

　※ 다만, 보험실효예고통지서는 10년간 보존함

- 공통 : 1년
- 내용증명 우편물 : 3년
- 계약등기 우편물(보험실효예고통지서 제외) : 5년
- 계약등기 우편물 중 보험실효예고통지서 : 10년

(3) 외화 현금배달(외화등기)

계약등기우편물의 한 종류로, 우체국과 금융기관과의 계약을 통해 외국통화(현물)를 고객에게 직접 배달하는 서비스

① 배달범위 : 본인에 한하여 배달 가능하며 신분증을 꼭 확인하여야 한다.

② 배달방법

　⊙ 수취인으로 하여금 집배원이 보는 앞에서 당해 우편물을 열어 내용물의 금액이 맞는지 확인하게 하여야 한다.

　ⓒ 2회까지 미배달 시 보관처리 없이 즉시 반환(반송)한다.

　ⓒ 보험취급, 본인지정, 익일특급 서비스가 부가취급되어 있다.

3 민원우편물의 배달(「우편법 시행규칙」 제25조, 「우편업무 규정」 제167조)

(1) 개요

국민들의 일상생활에 필요한 각종 민원서류를 관계기관에 직접 나가서 발급받는 대신 우편이나 인터넷으로 신청하고, 그에 따라 발급된 민원서류를 등기취급하여 민원우편 봉투에 넣어 일반우편물에 우선하여 송달하는 부가취급 제도

(2) 민원우편물의 배달

① 민원(발송이나 회송)우편물이 도착하면 익일특급에 준하여 배달한다.

② 수취인 부재 등의 사유로 배달하지 못하여 다시 배달하는 경우와 배달하지 못한 우편물을 반송하거나 전송하는 경우 모두 익일특급으로 처리한다.

4 착불배달우편물의 배달

(1) 개요

등기취급 소포우편물과 계약등기우편물의 우편요금 등을 수취인이 지불하기로 발송인이 수취인의 승낙을 얻은 등기우편물

(2) 착불배달우편물을 배달할 때의 처리 방법

① 오전에 도착하는 착불소포는 골라내어 전담요원을 지정하고 책임자가 철저히 관리한다.

② 집배원은 해당 우편물을 수취인에게 배달하고 우편요금을 징수한 다음 영수증을 교부한다.

    ㉠ 수취인에게서 징수한 우편요금은 즉시납부 처리한다.

    ㉡ 요금후납승인을 받은 고객은 후납처리 한다.

(3) 착불배달우편물의 반송

① 수취인이 수취를 거부하는 경우 착불배달우편물 표면에 반송날짜도장을 날인하여 발송인에게 반송 처리한다.

② '착불'로 접수한 소포와 계약등기 우편물이 반송된 경우에는 발송인으로부터 반송취급수수료와 소포요금을 징수하여 즉시납부 처리하고 착불수수료를 징수하지 않는다. 다만, 맞춤형 계약등기는 우편요금만 징수한다.

5 준등기우편물의 배달

(1) 개요

우편물의 접수에서 배달 전(前) 단계까지의 취급과정을 기록하는 우편물의 취급 제도

(2) 담당집배원은 일반통상우편 취급방법과 동일하게 준등기 우편물을 수취함 등에 투함하고, 배달결과를 PDA로 등록한다.

(3) 배달과 등록 시 '수취함'(기본값으로 설정됨)과 '기타' 중에서 선택하여 결과를 등록하고, '기타'를 선택 시에는 '수취함' 이외의 실제 배달장소를 집배원이 직접 입력한다.

(4) 배달결과 알림

배달결과를 등록하면 배달결과는 발송인에게 SMS 등으로 자동으로 통보되며, 다만, 접수 시 전자우편(e-Mail)으로 통보되도록 한 경우에는 발송인에게 D+4일에 배달결과가 통보된다.

(5) 장기방치 및 반송우편물 처리

준등기 우편물의 우편함 장기방치 및 반송 시에는 일반통상우편 취급 방법과 동일하게 처리한다(반송취급 수수료 징수 없음).

6 선택등기 우편물의 배달

(1) 개요

등기취급과 발송인의 우편물 반환거절(반송불요)을 전제로 우편물을 배달하되, 그 우편물을 수취인에게 배달할 수 없는 경우에는 준등기 취급에 따라 우편물을 배달하는 우편물의 취급 제도

(2) 배달방법

2회까지 등기우편 배달방법에 의하여 배달을 시도하고, 2회차에 폐문부재로 미배달 시 우편함에 투함하여 배달완료 처리한다.

(3) 배달장소 지정 및 재배달 희망일 신청

선택등기 우편은 수취인의 배달장소 지정 및 재배달 희망일 신청이 불가하다.

(4) 장기방치 처리

우편함에 배달된 후 장기 방치된 선택등기 우편물은 일반통상우편 취급방법과 동일하게 처리한다.

※ 반송불요가 전제되어 있는 우편물이므로 발송인에게 반송되지 않음

(5) 전송 처리

선택등기 우편물은 주거이전 우편물 전송서비스 대상이며, 접수부터 운송 · 발송 · 도착 및 배달까지 등기우편물 취급 예에 따라 취급한다.

7 복지등기 우편물의 배달

(1) 개요

우체국 네트워크를 통해 복지사각지대 위기가구를 발굴하여 조기에 복지지원이 가능하도록 함으로써 우체국의 공적 역할을 제고하고자 취급하는 우편제도이다.

(2) 배달방법

선택등기 및 반송불요 우편물에 준하여 처리한다.

(3) 복지정보 수집 및 전송

복지기관(국가 또는 지자체)이 복지 사각지대 의심가구로 발송한 복지정보가 담긴 우편물을 집배원이 배달하면서 관찰 및 면담 등을 통해 기초정보(주거환경, 생활실태 등)를 수집하여 PDA에 저장하면 복지기관에 해당 내용이 전자적 방법으로 전달된다.

07   배달하지 못한 우편물의 처리

1 미배달 우편물의 처리

(1) 미배달 우편물의 개념

우편물을 배달할 때 수취인 부재, 주소·이사불명, 수취거절 등으로 그날에 배달하지 못하고 재배달, 전송, 반송, 반송불능 등으로 처리되는 우편물

(2) 미배달 우편물의 처리(「우편업무 규정」 제392조)

① 집배원이 미배달날짜도장(부전인)을 우편물 여백에 날인하고 그 사유를 표시한다. 다만, 1차 배달할 때 수취인 부재 등으로 배달할 수 없는 우편물은 미배달날짜도장(부전인)을 날인하지 않고, 배달날짜, 보관기간 등을 표시한 후 수취인이 보관기간 내 재배달을 신청 시 희망일에 다시 배달한다.

※ 미배달 사유인 날인 시점 : 수취인부재, 주소불명, 이사불명 및 수취거절 등으로 수취인에게 배달할 수 없는 우편물로 판명되어 반송할 때나 반송불능우편물로 처리할 때

② 우편용 부전에 관하여 다른 규정이 없거나 ①의 미배달날짜도장(부전인)으로 미배달 사유를 표시하기 곤란한 경우에는 다음 예시와 같은 부전지를 사용한다.

(3) 미배달날짜도장(부전인) 사유별 의미

미배달 사유	분류기준과 예시
이사 (이사 불명)	수취인이 이사 가고 주거이전 신고를 하지 않아 전송할 수 없는 경우
수취인부재	우편물 표면에 기재된 수취인이 부재하여 우편물을 배달할 수 없는 경우(여행, 군 입대, 교도소 수감 등 장기부재 포함)
수취인불명 (수취인 미거주)	표기된 주소는 정확하나 수취인이 누구인지 알 수 없는 경우
폐문 부재	우편물에 표기된 주소지에 문이 잠겨있고 아무도 있지 않은 경우

주소불명	• 봉투에 도로명주소를 불명확하게 기록한 경우 • 봉투에 '동'이나 '리'만 표시하고 번지를 기록하지 않아 수취인의 주소를 알 수 없는 경우 • 같은 번지에 호수가 많아서 주소를 찾을 수 없는 경우 • 같은 번지, 같은 호수가 많고 통, 반을 알지 못하여 수취인을 찾을 수 없는 경우
수취거절	수취인이 우편물 수령을 거부한 경우
기 타	위 항목에 해당되지 않는 경우

(4) 배달하지 못한 우편물의 검사와 재검사(「우편업무 규정」 제393조)

① 대상 : 수취인 불명, 주소 불명, 이사 불명, 수취 거절 등으로 배달이 불가능한 우편물

② 검사할 사항

    ㉠ 수취인이 이전신고를 하거나 전송을 청구한 것은 아닌가?

    ㉡ 수취인의 소재를 파악할 수 있는 방법은 없는가?(전화연락 포함)

    ㉢ 옛 지명을 표시한 것이 아닌가?

    ㉣ 수취인의 주소나 성명에 오자나 탈자가 있는 것은 아닌가?

    ㉤ 우편물 배달이 안 되었다는 신고나 조회 중인 것은 아닌가?

③ 최종 확인

    책임자가 배달하지 못한 사유를 재검사한 후 재조사가 필요한 우편물은 '재조사'라 표시하여 다시 배달해야 한다. 다만, 다시 배달할 경우에는 부전인란의 '반송' 표시를 지운다.

(5) 미배달날짜도장 관리 철저

① 미배달날짜도장을 날짜도장검사부에 날인하고 검사책임자를 지정하여 확인한다.

② 검사책임자는 우편물류과가 편성되어 있는 우체국은 과장, 그 밖의 우체국은 국장으로 지정한다.

2 재배달우편물의 처리

(1) 재배달

① 재배달 우편물('재조사' 표시)로 분류되었거나 수취인이 재배달 희망일을 지정한 우편물은 해당 재배달 일자에 최선편으로 다시 배달하며, 수취인 전화번호가 기록된 우편물은 사전에 전화 등으로 설명한 후 다시 배달한다.

② 수취인이 부재한 때의 재배달

    ㉠ 수취인이 장기부재인 때에는 다음과 같이 처리한다.

        • 수취인 주소지에 동거인이 있을 때에는 그 동거인에게 배달한다.

        • 수취인이 장기부재신고서에 따라 돌아올 날짜를 신고한 때에는 그 돌아올 날짜의 다음날에 배달. 다만, 돌아올 날짜가 배달한 날부터 15일 이후인 때에는 '수취인 장기부재'라 표시하여 반송한다.

    ㉡ 1회 배달 때 수취인이 없을 경우, 우편물도착안내서 등으로 우편물 도착사실을 안내하고 다음 날부터 4일 동안 보관하다가 수취인이 재배달 신청 시 해당일에 다시 배달한다. 이때 (두 번째도 배달하지 못하였을 경우를 포함하여) 처음 배달한 날의 다음 날부터 보관기간 4일 동안 수취인이 교부 신청을 하지 않을 때는 반송한다.

• 우편물류시스템에 배달 결과를 등록할 때 보관 일수를 입력한다. 예 '보관일'

　※ 단, 1회째 미배달일 경우 보관 체크 및 4일 보관이 자동으로 설정

• 「관공서의 공휴일에 관한 규정」에 따른 공휴일(일요일 포함), 그 밖에 다른 법령에 따른 유급 휴일, 토요일, 우정사업본부장이 배달하지 않기로 정한 날은 보관일수(4일)에 포함하지 않는다.

　※ 보관기간 종료일이 토·일요일, 공휴일인 경우에는 그 다음 날까지 보관함

ⓒ 우편물도착안내서 기록방법

우편물의 종류, 발송인의 성명, 우체국 전화번호, 담당집배원 전화번호 등을 기록한다.

※ 수취인 성명 중 일부 마스킹(*) 처리하여 기록 예 홍*동

ⓔ 다세대 공동주택의 경우 도로명(또는 번지)은 정확하나 동·호수를 기록하지 않아 우편물 배달을 할 수 없을 경우에는 즉시 반송 처리하지 말고 수취인별로 우편물도착안내서를 발행 후 부착하여 우편물 도착 사실을 안내한다.

(2) 배달하지 못한 우편물의 창구 교부(「우편법 시행령」 제43조 제3호)

① 집배원이 우편물 배달을 위하여 주소지에 방문한 때 수취인 부재 등 부득이한 사유로 배달하지 못한 우편물을 수취인(정당한 대리인 포함)이 우체국을 방문하여 내어줄 것을 요청할 경우, 우체국 창구에서 내어준다(집배원이 배달을 위하여 우편물을 갖고 출국한 경우에는 내어주는 것이 불가능).

② 우체국에 보관된 등기우편물을 우체국 창구에서 대리수령인에게 교부할 경우에는 수취인과의 관계를 확인하고 우편물을 교부한 후 우편물류시스템에 배달결과를 등록한다.

ⓐ 대리수령인을 확인할 때의 증빙서류 : 우편물도착안내서, 위임장, 대리인의 신분증, 수취인과의 관계를 알 수 있는 서류 등

ⓑ 대리수령인에게 교부할 수 없는 등기우편물 : 특별송달, 맞춤형 계약등기(회신, 본인지정), 내용증명, 보험(물품, 통화, 유가증권)등기, 안심소포우편물

더 알아보기　유의사항

• 내용증명·보험등기·안심소포우편물은 우편물의 성격·중요성 등의 이유로 인하여 대리수령인에게 교부를 제한하는 것으로, 정당한 위임사실이 서류 등으로 확인된 경우에는 교부가 가능함
  - 위임장, 위임인의 인감증명서*, 대리인 신분증으로 확인
    *인감증명서는 본인과 대리발급 모두 가능하며, '본인서명사실확인서'도 가능
  ※ 위임장은 임의양식이며, 위임장에 날인하는 인감은 인감증명서의 인감과 같아야 함
  - 위임인이 법인인 경우에는 대표자의 위임장, 법인인감증명서, 대리인 신분증 확인
  - 외국인인 경우에는 여권 등으로 본인 여부를 확인하고, 해외거주자는 위임장, 주재국 영사의 위임사실 확인, 대리인 신분증으로 확인
  - 가족관계서류 등의 서류 확인 후 동거가족에게 교부할 때에는 수취인에게 유선 확인을 실시하는 등 위임 사실을 필수로 확인해야 함

(3) 재배달우편물의 반송 처리

① 대상 : 수취인의 희망에 따라 재배달을 시도하였으나 수취인 부재 등의 사유로 배달하지 못해 다시 보관 처리를 하였음에도 창구교부 기간(처음 배달시도한 날의 다음 날부터 4일, 보관기간) 중 교부를 요청하지 않은 우편물

② 재배달 우편물의 반송일은 보관기간이 종료된 다음 날이며 해당일에 반송 처리한다.

3 우편물 도착안내서 발행

(1) 수취인 성명 중 일부 마스킹(*) 처리하여 기록(예 홍*동)

(2) 우편물 도착안내서 발행이력 정보화

① 우편용 PDA로 배달결과 입력 시 우편물 도착안내서 발행여부를 체크하면 우편물 도착안내서 내용이 포스트넷에 저장된다.
② 포스트넷에서 발행내역 조회를 통해 등기우편물 우체국 방문수령 고객 응대 등에 활용한다.

4 우편물의 전송

(1) 전송의 개념

우편물의 수취인이 주거지를 변경한 경우에 그 이전한 곳이 분명한 때에는 그 우편물을 수취인이 이전한 곳으로 보내주는 서비스를 말한다.

(2) 전송절차

① 전송절차

우편물을 전송하는 때에는 우편물을 전송하여야 할 주소를 적은 부전지를 해당 우편물에 붙여 변경한 주소지를 관할하고 있는 배달국으로 보낸다.

② 해외전출

우편물의 수취인이 해외로 전출하였을 때에는 그 우편물은 전송하지 않고 발송인에게 반송한다.

(3) 배달 후의 전송

① 일반통상우편물의 배달 후 전송

㉠ 한번 배달한 일반통상우편물의 전송을 요청받았을 때에는 수령한 다음 날부터 7일 이내의 개봉하지 않은 우편물인 경우에만 전송할 수 있다. 이 경우, 우편물 표면 여백에 '배달 후 전송'이라고 적는다.
㉡ ㉠의 경우 배달일자가 분명하지 아니한 것은 해당 우편물을 접수한 후의 송달에 걸리는 일수를 참조하여 배달한 날을 추정하고 조사가 불가능할 때에는 배달일자를 수취인에게 문의하여 처리한다.

② 기간이 경과되거나 개봉된 일반통상우편물의 배달 후 전송

㉠ 수령 후 7일이 경과되거나 개봉된 일반통상 우편물의 전송요청을 받았을 때에는 해당 요금의 우표를 새로 붙여서 제출하도록 하고 날짜도장으로 소인한 다음 그 옆에 '재접'이라 표시한 후 발송한다.
㉡ ㉠에도 불구하고 최초에 오배달 등이 발생하여 이를 정당한 주소지로 전송하는 경우에는 기간과 상관없이 우표를 붙이지 않고 익일특급우편 취급 방법에 따라 처리한다.

③ 등기우편물의 배달 후 전송이나 반송

㉠ 이미 배달된 등기우편물의 전송이나 반송 요청을 받았을 때에는 우편요금과 수수료에 해당하는 우표

를 새로 붙여(소포우편물인 경우 현금) 제출하게 하고 우편물로 접수하되 우편물 표면의 여백과 영수증에 '재접'이라고 표시하여 발송한다.

ⓛ 계약소포우편물로 접수한 방문소포를 배달한 후에 수취인이 발송인에게 반품을 요청할 때에는 '착불소포'로 접수할 수 있다(착불소포우편물에는 계약요금제 적용).

ⓒ 이미 배달한 등기우편물에 새로 우편요금과 수수료에 해당하는 우표를 붙여서 우체통에 넣은 우편물을 발견하였을 때에는 '우체통 재접'이라 표시하고 전송 처리한다.

ⓔ ⓐ의 경우 잘못 배달 등의 사유로 정당한 주소지로 전송하는 것인 때에는 등기우편물 방법에 따라 배달한다.

ⓜ 국가기관, 학교, 법인 등 많은 사람이 근무하는 단체에 배달한 등기우편물의 전송을 요청받은 때에는 그 우편물을 배달한 다음 날부터 7일이 경과하지 않고 우편물의 봉함 등에 흠이 없는 것에 한정하여 전송한다.

(4) 주거이전 신고처리절차

1. 신고사항 접수	전출입 등 거주지가 변경된 경우 주거이전신고사항을 우체국 창구, 집배원, 전입신고(행정안전부), 인터넷우체국 등을 통하여 접수
⇩	
2. 우편물류시스템 등록	접수된 주거이전신고서는 우체국 창구의 경우 당 우체국에서 집배원 접수의 경우 집배국에서 우편물류시스템에 등록 전입신고(행정안전부), 인터넷우체국 접수건의 경우 자동 전산 등록
⇩	
3. 우편물 전송(접수단계 또는 배달단계)	(접수단계) 우체국 창구에서 단건 접수하는 등기통상에 대해 주거 이전우편물 전송 처리 (배달단계) 구주소 배달우체국에서는 전송해야 할 우편물이 있을 시 변경주소용 라벨스티커를 출력하여 우편물의 수취인 주소란에 부착 후 신주소 배달우체국으로 전송
⇩	
4. 우편물 배달	전송받은 우체국에서는 해당 우편물을 부착된 주소지로 배달

① 주거이전신고 등록

ⓐ 집배원이나 수집원이 업무수행 도중 주거이전신고를 받은 경우에는 신청인의 신분증 등으로 본인 여부를 확인하고 주거이전신고서를 접수한다.

• 출국 전 주거이전신고서를 가져와 양식에 맞게 접수하고, 귀국한 후 우편물류시스템에 등록한다.

• 신고서의 접수확인자란에는 접수한 집배원이 서명한다.

• 집배원은 주거이전신고 접수증을 출력하여 신청인에게 사후 교부한다.

- 신고자가 다른 세대원의 주거이전신청을 같이 신고한 경우 무분별한 신고방지를 위해서 다른 세대원의 동의 여부를 신고인에게 확인
  ※ 거주지를 달리하는 가족의 주거이전 신청은 다른 가족이 신청 불가
- 법인 신청의 경우 법인등기부등본 등의 서류로 법인 이전사실 확인하고, 재직증명서(사원증) 등으로 대리인 정당여부 확인
- 소송이 진행 중인 경우에는 「민사소송법」 제185조 제1항에 따라 별도로 법원에 변경한 송달장소를 신고 등 유의사항 안내
- 주거이전 신고인이 이전된 주소공개에 동의한 것이 아니므로, 발송인에게 이전된 주소가 노출되지 않도록 주의
- 2016년 하반기부터 주거이전을 신고한 날부터 3개월이 경과하거나 우편물 전송 시 상당한 비용이 소요되는 경우 유료화 안내

ⓒ 집배책임자는 주거이전신고목록(또는 주거이전스티커)을 출력하여 담당 집배원에게 넘겨주며, 주거이전신고서는 따로 보관한다.

ⓒ 담당 집배원은 인계받은 주거이전신고목록을 확인하고 개인별 집배정밀도 뒷면에 주소 변경 사항을 정리한다. 정리된 신고서는 책임자에게 넘겨주며 책임자는 반환받은 주거이전신고서를 일별·월별로 묶어 1년 동안 보관 후 폐기한다.

ⓔ 집배구 변경, 순환복무, 배달 분담할 때에는 반드시 책임자가 참관하여 전송 자료를 인수인계한다.

ⓜ 우체국 창구 접수분이나 집배원 접수분 중 신청자와 신고자가 다른 경우(법인인 경우 사업자등록증에 신고된 대표자 외 다른 사람이 신고할 때), 세대원이 있는 경우에는 주거이전신고 안내문을 전산 출력하여 발송한다.

② 주거이전신고의 철회

주거이전 신청 후 주거이전 신청의 전체나 일부를 철회하는 것

ⓐ 철회신청을 접수할 때 기존 신청건의 라벨지는 전량 회수하여 폐기처리하고 일부를 철회할 때는 반드시 철회처리 후 새 주소의 라벨지를 다시 출력하여 집배원에게 교부한다.

ⓑ 철회신청 가능 관서 : 주거이전신고를 접수한 우체국이나 구주소지 배달우체국

③ 주거이전신고우편물의 배달(전송)

ⓐ 모든 주거이전신고 우편물을 전송하거나 배달할 때에는 전송용 라벨지를 출력하여 수취인 주소란에 붙여 처리한다.

ⓑ 주거이전신고우편물은 서비스를 시작한 날부터 3개월 동안 전송하되 그 이후에 도착되는 우편물은 그 사유를 기록하여 발송인에게 반송한다. 다만, 기존 주거이전신고사항과 같은 내용으로 신고한 경우에는 전송하지 않는다.

ⓒ 주거이전신고우편물 중 지속적으로 계속 보내오는 우편물과 고지서 등 시한성 우편물에 대해서는 담당 집배원이 대상우편물을 골라내어 전송에 필요한 부전지를 붙여 책임자에게 넘겨준다.

5 우편물의 반송

(1) 반송의 개념

수취인에게 배달할 수 없거나 수취인이 수령을 거부한 우편물을 발송인에게 되돌려 보내는 업무를 말한다
(법령을 위반한 우편물도 원칙적으로 발송인에게 반송).

(2) 반송절차

① 우편물을 반송할 때에는 미배달날짜도장 등에 반송사유와 반송일자를 정확히 표시하여 발송인에게 송부
한다. 다만, 반송처가 적혀 있는 경우는 반송처의 주소지로 송부한다.

② ①의 우편물 중 발송인에게서 징수할 요금 등이 있을 경우에는 그 요금액을 표시한다.

③ 등기로 취급하는 우편물을 반송할 때에는 반송일자, 반송사유, 반송할 때 징수할 요금을 적는다.

④ 반송일자는 우편물의 반송이 결정된 날짜를 표시하며, 보관하지 않고 반송하는 우편물은 마지막 배달일
다음 근무일에 반송하고, 보관기간 경과로 반송하는 우편물은 보관기간 종료일 다음 근무일에 반송한다.

(3) 반송대상 우편물

① 다음에 해당하는 우편물은 반송한다.

　㉠ 수취인이 받기를 거부한 우편물

　㉡ 이사불명, 주소불명, 수취인불명으로 배달할 수 없는 우편물

　㉢ 보관기간 경과 우편물

　㉣ 사서함 사용계약이 해지된 날부터 10일이 지난 우편물

　㉤ 유효기간이 지난 요금수취인부담 우편물

　㉥ 법령위반 우편물

　㉦ 발송인이 반환 청구한 우편물

(4) 발송인의 주소가 불명확한 우편물의 처리

① 반송할 우편물이 발송인의 주소나 성명이 불명확하여 발송인에게 반송할 수 없다고 인정될 때에는 반송
불능우편물로 처리한다(※ 162쪽 **7** 반송불능우편물 및 반송불필요우편물의 처리 참조).

② 발송인의 주소가 명확하지 않더라도 그 지역적 사정이나 발송인의 신분 등으로 보아 접수국에서 발송인
에게 배달할 수 있다고 판단될 때에는 그 국으로 송부한다.

③ 반송불능사유를 표시한 미배달 반송인을 날인하고 집배책임자가 확인한다.

④ 발송인의 주소가 불명확한 요금 별납 · 후납 · 요금수취인부담 우편물은 접수국으로 송부한다.

(5) 반송우편물의 배달

① 반송우편물의 배달은 수취인에게 배달하는 방법에 따라 발송인에게 배달하되 일반우편물 취급에 준하여
처리한다. 다만, 익일특급, 민원우편은 익일특급우편물로 반송

　※ 반송할 때 모든 우편물을 일반우편물로 취급하는 것은 아니며, 다른 법령(지침)에서 정한 대로 반송
처리해야 함

② 발송인에게 요금 등을 징수할 우편물은 이를 징수하고 배달한다.

③ 발송인이 배달우체국과 우편요금 후납을 계약하였을 경우에는 다른 우편물 요금과 함께 후납 요금으로 징수할 수 있다.

④ 착불배달우편물은 발송인에게 반송수수료와 소포요금(착불수수료는 제외)을 징수한다(다만, 맞춤형 계약등기는 우편요금만 징수).

(6) 수령인이 등기우편물을 개봉한 후에 수취를 거절할 때(반송요구 등)의 응대 요령

① 일단 겉봉을 뜯은(개봉한) 우편물은 반송하지 않는다고 설명한다.

② ①에 응하지 않을 때는 별도의 우편물로 우표 붙임 '재접수' 절차를 안내한다.

(7) 발송인이 수취를 거부할 때의 처리

① 발송인이 반송되어 온 우편물의 수취를 거부할 때에는 규정(「우편법」 제32조)을 제시하고 수취할 것을 권유하여야 하며, 그래도 수취하지 않으면 그 내용을 기록한 부전지를 붙여 책임자에게 제출한다.

② 집배책임자가 ①의 우편물을 받았을 때에는 규정에 따라 수취를 거부할 수 없다는 뜻의 공문서나 소속우체국장의 직인을 날인한 부전지를 붙여 다시 배달한다.

③ ②의 조치에 상관없이 불구하고 발송인이 수취를 거부하면 소속국장에게 보고하여 고발 등 필요한 조치를 취한다(「우편법」 제54조의2).

(8) '반송불필요' 표시가 적힌 우편물의 처리

① 발송인이 우편물을 발송할 때 우편물 표면 왼쪽 중간에 '반송불필요'라고 적힌 우편물은 반송불능우편물 처리 방법에 따라서 처리한다. 대상물 중 유가물(有價物)인 경우에는 보관한 날부터 1개월간 해당 우편관서의 게시판에 그 사실을 게시하고, 1년간 보관한 후 내어줄 것을 청구하는 사람이 없을 경우 국고에 귀속시킨다.

② 유가물이 아닌 경우에는 1개월간 보관하고 청구권자가 없을 경우 폐기처리한다.

※ '반송불필요' 우편물은 발송인에게 돌려줄 필요가 없는 우편물이므로 배달국에서 접수국으로 별도 송부하지 않도록 하여 불필요한 업무가 생기지 않게 함

> **더 알아보기**   '반송불필요' 표시의 표준(권장) 모양과 크기
>
> 반송불필요 가로 2.5㎝×세로 0.7㎝

(1) 수취인부담요금과 취급수수료(「우편업무 규정」 제406조)

① 요금의 수취인 부담 표시가 있는 통상우편물은 배달할 때마다 같은 수취인에게 가는 것을 합하여 별도 서식의 '요금수취인 부담우편물 배달기록부'에 적은 후, 우편요금영수증과 그 원부를 작성하여 우편요금 영수증은 우편물과 함께 집배원에게 내어주고, 그 원부는 배달국에서 보관한다. 다만, 수취인의 요청이 있을 때에는 며칠간의 분량을 모아 함께 배달할 수 있다.

② ①의 우편물을 배달할 때에는 우편요금과 수수료(해당 우편요금의 100분의 10에 해당하는 금액)에 해당 하는 요금과 우편요금영수증을 서로 주고받는다. 현금을 받았을 때에는 영수증 원부에 현금 수납인을 날인하고 즉시납부 처리한다.

③ 요금후납 계약을 한 요금수취인부담우편물인 때에는 요금영수증과 그 원부를 작성하지 않고 ①의 요금 수취인 부담 배달기록부의 비고란에 '후납'이라고 적고, 배달할 때에는 별도 서식의 우편물영수증을 받 아 우편요금후납고지의 증거서로 삼는다.

※ 요금 수취인 부담 수수료는 같은 날짜, 같은 수취인에게서 받을 수수료 합계금액이 10원 미만일 경우 에는 계산하지 않음

(2) '착불배달' 요금의 징수 절차

① '착불'로 접수한 방문소포나 계약등기 우편물 도착 시 우편물이 도착한 때에는 배달기록부에 내용을 적 은 후 우편요금 영수증과 그 원부를 작성한다.

② 우편요금 영수증은 우편물과 함께 집배원에게 교부하고 그 원부는 배달국에서 보관한다.

③ 집배원은 해당 우편물을 수취인에게 배달하고 그 우편요금을 징수하여 영수증 원부에 현금수납인을 날 인하고 즉시납부 처리한다.

④ 반송된 착불배달우편물은 발송인에게 배달하고 소포요금(착불수수료는 제외)과 반송수수료를 징수한다. 다만, 맞춤형 계약등기는 우편요금만 징수한다.

⑤ 요금후납 계약우편물은 반송수수료와 착불소포요금 등은 요금후납으로 받을 수 있다.

(3) 반송수수료(「우편법 시행규칙」 제84조, 「우편업무 규정」 제407조)

① 반송수수료를 징수할 우편물을 배달하거나 교부할 때에는 발송인에게서 등기취급 수수료에 해당하는 금 액의 우표를 받아 배달증(우체국 사정에 따라 별도의 반송배달장으로 통합하여 사용할 수 있음)에 붙여 소인하고, 현금을 받은 경우에는 집배책임자가 모아서 이를 즉시 납부 처리한다.

㉠ 현금출납이 마감되어 즉시납부처리 못한 때에는 그 다음 날 업무 개시 즉시 납부 처리한 후 그 사유 를 우편요금즉시납부서의 여백에 기록한다.

㉡ 반송수수료를 우표나 현금으로 수납하였을 경우 고객이 영수증을 청구하면 반드시 영수증 발행절차 에 따라 교부한다.

② 요금후납 승인을 받은 우편물의 반송수수료나 착불소포요금 등은 요금후납으로 납부할 수 있다.

③ ①의 배달증의 적요란에 '반송수수료 ○○원'이라 기록한다.

④ 배달증명, 특별송달, 민원우편물, 회신우편물의 반송수수료는 최초 우편물 접수 시 그 요금에 포함되어 있으므로 반송 배달할 때는 반송료를 징수하지 말고 배달증의 적요란에 '배증반송', '특송반송', '민원반송', '맞춤형계약등기'라고 기록한 후 처리한다.

⑤ 등기우편물의 반송 도중 등기취급수수료에 변동이 있는 경우, 반송취급 수수료는 해당 등기우편물의 발송인 주소지 배달우체국에 도착한 날을 기준으로 징수한다.

⑥ 우체국과 발송인과의 사전계약에 따라 발송하는 소포우편물과 계약등기우편물을 반송하는 경우에는 그 계약에서 정한 반송수수료를 징수한다.

(4) 영수증의 사전발행(「우편업무 규정」 제74조)

「우편법 시행규칙」 제84조에 따른 등기우편물 반송수수료 징수에서 영수증의 발행을 요구하는 사람이나 「국가재정법」의 적용을 받는 국가기관 등에 반송되는 반송수수료 징수대상우편물에 대하여는 우편요금영수증을 사전에 발행하여 해당 우편물에 첨부해 배달할 수 있다.

(5) 미납이나 부족 우편요금 등(「우편업무 규정」 제408조)

① 요금 미납이나 부족의 일반통상우편물에 대하여는 별도서식의 '미납·부족 우편요금 영수증과 그 원부'를 작성하여 영수증은 우편물과 함께 집배원에게 교부하고 그 원부는 배달국에서 보관한다.

② ①의 우편물을 배달할 때에는 미납이나 부족 요금의 2배에 해당하는 금액을 현금으로 받고 미납부족 우편요금영수증과 해당 우편물을 함께 교부한다.

③ ①의 우편물을 집배원에게 교부할 때나 (2)의 요금 등을 집배책임자에게 인계할 때에는 반드시 수수부에 따라 확인하고 주고받아야 하며 징수된 요금 등은 즉시납부 처리한다.

④ 요금 미납이나 부족 우편물을 받는 사람이 국가기관 등인 경우에는 ②와 ③에도 상관없이 우표로 수납할 수 있으며, 이 경우에는 미납부족 우편요금 영수증 원부에 붙여 소인한다.

(6) 요금징수 불능 우편물의 처리

요금 등을 징수할 수 없을 때에는 우편요금영수증, 배달증, 미납부족요금영수증의 여백에 그 사유를 기록하고 이를 그 원부에 붙여야 한다.

7 반송불능우편물 및 반송불필요우편물의 처리

(1) 개요

① **반송불능우편물** : 고객이 발송한 우편물을 배달하지 못해 반송 처리해야 함에도 불구하고 발송인의 주소가 확인되지 않아 처리할 수 없는 우편물

② **반송불필요우편물** : 고객이 발송한 우편물을 수취인불명, 이사불명 등으로 배달하지 못할 경우에 반송배달을 원하지 않는 고객의 요구에 따라 반송 처리하지 않고 배달국에서 반송불능 우편물의 취급 방법에 따라 처리하는 우편물

(2) 반송불능(불필요)우편물 업무처리 절차

1. 배달결과 등록	해당 부서(집배실, 소포실, 특급팀 등)에서는 우편물류시스템에 접속하여 '반송불능(불필요)'으로 처리
⇩	
2. 반송불능 도착 등록	해당 부서에서는 반송불능과 반송불필요우편물로 구분하여 반송불능도착 등록
⇩	
3. 반송불능우편물 처리 등록	반송불능처리부서에서는 반송불능우편물은 개봉하여 처리 등록하고, 반송불필요 우편물은 보관 처리
⇩	
4. 반송불능 일반물량 등록	반송불능(불필요) 일반우편물을 등록하고 유가물은 개봉하여 관리
⇩	
5. 반송불능 일일마감	반송불능(불필요) 우편물의 그날 처리 물량을 마감처리
⇩	
6. 결재관리	일일 마감 후 결재권자가 결재

(3) 우체국의 처리방법

① 반송불능(불필요) 우편물의 송부(「우편업무 규정」 제410조)

반송할 수 없는 우편물(이하 '반송불능우편물'이라 함)과 발송인의 의사에 따른 반송불필요 우편물은 다음 요령에 따른다.

㉠ 반송불능우편물에는 담당집배원이 그 사유를 표시한 미배달 날짜도장을 날인하고 반드시 책임자가 확인 검사한다.

㉡ ㉠의 검사를 한 우편물은 그 종별과 수량을 기록한 송부서와 우편물을 함께 소속 총괄국에 보내거나 관내 배달우체국에서 3개월 동안 보관한다.

- 총괄국의 배달 관련 부서에서는 반송불능(불필요) 우편물이 생긴 때에는 우편물류시스템에 접속하여 '집배관리 > 반송불능관리 > 반송불능도착등록' 처리한 후 자국의 반송불능우편물 처리부서로 보낸다.

  ※ 이때, 반송불능우편물 인수인계서를 출력하여 증명서로 활용할 수 있음

- 등기취급 반송불능(불필요) 우편물을 소속 총괄국으로 보낼 때에는 우편물류시스템에서 송부명세서를 인쇄하여 해당 우편물과 함께 다른 봉투에 넣고 해당 봉투표면에는 '반송불능우편물'이라고 적어 발송한다.

- 유가물을 소속 총괄국으로 보낼 때에는 우편물류시스템에서 반송불능도착 등록 처리한 후 발송한다.
  - 반송불능(불필요) 우편물을 보낼 때에는 자료를 조회하여 송부국을 정확히 입력해야 한다.
  - 책임자는 반송불능 우편물의 도착 · 교부 · 폐기여부를 반드시 확인하고 결재한다.

- 다른 우체국에서 보낸 우편물이 도착한 경우에도 도착 등록하여야 한다.

ⓒ 통화가 들어 있는 반송불능우편물은 그 명세가 포함된 문서와 함께 보낸다.

ⓔ 발송인의 주소가 불명확해 발송인에게 반송할 수 없는 요금별납 · 후납 · 요금수취인부담 우편물은 접수국으로 송부한다.

ⓜ 배달증명서와 민원회송우편물을 수취인 불명 등으로 배달할 수 없을 때에는 배달국에서 3개월 동안 보관 후 폐기처리한다. 다만, 접수국에 우편물의 정당 주소지를 확인할 수 있는 수단이 있을 경우, 이를 활용하여 정당인에게 보낸다.

② 반송불능우편물의 교부 청구(「우편업무 규정」 제411조)

우체국에서 반송불능우편물의 교부청구를 받았을 경우, 우체국에서 보관하고 있는 유가물이 아닌 우편물이 그 보관이 시작된 날부터 3개월의 보관기간이 경과되지 않았을 때에는 이 청구에 응하고 다음의 방법으로 처리한다.

㉠ 반송불능우편물의 반환청구서에 청구수수료(25g 통상규격요금) 상당의 우표를 붙여 제출하게 하고 청구내용을 확인하여 자국에서 보관하고 있는 우편물인 경우에는 우편물 창구교부 방법에 따라 교부하되 등기우편물을 교부하는 경우에는 반송수수료를 징수하고 교부한다.

㉡ 청구내용을 확인하여 관할 총괄국에 보내진 것일 때에는 곧바로 문서로 반환 청구를 하되 해당 우편물의 반송사유와 송부조서번호를 명기한다.

㉢ 총괄국에서 반송되어 온 반송불능우편물은 관계 송부서에 처리내용을 기록하고 곧바로 배달하되 등기취급하는 우편물을 발송인에게 배달할 때에는 반송수수료를 징수한다.

㉣ 반송불필요 우편물을 발송인이 보관국(수취인의 배달국)에 방문하여 교부받는 경우에는 반송수수료를 징수하지 않는다[우편집중국 발송 이전용 청구 수수료(25g 통상규격요금)만 징수함].

※ 배달증명, 특별송달, 민원우편물, 회신우편물은 반송수수료를 받지 않고 교부

(4) 총괄국의 취급방법

① 송달할 수 있는 우편물의 처리(「우편업무 규정」 제412조)

㉠ 관내우체국(자국분 포함)에서 반송불능우편물을 송부받은 때에는 총괄국의 반송불능우편물 담당부서에서 일반통상(소포)우편물과 등기취급 우편물로 구별하여 따로 정리하고, 송부서의 기록내용과 현품을 대조 확인한 후 총괄국장이 지정한 직원 2명이 참관하고 책임자가 개봉하여 송달방법 유무를 조사하고 송달할 수 있는 것은 송달한다.

㉡ 다만, 등기취급 우편물인 경우에는 문서로서 배달국에 송부하고 배달국에서는 관계 송부서에 처리내용을 기록하고 곧바로 배달하되, 등기로 취급하는 우편물을 발송인에게 배달할 때는 반송수수료를 징수한다.

※ 우편물을 개봉한 후에는 속에 있는 물건, 유가 여부, 새로운 연락처 등을 우편물류시스템에 입력

㉢ ㉠의 경우 개봉한 부분을 다시 봉함한 후 「우편법」 제35조에 따라 개봉하였다는 요지, 날짜, 총괄국명'을 기록한 부전지를 붙인 후 처리한다.

[예시 ①]　　　　　　　　　　[예시 ②]

<table>
<tr><td rowspan="6">

반송불능우편물 부전지

　김 우 정　귀하

이 우편물은 수취인과 발송인의 주소·성명이 불명확하여 배달할 수 없으므로「우편법」제35조에 따라 개봉한 바 수취인의 주소로 판명되어 재배달하오니 다음에 우편물을 발송할 때에는 반드시 주소를 명확하게 기입하여 주십시오.

2025.12.09.

○ ○ 우 체 국 장

</td></tr>
</table>

처리 번호	1
개봉 날짜	2025.12.09.
개봉자	홍길동
입회자	성춘향
내용품	청첩장
「우편법」제35조에 따라 개봉하였음 ○ ○ 우 체 국 장	

② 송달할 수 없는 우편물 등의 처리(「우편법」제36조,「우편업무 규정」제413조)

  ㉠ 조사결과 송달할 방법이 없는 반송불능우편물과 송부받은 이탈품이나 습득물로서 유가물인 것은 다음 요령에 따라 취급한다.

- 유가물 중 환증서류가 아닌 것은 발송인과 수취인의 성명, 우편물의 종별·내용품·금액 등을 명기(등기우편물인 경우에는 그 접수국명, 접수일자, 반송불능사유 등을 명기)하여 회계담당부서로 보낸다.
- 회계담당부서에서 유가물로서 멸실되거나 훼손될 우려가 있는 것 또는 보관비용이 많이 드는 것은 곧 매각하여 그 대금을 보관하되, 매각에 필요한 비용은 매각대금으로 충당한다. 이때에는 반드시 입회자를 선정하여 참관하게 하여야 한다.
- 우편환 등이 반송불능우편물 담당부서에 도착하면 온라인 환증서 반송처리 절차에 따라 송금국에 보내지 않고 자국 온라인 환 발행담당자에게 환증서*를 인계한다.

　*환증서를 인계할 때 명확하게 인수인계하기 위하여 수기장부에 기록

  ㉡ 유가물이 아닌 것은 총괄국의 반송불능우편물 담당부서에서 3월간 보관한 후 청구자가 없을 때에는 폐기처리하고 유가물과 매각대금은 해당 우편물을 보관한 날부터 1년 이내에 교부를 청구하는 사람이 없을 때에는 국고에 귀속한다.

  ㉢ 송부국에서 반송불능우편물의 반환청구를 할 때에는 관계 장부에 처리내용을 기록하고 내용품을 확인하여 곧바로 문서로 반송한다.

  ㉣ 별도서식의 반송불능우편처리부와 일계부를 갖추어 놓고 ㉠부터 ㉢까지의 처리상황을 기록 확인한다.

③ 반송불능(반송불필요)우편물의 전산처리

  ㉠ 반송불능(반송불필요)우편물의 교부·송부·폐기를 할 때에 우편물류시스템에 등록한다.

- 반송불능우편물을 교부할 때에는 교부자와 수령인명을 입력한다.
- 반송불능우편물을 송부할 때에는 송부국을 입력한 후 송부서를 출력하여 우편물과 동봉하여 발송한다.

- 유가우편물을 회계부서에 이관한 경우 우편물류시스템에 '이관'으로 등록한 후 인수인계 한다.
- 일반우편물인 경우에는 일반우편물 전용 화면에서 도착, 교부, 송부, 이관, 폐기물량, 개봉한 후의 재리품 등의 명세를 입력해야 한다.
  ※ 보관기간이 지난 반송불능(반송불필요) 우편물을 위탁 폐기하기 위해 집중국으로 보낼 때에는 전산등록을 '송부'로 등록하지 않고 '폐기'로 등록함(우체국에서는 폐기우편물과 명세서를 집중국으로 송부하고 집중국에서는 별도의 전산 등록 없이 명세의 일치 여부만 확인)
  ⓛ 그날에 처리한 명세를 집계하기 위해 일마감 등록하며, 마감 취소는 취소사유가 발생한 날부터 30일 전까지 가능하다.
  ⓒ 책임자는 우편물류시스템에 접속하여 매일 처리명세를 확인한 후 결재한다.

8 일반통상 별 · 후납우편물의 반송 처리

(1) 원칙

일반통상 별 · 후납우편물은 발송인에게 반환(반송)하지 않는다. → 반송불필요 처리

(2) 예외

우편물의 반환(반송)이 필요한 발송인이 우편물 표면 왼쪽 중간에 '반환' 표시를 한 경우, 예외적으로 우편물을 발송인에게 반환(반송)한다.

[별 · 후납우편물 반환을 위한 표기방법]

9 우편함 장기방치우편물의 처리

(1) 수취함에 투함된 우편물은 장기방치우편물(배달일로부터 15일이 경과된 우편물) 여부와 관계없이 그대로 두되, 고객의 요구 시나 이사 등으로 수취인이 없음을 확인하였을 경우에는 반송 또는 전송 처리한다.

(2) 반송함에 투함된 우편물 중 그 사유가 표시되어 있는 우편물은 즉시 전송 또는 반송처리하며, 반송사유를 확인할 수 없는 우편물은 오배달 사례를 방지하기 위하여 1회에 한하여 재투함한다.

PART 03

국제우편

CHAPTER 01	국제우편 총설
CHAPTER 02	국제우편물 종별 접수요령
CHAPTER 03	국제우편요금
CHAPTER 04	주요 부가서비스 및 제도
CHAPTER 05	EMS프리미엄 서비스
CHAPTER 06	각종 청구제도
CHAPTER 07	국제우편물 및 국제우편요금의 반환
CHAPTER 08	국제우편 수수료 및 우편요금 고시

국제우편 총설

01 국제우편의 의의

(1) 국제우편은 국가 또는 그 관할 영토의 경계선을 넘어 상호 간에 의사나 사상을 전달, 매개하거나 물건을 송달하는 제도이며 이 같은 목적으로 취급되는 우편물을 국제우편물이라고 정의한다.

(2) 초창기에는 개별 당사국 간의 조약에 의하여 국제우편물을 교환하였으나 운송수단의 발달, 교역의 확대 등에 따른 우편수요의 증가와 이용조건 및 취급방법의 상이함에서 오는 불편 등을 해소하기 위하여 범세계적인 국제우편기구인 만국우편연합(UPU)을 창설하였다.

(3) 국제우편은 나라(지역)와 나라(지역)사이의 우편 교환이기 때문에 요금의 결정방법, 우편물의 통관, 우정당국 간의 요금 및 운송료의 정산 등 국내우편과 비교해 볼 때 차별되고 독특한 취급내용과 절차가 있다.

02 우편에 관한 국제기구

1 만국우편연합(UPU ; Universal Postal Union)

(1) UPU의 창설

① 1868년 북부독일연방의 우정청장인 하인리히 본 스테판이 문명국가 사이에 우편연합(Postal Union of Civilized Countries)의 구성을 제안했다.

② 1874년 스위스 베른에서 독일·미국·러시아 등 22개국의 전권 대표들이 회합하여 스테판이 기초한 조약안을 검토하여 같은 해 10월 9일에 서명함으로써 국제우편서비스를 관장하는 최초의 국제협약인 '1874 베른 조약(1874 Treaty of Bern)'이 채택되었다. 2025년 2월 현재 192개 회원국으로 구성되어 있다.

③ 이에 따라 일반우편연합(General Postal Union)이 창설되었으며 1875년 7월 1일에 이 조약이 발효되어 1878년의 제2차 파리총회에서 만국우편연합(Universal Postal Union)으로 개명되었다.

(2) UPU의 임무

전 세계 사람들 사이의 통신을 증진하기 위하여 다음과 같이 효율적이고 편리한 보편적 우편서비스의 지속적인 발전을 촉진한다.

① 상호 연결된 단일 우편 영역에서 우편물의 자유로운 교환을 보장

② 공정하고 공통된 표준을 채택하고, 기술 이용을 촉진

③ 이해관계자들 간의 협력과 상호작용의 보장

④ 효과적인 기술협력 증진

⑤ 고객의 변화하는 요구에 대한 충족을 보장

(3) UPU의 조직

총회(Congress)	연합의 최고 의결기관으로서 매 4년마다 개최되며 전 회원국의 전권대표로 구성되며, 전 세계 우편사업의 기본 발전 방향 설정함
연합의 상설기관	• 관리이사회(CA ; Council of Administration) : 우편에 관한 정부정책 및 감사 등과 관련된 사안을 담당 • 우편운영이사회(POC ; Postal Operations Council) : 우편업무에 관한 운영적, 상업적, 기술적, 경제적 사안을 담당 • 국제사무국 (IB ; International Bureau) : 연합업무의 수행, 지원, 연락, 통보 및 협의기관으로 기능

(4) UPU에 관한 기타 사항

기준 화폐	• 국제통화기금(IMF)의 국제준비통화인 SDR(Special Drawing Right) • 국제우편에 관한 모든 요금, 중계료, 운송료, 각종 할당 요금 등은 모두 SDR을 기초로 하여 일정 비율의 자국 통화로 환산함
공용어	• 공용어는 프랑스어(만국우편연합헌장 제6조)이며, 국제사무국 내에서는 업무용 언어로 프랑스어 및 영어 사용(「만국우편연합총칙」 제154조) • 조약문의 해석상 문제가 있을 때에는 프랑스어를 기준으로 하지만, UPU에서 1개 언어만을 사용하면 불편이 많으므로 각종 회의와 문서 발간을 위하여 프랑스어, 영어, 아랍어, 스페인어, 러시아어, 중국어, 독일어, 포르투갈어를 함께 사용함

(5) 우리나라와 UPU와의 관계

① 우리나라는 1897년 제5차 워싱턴 총회에 참석하여 가입신청서를 제출하였으며 1900년 1월 1일에 '대한제국(Empire of Korea)' 국호로 정식 가입하였다.

② 1922년 일본이 '조선'으로 개칭하였으나 1949년 '대한민국(Republic of Korea)' 국호로 회원국 자격을 회복하였다.

　※ 북한은 1974년 6월 6일에 로잔느 총회에서 가입

③ 1952년 제13차 UPU 브뤼셀총회 때부터 대표를 계속 파견하여 왔으며 1989년 UPU 워싱턴총회에서 집행이사회(EC) 이사국으로 선출, EC의 10개 위원회 중 우편금융위원회 의장직 5년간 수행하였다.

④ 1994년 8월 22일부터 9월 14일까지 제21차 UPU 총회를 서울에서 성공리에 개최하였다. 서울총회 개최국으로서 1995년부터 1999년까지 관리이사회(CA) 의장국으로 활동, 우편운영이사회(POC) 이사국으로 선출되어 2012년까지 활동하였다.

⑤ 2016년 이스탄불총회에서 다시 양대 이사국으로 재선출되어 활동하였으며, 2021년 아비장총회에서 우편운영이사회(POC) 이사국으로 당선되었다.

(1) 개요

① 한국과 필리핀이 공동 제의하여 1961년 1월 23일 마닐라에서 한국, 태국, 대만, 필리핀 4개국이 협약에 서명함으로써 창설하였다.

② 이에 따라 서명된 아시아 · 태평양 우편협약이 1962년 4월 1일에 발효되었으며 이후 지역 내 상호 협력과 기술 협조에 기여하였다.

③ 대만은 UN 및 UPU의 회원 자격이 중국으로 대체됨에 따라 1974년에 이 연합의 회원 자격도 중국이 대체하였다.

④ 사무국은 태국 방콕에 소재하고 있으며 현재 회원국은 32개국이다.

(2) 설립 목적

① 지역우편연합의 구성을 허용하고 있는 UPU 헌장 제8조에 따라, 지역 내 각 회원국 간의 우편관계를 확장 · 촉진 · 개선하고 우편업무 분야에서 국제협력을 증진하는 것이 목적이다.

② 구체적 실현 방법으로 우편 업무의 발전과 개선에 관한 연구를 목적으로 우정 직원을 서로 교환하거나 독자적으로 파견하기 위한 협정을 체결할 수 있다.

③ 공용어는 영어를 사용한다.

(3) 기관

총회(Congress)	• 연합의 최고 기관으로, 4년마다 개최되는 비상설기구 • 회원국의 전권대표로 구성되며 APPU 헌장 및 총칙의 수정 또는 공동 관심사 토의를 위해 소집 • 제9차 총회는 2005년에 한국의 서울에서, 제10차 총회는 2009년에 뉴질랜드의 오클랜드에서, 제11차 총회는 2013년에 인도의 뉴델리에서 개최
집행이사회 (Executive Council)	• 총회와 총회 사이에 연합업무의 계속성을 유지하기 위하여 원칙적으로 매년 1회 개최 • 총회 결정에 따라 부여받은 임무를 수행하고 연합의 연차 예산을 검토 · 승인 • 우리나라는 제9차 APPU 총회를 2005년에 개최하여 2006년부터 2009년까지 집행이사회 의장국으로 활동
아시아 · 태평양우정대학 (APPC ; Asian-Pacific Postal College)	• 아 · 태지역의 우편업무 개선 · 발전을 위한 우정직원 훈련을 목적으로 1970년 9월 10일에 4개국(우리나라, 태국, 필리핀, 대만)이 유엔개발계획(UNDP)의 지원을 받아 창설한 지역훈련센터로, 태국 방콕에 소재 • 설립 당시 명칭 : 아 · 태 우정연수소(APPTC ; Asian-Pacific Postal Training Center) • 우리나라는 연수소의 창설국인 동시에 관리이사국(GB)으로서 초대 교수부장을 비롯한 교수요원과 자문관을 파견 • 교과 과목은 우편관리자과정(PMC)을 비롯하여 20여 과목 • 1971년부터 매년 연수생 약 15명을 파견
사무국(Bureau)	집행이사회의 감독 아래 회원국을 위한 연락, 통보, 문의에 대하여 중간 역할을 하며, 태국 방콕에 소재

3 카할라 우정연합(Kahala Posts Group)

(1) 결성

① 아시아 · 태평양 연안 지역 내 6개 우정당국(한국, 미국, 일본, 중국, 호주, 홍콩)이 국제특송시장에서의 주도권 확보 및 국제특급우편(EMS) 경쟁력 향상을 목적으로 2002년 6월에 결성하여 회원국을 유럽까지 확대하고 있다.

② 사무국은 홍콩에 소재하고 있으며, 회원국은 10개국(2024.12월 현재)이 가입되어 있다.

③ 회원국 : 한국, 미국, 일본, 중국, 호주, 홍콩, 스페인, 프랑스, 태국, 캐나다

[카할라 우정연합]

우정사업본부 KOREA POST	JAPAN POST	ไปรษณีย์ไทย THAILAND POST	UNITED STATES POSTAL SERVICE	Australia Post
CANADA POST POSTES CANADA	中国邮政 CHINA POST	Correos	LA POSTE GROUPE	Hongkong Post 香港郵政

※ Kahala : 최초 회의가 개최된 미국(하와이) 내 지명(地名)

(2) 주요 사업

① 국제특급우편(EMS) 서비스 품질 향상(정시 배달 목표 96%)을 추진하고 항공운송구간 문제점 해소를 위한 최적 운송방안 마련

② 민간특송사에 대한 경쟁력 확보를 위한 사전통관 정보 제공 및 카할라 우정연합 국가 간 서비스 품질을 제고하여 국제특급우편(EMS) 매출 성장에 기여

③ 슬로건 : 「The Power to Deliver」

④ EMS 배달보장서비스

  ㉠ 공동으로 구축한 단일 통합네트워크를 기반으로 2005년 7월부터 시행

  ㉡ 배달보장일수 계산 프로그램에 따라 우편물 접수 시 발송지(접수우체국)와 수취인 주소의 우편번호 입력을 기반으로 예상 배달 일자를 계산 및 정시배달을 보장해주며, 배달이 지연된 경우 납부한 국제우편요금을 전액 배상해 주는 서비스

4 우정사업분야 국제협력 확대

(1) 만국우편연합 활동 참여로 한국우정 위상 제고

① 한국은 UPU 우편운영이사회(POC) 및 관리이사회(CA), 고위급 포럼 등에 대표단을 지속적으로 파견하고 있고, UPU 지역회의를 후원하며, 전자상거래 회의, IT 회의, 통관회의 등에 참가하여 UPU와의 협력 활동을 계속하고 있다.

② 1990년부터 한국 정부는 UPU 국제사무국에 전문가를 파견하여 UPU 활동에 기여하는 동시에 국제우편 전문가를 양성하고 있다.

(2) 아 · 태우편연합(APPU) 활동 참여

① 한국은 2005년 제9차 APPU 총회 주최국으로서 총회 이후 집행이사회 의장직을 수행했으며, 2009년 3월 9일부터 13일까지 진행된 뉴질랜드 오클랜드의 APPU 총회에서 다음 의장 · 부의장의 선출을 끝으로 4년간의 집행이사회 의장직을 성공적으로 마무리하였다.

② 특히, 4년간의 APPU EC 의장국으로 인터넷 및 IT 확산 등 우편 환경 변화에 대응하기 위한 공동 활동과 EMS 등 우편 서비스의 경쟁력 강화로 APPU 소속 각 우정당국의 품질개선에 이바지하였다.

③ APPU 총회 기간 중 한국 우정의 우정 IT 홍보와 함께 회원국 대표들과의 협력 관계를 더욱 공고히 하였으며 앞으로도 아 · 태 지역 내 우편발전을 선도할 예정이다.

더 알아보기　UPU 회원국 현황

번 호	국가명	약 호	가입일	APPU
1	AFGHANISTAN(아프가니스탄)	AF	1928−04−01	o
2	ALBANIA(알바니아)	AL	1922−03−01	
3	ALGERIA(알제리)	DZ	1907−10−01	
4	ANGOLA(앙골라)	AO	1977−03−03	
5	ANTIGUA AND BARBUDA(엔티과바부다)	AG	1994−01−20	
6	ARGENTINA(아르헨티나)	AR	1878−04−01	
7	ARMENIA(아르메니아)	AM	1992−09−14	
8	Aruba, Curaço and Sint Maarten	AW	1875−07−01	
9	AUSTRALIA(오스트레일리아)	AU	1907−10−01	o
10	AUSTRIA(오스트리아)	AT	1875−07−01	
11	AZERBAIJAN(아제르바이잔)	AZ	1993−04−01	
12	BAHAMAS(바하마)	BS	1974−04−24	
13	BAHRAIN(바레인)	BH	1973−12−21	
14	BANGLADESH(방글라데시)	BD	1973−02−07	o
15	BARBADOS(바베이도스)	BB	1967−11−11	
16	BELARUS(벨라루스)	BY	1947−05−13	
17	BELGIUM(벨기에)	BE	1875−07−01	
18	BELIZE(벨리세)	BZ	1982−10−01	
19	BENIN(베넹)	BJ	1961−04−27	
20	BHUTAN(부탄)	BT	1969−03−07	o
21	BOLIVIA(볼리비아)	BO	1886−04−01	
22	BOSNIA AND HERZEGOVINA(보스니아헤르체코비나)	BA	1993−01−26	
23	BOTSWANA(보츠와나)	BW	1968−01−12	
24	BRAZIL(브라질)	BR	1877−07−01	
25	BRUNEI DARUSSALAM[브루네이(나이)]	BN	1985−01−15	o

26	BULGARIA(REP.)(불가리아)	BG	1879-07-01	
27	BURKINA FASO(부르키나 파소)	BF	1963-03-29	
28	BURUNDI(부룬디)	BI	1963-04-06	
29	CAMBODIA(캄보디아)	KH	1951-12-21	o
30	CAMEROON(카메룬)	CM	1960-07-26	
31	CANADA(캐나다)	CA	1878-07-01	
32	CAPE VERDE(카보 베르데)	CV	1976-09-30	
33	CENTRAL AFRICAN REP.(중앙아프리카)	CF	1961-06-28	
34	CHAD(차드)	TD	1961-06-23	
35	CHILE(칠레)	CL	1881-04-01	
36	CHINA(PEOPLE'S REP.)(중국)	CN	1914-03-01	o
37	COLOMBIA(콜롬비아)	CO	1881-07-01	
38	COMOROS(코모로)	KM	1976-07-29	
39	CONGO(REP.)(콩고)	CG	1961-05-23	
40	COSTA RICA(코스타리카)	CR	1883-01-01	
41	CÔTE D'IVOIRE(REP.)(코트디봐르)	CI	1961-05-23	
42	CROATIA(크로아티아)	HR	1992-07-20	
43	CUBA(쿠바)	CU	1902-10-04	
44	CYPRUS(사이프러스)	CY	1961-11-23	
45	CZECH REP.(체코)	CZ	1993-03-18	
46	DEM PEOPLE'S REP. OF KOREA(북한)	KP	1974-06-06	
47	DEMOCRATIC REPUBLIC OF THE CONGO(콩고민주공화국)	CD	1886-01-01	
48	DENMARK(덴마크)	DK	1875-07-01	
49	DJIBOUTI(지부티)	DJ	1978-06-06	
50	DOMINICA(도미니카 연방)	DM	1980-01-31	
51	DOMINICAN REPUBLIC(도미니카 공화국)	DO	1880-10-01	
52	ECUADOR(에콰도르)	EC	1880-07-01	
53	EGYPT(이집트)	EG	1875-07-01	
54	EL SALVADOR(엘살바도르)	SV	1879-04-01	
55	EQUATORIAL GUINEA(적도기니)	GQ	1970-07-24	
56	ERITREA(에리트리아)	ER	1993-08-19	
57	ESTONIA(에스토니아)	EE	1992-04-30	
58	ESWATINI(에스와티니)	SZ	1969-11-07	
59	ETHIOPIA(에티오피아)	ET	1908-11-01	
60	FIJI(피지)	FJ	1971-06-18	o

61	FINLAND(INCLUDING THE ÅLAND ISLANDS)(핀란드)	FI	1918-02-12	
62	FRANCE(프랑스)	FR	1876-01-01	
63	GABON(가봉)	GA	1961-07-17	
64	GAMBIA(감비아)	GM	1974-10-09	
65	GEORGIA(조지아)	GE	1993-04-01	
66	GERMANY(독일)	DE	1875-07-01	
67	GHANA(가나)	GH	1957-10-10	
68	GREAT BRITAIN(영국)	GB	1875-07-01	
69	GREECE(그리스)	GR	1875-07-01	
70	GRENADA(그레나다)	GD	1978-01-30	
71	GUATEMALA(과테말라)	GT	1881-08-01	
72	GUINEA(기니)	GN	1959-05-06	
73	GUINEA-BISSAU(기니비소)	GW	1974-05-30	
74	GUYANA(가이아나)	GY	1967-03-22	
75	HAITI(아이티)	HT	1881-07-01	
76	HONDURAS(REP.)(온두라스)	HN	1879-04-01	
77	HUNGARY(헝가리)	HU	1875-07-01	
78	ICELAND(아이슬란드)	IS	1919-11-15	
79	INDIA(인도)	IN	1876-07-01	o
80	INDONESIA(인도네시아)	ID	1877-05-01	o
81	IRAN(ISLAMIC REP.)(이란)	IR	1877-09-01	o
82	IRAQ(이라크)	IQ	1929-04-22	
83	IRELAND[아일란드(에이레)]	IE	1923-09-06	
84	ISRAEL(이스라엘)	IL	1949-12-24	
85	ITALY[이탈리아(이태리)]	IT	1875-07-01	
86	JAMAICA(자메이카)	JM	1963-08-29	
87	JAPAN(일본)	JP	1877-06-01	o
88	JORDAN(요르단)	JO	1947-05-16	
89	KAZAKHSTAN(카자흐스탄)	KZ	1992-08-27	
90	KENYA(케냐)	KE	1964-10-27	
91	KIRIBATI(키리바티)	KI	1984-08-14	
92	KOREA REP.(대한민국)	KR	1900-01-01	o
93	KUWAIT(쿠웨이트)	KW	1960-02-16	
94	KYRGYZSTAN(키르키즈스탄)	KG	1993-01-26	
95	LAO PEOPLE'S DEM. REP.(라오스)	LA	1952-05-20	o

96	LATVIA(라트비아)	LV	1992-06-17	
97	LEBANON(레바논)	LB	1946-05-15	
98	LESOTHO(레소토)	LS	1967-09-06	
99	LIBERIA(라이베리아)	LR	1879-04-01	
100	LIBYA(리비아)	LY	1952-06-04	
101	LIECHTENSTEIN(리첸쉬테인)	LI	1962-04-13	
102	LITHUANIA(리투아니아)	LT	1992-01-10	
103	LUXEMBURG(룩셈부르크)	LU	1875-07-01	
104	MADAGASCAR(마다가스카르)	MG	1961-11-02	
105	MALAWI(말라위)	MW	1966-10-25	
106	MALAYSIA(말레이지아)	MY	1958-01-17	o
107	MALDIVES(몰디브)	MV	1967-08-15	o
108	MALI(말리)	ML	1961-04-21	
109	MALTA(몰타)	MT	1965-05-21	
110	MAURITANIA(모리타니)	MR	1967-03-22	
111	MAURITIUS(모리셔스)	MU	1969-08-29	
112	MEXICO(멕시코)	MX	1879-04-01	
113	MOLDOVA(몰도바)	MD	1992-11-16	
114	MONACO(모나코)	MC	1955-10-12	
115	MONGOLIA(몽골)	MN	1963-08-24	o
116	MONTENEGRO(REP.)(몬테네그로)	ME	2006-07-26	
117	MOROCCO(모로코)	MA	1920-10-01	
118	MOZAMBIQUE(모잠비크)	MZ	1978-10-11	
119	MYANMAR(미얀마)	MM	1949-10-04	o
120	NAMIBIA(나미비아)	NA	1992-04-30	
121	NAURU(나우루)	NR	1969-04-17	o
122	NEPAL(네팔)	NP	1956-10-11	o
123	NETHERLANDS(네덜란드)	NL	1875-07-01	
124	NEW ZEALAND(INCLUDING THE ROSS DEPENDENCY)(뉴질랜드)	NZ	1907-10-01	o
125	NICARAGUA(니카라과)	NI	1882-05-01	
126	NIGER(니제르)	NE	1961-06-12	
127	NIGERIA(나이지리아)	NG	1961-07-10	
128	NORWAY(노르웨이)	NO	1875-07-01	
129	OMAN(오만)	OM	1971-08-17	

130	Overseas Territories(United Kingdom of Great Britain and Northern Ireland)		1877-04-01	
131	PAKISTAN(파키스탄)	PK	1947-11-10	o
132	PANAMA(REP.)(파나마)	PA	1904-06-11	
133	PAPUA NEW GUINEA(파푸아뉴기니)	PG	1976-06-04	o
134	PARAGUAY(파라과이)	PY	1881-07-01	
135	PERU(페루)	PE	1879-04-01	
136	PHILIPPINES(필리핀)	PH	1922-01-01	o
137	POLAND(폴란드)	PL	1919-05-01	
138	PORTUGAL(포르투갈)	PT	1875-07-01	
139	QATAR(카타르)	QA	1969-01-31	
140	Republic of North Macedonia(북마케도니아)	MK	1993-07-12	
141	ROMANIA(루마니아)	RO	1875-07-01	
142	RUSSIAN FEDERATION(러시아)	RU	1875-07-01	
143	RWANDA(르완다)	RW	1963-04-06	
144	Saint Christopher(Saint Kitts) and Nevis	KN	1988-01-11	
145	Saint Lucia(세인트루시아)	LC	1980-07-10	
146	Saint Vincent and the Grenadines	VC	1981-02-03	
147	SAMOA(사모아)	WS	1989-08-09	o
148	SAN MARINO(산마리노)	SM	1915-07-01	
149	Sao Tome and Principe(상투메프린시페)	ST	1977-08-22	
150	SAUDI ARABIA(사우디아라비아)	SA	1927-01-01	
151	SENEGAL(세네갈)	SN	1961-06-14	
152	SERBIA(REP.)(세르비아)	RS	2001-06-18	
153	SEYCHELLES(세이셸)	SC	1977-10-07	
154	SIERRA LEONE(시에라리온)	SL	1962-01-29	
155	SINGAPORE(싱가포르)	SG	1966-01-08	o
156	SLOVAKIA(슬로바키아)	SK	1993-03-18	
157	SLOVENIA(슬로베니아)	SI	1992-08-27	
158	SOLOMON ISLANDS(솔로몬 제도)	SB	1984-05-04	o
159	SOMALIA(소말리아)	SO	1959-04-01	
160	SOUTH AFRICA(남아프리카 공화국)	ZA	1994-08-22	
161	SOUTH SUDAN(REP.)(남수단)	SS	2011-10-04	
162	SPAIN(스페인)	ES	1875-07-01	
163	SRI LANKA(스리랑카)	LK	1949-07-13	o

164	SUDAN(수단)	SD	1956-07-27	
165	SURINAME(수리남)	SR	1976-04-20	
166	SWEDEN(스웨덴)	SE	1875-07-01	
167	SWITZERLAND(스위스)	CH	1875-07-01	
168	SYRIAN ARAB REP.(시리아)	SY	1946-05-15	
169	TAJIKISTAN(타지키스탄)	TJ	1994-06-09	
170	TANZANIA(UNITED REP.)(탄자니아)	TZ	1963-03-29	
171	THAILAND(타이(태국))	TH	1885-07-01	o
172	Timor-Leste(Dem. Rep.)(동티모르)	TL	2003-11-28	
173	TOGO(토고)	TG	1962-03-21	
174	TONGA(INCLUDING NIUAFO'OU)(통가)	TO	1972-01-26	o
175	TRINIDAD AND TOBAGO(트리니다드 토바고)	TT	1963-06-15	
176	TUNISIA(튀니지)	TN	1888-07-01	
177	TURKEY(튀르키에)	TR	1875-07-01	
178	TURKMENISTAN(투르크메니스탄)	TM	1993-01-26	
179	TUVALU(투발루)	TV	1981-02-03	
180	UNITED ARAB EMIRATES(아랍에미리트)	AE	1973-03-30	
181	UGANDA(우간다)	UG	1964-02-13	
182	UKRAINE(우크라이나)	UA	1947-05-13	
183	URUGUAY(우루과이)	UY	1880-07-01	
184	UNITED STATES OF AMERICA(미국)	US	1875-07-01	
185	UZBEKISTAN(우즈베키스탄)	UZ	1994-02-24	
186	VANUATU(바누아투)	VU	1982-07-16	o
187	VATICAN(바티칸)	VA	1929-06-01	
188	VENEZUELA(베네수엘라)	VE	1880-01-01	
189	VIET NAM(베트남)	VN	1951-10-20	o
190	YEMEN(예멘)	YE	1930-01-01	
191	ZAMBIA(잠비아)	ZM	1967-03-22	
192	ZIMBABWE(짐바브웨)	ZW	1981-07-31	

1 개요

(1) 국제우편물은 통상우편물, 소포우편물, 특급우편물(EMS) 그 밖에 과학기술정보통신부장관이 필요하다고 인정하여 고시하는 우편물로 구분(「국제우편규정」 제3조)

(2) 국제통상우편물

「만국우편협약」 제13조에 따라 통상우편물은 취급 속도나 내용물에 근거하여 분류하며, 이는 각 국가의 우정당국이 자유롭게 선택하여 발송우편물의 종류 및 취급 방법을 적용한다.

① 우편물의 내용물을 근거로 하여 구분(우리나라 구분방식)

　㉠ 서장(Letters), 소형포장물(Small packet) : 무게한계 2kg

　㉡ 인쇄물(Printed papers) : 무게한계 5kg

　㉢ 시각장애인용 우편물(Items for the blind) : 무게한계 7kg

　㉣ 우편자루배달인쇄물(M-bag) : 10kg~30kg

　㉤ 기타 : 항공서간(Aerogramme) 무게한계 5g, 우편엽서(Postcard)

　　※ 부피중량 : 원칙적으로 항공우편물에 적용되는 개념으로 대상우편물은 소형포장물(항공), 국제소포(항공), K-Packet, 국제특급(비서류)이며, 실제중량(Actual Weight)과 부피중량(Volume weight) 두 가지 중량을 비교하여 더 큰 중량의 요금을 적용

　　※ • 실중량＝실제중량＝무게중량＝저울중량＝Actual Weight

　　　 • 부피중량＝체적중량＝Volume weight

　　※ 부피(체적)중량 산출식 : 가로(cm)×세로(cm)×높이(cm) ÷ 6,000＝(　　)kg

② 취급속도에 따라 우선취급우편물(Priority items)과 비우선취급우편물(Non-priority items)로 구분(일부 국가 구분방식)

우선취급우편물	우선적 취급을 받으며 최선편(항공 또는 선편)으로 운송되는 우편물(무게한계 2kg)
비우선취급우편물	우선취급 우편물보다 상대적으로 송달이 늦고 요금도 상대적으로 싼 우편물(무게한계 2kg)

(3) 국제소포우편물

① 「만국우편연합 소포우편규칙」에 규정된 바에 따라 우정당국 간에 교환하는 소포

② 국제소포는 모두 기록 취급하는 우편물로 발송(운송)수단에 따라 항공소포(Air Parcel)와 선편소포(Surface Parcel)로 구분

(4) K-Packet

① 2kg 이하 소형물품의 해외배송에 적합한 국제우편서비스

② 계약고객 전용 서비스

③ 주소 등 발송(접수)관련 정보는 계약고객전용 정보시스템(API)을 통해 입력

④ 다량 이용자에 따른 요금감액 혜택 제공

(5) 국제특급우편물(EMS ; Express Mail Service)

① 서류와 상품의 우편으로서 실물 수단에 따른 국제우편물 중 다른 우편물보다 최우선으로 취급하는 가장 신속한 우편업무

②「만국우편협약」제36조에 근거, 국가 간 표준 다자간 협정이나 양자 협정으로 합의한 내용에 따라 취급

③ 서류와 비서류로 구분하여 취급하며, 통신문, 서류, 물품을 매우 짧은 시간 내에 접수·운송·배달(서류와 비서류 모두 세관검사 대상에 해당함)

서류(Document)	편지, 유학 서류, 각종 서류 등에 해당하며, 서류용 기표지(운송장) 사용
비서류 (Non-Document)	서류용 국제특급에 해당하지 않는 내용품[상품견본(Sample)과 물품(Gift, Merchandise) 등]에 해당하며, 비서류용 기표지(운송장) 사용

(6) 해상특송우편물(POST Sea Express)

① 한중해상특송 : 30kg 이하 물품의 해외 다량발송에 적합한 서비스로서 우체국과 계약하여 이용하는 전자상거래 전용 국제우편서비스

    ㉠ e-Shipping을 이용하는 고객에 한하여 이용 가능

    ㉡ 운송수단 : 인천–위해(威海, Weihai) 간 운항하는 여객선 및 화물선

② 한일해상특송(시범운영) : 부산–하카타 간 운항하는 페리노선 활용

(7) 그 밖의 운송편에 따른 구분

운송편에 따라 항공우편물(Air Mail), 선편우편물(Surface Mail)로 구분

(8) 국제우편물 취급우체국의 구분

① 교환국

대 상	국제우편물류센터, 부산국제우체국, 인천해상교환우체국
개 념	• 국제우편물을 직접 외국으로 발송하고, 외국에서 오는 우편물을 받는 업무를 수행하는, 즉 교환업무를 취급하는 우체국 • 현재 국제우편물류센터, 부산국제우체국, 인천해상교환우체국 세 곳이 있으며, 국제우편물류센터와 부산국제우체국은 통관국과 통상국의 업무를 겸하고 있으며, 인천해상교환우체국은 통관국의 업무를 수행하고 있음 • 국제우편물류센터는 항공우편물의 교환업무, 부산국제우체국은 선편우편물의 교환업무, 인천해상교환우체국은 해상특송우편물, 복합환적우편서비스*의 교환업무 담당하며, 국제우편의 관문 구실을 함 *복합환적우편서비스(Sea to Air) : 중국 등 제3국에서 미국·캐나다 등 제3국으로 발송하는 전자상거래 상품을 EMS, K-Packet, 등기소형포장물 등으로 유지·발송하는 복합환적 서비스 시범운영 추진

② 통관국

대 상	통관업무 취급국
개 념	•「관세법」제256조에 따라 관세청장이 지정한 우체국으로써, 세관 공무원이 주재하거나 파견되어 국제우편물의 수출입에 관한 세관검사를 실시하는 우체국 • 현재 국제우편물류센터, 부산국제우체국, 인천해상교환우체국 세 곳이 있음

③ 통상국

대 상	일반우체국
개 념	국제우편물의 접수와 배달 업무를 수행하는 일반우체국 ※ 국제우편물류센터와 부산국제우체국은 통상국의 업무를 수행하나 인천해상교환우체국은 통상국 업무를 하지 않음

더 알아보기   국제우편물의 종류(분류)

국제 통상 우편물	내용물에 따른 구분	L/C	서장(Letters)	우리나라 구분방식
			우편엽서(Postcard)	
			항공서간(Aerogramme)	
		A/O	인쇄물(Printed papers)	
			소형포장물(Small packet)	
			시각장애인용 우편물(Items for the blind)	
			우편자루배달인쇄물(M-bag)	
	취급 속도에 따른 구분		우선취급(Priority)우편물	일부국가 구분방식
			비우선취급(Non-priority)우편물	
국제소포 우편물	「만국우편연합 소포우편규칙」에 규정된 바에 따라 우정당국 간에 교환하는 소포			
K-Packet	(계약고객) 전용온라인으로 접수되는 2kg 이하의 소형물품			
국제 특급 우편물 (EMS)	서 류	서류 등의 발송 시 이용하며, 서류용주소기표지(운송장) 이용(서류기준 : 종이로 된 문서 형식의 편지류, 계약서, 입학 서류, 서류와 함께 보내는 팸플릿 등 홍보용 첨부물. 다만, 서적, CD, 달력 등은 비서류 취급)		
	비서류	서류 이외의 물품을 발송 시 이용하며, 비서류용주소기표지(운송장) 이용		
해상 특송우편물	한중해상 특송우편물	(계약고객 전용) 온라인으로 접수되는 30kg 이하의 전자상거래 물품 전용 서비스, 인천항 · 위해항 간 운행 선박 이용		
	한일해상 특송우편물	(계약고객 전용) 계약고객전용시스템(biz.epost.go.kr)을 통해 접수하며, 상품은 유팩(Yu-Pack)과 유패킷(Yu-Packet)으로 구성(시범운영 중)		

※ 사전통관정보제공 대상우편물 : 비서류[국제소포우편물(항공, 선편), K-Packet, EMS(비서류), 해상특송우편물(한중, 한일)], EMS(서류), 소형포장물

2 국제통상우편물 종별 세부 내용

(1) 서장(Letters)

① 특정인에게 보내는 통신문(Correspondence)을 기록한 우편물(타자한 것을 포함)

② 일반적으로 서장은 통신문의 성질을 갖는 서류를 말하나 국제우편에 있어서는 그 이외에 다음을 포함한다.

    ㉠ 서장 이외의 종류로 정해진 조건을 충족시키지 못한 것, 즉 타종에 속하지 않는 우편물

ⓛ 멸실성 생물학적 물질(Perishable biological substance)이 들어있는 서장 및 방사성 물질이 들어있는 우편물

③ 서장에 관한 요건

㉠ 서장은 규격 우편물과 우편물의 포장에 관련된 규정을 따름

㉡ 봉투에 넣은 우편물은 취급 중 어려움이 없도록 직사각형 형태일 것

㉢ 우편엽서와 모양은 다르지만 지질이 같은 우편물도 직사각형 봉투에 넣어야 함

㉣ 물량이나 포장 상태를 보아 할인요금을 미리 낸 우편물과 혼동할 수 있는 우편물인 경우에는 우편물의 주소 면에 서장임을 표시하는 'Letter'라는 단어를 추가

④ 서장 취급 예시

법규 위반 엽서	• 우편엽서의 형태(직사각형), 지질, 규격을 갖추지 못한 것 • 앞면의 우측 절반을 수취인 주소 · 성명, 우표, 우편물취급과 관련된 지시사항 등 이외의 것을 기재하거나 붙인 것 • 우편엽서의 앞면 표제에 Postcard(우편엽서)임을 분명히 표시하지 않은 엽서(다만, 그림엽서의 경우에 Postcard임을 분명히 표시하지 않은 엽서라도 꼭 서장으로 취급해야 하는 것은 아님)

법규 위반 항공서간	• 원형을 변경하여 사용한 것
	  – 우표 이외의 것을 붙이거나 넣어 발송한 것
	• 사제 항공서간 조제 기준에 적합하지 않은 것
	  – 과학기술정보통신부 고시 내용에 부적합한 것
	  – 발송인이 아닌 사람의 광고를 게재한 것
	  – 우편요금을 표시하는 증표를 인쇄한 것

(2) 우편엽서(Postcard)

① 의의

㉠ 우편엽서는 조약에 규정된 조건에 따라 정부가 발행하는 것(관제엽서)과 정부 이외의 사람이 조제하는 것(사제엽서)으로 구분

㉡ 관제엽서는 우편요금을 표시하는 증표 인쇄 가능

㉢ 사제엽서는 관제엽서에 준하여 조제하되 우편요금을 표시하는 증표를 인쇄할 수 없음

② 요건

㉠ 우편엽서는 직사각형이어야 하고 우편물 취급에 어려움이 없도록 튼튼한 판지나 견고한 종이로 제조하여야 하며, 튀어나오거나 도드라진 양각 부분이 없어야 함

㉡ 앞면 윗부분에 우편엽서를 뜻하는 영어나 프랑스어로 표시(Postcard 또는 Carte postale). 다만 그림엽서의 경우에 꼭 영어나 프랑스어로 표시해야 하는 것은 아님

㉢ 엽서는 봉함하지 않은 상태로 발송

㉣ 적어도 앞면의 오른쪽 반은 수취인의 주소와 성명 · 요금납부표시, 업무지시나 업무 표지를 위하여 사용할 수 있도록 통신문을 기록하지 않고 남겨두어야 함

㉤ 엽서에 관한 규정을 따르지 아니한 우편엽서는 서장으로 취급함

(3) 항공서간(Aerogramme)

① 의의

　㉠ 항공통상우편물로서 세계 어느 지역이나 단일요금으로 보낼 수 있는 국제우편 특유의 우편물 종류

　㉡ 항공서간은 종이 한 장으로 되어 있으며 편지지와 봉투를 겸한 봉함엽서의 형태로 되어 있어 간편하고 편리할 뿐 아니라 요금이 저렴함

② 요건

　㉠ 직사각형이어야 하며, 우편물 취급에 지장이 없도록 제작

　㉡ 항공서간에는 외부에 'Aerogramme' 표시

③ 종류

　㉠ 정부에서 발행하는 항공서간과 사제(私製) 항공서간으로 구분

　㉡ 정부 발행하는 항공서간에는 우편요금을 표시하는 증표를 인쇄할 수 있으나 사제 항공서간에는 우편요금을 표시하는 증표를 인쇄할 수 없음

더 알아보기　항공서간 견본 예시

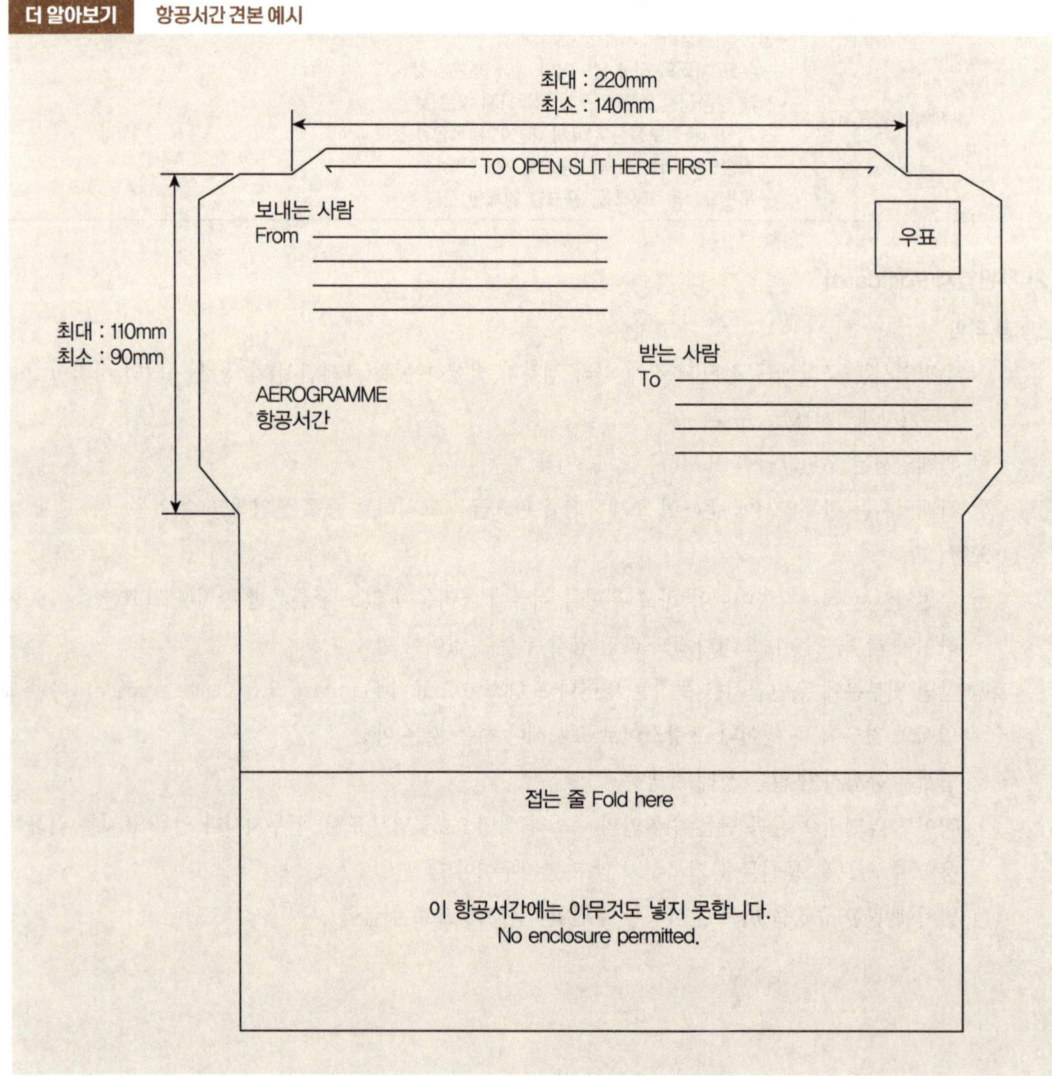

④ 사제 항공서간 조제 기준

　㉠ 「항공서간의 견본과 무게」에 따라서 과학기술정보통신부장관이 고시한 다음 내용에 적합할 것

　　• 최대 규격 : 110×220mm, 허용 오차 2mm

　　• 최소 규격 : 90×140mm, 허용 오차 2mm

　　• 가로와 세로의 비율 : 가로는 세로의 1.4배 이상

　　• 무게 : 5g 이내

　　• 색깔 : 바탕은 연청색, 앞면 가장자리는 붉은색과 청색

　　• 표면 기록사항과 그 밖의 규격 : 관제(官製) 항공서간에 준함

　㉡ 발송인이 아닌 자의 광고를 게재하지 아니할 것

　㉢ 우편 요금을 표시하는 증표를 인쇄하지 아니할 것

⑤ 주요 발송조건

　㉠ 원형을 변경하여 사용할 수 없으며 등기로 발송 가능

　㉡ 항공서간에는 우표 이외의 물품을 붙이지 못하며 어떠한 것도 넣을 수 없음

(4) 인쇄물(Printed papers)

① 의의 : 종이, 판지나 일반적으로 인쇄에 사용되는 재료에 접수국가 우정당국이 인정한 방법에 따라 여러 개의 동일한 사본으로 생산된 복사물

② 요건

　㉠ 허용된 물질(종이, 판지나 일반적으로 인쇄에 사용되는 재료 등)에 2부 이상을 생산한 복사물일 것

　㉡ 인쇄물에는 굵은 글자로 주소 면(가급적 왼쪽 윗부분, 발송인의 주소·성명이 있을 경우 그 아래)에 인쇄물의 표시인 'Printed papers' 또는 'Imprimé'를 표시할 것

　㉢ 인쇄물은 신속하고 간편하게 검사를 받을 수 있으면서도 그 내용품이 충분히 보호받을 수 있도록 포장하여야 함

③ 인쇄물 접수 물품

　㉠ 접수 가능 물품 : 서적, 정기간행물, 홍보용 팸플릿, 잡지, 상업광고물, 달력, 사진, 명함, 도면 등

　㉡ 접수 불가 물품 : CD, 비디오테이프, OCR, 포장박스, 봉인한 서류

　　※ 종이, 판지 등의 인쇄물 형태로 정보 전달의 내용이 포함된 인쇄물에 한함

　　※ 종이류로 제작된 포토카드는 인쇄물로 취급이 가능하나 플라스틱, 알루미늄 등을 활용하여 제작한 것은 인쇄물 적용 불가

④ 인쇄물의 요건을 갖추지 않은 것 중 인쇄물로 취급하는 것

　㉠ 관계 학교의 교장을 통하여 발송하는 것으로 학교의 학생끼리 교환하는 서장이나 엽서

　㉡ 학교에서 학생들에게 보낸 통신강의록, 학생들의 과제 원본과 채점 답안(다만, 성적과 직접 관계되지 않는 사항은 기록할 수 없음)

　㉢ 소설이나 신문의 원고

　㉣ 필사한 악보

　㉤ 인쇄한 사진

　㉥ 동시에 여러 통을 발송하는 타자기로 치거나 컴퓨터 프린터로 출력한 인쇄물

⑤ 인쇄물에 기록할 수 있는 사항

   ㉠ 발송인과 수취인의 주소·성명(신분, 직업, 상호 기록 가능)

   ㉡ 우편물의 발송 장소와 일자

   ㉢ 우편물과 관련되는 일련번호와 등기번호

   ㉣ 인쇄물 본문 내용의 단어나 일정 부분을 삭제하거나 기호를 붙이거나 밑줄을 친 것

   ㉤ 인쇄의 오류를 정정하는 것

   ㉥ 간행물, 서적, 팸플릿, 신문, 조각 및 악보에 관한 주문서, 예약신청서 또는 판매서에는 주문하거나 주문받은 물건과 그 수량, 물건의 가격과 가격의 주요 명세를 표시한 기록, 지불방법, 판, 저자 및 발행자명, 목록 번호와 'paper-backed', 'stiff-backed' 또는 'bound'의 표시

   ㉦ 도서관의 대출 업무에 사용되는 용지에는 간행물명, 신청·송부 부수, 저자, 발행자명, 목록 번호, 대출 일수, 대출 희망자의 성명

   ㉧ 인쇄한 문학작품이나 예술 작품에는 간단한 관례적 증정 인사말

   ㉨ 신문이나 정기간행물에서 오려낸 것에는 이를 게재한 간행물의 제목, 발행 일자, 발행사

   ㉩ 인쇄용 교정본에는 교정, 편집, 인쇄에 관한 변경·추가 및 'Passed for press', 'Read-passed for press'와 같은 기록 또는 발행과 관련된 이와 비슷한 표시를 할 수 있음. 여백이 없을 경우, 별지에 추가 기록 가능

   ㉪ 주소변경 통지서에는 신·구 주소와 변경 일자

⑥ 인쇄물의 첨부물

   ㉠ 우편물 발송인의 주소나 원래의 우편물의 접수국가나 배달국가 내의 대리인의 주소를 인쇄한 카드, 봉투, 포장재 첨부 가능, 이 첨부물에는 반송을 위하여 원래 우편물 배달국가의 우표나 우편요금선납인, 우편요금선납도장으로 요금 선납 가능

   ㉡ 인쇄된 문학작품과 예술적 작품에는 관련 송장(송장 사본, 대체 용지)

   ㉢ 패션 간행물에 대하여는 그 간행물의 일부를 이루는 도려낸 옷본

(5) 소형포장물(Small packet)

① 의의 : 소형으로 무게가 가벼운 상품이나 선물 등 물품을 그 내용으로 하는 것으로서 성질상으로는 그 내용품이 소포우편물과 같은 것이나 일정한 조건에서 간편하게 취급할 수 있도록 통상우편물의 한 종류로 정한다.

② 소형포장물의 특색

   ㉠ 소형포장물은 「만국우편협약」에 따라 정하여진 우편물 종류로서 소포우편물과는 달리 이용조건 등에 각국 공통점이 많아 이용이 편리하다.

   ㉡ 발송 절차가 소포에 비해 간단하다.

   ㉢ 첨부해야 하는 세관신고서는 내용품의 가격에 따라 300SDR 이하인 경우는 기록 요령이 간단한 CN22를, 300SDR을 초과하는 경우는 CN23을 이용한다.

     ※ SDR(Special Drawing Right ; 특별인출권)환율 : 1SDR=1,749원(2025.06.01. 우정사업본부 고시 제2025-22호)

③ 발송 요건

　㉠ 주소기록이면 좌측 상단이나 발송인 주소 · 성명기록란 아래에 굵은 글씨로 소형포장물을 나타내는 'Small packet' 또는 'Petit paquet'를 표시한다.

　㉡ 현실적이고 개인적인 통신문과 같은 성질의 그 밖의 서류 동봉 가능하다. 다만, 그러한 서류는 해당 소형포장물의 발송인이 아닌 다른 발송인이 작성하거나 다른 수취인 앞으로 주소를 쓸 수 없다.

　㉢ 소형포장물을 봉할 때에 특별조건이 필요한 것은 아니나, 내용품 검사를 위하여 이를 쉽게 열어볼 수 있도록 하여야 한다.

④ 소형포장물의 첨부물 등 기타 사항

　㉠ 소형포장물의 내부나 외부에 상품송장(Invoice) 첨부 가능

　㉡ 우편물의 내부나 외부에 다음 사항 기록 가능

　　• 상거래용 지시사항

　　• 수취인과 발송인의 주소 · 성명

　　• 제조회사의 마크나 상표

　　• 발송인과 수취인 사이에 교환되는 통신문에 관한 참고 사항

　　• 물품의 제조업자 또는 공급자에 관한 간단한 메모, 일련번호나 등기번호, 가격 · 무게 · 수량 · 규격에 관한 사항, 상품의 성질, 출처에 관한 사항

(6) 시각장애인용 우편물(Items for the blind)

① **의의** : 시각장애인이나 공인된 시각장애인기관에서 발송하거나 수신하는 경우에 해당하며, 녹음물, 서장, 시각장애인용 활자를 표시된 금속판을 포함한다.

② **요금의 면제** : 항공부가요금을 제외한 모든 요금을 면제한다. 즉, 선편으로 접수할 때에는 무료로 취급하며 항공 등기로 접수할 때에는 등기요금은 무료, 항공부가요금만 징수한다.

③ **발송 요건**

　㉠ 시각장애인용 우편물은 신속하고 간편하게 확인을 받을 수 있으면서도 그 내용물을 보호할 수 있도록 포장되어야 한다.

　㉡ 시각장애인용 문자(점자)를 포함하고 있는 서장과 시각장애인용 활자가 표시된 금속판을 포함한다.

　　※ 위의 우편물에는 어떠한 내용도 적을 수 없음

　㉢ 소인 여부를 떠나 우표나 요금인영증지나 금전적 가치를 나타내는 어떠한 증서도 포함할 수 없다.

　㉣ 시각장애인용 점자우편물의 수취인 주소가 있는 면에 이용자가 아래의 상징이 그려진 흰색 표지를 부착한다.

　㉤ 봉투 겉표지에 'Items for the blind'를 고무인으로 날인한다.

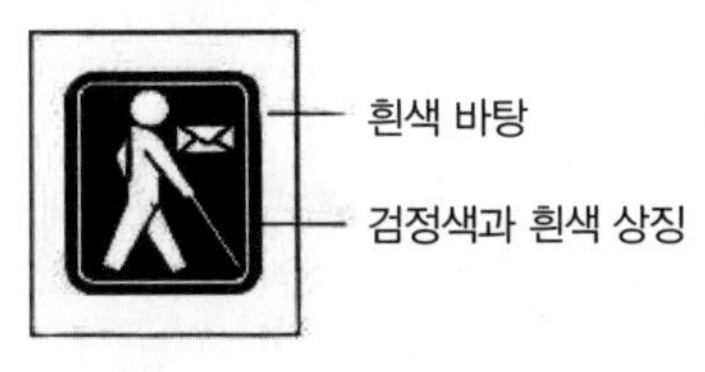

(크기 52×65mm)

(7) 우편자루배달 인쇄물(M-bag)

① 의의

　㉠ 동일인이 동일 수취인에게 한꺼번에 다량으로 발송하고자 하는 인쇄물 등을 넣은 우편자루를 한 개의 우편물로 취급

　㉡ 보낼 수 있는 우편자루배달 인쇄물의 내용물

　　• 인쇄물에 동봉하거나 첨부하여 발송하는 물품 : 디스크, 테이프, 카세트, 제조업자나 판매자가 선적하는 상품 견본, 또는 관세가 부과되지 않는 그 밖의 상업용 물품이나 재판매 목적이 아닌 정보자료(해당 물품을 담고 있는 각 우편물의 무게는 2kg을 초과할 수 없음)

　　• 인쇄물과 함께 발송되는 인쇄물 관련 물품

　㉢ 인쇄물을 넣은 우편자루 하나를 하나의 우편물로 취급하는 것이며 제한 무게는 10kg 이상 30kg까지

② **접수우체국** : 전국의 모든 우체국(우편취급국은 제외)

③ **취급 조건**

　㉠ 10kg 이상 인쇄물에 한하여 접수하고, kg 단위로 요금을 계산한다.

　㉡ 일반으로는 어느 나라든지 보낼 수 있으나, 등기는 취급하는 나라가 제한된다.

　　※ 미국, 캐나다는 우편자루배달인쇄물 등기 미취급(2021.12. 현재)

　㉢ 부가취급 가능 : 등기, 배달통지

　㉣ 첨부해야 하는 세관신고서는 내용품 가격에 따라 300SDR 이하인 경우는 CN22를, 300SDR을 초과하는 경우는 CN23을 이용한다.

　㉤ M-bag에 담긴 인쇄물의 각 묶음에 수취인의 주소를 표시하여 동일 주소의 동일 수취인에게 발송한다.

　㉥ M-bag에는 발송인의 수취인에 관한 모든 정보를 기록한 직사각형 운송장을 첨부해야 하며, 운송장은 다음과 같아야 한다.

　　• 충분히 견고한 천, 튼튼한 판지, 플라스틱, 양피지나 나무에 접착한 종이로 만들어진 것이어야 하며, 구멍이 있을 것

　　• 우편자루에 매달 수 있도록 끈으로 연결되어 있을 것

　　• 90×140mm 이상일 것(허용 오차 2mm)

3 국제소포우편물

(1) 의의

서장(Letters)과 통화 이외의 물건을 포장한 만국우편연합 회원국 또는 지역 상호 간에 교환하는 우편물을 말한다.

(2) 종류

① 기록 취급하며 항공, 배달통지 등의 부가취급* 가능하다.

　*국가별 취급 여부는 국제우편 발송조건(포스트넷 또는 인터넷우체국) 참조

② 국제소포는 서비스 적용에 따라 일반적으로 다음과 같이 분류한다.

　㉠ 보통소포(Ordinary parcel)

　㉡ 보험소포(Insured parcel) : 내용품을 보험에 가입하여 만일 내용품의 전부나 일부가 분실 · 도난 · 훼손이 된 경우에는 보험가액 한도 내에서 실제로 발생한 손해액을 배상하는 소포

　㉢ 우편사무소포(Postal Service parcel)

　　• 우편업무와 관련하여 「만국우편협약」 제7조 제1.1항에서 정한 기관 사이에서 교환하는 것으로서 모든 우편요금이 면제되는 소포

　　• UPU 국제사무국에서 우정청과 지역우편연합에 발송하는 소포

　　• 회원국 우정청(우체국)끼리 또는 국제사무국과 교환하는 소포

　㉣ 전쟁포로 및 민간인 피억류자 소포(Prisoner-of-war and civilian internee parcel)

　　• 전쟁포로에게 보내거나 전쟁포로가 발송하는 우편소포 및 「전쟁포로의 대우에 관한 1949년 8월 12일의 제네바협약」에서 규정한 민간인 피억류자에게 보내거나 민간인 피억류자가 발송하는 우편소포

　　• 전쟁포로에게 보내거나 전쟁포로가 발송하는 통상우편물, 우편소포, 우편금융업무에 관한 우편물은 항공부가요금을 제외한 모든 우편요금이 면제(「만국우편협약」 제7조 제2.1항)

　　• 「전시에 있어서의 민간인 보호에 관한 1949년 8월 12일의 제네바협약」에서 규정한 민간인 피억류자에게 보내거나 민간인 피억류자가 발송하는 우편물, 우편소포, 우편 금융업무에 관한 우편물에도 항공부가요금을 제외한 모든 우편요금을 면제

　　• 소포는 무게 5kg까지 우편요금이 면제되지만, 다음의 경우에는 10kg까지 발송 가능

　　　– 내용물을 분할할 수 없는 소포

　　　– 포로에게 분배하기 위하여 수용소나 포로 대표자에게 발송되는 소포

　㉤ 이외 속달소포, 대금교환소포 등(다만, 우리나라에서는 취급하지 않음)

(1) 의의

「국제우편규정」 제3조, 제9조에 따라 과학기술정보통신부장관이 고시한 국제우편서비스를 말한다.

(2) 명칭

'Korea'를 뜻하는 'K'를 상품명에 넣어 K-Packet으로 정한다.

> ※ 해외 전자상거래용 우편서비스
>   중국 : e-Packet, 일본 : e-small packet, 싱가포르 : e-pak, 홍콩 : e-express

(3) 특징

① **성격** : EMS와 같은 선택적 우편서비스*이며, 소형물품(2kg 이하)의 해외배송에 적합한 서비스로 'L'로 시작하는 등기번호를 사용하며, 1회 배달 성공률 향상을 위해 수취인 서명 없이 배달(국내우편 준등기와 유사)

*선택적 우편서비스 : UPU 회원국 간에 교환하는 보편적 우편서비스(통상 및 소포우편물)의 상대적 개념(개별 국가의 자의적 선택에 의해 실시하는 우편서비스)

② **접수** : 계약고객

계약고객 : 인터넷우체국의 계약고객전용시스템에서 API 시스템*을 이용고객의 사이트에 설치하여 접수

*API(Application Program Interface) 시스템 : 이용자의 정보시스템과 인터넷우체국 사업자포털시스템 간 우편번호, 종추적정보, 접수정보 등을 교환할 수 있도록 제공하는 IT 서비스

③ **평균송달기간** : 평균 7~10일

④ **요금감액** : 월 이용금액에 따라 이용요금 감액

⑤ **계약관서** : 지방우정청, 총괄우체국

※ 총괄국 소속우체국(별정국 포함)은 총괄국장의 승인을 받아 계약 가능, 총괄국에서 인력 및 차량 등 접수의 어려움이 있는 경우 우편취급국을 접수국으로 지정하여 계약 가능

⑥ 국내에서 K-Packet을 등기소형포장물보다 우선 취급

⑦ 보험 등 부가서비스 이용 불가

⑧ **취급조건**

제한무게	2kg
제한규격	최대길이 60cm, 가로＋세로＋높이≤90cm

(4) 손해배상

① 발송우정당국 책임으로 손해배상 처리절차는 기존 국제등기우편과 동일하지만, 종추적 배달결과가 없는 경우에 한하여 행방조사 청구가 가능함에 유의(e-Shipping 고객에 대한 사전안내 필요)

※ 배상액 : 기존 국제등기우편물 손해배상 지급기준과 동일

② 미국행 K-Packet은 상대 국가에서 제공하는 종추적 정보 외의 행방조사, 손해배상 등 기타 청구는 할 수 없다.

(5) K-Packet 접수 가능 국가(2025년 1월 20일 기준)

뉴질랜드, 말레이시아, 미국, 베트남, 브라질, 싱가포르, 영국, 호주, 인도네시아, 일본, 중국, 캐나다, 태국, 대만, 프랑스, 필리핀, 홍콩

※ K-Packet 제휴(서비스) 국가는 우정사업본부장이 고시로 정함

5 국제특급우편(EMS)

(1) 의의

① 「만국우편협약」 제36조에 근거하여 다른 우편물보다 최우선으로 취급하는 가장 신속한 선택적 우편서비스

② 국가 간 EMS 표준다자간 협정이나 양자 협정으로 합의한 내용에 따라 취급(국가별 상세한 취급 사항은 EMS 운영 가이드에 따름)

※ EMS 운영 가이드(EMS Operational Guide) : UPU 산하 EMS 협동조합(Cooperative)에서 각국의 EMS 취급 조건을 모아서 웹사이트에 게시

(2) 명칭

EMS에 대하여 만국우편협약에서 정한 공통로고가 있지만, 그 명칭은 나라마다 다르다.

※ (한국) EMS 국제특급우편, (미국) Express Mail International

(일본) EMS 국제스피드우편, (호주) Express Post International

(3) 특성

① 신속성 · 신뢰성 · 정기성 · 안전성 보장

② 모든 우체국과 우편취급국에서 접수 및 발송 가능

③ 각 접수 우체국마다 그날 업무 마감시간이 제한되어 있어, 마감시간 이후 분은 다음날 국외 발송 승인 후 접수

④ 행방조사 결과 우체국의 잘못으로 송달예정기간*보다 48시간 이상 지연배달된 것으로 판정된 경우 납부한 우편요금을 환불한다(다만, 배달을 시도했으나 수취인이 부재한 경우와 공휴일 및 통관 소요일은 송달예정기간에서 제외).

*송달예정기간은 포스트넷 '발송조건'의 '배달소요일수'를 기준으로 함

※ EMS 배달보장서비스 적용 우편물의 경우, 우체국에서 제공한 배달예정일보다 하루라도 늦어진 경우 우편요금 반환(세관계류 등은 기간에서 제외)

⑤ 외국에서 국내 배달우체국에 도착한 국제특급 우편물은 국내익일 특급우편물의 예에 따라 배달한다.

(4) 종류

계약국제특급우편 (Contracted EMS)	• 국제특급 우편물을 발송하는 사람이 우체국과 계약하고 그 계약에 따라 우체국에서 우편물을 수집(접수) · 발송 • 월 50만원을 초과하여 EMS를 발송하는 고객이 계약을 맺을 수 있으며, 월간 이용금액에 따라 4%에서 최대 18%까지 할인
수시국제특급우편 (On demand EMS)	• 이용자가 정기발송 계약을 체결하지 아니하고 발송물량이 있을 때마다 수시로 발송(대부분의 우체국 창구접수 일반고객을 말함) • 1회에 30만원을 초과하여 EMS를 발송하는 이용자에 대하여 50만원까지는 3%, 50만원을 초과하는 금액에 대하여는 계약국제특급우편 감액률을 적용하여 할인 ※ 수시특급우편 감액률 적용은 창구접수에 한함(방문접수분 제외)

(5) 국제특급우편으로 보낼 수 있는 물품

접수 가능 물품	접수 금지 물품

• 업무용 서류(Business Documents)
• 상업용 서류(Commercial papers)
• 컴퓨터 데이터(Computer data)
• 상품 견본(Business samples)
• 마그네틱테이프(Magnetic tape)
• 마이크로필름(Microfilm)
• 상품(Merchandise : 나라에 따라 취급을 금지하는 경우도 있음)
	• 동전, 화폐(Coins, Bank notes)
	• 송금환(Money remittances)
	• 유가증권류(Negotiable articles)
	• 금융기관 간 교환 수표(Check clearance)
	• UPU일반우편금지물품(Prohibited articles)
	  – 취급상 위험하거나 다른 우편물을 더럽히거나 깨뜨릴 우려가 있는 것
	  – 마약류 및 향정신성 물질
	  – 폭발성 · 가연성 또는 위험한 물질
	  – 외설적이거나 비도덕적인 물품 등
	• 가공 또는 비가공의 금, 은, 백금과 귀금속, 보석 등 귀중품
	• 상대국가에서 수입을 금하는 물품
	• 여권을 포함한 신분증

※ 국가별 통관 규정이나 국내 법규 등에 따라 수시로 변경되므로, 반드시 『포스트넷(내부망) 발송조건 또는 인터넷우체국(외부망)』 확인하여 접수

(6) 배달국가와 우편물 접수 관서

① 배달(교환) 국가 : 홍콩, 일본과 1979년 7월 1일 업무개시 후 계속 배달(교환) 국가를 확대

   ※ 항공편 사정, 천재지변, 상대국 통관, 배달 상황 등에 따라 배달(취급) 중지되는 경우가 있으므로 EMS 우편물 접수할 때 취급 가능한 국가를 반드시 국제우편물 발송조건(포스트넷 또는 인터넷우체국)에서 확인해야 함

② 접수 관서 : 전국의 모든 우체국 및 우편취급국

(7) 주요 부가취급의 종류(EMS는 항공 및 등기를 기본으로 취급)

① 배달통지

② 보험취급

③ 배달보장서비스(카할라 우정연합 국가에 한함)

6 해상특송우편물(POST Sea Express)

※ 표기법 중 한중=한·중, 한일=한·일 동일한 우편물을 의미

(1) 한중해상특송우편물

30kg 이하 물품의 해외 다량발송에 적합한 서비스로서 우체국과 계약하여 이용하는 전자상거래 전용 국제우편서비스

① e-Shipping을 이용하는 고객에 한하여 이용 가능

② 운송수단 : 인천-위해(威海, Weihai)간 운항하는 여객선 및 화물선

③ 특징

   ㉠ EMS와 같은 경쟁서비스이며, 고객맞춤형 국제우편 서비스로서 표준 송달기간은 평균적으로 중국 6일, 한국 4일

   ㉡ 온라인으로 판매되는 물품의 중국배송에 적합한 국제우편 서비스

   ㉢ 월 발송물량에 따라 이용 요금 감액

   ㉣ 지방우정청, 총괄우체국에서 이용계약 가능하며, 6급 이하 우체국(별정국, 우편취급국 포함)은 총괄우체국장의 승인을 받은 경우에 한함

(2) 한일해상특송우편물

일본 현지 국내소포 접수로 가격 경쟁력을 높이고 통관 서비스를 부가한 일본행 전자상거래 전용 상품(시범운영, '24.11.15.~'25.12.31)

① 부산항-하카타(博多)항 간 운항하는 페리노선 활용

② 일본 현지 소포상품인 유팩과 저중량·저부피 물품을 위한 유패킷을 동시 운영

③ 계약고객 전용

국제우편물 종별 접수요령

1 개요

(1) 우편물이 접수된 때부터 우편 이용관계가 발생하고, 우편관서와 발송인 사이에 우편물송달계약이 성립한다. 따라서 우편관서에서는 접수한 우편물을 도착국가로 안전하게 송달하여야 할 의무가 있으며 발송인은 국제우편 이용관계에 따른 각종 청구권을 갖는 등 권리의무가 성립한다.

※ 국제우편물의 접수와 관련하여 발송인이 '발송'하였다는 의미는 우편관서에 '접수'하였다는 의미임

(2) 국내우편물과 마찬가지로 우편물을 우체통에 넣거나 우체국에서 접수한다. 다만, EMS, K-packet 등은 발송인의 요청에 따라 우체국에서 발송인을 방문하여 접수 가능하다.

① 다음 우편물은 우체통에 투함 불가하며, 우체국 직원을 통해서만 접수 가능하다.

㉠ 소포우편물, 국제특급우편물(EMS), 한중해상특송우편물

㉡ 부가취급을 요하는 우편물

㉢ 소형포장물, K-Packet

㉣ 통관검사를 받아야 할 물품이 들어있는 우편물

㉤ 요금별납, 요금후납, 요금계기별납으로 하는 우편물

㉥ 항공취급하는 시각장애인용 우편물

㉦「만국우편협약」에서 정한 우편요금감면대상 우편물

② 용적이 크기 때문에 우체통에 넣을 수 없는 우편물과 한꺼번에 여러 통을 발송하는 우편물의 경우, 이를 우체국 창구에 제출 가능하다.

(3) 통상우편물은 우편물에 붙인 우표 소인. 다만, 우편사무 우편물, 요금별납, 요금후납, 요금계기별납에 따른 우편물은 우편날짜 도장을 날인하지 않는다.

(4) 국제우편물의 소인, 그 밖의 업무취급에는 국제우편날짜 도장을 사용한다.

(1) 접수우편물의 점검

① 통상우편물 접수(창구접수, 수집)할 때 주요 확인사항

ㄱ 도착국가는 접수 가능 국가인지

ㄴ 통상우편물로 발송할 수 있는 내용인가, 내용품은 우편 금지물품이 아닌지

ㄷ 종별은 무엇인지

ㄹ 부가취급 요청은 없는지

ㅁ 부가취급은 이를 상대 국가에서 취급을 허용하는 것인지

ㅂ 용적 · 무게 및 규격의 제한에 어긋나는 것은 아닌지

ㅅ 포장은 적절한지

ㅇ 투명창문봉투를 사용하고 있는 우편물은 창문을 통하여 주소를 쉽게 읽을 수 있는지

ㅈ 봉투 전부가 투명한 창문으로 된 것을 사용하고 있는지

ㅊ 외부 기록사항은 적당한지

ㅋ 각종 표시는 어떠한지

ㅌ 첨부 서류는 어떠한지

② 검사 결과 규정 위반이 발견된 때, 발송인에게 보완하여 제출하도록 요구한다. 이에 거부할 때는 그 이유를 상세히 설명하고 접수를 거절한다.

(2) 수집 우편물의 처리

① 국제특급우편물은 따로 가려내어 가장 빠른 운송편으로 송달한다.

② 요금 검사 철저. 요금 미납 · 부족 우편물은 다음과 같이 처리한다.

ㄱ 수집우체국에서는 부전을 붙여 발송인에게 반송, 미납 요금 보정 요구

ㄴ 발송인의 주소가 없는 우편물은 수집우체국에서 국제우체국으로 별도 송부하고 국제우체국에서는 'T' 처리하여 발송

ㄷ 국제우체국에 보내진 발송우편물 중 요금 등의 전부나 일부가 납부되지 아니한 우편물의 처리

- 발송인 주소 · 성명이 기록된 우편물에 대하여는 해당 우편물에 '요금 미납' 등의 표시를 하여 수취인에게 발송, 그 사실과 미납 요금액을 발송인에게 통지, 발송인에게 미납 · 부족 요금 징수. 미납 · 부족 요금 추징이 불가능할 경우 사유를 확인한 후 관서장 판단으로 종결 처리
- 발송인의 주소와 성명이 분명하지 아니한 우편물은 'T' 처리 후 발송. 항공보통통상우편물은 항공편으로, 선편보통통상우편물은 선편으로 발송

ㄹ 등기우편물, 소포우편물, 특급우편물 등의 요금이 부족하게 납부되거나 미납된 사실을 발견한 경우에는 다음과 같이 처리한다.

- 우편물은 정당 수취인 앞으로 우선 발송
- 발견우체국에서 접수우체국으로 사고통지서 발송
- 접수우체국에서는 접수담당자 책임으로 미납 · 부족 요금을 즉납 처리

③ 요금 검사결과 등기취급요금 상당의 우표가 붙여진 우편물은 '취급 중 발견'으로 취급한다.

1 주요 통상우편물의 접수

(1) 우편자루배달인쇄물(M-bag)의 접수

① 등기취급의 경우에는 도착국가가 등기로 발송 가능한 나라인지를 국제우편요금, 발송 조건표, 우편물류 시스템을 이용하여 확인한다(미국, 캐나다 등기 취급불가, 2021.12. 현재).

② 접수할 때에는 하나의 통상우편물로 취급한다.

③ 국제우편자루에 우편물을 넣도록 하되, 접수우체국에서 국제우편자루 미확보 등 부득이한 경우에는 국내우편자루를 활용하고, 국제우편물류센터에서 국제우편자루로 다시 묶을 수 있다.

④ 주소기록용 꼬리표(90×140mm, 두꺼운 종이 또는 플라스틱이나 나무에 붙인 종이 등으로 만들고, 두 개의 구멍이 있어야 함)를 2장 작성하여, 1장은 우편물에 붙이고 1장은 우편자루 목에 묶어 봉인한다.

⑤ 요금은 우표나 우편요금인영증지를 주소기록용 꼬리표(우편자루 목에 붙인 꼬리표) 뒷면이나 우편물 표면(꼬리표를 달기 어려울 때)에 부착한다.

⑥ 통관대상물품이 들어 있는 경우에 세관신고서는 300SDR 이하에는 CN22를 작성하여 붙이고 300SDR을 초과할 경우에는 CN23을 작성하여 붙인다.

⑦ 통관절차대행수수료 4,000원 징수(우편요금과 별도로 징수)

⑧ 우편물을 넣은 국제우편자루(M-bag)를 다시 국내용 우편자루에 넣어 교환우체국으로 발송하되, 국명표와 송달증에 'M' 표시를 한다.

    ㉠ 항공편일 경우에는 국제우편물류센터로 발송

    ㉡ 선편일 경우에는 부산국제우체국으로 발송

CN22

(앞면)

CUSTOMS DECLARATION
세관신고서
May be opened officially
공식적으로 개봉할 수 있음
CN 22

Designated operator
Korea Post
Important!
See instructions
on the back(뒷면 확인)

Gift(선물)　　Commercial sample(상업샘플)

Documents(서류)　　Other(기타)

Quantity and detailed description of contents(1) 내용품명, 수량 등 자세한 설명	Weight (in kg)(2) 무게	value (3) 가격
For commercial items only if known, HS tariff number(4) and country of origin of goods(5) 상업물품인 경우 원산지 및 HS코드(상품분류번호) 기입	Total weight (in kg) (6)	Total value (7)

I, the undersigned, whose name and address are given on the item, certify that the particulars given in this declaration are correct and that this item does not contain any dangerous article or articles prohibited by legislation or by postal or customs regulations
신고서에 신고한 물품이 정확하며, 법규, 우편 및 관세법에 규정된 금지물품이나 위험물품을 포함하지 않음을 증명합니다.
Date and sender's signature(8)

(뒷면)

Instruction(안내말씀)

To accelerate customs clearance, fill in this form in English, French or in a language accepted by the destination country. If the value of the contents is over 300 SDR, you must use a CN23 form. You must give the sender's full name and address on the front of the item. 내용품이 524,700원 이상은 CN23양식을 사용, 반드시 발송인 이름과 주소를 우편물 앞 표면에 기입할 것

(1) Give a detailed description, quantity and unit of measurement for each article, e.g. 2 men's cotton shirts, especially for articles subject to quarantine(plant, animal, food products, etc.) 내용품 수량 및 자세한 내용 기입(예, 남자면셔츠2개로 표시, 동식물검역대상 특히 주의)

(2),(3),(6), and (7) Give the weight and value of each article and the total weight and value of the item. Indicate the currency used, e.g. CHF for Swiss francs.(각각 중량 및 가액 기입, 단위표시 반드시 기재)

(4) and (5) The HS tariff number(6-digit) must be based on the Harmonized Commodity Description and Coding System developed by the World Customs Organization. Country of origin means the country where the goods originated, e.g. were produced, manufactured or assembled. It is recommended you supply this information and attach an invoice to the outside as this will assist Customs in processing the items.
-www.hscode.co.kr 에서 상품에 부여된 HS코드 확인 가능
원산지국가란 상품이 생산된 국가로 즉 제조, 조립 또는 생산된 경우
(8) Your signature and the date confirm your liability for the item.
발송인 서명 및 일자 기입

(규격 : 74 × 105mm, 흰색 또는 초록색)

CN23

Designated operator　**CUSTOMS DECLARATION**　**CN 23**

From　Name　Sender's Customs reference (if any)　No. of item (barcode, if any)　May be opened officially　Important! See instructions on the back

Business

Street

Postcode　City

Country

To　Name

Business

Street　Importer's reference (if any) (tax code/VAT No./importer code) (optional)

Postcode　City

Country　Importer's telephone/fax/e-mail (if known)

Detailed description of contents (1)	Quantity (2)	Net weight (in kg) (3)	Value (5)	For commercial items only	
				HS tariff number (7)	Country of origin of goods (8)
		Total gross weight (4)	Total value (6)	Postal charges/Fees (9)	

Category of item (10)　Gift　Documents　Commercial sample　Returned goods　Other　Explanation　Office of origin/Date of posting

Comments (11): (e.g.: goods subject to quarantine, sanitary/phytosanitary inspection or other restrictions)

I certify that the particulars given in this customs declaration are correct and that this item does not contain any dangerous article or articles prohibited by legislation or by postal or customs regulations

Licence (12)　No(s). of licence(s)　Certificate (13)　No(s). of certificate(s)　Invoice (14)　No. of invoice　Date and sender's signature (15)

(2) 시각장애인용 우편물의 접수

① 시각장애인용 우편물 취급 요건 충족 여부

② 봉투 표면에 'Items for the blind' 및 시각장애인 우편물 상징 그림 표시

③ 항공우편으로 발송할 때에는 항공요금을 부가하여 수납

　※ 포스트넷에 운송편을 항공으로 선택 시 자동으로 요금 계산됨

④ 등기를 접수할 때 등기료는 무료

⑤ AIR MAIL 또는 SURFACE MAIL 고무인

⑥ 국제우편날짜도장으로 소인

(3) 항공서간 등 : 항공서간 취급 요건 충족 여부 확인, 국제우편날짜도장 소인

2 소포우편물의 접수

(1) 보통소포우편물의 접수

① 접수 검사

　㉠ 도착국가와 우리나라의 소포 교환 여부, 접수 중지 여부

　㉡ 금지물품 여부(도착국가 취급불가, 항공보안 위반 등), 포장상태

　㉢ 용적과 중량제한(국제우편요금, 발송조건표, 포트스넷 참조)

　㉣ 운송장 기록 사항

　　• 내용품의 영문 표기 및 수량과 가격 표기

　　• 잘못을 발견하였을 때에는 발송인에게 보완 요구, 불응하면 접수 거절

② 국제소포우편물 운송장의 작성과 첨부

　㉠ 발송인으로 하여금 국제소포우편물 기표지(운송장)을 작성하게 하여 소포우편물 외부에 떨어지지 않도록 부착(발송인 작성원칙)

　㉡ 국제소포우편물 기표지(운송장)은 5연식으로 되어 있으며, 별도의 복사지 없이도 제1면의 기록 내용이 제5면까지 복사됨(2019년 이후부터 2023년 10월까지 제조된 기표지 기준)

제1면	주소, 세관신고서, 부가취급 등 작성
제2면	접수우체국 보관용
제3면	발송인 보관용
제4, 5면	세관신고서

　㉢ 국제소포우편물 운송장에는 도착국가에서 필요한 서식(송장·세관신고서)이 포함되어 있으므로 별도 작성할 필요 없음. 다만, 발송인이 필요하다고 인정하는 경우, 우리나라와 도착국가에서의 통관수속에 필요한 모든 서류(상업송장, 수출허가서, 수입허가서, 원산지증명서, 건강증명서 등) 첨부 가능

　㉣ 발송인이 기표지(운송장)를 기재할 때 'Sender's instruction in case of non-delivery 배달불능 시 다음과 같이 처리 바람'은 배달국가에서 배달불능 시 처리 방법을 명확히 하는데 필요할 뿐 아니라, 소포우편물이 반송되는 경우에 발송인으로부터 반착료(반송료)를 징수하는 근거가 되므로 매우 중요

<table>
<tr><td colspan="3">Sender's instructions in case of non–delivery 배달불능 시 다음과 같이 처리 바람
(반송비는 발송인 부담)
☐ Treat as abandoned 포기</td><td>Return 반송</td><td>☐ 항공 · 우선편 Priority
☐ 선박 · 비우선편 non–Priority</td></tr>
</table>

- 발송인이 배달불능 우편물을 반송받기를 원치 않을 경우 '☐ Treat as abandoned 포기'를 선택한다.
- 발송인이 배달불능 우편물을 반송받기를 원할 경우 'Return 반송'의 '항공 · 우선편 priority' 또는 '선편 · 비우선편 non-priority' 중 하나를 선택한다(국가에 따라 항공 또는 선편 반송이 불가능한 나라가 있으므로 우편물류시스템에 확인 후 선택).
- 발송인 선택사항이 없거나 모순되는 경우에는 별도 통보 없이 소포우편물을 반송 조치토록 되어 있음에 유의

⑭ 발송인이 작성 제출한 주소기표지(운송장)에는 도착국가명, 중량, 요금, 접수우체국명/접수일자 등을 접수담당자가 명확히 기재
  - 이 경우 100g 미만의 단수는 100g 단위로 절상
    ※ 소포우편물 중량이 5kg 740g인 경우 5,800g으로 기록
  - 실제중량(Actual weight)과 부피중량(Volume weight)을 기록한 후 두 가지 중량 중 높은 쪽의 중량에 해당하는 요금을 적용한다(선편소포는 부피중량 적용대상이 아님).
    ※ 부피중량 산정을 위해 우편물의 가로(cm) · 세로(cm) · 높이(cm)를 정확히 기재한다.

Width 가로	Length 세로	Height 높이	Actual weight 실중량	Volume weight 부피중량
cm	cm	cm	g	g

  - 운송장의 소포우편물 중량과 요금은 고쳐 쓸 수 없으므로 잘못 적지 않도록 각별히 주의

⑮ 소포우편물의 운송편(편별)에 따라 'AIR 항공', 'SURFACE 선편'의 해당 ☐속에 체크 표시(∨ 또는 ×)를 명확하게 표시하여 발송

③ 기타
  ㉠ 요금납부방법 : 현금, 신용카드(체크카드 포함), 우표
  ㉡ 접수된 우편물은 발송 전에 처리부서 책임자가 반드시 정당 요금 징수여부를 검사하고 국제소포우편물 운송장, 국제발송소포우편물 송달증, 별 · 후납 취급기록, 우편요금즉납서 등과 철저히 대조 확인

(2) 보험소포우편물의 접수

① 접수검사
  ㉠ 보험소포우편물은 특히 포장을 튼튼히 한 후 뜯지 못하도록 봉함
  ㉡ 국가별로 보험소포 취급여부와 보험가입 최대한도액이 상이하므로 포스트넷에 확인하여 고객안내 및 접수
  ㉢ 그 밖의 사항은 보통소포우편물의 접수 검사 절차와 동일

② 국제보험소포우편물 기표지(운송장)의 작성 및 첨부
　㉠ 국제보험소포우편물 운송장의 구성, 통관에 필요한 첨부서류 추가, 배달이 불가능할 때의 처리 방법에 관한 지시사항 표시 등에 관하여는 앞에 서술한 보통소포우편물 접수 예와 같음
　㉡ 보험소포우편물의 중량은 10g 단위로 표시, 10g 미만의 단수는 10g 단위로 절상
　　※ 중량이 7kg 542g인 경우 7,550g으로 기록
　　※ 우편요금산정을 위한 실제중량과 부피중량의 적용방법에 대해서는 앞에 서술한 보통소포우편물의 접수 예와 같음
　㉢ 보험가액을 기록할 때의 유의 사항
　　• 내용품은 반드시 객관적인 가치가 있는 물품이어야 함
　　• 보험가액은 소포우편물 내용물의 실제 가격을 초과할 수 없지만 소포우편물 가격의 일부만을 보험에 가입하는 것은 허용
　　• 보험가액은 발송인이 'Insured Value-words 보험가액-문자'란과 'Figures 숫자'란에 영문과 아라비아 숫자로 원화(KRW) 단위로 기재(접수담당자가 '보험가액-문자' 작성 등에 도움을 주는 것이 바람직함)

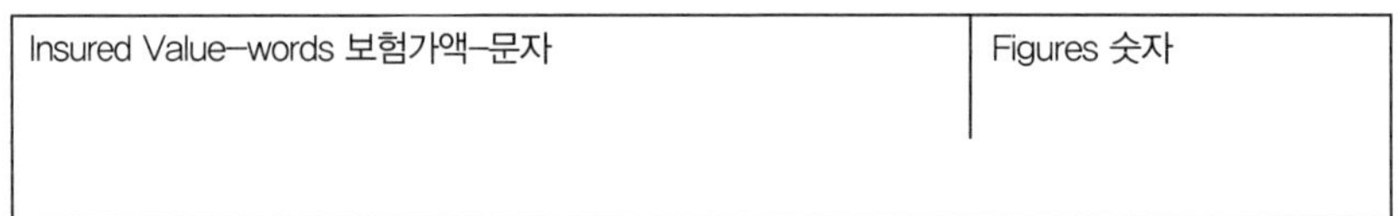

Insured Value-words 보험가액-문자	Figures 숫자

　　• 보험가액을 잘못 기재한 경우 지우거나 수정하지 말고 주소기표지(운송장)를 다시 작성하도록 발송인에게 요구(기표지에 수정 불가)
　　• 발송우체국은 발송인이 원화(KRW)로 기록한 보험가액을 SDR로 환산하여 기표지(운송장) 해당란에 기록하며 환산할 때에는 소수점 둘째자리 미만은 올려서 소수점 둘째자리까지 기록함. 이 가액은 어떠한 경우에도 고쳐 쓸 수 없음(보험가액 최고한도액 4,000SDR이나 국가마다 보험취급여부와 한도금액이 다름)
　　※ 포스트넷에 원화입력 시 SDR 환산금액을 알 수 있음

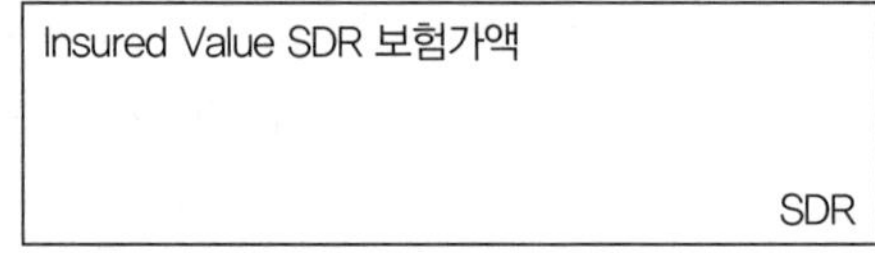

Insured Value SDR 보험가액
SDR

　　• 소포우편물 내용물의 실제 가격보다 높은 가액을 보험가액으로 할 수 없으며 이러한 경우 사기보험으로 간주한다.
③ 그 밖의 사항 : 보통소포우편물의 경우에 준하여 처리한다.

(3) 소포우편물 접수 시 유의사항

① 주소기표지(운송장) : '보통소포 · 보험소포 겸용(Parcel)' 기표지를 사용하되 부피중량 기재가 가능한 신형주소기표지를 사용(구 기표지 사용금지)

② 소포 표면에 붙인 주소기표지는 전산 처리되므로 운송 도중 탈락되지 않도록 부착(바코드 부분을 제외하고 기표지 가장자리에 투명테이프를 사용하여 부착)하고 바코드 부분은 구겨지거나 손상되지 않도록 각별히 유의한다.

③ 주소기표지의 크기보다 작은 소포를 접수할 경우 등기우편을 권유하거나 최소한 주소기표지(운송장)보다 크게 포장을 해서 접수한다.

④ 당일 우편물 접수내역은 반드시 전산입력 및 자료 전송을 해야 한다.

⑤ 주소 기표지(운송장) 양식

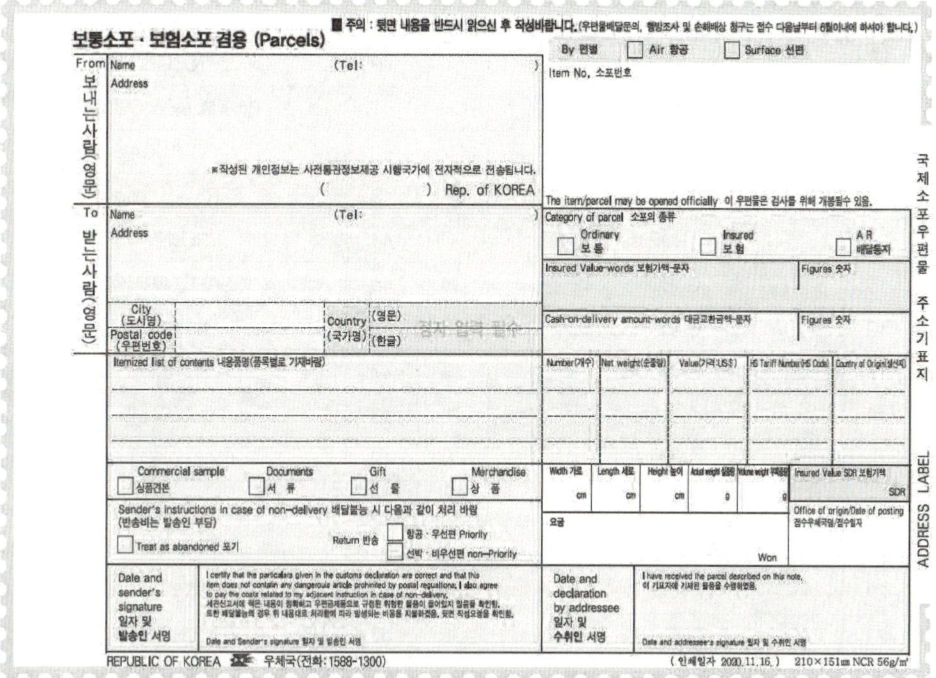

더 알아보기　선편우편물 접수 국가(29국) (2019. 8월 현재)

직접운송국가(8국)		1지역 : 중국, 홍콩, 일본
		2지역 : 태국
		3지역 : 호주, 캐나다, 독일, 미국
중 계	**홍콩(13국)**	2지역 : 방글라데시, 말레이시아, 싱가포르, 인도네시아
		3지역 : 핀란드, 프랑스, 영국, 아일랜드, 네덜란드, 노르웨이, 폴란드, 스페인, 스웨덴
	일본(8국)	1지역 : 대만
		2지역 : 필리핀, 베트남
		3지역 : 인도, 러시아
		4지역 : 남아프리카공화국, 페루, 브라질

연 번	국가명	약 호	연 번	국가명	약 호
1	UNITED ARAB EMIRATES	AE	31	LEBANON	LB
2	ARGENTINA	AR	32	LIBERIA	LR
3	AUSTRIA	AT	33	LITHUANIA	LT
4	AZERBAIJAN	AZ	34	MADAGASCAR	MG
5	BELGIUM	BE	35	MONTENEGRO	MJ
6	BOLIVIA	BO	36	MOROCCO	MO
7	CENTRAL AFRICA	CF	37	MAURITANIA	MR
8	SWITZERLAND	CH	38	MALTA	MT
9	COOK Is.	CK	39	MALAWI	MW
10	CHILE	CL	40	NIGERIA	NG
11	CAMEROON	CM	41	PAPUA NEW GUINEA	PG
12	CYPRUS	CY	42	PORTUGAL	PT
13	DENMARK	DK	43	SERBIA − Kosovo	RB
14	FAROE Is.	FO	44	REUNION	RE
15	GABON	GA	45	SAUDI ARABIA	SA
16	GHANA	GH	46	St. HELENA	SH
17	GIBRALTAR	GI	47	SENEGAL	SN
18	GREENLAND	GL	48	SURINAME	SR
19	GAMBIA	GM	49	SAO TOME AND PRINCIPE	ST
20	GUINEA	GN	50	SWAZILAND	SZ
21	GUADELOUPE	GP	51	TAJIKISTAN	TJ
22	EQUATORIAL GUINEA	GQ	52	EAST TIMOR	TL
23	GREECE	GR	53	TURKMENISTAN	TM
24	GUINEA BISSAU	GW	54	UKRAINE	UA
25	CROATIA	HR	55	UZBEKISTAN	UZ
26	HUNGARY	HU	56	VATICAN City	VA
27	ITALY	IT	57	VENEZUELA	VE
28	JORDAN	JO	58	YUGOSLAVIA	YU
29	KYRGYZSTAN	KG	59	ZIMBABWE	ZW
30	COMOROS Is.	KM			

3 K-Packet 접수

(1) 일반사항

① 내용품이 파손되거나 이탈되지 않도록 단단하게 포장하되 사각형태의 상자에 포장하고 액체는 내용물이 새지 않도록 봉하여 외부 압력에 견딜 수 있는 용기에 넣어 포장한다.

　※ 2개 이상의 포장물품을 테이프, 끈 등으로 묶어 K-Packet 하나로 발송 금지

② 라벨기표지 작성

　㉠ 계약고객 전용 상품으로 인터넷 접수시스템(API)에 발송인과 수취인의 주소, 내용품명, 내용품가액 등 필수 입력사항을 영문과 아라비아숫자로 입력한다.

　㉡ 기표지(운송장)을 작성할 때에는 요금을 올바르게 계산하기 위해 반드시 규격 및 무게를 정확히 기재한다.

　㉢ 표시한 무게와 실제 우편물 무게가 달라 요금에 차이가 발생한 경우 즉시 이용고객에게 알린다.

　㉣ 기표지(운송장)의 발송인란에는 통관, 손해배상, 반송 등의 업무처리를 위하여 반드시 한 명의 주소·성명을 기재한다.

(2) 우편물의 접수 장소

계약 관서의 장은 인력과 차량의 사정에 따라 K-Packet을 방문 접수할지, 별도의 장소에서 접수할지를 협의하여 결정하고 이를 계약사항에 표시할 수 있다.

(3) 접수제한 물품

「만국우편협약」과 「우편법」 제17조 제1항(우편금지물품)에서 정한 폭발성 물질, 발화성물질, 인화성물질, 유독성물질, 공공안전의 위해를 끼칠 수 있는 물질, 그 밖의 위험성 물질 등

4 국제특급우편물(EMS)의 접수

(1) EMS 기표지 기재요령

① 접수우체국 기재 사항

　㉠ 해당칸에 접수 년·월·일·시·분까지 기재

　㉡ 중량 : 10g 단위로 기재, 우편물의 가로(cm)·세로(cm)·높이(cm), 실중량(Actual weight), 부피중량(Volume weight) 등을 접수담당자가 명확하게 기재(부피중량 기재란이 없는 구 기표지 사용금지)

　㉢ 우편요금 : 원화 표시 및 아라비아 숫자로 기재

　㉣ 배달보장서비스 : 해당 국가(카할라우정연합 국가)에 한하여 포스트넷 조회결과 일자를 기재

　㉤ 도착국명 : 영문과 한글로 기재

　㉥ 요금납부방법 및 기타 : 해당 칸에 표시

　㉦ 보험이용여부 및 보험가액 : 고액의 물품일 경우 반드시 고객에게 보험이용 여부 문의 후 이용 시 해당 칸에 표시. 주소기표지의 보험가액은 원화로 기재

② 발송인 기재사항

우체국(취급국)은 아래 기재사항의 이상 유무를 반드시 확인 후 우편물 접수한다.

　㉠ 보내는 사람 및 받는 사람의 전화번호 : 보내는 사람뿐만 아니라 받는 사람란의 전화번호를 반드시 기재(일부 국가의 경우 전화번호가 기재되지 않는 경우 배달지연 요소로 작용함을 안내)

　㉡ 보내는 사람 및 받는 사람의 성명 및 주소 : 보내는 사람의 성명·주소란도 영문으로 기재(상대국에서 배달 및 행방조사 시 유용함)

　㉢ 우편번호(Postal code) : 신속한 통관 및 정확한 배달을 위하여 필요하므로 반드시 기재

　㉣ 세관신고서(CN22, 서류용 주소기표지) : 내용품명, 개수, 가격 등을 해당란에 정확히 기재하고 내용품 구분(서류, 인쇄물)란의 해당 칸에 표시

　　※ 주소기표지(운송장) 가격의 화폐 단위는 미화(USD)로 기재

　㉤ 세관신고서(CN23, 비서류용 주소기표지) : 내용품명, 개수, 순중량, 가격, HS 코드번호, 생산지 등을 품목별로 정확히 기재하고, 상품견본용, 개인용, 판매용 중 해당되는 칸(□안)에 ∨ 또는 × 표시

　㉥ 발송인 서명 : 성명·주소, 전화번호, 세관표지 또는 세관신고서 기재 내용에 틀림이 없음을 확인하는 것이므로 반드시 발송인이 직접 서명

(2) EMS 보험취급

① 보험취급한도액 및 수수료

보험취급 한도액	보험취급 수수료
4,000SDR 또는 7백만원 ※ EMS프리미엄 : 5천만원	• 보험가액 최초 65.34SDR 또는 최초 114,300원까지 : 2,800원 • 보험가액 65.34SDR 또는 114,300원 추가마다 : 550원 추가

② 우리나라와 EMS를 교환하는 모든 나라로 발송하는 EMS에 대하여 보험취급이 가능(상대국의 보험취급 여부와 관계 없이 취급)

　※ 중국행 EMS는 예외적으로 보험취급 불가

③ 보험가액의 기재

　㉠ 보험가액은 내용품의 실제 가치를 초과할 수 없으며, 이를 속여 기재한 경우 보험사기로 취급

　㉡ 내용품은 주관적인 가치가 아니고 객관적인 가치를 갖고 있는 것

　㉢ 보험가액은 주소기표지 보험가액란에 'ㅇㅇㅇ원(예시 150,000원)'으로 기재하고 보험취급수수료는 별도 기재 없이 요금에 포함하여 기재

　㉣ 기타 사항에 대하여는 보험소포우편물의 취급요령에 준하여 처리

[EMS 접수 시 안내 및 확인 사항]

접수 시 안내	확인 사항
국가별 휴일정보	• 인터넷우체국에서 각 국가별 휴일정보 확인(월별 업데이트) • 중동지역 일부 국가의 경우 목, 금이 우리나라 주말의 개념임
금제품 (우편금제품)	• 주화, 항공권, 유레일패스, 신용카드, 여권 • 금은보석 및 귀금속, UPU금제품, 항공기탑재 금제품 　※ 금제품은 손해배상 대상이 아님을 안내

보험가입권유	고액물품(10만원 이상) 우편물 ※ 10만원 이상인 물품의 경우 중량이 무거운 접수품은 손해배상액을 살펴본 후 보험 권유
보험취급 (보험한도액)	• EMS : 7백만원 • EMS프리미엄 : 5천만원

선적, 유학, 상업
서류(선하증권,
계약서 등)
	• EMS프리미엄으로 접수
	  – 미배달 시 간접적으로 손실우려가 있는 것/주소지 P.O Box는 접수 불가
	    ※ 간접손실은 손해배상대상이 아님
	• 유학서류는 학교 Mail Room으로 배달됨
	• 유학서류 및 선하증권이 포함된 우편물은 EMS접수불가(EMS프리미엄으로 접수)
	  (국제사업과–325, 2021.2.23. 국제특급우편 접수제한 안내)

세관신고서 작성	• 내용품명은 반드시 영문 기재 • 내용품 가격(물품가)은 미화(USD)로 기재(종이 기표지 기준) • 금액은 발송인이 직접 기재 • 손해배상 시 기재한 금액만큼 배상됨을 안내 • 샘플도 내용품 가격 기재
전자제품 (보험취급불가)	• 전자제품은 약간의 충격에도 파손의 우려가 크며, 외관에 이상은 없으나 기능 미작동에 따른 대형 민원이 제기되므로 접수 지양하도록 정중히 안내 • 부득이하게 접수하여야 하는 경우는 우편물 내부와 외부의 견고한 포장을 확인하여 접수 ※ 배터리가 내장된 전자제품(휴대폰, 노트북 등)은 항공기탑재 금제품으로 접수 불가

음식물	• 김치, 한약, 액젓, 고추장, 된장 등과 같은 부패성 음식물
	  – 기후, 기온, 기압 등에 의하여 운송 중 파손의 우려가 크고
	  – 상대국 세관에서 악취를 이유로 폐기하는 경우가 발생하며
	  – 약간의 지연에도 내용물이 상하여 쓸모없게 됨
	  ※ 파손되더라도 내용물이 유출되지 않도록 충분한 완충제를 넣고 겹겹으로 포장되었는지 확인하고 접수
	• 모든 음식물은 통관보류 및 불허판정을 받는 경우가 다수 발생
	  ※ 보험취급 불가(지연되어 음식이 상한 경우 내용품에 대한 손해배상은 없고 우편요금만 배상. 단, 통관에 의한 지연은 제외)

주소가 P.O Box인
경우
	• EMS프리미엄 접수 시 원칙적으로 사서함 발송 불가
	  – 도착국에서 일반보통우편으로 전환되어 종추적 불가(특히, 미국, 캐나다)
	• 예외적으로 중동지역 사서함 발송 가능(반드시 전화번호 기재)
	  – 오만, 예멘, 아랍에미레이트, 이란, 카타르, 쿠웨이트, 사우디아라비아
	  ※ EMS사서함 취급하지 않는 국가: 중국, 독일, 프랑스, 영국, 인도, 튀르키예, 스웨덴, 말레이시아 등

통관 진행방법	• 세관신고서(CN23)란에 Sample 상품견본용, Gift 개인용, Merchandise 판매용 반드시 체크
	• 샘플 또는 상품인 경우 Invoice 3부 작성
	  – Invoice 원본이 필요한 국가 : 프랑스, 동유럽국가, 남미 등
	  ※ Invoice 작성예시는 바로 뒷장에 첨부되어 있음
	• 프랑스행 EMS(비서류) 접수 시 개인물품, 상업물품 모두 면세한도와 관계없이 Invoice를 반드시 작성해야 함

통관대행불가	• 세관계류 시 수취인이 직접 통관
	  – 통관으로 인한 배달지연에 대한 손해배상 불가함
	• 서류도 통관대상
	  ※ 현지국 사정에 따라 통관대행이 발생할 수 있음(수수료 부과 가능)

기 타	• 음식물 관련 포장상자(사과, 배, 포도, 고구마, 감자 등이 그려진 농산물 박스)에 해당 음식물이나 다른 내용품을 포장 발송하는 경우 통관이 지연될 수 있음 • EMS 우편물 발송 후 도착국가에서 수취인 부재, 주소 불명확 등으로 반송 시 발송인에게 반송료를 부과하지 않음(반송료 없음)

상업송장(Commercial Invoice) 작성요령

1. 상업송장 필요수량

상업 송장은 총 3부 필요함

(물품 부착용 1부/발송지 통관용 1부/목적지 통관용 1부)

2. 상업송장 작성언어

신속한 통관을 위하여 상업송장은 반드시 영문(English)으로 작성함

3. 상업송장 양식

샘플 상업송장 양식은 권유 양식이며, 대다수의 국가의 통관규정에 바탕하여 작성된 것임

4. 상업송장 기재내용

화물의 신속한 통관과 관세 등의 정확한 부과를 위하여, 상업송장에 기입되어야 할 항목들을 확인하고 내용을 정확히 기재함

① Shipper/Seller : 발송인 성명(상호), 주소 기재

② Consignee : 수취인 성명(상호), 주소 기재

③ Departure Date : 화물을 적재한 비행기 등의 출발일자를 기재하며, 우편물 기표지상의 일자와 일치시켜야 한다. 송장 작성시점에서는 정확한 날짜를 알 수 없으므로, 우편물 접수 예상일자의 7일 전후로 기재하면 된다.

④ From : 화물 적재지로 예정된 공항 등의 명칭을 기재 예 Incheon Korea

⑤ To : 화물이 도착하기로 예정된 최종 목적지인 공항 등의 명칭 기재

⑥ Invoice No. and Date : 발송인이 상업송장에 부여한 참조번호 및 송장 발행일자 기재

⑦ L/C No. and date : 신용장 번호 및 발행일자 기재

⑧ Buyer(if other than consignee) : 우편물 수취인과 수입자(구매자)가 다른 경우, 화물수입자의 성명(상호) 및 주소를 기재

⑨ Other reference : 기타 참조사항을 기재하는 난이며, 보통 원산지(country of origin) 등을 기재

⑩ Terms of delivery and payment : 인도조건과 지불조건을 기재

⑪ Shipping marks : 화물에 표시된 화인을 기재

⑫ No. & kinds of Pkgs : 화물 포장의 개수와 포장형태를 기재

⑬ Goods Description : 해당 물품의 규격, 품질 등 정확한 명세를 기재

⑭ Quantity : 물품의 단위당 수량을 기재

　※ 수량 단위 : piece(개수), set(세트), case(상자), bag(포대), kg(킬로그램), ton(톤) 등

⑮ Unit price : 단위 수량당 가격, 즉 단가를 기재

⑯ amount : 단가에 수량을 곱한 총금액을 기재

⑰ HS Code : HS Code를 물품별로 각각 기재

　※ 위의 작성요령은 대다수 국가의 통관규정에 바탕하여 작성하였음. 그러나 이 내용은 각국의 사정에 따라 통보 없이 변경될 수 있음. 추가 정보가 필요한 경우에는 우체국콜센터(1588-1300)로 문의할 것

COMMERCIAL INVOICE

① Shipper/Seller	⑥ Invoice No. and date
	⑦ L/C No. and date
② Consignee	⑧ Buyer(if other than consignee)
	⑨ Other references
③ Departure date	
④ From	⑩ Terms of delivery and payment
⑤ To	

⑪ Shipping Marks	⑫ No.&kind of packages	⑬ Goods description	⑭ Quantity	⑮ Unit price	⑯ Amount	⑰ HS Code (HS Tariff Number)

⑱ Signed by

　프랑스행 개인발송용 송장(Invoice) 작성방법

프랑스행 EMS 개인발송용 인보이스(Invoice) 작성요령

1. 필요수량

　상업송장은 총 2부가 필요함

　(물품 부착용 1부/목적지 통관용 1부)

2. 작성언어

　신속한 통관을 위하여 상업송장은 반드시 영문(English)으로 작성함

3 기재내용 : 화물의 신속한 통관과 관세 등의 정확한 부과를 위하여, 상업송장에 기입되어야 할 항목들을 확인하고 내용을 정확히 기재하여야 함

　① Date : 우편물 접수일자

　② Sender : 발송인 성명(상호), 주소 기재

　③ Addressee : 수취인 성명(상호), 주소 기재

　④ Item number : 우편물(등기)번호

　⑤ Designation : 해당 물품명, 규격, 품질 등 정확한 명세 기재

　⑥ Quantity : 물품의 단위당 수량 기재

　⑦ Unit price : 단위 수량 당 가격, 즉 단가 기재(현재 가격)

　⑧ Total Value : 단가에 수량을 곱한 총금액 기재

　⑨ Total : 품목별 합계

　프랑스행 상업(상품)송장 예시

PROFORMA INVOICE

① Date :

② Sender :
③ Addressee :

④ Item number :

⑤ Designation	⑥ Quantity	⑦ Unit Price	⑧ Total Value
⑨ Total			

1　등기(Registered)

(1) 의의

우편물에 등기번호를 부여하고 접수한 때부터 배달되기까지의 취급과정을 그 번호에 따라 기록하여 우편물 취급과 송달의 확실성을 보장하기 위한 제도로, 분실 · 도난 · 파손의 경우 손해배상 청구가 가능하다.

(2) 대상

① 모든 통상우편물은 등기로 발송될 수 있으며, 등기우편물을 발송하는 사람은 일반우편요금 이외에 등기 취급수수료를 납부해야 한다.

② 도착국의 국내법이 허용하는 경우 봉함된 등기서장에 각종 지참인불 유가증권, 여행자수표, 백금, 금, 은, 가공 또는 비가공의 보석과 그 밖의 귀중품을 넣을 수 있다(국내 관련 법규에서 허용하는 범위에서만 취급).

(3) 발송요건(「만국우편협약 통상우편규칙」 제18-101조)

① 주소를 연필로 쓰거나, 기타 지워지는 형태 또는 약자로 기재한 우편물은 등기로 접수할 수 없다. 다만, 투명 창봉투에 넣어 발송하는 우편물 이외의 우편물의 주소는 복사용 잉크 연필로 기재할 수 있다.

② 국제등기접수증은 우편물 접수 시 등기우편물의 발송인에게 무료 발행한다.

　㉠ 창구 접수 시 등기번호 자동 부여하거나 등기라벨 사용 시 국제등기접수증 원부 작성 제출(등기번호 RR~, RM~)

　　※ 전자상거래 업체 등 주소, 내용품 정보를 전산으로 관리하는 경우에는 우체국과 협의하여 발송인이 직접 작성해 온 접수증 원부 사용 가능

　㉡ 국제등기우편물 주소기표지(등기번호 RA~, VA~)를 사용하거나 포스트넷(우편물 접수시스템)에 우편물 정보 입력 시에는 접수증 원부 제출 생략

　㉢ 국제등기접수증 원부는 행방조사 청구, 손해배상 지급 등의 사유 발생 시 기초자료로 사용되므로 고객이 작성한 주소, 내용품 가액 등 정당 여부 확인 철저

③ 등기우편물에는 굵은 문자로 명확하게 등기임을 표시하는 'Registered'를 가능한 한 왼쪽 윗부분 발송인의 주소 · 성명 아래에 기록하거나 표시한다.

④ 접수우체국에서는 국제등기번호표(등기라벨) CN04를 우편물 앞면의 알맞은 자리에 부착한다.

(1) 의의

배달통지는 우편물 접수 시 발송인의 청구에 따라 우편물을 수취인에게 배달하고 수취인에게서 수령 확인을 받아 발송인에게 알려주는 제도이며, 국내우편의 배달증명과 유사한 서비스

(2) 취급대상우편물 : 모든 우편물(통상우편물, 소포우편물, 특급우편물)에 가능

(3) 취급방법

① 배달통지를 청구한 우편물에는 발송인의 주소 · 성명 아래에 굵은 활자로 A.R.(또는 Avis de reception)를 기록하거나 표시한다(소포의 경우 기표지(dispatch note)에 A.R.인영 표시).

② 배달통지(A.R.) 서식(CN07)은 발송인이 로마문자로 서식의 여러 해당 항목을 정확히 기록한다. 앞면은 접수우체국에서 기록하여 우편물에 단단히 부착(소포의 경우 기표지(dispatch note) 바로 옆에 단단히 부착)한다.

③ 배달통지 수수료: 1,500원

> **더 알아보기** 배달통지서

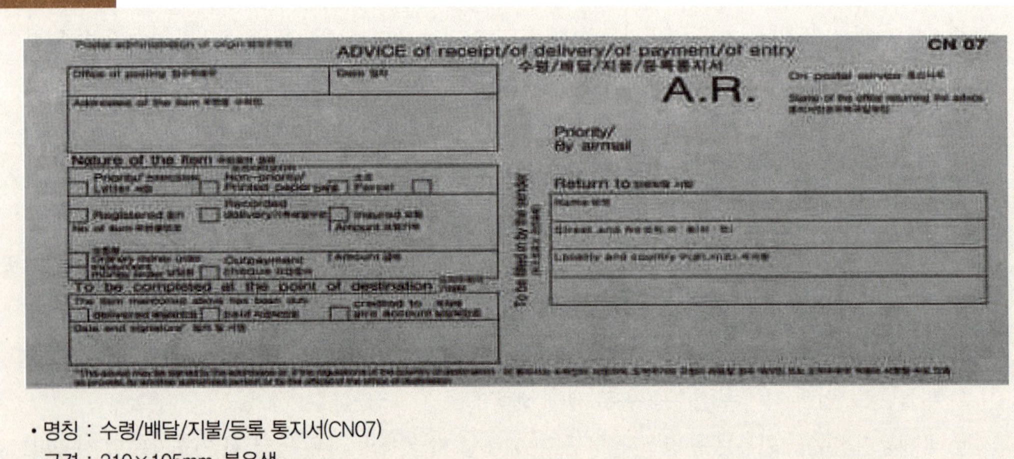

- 명칭 : 수령/배달/지불/등록 통지서(CN07)
- 규격 : 210×105mm, 붉은색
- 사용명세 : 배달통지 우편물을 접수할 때 사용
  - 기존에 보급된 식지를 사용하거나 포스트넷에서 출력 사용. 다만, 출력할 경우에는 붉은색 용지 사용하여야 함
- 출력방법 : 우편물을 접수할 때 자동으로 발행

3 보험취급(Insured)

(1) 의의

수표 등의 유가증권, 금전적 가치가 있는 서류나 귀중품 등이 들어있는 우편물을 내용품의 실제적·객관적 가치에 따라 보험취급하여 송달하고, 분실·훼손되거나 도난당한 경우 보험가액의 범위에서 실제로 생긴 손해액을 배상하는 제도

(2) 대상우편물 : 보험취급은 모든 우편물(통상, 소포, 특급)에 가능

※ 보험취급되는 통상우편물은 등기보험서장(Insured Letter)이며, 소포우편물은 보험소포(Insured parcel). 신중하게 취급하기 위해 중요 서류, 유가증권 등 부피가 작은 귀중품은 등기보험서장으로 접수 권유

(3) 취급우체국 : 모든 우체국(우편취급국 포함)

(4) 대상국가 : 국제우편물 발송조건(포스트넷·인터넷우체국)에서 취급국가 및 보험가액 최고한도액 확인

(5) 보험가액 및 보험료

① 보험가액

㉠ 보험가액 최고한도액은 4,000SDR(7백만원)까지이나, 우편물 종별에 따라 국가별 최고한도액이 다르므로 국제우편물발송조건을 참고

※ EMS프리미엄의 경우 5천만원

㉡ 보험가액은 내용품의 실제 가치를 초과할 수 없으며, 이를 위반하면 보험사기로 취급

㉢ 내용품의 일부가치만 보험취급 가능

㉣ 그 가치가 작성비용에 있는 서류의 보험가액은 분실의 경우 이를 대치하는 데 소요되는 비용을 초과할 수 없음

㉤ 보험취급 대상 내용품은 객관적인 가치가 있는 것이어야 하며, 주관적인 가치로 평가되는 물품은 보험 취급 불가

② 보험료

통 상	• 기본요금 : 550원 • 추가배달료(보험가입 시 필수) : 1,300원 • 추가요금(보험가액 65.34SDR 또는 114,300원 초과마다) : 550원
소포 및 EMS	• 기본요금 : 2,800원 • 추가요금(보험가액 65.34SDR 또는 114,300원 초과마다) : 550원

(6) 보험취급하여 발송할 수 있는 물건

① 수표, 지참인불 유가증권

② 우표, 복권, 기차표 등과 같은 금전적 가치가 있는 서류

③ 귀금속, 보석류

④ 고급시계, 만년필 등 귀중품

⑤ 수출입관련 법령(「대외무역법」 등)에서 허용하는 범위에서 취급

※ 발송조건은 포스트넷 또는 인터넷우체국 참조

※ 보험취급 가능 품목 비교

국제통상	EMS(국제특급)
수표, 지참인불 유가증권, 우표, 복권, 기차표, 귀금속, 보석류, 고급시계, 만년필 등 귀중품	물품류(10만원 이상), 우표(일부가능)

※ 국제통상과 EMS(국제특급)의 보험취급 가능 품목은 다를 수 있음

(7) 보험취급하여 발송할 수 없는 물건

① 국제우편에 관한 조약에서 취급을 금지하는 품목

㉠ 마약류, 향정신성물질

㉡ 폭발성·가연성 물질, 그 밖의 위험한 물질, 방사성물질

㉢ 외설적이거나 비도덕적인 물품

㉣ 배달국가에서 수입이나 유포를 금하는 물품

② 우편관계 국내 법규에서 우편취급을 금지하는 품목

③ 상대국에서 수입을 금지하는 물품(국제우편물 발송조건 참조)

④ 기타 : 동전 등 화폐(수집용도의 화폐도 발송할 수 없음)

⑤ 전자제품, 음식물, 파손되기 쉬운 물품(도자기, 유리컵 등)

※ 과학기술정보통신부장관 고시 제2018-62호, 국제우편물의 종류별 이용조건 및 취급절차

(8) 접수 시 보험 관련 고객 안내 사항

① 손해배상 기준액보다 물품가액이 낮은 경우 보험에 가입하여도 손해배상금액이 동일함을 안내(보험가입의 실익이 없음)

② 손해배상 기준액보다 물품가액이 높은 경우 보험가입에 대한 안내 강화

03 국제우편요금

01 개요

1 국제우편요금의 결정

(1) 만국우편협약에서 정한 범위 안에서 과학기술정보통신부장관이 결정(정함)

(2) 국제우편요금이 결정되면 고시하여야 함

2 국제우편 요금체계

(1) 운송편별에 따라 선편요금과 항공요금으로 구분

    ① 선편우편요금은 접수부터 배달까지 선편으로 송달할 경우에 납부하여야 하는 요금으로 통상우편물의 요금, 소포우편물의 요금과 한중 해상특송우편물의 요금으로 구분

    ② 항공우편요금은 항공통상우편물의 요금, 항공소포우편물의 요금, 국제특급우편물의 요금과 K-Packet 요금으로 구분

(2) 우편물종별에 따라 통상우편물, 소포우편물, EMS(국제특급), K-Packet, 한중해상특송의 요금 등으로 구분하며, 부가취급에 따른 부가취급수수료가 있음

(3) 구성내용에 따라 국내취급비, 도착국까지의 운송요금과 도착국내에서의 취급비로 구분

3 국제우편요금 적용방식

(1) 실중량(무게중량, 실제중량, 저울중량) 적용 : 물품을 포함하지 않은 서장 등의 항공우편물, 선편우편물

(2) 실중량(Actual weight)과 부피중량(Volume weight) 병행 적용

    ① 개요 : 실제중량과 부피중량* 중 더 큰 중량의 요금을 적용하여 우편요금 계산

    *부피중량 : 항공화물 부피를 kg 단위로 전환하기 위해 국제항공운송협회(IATA)에서 정의한 개념으로 항공화물시장에서 통용되는 용어(우체국에서는 부피중량과 체적중량을 혼용하여 같은 의미로 사용하고 있음)

    ② 대상 : 소형포장물(항공), K-Packet, 국제소포(항공), 국제특급(비서류), EMS프리미엄(비서류)

    ※ 국제항공우편물 및 민간과 제휴하여 제공하는 국제우편 서비스 일부에 적용

③ 부피중량 산식 : 가로(cm)×세로(cm)×높이(cm)÷부피계수 6,000

> **⟨예⟩ 부피중량 적용**
> 가로 20cm, 세로 20cm, 높이 20cm인 우편물의 실제 중량이 1kg인 경우, 부피 중량은 1.33kg(20×20×20÷6000)
> 로 부피 중량이 실제 중량보다 더 높으므로 부피(체적) 중량을 적용하여 우편요금 계산

④ 부피측정 방식

　㉠ 포장된 우편물의 모양이 사각형이 아닐 경우에는 우편물의 가장 튀어나온 곳을 기준으로 가로 · 세로 · 높이의 길이를 측정

　㉡ 서로 다른 크기의 상자 2개를 연결하였을 경우에는 각각의 부피를 구해 더하지 않고 1개의 물건으로 간주하여 가장 긴 길이를 측정

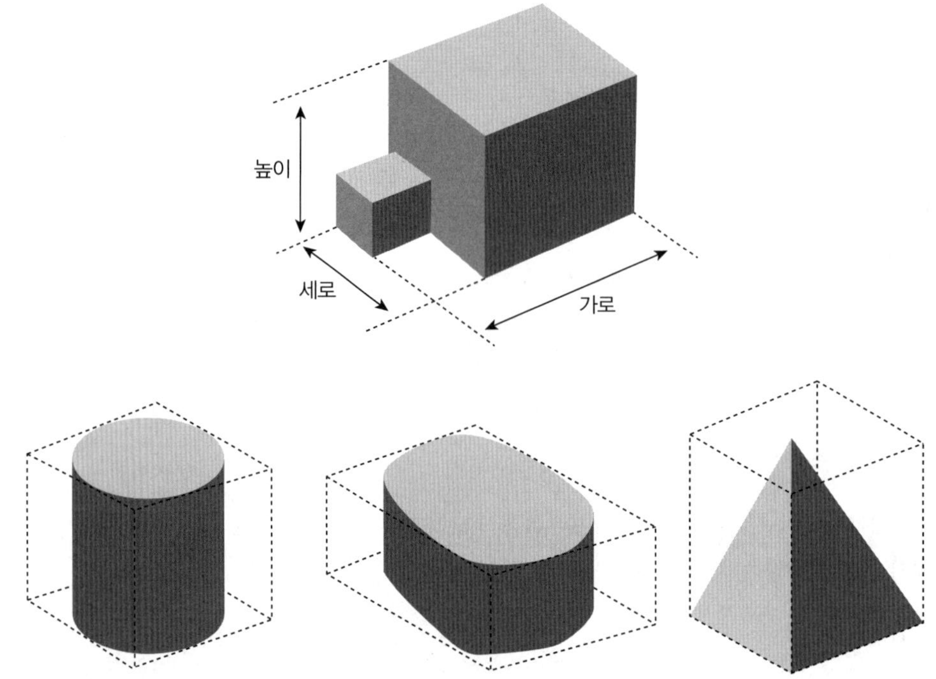

1 정의

한 사람이 한 번에 같은 우편물(동일 무게)을 보낼 때에 우편물 외부에 POSTAGE PAID(날인 또는 인쇄) 표시를 하여 발송하고 우편요금은 우표첨부 없이 별도로 즉납하는 제도

2 취급우체국

우편취급국을 제외한 모든 우체국

3 취급요건

(1) 통상우편물 : 10통 이상

※ 우편물의 종별, 무게, 우편요금 등이 같고 한사람이 한 번에 발송하는 우편물

(2) 국제특급우편물과 소포우편물의 우편요금은 현금과 신용카드(혹은 체크카드)로 결제하므로 별납취급에 특별한 요건이 없음

4 취급요령

(1) 발송인이 적어 제출한 별납신청서를 접수(별납신청서는 전산으로 출력)

(2) 접수검사 : 신청서 기록사항과 현물과의 다른 점은 없는지 확인

(3) 외부 기록사항 확인

① 우편물 앞면의 오른쪽 윗부분에 요금별납표시(날인 또는 인쇄) 유무
② 발송인이 표시하지 아니한 경우에는 우체국에서 요금별납인 날인

> **더 알아보기** 국제우편 요금별납 및 요금후납 표시

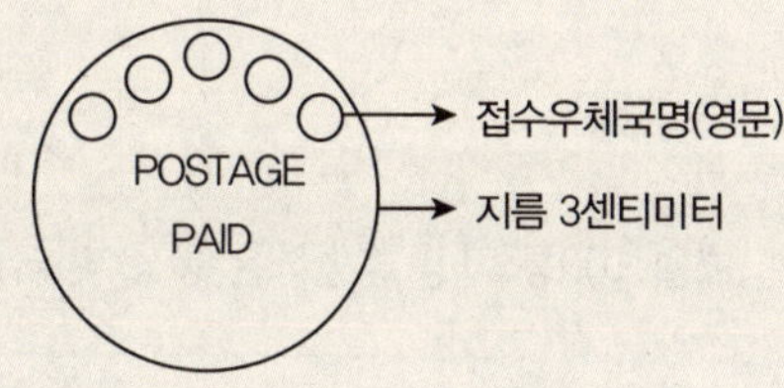

(4) 접수와 참관

① 요금별납우편물의 접수담당자는 접수담당책임자(6급 이하 관서의 경우에는 국장)가 보는 앞에서 확인 · 접수

② 접수와 입회 확인 절차는 국내우편요금별납의 취급 예에 따름

(5) 요금별납우편물에는 우편날짜도장의 날인은 생략

(6) 접수된 우편물은 국제우편물류센터나 부산국제우체국 앞으로 별도 우편자루 체결 · 발송을 원칙으로 한다. 다만, 물량이 적을 경우에는 단단히 묶어서 다른 우편물과 함께 발송한다.

(7) 별납신청서 처리

① 요금별납 접수 시 발송신청서(접수창구보관용, 발착부서보관용), 접수증(발송인교부용, 국제우체국송부용) 총 4부가 전산으로 출력된다.

② 요금별납 발송신청서와 접수증은 다음과 같이 처리한다.

발송신청서	• 접수창구보관용 1부는 우편날짜도장 날인 후 접수담당부서 보관 • 발착부서 보관용 1부는 우편물 발송담당부서에서 보관
접수증	• 발송인 교부용 1부는 우편날짜도장 날인 후 발송인 교부 • 국제우체국 송부용 1부는 우편날짜도장 날인 후 우편물과 함께 국제우편물류센터(항공), 부산국제우체국(선편)으로 보냄

---

03 국제우편요금의 후납

1 의의

국제우편물의 요금(특수취급수수료 포함)을 우편물을 접수할 때에 납부하지 않고 발송우체국의 승인을 얻어 1개월간 발송예정 우편물 요금액의 2배에 해당하는 금액을 담보금으로 제공하고 1개월간의 요금을 다음 달 20일까지 납부하는 제도

※ 다만, 카드로 납부할 때에는 담보금 면제

2 취급조건

한 사람(후납승인을 받은사람)이 매월 100통 이상 발송하는 통상 및 국제 소포우편물

3 취급우체국

후납계약을 맺은 우체국에서 발송(우편취급국 포함)

※ 다만, 취급국의 경우 등기취급우편물과 공공기관에서 발송하는 일반 우편물에만 허용

4 취급요령

(1) 우편물 및 발송표의 제출

우편물의 발송인은 국제우편요금후납우편물 발송신청서를 작성하여 우편물과 함께 요금후납 계약우체국에 제출한다.

(2) 우편물 및 발송신청서의 검사

① 우편물의 검사

ㄱ 요금후납우편물이 우리나라를 발송국으로 하는지 확인

ㄴ 우편물의 오른쪽 윗부분에는 요금별(후)납(Postage Paid)의 표시 확인

ㄷ 발송인이 표시하지 아니한 경우에는 우체국 보관 요금별(후)납인 날인

② 발송신청서의 검사

ㄱ 요금후납우편물 발송표 기록사항이 발송하는 우편물과 다름없는지 확인

ㄴ 발송표의 그 밖의 기록사항 확인

※ 발송신청서, 발송표, 발송접수증은 동일한 양식

(3) 접수 및 입회 확인

① 요금후납우편물의 접수담당자는 접수담당책임자(6급 이하 관서의 경우에는 국장)가 보는 앞에서 확인 · 접수

② 요금후납우편물 발송신청서는 요금별납우편물 접수 및 입회확인방법에 준하여 상호확인인을 날인

(4) 날짜도장 날인 : 요금후납우편물에는 우편날짜도장 날인 생략

(5) 요금후납우편물 발송신청서의 처리

① 접수검사가 끝난 요금후납우편물 발송표는 우편날짜도장을 날인한 후 접수담당부서에서 보관, 발송접수증을 비롯한 서류는 다음과 같이 처리(수령증과 접수통지서는 전산에서 출력하여 처리)

우편물 발송표	접수창구에 보관
우편물 수령증	발송인에게 교부
우편물접수통지서	항공은 국제우편물류센터로, 선편은 부산국제우체국으로 송부

② 접수우체국에 보관하는 요금후납우편물 발송표는 일련번호를 매기고 매월분을 정리해야 하며, 발송기간과 발송표 매수를 적은 표지를 붙여 보관한다.

국제우편 요금후납우편물 발송표

승인번호

No. 14

구 분	종 별	편 별	지 역	통당 무게	통당 요금	통 수	합계 금액	비 고
일반통상	서 장	항 공	1	21	0	840	1	840
등기통상	소형포장물	항 공	1	44	0	1,220	1	1,220
계							2	2,060

위 명세와 같이 발송하여 주시기 바랍니다.

20 . . .

발송인 주소
　　　상호
　　　성명　　　　　　　　　　　　　　　　(인)

우체국장 귀하

결재	담 당	팀 장	인수자	과 장	우편날짜도장 날인
	접수 당무자	접수 책임자	발송 책임자	영업 과장	

1 정의

우편물을 외국으로 발송하는 자가 국내 배달우체국과 계약을 체결하여 회신요금을 자신이 부담할 수 있도록 하는 제도

2 취급우체국과 발송가능 국가

(1) 취급우체국 : 집배우체국에 한하여 취급

(2) 발송가능국가 : 불가리아를 제외한 모든 국가

3 취급대상 우편물

(1) 종류 : 인쇄물(봉투)과 엽서에 한함

(2) 최대중량 : 50g

4 요금징수

(1) 수취인이 우편물을 받을 때 납부하며 후납 취급도 가능

(2) 인쇄물(봉투) : 1,100원

(3) 엽서 : 500원

5 이용계약

(1) IBRS의 이용계약을 체결하려는 자는 신청서와 수취할 우편물의 견본 2매를 배달우체국에 제출한다.

(2) 계약체결 후 우편물을 발송하는 자는 우편물 표시사항과 배달우체국장이 부여한 계약번호를 수취할 봉투 또는 엽서에 인쇄한 견본 2매를 배달우체국에 제출한다.

6 IBRS 접수 우체국의 취급

(1) IBRS 우편물은 발송유효기간에 한정하여 발송. 발송유효기간이 끝난 다음에 발송한 IBRS 우편물은 발송인에게 돌려보냄

(2) IBRS 우편물에는 날짜도장을 날인하지 않음

(3) IBRS 우편물은 모두 항공 취급하며, 그 밖의 부가취급 불가

(4) 유효기간 등이 정상적으로 표시된 IBRS 우편물은 접수시스템에 별도로 입력하지 않고 국제항공우편물과 같이 국제우편물류센터로 보냄

7 외국에서 도착된 IBRS 우편물의 취급

국내우편요금 수취인부담 우편물의 배달 예에 준해 배달하고 '____'의 요금을 징수한다.

05 해외 전자상거래용 반품서비스(IBRS EMS)

1 정의

인터넷쇼핑몰 등을 이용하는 온라인 해외거래 물량 증가에 따라 늘어나는 반품 요구를 충족하기 위해 기존의 국제우편요금수취인부담 제도를 활용하여 반품을 수월하게 하는 제도

2 서비스 개요

(1) 취급우체국과 발송가능국가

① 취급우체국 : 계약국제특급 이용우체국(집배국)에 한정함

② 발송가능국가 : 일본

(2) 취급대상 우편물

① 종류 : EMS에 한정함(최대 무게 2kg)

② 우편물의 규격 : 국가별 EMS 발송 조건의 규격과 같음

③ 구매자가 반품을 요청할 경우 반품서비스 이용계약을 체결한 판매자는 전자적인 방법으로 아래 서식의 반품서비스라벨을 구매자에게 전송, 구매자는 해당 우편물 표면에 반품서비스 라벨을 부착하여 접수

표시 내용	표시 위치
NO STAMP REQUIRED/NE PAS AFFRANCHIR (우편요금납부 불요)	라벨 오른쪽 윗부분

REPLY PAID/RESPONSE PAYEE
(우편요금수취인부담) 및 KOREA(SEOUL)
• 두 줄의 횡선 사이에 대문자로 인쇄
  – 선의 굵기 : 3mm 이상
  – 선의 길이 : 90mm 이상
  – 두 선의 인접변의 간격 : 14mm
	수취인 주소 · 성명 표시란 윗부분

수취인의 주소 · 성명 • 당초 판매물품의 발송 주소와 반송처가 다를 경우 반송처 주소 표시	'REPLY PAID' 표시 아랫부분
EMS 표시	라벨 좌측 상단
IBRS/CCRI No. (승인번호)	'EMS' 표시 아랫부분

④ 라벨의 규격 : 최소 90×140mm, 최대 140×235mm

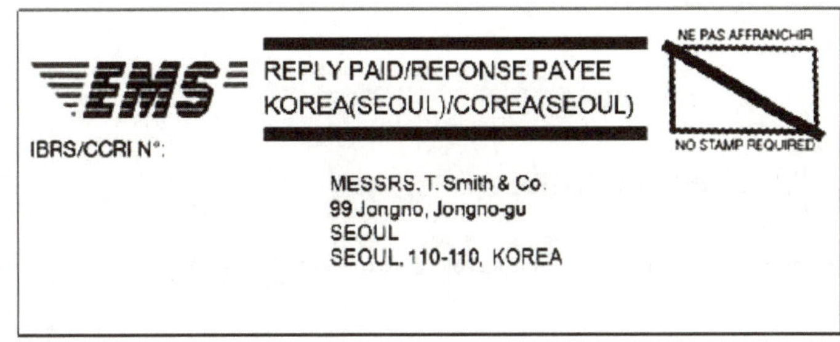

(3) 부가취급 : EMS 우편물로 취급, 그 밖의 부가취급은 할 수 없음

(4) 요금의 징수

① IBRS EMS 우편물의 요금은 수취인이 우편물을 받을 때 납부하게 하며 후납취급도 가능

② 수취인으로부터 징수할 IBRS EMS우편물의 요금은 통당 10,000원

1 개요

(1) 국제회신우표권(IRC)은 수취인에게 회신요금의 부담을 지우지 아니하고 외국으로부터 회답을 받는 데 편리한 제도

(2) 국제회신우표권은 UPU 총회가 개최되는 4년마다 총회 개최지명으로 국제회신우표권을 발행하며(4년마다 디자인 변경) 국제회신우표권의 유효기간은 앞면 우측과 뒷면 하단에 표시

　※ 2004년 베이징(중국), 2008년 나이로비(케냐), 2012년 도하(카타르), 2016년 이스탄불(튀르키예),
　　2021년 아비장(코트디부아르, 코로나19로 1년 연기), 2025년 두바이(아랍에미리트)

(3) 만국우편연합 국제사무국에서 발행하며 각 회원국에서 판매한다. 국제회신우표권 1장은 그 나라에서 외국으로 발송되는 항공보통서장 최저 요금의 우표와 교환

2 판매

(1) 우리나라에서 1매당 1,450원에 판매한다.

(2) 판매할 때에는 국제회신우표권의 왼쪽 해당란에 우편날짜도장을 날인(의무사항은 아님)한다.

(3) 국제회신우표권의 수급을 원활하게 조절하고, 통신목적 이외의 용역·물품대금 지급수단으로 이용하거나 환투기 목적의 사용을 방지하기 위하여, 다음과 같이 판매수량을 제한한다.
　① **판매제한내용** : 20장 이하는 자유판매, 20장 초과 판매를 요구할 때에는 구체적인 사용 목적을 확인한 후 판매하는 등 판매수량을 합리적으로 제한한다.
　② **다량 판매를 요구할 시 판매방법** : 신청서에는 최소한 신청인의 주소·성명과 사용 용도를 기록하도록 한다.

> 예 판매 제한과 거절 사유
> - 현재 필요한 상태에 있지 않으면서 한꺼번에 다량 구매를 요구하는 경우
> - 외국에 서적대금 지불수단 등으로 사용하려는 경우
> - 외국의 우표를 다량 구입할 수단으로 다량 구매를 요청하는 경우

더 알아보기 이스탄불 및 아비장 국제회신우표권 판매 및 처리일정(2021~2027)

날 짜	주요 내용	비 고
2021.8.31.	이스탄불 국제회신우표권 판매 마감	우체국
2021.9.1.	아비장 국제회신우표권 판매 시작	우체국
2021.12.31.	이스탄불 국제회신우표권 교환 마감(유효기간 만료)	우체국
2022.1.31.	이스탄불 국제회신우표권 미판매분 및 교환분 반납 마감	우체국 → 조달센터
2022.4.30.	이스탄불 국제회신우표권 미판매분 및 교환분 반납 마감	조달센터 → UPU
2026.8.31.	아비장 국제회신우표권 판매 마감	우체국
2026.12.31.	아비장 국제회신우표권 교환 마감(유효기간 만료)	우체국
2027.1.31.	아비장 국제회신우표권 미판매분 및 교환분 반납 마감	우체국 → 조달센터
2027.4.30.	아비장 국제회신우표권 미판매분 및 교환분 반납 마감	조달센터 → UPU

※ 국제회신우표권 판매 시 교환 마감일(유효기간) 안내 철저
※ 우표류와 교환을 마친 국제회신우표권은 발생 즉시 수시로 우정사업 조달센터로 반납 가능

더 알아보기 국제회신우표권(2021년 아비장총회 발행 유효기간 : 2026.12.31.)

앞 면	
뒷 면	

3 교환

(1) 외국에서 판매한 국제회신우표권은 우리나라에서 외국으로 발송되는 항공보통서장의 4지역 20g 요금(850원)에 해당하는 우표류*와 교환한다.

*우표류 : 과학기술정보통신부장관이 발행한 우표(소형시트 포함), 우편요금을 표시하는 증표와 우표책, 우편물의 부가취급에 필요한 봉투 등

※ 국제회신우표권은 '우표류'에 속하나 할인판매 불가

(2) 우리나라에서 판매된 국제회신우표권은 우리나라에서 교환할 수 없다.

(3) 국제회신우표권을 교환하여 줄 때에는 반드시 진위 여부를 검사(UPU의 문자가 선명하게 인쇄되었는지 등)하여야 하며, 오른쪽 해당란에 국제날짜도장을 날인(유효기간이 경과한 국제회신우표권은 교환 불가능)한다.

(4) 우표류와 교환을 마친 국제회신우표권은 포스트넷에 '반납 및 인수증(청구 및 송증)'을 등록(첨부)하고 우정사업조달센터로 반납한다.

국제회신우표권 다량구입 신청서		
신청인	성 명	
	주 소	
	연락처	
구매수량	장	※ 20장을 초과하여 다량구매의 경우 아래 사항 필수 확인
사용목적	※ 아래의 경우 판매가 제한됩니다. • 현재 필요하지 않으면서 한꺼번에 구매하는 경우 • 외국에 서적대금 지불 수단 등으로 사용하는 경우 • 외국의 우표를 다량 구입할 수단으로 구매 요청하는 경우	

확인사항

1. 구입한 국제회신우표권은 수취인의 우편물 회신용도 외 다른 용도로 사용하지 않음을 확인합니다.
2. 국제회신우표권을 구입한 후 제1항과 관련 없는 곳에 동 우표권이 사용되어 일어난 일련의 사고에 대해서는 판매 우체국에 책임을 묻지 않겠습니다.

년　　　　월　　　　일

신청인　　　　　　　　　　서명 또는 (인)

우체국장 귀하

주의사항

1. 우리나라에서 판매된 국제회신우표권은 우리나라에서 교환할 수 없습니다.
2. 국제회신우표권의 유효기간을 반드시 확인하시기 바랍니다.
3. 국제회신우표권은 현금으로 교환 불가능합니다.

개인정보 수집이용 동의서(구입고객)			
「개인정보보호법」 제15조 제1항 제1호에 따라 구매내역 및 본인확인을 위해 개인정보를 수집·이용함에 동의합니다.			
수집·이용항목	수집·이용목적	보유 및 이용기간	동의확인
구매자의 성명, 주소, 연락처	구매내역 및 정당 본인 확인	1년	[ ]
동의를 거부할 권리 및 불이익	개인정보를 수집·이용함에 동의를 거부할 권리가 있으며, 동의를 거부할 경우에는 서비스 이용에 제한이 있을 수 있습니다.		
정당 본인 확인필	담당자	팀 장	책임자

주요 부가서비스 및 제도

01 EMS 배달보장 서비스

1 정의

(1) 카할라우정연합체 국가로 발송하는 EMS에 대해 배달보장일자를 고객에게 제공하며, 제공한 배달예정일보다 하루라도 지연배달된 경우 우편요금을 배상해 주는 고품질 서비스이다.

EMS 배달보장일 계산프로그램에 발송지* 및 수취인 우편번호를 입력하면 항공기 스케줄, 상대국 공휴일 및 근무일 등을 고려한 배달보장일 조회 및 제공

*발송지는 접수우체국 우편번호로 자동입력(다른 지역 우편번호로 변경불가)된다.

(2) 단, 상대국 통관 보류 혹은 수취인 부재 등의 사유로 미 배달시는 배달완료로 간주한다.

2 배달보장 서비스 실시국(카할라 우정연합 회원국)

한국, 일본, 미국, 중국, 호주, 홍콩, 스페인, 프랑스, 태국, 캐나다 등 10개국

※ 해당 국가 사정에 따라 중지될 수 있음

3 서비스 요약

구 분	주요 내용
대상지역	10개 국가 우정당국 간 공동시행(카할라 우정연합체) – 10개 우정당국이 모든 지역에 대해 EMS 배달보장 서비스 제공
배달기한	배달보장일 계산프로그램 활용 – 배달보장일 계산프로그램에서 안내되는 배달보장일자가 EMS 배달보장 서비스 배달기한이 됨 – 아시아지역 : 접수+2일 이내 배달보장 – 미국, 호주, 유럽 : 접수+3일 이내 배달보장
배달기한보다 지연될 경우 손해배상	귀책사유가 있는 우정당국의 책임과 배상
우정당국 정산방법	우정당국 간 상호 정산 – 책임소재를 확인한 후 발송국가 우정당국 변상 또는 사후 우정당국 간 정산

1 정의

외국으로 발송하는 국제우편물 중 수출신고 대상물품이 들어 있는 경우 우체국에서 해당 우편물의 발송 사실을 세관에 확인하여 주는 서비스

2 절차

사후증빙 또는 관세 환급 심사를 위하여 수출하고자 하는 물품을 세관에 수출 신고한 후 필요한 검사를 거쳐 수출신고를 받아 물품을 외국무역선에 적재하기까지의 절차

3 대상우편물

발송인이 사전에 세관에 수출신고를 하여 수리된 물품이 들어 있는 우편물
※ 수출신고수리를 받은 물품은 관세법상 외국물품으로, 수리일로부터 30일내에 선(기)적 하여야 하며, 이 기일까지 선(기)적하지 아니한 경우에는 과태료(10만원) 부과와 수출신고수리가 취소될 수 있음. 또한, 수출신고가 수리된 물품이 관세청의 전산시스템상 선(기)적 확인이 되지 않는 경우에는 관세 등의 환급이 불가

4 취급국

전국우체국(별정우체국 및 우편취급국 포함)

5 포스트넷 입력

통합접수 ➡ 접수관리 ➡ 수출우편물관리 ➡ 수출우편물 등록

6 이용매체

전산으로 입력, EDI(Electronic Data Interchange) 시스템을 이용 전송

(1) 수출신고 수리물품으로서 선적(우편발송)이 완료된 물품은 관세 등 환급대상이 되므로 수출신고필증상의 품명, 규격, 수량과 동일성 여부 확인에 특히 유의하여야 한다(만일, 수출신고 수리물품과 상이한 물품이 우편발송 확인되어 부정 수출이나 부정·부당환급이 발생되는 경우에는 관세법 등 관련법규에 따라 엄중 처벌을 받게 됨에 유의).

(2) 발송인이 수출우편물 발송 확인을 요청할 경우 수출신고필증상의 신고 물품과 현품의 종류, 수량, 무게 등을 확인한 후 발송하여야 한다.

　① 전량 발송인 경우에는 수출신고필증상의 총 수량과 발송 포장 개수가 일치하여야 한다.

　② 수출신고필증상 1건당 1건의 우편물 발송을 원칙으로 하되(우편물 하나에 수출신고필증상 2건 이상 포장 불가), 분할하여 발송할 수 있다.

(3) 발송인에게 분할 발송 여부를 확인하여야 하며 분할 발송인 경우에는 분할 발송 부호로 전송한다.

　① 전량 발송으로 전송한 신고번호는 이후 분할 발송으로 다시 전송할 수 없다. 다만, 오류 전송으로 부득이한 경우에는 최초 전송 건을 정정

　② 분할 발송한 수출신고번호를 이후 전량 발송으로 전송한 경우에는 오류 처리된다.

(4) 분할 발송물품의 수량(무게) 과부족 처리한다.

　① 우체국장이 수출신고필증과 현품을 확인하여 이상 없음을 확인하여 전송한 것이므로 세관에서 접수는 하지만 수량 과부족에 의한 미선적으로 처리

　② 분할 발송인 경우에는 수량 일치 또는 무게 선적완료 기준(±5%)에 해당하여 선적이 완료된 경우에 우편발송확인서는 접수

　③ 이 경우 세관이 발송인(수출자)에게 수량 과부족 원인을 규명하여 조치하도록 통보

(5) 반드시 수출신고 수리 확인 후(관세사로부터 수출신고필증 팩스를 받은 후) 우편물을 발송한다.

　※ 수출신고 수리 전에 발송할 경우 '관세법 제241조와 제269조 제3항에 따라 3년 이하의 징역이나 물품원가 이하에 상당하는 벌금에 처한다'고 규정되어 있음

(6) 선적완료 처리된 이후에는 우편발송확인서는 정정할 수 없다.

우편 발송 확인서

① 수출신고번호	② 전량, 분할 발송여부 (해당란에 "○, ×"표)	
	전 량	분 할
010-10-00-0038035	×	○

③ 품명, 규격				
TV CAMERA				

④ 확인내용

우편물번호	등록일자	발송일자	포장개수	중 량
EM123456789KR	20○○년 ○○월 ○○일	20○○년 ○○월 ○○일	1 C/T	12.0kg
EM123456790KR	20○○년 ○○월 ○○일	20○○년 ○○월 ○○일	1 C/T	15.0kg
EM123456791KR	20○○년 ○○월 ○○일	20○○년 ○○월 ○○일	1 C/T	18.0kg

⑤ 비고	

상기물품은 수출신고수리를 받은 물품과 동일한 물품으로서, 상기와 같이 우편물로 발송하였음을 확인함.

20○○년 ○○월 ○○일

○○우체국장 (인)

붙임 : 수출신고수리필증 사본 1부. 끝.

03 사전 통관정보 제공

1 의의

국가 간 수출입우편물에 대한 상세정보 취득을 통한 투명하고 신속한 관세 행정, 안전사고 예방을 위해 관세당국에서 사전통관정보제공을 의무화한다.

2 개요

통관검사에 필요한 국제우편물 접수정보(발송인·수취인 주소, 성명, 전화번호, 내용품명/수량/단가 등)를 우편물이 상대국에 도착하기 전에 EDI(전자자료교환) 방식으로 상대국 우정에 제공하고 상대국 우정은 해당국 관세당국에 통관정보를 제공한다.

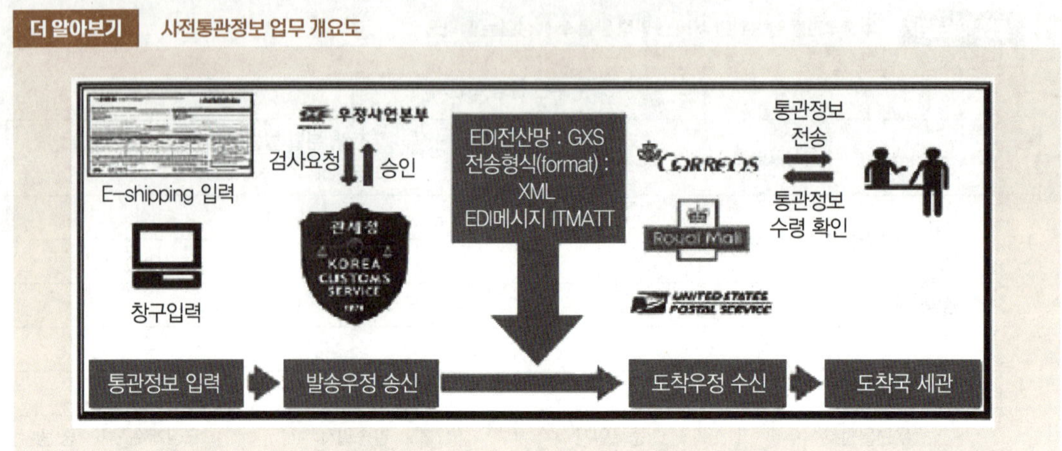

(1) 대상 관서 : 전국 우체국(우편취급국 포함)

(2) 대상 우편물 : 비서류[국제소포(항공·선편)우편물, K-Packet, EMS(비서류), 해상특송우편물(한중, 한일)], EMS(서류), 소형포장물

(3) 대상국가 : UPU 회원국가 중 우리나라와 우편물을 교환하는 국가('2024.01.~)

(4) 우편물에 부착되는 주소기표지(운송장) 및 세관신고서 작성 : 영어 및 아라비아숫자

(5) 포스트넷(시스템) 입력 방법 : 문자는 영문으로, 숫자는 아라비아숫자로 입력

(6) 사전 통관정보 제공 순서 : 통관정보 입력(영문) → 통관정보 전송 → 도착우정 수신 ↔ 세관 제공

(7) 통관정보 제공 데이터 항목

발송인	등록구분	수취인	등록구분	내용품	등록구분
성명	필수	성명	필수	내용품유형	필수
상세주소	필수	상세주소	필수	내용품명	필수
우편번호	필수	우편번호	필수	순중량	필수
전화번호	필수	전화번호	선택	생산지	필수
Email	선택	Email	선택	HS Code	필수
				개수	필수
				가격	필수

※ 수취인 전화번호 입력은 원칙적으로 선택사항이나, 배달예정 및 통관사항 등 중요 안내사항을 전화로 하는 국가가 다수이므로 필수항목에 준하여 기재하도록 고객안내

3 유럽연합의 ICS2(Import Control System 2)

(1) 개요

① ICS2 대상국가로 발송하는 우편물은 도착국가 세관으로부터 반드시 승인 완료(AC)를 받은 경우에만 운송수단 탑재 및 발송 가능

※ AC(Assessment Complete 상대국가에서 승인완료 운송수단 탑재가능)

② 도착국 세관은 사전통관정보를 통해 안전성·위험성 등을 확인하여 승인완료

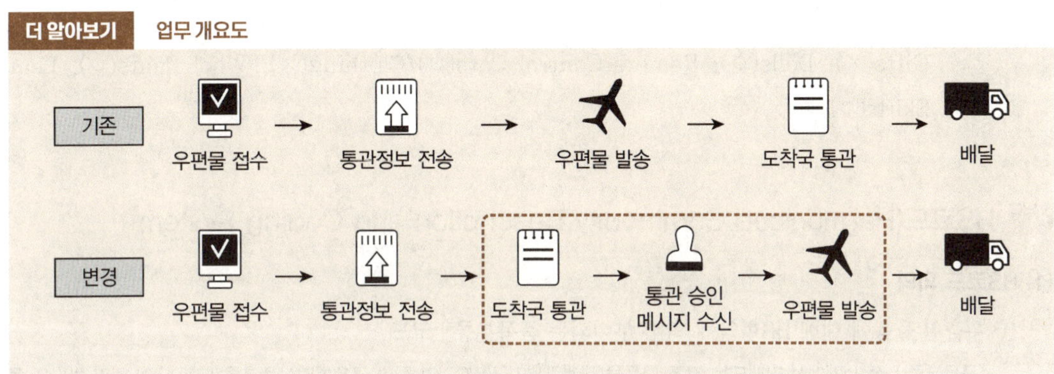

(2) 대상국가 : 총 30개 국가(EU 27국＋3국[스위스, 노르웨이, 리히텐슈타인])

구 분	국가(30)						
유럽(27)	그리스	네덜란드	덴마크	독일	라트비아	루마니아	룩셈부르크
	리투아니아	몰타	벨기에	불가리아	스웨덴	스페인	슬로바키아
	슬로베니아	아일랜드	에스토니아	오스트리아	이탈리아	체코	크로아티아
	키프로스	포르투갈	폴란드	프랑스	핀란드	헝가리	
기타(3)	노르웨이	리히텐슈타인	스위스				

(3) 시행관서 : 전국 우체국(우편취급국 포함)

(4) 대상우편물 : 물품(Goods)을 포함한 모든 비서류 우편물* 해당

*EMS(비서류), 항공소포, 소형포장물(packet류)

(5) 시행일자 : 2023.9.25(월) 접수분부터

(6) 고객안내사항

① 입력언어 : 영어 및 영문 알파벳으로 입력 가능한 도착국가 언어, 특수문자는 사용금지

② 주소 : 발송인 및 수취인 주소의 우편번호 반드시 입력(3단 주소 입력 의무화)

㉠ 성명 : 발송인 및 수취인 성명란에 정확히 영어로 기재

㉡ 물품 가격 및 무게 : 숫자로 기입(0으로 기입 금지)

㉢ 물품명 : 내용품을 구체적으로 기재

　예 물품명 입력 예시

　　Gifts(×), Dolls(○), Remote Control Cars(○)/Clothing(×), Wool Pants(○), Leather Skirts(○)

4 HS코드(Harmonized Commodity Description and Coding System)

(1) HS코드 의의

① 수출입 물품에 대해 HS협약에 의해 부여되는 품목분류* 코드

*품목분류 : 전 세계에서 거래되는 각종 물품을 세계관세기구(WCO)가 정한 국제통일상품분류체계(HS)에 의거 하나의 품목번호에 분류하는 것

② 상품분류체계의 통일을 기하여 국제무역을 원활히 하고 관세율 적용의 일관성을 유지하는 역할을 한다.

(2) HS코드 입력목적

① 신속한 통관

㉠ 최근 많은 국가에서 국제우편물이 배달국가에 도착하기 전에 HS코드를 포함한 통관정보를 제공해야 하는 '사전통관정보제공' 제도 시행을 공포

㉡ 사전통관정보가 미제공된 우편물에 대해서는 통관연기, 배달지연, 반송 등의 조치를 취하겠다고 선언

② 정확한 관세율 적용

(3) HS코드의 구조

① 6자리까지는 국제적으로 공통으로 사용하는 코드이며, 7자리부터는 각 나라에서 6자리 소호의 범위 내에서 이를 세분화하여 10자리까지 사용한다.

② 우리나라에서는 10자리까지 사용하며 이를 HSK(HS of Korea)라 지칭(EU는 8, 일본은 9자리 사용)한다.

- 류(Chapter) : 상품의 군별 분류
- 호(Heading) : 동일 류 품목의 종류별 · 가공도별 분류
- 소호(Subheading) : 동일 호 내 품목의 용도 · 기능 등에 따른 분류
- (마우스 예시)
  국제공통 : '84' 기계, '71' 자동자료처리기, '60' 입력 및 출력장치
  한국 : '10' 입력장치, '30' 마우스

04 국제우편 요금감액 제도

1 대상우편물

(1) 특급우편물(EMS · EMS프리미엄)

① 계약특급우편 : 우편관서와 발송인과의 이용계약에 따라 특급우편(EMS · EMS프리미엄)을 발송하는 이용자

② 수시특급우편 : 별도의 이용계약을 맺지 않고 특급우편(EMS · EMS프리미엄)을 발송하는 이용자

③ 일괄특급우편 : 우편관서와 발송인과의 이용계약에 따라 접수우체국을 통해 특급우편(EMS · EMS프리미엄)을 발송하는 본사와 지사, 협회와 회원사, 국가기관 · 지방자치단체 · 공공기관 등과 이와 연계된 이용자 또는 사업자 등

(2) K-Packet

① K-Packet, 우편관서와 발송인과의 이용계약에 따라 K-Packet을 전산시스템으로 접수(e-shipping)하여 발송하는 이용자

② 일괄 K-Packet : 우편관서와 발송인과의 이용계약에 따라 2개 이상의 접수우체국을 통해 K-Packet을 발송하는 본사와 지사, 협회와 회원사, 국가기관 · 지방자치단체 · 공공기관 등과 이와 연계된 이용자 또는 는 사업자 등

(3) 소형포장물

① 소형포장물 : 우편관서와 발송인이 이용계약을 하거나 별도의 이용 계약을 맺지 않고 소형포장물을 발송하는 이용자

② 일괄 소형포장물 : 우편관서와 발송인과의 이용계약에 따라 2개 이상의 접수우체국을 통해 소형포장물을 발송하는 본사와 지사, 협회와 회원사, 국가기관 · 지방자치단체 · 공공기관 등과 이와 연계된 이용자 또는 는 사업자 등

(4) 한 · 중 해상특송(Post Sea Express)

우편관서와 발송인과의 이용계약에 따라 전자상거래(B2C) 물량을 전산시스템으로 접수(e-shipping)하여
발송하는 이용자

2 취급요건과 감액범위

(1) 특급우편(EMS · EMS프리미엄)

(단위 : 1개월, 1회, 만원)

구 분 \ 이용금액	30 초과 ~50	50 초과 ~150	150 초과 ~500	500 초과 ~1,000	1,000 초과 ~2,000	2,000 초과 ~5,000	5,000 초과 ~10,000	10,000 초과 ~20,000	20,000 초과
계약특급	–	4%	6%	8%	10%	12%	14%	16%	18%
수시특급	3%	4%	6%	8%	10%	12%	14%	16%	18%
일괄특급	–	2%		3%	4%	5%	6%	7%	8%

※ 단, 수시특급의 이용금액은 1회당 접수요금 기준이다.

※ 감액 시 기준금액(이용금액) 및 감액대상은 고시된 요금[EMS프리미엄은 「EMS 프리미엄 서비스 요금
및 이용에 관한 수수료」(과학기술정보통신부 고시)] 기준이며, 수수료는 제외한다.

(2) K-Packet, 등기소형포장물

(단위 : 1개월, 만원)

구분 \ 이용금액	50 초과 ~100	100 초과 ~200	200 초과 ~300	300 초과 ~400	400 초과 ~500	500 초과 ~1,000	1,000 초과 ~3,000	3,000 초과 ~5,000	5,000 초과 ~10,000	10,000 초과
일반계약	5%	6%	7%	8%	9%	10%	12%	13%	14%	15%
일괄계약	2%		3%		4%		5%		6%	

※ 감액 시 기준금액(이용금액) 및 감액대상은 고시된 요금이며, 수수료는 제외한다.

※ 일반계약은 K-Packet · 등기소형포장물 계약이며, 일괄계약은 일괄 K-Packet · 등기소형포장물 계약
이다.

※ 등기소형포장물 감액은 계약고객에 한하여 적용한다.

(3) 한 · 중 해상특송(Post Sea Express)

(단위 : 1개월, 만원)

이용금액	50 초과 ~150	150 초과 ~500	500 초과 ~1,000	1,000 초과 ~2,000	2,000 초과 ~5,000	5,000 초과 ~10,000	10,000 초과
감액률	4%	6%	8%	10%	12%	14%	16%

※ 감액 시 기준금액(이용금액) 및 감액대상은 고시된 요금이며, 수수료는 제외한다.

(4) 국가기관, 지자체 등 공공기관 등과의 업무협약, 공익사업 등으로 발송하는 우편물, 다량우편물(월 4,000통 이상 발송 또는 월 이용금액 3억원 초과), 그 밖에 우정사업본부장이 특별히 인정하는 경우에는 40% 이내에서 감액률 또는 감액 금액(통당 3천원 이내)을 별도로 정할 수 있다.

3 특별감액

구 분	요 건	감액률	대 상
접수비용 절감	인터넷 또는 우체국앱을 통해 접수한 비계약 고객	5%p	EMS, EMS프리미엄, 소형포장물
계약고객	국제우편사업 물량·매출 증대 등에 기여한 고객 ※ 매출액, 비용절감, 업체 성장 가능성 등을 종합적으로 판단	30%p 이하	EMS, EMS프리미엄, K-Packet, 소형포장물, 한중해상특송, 국제물류, 보세화물우편, 국제소포, 신규상품
이용 활성화	• 우정사업본부장이 특정 사안에 대하여 이용활성화가 필요하다고 판단하는 경우 • 신규 상품·서비스 도입 등을 위해 시범운영을 하는 경우	80% 이하	

4 감액률 적용 방법

월간 이용 실적에 따른 기본감액률과 요건별 특별감액률을 합산하여 감액률을 적용한다.

1 국제우편스마트접수(우체국과 계약고객은 별도의 계약업무처리 지침에 따름)

(1) 고객이 PC 또는 스마트폰으로 인터넷우체국(또는 우체국 앱)에 발송정보(발송인·수취인 주소, 성명, 통관정보 등)를 사전 입력, 우체국에서는 입력한 발송정보를 포스트넷 시스템과 연계하여 주소기표지를 출력 및 접수한다.

(2) 대상우편물 : EMS, EMS프리미엄, 국제소포(항공·선편), 등기소형포장물(항공)

    ① EMS : 요금 5% 할인, 고객 선택에 따라 우체국 창구접수 및 방문접수(방문접수수수료 납부 필요) 모두 가능하다.

       ※ 우체국별로 우체국직원 방문접수 불가지역이 있음

       ※ 방문접수는 우체국직원이 고객을 방문하여 우편물을 접수하는 것을 말함

    ② EMS프리미엄 : 요금할인 없음, 고객이 우체국에 직접방문(방문접수 불가)

    ③ 국제소포 : 요금할인 없음, 고객이 우체국에 직접방문(방문접수 불가)

    ④ 등기소형포장물(항공) : 요금 5% 할인, 고객이 우체국에 직접방문(방문접수 불가)

(3) 시스템 처리도(우체국 창구접수)

고객	인터넷우체국	고객	우체국
발송정보 입력	입력정보처리	우체국 방문	접수처리 및 발송
발송인·수취인 주소, 성명, 통관정보 등 입력	• 접수번호생성 • 등기번호생성	• 접수번호 또는 발송인 핸드폰 번호 제출 • 기표지 작성을 별도로 하지 않음	• 연계접수 메뉴 활용 • 요금결제, 영수증출력 • 기표지 출력(A4사이즈)

(4) 기대효과

    ① 접수방법 다양화를 통한 이용고객 편의증진 및 서비스경쟁력 제고

    ② 주소기표지 조제비용 절감에 따른 경영 수지 기여

    ③ 발송과 관련된 각종 기록을 DB로 저장함에 따라 향후 고객분석에 용이

    ④ 주소 및 사전통관제도 고객 직접입력에 따른 우체국직원의 접수부담 경감

2 우체국 쇼핑 해외배송 서비스

(1) 개요

① 1,200여 종의 우수한 우체국쇼핑 상품을 전세계 43여 개 국가로 각 지역 공급우체국에서 직접 배송하는 서비스

② 인터넷 우체국쇼핑(www.epost.kr)에서 접수 가능(창구 접수 불가) 배송가능 국가

　㉠ 1지역(8) : 대만, 마카오, 캄보디아, 라오스, 말레이시아, 몽고, 태국, 베트남

　㉡ 2지역(1) : 부탄

　㉢ 3지역(25) : 알바니아, 오스트리아, 바레인, 벨기에, 불가리아, 캐나다, 크로아티아, 체코, 덴마크, 에스토니아, 그리스, 헝가리, 아일랜드, 룩셈부르크, 뉴질랜드, 노르웨이, 폴란드, 포르투칼, 루마니아, 사우디아라비아, 스웨덴, 스위스, 튀르키예, 우즈벡, 핀란드

　㉣ 특정지역(9) : 일본, 홍콩, 중국, 호주, 미국, 싱가폴, 영국, 프랑스, 스페인

　　※ 국가별 구분은 상황에 따라 변동될 수 있음

(2) 배송방법 : EMS(국제특급), 항공소형포장물(등기)

(3) 결제방법 : 신용카드

※ 카드 회사별 상황에 따라 변동될 수 있음

① 한글몰

국내에서 발행한 모든 신용카드 및 페이팔, 해외에서 발행한 카드 중 3D-SECURE 인증카드(VISA, MASTER, JCB, UNION PAY)만 가능(온라인 송금, 즉시 계좌이체, 휴대폰결제, 카카오페이는 한국어 매장만 가능)

② 영/일문몰

　㉠ 신용카드 해외에서 발행한 카드 중 3D-SECURE 인증카드(VISA, MASTER, JCB, UNION PAY)

　㉡ 알리페이(중문몰에서만 가능), 페이팔

(1) 배경 : 미국의 '공공보건 안전 및 바이오 테러리즘 대응 법률'에 따라 미국으로 식품반입 시 FDA(Food & Drug Administration)에 사전 신고해야 한다는 조항의 적용 실시(2004년 8월 13일 미국 도착 기준)

(2) 사전신고 대상우편물 : 미국행 국제(항공 · 선편)우편물 전량

(3) 사전신고 면제 및 유예 우편물

① 면제 : 가정에서 조제(만든)한 식품을 우편으로 발송하는 경우

② 유예 : 개인이 자기 자신, 가족 또는 친지에게 선물로 발송하는 비상업적 식품으로 인정되는 경우

사전신고	대 상	비 고
면제	가정에서 제조한 비상업적 목적의 식품	–
유예	개인(자기 자신, 가족 또는 친구)이 개인에게 보내는 비상업적 목적의 식품	사전 신고가 원칙이나 관련법의 적용을 유예함. 단, 개인 간 발송하는 상업적 목적의 식품은 사전 신고 대상에 해당함
해당	기관, 협회 또는 회사가 발송인 또는 수취인인 경우	–

※ EMS프리미엄은 입으로 들어가는 모든 식품에 대해 접수금지

(4) 사전신고 대상우편물의 처리

① 미국 FDA에서 운영하는 사전신고 인터넷 사이트를 통해 신고

※ 해당 사이트에 계정을 먼저 개설한 후, 사전신고 등록, 우편 및 전화 등에 의한 신고는 불가능

② 사전 신고 확인서를 인쇄

③ 확인번호 12자리 숫자(우측하단, Confirmation Number)를 주소기표지 세관신고서에 물품명과 병기

④ 확인서는 우편물 외부에 부착하여 발송

(5) 사전 신고 대상우편물의 처리(먼저 계정을 개설한 후, 사전등록 처리)

① FDA 홈페이지를 통해 사전 신고

② 사전 신고 확인서를 인쇄

③ 확인번호 12자리 숫자(우측 하단, Confirmation Number)를 주소기표지 세관신고서에 물품명과 병기

④ 확인서는 우편물 외부에 부착하여 발송

(6) 우편물 지연 및 발송인의 책임에 대한 안내

① 미국 내 식품반입에 대한 안전검색 강화로 인해 통관 및 배달이 다소 지연될 수 있음

② 부패성 식품을 우체국을 통해 발송한 후 내용품의 특성상 운송 도중 부패한 경우는 발송인 책임임

EMS프리미엄 서비스

01 EMS프리미엄 서비스(민간 국제특송사 제휴서비스)

1 배경 및 의의

(1) 배경

국제우편서비스 경쟁력 제고를 위해 2001년 TNT(민간특송업체)와의 전략적 제휴로 시작되었으며, TNT와의 계약종료 후 2012년부터 UPS(글로벌 특송업체)를 제휴사업자로 선정하여 운영하고 있다.

(2) 의의

EMS프리미엄 서비스는 공익성을 추구하는 공기업과 이윤추구를 목적으로 하는 사기업의 제휴를 통한 시너지 제고

2 서비스 개요

(1) 접수가능 우체국 : 전국 모든 우체국(우편취급국 포함)

(2) 업무흐름

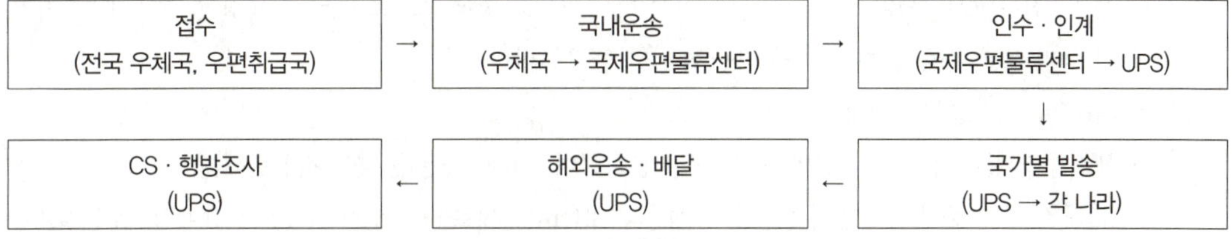

※ 홍보, 영업, 정산은 우정사업본부와 UPS에서 공동수행

(3) 서비스 내역(반송 시 반송료〈반착료〉부과)

① 지역 및 대상 구분 : 1~5, 러시아 지역으로 구분

② 대상구분 : 서류와 비서류로 구분

③ 중량제한 : 70kg까지(포스트넷 국가별 접수중량 제한기준 확인하여 접수)

　※ 6급 이하 관서는 30kg까지 접수 가능

④ 부피제한

　㉠ 우편물의 길이와 둘레의 합이 400cm를 초과할 수 없음

※ 최대길이 274cm 이하, 둘레 300cm가 넘는 우편물 UPS 측에 연락 후 접수

   ⓛ 길이와 둘레의 합 계산 : (가로+세로)×2+높이(가장 긴 변을 높이로 간주함) 단위는 cm로 표시

 ⑤ 무게 산정 : 실중량과 체적중량 중 무거운 중량 적용

   ※ 체적중량 : 가로(cm)×세로(cm)×높이(cm)÷6,000=OO(kg)

(4) EMS 미 취급 국가를 비롯한 국제특송우편물의 해외 송달

(5) 국가별 EMS 제한무게를 초과하는 고중량 국제특송우편물 송달

(6) EMS프리미엄 부가서비스 7종 제공

(7) 발송한 우편물이 도착국가에서 주소불명확 등 배달불능 사유로 반송 시 반송료(반착료) 부과

3 EMS프리미엄 접수

(1) EMS프리미엄 접수

 ① 접수는 우체국(우편취급국 포함)에서, 해외운송은 UPS가 수행한다.

 ② 등기번호체계 : UP ○○○ ○○○ ○○○ KR   예 UP 123456789 KR

 ③ 서류 접수

   ㉠ 적용기준 : 종이로 된 문서형식의 편지류, 계약서, 선적·입학서류

   ㉡ 국가별 서류 가능 품목은 EMS프리미엄 홈페이지(www.emspremium.com) 확인 또는 EMS프리미엄 업무관련 UPS 담당부서로 전화문의

   ㉢ 사서함 주소(P.O. Box) 접수 불가(도착국에서 배달확인 불가능) : 아프리카 및 중동 지역, 수취인의 주소가 개인주소 없이 P.O. Box로만 되어있는 지역의 경우 예외적으로 접수가 가능[발송동의서 작성 및 첨부(EMS프리미엄 홈페이지) 필수]하다. P.O. Box 주소로 배달을 요청할 경우 배달 지연, 배달 불가 등에 대한 손해배상 등 민원 제기가 불가능하다.

 ④ 비서류 접수 : 취급한도 70kg

   ㉠ 체적중량과 무게(저울)중량의 적용 : 두 가지를 비교하여 높은 중량을 적용한다.

     ※ 체적(부피)중량 계산방법 : 산출 공식은 가로(cm)×세로(cm)×높이(cm)÷6,000임. 계산결과는 kg 단위로 표시. 체적(부피)중량과 무게(실, 실제, 저울)중량을 비교하여 높은 쪽을 요금으로 적용함

     예 무게가 6kg이고, 가로가 30cm, 세로가 50cm, 높이가 40cm인 우편물

       체적무게 30×50×40÷6,000=10kg이므로 요금은 10kg 요금을 적용한다.

   ㉡ 비서류 요금입력 : 전산에 입력할 때 '종별란'에서 반드시 '비서류'를 선택하여 요금을 입력한다.

   ㉢ 세관신고서 작성 방법(상업송장[인보이스 Invoice] 작성 포함)

     • 상업용 비서류 발송 시 인보이스(Invoice) 3부를 반드시 첨부

     • 내용품명, 물건 개수, 물품가격을 정확하게 영문으로 기록해야 함

     • 상업송장(Invoice) 물품가격이 2백만원(미화 약 2천불) 초과 또는 주소 기표지에 수출에 체크한 경우 정식 수출신고 후 발송하게 됨(기업 및 개인고객 모두 해당)

• 인보이스 원본 필수 국가 : 원본 Invoice는 손으로 작성할 수 없으며 Invoice에 파란색 잉크를 사용하여 서명하거나 도장을 찍어야 함

대륙별	국가(Country)
아시아	BANGLADESH(방글라데시), CHINA(중국), INDIA(인도), INDONESIA(인도네시아), MACAO(마카오), MALAYSIA(말레이시아), NEPAL(네팔), PHILIPPINES(필리핀)
중동	BAHRAIN(바레인), ISRAEL(이스라엘), KUWAIT(쿠웨이트), PAKISTAN(파키스탄), QATAR(카타르), REUNION ISLAND(레위니옹), SAUDI ARABIA(사우디아라비아), UNITED ARAB EMIRATES(아랍에미리트), TURKEY(튀르키예)
유럽	ALBANIA(알바니아), BOSNIA(보스니아), BULGARIA(불가리아), CANARY ISLAND(카나리군도), CROATIA(크로아티아), ESTONIA(에스토니아), HUNGARY(헝가리), LATVIA(라트비아), LITHUANIA(리투아니아), MARTINIQUE(마르티니크), MONTSERRAT(몬트세랫), NETHERLANDS(네덜란드), POLAND(폴란드), ROMANIA(루마니아), RUSSIA(러시아), SERBIA(세르비아), SLOVAKIA(슬로바키아), 대부분의 동유럽 국가
북미 · 남미	ARGENTINA(아르헨티나), BAHAMAS(바하마), BRAZIL(브라질), CHILE(칠레), GUYANA(기아나), GUATEMALA(과테말라), PERU(페루), URUGUAY(우루과이), COLOMBIA(콜롬비아), VENEZUELA(베네수엘라)
아프리카	ALGERIA(알제리), SOUTH AFRICA(남아프리카공화국), ZAMBIA(잠비아), ZIMBABWE(짐바브웨)
오세아니아	SAMOA(사모아), HAITI(아이티), NEW ZEALAND(뉴질랜드)

ⓔ 국가별 공통사항 금지품목(국가별 기타 세부 금지품목은 포스트넷 발송조건을 확인 후 접수)

금지품목	
알코올 첨가된 음료	향수나 알코올이 포함된 스킨도 금지
담배나 담배관련 제품	전자담배 포함
탄약	화약, 총알 등 폭발성이 있다고 분류된 물품은 국제적으로 발송금지
소형화기 및 무기, 모형 총기	무기, 총기류(장난감 포함)
드라이아이스	냉매제도 포함되며, 위험품으로 간주
가공되지 않은 동물성 생산품 (Animal Products –Non–domesticated)	• 암소, 염소, 양, 돼지는 가축으로, 그 외 다른 동물들은 가공되지 않은 동물들로 여겨지며, 이들에게서 나온 아이템이나 제품들은 발송금지 • 가공되지 않은 동물들에게서 나온 제품은 옷(신발, 벨트, 지갑, 핸드백), 장식품(보석, 실내장식)이나 그 외 부산물(by–products)이며, 다음과 같은 아이템 등으로 만든 것들임 – 양서류, 조류, 갑각류, 어류, 산호, 조개류, 동물성 해면스펀지, 뿔, 발톱, 발굽, 손톱, 상아, 치아, 부리, 거북딱지, 고래수염(이 제품들의 가루(powder) 및 폐기물(waste)을 포함)

ⓜ 음식물 및 의약품 : 대부분의 음식물 및 의약품은 통관이 어렵거나 불가함으로 인해 사실상 접수금지 품목에 해당함(해당 국가에서 부여한 수입허가증, 자격 등이 요구되는 경우가 많음). 따라서 EMS프리미엄은 개인의 음식물 및 의약품 접수를 제한하고 있으며, 해당 물품의 반송 또는 폐기사유가 발생하여도 민원제기 불가(식약품전문취급 업체 간의 발송인 경우 EMS고객센터로 문의 후 접수 및 발송)

ⓗ 화학약품, 배터리, 소형가전 제품 접수 시 MSDS(물질안전보건자료)*로 발송 가능 여부를 사전 확인 및 발송 가능할 경우 MSDS를 반드시 첨부

　　예 잉크, 페인트, 액상 모기약, 렌즈 클리너, 본드, 화장품 원료, 의약품 원료, 합성수지(Resin) 등

*MSDS(Material Safety Data Sheet) : 화학물질을 안전하게 사용·관리하기 위해 필요한 정보(제조자명, 제품명, 성분과 성질, 취급상 주의사항, 사고가 생겼을 때 응급처치방법 등)를 기록한 서류, MSDS는 EMS프리미엄 이외의 다른 국제우편물의 접수 및 발송 등 업무에도 사용함

ⓐ 그 밖의 유의사항

- 파손될 우려가 크거나 고가의 물품인 경우에는 보험 가입을 권유한다.
- 모든 물품은 정상적으로 단단히 포장되어야 하며, 파손되기 쉬운 물품이나 전자제품은 완충제로 충분히 보호한 후 나무로 포장한다.

(2) EMS프리미엄 주요 부가서비스(7종)

서비스명	대상고객	서비스내용 및 요금
고중량 (Heavy Weight)	모든 고객(개인 및 EMS계약고객)	• 30kg 초과 70kg 이하의 고중량우편물 배송 • 접수관서 : 전국 총괄우체국(5급국 이상) • 취급지역 : 203개 지역(경우에 따라 변동이 있을 수 있음) • 고중량 우편물의 개인, 계약고객에 대한 방문접수는 5급 이상 총괄 우체국에서 수행
고중량화물 (WorldWide Express Freight)	EMS계약고객	• 70kg 초과 2,000kg 이하의 고중량화물 배송 • 접수관서 : 전국 총괄우체국(5급국 이상) • 취급지역 : 67개 지역(경우에 따라 변동이 있을 수 있음) • 부가요금 : 우편요금에 합산하여 자동부가(요금표에 따름)
보험 (Declared Value)	모든 고객(개인 및 EMS계약고객)	• 우편물 분실 및 파손에 대비 내용품 가액에 대한 보험가입을 통해 보상 • 접수관서 : 전국 우체국(우편취급국 포함) • 취급지역 : 전 지역 • 보험가입한도 : 5,000만원(EMS는 700만원) • 부가요금 : EMS와 같음(기본 2,800원＋추가* 550원씩) *보험가액 65.34SDR 또는 114,300원 초과마다 추가
수출신고서 발급 및 통관대행(Export Declaration Issued Agencies)	모든 고객(개인 및 EMS계약고객)	• 접수우편물의 수출 통관 시 수출신고서 발급 및 통관 대행(고객이 관련서류 제출) • 접수관서 : 전국 우체국(우편취급국 포함) • 취급지역 : 전 지역 • 부가요금 : 무료
Export 수취인 요금 부담(Export Freight Collect)	요금후납계약고객 (수집대행업체 제외)	• 우편물 발송 시 요금을 도착국의 수취인이 지불하는 서비스로 발송인 및 수취인의 UPS 고객번호를 부여받아 기재하여야 함 • 접수관서 : 전국 총괄우체국(5급국 이상) • 취급지역 : 178개 지역(경우에 따라 변동이 있을 수 있음) • 부가요금 : 무료
Import 수취인 요금 부담(Import Freight Collect)	요금후납계약고객 (수집대행업체 제외)	• 외국에서 한국행 수입물품에 대해 수취인이 발송요금을 지불하는 서비스로 UPS 고객번호를 부여받아 운송장에 기재하고 배달은 UPS가 수행 • 접수관서 : 전국 총괄우체국(5급국 이상) • 취급지역 : 184개 지역(경우에 따라 변동이 있을 수 있음) • 부가요금 : 요금표에 따름
발송인 관세 및 세금 부담(Free domicile)	요금후납계약고객 (수집대행업체 제외)	• 발송한 우편물의 도착국가에서 발생한 관세 및 부가세 등 제반비용을 발송인이 지불하는 서비스 • 접수관서 : 전국 총괄우체국(5급국 이상) • 취급국가 : 167개 지역(경우에 따라 변동이 있을 수 있음) • 부가요금 : 25,000원 (발송 시 부가)

각종 청구제도

01 행방조사청구제도

1 개요

(1) 발송인이나 수취인의 청구에 따라 국제우편물의 행방을 추적 조사하고 그 결과를 청구자에게 알려주는 제도

(2) 조사결과 우편관서에서 취급하던 중 일어난 사고로 판명되고 해당 우편물이 손해배상 대상이 되는 경우에는 발송인이나 수취인의 청구에 따라 손해배상을 실시한다.

(3) 단순 행방조사는 발송인이 직접 인터넷우체국 등을 통해 쉽게 할 수 있으나, 우편관서에 청구하는 행방조사는 대부분 손해배상 문제와 직결되므로 정확하고 신속히 처리가 필요하다.

2 주요 내용

(1) 청구대상우편물 : 등기우편물, 소포우편물, 국제특급우편물 등 기록취급하는 우편물

(2) 청구기한 : 국제등기우편물, 국제소포우편물은 접수한 다음 날로부터 6개월 이내 청구(다만, 국제특급우편물(EMS)은 접수한 다음 날로부터 4개월 이내 청구)

※ EMS프리미엄 우편물은 접수한 날로부터 3개월 이내 청구(UPS로 청구)

※ 카할라우정연합체 국가의 EMS 배달보장서비스의 '지연 배달'에 따른 행방조사 청구기한은 접수 당일로부터 30일 이내지만 분실 또는 기타 종적 문의에 관한 행방조사 청구는 국제특급우편의 행방조사 청구기한인 4개월 이내로 동일

(3) 종류 : 우편을 이용, 모사전송(팩스)을 이용, 전자우편 · 전자전송방식(인터넷, 모바일우체국어플)을 이용하는 행방조사

※ 행방조사와 관련하여 국가별로 전산시스템의 수준차가 컸던 가까운 과거에 비해, 현재는 UPU 회원국 간에 UPU가 보급한 전산시스템을 활용 및 기타 편의에 의한 개별 인터넷 수단 등을 활용하므로 고객의 요금납부가 필요한 행방조사 청구실적은 거의 없음(UPU의 전산망 표준화 노력 등의 결과에 기인하기도 함). 고객 또한 인터넷을 통해 손쉽게 행방조사청구가 가능하므로 비용을 들여서 행방조사를 청구하지 않는 추세

(4) 청구권자 : 발송인이나 수취인

① 분실된 경우 : 발송인

② 파손된 경우 : 발송인이나 수취인

※ 많은 국가에서 발송인 청구 위주로 행방조사를 진행함(미국, 독일, 프랑스 등). 특히, EMS의 경우 발송 우정당국 책임을 기본원칙으로 하고 있어 분실/파손 등 사고 발생 시 발송인이 발송우정당국에 청구해야 하며 배달우정당국에 과실이 있더라도 발송우정당국에서 발송인에게 손해배상을 지급함

(5) 발송국가와 도착국가(배달국가)는 물론이고 제3국에서도 청구 가능하다.

(6) 행방조사청구 요금

① 포스트넷, 인터넷 우체국 및 항공우편에 의한 청구 : 무료

② 모사전송(팩스)에 의한 청구 : 해당 모사전송(팩스) 요금

③ 국제특급우편에 의한 청구 : 해당 국제특급우편요금(청구요금은 우표로 받아 청구서 뒷면에 붙이고 소인 처리)

④ 처음에 배달통지청구우편물로 발송한 우편물의 배달통지서(CN07)가 통상적인 기간 안에 회송되어 오지 아니한 경우에 청구하는 행방조사청구는 이른바 '무료행방조사청구'로서 청구료를 징수하지 아니한다.

(7) 행방조사 처리기관

① 사고처리국 : POSA 국제우편팀

　　㉠ 항공 · 선편 우편물의 행방조사

　　※ POSA(Korea Postal Service Agency) : 한국우편사업진흥원

　　※ 항공 및 선편 우편물 사고처리국이 부산국제우체국에서 POSA 국제우편팀으로 일원화

② 사고접수국, 사고처리국

사고접수국	민원인으로부터 손해배상 청구를 접수받은 국(기관) • 손해배상은 행방조사 청구로부터 시작하므로 행방조사를 접수한 기관을 의미 • 행방조사 접수채널(기관, 방법)은 우체국, 인터넷, 모바일 등이 있음(전화접수×)
사고처리국	사고원인 조사(행방조사포함), 사고결과 승인(반송, 미처리) 등을 처리한 국(기관) • POSA 국제우편팀으로 일원화(부산국제우체국은 사고처리국에서 제외)

※ 조사완료(손해배상 배상금액 등록 및 배상결정) 및 사고조사결과 고객통보는 POSA 국제우편팀으로 일원화

〈신설 2014.11.17.〉

국제우편물 행방조사청구서(고객 작성용)
Inquiry (International mail)

※ 흰색란에 해당 사항을 적어 주시기 바랍니다.

접수번호			접수일자		처리기간	즉시
조사대상 우편물 Mail of inquiry	우편물 종류 Item under inquiry	등기 (Register)	[ ] 서장(Letter) [ ] 인쇄물(Printed paper) [ ] 소형포장물(Small packet) [ ] 우편자루인쇄물(M-bag)	[ ] 국제소포(Ordinary & Insured Parcel) [ ] K-packet [ ] EMS 서류(Doc.) [ ] EMS 비서류(Mer.)		
	접수일자 Posted Date			접수우체국 Office of origin		
	우편물 번호 No. of item			무게 Weight		(g)
	내용품명(필수) Contents	* 내용품명 및 수량을 구체적으로 기재하지 않으면 상대 우정당국에 행방조사 청구 불가				
발송인 Sender	성명(Name)			연락처(Tel no.(mobile))		
	주소(Full address)					
수취인 Addressee	성명(Name)			연락처(Tel no.(mobile))		
	주소(Full address) 국가명(country)			우편번호(Zip code)		

청구사유 Reason for Inquiry	[ ] 행방조사(Item not arrived) [ ] 지연(Delay) [ ] 내용품 분실(Missing Contents) [ ] 파손(Damage) [ ] 기타(Others)
E-mail e-mail address for response	* 기재하신 e-mail을 통해 행방조사 진행 상황이 통보됩니다.
그 밖의 사항 remarks	

위와 같이 국제우편물에 대한 행방조사를 청구합니다.
Inquiry of international mail has been made as above.

신청일자(Date of inquiry)　　　　　　　　　년　　　월　　　일
신청인(Name & Signature)　　　　　　　　　(서명 또는 인)

우체국장 귀하

구비 서류 (Required document)	우편물 접수영수증(Receipt)

개인정보 수집 · 이용 동의서			
이 내용은 본 서비스 이용을 위해 필수적인 사항이므로, 「개인정보 보호법」 제15조 제1항 제1호에 따라 동의하지 않는 경우 서비스 이용이 불가능하거나 제한됩니다.			
필수 정보 내용	수집 · 이용 목적	보유 및 이용기간	동의 확인
성명, 주소, 전화번호, 이메일	업무처리 및 정당 본인 확인	「공공기록물 관리에 관한 법률 시행령」 제25조에 따른 보존기간까지(1년)	[ ]
정당 본인 · 서류 확인필	담당자	팀장	책임자

(8) 행방조사 청구의 접수 · 처리

① 항공우편 · 모사전송(팩스) · 전자전송방식에 따른 행방조사 청구

  ㉠ 청구 접수우체국의 업무처리 절차

- 행방조사를 청구받았을 때에는 국제우편물 행방조사청구서(고객작성용)을 고객에게 작성토록 한다. 고객에게 우편물 접수영수증을 제시하게 하고, 정당한 발송인이나 수취인 인지와 그 관계 및 청구기한을 확인한다.
- 청구자에게서 다음 사항을 정확히 확인하고, 행방조사 청구내용을 기록관리
  - 청구사유
  - 우편물의 종류, 접수번호와 무게, 부가취급내용
  - 발송인과 수취인의 주소 · 성명
  - 우편물의 접수일, 접수우체국명
  - 우편물의 내용품과 포장상태(봉투, 상자, 포장지의 색깔 등 조사가 수월하도록 구체적으로 기록)
  - 그 밖의 조사 처리에 필요한 사항
  ※ 가능한 한 우편물의 접수증을 복사한 사본 1부를 첨부
- 위의 확인된 사항을 포스트넷을 이용하여 POSA 국제우편팀(구, 국제우편행방조사실 ; IMIC)으로 전송
- 한 발송인이 같은 수취인 앞으로 같은 우체국에서 한꺼번에 같은 편(선편, 항공편)으로 부친 여러 통의 우편물일지라도 상대국 조사요청 및 배상지급처리를 위해서는 반드시 각각 조사청구를 해야 함

ⓛ POSA 국제우편팀 처리절차

- 접수우체국이 우편물류시스템으로 청구한 내용과 보내온 청구서의 기록내용을 검토하고 필요한 사항을 보완한다.
  - 사고조사 관리 ⇒ 포스트넷 접수건은 '사고조사요청 수락/반송' 메뉴에서 수락하고, 청구를 반려할 경우 사유를 기재하여 반송처리하며, 인터넷 청구분은 'epost 접수등록' 메뉴에서 선택 접수처리
  - 사고조사이력 등록(처리유형, 메일내용, 사고 유형, 책임소재 등 입력)
  - 행방조사 청구서 출력
    ⓐ 우체국 또는 청구자에 의해 입력된 국제우편물 행방조사 청구내용에 의해 작성된 행방조사 청구서(CN08)를 출력하거나 전자파일 형태로 보관한다.
    ⓑ 국제소포, 국제등기 : 국제우편물 행방조사청구서(CN08)
    ⓒ 국제특급우편물 : 국제특급용 행방조사청구서
- 등기우편물이나 소포우편물 가운데 행방조사 시스템을 사용하지 않는 우편의 경우 완전히 작성된 행방조사청구서를 봉함한 봉투에 넣어 즉시 항공등기우편으로 관계국가에 보내거나 모사전송(팩스)으로 발송
- 국제특급우편물의 경우 가능한 한 인터넷의 행방조사시스템을 이용하여 해당 국가에 행방조사 청구. 인터넷이 가능하지 않은 국가에 대하여는 모사전송(팩스)으로 관계 국가에 발송하며, 팩스 전송이 쉽지 않은 경우에만 행방조사청구서를 즉시 항공등기우편으로 관계 국가로 발송
- 청구서 발송내용을 다음 양식의 행방조사청구서 관리기록부에 기록하고 그 처리사항을 관리

더 알아보기 국제우편물 행방조사청구 접수 관리기록부 양식

일련 번호	접수 일자	행방조사서 번호 및 국명	우편물번호 및 접수국명	처리일자	처리내용	비 고

② 국제특급우편에 따른 행방조사 청구

㉠ 청구서 접수우체국의 업무처리 절차

- 상대국가가 국제특급우편을 취급하고 있는 국가인 경우에만 가능
- 여기서 국제특급우편에 따른 청구란 CN08 청구서를 국제특급우편으로 상대 국가로 보내는 것을 의미하며 청구대상우편물의 종류(등기 · 소포 · 국제특급 등)와는 무관
- 청구의 접수방법(관리방법)은 위의 항공우편 · 팩스전송 · 전자전송방식에 따른 청구의 경우와 같음
- 청구요금은 우표로 징수하여 청구서 뒷면에 붙이고 소인
- 청구서 원본은 국내 익일특급우편으로 POSA 국제우편팀으로 보내고 사본 1부는 자국에서 보관

  ⓛ POSA 국제우편팀 업무처리 절차

   • 위의 항공우편 · 팩스전송 · 전자전송방식을 이용한 행방조사 청구의 경우와 같음

   • 다만, 청구서를 외국으로 보낼 때에는 국제특급우편(EMS)으로 발송

 ③ 다른 나라에서 발송된 우편물에 대한 행방조사 청구

  ㉠ 우편물의 행방조사 청구가 있는 경우에는 우편물 접수국가에 발송인이 직접 행방조사를 신청하도록 권유

  ㉡ 접수국가에서 발송인이 직접 행방조사를 신청할 수 없어 우리나라에서 청구하는 경우에는 CN08을 작성하게 하고, 우편물 접수증 및 기표지를 반드시 제시하도록 한다. CN08에는 'Seen, certificate of posting No ..... issued on ..... by the office of .....'(○년 ○월 ○일 ○○우체국에서 발행한 접수증 제○호를 확인)라 표시한다.

  ㉢ 접수우체국은 반드시 포스트넷을 이용하여 청구내용을 등록하여 전송하고 부득이한 경우에는 청구서를 국내 익일특급우편으로 POSA 국제우편팀으로 발송한다.

  ㉣ POSA 국제우편팀에서는 이 청구서를 보완하여 해당 우편물의 발송 우체국으로 송부한다. 다만, 관계 우정당국이 중앙우정청 또는 특별히 정한 우체국으로 송부하도록 요청한 경우는 그 요청에 따른다.

  ㉤ 그 밖의 청구서 작성과 발송에 필요한 사항은 앞의 ①, ②의 내용에 따른다.

(9) 회답처리(POSA 국제우편팀)

 ① 외국 우정당국에서 행방조사청구에 대한 회답을 보내온 때에는 청구인 또는 청구서 접수우체국에 곧바로 그 내용을 알린다.

 ② 회신내용이 분실 · 파손 등 손해배상에 해당되는 경우, 관련 문서(내용) 사본을 첨부하여 서울지방우정청으로 보고하고, 손해배상 처리절차에 따라 처리한다. 서울지방우정청은 분기별로 이를 분석하여 우정사업본부에 보고한다.

(10) 청구서에 대한 회신 독촉(POSA 국제우편팀)

 ① 청구서 발송 후 2개월(단, EMS의 경우 1개월)이 지나도록 회신이 없는 경우 POSA 국제우편팀에서는 독촉처리 명세와 근거서류 사본을 첨부하여 청구서 접수우체국 또는 청구인에게 (인터넷 청구분은 직접 통보) 행방조사 임시 종결사항을 통지한다.

 ② 임시종결 처리 후 상대 우정당국에서 행방조사 회신이 도착할 경우는 앞에서 서술한 '(9) 회답처리 ①'을 따른다.

(11) 외국에서 도착한 행방조사청구서의 처리

 ① 외국에서 접수한 행방조사청구서가 도착하면 POSA 국제우편팀에서는 청구서를 보관하고 해당 우편물의 송달순로에 따라 배달우체국까지의 취급 모양을 조회한다.

 ② POSA 국제우편팀에서는 '행방조사청구서 관리기록부'를 작성 비치하고 그 처리내용을 기록 관리한다.

일련번호	접수연월일	우편물 종별과 번호	조사결과	회송 연원일	비 고

③ 행방조사청구의 회답은 가능한 한 빠른 시일 내에 처리하여야 하며, 행방조사를 청구한 날부터 계산하여 늦어도 2개월 이내에 행방조사청구서를 발송우정당국에 반송(상대국에서 청구한 방식과 동일하게 회신 : 등기우편, 팩스, 전자적 수단 등 가장 빠른 방법으로 회신)하거나, 인터넷의 행방조사 시스템을 이용하여 기간 내에 회신하지 않은 (청구서가 반송되지 않거나 정당하게 작성 완료되지 않은 청구서를 보낸) 경우에는 손해배상 의무를 확정한다.

02 국제우편 손해배상제도

1 정의

행방조사 결과 우편물의 분실 및 파손 등으로 발송인 또는 수취인이 재산상으로 손해를 입은 것으로 확정되었을 때 일정한 조건과 규정에 따라 손해를 보전하는 제도

2 손해배상 청구권자

(1) 청구권자 : 발송인 또는 수취인

(2) 원칙적으로 수취인에게 배달되기 전까지는 발송인이 되며, 배달된 후에는 수취인에게 청구 권한이 있다.

3 우정당국 간 손해배상 책임(「만국우편협약 우편규칙」 제22-001조)

(1) 우편물의 분실, 파손 또는 도난 등 사고에 대한 책임이 있는 우정당국

(2) 국제특급의 경우 지급된 배상금은 원칙적으로 발송우정당국이 부담하고 있으나 상대국에 따라 귀책사유가 있는 우정당국이 배상하는 경우도 있다.

(1) 화재, 천재지변 등 불가항력에 의해 발생한 경우

(2) 발송인 귀책사유에 의한 경우: 포장부실, 내용품의 성질상 훼손된 경우 등

(3) 도착 국가의 국내법에 따라 압수 및 내용품이 금지물품 등에 해당되어 몰수, 폐기된 경우

(4) 행방조사청구가 우편물 접수 익일로부터 6개월(EMS는 4개월)이내에 이루어지지 않았을 경우(단, EMS프리미엄은 접수한 날로부터 3개월, 배달보장서비스 30일 이내 청구)

(5) 내용품의 실제 가격을 초과 사기하여 보험에 든 경우 등

5 **손해배상의 요건**

(1) 우편물에 실질적인 손해가 발생해야 한다.

① 우편물을 잃어버리거나, 내용품의 일부나 전부가 파손되거나 도난당하는 등 우편물 자체에 직접적인 손실이 발생하여야 한다.

※ 포장상자 등이 파손된 경우에는 판매 또는 구매물품이라고 할지라도 직접적인 손실로 보지 않음

② 지연배달 등으로 발송인이 입은 간접적 손실(예 음식물의 부패, 창고이용료 등)에 대해서는 배상하지 않는다.

　㉠ 등기우편물, 보험우편물(보험서장, 보험소포), 보통소포우편물

　　• 분실 · 도난 · 파손에 대하여 배상

　　• 지연배달 등에 대하여는 배상하지 않음

　㉡ K-Packet 우편물

　　• 통상우편물이므로 위 '㉠ 등기우편물'과 동일하게 배상

　　　※ 단, K-Packet은 보험 등 부가서비스를 취급할 수 없으므로 해당 사항에 대한 손해배상은 원천적으로 불가

　　• 배달시도 혹은 배달완료 정보가 확인된 경우는 행방조사 청구불가(단, 종적정보 상 실제 수취인 주소와 전혀 다른 곳으로 배달한 것이 확인될 경우는 행방조사 청구 진행 가능)

　　• 미국행 K-Packet은 상대국가에서 제공하는 종추적정보 외의 행방조사, 손해배상 등 기타 청구는 할 수 없다.

　　• 기타 사항은 K-Packet 계약업무처리 지침 참고

　㉢ 국제특급(EMS) 우편물

　　• 분실 · 도난 · 파손, 지연배달에 대하여 배상

　　• 지연배달은 포스트넷에서 검색한 배달 소요기간으로부터 48시간 이상 배달이 지연된 경우(다만, 발송인이나 수취인의 잘못 때문인 경우, 상대국의 공휴일, 통관으로 말미암은 지연, 불가항력 등의 경우는 지연배달 기간에서 제외)

- EMS 배달보장서비스는 카할라 우정연합 국가 간 EMS 배달보장일 계산프로그램에 따라 발송지와 수취인의 우편번호를 입력하면 상대국 공휴일, 근무일, 항공 스케줄 등을 고려하여 배달보장 일자가 제공되고 제공된 배달 보장일자보다 늦어진 경우 지연사실을 확인하여 우편요금을 배상해 주는 보장성 서비스

(2) 우편관서의 과실이 있어야 한다.

※ 이유 없이 배달하지 않고 반송된 경우 우편요금 배상

(3) 행방조사 청구가 기한 내에 이루어져야 한다.

※ CHAPTER 06 제1절 행방조사청구제도 참조

6 국제우편물 유형별 손해배상액

종류별	손해배상의 범위	배상금액
등기우편물	• 분실, 전부 도난 또는 전부 훼손된 경우 • 일부 도난 또는 일부 훼손된 경우	• 52,500원 범위 내의 실손해액과 납부한 우편요금(등기료 제외) • 52,500원 범위 내의 실손해액
등기우편낭 배달 인쇄물	• 분실, 전부 도난 또는 전부 훼손된 경우 • 일부 도난 또는 일부 훼손된 경우	• 262,350원과 납부한 우편요금(등기료 제외) • 262,350원 범위 내의 실손해액
보통소포우편물	• 분실, 전부 도난 또는 전부 훼손된 경우 • 일부 분실·도난 또는 일부 훼손된 경우	• 70,000원에 1kg당 7,870원을 합산한 금액범위 내의 실손해액과 납부한 우편요금 • 70,000원에 1kg당 7,870원을 합산한 금액범위 내의 실손해액
K-Packet	분실 또는 파손	52,500원 범위내의 실제 발생 손해액
보험서장 및 보험소포우편물	• 분실, 전부 도난 또는 전부 훼손된 경우 • 일부 분실·도난 또는 일부 훼손된 경우	• 보험가액 범위 내의 실손해액과 납부한 우편요금 (보험취급수수료 제외) • 보험가액 범위 내의 실손해액
국제특급우편물 (EMS)	• 내용품이 서류인 국제특급우편물의 분실 • 내용품이 서류인 국제특급우편물이 일부 도난 또는 훼손된 경우 • 내용품이 서류가 아닌 국제특급우편물이 분실·도난 또는 훼손된 경우 • 보험취급한 국제특급우편물이 분실·도난 또는 훼손된 경우 • 배달예정일보다 48시간 이상 지연 배달된 경우 단, EMS 배달보장서비스는 배달예정일보다 지연 배달의 경우	• 52,500원 범위 내의 실손해액과 납부한 국제특급우편요금 • 52,500원 범위 내의 실손해액과 납부한 국제특급우편요금 • 70,000원에 1kg당 7,870원을 합산한 금액 범위 내의 실손해액과 납부한 국제특급우편요금 • 보험가액 범위 내의 실손해액과 납부한 국제특급우편요금(보험취급수수료 제외) • 납부한 국제특급우편요금(보험취급수수료 제외)

※ 실손해액 : 세관신고서에 기재한 물품가액(달러 등 외화는 지급일 기준 환율 적용)

※ 수취인의 주소·성명이 정확하게 기록된 우편물을 우편관서의 과실로 발송인에게 돌려주는 경우에는 납부한 국제우편 요금 지급

※ 지연배달 등으로 인한 간접손실 또는 수익의 손실은 배상하지 않도록 규정함

(1) 사고처리국의 일원화 : 항공, 선편 우편업무 모두 POSA 국제우편팀으로 일원화

(2) 행방조사 및 손해배상 처리 : POSA 국제우편팀

① 배상결정 및 배상금액 등록 : POSA 국제우편팀

② 사고결과 고객통보 : POSA 국제우편팀(IMIC) → 이메일, 모바일 활용

③ 사고조사 안내채널 : 이메일, 모바일(포스트톡, 카카오톡, 네이버톡톡, SNS, LMS)

> **더 알아보기** 국제우편 손해배상 청구서
>
> 〈개정 2014.11.17.〉
>
> ### 국제우편 손해배상 청구서
>
> ※ 흰색란에 해당 사항을 적어 주시기 바랍니다.
>
> | 접수번호 | 접수일자 | 처리기간 | 7일 |
> |---|---|---|---|
>
> | 청구인 | 성 명 | | 전 화 | |
> |---|---|---|---|---|
> | | 주 소 | | | |
>
> | 청구 내용 | 우편물 종류
통상[ ], 소포[ ], 등기번호(등기인 경우)[   ] | | |
> |---|---|---|---|
> | | 수취인 주소 · 성명 | | |
> | | 내용품명 · 수량 · 가격 · 무게 | | |
> | | 청구금액(A+B) | A 배상액(보험금액) | B 우편요금(보험료 · 등기료 · 할인금액 제회) |
> | | 청구사유(피해내용을 구체적으로 작성) | | |
>
> 년   월   일
>
> 청구인   (서명 또는 인)
>
> 우체국장 귀하
>
> ※ 달러 등 외화는 지급일 기준 환율 적용
> ※ 「국제우편규정」 제36조 제1항 제4호~제5호까지에 따라 국제우편요금 등을 지급하는 경우 등기 및 보험취급수수료는 제외됩니다.

개인정보 수집·이용 동의서			
이 내용은 본 서비스 이용을 위해 필수적인 사항이므로,「개인정보 보호법」제15조 제1항 제1호에 따라 동의하지 않는 경우 서비스 이용이 불가능하거나 제한됩니다.			
필수 정보 내용	수집·이용 목적	보유 및 이용기간	동의 확인
성명, 주소, 전화번호	업무처리 및 정당 본인 확인	「공공기록물 관리에 관한 법률 시행령」 제25조에 따른 보존기간까지(1년)	[ ]
정당 본인 확인필	담당자	팀 장	책임자

210mm×297mm[백상지 80g/㎡(재활용품)]

국제우편물 및 국제우편요금의 반환

01 국제우편물의 외부기록사항 변경·정정 또는 반환

1 외부 기재사항에 대한 변경(정정) 청구 및 우편물 반환

(1) 외부 기재사항에 대한 변경 및 정정 청구 요건

  ① 외부기재사항을 잘못 기재하여 발송한 경우

  ② 발송 후 수취인의 주소가 변경된 것을 알게 된 경우

(2) 우편물 반환청구 요건 : 수취인에게 보낼 필요가 없게 된 경우

2 청구 개요

(1) 청구시한 : 우편물이 수취인에게 배달되기 전 청구서가 해당우체국에 도착되어 적절하게 조치할 수 있는 시점

(2) 청구권자 : 발송인

  ※ 반환청구접수는 우편물접수관서에서만 가능

  ※ 국제사업과-2101, 2020.11.30.국제우편반환청구처리절차 개선안내

(3) 대상우편물 : 등기, 소포, 특급우편 및 보통통상 등 모든 국제우편물이 해당되나 청구서 접수 시 청구의 수리 가능 여부 검토하여 접수

  ※ 기록취급하지 않는 우편물의 청구는 '접수국 발송 전'인 경우에 한함

(4) 외국으로 발송 준비 완료 전인 경우

  ① 발송인이 외부 기록사항의 변경·정정이나 반환청구를 한 때에는 다음 사항을 검토하여 청구의 수리 여부를 결정한다.

    ㉠ 청구인이 정당한 발송인인지(신분증명서, 우편물접수증 등으로 확인)

    ㉡ 국내송달 시간을 고려하여 청구대상 우편물이 '외국으로 발송준비 완료 전' 교환국(국제우편물류센터, 부산국제우체국, 인천해상교환우체국)에 청구서 도착이 가능한지 확인한다.

      ※ 외국으로 발송 준비 완료 전 : 우편물 종적구분 값 '발송교환국에 도착'

ⓒ 외국으로 발송 준비완료 전에 청구서가 교환국에 도착 불가능할 것으로 예상되는 경우 외국으로 발송 준비 완료 후 절차에 따라 처리하여야 한다.

　※ 외국으로 발송 준비 완료 후 : 우편물 종적구분 값 '발송준비'

ⓓ 외국으로 발송 준비 완료 전과 완료 후의 상태가 정확하게 판단되지 않을 경우 교환국 담당에게 직접 전화로 확인하여 결정한다.

② ①의 검토 결과 청구를 받아들이기로 한 경우에는 '국제우편 우편물 환부·주소변경 등 청구서(CN17)' 접수 및 청구수수료를 징수한다.

ⓐ 우편물이 접수국에서 교환국으로 발송하기 전 접수국에 있는 경우, 수수료를 받지 않는다.

ⓑ 우편물이 접수국에서 떠나 교환국으로 가고 있거나 도착한 경우, 발송된 우편물을 찾아서 반환하기 위한 인적·물적 비용을 고려하여 '국내등기 취급수수료'를 받아야 한다.

[수취인 주소·성명 변경청구와 우편물 반환청구 수수료]

구 분	청구수수료
접수우체국 발송 전	무 료
접수우체국 발송 후	국내등기 취급수수료

ⓒ 우편물 반환청구 시 청구수수료 수납하고 '반송취급료'를 공제한 우편요금 환불처리

[외국 발송 전 국제우편물의 국내 반송취급료]

우편물 종류	반송취급료
등기통상/K-Packet/EMS(서류)	국내등기통상우편요금
국제소포/EMS(비서류)/한·중 해상특송	국내등기소포요금

- 반환청구로 우편요금을 환불했을 경우 추후 반환청구 철회가 불가능함에 따라 반환 가능여부 및 정당 등기번호 입력 확인 철저
- 반환청구 철회 요청 시에는 반송 우편물 수령 후 신규로 접수해야 함을 고객에게 반드시 안내

　예 반송취급료
　　- 일본행 500g K-Packet의 반송취급료를 공제하고 환불해줘야 할 우편요금은?
　　　9,340원(K-Packet 요금)-3,700원(국내등기우편요금)=5,640원
　　- 미국행 5.0kg EMS(비서류)의 반송취급료를 공제하고 환불해줘야 할 우편요금은?
　　　88,000원(EMS 요금)-4,500원(국내등기소포요금)=83,500원
　※ 반환청구 수수료는 별도 공제

③ 청구서를 접수한 우체국은 포스트넷 입력뿐만 아니라 교환국에 FAX로 청구내역을 반드시 통지해야 한다.

④ 교환국에서는 청구대상 우편물을 '발송인 주소지'로 반송 처리한다.

⑤ 발송인 주소지 배달국에서는 별도 수수료 징수 없이 배달 처리 완료한다.

(5) 외국으로 발송할 준비를 완료하였거나 이미 발송한 경우

※ 반환처리는 의무사항이 아닌 협조사항으로 도착국가가 허용하는 경우에 가능하며, 반송도착되는 모든 우편물은 우편요금 환불 불가

① 청구서 접수우체국의 업무처리 절차

    ㉠ 발송준비 완료 후인 경우에는 다음 우편물에 한정하여 청구할 수 있다.

        • 도착국가가 청구를 허용하는 경우

        • 도착국가의 법령에 따라 몰수되거나 폐기처분되지 아니한 경우(금지물품이 들어 있지 않은 경우 등)

        • 해당 우편물이 수취인에게 배달되지 않은 경우

    ㉡ 청구인이 해당 우편물의 발송인이 맞는지 확인(기록취급우편물인 경우에는 접수증 등으로 확인)

    ㉢ 청구인에게 국제우편물 반환 및 주소변경·정정청구서(CN17)를 배달국가 현지문자* 및 영문과 아라비아 숫자로 정확하게 적도록 하여야 한다. 한 발송인이 같은 수취인 앞으로 한 우체국에서 한꺼번에 부친 여러 개의 우편물에 대하여는 하나의 서식을 사용하게 할 수 있다.

        *주소 등 기재내용 변경에 한하여 현지어로 기재된 경우 청구를 받고 있음

        ※ 포스트넷(통합접수 – 민원청구관리 – 국제민원청구접수)에서 CN17 양식 다운로드 및 접수양식 업로드 가능

    ㉣ 수수료는 청구서를 해외로 발송하는 방법에 따라 현금, 신용카드, 우표첩부 등으로 징수

        • 우편으로 청구서 발송하는 경우 : 1,800원

        • 모사전송(팩스)로 청구서 발송하는 경우 : 4,800원

    ㉤ 청구인이 청구서를 작성하여 우체국에 제출하면 접수담당자는 기록내용을 확인하고 수수료 징수 후, 청구서 발송방법에 따라 다음과 같이 처리한다.

        • 청구서를 우편으로 발송하는 경우에는 원본과 우편물접수증(일반통상우편물의 경우 우편물의 주소기록내용) 사본을 익일특급으로 국제우체국으로 발송하고 청구서 사본 1부는 자국에 보관

        • 청구서를 모사전송(팩스)으로 발송하는 경우에는 청구서를 교환국으로 팩스(fax)로 송신하고, 국제우체국 수신결과 확인 후 원본은 자국에 보관(수신 결과가 좋지 않으면 우편 발송)

구 분	외국 발송 전		외국 발송 후	
	항공보안 반송	발송인 반환청구	발송인 반환청구	배달불능 반송
개 요	국제우편물류센터에 도착하여 X-ray 검색 시 항공탑재금지물품 포함으로 반송된 우편물(항공보안반송 스티커 부착)	항공사 인계 전 발송인의 반환청구에 따라 국제우편물류센터에서 반송된 우편물	항공사 인계 후 발송인의 반환청구에 따라 배달되지 아니하고 반송된 우편물(CN17 서식 사용)	배달 시도하였으나 수취인 불명 등에 따라 배달되지 아니하고 반송 처리된 우편물(CN15 서식 부착)
청구수수료	없 음	• 접수우체국 발송 전 : 무료 • 접수우체국 발송 후 : 국내등기 취급수수료	• 우편청구: 1,800원 • FAX청구 : 4,800원	없 음
반송취급료	• 등기통상/국제특급(서류) : 국내등기통상요금 • 국제소포/국제특급(비서류) : 국내등기소포요금		• 등기통상 : 국내등기 취급수수료 • 국제소포 : 반송도착료 (배달국가에서 부과하는 반송처리에 소요되는 비용) • 국제특급 : 무료	
우편요금환불	반송취급료를 제외한 국제우편요금		없 음	
반송취급료 징수 및 요금 환불 시점	우편물 교부 시	반환청구 시	우편물 반송배달 시	
배달방법	접수국 배달 (접수국에서 교부)	발송인 주소지 배달	발송인 주소지 배달	
종추적 정보 표시	항공보안 반송	반환청구 반송	반환청구 반송	반 송

---

02   국제우편요금의 반환청구

1 청구 개요

(1) 납부한 국제우편요금에 상응하는 역무를 이용자에게 제공하지 아니하였을 때 제한된 범위 내에서 청구에 의해 요금을 환불하는 것

(2) 청구기한 : 우편물을 발송한 다음 날로부터 기산하여 1년 이내

(3) 처리흐름도

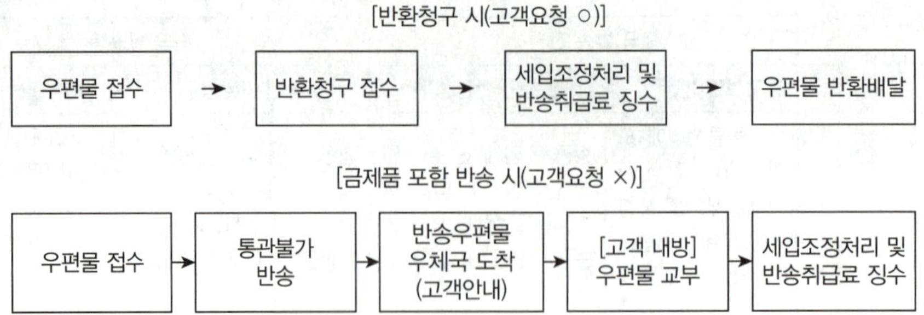

2 요금 반환 요건

(1) 우편관서의 과실로 과다징수한 경우 : 과다징수한 국제우편요금 등

(2) 부가취급 국제우편물의 국제우편요금 등을 받은 후 우편관서의 과실로 부가취급을 하지 아니한 경우 : 부가취급 수수료

(3) 항공서간을 선편으로 발송한 경우 : 항공서간 요금과 해당 지역의 선편 보통서신 최저요금의 차액

(4) 등기우편물 · 소포우편물 또는 보험취급된 등기우편물 · 소포우편물의 분실 · 전부 도난 또는 완전 파손 등의 경우 : 납부한 국제우편요금 등(등기 · 보험취급수수료 제외)

(5) 특급우편물 또는 보험취급된 특급우편물의 분실 · 도난 또는 파손 등의 경우 : 납부한 국제우편요금 등(보험취급 수수료 제외)

(6) 행방조사청구에 따른 조사결과 우편물의 분실 등이 우편관서의 과실로 발생하였음이 확인된 경우 : 행방조사 청구료

(7) 수취인의 주소 · 성명이 정확하게 기재된 우편물을 우편관서의 과실로 발송인에게 반환한 경우 : 납부한 국제우편요금 등

(8) 외국으로 발송하는 부가취급되지 아니한 통상우편물이 우편관서의 취급과정에서 파손된 경우 : 납부한 국제우편요금 등

(9) 다른 법령에 따른 수출금지 대상이거나 그 밖의 부득이한 사유로 발송인에게 반환된 경우 : 납부한 국제우편요금 등(우편물의 반환에 따른 국내우편요금 및 수수료 공제). 단, 발송인의 고의 또는 중대한 과실이 있는 경우 반환하지 아니함

(10) 다른 법령 또는 상대국의 규정에 따라 압수되는 등의 사유로 반환되지 아니하는 우편물에 대한 국제우편요금 등은 반환 불가

국제우편 수수료 및 우편요금 고시

01 우정사업본부 고시

우정사업본부 고시 제2025-54호

「국제우편규정」 제6조와 「행정권한의 위임 및 위탁에 관한 규정」 제21조2의 규정에 따라 『국제우편 이용에 관한 수수료(우정사업본부고시 제2025-22호)』를 다음과 같이 개정하여 고시합니다.

2026년 1월 1일
우정사업본부장

국제우편 이용에 관한 수수료

1. 통상우편물

  가. 국제반신 우표권

    • 판매 : 1,450원

    • 교환 : 항공서장 4지역 20g 해당 요금

  나. 등기료 : 4,270원

  다. 통관절차대행수수료

    • 통관 대상 발송 우편물 : 1,000원

    • 관세 부과된 도착 우편물 : 3,000원

      (전자상거래 통관 우편물은 1,000원)

    • 우편자루 배달 인쇄물 : 4,000원

  라. 행방조사 청구료

    • 항공우편청구 : 무료

    • 국제특급우편(EMS) 청구 : 해당 요금

  마. 배달통지청구료(등기한) : 1,500원

  바. 주소변경 및 환부 청구료

    • 외국으로 발송준비 완료 전

      - 접수국 발송준비 완료 전 : 무료

      - 접수국 발송 후 : 국내등기취급수수료

　　　• 외국으로 발송준비 완료 후

　　　　－ 항공우편 청구 : 1,800원

　　　　－ 팩스 청구 : 4,800원

사. 등기우편물 반송료(반송취급료) : 국내우편등기료(무료등기는 제외)

아. 보험료

　　• 기본요금 : 550원

　　• 추가배달료(보험가입 시 필수) : 1,300원

　　• 추가요금(보험가액 65.34SDR 또는 114,300원 초과마다) : 550원

자. 국제우편요금 수취인 부담(IBRS) 취급수수료

　　• 인쇄물(봉투) 50g까지 : 1,100원

　　• 엽서 : 500원

2. 특급우편물(EMS)

가. 통관절차대행수수료

　　관세 부과된 도착 우편물 : 4,000원

　　(전자상거래 통관 우편물은 1,000원)

나. 배달통지청구료 : 1,500원

다. 주소변경 및 환부 청구료

　　• 외국으로 발송준비 완료 전

　　　　－ 접수국 발송준비 완료 전 : 무료

　　　　－ 접수국 발송 후 : 국내등기취급수수료

　　• 외국으로 발송 후

　　　　－ 항공우편 청구 : 1,800원

　　　　－ 팩스 청구 : 4,800원

라. 초특급 서비스 수수료

　　• 접수익일(J+1) : 4,500원

　　• 대상국가(도시) : 홍콩, 베트남(하노이, 호치민)

　　• 접수관서 및 접수마감시각 : 서울 · 경인지방우정청 국내특급우편 취급 고시사항의 당일특급접수우체
　　　국 및 취급시간 참조

마. 보험료

　　• 기본요금 : 2,800원

　　• 추가요금(보험가액 65.34SDR 또는 114,300원 초과마다) : 550원

바. EMS 방문접수 수수료(계약고객 제외)

　　1회 방문 1통당 3,000원, 추가 1통당 1,000원(최대 5,000원)

사. 해외 전자상거래용 반품서비스(IBRS) 수수료

　　• 적용대상 : 2kg 이하의 소형 물품

- 취급지역 : 일본

- 취급수수료(IBRS EMS) : 통당 10,000원

3. 소포우편물

가. 통관절차대행수수료

관세 부과된 도착 및 반착 우편물 : 4,000원

(전자상거래 통관 우편물은 1,000원)

나. 행방조사 청구료

- 항공우편청구 : 무료

- 특급우편(EMS) 청구 : 해당 요금

다. 배달통지청구료 : 1,500원

라. 주소변경 및 환부 청구료

- 외국으로 발송준비 완료 전

  - 접수국 발송준비 완료 : 무료

  - 접수국 발송 후 : 국내등기취급수수료

- 외국으로 발송 후

  - 항공우편 청구 : 1,800원

  - 팩스 청구 : 4,800원

마. 등기우편물 반송료(반송취급료) : 배달국가의 반송요금

바. 보험료

- 기본요금 : 2,800원

- 추가요금(보험가액 65.34SDR 또는 114,300원 초과마다) : 550원

4. 특별인출권 환율(SDR)

통화명	환 율	화폐단위
SDR(Special Drawing Rights)	1,749	원(Won)

5. 국제항공우편물 추가운송수수료

다음 각 목의 국제우편물에 대하여 우정사업본부장이 공고하는 바에 따름

가. 국제항공우편물

나. 국제선편우편물

6. 재검토기한 : 이 고시의 재검토기한은 2026년 1월 1일을 기준으로 매 3년이 되는 시점(매 3년째의 12월 31일을 말한다)으로 한다.

과학기술정보통신부 고시 제2020-80호

「우편법 시행령」 제12조 및 「국제우편규정」 제9조에 의하여 고시한 『국제우편에 관한 요금』(과학기술정보통신부 고시 제2020-32호)을 다음과 같이 개정 고시합니다.

2020년 12월 14일
과학기술정보통신부장관

국제우편에 관한 요금

1. 항공통상우편요금(별표 1과 같다)
2. 선편통상우편요금(별표 2와 같다)
3. 소포우편요금(별표 3과 같다)
4. K-Packet우편요금(별표 4와 같다)
5. 국제특급우편요금(별표 5와 같다)
6. 한·중 해상특송우편요금(별표 6과 같다)
7. 보세화물우편요금(별표 7과 같다)
8. 국제우편요금 적용지역별 국가명(별표 8과 같다)
9. 항공통상우편 중 항공소형포장물, 소포우편 중 항공소포, K-Packet, 국제특급우편 중 비서류, 보세화물우편은 실제중량과 부피중량 중 더 큰 중량의 요금을 적용한다.
   ※ 부피중량 산출식 : 가로(cm)×세로(cm)×높이(cm)÷6,000

[별표 1] 항공통상우편요금

1. 항공서간

세계단일요금	480원

2. 항공엽서

세계단일요금	430원

3. 항공서신

중량단계(g)	지역별 요금(원)			
	1지역	2지역	3지역	4지역
10까지	570	610	700	720
20까지	610	690	780	850
30까지	690	840	1,010	1,090
40까지	830	990	1,240	1,390
50까지	960	1,120	1,470	1,710
60까지	1,110	1,270	1,710	2,000
70까지	1,250	1,410	1,930	2,310
80까지	1,400	1,570	2,160	2,620
90까지	1,540	1,710	2,400	2,920
100까지	1,740	1,860	2,630	3,220
150까지	2,280	2,730	3,590	4,570
200까지	2,820	3,590	4,570	5,910
250까지	3,360	4,470	5,540	7,380
300까지	3,910	5,340	6,520	8,850
350까지	4,450	6,210	7,480	10,310
400까지	4,990	7,080	8,460	11,770
450까지	5,530	7,960	9,430	13,240
500까지	6,070	8,830	10,410	14,590
550까지	6,630	9,700	11,370	15,920
600까지	7,170	10,570	12,350	17,280
650까지	7,710	11,450	13,320	18,610
700까지	8,250	12,310	14,300	19,950
750까지	8,790	13,190	15,260	21,310
800까지	9,340	14,060	16,240	22,640
850까지	9,880	14,940	17,210	23,980

900까지	10,420	15,790	18,190	25,330
950까지	10,960	16,670	19,150	26,670
1,000까지	11,440	17,550	20,130	28,030
1,050까지	11,910	18,260	21,100	29,120
1,100까지	12,400	19,000	22,080	30,220
1,150까지	12,890	19,730	23,040	31,310
1,200까지	13,370	20,450	24,020	32,400
1,250까지	13,840	21,180	24,990	33,520
1,300까지	14,330	21,900	25,970	34,610
1,350까지	14,820	22,630	26,930	35,710
1,400까지	15,290	23,360	27,910	36,800
1,450까지	15,770	24,080	28,870	37,920
1,500까지	16,260	24,810	29,860	39,010
1,550까지	16,750	25,540	30,820	40,110
1,600까지	17,210	26,270	31,800	41,200
1,650까지	17,700	27,000	32,760	42,300
1,700까지	18,190	27,720	33,750	43,410
1,750까지	18,680	28,450	34,720	44,510
1,800까지	19,140	29,170	35,690	45,600
1,850까지	19,630	29,900	36,650	46,700
1,900까지	20,120	30,620	37,640	47,810
1,950까지	20,600	31,340	38,610	48,910
2,000까지	21,080	32,080	39,580	50,000

4. 항공인쇄물

중량단계(g)	지역별 요금(원)			
	1지역	2지역	3지역	4지역
20까지	460	520	640	700
40까지	640	700	820	930
60까지	820	870	1,050	1,280
80까지	990	1,050	1,280	1,630
100까지	1,180	1,230	1,520	1,990
120까지	1,350	1,400	1,760	2,350
140까지	1,520	1,580	1,990	2,690
160까지	1,700	1,760	2,230	3,050
180까지	1,880	1,930	2,470	3,400

200까지	2,050	2,110	2,690	3,760
300까지	2,640	3,000	3,530	5,290
400까지	3,220	3,870	4,710	7,060
500까지	3,820	4,760	5,880	8,830
600까지	4,400	5,640	7,060	10,590
700까지	4,990	6,530	8,240	12,360
800까지	5,590	7,410	9,410	14,120
900까지	6,170	8,290	13,540	15,890
1,000까지	7,350	9,170	14,950	17,660
1,200까지	7,940	10,940	17,780	21,190
1,400까지	8,520	12,700	20,600	24,720
1,600까지	9,120	14,470	23,420	28,250
1,800까지	9,700	16,240	26,250	31,790
2,000까지	10,290	18,000	29,190	35,320
2,200까지	10,880	19,770	32,010	38,850
2,400까지	11,470	21,540	34,840	42,380
2,600까지	12,060	23,300	37,670	45,920
2,800까지	12,650	25,070	40,490	49,450
3,000까지	13,240	26,830	43,320	52,980
3,200까지	13,820	28,600	46,140	56,510
3,400까지	14,420	30,370	48,970	60,040
3,600까지	15,000	32,130	51,920	63,580
3,800까지	15,590	33,900	54,750	67,110
4,000까지	16,180	35,670	57,560	70,640
4,200까지	16,770	37,430	60,390	74,170
4,400까지	17,350	39,200	63,220	77,710
4,600까지	17,950	40,960	66,050	81,240
4,800까지	18,530	42,730	68,880	84,770
5,000까지	19,120	44,500	71,820	88,300

※ 캐나다, 아일랜드는 2kg까지만 접수 가능

5. 항공소형포장물

중량단계(g)	지역별 요금(원)				
	1지역	2지역	3지역	4지역	미국
100까지	4,460	5,020	5,120	5,450	8,410
200까지	4,990	5,740	6,130	6,580	9,420
300까지	5,520	6,460	7,140	7,710	10,430
400까지	6,050	7,180	8,150	8,840	11,440
500까지	7,130	8,630	10,200	11,140	13,490
600까지	7,840	9,220	11,150	12,550	14,440
700까지	8,550	9,810	12,100	13,960	15,390
800까지	9,260	10,400	13,050	15,370	16,340
900까지	9,970	10,990	14,000	16,780	17,290
1,000까지	10,680	11,540	14,940	18,230	18,230
1,100까지	11,380	13,040	16,840	19,630	20,130
1,200까지	12,080	13,940	18,140	21,030	21,430
1,300까지	12,780	14,840	19,440	22,430	22,730
1,400까지	13,480	15,740	20,740	23,830	24,030
1,500까지	14,180	16,490	21,620	24,910	24,910
1,600까지	14,880	17,590	22,920	26,910	26,210
1,700까지	15,580	19,290	23,920	28,910	28,110
1,800까지	16,280	20,990	24,920	30,910	30,010
1,900까지	16,980	22,690	25,920	32,910	31,910
2,000까지	17,680	24,390	26,920	34,910	33,810

6. 항공부가요금

종별/지역별	지역별 요금(원)			
	1지역	2지역	3지역	4지역
서신 10g마다	30	60	100	140
기타 20g마다	20	50	100	130

※ 시각장애인을 위한 우편물(점자우편물), 전쟁포로 및 민간인 피억류자 등 우편물

7. 항공우편자루배달인쇄물(M-Bag)

중량단계(kg)	지역별 요금(원)			
	1지역	2지역	3지역	4지역
10까지	30,320	48,870	96,570	132,290
11까지	33,280	53,640	106,110	145,430
12까지	36,360	58,410	115,650	158,580
13까지	39,330	63,180	125,190	171,610
14까지	42,290	67,950	134,730	184,760
15까지	45,260	72,720	144,270	197,900
16까지	48,230	77,490	153,810	211,050
17까지	51,200	82,260	163,350	224,080
18까지	54,170	87,030	172,890	237,230
19까지	57,130	91,800	182,430	250,370
20까지	60,210	96,570	191,970	263,520
21까지	63,180	101,340	201,510	276,550
22까지	66,140	106,110	211,050	289,700
23까지	69,110	110,880	220,590	302,840
24까지	72,080	115,650	230,130	315,990
25까지	75,050	120,420	239,670	329,020
26까지	78,020	125,190	249,210	342,170
27까지	80,980	129,960	258,750	355,310
28까지	84,060	134,730	268,290	368,350
29까지	87,030	139,500	277,830	381,490
30까지	89,990	144,270	287,370	394,640

※ 우편자루배달 인쇄물의 경우 미국, 캐나다는 등기 미취급

[별표 2] 선편통상우편요금

종 별	중량단계(g)	요금(원)	비 고
서 신	20까지	470	
	50까지	950	
	100까지	1,430	
	250까지	2,400	
	500까지	4,200	
	1,000까지	6,590	
	2,000까지	10,800	
엽 서		310	
인쇄물	20까지	340	5kg까지 (단, 캐나다, 아일랜드는 2kg)
	50까지	580	
	100까지	820	
	250까지	1,400	
	500까지	2,940	
	1,000까지	4,710	
	2,000까지	7,060	
	3,000까지	9,410	
	4,000까지	11,770	
	5,000까지	14,120	
시각장애인을 위한 우편물(점자우편물)		무료	

종 별	중량단계(kg)	요금(원)
우편자루배달인쇄물	10까지	23,740
	11까지	26,180
	12까지	28,510
	13까지	30,950
	14까지	33,280
	15까지	35,720
	16까지	38,050
	17까지	40,490
	18까지	42,820
	19까지	45,260
	20까지	47,590
	21까지	50,030
	22까지	52,360
	23까지	54,800
	24까지	57,130
	25까지	59,570
	26까지	61,900
	27까지	64,340
	28까지	66,670
	29까지	69,110
	30까지	71,440

※ 우편자루배달인쇄물의 경우 미국, 캐나다는 등기 미취급

[별표 3] 소포우편요금

1. 항공소포

중량단계 (kg)	항공소포 요금(원)							
	호주	브라질	캐나다	중국	프랑스	독일	홍콩	인도네시아
0.5까지	18,500	28,000	23,000	17,000	25,000	19,500	17,000	17,000
1.0까지	21,000	32,000	27,000	19,500	27,000	23,000	19,000	20,000
1.5까지	24,500	36,000	31,000	21,000	29,000	26,500	20,500	23,000
2.0까지	28,500	40,000	35,000	23,500	31,000	29,500	22,000	25,000
2.5까지	32,500	43,000	39,000	25,000	33,000	33,000	23,500	26,500
3.0까지	36,500	49,500	43,000	27,500	34,000	36,500	25,000	28,000
3.5까지	40,000	55,500	47,000	29,000	36,000	40,000	26,500	30,000
4.0까지	44,000	62,000	51,000	31,000	37,000	43,500	28,000	32,000
4.5까지	48,000	68,000	55,000	33,000	38,000	47,000	29,500	33,500
5.0까지	52,000	74,500	59,000	35,000	39,000	50,000	31,000	35,500
5.5까지	56,000	80,500	63,000	37,000	40,500	53,500	32,500	37,500
6.0까지	60,000	86,500	67,000	39,000	43,000	57,000	34,000	39,500
6.5까지	64,000	93,000	71,500	41,000	46,000	60,500	35,500	41,500
7.0까지	68,000	99,000	75,000	43,000	48,500	64,000	37,000	43,000
7.5까지	72,000	105,000	79,500	44,500	51,000	67,500	38,500	45,000
8.0까지	75,500	111,500	83,500	46,000	53,500	70,500	40,000	47,000
8.5까지	79,500	117,500	87,500	47,500	56,000	74,000	41,500	49,000
9.0까지	83,500	124,000	91,500	49,000	58,500	77,500	43,500	51,000
9.5까지	87,500	130,000	95,500	50,500	61,000	81,000	44,500	52,500
10.0까지	91,500	136,000	99,500	52,000	64,000	84,500	46,000	54,500
10.5까지	95,500	142,500	103,500	53,500	66,500	88,000	47,500	56,500
11.0까지	99,500	148,500	107,500	55,000	69,000	91,000	49,500	58,500
11.5까지	103,000	155,000	111,500	56,500	71,500	94,500	51,000	60,000
12.0까지	107,000	161,000	115,500	58,000	74,000	98,000	52,500	62,000
12.5까지	111,000	167,000	119,500	59,500	76,500	101,500	54,000	64,000
13.0까지	115,000	173,500	123,500	61,000	79,500	105,000	55,500	66,000
13.5까지	119,000	179,500	127,500	62,500	82,000	108,000	57,000	68,000
14.0까지	123,000	186,000	131,500	64,000	84,500	111,500	58,500	70,000
14.5까지	127,000	192,000	136,000	65,500	87,000	115,000	60,000	71,500
15.0까지	130,500	198,500	139,500	67,000	89,500	118,500	61,500	73,500
15.5까지	134,500	204,500	143,500	68,500	92,000	122,000	63,000	75,500
16.0까지	138,500	210,500	147,500	70,000	95,000	125,000	64,500	77,500

16.5까지	142,500	217,000	151,500	71,500	97,500	128,500	66,000	79,000
17.0까지	146,500	223,000	156,000	73,000	100,000	132,000	67,500	81,000
17.5까지	150,500	229,500	159,500	74,500	102,500	135,500	69,000	83,000
18.0까지	154,500	235,500	163,500	76,000	105,000	139,000	70,500	85,000
18.5까지	158,500	241,500	167,500	77,500	107,500	142,000	72,000	87,000
19.0까지	162,000	248,000	172,000	79,000	110,500	145,500	73,500	89,000
19.5까지	166,000	254,000	176,000	80,500	113,000	149,000	75,000	90,500
20.0까지	170,000	260,500	180,000	82,000	115,500	152,500	76,500	92,500

중량단계 (kg)	항공소포 요금(원)							
	일본	말레이시아	뉴질랜드	필리핀	러시아	싱가포르	스페인	대만
0.5까지	17,000	16,000	19,500	16,000	26,500	16,500	19,500	14,000
1.0까지	18,000	19,000	23,500	19,000	31,500	18,000	23,000	16,000
1.5까지	19,500	21,500	27,000	21,500	36,000	19,500	26,500	18,000
2.0까지	21,000	24,500	30,000	24,500	41,000	21,000	30,000	20,000
2.5까지	22,500	25,000	33,500	25,500	45,500	25,500	33,500	20,500
3.0까지	23,500	27,300	37,000	27,000	50,000	26,000	37,000	22,000
3.5까지	25,000	29,600	40,500	28,500	55,000	26,500	40,500	23,500
4.0까지	26,000	31,900	44,000	30,000	59,500	27,000	44,000	25,000
4.5까지	27,500	34,200	47,500	31,500	64,000	28,500	47,000	26,500
5.0까지	28,500	36,500	51,000	33,000	69,000	30,000	50,500	28,000
5.5까지	30,000	38,800	54,500	34,500	73,500	31,500	54,000	29,500
6.0까지	31,500	41,100	58,000	36,000	78,500	33,000	57,500	31,000
6.5까지	32,500	43,400	61,500	37,500	83,000	34,500	61,000	32,500
7.0까지	34,000	45,700	65,000	39,000	87,500	36,000	64,500	34,000
7.5까지	35,000	48,000	68,500	40,500	92,500	37,500	68,000	35,500
8.0까지	36,500	50,300	72,000	42,000	97,000	39,000	71,500	37,000
8.5까지	38,000	52,600	75,500	43,500	102,000	40,500	75,000	38,500
9.0까지	39,000	54,900	79,000	45,000	106,500	42,000	78,500	40,000
9.5까지	40,500	57,200	82,500	46,500	111,000	43,500	81,500	41,500
10.0까지	42,000	59,500	86,000	48,000	116,000	44,500	85,000	43,000
10.5까지	43,000	61,800	89,500	49,500	120,500	46,000	88,500	44,500
11.0까지	44,500	64,100	92,500	51,000	125,000	48,000	92,000	46,000
11.5까지	46,000	66,400	96,000	52,500	129,500	49,500	95,500	47,500
12.0까지	47,000	68,700	99,500	54,000	134,500	50,500	99,000	49,000
12.5까지	48,500	71,000	103,000	55,500	139,000	52,500	102,500	50,500
13.0까지	50,000	73,300	106,500	57,000	144,000	53,500	106,000	52,000

13.5까지	51,000	75,600	110,000	58,500	148,500	55,000	109,500	53,500
14.0까지	52,500	77,900	113,500	60,000	153,000	56,500	113,000	55,000
14.5까지	54,000	80,200	117,000	61,500	158,000	58,000	116,500	56,500
15.0까지	55,000	82,500	120,500	63,000	162,500	59,500	119,500	58,000
15.5까지	56,500	84,800	124,000	64,500	167,000	61,000	123,000	59,500
16.0까지	57,500	87,100	127,500	66,000	172,000	62,500	126,500	61,000
16.5까지	59,000	89,400	131,000	67,500	176,500	64,000	130,000	62,500
17.0까지	60,500	91,700	134,500	69,000	181,000	65,500	133,500	64,000
17.5까지	61,500	94,000	138,000	70,500	186,000	67,000	137,000	65,500
18.0까지	63,000	96,300	141,500	72,000	190,500	68,500	140,000	67,000
18.5까지	64,500	98,600	144,500	73,500	195,500	70,000	143,500	68,500
19.0까지	65,500	100,900	148,500	75,000	200,000	71,500	147,000	70,000
19.5까지	67,000	103,200	151,500	76,500	205,000	73,000	150,500	71,500
20.0까지	68,000	105,500	155,000	78,000	209,500	74,500	154,000	73,000

중량단계 (kg)	항공소포 요금(원)							
	태국	영국	미국	베트남	1지역	2지역	3지역	4지역
0.5까지	17,000	26,000	23,500	12,500	13,500	18,000	20,500	22,000
1.0까지	20,000	30,500	28,000	14,000	15,500	21,500	24,500	27,500
1.5까지	23,000	32,000	31,000	15,500	17,000	24,500	28,000	33,500
2.0까지	25,500	34,000	37,000	17,000	19,000	27,500	31,500	39,000
2.5까지	26,000	35,500	42,500	18,500	21,000	31,000	35,000	45,500
3.0까지	27,500	37,000	48,000	20,500	23,000	34,000	39,000	52,000
3.5까지	29,000	40,500	54,000	22,000	24,500	37,000	42,500	58,500
4.0까지	30,500	44,000	59,500	24,000	27,000	40,000	46,000	65,000
4.5까지	32,000	47,500	65,500	26,000	28,500	43,500	49,500	71,500
5.0까지	33,500	51,000	71,000	28,000	30,500	46,500	53,500	78,000
5.5까지	35,000	54,500	77,000	30,000	32,500	49,500	57,000	84,500
6.0까지	36,500	58,000	82,500	31,500	34,500	53,000	60,500	91,000
6.5까지	38,000	61,500	88,000	33,500	36,500	56,000	64,500	97,500
7.0까지	39,500	65,000	94,000	35,500	38,500	59,000	68,000	104,500
7.5까지	41,000	68,500	99,500	37,500	40,500	62,000	71,500	110,500
8.0까지	42,500	72,000	105,500	39,000	42,000	65,500	75,000	117,500
8.5까지	44,500	75,500	111,000	41,000	44,000	68,500	78,500	124,000
9.0까지	46,500	79,000	117,000	43,000	46,000	71,500	82,500	130,500
9.5까지	48,500	82,500	122,500	45,000	48,000	74,500	86,000	137,000
10.0까지	50,500	86,000	128,000	47,000	50,000	78,000	89,500	143,500

10.5까지	52,500	89,500	134,000	48,500	52,000	81,000	93,500	150,000
11.0까지	54,500	93,000	139,500	50,500	54,000	84,000	97,000	156,500
11.5까지	56,500	96,500	145,500	52,500	56,000	87,500	100,500	163,000
12.0까지	58,500	100,000	151,000	54,500	57,500	90,500	104,000	169,500
12.5까지	60,500	103,500	157,000	56,000	59,500	93,500	108,000	176,000
13.0까지	62,500	107,000	162,500	58,000	61,500	97,000	111,500	182,500
13.5까지	64,500	110,500	168,500	60,000	63,500	100,000	115,000	189,000
14.0까지	66,500	114,000	174,000	62,000	65,500	103,000	118,500	195,500
14.5까지	68,500	117,500	179,500	63,500	67,500	106,000	122,500	202,000
15.0까지	70,500	121,000	185,500	65,500	69,000	109,500	126,000	209,000
15.5까지	72,500	124,500	191,000	67,500	71,500	112,500	129,500	215,000
16.0까지	74,500	128,000	197,000	69,500	73,000	115,500	133,000	221,500
16.5까지	76,500	131,500	202,500	71,500	75,000	119,000	136,500	228,500
17.0까지	78,500	135,000	208,500	73,000	77,000	122,000	140,500	235,000
17.5까지	80,500	138,500	214,000	75,000	79,000	125,000	144,000	241,500
18.0까지	82,500	142,000	219,500	77,000	81,000	128,000	147,500	248,000
18.5까지	84,500	145,500	225,500	79,000	83,000	131,500	151,000	254,500
19.0까지	86,500	149,000	231,000	80,500	85,000	134,500	155,000	261,000
19.5까지	88,500	152,500	237,000	82,500	86,500	137,500	158,500	267,500
20.0까지	90,500	156,000	242,500	84,500	88,500	140,500	162,000	274,000

2. 선편소포

중량단계(kg)	지역별 요금(원)			
	1지역	2지역	3지역	4지역
1까지	9,900	11,000	12,000	13,000
2까지	15,500	17,000	18,500	20,000
4까지	20,000	21,500	24,500	27,500
6까지	24,500	26,000	30,500	35,500
8까지	29,000	30,500	37,000	43,000
10까지	34,000	35,500	43,000	50,500
12까지	38,500	40,000	49,000	58,500
14까지	43,000	44,500	55,500	66,000
16까지	47,500	49,000	61,500	74,000
18까지	52,500	54,000	67,500	81,500
20까지	57,000	58,500	74,000	89,000

[별표 4] K-Packet 우편요금

중량단계 (g)	K-Packet 요금(원)						
	호주	브라질	캐나다	중국	프랑스	독일	홍콩
100까지	4,670	5,410	5,540	4,680	5,510	5,450	4,160
200까지	6,080	7,030	7,240	5,920	7,180	7,100	5,250
300까지	7,500	8,660	8,920	7,140	8,850	8,770	6,340
400까지	8,920	10,280	10,610	8,370	10,530	10,420	7,420
500까지	10,360	11,900	12,310	9,620	12,220	12,090	8,540
600까지	11,460	13,380	13,620	10,600	13,520	13,390	9,410
700까지	12,560	14,870	14,930	11,580	14,820	14,670	10,280
800까지	13,660	16,350	16,240	12,570	16,120	15,950	11,140
900까지	14,770	17,840	17,560	13,540	17,420	17,250	12,010
1,000까지	15,890	19,340	18,890	14,530	18,750	18,550	12,890
1,100까지	16,910	21,310	20,780	15,400	19,710	19,560	13,660
1,200까지	17,930	23,270	22,670	16,260	20,670	20,560	14,430
1,300까지	18,950	25,240	24,560	17,130	21,630	21,570	15,200
1,400까지	19,970	27,210	26,460	17,990	22,590	22,580	15,960
1,500까지	20,990	29,160	28,340	18,900	23,550	23,590	16,770
1,600까지	22,010	30,920	29,430	19,410	24,510	24,590	17,230
1,700까지	23,030	32,690	30,520	19,940	25,470	25,600	17,690
1,800까지	24,050	34,450	31,620	20,460	26,430	26,610	18,150
1,900까지	25,070	36,210	32,710	20,970	27,390	27,610	18,610
2,000까지	26,090	37,970	33,800	21,520	28,350	28,620	19,100

중량단계 (g)	K-Packet 요금(원)						
	인도네시아	일본	말레이시아	뉴질랜드	필리핀	러시아	싱가포르
100까지	4,680	4,550	4,880	4,560	4,480	5,510	4,710
200까지	5,800	5,730	6,040	5,950	5,550	7,180	5,830
300까지	6,910	6,930	7,210	7,330	6,620	8,850	6,960
400까지	8,030	8,120	8,380	8,720	7,690	10,530	8,090
500까지	9,150	9,340	9,540	10,120	8,760	12,230	9,210
600까지	10,210	10,290	10,650	11,200	9,770	13,530	10,280
700까지	11,270	11,240	11,750	12,270	10,790	14,830	11,340
800까지	12,330	12,190	12,860	13,350	11,800	16,130	12,410
900까지	13,390	13,130	13,960	14,430	12,820	17,430	13,480
1,000까지	14,450	14,090	15,070	15,520	13,830	18,760	14,540

1,100까지	15,650	14,930	15,950	17,080	14,980	20,630	15,750
1,200까지	16,850	15,770	16,830	18,630	16,130	22,510	16,960
1,300까지	17,500	16,610	17,710	20,190	17,270	24,390	17,160
1,400까지	18,210	17,450	18,590	21,750	18,420	26,270	18,000
1,500까지	18,930	18,330	19,470	23,290	19,580	28,140	18,500
1,600까지	19,640	18,840	20,350	24,680	20,460	29,810	19,500
1,700까지	20,360	19,340	21,230	26,070	21,340	31,490	20,000
1,800까지	21,070	19,840	22,110	27,450	22,220	33,170	21,000
1,900까지	21,790	20,350	22,990	28,840	23,100	34,840	22,000
2,000까지	22,500	20,880	23,870	30,260	23,980	36,560	23,000

중량단계 (g)	K-Packet 요금(원)					
	스페인	대만	태국	영국	미국	베트남
100까지	5,430	4,330	4,620	5,170	8,090	5,090
200까지	7,080	5,460	5,720	6,740	8,980	5,860
300까지	8,730	6,590	6,830	8,300	11,060	6,620
400까지	10,380	7,720	7,930	9,870	13,170	7,380
500까지	12,060	8,880	9,040	11,470	15,280	8,140
600까지	13,340	9,790	10,090	12,690	16,910	8,910
700까지	14,620	10,690	11,130	13,910	18,530	9,670
800까지	15,900	11,590	12,180	15,120	20,160	10,430
900까지	17,180	12,500	13,220	16,340	21,780	11,190
1,000까지	18,490	13,410	14,270	17,590	23,430	11,950
1,100까지	19,630	14,210	15,460	19,090	25,780	12,720
1,200까지	20,770	15,000	16,640	20,590	28,130	13,480
1,300까지	21,910	15,800	17,370	22,090	30,480	14,240
1,400까지	23,050	16,600	18,100	23,590	32,810	14,740
1,500까지	24,190	17,450	18,830	25,090	35,160	15,240
1,600까지	25,330	17,920	19,570	26,590	37,270	15,740
1,700까지	26,470	18,400	20,300	28,090	39,350	16,240
1,800까지	27,310	18,880	21,000	29,590	41,440	16,740
1,900까지	28,270	19,350	21,800	31,090	43,530	17,240
2,000까지	29,170	19,870	22,500	32,590	45,690	17,740

[별표 5] 특급우편(EMS)요금

1. 특급우편요금(서류)

중량단계 (kg)	특급우편 서류 요금(원)							
	호주	브라질	캐나다	중국	프랑스	독일	홍콩	인도네시아
0.3까지	20,500	28,500	26,500	20,000	23,500	28,000	19,000	15,500
0.5까지	22,500	30,500	28,500	22,000	25,500	30,000	21,000	17,500
0.75까지	25,500	33,500	30,500	23,500	27,500	32,500	22,000	18,500
1.0까지	28,500	36,500	32,500	25,000	29,000	34,500	23,000	19,500
1.25까지	31,500	39,500	34,500	26,500	31,000	36,500	24,000	21,000
1.5까지	34,500	43,000	36,500	28,500	32,500	38,500	25,000	22,000
1.75까지	38,000	46,000	39,000	30,000	34,500	40,500	26,000	23,000
2.0까지	41,000	49,000	41,000	31,000	36,000	43,000	27,000	24,000

중량단계 (kg)	특급우편 서류 요금(원)							
	일본	말레이시아	뉴질랜드	필리핀	러시아	싱가포르	스페인	대만
0.3까지	20,000	14,000	21,000	15,000	30,000	12,500	26,000	15,000
0.5까지	22,000	16,000	23,000	17,000	32,000	14,500	28,000	17,000
0.75까지	23,000	17,500	25,500	18,000	35,000	16,000	30,000	17,500
1.0까지	24,000	19,000	27,500	19,000	38,000	17,500	32,000	18,500
1.25까지	26,000	20,500	30,000	20,000	41,000	19,000	34,500	19,500
1.5까지	27,000	22,000	32,000	21,500	44,000	20,500	36,500	20,500
1.75까지	29,500	23,500	34,500	22,500	47,500	22,000	39,000	21,000
2.0까지	31,500	25,000	37,000	23,500	50,500	23,500	41,000	22,000

중량단계 (kg)	특급우편 서류 요금(원)							
	태국	영국	미국	베트남	1지역	2지역	3지역	4지역
0.3까지	15,000	30,500	24,000	15,000	18,000	18,000	28,000	30,500
0.5까지	17,000	32,500	26,000	17,000	20,000	20,000	30,000	32,500
0.75까지	18,500	34,500	29,500	17,500	21,000	21,500	32,000	35,500
1.0까지	19,500	36,500	33,000	18,500	22,000	23,000	34,000	38,500
1.25까지	20,500	38,500	36,500	19,500	23,000	24,500	36,000	41,500
1.5까지	21,500	40,500	40,000	20,500	24,000	26,000	38,000	44,500
1.75까지	22,500	42,000	43,500	21,000	25,000	27,500	40,000	47,500
2.0까지	23,500	44,000	47,000	22,000	26,000	29,000	42,000	50,500

2. 특급우편요금(비서류)

중량단계 (kg)	특급우편 비서류 요금(원)							
	호주	브라질	캐나다	중국	프랑스	독일	홍콩	인도네시아
0.5까지	23,000	32,000	29,000	23,500	26,000	30,500	22,500	19,000
0.75까지	26,000	35,000	31,000	25,000	28,000	33,000	23,500	20,000
1.0까지	29,000	38,000	33,000	26,500	29,500	35,000	24,500	21,000
1.25까지	32,000	41,000	35,000	28,000	31,500	37,000	25,500	22,500
1.5까지	35,000	44,500	37,000	30,000	33,000	39,000	26,500	23,500
1.75까지	38,500	47,500	39,500	31,500	35,000	41,000	27,500	24,500
2.0까지	41,500	50,500	41,500	32,500	36,500	43,500	28,500	25,500
2.5까지	46,500	56,500	45,500	34,000	40,000	47,000	30,000	27,500
3.0까지	51,000	62,000	49,000	35,500	43,000	50,500	31,500	30,000
3.5까지	56,000	68,000	53,000	37,000	46,500	54,000	33,000	32,000
4.0까지	60,500	74,000	57,000	39,000	50,000	58,000	34,500	34,000
4.5까지	65,500	79,500	60,500	40,500	53,000	61,500	35,500	36,000
5.0까지	70,000	87,500	64,500	42,000	56,500	65,000	37,000	38,000
5.5까지	75,000	95,500	68,500	44,000	59,500	68,500	38,500	40,000
6.0까지	80,000	103,500	72,000	45,500	63,000	72,500	40,000	42,000
6.5까지	84,500	111,500	76,500	47,000	66,000	76,000	41,500	44,000
7.0까지	89,500	119,500	80,500	48,500	70,500	80,000	43,000	46,000
7.5까지	94,000	128,000	84,500	50,500	75,000	84,500	44,500	48,000
8.0까지	99,000	136,000	89,000	52,000	79,500	88,500	46,000	50,000
8.5까지	104,000	144,000	93,000	53,500	84,000	93,000	48,000	52,000
9.0까지	108,500	152,000	97,500	55,500	88,500	97,000	50,000	54,000
9.5까지	113,500	160,000	101,500	57,000	93,000	101,000	52,000	56,000
10.0까지	118,000	168,000	105,500	58,500	97,500	105,500	54,000	58,500
10.5까지	123,000	176,000	110,000	60,000	101,500	109,500	56,000	61,500
11.0까지	127,500	184,000	114,000	62,000	106,000	114,000	58,000	64,000
11.5까지	132,500	192,000	118,500	63,500	110,500	118,000	60,000	67,000
12.0까지	137,500	200,000	122,500	65,000	115,000	122,500	62,000	69,500
12.5까지	142,000	208,000	126,500	67,000	119,500	126,500	64,000	72,000
13.0까지	147,000	216,000	131,000	68,500	124,000	130,500	66,000	75,000
13.5까지	151,500	224,000	135,000	70,000	128,500	135,000	68,000	77,500
14.0까지	156,500	232,000	139,500	72,000	133,000	139,000	70,000	80,500
14.5까지	161,500	240,000	143,500	73,500	137,500	143,500	72,000	83,000
15.0까지	166,000	248,000	148,000	75,000	141,500	147,500	74,000	86,000

15.5까지	171,000	256,000	152,000	76,500	146,000	152,000	76,000	88,500
16.0까지	175,500	264,000	156,000	78,500	150,500	156,000	77,500	91,500
16.5까지	180,500	272,000	160,500	80,500	155,000	160,500	79,500	94,000
17.0까지	185,000	280,000	164,500	82,500	159,500	164,500	81,500	97,000
17.5까지	190,000	288,000	169,000	84,500	164,000	168,500	83,500	99,500
18.0까지	195,000	296,000	173,000	86,500	168,500	173,000	85,500	102,000
18.5까지	199,500	304,500	177,000	88,500	173,000	177,000	87,500	105,000
19.0까지	204,500	312,500	181,500	90,000	177,500	181,500	89,500	107,500
19.5까지	209,000	320,500	185,500	92,000	181,500	185,500	91,500	110,500
20.0까지	214,000	328,500	190,000	94,000	186,000	190,000	93,500	113,000
20.5까지	219,000	336,500	194,000	96,000	190,500	194,000	95,500	116,000
21.0까지	223,500	344,500	198,000	98,000	195,000	198,000	97,500	118,500
21.5까지	228,500	352,500	202,500	100,000	199,500	202,500	99,500	121,500
22.0까지	233,000	360,500	206,500	102,000	204,000	206,500	101,500	124,000
22.5까지	238,000	368,500	211,000	103,500	208,500	211,000	103,500	126,500
23.0까지	243,000	376,500	215,000	105,500	213,000	215,000	105,500	129,500
23.5까지	247,500	384,500	219,000	107,500	217,500	219,500	107,500	132,000
24.0까지	252,500	392,500	223,500	109,500	221,500	223,500	109,500	135,000
24.5까지	257,000	400,500	227,500	111,500	226,000	228,000	111,500	137,500
25.0까지	262,000	408,500	232,000	113,500	230,500	232,000	113,500	140,500
25.5까지	266,500	416,500	236,000	115,500	235,000	236,000	115,500	143,000
26.0까지	271,500	424,500	240,000	117,000	239,500	240,500	117,000	146,000
26.5까지	276,500	432,500	244,500	119,000	244,000	244,500	119,000	148,500
27.0까지	281,000	440,500	248,500	121,000	248,500	249,000	121,000	151,500
27.5까지	286,000	448,500	253,000	123,000	253,000	253,000	123,000	154,000
28.0까지	290,500	456,500	257,000	125,000	257,500	257,500	125,000	156,500
28.5까지	295,500	464,500	261,500	127,000	261,500	261,500	127,000	159,500
29.0까지	300,500	472,500	265,500	129,000	266,000	265,500	129,000	162,000
29.5까지	305,000	481,000	269,500	130,500	270,500	270,000	131,000	165,000
30.0까지	310,000	489,000	274,000	132,500	275,000	274,000	133,000	167,500

중량단계 (kg)	특급우편 비서류 요금(원)							
	일본	말레이시아	뉴질랜드	필리핀	러시아	싱가포르	스페인	대만
0.5까지	23,500	17,500	23,500	18,500	32,500	15,000	28,500	17,500
0.75까지	24,500	19,000	26,000	19,500	35,500	16,500	30,500	18,000
1.0까지	25,500	20,500	28,000	20,500	38,500	18,000	32,500	19,000
1.25까지	27,500	22,000	30,500	21,500	41,500	19,500	35,000	20,000
1.5까지	28,500	23,500	32,500	23,000	44,500	21,000	37,000	21,000
1.75까지	31,000	25,000	35,000	24,000	48,000	22,500	39,500	21,500
2.0까지	33,000	26,500	37,500	25,000	51,000	24,000	41,500	22,500
2.5까지	34,500	29,000	41,500	26,500	56,000	26,000	45,500	24,000
3.0까지	36,500	31,500	45,500	28,500	60,500	28,500	49,500	25,500
3.5까지	38,000	34,000	50,000	30,000	65,500	30,500	53,500	27,000
4.0까지	40,000	36,500	54,000	32,000	70,500	33,000	57,500	28,500
4.5까지	41,500	39,000	58,500	33,500	75,500	35,500	62,000	29,500
5.0까지	43,000	41,500	62,500	35,500	80,500	37,500	66,500	31,000
5.5까지	45,000	44,000	67,000	37,000	85,000	40,000	71,000	32,500
6.0까지	46,500	46,500	71,000	39,000	90,000	42,500	75,500	34,000
6.5까지	48,500	49,000	75,500	40,500	95,000	44,500	80,000	36,000
7.0까지	50,000	51,500	80,000	42,500	100,000	47,000	84,500	37,500
7.5까지	51,500	54,500	84,000	44,500	104,500	49,500	88,500	39,500
8.0까지	53,500	57,000	88,500	46,500	109,500	51,500	93,000	41,500
8.5까지	55,000	60,000	93,000	48,500	114,500	54,000	97,500	43,500
9.0까지	57,000	63,000	97,500	50,500	119,500	56,500	102,000	45,500
9.5까지	58,500	66,000	101,500	53,000	124,500	58,500	106,500	47,000
10.0까지	60,000	68,500	106,000	55,000	128,500	61,000	111,000	49,000
10.5까지	62,000	71,500	110,500	57,000	132,500	63,500	115,000	51,000
11.0까지	63,500	74,500	115,000	59,000	137,000	65,500	119,500	53,000
11.5까지	65,500	77,500	119,000	61,500	141,000	68,000	124,000	54,500
12.0까지	67,000	80,000	123,500	63,500	145,000	70,500	128,500	56,500
12.5까지	69,000	83,000	128,000	65,500	149,500	72,500	133,000	58,500
13.0까지	70,500	86,000	132,000	67,500	153,500	75,000	137,500	60,500
13.5까지	71,500	89,000	136,500	69,500	157,500	77,500	142,000	62,500
14.0까지	73,500	92,000	141,000	72,000	161,500	79,500	146,000	64,000
14.5까지	75,000	94,500	145,500	74,000	166,000	82,000	150,500	66,000
15.0까지	76,500	97,500	149,500	76,000	170,000	84,500	155,000	68,000
15.5까지	78,000	100,500	154,000	78,000	174,000	86,500	159,500	70,000

16.0까지	79,500	103,500	158,500	80,500	178,500	89,000	164,000	72,000
16.5까지	81,000	106,000	163,000	82,500	182,500	91,000	168,500	73,500
17.0까지	82,500	109,000	167,000	84,500	186,500	93,500	172,500	75,500
17.5까지	84,000	112,000	171,500	86,500	191,000	96,000	177,000	77,500
18.0까지	85,500	115,000	176,000	88,500	195,000	98,000	181,500	79,500
18.5까지	87,000	117,500	180,500	91,000	199,000	100,500	186,000	81,500
19.0까지	88,500	120,500	184,500	93,000	203,500	103,000	190,500	83,000
19.5까지	90,000	123,500	189,000	95,000	207,500	105,000	195,000	85,000
20.0까지	91,500	126,500	193,500	97,000	211,500	107,500	199,500	87,000
20.5까지	93,000	129,500	197,500	99,000	215,500	110,000	203,500	89,000
21.0까지	94,500	132,000	202,000	101,500	220,000	112,000	208,000	91,000
21.5까지	96,000	135,000	206,500	103,500	224,000	114,500	212,500	92,500
22.0까지	97,500	138,000	211,000	105,500	228,000	117,000	217,000	94,500
22.5까지	99,000	141,000	215,000	107,500	232,500	119,000	221,500	96,500
23.0까지	100,500	143,500	219,500	110,000	236,500	121,500	226,000	98,500
23.5까지	102,000	146,500	224,000	112,000	240,500	124,000	230,000	100,000
24.0까지	103,500	149,500	228,500	114,000	245,000	126,000	234,500	102,000
24.5까지	105,000	152,500	232,500	116,000	249,000	128,500	239,000	104,000
25.0까지	106,500	155,000	237,000	118,000	253,000	131,000	243,500	106,000
25.5까지	108,000	158,000	241,500	120,500	257,500	133,000	248,000	108,000
26.0까지	109,500	161,000	246,000	122,500	261,500	135,500	252,500	109,500
26.5까지	111,000	164,000	250,000	124,500	265,500	138,000	257,000	111,500
27.0까지	112,500	167,000	254,500	126,500	269,500	140,000	261,000	113,500
27.5까지	114,000	169,500	259,000	129,000	274,000	142,500	265,500	115,500
28.0까지	115,500	172,500	263,000	131,000	278,000	145,000	270,000	117,500
28.5까지	117,000	175,500	267,500	133,000	282,000	147,000	274,500	119,000
29.0까지	118,500	178,500	272,000	135,000	286,500	149,500	279,000	121,000
29.5까지	120,000	181,000	276,500	137,000	290,500	151,500	283,500	123,000
30.0까지	121,500	184,000	280,500	139,500	294,500	154,000	287,500	125,000

중량단계 (kg)	특급우편 비서류 요금(원)							
	태국	영국	미국	베트남	1지역	2지역	3지역	4지역
0.5까지	18,500	33,000	26,500	17,500	20,500	20,500	30,500	33,000
0.75까지	20,000	35,000	30,000	18,000	21,500	22,000	32,500	36,000
1.0까지	21,000	37,000	33,500	19,000	22,500	23,500	34,500	39,000
1.25까지	22,000	39,000	37,000	20,000	23,500	25,000	36,500	42,000
1.5까지	23,000	41,000	40,500	21,000	24,500	26,500	38,500	45,000
1.75까지	24,000	42,500	44,000	21,500	25,500	28,000	40,500	48,000
2.0까지	25,000	44,500	47,500	22,500	26,500	29,500	42,500	51,000
2.5까지	27,000	48,000	54,500	24,000	28,500	32,000	46,500	56,500
3.0까지	29,000	51,500	61,000	25,500	30,500	35,000	50,000	62,000
3.5까지	31,000	55,000	68,000	27,000	32,000	37,500	54,000	69,500
4.0까지	33,000	58,500	74,500	28,500	34,000	40,500	58,000	77,000
4.5까지	34,500	62,000	81,500	29,500	36,000	43,000	61,500	85,000
5.0까지	36,500	65,500	88,000	31,000	38,000	46,000	65,500	92,500
5.5까지	38,500	68,500	95,000	32,500	39,500	48,500	69,000	100,000
6.0까지	40,500	72,000	102,000	34,000	41,500	51,000	73,000	107,500
6.5까지	42,500	76,500	108,500	36,000	43,500	54,000	78,000	115,000
7.0까지	44,000	80,500	115,500	37,500	45,500	56,500	83,000	123,000
7.5까지	46,000	84,500	122,000	39,500	48,000	59,500	88,000	130,500
8.0까지	48,500	89,000	129,000	41,500	50,500	61,000	93,000	138,000
8.5까지	51,000	93,000	135,500	43,500	52,500	66,000	97,500	145,500
9.0까지	53,000	97,500	142,500	45,500	55,000	70,500	102,500	153,000
9.5까지	55,500	101,500	149,500	47,000	57,500	75,500	107,500	160,500
10.0까지	58,000	105,500	156,000	49,000	60,000	80,500	112,500	168,500
10.5까지	60,500	110,000	163,000	51,000	62,000	85,000	117,500	176,000
11.0까지	63,000	114,000	169,500	53,000	64,500	90,000	122,500	183,500
11.5까지	65,000	118,000	176,500	54,500	67,000	95,000	127,500	191,000
12.0까지	67,500	122,500	183,500	56,500	69,000	99,500	132,500	198,500
12.5까지	70,000	126,500	190,000	58,500	71,500	104,500	137,500	206,000
13.0까지	72,500	131,000	197,000	60,500	74,000	109,000	142,500	214,000
13.5까지	74,500	135,000	203,500	62,500	76,000	114,000	147,500	221,500
14.0까지	77,000	139,000	210,500	64,000	78,500	119,000	152,500	229,000
14.5까지	79,500	143,500	217,000	66,000	81,000	123,500	157,500	236,500
15.0까지	82,000	147,500	224,000	68,000	83,000	128,500	162,000	244,000
15.5까지	84,000	151,500	231,000	70,000	85,500	133,500	167,000	252,000

16.0까지	86,500	156,000	237,500	72,000	88,000	138,000	172,000	259,500
16.5까지	89,000	160,000	244,500	73,500	90,000	143,000	177,000	267,000
17.0까지	91,500	164,500	251,000	75,500	92,500	148,000	182,000	274,500
17.5까지	94,000	168,500	258,000	77,500	95,000	152,500	187,000	282,000
18.0까지	96,000	172,500	264,500	79,500	97,000	157,500	192,000	289,500
18.5까지	98,500	177,000	271,500	81,500	99,500	162,000	197,000	297,500
19.0까지	101,000	181,000	278,500	83,000	102,000	167,000	202,000	305,000
19.5까지	103,500	185,000	285,000	85,000	104,500	172,000	207,000	312,500
20.0까지	105,500	189,500	292,000	87,000	106,500	176,500	212,000	320,000
20.5까지	108,000	193,500	298,500	89,000	109,000	181,500	217,000	327,500
21.0까지	110,500	198,000	305,500	91,000	111,500	186,500	221,500	335,500
21.5까지	113,000	202,000	312,000	92,500	113,500	191,000	226,500	343,000
22.0까지	115,500	206,000	319,000	94,500	116,000	196,000	231,500	350,500
22.5까지	117,500	210,500	326,000	96,500	118,500	200,500	236,500	358,000
23.0까지	120,000	214,500	332,500	98,500	120,500	205,500	241,500	365,500
23.5까지	122,500	218,500	339,500	100,000	123,000	210,500	246,500	373,000
24.0까지	125,000	223,000	346,000	102,000	125,500	215,000	251,500	381,000
24.5까지	127,000	227,000	353,000	104,000	127,500	220,000	256,500	388,500
25.0까지	129,500	231,500	360,000	106,000	130,000	225,000	261,500	396,000
25.5까지	132,000	235,500	366,500	108,000	132,500	229,500	266,500	403,500
26.0까지	134,500	239,500	373,500	109,500	134,500	234,500	271,500	411,000
26.5까지	136,500	244,000	380,000	111,500	137,000	239,500	276,500	418,500
27.0까지	139,000	248,000	387,000	113,500	139,500	244,000	281,500	426,500
27.5까지	141,500	252,000	393,500	115,500	141,500	249,000	286,000	434,000
28.0까지	144,000	256,500	400,500	117,500	144,000	253,500	291,000	441,500
28.5까지	146,500	260,500	407,500	119,000	146,500	258,500	296,000	449,000
29.0까지	148,500	265,000	414,000	121,000	149,000	263,500	301,000	456,500
29.5까지	151,000	269,000	421,000	123,000	151,000	268,000	306,000	464,500
30.0까지	153,500	273,000	427,500	125,000	153,500	273,000	311,000	472,000

[별표 6] 한 · 중 해상특송우편요금

(단위 : kg, 원)

중량(kg)	요금(원)	중량(kg)	요금(원)
0.5	7,000	15.5	37,000
0.75	7,300	16.0	38,000
1.0	7,500	16.5	39,500
1.25	8,100	17.0	41,000
1.5	8,500	17.5	41,500
1.75	9,500	18.0	43,000
2.0	10,500	18.5	44,500
2.5	11,000	19.0	46,000
3.0	12,000	19.5	47,500
3.5	13,000	20.0	49,000
4.0	14,000	20.5	50,500
4.5	15,000	21.0	52,000
5.0	16,000	21.5	53,500
5.5	17,000	22.0	55,000
6.0	18,000	22.5	56,500
6.5	19,000	23.0	58,000
7.0	20,000	23.5	59,500
7.5	21,000	24.0	61,000
8.0	22,000	24.5	62,500
8.5	23,000	25.0	64,000
9.0	24,000	25.5	65,500
9.5	25,000	26.0	67,000
10.0	26,000	26.5	68,500
10.5	27,000	27.0	70,000
11.0	28,000	27.5	71,500
11.5	29,000	28.0	73,000
12.0	30,000	28.5	74,500
12.5	31,000	29.0	76,000
13.0	32,000	29.5	77,500
13.5	33,000	30.0	79,000
14.0	34,000		
14.5	35,000		
15.0	36,000		

[별표 7] 보세화물우편요금

1. 특급우편(EMS)

[별표 5]의 특급우편(EMS)요금에 따름

2. K-Packet

[별표 4]의 K-Packet 우편요금에 따름

3. 등기소형포장물(일반소형포장물 제외)

[별표 1]의 5. 항공소형포장물 우편요금에 따름(국제등기취급수수료 별도 부과)

4. 한 · 중해상특송

[별표 6]의 한 · 중해상특송우편요금에 따름

[별표8] 국제우편요금 적용지역별 국가명

1. 항공소포, 특급우편(EMS)

구 분	국 명
국가별 (20국)	호주, 브라질, 캐나다, 중국, 프랑스, 독일, 홍콩, 인도네시아, 일본, 말레이시아, 뉴질랜드, 필리핀, 러시아, 싱가포르, 스페인, 대만, 태국, 영국 미국, 베트남
1지역	마카오, 라오스, 캄보디아, 미얀마, 몽골
2지역	방글라데시, 브루나이, 인도, 네팔, 스리랑카, 몰디브, 부탄
3지역	• 서유럽 : 벨기에, 덴마크, 핀란드, 노르웨이, 포르투갈, 스위스, 스웨덴, 오스트리아 등 • 동유럽 : 루마니아, 폴란드, 헝가리, 체코, 구 소련연방 등 • 중동 : 바레인, 이란, 이라크, 이스라엘, 요르단, 튀르키예, 쿠웨이트, 사우디아라비아, 카타르, 시리아 등 • 대양주 : 파푸아뉴기니, 괌, 사이판 등 • 아시아 : 아프가니스탄 등
4지역	• 아프리카 : 이집트, 케냐, 리비아 등 • 중남미 : 멕시코, 파나마, 아르헨티나, 우루과이, 페루 등 • 서인도제도 : 쿠바, 아이티, 도미니카 공화국 등 • 남태평양 : 피지, 키리바티, 솔로몬제도, 사모아 등

2. 항공통상(항공서간 및 항공엽서 제외), 선편소포

구 분	국 명
1지역	일본, 중국, 대만, 홍콩, 마카오
2지역	동남아시아 : 방글라데시, 브루나이, 미얀마, 캄보디아, 동티모르, 인도네시아, 라오스, 말레이시아, 필리핀, 싱가포르, 태국, 베트남, 몽골 등
3지역	• 북미 : 미국 본토(하와이, 알래스카 포함), 캐나다 등 • 서유럽 : 벨기에, 덴마크, 핀란드, 프랑스 본토, 독일, 영국 본토, 그리스, 이탈리아, 룩셈부르크, 네덜란드 본토, 노르웨이, 포르투갈, 스페인, 스위스, 스웨덴, 오스트리아 등 • 동유럽 : 러시아, 루마니아, 폴란드, 헝가리, 체코, 구 소련연방 등 • 중동 : 바레인, 이란, 이라크, 이스라엘, 요르단, 튀르키예, 쿠웨이트, 사우디아라비아, 카타르, 시리아 등 • 대양주 : 호주, 뉴질랜드 본토, 파푸아뉴기니, 괌, 사이판 등 • 아시아 : 아프가니스탄, 인도, 네팔, 파키스탄, 스리랑카 등
4지역	• 아프리카 : 이집트, 케냐, 리비아 등 • 중남미 : 멕시코, 파나마, 아르헨티나, 브라질, 우루과이, 페루 등 • 서인도제도 : 쿠바, 아이티, 도미니카 등 • 남태평양 : 피지, 키리바티, 솔로몬제도, 사모아 등

3. K-Packet

구 분	국 명
국가별(20국)	호주, 브라질, 캐나다, 중국, 프랑스, 독일, 홍콩, 인도네시아, 일본, 말레이시아, 뉴질랜드, 필리핀, 러시아, 싱가포르, 스페인, 대만, 태국, 영국, 미국, 베트남

4. 한 · 중해상특송 : 중국 전 지역(일부 자치구 제외)

※ 신장(新疆絳, Xinjiang), 서장(西藏, Xizang 혹은 Tibet) 자치구 지역은 제외

5. 보세화물우편서비스

가. 특급우편(EMS) : EMS 적용국가

나. K-Packet : K-Packet 적용국가

다. 등기소형포장물 : 항공통상 적용국가(미국, 캐나다 제외)

라. 한 · 중해상특송 : 중국

자신감은 위대한 과업의 첫째 요건이다.

- 사무엘 존슨 -

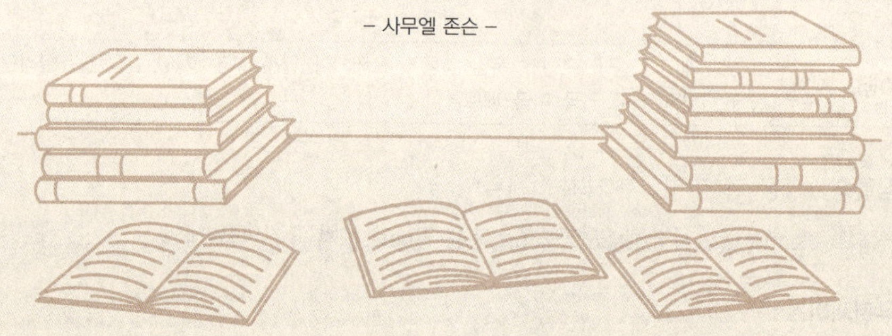

PART 04

우편일반 관련 법령

CHAPTER 01　　우편법

CHAPTER 02　　우편법 시행령

CHAPTER 03　　우편법 시행규칙

CHAPTER 04　　국제우편규정

※ 「우편업무 규정」은 시대에듀 홈페이지 도서 업데이트에서 제공하고 있으니 참고하여 학습바랍니다.

※ QR 스캔 → 검색창에 '계리직' 입력 → 무료 학습자료 다운

우편법

[시행 2024. 7. 24.] [법률 제20063호, 2024. 1. 23., 일부개정]

제1장 총칙

제1조(목적)

이 법은 우편 이용에 관한 기본적인 사항을 정하여 공평하고 적정한 우편 역무를 제공함으로써 공공의 복지 증진에 이바지함을 목적으로 한다.

제1조의2(정의)

이 법에서 사용하는 용어의 뜻은 다음과 같다.

1. "우편물"이란 통상우편물과 소포우편물을 말한다.
2. "통상우편물"이란 서신(書信) 등 의사전달물, 통화(송금통지서를 포함한다) 및 소형포장우편물을 말한다.
3. "소포우편물"이란 통상우편물 외의 물건을 포장한 우편물을 말한다.
4. "우편요금"이란 우편물의 발송인이나 수취인이 그 송달의 대가로 우편관서에 내야 하는 금액을 말한다.
5. "우표"란 우편요금의 선납과 우표수집 취미의 문화를 확산시키기 위하여 발행하는 증표를 말한다.
6. "우편요금을 표시하는 증표"란 우편엽서, 항공서신, 우편요금 표시 인영(印影)이 인쇄된 봉투(연하장이나 인사장이 딸린 것을 포함한다)를 말한다.
7. "서신"이란 의사전달을 위하여 특정인이나 특정 주소로 송부하는 것으로서 문자·기호·부호 또는 그림 등으로 표시한 유형의 문서 또는 전단을 말한다. 다만, 신문, 정기간행물, 서적, 상품안내서 등 대통령령으로 정하는 것은 제외한다.

제2조(경영주체와 사업의 독점 등)

① 우편사업은 국가가 경영하며, 과학기술정보통신부장관이 관장한다. 다만, 과학기술정보통신부장관은 우편사업의 일부를 개인, 법인 또는 단체 등으로 하여금 경영하게 할 수 있으며, 그에 관한 사항은 따로 법률로 정한다.

② 누구든지 제1항과 제5항의 경우 외에는 타인을 위한 서신의 송달 행위를 업(業)으로 하지 못하며, 자기의 조직이나 계통을 이용하여 타인의 서신을 전달하는 행위를 하여서는 아니 된다.

③ 제2항에도 불구하고 서신(국가기관이나 지방자치단체에서 발송하는 등기취급 서신은 제외한다)의 중량이 350그램을 넘거나 제45조의2에 따라 서신송달업을 하는 자가 서신송달의 대가로 받는 요금이 대통령령으로 정하는 통상우편요금의 10배를 넘는 경우에는 타인을 위하여 서신을 송달하는 행위를 업으로 할 수 있다.

④ 누구든지 제2항 및 제3항을 위반하는 자에게 서신의 송달을 위탁하여서는 아니 된다.

⑤ 우편사업이나 우편창구업무의 위탁에 관한 사항은 따로 법률로 정한다. 다만, 과학기술정보통신부장관은 우편창구업무 외의 우편업무의 일부를 대통령령으로 정하는 바에 따라 다른 자에게 위탁할 수 있다.

⑥ 다음 각 호의 어느 하나에 해당하는 사람은 제5항 단서에 따라 과학기술정보통신부장관이 위탁하는 업무 중 우편물을 집배하는 업무에는 종사할 수 없다.

　1. 다음 각 목의 어느 하나에 해당하는 죄를 범하여 금고 이상의 실형을 선고받고 그 집행이 끝나거나(집행이 끝난 것으로 보는 경우를 포함한다) 면제된 날부터 최대 20년의 범위에서 범죄의 종류, 죄질, 형기의 장단 및 재범위험성 등을 고려하여 대통령령으로 정하는 기간이 지나지 아니한 사람

　　가. 「특정강력범죄의 처벌에 관한 특례법」 제2조 제1항 각 호에 따른 죄

　　나. 「특정범죄 가중처벌 등에 관한 법률」 제5조의2, 제5조의4, 제5조의5, 제5조의9 및 제11조에 따른 죄

　　다. 「마약류 관리에 관한 법률」에 따른 죄

　　라. 「성폭력범죄의 처벌 등에 관한 특례법」 제2조 제1항 제2호부터 제4호까지, 제3조부터 제9조까지 및 제15조(제14조의 미수범은 제외한다)에 따른 죄

　　마. 「아동 · 청소년의 성보호에 관한 법률」 제2조 제2호에 따른 죄

　2. 제1호에 따른 죄를 범하여 금고 이상의 형의 집행유예를 선고받고 그 유예기간 중에 있는 사람

⑦ 과학기술정보통신부장관은 제6항에 따른 범죄경력을 확인하기 위하여 필요한 정보에 한정하여 경찰청장에게 범죄경력자료의 조회를 요청할 수 있다.

제2조의2 삭제

제3조(우편물 등의 비밀 보장)

우편업무 또는 제45조의2에 따른 서신송달업에 종사하는 자나 종사하였던 자는 재직 중에 우편 또는 서신에 관하여 알게 된 타인의 비밀을 누설하여서는 아니 된다.

제3조의2(우편물의 운송 명령)

① 과학기술정보통신부장관은 다음 각 호의 어느 하나에 해당하는 자에게 대통령령으로 정하는 바에 따라 우편물의 운송을 명할 수 있다.

　1. 철도 · 궤도 사업을 경영하는 자

　2. 일반 교통에 이용하기 위하여 노선을 정하여 정기적으로 또는 임시로 자동차 · 선박 · 항공기의 운송 사업을 경영하는 자

② 과학기술정보통신부장관은 제1항에 따라 우편물을 운송한 자에게 정당한 보상을 하여야 한다.

제3조의3(우편물의 우선 취급)

① 우편물을 운송하는 자는 해당 차량 · 선박 · 항공기에 실은 우편물을 그 목적지에서 내릴 때 또는 사고나 재해로 운송 도중에 바꿔 실을 때에는 다른 화물에 우선하여 내리거나 바꿔 실어야 한다.

② 우편물을 운송하는 자는 위험한 재난으로 인하여 부득이하게 화물을 처분하여야 하는 경우에는 우편물을 가장 나중에 처분하여야 한다.

제4조(운송원 등의 조력 청구권)

① 우편업무를 집행 중인 우편운송원, 우편집배원과 우편물을 운송 중인 항공기·차량·선박 등이 사고를 당하였을 때에 우편운송원, 우편집배원 또는 우편관서의 공무원으로부터 도와줄 것을 요구받은 자는 정당한 사유 없이 그 요구를 거부할 수 없다. 이 경우 우편관서는 도움을 준 자의 청구에 따라 적절한 보수를 지급하여야 한다.

② 전시·사변이나 이에 준하는 국가 비상사태 시에 국가기관과 지방자치단체 상호 간에 주고 받는 행정우편을 취급하는 운송원 등은 우편관서 외의 다른 기관과 소속 직원에게 행정우편을 운송하기 위하여 필요한 교통수단의 제공이나 그 밖의 도움을 요구할 수 있다.

제5조(우편운송원 등의 통행권)

① 우편업무를 집행 중인 우편운송원, 우편집배원과 우편 전용 항공기·차량·선박 등은 도로의 장애로 통행이 곤란할 경우에는 담장이나 울타리가 없는 택지, 전답, 그 밖의 장소를 통행할 수 있다. 이 경우 우편관서는 피해자의 청구에 따라 손실을 보상하여야 한다.

② 우편업무를 집행 중인 우편운송원, 우편집배원과 우편 전용 항공기·차량·선박 등은 도선장(渡船場), 운하, 도로, 교량이나 그 밖의 장소를 통행할 때에 통행요금을 지급하지 아니하고 통행할 수 있다. 다만, 청구권자의 청구가 있을 때에는 우편관서는 정당한 보상을 하여야 한다.

③ 우편물을 운송 중인 우편운송원, 우편집배원은 언제든지 도선장에서 도선(渡船)을 요구할 수 있다.

④ 제3항의 요구를 받은 자는 정당한 사유 없이 이를 거부할 수 없다.

제6조(이용 제한 및 업무 정지 등)

① 과학기술정보통신부장관은 전시·사변이나 이에 준하는 국가 비상사태와 천재지변이나 그 밖의 부득이한 사유가 있을 경우에 우편운송원 및 우편집배원의 생명·신체를 보호하거나 중요한 우편물의 취급을 확보하기 위하여 필요하다고 인정될 때에는 우편물의 이용을 제한하거나 우편업무의 일부를 정지할 수 있다.

② 과학기술정보통신부장관은 제1항에 따라 우편업무의 일부가 정지된 우편운송원 및 우편집배원에 대하여 승진·전보·교육·포상 및 후생복지 등에서 불리한 처우를 하여서는 아니 된다.

③ 제1항에 따른 우편물의 이용 제한 및 우편업무의 일부 정지에 관한 기준은 대통령령으로 정한다.

제7조(우편 전용 물건 등의 압류 금지와 부과 면제)

① 우편을 위한 용도로만 사용되는 물건과 우편을 위한 용도로 사용 중인 물건은 압류할 수 없다.

② 우편을 위한 용도로만 사용되는 물건(우편에 관한 서류를 포함한다)은 각종 세금 및 공과금의 부과 대상이 되지 아니한다.

③ 우편물과 그 취급에 필요한 물건은 해손(海損)을 부담하지 아니한다.

제8조(우편물의 압류거부권)

우편관서는 우편물을 운송 중이거나 우편물의 발송 준비를 마친 후에만 그 압류를 거부할 수 있다.

제9조(우편물의 검역)

우편물의 검역을 받아야 하는 경우에는 다른 물건에 우선하여 검역을 받는다.

제10조(제한능력자의 행위에 관한 의제)

우편물의 발송 · 수취나 그 밖에 우편 이용에 관하여 제한능력자가 우편관서에 대하여 행한 행위는 능력자가 행한 것으로 본다.

제11조 삭제

제12조(「우편환법」의 적용)

우편에 의한 추심금(推尋金)의 지급이나 그 밖의 처분에 관하여는 이를 우편환금(郵便換金)으로 보고 「우편환법」을 적용한다.

제12조의2(우편작업의 효율화를 위한 지원 등)

① 과학기술정보통신부장관은 우편물의 수집 · 구분 · 운송 · 배달 등 우편 작업의 효율을 높이고 우편 이용자의 편의를 도모하기 위하여 해당 작업이나 이용에 관련되는 자 등에 대하여 대통령령으로 정하는 바에 따라 필요한 지원을 할 수 있다.

② 과학기술정보통신부장관은 우편 이용자의 편의를 도모하고 우편사업의 건전한 발전을 위하여 우편 관련 용품 · 장비의 개선 등에 관한 기술개발을 지원할 수 있다.

제12조의3(권한의 위임)

이 법에 따른 과학기술정보통신부장관의 권한은 그 일부를 대통령령으로 정하는 바에 따라 그 소속 기관의 장에게 위임할 수 있다.

제2장 우편역무

제13조 삭제

제14조(보편적 우편역무의 제공)

① 과학기술정보통신부장관은 전국에 걸쳐 효율적인 우편송달에 관한 체계적인 조직을 갖추어 모든 국민이 공평하게 적정한 요금으로 우편물을 보내고 받을 수 있는 기본적인 우편역무(이하 "보편적 우편역무"라 한다)를 제공하여야 한다.

② 제1항에 따른 보편적 우편역무의 대상은 다음 각 호와 같다.

　　1. 2킬로그램 이하의 통상우편물

　　2. 20킬로그램 이하의 소포우편물

　　3. 제1호 또는 제2호의 우편물의 기록취급 등 특수취급우편물

　　4. 그 밖에 대통령령으로 정하는 우편물

③ 과학기술정보통신부장관은 과학기술정보통신부령으로 정하는 바에 따라 보편적 우편역무 제공에 필요한 우편물의 수집 · 배달 횟수, 우편물 송달에 걸리는 기간, 이용조건 등에 필요한 사항을 정하여 고시하여야 한다.

제15조(선택적 우편역무의 제공)

① 과학기술정보통신부장관은 고객의 필요에 따라 제14조에 따른 보편적 우편역무 외의 우편역무(이하 "선택적 우편역무"라 한다)를 제공할 수 있다.

② 제1항에 따른 선택적 우편역무의 대상은 다음 각 호와 같다.

　　1. 2킬로그램을 초과하는 통상우편물

　　2. 20킬로그램을 초과하는 소포우편물

　　3. 제1호 또는 제2호의 우편물의 기록취급 등 특수취급우편물

　　4. 우편과 다른 기술 또는 역무가 결합된 역무

　　5. 우편시설, 우표, 우편엽서, 우편요금 표시 인영이 인쇄된 봉투 또는 우편차량장비 등을 이용하는 역무

　　6. 우편 이용과 관련된 용품의 제조 및 판매

　　7. 그 밖에 우편역무에 부가하거나 부수하여 제공하는 역무

③ 선택적 우편역무의 종류와 그 이용조건은 과학기술정보통신부령으로 정한다.

제15조의2(우편업무의 전자화)

① 과학기술정보통신부장관은 우편업무를 효율적으로 처리하기 위하여 필요한 경우에는 종이문서나 그 밖에 전자적 형태로 작성되지 아니한 문서(이하 "전자화대상문서"라 한다)를 정보처리시스템이 처리할 수 있는 형태로 변환하여 처리할 수 있다.

② 제1항에 따라 정보처리시스템이 처리할 수 있는 형태로 변환한 문서(이하 "전자화문서"라 한다)가 다음 각 호의 요건을 모두 갖춘 경우에는 그 전자화문서를 보관함으로써 전자화대상문서의 보관을 갈음할 수 있다.

　　1. 전자화문서가 전자화대상문서와 그 내용 및 형태가 동일할 것

　　2. 전자화문서의 내용을 열람할 수 있을 것

　　3. 전자화문서가 작성 및 송신·수신된 때의 형태 또는 그와 같이 재현될 수 있는 형태로 보존되어 있을 것

　　4. 전자화문서의 작성자, 수신자 및 송신·수신 일시에 관한 사항이 포함되어 있는 경우에는 그 부분이 보존되어 있을 것

③ 과학기술정보통신부장관은 전자화문서를 출력한 문서가 제4항에 따른 전자우편서류관리시스템에 보관하고 있는 전자화문서와 일치하는지 여부를 확인할 수 있다.

④ 과학기술정보통신부장관은 전자화문서의 작성 및 보관, 제3항에 따른 동일성 확인, 그 밖에 우편업무의 전자적 처리를 효율적으로 수행하기 위하여 전자우편서류관리시스템(이하 "전자우편서류관리시스템"이라 한다)을 구축하여 운영할 수 있다.

⑤ 전자화문서의 작성 방법 및 절차와 보관, 제3항에 따른 동일성 확인, 전자우편서류관리시스템의 구축·운영, 그 밖에 필요한 사항은 대통령령으로 정한다.

제16조(군사우편)

① 과학기술정보통신부장관은 국방부장관의 요청에 따라 국군이 주둔하는 지역으로서 우체국의 기능이 미치지 아니하는 지역에 있는 부대(기관을 포함한다. 이하 같다)와 그 부대에 속하는 군인·군무원에 대한 우편역무(이하 "군사우편"이라 한다)를 제공할 수 있다.

② 군사우편물의 요금은 일반우편요금의 2분의 1로 한다.

③ 국방부장관은 군사우편을 취급하는 우체국(이하 "군사우체국"이라 한다)에 필요한 시설·장비를 제공하는 것 외에 용역의 일부를 지원할 수 있다. 부대의 이동에 따라 군사우체국을 이동하는 경우에도 또한 같다.

④ 국방부장관은 특별한 사유가 있는 경우 외에는 군사우체국 직원에게 영내(營內) 출입, 군(軍)주둔지역의 통행, 그 밖의 업무 수행에 필요한 편의를 제공하여야 한다.

⑤ 제2항부터 제4항까지에 규정된 것 외에 군사우편에 필요한 사항은 대통령령으로 정한다.

제17조(우편금지물품, 우편물의 용적·중량 및 포장 등)

① 과학기술정보통신부장관은 건전한 사회질서를 해치거나 우편물의 안전한 송달을 해치는 물건(음란물, 폭발물, 총기·도검, 마약류 및 독극물 등으로서 우편으로 취급하는 것이 부적절하다고 인정되는 물건을 말하며, 이하 "우편금지물품"이라 한다)을 정하여 고시하여야 한다.

② 과학기술정보통신부장관은 우편물의 취급 용적·중량 및 포장에 관한 사항을 정하여 고시하여야 한다.

③ 과학기술정보통신부장관은 우편금지물품과 제2항에 따라 고시한 기준에 맞지 아니한 물건에 대하여는 우편역무의 제공을 거절하거나 제한할 수 있다.

제18조 삭제

제3장 우편에 관한 요금

제19조(우편요금 등의 결정)

우편에 관한 요금과 우편 이용에 관한 수수료(이하 "요금 등"이라 한다)는 과학기술정보통신부장관이 정한다.

제20조(요금 등의 납부방법)

요금 등은 다음 각 호의 방법으로 내게 할 수 있다.

1. 현금
2. 우표
3. 우편요금을 표시하는 증표
4. 「여신전문금융업법」에 따른 신용카드 또는 직불카드
4의2. 「전자금융거래법」에 따른 직불전자지급수단
5. 정보통신망을 이용한 전자화폐 또는 전자결제
6. 우편요금이 인쇄된 라벨 등 과학기술정보통신부령으로 정하는 납부방법

제21조(우표의 발행권)

① 우표와 우편요금을 표시하는 증표는 과학기술정보통신부장관이 발행한다.

② 우표와 우편요금을 표시하는 증표의 판매, 관리와 그 밖의 필요한 처분 등에 관한 사항은 과학기술정보통신부령으로 정한다.

③ 우편엽서는 과학기술정보통신부령으로 정하는 바에 따라 제조하여 사용할 수 있다.

제21조의2 삭제

제22조(우표의 효력)

오염이나 훼손된 우표와 우편요금을 표시하는 증표는 무효로 한다.

제23조(요금 등의 제척기간)

요금 등의 납부의무는 요금 등을 내야 하는 날부터 6개월 내에 납부의 고지를 받지 아니한 경우에는 소멸한다. 다만, 불법으로 면탈한 요금에 대하여는 그러하지 아니하다.

제24조(체납 요금 등의 징수방법)

① 요금 등의 체납 금액은 「국세징수법」에 따른 체납처분의 예에 따라 징수한다.

② 제1항의 경우 체납 요금 등에 대하여는 대통령령으로 정하는 바에 따라 연체료를 가산하여 징수한다.

③ 제1항과 제2항의 체납 요금 등과 연체료는 조세를 제외한 다른 채권에 우선한다.

제25조(기납 · 과납 요금의 반환 등)

우편에 관하여 이미 냈거나 초과하여 낸 요금은 대통령령으로 정하는 경우 외에는 되돌려 주지 아니한다.

제26조(무료 우편물)

다음 각 호의 우편물은 우편요금을 무료로 할 수 있다.

1. 과학기술정보통신부와 그 소속 기관이 발송하는 우편물 중 우편업무와 관련된 것
2. 과학기술정보통신부와 그 소속 기관으로 발송하는 우편물 중 우편물에 관한 손해배상, 우편요금 등의 반환 청구, 우편물에 관한 사고조회 및 과학기술정보통신부와 그 소속 기관의 우편업무상 의뢰에 의한 것
3. 재해복구를 위하여 설치된 구호기관이 이재민의 구호를 위하여 발송하는 것
4. 시각장애인용 점자 또는 시각장애인을 위한 법인 · 단체 또는 시설(법률에 따라 설치되거나 허가 · 등록 · 신고 등을 한 법인 · 단체 또는 시설만 해당한다)에서 시각장애인용 녹음물을 발송하는 것
5. 전쟁포로가 발송하는 것

제26조의2(요금 등의 감액)

① 과학기술정보통신부장관은 우편 이용의 편의와 우편물의 원활한 송달을 확보할 수 있는 방법으로 발송하는 다량의 우편물에 대하여는 그 요금 등의 일부를 감액할 수 있다.

② 제1항에 따라 요금 등을 감액할 수 있는 우편물의 종류, 수량, 취급 요건 및 감액 범위 등에 관한 사항은 과학기술정보통신부령으로 정한다.

제4장 우편물의 취급

제27조(우편물 내용의 신고와 개봉 요구)

① 우편관서는 우편물을 접수할 때에 우편물 내용물의 종류와 성질에 대하여 발송인에게 신고를 받을 수 있다.

② 제1항의 경우 우편물의 내용이 발송인의 신고와 달라서 이 법 또는 대통령령으로 정한 규정을 위반한다고 인정되면 우편관서는 발송인에게 그 개봉을 요구할 수 있다.

③ 발송인이 제1항의 신고나 제2항의 개봉을 거부할 때에는 우편물은 접수하지 아니할 수 있다.

제28조(법규 위반 우편물의 개봉)

① 우편관서는 취급 중인 우편물의 내용이 이 법 또는 대통령령으로 정한 규정을 위반한 혐의가 있으면 발송인이나 수취인에게 그 우편물의 개봉을 요구할 수 있다.

② 발송인이나 수취인이 제1항의 개봉을 거부하였을 때 또는 발송인이나 수취인에게 그 개봉을 요구할 수 없을 때에는 과학기술정보통신부장관이 지정하는 우편관서의 장이 그 우편물을 개봉할 수 있다. 다만, 대통령령으로 정하는 봉함한 우편물은 개봉하지 아니한 채로 발송인에게 되돌려 보내야 한다.

제29조(법규 위반 우편물의 반환)

우편관서는 취급 중인 우편물이 이 법 또는 대통령령으로 정한 규정을 위반하였을 때에는 발송인에게 되돌려 보내야 한다. 다만, 다른 법률에 따라 되돌려 보내지 아니할 수 있는 경우에는 그러하지 아니하다.

제30조 삭제

제31조(우편물의 배달)

우편물은 그 표면에 기재된 곳에 배달한다. 다만, 대통령령으로 정하는 경우는 그러하지 아니하다.

제31조의2(우편물의 전송)

① 과학기술정보통신부장관은 우편물의 수취인이 주거를 이전하고 그 이전한 곳을 과학기술정보통신부령으로 정하는 바에 따라 신고한 경우에는 수취인이 이전한 곳으로 우편물을 무료로 전송하여야 한다. 다만, 주거이전을 신고한 날부터 3개월이 지난 후에 도착하는 우편물은 발송인에게 되돌려 보낼 수 있다.

② 제1항에도 불구하고 다음 각 호의 어느 하나에 해당하는 경우에는 대통령령으로 정하는 바에 따라 수취인에게 수수료를 내게 하고 우편물을 전송할 수 있다.

  1. 주거이전을 신고한 날부터 3개월이 지난 후에 도착하는 우편물을 수취인이 받기를 신고한 경우

  2. 수취인이 주거를 이전한 곳에 우편물을 전송하는 데 상당한 비용이 소요되는 경우

제32조(반환우편물의 처리)

① 수취인에게 배달할 수 없거나 수취인이 수취를 거부한 우편물은 발송인에게 되돌려 보낸다. 다만, 다음 각 호의 어느 하나에 해당하는 경우에는 그러하지 아니하다.

  1. 발송인이 발송할 때에 과학기술정보통신부령으로 정하는 바에 따라 반환 거절의 의사를 우편물에 기재한 경우

  2. 동시에 또는 일정 기간에 대량으로 발송되는 우편물로서 과학기술정보통신부령으로 정하는 우편물에 해당하는 경우. 다만, 발송인이 발송할 때에 과학기술정보통신부령으로 정하는 바에 따라 반환의사를 우편물에 기재한 경우는 제외한다.

② 제1항 본문의 경우에 발송인은 되돌아온 우편물의 수취를 정당한 사유 없이 거부할 수 없다.

③ 과학기술정보통신부장관은 제1항 본문에 따라 우편물을 발송인에게 되돌려 보낼 때에는 과학기술정보통신부령으로 정하는 바에 따라 되돌려 보내는 사유를 발송인에게 알려주어야 한다.

제33조(우편관서의 증명 요구)

우편관서는 우편물 수취인의 진위를 확인하기 위하여 수취인에 대하여 필요한 증명을 요구할 수 있다.

제34조(정당 교부의 인정)

이 법 또는 이 법에 따른 명령으로 정한 절차를 밟아 우편물을 내주었을 때에는 정당하게 내준 것으로 본다.

제35조(반환 불능 우편물의 개봉)

발송인의 주소나 성명이 불분명하여 되돌려 보낼 수 없는 우편물은 그 주소·성명을 알기 위하여 필요한 경우에는 우편관서에서 이를 개봉할 수 있다.

제36조(우편물의 처분)

① 제35조에 따라 개봉하여도 배달하거나 되돌려 보낼 수 없는 우편물과 제32조 제1항 단서에 따라 되돌려 보내지 아니하는 우편물은 해당 우편관서에서 보관한다. 이 경우 그 우편물이 유가물(有價物)이면 보관한 날부터 1개월간 해당 우편관서의 게시판 등에 그 사실을 게시하여야 한다.

② 제1항에 따라 보관한 우편물은 다음 각 호의 구분에 따라 처리하여야 한다.

　　1. 유가물이 아닌 경우 : 보관하기 시작한 날부터 3개월 내에 내줄 것을 청구하는 자가 없을 때에는 폐기. 다만, 제32조 제1항 단서에 따라 발송인에게 되돌려 보내지 아니하는 우편물은 1개월 내에 내줄 것을 청구하는 자가 없을 때에는 폐기한다.

　　2. 유가물로서 멸실 또는 훼손의 우려가 있는 것이나 보관비용이 지나치게 많이 드는 경우 : 매각하여 그 대금을 보관하되 매각하는 데에 드는 비용은 매각한 대금으로 충당

③ 유가물과 매각대금은 그 우편물을 보관한 날부터 1년 내에 내줄 것을 청구하는 자가 없을 때에는 국고에 귀속한다.

제37조(우편사서함)

우편관서에 대통령령으로 정하는 바에 따라 우편사서함을 설치할 수 있다.

제37조의2(고층건물의 우편수취함 설치)

3층 이상의 고층건물로서 그 전부 또는 일부를 주택·사무소 또는 사업소로 사용하는 건축물에는 대통령령으로 정하는 바에 따라 우편수취함을 설치하여야 한다.

제5장 손해배상

제38조(손해배상의 범위)

① 과학기술정보통신부장관은 다음 각 호의 어느 하나에 해당하는 사유가 발생한 경우에는 그 손해를 배상하여야 한다.

　　1. 우편역무 중 취급과정을 기록취급하는 우편물을 잃어버리거나 못 쓰게 하거나 지연 배달한 경우

2. 우편역무 중 보험취급 우편물을 잃어버리거나 못 쓰게 하거나 지연 배달한 경우

3. 우편역무 중 현금추심 취급 우편물을 배달하면서 추심금액을 받지 아니하고 수취인에게 내준 경우

4. 제1호부터 제3호까지 외의 우편역무로서 대통령령으로 정하는 경우

② 제1항의 배상금액과 지연배달의 기준은 과학기술정보통신부령으로 정한다.

③ 국제우편물에 관한 손해배상액은 조약에서 정하는 손해배상액을 넘지 아니하는 범위에서 과학기술정보통신부장관이 정하여 고시한다.

④ 제2항과 제3항의 손해배상액은 대통령령으로 정하는 바에 따라 우편관서에서 즉시 지급할 수 있다.

제39조(책임 원인의 제한)

정부는 우편물의 손해가 발송인 또는 수취인의 잘못으로 인한 것이거나 해당 우편물의 성질, 결함 또는 불가항력으로 인하여 발생한 경우에는 제38조에도 불구하고 그 손해를 배상하지 아니한다.

제40조(손해배상의 한계)

우편물을 내줄 때에 외부에 파손 흔적이 없고 중량에 차이가 없는 경우에는 손해가 없는 것으로 본다.

제41조(우편물 수취거부권)

우편물의 발송인 또는 수취인은 그 우편물에 대하여 우편관서에서 배상하여야 할 손해가 있다고 인정될 때에는 우편물을 받는 것을 거부할 수 있다. 다만, 우편물을 받은 후에는 이의를 제기할 수 없다.

제42조(손해배상 청구권자)

제38조에 따른 손해배상을 청구할 수 있는 자는 그 우편물의 발송인이나 그 승인을 받은 수취인으로 한다.

제43조(배상 및 보수 등의 단기소멸시효)

이 법에 따른 보수 또는 손실보상, 손해배상의 청구권은 과학기술정보통신부장관이 지정한 우편관서에 대하여 다음 각 호의 구분에 따른 기간 내에 행사하지 아니하면 소멸시효가 완성된다.

1. 제4조 제1항 후단에 따른 보수와 제5조 제1항·제2항에 따른 보상은 그 사실이 있었던 날부터 1년

2. 제38조에 따른 배상은 우편물을 발송한 날부터 1년

제44조(보수 등의 결정에 대한 불복의 구제)

제4조 제1항 후단에 따른 보수, 제5조 제1항·제2항에 따른 보상 및 제38조에 따른 손해배상에 관한 과학기술정보통신부장관의 결정에 불복하는 자는 그 통지를 받은 날부터 3개월 내에 소송을 제기할 수 있다.

제45조(손해배상에 따른 대위)

우편관서는 손해배상을 한 후 그 우편물의 전부 또는 일부를 발견하였을 때에는 그 손해배상을 받은 자에게 통지하여야 한다. 이 경우 손해배상을 받은 자는 그 통지를 받은 날부터 3개월 내에 대통령령으로 정하는 바에 따라 배상금의 전부 또는 일부를 반환하고 그 우편물의 교부를 청구할 수 있다.

제45조의2(서신송달업의 신고 등)

① 제2조 제3항에 따라 서신을 송달하는 업(이하 "서신송달업"이라 한다)을 하려는 자는 과학기술정보통신부장관에게 신고하여야 한다. 다만, 대통령령으로 정하는 기준에 해당하는 소규모 서신송달업을 하려는 자는 신고하지 아니하고 서신송달업을 할 수 있다.

② 제1항에 따른 신고를 하려는 자는 해당 신고서에 과학기술정보통신부령으로 정하는 사업계획서를 첨부하여 과학기술정보통신부장관에게 제출하여야 한다.

③ 제1항 본문에 따라 서신송달업의 신고를 한 자는 신고한 사항 중 과학기술정보통신부령으로 정하는 사항을 변경하려는 경우에는 변경신고를 하여야 한다.

④ 제1항 및 제3항에 따른 신고 및 변경신고에 필요한 사항은 과학기술정보통신부령으로 정한다.

제45조의3(유사명칭의 사용금지 등)

① 제45조의2 제1항 본문에 따라 서신송달업의 신고를 한 자와 같은 항 단서에 따라 신고하지 아니하고 서신송달업을 하는 자(이하 "서신송달업자"라 한다)는 서신송달업무의 운영과정에서 우편관서가 우편사업 운영과 관련하여 사용하는 우편, 우편물, 우체국 및 그와 유사한 명칭을 사용해서는 아니 된다.

② 서신송달업자는 타인에게 자기의 성명 또는 상호를 사용하여 서신송달업을 경영하게 해서는 아니 된다.

제45조의4(휴업 · 폐업 등의 신고)

서신송달업자(제45조의2 제1항 본문에 따라 신고한 서신송달업자만 해당한다. 이하 제45조의5, 제45조의6 및 제45조의8에서 같다)가 그 영업을 30일 이상 휴업 또는 폐업하거나 휴업 후 재개하려는 경우에는 과학기술정보통신부령으로 정하는 바에 따라 과학기술정보통신부장관에게 신고하여야 한다.

제45조의5(사업개선명령)

과학기술정보통신부장관은 서신송달서비스의 개선과 서신송달업자에 대한 지도 · 감독을 위하여 과학기술정보통신부령으로 정하는 바에 따라 필요하다고 인정되는 경우 서신송달업자에게 다음 각 호의 사항을 명할 수 있다.

   1. 사업계획의 변경

   2. 영업소, 대리점 및 작업장 등 시설의 개선

   3. 그 밖에 서신송달업자의 지도 · 감독을 위하여 필요한 사항

제45조의6(영업소의 폐쇄 등)

① 과학기술정보통신부장관은 서신송달업자가 다음 각 호의 어느 하나에 해당하면 영업소의 폐쇄를 명하거나 6개월 이내의 기간을 정하여 그 사업의 전부 또는 일부의 정지를 명할 수 있다. 다만, 제1호 또는 제5호에 해당하면 영업소의 폐쇄를 명하여야 한다.

   1. 거짓으로 작성된 사업신고서를 제출한 경우

   2. 제2조 제3항의 중량 및 요금 기준을 위반하여 서신을 취급한 경우

   3. 제45조의3 제2항을 위반하여 타인에게 자기의 성명 또는 상호를 사용하여 서신송달업을 경영하게 한 경우

   4. 제45조의5의 사업개선명령에 따르지 아니한 경우

   5. 사업정지명령을 위반하여 사업정지기간에 사업을 경영한 경우

② 제1항에 따른 처분의 기준 및 절차와 그 밖에 필요한 사항은 과학기술정보통신부령으로 정한다.

제45조의7(보고 및 조사 등)

① 과학기술정보통신부장관은 서신송달업의 감독을 위하여 필요하다고 인정할 때에는 다음 각 호의 어느 하나에 해당하는 자에게 서신송달이나 서신송달 위탁 관련 업무 및 경영상황, 장부·서류, 전산자료, 그 밖에 과학기술정보통신부령으로 정하는 자료를 제출하게 하거나 보고하게 할 수 있다.

1. 서신송달업자
2. 서신송달을 위탁한 자

② 과학기술정보통신부장관은 제1항에 따른 제출 자료 또는 보고 내용을 검토한 결과 현장조사를 할 필요가 있다고 인정하는 경우에는 관계 공무원으로 하여금 영업소, 대리점 및 작업장 등 시설이나 그 밖에 필요한 장소에 출입하여 해당 시설이나 서류·장부, 그 밖의 물건을 조사하게 하거나 관계인에게 질문하게 할 수 있다.

③ 과학기술정보통신부장관은 제2항에 따른 출입·조사 또는 질문을 하려는 경우에는 출입·조사 또는 질문을 하기 7일 전까지 출입·조사 또는 질문의 일시·이유 및 내용 등을 포함한 계획을 조사대상자에게 통지하여야 한다. 다만, 긴급하거나 사전에 통지하면 증거인멸 등으로 출입·조사 또는 질문의 목적을 달성할 수 없다고 인정되는 경우에는 그러하지 아니하다.

④ 제2항에 따라 출입·조사 또는 질문을 하는 공무원은 그 권한을 표시하는 증표를 지니고 이를 관계인에게 보여 주어야 하며, 출입 시 해당 공무원의 성명, 출입 시간 및 출입 목적 등이 적힌 문서를 관계인에게 교부하여야 한다.

제45조의8(청문)

과학기술정보통신부장관은 제45조의6 제1항에 따라 서신송달업자의 영업소 폐쇄를 명하려면 청문을 하여야 한다.

제7장 벌칙

제46조(사업독점권 침해의 죄)

① 제2조 제2항 및 제3항을 위반하여 타인을 위한 서신의 송달 행위를 업으로 하거나 자기의 조직이나 계통을 이용하여 타인의 서신을 전달하는 행위를 한 자는 3년 이하의 징역 또는 3천만원 이하의 벌금에 처한다.

③ 제1항의 경우에 금품을 취득하였으면 그 금품을 몰수한다. 이를 몰수할 수 없을 때에는 그 가액을 추징한다.

④ 법인의 대표자, 대리인, 사용인, 그 밖의 종업원이 법인의 업무에 관하여 제1항의 위반행위를 하면 그 행위자를 벌하는 외에 그 법인에도 해당 조문의 벌금형을 과(科)한다. 다만, 법인이 그 위반행위를 방지하기 위하여 해당 업무에 관하여 상당한 주의와 감독을 게을리하지 아니한 때에는 그러하지 아니하다.

⑤ 개인의 대리인, 사용인, 그 밖의 종업원이 그 개인의 업무에 관하여 제1항의 위반 행위를 하면 그 행위자를 벌할 뿐만 아니라 그 개인에게도 해당 조문의 벌금형을 과한다. 다만, 개인이 그 위반행위를 방지하기 위하여 해당 업무에 관하여 상당한 주의와 감독을 게을리 하지 아니한 때에는 그러하지 아니하다.

제47조(우편특권 침해의 죄)

다음 각 호의 어느 하나에 해당하는 자는 100만원 이하의 벌금에 처한다.

1. 제3조의2 제1항에 따른 우편물의 운송명령을 따르지 아니한 자
2. 제4조 제1항 전단을 위반하여 정당한 사유 없이 우편운송원, 우편집배원 또는 우편관서 공무원의 조력요구를 거부한 자
3. 제5조 제1항·제2항에 따른 통행을 방해한 자
4. 제5조 제4항을 위반하여 정당한 사유 없이 도선 요구를 거부한 자
5. 제9조를 위반하여 우선 검역을 하지 아니한 자

제47조의2(전시 우편특권 침해의 죄)

제4조 제2항을 위반하여 우편운송원 등의 조력 요구를 거부한 자는 100만원 이하의 벌금에 처한다.

제48조(우편물 등 개봉 훼손의 죄)

① 우편관서 및 서신송달업자가 취급 중인 우편물 또는 서신을 정당한 사유 없이 개봉, 훼손, 은닉 또는 방기(放棄)하거나 고의로 수취인이 아닌 자에게 내준 자는 3년 이하의 징역 또는 3천만원 이하의 벌금에 처한다.

② 우편업무 또는 서신송달업무에 종사하는 자가 제1항의 행위를 하였을 때에는 5년 이하의 징역 또는 5천만원 이하의 벌금에 처한다.

제49조(우편전용 물건 손상의 죄)

① 우편을 위한 용도로만 사용되는 물건이나 우편을 위한 용도로 사용 중인 물건에 손상을 주거나 그 밖에 우편에 장해가 될 행위를 한 자는 3년 이하의 징역 또는 3천만원 이하의 벌금에 처한다.

② 우편업무에 종사하는 자가 제1항의 행위를 하였을 경우에는 5년 이하의 징역 또는 5천만원 이하의 벌금에 처한다.

제50조(우편취급 거부의 죄)

우편업무에 종사하는 자가 정당한 사유 없이 우편물의 취급을 거부하거나 이를 고의로 지연시키게 한 경우에는 1년 이하의 징역 또는 1천만원 이하의 벌금에 처한다.

제51조(서신의 비밀침해의 죄)

① 우편관서 및 서신송달업자가 취급 중인 서신의 비밀을 침해한 자는 3년 이하의 징역 또는 3천만원 이하의 벌금에 처한다.

② 우편업무 및 서신송달업무에 종사하는 자가 제1항의 행위를 하였을 경우에는 5년 이하의 징역 또는 5천만원 이하의 벌금에 처한다.

제51조의2(비밀 누설의 죄)

제3조를 위반하여 비밀을 누설한 자는 5년 이하의 징역 또는 5천만원 이하의 벌금에 처한다.

제52조(우편금지물품 발송의 죄)

우편금지물품을 우편물로서 발송한 자는 2년 이하의 징역 또는 2천만원 이하의 벌금에 처하고 그 물건을 몰수한다.

제53조 삭제

제54조(우표를 떼어낸 죄)

① 우편관서에서 취급 중인 우편물에 붙어 있는 우표를 떼어낸 자는 50만원 이하의 벌금에 처한다.

② 제1항의 경우에 소인(消印)이 되지 아니한 우표를 떼어낸 자는 1년 이하의 징역 또는 1천만원 이하의 벌금에 처한다.

제54조의2(과태료)

① 제2조 제4항을 위반하여 서신의 송달을 위탁한 자에게는 5천만원 이하의 과태료를 부과한다.

② 다음 각 호의 어느 하나에 해당하는 자에게는 1천만원 이하의 과태료를 부과한다.

　　1. 제45조의2 제1항을 위반하여 신고를 하지 아니한 자

　　2. 제45조의3 제1항을 위반하여 유사명칭을 사용한 자

　　3. 제45조의3 제2항을 위반하여 타인에게 자기의 성명 또는 상호를 사용하여 서신송달업을 경영하게 한 자

　　4. 제45조의4를 위반하여 신고하지 아니하고 휴업 · 폐업 또는 휴업 후 재개업을 한 자

　　5. 제45조의7에 따른 자료제출 · 보고 또는 조사를 정당한 사유 없이 거부 · 방해 또는 기피한 자

③ 다음 각 호의 어느 하나에 해당하는 자에게는 50만원 이하의 과태료를 부과한다.

　　1. 제32조 제2항을 위반하여 우편물의 수취를 거부한 자

　　2. 우편업무에 종사하는 자로서 중대한 과실로 인하여 우편물을 잃어버린 자

④ 제1항부터 제3항까지에 따른 과태료는 대통령령으로 정하는 바에 따라 과학기술정보통신부장관이 부과 · 징수한다.

제55조(미수죄의 처벌)

제46조, 제48조, 제49조, 제51조, 제52조 및 제54조의 미수범은 처벌한다.

우편법 시행령

[시행 2025. 7. 15.] [대통령령 제35651호, 2025. 7. 15., 일부개정]

제1조(목적)
이 영은 「우편법」에서 위임된 사항과 그 시행에 관하여 필요한 사항을 정함을 목적으로 한다.

제2조 삭제

제3조(서신 제외 대상)
「우편법」(이하 "법"이라 한다) 제1조의2 제7호 단서에서 "신문, 정기간행물, 서적, 상품안내서 등 대통령령으로 정하는 것"이란 다음 각 호의 어느 하나를 말한다.

1. 「신문 등의 진흥에 관한 법률」 제2조 제1호에 따른 신문
2. 「잡지 등 정기간행물의 진흥에 관한 법률」 제2조 제1호 가목에 따른 정기간행물
3. 다음 각 목의 요건을 모두 충족하는 서적
    가. 표지를 제외한 48쪽 이상인 책자의 형태로 인쇄·제본되었을 것
    나. 발행인·출판사나 인쇄소의 명칭 중 어느 하나가 표시되어 발행되었을 것
    다. 쪽수가 표시되어 발행되었을 것
4. 상품의 가격·기능·특성 등을 문자·사진·그림으로 인쇄한 16쪽 이상(표지를 포함한다)인 책자 형태의 상품안내서
5. 화물에 첨부하는 봉하지 아니한 첨부서류 또는 송장
6. 외국과 주고받는 국제서류
7. 국내에서 회사(「공공기관의 운영에 관한 법률」에 따른 공공기관을 포함한다)의 본점과 지점 간 또는 지점 상호간에 주고받는 우편물로서 발송 후 12시간 이내에 배달이 요구되는 상업용 서류
8. 「여신전문금융업법」 제2조 제3호에 해당하는 신용카드

제3조의2(기본통상우편요금)
법 제2조 제3항에서 "대통령령으로 정하는 통상우편요금"이란 제12조에 따라 고시한 통상우편물요금 중 중량이 5그램 초과 25그램 이하인 규격우편물의 일반우편요금을 말한다.

제4조(우편업무의 위탁)

① 과학기술정보통신부장관은 법 제2조 제5항 단서에 따라 다음 각 호의 어느 하나에 해당하는 업무를 과학기술정보통신부령이 정하는 자에게 위탁한다.

1. 우편이용자를 방문하여 우편물을 접수하는 업무

2. 교통이 불편한 지역 기타 우편물의 집배업무·운송업무 또는 발착업무(우편물을 구분 및 정리하는 업무를 말한다. 이하 같다)상 특히 필요하다고 인정하는 지역에서 우편물을 집배·운송 또는 발착하는 업무

3. 우표류(우표, 우편요금을 표시하는 증표와 우표책, 우편물의 특수취급에 필요한 봉투 및 국제반신우표권을 말한다. 이하 같다)를 조제하는 업무

4. 그 밖에 우편이용의 편의, 우편물의 원활한 송달 및 우편사업 운영의 효율을 제고하기 위하여 과학기술정보통신부령이 정하는 업무

② 제1항 제1호 및 제2호의 규정에 의한 우편물 방문접수업무와 집배업무를 위탁하는 때에는 과학기술정보통신부령이 정하는 바에 따라 당해 위탁업무를 행하는 지역을 구분하여 위탁방법을 달리 정할 수 있다.

③ 과학기술정보통신부장관은 제1항의 규정에 의하여 업무를 위탁받은 자(이하 "수탁자"라 한다)에 대하여 수수료 및 당해 업무의 수행에 직접 소요되는 경비를 지급할 수 있다.

④ 수탁자가 위탁받은 업무의 처리와 수탁자에게 지급하는 수수료 및 경비의 지급 등에 관하여 필요한 사항은 과학기술정보통신부령으로 정한다.

⑤ 법 제2조 제6항 제1호 각 목 외의 부분에서 "대통령령으로 정하는 기간"이란 다음 각 호의 기간을 말한다.

1. 「특정강력범죄의 처벌에 관한 특례법」 제2조 제1항 각 호에 따른 죄 : 20년

2. 「특정범죄 가중처벌 등에 관한 법률」 제5조의2, 제5조의4, 제5조의5, 제5조의9(제4항은 제외한다) 및 제11조에 따른 죄 : 20년

3. 「특정범죄 가중처벌 등에 관한 법률」 제5조의9 제4항에 따른 죄 : 6년

4. 「마약류 관리에 관한 법률」 제58조부터 제60조까지의 규정에 따른 죄 : 20년

5. 「마약류 관리에 관한 법률」 제61조 제1항 각 호에 따른 죄 및 같은 조 제3항에 따른 그 각 미수죄(같은 조 제1항 제2호, 제3호 및 제9호의 미수범은 제외한다) : 10년

6. 「마약류 관리에 관한 법률」 제61조 제2항에 따른 죄 및 같은 조 제3항에 따른 그 각 미수죄(같은 조 제1항 제2호, 제3호 및 제9호의 미수범은 제외한다) : 15년

7. 「마약류 관리에 관한 법률」 제62조 제1항 각 호에 따른 죄 및 같은 조 제3항에 따른 그 각 미수죄 : 6년

8. 「마약류 관리에 관한 법률」 제62조 제2항에 따른 죄 및 같은 조 제3항에 따른 그 각 미수죄 : 9년

9. 「마약류 관리에 관한 법률」 제63조 제1항 각 호에 따른 죄 및 같은 조 제3항에 따른 그 각 미수죄(같은 조 제1항 제2호부터 제5호까지, 제11호 및 제12호에 따른 죄의 미수범에 한정한다) : 4년

10. 「마약류 관리에 관한 법률」 제63조 제2항에 따른 죄 및 같은 조 제3항에 따른 그 각 미수죄(같은 조 제2항에 따른 죄의 미수범에 한정한다) : 6년

11. 「마약류 관리에 관한 법률」 제64조 각 호에 따른 죄 : 2년

12. 「성폭력범죄의 처벌 등에 관한 특례법」 제2조 제1항 제2호부터 제4호까지, 제3조부터 제9조까지 및 제15조(제14조의 미수범은 제외한다)에 따른 죄 : 20년

13. 「아동·청소년의 성보호에 관한 법률」 제2조 제2호에 따른 죄 : 20년

제4조의2(우편물의 운송요구 등)

① 과학기술정보통신부장관이 법 제3조의2 제1항의 규정에 의하여 우편물의 운송을 요구할 때에는 다음 각 호의 사항을 기재한 우편물 운송요구서를 운송개시 5일 전까지 운송을 하는 자에게 교부하여야 한다. 다만, 천재·지변 기타 특히 긴급을 요하는 경우에는 즉시 이를 요구할 수 있다.

1. 운송구간 및 운송횟수
2. 출발 및 도착일시
3. 우편물의 수량 또는 중량
4. 우편물의 인수인계 장소 및 방법
5. 운송료 및 그 지급방법
6. 우편물 운송 도중 우편물의 망실 또는 훼손시 국가에 대하여 지불하여야 하는 손해배상 금액
7. 기타 우편물의 신속하고 안전한 운송을 위하여 필요한 사항

② 법 제3조의2 제2항의 규정에 의하여 보상하여야 할 금액은 당해 운송구간에 적용되고 있는 운송요금 등이 고려되어야 한다.

제5조(우편구 및 우편번호의 지정)

① 과학기술정보통신부장관은 우편물의 배달지역을 구분하는 우편구 및 우편번호를 정할 수 있다.

② 과학기술정보통신부장관은 제1항의 규정에 의한 우편구와 우편구별 우편번호를 정한 때에는 미리 고시하여야 한다. 이를 변경한 때에도 또한 같다.

제6조(우편물의 외부기재사항)

① 우편물의 외부에는 발송인 및 수취인의 성명·주소와 우편번호를 기재하여야 한다. 다만, 취급과정을 기록하는 우편물(이하 "등기우편물"이라 한다)을 제외한 우편물은 수취인의 성명을 생략할 수 있다.

② 제1항의 규정에 의한 기재사항 외에 필요한 기재사항은 과학기술정보통신부령으로 정한다.

제7조(우편업무의 시험적 실시)

과학기술정보통신부장관은 우편업무에 관한 새로운 제도(제도의 변경을 포함한다)를 시험적으로 실시할 수 있다.

제7조의2(수탁취급)

과학기술정보통신부장관은 국민의 편의를 위하여 필요한 경우에는 다른 국가기관·지방자치단체 또는 「공공기관의 운영에 관한 법률」에 따른 공공기관 등의 업무중 우편역무의 방법으로 취급할 수 있는 업무를 수탁할 수 있다.

제8조(보수 및 손실보상)

법 제4조 제1항의 규정에 의한 운송원 등의 조력자에 대한 보수와 법 제5조의 규정에 의한 운송원 등의 통행에 따른 손실보상에 관한 사항은 과학기술정보통신부령으로 정한다.

제8조의2(이용 제한 및 업무 정지 등)

① 과학기술정보통신부장관은 법 제6조 제1항에 따른 전시 · 사변이나 이에 준하는 국가 비상사태와 천재지변이나 그 밖의 부득이한 사유(이하 "비상사태 등"이라 한다)가 있을 경우 안전사고 등이 발생할 우려가 높은 정도에 따라 집배구를 1급지부터 3급지까지 구분하여 위험등급을 지정할 수 있다.

② 과학기술정보통신부장관은 비상사태 등이 발생할 경우 다음 각 호의 구분에 따라 우편업무를 정지하거나 이에 수반되는 우편물의 이용을 제한할 수 있으며, 해당 집배구의 상황을 고려하여 순차적으로 이를 해제할 수 있다.

1. 1급지 및 발생한 비상사태 등의 정도가 심각하다고 인정되는 2급지 : 모든 집배업무 및 과학기술정보통신부장관이 정하여 고시하는 업무

2. 2급지(제1호에 따른 2급지는 제외한다) 및 3급지 : 과학기술정보통신부장관이 정하여 고시하는 범위의 집배업무 및 과학기술정보통신부장관이 정하여 고시하는 업무

③ 제1항에 따른 위험등급의 구분기준, 제2항 제1호에 따른 비상사태 등의 심각성 인정기준, 제1항 및 제2항에서 규정한 사항 외에 우편물의 이용 제한과 우편업무의 일부 정지에 필요한 사항은 과학기술정보통신부장관이 정하여 고시한다.

제9조(우편작업 효율화를 위한 지원대상 등)

① 법 제12조의2 제1항의 규정에 의한 우편작업이나 이용에 관련되는 자 등은 다음 각 호의 어느 하나에 해당하는 자를 말한다.

1. 제4조 제1항의 규정에 의하여 업무를 위탁받은 자

2. 제4조의2 제1항의 규정에 의하여 우편물을 운송하는 자

3. 우편물의 발송 또는 제작 등을 대행하는 자

4. 우편물의 처리를 위한 관련 기기 · 장비 및 용기 등을 제조 · 판매하는 자

5. 우편관련 장비 및 기술개발을 담당하는 자

6. 우편에 사용되는 용품 등을 제조 · 판매하는 자

7. 기타 우편작업의 효율을 높이고 우편이용자의 편의를 도모하기 위하여 과학기술정보통신부장관이 필요하다고 인정하는 자

② 제1항의 규정에 해당하는 자에 대하여는 다음 각 호의 지원을 할 수 있다.

1. 우편작업 관련기기 · 장비의 성능향상 및 기능개선을 위한 기술지원

2. 우편기술 개발을 위한 연구비 지원 및 기술정보의 제공

3. 우편물 처리 관련장비 및 용기 등의 대여

4. 기타 우편작업 효율화를 위하여 과학기술정보통신부장관이 필요하다고 인정하는 사항

제9조의2(권한의 위임)

① 과학기술정보통신부장관은 법 제12조의3에 따라 다음 각 호의 권한을 우정사업본부장에게 위임한다.

1. 법 제2조 제5항 단서에 따른 우편업무의 위탁

1의2. 법 제2조 제7항에 따른 범죄경력자료의 조회 요청

2. 법 제3조의2에 따른 우편물의 운송 명령(제2항 제1호의 업무는 제외한다)

3. 법 제6조에 따른 우편물이용의 제한 및 우편업무의 일부정지

4. 법 제12조의2에 따른 우편작업 효율화를 위한 지원 등

5. 법 제14조에 따른 보편적 우편역무의 제공

6. 법 제15조에 따른 선택적 우편역무의 제공

6의2. 법 제15조의2에 따른 우편업무의 전자화에 관한 업무

7. 법 제16조 제1항에 따른 군사우편역무의 제공

8. 법 제17조에 따른 우편금지물품의 결정(변경결정을 포함한다. 이하 같다) · 고시, 우편물의 취급용적 · 중량 · 포장의 결정 · 고시 및 우편역무의 제공거절 · 제한

9. 법 제21조 제1항에 따른 우표와 우편요금을 표시하는 증표의 발행

10. 법 제26조의2 제1항에 따른 우편물 요금 등의 감액

11. 법 제28조 제2항 본문에 따른 우편관서의 지정

11의2. 법 제31조의2에 따른 우편물의 전송

12. 법 제38조 제3항에 따른 국제우편물에 관한 손해배상액의 결정 및 고시

13. 법 제43조에 따른 우편관서의 지정

14. 삭제

15. 제5조에 따른 우편번호의 결정 · 고시

16. 제7조에 따른 우편업무에 관한 새로운 제도(제도의 변경을 포함한다)의 시험적 실시

17. 제7조의2에 따른 업무수탁

18. 제9조 제1항 제7호 및 같은 조 제2항 제4호에 따라 우편작업의 효율화를 위한 지원대상자 및 지원사항 인정

19. 제10조의3 제1항에 따른 군사우편 요금수납

20. 제10조의5에 따른 해외특수지역 군사우편에 관한 업무

21. 제13조 제1항 전단에 따른 우표류의 발행 · 판매에 관한 공고

22. 제25조 제2항에 따른 우편요금 등을 따로 납부할 수 있는 우편물의 종류 · 수량 및 취급우편관서 그 밖에 필요한 사항의 결정 · 고시

23. 제33조 제2항에 따른 수취인으로부터의 우편요금 등을 징수하고 우편물을 배달할 수 있는 경우의 인정

24. 다음 각 목의 사항의 결정 · 고시

　　가. 제42조 제3항 제1호에 따라 무인우편물보관함 또는 전자 잠금장치가 설치된 우편수취함에서 제공하는 배달확인이 가능한 증명자료로 수령사실의 확인을 갈음할 수 있는 등기우편물에서 제외되는 우편물

　　나. 제42조 제3항 제2호 후단에 따른 등기우편물의 배달방법, 증명자료 및 적용기간 등

24의2. 제42조 제4항에 따른 등기우편물로서 소포우편물의 수령사실 확인방법의 결정·고시

25. 제43조 제3호의2에 따른 무인우편물보관함에서 우편물을 교부하는 경우의 본인확인방법, 수취인에 대한 통지방법 및 보관기간 등의 결정·고시

26. 제43조 제10호에 따른 수취인이 우편물의 표면에 기재된 곳 외의 곳으로 배달을 청구할 수 있는 우편물의 결정·고시

27. 제43조 제4호에 따른 우편물배달 특례지역의 인정

② 과학기술정보통신부장관은 법 제12조의3에 따라 다음 각 호의 권한을 지방우정청장에게 위임한다.

1. 법 제3조의2에 따른 우편물의 운송 명령 중 국내우편물의 관내운송 명령

1의2. 삭제

2. 법 제45조의2에 따른 서신송달업의 신고 및 변경신고 수리

3. 법 제45조의4에 따른 서신송달업의 휴업·폐업 및 재개업 신고 수리

4. 법 제45조의5에 따른 서신송달업자에 대한 사업개선 명령

5. 법 제45조의6에 따른 서신송달업자에 대한 영업소 폐쇄 및 사업정지 명령

6. 법 제45조의7에 따른 서신송달업자 또는 서신송달을 위탁한 자의 보고 및 조사 등

7. 법 제45조의8에 따른 서신송달업자의 청문

8. 법 제54조의2에 따른 과태료의 부과·징수

9. 제5조에 따른 우편구의 지정·고시(변경하는 경우를 포함한다)

제9조의3(우편업무의 전자화)

① 과학기술정보통신부장관은 법 제15조의2 제1항에 따른 전자화대상문서(이하 "전자화대상문서"라 한다)를 정보처리시스템이 처리할 수 있는 형태로 변환하여 처리하려는 경우에는 다음 각 호의 장치 또는 시설을 모두 갖추어야 한다.

1. 법 제15조의2 제2항에 따른 전자화문서(이하 "전자화문서"라 한다)를 작성하는 데 사용되는 스캐너 등의 장치

2. 법 제15조의2 제4항에 따른 전자우편서류관리시스템(이하 "전자우편서류관리시스템"이라 한다)

3. 보안시설

② 과학기술정보통신부장관은 제1항 제1호에 따른 스캐너 등의 장치를 이용하여 전자화문서를 작성하여야 하며, 작성된 전자화문서가 전자화대상문서와 동일성이 확보되도록 기술적 조치를 하여 전자우편서류관리시스템에 보관하여야 한다.

③ 과학기술정보통신부장관은 전자화문서를 출력한 문서가 전자우편서류관리시스템에 보관하고 있는 전자화문서와 동일한지 여부에 대하여 발송인, 수취인 등이 확인을 요청한 경우에는 그 동일성을 확인하여 주어야 한다.

④ 과학기술정보통신부장관은 전자우편서류관리시스템에 보관하는 전자화문서의 유출·훼손·위조·변조 등을 방지하기 위하여 접근 권한자 지정, 방화벽 설치 및 암호화 소프트웨어의 활용 등 관리적·기술적 조치를 하여야 한다.

⑤ 제1항부터 제4항까지에서 규정한 사항 외에 우편업무의 전자화에 필요한 사항은 과학기술정보통신부장관이 정한다.

제10조(고유식별정보의 처리)

과학기술정보통신부장관(제9조의2에 따라 과학기술정보통신부장관의 권한을 위임받은 자를 포함한다)은 법 제2조 제5항 단서에 따른 우편업무의 위탁에 관한 사무를 수행하기 위하여 불가피한 경우 「개인정보보호법 시행령」 제19조 제1호에 따른 주민등록번호가 포함된 자료를 처리할 수 있다.

제10조의2(군사우편물)

① 법 제16조 제2항의 규정에 의한 군사우편물이라 함은 다음 각 호의 우편물을 말한다.

　　1. 국방부장관이 지정하는 지역에 있는 부대(기관을 포함한다. 이하 같다) 및 그 부대에 속하는 군인 · 군무원이 발송하는 통상우편물

　　2. 제1호의 부대에 입영한 자의 소지품 및 의류 등을 발송하는 소포우편물

② 군사우편물을 발송하는 자는 군사우편물 표면에 "군사우편"이라 표시하여야 한다.

제10조의3(군사우편 요금납부)

① 군사우편물의 요금은 발송인이 납부하지 아니하고 국방부장관이 과학기술정보통신부장관에게 분기별로 납부한다.

② 제1항의 납부액은 국방부소관 세출예산과 우편사업특별회계 세입예산간에 대체납입할 수 있다.

제10조의4(군사우편업무 수행에 필요한 편의제공 등)

국방부장관은 법 제16조 제4항에 따라 다음 각 호의 편의를 제공한다.

　　1. 전시작전지역에 있는 군사우체국에 근무하는 직원에 대한 의복대여 및 급식제공. 이 경우 급식비는 제10조의3 제1항에 따라 납부하는 요금에서 이를 공제한다.

　　2. 전시작전지역 안에서 공무수행 중 부상을 입은 군사우체국 근무 직원에 대한 우선 응급치료 및 후방 요양기관에의 후송입원

　　3. 군사우체국에 근무하는 직원에 대한 종군확인증 발급

제10조의5(해외특수지 군사우편)

해외특수지역에 주둔하는 부대 및 그 부대에 속하는 군인 · 군무원에 대한 군사우편에 대하여는 과학기술정보통신부장관이 국방부장관과 협의하여 정한다.

제11조(우편역무 등의 이용에 따른 수수료)

우편이용자는 다음 각 호의 경우에는 수수료를 납부하여야 한다.

　　1. 법 제14조 제2항 제3호에 따른 보편적 우편역무와 법 제15조 제2항에 따른 선택적 우편역무의 이용

　　2. 법 제32조 제1항에 따른 반환우편물 중 등기우편물의 반환

　　3. 제29조 제1항의 규정에 의한 수취인 부담 우편물의 취급

　　4. 제36조의2에 따른 수취인과 수취인 주소변경 또는 우편물 반환의 청구

　　5. 제38조 제1항의 규정에 의한 사설우체통의 설치 · 이용

　　6. 제43조 제10호에 따른 우편물 배달의 청구

제12조(우편요금 등의 고시)

과학기술정보통신부장관은 법 제19조의 규정에 의한 우편에 관한 요금 및 우편이용에 관한 수수료(이하 "우편요금 등"이라 한다)를 고시하여야 한다.

제13조(우표류의 발행)

① 과학기술정보통신부장관은 법 제21조 제1항 및 제2항의 규정에 의하여 우표와 우편요금을 표시하는 증표를 발행하여 판매할 때에는 그 종류ㆍ액면ㆍ형식ㆍ판매기일 및 판매장소 등을 그때마다 공고하여야 한다. 이 경우 우편요금표시인영이 인쇄된 봉투는 그 발행에 소요되는 비용을 우편요금과 합산한 금액으로 판매한다.

② 삭제

제14조~제24조 삭제

제25조(우편요금 등의 별납)

① 동일인이 동시에 우편물의 종류와 우편요금 등이 동일한 우편물을 다량으로 발송할 때에는 그 우편요금 등을 따로 납부할 수 있다.

② 제1항에 따라 우편요금 등을 따로 납부할 수 있는 우편물의 종류ㆍ수량 및 취급우편관서, 그 밖에 필요한 사항은 과학기술정보통신부장관이 정하여 고시한다.

제26조(우편요금표시기를 사용한 우편물 발송)

① 우편물 발송인은 우표를 부착하지 아니하고 우편요금 납부표시 인영을 인쇄하는 표시기(이하 "우편요금표시기"라 한다)를 사용하여 우편물을 발송할 수 있다.

② 제1항의 규정에 의한 우편요금표시기의 사용 및 취급에 관하여 필요한 사항은 과학기술정보통신부령으로 정한다.

제27조 삭제

제28조(우편관서에 설치된 우편요금표시기의 이용)

우편물의 발송 우편관서의 장은 해당 우편관서에 설치된 우편요금표시기에 의하여 그 우편요금을 납부하게 할 수 있다.

제29조(우편요금 등의 수취인 부담)

① 다음 각 호의 어느 하나에 해당하는 우편물은 우편요금 등을 수취인의 부담으로 발송할 수 있다.

  1. 우편물을 다량으로 수취하는 자가 자기부담으로 수취하기 위하여 발송하는 통상우편물

  2. 우편요금 등을 수취인이 지불하는 것에 대하여 발송인이 수취인의 승낙을 얻은 등기우편물. 다만, 통상우편물은 우편관서의 장과 발송인 간에 별도의 계약을 체결한 경우로 한정한다.

② 제1항의 규정에 의한 우편요금 등은 수취인이 우편물을 받을 때에 납부한다. 다만, 제30조의 규정에 의하여 우편요금 등을 후납하는 때에는 그러하지 아니하다.

③ 제1항 제2호 본문에 따른 우편물의 우편요금 등을 수취인이 납부하지 아니하는 때에는 발송인에게 그 우편물을 반환한다. 이 경우 발송인은 우편요금 등 및 반환 수수료를 납부하여야 한다.

④ 제1항의 규정에 의한 우편요금 등의 수취인 부담 우편물의 취급에 관하여 필요한 사항은 과학기술정보통신부령으로 정한다.

제30조(우편요금 등의 후납)

우편물 발송인은 과학기술정보통신부령이 정하는 우편물의 우편요금 등을 발송시에 납부하지 아니하고 일정기간 이내에 후납할 수 있다.

제31조~제32조 삭제

제33조(우편요금 등의 미납 또는 부족한 우편물)

① 우편요금 등을 미납하거나 부족하게 납부한 우편물은 이를 발송인에게 되돌려 준다.

② 제1항의 경우에 발송인의 성명 또는 주소의 불명 기타 사유로 인하여 우편물을 되돌려 줄 수 없거나 해외체류자 또는 해외여행자가 귀국하는 인편을 통하여 국내에서 발송한 경우 기타 과학기술정보통신부장관이 필요하다고 인정하는 경우에는 미납하거나 부족하게 납부한 우편요금 등과 동액의 부가금을 합하여 수취인으로부터 징수하고 이를 배달할 수 있다.

③ 우편요금 등의 미납 또는 부족이 우편관서의 과실로 인한 때에는 그 미납 또는 부족한 우편요금 등을 징수하지 아니한다.

제34조(연체료)

① 우편요금 등의 납부의무자가 우편요금 등을 납부기한까지 완납하지 아니하였을 때에는 법 제24조 제2항에 따라 체납된 우편요금 등의 100분의 3에 상당하는 연체료를 가산하여 징수하며, 납부기한이 지난 날부터 매 1개월이 지날 때마다 체납된 우편요금 등의 1천분의 12에 상당하는 연체료를 추가로 가산하여 징수한다.

② 제1항에도 불구하고 체납된 우편요금 등이 100만원 미만인 경우에는 체납기간에 관계없이 체납된 우편요금 등의 100분의 3에 상당하는 연체료를 징수하며, 납부의무자가 주한외국공관이나 주한국제연합기관인 경우에는 연체료를 징수하지 아니한다.

③ 제1항에 따라 연체료를 추가로 가산하여 징수하는 기간은 60개월을 초과하지 못한다.

제35조(우편요금 등의 반환)

① 법 제25조의 규정에 의하여 납부인의 청구에 따라 되돌려 주는 우편요금 등은 다음 각 호와 같다.

　1. 우편관서의 과실로 인하여 과다징수한 우편요금 등

　2. 우편관서에서 우편물의 특수취급의 수수료를 받은 후 우편관서의 과실로 인하여 특수취급을 하지 아니한 경우 그 특수취급수수료

　3. 사설우체통의 사용을 폐지하거나 사용을 폐지시킨 경우 그 폐지한 다음날부터의 납부수수료 잔액

　4. 납부인이 우편물을 접수한 후 우편관서에서 발송이 완료되지 아니한 우편물의 접수를 취소한 경우

② 제1항의 규정에 의한 우편요금 등의 반환청구는 다음 각 호의 기간내에 납부한 우편관서에 청구하여야 한다.

　1. 제1항 제1호 및 제2호의 경우에는 납부일로부터 60일

　2. 제1항 제3호의 경우에 폐지 또는 취소한 날로부터 30일

제36조 삭제

제36조의2(우편물 주소 등의 변경 및 반환청구)

우편물 발송인은 우편관서에서 우편물을 배달하기 전 또는 제43조 제6호 및 제7호의 규정에 의하여 배달우편관서의 창구에서 수취인에게 우편물을 교부하기 전에 한하여 수취인과 수취인 주소의 변경 또는 우편물의 반환을 우편관서에 청구할 수 있다. 이 경우 당해 우편관서의 장은 업무상 지장이 큰 것으로 판단하는 때에는 이에 응하지 아니할 수 있다.

제36조의3(열어보지 아니하고 되돌려 보내는 우편물의 범위)

법 제28조 제2항 단서에서 "대통령령이 정하는 봉함한 우편물"이라 함은 서신, 통화가 들어 있는 봉함한 통상우편물을 말한다.

제37조 삭제

제38조(사설우체통의 설치·이용)

① 우편물 발송인은 자기부담으로 설치한 사설우체통을 이용하여 우편물을 발송할 수 있다.

② 제1항의 규정에 의한 사설우체통의 설치 및 이용에 관하여 필요한 사항은 사설우체통을 설치한 자와 당해 우체통의 우편물을 수집하는 우체국장 간의 계약으로 정한다.

제39조~제41조 삭제

제42조(우편물의 배달)

① 법 제31조 본문의 규정에 의하여 우편물은 관할 배달우편관서에서 그 우편물의 표면에 기재된 곳에 배달한다. 이 경우 2인 이상을 수취인으로 정한 우편물은 그중 1인에게 배달한다.

② 우편사서함(이하 "사서함"이라 한다) 번호를 기재한 우편물은 당해 사서함에 배달한다.

③ 등기우편물은 수취인·동거인(동일 직장에서 근무하는 자를 포함한다) 또는 제43조 제1호 및 제5호에 따른 수령인으로부터 그 수령사실의 확인을 받고 배달해야 한다. 다만, 다음 각 호의 어느 하나에 해당하는 경우에는 해당 증명자료로 그 수령사실의 확인을 갈음할 수 있다.

  1. 등기우편물(법원의 송달서류, 현금, 유가증권 등을 발송하는 우편물로서 과학기술정보통신부장관이 정하여 고시하는 우편물은 제외한다. 이하 제2호 및 제43조 제8호에서 같다)을 제43조 제8호에 따라 무인우편물보관함(대면 접촉 없이 우편물을 수령하는 장치를 말한다. 이하 같다)에 배달하거나 전자잠금장치가 설치된 우편수취함에 배달하고 해당 무인우편물보관함 또는 우편수취함에서 배달확인이 가능한 증명자료를 제공하는 경우

  2. 「감염병의 예방 및 관리에 관한 법률」에 따른 감염병 확산으로 인해 「재난 및 안전관리 기본법」 제60조에 따른 특별재난지역으로 선포된 지역에서 감염병 확산 방지 및 예방을 위해 등기우편물을 대면 접촉 없이 우편수취함(무인우편물보관함 및 전자 잠금장치가 설치된 우편수취함은 제외한다)에 배달하고 배달안내문, 배달사진, 전화, 이메일 등에 의하여 배달확인이 가능한 증명자료를 제공하는 경우. 이 경우 구체적인 배달방법, 증명자료 및 적용기간 등은 과학기술정보통신부장관이 정하여 고시한다.

④ 등기우편물로서 소포우편물을 배달하는 경우에는 제3항에도 불구하고 과학기술정보통신부장관이 수령사실의 확인방법을 달리 정하여 고시할 수 있다.

제43조(우편물 배달의 특례)

법 제31조 단서에 따라 우편물을 해당 우편물의 표면에 기재된 곳 외의 곳에 배달할 수 있는 경우는 다음 각 호와 같다.

1. 동일건축물 또는 동일구내의 수취인에게 배달할 우편물로서 그 건축물 또는 구내의 관리사무소, 접수처 또는 관리인에게 배달하는 경우
2. 사서함을 사용하고 있는 수취인에게 배달할 우편물로서 사서함 번호를 기재하지 아니한 것을 그 사서함에 배달하는 경우
3. 우편물을 배달하지 아니하는 날에 수취인의 청구에 의하여 배달우편관서 창구에서 우편물을 교부하는 경우

3의2. 수취인의 일시부재나 그 밖의 사유로 우편물을 배달하지 못하여 배달우편관서 창구 또는 무인우편물보관함(과학기술정보통신부장관이 본인확인방법, 수취인에 대한 통지방법, 보관기간 등을 정하여 고시하는 기준에 적합한 무인우편물보관함을 말한다)에서 우편물을 교부하는 경우
4. 교통이 불편한 도서지역이나 농어촌지역 또는 과학기술정보통신부장관이 필요하다고 인정하는 지역으로 배달할 우편물을 과학기술정보통신부령이 정하는 바에 의하여 개별 또는 공동수취함을 설치하고 그 수취함에 배달하는 경우
5. 수취인이 동일 집배구(우편집배원이 우편물을 수집하고 배달하는 구역을 말한다. 이하 같다)에 거주하는 자를 대리수령인으로 지정하여 배달우편관서에 신고한 경우에는 그 대리수령인에게 등기우편물을 배달하는 경우
6. 우편물에 "우체국보관" 표시가 있는 것으로서 과학기술정보통신부령이 정하는 바에 의하여 당해 배달우편관서 창구에서 수취인에게 교부하는 경우
7. 교통이 불편하여 통상의 방법으로 우편물 배달이 어려운 지역에 배달할 우편물로서 과학기술정보통신부령이 정하는 바에 의하여 당해 배달우편관서 창구에서 수취인에게 교부하는 경우
8. 무인우편물보관함을 이용하는 수취인의 신청 또는 동의를 받아 그 수취인과 동일 집배구에 있는 무인우편물보관함에 등기우편물을 배달하는 경우
9. 법 제31조의2에 따라 수취인이 주거이전을 신고한 경우로서 우편물을 수취인이 신고한 곳으로 전송하는 경우
10. 수취인이 과학기술정보통신부장관이 정하여 고시하는 우편물에 대하여 우편물의 표면에 기재된 곳 외의 곳으로 배달을 청구하는 경우

제44조(우편물의 전송 수수료)

법 제31조의2 제2항에 따른 우편물의 전송 수수료는 우편물을 수취인이 주거를 이전한 곳으로 전송하는 거리에 따라 소요되는 비용 등을 고려하여 과학기술정보통신부장관이 정하여 고시한다.

제45조(행정정보의 공동이용)

우편관서의 장은 법 제33조에 따른 우편물 수취인의 진위 확인을 위하여 필요한 경우 「전자정부법」 제36조 제1항에 따른 행정정보의 공동이용을 통하여 주민등록표 등본 또는 주민등록표 초본을 확인할 수 있다. 이 경우 「개인정보 보호법」 제2조 제3호의 정보주체로부터 사전동의를 받아야 한다.

제46조(사서함의 설치 · 이용 등)

① 우편관서는 법 제37조의 규정에 의하여 배달우편관서에 사서함을 설치할 수 있다. 다만, 관할 지방우정청장이 필요하다고 인정하는 경우에는 배달업무를 취급하지 아니하는 우편관서에도 사서함을 설치할 수 있다.

② 사서함의 이용 및 관리 등에 관하여 필요한 사항은 과학기술정보통신부령으로 정한다.

제47조~제49조 삭제

제50조(고층건물의 우편수취함 설치)

① 법 제37조의2의 규정에 의한 건축물의 소유자 또는 관리인은 당해 건축물의 출입구에서 가까운 내부의 보기 쉬운 곳에 그 건축물의 주거시설 · 사무소 또는 사업소별로 우편수취함을 설치하여야 한다.

② 제1항의 규정에 의한 우편수취함의 설치 및 관리 등에 관하여 필요한 사항은 과학기술정보통신부령으로 정한다.

제51조(고층건물 내의 우편물의 배달)

① 제50조 제1항의 규정에 의한 건축물에 배달되는 우편물은 해당 건축물에 설치된 우편수취함에 배달한다. 다만, 제43조 제1호의 규정에 의한 경우에는 그러하지 아니하다.

② 법 제37조의2의 규정에 의한 건축물에 우편수취함을 설치하지 아니한 경우에는 배달우편관서에서 우편물을 보관교부할 수 있다.

③ 제2항의 규정에 의한 보관교부는 그 실시일전 5일까지 그 건축물의 관리인 및 입주자에게 우편수취함 설치의 촉구, 우편물의 보관사유 · 장소, 우편물의 수취요령 등을 통지하여야 한다.

제52조(손해배상)

① 삭제

② 법 제38조 제4항의 규정에 의하여 손해배상액은 예산의 범위안에서 당해 우편관서에서 보유하고 있는 자금 중에서 우선 지급하고 이를 사후 보전할 수 있다.

제53조(손해배상금의 반환)

법 제45조의 규정에 의하여 우편물의 교부를 청구하고자 하는 자가 반환하여야 할 손해배상금은 다음 각 호와 같다.

  1. 우편물에 손해가 없는 경우에는 손해배상금의 전액

  2. 우편물에 손해가 있는 경우에는 손해배상금 중 실제 손해액을 뺀 금액

제53조의2(소규모 서신송달업자의 신고 면제)

법 제45조의2 제1항 단서에서 "대통령령으로 정하는 기준에 해당하는 소규모 서신송달업을 하려는 자"란 「부가가치세법」 제61조에 따라 간이과세자에 관한 규정이 적용되는 사업자로서 서신송달업을 하려는 자를 말한다.

제53조의3(규제의 재검토)

과학기술정보통신부장관은 제54조 및 별표에 따른 과태료의 부과기준에 대하여 2015년 1월 1일을 기준으로 3년마다(매 3년이 되는 해의 1월 1일 전까지를 말한다) 그 타당성을 검토하여 개선 등의 조치를 하여야 한다.

제54조(과태료의 부과기준)

법 제54조의2에 따른 과태료의 부과기준은 별표와 같다.

별표

1. 일반기준

　가. 위반행위의 횟수에 따른 과태료의 부과기준은 최근 1년간 같은 위반행위로 과태료 부과처분을 받은 경우에 적용한다. 이 경우 위반행위에 대하여 과태료 부과처분을 한 날과 다시 같은 위반행위를 하여 적발된 날을 각각 기준으로 하여 위반횟수를 계산한다.

　나. 부과권자는 다음의 어느 하나에 해당하는 경우에는 제2호에 따른 과태료 금액의 2분의 1의 범위에서 그 금액을 감경할 수 있다. 다만, 과태료를 체납하고 있는 위반행위자의 경우에는 그러하지 아니하다.

　　1) 위반행위자가 「질서위반행위규제법 시행령」 제2조의2 제1항 각 호의 어느 하나에 해당하는 경우

　　2) 위반행위가 사소한 부주의나 오류로 인한 것으로 인정되는 경우

　　3) 위반행위자가 법 위반 상태를 시정하거나 해소하기 위한 노력이 인정되는 경우

　　4) 그 밖에 위반행위의 정도, 위반행위의 동기 및 그 결과 등을 고려하여 감경할 필요가 있다고 인정되는 경우

2. 개별기준

(단위 : 만원)

위반행위	근거 법조문	과태료 금액		
		1차 위반	2차 위반	3차 이상 위반
가. 법 제2조 제4항을 위반하여 서신의 송달을 위탁한 경우	법 제54조의2 제1항			
1) 해당 서신을 우편관서에 접수하는 경우의 우편요금이 1천만원 이하인 경우		750	1,000	2,000
2) 해당 서신을 우편관서에 접수하는 경우의 우편요금이 1천만원을 초과하는 경우		5,000만원의 범위에서 해당 우편요금의 2배 이하의 금액		
나. 법 제32조 제2항을 위반하여 우편물의 수취를 거부한 경우	법 제54조의2 제3항 제1호	50	50	50
다. 법 제45조의2 제1항을 위반하여 신고를 하지 않은 경우	법 제54조의2 제2항 제1호	300	600	1,000
라. 법 제45조의3 제1항을 위반하여 유사명칭을 사용한 경우	법 제54조의2 제2항 제2호	300	600	1,000
마. 법 제45조의3 제2항을 위반하여 타인에게 자기의 성명 또는 상호를 사용하여 서신송달업을 경영하게 한 경우	법 제54조의2 제2항 제3호	300	600	1,000
바. 법 제45조의4를 위반하여 신고하지 않고 휴업·폐업 또는 휴업 후 재개업을 한 경우	법 제54조의2 제2항 제4호	300	600	1,000
사. 법 제45조의7에 따른 자료제출·보고 또는 조사를 정당한 사유 없이 거부·방해 또는 기피한 경우	법 제54조의2 제2항 제5호	300	600	1,000
아. 우편업무에 종사하는 자가 중대한 과실로 인하여 우편물을 잃어버린 경우	법 제54조의2 제3항 제2호	50	50	50

우편법 시행규칙

[시행 2025.9.30.] [과학기술정보통신부령 제155호, 2025.9.30., 일부개정]

제1장 총칙

제1조(목적)

이 규칙은 「우편법」 및 같은 법 시행령에서 위임된 사항과 그 시행에 관하여 필요한 사항을 규정함을 목적으로 한다.

제2조(창구업무의 취급 등)

① 우체국의 창구에서 취급하는 우편업무의 범위와 취급시간은 우정사업본부장이 정하는 바에 의한다. 다만, 특별한 사정이 있는 때에는 우체국장은 필요하다고 인정하는 업무에 대하여 취급시간을 연장할 수 있다.

② 우편물의 수집ㆍ배달 및 운송의 횟수와 시간은 관할 지방우정청장이 정한다.

③ 우체국장은 취급업무의 종류ㆍ취급시간, 우편물의 규격ㆍ중량ㆍ포장, 우편요금 및 우편이용수수료 등 우편이용자가 알아야 할 사항을 적은 안내판을 우체국안의 보기 쉬운 곳에 언제나 걸어 놓아야 한다.

제2조의2(우편주문판매 등의 위탁)

「우편법 시행령」(이하 "영"이라 한다) 제4조 제1항 제4호에서 "과학기술정보통신부령이 정하는 업무"라 함은 다음 각 호의 업무를 말한다.

　　1. 제25조 제1항 제10호의 우편주문판매 공급업체의 선정 및 관리 업무

　　1의2. 영 제4조 제1항 제3호에 따른 우표류(이하 "우표류"라 한다)를 이용한 제25조 제1항 제11호의 광고 우편의 모집 및 대리점 선정ㆍ관리업무

　　2. 제25조 제1항 제12호의 전자우편물 내용의 출력ㆍ인쇄 업무 및 이를 봉투에 넣거나 봉함하는 업무

　　3. 제25조 제1항 제21호에 따른 우편물의 반환 정보 제공 업무

제2조의3 삭제

제3조(방문접수업무와 집배업무 위탁방법)

영 제4조 제2항에 따른 우편물 방문접수업무와 집배업무의 위탁방법은 해당 위탁업무를 하는 지역의 인구와 우편물의 증감 등을 고려하여 우정사업본부장이 정한다.

① 영 제4조 제1항 제1호에 따른 우편물방문접수 업무를 위탁받을 수 있는 자는 다음 각 호와 같다.

  1. 개인 : 18세 이상으로서 「국가공무원법」 제33조 각 호의 어느 하나에 해당하지 아니한 자

  2. 법인 : 위탁업무의 수행에 필요한 시설·장비 및 인력 등 우정사업본부장이 정하는 요건을 갖춘 자

② 영 제4조 제1항 제2호에 따른 우편물의 집배업무·운송업무 및 발착업무를 위탁받을 수 있는 자는 다음 각 호의 구분에 따른다.

  1. 우편물 집배업무 위탁의 경우

    가. 개인 : 18세 이상으로서 「국가공무원법」 제33조 각 호의 어느 하나에 해당하지 아니한 자

    나. 법인 : 위탁업무 수행에 필요한 시설·장비 및 인력 등 우정사업본부장이 정하는 요건을 갖춘 자

    다. 「우체국창구업무의 위탁에 관한 법률」 제4조에 따른 수탁자

    라. 그 밖에 집배업무의 공익성·정시성(正時性) 등을 고려하여 우정사업본부장이 정하는 요건을 충족하는 자

  2. 삭제

  3. 우편물 운송업무 위탁의 경우 : 우정사업본부장이 지정하는 비영리법인 또는 「화물자동차 운수사업법 시행령」 제3조 제1호에 따른 일반화물자동차운송사업자

  4. 우편물 발착업무 위탁의 경우 : 우정사업본부장이 지정하는 비영리법인 또는 발착업무의 공익성·정시성 등을 고려하여 우정사업본부장이 정하는 요건에 적합한 자

③ 영 제4조 제1항 제3호에 따른 우표류 조제업무를 위탁받을 수 있는 자는 우정사업본부장이 지정하는 비영리법인 또는 특별법에 의하여 설립된 법인으로 한다.

④ 제2조의2에 따른 업무를 위탁받을 수 있는 자는 위탁업무의 수행에 필요한 시설·장비 및 인력 등 우정사업본부장이 정하는 요건을 갖춘 법인으로 한다.

제4조의2(위탁지역의 우편물방문접수업무의 처리절차)

우편물방문접수업무의 처리절차는 우정사업본부장이 정하는 바에 따라 위탁지역을 관할하는 우체국장과 당해 업무를 위탁받는 자와의 계약에 의하여 이를 정한다.

제5조(위탁지역의 우편물 집배·운송절차)

① 제3조에 따라 위탁한 우편물의 집배절차는 우정사업본부장이 정하는 바에 따라 관할 지방우정청장 또는 관할 우체국장과 집배업무를 위탁받는 자와의 계약으로 정한다.

② 삭제

③ 우편물위탁운송지역의 우편물의 운송절차는 우정사업본부장이 정하는 바에 따라 위탁지역 관할 지방우정청장과 해당 업무를 위탁받는 자와의 계약으로 정한다.

④ 우편물 발착위탁업무의 처리절차는 우정사업본부장이 정하는 바에 따라 발착업무를 위탁하는 우체국장과 그 업무를 위탁받는 자와의 계약에 따라 정한다.

제5조의2(우표류조제위탁업무의 처리절차)

우표류조제위탁업무의 처리절차는 우정사업본부장과 당해업무를 위탁받는 자와의 계약에 의하여 이를 정한다.

제5조의3(우편주문판매 등의 위탁업무의 처리절차)

제2조의2의 규정에 의한 위탁업무의 처리절차는 우정사업본부장과 당해업무를 위탁받는 자와의 계약에 의하여 이를 정한다.

제6조(위탁업무의 취급수수료 등)

① 영 제4조 제4항에 따라 같은 조 제1항 제1호·제3호 및 제4호의 위탁업무의 위탁수수료 및 경비는 우편의 공공성·신뢰성을 유지하기 위하여 소요되는 원가 등을 고려하여 산정·지급한다.

② 삭제

③ 우편물 집배업무, 운송업무와 발착(發着)업무의 위탁수수료는 우편물의 공공성·안전성 및 정시성을 유지하기 위하여 소요되는 원가를 고려하여 산정·지급한다.

제7조(손실보상 등의 청구)

① 법 제4조 제1항에 따른 우편운송 등의 조력자에 대한 보수와 법 제5조에 따른 우편운송원 등의 통행으로 인한 피해에 대한 손실보상을 청구하고자 하는 자는 다음 각 호의 사항을 기재한 청구서를 그 우편운송원 등이 소속된 우체국장을 거쳐 관할 지방우정청장에게 제출하여야 한다.

  1. 청구인의 성명·주소

  2. 청구사유

  3. 청구금액

② 제1항의 경우 소속우체국장은 보수 또는 손실보상의 청구내용에 대한 의견서를 첨부하여야 한다.

③ 제1항 및 제2항에 따른 청구서 및 의견서를 받은 지방우정청장은 그 내용을 심사하여 청구내용이 정당하지 아니하다고 인정하여 청구금액을 지급할 수 없는 때에는 그 사유서를 청구인에게 송부하고, 청구내용이 정당하다고 인정하는 때에는 청구한 보수 또는 손실보상금을 청구인에게 지급하여야 한다.

④ 제1항에 따른 청구를 받은 지방우정청장은 필요하다고 인정하는 때에는 청구인의 출석을 요구하여 질문하거나 관계자료를 제출하게 할 수 있다.

제8조(이용의 제한 및 업무의 정지)

우정사업본부장은 법 제6조의 규정에 의하여 우편이용을 제한하거나 우편업무의 일부를 정지한 때에는 이를 공고하여야 한다.

제9조(우편구의 구별)

① 영 제5조 제1항에 따른 우편구는 시내우편구와 시외우편구로 구분하되 시내우편구는 우체국의 소재지와 그 가까운 지역으로서 관할 지방우정청장이 지정하는 지역으로 하고, 시외우편구는 시내우편구를 제외한 지역으로 한다.

② 지방우정청장은 제1항에 따라 시내우편구를 지정한 때에는 이를 고시하여야 한다. 이를 변경한 때에도 또한 같다.

제10조(우편업무의 시험적 실시)

우정사업본부장은 영 제7조의 규정에 의하여 우편업무에 관한 새로운 제도를 시험적으로 실시하고자 할 때에는 그 명칭 또는 종류 · 내용 기타 필요한 사항을 미리 공고하여야 한다.

제11조(수탁취급)

우정사업본부장은 영 제7조의2의 규정에 의하여 다른 국가기관 · 지방자치단체 또는 「공공기관의 운영에 관한 법률」에 따른 공공기관(이하 "공공기관"이라 한다) 등의 업무를 수탁취급하는 경우에는 그 업무의 종류 · 내용 기타 필요한 사항을 미리 공고하여야 한다.

제2장 우편역무

제1절 보편적 우편역무

제1관 통칙

제12조(보편적 우편역무의 제공기준 및 이용조건 등)

① 과학기술정보통신부장관은 법 제14조 제3항에 따라 보편적 우편역무의 제공을 위하여 1근무일에 1회 이상 우편물을 수집하고 배달하여야 한다. 다만, 지리, 교통, 기상, 사업 환경 등이 열악하여 부득이한 경우에는 이를 조정할 수 있다.

② 제1항에 따라 수집하거나 우체국 창구에 접수한 우편물의 송달에 걸리는 기간(이하 "우편물 송달기준"이라 한다)은 수집이나 접수한 날의 다음 날부터 4일(취급과정을 기록하는 우편물의 경우에는 3일) 이내로 한다. 이 경우 "수집이나 접수한 날"이란 우편물의 수집을 관할하는 우체국장이 관할 지역의 지리 · 교통상황 · 우편물처리능력 및 다른 지역의 우편물송달능력 등을 참작하여 공고한 시간 내에 우체통에 투입되거나 우체국 창구에 접수한 경우를 말한다.

③ 「관공서의 공휴일에 관한 규정」에 의한 공휴일 기타 다른 법령에 의한 유급휴일 · 토요일 및 우정사업본부장이 배달하지 아니하기로 정한 날은 이를 우편물송달기준에 산입하지 아니한다.

④ 우정사업본부장은 우체국 및 우체통의 설치현황을 고시하여야 한다.

제12조의2(보편적 우편역무의 특수취급)

① 법 제14조 제2항 제3호에 따른 특수취급은 제25조 제1항, 제26조부터 제29조까지, 제46조부터 제55조까지, 제57조부터 제59조까지, 제61조, 제62조부터 제65조까지, 제70조의8, 제70조의11부터 제70조의17까지를 준용한다.

② 보편적 우편역무의 특수취급 종류와 이에 따른 우편물은 별표 1과 같다.

③ 보편적 우편역무에 부가할 수 있는 우편역무는 별표 2와 같다.

제13조(도서 · 산간오지 등의 우편물송달기준)

① 우정사업본부장은 도서 · 산간오지 등 교통이 불편하여 우편물의 운송이 특히 곤란한 지역에 대하여는 제12조에도 불구하고 지역별 또는 지역상호 간에 적용할 우편물송달기준을 달리 정할 수 있다.

② 제1항에 따라 우편물송달기준을 달리 정한 때에는 관할 지방우정청장은 그 지역과 세부적인 우편물송달기준을 정하여 공고하여야 한다.

제14조(우편물송달기준 적용의 예외)

「신문 등의 진흥에 관한 법률」 제9조에 따라 등록된 일간신문(주 5회 이상 발행되는 신문으로 한정한다) 및 관보를 제86조 제1항에 따른 우편물정기발송계약에 따라 발송할 때에는 제12조 제2항 전단에도 불구하고 접수한 날의 다음날까지 이를 송달할 수 있다.

제15조(우편물송달기준의 이행)

① 우정사업본부장은 우편물의 종류별·지역별로 우편물송달기준의 이행목표율을 정하여 고시하여야 한다.

② 우정사업본부장은 제1항의 규정에 의한 이행목표율의 달성도를 매년 1회 이상 조사하여 그 결과를 공표하여야 한다.

③ 우정사업본부장은 법 제6조의 규정에 의하여 우편물의 이용을 제한하거나 우편업무의 일부를 정지하는 경우 또는 일시에 다량의 우편물이 접수되어 특별한 송달대책이 요구되는 경우 그 기간동안에는 제1항의 규정에 의한 이행목표율을 보다 낮은 수준으로 정하여 고시할 수 있다.

제15조의2(이용자에 대한 실비의 지급)

① 우편관서의 장은 보편적 우편역무 및 선택적 우편역무의 제공과 관련하여 우정사업본부장이 공표하는 기준을 충족하지 못한 경우에는 예산의 범위 안에서 해당 이용자에게 교통비 등 실비의 전부 또는 일부를 지급할 수 있다.

② 제1항의 규정에 의한 실비 지급의 절차는 우정사업본부장이 정하여 고시한다.

제16조(우편물의 외부 기재사항)

① 영 제6조 제2항에 따라 우편물의 외부에는 우편요금의 납부표시, 그 밖에 우편물의 취급을 위하여 이 규칙에서 정한 사항을 적어야 한다.

② 우편물의 발송인은 제1항의 기재사항외에 우편물의 취급에 지장이 없는 범위안에서 우정사업본부장이 정하여 고시하는 사항을 우편물의 외부에 표시하거나 부착할 수 있다.

③ 제1항 및 제2항의 규정에 의한 사항을 우편물의 외부에 기재하거나 표시 또는 부착하는 경우 그 방법·위치 등은 우정사업본부장이 정하여 고시하는 요건에 적합하여야 한다.

제17조(우편날짜도장의 사용)

① 우체국은 우편물의 접수확인 및 우표의 소인을 위하여 우편날짜도장을 찍는다. 다만, 영 제13조 제1항에 따라 우정사업본부장이 발행하는 우편요금표시인영이 인쇄된 연하우편엽서와 연하우편봉투 및 이 규칙에서 따로 정한 경우에는 그러하지 아니하다.

② 우편날짜도장의 종류·형식 및 사용범위에 관하여는 우정사업본부장이 정한다.

제18조 삭제

제2관 통상우편물

제19조(통상우편물의 봉함 · 규격 등)

① 통상우편물은 봉투에 넣어 봉함하여 발송해야 하며, 봉함하기가 적합하지 않은 우편물은 법 제17조 제2항에 따라 우정사업본부장이 정하여 고시한 기준에 적합하도록 포장하여 발송할 수 있다. 다만, 다음 각 호의 어느 하나에 해당하는 우편물의 경우에는 그렇지 않다.

1. 우정사업본부장이 발행하는 우편엽서

1의2. 영 제3조 제4호에 해당하는 우편물

2. 제20조의 규정에 의한 요건을 갖춘 사제엽서

3. 제25조 제1항 제9호에 따른 팩스우편물

4. 제25조 제1항 제12호의 규정에 의한 전자우편물

② 삭제

③ 우편엽서는 그 종류 · 규격 · 형식 · 발행방법 등에 관하여 우정사업본부장이 정하여 고시하는 것으로 한다.

④ 우정사업본부장은 우편물의 안전한 송달과 취급을 위하여 필요한 경우에는 우편물의 규격을 정하여 고시할 수 있다.

제20조(사제엽서의 제조요건)

법 제21조 제3항에 따라 우편엽서를 개인, 기관 또는 단체가 조제하는 경우에는 제19조 제3항에 따라 우정사업본부장이 정하여 고시하는 우편엽서의 종류 · 규격 · 형식 등에 적합하여야 한다.

1. 삭제

2. 삭제

3. 삭제

4. 삭제

제21조(투명봉투의 사용)

통상우편물로서 무색 투명한 부분이 있는 봉투를 사용하는 경우에는 해당 봉투의 투명한 부분으로 발송인 또는 수취인의 성명 · 주소와 우편번호를 볼 수 있도록 하여야 한다. 이 경우 투명부분의 크기는 우편날짜도장의 날인, 우편요금의 납부표시, 우편물의 종류표시 그 밖의 우편물 취급에 지장이 없도록 하여야 한다.

제3관 소포우편물

제22조~제24조 삭제

제1관 통칙

제25조(선택적 우편역무의 종류 및 이용조건 등)

① 법 제15조 제3항에 따른 선택적 우편역무의 종류는 다음 각 호와 같이 구분한다.

1. 등기취급

   우편물의 접수에서 배달까지 모든 단계의 취급과정을 기록하는 우편물의 특수취급제도

1의2. 준등기취급

   우편물의 접수에서 배달 전(前) 단계까지의 취급과정을 기록하는 우편물의 취급제도

1의3. 선택등기취급 : 등기취급 및 제112조의2 제1항에 따른 우편물의 반환거절을 전제로 우편물을 배달하되, 그 우편물을 수취인에게 배달할 수 없는 경우에는 준등기취급에 따라 우편물을 배달하는 특수취급제도

2. 보험취급

   가. 보험통상 : 등기취급을 전제로 보험등기 취급용 봉투를 이용하여 유가증권, 통화 또는 소형포장우편물 등의 통상우편물을 배달하는 특수취급제도

   나. 보험소포 : 등기취급을 전제로 사회통념상 용적에 비하여 가격이 높다고 발송인이 신고한 것으로서 그 취급에 특히 유의할 필요가 있는 고가품 · 귀중품 등의 소포우편물을 배달하는 특수취급제도

3. 삭제

4. 증명취급

   가. 내용증명 : 등기취급을 전제로 우체국창구 또는 정보통신망을 통하여 발송인이 수취인에게 어떤 내용의 문서를 언제 발송하였다는 사실을 우체국이 증명하는 특수취급제도

   나. 삭제

   다. 배달증명 : 등기취급을 전제로 우편물의 배달일자 및 수취인을 배달우체국에서 증명하여 발송인에게 통지하는 특수취급제도

5. 국내특급우편

   등기취급을 전제로 국내특급우편 취급지역 상호 간에 수발하는 긴급한 우편물로서 통상적인 송달방법보다 빠르게 송달하기 위하여 접수된 우편물을 약속한 시간 내에 신속히 배달하는 특수취급제도

6. 특별송달

   등기취급을 전제로 「민사소송법」 제176조의 규정에 의한 방법으로 송달하는 우편물로서 배달우체국에서 배달결과를 발송인에게 통지하는 특수취급제도

7. 민원우편

   우정사업본부장이 정하여 고시하는 민원서류 발급을 위하여 등기취급을 전제로 우편 또는 정보통신망을 통하여 발급신청에 필요한 서류와 발급수수료를 송부하고 그에 따라 발급된 민원서류와 발급수수료 잔액 등을 우정사업본부장이 발행하는 민원우편봉투에 함께 넣어 송달하는 특수취급제도

8. 삭제

9. 팩스우편

   우체국에서 서신 · 서류 · 도화 등의 통신문을 접수받아 수취인의 팩스에 전송하는 제도

10. 우편주문판매

　　등기취급을 전제로 우체국 창구나 정보통신망, 방송채널 등을 통하여 전국 각 지역에서 생산되는 특산
　　품이나 소상공인 및 중소 · 중견기업 제품 등을 생산자나 판매자에게 주문하고 생산자나 판매자는
　　우편을 통하여 주문자에게 직접 공급하는 제도

11. 광고우편

　　우정사업본부장이 조제한 우표류 및 우편차량 또는 우편시설 등에 개인 또는 단체로부터 의뢰받아
　　광고를 게재하거나 광고물을 부착하는 제도

12. 전자우편

　　우체국 창구나 정보통신망을 통하여 전자적 형태로 접수된 통신문 등을 발송인이 의뢰한 형태로
　　출력 · 봉함하여 수취인에게 배달하는 제도

13. 우편물방문접수

　　발송인의 요청 또는 발송인과 발송인 소재지역을 관할하는 우체국장과 사전계약에 따라 발송인을
　　방문하여 우편물을 접수하는 제도

14. 삭제

15. 삭제

16. 착불배달

　　영 제29조 제1항 제2호에 따른 등기우편물에 대하여 그 요금을 배달 시 수취인으로부터 수납하는
　　특수취급제도

17. 계약등기

　　등기취급을 전제로 우체국장과 발송인과의 별도의 계약에 따라 접수한 통상우편물을 배달하고 그
　　배달결과를 발송인에게 전자적 방법 등으로 통지하는 특수취급제도

18. 회신우편

　　등기취급을 전제로 우체국장과 발송인과의 별도의 계약에 따라 수취인을 직접 대면하여 우편물을 배달
　　하면서 서명이나 도장을 받는 등 응답을 필요로 하는 사항을 받거나 서류를 인수받아 발송인이나 발송
　　인이 지정하는 자에게 회신하는 특수취급제도

19. 본인지정배달

　　등기취급을 전제로 우편물을 수취인 본인에게만 배달하여 주는 특수취급제도

20. 우편주소 정보제공

　　등기취급을 전제로 이사 등 거주지 이전으로 우편주소가 변경된 경우에 우편물을 변경된 우편주소로 배
　　달하고 수취인의 동의를 받아 발송인에게 변경된 우편주소정보를 제공하는 특수취급제도

21. 우편물의 반환 정보 제공

　　수취인에게 배달할 수 없거나 수취인이 수취를 거부하여 발송인에게 되돌려 보내는 우편물의 목록,
　　봉투를 스캔한 이미지 및 반환 사유 등 우편물의 반환 정보를 발송인에게 제공하는 제도

22. 선거우편

　　「공직선거법」, 「국민투표법」, 그 밖에 선거 또는 투표 관련 법령에서 정하는 우편물로서 통상적인 우편물
　　보다 정확하고 신속하게 송달하기 위하여 우선적으로 우편물을 취급 및 배달하는 특수취급제도

23. 복지우편

등기취급을 전제로 우체국장과 발송인과의 별도의 계약에 따라 우편물을 배달하면서 수취인을 직접 대면하여 얻은 수취인의 건강상태 및 주거환경 등에 관한 정보를 발송인이나 발송인이 지정하는 자에게 회신하는 특수취급제도

24. 국제우편 연계 서비스

국내외 물류 관련 사업자 등과 연계하여 우편물을 「관세법」에 따른 통관절차를 거쳐 수취인에게 배달하는 제도

② 선택적 우편역무의 종류에 따른 우편물은 별표 3과 같다.

③ 선택적 우편역무에 부가할 수 있는 우편역무는 별표 4와 같다.

제2관 등기취급

제26조(등기취급)

제25조 제1항 제1호의 등기취급(이하 "등기"라 한다)을 하는 우편물(이하 "등기우편물"이라 한다)에는 발송인이 그 표면의 왼쪽 중간에 "등기"의 표시를 하여야 한다.

제27조(등기우편물의 접수)

① 삭제

② 등기우편물을 접수한 때에는 발송인에게 접수번호를 기록한 특수우편물수령증을 교부하여야 한다.

제28조(등기우편물 배달시의 수령사실확인 등)

영 제42조 제3항 본문에 따른 등기우편물 배달 시의 수령사실확인은 특수우편물배달증에 수령인이 서명(전자서명을 포함한다) 또는 날인하는 것으로 한다. 다만, 수령인이 본인이 아닌 경우에는 수령인의 성명 및 본인과의 관계를 기재하고 서명(전자서명을 포함한다) 또는 날인하게 하여야 한다.

제2관의2 준등기취급

제28조의2(준등기취급)

제25조 제1항 제1호의2의 준등기취급(이하 "준등기"라 한다)을 하는 우편물(이하 "준등기우편물"이라 한다)에는 발송인이 그 표면의 왼쪽 중간에 "준등기"의 표시를 하여야 한다.

제28조의3(준등기우편물의 접수)

준등기우편물을 접수한 때에는 발송인에게 접수번호를 기록한 우편물수령증을 교부하여야 한다.

제28조의4(준등기우편물의 배달)

준등기우편물의 배달은 우편수취함 등에 투함함으로써 완료되며, 수령인의 수령사실을 확인하지 아니한다.

제2관의3 선택등기취급

제28조의5(선택등기취급)

제25조 제1항 제1호의3의 선택등기취급(이하 "선택등기"라 한다)을 하는 우편물(이하 "선택등기우편물"이라 한다)에는 발송인이 그 표면의 왼쪽 중간에 "반환 불필요" 및 "선택등기"의 표시를 해야 한다.

제28조의6(선택등기우편물의 접수)

선택등기우편물을 접수한 때에는 발송인에게 접수번호를 기록한 우편물수령증을 교부해야 한다.

제28조의7(선택등기우편물의 배달)

선택등기우편물은 영 제42조 제3항 및 이 규칙 제28조에 따라 배달한다. 다만, 선택등기우편물을 수취인에게 배달할 수 없는 경우에는 제28조의4에 따라 배달한다.

제3관 보험취급

제29조(보험통상 및 보험소포의 취급조건 등)

① 통화를 우편물로 발송하려는 경우에는 제25조 제1항 제2호 가목에 따른 보험통상으로 한다. 다만, 제25조 제1항 제7호에 따른 민원우편의 경우에는 그러하지 아니하다.

② 제1항에서 규정한 사항 외에 제25조 제1항 제2호에 따른 보험통상 또는 보험소포 취급우편물의 세부종류, 취급한도, 취급방법 및 절차 등 보험취급에 필요한 사항은 우정사업본부장이 정하여 고시한다.

제30조~제31조의2 삭제

제4관 삭제

제32조~제45조 삭제

제5관 증명취급

제46조(내용증명)

① 제25조 제1항 제4호 가목에 따른 내용증명우편물은 한글, 한자 또는 그 밖의 외국어로 자획을 명료하게 기재한 문서(첨부물을 포함한다. 이하 같다)인 경우에 한하여 취급하며, 공공의 질서 또는 선량한 풍속에 반하는 내용의 문서 또는 문서의 원본(사본을 포함한다. 이하 같다)과 등본이 같은 내용임을 일반인이 쉽게 식별할 수 없는 문서는 이를 취급하지 아니한다.

② 제1항에 따른 문서(이하 "내용문서"라 한다)에는 숫자 · 괄호 · 구두점이나 그 밖에 일반적으로 사용하는 단위 등의 기호를 함께 기재할 수 있다.

제47조(동문내용증명)

2인 이상의 수취인에게 발송하는 내용증명우편물로서 그 내용문서가 동일한 것은 이를 동문내용증명으로 할 수 있다.

제48조(내용문서 원본 및 등본의 제출 등)

① 내용증명우편물을 발송하고자 하는 자는 내용문서 원본 및 그 등본 2통을 제출하여야 한다. 다만, 제25조 제1항 제12호에 따른 전자우편으로 내용증명우편물을 발송하고자 하는 경우에는 우정사업본부장이 정하여 고시하는 바에 따라 전자적 파일 형태의 내용문서를 제출해야 한다.

② 동문내용증명 우편물인 경우에는 각 수취인별 · 내용문서 원본과 수취인 전부의 성명 및 주소를 기재한 등본 2통을 제출하여야 한다.

③ 제1항 본문 및 제2항에 따라 제출받은 등본 중 한 통은 우체국에서 발송한 다음날부터 3년간 보관하고 나머지 한 통은 발송인에게 이를 되돌려 준다. 다만, 발송인이 등본을 필요로 하지 아니하는 때에는 제1항 및 제2항에 따른 등본은 한 통을 제출할 수 있다.

④ 제1항 단서에 따라 제출받은 전자적 파일 형태의 내용문서는 우체국에서 내용문서를 발송한 다음날부터 3년간 보관해야 하고 발송인에게 해당 전자적 파일 형태의 내용문서를 전송하는 방식으로 되돌려 줄 수 있다. 이 경우 해당 전자적 파일 형태의 내용문서와 수취인에게 발송한 내용문서는 동일한 것으로 본다. (시행일 : 2026. 4. 1.) 제48조 제4항

제49조(내용문서 원본 및 등본의 규격 등)

① 내용문서의 원본 및 등본은 「행정 업무의 운영 및 혁신에 관한 규정」 제7조 제6항에 따라 가로 210밀리미터, 세로 297밀리미터의 용지(이하 "기준용지"라 한다)를 사용하여 작성하되, 등본은 내용문서의 원본을 복사한 것이어야 한다.

② 삭제

제50조(문자의 정정 등)

① 내용문서의 원본 또는 등본의 문자나 기호를 정정·삽입 또는 삭제한 때에는 "정정"·"삽입" 또는 "삭제"의 문자 및 자수를 난외 또는 말미여백에 기재하고 그 곳에 발송인의 도장 또는 지장을 찍거나 서명을 해야 한다.

② 제1항의 경우 정정 또는 삭제된 문자나 기호는 명료하게 판독할 수 있도록 남겨두어야 한다.

③ 내용증명우편물을 접수한 후에는 발송인 및 수취인의 성명·주소의 변경, 내용문서원본 또는 등본의 문자나 기호의 정정 등을 청구할 수 없다.

제51조(발송인 및 수취인 등의 성명·주소)

① 내용증명우편물의 내용문서 원본, 그 등본 및 우편물의 봉투에 기재하는 발송인 및 수취인의 성명·주소는 동일하여야 한다.

② 제1항의 규정에 불구하고 다수인이 연명하여 동일인에게 내용증명우편물을 발송하는 때에는 연명자 중 1인의 성명·주소만을 우편물의 봉투에 기재하여야 한다.

제52조(내용문서의 증명)

① 내용증명우편물을 접수할 때에는 접수우체국에서 내용문서 원본과 등본을 대조하여 서로 부합함을 확인한 후 내용문서 원본과 등본의 각통에 발송연월일 및 그 우편물을 내용증명우편물로 발송한다는 뜻과 우체국명을 기재한다.

② 수취인에게 발송할 내용문서의 원본, 우체국에서 보관할 등본 및 발송인에게 교부할 등본 상호 간에는 우편날짜도장을 걸쳐 찍거나 원본과 등본을 겹쳐서 같은 위치에 구멍을 뚫는 방식으로 계인(契印)한다.

③ 내용문서의 원본 또는 등본이 2매 이상 합철되는 곳에는 우편날짜도장을 찍거나 구멍을 뚫는 방식 등으로 간인(間印)해야 하며, 제50조 제1항에 따라 내용문서의 원본 또는 등본의 정정·삽입 또는 삭제를 기재한 곳에는 우편날짜도장을 찍어야 한다. 다만, 내용문서가 2매 이상인 경우로서 제2항에 따라 원본과 등본을 겹쳐서 같은 위치에 구멍을 뚫는 방식으로 계인한 것은 본문에 따라 간인한 것으로 본다.

④ 제1항부터 제3항까지의 규정에 따라 증명한 내용문서의 원본은 우체국의 취급직원이 보는 곳에서 발송인이 수취인 및 발송인의 성명·주소를 기재한 봉투에 넣고 봉함하여야 한다.

⑤ 제1항부터 제4항까지의 규정에도 불구하고 제48조 제1항 단서에 따라 내용증명우편물을 접수하는 경우에 대한 내용문서의 증명 방법은 우정사업본부장이 정하여 고시하는 바에 따른다.

제53조(내용증명 취급수수료의 계산방법)

① 내용증명 취급수수료는 기준용지의 규격을 기준으로 내용문서의 매수에 따라 계산하되, 양면에 기재한 경우에는 이를 2매로 본다.

② 내용증명 취급수수료의 계산에 있어서 내용문서의 규격이 기준용지보다 큰 것은 기준용지의 규격으로 접어서 매수를 계산하고, 기준용지보다 작은 것은 기준용지로 매수를 계산한다.

제54조(발송 후의 내용증명 청구)

① 내용증명우편물의 발송인 또는 수취인은 내용증명우편물을 발송한 다음 날부터 3년까지는 우체국에 특수우편물수령증·주민등록증 등의 관계자료를 내보여 동 우편물의 발송인 또는 수취인임을 입증하고 내용증명의 재증명을 청구할 수 있다.

② 제1항에 따른 재증명 청구인은 우체국에서 보관 중인 최초의 내용문서 등본과 같은 등본을 우체국에 제출하여야 하며, 재증명 청구를 받은 우체국은 청구인이 제출한 내용문서를 재증명하여 내주어야 한다. 다만, 청구인이 분실 등의 사유로 내용문서를 제출하기 어려운 경우에는 우체국에서 보관 중인 내용문서를 복사한 후 재증명하여 내줄 수 있다.

③ 제49조·제50조·제52조 제1항 내지 제3항 및 제53조의 규정은 제1항의 규정에 의한 재증명의 청구에 관하여 이를 준용한다.

제55조(등본의 열람청구)

내용증명우편물의 발송인 또는 수취인은 우편물을 발송한 다음 날부터 3년까지는 발송우체국에 특수우편물수령증·주민등록증 등의 관계자료를 내보여 동 우편물의 발송인 또는 수취인임을 입증하고 내용문서 등본의 열람을 청구할 수 있다.

제56조 삭제

제57조(배달증명의 표시)

제25조 제1항 제4호 다목의 규정에 의한 배달증명우편물에는 발송인이 그 표면의 보기 쉬운 곳에 "배달증명"의 표시를 하여야 한다.

제58조(배달증명서의 송부)

배달증명우편물을 배달한 때에는 발송인에게 배달증명서를 우편으로 송부한다. 다만, 발송인이 원하는 경우에는 정보통신망을 통한 전자적 방법으로 송부할 수 있다.

제59조(발송 후 배달증명 청구)

등기우편물의 발송인 또는 수취인은 우편물을 발송한 다음 날부터 1년까지는 우체국에 당해 특수우편물수령증·주민등록증 등의 관계자료를 내보여 동 우편물의 발송인 또는 수취인임을 입증하고 그 배달증명을 청구할 수 있다. 다만, 내용증명우편물에 대한 배달증명의 청구기간은 우편물을 발송한 다음 날부터 3년까지로 한다.

제6관 특급취급

제60조 삭제

제61조(국내특급우편)

① 제25조 제1항 제5호에 따른 국내특급우편물에는 발송인이 그 표면의 보기 쉬운 곳에 "국내특급"의 표시를 하여야 한다.

② 삭제

③ 국내특급우편물의 배달은 다음 각 호의 기준에 따른다.

  1. 도착된 특급우편물은 가장 빠른 배달편에 배달한다.

  2. 수취인의 부재 등의 사유로 1회에 배달하지 못한 특급우편물을 다시 배달하는 경우 2회째에는 제1호에 따른 배달의 예에 따르고, 3회째에는 통상적인 배달의 예에 따른다.

  3. 수취인의 거주이전 등으로 배달하지 못한 특급우편물을 전송하거나, 성명·주소 등의 불명으로 반환하는 경우에는 전송 또는 반환하는 날의 다음날까지 송달한다.

④ 삭제

⑤ 삭제

⑥ 국내특급우편물의 취급지역·취급우체국·취급시간 그 밖에 필요한 사항은 관할 지방우정청장이 정하여 고시한다.

제61조의2 삭제

제7관 특별송달

제62조(특별송달)

① 다른 법령에 의하여 「민사소송법」이 정하는 방법으로 송달하여야 할 서류를 내용으로 하는 등기통상우편물은 이를 제25조 제1항 제6호의 규정에 의한 특별송달로 할 수 있다.

② 특별송달우편물을 발송할 때에는 그 표면의 왼쪽 중간에 "특별송달"의 표시를 하고, 그 뒷면에 송달상 필요한 사항을 기재한 우편송달통지서용지를 첨부하여야 한다.

제63조(특별송달우편물의 배달)

① 특별송달우편물을 배달하는 때에는 우편송달통지서의 해당란에 수령인의 서명(전자서명을 포함한다) 또는 날인을 받아야 한다.

② 특별송달우편물의 수령을 거부하는 때에는 다음 각 호의 1에 해당하는 경우를 제외하고는 그 장소에 우편물을 두어 유치송달할 수 있다.

  1. 수취인의 장기간 부재 등으로 대리수령인이 그 우편물을 수취인에게 전달할 수 없는 사유가 입증된 경우

  2. 우편물에 기재된 주소지에 수취인이 사실상 거주하지 아니하는 경우

③ 특별송달우편물을 배달한 때에는 배달우체국에서 당해 우편물에 첨부된 우편송달통지서에 송달에 관한 사실(제2항의 경우에는 유치송달의 사유 또는 제2항 각호의 사유를 포함한다)을 기재하여 발송인에게 등기우편으로 송부하여야 한다. 다만, 발송인이 원하는 경우에는 정보통신망을 통한 전자적 방법으로 송부할 수 있다.

제8관 민원우편

제64조(민원우편물)

① 제25조 제1항 제7호의 규정에 의한 민원우편에 의하여 민원서류를 발급받고자 하는 자는 민원서류의 발급에 필요한 서류와 발급수수료를 우정사업본부장이 발행하는 민원우편발송용 봉투에 함께 넣어 발송하여야 한다. 다만, 정보통신망을 통하여 민원서류를 발급받고자 하는 경우에는 우정사업본부장이 따로 정하는 방법에 의한다.

② 민원서류를 발급한 기관은 발급된 민원서류와 민원인으로부터 우편으로 송부된 통화 중에서 발급수수료를 뺀 잔액의 통화를 우정사업본부장이 발행하는 민원우편회송용 봉투에 함께 넣어 회송해야 한다.

③ 민원우편물을 발송·회송 및 배달하는 경우에는 국내특급우편물로 취급하여야 한다. 민원우편물을 수취인 부재 등의 사유로 배달하지 못하여 다시 배달하는 경우 및 배달하지 못한 민원우편물을 전송 또는 반환하는 경우에도 또한 같다.

제65조(민원우편물의 금액표기)

제64조 제1항 및 제2항의 규정에 의하여 통화를 발송하거나 회송하는 경우에는 그 민원우편의 발송용봉투 또는 회송용봉투의 해당란에 그 금액을 기재하여야 한다.

제9관 삭제

제66조~제68조 삭제

제10관 팩스우편

제69조(팩스우편)

① 제25조 제1항 제9호에 따른 팩스우편물을 우체국에서 발송하려는 자는 통신문 및 수취인 성명 등 팩스에 필요한 사항을 우체국에 제출해야 한다.

② 우체국은 발송인으로부터 제출 받은 통신문을 전송한 후에는 발송인에게 돌려주어야 한다.

③ 팩스우편의 취급지역·취급우체국 기타 필요한 사항은 우정사업본부장이 정하여 고시한다.

제70조 삭제

제11관 우편주문판매

제70조의2(우편주문판매의 신청)

제25조 제1항 제10호에 따른 우편주문판매로 물품을 구매하려는 자는 우체국 창구, 정보통신망 또는 방송채널 등을 통하여 주문신청을 하고 그 대금을 지급하여야 한다.

제70조의3(우편주문판매 취급조건 등)

우정사업본부장은 우편주문판매로 취급하는 물품의 종류 및 주문방법 등에 관하여 필요한 사항을 인터넷 홈페이지 등에 게시하여야 한다.

제12관 광고우편

제70조의4(광고우편의 광고금지)

다음 각 호의 1에 해당하는 광고는 이를 광고우편으로 게재할 수 없다.

1. 공공의 질서와 선량한 풍속을 저해하는 광고
2. 국민의 건전한 소비생활을 저해하는 광고
3. 우편사업에 지장을 주는 광고
4. 특정단체의 정치적 목적을 위한 광고
5. 과대 또는 허위의 광고

제70조의5(광고우편의 이용조건)

광고우편의 이용조건 등 역무제공에 관하여 필요한 사항은 우정사업본부장이 정한다.

제13관 전자우편

제70조의6(전자우편의 접수)

제25조 제1항 제12호의 규정에 의한 전자우편은 우정사업본부장이 정하는 방식에 따라 우체국 창구 또는 정보통신망 등을 이용하여 접수하여야 한다.

제70조의7(전자우편물의 취급조건)

전자우편물의 인쇄·봉함 및 배달 등 취급조건에 관하여는 우정사업본부장이 이를 정하여 고시한다.

제14관 그 밖의 선택적 우편역무

제70조의8(우편물 방문접수의 이용조건)

제25조 제1항 제13호의 규정에 의한 우편물 방문접수의 대상우편물·통수 및 취급우체국 등 우편물 방문접수에 관하여 필요한 사항은 우정사업본부장이 정하여 고시한다.

제70조의9(우편용품의 조제·판매)

우정사업본부장은 우편이용자의 편의를 도모하기 위하여 특수취급에 필요한 봉투 또는 우편물 포장상자 등 우편관련 용품을 조제·판매할 수 있다.

제70조의10 삭제

제70조의11(착불배달의 취급범위 및 배달방법)

제25조 제1항 제16호에 따른 착불배달의 취급범위 및 배달방법 등에 관하여 필요한 사항은 우정사업본부장이 정하여 고시한다.

제70조의12(계약등기의 종류 및 취급관서)

제25조 제1항 제17호에 따른 계약등기의 종류, 취급관서 및 이용조건 등에 관하여 필요한 사항은 우정사업본부장이 정하여 고시한다.

제70조의13(회신우편의 회신방법)

제25조 제1항 제18호에 따른 회신우편의 회신방법 등에 관하여 필요한 사항은 우정사업본부장이 정하여 고시한다.

제70조의14(본인지정배달의 배달방법)

제25조 제1항 제19호에 따른 본인지정배달의 배달방법 등에 관하여 필요한 사항은 우정사업본부장이 정하여 고시한다.

제70조의15(우편주소 정보제공의 방법)

제25조 제1항 제20호에 따른 우편주소 정보제공의 방법 등에 관하여 필요한 사항은 우정사업본부장이 정하여 고시한다.

제70조의16(우편물 반환 정보 제공의 방법)

제25조 제1항 제21호에 따른 우편물의 반환 정보 제공의 방법 등에 관하여 필요한 사항은 우정사업본부장이 정하여 고시한다.

제70조의17(선거우편의 취급 및 배달)

① 제25조 제1항 제22호에 따른 선거우편(이하 이 조에서 "선거우편"이라 한다)은 우정사업본부장이 정하여 고시하는 우체국에서 접수한다.

② 선거우편의 취급절차 및 발송방법 등에 관하여 선거 또는 투표 관련 법령에서 특별히 정하는 경우를 제외하고는 우정사업본부장이 정한다.

제70조의18(복지우편의 이용조건)

제25조 제1항 제23호에 따른 복지우편의 이용조건 등에 관하여 필요한 사항은 우정사업본부장이 정하여 고시한다.

제70조의19(국제우편 연계 서비스의 이용조건)

제25조 제1항 제24호에 따른 국제우편 연계 서비스의 이용조건 등에 관하여 필요한 사항은 우정사업본부장이 정하여 고시한다.

제3장 우편에 관한 요금

제1절 우표류의 관리 및 판매

제71조(우표류의 판매기관 등)

① 우표류는 우체국과 다음 각 호의 자가 판매한다.

  1. 우표류를 판매하고자 하는 장소의 소재지를 관할하는 우체국장(열차 또는 선박에서 우표류를 판매하고자 하는 자는 그 시발지, 종착지 또는 선적항을 관할하는 우체국장)과 국내에서의 우표류판매업무에 관한 계약을 체결한 자(이하 "국내판매인"이라 한다)

  2. 우정사업본부장과 국내에서의 우표류 수집 및 취미우표 등을 보급하는 업무(이하 "우취보급업무"라 한다)에 관한 계약을 체결한 자(이하 "국내보급인"이라 한다)

　3. 우정사업본부장과 해외에서의 우취보급업무에 관한 계약을 체결한 자(이하 "국외보급인"이라 한다)

② 삭제

제71조의2(국내판매인 등의 자격요건)

① 국내판매인이 되고자 하는 자는 다음 각 호의 요건을 갖추어야 한다.

　1. 우표류를 일반공중에게 판매하는 것을 목적으로 할 것

　2. 계약신청일 전 1년 이내에 제81조 제1항의 규정에 의한 계약해지를 받은 사실이 없을 것

　3. 삭제

② 제1항의 요건을 갖춘 자로서 「장애인복지법」 제2조의 규정에 의한 장애인 또는 65세 이상인 자가 국내
우표류판매업무계약을 신청하는 경우에는 우선적으로 계약할 수 있다.

③ 국내보급인은 우표문화의 향상과 우취보급업무를 목적으로 설립된 법인으로 한다.

④ 국외보급인은 다음 각 호의 1에 해당하는 자로 한다.

　1. 국외에 우표류 거래처를 100개소 이상 가진 자로서 국외에서 우표류 및 우표류를 소재로 한 작품을
연간 미합중국통화 5만 달러 이상 판매한 실적이 있는 자

　2. 국외에 지사를 5개소 이상 가진 수출업자로서 연간 미합중국통화 1천만 달러 이상 수출실적이 있는 자

　3. 우표문화의 향상과 우취보급업무를 위하여 우정사업본부장이 필요하다고 인정하는 법인 또는 단체

제72조~제76조 삭제

제76조의2(우표류의 정가판매 등)

① 우표류는 제76조의3의 규정에 의한 할인판매의 경우 외에는 정가로 판매하여야 한다.

② 우표류의 판매기관에서 판매한 우표류에 대하여는 환매 또는 교환의 청구를 할 수 없다. 다만, 다음 각
호의 1에 해당하는 경우에는 동일한 금액에 해당하는 우표류로 교환의 청구를 할 수 있다.

　1. 사용하지 아니한 우표류로서 더럽혀지거나 헐어 못쓰게 되지 아니한 경우

　2. 우편요금이 표시된 인영 외의 부분이 더럽혀지거나 헐어 못쓰게 되어 사용하지 아니한 우편엽서 및 항공
서간으로서 우정사업본부장이 고시하는 교환금액을 납부한 경우. 이 경우 헐어 못쓰게 된 경우에는 그
남은 부분이 3분의 2 이상이어야 한다.

③ 제2항 단서의 규정에 의하여 교환을 청구하고자 하는 자는 교환청구서에 교환하고자 하는 우표 · 우편엽서
또는 항공서간을 첨부하여 우체국에 제출하여야 한다.

제76조의3(우표류의 할인판매 등)

① 우체국은 별정우체국 · 우편취급국 및 판매인에게, 별정우체국은 우편취급국 및 국내판매인에게 우표류를
할인하여 판매할 수 있다.

② 제1항에 따른 우표류의 할인율은 다음 각 호의 범위에서 우정사업본부장이 정하여 고시한다.

　1. 별정우체국 · 우편취급국 · 국내판매인 및 국내보급인 : 월간 매수액의 100분의 15 이내

　2. 국외보급인 : 매수액의 100분의 50 이내

③ 제1항에 따라 할인하여 판매한 우표류는 다음 각 호의 어느 하나에 해당하는 우표류에 한하여 환매 또는
교환할 수 있다.

1. 판매를 폐지한 우표류

2. 판매에 부적합한 우표류

3. 고의 또는 과실에 의하지 아니하고 더럽혀 못쓰게 된 우표류

④ 우정사업본부장은 제3항에도 불구하고 우표류의 원활한 보급을 위하여 특히 필요하다고 인정하는 경우에는 국내보급인 또는 국외보급인이 할인매수한 우표류를 교환할 수 있다.

⑤ 판매인이 계약을 해지하거나 사망한 때에는 본인 또는 상속인은 그 잔여 우표류에 대하여 매수당시의 실제 매수가액으로 계약우체국(국내보급인 및 국외보급인의 경우에는 우표류를 매수한 우체국)에 그 환매를 청구할 수 있다.

제77조~제78조 삭제

제79조(별정우체국 등의 우표류판매장소)

별정우체국 및 우편취급국은 매수한 우표류를 각각 해당 별정우체국 및 우편취급국의 창구에서만 판매하여야 한다.

제80조(통신판매)

① 우정사업본부장은 우표류를 수집하는 자의 구입편의를 위하여 새로 발행하는 우표류를 통신판매할 수 있다.

② 수취인의 주소불명 등으로 배달할 수 없는 통신판매우표류는 법 제36조의 규정을 준용하여 처리한다.

제81조(우표류 판매업무계약의 해지)

① 계약우체국장은 국내판매인이 다음 각 호의 어느 하나에 해당하는 때에는 그 계약을 해지할 수 있다.

　　1. 제71조 제1항 제1호에 따른 계약을 위반한 경우

　　2. 제71조의2 제1항에 따른 자격요건에 미달하게 된 경우

　　3. 제76조의2 제1항에 따른 정가를 위반하여 우표류를 판매한 경우

② 우정사업본부장은 국내보급인 또는 국외보급인이 다음 각 호의 어느 하나에 해당하는 경우에는 그 계약을 해지할 수 있다.

　　1. 제71조 제1항 제2호 및 제3호에 따른 계약을 위반한 경우

　　2. 제71조의2 제3항 및 제4항에 따른 자격요건에 미달하게 된 경우

　　3. 제1항 제3호에 해당하는 경우

제82조(우표류의 관리 등)

① 우표류는 우정사업본부장이 지정하는 물품출납공무원 또는 물품운용관이 이를 관리한다.

② 제1항의 규정에 의한 물품출납공무원 또는 물품운용관이 관리하는 우표류를 망실한 때에는 그 정가에 해당하는 금액을, 더럽혀지거나 헐어 못쓰게 된 때에는 그 조제에 소요된 실비액을 변상하여야 한다.

③ 우표류의 출납·보관 기타 처분 등에 관하여 필요한 사항은 우정사업본부장이 정한다.

제82조의2(우표류의 기증 및 사용)

① 우정사업본부장은 국제협력의 증진과 정보통신사업의 발전 및 우표문화의 보급 등을 위하여 특히 필요하다고 인정하는 때에는 우표류 및 시험인쇄한 우표를 기증할 수 있다.

② 우표류는 그 조제를 위한 자료로 사용하거나 판매를 위한 견본으로 사용할 수 있다.

③ 제1항의 규정에 의한 우표류의 기증에 관하여 필요한 사항은 우정사업본부장이 정한다.

제2절 수수료

제83조(우편역무수수료의 부가)

제25조 제3항의 규정에 의하여 우편역무에 다른 우편역무를 부가한 경우에는 그 부가한 우편역무의 수수료를 가산하여 납부하여야 한다.

제84조(반환취급수수료)

① 영 제11조 제2호에 따라 등기우편물을 반환하는 경우에는 발송인으로부터 반환취급수수료를 징수한다. 다만, 배달증명우편물 · 특별송달우편물 · 민원우편물 및 회신우편물의 경우에는 그러하지 아니하다.
② 등기우편물의 반환 도중 반환취급수수료의 변동이 있는 경우에는 해당 등기우편물이 발송인의 주소지 배달우체국에 도착한 날을 기준으로 하여 이를 징수한다.
③ 제1항의 규정에도 불구하고 우체국과 발송인과의 사전계약에 따라 발송하는 소포우편물 및 계약등기우편물을 반환하는 경우에는 그 계약에서 정한 반환취급수수료를 징수한다.

제3절 우편요금 등의 감액

제85조(우편요금 등의 감액대상우편물)

법 제26조의2 제2항에 따라 법 제19조에 따른 요금 등(이하 "우편요금 등"이라 한다)을 감액할 수 있는 우편물의 종류 및 수량은 다음과 같다.

1. 통상우편물
    가. 「신문 등의 진흥에 관한 법률」 제2조 제1호에 따른 신문(그와 관련된 호외 · 부록 또는 증간을 포함한다)과 「잡지 등 정기간행물의 진흥에 관한 법률」 제2조 제1호 가목 · 나목 및 라목의 정기간행물(그와 관련된 호외 · 부록 또는 증간을 포함한다) 중 발행주기를 일간 · 주간 또는 월간으로 하여 월 1회 이상 정기적으로 발송하는 것으로서 중량과 규격이 같은 요금별납 또는 요금후납 일반우편물. 다만, 우정사업본부장이 공공성 · 최소발송부수 및 광고게재한도 등을 고려하여 고시하는 기준에 미달하는 것은 제외한다.
    나. 표지를 제외한 쪽수가 48쪽 이상인 책자의 형태로 인쇄 · 제본되어 발행인 · 출판사 또는 인쇄소의 명칭 중 어느 하나와 쪽수가 각각 표시되어 발행된 서적으로서 요금별납 또는 요금후납 일반우편물(상품의 선전 및 그에 관한 광고가 전지면의 10분의 1을 초과하는 것을 제외한다)
    다. 우편물의 종류와 중량 및 규격이 같은 우편물로서 우정사업본부장이 정하여 고시하는 수량(이하 "감액기준 수량"이라 한다) 이상 발송하는 요금별납 또는 요금후납 일반우편물
    라. 「비영리민간단체지원법」 제4조에 따라 등록된 비영리민간단체가 공익활동을 위하여 발송하는 요금별납 또는 요금후납 일반우편물
    마. 삭제
    바. 감액기준 수량 이상 발송하는 요금별납 또는 요금후납 등기우편물
    사. 상품의 광고에 관한 우편물로서 종류와 규격이 같고 감액기준 수량 이상 발송하는 요금별납 또는 요금후납 일반우편물

아. 영 제3조 제4호에 해당하는 상품안내서로서 중량과 규격이 같고, 감액기준 수량 이상 발송하는
　　요금후납 일반우편물

2. 소포우편물

　가. 우체국 창구에서 접수하는 우편물로서 감액기준 수량 이상 발송하는 일반 또는 등기 우편물

　나. 발송인을 방문하여 접수하는 우편물로서 감액기준 수량 이상 발송하는 등기우편물

　다. 삭제

제86조(우편요금 등의 감액요건)

① 제85조 제1호 가목에 해당하는 우편물에 대하여 우편요금의 감액을 받고자 하는 자는 우정사업본부장이 정하여 고시하는 바에 따라 우체국과 우편물정기발송계약을 체결하고 그 계약내용에 적합하도록 우편물을 제출하여야 한다.

② 제85조 제1호 나목 및 다목에 해당하는 우편물에 대하여 우편요금의 감액을 받고자 하는 자는 우정사업본부장이 정하여 고시하는 요건에 적합하도록 하여 지정된 우체국에 우편물을 제출하여야 한다.

③ 제85조 제1호 라목에 해당하는 우편물에 대하여 우편요금의 감액을 받고자 하는 자는 우정사업본부장이 정하여 고시하는 요건에 적합하도록 하여 비영리 민간단체 등록증 사본을 우체국에 제출하여야 한다.

④ 제85조 제1호 사목 또는 아목에 해당하는 우편물에 대하여 우편요금의 감액을 받고자 하는 자는 우정사업본부장이 정하여 고시하는 요건에 적합하도록 하여 지정된 우체국에 우편물을 제출하여야 한다.

⑤ 제85조 제1호 바목에 해당하는 우편물에 대하여 우편요금 등의 감액을 받고자 하는 자는 우편물접수목록을 작성하여 우편물과 함께 우체국에 제출하는 등 우정사업본부장이 정하여 고시하는 요건에 적합한 방법에 의하여야 한다.

⑥ 제85조 제2호 가목에 해당하는 우편물에 대한 우편요금 등의 감액요건은 우정사업본부장이 정하여 고시하며, 우편요금 등의 감액을 받고자 하는 자는 우정사업본부장이 정하여 고시하는 우체국에 우편물을 제출하여야 한다.

⑦ 제85조 제2호 나목에 해당하는 우편물에 대한 우편요금 등의 감액요건은 우정사업본부장이 정하여 고시한다.

⑧ 발송인이 제출한 우편물이 제1항부터 제7항까지의 규정에 따른 요건에 적합하지 아니하는 때에는 발송우체국장은 그 요건에 적합하도록 시정을 요구할 수 있으며 발송인이 이를 거절하는 때에는 우편물의 전부 또는 일부에 대하여 그 우편요금 등을 감액하지 아니할 수 있다.

제87조(우편요금 등의 감액의 범위)

① 제85조 제1호 가목 또는 나목에 해당하는 우편물로서 제86조 제1항 또는 제2항에 따른 요건을 갖춘 우편물에 대한 우편요금감액은 우정사업본부장이 정하여 고시한다.

② 제85조 제1호 다목 · 라목 또는 사목에 해당하는 우편물로서 각각 제86조 제2항부터 제4항까지의 규정에 따른 요건을 갖춘 우편물에 대한 우편요금감액률은 납부하여야 할 요금의 100분의 75의 범위 안에서 우정사업본부장이 정하여 고시한다.

③ 제85조 제1호 바목 또는 아목에 해당하는 우편물로서 제86조 제4항 또는 제5항에 따른 요건을 갖춘 우편물에 대한 우편요금감액은 우정사업본부장이 정하여 고시한다.

④ 제85조 제2호 가목에 해당하는 우편물로서 제86조 제6항에 따른 요건을 갖춘 우편물에 대한 우편요금 등의 감액률은 납부하여야 할 우편요금 등의 100분의 75의 범위 안에서 우정사업본부장이 정하여 고시한다.

⑤ 제85조 제2호 나목에 해당하는 우편물로서 제86조 제7항에 따른 요건을 갖춘 우편물에 대한 우편요금 등의 감액률은 우정사업본부장이 정하여 고시한다.

⑥ 제1항부터 제5항까지의 규정에 따른 우편요금 등의 감액의 계산에 있어서 10원 미만의 단수는 이를 계산하지 아니한다.

⑦ 감액할 우편요금이 이미 납부된 때에는 우체국장은 다음에 납부하여야 할 우편요금에서 이를 차감할 수 있다.

제3절의2 우편요금의 납부방법

제87조의2(우편요금의 납부방법)

① 법 제20조 제6호에서 "우편요금이 인쇄된 라벨 등 과학기술정보통신부령으로 정하는 납부방법"이란 우편요금의 납부 용도로 우편요금이 인쇄되어 있는 라벨로서 우편물에 부착하는 라벨(이하 "선납라벨"이라 한다)을 말한다.

② 선납라벨의 종류 및 취급방법은 우정사업본부장이 정한다.

제4절 우편요금 등 납부의 특례

제1관 삭제

제88조~제89조 삭제

제2관 우편요금표시기의 사용

제90조(우편요금표시기의 사용신청 등)

① 영 제26조 제1항의 규정에 의하여 우편요금표시기(이하 "표시기"라 한다)를 사용해 우편물을 발송하려는 자는 사전에 발송우체국장으로부터 인영번호를 부여받아 그 인영번호가 표시된 표시기와 다음 각 호의 사항을 기재 또는 첨부한 신청서를 발송우체국장에게 제출하여야 한다.

1. 표시기의 명칭·구조 및 조작방법
2. 표시기인영번호
3. 발송우체국명
4. 발송인의 성명·주소와 우편번호
5. 표시기인영의 견본 10매

② 제1항 제5호의 표시기인영 견본은 다음 각 호의 사항이 선명히 표시되어야 한다.

1. 우편요금 등
2. 발송우체국명
3. 발송연월일
4. 표시기인영번호

제91조(표시기의 사용)

표시기를 사용하는 자는 사용 시 발송우체국장의 지시사항을 지켜야 한다.

제92조(표시기사용우편물의 발송)

① 표시기사용우편물에는 그 발송인이 우편물 표면의 오른쪽 윗부분에 표시기로 인영을 선명히 표시하여야 한다.

② 표시기사용우편물을 발송하는 때에는 표시기별납우편물발송표(이하 "발송표"라 한다)에 다음 각 호의 사항을 기재하여 발송우체국에 제출하여야 한다.

  1. 표시기의 번호와 명칭

  2. 발송통수 및 요금(수수료를 포함한다. 이하 이 조에서 같다)

  3. 표시기의 전회요금표시액

  4. 표시기의 금회요금표시액

  5. 사용하지 아니한 인영증지 · 인영봉투 등의 매수와 합계금액

  6. 발송일자

  7. 발송인의 성명 · 주소

③ 표시기사용우편물의 발송인은 표시기사용우편물의 요금으로서 제2항 제3호 및 제4호의 표시액의 차액을 현금으로 납부하여야 한다. 다만, 잘못 표시되거나 기타 부득이한 사정으로 요금납부에 사용하지 아니한 인영증지 · 인영봉투 등이 있는 경우에는 그 표시된 금액을 납부할 요금에서 공제하여야 한다. 이 경우 사용하지 아니한 인영증지 · 인영봉투 등을 발송표에 첨부하여야 한다.

④ 표시기에 의하여 표시된 금액이 납부할 요금보다 부족한 때에는 그 부족액에 해당하는 우표를 붙여야 한다.

⑤ 표시기사용우편물에는 제4항의 우표를 소인하는 경우를 제외하고는 우편날짜도장을 찍지 않는다.

⑥ 제2항 및 제3항의 규정에도 불구하고 발송우체국에 정보통신망을 통하여 발송내역을 통보하고 요금을 별도로 납부하는 표시기를 이용하여 우편물을 발송하는 경우 그 발송조건 및 요금납부 등에 관한 사항은 우정사업본부장이 정하여 고시한다.

제93조(다량의 표시기사용우편물)

① 다량의 표시기사용우편물을 특수취급으로 하고자 할 때에는 발송우체국에서 교부하는 특수우편물수령증 및 그 원부에 발송인 및 수취인의 성명 · 주소와 기타 필요한 사항을 기재하여 제출하여야 한다.

② 발송우체국장은 다량의 표시기사용우편물의 발송인에게 그 취급장소를 따로 지정하거나 우편물의 종류별 · 지역별 또는 수취인 주소지의 우편번호별로 구분하여 발송하게 할 수 있다.

제93조의2(표시기 사용계약의 해지)

발송우체국장은 표시기의 사용자가 다음 각 호의 어느 하나에 해당하는 때에는 그 이용계약을 해지할 수 있다.

  1. 표시기를 부정하게 사용한 때

  2. 표시기의 인영을 위조 또는 변조하여 사용한 때

  3. 표시기의 인영을 분실하고 이를 즉시 통보하지 않은 때

  4. 우편요금 등의 납부를 게을리한 때

제3관 우편요금 수취인 부담

제94조(우편요금 등의 수취인 부담의 이용신청)

① 영 제29조 제1항 제1호에 따른 우편요금 등의 수취인 부담(이하 "요금수취인부담"이라 한다)의 이용신청, 우편물 표시 · 발송 등에 관한 사항은 우정사업본부장이 정하여 고시한다.

② 배달우체국장은 요금수취인부담과 관련된 우편요금 등의 변동이 생긴 경우에는 제98조의2 제2항에 따라 담보금액을 증감해야 한다.

③ 요금수취인부담우편물의 발송유효기간은 이용일부터 2년을 초과할 수 없다. 다만, 국가기관 · 지방자치단체 또는 공공기관의 경우에는 그러하지 아니하다.

제95조~제96조 삭제

제97조(요금수취인부담 이용계약의 해지)

① 배달우체국장은 요금수취인부담의 이용계약자가 다음 각 호의 1에 해당하는 때에는 그 이용계약을 해지할 수 있다.

  1. 제94조 제2항의 규정에 의한 통보를 게을리한 때

  2. 정당한 사유없이 요금수취인부담우편물의 수취를 거부한 때

  3. 수취인의 부재 기타 사유로 수취장소에 1월 이상 배달할 수 없을 때

  4. 2월 이상 요금수취인부담우편물을 이용하지 아니한 때

  5. 제102조 제1항 제2호의 규정에 해당되어 요금후납 이용계약을 해지한 때

② 요금수취인부담을 이용하는 자가 요금수취인부담 이용계약을 해지하고자 할 때에는 해지하기 15일 전까지 배달우체국에 해지통보를 하여야 한다.

③ 제1항 또는 제2항의 규정에 의한 요금수취인부담 이용계약의 해지이후 발송유효기간내에 발송된 우편물은 수취인에게 배달하여야 한다. 이 경우 수취인은 우편물의 수취를 거부할 수 없다.

④ 제3항의 규정에 의하여 요금수취인부담의 이용계약이 해지된 우편물을 수취인에게 배달한 경우에는 제98조의2 제1항의 규정에 의한 보증금에서 당해 우편물의 우편요금 등을 뺀 금액을 당해 우편물의 발송유효기간이 만료된 후 신청인에게 환급한다.

제4관 우편요금 후납

제98조(우편요금 등의 후납)

① 영 제30조에 따라 우편요금 등의 후납(이하 "요금후납"이라 한다)을 할 수 있는 우편물은 다음 각 호와 같다. 다만, 국가 또는 지방자치단체에서 발송하는 우편물은 발송우체국장이 그 후납조건을 따로 정할 수 있다.

  1. 동일인이 매월 100통 이상 발송하는 우편물

  2. 법 제32조에 따른 반환우편물 중 요금후납으로 발송한 등기우편물

  3. 삭제

  4. 제25조 제1항 제9호에 따른 팩스우편물

  5. 제25조 제1항 제12호의 규정에 의한 전자우편물

  6. 제90조의 규정에 의한 표시기사용우편물

7. 제94조의 규정에 의한 우편요금수취인부담의 우편물

8. 우체통에서 발견된 습득물 중 우편물에서 이탈된 것으로 인정되지 아니하는 주민등록증

② 제1항에 따라 요금후납을 하려는 자는 발송우체국장에게 요금후납신청서를 제출해야 한다.

③ 요금후납을 하는 자는 매월 이용한 우편물의 우편요금 등을 다음 달 20일까지 발송우체국에 납부해야 한다.
다만, 발송우체국장과 발송인과의 계약에 따라 접수하는 등기취급 소포우편물의 경우에는 다음 달 중에 그
계약서에 정한 날까지 납부할 수 있다.

④ 제1항부터 제3항까지에서 규정한 사항 외에 요금후납의 이용신청, 변경사항 통보, 우편물 표시 등 필요한
사항은 우정사업본부장이 정하여 고시한다.

⑤ 삭제

제98조의2(담보금의 제공)

① 요금후납을 하고자 하는 자는 그가 납부할 1월분 우편요금 등의 예상금액의 2배 이상에 해당하는 금액의
보증금을 납부하거나 우정사업본부장이 지정하는 이행보증보험증권 또는 지급보증서를 제공하여야 한다.
다만, 국가 · 지방자치단체 · 공공기관 · 「은행법」에 따른 은행 및 특별법에 의하여 설립된 공공기관과 우정사
업본부장이 정하여 고시하는 기준에 적합한 자에 대하여는 담보의 제공을 면제할 수 있다.

② 발송우체국장은 납부할 우편요금 등의 변동에 따라 제1항의 규정에 의한 담보금액을 증감할 수 있다.

제99조~제101조 삭제

제102조(요금후납 계약의 해지 등)

① 발송우체국장은 요금후납을 하는 자가 다음 각 호의 어느 하나에 해당한 때에는 그 계약을 해지할 수 있다.

1. 매월 100통 이상의 우편물을 발송할 것을 조건으로 우편요금 등을 후납하는 자가 발송하는 우편물이
계속하여 2월 이상 또는 최근 1년간 4월 이상 월 100통에 미달한 때

2. 제98조 제3항의 규정에 의한 우편요금 등의 납부를 최근 1년간 3회 이상 태만히 한 때

3. 제98조의2의 규정에 의한 담보금을 제공하지 않은 때

② 요금후납으로 우편물을 발송하는 자가 요금후납 계약을 해지하고자 할 때에는 이를 발송우체국에 통보하여
야 한다.

③ 제1항 및 제2항의 규정에 의하여 요금후납 계약을 해지하고자 할 때에는 그 납부하여야 할 우편요금 등을
즉시 납부하여야 한다.

제103조(담보금의 반환)

요금후납계약을 해지한 경우 제98조의2에 따른 담보금은 납부하여야 할 우편요금 등을 빼고 그 잔액을 되돌려
주어야 한다.

제5절 삭제

제104조 삭제

제105조(무료우편물의 발송)

① 법 제26조에 따른 무료우편물에는 발송인이 그 우편물 표면의 윗부분 오른쪽에 다음 각 호의 구분에 따라 표시하여야 한다.

　1. 법 제26조 제1호 및 제2호에 해당하는 우편물 : "우편사무"

　2. 법 제26조 제3호에 해당하는 우편물 : "구호우편"

　3. 법 제26조 제4호에 해당하는 우편물 : "시각장애인용우편"

　4. 법 제26조 제5호에 해당하는 우편물 : "전쟁포로우편"

② 무료우편물의 발송인 또는 수취인이 국가·지방자치단체 또는 공무원인 경우에는 그 기관명 또는 직위 및 성명을, 개인, 기관 또는 단체인 경우에는 그 성명, 기관명 또는 단체명 및 주소를 우편물의 외부에 기재하여야 한다.

③ 제1항 및 제2항을 위반한 우편물은 무료우편물로 취급하지 아니한다.

④ 법 제26조 제3호 및 제5호에 따른 무료우편물에 대해서는 우정사업본부장이 정하는 바에 따라 해당 발송기관의 장이 인정하는 것만 해당한다.

⑤ 제4항에 따른 무료우편물을 발송할 때에는 우편물의 종별 및 수량 등을 기재한 발송표를 발송우체국에 제출하여야 한다.

⑥ 무료우편물은 우정사업본부장이 특별히 정하는 것을 제외하고는 특수취급을 하지 아니한다.

⑦ 무료우편물의 발송에 관하여는 제100조 제3항 및 제4항을 준용한다. 이 경우 "요금후납우편물"을 "무료우편물"로 본다.

제106조 삭제

제4장 우편물의 송달

제1절 통칙

제107조(우편물의 발송)

① 특수취급이 아닌 통상우편물은 우체통(우정사업본부장이 설치한 무인우편물 접수기기를 포함한다)에 투입하여 발송하여야 한다. 다만, 우편물의 용적이 크거나 일시 다량발송으로 인하여 우체통(우정사업본부장이 설치한 무인우편물 접수기기를 포함한다)에 투입하기 곤란한 경우와 이 규칙에서 달리 정하는 경우에는 그러하지 아니하다.

② 소포우편물과 특수취급으로 할 통상우편물은 우체국 창구(우정사업본부장이 설치한 무인우편물 접수기기를 포함한다)에 이를 제출하여야 한다.

③ 제1항 및 제2항의 규정에 의하여 우편물을 발송하기 곤란한 특별한 사정이 있는 경우에는 우정사업본부장이 정하는 바에 따라 우편물 집배원에게 우편물의 발송을 의뢰할 수 있다.

제108조~제109조 삭제

제110조(우편물의 전송을 위한 주거이전 신고 등)

① 법 제31조의2 제1항에 따라 주거이전을 신고하려는 자는 별지 제1호 서식을 작성하여 우체국장에게 제출하여야 한다. 이 경우 우체국장은 다음 각 호의 서류를 확인하여야 한다.

  1. 신고인이 본인임을 증명할 수 있는 서류

  2. 주거이전을 증명할 수 있는 서류

  3. 대리인이 신고하는 경우에는 위임받은 사실을 증명할 수 있는 서류

② 법 제31조의2 제1항에 따라 주거이전을 신고한 자가 그 신고를 철회하려는 경우 또는 주거이전을 신고한 날부터 3개월이 지난 후에도 주거이전을 신고한 곳으로 도착하는 우편물을 받으려는 경우에는 별지 제1호 서식을 작성하여 우체국장에게 신고하여야 한다. 이 경우 우체국장은 다음 각 호의 서류를 확인하여야 한다.

  1. 신고인이 본인임을 증명할 수 있는 서류

  2. 대리인이 신고하는 경우에는 위임받은 사실을 증명할 수 있는 서류

③ 우체국장은 제1항에 따라 주거이전을 신고한 자가 동의하는 경우에는 「전자정부법」 제36조 제1항에 따라 행정정보의 공동이용을 통하여 주거이전을 증명할 수 있는 서류를 확인할 수 있다.

제111조(잘못 배달된 우편물의 반환 등)

① 잘못 배달된 우편물 또는 수취인이 주거를 이전한 우편물을 받은 자는 즉시 해당 우편물에 그 뜻을 기재한 쪽지를 붙여 우체통에 투입하거나 우체국에 돌려주어야 한다.

② 제1항의 경우 잘못하여 그 우편물을 개봉한 자는 다시 봉함한 후 그 사유를 쪽지에 적어 붙여야 한다.

제112조(우편물의 조사)

① 우체국장은 업무상의 필요에 의한 관계자료로서 우편물의 봉투·포장지 또는 수취한 엽서 등의 확인을 위하여 우편물 수취인에게 협조를 요청할 수 있다.

② 제1항의 규정에 의한 확인을 마친 경우에는 수취인에게 이를 반환하여야 한다.

제112조의2(반환 거절의 의사 및 반환의사의 표시방법)

① 법 제32조 제1항 제1호에 따라 반환 거절의 의사를 우편물에 기재하려는 자는 우편물 표면 좌측 중간에 "반환 불필요"라고 표시해야 한다.

② 법 제32조 제1항 제2호 본문에서 "과학기술정보통신부령으로 정하는 우편물"이란 통상우편물(취급과정을 기록취급하는 우편물은 제외한다)로서 다음 각 호에 해당하는 우편물을 말한다.

  1. 영 제25조 제1항에 따라 우편요금 등을 따로 납부하는 우편물

  2. 제98조 제1항 제1호에 따른 우편물

③ 법 제32조 제1항 제2호 단서에 따라 제2항에 따른 우편물에 반환의사를 기재하려는 자는 우편물 표면 좌측 중간에 "반환" 또는 "우편물 송달 불능 시 반환 필요"라고 표시해야 한다.

제112조의3(반환우편물의 처리)

법 제32조 제3항에 따라 우편물을 발송인에게 되돌려 보낼 때에는 수취인불명, 수취거부 등의 반환사유를 우편물의 표면에 기재하여야 한다.

제2절 사설우체통

제113조~제121조 삭제

제2절의2 보관교부

제121조의2(우체국보관 우편물의 보관기간)

영 제43조 제6호의 규정에 의한 우편물의 보관기간은 우편물이 도착한 다음 날부터 기산하여 10일로 한다. 다만, 교통이 불편하거나 그 밖의 사유로 인하여 수취인이 10일 이내에 우편물을 교부받을 수 없다고 인정될 때에는 20일의 범위 안에서 이를 연장할 수 있다.

제121조의3(보관교부지 우편물의 교부)

① 영 제43조 제7호에 따른 교통이 불편하여 통상의 방법으로 우편물 배달이 어려운 지역(이하 "보관교부지"라 한다)에 송달하는 우편물은 배달우체국에서 보관하고 수취인의 청구에 따라 내준다. 다만, 보관교부지에 거주하는 자가 미리 당해 배달우체국 관할구역 안의 일정한 곳을 지정하여 배달할 것을 신청한 때에는 그곳에 배달하여야 한다.

② 제1항에 따른 우편물의 보관기간은 우편물이 도착한 다음 날부터 기산하여 30일로 하고, 보관교부지는 관할 지방우정청장이 정하여 공고하여야 한다.

제121조의4(보관교부우편물의 기재사항변경 등)

① 제121조의2 및 제121조의3의 규정에 의하여 우체국에서 보관·교부할 우편물에 대하여는 수취인이 아직 교부받지 아니한 경우에 한하여 보관우체국을 변경하거나 배달장소를 지정하여 그곳에 배달하여 줄 것을 보관우체국장에게 청구할 수 있다.

② 제1항의 규정에 의한 보관우체국의 변경청구는 1회에 한한다.

③ 제121조의2 및 제121조의3 제2항에 따른 보관기간이 경과된 우편물은 발송인에게 되돌려 주어야 한다.

제3절 우편사서함

제122조(우편사서함 사용신청 등)

① 영 제46조 제2항에 따라 우편사서함(이하 "사서함"이라 한다)을 사용하려는 자는 별지 제2호 서식을 작성하여 사서함이 설치된 우체국의 우체국장에게 제출하여야 한다.

② 제1항의 신청을 받은 우체국장은 다음 각 호의 순위에 따라 우선적으로 사서함 사용계약을 할 수 있다.

  1. 국가기관 및 지방자치단체
  2. 일일배달 예정물량이 100통 이상인 다량 이용자
  3. 우편물배달 주소지가 사서함 설치 우체국의 관할구역인 경우

제122조의2(사서함의 사용)

① 사서함은 2인 이상이 공동으로 사용할 수 없다.

② 사서함 사용자는 계약우체국장이 정하는 기간 내에 사서함의 자물쇠 및 열쇠의 제작실비에 해당하는 금액을 납부하여야 한다.

③ 계약우체국장은 사서함을 관리함에 있어서 필요하다고 인정할 때에는 사서함 사용자(사용계약 신청 중에 있
는 자를 포함한다)의 주소 · 사무소 또는 사업소의 소재지를 확인할 수 있다.

제122조의3(사서함 사용자의 통보)

① 사서함 사용자는 다음 각 호의 어느 하나의 내용이 변경된 경우에는 지체 없이 별지 제2호 서식을 작성하여
계약우체국장에게 통보하여야 한다.

　1. 사서함 사용자의 성명 또는 주소 등

　2. 우편물의 대리수령인

② 사서함 사용자는 다음 각 호의 어느 하나에 해당하는 경우에는 지체 없이 별지 제2호 서식을 작성하여
계약우체국장에게 통보하여야 한다.

　1. 사서함이 훼손된 것을 발견한 경우

　2. 사서함의 열쇠를 잃어버린 경우

제123조(열쇠의 교부 등)

① 계약우체국장은 사서함의 사용자에게 그 번호를 통지하고 사서함의 개폐에 사용하는 열쇠 한 개를 교부한
다. 다만, 사용자의 요구가 있는 때에는 2개 이상을 교부할 수 있다.

② 사서함의 사용자는 제1항에도 불구하고 계약우체국장과 협의하여 사서함의 열쇠를 직접 제작하여 사용할
수 있다.

③ 제1항 단서의 규정에 의하여 2개 이상의 열쇠를 교부받고자 하는 자는 추가 개수의 열쇠제작실비를 납부하
여야 한다. 열쇠의 분실로 인한 추가교부의 경우에도 또한 같다.

제124조 삭제

제125조(사서함 앞 우편물의 배달)

① 사서함의 사용자가 공공기관 · 법인 기타 단체인 경우에 그 소속직원에게 배달할 우편물은 당해 사서함에 배
부할 수 있다.

② 사서함앞 우편물로서 등기우편물, 요금수취인부담우편물, 요금 등이 미납되거나 부족한 우편물 또는 용적이
크거나 수량이 많아 사서함에 넣을 수 없는 우편물은 이를 따로 보관하고, 우편물배달증용지 또는 우편물을
따로 보관하고 있다는 뜻을 기재한 표찰을 사서함에 넣어야 한다.

제126조 삭제

제126조의2(사서함 사용계약 해지 등)

① 계약우체국장은 사서함 사용자가 다음 각 호의 어느 하나에 해당하는 때에는 사서함의 사용계약을 해지할
수 있다.

　1. 사서함에 배달된 우편물을 정당한 사유없이 30일 이상 수령하지 아니한 때

　2. 최근 3월간 계속하여 사서함에 배달한 우편물의 통수가 월 30통에 미달한 때

　3. 우편관계법령의 규정에 위반한 때

　4. 공공의 질서 또는 선량한 풍속에 반하여 사서함을 이용한 때

② 제1항에 따라 계약이 해지된 사서함에 배달된 우편물은 그 해지통지를 한 날부터 10일 이내에 사서함을 사용하였던 자의 교부신청이 없는 때에는 발송인에게 이를 되돌려 주어야 한다.

③ 사서함 사용자가 사서함 사용계약을 해지하려는 경우에는 별지 제2호 서식에 그 해지예정일 및 계약을 해지한 후의 우편물 수취장소 등을 기재하여 해지예정일 10일 전까지 계약우체국장에게 통보하여야 한다.

제127조 삭제

제4절 우편수취함

제128조(개별 또는 공동수취함의 설치)

영 제43조 제4호의 규정에 의한 개별 또는 공동수취함(이하 "마을공동수취함"이라 한다)은 배달우체국장이 설치한다.

제129조(마을공동수취함 앞 우편물의 배달 등)

마을공동수취함 앞 우편물에 대한 배달 및 관리 등은 우정사업본부장이 정하는 바에 따라 배달우체국장과 마을공동수취함을 관리하는 자와의 계약에 의하여 이를 정한다.

제130조(마을공동수취함의 관리수수료)

우정사업본부장은 마을공동수취함의 관리인에게 예산의 범위안에서 배달소요시간을 기준으로 한 실비를 수수료로 지급하여야 한다.

제131조(고층건물우편수취함의 설치)

영 제50조 제1항의 규정에 의한 고층건물의 우편수취함(이하 "고층건물우편수취함"이라 한다)은 건물구조상 한 곳에 그 전부를 설치하기가 곤란한 경우에는 3층 이하의 위치에 3개소 이내로 분리하여 설치할 수 있다. 다만, 고층건물우편수취함 설치대상 건축물로서 그 1층 출입구, 관리사무실 또는 수위실 등(출입구 근처에 있는 것에 한한다)에 우편물 접수처가 있어 우편물을 배달할 수 있는 경우에는 고층건물우편수취함을 설치하지 아니할 수 있다.

제132조(고층건물우편수취함 등의 규격·구조 등)

영 제50조 제2항의 규정에 의한 고층건물우편수취함의 표준규격·재료·구조 및 표시사항은 우정사업본부장이 정하여 고시한다.

제133조(고층건물우편수취함의 관리·보수)

① 건축물의 관리책임자 또는 사용자는 설치된 고층건물우편수취함이 그 사용에 지장이 없도록 이를 관리하여야 한다.

② 고층건물우편수취함이 훼손된 경우 훼손된 날부터 15일 이내에 이를 보수하지 아니한 때에는 이를 우편수취함으로 보지 아니한다.

제134조(고층건물우편수취함에 넣을 수 없는 우편물의 배달)

① 다음 각 호의 어느 하나에 해당하는 경우에는 수취인에게 직접 배달해야 한다.

  1. 요금수취인부담우편물
  2. 양이 많거나 부피가 커서 고층건물우편수취함에 넣을 수 없는 우편물

② 제1항 각 호 외의 특수취급우편물은 수취인에게 직접 배달하는 것을 원칙으로 하되, 등기우편물은 영 제42조 제3항 단서에 따라 전자 잠금장치가 설치된 고층건물우편수취함에 넣을 수 있다.

제135조(고층건물 앞 우편물의 보관 및 반환)

① 영 제51조 제2항의 규정에 의하여 배달우체국에서 보관·교부할 우편물은 그 우편물이 배달우체국에 도착한 다음 날부터 10일간 이를 보관한다.

② 제1항에 따른 기간이 경과하여도 우편물의 수취청구가 없는 경우에는 발송인에게 이를 되돌려 준다.

제5장 손해배상 등

제135조의2(우편물의 손해배상금액 및 지연배달의 기준)

① 법 제38조 제1항 제1호 및 제2호에 따라 잃어버리거나 못쓰게 된 우편물의 손해배상금액은 다음과 같다.

1. 등기통상우편물 : 10만원

2. 준등기통상우편물 : 5만원

2의2. 선택등기통상우편물 : 10만원

3. 등기소포우편물 : 50만원

4. 민원우편물 : 표기금액

5. 보험취급우편물 : 신고가액

② 법 제38조 제1항 제3호의 규정에 의한 현금추심취급 우편물의 손해배상금액은 그 추심금액으로 한다.

③ 제1항 및 제2항의 경우에 실제 손해액이 손해배상금액보다 적을 때는 그 실제 손해액을 배상한다.

④ 법 제38조 제1항 제1호 및 제2호의 규정에 의하여 배상하는 지연배달의 기준 및 배상금액은 별표 5와 같다.

제136조(손해의 신고 등)

① 등기우편물의 배달(반환을 포함한다. 이하 같다)에 있어서 수취인 또는 발송인이 그 우편물에 손해가 있음을 주장하여 수취를 거부하고자 할 때에는 집배원 또는 배달우체국에 그 사유를 통보하여야 한다.

② 배달우체국장은 제1항에 따른 우편물이 외부에 파손의 흔적이 없고 중량에 차이가 없어 법 제40조에 해당한다고 인정하는 때에는 그 사유를 기재한 조서와 함께 수취를 거부한 자에게 우편물을 교부해야 하며, 그렇지 않다고 인정하는 때에는 수취를 거부한 다음 날부터 15일 이내에 기일을 정하여 수취를 거부한 자 또는 손해배상 청구권자의 출석을 요구하고 그 출석 하에 해당 우편물을 개봉하여 손해의 유무를 검사해야 한다.

③ 제2항의 규정에 의한 검사결과 우편물에 손해가 없다고 인정하는 때에는 그 사유를 기재한 조서와 함께 동 우편물을 교부하고, 손해가 있다고 인정하는 때에는 손해조서를 작성하여 제135조의2의 규정에 의한 손해배상금을 지급한다.

제137조(수취를 거부한 자가 출석하지 아니한 때의 처리)

제136조 제2항의 경우에 수취를 거부한 자 또는 손해배상청구권자가 지정기일에 출석하지 아니한 때에는 당해인에게 그 우편물을 배달하여야 한다.

제138조(손해배상청구의 취소)

우편물의 손해배상을 청구한 자가 그 청구를 취소한 때에는 우체국은 즉시 당해 우편물을 청구인에게 교부하여야 한다.

제139조(손해배상금의 반환통지)

손해를 배상한 우체국에서 법 제45조의 규정에 의한 통지를 하는 때에는 영 제53조의 규정에 의한 반환금액·반환방법 및 우편물의 청구방법을 명시하여야 한다.

제140조 삭제

제6장 서신송달업자 등의 관리

제141조(서신송달업자의 신고 등)

① 법 제45조의2 제1항에 따라 서신을 송달하는 업(이하 "서신송달업"이라 한다)을 신고하려는 자는 별지 제3호 서식의 서신송달업 신고서에 사업계획서(사업운영 및 시설에 관한 사항, 수입·지출계산서 등을 포함한다)를 첨부하여 관할 지방우정청장에게 제출하여야 한다.

② 제1항에 따라 신고를 받은 담당공무원은 「전자정부법」 제36조 제1항에 따른 행정정보의 공동이용을 통하여 다음 각 호의 서류를 확인하여야 한다. 다만, 신고를 한 자가 제2호의 확인에 동의하지 아니하는 경우에는 해당 서류를 첨부하도록 하여야 한다.

　1. 법인 등기사항증명서(신고를 한 자가 법인인 경우에 한정한다)

　2. 사업자등록증명(신고를 한 자가 개인사업자인 경우에 한정한다)

　3. 삭제

③ 서신송달업의 신고를 한 자의 상호, 소재지, 대표자 및 사업계획 등이 변경된 경우에는 별지 제3호 서식의 서신송달업 변경신고서에 그 변경사실을 증명할 수 있는 서류를 첨부하여 관할 지방우정청장에게 제출하여야 한다.

④ 관할 지방우정청장은 제1항과 제3항에 따른 신고를 받은 경우에는 별지 제4호 서식의 신고대장에 이를 기재하고 별지 제5호 서식의 신고필증을 교부하여야 한다.

제142조(휴업·폐업 등의 신고)

법 제45조의4에 따라 서신송달업자가 그 영업을 30일 이상 휴업 또는 폐업하거나 휴업 후 재개하려는 경우에는 별지 제6호 서식의 신고서를 지방우정청장(관할 지방우정청장 또는 그 밖의 지방우정청장 중 어느 한 지방우정청장을 말한다)에게 제출하여야 한다. 이 경우 관할 지방우정청장이 아닌 지방우정청장이 신고서를 제출받으면 이를 관할 지방우정청장에게 송부하여야 한다.

제143조(사업개선명령)

법 제45조의5에 따라 관할 지방우정청장은 서신송달업자가 다음 각 호의 어느 하나에 해당할 때에는 그 시정을 명할 수 있다.

　1. 법 제45조의2 제3항에 따른 변경신고를 하지 아니하는 경우

2. 화재 등으로 인하여 서신송달서비스의 제공에 지장이 발생하였음에도 보수 등 필요한 조치를 하지 아니하는 경우

3. 작업장의 보안 등이 상당히 취약하여 서신의 비밀침해 등으로 이용자의 권익을 현저히 해친다고 인정되는 경우

제144조(행정처분의 기준)

① 법 제45조의6 제2항에 따른 서신송달업자에 대한 처분의 기준은 별표 6과 같다.

② 관할 지방우정청장은 행정처분을 한 때에는 별지 제7호 서식의 행정처분기록대장에 그 내용을 기록하여야 한다.

제145조(규제의 재검토)

① 삭제

② 과학기술정보통신부장관은 제143조에 따른 사업개선명령에 대하여 2015년 1월 1일을 기준으로 5년마다 (매 5년이 되는 해의 1월 1일 전까지를 말한다) 그 타당성을 검토하여 개선 등의 조치를 해야 한다.

별표/서식

[별표 1] 보편적 우편역무의 특수취급 종류와 이에 따른 우편물(제12조의2 제2항 관련)

[별표 2] 보편적 우편역무에 부가할 수 있는 우편역무(제12조의2 제3항 관련)

[별표 3] 선택적 우편역무 종류에 따른 우편물(제25조 제2항 관련)

[별표 4] 선택적 우편역무에 부가할 수 있는 우편역무(제25조 제3항 관련)

[별표 5] 지연배달 기준 및 배상금액(제135조의2 제4항 관련)

[별표 6] 행정처분의 기준(제144조 제1항 관련)

■ 우편법 시행규칙 [별표 1] 〈개정 2021.7.1.〉

보편적 우편역무의 특수취급 종류와 이에 따른 우편물(제12조의2 제2항 관련)

특수취급 종류 \ 우편물	통상우편물	소포우편물
등기취급	○	○
준등기취급	○	
선택등기취급	○	
보험통상	○	
보험소포		○
내용증명	○	
배달증명	○	○
국내특급우편	○	○

특별송달	○	
민원우편	○	
우편물방문접수	○	○
착불배달	○	○
계약등기	○	
회신우편	○	
본인지정배달	○	
우편주소정보제공	○	
우편물의 반환정보제공	○	
선거우편	○	

■ **우편법 시행규칙 [별표 2] 〈개정 2021.7.1.〉**

<u>보편적 우편역무에 부가할 수 있는 우편역무</u>(제12조의2 제3항 관련)

구 분	등 기	준등기	선택등기	배달증명	국내특급우편	착불배달	회신우편	본인지정배달	우편주소정보제공
등기취급			○	○	○				○
보험통상	○			○	○				
보험소포	○			○	○				
내용증명	○			○	○				
배달증명	○		○		○				
국내특급우편	○		○	○					
특별송달	○				○				
민원우편	○				○				
우편물방문접수	○			○	○				
착불배달	○								
계약등기	○		○	○	○	○	○	○	○
선거우편	○	○							

※ 비고 : 선택등기역무를 부가한 배달증명 우편역무는 등기우편물의 배달방법으로 배달이 완료된 경우에 한정하여 배달 단계의 취급 과정을 기록하고 배달을 증명한다.

선택적 우편역무 종류에 따른 우편물(제25조 제2항 관련)

종 류 \ 우편물	통상우편물	소포우편물
등기취급	○	○
준등기취급	○	
선택등기취급	○	
보험통상	○	
보험소포		○
내용증명	○	
배달증명	○	○
국내특급우편	○	○
특별송달	○	
민원우편	○	
팩스우편	○	
우편주문판매		○
광고우편	○	
전자우편	○	
우편물방문접수	○	○
착불배달	○	○
계약등기	○	
회신우편	○	
본인지정배달	○	
우편주소정보제공	○	
우편물의 반환정보제공	○	
선거우편	○	
복지우편	○	○
국제우편연계서비스	○	○

■ 우편법 시행규칙 [별표 4] 〈개정 2025.8.18.〉

선택적 우편역무에 부가할 수 있는 우편역무(제25조 제3항 관련)

구 분	등 기	준등기	선택 등기	내용 증명	배달 증명	국내 특급 우편	착불 배달	회신 우편	본인 지정 배달	우편 주소 정보 제공
등기취급			○	○	○	○				○
보험통상	○				○	○				
보험소포	○				○	○				
내용증명	○				○	○				
배달증명	○		○			○				
국내특급우편	○		○		○					
특별송달	○					○				
민원우편	○					○				
우편주문판매	○				○	○				
전자우편	○	○	○	○	○	○				
우편물방문접수	○				○	○				
착불배달	○									
계약등기	○		○		○	○	○	○	○	○
선거우편	○	○								
복지우편	○		○						○	
국제우편연계서비스	○	○								

■ 우편법 시행규칙 [별표 5] 〈개정 2014.12.4.〉

지연배달 기준 및 배상금액(제135조의2 제4항 관련)

구 분			지연배달 기준	배상금액
통상 우편물	등기취급		송달기준보다 2일 이상 지연배달	우편요금 및 등기취급 수수료
	국내 특급 우편	당일 배달	다음 날 0시~20시 전까지 배달	국내특급수수료
			다음 날 20시 이후 배달	우편요금 및 국내특급수수료
		다음 날 배달	송달기준보다 2일 이상 지연배달	우편요금 및 국내특급수수료
소포 우편물	등기취급		송달기준보다 2일 이상 지연배달	우편요금 및 등기취급 수수료
	국내 특급 우편	당일 배달	다음 날 0시~20시 전까지 배달	국내특급수수료
			다음 날 20시 이후 배달	우편요금 및 국내특급수수료

※ 비고

다음 각 호의 어느 하나에 해당하는 경우에는 지연배달의 예외로 한다.

1. 설이나 추석 등에 우편물이 대량으로 늘어나 지연배달 되는 경우
2. 우편번호를 잘못 기재하거나 수취인이 부재 중인 경우 등 발송인 또는 수취인의 귀책사유로 인하여 지연배달 되는 경우
3. 천재지변 등 불가항력으로 인하여 지연배달 되는 경우

행정처분의 기준(제144조 제1항 관련)

1. 일반기준

    가. 위반행위의 횟수에 따른 행정처분의 기준은 최근 1년간 같은 위반행위로 처분을 받은 경우에 적용한다. 이 경우 위반행위에 대하여 행정처분을 한 날과 다시 같은 위반행위를 적발한 날을 각각 기준으로 하여 위반횟수를 계산한다.

    나. 위반행위가 둘 이상인 경우에는 그 중 중한 처분기준을 적용한다. 다만, 처분기준이 동일한 영업정지인 경우에는 각각의 처분기준을 합산한 기간을 넘지 않는 범위에서 중한 처분기준의 2분의 1까지 가중할 수 있으며, 가중하는 경우에도 총 영업정지 기간은 6개월을 초과할 수 없다.

    다. 처분권자는 다음의 어느 하나에 해당하는 경우에는 처분기준의 2분의 1까지 감경할 수 있다. 다만, 처분기준이 영업소 폐쇄인 경우는 제외한다.

        1) 위반행위가 고의나 중대한 과실이 아닌 사소한 부주의나 오류로 인한 것으로 인정되는 경우

        2) 위반행위자가 해당 위반행위를 처음 한 경우로서, 지난 3년 이상 서신송달업을 모범적으로 운영해온 사실이 인정되는 경우

        3) 그 밖에 위반행위의 동기, 방법 및 결과 등을 고려하여 처분을 감경할 필요가 있다고 인정되는 경우

2. 개별기준

위반행위	근거법조문	행정처분기준		
		1차 위반	2차 위반	3차 이상 위반
가. 거짓으로 작성된 사업신고서를 제출한 경우	법 제45조의6 제1호	영업소 폐쇄	–	–
나. 법 제2조 제3항의 중량 및 요금 기준을 위반하여 서신을 취급한 경우	법 제45조의6 제2호	영업정지 1개월	영업정지 3개월	영업정지 6개월
다. 법 제45조의3 제2항을 위반하여 타인에게 자기의 성명 또는 상호를 사용하여 서신송달업을 경영하게 한 경우	법 제45조의6 제3호	영업정지 1개월	영업정지 3개월	영업정지 6개월
라. 법 제45조의5의 사업개선명령에 따르지 않은 경우	법 제45조의6 제4호	경고	영업정지 1개월	영업정지 3개월
마. 사업정지명령을 위반하여 사업정지기간에 사업을 경영한 경우	법 제45조의6 제5호	영업소 폐쇄	–	–

국제우편규정

[시행 2021.1.5] [대통령령 제31380호, 2021.1.5., 타법개정]

제1장 총칙

제1조(목적)

이 영은 우편에 관한 국제조약에 따라 우리나라와 외국 간에 교환하는 우편물의 이용 및 취급에 필요한 사항을 규정함을 목적으로 한다.

제2조(다른 법령과의 관계)

우리나라에서 외국으로 발송하는 우편물(이하 "발송우편물"이라 한다) 및 외국으로부터 우리나라에 도착한 우편물(이하 "도착우편물"이라 한다)의 취급에 관하여 우편에 관한 국제조약(이하 "협약"이라 한다)과 이 영에서 정한 것을 제외하고는 국내우편에 관한 법령에서 정하는 바에 따른다.

제2장 국제우편물의 종류 및 취급대상

제3조(국제우편물의 종류)

① 우리나라와 외국 간에 교환하는 우편물(이하 "국제우편물"이라 한다)의 종류는 다음 각 호와 같다.

  1. 통상우편물
  2. 소포우편물
  3. 특급우편물
  4. 그 밖에 과학기술정보통신부장관이 필요하다고 인정하여 고시하는 우편물

② 제1항 제4호에 따른 우편물의 이용조건 및 취급절차 등에 관하여 필요한 사항은 과학기술정보통신부장관이 정하여 고시한다.

제4조(통상우편물의 취급대상)

① 통상우편물은 서류우편물과 비서류우편물로 구분한다.

② 서류우편물의 취급대상은 다음 각 호와 같다.

  1. 「우편법」 제1조의2 제7호에 따른 서신
  2. 시각장애인을 위한 우편물
  3. 여러 개의 동일한 사본으로 생산된 인쇄물
  4. 하나의 주소지의 같은 수취인을 위한 신문, 정기간행물, 서적 및 상품안내서 등이 담긴 특별우편자루로서 30킬로그램 이하인 것

5. 우편엽서

6. 항공서간(航空書簡)

③ 비서류우편물의 취급대상은 제2항 각 호의 우편물을 제외한 2킬로그램 이하의 물품(이하 "소형포장물"이라 한다)으로 한다.

제5조(우편엽서와 항공서간)

① 우편엽서와 항공서간은 정부가 발행하는 것과 정부 외의 자가 제조하는 것으로 구분한다.

② 정부가 발행하는 우편엽서와 항공서간에는 우편요금을 표시하는 증표를 인쇄할 수 있다.

③ 정부가 발행하는 우편엽서와 항공서간은 원형을 변경하여 사용할 수 없다.

④ 정부 외의 자가 제조하는 우편엽서와 항공서간은 제15조 제1항에 따라 과학기술정보통신부장관이 고시한 우편물의 규격에 적합하여야 한다.

⑤ 정부 외의 자가 제조하는 우편엽서와 항공서간에는 우편요금을 표시하는 증표를 인쇄할 수 없다.

⑥ 제4항을 위반하여 제조된 우편엽서와 항공서간은 제4조 제2항 제1호에 따른 서신으로 본다.

제6조(소포우편물의 취급대상)

소포우편물의 취급대상은 제4조에 따른 통상우편물을 제외한 물품으로 한다.

제7조(특급우편물의 취급대상)

① 특급우편물의 취급대상은 빠르게 해외로 배송하여야 하는 서류 및 물품으로 하며, 기록취급을 원칙으로 한다.

② 제1항에 따른 특급우편물의 이용조건 및 취급절차 등에 관하여 필요한 사항은 과학기술정보통신부장관이 정하여 고시한다.

제8조(국제우편물의 부가취급)

국제우편물에 대한 부가취급의 종류는 다음 각 호와 같다.

1. 등기(통상우편물만 해당한다)

2. 배달통지

3. 보험취급

4. 그 밖에 국제적으로 시행되고 있는 업무 중 과학기술정보통신부장관이 정하여 고시하는 업무

제3장 요금

제9조(국제우편요금 등)

① 국제우편요금 및 국제우편 이용에 관한 수수료(이하 "국제우편요금 등"이라 한다)는 협약에서 정한 범위에서 과학기술정보통신부장관이 정하여 고시한다.

② 제8조에 따른 부가취급에 관한 국제우편요금 등에 대하여 협약에서 정하지 아니한 사항은 과학기술정보통신부장관이 정하여 고시한다.

제10조(국제우편요금 등의 납부)

국제우편요금 등은 다음 각 호의 어느 하나에 해당하는 방법으로 납부할 수 있다.

1. 현금
2. 우표
3. 우편요금을 표시하는 증표
4. 「여신전문금융업법」에 따른 신용카드 · 직불카드 · 선불카드(이하 "신용카드 등"이라 한다)
5. 정보통신망을 이용한 전자화폐 또는 전자결제

제11조(국제우편요금 등의 별납 또는 후납)

① 발송우편물은 국내우편물 취급의 예에 따라 국제우편요금 등을 별납 또는 후납할 수 있다.

② 국제우편요금 등의 별납 및 후납의 표시와 취급우체국 등에 관한 사항은 과학기술정보통신부장관이 정하여 고시한다.

제12조(국제우편요금 등의 감액)

① 국제우편요금 등은 일부를 감액할 수 있다.

② 제1항에 따라 국제우편요금 등을 감액할 수 있는 우편물의 종류 · 수량 · 취급요건 · 감액범위 등에 관한 사항은 협약에서 정한 범위에서 과학기술정보통신부장관이 정하여 고시한다.

제13조(국제회신우표권)

① 외국에서 판매한 국제회신우표권은 국내우체국에서 제9조 제1항에 따라 고시된 요금에 해당하는 우표류와 교환한다.

② 우리나라에서 판매한 국제회신우표권은 국내우체국에서 교환할 수 없다.

제4장 발송

제14조(국제우편물의 발송)

① 다음 각 호의 어느 하나에 해당하는 국제우편물을 발송하려는 경우에는 우체국에 직접 접수해야 한다. 다만, 제1호와 제8호에 해당하는 우편물은 발송인의 요청에 따라 발송인을 방문하여 접수할 수 있다.

1. 소포우편물 및 특급우편물
2. 제8조에 따른 부가취급이 필요한 우편물
3. 소형포장물
4. 통관을 하여야 하는 물품이 들어 있는 우편물
5. 제11조에 따라 국제우편요금 등을 별납 또는 후납하는 우편물
6. 항공으로 취급하는 시각장애인을 위한 우편물
7. 협약 및 제12조에 따른 우편요금 감면대상 우편물
8. 제3조 제1항 제4호에 따른 우편물

② 제1항 각 호의 우편물 외의 국제우편물을 발송하려는 경우에는 우체통에 투입할 수 있다.

제15조(우편물의 규격·포장 및 외부기재사항 등)

① 제14조에 따라 국제우편물을 발송하려는 자는 과학기술정보통신부장관이 정하여 고시하는 발송우편물의 규격·포장에 관한 사항 및 외부기재사항을 준수하여야 한다.

② 과학기술정보통신부장관은 협약 및 제1항에 따라 고시한 기준에 맞지 아니하는 우편물에 대해서는 발송인에게 보완하여 제출하게 하거나 우편물로서의 취급을 거절할 수 있다.

③ 발송인의 포장부실로 인하여 우편물의 송달과정에서 발생한 내용물의 파손·탈락 또는 다른 우편물의 파손, 그 밖의 모든 손해에 대해서는 발송인이 책임을 진다.

제16조(첨부물의 중량)

발송우편물에 붙인 부가표시물 및 서류의 중량은 그 우편물의 중량에 포함하여 계산한다. 다만, 우표, 운송장 및 통관을 위하여 붙인 서류의 중량은 포함하지 아니한다.

제17조(우편물의 접수증 등)

① 기록취급 우편물을 발송하는 경우 발송인은 그 우편물의 접수증 또는 운송장 사본과 영수증을 교부받을 수 있으며, 발송일의 다음 날부터 1년 이내에 우편물을 접수한 우체국에 우편물의 접수증 또는 운송장 등본의 교부를 신청할 수 있다.

② 우편물을 발송한 후에 제1항에 따라 우편물의 접수증 또는 운송장 등본의 교부를 신청하는 경우에는 그 우편물의 영수증을 제시하여야 하며, 영수증을 제시할 수 없을 때에는 그 발송 사실을 소명하여야 한다.

③ 다량의 기록취급 우편물을 발송하는 자에게는 미리 잇따라 적는 방식으로 된 우편물 접수증 용지를 작성하도록 하고 우편물과 함께 제출하게 할 수 있다.

④ 인터넷 등 전자적 방법으로 접수한 우편물의 접수증은 전자적 방법으로 교부할 수 있다.

제18조(발송우편물의 외부기재사항 변경 또는 반환청구 등)

국제우편물의 발송인은 그 우편물의 외부기재사항의 변경·정정 또는 우편물의 반환을 우체국에 청구할 수 있다. 이 경우 제9조 제1항에 따라 고시된 국제우편요금 등을 납부하여야 한다.

제19조(국제우편요금 등이 미납된 발송우편물의 처리)

① 국제우편요금 등의 전부 또는 일부가 납부되지 아니한 발송우편물에 대해서는 우편물을 접수한 우체국장이 그 납부되지 아니한 국제우편요금 등(이하 "미납요금"이라 한다)을 발송인에게 통지하고, 발송인으로부터 미납요금을 징수한 후 발송한다.

② 발송인의 주소·성명이 명확하지 아니하거나 그 밖의 사유로 미납요금을 징수할 수 없는 경우에는 우편물 표면의 윗부분에 미납요금이 있는 우편물임을 표시하는 문자인 T(이하 "T"라 한다) 및 미납요금을 기재하여 발송한다.

제20조(발송상대국의 우편업무 일시정지)

발송상대국의 우편업무 일시정지로 인하여 발송할 수 없는 우편물은 그 상대국의 우편업무가 재개되면 지체 없이 발송하여야 한다.

제21조(국제우편금지물품)

① 과학기술정보통신부장관은 음란물, 폭발물, 총기·도검, 마약류 및 독극물 등 우편으로 취급하는 것이 부적절하다고 인정되는 물품(이하 "우편금지물품"이라 한다)을 정하여 고시하여야 한다.

② 과학기술정보통신부장관은 제1항에 따라 고시된 물품에 대해서는 우편물로서의 취급을 거절할 수 있다.

제22조(예외적으로 허용되는 위험물질)

① 제21조에도 불구하고 협약에서 예외적으로 허용한 위험물질은 우편물로서 취급할 수 있다.

② 제1항에 따른 우편물의 이용조건과 취급절차는 과학기술정보통신부장관이 정하여 고시한다.

제5장 배달

제23조(도착우편물의 배달)

① 도착우편물의 배달에 관하여는 협약과 이 영에서 정한 것을 제외하고는 국내우편 배달의 예에 따른다. 다만, 보관교부 우편물의 보관기간은 30일로 한다.

② 협약에서 정한 규격을 위반한 우편물이나 우편금지물품이 들어있는 우편물이 외국에서 접수되어 우리나라에 도착하였으나 해당 우편물에 대하여 다른 법령에 압수 또는 반송에 관한 처리규정이 없는 경우에는 이를 수취인에게 배달할 수 있다.

제24조(통관우편물의 배달)

① 통관절차를 거쳐야 하는 국제우편물은 통관우체국에 보관하고 통관우체국장은 국제우편물의 통관 안내서(이하 "안내서"라 한다)를 수취인에게 송달할 수 있다.

② 제1항에 따라 안내서를 송달받은 수취인은 제25조에 따른 보관기간 내에 부과된 세금 및 통관절차 대행 수수료를 납부하고 해당 우편물을 수령하여야 한다.

제25조(보관기간)

도착우편물의 보관기간은 통관우체국장이 안내서를 발송한 날의 다음 날부터 15일간으로 한다. 다만, 통관절차나 그 밖의 부득이한 사유로 수취인의 청구가 있거나 통관우체국장이 필요하다고 인정할 때에는 45일의 범위에서 연장할 수 있다.

제26조(국제우편요금 등이 미납된 도착우편물의 배달)

T 표시가 있는 도착우편물은 미납요금을 우리나라 통화로 환산하여 수취인으로부터 징수한 후 배달한다.

제27조(국제우편물의 전송)

도착우편물의 국내 간 전송에 관하여는 발송인이 이를 금지한 경우를 제외하고 국내우편물 전송의 예에 따른다.

제28조(종추적배달우편물의 배달)

종추적배달우편물(우편물의 접수에서 배달까지의 취급과정을 기록하나 서명 또는 기명날인을 받지 아니하고 배달하는 우편물을 말한다)을 배달할 때에는 국내 등기우편물 배달의 예에 따르되, 수령하는 사람의 서명 또는 기명날인은 생략한다.

제29조(배달통지서에의 서명·기명날인)

① 배달통지 청구가 있는 도착우편물을 수령하는 사람은 배달통지서에 서명 또는 기명날인을 하여야 한다.

② 부득이한 사유로 제1항에 따른 서명 또는 기명날인을 받지 못한 경우에는 우편물을 배달한 우체국장이 그 배달 사실을 증명하여야 한다.

제30조(국제우편물의 탈락물 및 수취 포기 우편물 등의 처리)

① 수취인을 확인할 수 없는 국제우편물의 탈락물은 다음 각 호의 방법에 따라 처리한다.

　　1. 탈락물을 발견한 우체국장은 우체국 내의 공중이 보기 쉬운 장소나 게시판에 그 내용을 1개월간 게시하고 보관한다.

　　2. 제1호의 게시기간 내에 정당한 권리자의 교부청구가 없는 경우에는 「우편법」 제36조 제2항 및 제3항에 따른 절차를 준용하여 처리한다.

② 통관 대상인 도착우편물로서 수취인이 그 우편물의 전부(반송 또는 전송할 수 없는 것으로 한정한다) 또는 일부의 수취를 포기한 경우에는 「우편법」 제36조에 따른 절차를 준용하여 처리한다.

③ 외국으로부터 반송된 우편물은 다음 각 호의 어느 하나에 해당하는 방법에 따라 처리한다.

　　1. 통상우편물을 발송인에게 배달하는 경우에는 제23조 제1항 본문 및 같은 조 제2항을 준용한다. 다만, 등기의 경우에는 국내 등기취급 수수료에 해당하는 금액을 징수한 후 배달한다.

　　2. 소포우편물은 반송료 및 그 밖의 요금을 징수한 후 발송인에게 배달한다.

　　3. 발송인의 주소불명이나 그 밖의 부득이한 사유로 반송할 수 없는 우편물과 내용품의 파손·변질 등의 사유로 발송인이 수취를 거절하는 우편물은 「우편법」 제36조에 따른 절차를 준용하여 처리한다.

제6장 통관

제31조(국제우편물의 통관)

① 제4조 제2항 제1호, 제5호 및 제6호에 따른 우편물을 제외한 국제우편물은 통관하여야 한다. 다만, 통관우체국장 또는 세관장이 필요하다고 인정하는 경우에는 제4조 제2항 제1호, 제5호 및 제6호에 따른 우편물도 통관할 수 있다.

② 제1항에 따른 통관절차에는 우체국 직원 또는 우체국의 위탁을 받은 업체의 직원이 참관해야 한다.

③ 통관우체국장은 특히 필요하다고 인정될 때에만 우편물의 수취인을 통관절차에 참관하게 할 수 있다.

④ 수취인에게 책임이 있는 사유로 제25조에 따른 보관기간 내에 통관절차를 끝내지 못한 도착우편물은 배달할 수 없는 우편물에 준하여 처리한다.

제32조(통관절차 대행수수료의 납부)

① 통관한 우편물의 수취인은 제10조 제1호·제4호 또는 제5호의 방법 중 하나로 통관절차 대행수수료를 납부하여야 한다.

② 다음 각 호의 어느 하나에 해당하는 국제우편물에 대해서는 통관절차 대행수수료의 납부를 면제한다.

　　1. 전쟁포로 및 전쟁으로 인하여 억류된 민간인이 발송한 우편물

　　2. 시각장애인을 위한 우편물

3. 주한외교공관 및 그 공관에 근무하는 외교관과 이에 준하는 대우를 받는 국제기관 및 그 기관의 직원을 수취인으로 지정한 우편물

4. 국가원수를 수취인으로 지정한 우편물

5. 과학기술정보통신부장관이 인정하는 우편업무와 관련된 우편물 등

6. 그 밖에 관세가 부과되지 아니하는 우편물

제33조(관세에 대한 불복의 신청에 따른 조치)

① 세관장에게 「관세법」에 따른 이의신청·심사청구 또는 심판청구를 한 도착우편물의 수취인이 우편물의 반송 또는 관련 처분의 보류를 희망하는 경우에는 지체 없이 그 뜻을 통관우체국장에게 통지하여야 한다.

② 「관세법」에 따라 이의신청·심사청구 또는 심판청구를 한 날부터 결정일까지의 기간과 그 결정통지에 걸리는 기간(결정일부터 5일간을 말한다)은 제25조에 따른 보관기간에 산입하지 아니한다.

제34조(재수출면세 또는 보세구역으로의 이송신청에 따른 조치)

① 도착우편물의 재수출면세 또는 보세구역으로의 이송을 세관장에게 신청한 도착우편물의 수취인은 그 사실을 통관우체국장에게 통지하여야 한다.

② 제1항의 경우 제33조 제2항을 준용한다.

제7장 책임

제35조(행방조사의 청구)

발송우편물 또는 도착우편물에 대하여 발송인 또는 수취인은 그 우편물을 발송한 다음 날부터 6개월 이내에 행방조사 청구를 할 수 있다. 다만, 특급우편물에 대한 행방조사 청구는 4개월 이내에 하여야 한다.

제36조(국제우편요금 등의 반환)

① 발송인은 다음 각 호의 어느 하나에 해당하는 국제우편요금 등에 대하여 과학기술정보통신부장관에게 반환을 청구할 수 있다.

1. 우편관서의 과실로 과다징수한 경우 : 과다징수한 국제우편요금 등

2. 부가취급 국제우편물의 국제우편요금 등을 받은 후 우편관서의 과실로 부가취급을 하지 아니한 경우 : 부가취급 수수료

3. 항공서간을 선편으로 발송한 경우 : 항공서간 요금과 해당 지역의 선편 보통서신 최저요금의 차액

4. 등기우편물·소포우편물 또는 보험취급된 등기우편물·소포우편물의 분실·전부도난 또는 완전파손 등의 경우 : 납부한 국제우편요금 등. 다만, 등기·보험취급 수수료는 제외한다.

5. 특급우편물 또는 보험취급된 특급우편물의 분실·도난 또는 파손 등의 경우 : 납부한 국제우편요금 등. 다만, 보험취급 수수료는 제외한다.

6. 행방조사청구에 따른 조사결과 우편물의 분실 등이 우편관서의 과실로 발생하였음이 확인된 경우 : 행방조사청구료

7. 수취인의 주소·성명이 정확하게 기재된 우편물을 우편관서의 과실로 발송인에게 반환한 경우 : 납부한 국제우편요금 등

8. 외국으로 발송하는 부가취급되지 아니한 통상우편물이 우편관서의 취급과정에서 파손된 경우 : 납부한 국제우편요금 등

② 국제우편요금 등을 완납한 발송우편물이 다른 법령에 따른 수출금지 대상이거나 그 밖의 부득이한 사유로 발송인에게 반환된 경우에는 발송인의 청구에 따라 완납한 국제우편요금 등에서 해당 우편물의 반환에 따른 국내우편요금 및 수수료를 공제한 금액을 반환한다. 다만, 발송인의 고의 또는 중대한 과실이 있다고 인정되는 경우에는 반환하지 아니한다.

③ 제1항 및 제2항에 따라 반환하는 국제우편요금 등은 현금으로 지급할 수 있다. 다만, 발송인이 국제우편요금 등을 제10조 제4호에 따라 신용카드 등으로 납부한 경우에는 카드거래 취소로 대신할 수 있다.

④ 국제우편요금 등의 반환청구는 발송한 다음 날부터 1년 이내에 하여야 한다.

⑤ 다른 법령 또는 상대국의 규정에 따라 압수되는 등의 사유로 반환되지 아니하는 우편물에 대한 국제우편요금 등은 반환하지 아니한다.

제2과목

예금일반

※ 출처 : 제2과목 예금일반은 2025년 11월 14일에 우정사업본부(https://www.koreapost.go.kr/) 시험자료에 기재된 『26년 예금일반 학습교재』를 참고하였습니다.

PART 01

금융 개론

CHAPTER 01   금융경제 일반

CHAPTER 02   금융회사와 금융상품

CHAPTER 03   저축과 금융투자에 대한 이해

CHAPTER 04   우체국금융 일반현황

금융경제 일반

1 국민 경제의 순환과 금융의 연결

(1) 경제

① 인간의 생활에 필요한 재화나 용역을 생산·분배·소비하는 모든 활동 또는 그것을 통하여 이루어지는 사회적 관계를 말한다.

② 경제는 인간이 물질생활을 유지하기 위한 활동을 의미하며, 그러한 물질적인 활동에는 활동의 주체(경제주체)가 존재하고 활동 주체에 의한 일정한 흐름의 현상(순환)이 나타난다.

(2) 경제주체(Economic Subjects)

경제활동을 하는 경제주체는 가계(household sector), 기업(corporation sector), 정부(government sector), 해외(foreign sector)로 분류할 수 있다.

① 가계 : 생산요소의 공급 주체로서 생산요소인 노동, 자본, 토지를 제공하며, 그 결과로 얻은 소득을 소비하거나 저축한다.

② 기업 : 생산의 주체로서 노동, 자본, 토지라는 생산요소를 투입하여 재화와 용역(서비스)을 생산하며, 그 결과로 창출한 생산량이 투입량을 초과하면 이윤(profit)을 얻는다.

③ 정부 : 규율(regulation)과 정책(policy)의 주체로서 가계와 기업이 경제행위를 하는 방식을 규율하고 정책을 수립·집행하며 그에 필요한 자금을 세금 등으로 징수하거나 지출한다.

④ 해외 : 국외자로서 국내 부문의 과부족을 수출입을 통하여 해결해 준다.

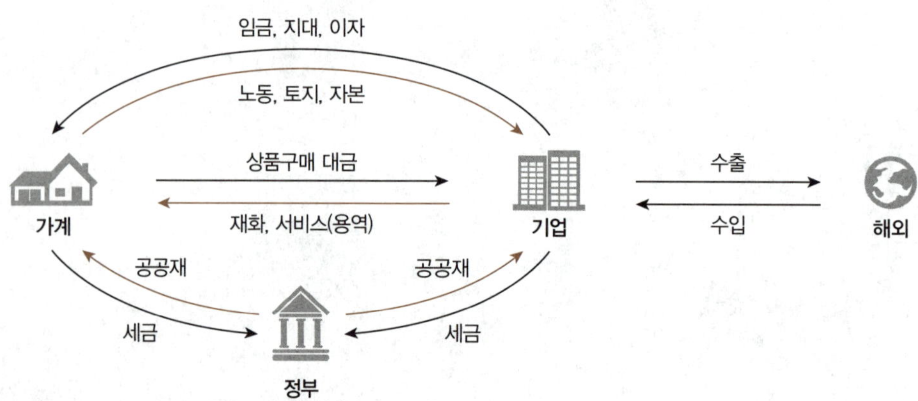

(3) 생산(Production)

① 기업은 생산을 위해 생산요소를 투입한다.

② 생산요소

   ⊙ 생산과정에 투입되는 생산요소(factors of production)는 인적 요소(예 노동)와 물적 요소(예 토지, 자본)로 나눌 수 있다.

   ⓒ 생산요소는 어느 생산과정에 투입된 후에도 소멸되지 않고 다음 회차의 생산과정에 다시 재투입될 수 있다는 점에서(비소멸성), 원재료(raw material)나 중간재(intermediate goods)와는 다르다.

   ⓒ 노동(labor)이나 토지(land)는 원래 존재하던 생산요소이며, 재생산된 것이 아니라는 측면에서 본원적 생산요소(primary sector)이다.

   ⓔ 자본(capital)은 생산과정에서 생산된 산출물 중에서 소비되지 않고 다시 생산과정에 투입되어 부가가치를 생산하는 생산요소로서의 기능을 하는 것을 말한다는 점에서 생산된 생산요소(produced means of production)로서의 특징을 갖고 있다.

③ 재화와 서비스

   ⊙ 생산물 중에서 재화는 의복, 식료품, 주택 등 생존에 필수적인 물질이며, 용역(서비스)은 교육, 문화, 관광 등 정신적 욕망을 채워주는 행위이다.

   ⓒ 용역(서비스)에는 도소매, 운수, 통신, 공무 등 비물질 생산에 기여하는 행위도 포함된다.

④ 생산요소가 투입되면 생산과정에서 투입된 양을 초과하는 생산량이 산출되며, 그 초과된 생산량은 투입량에 대한 부가가치(added value)가 되어 소득으로 분배된다.

⑤ 기업가의 경영행위(entrepreneurship)도 생산 활동에 투입되어 부가가치를 생산한다는 점에서 생산요소의 하나이며, 기업가는 그 대가로 이윤(profit)을 획득하게 된다.

(4) 지출(Consumption, Expenditure)

생산요소를 투입하여 생산된 결과물이 한 경제에서 모두 소비되는 것으로 가정하면 그 소비를 위한 지출은 가계는 소비지출로, 기업은 투자지출로, 정부는 재정지출로, 해외는 수출의 모습으로 각각 이행된다.

(5) 분배(Distribution)

① 분배는 생산에 의해 얻은 소득이 누구에게 나누어지느냐의 문제로, 생산자가 소득을 경제주체에 나눠주기 위해서는 생산물이 판매(소비)되어야 생산자에게 소득이 발생하고 그 발생된 소득을 각 경제주체에게 분배할 수 있는 것이므로 사실상 분배와 소비는 동전의 양면과 같다.

② 생산자가 생산물을 판매하여 얻은 금액은 생산과정에 투입된 생산요소들에 분배하며 그래도 남는 금액은 생산자(기업가)의 몫(이윤)이 된다.

(6) 순환과정(Circulation)

① 경제행위는 결국 각 경제주체들이 각자 맡은 역할을 하는 것으로, 그 역할을 종합해 보면 생산요소의 투입과 산출(생산단계), 생산물의 소비(소비단계), 소득의 분배측면(분배단계)이 시간의 흐름에 따라 경제주체 간에 유동적으로 흘러가는 순환과정으로 볼 수 있다.

② 기업은 재화와 용역(서비스)을 생산하는 주된 주체이다.

    ㉠ 기업은 이윤극대화를 위해 신제품 개발, 설비투자, 기술 혁신, 새로운 시장 개척 등 혁신적인 활동을 하며, 이러한 활동이 경제성장의 원동력이 된다. 특히 제4차 산업혁명의 시대를 맞아 우리 경제의 지속적인 성장을 위해서는 혁신적인 기업 활동이 중요하다.

    ㉡ 기업이 재화와 용역(서비스)을 생산하는 데에는 노동력이나 자본과 같은 생산요소가 필요하다.

    ㉢ 생산요소를 투입하기 위해 기업은 생산을 통해 벌어들인 소득을 가계에 배분하는데, 근로자에게는 임금 · 급여 등의 형태로, 자본가에게는 이자 · 배당금 · 임대료 등의 형태로 배분한다. 또한 기업은 정부에도 법인세 등의 형태로 납부한다.

    ㉣ 기업으로부터 임금 · 이자 · 배당금 등을 받은 가계는 정부에 소득과 부(富)에 대한 소득세 · 재산세 등을 납부하며, 소득세 · 재산세 · 법인세 등의 형태로 정부에 납부된 자금 중 일부는 정부 보조금 · 수혜금 등의 형태로 가계에 다시 이전된다.

③ 한 경제 내에서 생산된 소득은 가계, 기업, 정부로 각각 배분된다. 기업에서 소득을 이전받는 가계와 정부는 재화와 용역(서비스)을 소비하기 위해 지출 활동을 한다.

    ㉠ 가계는 다양하게 유입된 소득을 이용하여 주택, 자동차, 가구 등의 내구재나 옷, 음식, 구두 등 비내구재 구입에 사용한다. 또 영화, 여행, 학원, 이 · 미용 등 용역(서비스)을 위해 지출하기도 한다.

    ㉡ 정부는 거둬들인 세금을 활용하여 가계나 기업에 행정 · 국방 등의 서비스를 제공하거나 도로 · 항만 · 공항 · 철도 등 공공 인프라를 건설 · 유지한다.

④ 국민 경제활동은 개별적으로 이루어지지 않고 생산에서 분배, 분배에서 지출, 지출에서 다시 생산으로 이어지며 순환하게 된다. 기업이 상품을 생산하기 위해서는 그 상품에 대한 충분한 수요가 있어야 하고, 가계와 정부의 상품 수요에는 지출을 위한 충분한 소득이 있어야 하는 것이다.

⑤ 국민 경제의 순환은 국내에서만 이루어지지 않으며, 우리나라와 같은 개방경제는 생산 · 분배 · 지출 활동에서 해외 부문이 큰 역할을 차지하고 있다.

    ㉠ 국내 기업의 생산물을 외국에 수출하고 석유 · 원자재 · 식량 같은 것들은 외국에서 수입하는데, 특히 스마트폰 · 자동차 · TV · 선박처럼 우리 기업이 생산하였으나 우리 국민이 소비하는 것보다 외국에 수출하는 양이 더 많은 생산품도 많다.

    ㉡ 외국으로부터는 제조업이나 서비스업 등에 종사하는 인력은 물론 주식시장 · 채권시장이나 직접투자 등을 통해 자본도 우리 경제로 유입되고 있다.

⑥ 경제주체 간의 상호 유기적인 활동으로 이루어진 각 단계(생산 · 소비 · 분배)별 총액은 모두 동일하다. 즉, 1년간의 국민총생산량(생산국민소득)＝지출국민소득＝분배국민소득이며, 이를 '국민소득 3면 등가의 법칙(equivalence of three approaches)'이라고 한다.

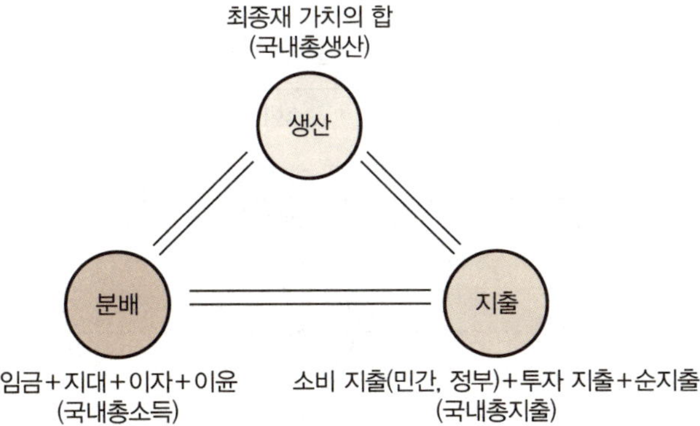

⑦ 국민 경제의 순환은 일정한 시간의 흐름상에서 나타나는 유동적인 경제활동을 의미하므로 플로우(flow)의 개념이지(회계상의 개념으로 보면 1년간의 손익계산서) 대차대조표와 같이 축적된 양을 나타내는 스톡(stock)의 개념은 아니다.

(7) 국민 경제와 금융의 연결

① 사람들은 번 돈에서 필요한 재화나 용역을 구매하며 남는 돈은 금융회사에 맡기기도 하고 목돈이 필요할 때에는 빌리기도 한다. 일상생활에서 돈이 부족한 사람은 여유가 있는 사람이나 금융회사로부터 빌려서 쓰기도 하는데, 금융이란 이처럼 "자금이 부족하거나 여유가 있는 사람과 금융회사 간에 돈을 융통하는 행위"를 의미한다.

② 경제의 순환은 자금의 융통, 즉 금융을 매개로 하여 이루어진다.

③ 금융활동의 주체로는 경제주체인 가계·기업·정부에 금융회사를 추가하여 네 부문으로 나눌 수 있다. 구체적인 금융관계는 이들 금융활동의 주체와 금융자산(또는 금융부채)과의 조합에 의해서 형성되며 개개의 금융형태도 이에 따라서 분류될 수 있다.

  예 금융회사의 일상 업무에서 가장 흔히 찾아볼 수 있는 분류는 기업금융, 소비자금융 등의 구분인데, 이것은 자금을 조달하는 주체별로 본 분류 방법으로서 이 기준에서 본다면 이 밖에도 정부의 금융활동이 있게 된다.

④ 기업이 생산하려면 기계와 원자재를 구입하고 인력을 고용하며 이를 위해 필요한 자금을 조달해야 한다. 특히 기업이 사내에 유보하고 있는 자본이 생산 활동에 필요한 수준을 충족시키지 못할 경우 부족한 자금은 은행 등 금융회사로부터 대출을 받거나 주식·채권 등 유가증권 발행을 통해 조달해야 한다.

⑤ 기업이 가계와 정부에 소득을 분배하거나 가계가 정부에 세금을 납부하는 데에도 금융의 도움이 필수적이며, 현대사회에서는 수많은 거래나 지급·결제가 금융을 통하지 않고는 완료될 수 없다.

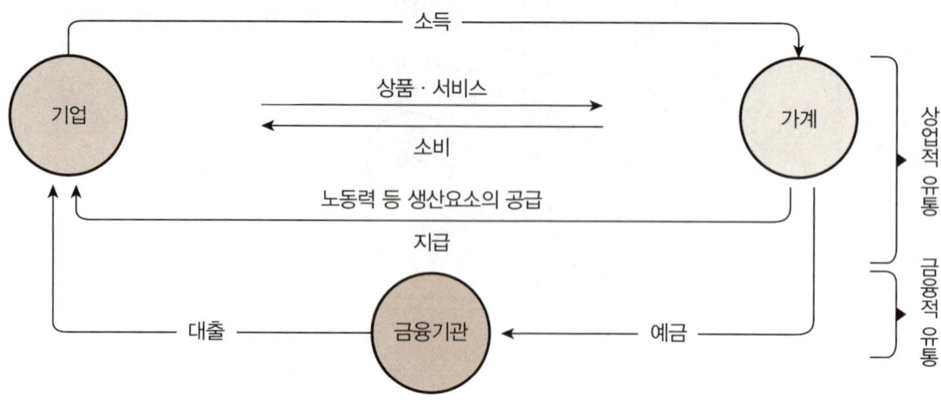

⑥ 생산 · 소비 · 분배와 같은 경제활동이 원활하려면 각 경제주체 간의 거래를 뒷받침할 수 있는 돈의 흐름을 원활하게 해주는 금융시장이 잘 발달되어 있어야 한다. 그런데 여기서 주의해야 할 부분은 전술한 네 개의 금융활동 주체 가운데 금융회사는 그 자신이 최종적인 자금수요자 또는 자금공급자가 되는 것이 아니라 여타 세 주체 간 금융의 중개 기능을 수행한다는 점이다.

⑦ 소비자금융 · 기업금융 · 정부의 금융활동 중에는 각각 금융회사를 경유하는 부분과 그렇지 않은 부분이 있다.

　㉠ 기업금융 중 외상매출 및 외상매입 등 기업 간의 신용이나 주식의 발행 등은 은행이 중개하지 않는 금융형태이며, 단기 · 장기의 은행차입과 상업어음의 할인 등은 은행이 중개하는 금융이다.

　㉡ 한국은행의 금융자산 · 부채잔액표의 항목 중 금융회사가 중개하지 않는 금융수단(금융자산)은 유가증권 · 기업 간 신용 · 출자금 등이고 여타의 항목은 금융회사가 중개하는 금융수단이라 할 수 있다.

⑧ 기업 간 신용이라는 용어에는 기업 간의 외상매출 또는 외상매입에 수반하는 채권 · 채무 이외에 기업과 가계, 기업과 정부와의 사이에 발생한 기업의 영업활동에 수반하는 자금의 대차도 포함된다. 따라서 그 속에는 기업의 개인에 대한 할부판매채권 등도 포함된다.

2 **금융의 역할**

(1) 금융, 금융시장, 금융상품

① 금융은 경제활동이 원활하게 일어날 수 있도록 윤활유 역할을 한다.

② 자금을 공급하려는 자와 자금을 필요한 자 사이에 금융거래가 이루어지는 장소인 금융시장은 재래시장이나 편의점처럼 지역 · 건물과 같은 특정 공간일 뿐만 아니라 자금의 수요 · 공급이 이루어지는 가상의 공간을 의미한다.

③ 금융시장에서는 자금수요자와 자금공급자를 이어주는 매개수단인 금융상품을 통해 필요한 거래가 일어난다.

　예 집이나 자동차, 옷 등의 재화를 구입하기 위해 필요한 자금은 은행 예금에서 인출하거나 펀드 해지 또는 환매 등 다른 자산을 매각하여 조달할 수도 있다. 물론 신용카드를 사용하거나 대출을 통해 마련할 수도 있다.

(2) 자금거래 중개

① 금융은 여윳돈이 있는 사람들의 돈을 모아서 돈이 필요한 사람들에게 이전해주는 자금의 중개기능을 수행한다. 물론 사람들이 자금거래를 직접 하기보다는 먼저 돈을 금융회사에 맡기고 금융회사는 이 돈을 가계나 기업, 정부 등에 빌려주고 여기서 발생한 이자수익을 다시 저축자들에게 돌려주는 방식이 전형적인 자금중개의 모습이다.

② 금융시장의 발달로 채권이나 주식을 직접 매매하는 행위를 통해서도 가능한데, 정부나 기업이 국채나 회사채를 발행하면 금융회사가 이를 인수한 후 투자자들에게 판매하는 형태이다.

(3) 거래비용의 절감

거래비용이란 탐색비용, 정보획득비용 등 금융거래 시 수반되는 모든 비용을 말한다. 돈을 가진 사람과 돈이 필요한 사람이 서로를 직접 찾아 나선다면 엄청난 탐색비용이 든다. 그러나 개인들이 돈을 맡기거나 빌리는 금융거래를 금융회사에 요청하면 금융회사가 필요한 금융서비스를 제공해 주므로 비용과 시간 등 거래비용을 획기적으로 줄여준다.

(4) 지급결제수단의 제공

① 경제주체들이 각종 경제활동에 따라 거래당사자들 사이에서 발생하는 채권·채무 관계를 지급수단을 이용하여 해소하는 행위를 지급결제라고 한다.

② 현금, 신용카드 등으로 물품 구매나 인터넷 뱅킹이나 모바일 뱅킹을 통해 송금하는 것 등도 모두 금융을 통한 거래이다. 이제는 외국의 인터넷 쇼핑몰에서 물건을 직접 사거나 이종 화폐를 사용하는 거래에 대해서도 결제가 가능하다.

③ 정보통신기술의 발달로 오히려 현금, 어음, 수표 대신 각종 카드(신용카드, 직불 및 체크카드, 선불카드 등), 전자 지급 결제망을 통한 계좌이체 거래, 가상화폐 등 다양한 대체 지급·결제수단이 더 많이 활용되고 있다.

④ 금융은 안전하고 편리한 지급·결제 시스템을 구축하여 이용자들의 원활한 거래를 지원하고 있다.

(5) 가계에 대한 자산관리수단 제공

① 보통 사람들은 중장년 시절에는 직장생활이나 사업 등을 통해 얻은 소득 중 일부를 노후 대비용으로 저축하고 노년기에는 저축한 돈을 사용하게 된다. 그런데 실제로는 실직 등으로 고용상태가 변하거나 임금 상승률이 매년 달라질 수도 있으며, 특히 자영업자의 경우에는 경기상황에 따른 매출 증감으로 임금 근로자에 비해 더 높은 소득 변동성을 보이기도 한다.

② 반면에 지출은 대체로 일정하게 이루어진다. 이러한 소득과 지출의 차이는 금융을 통해 해소될 수 있다. 금융은 지출에 비해 소득이 많을 때에는 돈을 운용할 기회를 마련해 주고, 지출이 많을 때는 돈을 빌려주는 등 개인들의 자금사정에 따른 자산관리 수단을 제공해 준다.

(6) 자금의 효율적인 배분

① 금융은 여유자금을 가진 사람에게는 투자의 수단을 제공하고 자금이 필요한 사람에게는 자금을 공급해 준다.

② 각 경제주체들이 자금을 조달 또는 운용하는 과정에서 원하는 금리 수준이 다르기도 하여 금융회사들은 원활한 자금중개를 위해 돈을 빌리는 사람의 신용도를 평가하기도 하고 돈을 저축(투자)하는 사람들과 돈을 빌리는 사람 사이에서 가격(이자율)을 조정하기도 한다.

③ 자금의 만기나 크기를 재조정하여 자금이 적절하게 제 자리를 찾아가도록 돕고 있다. 금융은 자금의 효율적인 배분을 주도함으로써 거시적인 차원에서 경제발전에도 기여하고 있다.

(7) 금융위험 관리수단 제공

① 금융경제 분야에서 위험(risk)은 경제현상이나 투자결과 등이 기대와 달라지는 정도를 말하며 불확실성 또는 변동성이라고도 한다. 금융은 그런 불확실성이나 위험을 적절히 분산시키거나 해소할 수 있는 수단을 제공한다.

　예 개인이 여윳돈을 금융회사에 예금하고 그 돈을 빌린 사람이 부도가 나더라도 그 부담을 금융회사가 지게 되므로 예금을 떼일 위험이 줄어든다.

② 금융시장에 판매되는 다양한 금융상품에 분산투자하거나 옵션이나 선물 등 파생금융상품을 위험관리수단으로 활용함으로써 투자위험을 줄일 수 있다.

③ 금융은 비슷한 위험(risk)에 처한 사람들로 하여금 보험에 가입할 수 있게 함으로써 불의의 사고 등으로 인한 손해가 발생하더라도 보험금 지급을 통해 그 충격을 완화해 사람들을 보호하는 기능을 한다.

02　주요 금융경제지표

사람들은 예금, 대출, 금융투자 등 금융거래를 할 때에는 좀 더 많은 수익을 얻거나 덜 위험한 금융상품에 투자하기를 원한다. 합리적인 금융거래를 위해서 다음과 같은 금융지표들은 가장 기본적이면서도 중요한 것들이다.

1 금리(이자율)

(1) 금리의 의의

① 사람들은 일상생활 속에서 돈이 부족하면 금융회사 등으로부터 빌리기도 하고 여유자금이 있으면 저축이나 투자를 한다. 이때 돈을 빌린 사람은 일정 기간 동안 돈의 사용대가를 금융회사에 되돌려주어야 하는데 이러한 돈의 사용대가를 이자라고 하며, 기간 당 원금에 대한 이자의 비율을 이자율 또는 금리라고 한다.

② 이자율은 보통 연간 이자액의 원금에 대한 비율을 말한다. 1년간 1백만원을 연 5%의 이자율로 대출받는다면 채무자는 채권자에게 5만원의 이자를 지급하게 되는 것이다.

③ 이자율은 현재의 소비를 희생한 대가라고도 볼 수 있다. 즉, 1백만원을 빌려주지 않았다면 누릴 수 있는 영화관람, 외식, 옷 구입 등 현재 소비의 만족을 포기한 대가라고 할 수 있다.

④ 이자는 금융거래를 하고 일정 기간이 지나야 발생하므로 돈의 시간가치라고도 한다.

(2) 금리의 결정

① 물건 가격이 시장에서 수요와 공급에 의해 결정되는 것처럼 돈의 값(가격)인 금리도 금융시장에서 자금의 수요와 공급에 의해 결정된다.

   ㉠ 자금수요는 주로 가계소비, 기업투자 등에 영향을 받고 자금공급은 가계의 저축, 한국은행의 통화정책 등에 영향을 받는다.

   ㉡ 통상자금에 대한 수요가 늘어나면 금리는 상승하고 반대로 자금공급이 늘어나면 금리는 하락한다.

     예 경기 전망이 좋아지면 이익 증가를 예상한 기업의 투자가 늘어나 돈에 대한 수요가 증가하고 금리는 올라가게 된다.

   ㉢ 돈의 공급은 주로 가계에 의해 이루어지는데 가계의 소득이 적어지거나 소비가 늘면 돈의 공급이 줄어들어 금리가 오르게 된다.

   ㉣ 물가가 오를 것으로 예상되면 돈을 빌려주는 사람은 같은 금액의 이자를 받는다 하더라도 그 실질가치가 떨어지므로 더 높은 금리를 요구하게 되어 금리는 상승하게 된다.

② 금리는 차입자의 신용과 돈을 빌리는 기간 등에 따라 그 수준이 달라지는데 빌려준 돈을 못 받을 위험이 클수록, 그리고 차입 기간이 길수록 금리가 높은 것이 일반적이다.

③ 금리의 변동은 가계소비와 기업투자 수준, 물가, 국가 간의 자금이동 등 여러 분야에 큰 영향을 미친다.

가계 소비	• 가계는 경제활동을 통해 벌어들인 소득을 소비하거나 저축하는데, 금리가 오르면 저축으로 얻을 수 있는 이자 소득이 증가하므로 현재의 소비를 줄이는 대신 미래의 소비를 위해 저축을 증가시킨다. • 금리가 하락하면 미래 소비를 줄이고 현재 소비는 늘리기 위해 저축을 줄이게 된다. • 주택이나 자동차 등 내구재를 구입하기 위해 큰 자금이 필요할 경우 가계는 대출로 자금을 조달할 수 있는데 이때에도 대출규모를 결정하는 중요한 요인이 금리이다.
물 가	금리상승으로 기업의 자금조달비용이 올라가면 상품가격이 상승할 수도 있지만 가계소비와 기업투자 위축을 가져와 경제 전체적으로 보면 물품수요 감소로 인해 물가가 하락할 가능성이 크다.
국가 간의 자금 이동	• 국내금리보다 해외금리가 더 높아지면 더 높은 수익을 좇아 국내자금이 외국으로 유출되거나 외국으로부터의 자금유입이 줄어든다. • 국내금리가 더 높아지면 국내자금의 해외유출이 줄어들거나 외국자금의 국내유입이 증가하게 된다.

④ 금리는 가계소비, 기업투자, 물가 등 실물부문뿐만 아니라 국가 간의 자금흐름에도 신호 역할을 하는 바, 각국 중앙은행은 기준금리 조정을 통해 시장금리에 영향을 줌으로써 경제전체의 흐름을 안정화시킨다.

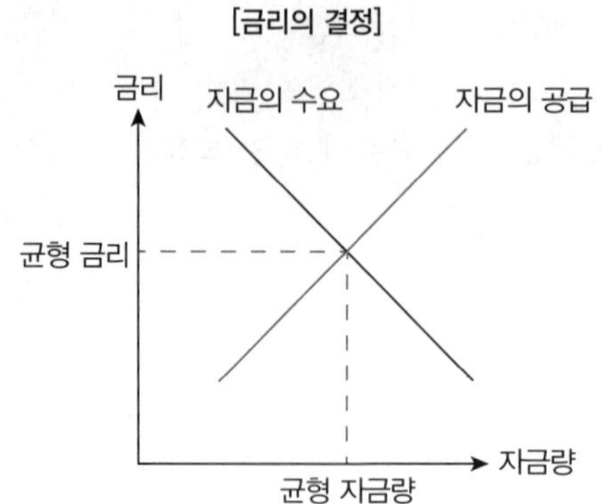

(3) 금리의 종류

① 단리와 복리

　㉠ 원금에 대한 이자를 산정하는 방법에 따라 단리와 복리로 나눌 수 있다.

　㉡ 단리는 단순히 원금에 대해서만 이자를 계산하는 방법이며, 복리는 원금과 원금에서 발생한 이자를 합친 금액에 대해 이자를 계산하는 방법이다.

> 단리 원리금＝원금×(1＋이자율×거치기간)
> 복리 원리금＝원금×(1＋이자율)^{거치기간}

　　예 100만원을 연 10%의 금리로 은행에 2년간 예금할 경우 만기에 받게 되는 원금과 이자의 합계액은 단리방식으로는 세전 120만원[100만원×(1＋0.1×2)]이 되지만 복리방식으로는 세전 121만원 [100만원×(1＋0.1)^2]이 된다.

② 표면금리와 실효금리

　㉠ 표면금리는 겉으로 나타난 금리를 말하며 실효금리는 실제로 지급받거나 부담하게 되는 금리를 뜻한다.

　㉡ 표면금리가 동일한 예금이자라도 복리 · 단리 등의 이자계산 방법이나 이자에 대한 세금의 부과 여부 등에 따라 실효금리는 달라진다. 대출의 경우에도 이자 계산방법 등에 따라 실효금리는 달라진다.

③ 수익률과 할인율

　㉠ 수익률

　　• 수익률은 채권을 만기까지 보유했을 경우 실현되는 금리를 의미한다.

　　• 100만원짜리 채권을 지금 산 뒤 1년 후 원금 100만원과 이자금액 10만원을 받는다면 이 경우 수익률은 10%이다. 즉, 수익률은 투자수익, 여기서는 이자금액을 투자원금으로 나눈 비율을 말한다.

$$수익률 = \frac{이자금액}{채권가격} = \frac{100,000}{1,000,000} = 0.1 = 10\%$$

　㉡ 할인율

　　• 100만원짜리 채권을 지금 10만원 할인된 90만원에 사고 1년 후 100만원을 받는 경우에 할인율이 10%라 한다.

$$\text{할인율} = \frac{\text{할인금액}}{\text{채권가격}} = \frac{100,000}{1,000,000} = 0.100 = 10\%$$

- 이를 위에서 설명한 수익률로 바꾸어 보면 현재 90만원짜리 채권에 투자하고 1년 후에 원금 90만원과 이자금액 10만원을 받는 것과 같다. 식으로 나타내면 다음과 같다.

수익률 개념으로 전환하면,
$$\text{수익률} = \frac{\text{이자금액}}{\text{채권가격}} = \frac{100,000}{900,000} = 0.111 = 11.1\%$$

- 금융시장에서 일반적으로 사용하는 이자율 또는 금리는 수익률 개념이다. 따라서 할인율로 표기된 경우에는 정확한 금리 비교를 위하여 수익률로 전환하여 사용할 필요가 있다.

④ 기준금리

　㉠ 기준금리는 중앙은행인 한국은행이 경기상황이나 물가수준, 금융 · 외환시장 상황, 세계경제의 흐름 등을 종합적으로 고려하여 시중에 풀린 돈의 양을 조절하기 위해 금융통화위원회(금통위)의 의결을 거쳐 결정하는 정책금리이다.

　㉡ 통상적으로 한국은행은 경기가 과열양상을 보이면 기준금리를 인상하고, 반대로 경기침체 양상이 나타나면 기준금리를 인하하게 된다. 금융시장에서 거래되는 금리는 기준금리를 기준으로 하므로 기준금리는 모든 금리의 출발점이자 나침반 역할을 한다.

　㉢ 일반적으로 기준금리를 내리면 시중에 돈이 풀려 가계나 기업은 투자처를 찾게 되고, 또 은행 차입비용이 내려가 소비와 투자가 활성화돼 침체된 경기가 회복되고 물가가 상승한다. 기준금리를 올리면 반대로 시중에 돈이 마르고 은행 차입비용이 올라가 과도한 투자나 물가상승이 억제되어 과열된 경기가 진정되고 물가가 하락한다.

　㉣ 기준금리의 변경은 장 · 단기 시장금리, 예금 및 대출 금리 등에 영향을 주거나 주식 · 채권 · 부동산 · 외환 등 자산 가격에 영향을 줌으로써 실물경제 및 물가를 변동시키는 원인이 된다.

⑤ 시장금리

　㉠ 시장금리는 기간에 따라 단기금리와 장기금리로 나눌 수 있다.

　㉡ 금융회사 또는 거래금액이 크고 신용도가 높은 경제주체들이 거래하는 만기 1년 이내의 금융시장에서 결정되는 이자율이 단기금리이다. 단기금리에는 금융회사들 간에 자금을 빌릴 때 적용되는 콜금리*, 판매자가 되사는 것을 전제로 한 채권 매매 거래인 환매조건부채권(RP ; Repurchasing agreement) 금리, 기업어음(CP ; Commercial Paper) 금리, 무기명인 양도성예금증서(CD ; Certificate of Deposit)의 금리 등이 있다.

*콜금리(call rate) : 금융기관 사이에 단기적인 자금거래가 이루어지는 콜시장에서 결정되는 금리

　㉢ 만기가 1년을 초과하는 장기금리에는 국공채, 회사채, 금융채 등의 수익률이 포함된다.

　㉣ 채권시장에서 형성되는 금리는 채권수익률이라고 한다. 채권수익률은 채권의 종류나 만기에 따라 국공채, 회사채 수익률 등 매우 다양하게 존재한다. 채권수익률은 채권 가격의 변동과 반대방향으로 움직인다. 채권가격이 오르면 채권수익률은 떨어지고 반대로 채권 가격이 떨어지면 채권수익률은 올라가게 된다.

정부가 발행하는 국채를 매입하는 상황을 가정해 보면, 1년 만기 국채를 10,000원에 구입한 후 만기 때 이자 1,000원과 원금 10,000원을 합해 총 11,000원을 받는다면 이 채권의 수익률은 10%($=\dfrac{1,000원}{10,000원}\times100\%$)가 된다.

그런데 만약 이 채권을 구입한 날에 지인의 요청에 따라 그에게 10,500원에 팔았다면 지인은 얼마의 수익을 올릴까? 매입 대금으로 10,500원을 지불하고 1년 후 11,000원을 받게 되므로 실제로 버는 돈은 500원, 채권수익률은 약 4.8%($=\dfrac{500원}{10,500원}\times100\%$)가 된다. 여기서 우리는 채권가격과 채권수익률의 관계를 알 수 있다.

채권 구입가격이 10,000원 일 때는 채권수익률이 10%였으나 채권 구입가격이 10,500원으로 상승하자 채권수익률은 4.8%가 되었다. 즉 채권가격이 상승하면 채권수익률은 하락하고 채권가격이 하락하면 채권수익률은 상승하게 되는 것이다.

ⓜ 일반적으로 장기금리가 단기금리보다 높은데, 그 이유로는 차주가 장기간에 걸쳐 자금을 안정적으로 사용할 수 있는 이익이 있다거나 차입자의 부도 위험이 장기일수록 더 커지기 때문이라고 생각할 수 있다.

ⓗ 시장금리는 경제주체의 신용도에 따라서도 다르게 적용된다. 금융회사의 입장에서는 차주의 신용도에 따라 위험이 달라지므로 같은 금액을 빌려주더라도 신용이 좋은 사람에게는 낮은 이자로 빌려주지만 신용이 좋지 않은 사람에게는 더 높은 이자를 요구한다.

ⓢ 금융회사는 거래상대방의 신용상태를 직접 파악하려면 많은 시간과 비용이 들어가기에 주로 신용평가회사들을 통해 신용정보를 확보한다. Moody's, S&P, Fitch IBCA 등 세계 3대 신용평가사와 우리나라의 NICE신용평가, 한국기업평가, 한국신용평가 등이 대표적이다.

⑥ **명목금리와 실질금리**

㉠ 화폐의 가치는 물가 변동에 의해 영향을 받으며, 물가가 상승하면 화폐의 실질 구매력은 떨어진다. 금리는 돈의 가치 변동, 즉 물가 변동을 고려하느냐 안하느냐에 따라 실질금리와 명목금리로 구분할 수 있다.

㉡ 명목금리는 물가상승에 따른 구매력의 변화를 감안하지 않은 금리이며 실질금리는 명목금리에서 물가상승률을 뺀 금리이다.

㉢ 실질금리와 명목금리 간 관계를 피셔방정식이라고 한다. 우리가 돈을 빌리고 빌려줄 때에는 보통 명목금리로 이자를 계산하지만 실제로 기업이 투자를 하거나 개인이 예금을 하려고 할 때에는 실질금리가 얼마인가에 관심을 갖게 된다.

피셔방정식 : 명목금리＝실질금리＋물가상승률

예 1년 만기 정기예금의 금리가 연 5%이고 물가상승률이 연 5%라고 하면 실질금리는 0인 결과가 초래된다. 심지어 연 1.5%인 1년 만기 정기예금을 가입했으나 물가상승률이 연 2%라면 실질금리는 −0.5%가 된다. 명목금리는 1.5%이지만 실질금리는 −0.5%이기 때문에 실질 이자소득은 오히려 손해를 본 것이다. 즉, 예금가입자가 받는 실질 이자소득은 같은 금리 수준에서 물가상승률이 낮을수록 늘어나게 된다.

2 환율

(1) 환율은 원화와 외화의 교환비율

① 외국과 거래할 때에는 우리 돈인 원화로 결제하기는 어렵기 때문에 국제적으로 통용되는 미 달러화 등으로 바꾸어 거래해야 한다. 국제적 거래를 위해서는 각 나라 화폐 간 교환비율을 결정하여야 하는데 이 교환비율을 환율이라고 한다.

② 우리나라는 '미화 1달러에 몇 원' 식으로 외국 화폐 1단위에 상응하는 원화 가치를 환율로 표시하는 자국통화표시법을 사용하고 있다.

  예 달러당 환율이 1,000원이라면 1달러를 살 때 지불하는 가격이 1,000원이라는 뜻이고, 유로(euro) 환율이 1,300원이라는 것은 1유로의 가격이 1,300원이라는 것이다.

③ 원화를 외국화폐로 환전하는 것을 외국상품을 구매하는 것과 같은 의미로 이해해도 된다. 즉, 100달러를 구입(환전)하는 것은 개당 1,000원인 상품을 100개 구입하는 것과 같은 의미로 생각할 수 있다. 환율은 ₩1,000/\$, ₩1,300/€ 등 외국 돈 1단위당 원화의 금액으로 표시한다.

$$\text{자국통화표시환율 원 · 달러 환율} = 1{,}300(\text{원/달러}) = \frac{1{,}300\text{원}}{1\text{달러}}$$

$$\text{외화통화표시환율 달러 · 원 환율} = 0.0008(\text{달러/원}) = \frac{0.0008\text{달러}}{1\text{원}} = \frac{1\text{달러}}{1{,}300\text{원}}$$

(2) 환율의 결정과 변동

① 환율은 우리나라 원화와 다른 통화 간의 교환비율인데, 외환시장에서 외화의 수요와 공급에 따라 자유롭게 결정된다.

② 외화의 공급 측면

  ㉠ 외화는 우리나라 기업이 해외로 상품이나 서비스를 수출하거나, 외국으로부터의 자본유입, 외국인에 의한 국내 투자, 외국인의 국내여행 등에 의해 국내로 공급(유입)된다.

  ㉡ 우리나라의 금리가 다른 나라에 비해 높게 상승하면 금융자산의 수익률도 높아지기 때문에 외국인 자본이 국내로 유입된다.

  ㉢ 수출이 늘어나거나 외국인 관광객이 증가하는 등 경상수지 흑자가 늘어나면 외화의 공급이 증가하므로 환율은 하락하게 된다. 실제로 우리나라 경상수지는 2012년 이후 크게 늘어 났는데, 지속적인 경상수지 흑자는 환율 하락 요인으로 작용하고 있다.

③ 외화의 수요 측면

  ㉠ 해외로부터의 상품이나 서비스 수입, 자본유출, 내국인의 해외투자, 내국인의 해외여행 등에 의해 발생한다.

  ㉡ 외국의 금리가 높아지면 우리나라 금융자산의 수익률이 상대적으로 낮아지기 때문에 국내에 있던 자본이 외국으로 유출된다. 가령 미국 중앙은행인 연준(연방준비제도)이 금리를 인상하여 미국 금리가 우리나라보다 높은 수준을 유지한다면 달러화 금융자산에 투자하는 것이 유리하게 된다. 이 경우 국내자본이나 국내에 있던 외국자본이 자금을 빼내가기 위해 달러수요가 늘어나면 우리나라 외환시장에서 달러화 대비 원화 환율이 상승할 수 있다.

④ 상품가격이 오르면 화폐가치가 떨어지는 것처럼 환율 상승은 우리 돈의 가치가 떨어진다는 것을 의미한다. 즉 환율이 상승하면 원화 가치가 하락하고 환율이 하락하면 원화가치가 올라간다고 생각할 수 있다.

⑤ 환율 상승은 우리 돈의 가치가 외화에 비해 상대적으로 떨어진다는 것을 의미하며, 원화 약세, 원화 평가절하라고도 한다. 반대로 환율 하락은 우리 돈의 가치가 외화에 비해 상대적으로 높아진다는 것을 뜻하며, 원화 강세나 원화 평가절상도 같은 의미이다.

⑥ 개인이 해외여행을 가거나 유학자금을 송금하기 위해 외화가 필요한 경우에는 원화가 강세일 때 환전하는 것이 유리하다. 외화의 입장에서 보면 외화 가치 상승과 환율 상승은 서로 같은 방향으로 움직인다.

(3) 변동환율제도와 고정환율제도

나라마다 자국의 사정에 따라 환율정책을 달리하고 있는데 대체로 고정환율제도와 변동환율제도로 나눌 수 있다. 우리나라의 경우 변동환율제도를 채택하고 있으며, 환율이 외환시장에서의 수요와 공급에 따라 결정된다.

① 고정환율제도

고정환율제도는 정부나 중앙은행이 외환시장에 개입하여 환율을 일정한 수준으로 유지시키는 제도로, 우리나라도 과거에는 이 제도를 사용했으나 1997년 IMF 외환위기 이후에 자유변동환율제도로 변경 · 적용하고 있다.

② 변동환율제도

㉠ 변동환율제도는 국제수지에 불균형이 발생했을 때 고정환율제도보다 빠르게 조정된다는 장점 때문에 최근에는 많은 국가들이 채택하고 있다.

㉡ 변동환율제도는 시장에 의한 환율 결정을 원칙으로 하고 있으나 대부분의 국가에서 환율의 급격한 변동으로 경제에 충격이 발생할 경우에는 정부가 외환시장에 참가(개입)하여 환율의 변동 속도를 조정(smoothing operation)하기도 한다.

(4) 환율의 영향

① 경제주체들의 외환수요가 어떤지에 따라 환율변화가 미치는 영향은 서로 다르다.

② 환율이 상승할 경우에는 우리나라 수출품의 외화로 표시된 가격이 하락하여 수출이 증가함과 동시에 수입품 가격 상승으로 수입이 감소함으로써 경상수지(주로 한 나라의 1년간 상품 및 서비스의 수출 · 수입 거래에 따른 수지로, 수출이 수입보다 많으면 흑자, 수입이 수출보다 많으면 적자)가 개선된다. 따라서 환율 상승은 수출 증대를 통해 경제성장이나 경기회복에 도움을 줄 수 있다.

③ 불경기에서 벗어나기 위해서 금리를 낮추는 통화정책을 사용하기도 하지만 자국 화폐 가치를 하락시키는 환율정책을 사용하기도 한다. 환율이 상승하면 국제 상품 및 서비스 시장에서 가격 경쟁력이 높아지기 때문이다.

④ 환율 상승이 우리 경제에 반드시 유리한 것만은 아니다. 환율이 상승하면 원자재 및 부품 등 수입품 가격이 오르면서 국내 물가가 상승할 수 있기 때문이다. 또한 수입 기계류 가격도 올라서 투자비용이 상승할 수도 있다. 또한 가계의 경우에는 해외여행 비용이 상승하고, 항공회사처럼 외화표시 부채가 많은 기업들의 상환부담이 높아질 수도 있다.

⑤ 환율이 높거나 낮은 것 중에서 어느 것이 우리 경제에 더 유리하다고 단언하기는 어렵다. 그러나 환율 변동성이 높아지는 것은 우리 경제에 부정적인 영향을 미치므로 바람직하지 않다. 만일 환율변동성이 높아지고 있다고 정책당국이 판단하면 외환시장에 개입하여 환율을 안정시킬 수 있다.

예 투기세력이 외환시장에서 외화를 대량으로 매도하거나 매수하면 환율이 크게 요동칠 수 있다. 이때 정책당국은 외환보유고를 이용하여 외환시장을 진정시킨다. 즉 각국 중앙은행이 보유하고 있는 외환보유고는 외화 지급불능 사태에 대비할 뿐만 아니라 외환시장 교란 시 환율 안정을 도모하기 위해서도 매우 중요하다.

3 주가

(1) 주식과 주식시장

① 주식

  ㉠ 기업이 필요한 자본을 조달하기 위해 발행하는 증권으로, 주식시장에서 거래되며 경제의 꽃이라고 할 수 있다.

  ㉡ 기업들은 주식시장을 통해서 대규모 자금을 조달할 수 있고 개인들은 여유자금을 투자할 기회를 가질 수 있다. 주식시장이 없다면 기업들은 수많은 투자자들로부터 자금을 조달하거나 다른 기업에 대한 인수합병을 통해 성장의 기회를 가지기 힘들 것이다.

② 발행시장과 유통시장

  ㉠ 발행시장은 기업공개(IPO ; Initial Public Offering)나 유상증자를 통해 주식이 발행되는 시장이고 이렇게 발행된 주식이 거래되는 시장이 바로 유통시장이다.

  ㉡ 우리나라의 주식 유통시장은 장내유통시장(예 유가증권시장, 코스닥시장, 코넥스시장)과 장외유통시장(예 K-OTC시장)으로 구분될 수 있다.

(2) 주가지수와 경기변동

① 주가지수

주식시장에는 여러 종류·종목의 주식이 거래되기 때문에 주식시장 전체적인 성과를 파악하기 위해서는 평균적으로 주식가격이 올랐는지 떨어졌는지를 판단할 수 있는 지표(index)를 살펴보는 것이 중요한데 주가지수는 주가의 전반적인 움직임을 나타내는 대표적인 지표로 투자자에게 중요한 정보를 제공한다.

$$주가지수 = \frac{비교시점\ 시가총액}{기준시점\ 시가총액} \times 100$$

② 주가지수와 경기변동

  ㉠ 주가지수는 특정 시점의 경제상황을 대표하는 지수이다.

    • 경제의 건실함이 반드시 주가지수 상승으로 연결되는 것은 아니나 기업들의 영업실적이 좋아지고 경제활동이 활발하며 사람들의 경제에 대한 신뢰도가 높아지면 주가지수가 상승하고, 반대로 불경기나 경제에 대한 신뢰도가 떨어지면 주가는 하락한다.

- 주가지수의 변동은 경제상황을 판단하게 해주는 하나의 바로미터가 된다.
- 통화 공급이 늘어나거나 이자율이 하락하는 경우에도 소비와 투자가 늘고 기업의 이익이 커지는 경향이 있어 대체로 주가지수는 상승한다.

ⓒ 우리나라의 경우 외국인들의 국내 주식시장 투자 수준도 주가지수에 큰 영향을 미친다. 일반적으로 우리나라 주식시장에서 외국인 투자가 증가하면 주가지수가 올라가고 반대로 외국인 투자가 감소하면 주가지수도 하락한다.

ⓒ 주가지수는 주식시장 상황은 물론 한 나라의 정치·사회적 상황과 투자자들의 심리적 요인까지 반영하고 있다. 나아가 투자자들의 미래 경제전망까지 반영하고 있어 경제예측에 활용되기도 한다.

ⓔ 주가지수는 주식투자성과를 평가하는 기준이 된다. 주식투자 시 상대적인 투자성과 평가도 중요한데, 만약 투자기간 동안 주식시장과 동일한 위험을 감수하면서 10%의 수익을 올렸으나 종합주가지수는 20%가 올랐다면 좋은 투자결과를 거두었다고 보기는 어려울 것이다.

(3) 우리나라의 주가지수

코스피지수 (KOSPI ; Korea Composite Stock Price Index)	• 코스피지수는 유가증권시장에 상장되어 있는 종목을 대상으로 산출되는 대표적인 종합주가지수이다. • 1980년 1월 4일을 기준시점으로 이 날의 주가지수를 100으로 하고 개별종목 주가에 상장주식수를 가중한 기준시점의 시가총액과 비교시점의 시가총액을 비교하여 산출하는 시가총액방식 주가지수이다.
코스닥지수 (KOSDAQ Index)	• 코스닥지수는 코스닥 시장에 상장되어 있는 종목을 대상으로 산출되는 종합지수로 코스닥시장의 대표지수이다. • 1996년 7월 1일을 기준시점으로 이날의 주가지수를 1,000 포인트로 하여 산출하였으며, 코스피지수와 동일한 시가총액방식으로 산출된다.
코스피200지수 (KOSPI 200 ; Korea Stock Price Index 200)	• 유가증권시장에 상장된 주식 중 시장대표성, 업종대표성, 유동성 등을 감안하여 선정되는 200개 종목을 대상으로 최대주주지분, 자기주식, 정부지분 등을 제외한 유동주식만의 시가총액을 합산하여 계산한다. • 주가지수선물, 주가지수옵션거래 뿐 아니라 인덱스펀드, 상장지수펀드(ETF ; Exchange Traded Fund) 등에도 활용되고 있다. • 1990년 1월 3일을 기준시점으로 하여 작성되고 있다.
KRX100지수 (Korea Exchange 100)	• 유가증권시장과 코스닥시장의 우량종목을 고루 편입한 통합주가지수로서 유가증권시장 90개, 코스닥시장 10개 등 총 100개 종목으로 구성된다. • 최대주주지분, 자기주식, 정부지분 등을 제외한 유동주식만의 시가총액을 합산하여 계산하며, 상장지수펀드(ETF), 인덱스펀드 등 다양한 상품에 이용된다.
코스닥150지수 (KOSDAQ 150 Index)	코스닥시장을 대표하는 지수로서 2015년 7월 개발되었으며, 코스닥시장 특성을 잘 반영할 수 있도록 시장대표성, 유동성 및 상품성 등을 종합적으로 고려한 150개 종목으로 구성, 선물 및 ETF 등 금융상품의 기초지수로 활용되고 있다.

(4) 글로벌 주요 주가지수

국제금융시장의 자유화·개방화 추세에 따라 해외주식·파생상품 등 다양한 투자수단을 위한 기준지표로 다음과 같은 글로벌 주요 주가지수들이 활용되고 있다.

MSCI (Morgan Stanley Capital International)지수	• 모건스탠리의 자회사인 Barra가 제공하며, 전 세계 투자기관의 해외투자 시 기준이 되는 대표적인 지수로 특히 미국계 펀드가 많이 사용하고 있다. • 대표적으로 MSCI EAFE(유럽·아태·극동), MSCI World(선진국시장), MSCI EM(신흥시장) 등의 지수가 있는데, 이들 지수를 해외투자의 벤치마크로 삼는 뮤추얼펀드와 ETF 등의 자산 규모가 3조 달러가 넘는 것으로 추산되고 있어 해당 종목이 MSCI에 편입되는 것 자체가 투자가치가 높은 우량기업이라는 의미로 해석되기도 한다. • 신흥시장의 경우 MSCI지수에 편입되면 외국인 매수세가 늘어날 가능성이 높아 주가 상승의 모멘텀으로 작용하기도 한다.
FTSE (Financial Times Stock Exchange)지수	• 파이낸셜타임즈와 런던증권거래소가 공동으로 설립한 FTSE그룹이 발표하는 지수로 주식, 채권, 부동산 등 다양한 부문의 지수가 제공되고 있으며 주로 유럽에서 사용되고 있다. • FTSE100은 영국의 100개 상장기업을 대상으로 하는 대표적인 영국의 주식시장지수이다.

(5) 주요 국가의 주가지수

① 미국의 뉴욕증권거래소(NYSE ; New York Stock Exchange)

거래량이나 거래금액 면에서 세계에서 가장 큰 주식시장이며, 처음과 달리 지금은 다수의 외국 기업들도 상장되어 있다.

② 다우존스 산업평균지수(DJIA ; Dow Jones Industrial Average)

ㄱ 경제 전반에 걸쳐 대표적인 30개 대형 제조업 기업들의 주식들로 구성되어 있다.

ㄴ 단순가격평균 방식을 사용하여 지수를 산출하고 있으며 미국의 대표적 경제신문인 월스트리트저널에서 작성·발표하고 있다.

ㄷ 세계에서 가장 오래된 주가지수이면서 미국의 주식시장과 경제상황을 가장 잘 반영하는 것으로 알려져 있다.

③ 미국의 두 번째 주식시장은 미국증권거래소(AMEX ; American Stock Exchange)인데 뉴욕증권거래소에 상장되지 않은 주식을 거래하며 역시 뉴욕에 위치하고 있다.

④ 미국의 세 번째 주식시장은 산업기술주를 주로 거래하는 나스닥(NASDAQ ; National Association of Securities Dealers Automated Quotation)시장으로, 1971년부터 주로 정보통신과 산업 기술 관련 기업들의 주식을 매매한다. 나스닥지수(NASDAQ Composite Index)는 나스닥 증권시장에 등록돼 있는 5,000여개 주식을 가중평균하여 구한 지수이다.

⑤ 미국의 세계적인 신용평가회사인 스탠다드앤드푸어스사가 작성·발표하는 S&P500지수(Standard& Poor's 500 Index)도 주식시장 상황의 지표로 널리 사용되고 있다. S&P500지수는 주로 NYSE시장의 주식이 많지만 NASDAQ과 AMEX시장의 주식도 포함하여 작성되고 있어서 증권시장 상황을 잘 반영한다는 장점이 있다.

⑥ 아시아 지역에는 일본의 니케이지수(Nikkei Stock Average Index), 홍콩의 항셍지수(Hang Seng Index), 중국의 상하이종합지수(Sanghai Composite Index), 대만의 자이취엔지수(Taiwan Weighted Average Index) 등이 대표적이며, 유럽을 비롯한 그 외의 지역에도 비중 있는 주가지수들이 많이 존재하고 있다.

(6) 거래량과 거래금액

① 주식시장에서는 주가의 변동 상황을 보여주는 주가지수가 가장 중요한 지표이지만 주식시장에서 거래되는 주식의 수량인 거래량과 거래금액도 중요한 지표들이다.

② 사람들이 기업의 실적이나 경제 전망을 낙관적으로 예상하면 주식을 사려는 사람이 늘어나서 거래량이 증가하고 주가가 상승한다. 반대로 기업의 실적이 좋지 않고 경제 상황이 나쁠 것으로 예상되면 주식을 팔려는 사람들이 늘어나고 주식을 사려는 사람은 줄어들어 거래량이 감소하고 주가는 하락할 수 있다.

③ 주식시장에서는 주가가 변동하기 전에 거래량이 먼저 변하는 것이 일반적인데 거래량이 증가하면 주가가 상승하는 경향이 있고 거래량이 감소하면 주가가 하락하는 경향이 있다.

④ 주가가 상승하는 강세장에서는 주가가 지속적으로 상승할 것으로 예상하는 매수 세력이 크게 늘어나 거래량이 증가하는 반면에 주가가 하락하는 약세장에서는 거래량이 감소하는 경향을 보이기 쉽다.

03　금융시장

1　금융시장의 의의

(1) 금융시장

① 금융시장(financial market)이란 자금공급자와 자금수요자 간에 금융거래가 조직적으로 이루어지는 장소를 말한다. 장소는 재화시장처럼 특정한 지역이나 건물 등의 구체적 공간뿐 아니라 자금의 수요와 공급이 유기적으로 이루어지는 사이버공간 등 추상적인 공간을 포함한다.

② 금융시장에서 자금수요자는 주로 기업이며 자금공급자는 주로 개인들인데, 개인은 소득 중에서 쓰고 남은 돈의 가치를 증식하기 위하여 금융시장에 참여한다.

③ 금융거래가 이루어지기 위해서는 이를 매개하는 수단이 필요한데 이러한 금융수단(financial instruments)을 금융자산 또는 금융상품이라고 한다. 금융자산은 현재 또는 미래의 현금흐름에 대한 청구권을 나타내는 증서로서 예금증서, 어음, 채권 등이 있다.

(2) 직접금융과 간접금융

① 금융거래는 자금공급자로부터 자금수요자로 자금이 이동하는 형태에 따라 직접금융과 간접금융으로 나뉜다.

직접금융 (direct finance)	• 자금의 최종적 차입자가 자금의 최종적인 대출자에게 주식이나 사채 등을 직접적으로 발행함으로써 자금을 조달하는 방식을 말한다. • 우리나라의 경우, 최종적인 차입자인 기업 부문(적자 경제주체)이 주식·사채 등을 발행하여 최종적인 대출자인 가계 부문(흑자 경제주체)에 매각함으로써 자금을 직접 조달하는 경우가 이에 해당한다. • 직접금융은 기업들이 원하는 금액의 자금을 장기로 조달할 수 있는 장점이 있어 장기설비 투자를 위한 자금조달에 용이하다. • 주식의 발행은 기업의 지배구조에 영향을 미치고, 회사채의 발행은 신용도에 따라서 높은 금리를 지불하거나 발행 자체가 어려울 수 있다는 문제점이 있다. • 정부도 직접금융시장에서 국채를 발행하여 재정자금을 조달할 수 있다. • 경제주체 중 금융기관 이외의 최종적인 차입자가 발행하는 금융자산을 본원적 증권(primary security)이라고 하며, 주식·사채·어음·채무증서 등이 이에 해당한다. • 차입자가 대출자의 자금을 흡수하는 방법으로서 본원적 증권만으로는 충분하지 않다. 즉 재화교환의 경우와 마찬가지로 차입자와 대출자 간에 기간·금액·이율 등 여러 조건이 정확하게 부합되는 경우란 극히 예외적이기 때문이다.
간접금융 (indirect finance)	• 금융중개기관(Financial Intermediaries)은 최종적인 차입자에게 자금을 공급하여 본원적 증권을 구입하게 하는 한편 자신에 대한 청구권(정기예금증서 등)을 발행하여 최종적인 대출자로부터 자금을 조달함으로써 최종적인 차입자와 대출자를 중개한다. • 금융중개기관이 자신에 대해서 발행하는 청구권을 간접증권 또는 제2차 증권(secondary security)이라 하며, 금융중개기관이 대출자와 차입자 간에 자금융통을 매개하는 방식을 간접금융이라 한다. • 간접금융은 직접금융에 대비되는 것으로 자금의 공급자와 수요자 사이에 은행 등 금융회사가 일반인으로부터 예금을 받아 필요한 사람에게 대출해주는 것이 대표적인 형태이다. • 간접금융시장의 자금거래는 두 단계를 거쳐 이루어진다. 　– 첫 번째 단계 : 자금의 공급단계로 자금공급자가 금융회사에게 자금을 맡기고 금융회사는 자금공급자에게 예금증서 등을 교부하는 단계 　– 두 번째 단계 : 자금의 수요단계로 금융회사가 자금을 수요자에게 제공하고 차용증서를 교부받는 단계 • 금융중개기관은 본원적 증권을 대출자가 선호하는 형태의 간접증권으로 전환함으로써 금융자산의 형태·종류 등에 관해 최종적인 차입자와 대출자 간의 차이를 조정하는 역할을 수행한다. 은행이 차입자인 기업으로부터 사채를 매입하거나 또는 기업에 대출을 행하는 것이 그러한 사례이다. • 금융중개기관이 금융자산의 종류를 다양화함으로써 차입자의 금융자산(본원적 증권) 발행의 한계비용을 인하하고 대출자가 보유하는 금융자산의 한계효용을 높여 저축과 투자를 활발하게 하여 보다 효율적인 자금 배분을 실현하게 되는 것이다.

② 아래의 그림은 직·간접금융시장을 통해 자금 공급부문에서 자금 수요부문으로 자금이 이전되는 모습을 보여주고 있다. 이처럼 금융시장은 국민 경제 내 자금 공급부문과 자금 수요부문을 직·간접적으로 연결시켜 줌으로써 국민 경제의 생산성 향상과 후생증진에 기여하게 된다.

[금융시장과 자금흐름]

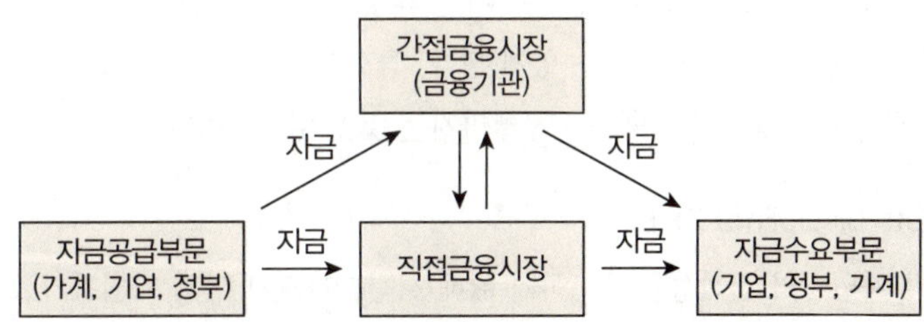

(1) 자원배분 기능

① 국민 경제 전체적으로 보면 가계 부문은 소득이 지출보다 많아 흑자 주체가 되는 반면 기업 부문은 소득을 상회하는 투자활동을 하므로 적자 주체가 된다. 금융시장은 가계 부문에 여유자금을 운용할 수 있는 수단(금융자산)을 제공하고 흡수한 자금을 투자수익성이 높은 기업을 중심으로 기업 부문에 이전시킴으로써 국민 경제의 생산력을 향상시킨다.

② 금융시장은 소비 주체인 가계 부문에 적절한 자산운용 및 차입 기회를 제공하여 가계가 자신의 시간선호(time preference)에 맞게 소비 시기를 선택할 수 있게 함으로써 소비자 효용을 증진시키는 기능을 한다.

(2) 위험분산 기능

금융시장은 다양한 금융상품을 제공함으로써 투자자가 분산투자를 통해 투자위험을 줄일 수 있도록 한다. 또한 파생금융상품과 같은 위험 헤지 수단을 제공하여 투자자가 투자 위험을 위험선호도(risk preference)가 높은 다른 시장참가자에게 전가할 수 있도록 해 준다. 이 결과 투자자의 시장참여가 확대되면서 금융시장의 자금중개 규모가 확대된다.

(3) 유동성 제공 기능

① 금융시장은 금융자산을 보유한 투자자에게 높은 유동성(liquidity)을 제공한다.

② 유동성은 금융자산의 환금성을 말한다.

③ 투자자는 환금성이 떨어지는 금융자산을 매입할 경우에는 동 자산을 현금으로 전환하는 데 따른 손실을 예상하여 일정한 보상, 즉 유동성 프리미엄(liquidity premium)을 요구하게 된다. 금융시장이 발달하면 금융자산의 환금성이 높아지고 유동성 프리미엄이 낮아짐으로써 자금수요자의 차입비용이 줄어들게 된다.

(4) 거래비용 절감 기능

① 금융시장은 금융거래에 필요한 정보를 수집하는 데 드는 비용과 시간을 줄여준다. 투자자가 여유자금을 운용하기 위해 차입자의 채무상환능력 등에 관한 정보를 직접 취득하려 한다면 비용과 시간이 많이 들 뿐 아니라 때로는 불가능할 수도 있다.

② 금융시장이 존재할 경우 차입자의 신용에 관한 정보가 차입자가 발행한 주식의 가격이나 회사채의 금리 등에 반영되어 유통되므로 투자자가 투자정보를 취득하는 데 따른 비용과 시간이 크게 절감될 수 있다.

③ 금융시장의 정보생산 기능이 활발하면 투자자의 의사결정이 촉진될 뿐만 아니라 차입자도 정당한 평가를 통해 소요자금을 원활히 조달할 수 있게 된다. 금융시장이 발달할수록 금융자산 가격에 반영되는 정보의 범위가 확대되고 정보의 전파속도도 빨라지는 것이 일반적이다.

(5) 시장규율(markets discipline) 기능

① 시장규율이란 차입자의 건전성을 제고하기 위해 시장참가자가 당해 차입자가 발행한 주식 또는 채권 가격 등의 시장신호(market signal)를 활용하여 감시기능을 수행하는 것을 말한다.

② 어떤 기업이 신규 사업을 영위하기 위해 인수·합병계획을 발표했는데 시장참가자들이 그러한 계획이 당해 기업의 재무건전성을 악화시킬 것으로 본다면 금융시장에서 거래되는 동 기업의 주식이나 회사채 가격이 즉각 하락하게 된다. 시장참가자들이 인수·합병 계획에 대한 부정적인 시각을 가격에 반영한 것이다. 이렇게 되면 그 기업의 자금조달 비용이 높아져 인수·합병을 통한 무리한 사업 확장에 제동이 걸릴 수가 있는 것이다.

3 금융시장의 유형

금융시장은 금융회사 등을 통해 자금중개가 이루어지는 대출시장, 외환시장, 파생상품시장, 장단기 금융상품이 거래되는 전통적 의미의 금융시장 등으로 구분할 수 있다.

대출시장	• 은행, 저축은행, 상호금융 등과 같은 예금취급 금융회사를 통해 다수의 예금자로부터 자금이 조달되어 최종 자금수요자에게 공급되는 시장을 말한다. • 대출시장은 차주에 따라 가계대출시장과 기업대출 시장으로 구분되며, 신용카드회사와 같은 여신전문금융회사가 제공하는 현금서비스나 판매신용도 대출시장에 포함된다.
외환시장	외환의 수요와 공급에 따라 외화자산이 거래되는 시장으로 전형적인 점두시장의 하나로서 거래 당사자에 따라 외국환은행 간 외환매매가 이루어지는 은행 간 시장(inter-bank market)과 은행과 비은행고객 간에 거래가 이루어지는 대고객시장(customer market)으로 구분된다.
파생금융상품시장	• 전통 금융상품 및 외환의 가격변동위험과 신용위험 등 위험을 관리하기 위해 고안된 파생금융상품이 거래되는 시장이다. • 우리나라의 경우 외환파생상품 위주로 발전되어 왔으나 1990년대 중반 이후에는 주가지수 선물 및 옵션, 채권선물 등이 도입되면서 거래수단이 다양화되고 거래규모도 크게 확대되고 있다.
전통적 의미의 금융시장	금융거래의 만기에 따라 단기금융시장과 장기금융시장, 금융수단의 성격에 따라 채무증서시장과 주식시장, 금융거래의 단계에 따라 발행시장과 유통시장, 금융거래의 장소에 따라 거래소시장과 장외시장 등으로 구분할 수 있다.

(1) 단기금융시장(자금시장)과 장기금융시장(자본시장)

① 단기금융시장(money market)

　㉠ 보통 만기 1년 이내의 금융자산이 거래되는 시장을 의미한다.

　㉡ 단기금융시장은 금융기관, 기업, 개인 등이 일시적인 자금수급의 불균형을 조정하는 데 활용된다.

　㉢ 우리나라의 경우 콜(Call)시장, 기업어음(채)시장, 양도성예금증서(CD)시장, 환매조건부채권매매시장, 표지어음시장, 통화안정증권시장 등이 단기금융시장에 해당된다.

콜시장	• 금융회사 상호 간에 자금과부족을 일시적으로 조절하기 위한 초단기 자금거래가 이루어지는 시장이다. • 콜거래는 최장 90일 이내로 만기가 제한되어 있으나 거래물량의 대부분을 익일물이 차지하고 있다.
기업어음	• 신용상태가 일정 수준 이상의 양호한 기업이나 금융회사가 단기자금을 조달하기 위해 발행한 증권이다. • 기업어음시장은 기업 등 발행자가 자기신용을 이용하여 비교적 간단한 절차를 거쳐서 단기자금을 조달할 수 있는 수단이 되며 자금공급자에게는 단기자금의 운용수단이 된다.
양도성예금증서	정기예금에 양도성을 부여한 예금증서로 기업어음과 마찬가지로 할인방식으로 발행되며 발행금리는 발행금액 및 기간, 발행 금융회사의 신용도, 시장금리 등을 감안하여 결정된다.

② 장기금융시장

    ㉠ 만기 1년 이상의 채권이나 만기가 없는 주식이 거래되는 시장을 의미하며 자본시장(capital market)이라고도 한다.

    ㉡ 주로 기업, 금융기관, 정부 등이 장기자금을 조달하는 시장으로 주식시장과 채권시장 등이 여기에 속한다.

[단기금융시장과 장기금융시장의 비교]

구 분	만기구분	거래 규모	유동성	가격 변동폭	금리 수준	주요 금융상품
단기금융시장 (자금시장)	1년 만기 미만	대규모	높음	낮음	낮음	콜, 기업어음, CD, RP, 표지어음, 통화안정증권
장기금융시장 (자본시장)	1년 이상 장기	소규모	낮음	높음	높음	채권시장, 주식시장, 자산유동화증권시장

③ 단기금융시장과 장기금융시장에서 거래되는 금융상품의 특징

    ㉠ 단기금융상품은 만기가 짧아 금리변동에 따른 자본손실위험이 작은 반면 만기가 긴 채권의 경우는 금리변동에 따른 가격변동 위험이 크다.

    ㉡ 주식은 기업자산에 대한 청구권이 대출, 채무증서 등 일반채권에 비해 후순위일 뿐만 아니라 가격 변동폭이 커서 투자위험이 더욱 크다.

    ㉢ 장기금융상품은 주로 미래의 자금지출에 대한 불확실성이 낮은 금융기관, 연기금 및 개인 등이 장기적인 관점에서 투자하는 경우가 많으며 투자에 따른 위험을 회피하기 위해 선물, 옵션, 스왑 등 파생금융상품에 대한 투자를 병행하는 경우가 대부분이다.

    ㉣ 단기금융시장과 자본시장은 중앙은행의 통화정책 효과가 파급되는 경로로서의 역할을 한다는 점에서 중요하다. 중앙은행의 통화정책은 일차적으로 단기금융시장금리에 영향을 미치며 이어서 장기금융시장 금리 및 주가 등에 파급되어 최종적으로 기업투자 및 가계 소비에 영향을 미침으로써 실물경제활동과 물가의 변동을 초래한다.

    ㉤ 자본시장은 통화정책 이외에도 기대 인플레이션, 재정수지, 수급사정 등 다양한 요인에 의해 영향을 받기 때문에 통화정책과의 관계가 단기금융시장에 비해 간접적이고 복잡하다는 점이 특징이다.

(2) 채무증서시장과 주식시장

① 채무증서시장(debt market)

    ㉠ 차입자가 만기까지 일정한 이자를 정기적으로 지급할 것을 약속하고 발행한 채무증서(debt instrument)가 거래되는 시장이다.

    ㉡ 채무증서의 만기는 통상 1년 이내의 단기, 1년과 10년 사이의 중기, 10년 이상의 장기로 구분된다.

    ㉢ 우리나라의 경우 기업어음시장, 양도성예금시장, 표지어음시장, 통화안정증권시장, 국채 · 회사채 · 금융채 등의 채권시장이 채무증서시장에 해당된다.

② 주식시장(equity market)

    ㉠ 회사의 재산에 대한 지분을 나타내는 주식(equity)이 거래되는 시장이다.

    ㉡ 채무증서와는 달리 주식으로 조달된 자금에 대해서는 원리금 상환의무가 없다. 그 대신 주주는 주식 소유자로서 기업 순이익에 대한 배당청구권을 갖는다.

ⓒ 우리나라의 주식시장에는 유가증권시장, 코스닥시장, 코넥스시장, K-OTC시장 등이 있다.

ⓔ 채무증서와 주식의 가장 큰 차이는 동 증권의 발행기업이 청산할 경우 채무증서 소유자는 우선변제권을 행사할 수 있는 반면 주주는 채무를 변제한 잔여재산에 대하여 지분권을 행사(residual claim)한다는 점이다.

ⓜ 주식은 채권보다 기업부도 발생에 따른 위험이 더 크다. 또한 채무증서 소유자는 이자 및 원금 등 고정된 소득을 받게 되므로 미래의 현금흐름이 안정적인데 비하여, 주주의 경우는 기업의 자산가치나 손익의 변동에 따라 이익을 볼 수도 있고 손해를 입을 수도 있다. 따라서 주식은 채무증서보다 자산가치의 변동성이 크다.

(3) 발행시장과 유통시장

① 발행시장(primary market)

ⓐ 기업, 정부, 공공기관 등 자본을 수요로 하는 발행주체가 단기금융상품이나 채권, 주식 등 장기금융상품이 신규로 발행하여 이를 일반투자자에게 매각함으로써 장기적인 자본을 조달하는 시장이다.

ⓑ 발행시장에서 증권의 발행은 그 방식에 따라 직접발행과 간접발행으로 구분되는데 간접발행의 경우에는 인수기관(underwriting institution)이 중심적인 역할을 수행한다.

ⓒ 인수기관은 해당 증권의 발행사무를 대행함은 물론 증권의 전부 또는 일부 인수를 통해 발행위험을 부담하는 한편 발행된 증권의 유통시장을 조성(market-making)한다. 우리나라에서는 회사채 또는 주식을 공모방식으로 발행할 때 주로 증권회사가 인수기능을 수행하고 있다.

ⓓ 정부가 국고채를 발행할 때에는 국고채 전문딜러(PD ; Primary Dealer)가 경쟁 입찰에 독점적으로 참여하고 매수매도호가 공시(bid-ask quotation) 등을 통해 시장조성 활동을 담당하고 있다.

② 유통시장

ⓐ 투자자가 보유중인 회사채나 주식을 쉽게 현금화할 수 있게 함으로써 당해 금융상품의 유동성을 높여 준다.

ⓑ 금융상품의 발행가격을 결정하는 발행시장에 영향을 미침으로써 자금수요자의 자금조달 비용에도 영향을 준다. 투자자들은 발행시장과 유통시장의 가격을 비교하여 가격이 낮은 상품을 매입하게 되므로 유통시장의 가격이 높으면 발행시장의 가격도 높아져 증권 발행자는 낮은 비용으로 소요자금을 조달할 수 있게 된다.

ⓒ 유통시장에서 거래가 원활하지 않은 증권은 발행시장에서 인기가 없고, 발행시장에서 인기가 없어서 규모가 작고 가격이 낮은 증권은 유통시장에서도 인기가 없다. 이와 같이 발행시장과 유통시장은 서로 밀접한 관계를 가지고 있다.

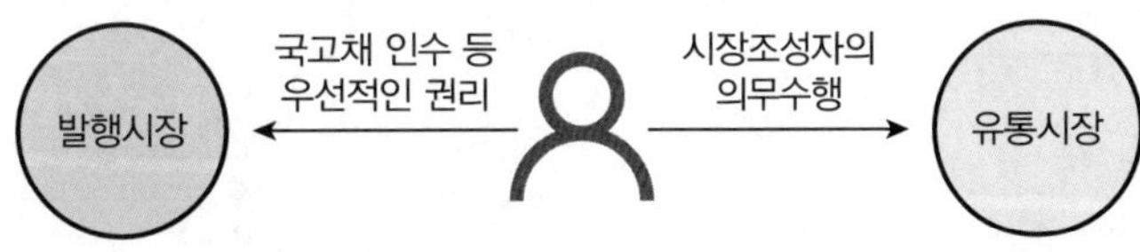

(4) 유통시장의 구분

① 거래소시장(exchange)

　㉠ 시장참가자의 특정 금융상품에 대한 매수매도 주문(bid-ask order)이 거래소에 집중되도록 한 다음 이를 표준화된 거래규칙에 따라 처리하는 조직화된 시장으로 장내시장이라고도 한다.

　㉡ 거래소시장은 시장참가자 간의 거래관계가 다면적이고 거래소에 집중된 매수·매도 주문의 상호작용에 의하여 가격이 결정(order-driven)된다는 점에서 거래정보가 투명하다.

　㉢ 가격 및 거래정보가 누구에게나 잘 알려지며 거래의 익명성이 보장되어 거래상대방이 누구인지 알려지지 않는다는 특징이 있다.

　㉣ 우리나라의 경우 한국거래소가 증권과 파생상품의 원활한 거래와 가격형성을 담당하고 있으며 증권회사, 선물회사 등이 회원으로 가입해 있다. 2005년에 주식·채권 등을 거래하는 증권거래소, 선물 및 옵션을 거래하는 선물거래소, 기술주 중심의 주식을 거래하는 코스닥증권시장 등 3곳을 한국거래소로 통합하였다.

　㉤ 한국거래소에서는 주식, 채권, 상장지수펀드(ETF), 상장지수증권(ETN) 및 파생상품 등을 모두 거래하고 있다.

② 장외시장

　㉠ 특정한 규칙 없이 거래소 이외의 장소에서 당사자 간에 금융상품의 거래가 이루어지는 시장을 말한다.

　㉡ 한국금융투자협회가 개설·운영하는 K-OTC시장(과거 비상장주식 장외매매시장인 '프리보드 시장'을 확대·개편)과 상장증권은 물론 비상장증권에 대하여 고객과 증권회사, 증권회사 상호 간 또는 고객 상호 간의 개별적인 접촉에 의해 거래가 이루어지는 비조직적·추상적 시장인 점두시장(OTC ; Over-The-Counter market)으로 구분된다.

　㉢ 장외시장은 매매당사자 간의 개별적인 접촉에 의해 거래가 이루어지므로 동일 시간에 동일 상품의 가격이 다르게 결정되는 등 비효율적인 면이 있다.

　㉣ 점두시장은 다시 딜러·브로커 간 시장(inter-dealer segment)과 대고객시장(dealer-to-customer segment)으로 구분할 수 있는데 이들 시장에서는 각각 딜러·브로커 상호 간, 딜러·브로커와 고객 간 쌍방 거래로 이루어진다. 또한 거래 가격도 딜러·브로커가 고시한 매수매도 호가를 거래상대방이 승낙하여 결정(quote-driven)되기 때문에 거래정보의 투명성이나 거래상대방의 익명성이 낮다.

　㉤ 우리나라의 경우 채권은 대부분 장외시장에서 거래되고 있으며 콜, 양도성예금증서, 기업어음 등 단기금융상품은 물론 외환 및 외환파생상품, 금리 및 통화 스왑 등의 파생금융상품 등도 대부분 장외시장에서 거래된다.

　㉥ 장외시장은 주로 증권회사를 매개로 거래가 이루어지는데, 증권회사는 매도나 매수를 원하는 투자자와 반대거래를 원하는 상대방을 연결시켜 거래를 중개한다.

금융회사와 금융상품

01 금융회사

(1) 금융회사는 금융시장에서 자금수요자와 공급자 사이에서 자금을 중개해주는 역할을 한다. 금융회사와의 금융거래를 통해 경제주체들은 시점 간 자원배분이 가능해진다. 여기서 출발한 금융업도 사회가 발전하면서 나타난 금융서비스 수요에 맞춰 다양한 형태로 발전하게 되었다.

(2) 금융회사는 취급하는 금융서비스의 성격에 따라 은행, 비은행예금취급기관, 금융투자회사, 보험회사, 기타 금융회사, 금융 유관기관 등으로 구분할 수 있다.

[우리나라 금융회사 현황]

은 행	일반은행	시중은행
		지방은행
		인터넷전문은행
		외국은행 국내지점
	특수은행	한국산업은행
		한국수출입은행
		중소기업은행
		농협은행
		수협은행
비은행예금 취급기관	상호저축은행	
	상호금융	신용협동조합
		농업협동조합
		수산업협동조합
		산림조합
		새마을금고
	기 타	우체국(우체국예금 · 보험), 종합금융회사
금융투자회사	투자매매업자	증권회사, 선물회사
	투자중개업자	
	집합투자업자	자산운용회사
	투자자문업자	
	투자일임업자	
	신탁업자	신탁회사

	생명보험회사	
보험회사	손해보험회사	일반손보사, 재보험회사, 보증보험회사 등
기타 금융회사	여신전문금융회사	신용카드사
		리스사
		할부금융사
		신기술사업금융사
	금융지주회사, 대부업자, 전자금융업자, 벤처캐피탈, 증권금융회사 등	

1 은행

은행은 예금 또는 채무증서 등을 통해 불특정 다수의 경제주체들로부터 자금을 조달하고 기업, 가계 등에 대출하는 금융회사이다. 은행은 「은행법」에 의거 설립되어 운영되는 일반은행[「인터넷전문은행 설립 및 운영에 관한 특례법」(약칭 : 인터넷전문은행법)]에 의해 설립된 인터넷전문은행을 포함], 개별 특수은행법에 의거 설립되어 운영되는 특수은행으로 구분된다.

(1) 일반은행

일반은행은 시중은행, 지방은행, 인터넷전문은행, 외국은행 국내지점이 있다.

① 시중은행은 영업지역을 기준으로 전국 어디에서나 영업이 가능한 은행으로 2024년 12월 기준 국내 은행 5개사(국민·우리·신한·하나은행, iM뱅크)와 외국계 은행 2개사(SC제일, 한국씨티은행)가 있다.

② 시중은행 중에는 은행법 특례를 통해 인터넷전문은행법을 근거로 2017년부터 오프라인 채널 없이 온라인으로만 영업을 개시한 인터넷전문은행도 있으며 케이뱅크, 카카오뱅크, 토스뱅크 3개사가 있다.

③ 지방은행은 주로 특정 지역을 기반으로 주요 영업권을 형성한 은행으로 부산은행, 경남은행, 광주은행, 전북은행, 제주은행 등 5개사가 있다.

(2) 특수은행

① 특수은행은 개별법에 의하여 고유의 목적을 수행하도록 설립된 은행이다.

② 특수은행으로는 한국산업은행, 한국수출입은행, IBK기업은행, NH농협은행, SH수협은행 등이 있다.

한국산업은행	• 「한국산업은행법」에 의하여 1954년 전후 복구지원을 중점적으로 지원하기 위해 설립되었다. • 산업의 개발·육성, 중소·벤처기업의 육성, 사회기반시설의 확충 및 지역개발, 기업구조조정 등 시장경제를 보완하는 역할을 담당하고 있다.
한국수출입은행	「한국수출입은행법」에 의하여 설립되었으며, 수출 촉진 및 수출경쟁력 제고, 국민 경제에 중요한 수입, 해외투자·해외자원개발의 활성화 등에 필요한 자금 공급을 주요 업무로 한다.
IBK기업은행 (舊중소기업은행)	「중소기업은행법」에 의하여 담보여력이 없거나 신용도가 낮은 중소기업을 중점 지원하기 위하여 설립된 은행이다.
NH농협은행	「농업협동조합법」에 의거 농업인과 농업협동조합에 필요한 금융서비스를 제공하는 역할을 담당한다.
SH수협은행	「수산업협동조합법」에 의하여 어업인과 수산업협동조합에 필요한 각종 금융서비스를 제공한다.

③ 특수은행에 대해서는 설립근거법에 의거해 일부 또는 모든 업무에서 「한국은행법」 및 「은행법」의 적용을 배제하고 있다.

(3) 은행업무 범위

은행의 업무는 고유업무, 부수업무 그리고 겸영업무로 구분된다.

① **고유업무** : 「은행법」상 규정된 은행의 고유업무에는 예적금 수입, 유가증권 또는 채무증서 발행, 자금의 대출, 어음할인 및 내·외국환 등이 있다.

② **부수업무** : 고유업무에 부수하는 업무로서 채무보증, 어음인수, 상호부금, 보호예수 등이 있다.

③ **겸영업무** : 다른 업종의 업무 중에서 은행이 영위할 수 있는 업무로서 「자본시장법」상의 집합투자업과 집합투자증권에 대한 투자매매·중개업 및 투자자문업, 신탁업, 「여신전문금융업법」상의 신용카드업, 「근로자퇴직급여보장법」상의 퇴직연금사업 등이 있다.

[은행의 업무 범위(2024년 12월 기준)]

구 분	근 거	업무 범위
고유업무	「은행법」 제27조	• 예금·적금의 수입 또는 유가증권, 그 밖의 채무증서의 발행 • 자금의 대출 또는 어음의 할인 • 내국환·외국환
부수업무	「은행법」 제27조의2	• 채무보증 또는 어음 인수, 상호부금, 보호예수 • 팩토링(기업의 판매대금 채권의 매수·회수 및 관련된 업무) • 수납 및 지급대행, 지자체 금고대행, 전자상거래와 관련한 지급대행 • 은행업과 관련된 전산시스템 및 소프트웨어의 판매·대여 • 금융 관련 연수 도서 및 간행물 출판 업무 • 금융관련 조사 및 연구 업무
	「은행법 시행령」 제18조	• 부동산의 임대 • 수입인지, 복권, 상품권 또는 입장권 등의 판매 대행 • 광고대행(은행의 인터넷 홈페이지, 서적, 간행물 등 물적 설비를 활용)

	「은행업 감독규정」
	제25조
		• 지급형주화(금화, 은화, 메달)·금지금·은지금의 판매대행
		• 금지금 매매·대여, 금 관련 금융상품의 개발 및 판매
		• 전자세금계산서 교부 대행 및 인증 등 관련 서비스
		※ 기타 금융위원회가 정하여 고시하는 업무(「은행업감독규정」 제25조 제2항 제3호)
		  – 은행캐릭터 저작권 라이선싱, 브랜드사용료 부과
		  – 마이데이터 소프트웨어 판매, 은행인증서를 활용한 본인 확인 서비스
		  – 전기통신사업법에 따른 알뜰폰 사업
		  – 대학교 학생증·학사관리 플랫폼 서비스 등

겸영업무	「은행법 시행령」 제18조의2	• 파생상품의 매매·중개업무, 파생결합증권의 매매업무 • 국채증권, 지방채증권 및 특수채증권의 인수·매출·모집·매출 주선업무(사채권 매매업무) • 집합투자업, 투자자문업, 신탁업, 집합투자증권에 대한 투자매매·중개업 • 자본시장법상 일반사무관리회사의 업무, 명의개서대행회사의 업무 • 환매조건부매도·매수·매매 업무, 보험대리점업무 • 퇴직연금사업자업무, 신용카드업, ISA투자일임업 • 담보부사채에 관한 신탁업, 본인신용정보관리업
	「은행업 감독규정」 제25조의2	• 신용정보서비스, 사채관리회사의 업무 • 중소기업 등 지원 목적 법률에 근거한 금융상품 모집·판매 대행 업무

2 비은행 금융회사

비은행 금융회사는 금융회사 중에서 은행법의 적용을 받지 않으면서도 은행과 유사하게 고객의 예금을 바탕으로 돈을 빌려주거나 투자를 하는 금융기관이다. 비은행예금취급기관에는 상호저축은행, 신용협동기구, 우체국예금, 종합금융회사가 있다.

(1) 상호저축은행

① 흔히 저축은행이라고 부르는데 지역 서민들과 중소기업을 대상으로 주로 여수신 업무를 수행하고 있다. 신용도가 다소 낮은 개인이나 기업을 대상으로 하기 때문에 대출금리가 은행보다 높은 대신 예금금리도 은행보다 높은 편이다.

② 상호저축은행은 1972년 사금융 양성화 목적으로 「상호신용금고법」*을 제정하면서 설립되었다. 당시 은행은 제한된 금융자본을 경제성장을 위한 기업 부문에 주로 공급하였다. 그 결과 서민들은 사금융회사를 통하여 자금을 빌릴 수 있었다.

*2001년 「상호신용금고법」이 「상호저축은행법」으로 개정, 기존 '상호신용금고'라는 이름이 '상호저축은행'으로 바뀜

③ 사금융회사는 부실경영 등으로 서민들에게 막대한 피해를 주고 금융 질서를 문란하게 하는 경우가 많았다. 이에 따라 정부는 사금융회사를 양성화하여 전문적 서민 금융회사로 육성하기 위하여 「상호신용금고법」을 제정하였다.

④ 상호저축은행은 전문적 서민 금융회사로서 서민들에 대한 금융 서비스 확대를 도모한다는 설립 취지에 맞추어 총여신의 일정비율 이상을 영업구역 내 개인 및 중소기업에 운용해야 한다.

(2) 신용협동기구

① 신용협동기구는 지역, 직장, 단체 등 조합원에 대한 저축과 대출 등 조합원 상호간의 공동이익 추구를 목적으로 설립·운영되는 금융기관으로 신용협동조합, 새마을금고 그리고 농업협동조합, 수산업협동조합 및 산림조합의 상호금융이 이에 해당된다.

② 신용협동조합은 조합원과의 예탁금·적금의 수입·대출, 내국환업무, 국가·공공단체·중앙회 및 금융기관의 업무 대리, 보호예수, 어음할인 등을 취급하고 있다.

(3) 종합금융회사

① 종합금융회사는 1975년 제정된 「종합금융회사에 관한 법률」에 따라 민간부문의 원활한 외자도입과 종합적인 금융서비스 제공을 위해 설립되었다.

② 은행과 증권회사로 분화되어 있는 금융체제를 보완하여 종합적인 금융서비스를 제공하는 금융기관 도입을 위해 설립되었다.

③ 주요자금조달 수단인 어음발행 및 어음관리계좌(CMA)업무, 팩토링업무, CD 및 공개시장조작 대상증권의 인수 매매 및 중개 등의 업무를 수행한다.

3 보험회사

보험회사는 다수의 계약자로부터 보험료를 받아 이 자금을 대출, 유가증권 등에 운용하여 보험계약자의 노후, 사망, 질병 또는 사고발생 시에 보험금을 지급하는 업무를 수행하는 금융회사이다.

(1) 보험회사의 종류

보험회사는 업무 및 회사 특성을 함께 고려하여 생명보험회사, 손해보험회사, 우체국보험, 공제기관 등으로 구분된다.

생명보험회사	• 사람의 생존 또는 사망사건이 발생했을 때 약정보험금을 지급하는 보장 기능을 주된 업무로 하는 금융 회사이다. • 과거에는 사망보험의 비중이 높았으나 2001년 변액보험제도가 도입된 이후에는 보험상품도 자산운용 수단으로 인식되면서 변액보험의 비중이 상승하는 추세이다.
손해보험회사	• 자동차 사고, 화재, 해상사고 등 각종 사고에 대비한 보험을 취급하는 금융회사로 각종 사고로 발생하는 재산상의 손해에 대처하는 상호보장적 기능을 한다. • 생명보험과 손해보험은 완전히 분리된 보험으로 서로 겸업하지 않지만 사람의 질병, 상해 또는 이로 인한 간병을 대상으로 하는 보험인 질병보험, 상해보험, 간병보험은 생명보험이나 손해보험 회사들이 자유롭게 취급할 수 있다.
보증보험 전담 회사	• 보험계약자로부터 보험료를 받고 보험계약자가 피보험자에게 약속을 이행하지 못하거나 피해를 끼쳤을 때 대신 보험금을 지급하는 업무를 담당한다. – SGI서울보증 : 일반적인 보증보험을 담당 – 기술보증기금 : 기술평가시스템에 근거하여 기술혁신형기업의 보증 – 주택도시보증공사 : 주택분양 보증, 임대보증금 보증, 조합주택시공 보증, 전세보증금반환 보증, 모기지 보증 등

(2) 재보험

① 보험회사가 피보험자로부터 계약한 보험내용의 일부나 전부를 다른 보험회사에 다시 보험을 드는 보험제도이다. 재보험은 대형 사고와 같이 큰 경제적 보상이 필요하여 한 개의 보험회사가 감당하기 어려운 경우에 위험을 분산하는 보험제도이다.

② 국내 재보험사업은 전업재보험사(코리안리 및 외국사 국내지점)와 일부 원수보험사가 영위하고 있다.

4 금융투자회사

금융투자회사란 투자자를 상대로 금융투자상품을 매매하거나 매매를 중개하는 등의 금융투자업을 영위하는 금융회사를 말한다.

(1) 금융투자업

2009년부터 시행된 「자본시장과 금융투자업에 관한 법률」(약칭 : 자본시장법)에서는 자본시장과 관련한 금융투자업을 투자매매업, 투자중개업, 집합투자업, 투자일임업, 투자자문업, 신탁업의 6가지 업종으로 구분하고 이 업종 중 전부 또는 일부를 담당하는 회사를 금융투자회사라고 부른다.

[「자본시장법」 제6조에 따른 금융투자업]

종 류	내 용
투자매매업	금융회사가 자기자금으로 금융투자상품을 매도·매수하거나 증권을 발행·인수 또는 권유·청약·승낙하는 것 예 증권회사, 선물회사
투자중개업	금융회사가 고객으로 하여금 금융투자상품을 매도·매수하거나 증권을 발행·인수 또는 권유·청약·승낙하는 것 예 증권회사, 선물회사
집합투자업	2인 이상에게 투자를 권유하여 모은 금전 등을 투자자 등으로부터 일상적인 운영지시를 받지 않으면서 운용하고 그 결과를 투자자에게 배분하여 귀속시키는 것을 영업으로 하는 것 예 자산운용회사
투자자문업	금융투자상품의 가치 또는 투자판단에 관하여 자문을 하는 것을 영업으로 하는 것 예 투자자문회사, 증권회사, 자산운용회사
투자일임업	투자자로부터 금융상품에 대한 투자판단의 전부 또는 일부를 일임 받아 투자자별로 구분하여 자산을 취득·처분 그 밖의 방법으로 운용하는 것을 영업으로 하는 것 예 투자일임회사, 증권회사, 자산운용회사
신탁업	「자본시장법」에 따라 신탁을 영업으로 수행하는 것 예 은행, 증권회사, 보험회사 등 신탁겸업사, 부동산 신탁회사

(2) 증권회사

① 금융투자회사 중 가장 대표적인 회사인 증권회사는 자본시장에서 주식, 채권 등 유가증권의 발행을 주선하고 발행된 유가증권의 매매를 중개하는 것을 주요 업무로 하고 있다.

② 은행이 예금자의 예금을 받아서 기업에 대출을 해주는 것과는 달리 증권회사는 자금수요 기업과 금융투자자 사이에 직접금융을 중개한다는 점에서 은행과는 업무성격이 다르다.

③ 은행의 예금자는 자신의 돈을 대출받아가는 사람이 누구인지 알 수 없지만 증권회사를 통해서 어떤 기업의 주식을 매입한 투자자는 그 기업의 주주가 되고 그 기업에 대하여 주주의 자격에 근거한 여러 권리를 행사할 수 있게 된다.

(3) 자산운용회사

① 2명 이상의 투자자로부터 모은 돈으로 채권, 주식 매매 등을 통해 운용한 후 그 결과를 투자자에게 배분해 주는 금융투자회사로, 집합투자기구인 펀드를 관리하는 펀드매니저가 있는 회사이다.

② 자산운용회사는 펀드를 만들고 운용하므로 투자 수익률은 자산운용회사의 역량에 따라 편차가 크기 때문에 투자자들은 어떤 운용사의 운용실적이 좋은지 투자 전에 살펴볼 필요가 있다.

(4) 투자자문회사

투자자로부터 주식, 펀드, 채권 등 금융투자상품 등에 대한 투자일임업이나 투자자문업을 주로 하는 금융회사를 말한다.

5 기타 금융회사

고객으로부터 예금을 수취하지 않고 자체적으로 자금을 조달하여 가계나 기업에 돈을 빌려주는 금융회사들도 있다. 신용카드, 시설대여(리스), 할부금융 그리고 신기술사업 금융업의 여신을 전문으로 하는 금융회사들이 여기에 해당한다.

리스회사	• 건물, 자동차, 기계, 사무기기 등을 구입하여 사용자에게 대여하여 사용료를 받는 일을 한다. • 리스 서비스는 소비자들이 자산관리의 부담이나 한꺼번에 많은 자금을 마련할 필요가 없다는 장점이 있다.
할부금융	• 판매사나 제조사에서 상품을 구입할 때 할부금융회사가 미리 돈을 지불하고 소비자는 일정 기간 나누어서 갚는 것을 말한다. 따라서 할부금융회사는 상품 구매액을 초과하는 자금을 대출할 수 없다. • 할부금융 자금은 상품 구입 목적 이외에 다른 목적으로 대출받는 것을 방지하기 위해 소비자에게 대출하지 않고 판매자에게 직접 지급하도록 되어 있다. • 금융회사 이름에 주로 'ㅇㅇ캐피탈'이라는 이름이 붙은 회사들이 전형적인 할부금융회사이다.
신용카드 회사	전형적인 여신전문 금융회사로, 소비자가 구입하는 상품의 가격을 미리 지불하고 결제일에 한꺼번에 금액을 받거나 나누어서 갚게 하고 해당기간 동안에 발생하는 이자소득이나 사용수수료로 수입을 올린다.
금융지주회사	주식(지분)의 소유를 통해 금융기관 또는 금융업의 영위와 밀접한 관련이 있는 회사를 지배하는 것을 주된 사업으로 하여 1개 이상의 금융기관을 지배하는, 자산총액이 5천억 이상인 회사로서 금융위원회의 인가를 받은 회사를 말한다.
대부업자	금전의 대부(어음할인·양도담보 등)를 업으로 하거나 대부계약에 따른 채권을 양도받아 이를 추심하는 것을 업으로 하는 자(대부중개업자를 포함)를 말한다.

6 금융유관기관

금융유관기관은 금융거래에 직접 참여하기보다 금융제도의 원활한 작동에 필요한 여건을 제공하는 업무를 주로 하는 기관들이다. 여기에는 금융감독원, 예금보험공사, 금융결제원 등 금융하부구조와 관련된 업무를 영위하는 기관과 신용보증기금·기술신용보증기금 등 신용보증기관, 신용평가회사, 한국자산관리공사, 한국주택금융공사, 한국거래소, 자금중개회사 등이 포함된다.

(1) 한국은행

① 우리나라 중앙은행인 한국은행은 화폐를 독점적으로 발행하는 발권은행이다.

② 화폐발행 외에 한국은행의 가장 중요한 역할은 물가안정을 위해 통화신용정책을 수립하고 집행하는 것이다. 한국은행이 채택하고 있는 통화정책 운영체제는 물가안정목표제이다. 물가안정목표제는 통화량 등의 중간목표를 두지 않고 정책의 최종 목표인 '물가상승률' 자체를 목표로 설정하고 중기적 시계에서 이를 달성하려는 통화정책 운영방식이다.

③ 한국은행의 금융통화위원회(금통위)는 기준금리(정책금리)를 정하고 여타 통화신용정책에 관해 결정을 내린다. 금통위는 한국은행의 통화신용정책에 관한 주요 사항을 심의·의결하는 정책결정기구로서 한국은행 총재 및 부총재를 포함한 총 7인의 위원으로 구성된다.

④ 한국은행은 금융안정에도 노력하고 있다. 금융회사로부터 예금을 받아 금융회사 고객의 예금인출에 대비한 지급준비금 등으로 이용하고 금융회사에 대출을 해주며 자금부족에 직면한 금융회사가 순조롭게 영업할 수 있도록 도와주는 등 은행의 은행 역할을 수행하고 있다.

⑤ 국민이 정부에 내는 세금 등 정부의 수입을 국고금으로 받아 두었다가 정부가 필요로 할 때 자금을 내어 주는 정부의 은행 역할도 수행하고 있다. 또한 2004년 1월 개정 「한국은행법」에 의거하여 지급결제시스템을 안정적이고 효율적으로 운영해야 하는 책무도 부여받았다.

(2) 금융감독원

① 설립 목적

㉠ 금융감독원은 금융산업을 선진화하고 금융시장의 안정성을 도모하며, 건전한 신용질서, 공정한 금융 거래관행 확립과 예금자 및 투자자 등 금융수요자를 보호함으로써 국민 경제에 기여하는 데 그 목적이 있다.

㉡ 금융감독원은 정부조직과는 독립된 특수법인으로 되어 있는데 이는 금융감독업무와 관련하여 금융감독기구가 정치적 압력 또는 행정부의 영향력에 의해 자율성을 잃지 않고 중립적이고 전문적인 금융감독 기능을 구현하기 위함이다.

② 주요 업무

㉠ 금융회사에 대한 감독업무, 이들 회사의 업무 및 재산상황에 대한 검사와 검사결과에 따른 제재업무, 금융분쟁의 조정 등 금융소비자 보호업무 등의 기능을 수행하고 있다.

㉡ 금융감독은 크게 시스템 감독, 건전성 감독 그리고 영업행위 감독으로 구분될 수 있다.

시스템 감독	경제 전반에 걸친 금융혼란에 대비하여 금융시스템의 안정성을 확보하는 데 주력하는 것으로 건전성 및 영업행위 감독보다 넓은 개념이다.
건전성 감독	개별 금융회사의 재무제표의 건전성, 자본적정성 및 각종 건전성 지표를 통해 금융회사의 건전성을 감독하는 것이다.
영업행위 감독	금융회사가 소비자들과의 거래에서 공시(公示), 정직, 성실 및 공정한 영업 관행을 유지하고 있는지 감독하는 것으로 소비자 보호 측면에 중점을 둔 것이다.

㉢ 금융회사에 대한 검사는 금융회사의 현장에서 규제준수 여부를 점검하는 임점검사(臨店檢査)와 금융회사가 제출한 업무보고서에 근거하여 상시감시를 병행한다.

㉣ 자본시장의 공정성 확보를 위한 불공정거래나 보험사기 조사업무와 더불어 소비자가 직접제기하는 민원의 상담, 조사 및 분쟁조정 절차를 담당하여 금융소비자를 보호하는 기능도 수행하고 있다.

(3) 예금보험공사

① 설립 목적

예금보험공사는 1996년 「예금자보호법」에 의거하여 금융회사가 파산 등으로 예금을 지급할 수 없는 경우 예금지급을 보장함으로써 예금자를 보호하고 금융제도의 안정성을 유지할 목적으로 설립된 기관이다.

② 주요 업무

㉠ 예금보험제도를 통해 금융회사의 보험료, 정부와 금융회사의 출연금, 예금보험기금채권 등으로 예금보험기금을 조성해두었다가 금융회사가 고객들에게 예금을 지급하지 못하는 경우에 대신 지급해주는 것이 주요 업무이다.

㉡ 예금보험 기금의 손실을 최소화하기 위해 금융회사의 경영분석 등을 통해 부실 가능성을 조기에 파악하고 있으며, 부실금융회사에 대한 구조조정을 추진하여 금융시스템을 안정화하는 역할도 담당한다.

ⓒ 예금보험공사에서 보호하는 금융회사는 은행, 증권투자매매 · 중개업을 인가받은 회사(증권사, 선물사, 자산운용사 등), 보험회사, 상호저축은행, 종합금융회사 등이다.

ⓔ 특히 농협은행 및 수협은행 본 · 지점의 예금은 은행처럼 「예금자보호법」에 따라 예금자 원금과 소정의 이자를 포함하여 1인당 1억원까지 보호되지만 농 · 수협 지역조합의 예금은 「예금자보호법」에 따른 보호대상이 아니라 각 중앙회가 자체적으로 설치, 운영하는 '상호금융예금자보호기금'을 통하여 보호되고 있다.

ⓜ 신용협동조합과 새마을금고도 각 신용협동조합중앙회에 설치된 예금자보호기금과 「새마을금고법」에 따라 새마을금고중앙회에 설치된 예금자보호준비금에 의해 1인당 1억원까지 예금을 보호한다.

ⓗ 외화표시예금은 원화로 환산한 금액 기준으로 예금자 1인당 1억원 범위 내에서 보호된다. 또한 기업 등 법인의 예금도 개인예금과 마찬가지로 법인별로 1억원까지 보호된다. 다만, 정부 · 지방자치단체 · 한국은행 · 금융감독원 · 예금보험공사 및 부보금융회사의 예금은 보호대상에서 제외된다.

(4) 한국거래소

① 설립 목적

한국거래소(KRX ; Korea Exchange)는 「자본시장법」에 의하여 설립된 주식회사로서 증권 및 선물 · 옵션과 같은 파생상품의 공정한 가격형성과 거래의 원활화 및 안정화를 도모하기 위하여 증권거래소, 선물거래소, 코스닥 위원회, ㈜코스닥증권시장 등 4개 기관이 통합하여 2005년 설립되었다.

② 주요 업무

ⓐ 유가증권시장과 코스닥시장, 코넥스시장 그리고 파생상품시장의 개설과 운영

ⓑ 증권 및 장내파생상품의 상장

ⓒ 증권 및 장내 · 외 파생상품의 매매체결 및 청산과 결제

ⓔ 증권 및 장내 파생상품의 이상거래 감시

ⓜ 거래소시장 내의 매매거래와 관련하여 발생하는 분쟁조정 등

대체거래소(ATS, Alternative Trading System)

2025년 3월 넥스트레이드(NXT)가 한국거래소(KRX) 외 주식을 거래할 수 있는 국내 첫 대체거래소로 정식 출범되었다. 넥스트레이드에서 거래되는 종목은 출범 초기 10개 종목에서 시작하여 2025년 10월 현재 기준, 한국거래소에서 거래되는 종목 중 코스피200과 코스닥150지수 구성 종목, 시가총액 및 거래대금 상위종목 등 650여개 종목을 거래할 수 있으며, 시가총액과 기업정보 등을 고려하여 추가 종목을 선정한다. 단, 기업공개(IPO)종목의 경우, 상장 첫날에는 한국거래소에서만 거래가 가능하다.

넥스트레이드 출범으로 가장 큰 변화는 주식 거래시간 변화와 호가유형의 다양화이다. 국내 주식 시장의 Pre마켓과 After마켓을 추가 운영으로 주식거래 시간이 12시간으로 확대된다. 한국거래소(KRX)와 공통으로 운영하는 정규 거래시간 전 · 후로, 08시 ~ 08시50분의 Pre마켓과 15시 30분 ~ 20시의 After마켓을 추가로 운영한다.

또한, 현재 국내 증시에서 제공하는 시장가와 4가지 지정가 외 중간호가, 스톱지정호가가 추가된다.

〈넥스트레이드 출범에 따른 거래체계 변화〉

〈현 행〉

시 가	8:30~9:00 (20분간 체결가 표출)
정규시장	9:00~15:20
종 가	15:20~15:30
시간외 단일가	16:00~18:00
공시시간	07:30~18:00

6.5h

〈ATS 출범 후〉

NEW	Pre마켓	08:00~08:50	ATS
	시 가	08:30~09:00 (10분간 체결가 표출)	KRX
	정규시장	09:00~15:20	KRX ATS
	종 가	15:20~15:30	KRX
NEW	After마켓	15:30~20:20	ATS
	시간외 단일가	16:00~18:00	KRX
	공시시간	07:30~18:00	

12h

현행동일

출 처 : 금융감독원

(5) 금융결제원

① 설립 목적

금융결제원은 자금결제와 정보유통을 원활하게 함으로써 건전한 금융거래의 유지 · 발전을 도모하고 금융회사 이용자의 편의를 제고하는 등 금융산업 발전에 기여할 목적으로 설립된 지급결제전문기관이다.

② 주요 업무

5대 국가전산망의 하나인 금융전산망 구축을 위하여 1986년 6월, 비영리 사단법인으로 출범한 이래 CD공동망, 타행환공동망, 전자금융공동망, 어음교환, 지로 등의 지급결제시스템과 금융인증 등 금융분야 핵심 인프라의 구축 · 운영을 통하여 안전하고 편리한 지급결제서비스를 제공하고 있다.

1 금융상품

현재 각 금융회사에서는 금융소비자들의 다양한 저축수요를 충족시키기 위해 여러 가지 형태의 금융상품을 취급하고 있다. 가장 대표적으로는 저축상품인데, 취급할 수 있는 금융회사가 정해져 있다. 은행을 비롯하여 상호저축은행, 신용협동조합, 새마을금고, 농·축협, 수협, 종합금융회사, 우체국예금 등이 여기에 포함된다.

(1) 특성에 따른 저축상품

① 수익률은 낮지만 예금자의 지급 청구가 있으면 조건 없이 지급함으로써 고객의 지급결제 편의 도모 또는 일시적 보관을 목적으로 하는 당좌예금, 보통예금, 공공예금, 국고예금 등 요구불성 예금 상품

② 정기적금과 같이 적은 돈을 매월(매분기) 저축하여 일정 기간 후 목돈을 마련하는 적립식 상품

③ 정기예금, 금전신탁 등과 같이 목돈을 투자해 재테크 할 수 있는 거치식 상품

④ 기타 특정 저축목적 달성을 지원하기 위한 상품

⑤ 확정이자를 지급하는 상품, 실적에 따라 수익을 배당하는 상품, 이자소득 등에 대해 비과세하거나 우대세율을 적용하는 상품 등

(2) 금융상품 투자 시 고려사항

① 하루가 다르게 변모하고 있는 금융환경 속에서 각 금융회사들은 고객 유치를 위해 주식이나 채권은 물론 펀드 등 투자성이 있는 다양한 형태의 직·간접 투자상품들도 계속 출시·판매하고 있다.

② 금융상품을 고를 때에는 금융회사의 선택 못지않게 수익성, 환금성, 안전성 및 부대서비스 내용 등 여러 금융상품의 특성을 서로 비교해 보고 각자의 저축목적에 부합하는 대안을 선택하려는 노력이 중요하다.

2 저축상품

(1) 입출금이 자유로운 상품

① 보통예금 및 저축예금

  ㉠ 보통예금

   • 거래대상, 예치금액, 예치기간, 입출금 횟수 등에 아무런 제한 없이 누구나 자유롭게 입·출금할 수 있는 반면 이자율이 매우 낮은 예금이다.

   • 입·출금이 자유로운 예금의 기본 형태라 할 수 있으며 예금자 입장에서는 생활자금과 수시로 사용해야 하는 일시적인 유휴자금을 예치하는 수단이 되고, 예금기관의 입장에서는 저리로 자금을 조달할 수 있는 재원이 된다.

ⓛ 저축예금

- 보통예금처럼 예치금액, 예치기간 등에 아무런 제한이 없고 입출금이 자유로우면서도 보통예금보다 높은 이자를 받을 수 있는 예금이다.
- 가계우대성 금융상품으로 가계의 여유자금을 초단기로 예치하거나 입출금이 빈번한 자금을 운용하기에 적합하다.

ⓒ 보통예금 및 저축예금의 특징

- 두 상품 모두 우체국, 은행(농·수협중앙회 포함), 상호저축은행 등이 취급하며, 개인의 경우 더 높은 이자를 지급하는 저축예금에 제한 없이 가입할 수 있어 보통예금은 저축수단으로서의 활용도가 높지 않은 편이다.
- 금융회사에 따라서는 입출금이 자유로운 예금 중 일부상품만 취급하거나 이들을 통합하여 운영하기도 하며, 일정 기간 동안의 평균잔액이 일정액 이하인 경우 이자를 지급하지 않거나 오히려 계좌유지 수수료를 부과하는 제도를 시행하는 경우도 있다.
- 상호금융, 신용협동조합, 새마을금고 등 신용협동 기구들은 은행의 저축예금과 유사한 상품인 '자립예탁금'을 취급하고 있으며, 이 상품은 대월약정을 맺으면 약정한도까지 대출을 자동으로 받을 수 있다.

② 가계당좌예금

ⓐ 가계수표를 발행할 수 있는 개인용 당좌예금이며 무이자인 일반 당좌예금과는 달리 이자가 지급되는 가계우대성 요구불예금이다. 가입대상은 신용상태가 양호한 개인, 자영업자(신용평가 결과 평점이 일정점수 이상인 자)로 제한된다.

ⓑ 모든 은행에 걸쳐 1인 1계좌만 거래할 수 있으며, 예금 잔액이 부족할 경우에는 대월한도 범위 내에서 자동대월이 가능하다.

ⓒ 거래실적이 양호한 경우에는 소액가계자금도 대출받을 수 있다. 가계수표는 예금잔액 및 대월한도 범위 내에서 발행하여야 하며 대월한도를 초과하여 발행하게 되면 거래정지처분을 받을 수 있다.

③ 시장금리부 수시입출금식예금(MMDA ; Money Market Deposit Account)

ⓐ 고객이 우체국이나 은행에 맡긴 자금을 단기금융상품에 투자해 얻은 이익을 이자로 지급하는 구조로 되어 있어 시장실세금리에 의한 고금리가 적용되고 입출금이 자유로우며 각종 이체 및 결제기능이 가능한 단기상품이다.

ⓑ 언제 필요할지 모르는 자금이나 통상 500만원 이상의 목돈을 1개월 이내의 초단기로 운용할 때 유리하며 각종 공과금, 신용카드대금 등의 자동이체용 결제통장으로도 활용할 수 있는 예금이다.

ⓒ 예금거래 실적에 따라 마이너스대출, 수수료 면제, 대출·예금금리 우대, 각종 공과금 및 신용카드대금 결제, 타행환 송금 등 부대서비스를 제공하고 있는데 일부은행의 경우 이를 불허하거나 자동이체 설정 건수를 제한하고 있다.

ⓓ 주로 증권사, 종합금융회사의 어음관리계좌(CMA), 자산운용회사의 단기금융상품펀드(MMF) 등과 경쟁하는 상품이다.

④ 단기금융상품펀드(MMF ; Money Market Fund)

　　㉠ MMF는 고객의 돈을 모아 주로 CP(기업어음), CD(양도성예금증서), RP(환매조건부채권), 콜(call) 자금이나 잔존만기 1년 이하의 안정적인 국공채로 운용하는 실적배당상품이다.

　　㉡ 일시 자금예치 수단으로서의 본래 기능을 수행할 수 있도록 운용가능한 채권의 신용등급을 AA등급 이상(기업어음 A2 이상)으로 제한하여 운용자산의 위험을 최소화하도록 하고 있으며, 유동성 위험을 최소화하기 위하여 운용자산 전체 가중평균 잔존 만기를 75일 이내로 제한하고 있다.

　　㉢ MMF는 자산운용회사가 운용하며 은행, 증권사, 보험사 등에서 판매한다. MMF의 최대 장점은 가입 및 환매가 청구 당일에 즉시 이루어지므로 입출금이 자유로우면서 실적에 따라 수익이 발생하여 소액투자는 물론 언제 쓸지 모르는 단기자금을 운용하는 데 유리하다는 점이다.

　　㉣ 다만, 계좌의 이체 및 결제 기능이 없고, 예금자보호의 대상이 되지 않는다.

⑤ 어음관리계좌(CMA ; Cash Management Account)

　　㉠ CMA는 종합금융회사나 증권회사가 고객의 예탁금을 어음 및 국·공채 등 단기금융상품에 직접 투자하여 운용한 후 그 수익을 고객에게 돌려주는 단기 금융상품이다.

　　㉡ 자금을 단기금융상품에 투자하고 실적배당을 한다는 점에서는 MMF와 유사하지만 MMDA처럼 이체와 결제, 자동화기기(ATM)를 통한 입출금 기능을 갖고 있다는 점에서 차이가 있다.

　　㉢ 종합금융회사의 CMA는 예금자보호 대상이 되지만 증권회사의 CMA는 그렇지 않다. 예탁금에 제한이 없고 수시 입출금이 허용되면서도 실세금리 수준의 수익을 올릴 수 있는 장점을 가지고 있다.

　　㉣ 개인이나 기업이 1개월에서 6개월 정도의 여유자금을 운용하기에 적합한 저축수단이며, 실물이 아닌 "어음관리계좌" 통장으로만 거래된다.

[MMDA, MMF, CMA 비교]

상품명	취급금융회사	예금자보호	이 율	이체 및 결제
MMDA	은 행	보 호	확정금리(차등)	가 능
MMF	은행, 증권사	비보호	실적배당	불가능
CMA	종금사, 증권사	종금사만 보호	실적배당	가 능

(2) 목돈마련을 위한 상품(적립식 예금)

① 정기적금

　　㉠ 계약금액과 계약기간을 정하고 예금주가 일정 금액을 정기적으로 납입하면 만기에 계약 금액을 지급하는 적립식 예금으로 푼돈을 모아 목돈을 마련하는 데 적합한 가장 보편적인 장기 금융상품이다.

　　㉡ 필요시 적금을 담보로 납입한 적금잔액의 일정범위(통상 95%) 이내에서 대출을 받을 수 있다. 정기적금은 당초 서민의 저축의식을 고취하고 계(契)와 같은 사(私)금융 저축을 흡수하여 건전한 재산형성을 목적으로 도입되었으며, 우체국, 은행, 상호저축은행, 상호금융, 신용협동조합, 새마을금고 등 다양한 금융회사들이 취급하고 있다.

　　㉢ 정기적금이나 정기예금은 예치기간이 정해져 있어서 보통예금보다 이자가 많지만 유동성은 낮다. 만기 이전에 해약을 하게 되면 약정한 이자보다 훨씬 낮은 이자를 지급받거나 경우에 따라서는 이자가 없을 수도 있다.

ⓔ 만기 후에는 적용금리가 가입당시 또는 만기일 당시 약정이율의 1/2 이하로 크게 낮아지는데 유의하여야 한다. 참고로, 정기적금의 계약액은 다음과 같이 산정된다.

$$계약액 = 원금 + 이자 = 월\ 저축금 \times 계약기간(월) + 세전이자$$

$$세전이자 = 월\ 저축금 \times 이율 \times \frac{계약기간 \times (계약기간+1)}{2} \times \frac{1}{12}$$

② 자유적금

　ⓐ 자유적금은 정기적금과 달리 가입자가 자금여유가 있을 때 금액이나 입금 횟수에 제한 없이 입금할 수 있는 적립식 상품으로 우체국, 은행, 상호저축은행, 상호금융, 신용협동조합, 새마을금고 등에서 취급하고 있다.

　ⓑ 원래 저축한도에는 원칙적으로 제한이 없으나 자금 및 금리 리스크 때문에 입금 금액을 제한하여 운용하는 것이 일반적이다. 즉, 월별 1천만원 정도로 입금한도를 두어 운용하고, 계약기간 2/3 경과 시 기적립액의 1/2 이내의 금액만 입금할 수 있다.

　ⓒ 자유적금에 입금의 제한을 두는 이유는 만약 연 6.0%로 하여 1만원으로 3년제 계약을 하고 입금을 하지 않고 있다가 2년 정도 경과한 시점에서 금리가 4.0%로 하락하였을 때 해당 계좌에 1억원을 입금하면 예금주는 금리하락에도 불구하고 높은 금리로 이자를 받아갈 것이고, 은행은 예치 받은 자금을 높은 금리로 운용하지 못하기 때문에 예금주가 혜택을 본 것만큼 손실을 입게 되기 때문이다.

(3) 목돈운용을 위한 상품(거치식 예금)

① 정기예금

　ⓐ 예금자가 이자수취를 목적으로 예치기간을 사전에 약정하여 일정금액을 예입하는 장기저축성 기한부 예금이다. 약정기간이 길수록 높은 확정이자가 보장되므로 여유자금을 장기간 안정적으로 운용하기에 좋은 금융상품이다.

　ⓑ 매월 이자를 지급받을 수도 있는 금융상품으로 목돈을 맡겨 놓고 이자로 생활하고자 하는 경우에도 적합한 상품이다. 우체국, 은행, 상호저축은행, 상호금융, 신용협동조합, 새마을금고 등에서 취급하며 우리나라 전체 예금 잔액 가운데 50% 이상을 차지하는 가장 대표적인 예금이다.

　ⓒ 만기이전에 중도해지하면 약정금리보다 낮은 중도해지이율이 적용되므로 만기까지 예치하는 것이 바람직하며, 통상 예금 잔액의 95% 범위 내에서 담보대출을 받을 수 있다.

② 정기예탁금

　은행의 정기예금과 유사한 상품으로 상호금융, 새마을금고, 신용협동조합 등 신용협동기구들이 취급하고 있는 상품이다. 조합원 · 준조합원 또는 회원 등이 가입할 수 있으며, 은행권보다 상대적으로 높은 금리를 지급하므로 일반 서민들의 목돈 운용에 적합한 저축수단이다.

③ 실세금리연동형 정기예금

　가입 후 일정 기간마다 시장실세금리를 반영하여 적용금리를 변경하는 정기예금으로 금리변동기, 특히 금리상승기에 실세금리에 따라 목돈을 운용하는 데에 적합한 금융상품이다. 은행에서 취급하며, 일반적으로 만기 이전에 중도해지 시에는 약정금리보다 낮은 이율이 적용된다.

④ 주가지수연동 정기예금(ELD ; Equity Linked Deposit)

  ㉠ 원금을 안전한 자산에 운용하여 만기 시 원금은 보장되고 장래에 지급할 이자의 일부 또는 전부를 주가지수(KOSPI 200지수, 일본 닛케이 225지수 등)의 움직임에 연동한 파생상품에 투자하여 고수익을 추구하는 상품이다.

  ㉡ 주가지수 전망에 따라 주가지수 상승형, 하락형 또는 횡보형 등 다양한 구조의 상품구성이 가능하다. 중도해지 시 중도해지이율을 적용하여 산정된 금액에서 중도해지수수료를 차감하여 지급하거나 무이자인 경우도 있다.

  ㉢ 동일유형의 상품으로 증권회사의 ELS(주가지수연동증권)와 자산운용회사의 ELF(주가지수연계펀드)가 있다. ELD는 은행에서 취급하며, 예금자보호 대상이다.

⑤ 양도성예금증서(CD ; Certificate of Deposit)

  ㉠ 정기예금에 양도성을 부여한 특수한 형태의 금융상품으로 은행이 무기명 할인식으로 발행하여 거액의 부동자금을 운용하는 수단으로 자주 활용된다. 즉, 예치기간 동안의 이자를 액면금액에서 차감(할인)하여 발행한 후 만기지급 시 증서 소지인에게 액면금액을 지급한다.

  ㉡ 실세금리를 반영하여 수익률이 비교적 높은 편이며, 통상 1,000만원 이상의 목돈을 3개월 내지 6개월 정도 운용하는 데 적합한 단기상품이다. 은행에서 발행된 증서를 직접 살 수 있고 증권회사에서 유통되는 양도성예금증서를 살 수도 있다. 중도해지가 불가능하며 만기 전에 현금화하고자 할 경우에는 증권회사 등 유통시장에서 매각할 수 있다.

  ㉢ 할인식으로 발행되는 특성상 만기 후에는 별도의 이자 없이 액면금액만을 지급받게 되며, 예금자보호 대상에서 제외된다.

⑥ 환매조건부채권(RP ; Re-purchase Paper)

  ㉠ 금융회사가 보유하고 있는 국채, 지방채, 특수채, 상장법인 및 등록법인이 발행하는 채권 등을 고객이 매입하면 일정 기간이 지난 뒤 이자를 가산하여 고객으로부터 다시 매입하겠다는 조건으로 운용되는 단기 금융상품이다.

  ㉡ 투자금액과 기간을 자유롭게 선택할 수 있는 시장금리연동형 확정금리상품으로서 비교적 수익률이 높은 편이며 단기여유자금을 운용할 때 유리한 저축수단이다. 은행, 종합금융회사, 증권회사, 증권금융회사 등이 취급하며, 최소거래금액에 제한은 없으나 1,000만원 이상이 일반적이다.

  ㉢ 예금자보호 대상은 아니지만 국채, 지방채 등 우량 채권을 대상으로 투자되므로 안정성이 높은 편이며, 대부분 만기가 지난 후에는 별도의 이자를 가산해 주지 않는다는 점에 유의해야 한다.

  ㉣ 주로 통장거래로 이루어지며 30일 이내 중도 환매 시에는 당초 약정금리보다 훨씬 낮은 금리를 적용받게 된다.

(4) 특수목적부 상품(주택청약종합저축)

① 주택청약종합저축은 신규분양 아파트 청약에 필요한 저축으로서 기존의 청약저축, 청약부금, 청약예금의 기능을 묶어 놓은 것으로, 가입은 주택소유 · 세대주 여부, 연령 등에 관계없이 누구나 가능하나 전체 업무취급 은행을 통해 1인 1계좌만 개설 가능하다.

② 수도권의 경우 가입 후 1년이 지나면 1순위가 되며, 수도권 외의 지역은 6~12개월 범위에서 시·도지사가 정하는 기간이 지나면 1순위가 된다.

③ 납입 방식은 일정액 적립식과 예치식을 병행하여 매월 2만원 이상 50만원 이내에서 자유롭게 불입할 수 있으며(「국고금관리법」에 따라 10원 단위까지 납입 가능), 잔액이 1,500만원 미만인 경우 월 50만원을 초과하여 잔액 1,500만원까지 일시 예치가 가능하고, 잔액이 1,500만원 이상인 경우는 월 50만원 이내에서 자유롭게 적립할 수 있다.

④ 청약대상은 국민주택의 경우 해당 지역에 거주하는 무주택 세대의 구성원으로서 1세대당 1주택, 민영주택의 경우는 지역별 청약가능 예치금을 기준으로 1인당 1주택 청약이 가능하다.

⑤ 총 급여 7천만원 이하 근로소득자로서 무주택 세대주인 경우는 월 납입 인정 한도가 25만원으로 최대 연 300만원의 40%인 120만원까지 소득공제 혜택이 주어진다.

[지역별 청약가능 예치금]

희망주택(전용면적 기준)	서울·부산	기타 광역시	기타 시·군
$85m^2$ 이하	300만원	250만원	200만원
$102m^2$ 이하	600만원	400만원	300만원
$102m^2$ 초과 $135m^2$ 이하	1,000만원	700만원	400만원
모든 면적	1,500만원	1,000만원	500만원

3 투자상품

(1) 펀드

① 펀드의 투자방식

㉠ 투자방식에는 크게 직접투자와 간접투자가 있다.

직접투자	투자자가 주식, 채권, 부동산, 파생상품 등에 대한 투자정보를 스스로 수집·판단하여 투자를 한다. 본인의 한정된 자금만으로 투자하기 때문에 분산투자가 어려워 투자위험이 높다.
간접투자	자산운용 전문가인 제3자에게 자금을 위탁하여 운용할 뿐만 아니라 여러 사람으로부터 모은 대규모 자금으로 분산투자하여 투자위험을 줄일 수 있다.

㉡ 대표적인 간접투자상품은 펀드(fund)이다. 펀드(집합투자증권*)는 2명 이상의 불특정 다수의 투자자로부터 자금을 모아서 자산운용회사가 주식, 채권, 인프라(도로, 항만, 공항 등) 및 실물자산(금, 구리, 선박 등) 등 다양한 자산에 분산투자하여 그 결과를 각 투자자의 투자금액에 비례하여 돌려주는 간접투자상품이다.

*집합투자증권은 「예금자보호법」에 따라 예금보험공사가 보호하지 않는다.

㉢ 펀드는 투자포트폴리오의 운용성과에 따라서 수익 또는 손실이 발생할 수 있으며, 운용결과 원금손실이 발생하는 경우 투자자 자신의 책임으로 귀속되는 실적배당상품이다.

㉣ 투자자는 펀드투자 의사결정 시 펀드의 운용특성, 투자위험 및 보수·수수료 등을 확인해야 하며, 투자 이후에도 펀드 운용성과 등을 지속적으로 모니터링 하여 필요시 펀드 교체 여부 등을 판단해야 한다.

② 펀드의 구조

　㉠ 펀드는 자산운용회사의 상품으로, 어느 주식이나 채권에 얼마만큼 투자할지 투자전문가가 운용전략을 세워 체계적으로 관리한다.

　㉡ 투자자 입장에서 보면 펀드투자는 해당 펀드의 수익증권을 구입하는 것과 같으며 투자한 펀드에서 발생한 수익이나 손실을 투자한 비율대로 분배받는다. 은행, 보험사, 증권회사 등은 투자자에게 펀드투자를 권유하고 투자계약을 체결하는 펀드판매회사로서의 역할을 수행하고 있다.

　㉢ 투자자금, 즉 수익증권을 판매한 대금은 펀드를 설정하고 운용하는 자산운용회사로 들어가는 것이 아니라 자산보관회사인 신탁업자가 별도로 관리하기 때문에 혹시 자산운용회사가 파산하더라도 펀드에 투자한 자금은 보호받을 수 있다.

　㉣ 자산의 투자과정에서 발생하는 수익증권의 발행 및 명의개서업무, 계산업무, 준법감시 업무 등은 별도의 일반사무수탁회사에서 담당하게 된다. 이렇게 4개의 회사가 서로 다른 역할을 하면서 유기적으로 연결되어 펀드가 운용된다.

[펀드의 운용 구조]

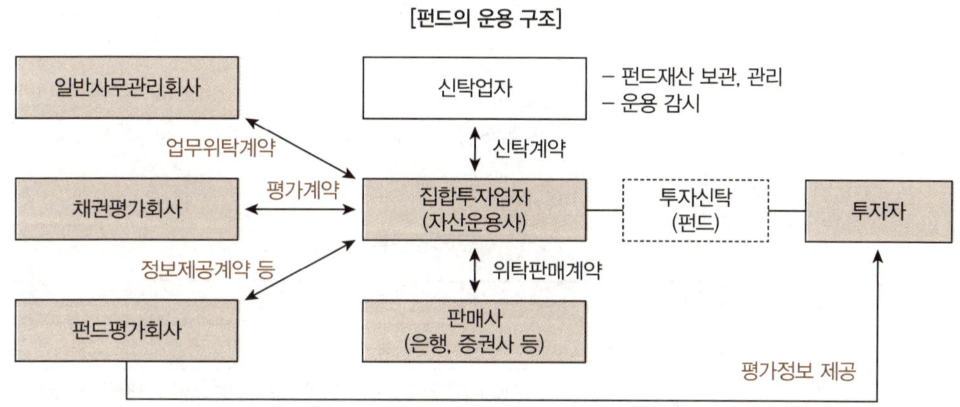

출처 : 금융위원회

③ 펀드투자 비용

　㉠ 펀드와 관련된 금융회사들은 펀드투자자로부터 각종 수수료와 보수를 받는다. 구분하자면 수수료(commission)는 보통 한 번 지불하고 끝나는 돈이고 보수(fee)는 지속적이고 정기적으로 지급되는 돈이지만 통상 둘 모두를 수수료라 부르기도 한다.

　㉡ 결국 수수료나 보수는 투자자 입장에서 보면 비용이 된다. 펀드 자금을 운용하는 대가로 자산운용회사가 받는 돈을 운용보수라고 하며 매년 펀드 자산의 일정 비율을 보수로 수취한다.

　㉢ 펀드판매회사가 판매서비스에 대해 받는 대가에는 판매수수료와 판매보수가 있는데, 전자는 펀드를 추천하고 설명해주는 대가로 볼 수 있으며 선취 또는 후취로 수취한다. 또 보수는 투자자의 펀드계좌를 지속적으로 관리해주는 비용이며 운용보수처럼 펀드 자산의 일정 비율로 지급하게 된다.

　㉣ 그 밖에 자산보관회사가 받는 신탁보수와 일반사무수탁회사가 받는 사무수탁보수가 있으나 운용보수, 판매수수료, 판매보수 등에 비하면 비용이 적은 편이다.

ⓜ 또한, 약정기간이 지나기 전에 투자한 돈을 되찾았을 때 부과하는 환매수수료가 있다. 환매수수료는 잦은 자금 유출입을 방지하여 펀드 운용의 안정성을 부과하기 위해 만들었으며, 펀드에 따라 부과되는 펀드와 부과되지 않는 펀드가 있다. 통상 환매수수료는 가입 후 90일 또는 180일 등 일정 기간으로 제한하고 있으며, '이익금의 ○○%'라는 식으로 정의되어 있다.

④ 펀드투자의 장점
　㉠ 소액으로 분산투자가 가능하다. 분산투자를 통해 리스크를 최소화할 수 있는데 소액으로는 대규모 자금이 소요되는 포트폴리오를 적절하게 구성하기 어렵지만 다수 투자자의 자금을 모아(pooling) 운용되는 펀드를 통해 분산투자를 할 수 있다.
　㉡ 펀드는 투자전문가에 의해 투자되고 관리ㆍ운영된다. 개인투자자의 경우는 전문가에 비해 정보취득이나 분석능력이 떨어지고 투자 경험도 적어 자금운용에 어려움이 많다.
　㉢ 규모의 경제로 인해 비용을 절감할 수 있다. 대규모로 투자ㆍ운용되는 펀드는 규모의 경제로 인해 거래비용과 정보취득비용이 절감될 수 있고, 명시적인 비용 외에도 각 개인이 각자의 자금을 투자하고 관리하는 데 소요되는 시간과 노력으로 인한 기회비용을 줄이는 역할도 하게 된다.

⑤ 펀드의 유형
　㉠ 기본적 유형
　　펀드는 여러 가지 기준으로 나눌 수 있지만 대표적으로 중도 환매가능 여부, 투자자금의 추가 불입 가능 여부, 투자자금의 모집 대상 등으로 구분해 볼 수 있다.

[펀드의 종류와 유형]

기 준		펀드의 종류와 유형
환매여부	개방형펀드	환매가 가능한 펀드로, 운용 후에도 추가로 투자자금을 모집하는 것이 가능하다.
	폐쇄형펀드	• 환매가 원칙적으로 불가능한 펀드로, 첫 모집 당시에만 자금을 모집한다. • 기간이 끝나면 전 자산을 정산해서 상환이 이루어진다.
추가불입여부	단위형펀드	추가입금이 불가능하고 기간이 정해져 있다.
	추가형펀드	수시로 추가입금이 가능하다.
자금모집방법	공모형펀드	• 불특정 다수인을 대상으로 모집한다. • 투자자 수에 제약이 없다(50인 이상).
	사모형펀드	• 100인 이하의 투자자들로부터 자금을 모집한다. • 일반투자자는 49인 이하, 전문투자자만으로는 100인까지 구성 가능하다.
투자방식	거치식펀드	일시에 거금을 투자한다.
	적립식펀드	정기적(매월, 매분기 등)으로 일정금액을 투자한다.
	임의식펀드	투자금이 있을 때마다 투자한다.

　㉡ 투자대상에 따른 유형
　　• 펀드는 투자대상이 무엇인가에 따라 「자본시장법」상 5종류(증권/부동산/특별자산/단기금융/혼합자산)로 분류된다.
　　• 주식, 채권 등에 투자하는 증권펀드, 부동산에 투자하는 부동산펀드, 전통적인 자산인 증권 외 투자하는 특별자산펀드, MMF와 같은 단기금융펀드, 주요 투자대상을 정하기 않고 어떤 자산에나 자유롭게 투자할 수 있는 혼합자산펀드가 있다.

- 증권형 펀드 내에서도 주식투자비율에 따라 주식형, 채권형, 혼합형으로 구분할 수 있다. 자산의 60% 이상을 주식에 투자하면 주식형펀드, 채권에 60% 이상 투자하면 채권형 펀드, 주식 및 채권 투자비율이 각각 50% 미만이면 혼합형 펀드이다.

ⓒ 종류형펀드

- 대체로 펀드 이름의 마지막 부분에는 알파벳이 표기되어 있다. 이것은 운용방식이 같더라도 펀드투자 비용의 부과 체계가 다른 여러 펀드를 구분하기 위한 것인데 이러한 펀드들을 종류형펀드 또는 멀티클래스펀드라고 부른다.
- 투자자는 투자기간이나 투자금액 등을 고려하여 자신에게 적합한 종류(클래스)를 선택할 수 있다. 일반적으로 펀드의 클래스는 선취형 판매수수료를 받는 A클래스, 후취형 수수료를 받는 B클래스, 판매수수료 없이 판매보수만 받는 C클래스 등으로 나뉜다. 그 밖에 온라인 가입용(E), 펀드슈퍼마켓용(S) 등 펀드 가입채널에 따른 구분도 있다.

[종류형펀드의 유형]

종 류	내 용
A클래스	가입 시 선취판매수수료 징구
B클래스	일정기간 내에 환매 시 후취판매수수료 징구
C클래스	선·후취 판매수수료 없음
D클래스	선·후취 판매수수료가 모두 징구되는 펀드
E클래스	온라인 전용펀드
F클래스	펀드 및 기관투자자용 펀드
H클래스	장기주택마련저축용 펀드
I클래스	고액거래자용(최초 납입금액 20억원 이상) 전용 펀드
J클래스	집합투자업자(자산운용사)가 직접 판매하는 펀드
W클래스	Wrap Account 전용 펀드
S클래스	펀드슈퍼마켓 전용 펀드. 다른 클래스보다 판매보수가 낮고 후취판매수수료를 징구
P클래스	근로자퇴직급여 보장법에 근거 설정된 경우
G클래스	클린클래스. 투자자문업자로부터 투자자문을 받아 투자하는 펀드로 일반 창구 판매 펀드보다 낮은 판매 수수료·보수 적용
O클래스	사전지정운용제도(디폴트옵션) 전용 펀드

⑥ 상장지수펀드(ETF ; Exchange Traded Funds)

㉠ 특정한 지수의 움직임에 연동해 운용되는 인덱스 펀드의 일종으로 거래소에 상장되어 실시간으로 매매된다. 지수에 연동되어 수익률이 결정된다는 점에서 인덱스 펀드와 유사하지만 증권시장에 상장되어 주식처럼 실시간으로 매매가 가능하다는 점에서 차이가 있다.

ⓛ 펀드의 구성은 해당 지수에 포함된 상품의 바스켓과 동일한 것이 일반적이지만 해당 지수보다 변동폭을 크게 만든 레버리지 ETF나 해당 지수와 반대로 움직이면서 수익이 발생하는 인버스 ETF도 발행된다. 국내에서는 자산운용회사가 ETF를 발행하고 있는데, 국내 시장지수뿐 아니라 산업별 지수, 각종 테마지수 등과 해외 주요 국가의 시장지수, 섹터지수, 상품가격지수 등이 연계되어 수많은 ETF 상품이 거래소에 상장되어 실시간으로 매매되고 있다.

ⓒ 투자자의 입장에서는 가입 및 환매 절차와 조건이 복잡한 펀드 대신에 실시간으로 소액 매매가 가능하여 편리하다.

ⓔ 최근에는 ETF와 유사한 형태의 금융상품인 상장지수증권(ETN ; Exchange Traded Notes)이 상장되어 활발하게 거래되고 있다. ETN은 기초지수 변동과 수익률이 연동되도록 증권회사가 발행하는 파생결합증권으로서 거래소에 상장되어 거래되는 증권이다.

ⓜ 발행회사인 증권회사는 투자수요가 예상되는 다양한 ETN을 상장시켜 투자자가 쉽게 ETN을 사고 팔 수 있도록 실시간 매도 · 매수호가를 공급한다.

ⓗ ETF와 ETN은 모두 인덱스 상품이면서 거래소에 상장되어 거래된다는 점에서는 유사하나 ETF의 경우는 자금이 외부 수탁기관에 맡겨지기 때문에 발행기관의 신용위험이 없는 반면에 ETN은 발행기관인 증권회사의 신용위험에 노출된다. 또한 ETF는 만기가 없는 반면에 ETN은 1~20년 사이에서 만기가 정해져 있다는 점에서도 차이가 있다.

[ETF와 인덱스펀드의 비교]

구 분	ETF	인덱스펀드
특 징	주식시장 인덱스를 추종하여 주식처럼 유가증권 시장에 상장되어 거래	특정 인덱스를 추종하는 펀드임. ETF처럼 상장되어 거래되지 않고 일반펀드와 가입과정이 동일
투자비용	액티브펀드보다 낮은 비용이 발생하며 ETF거래를 위해 거래세 및 수수료 지불	대부분 ETF보다 높은 보수를 책정하고 있으나 액티브펀드보다는 낮은 수준
거 래	일반 주식처럼 장중 거래 가능하며 환금성이 뛰어남. 주식과 같은 거래비용 발생	일반펀드와 마찬가지로 순자산에 의해 수익률이 하루에 한번 결정되며 일반펀드와 같은 가입 · 환매체계를 거침
운 용	운용자는 환매 등에 신경을 쓰지 않으며 인덱스와의 추적오차를 줄이기 위해 최선을 다함	환매요청 시 포트폴리오 매각과정에서 추적오차가 발생할 수 있음. 펀드규모가 너무 작을 경우 포트폴리오 구성에 문제 발생 가능

⑦ **주가지수연계펀드(ELF ; Equity Linked Funds)**

ⓐ ELF는 펀드형 상품으로 증권사에서 판매하는 ELS와 유사한 부분이 많다. 국내에서 판매되는 ELF는 대체로 펀드재산의 대부분을 국공채나 우량 회사채에 투자하여 만기 시 원금을 확보하고 나머지 잔여재산을 증권회사에서 발행하는 권리증서(warrant)를 편입해 펀드수익률이 주가에 연동되도록 한 구조화된 상품이다.

ⓑ ELF 개발초기와 달리 지금은 종합주가지수와 같은 주가지수 뿐 아니라 개별종목 주가나 특정업종과 같이 다양한 곳에 연계되는 경향이 강하다.

ⓒ 일본 니케이지수, 홍콩 항셍지수 등 해외 증시와 연동한 상품도 있는데, 예컨대 주가상승으로 투자기간 도중에 목표수익률을 달성하면 투자원금과 수익금을 돌려주는 조기상환형 상품도 있다.

[ELD, ELS, ELF의 비교]

구 분	ELD	ELS	ELF
운용회사	은 행	투자매매업자	집합투자업자(자산운용사)
판매회사	은행(운용사＝판매사)	투자매매업자 또는 투자중개업자 (운용사＝판매사)	투자매매업자, 투자중개업자
상품성격	예 금	유가증권	펀 드
투자형태	정기예금 가입	유가증권 매입	펀드 가입
만기수익	지수에 따라 사전에 정한 수익금 지급	지수에 따라 사전에 정한 수익지급	운용성과에 따라 실적배당
중도해지 및 환매여부	중도해지 가능 (해지 시 원금손실 발생 가능)	제한적(거래소 상장이나 판매사 를 통한 현금화가 제한적)	중도환매 가능 (환매 시 수수료 지불)
상품 다양성	100% 원금보존의 보수적인 상품만 존재	위험별로 다양한 상품개발 가능	ELS와 유사

⑧ **부동산투자신탁**(REITs ; Real Estate Investment Trusts)

    ㉠ 부동산펀드와 유사한 부동산투자신탁은 투자자금을 모아 부동산 개발, 매매, 임대 및 주택저당채권(MBS ; Mortgage Backed Securities) 등에 투자한 후 이익을 배당하는 금융상품이다.

    ㉡ 리츠는 설립형태에 따라 회사형과 신탁형으로 구분된다. 회사형은 주식을 발행하여 투자자를 모으는 형태로서 증권시장에 상장하여 주식을 거래하게 된다. 신탁형은 수익증권을 발행하여 투자자를 모으는 형태로 상장의무는 없다.

    ㉢ 리츠를 이용하면 소액개인투자자라도 대규모 자금이 필요하고 거래비용 및 세금이 부담되는 부동산 투자를 전문가를 통해 간접적으로 할 수 있게 된다. 또 현금화가 매우 어려운 부동산 투자의 단점을 리츠 주식의 매매를 통해 해결할 수 있다는 장점이 있다.

⑨ **재간접펀드**(fund of funds)

    ㉠ 펀드의 재산을 다른 펀드가 발행한 간접투자증권에 투자하는 펀드를 말한다. 즉, 한 개의 펀드에서 다른 여러 가지 펀드들에 분산투자하는 것이다. 기존에 실적이 뛰어난 펀드를 골라 투자할 수 있으며, 특히 해외의 특정 지역이나 섹터 펀드, 헤지펀드 등 일반투자자가 접근하기 어려운 펀드에 대해서도 분산투자가 가능하다는 점이 장점이다.

    ㉡ 재간접펀드는 분산투자 및 다양한 투자전략의 효과가 있지만 판매보수와 운용보수를 이중으로 지급하는 등 비용부담이 일반펀드에 비해 높을 수 있다. 또 투자한 하위펀드가 다시 여러 섹터와 종목에 투자하는 과정에서 과도한 분산투자로 수익성이 떨어질 수 있고 투자자 입장에서 하위펀드의 투자전략이나 운용내용을 파악하기도 쉽지 않다.

    ㉢ 이런 이유로 투자자 보호를 위해 재간접펀드는 동일 자산운용사가 운용하는 펀드들에 대한 투자는 펀드자산 총액의 50%를 초과할 수 없고 같은 펀드에 대해서는 자산총액의 20%를 초과할 수 없도록 규제하고 있다.

(2) 펀드 투자 시 유의사항

① 펀드는 예금자보호대상이 아니며 투자성과에 따라 손실이 발생할 수도 있고 심지어 전액 원금 손실에까지 이를 수도 있다. 각자 자신의 투자성향과 재무상태에 맞추어 투자하고 모든 투자의 책임은 본인이 감수하여야 함을 기억해야 한다.

② 기본적으로 펀드는 분산투자를 원칙으로 하고 있지만 펀드 역시 분산해서 투자하는 것이 좋다. 특정 산업이나 테마에 한정된 펀드도 많이 있으며 특정 지역에 집중된 해외펀드의 경우 국가 리스크가 발생할 수 있다. 펀드의 경우에도 섹터, 테마, 지역, 운용회사 등에 따라 분산해서 투자하는 것이 바람직하다.

③ 펀드에 따라 수수료 및 보수 체계가 다양하고 환매조건이 다르기 때문에 펀드에 가입하기 전에 선취 또는 후취수수료, 판매보수와 운용보수, 환매수수료 등 계약조건을 꼼꼼하게 따져 봐야 한다.

④ 과거의 수익률을 참조는 하되 과신은 금물이다. 펀드를 선택할 때 최근 수익률이 높은 펀드를 고르는 경우가 많은데 과거의 성과가 미래에도 계속 이어진다는 보장이 없고, 많은 실증 분석결과에서도 펀드의 과거 수익률과 미래 수익률은 별로 상관관계가 없다고 보고하고 있다.

⑤ '고수익 고위험(high risk high return)'의 원칙이 당연히 펀드투자에도 적용된다는 사실을 명심해야 한다. 즉, 기대수익률이 높은 고수익 펀드에 투자하면 손실 가능성도 높아지게 된다. 펀드 가입 후에도 지속적인 관리가 필요하다.

㉠ 우선 가입한 펀드의 운용성과와 포트폴리오 현황을 확인한다.

㉡ 대부분의 펀드가 정기적으로 운용성과와 포트폴리오를 공개하게 되어 있다.

㉢ 만일 가입한 펀드의 수익률이 유사한 펀드의 수익률이나 시장수익률에 못미치는 경우에는 일시적 또는 지속적 현상인지 살펴본다.

㉣ 각각의 펀드별 운용성과 및 펀드 간 성과비교를 위해서는 아래의 정보를 활용하면 쉽게 파악할 수 있다. 다만, 구조적인 문제가 아니라면 잦은 펀드 매매 및 교체는 거래비용 면에서 바람직하지 못하다.

[국내 대표적 펀드 평가회사 및 홈페이지]

회사명	인터넷 홈페이지
제로인	www.zeroin.co.kr
한국펀드평가	www.kfr.co.kr
모닝스타 코리아	www.morningstar.co.kr

리스크 관리라는 측면에서 서로 다른 성격의 자산에 나누어 포트폴리오를 구성하는 자산분산 외에 투자시점을 나누어 분산투자하는 시간분산도 중요한 방법이 된다. 주식이나 채권처럼 단기간 내에 가격이 급등락하는 금융투자상품의 경우 적절한 투자시점을 잡기는 매우 어렵다. 특히 일반 개인투자자는 시장상황이나 기업정보에 대해 기관투자자나 전문투자자에 비해 크게 부족하다. 정보 비대칭(information asymmetry) 상태에서 개인투자자가 이를 극복하기 위한 방안의 하나로 투자시점 분산을 들 수 있다. 즉, 몇 개의 시점으로 나누어 금융투자상품을 매수 또는 매도를 함으로써 가격이 급등락하는 상황에서도 매수가격이나 매도가격을 평균화(averaging)하는 것이다. 특히 일정한 기간 별로 고정된 금액을 계속 투자하는 정액분할투자법(cost average method)이 널리 활용된다. 매월 일정액을 펀드에 투자하는 적립식펀드가 정액분할투자법을 활용하는 대표적인 예인데, 금액은 일정하더라도 자동적으로 주가가 높은 달에는 주식을 적게, 주가가 낮은 달에는 주식을 많이 매입하게 되어 평균 매입단가가 낮아지게 된다. 예컨대 A주식을 매월 100만원씩 매입하는데 첫 달 주가는 2만원, 둘째 달은 1만원, 셋째 달은 3만원일 때 매입했다면 평균 매입단가는 2만원이라고 생각하기 쉽다. 그러나 2만원일 때는 50주, 1만원일 때는 100주, 3만원일 때는 33주를 사서 총 183주를 매입했으므로 총 투자금액 299만원을 183주로 나눈 16,339원이 평균 매입단가가 된다. 이러한 정액분할투자를 장기적으로 하면 매입가격 평균화(cost averaging) 효과에 의해 가격 변동에 비교적 적게 영향을 받고 안정적으로 투자를 할 수 있게 된다.

구 분	기준가	투자금액	누적투자액	주 수	누적주수	평가액(원)
1월	2만원	100만원	100만원	50주	50주	2만원
2월	1만원	100만원	200만원	100주	150주	13,333원
3월	3만원	99만원	299만원	33주	183주	16,339원

(3) 장내파생상품

① 파생상품

　㉠ 파생상품(derivatives)은 기초자산의 가치 변동에 따라 가격이 결정되는 금융상품을 말하며, 그 상품의 가치가 기초자산의 가치 변동으로부터 파생되어 결정되기 때문에 '파생상품'이라고 부른다.

　㉡ 파생상품은 다양한 형태로 존재하며 그 중에서도 대부분 주식, 채권, 외환 등의 금융상품 및 금, 은 등의 물품·원자재(commodity) 등을 기초자산으로 하는 선물(先物) 또는 옵션의 형태로 거래된다.

　㉢ 파생상품은 가격 외의 거래조건을 표준화하여 거래소에서 거래되는 장내파생상품(선물, 옵션)과 거래소 밖에서 비표준화되어 거래되는 장외파생상품(선도, 스왑)으로 구분할 수 있다.

　㉣ 선물과 옵션 등 파생상품은 불확실한 미래의 가격변동에서 오는 리스크를 줄이려는 헤징(hedging)이 원래의 목적이지만 기초자산의 미래 가격변동을 예상하고 레버리지를 이용한 투기적 목적으로도 많이 활용된다. 특히 기존의 금융상품과 파생상품이 결합하면서 종래의 일방향적인(uni-directional) 투자패턴에서 벗어나 다양한 형태의 금융상품을 개발하는 금융공학(financial engineering)이 가능해졌다.

　㉤ 금융공학이 어려운 재무와 수학적 능력을 가진 일부 전문가의 전유물이 되면서 일반인은 파악하기 어려운 복잡한 구조의 금융신상품을 양산하게 되었고 결국 2008년 글로벌 금융위기를 초래하는 원인 중 하나가 되었다. 그러나 파생상품은 여전히 효용성이 높기 때문에 정확하게 이해하고 적절하게 활용하는 지혜가 더욱 요구된다.

② 선물계약

　㉠ 선물계약의 개념
- 선물계약(futures contracts)은 장래의 일정 시점을 인수·인도일로 하여 일정한 품질과 수량의 어떤 물품 또는 금융상품을 사전에 정한 가격에 사고팔기로 약속하는 계약이다.
- 선물계약은 현재시점에서 계약은 하되 물품은 장래에 인수·인도한다는 점에서 계약과 동시에 정해진 가격으로 물품을 인수·인도하는 현물계약과 대비된다.

　　예 밀을 생산하는 농부는 자기가 가을에 수확하게 될 밀의 가격이 얼마인지 모른다. 만약 농부가 밀의 가격을 알 수만 있다면 그는 자기 수입이 얼마가 될지를 알 수 있으며 이를 바탕으로 보다 합리적인 지출계획을 세울 수 있을 것이다. 제빵업자의 경우에도 원료가 되는 밀의 가격을 미리 알 수만 있다면 빵의 원가를 정확히 계산할 수 있고 이를 토대로 빵의 가격을 정하고 자신의 수입을 미리 확정지을 수 있게 된다.

- 불확실한 미래를 확실한 것으로 대체하고자 하는 거래당사자 간의 반대 방향 욕구가 선물계약을 맺게 하는 원동력이 되는 것이다.

　㉡ 선도계약과의 차이
- 흔히 선물계약은 선도계약(forward contracts)과 혼용되어 사용되지만 이들은 서로 다른 개념이다. 선물계약과 선도계약은 장래의 일정 시점에 일정 품질의 물품 또는 금융상품을 일정 가격에 인수·인도하기로 계약한다는 점에서는 동일하다.
- 선도계약은 거래당사자들이 자유롭게 계약내용을 정하고 장소에 구애받지 않고 거래할 수 있는 데 반해 선물계약은 계약내용이 표준화되어 있고 공식적인 거래소를 통해 거래가 이루어진다는 점에 차이가 있다. 다시 말해 선물계약은 선도계약 중 거래가 표준화되고 거래소를 통해 이루어지는 보다 좁은 범위의 계약을 지칭한다.

[선도거래와 선물거래의 차이점]

구 분	선도거래(Forwards)	선물거래(Futures)
거래장소	장외거래	거래소
거래방식	상대매매 방식(1:1거래)	경쟁방식(공개호가)
계약조건	거래당사자간 합의로 결정	거래소 규정(표준화)
거래가격	계약 당시 가격	매일 가격 변동
거래 상대방	특정(이해당사자 직접거래)	불특정
정산	만기일 정산	일일정산
시장특성	제한적 경쟁시장	완전경쟁시장

　㉢ 선물거래의 기능
- 선물거래의 가장 기본적이고 중요한 역할은 가격변동 리스크를 줄이는 헤징(hedging) 기능이다. 즉, 가격변동 리스크를 회피하고 싶은 투자자(hedger)는 선물시장에서 포지션을 취함으로써 미래에 가격이 어떤 방향으로 변하더라도 수익을 일정수준에서 확정시킬 수 있다.

　　예 3개월 후 수출대금으로 1,000만 달러를 수취할 예정인 수출업자는 3개월 후 환율이 얼마가 되느냐에 따라 원화로 받게 될 금액이 변동하는 환리스크에 노출된다. 이때 3개월 후 달러당

1,120원에 1,000만 달러를 매도할 수 있는 선물환 계약이 가능하다면 선물환 매도계약을 통해 3개월 환율 변동에 상관없이 112억원의 원화 자금을 확보할 수 있게 된다.

- 선물거래는 현물시장의 유동성 확대에도 기여한다. 선물거래는 현물의 가격변동위험을 헤지할 수 있으므로 그만큼 현물의 투자위험이 감소되는 결과를 가져와 투자자들은 현물시장에서 보다 적극적으로 포지션을 취할 수 있게 된다. 이에 따라 신규투자자들이 증가하고 특히 기관투자가의 적극적인 참여로 현물시장의 유동성이 확대될 수 있다.
- 선물거래는 장래의 가격정보를 제공하는 기능을 한다. 선물시장에서 경쟁적으로 형성되는 선물가격은 미래의 현물가격에 대한 기대값을 의미한다. 물론 선물가격이 미래의 현물가격과 꼭 일치함을 의미하지는 않으나 미래의 현물가격을 예상할 수 있는 가격예시 기능을 갖고 있다.
- 선물거래는 새로운 투자수단을 제공한다. 선물거래는 비교적 적은 비용으로 큰 금액의 거래를 할 수 있어 레버리지가 높은 새로운 투자수단을 제공한다. 그리고 선물과 현물 간 또는 선물 간의 가격차이를 이용한 차익(arbitrage)거래나 스프레드(spread)거래와 같은 새로운 투자기회도 제공한다.

ⓔ 선물계약의 종류

상품선물 (commodity futures)	기초자산이 실물상품인 선물로서 초기에는 농산물, 축산물 등에 한정되었으나 점차 확대되어 현재는 임산물, 비철금속, 귀금속, 에너지 등에 이르기까지 다양하다.
금융선물 (financial futures)	기초자산이 되는 금융상품에 따라 3가지, 즉 금리에 의해 가격이 결정되는 장단기 채권을 기초자산으로 하는 금리선물(interest rate futures), 개별주식 및 주가지수를 거래대상으로 하는 주식관련선물(stock-related futures), 그리고 주요국의 통화를 대상으로 하는 통화선물(currency futures)이 있다.

- 한국거래소에 상장되어 거래되는 선물계약으로는 가장 활발하게 거래되는 KOSPI200지수선물을 비롯하여 KOSPI200선물 대비 거래단위를 1/5로 축소한 코스피200미니선물, 기술주 중심의 코스닥시장 특성을 반영한 코스닥150지수선물, 특정 산업군의 주가흐름을 반영하는 대표종목을 지수화하여 거래되는 10개 섹터지수선물 등이 다양하게 존재한다.
- 금리선물로는 각각 3년, 5년, 10년 만기 국채선물이 있고, 통화선물은 각각 미국 달러화, 일본 엔화, 중국 위안화, 유로화에 대한 원화 환율을 거래하는 선물계약이 있으며, 상품선물로는 금선물, 돈육선물 등이 있다.

③ 옵션계약

㉠ 옵션의 개념

- 선물계약이 장래의 일정시점을 인수 · 인도일로 하여 일정한 품질과 수량의 어떤 물품 또는 금융상품을 정한 가격에 사고팔기로 약속하는 계약이라면 옵션계약은 장래의 일정시점 또는 일정 기간 내에 특정 기초자산을 정한 가격에 팔거나 살 수 있는 권리를 말한다.
- 두 계약 간에 유사한 부분도 있으나 선물계약이 매입측과 매도측 쌍방이 모두 계약이행의 의무를 지게 되는 반면, 옵션계약은 계약당사자 중 일방이 자기에게 유리하면 계약을 이행하고 그렇지 않으면 계약을 이행하지 않을 수 있는 권리를 갖고 상대방은 이러한 권리행사에 대해 계약이행의 의무만을 지게 된다는 점에서 차이가 있다.
- 옵션계약에서는 계약이행의 선택권을 갖는 계약자가 의무만을 지는 상대방에게 자신이 유리한 조건을 갖는 데 대한 대가를 지불하고 계약을 체결하게 된다.

ⓒ 옵션관련 주요 용어들

- 기초자산(underlying asset) : 옵션거래의 대상이 되는 상품 또는 자산으로 옵션의 가치를 산정하는 기초가 된다.
- 옵션보유자 또는 옵션매입자(option holder) : 옵션계약에서 선택권을 갖는 측
- 옵션발행자 또는 옵션매도자(option writer) : 옵션보유자의 계약상대방이 되어 계약을 이행해야 할 의무를 지는 측
- 행사가격(exercise price 또는 strike price) : 기초자산에 대해 사전에 정한 매수가격(콜옵션의 경우) 또는 매도가격(풋옵션의 경우)으로서 옵션보유자가 선택권을 행사하는 데 있어서 기준이 되는 가격. 콜옵션매수자는 기초자산의 가격이 행사가격 이상으로 상승할 때 권리를 행사하고 풋옵션매수자는 기초자산의 가격이 행사가격 아래로 하락할 때 권리를 행사
- 만기일(expiration date) : 옵션보유자가 선택권을 행사할 수 있도록 정해진 미래의 특정 시점 또는 정해진 기간. 만기일이 지나면 해당 옵션은 그 가치를 상실하고 더 이상 권리행사 불가
- 옵션프리미엄(option premium) 또는 옵션가격 : 옵션매입자가 선택권을 갖는 대가로 옵션매도자에게 지급하는 금액으로 옵션의 가격은 바로 이 옵션의 프리미엄을 지칭

ⓒ 옵션의 기능

- 1980년대 이후 유용성이 널리 인식되면서 옵션거래는 선진국을 중심으로 큰 폭의 성장세를 보여왔다. 우선 옵션은 다양한 투자수단을 제공하는 데 널리 활용되고 있다.
- 전통적인 금융상품인 주식, 채권 등과 결합하거나 옵션 간의 결합을 통해 다양한 형태의 수익구조를 갖는 투자수단을 만드는 데 활용되고 있다. 따라서 투자자들은 각자의 위험에 대한 선호나 향후 가격변화에 대한 예상, 자신의 자금사정, 투자목적 등에 따라 적합한 투자전략을 다양하게 구사할 수 있다.
- 선물계약의 가장 큰 기능이 헤징인 것처럼 옵션도 불확실한 미래 가격변동에 따른 위험을 헤지하는 수단으로 활용된다. 헤징을 위해 선물과 옵션을 이용하더라도 그 방식에는 근본적인 차이가 있다. 선물계약은 거래할 기초자산의 가격을 고정시킴으로써 위험을 제거하는 반면, 옵션계약은 미래에 가격이 불리한 방향으로 움직이는 것에 대비한 보호수단을 제공하고 가격이 유리한 방향으로 움직일 때는 이익을 취할 수 있도록 해준다.
- 선물시장과 마찬가지로 옵션시장에서도 투기거래가 존재하며, 옵션의 거래비용은 옵션매입자의 경우 옵션프리미엄에 한정되기 때문에 옵션투자는 적은 투자비용으로 레버리지가 매우 높은 투자손익이 발생하게 된다.

ⓒ 옵션의 분류

- 권리의 유형에 따른 분류

콜옵션 (call option)	기초자산을 약정된 행사가격에 살 수 있는 권리를 말하며, 기초자산을 매입하기로 한 측이 옵션보유자가 되는 경우로, 콜옵션의 매입자는 장래의 일정시점 또는 일정 기간 내에 특정 기초자산을 정해진 가격으로 매입할 수 있는 선택권을 가진다.
풋옵션 (put option)	기초자산을 약정된 행사가격에 팔 수 있는 권리를 말하며, 기초자산을 매도하기로 한 측이 옵션보유자가 되는 경우로, 풋옵션의 매입자는 장래의 일정시점 또는 일정 기간 내에 특정 기초자산을 정해진 가격으로 매도할 수 있는 권리를 가진다.

• 권리행사 기간(시기)에 따른 분류

유럽식 옵션 (European option)	옵션의 만기일에만(on expiration date) 권리를 행사할 수 있는 형태의 옵션이다.
미국식 옵션 (American option)	옵션의 만기일이 될 때까지(by expiration date) 언제라도 권리를 행사할 수 있는 형태의 옵션이다.

• 기초자산에 따른 분류

주식옵션 (stock option)	옵션 중 가장 흔한 형태로 개별 주식이 기초자산이 되는 옵션이다.
주가지수옵션 (stock index option)	주가지수 자체가 기초자산이 되는 옵션을 말한다. 옵션의 대상이 되는 주가지수로는 시장 전체의 움직임을 대표하는 경우도 있고 특정부문을 대상으로 하는 것도 있다.
통화옵션 (currency option)	외국통화가 기초자산이 되는 옵션으로 특정 외환을 미리 정한 환율로 사고 팔 수 있는 권리를 매매한다. 우리나라에서는 미국달러옵션이 상장되어 거래되고 있다.
금리옵션 (Interest Rate Option)	국채, 회사채, CD 등 금리변동과 연계되는 금융상품이 기초자산이 되는 옵션으로 기간에 따라 단기, 중기, 장기로 구분된다.
선물옵션 (options on futures)	지금까지 살펴본 옵션계약의 기초자산은 모두 현물이었던 데 반해 선물옵션은 이들 현물을 기초자산으로 하는 선물계약 자체를 기초자산으로 하는 옵션이다. 선물콜옵션을 행사하면 선물매수포지션이 생기고 선물풋옵션을 행사하면 선물매도포지션을 받게 된다.

[선물과 옵션의 비교]

구 분		선물거래	옵션거래
거래대상		기초자산을 매수 또는 매도	기초자산을 매수 · 매도할 권리
권리 · 의무		매수자 · 매도자 : 권리와 의무	매수자 : 권리, 매도자 : 의무
수수료		프리미엄 없음	매도자에게 프리미엄 지급
증거금		매수자 · 매도자 모두 예탁	매도자만 예탁
위험 구조	매수자	위험 무한대, 이익 무한대	위험은 프리미엄에 한정, 이익 무한대
	매도자	위험 무한대, 이익 무한대	위험 무한대, 이익 프리미엄 한정
계약종료방법		반대매매 또는 최종결제	반대매매 또는 권리행사

④ 구조화상품

㉠ 구조화상품의 개념

• 예금, 주식, 채권, 대출채권, 통화, 옵션 등 금융상품을 혼합하여 얼마든지 새로운 상품을 만들 수 있는데, 이와 같이 당초의 자산을 가공하거나 혼합하여 만들어진 새로운 상품을 흔히 구조화금융상품이라고 부른다.

• 우리는 주변에서 이에 해당하는 금융상품들을 쉽게 찾아볼 수 있다. 예컨대 주식이나 채권, 파생상품 등을 혼합하여 만든 ELS(Equity Linked Securities), DLS(Derivative Linked Securities), 예금과 주식을 혼합하여 만든 주가연계예금(ELD) 등이 구조화금융상품에 해당한다.

• 그 밖에도 일부 부동산펀드, ETF, ABCP 등과 같은 금융상품도 구조화증권의 범주에 포함된다.

  ⓒ 구조화 상품 등장 배경
- 2000년 이후 우리나라는 점차 저성장·저금리 기조에 들어서면서 예금을 선호하던 상당수의 사람들이 대안을 모색하게 되었고, 주식에 투자해왔던 사람들 또한 리스크에 대해 대안이 필요했다. 그런데 당시 기존 금융상품은 대체로 저위험/저수익(예금), 고위험/고수익(주식)으로 편제되어 있었기 때문에 시장수요에 부응하기 위한 중위험/중수익 금융상품이 개발되었다.
- 다양한 투자대상에 대한 개인의 관심 증가도 구조화 상품의 발전에 이바지하였다. 부동산, 항공기, 미술품 등의 투자에 대한 사람들의 관심도 커졌는데, 이러한 상품들에 직접 투자하는 경우 거액의 자금이 필요하거나 매입 또는 사후관리에 필요한 전문성을 갖추어야 하는 문제가 있었다. 이에 금융시장에서는 이러한 상품을 증권으로 가공·변형하여 투자가 가능하도록 하였다.

  ⓒ 구조화 상품의 특징
- 구조화증권의 리스크나 수익성은 기초자산의 수익성이나 리스크를 구조화기법을 통하여 완화하거나 증폭시킨 것으로, 상품구조나 내용이 복잡하여 정확하게 이해하기 난해하고 구조화증권의 가치평가나 관련정보 입수에도 어려움이 많다.
- 이런 이유로 유동성이 부족(예 ELS 해지 시 높은 환매 수수료 부담)한 경우도 많아서 구조화증권에 투자하려면 기대수익률에 앞서서 기초자산, 상품구조와 유동성 등에 대한 정확한 이해가 선행될 필요가 있다.

  ⓔ 대표적인 구조화 상품 : 주가연계증권(ELS ; Equity Linked Securities)
- 주가연계증권(ELS)은 파생결합증권의 일종으로 개별 주식의 가격이나 주가지수, 섹터지수 등의 기초자산과 연계되어 미리 정해진 방법으로 투자수익이 결정되는 증권이다.
- 파생결합증권이란 기초자산의 가격·이자율·지표·단위 또는 이를 기초로 하는 지수 등의 변동과 연계하여 미리 정하여진 방법에 따라 지급금액 또는 회수금액이 결정되는 권리가 표시된 증권을 말한다.
- 주가연계증권은 2003년 시장에 처음 등장하였고, 초기에는 원금보장형 상품이 주류를 이루었으나 이후 점차 다양한 구조를 가진 상품들이 출시되었다.
- 한편, 주가연계증권과 비슷하나 기초자산이 원유, 금 등의 상품가격, 이자율, 지표 또는 이를 기초로 하는 지수 등의 변동과 연계되어 미리 정해진 방법으로 투자수익이 결정되는 파생결합증권(DLS ; Derivative Linked Securities)도 발행되고 있다.

4 기타상품

(1) 신탁상품

신탁은 「자본시장법」에 의해 허가를 받은 신탁업자에게 재산을 맡겨서 운용하도록 하는 행위로, 위탁자가 특정한 재산권을 수탁자에게 이전하거나 기타의 처분을 하고 수탁자로 하여금 수익자의 이익 또는 특정한 목적을 위하여 그 재산권을 관리·운용·처분하게 하는 법률관계를 말한다.

① 금전신탁
  ㉠ 금전으로 신탁을 설정하고 신탁 종료 시 금전 또는 운용재산을 수익자에게 그대로 교부하는 신탁으로, 위탁자가 신탁재산의 운용방법을 직접 지시하는지 여부에 따라 특정금전신탁과 불특정금전신탁으로 나뉜다.

ⓛ 신탁계약 또는 위탁자의 지시에 따라 신탁재산 운용방법이 특정되면 특정금전신탁, 수탁자에게 재산의 운용방법을 일임하면 불특정금전신탁이 된다. 불특정금전신탁은 집합투자기구(펀드)와 같은 성격으로 보아 [간접투자자산운용업법] 시행 이후 신규수탁이 금지되었다.

② 재산신탁

금전 외의 재산인 금전채권, 유가증권, 부동산 등으로 신탁을 설정하고 위탁자의 지시 또는 신탁계약에서 정한 바에 따라 관리 · 운용 · 처분한 후 신탁 종료 시 운용재산을 그대로 수익자에게 교부하는 신탁이다.

③ 종합재산신탁

㉠ 금전 및 금전 외 재산을 하나의 계약으로 포괄적으로 설정하는 신탁이다.

ⓛ 하나의 신탁계약에 의해 금전, 유가증권, 부동산, 동산 등 모든 재산권을 종합적으로 관리 · 운용 · 처분하여 주는 신탁이다.

(2) 랩어카운트(wrap account)

① 주식, 채권, 금융상품 등 증권회사(투자매매업자)에 예탁한 개인투자자의 자금을 한꺼번에 싸서(wrap) 투자자문업자(통상 자산운용회사나 증권회사가 겸업)로부터 운용서비스 및 그에 따른 부대서비스를 포괄적으로 받는 계약을 의미한다.

② 랩어카운트는 주식, 채권, 투자신탁 등을 거래할 때마다 수수료를 지불하지 않고 일괄해서 연간 보수로 지급한다. 즉, 보수는 실제 매매거래의 횟수 등과 무관하게 자산잔액의 일정 비율(약 1~3% 수준)로 결정되며, 여기에는 주식매매위탁수수료, 운용보수, 계좌의 판매서비스, 컨설팅료 등이 모두 포함된다.

(3) 외화예금 관련 금융상품

외화예금은 외국통화로 가입할 수 있는 예금으로 USD, JPY, EUR 등 10여개 통화로 예치 가능하다.

① 외화보통예금

㉠ 보통예금처럼 예치금액, 예치기간 등에 제한이 없고 입출금이 자유로운 외화예금이다.

ⓛ 외화 여유자금을 초단기로 예치하거나 입출금이 빈번한 자금을 운용하기에 적합하며 주로 해외송금을 자주 하는 기업이나 개인들이 이용하고 원화로 외화를 매입하여 예치할 수도 있다. 향후 예치통화의 환율이 오르내릴 경우 환차익이나 환차손이 발생할 수도 있다.

② 외화정기예금

외화로 예금하고 인출하는 정기예금으로, 약정기간이 길수록 확정이자가 보장되므로 여유 자금을 장기간 안정적으로 운용하기에 좋다.

③ 외화적립식예금

외화를 매월 일정액 또는 자유롭게 적립하여 예치기간별로 금리를 적용받는 상품이다. 은행별로 차이는 있으나 계약기간을 1개월에서 24개월까지 자유롭게 선정할 수 있다. 정기적금과 비슷하나 정기적금보다는 적립일, 적립 횟수에 제한이 없는 등 자유롭게 운영된다.

저축과 금융투자에 대한 이해

01 저축과 투자

1 개요

(1) 저축과 투자

① 저축은 현재의 소비를 포기하고 미래로 소득을 이연하는 것이다. '절약하여 모으다, 아껴서 쌓아두다'라는 저축(貯蓄)의 개념 속에는 투자활동도 포함되어 있다. 투자 역시 현재의 소비를 포기하고 미래에 소비하려는 것이기 때문이다.

② 흔히 저축을 원금 손실이 없는 '예금'과 동일하게 생각하는 경우가 많은데 이런 관점에서 저축은 투자에 비해 불확실성이 매우 적은 자산축적 활동이라고 정의할 수 있다.

③ 저축하는 목적은 예정된 날짜에 이자와 원금을 확실하게 회수하여 계획했던 미래 소비에 사용하는 것이다. 현재 소비를 미룬 대가로 지급되는 이자의 크기가 과거에 비해 줄어들었지만 미래의 현금흐름이 확실히 보장된다는 점에는 변함이 없다.

④ 투자는 미래의 현금흐름에 불확실성이 존재한다. 저축으로 발생하는 이자보다 더 많은 수익이 발생할 수도 있으나 반대로 원금 손실을 볼 수도 있으며, 수익이 발생하더라도 어느 정도 발생할지 알 수 없다. 즉 투자에는 반드시 리스크가 따르며, 투자의 종류에 따라 리스크의 크기도 다르게 된다.

(2) 금리에 따른 저축

① 최근 전 세계적으로 저금리가 고착화되면서 낮은 수익률을 보이는 저축보다는 어느 정도 리스크를 감당하더라도 수익률을 높일 수 있는 투자에 대한 관심이 커지고 있다. 우리나라도 2000년대에 들어서기 전까지는 은행의 1년 만기 정기예금 금리가 평균 12% 전후였으나, 그 이후 지속적으로 하락하면서 2025년 10월 현재는 2%대로 떨어졌다.

② 저금리는 저축을 통해 목돈을 모으는 것을 어렵게 하고 모은 돈으로 노후생활 유지를 힘들게 만든다.

㉠ 30년 후 필요한 노후 자금을 5억원이라고 보고 이를 매달 일정액의 저축을 통해 모으려고 할 경우 금리 수준에 따라 저축액이 어떻게 달라져야 하는지 살펴보자.

[금리수준별로 30년 후 5억원을 모으기 위해 필요한 월 저축액(원)]

금리 수준	1%	2%	3%	5%	7%	10%	12%
월 저축액	1,190,539	1,013,079	855,880	598,282	407,469	219,363	141,647

※ 월복리, 비과세 기준

- 위의 표에서 보듯이 금리가 1%이면 매월 저축액이 1,191,531원이 되어야 하고 5%라면 거의 반인 600,775원이 필요하며, 과거 우리나라 평균 예금금리였던 12%를 가정하면 매월 저축액이 143,063원으로 크게 감소한다.
- 결국 30년 동안 동일한 5억원을 모으는 데 필요한 저축액이 금리가 하락하면 기하급수적으로 증가하는 것을 알 수 있다.

ⓛ 이번에는 이렇게 모은 5억원을 은행에 맡겨두고 20년 동안 원리금을 매월 일정액씩 찾아서 노후생활자금으로 쓴다고 가정하고 금리수준에 따라 매달 쓸 수 있는 돈이 얼마나 될까?

[원금 5억원을 20년간 매월 일정금액 인출시 금리수준별 인출가능금액(원)]

금리 수준	1%	2%	3%	5%	7%	10%	12%
월 저축액	2,299,472	2,529,417	2,772,988	3,299,779	3,876,495	4,825,108	5,505,431

- 위의 표에서 보듯이 금리가 1%이면 매월 인출액이 2,299,472원, 2%라면 2,529,417원이 되고 5%인 경우는 3,299,779원씩을 받을 수 있다.
- 과거 우리나라 평균 예금금리였던 12%를 가정하면 5,505,431원으로 월 인출액이 크게 증가한다.

ⓒ 결국 저금리 시대에는 노후대책을 위해 모아두어야 할 자금도 크게 증가하게 된다.

02 저축의 기초

1 저축과 이자

기간이 1년인 경우 이자 금액은 단순히 원금에 이자율을 곱하여 나온 값으로 계산한다. 기간이 1년 이상의 경우에는 이자율을 곱하는 원금을 어떻게 평가하느냐에 따라 단리(單利)와 복리(複利)로 구분할 수 있다.

(1) 단리

단리는 일정한 기간에 오직 원금에 대해서만 미리 정한 이자율을 적용하여 이자를 계산하는 방법이다. 여기서 발생하는 이자는 원금에 합산하지 않으며 따라서 이자에 대한 이자가 발생하지 않는다. 원금에만 이자가 발생한다는 점에서 단리로 계산하는 방식은 다음과 같다.

$$FV = PV \times [1 + (r \times n)]$$
$$[FV = 미래가치,\ PV = 현재가치,\ r = 수익률(연이율),\ n = 투자\ 기간(연단위)]$$

예 연 4%의 이자율로 100만원을 3년 동안 단리로 저축하면 얼마가 될까?

$$1,000,000원 \times [1 + (0.04 \times 3)] = 1,120,000원$$

즉, 100만원에 대한 3년 후의 미래가치는 1,120,000원이 된다.

(2) 복리

저축이나 투자를 통한 자산관리와 관련하여 빼놓을 수 없는 것이 복리의 위력이다. 복리란 중복된다는 뜻의
한자어 복(復)과 이자를 의미하는 리(利)가 합쳐진 단어로 이자에도 이자가 붙는다는 뜻이다. 따라서 원금
뿐 아니라 발생한 이자도 재투자된다고 가정하는 복리계산(compounding)은 다음과 같다.

$$FV = PV \times (1+r)^n$$
$$[FV = 미래가치,\ PV = 현재가치,\ r = 수익률(연이율),\ n = 투자\ 기간(연단위)]$$

☑ 연 4%의 이자율로 100만원을 3년 동안 복리로 저축하면 얼마가 될까?

$1,000,000원 \times (1+0.04)^3 = 1,124,864원$

즉, 100만원에 대한 3년 후의 미래가치는 1,124,864원이 된다.

(3) 단리와 복리

동일한 금액, 동일 수준의 이자율이라 하더라도 이자계산을 단리로 하느냐 복리로 하느냐에 따라 원리금은
크게 달라지며 그 기간이 길어질수록 현격한 차이가 발생한다.

[기간에 따른 단리와 복리 비교(100만원, 연 4%)]

(단위 : 천원)

구 분	현 재	10년	20년	30년	40년	50년
단 리	1,000	1,400	1,800	2,200	2,600	3,000
복 리	1,000	1,480	2,191	3,243	4,801	7,107

① 위의 표에서는 100만원을 연 4%의 이자율로 저축할 경우에 자산의 규모가 10년 단위로 어떻게 변하는
지 보여주고 있다.

    ㉠ 단리의 경우 기간에 비례하여 일정한 비율로 증가하지만 복리의 경우에는 기간이 길어질수록 기하급
수적으로 그 금액이 증가하게 된다.

    ㉡ 100만원을 연 4% 이자율로 운용할 때 단리로는 50년 후에 약 300만원이 되는 반면에 복리로는 약
710만원이 되어 2배 이상 차이가 난다. 이런 복리의 위력은 이자율의 차이가 적더라도 운용기간이
길어질 경우에도 발생한다.

[이자율에 따른 단리와 복리 비교(운용기간 30년)]

(단위 : 천원)

구 분	4%	8%	12%
단 리	2,200	3,400	4,600
복 리	3,243	10,062	29,960

② 위의 표에서는 100만원을 30년 동안 운용하되 연 이자율이 각각 4%, 8%, 12%라고 가정할 때 자산규모가 어떻게 변하는지 보여준다.

　㉠ 복리로 운용하면 결과가 단순히 이자율에 비례하지 않는다.

　㉡ 이자율이 연 4%에서 연 8%로 두 배가 되면 초기 100만원이었던 자산은 300만원에서 1,000만원으로 약 3배 이상 증가하고, 이자율이 연 12%라면 자산은 거의 30배인 약 3,000만원이 된다.

　㉢ 장기적으로 자금을 운용할 경우에는 작은 이자율 차이도 결과 면에서는 큰 차이를 가져온다.

(4) 72의 법칙

① 저축기간과 금리와의 관계를 설명하는 '72의 법칙'라는 것이 있다. 복리로 계산하여 원금이 두 배가 되는 시기를 쉽게 알아볼 수 있는데 다음과 같은 간단한 공식으로 계산할 수 있다.

② 72의 법칙 계산식

72÷금리＝원금이 두 배가 되는 시기(년)

　예 100만원을 연 5%의 복리상품에 예치할 경우 원금이 2배인 200만원으로 불어나려면 얼마나 걸릴까?
　　세금을 공제하기 전 약 14.4년(72÷5＝14.4)이 소요된다.

③ 72의 법칙은 목표수익률을 정할 때에도 활용할 수 있다.

　예 만일 10년 안에 원금이 두 배가 되기 위한 금리는 어느 수준일까?
　　72÷10＝7.2%(년)가 된다.
　　즉, 72의 법칙을 이용하면 원하는 목표수익률이나 자금운용기간을 정하는 데 도움이 된다.

2 저축과 인플레이션(Inflation)

(1) 인플레이션

① 지속적으로 물가가 상승하는 것을 인플레이션이라고 한다.

② 인플레이션이 있으면 똑같은 돈으로 구입할 수 있는 물건이 줄어들기 때문에 화폐 가치가 하락하는 것이다.

(2) 저축과 인플레이션

① 현재 소비를 미래로 이연하는 것이 저축이라고 했는데, 인플레이션율이 높을수록 저축한 돈의 가치를 유지하면서 소비를 미래로 늦추기는 어렵게 된다.

　예 1984년 볼리비아에서는 물가가 27배 올랐는데 1월 1일에 100원짜리 연필이 12월 31일에는 2,700원이 되었다는 의미이다. 만약 1월 1일에 100만원을 연이율 10%로 저축했다면 12월 31일에 저축원리금은 110만원이 되어 있었겠지만 그 돈의 가치는 형편없이 낮아져 있었을 것이다. 1월에는 100만원으로 연필 1만 개를 살 수 있었으나 12월 31일에는 110만원으로 불어난 돈으로도 약 407개의 연필밖에 살 수 없었다.

② 저축의 실제 가치는 인플레이션에 따라 달라질 수 있다.

3 **저축과 세금**

(1) 원칙적으로 금융상품에 가입하거나 금융상품을 매매할 때에는 세금이 부과된다. 우리나라에서는 이자소득을 포함한 금융소득에 대해서 분리과세를 통해 금융회사가 일률적으로 14%(지방소득세를 포함하면, 15.4%)를 원천징수하고 나머지를 지급한다.

(2) 금융상품 중에는 정책적으로 이자 또는 배당에 대해 과세되지 않는 비과세상품이나 낮은 세율이 적용되는 세금우대상품도 있다. 그러나 이러한 상품은 한시적으로 일부 계층에게만 제한적으로 허용되는 경우가 대부분이며, 대표적인 비과세상품으로는 장기저축성보험이 가장 많이 활용되고 있다.

(3) 금융상품별로 어떤 과세 기준이 적용되는지는 세후수익률에 영향을 주므로 잘 살펴보는 것이 좋다.

---

03 투자의 기초

1 투자와 투기

(1) 투자

① 투자는 미래에 긍정적인 이익이 발생하기를 바라면서 불확실성을 무릅쓰고 경제적 가치가 있는 자산을 운용하는 것을 의미한다. 즉 투자는 개인이 자산을 다양하게 운용하고 관리하기 위해 활용할 수 있는 일종의 금융적 도구이다.

② 개인은 자신의 상황에 맞게 적절한 상품을 합리적으로 활용하는 것이 바람직하다. 개인의 합리적인 투자 선택은 자금이 필요한 곳에 적절히 자금을 공급하는 역할을 하므로 경제 및 사회의 발전에도 큰 도움이 된다.

③ 종종 과도한 이익을 추구하면서 비합리적으로 자금을 운용하는 경우도 있는데 우리는 이런 행위를 투기라고 부르며 건전한 투자와 구분한다.

(2) 투기

① 요행을 바라고 과도한 위험을 떠안으면서 비교적 단기간에 부당한 이득을 취하려는 경우를 말하며 개인 및 가계의 재정을 큰 위험에 빠뜨릴 수 있을 뿐만 아니라 우리 경제와 사회에도 큰 해를 끼칠 수 있다.

② 투기는 경제활동을 위한 정상적인 자금흐름을 방해하고 많은 경제 분야에 걸쳐 가격 거품을 형성함으로써 사회의 경제적 안정성을 해칠 수 있다.

③ 올바른 투자자라면 개인의 자산 증식에만 몰두하지 않고 이 사회에도 부정적인 영향을 끼치지 않도록 투자의 결과까지 고려하는 것이 바람직할 것이다.

2 수익과 투자수익률

(1) 수익

투자에서 수익(profit)이란 투자한 양과 회수되거나 회수될 양과의 차이를 말한다. 투자량에 비해 회수량이 많으면 양(+)의 수익이 발생하고 투자량에 비해 회수량이 적으면 음(−)의 수익이 발생한다.

(2) 투자수익률

① 투자수익률(rate of return on investment)은 투자량과 회수량과의 비율을 나타낸다. 투자원금은 투자량을 금액으로 나타낸 것이다.

② 일정 기간 경과 후 회수되거나 회수될 가치를 기말의 투자가치로 볼 때 투자를 통해 발생하는 수익률은 아래의 식을 이용해 구할 수 있다.

> 투자수익률＝(기말의 투자가치 − 투자원금)÷투자원금×100

㉠ 기말의 투자가치 : 투자기간 중 발생하는 이자금액이나 배당금, 재투자 등이 포함된 개념이다.

> 예 3개월 전에 10,000원에 매입한 주식을 오늘 10,900원에 매도하고 이 주식을 보유하는 기간 동안 200원의 배당금을 받았다면?
>
> 3개월 동안의 투자수익률은 ((10,900＋200)−10,000)÷10,000×100＝11%가 된다.

㉡ 이것은 단순히 투자금액 규모의 차이를 감안하여 서로 비교하기 위해 산출한 것으로 보유기간수익률이라고 한다.

㉢ 보유기간수익률은 투자기간이 서로 다른 경우에는 비교가 불가능하기 때문에 통상 1년을 기준으로 표준화하여 표시하는 것이 일반적이다(연간 보유기간수익률).

㉣ 기간 수익률을 연 수익률로 바꾸어주는 연율화(annualization)를 하며 그 과정에서도 재투자를 가정한 복리를 적용하여 계산하는 것이 원칙이다.

> 예 3개월 동안 11%인 수익률을 연율화하면 단순히 11%의 4배인 44%가 되는 것이 아니라 3개월마다 11%의 복리 수익률로 계속 재투자된다고 가정하기 때문에 연간 보유기간수익률은 $(1+0.11)^4 - 1 = 0.5181$, 즉 51.81%가 된다.

(3) 수익률 계산 시 고려사항

① 수익을 계산할 때에는 이를 얻기 위해 발생한 비용을 고려해야 한다. 우선 명시적으로는 거래비용이 발생한다. 예컨대 증권을 거래할 때 증권회사에 지급하는 거래수수료나 부동산거래에서 중개업자에게 지급하는 중개수수료 등이 거래비용에 해당한다. 결국 거래비용을 제외한 나머지가 실질적인 투자수익이 되므로 거래횟수가 잦을수록 비용 대비 수익이 낮아지게 되어 장기투자가 유리하게 된다.

② 저축이나 투자를 통해 발생한 수익에 대해 과세가 된다면 세금을 제외한 나머지가 실질적인 수익이 되므로 세전(before−tax) 수익률과 세후(after−tax) 수익률을 구분할 필요가 있다.

③ 거래비용이나 세금과 같이 명시적인 비용 이외에도 암묵적으로 발생하는 비용이 있는데 가장 대표적인 것으로 기회비용(opportunity cost)이 있다. 기회비용은 어떤 행위를 하기 위해 포기해야 하는 다른 기회의 가치를 의미하는데 투자에도 적용될 수 있다. 예를 들어 주식투자에 많은 시간과 노력을 들였다면

계산하기는 어려워도 분명히 기회비용이 발생한 것이다. 또 투자를 위해 필요한 정보를 수집하는 데에 적지 않은 시간과 비용이 들었다면 이런 정보수집 비용도 암묵적인 비용의 일부로 볼 수 있다.

④ 이처럼 투자에 수반되는 기회비용이나 정보비용을 줄이기 위해 직접투자 대신에 펀드, 위탁매매와 같은 간접투자를 이용하기도 한다. 물론 이 경우에도 투자결정에 전문가의 도움을 받는 대가로 판매보수나 운용보수와 같은 비용을 지불하게 된다.

3 투자의 위험(risk)

(1) 위험

① 위험의 사전적 정의는 '해로움이나 손실이 생길 우려가 있거나 또는 그런 상태'를 말한다. 그런데 우리는 영어의 danger, risk, hazard, peril 등을 별다른 구분 없이 위험으로 통칭하여 사용하고 있다. 사실 우리말 '위험'은 부정적인 의미를 내포하며 영어로는 'danger'에 더 가깝다. 영어로는 'risk'와 'danger'가 서로 다른 의미인데 우리말에서는 둘 다 '위험'으로 번역하기 때문에 리스크의 정확한 의미가 다소 왜곡되고 있다.

② 투자에서 얘기하는 위험(risk)은 미래에 받게 되는 수익이 불확실성에 노출(exposure to uncertainty)되는 정도를 의미하며 부정적 상황 외에 긍정적 가능성도 내포하게 된다. 요약하자면 위험(risk)이 금융 분야에서 사용될 경우에는 불확실한 미래 상황에 노출된 상태로서 경우에 따라 많은 수익을 얻을 수도 있지만 어떤 경우에는 손실을 볼 수도 있는 것을 의미한다.

③ risk와 부정적인 결과만 있는 danger는 구분되어 사용되어야 한다. 예컨대 수출 주력 기업의 경우, 환율이 상승하면 유리해지고 하락하면 불리해질 수 있는데, 이러한 상황을 가리켜 환리스크(risk)가 있다고 한다.

(2) 투자수익률과 리스크의 관계

① 확정된 수익률이 보장되는 저축과 달리 투자는 앞으로 어떤 결과가 발생할지 모르는 불확실성이 있기 때문에 필연적으로 리스크가 수반된다. 리스크가 크다는 것은 투자 결과의 변동 폭이 크다는 의미로 일반적으로 투자수익과 위험은 동행하는 경향이 있다.

② 위험이 많은 투자일수록 평균적으로 높은 수익이 난다는 것이다. 사람들은 본능적으로 가능한 한 위험을 회피하는 경향이 있기 때문에 위험이 있는 자산은 위험이 없는 자산에 비해 할인되어 거래된다. 이런 투자의 특성을 'high risk high return(고위험 고수익)'이라고 한다.

③ 기대수익률(expected return)이란 어떤 자산을 현재가격으로 매입할 때 평균적으로 예상되는 수익률을 의미하므로 실제 투자 결과로 발생하는 사후적인 실현수익률을 의미하지는 않는다.

④ 리스크가 큰 투자라고 해서 높은 수익률을 보장하는 것은 결코 아니며 기대수익률이 높아야만 투자자들이 기꺼이 리스크를 감당하여 투자를 하게 된다는 의미로 이해해야 한다. 예를 들어 안전한 저축 대신에 주식투자를 하는 투자자는 저축 이자율보다 높은 수익을 기대하고 선택한 것이지만 주식투자가 반드시 저축보다 더 높은 수익을 얻는다는 보장은 없다.

⑤ 결과적으로 주식투자를 통해 큰 수익을 얻을 수도 있고 큰 손실을 입을 수도 있지만 투자 시점에서는 어떤 결과가 발생할지 알 수 없다는 점이 바로 리스크인 것이다.

⑥ 흔히 리스크가 전혀 없는 상태에서의 수익률을 무위험수익률(risk-free rate of return)이라고 하고, 리스크에 대한 보상으로 증가하는 기대수익률을 리스크 프리미엄(risk premium)이라고 한다. 즉 투자의 기대수익률은 무위험수익률에 리스크 프리미엄을 합한 값과 같다.

> 기대수익률＝무위험수익률＋리스크 프리미엄

⑦ 결과적으로 투자자는 각자의 투자목적과 리스크 선호도에 따라 높은 수익을 기대하면서 리스크를 감당할지 아니면 리스크가 낮은 대신 안정적인 수익을 선택할지를 결정하면 된다. 안정성을 선호한다면 리스크가 낮은 저축의 비중을 높이되 높은 수익을 원한다면 리스크를 떠안고 투자의 비중을 높여야 할 것이다.

(3) 투자위험 관리와 분산투자

① 투자에는 속성상 리스크가 포함된다고 하여 손실 위험에 아무런 대처 없이 무방비 상태로 투자를 하는 것은 아니다.

② 투자위험을 관리하는 방법들 중 가장 대표적인 것은 자산배분을 통한 분산투자이다. 흔히 분산투자를 얘기하면서 '모든 달걀을 한 바구니에 담지 말라'는 표현을 쓰는데 이것은 투자를 할 때에는 여러 가지 자산, 즉 포트폴리오(portfolio)를 구성하여 투자할 것을 권하는 말이다.

③ 여러 가지 모음을 뜻하는 포트폴리오를 금융 분야에서는 여러 가지 자산으로 구성된 집합체의 의미로 사용하고 있다. 한 종목에만 투자하지 않고 포트폴리오를 구성하게 되면 여러 금융상품이나 자산에 돈을 분산시키는 효과가 발생하여 리스크가 감소한다.

　예 우산 가게와 아이스크림 가게는 날씨에 따라 각각의 매출액에 변동성이 크게 나타날 것이다. 그러나 동일한 가게에서 우산과 아이스크림을 함께 판매한다면 날씨에 따른 총매출액의 변동폭은 크게 감소할 것이다. 날씨 변화에 따라 각 종목의 매출액은 서로 반대로 움직이는 경향이 있어 전체적으로는 상쇄효과가 발생할 것이기 때문이다.

④ 개별자산별로는 리스크가 제법 크더라도 여러 가지 개별자산에 나누어 투자하게 되면 전체 포트폴리오의 리스크는 감소하게 된다.

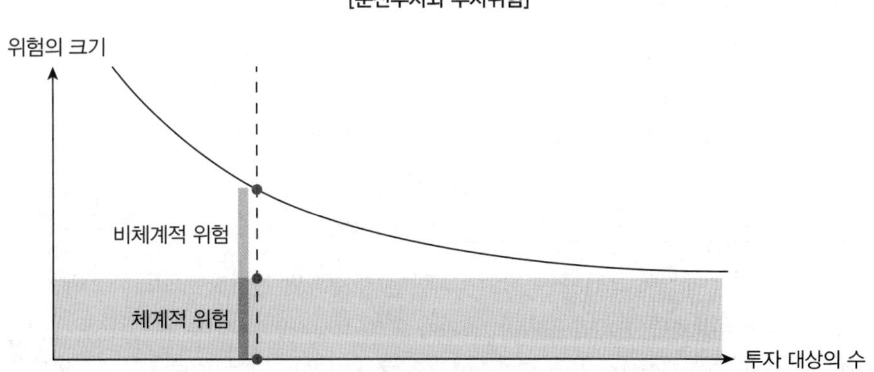

[분산투자와 투자위험]

⑤ 분산투자를 한다고 해서 모든 위험의 크기가 줄어드는 것은 아니다.

⑥ 투자 가치에 영향을 미치는 원인에 따라 위험의 종류를 크게 두 가지로 나눈다. 분산투자를 통해서 위험을 줄일 수 있는 부분은 분산가능 위험 또는 비체계적 위험이라 하고 분산투자로도 그 크기를 줄일 수 없는 부분은 분산불가능 위험 또는 체계적 위험이라고 한다.

　㉠ 체계적 위험 : 세계 경제위기나 천재지변, 전쟁 등과 같이 모든 자산이나 투자 대상의 가치에 영향을 미치는 위험을 의미한다.

　㉡ 비체계적 위험 : 경영자의 횡령, 산업재해, 근로자의 파업 등 특정 기업이나 산업의 가치에만 고유하게 미치는 위험으로 자산을 분산함으로써 회피하거나 그 크기를 상쇄시킬 수 있다.

(4) 레버리지 효과와 투자위험

① 분산투자처럼 투자위험을 줄이려는 전략도 있으나 기대수익률을 더욱 높이기 위해 투자위험을 오히려 확대하는 전략도 존재한다. 대표적인 것이 지렛대를 의미하는 레버리지(leverage) 투자인데, 지렛대를 이용하면 실제 힘보다 몇 배 무거운 물건을 움직일 수 있듯이 금융에서는 실제의 가격변동률보다 몇 배 많은 투자수익률이 발생하는 현상을 레버리지로 표현한다.

② 레버리지 효과를 유발하여 가격변동률보다 몇 배 많은 투자수익률이 발생하려면 투자액의 일부를 자신의 자본이 아닌 부채로 조달하여야 한다.

　예 자신의 자금 100만원으로 주당 10,000원인 주식을 100주 매입하고 주가가 20% 상승한 후 12,000원에 매도하였다면 거래비용을 무시할 경우 자신의 자금 100만원에 대한 투자수익률은 주가변동률과 같이 20%가 된다. 그러나 투자자금 100만원 중에서 60만원은 대출을 받아 사용하였고 나머지 40만원만 자신의 자금이라고 가정하면 투자수익률은 20%의 2.5배인 50%로 크게 높아지게 된다. 왜냐하면 발생한 총수익은 20만원으로 동일하지만 투자에 사용한 자기자금은 40만원밖에 안되기 때문이다(50%＝20만원÷40만원×100%).

③ 물론 거래비용과 대출이자 등을 감안한다면 수익률은 좀 더 줄어들게 될 것이다. 가격이 하락하는 경우에도 마찬가지 논리가 성립한다. 위의 예에서 만일 주가가 10,000원에서 9,000원으로 10% 하락한다면 자기 자금 40만원과 대출자금 60만원 등 총 투자액 100만원에 대한 손실액은 10만원이지만 자기 자금 40만원에 대한 투자수익률은 －10만원÷40만원×100%＝－25%가 되어 실제 가격변동률 －10%의 2.5배나 된다.

④ 결과적으로 투자의 레버리지는 총 투자액 중 부채의 비중이 커지면(동일한 의미로, 자기자본의 비중이 작아지면) 증가하게 되며, 다음 공식에 따라 계산된다.

$$투자\ 레버리지 = \frac{총투자액}{자기자본}$$

⑤ 앞의 예를 공식에 대입해 보면 총 투자액 100만원 중 40%만 자기자본으로 하여 투자했기 때문에 레버리지는 2.5배(＝100만원÷40만원)이며, 주가가 20% 상승하면 실제 투자수익률은 2.5배인 50%가 되고 반대로 주가가 10% 하락하면 실제 투자수익률은 그 2.5배인 －25%가 된다.

⑥ 이처럼 레버리지는 손익의 규모를 확대시켜 레버리지가 커질수록 그 방향이 양이든 음이든 투자수익률은 가격변동률의 몇 배로 증가함으로써 리스크가 커지게 된다. 이런 이유로 레버리지는 '양날의 칼'에 비유되기도 한다. 일반적으로 정상적인 기업이 레버리지 효과를 일으키는 부채 없이 자기자본만으로 사업을 하는 것은 불가능하고 또 재무적으로도 적절하지 못한 전략이다.

⑦ 감내할 만한 범위 내에서 기업이 적절한 부채를 사용하는 것은 바람직하다. 그러나 개인이 부채를 사용하여 레버리지가 높은 투자를 하는 것은 결코 바람직하지 못하다. 특히 주식과 같이 리스크가 높은 투자에서 레버리지를 통해 리스크를 더욱 확대한다는 것은 건전한 투자를 넘어 사실상 투기라고 할 수 있다.

⑧ 개인은 투자할 때 부채 없이 여유자금으로 하는 것이 원칙이다. 물론 레버리지를 높이기 위해 사용한 부채에는 이자부담이 수반된다는 점도 기억해야 한다.

4 자본시장과 금융투자업에 관한 법률

(1) 투자 시 고려사항

① 금융투자상품은 위험성이 있기 때문에 신중한 투자가 필요하다.

② 자본시장을 규제하는 기본법인 「자본시장과 금융투자업에 관한 법률」(약칭 : 자본시장법)에는 금융투자상품의 개념에 대한 포괄적인 규정, 금융업에 관한 제도적 틀을 금융기능 중심으로 재편, 투자자보호제도 강화 등의 내용을 담고 있다.

③ 「자본시장법」에 따르면 금융투자자는 전문투자자와 일반투자자로 구분되는데 일반투자자는 전문적인 금융지식을 보유하지 않은 개인이나 기업으로, 일반투자자에게 금융투자상품을 판매할 경우 여러 투자 권유 준칙을 지키며 판매할 것을 규정하고 있다. 이것은 상대적으로 전문성이 부족한 금융소비자를 보호하기 위함이다.

④ 금융투자상품은 복잡한 구조를 통해 수익의 기회를 만들기도 하지만, 해당 상품에 내재된 투자위험을 이해하는 데 어려움을 겪을 수 있으므로 판매자와 구매자 모두에게 상당한 주의가 요구된다.

(2) 금융투자상품

① 금융상품은 금융투자상품과 비금융투자상품으로 구분된다.

   ㉠ 처음에 투자한 원본의 손실가능성이 없는 상품을 비금융투자상품이라고 하며 은행의 예금이 대표적이다.

   ㉡ 금융투자상품은 원본의 손실가능성(이를 '투자성'이라 한다)이 있는 금융상품을 의미한다.

   ㉢ 「자본시장법」에서는 종전과 달리 대상 상품을 일일이 열거하지 않고 앞으로 탄생할 수 있는 신상품까지 포괄하여 투자성의 특징을 갖는 모든 투자상품을 규율한다.

② 금융투자상품

   ㉠ 「자본시장법」상 금융투자상품은 '이익을 얻거나 손실을 회피할 목적으로 현재 또는 장래의 특정 시점에 금전 등을 지급하기로 약정함으로써 취득하는 권리로서, 그 권리를 취득하기 위하여 지급하였거나 지급하여야 할 금전 등의 총액이 그 권리로부터 회수하였거나 회수할 수 있는 금전 등의 총액을 초과하게 될 위험이 있는 것'으로 정의된다.

ⓛ 권리취득에 소요되는 비용(투자금액)이 그러한 권리로부터 발생하는 금액보다 클 가능성이 있는(원금 손실의 가능성이 있는) 상품을 금융투자상품이라고 한다.

ⓒ 금융투자상품은 투자금액 원본까지를 한도로 손실이 발생할 가능성이 있는 것은 증권, 원본을 초과한 손실이 발생할 가능성이 있는 것은 파생상품으로 분류된다.

(3) 표준투자권유준칙

① 표준투자권유준칙은 금융투자상품의 판매자인 금융회사와 소속 직원들의 입장에서 투자권유를 함에 있어서 꼭 지켜야 할 기준과 절차이며, 금융투자상품의 구매자인 투자자도 숙지할 필요가 있다.

② 투자상품의 판매과정을 표준투자권유준칙에 따라 단계별로 확인해보면, 먼저 금융회사는 투자자의 방문목적을 확인하고 투자를 원할 경우 일반투자자인지 전문투자자인지 구분한다. 국가, 한국은행, 은행, 증권회사 등 전문투자자는 「자본시장법」이 구체적으로 열거하고 있는데 여기에 해당하지 않으면 일반투자자에 해당한다.

③ 다음에는 투자자 정보에 근거한 투자권유를 희망하는지 확인한다. 투자권유를 하기 위해서는 투자자에 대한 정보가 필요한데 판매자는 투자목적, 재산상황, 투자경험 등의 투자자 정보를 파악하기 위하여 투자자 정보 확인서를 이용한다. 투자자 정보 확인서는 기초정보를 수집하는 부분과 위험선호도를 파악하는 부분 등으로 구성되어 있다.

④ 그 다음 금융회사는 파악한 투자자 정보에 근거하여 투자자의 유형을 분류하고 그에 적합한 금융투자상품을 선정하여 추천한다. 금융회사는 추천한 투자상품을 충분히 설명할 의무가 있으며 해당 상품의 투자설명서나 상품소개서 등을 이용하여 투자자와 중요한 내용을 공유하여야 한다.

⑤ 충분한 설명을 들은 투자자는 최종적으로 구매여부를 결정하게 된다. 각종 필요한 서명을 하고 반드시 교부받아야 하는 투자설명서 등을 전달받게 되는데, 금융회사 직원에게 상품에 대한 설명을 들었다 하더라도 투자자는 서명하는 내용을 꼼꼼히 재확인하고 투자설명서의 내용과 직원의 설명, 서명하는 서류의 내용을 비교하여 모두 일치하는지 확인해야 한다.

⑥ 한편, 표준투자권유준칙에는 없지만 투자자는 금융투자상품을 구매한 후에도 정기적으로 상품의 성과, 현황 및 자신의 상황(자신의 가치관, 재정상황, 가족 등)을 고려하여 계속 투자할지 여부를 판단해야 한다. 투자는 한 번의 의사결정으로 끝나는 것이 아니라 투자기간 동안은 투자의 목표(목적)에 알맞은 수단인지 다른 대안은 없는지 등을 자신의 상황에 비추어 지속적으로 판단할 필요가 있다.

[표준투자권유준칙상의 판매 프로세스]

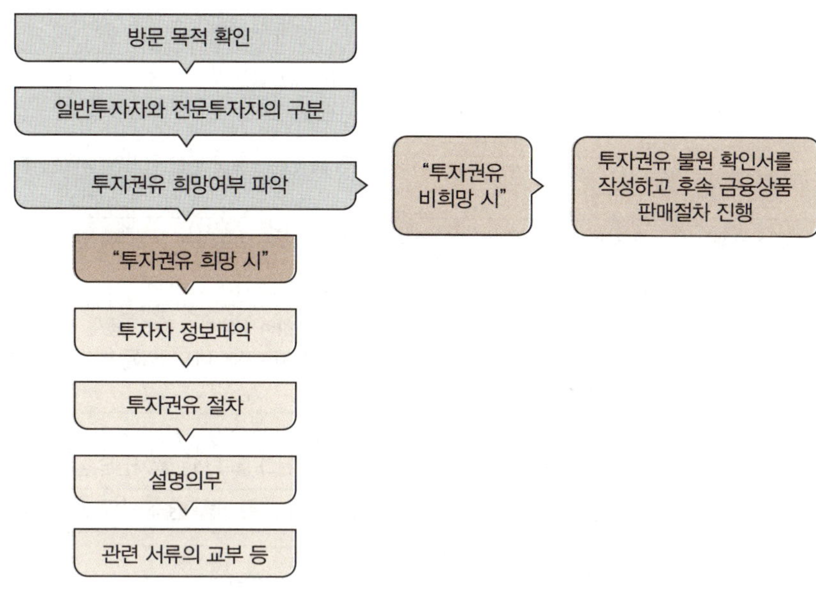

출처 : 금융감독원, 대학생을 위한 실용금융

(4) 투자자보호제도

① 자본시장법은 금융규제 완화로 인한 원금손실 가능 금융투자상품의 대거 등장에 따라 투자권유제도를 도입하고 투자상품의 판매 및 영업에 관한 절차를 통일하는 등 투자자보호 장치를 강화하고 있다.

② 우선 금융투자회사가 투자자에게 금융투자상품을 권유할 경우 상품의 내용과 위험을 투자자가 이해할 수 있도록 설명의무제도를 도입하였고 이를 이행하지 않는 불완전판매에 대해서는 금융투자회사에 손해배상책임을 부과하였다.

③ 투자권유 전에 투자목적, 재산상태, 투자경험 등 투자자의 특성을 파악해야 하는 고객알기제도(know-your-customer-rule)를 도입하였으며, 전화, 방문 등 실시간 대화를 통한 권유는 투자자가 원하는 경우에만 할 수 있도록 '요청하지 않은 투자권유금지(unsolicited call)' 규정을 두었다.

④ 상대적으로 위험감수능력이 약한 일반투자자에게는 적합성(suitability)원칙에 따라 투자자의 특성에 맞는 투자를 권유하도록 하였고, TV나 홈쇼핑 등을 통한 금융투자회사의 무분별한 투자광고 규제를 도입하였다.

⑤ 설명의무 미이행이나 중요사항에 대한 설명의 허위·누락 등으로 발생한 손실은 금융투자회사에 배상책임이 부과되고, 투자자의 원본결손액(투자자가 금융상품투자로 지급한 또는 지급할 금전의 총액에서 투자자가 금융상품으로부터 취득한 또는 취득할 금전의 총액을 공제한 금액)을 금융투자회사의 불법행위로 인한 손해액으로 추정함으로써 손해의 인과관계가 없다는 입증책임이 금융투자업자에게 전가되게 하였다.

[금융투자업자의 투자자 보호장치]

규제 명칭	주요 내용
신의성실의무	신의성실 원칙에 따라 공정하게 금융업을 수행해야 함
투자자의 구분	투자자를 일반투자자와 전문투자자로 구분
고객알기제도	투자자의 특성(투자목적 · 재산상태 등)을 면담 · 질문 등을 통하여 파악한 후 서면 등으로 확인받아야 함
적합성원칙*	투자권유는 투자자의 투자목적 · 재산상태 · 투자경험 등에 적합해야 함
적정성원칙*	파생상품 등이 일반투자자에게 적정한지 여부 판단
설명의무*	• 투자권유 시 금융상품의 내용 · 위험에 대하여 설명하고 이해했음을 서면 등으로 확인받도록 함 • 설명의무 미이행으로 손해발생 시 금융투자회사에 배상책임을 부과하고 원본손실액을 배상액으로 추정
부당권유 금지*	• 손실부담의 약속 금지 및 이익보장 약속 금지 • 투자자가 원하는 경우를 제외하고 방문 · 전화 등에 의한 투자권유 금지(unsolicited call 규제)
불공정영업행위금지*	• 금융상품 판매 시 우월적 지위를 이용하여 금융소비자 권익을 침해하는 행위 금지
광고 규제*	• 금융투자회사가 아닌 자의 투자광고 금지 • 금융상품의 위험 등 투자광고 필수 포함내용 규정

*금소법 시행에 따라 해당 투자자보호장치는 금소법상 6대 판매원칙으로 통합

04 주식투자

주식은 주식회사의 자본을 구성하는 단위이며 주식회사에 투자하는 재산적 가치가 있는 유가증권을 말한다. 투자대상으로서의 주식은 높은 수익률과 위험을 가지는 투자자산으로 인식되고 있다.

1 주식의 개념

(1) 주식의 관련 개념

① 주식회사와 주식

  ㉠ 주식회사 : 법률상 반드시 의사결정기관인 주주총회, 업무집행의 대표기관인 이사회 및 대표이사, 감독기관인 감사를 두어야 하며 사원인 주주들의 출자로 설립된다.

  ㉡ 주식 : 주식회사가 발행한 출자증권으로서 주식회사는 주주들에게 자본금 명목으로 돈을 받고 그 대가로 주식을 발행한다.

② 주주

  ㉠ 주식을 보유한 주주는 주식 보유수에 따라 회사의 순이익과 순자산에 대한 지분청구권을 갖는데 만약 회사에 순이익이 발생하면 이익배당청구권을, 혹시 회사가 망하는 경우에는 남은 재산에 대한 잔여재산 분배청구권을 갖는다.

ⓛ 회사가 유상 또는 무상으로 신주를 발행할 경우 우선적으로 신주를 인수할 수 있는 신주인수권 등도 갖게 된다.

ⓒ 주주는 주주평등의 원칙에 따라 주주가 갖는 주식 수에 따라 평등하게 취급되므로 보유한 주식 지분 만큼의 권리와 책임을 갖게 된다.

ⓔ 주식회사의 주주는 유한책임을 원칙으로 하므로 출자한 자본액의 한도 내에서만 경제적 책임을 진다. 즉, 출자한 회사가 파산하여 갚아야 할 부채가 주주지분 이상이 되더라도 주주는 지분가치를 초과한 부채에 대해 책임을 지지 않는다.

(2) 자익권과 공익권

① 주주가 출자한 회사에 대한 권리는 크게 자신의 재산적 이익을 위해 인정되는 권리인 자익권과 회사 전체의 이익과 관련된 공익권으로 나뉜다.

자익권	이익배당청구권이나 잔여재산 분배청구권, 신주인수권, 주식매수청구권, 주식명의개서청구권 및 무기명주권의 기명주권으로의 전환청구권 등
공익권	• 주주총회에서 이사 선임 등 주요 안건에 대한 의결에 지분 수에 비례하여 참여할 수 있는 의결권 • 회계장부와 관련된 주요 정보의 열람을 청구할 수 있는 회계장부 열람청구권 • 이미 선임된 이사를 임기 전이라도 일정 수 이상의 주주의 동의를 얻어 해임을 요구할 수 있는 이사해임청구권 • 일정 수 이상의 주주 동의로 임시 주주총회 소집을 요구할 수 있는 주주총회 소집요구권 등

② 기업은 계속적으로 존재한다는 가정 아래 사업을 영위한다는 점에서 계속기업(going concern)이라 말하며, 주식은 이러한 계속기업의 가정하에서 발행회사와 존속을 같이하는 영구증권의 성격을 갖는다.

③ 주식은 만기가 별도로 존재하지 않고 출자한 원금을 상환 받지 못하는 증권이며 채권자에게 지급할 확정 금액을 넘어선 재산의 가치가 증가할수록 청구권의 가치는 증가하게 된다.

(3) 주식투자의 특성

① 높은 수익을 기대할 수 있다.

㉠ 주식투자를 통해 얻을 수 있는 수익에는 자본이득과 배당금이 있다.

자본이득	주식의 매매차익으로 주식의 가격이 변동하여 차익이 발생하는 것을 말한다. 소위 싸게 사서 비싸게 팔면 매매차익이 발생한다.
배당금	• 기업에 이익이 발생할 경우 주주에게 나누어주는 돈으로, 주식회사는 보통 사업연도가 끝나고 결산을 한 후에 이익이 남으면 주주들에게 배당금을 분배한다. • 배당금을 받기 위해서는 사업연도가 끝나는 시점에 주식을 보유하고 있어야 하며, 주주총회가 끝나는 날까지 배당금을 지급받을 주주 변경을 금지한다.

㉡ 주식은 위험자산이어서 높은 수익을 기대할 수 있는 만큼 위험 또한 크다.

㉢ 주식의 가격은 매매체결에 따라 매순간 바뀌므로 가격 변동에 의해 원금손실을 겪을 수 있는데, 가격 변동에 부정적인 영향을 미치는 요인으로는 경제 및 경기의 침체, 해당 주식이 속한 산업의 위축, 기업의 경영 부실, 해당 기업이 취급하는 상품이나 서비스의 부실 등 매우 다양하다. 극단적으로는 주식이 상장 폐지되거나 기업이 도산하여 주식이 휴지조각이 되는 경우도 종종 발생한다.

② 뛰어난 환금성이다.

    ㉠ 부동산과 달리 주식은 증권시장을 통하여 자유롭게 사고팔아 현금화할 수 있다. 거래비용도 저렴하며 매매절차가 간단하고 배당금 수령이나 보관 등도 증권회사에서 대행해 주므로 편리하다.

    ㉡ 주식 중에는 거래물량이 적어 주식을 사거나 파는 것이 어려운 종목도 있으므로 환금성의 위험 또한 존재할 수 있다.

③ 소액주주의 상장주식 매매차익에 대해서는 양도소득세가 없으며 배당에 대해서만 배당소득세가 부과된다. 미국 등 선진국에서 매매차익이 생기면 과세를 하는 것에 비해 주식투자자에게 유리하다고 할 수 있다.

④ 인플레이션 헤지 기능이다. 주식은 부동산 및 실물자산을 보유한 기업에 대한 소유권을 나타내므로 물가가 오르면 그만큼 소유자산 가치가 올라 주식의 가격도 오르는 경향이 있다.

2 주식의 발행

(1) 주식의 발행

① 창업 초기 기업은 주로 소수의 특정인에게 주식을 발행하여 자금을 조달한다.

② 기업이 성장하고 보다 많은 자금이 필요해지면 불특정다수인을 대상으로 주식을 모집(또는 매출)하는 최초기업공개(IPO ; Initial Public Offering)를 하게 되고 거래소에 상장하게 된다. 이때부터 누구나 거래소를 통해 이 기업의 주식을 자유롭게 매매할 수 있고 기업은 자금이 필요해지면 유상증자를 통해 추가적으로 주식을 발행할 수 있다.

③ 새로운 주식을 발행하여 기업이 장기 자기자본을 조달할 수 있는 시장을 주식 발행시장(primary market)이라고 한다. 주식의 발행방법에는 직접발행과 간접발행이 있다.

직접발행	발행기업이 중개기관을 거치지 않고 투자자에게 직접 주식을 팔아 자금을 조달하는 방식으로 유상증자를 통해 기존 주주 또는 제3자에게 주식을 배정하는 경우에 주로 사용된다.
간접발행	전문성과 판매망을 갖춘 중개기관을 거쳐 주식을 발행하는 방식으로 최초기업공개 시에는 대부분 이 방식이 사용된다. 주식의 발행은 아래와 같은 다양한 형태로 이루어진다.

(2) 기업공개(IPO ; Initial Public Offering)

① 기업공개란 주식회사가 일정한 법정절차와 방법에 따라 일반대중을 대상으로 주주를 공개모집하여 발행주식의 일부를 매각함으로써 일반대중이 유가증원을 자유로이 매매할 수 있게 하는 것을 말한다.

② 기업공개 시 불특정 다수에게 공모주를 판매하려면 취득자가 나중에 자유롭게 팔 수 있도록 보장해 주어야 하는데, 일정한 요건을 충족시킨 기업이 발행한 주식을 증권시장에서 거래할 수 있도록 허용하는 것을 상장(listing)이라고 한다.

(3) 유 · 무상증자

① 유상증자

㉠ 유상증자는 이미 설립되어 있는 주식회사가 자기자본을 조달하기 위하여 새로운 주식을 발행하는 것을 말한다.

㉡ 기업의 자기자본이 확대되기 때문에 기업이 재무구조를 개선하고 타인자본에 대한 의존도를 낮추는 대표적인 방법이다. 자금조달을 위해 기업이 유상증자를 할 경우 원활한 신주 매각을 위해 일반적으로 20~30% 할인하여 발행한다.

㉢ 기존주주와의 이해상충문제가 발생할 수 있어 신주인수권의 배정방법이 중요한 문제가 되며, 주주배정방식, 주주우선공모방식, 제3자 배정방식, 일반공모방식 등이 있다.

- 주주배정방식 : 기존주주와 우리사주조합에 신주를 배정하고 실권주 발생 시 이사회 결의에 따라 처리방법 결정
- 주주우선공모방식 : 주주배정방식과 거의 동일하나 실권주 발생 시 일반투자자를 대상으로 청약을 받은 다음 청약 미달 시 이사회 결의로 그 처리방법 결정
- 제3자 배정방식 : 기존주주 대신 관계회사나 채권은행 등 제3자가 신주인수를 하도록 하는 방식
- 일반공모방식 : 기존주주에게 신주인수권리를 주지 않고 일반투자자를 대상으로 청약을 받는 방식

② 무상증자

기존의 주주에게 그들이 소유한 주식의 비율로 새로운 주식을 무상으로 배부하는 것을 말한다. 주금 납입 없이 이사회 결의로 준비금이나 자산재평가적립금 등을 자본에 전입하고 전입액 만큼 발행한 신주를 기존주주에게 보유 주식수에 비례하여 무상으로 교부하는 것으로, 회사와 주주의 실질재산에는 변동이 없다.

③ 유 · 무상증자를 위해서는 주주가 확정되어야 하며 이를 위해 유 · 무상증자 기준일을 정하고 기준일 현재 주주인 사람을 증자 참여 대상자로 확정하게 된다. 이때 유 · 무상증자 기준일 전일은 유 · 무상증자 권리락일(자산분배가 공표된 기업의 주식이 그 자산의 분배권이 소멸된 이후 거래되는 첫날)이 되어 그날 이후 주식을 매수한 사람은 증자에 참여할 권리가 없다. 따라서 권리락일에는 신주인수권 가치만큼 기준주가가 하락하여 시작하게 된다.

(4) 주식배당

① 주식배당은 현금 대신 주식으로 배당을 실시하여 이익을 자본으로 전입하는 것을 의미한다. 주주들에게 배당을 하고 싶으나 기업이 재무적으로 어려움에 처해 있거나 투자계획 등으로 현금을 아껴야 할 필요가 있을 때 많이 이루어진다.

② 주식배당 시 신주발행가격은 액면가로 정해진다. 주식배당은 배당가능이익의 50% 이내로 제한되는데 주식의 시장가격이 액면가 이상인 상장법인은 배당가능이익의 100%까지 가능하다.

③ 주식배당 시 주주들의 보유 주식 수는 늘어나지만 실제 주주의 부(富)에는 변동이 없다. 기업의 전체 시장가치가 변하지 않은 상태에서 배당지급일에 주식의 시장가치는 낮아지고 주식의 수만 늘어났기 때문이다.

④ 주주들은 자신의 보유주식 수에 비례하여 주식배당을 받아 각 주주들의 지분율에도 변동이 없다.

(5) 주식분할(Stock splits)과 주식병합(Reverse stock split)

① 주식배당처럼 주식분할도 분할 이전에 비해 더 많은 주식을 소유하지만 현금배당 대신에 지급되는 것이 아니며 보다 많은 투자자들에게 그 기업의 주식을 매수할 수 있게 하기 위해 주식의 시장가격을 낮추고자 할 때 발생한다. 주식분할을 액면분할이라고도 한다.

② 주식의 시장가치는 주식 분할일에 조정되며, 1주를 2주로 분할할 경우 분할 후 주식의 시장가치는 절반으로 줄고 투자자의 전체 시장가치는 변동하지 않는다. 주식병합은 주식 분할과 정반대로, 주가가 아주 낮은 경우 주가를 적정수준까지 끌어올리기 위해 예컨대 2:1로 주식을 병합하여 액면 5천원짜리 주식 2주를 보유한 주주는 새로 발행된 액면 1만원짜리 주식 1주를 갖게 된다.

3 주식의 종류

주주는 원칙적으로 자신의 보유 주식 수에 따라 평등한 취급을 받는데 이를 '주주평등의 원칙'이라 한다. 그러나 상법의 기준에 따라 기업은 정관에 권리의 내용을 달리하는 주식을 발행함으로써 다른 종류의 주식을 가지는 주주와 다른 취급을 할 수 있다.

(1) 보통주(Common stocks)

① 자익권과 공익권 등 일반적인 성격을 갖는 주식을 보통주(common stock)라고 하며 각 주식은 평등한 권리내용을 가진다.

② 일반적으로 주식이라 하면 보통주를 의미하며, 기업이 단일 종류의 주식만을 발행하는 경우에는 특별히 이 명칭을 붙일 필요는 없다. 대기업의 소액주주들은 대체로 지분이 낮아 의결권 등을 행사할 기회는 거의 없고 배당금(dividend income)과 주식매매에 의한 자본이득(capital gain)에 관심을 갖는다.

③ 보통주에 대한 투자는 미래의 배당금 수령이나 주가의 불확실성으로 투자위험이 높으며, 그만큼 높은 수익이 기대되는 투자대상이기도 하다.

(2) 우선주(Preferred stocks)

① 우선주는 배당이나 잔여재산분배에 있어서 사채권자보다는 우선순위가 낮으나 보통주 주주보다는 우선권이 있는 주식을 말한다.

② 우선주는 흔히 고정적인 확정 배당률이 있지만 무배당도 가능하며 의결권이 제한되어 있어 사채와 보통주의 성격이 복합된 증권이라 할 수 있다. 의결권 제한으로 대주주 입장에서는 경영권에 대한 위협 없이 자기자본을 조달하는 수단이 된다.

③ 우선주의 종류

   ⊙ 당해 연도에 소정 비율의 우선배당을 받지 못하면 미지급배당금을 차 영업연도 이후에도 우선적으로 보충하여 배당받는 누적적 우선주와 차 영업연도에도 보충 배당받지 못하는 비누적적 우선주가 있다.

   ⓛ 우선주 소정 비율의 우선배당을 받고도 이익이 남는 경우에 다시 보통주 주주와 함께 배당에 참가할 수 있는 참가적 우선주와 소정 비율의 우선배당을 받는 데 그치는 비참가적 우선주도 있다.

(3) 성장주(Growth stocks) · 배당주(Dividend stocks) · 가치주(Value stocks)

① 성장주

    ㉠ 기업의 영업실적이나 수익 증가율이 시장평균보다 높을 것으로 기대되는 주식으로, 주로 수익을 기업 내부에 유보(재투자)하여 높은 성장률과 기업가치 증대에 주력하고 배당금으로 분배하는 부분은 많지 않다.

    ㉡ 배당소득보다는 자본이득에 중점을 두어야 하는 시기에 적합한 투자대상이라 할 수 있다.

② 배당주

    ㉠ 기업에 이익이 발생할 때 이를 재투자하기보다는 주주에게 배당금의 형태로 배분하는 비율이 높은 주식을 배당주라 한다.

    ㉡ 배당주는 주식의 매매차익을 노리기보다는 주식을 보유하면서 정기적으로 수익을 얻으려는 투자자들이 관심을 갖는다.

③ 가치주

가치주는 주식의 내재가치보다 현재의 주가수준이 낮게 형성되어 있으나 기업의 이익이나 자산의 구조를 볼 때 앞으로 가격이 오를 것으로 생각되는 주식이다. 저평가된 이유는 주로 향후 성장률이 낮을 것으로 예상되거나 악재로 인해 주가가 지나치게 하락하였기 때문이다.

(4) 경기순환주(Cyclical stocks)와 경기방어주(Defensive stocks)

① 경기순환주

    ㉠ 경기순환주는 경제의 활동수준에 따라 기업의 영업실적이나 수익의 변화가 심한 주식을 말한다.

    ㉡ 경기가 호황이면 높은 성장률을 나타내고 높은 투자수익률이 기대되지만 경기가 침체기에 들어서면 실적이 급속히 악화하고 투자손실이 예상되는 기업의 주식이 해당된다.

    ㉢ 주로 경기에 따라 수요변화가 심한 건설, 자동차, 도매, 철강, 조선, 반도체산업 등에 해당하는 주식들로 경기민감주라고도 한다.

② 경기방어주

    ㉠ 경기 변화에 덜 민감하며 경기침체기에도 안정적인 주가흐름을 나타낸다.

    ㉡ 경기가 호전되어도 다른 주식에 비해 상대적으로 낮은 상승률을 보일 가능성이 높은데, 일반적으로 경기침체기에도 수요가 꾸준한 음식료, 제약, 가스, 전력업종 등의 주식들이 해당된다.

(5) 대형주 · 중형주 · 소형주

한국거래소는 상장법인의 시가총액에 따라 다음과 같이 구분하고 있다.

① 시가총액이란 현재의 주식의 가격과 주식의 수를 곱한 값으로 현재 기업의 가치가 얼마인지를 나타낸다고 볼 수 있다.

② 보통 종합주가지수(KOSPI)를 구성하는 시가총액 순서로 1~100위의 기업의 주식을 대형주라고 하며, 대형주는 대기업의 주식일 확률이 높고 거래규모가 크므로 안정적으로 주식에 투자하고자 하는 사람들이 선호하는 주식이다.

③ 중소형주는 시가총액이 101위 이하의 기업을 말한다. 101~300위를 중형주, 301위 이하를 소형주로 나누기도 하는데, 기업규모가 작고 경제나 경기변동에 따라 가격의 등락 폭이 큰 경우가 많으므로 투자의 위험이 상대적으로 크지만 수익의 기회도 큰 경향이 있다.

④ 매년 3월, 9월 선물 만기일에 시가총액 규모별 주가지수 정기 변경을 한다.

(6) 주식예탁증서(DR ; Depositary Receipts)

① 자국의 주식을 외국에서 거래하는 경우 주식의 수송 · 법률 · 제도 · 거래관행 · 언어 · 통화 · 양식 등 여러 가지 문제로 원활한 유통이 어렵게 된다. 이런 문제를 해소하고자 외국의 예탁기관으로 하여금 해외 현지에서 증권을 발행 · 유통하게 함으로써 원래 주식과의 상호 전환이 가능하도록 한 주식대체증서를 주식예탁증서(DR)라고 한다.

② 국내의 보관기관은 주식을 보관하고 해외의 예탁기관은 보관 주식을 근거로 그 금액만큼의 예탁증서를 발행한다.

③ DR에는 뉴욕 · 런던 · 도쿄 · 프랑크푸르트 등 전 세계 금융시장에서 동시에 발행되는 GDR(Global Depositary Receipt), 발행상의 편의와 비용을 줄이고자 세계 최대 금융시장인 미국 뉴욕시장에서만 발행되는 ADR(American Depositary Receipt), 유럽시장에서 발행되는 EDR(European Depositary Receipt) 등이 있다.

4 주식 유통시장

발행된 주식의 거래가 이루어지는 시장을 주식 유통시장(secondary market)이라고 하며, 우리나라의 주식 유통시장은 유가증권시장, 코스닥시장, 코넥스시장, K-OTC시장 등으로 구분된다.

(1) 유가증권시장

유가증권시장이란 한국거래소(KRX)가 개설 · 운영하는 시장으로 엄격한 상장 요건을 충족하는 주식이 상장(listing)되어 거래되는 시장이다.

(2) 코스닥시장

① 미국의 나스닥(NASDAQ)과 유사하게 장외거래 대상 종목으로 등록된 주식을 전자거래시스템인 코스닥(KOSDAQ ; Korea Securities Dealers Automated Quotation)을 통해 매매하는 시장으로 출발하였다.

② 2005년 1월 기존의 증권거래소와 코스닥시장, 선물거래소가 통합거래소 체제로 일원화되면서 지금은 또 다른 장내시장의 하나가 되었다. 다만 유가증권시장보다는 상장 기준이 덜 엄격한 편이어서 중소기업이나 벤처기업이 많은 편이다.

(3) 코넥스(KONEX ; Korea New Exchange)

코스닥 전 단계의 주식시장으로 창업 초기의 중소기업을 위해 2013년 7월 개장했다. 코넥스는 기존 주식시장인 유가증권시장이나 코스닥에 비해 상장 문턱을 낮추고 공시의무를 완화하여 창업 초기 중소기업의 자금조달을 위해 설립되었는데, 투자주체는 증권사 · 펀드 · 정책금융기관 · 은행 · 보험사 · 각종 연기금 등 자본시장법상의 전문투자자로 제한되며 일반투자자는 펀드가입 등을 통해 간접투자를 할 수 있다.

(4) K-OTC시장

한국장외시장(Korea Over-The-Counter)의 약칭으로, 유가증권시장 · 코스닥 · 코넥스에서 거래되지 못하는 비상장주식 가운데 일정요건을 갖추어 지정된 주식의 매매를 위해 한국금융투자협회가 개설 · 운영하는 제도화 · 조직화된 장외시장이다.

5 주식 거래방법

(1) 주식 거래

① 한국거래소시장에서 주식을 거래할 수 있는 자는 금융투자업의 허가를 받고 거래소의 회원으로 등록된 금융투자회사로 한정되어 있다.

② 투자자가 주식 거래를 하기 위해서는 먼저 증권회사 등에 거래계좌를 개설하고 계좌를 개설한 증권회사 등을 통하여 주문한다. 주문은 전화, ARS, HTS(home trading system), MTS(mobile trading system) 등을 이용하여 할 수 있다.

(2) 매매체결방법

① 한국거래소의 주식 매매시간은 09:00~15:30까지이고, 매매체결방식은 가격우선원칙과 시간우선원칙을 적용하여 개별경쟁으로 매매거래가 체결된다. 즉, 매수주문의 경우 가장 높은 가격을, 매도주문의 경우 가장 낮은 가격을 우선적으로 체결하고 동일한 가격의 주문 간에는 시간상 먼저 접수된 주문을 체결하게 된다.

② 시초가와 종가의 경우는 시간의 선후에 상관없이 일정 시간 동안 주문을 받아 제시된 가격을 모아 단일가격으로 가격이 결정되는 동시호가제도를 채택하고 있다.

③ 오전 8시 30분부터 동시호가에 주문을 내는 것이 가능하고 여기에서 제시된 가격과 수량을 통해 오전 9시에 단일가로 매매가 체결되면서 시초가가 결정되며, 폐장 10분 전부터는 매매 없이 동시호가 주문만 받다가 오후 3시 30분에 단일가로 매매가 체결되면서 종가가 결정된다.

④ 이런 정규주문 거래 외에도 장이 끝난 오후 3시 30분부터 오후 6시까지 그리고 개장 전인 오전 8시 30분부터 오전 8시 40분까지 시간외거래가 가능한데, 기관투자자 사이의 시간 외 대량매매에 주로 활용되고 있다.

[한국거래소 주식 매매거래 시간]

체결방식	시 간
장 전 종가매매	08:30~08:40
동시호가	08:30~09:00, 15:20~15:30
정규시장매매	09:00~15:30
장 후 종가매매	15:30~16:00(체결은 15:40부터, 10분간 접수)
시간외 단일가매매	16:00~18:00(10분 단위, 총 12회 체결)

(3) 주문방법

① 원하는 매수나 매도 가격을 지정하여 주문하는 지정가주문(limit order)과 가격을 지정하지 않고 주문시점에서 가장 유리한 가격에 우선적으로 거래될 수 있도록 주문하는 시장가주문(market order)이 있다.

② 대부분의 주식거래는 지정가 주문에 의해 이루어지고 시장가 주문은 거래량이 갑자기 증가하면서 주가가 급등하는 종목을 매수하고자 할 때 종종 이용된다.

③ 일반적으로 유가증권시장의 주식매매 단위는 1주인데, 최소 호가 단위 즉 최소가격 변동폭(minimum tick)은 주가 수준에 따라 차이가 있어 2천원 미만 1원, 5천원 미만 5원, 2만원 미만 10원, 5만원 미만 50원, 20만원 미만 100원, 50만원 미만 500원, 50만원 이상 1,000원이다.

④ 한편, 우리나라 주식시장은 단기간 주가 급등락으로 인한 주식시장의 불안정을 예방하고 개인투자자 보호를 위해 일일 최대가격 변동폭을 제한하는 가격제한(price limit)제도를 두고 있다. 신규상장 주식의 경우 상장일 당일 공모가 기준 60~400%까지 가격변동폭을 제한하고 있다. 이에 따라 전일 종가 대비 ±30% 이내에서 가격이 변동하여 상·하한가가 결정된다. 매매가 체결된 주식의 결제시점은 체결일로부터 3영업일로 되어 있다.

　예　목요일에 매매가 체결된 주식은 토요일과 일요일 외에 다른 휴장일이 없다면 다음 주 월요일이 결제일이 되어 개장 시점에 매입의 경우는 증권 계좌에서 매입대금이 출금되면서 주식이 입고되고, 매도의 경우는 증권계좌에 매도대금이 입금되면서 주식이 출고된다.

(4) 거래비용

① 주식을 거래할 때에도 과세와 비용이 발생한다. 개인투자자의 경우 보유주식으로부터의 배당금은 금융소득으로 간주하여 소득세가 과세된다.

② 일반적으로 개인별로 모든 소득은 합산하여 과세하는 종합소득세가 원칙이지만 이자나 배당 등 금융소득은 연간 총액이 2천만원 초과일 때에만 종합과세하고 2천만원 이하인 경우에는 분리과세 되어 다른 소득의 규모에 관계없이 일률적으로 14%의 소득세와 1.4%의 지방소득세를 합한 15.4%의 세금이 원천징수된다.

1 채권의 개념

(1) 채권

① 채권의 의미

채권은 정부, 지방자치단체, 공공기관, 특수법인 또는 주식회사가 불특정 다수의 투자자를 대상으로 비교적 장기에 걸쳐 대규모 자금을 조달할 목적으로 발행하는 일종의 차용증서인 유가증권이다.

② 채권의 발행

채권의 발행자격을 갖춘 기관은 법으로 정해져 있는데 발행자격이 있더라도 발행을 위해서는 정부로부터 별도의 승인을 얻어야 한다. 이렇게 발행된 채권은 주식처럼 유통시장에서 자유롭게 매매할 수 있으며, 주식시장과 동일하게 채권시장도 발행시장과 유통시장으로 구분할 수 있다. 발행자가 처음 채권을 발행하는 시장이 발행시장이며, 이미 발행된 채권이 거래되는 시장이 유통시장이다.

(2) 채권의 특성

① 확정이자부증권

채권은 발행 시에 발행자가 지급하여야 할 약정이자와 만기 시 상환해야 할 금액이 사전에 확정되며, 발행자의 영업실적과 무관하게 이자와 원금을 상환해야 한다. 따라서 발행자의 원리금 지급능력이 중요하며 지급이자는 발행자의 금융비용인 동시에 투자자에게는 안정적인 수입원이 된다.

② 기한부증권

주식과 달리 채권은 원금과 이자의 상환기간이 발행할 때 정해지는 기한부증권이다.

③ 장기증권

채권은 발행자로 하여금 장기적으로 안정적인 자금을 조달할 수 있게 한다. 회사채의 경우 대부분 기업의 설비투자 용도로 발행되는데, 투자자의 환금성 보장을 위해 반드시 유통시장이 있어야 한다.

(3) 채권의 기본용어

① 액면

채권 1장마다 권면 위에 표시되어 있는 1만원, 10만원, 100만원 등의 금액을 말한다.

② 매매단가

유통시장에서 매매할 때 적용되는 가격으로 액면 10,000원당 적용 수익률로 계산한다.

③ 표면이자율(coupon rate)

액면금액에 대하여 1년 동안 지급하는 이자금액의 비율을 나타내며 채권을 발행할 때 결정된다. 이표채의 경우 1회마다 이자를 받을 수 있는 이표(coupon)가 붙어 있으며, 할인채는 할인율로 표시한다. 참고로 경상수익률(current yield)은 이자금액을 채권의 현재시장가격으로 나눈 비율이라는 점에서 표면이자율과 다르다.

④ 만기와 잔존기간

채권 발행일로부터 원금상환일까지의 기간을 만기 또는 원금상환기간이라고 하며, 이미 발행된 채권이
일정 기간 지났을 때 그 때부터 원금상환일까지 남은 기간을 잔존기간이라고 한다. 예컨대 만기가 3년인
채권이 발행일로부터 2년이 지났다면 만기까지의 잔존기간은 1년이 된다.

⑤ 수익률

투자 원본금액에 대한 수익의 비율로 보통 1년을 단위로 계산된다. 표면이율, 발행수익률, 만기수익률,
실효수익률, 연평균수익률 등 다양한 개념이 있으며, 수익률은 베이시스포인트(bp ; basis point)로 표
시한다. 1bp는 1/100%(0.01% 또는 0.0001)에 해당한다. 즉, 이자율이 10bp 변동하였다면 0.1%(또는
0.001)만큼 변동한 것을 뜻한다.

(4) 채권투자의 특징

① 수익성

㉠ 채권의 수익성이란 투자자가 채권을 보유함으로써 얻을 수 있는 수익으로서 이자소득과 자본소득이
있다. 이자소득은 발행 시에 정해진 이율에 따라 이자를 지급받는 것을 말하며, 자본소득은 채권의
유통가격이 변동되면서 발생될 수 있는 시세차익 또는 차손을 의미한다.

㉡ 채권의 이자소득에 대해서는 이자소득세가 과세되지만 매매에 따른 자본이득에 대해서는 주식과 마
찬가지로 과세되지 않는다.

② 안전성

㉠ 채권은 정부, 지방자치단체, 금융회사 또는 신용도가 높은 주식회사 등이 발행하므로 채무 불이행 위
험이 상대적으로 낮다.

㉡ 채권은 만기일에 약속된 원금과 이자를 받을 수 있고 차입자가 파산할 경우에도 주주권에 우선하여
변제받을 수 있으며, 원금의 손실가능성이 매우 낮아 복리효과를 이용한 장기투자에 적합하다.

㉢ 다만, 채권의 가격은 시장금리 및 발행기관의 신용 변화에 따라 변동하게 된다. 따라서 시장가격이
매입가격보다 낮아질 때에는 자본손실의 가능성이 있고, 발행기관의 경영이나 재무상태가 악화될 경
우에는 약정한 이자 및 원금의 지급이 지연되거나 지급불능 상태가 되는 채무불이행 위험이 발생할
수 있다.

③ 환금성(유동성)

채권은 주식처럼 유통(증권)시장을 통해 비교적 쉽게 현금화할 수 있다. 채권의 매매는 기관투자자 간의
거액거래가 일반적이지만 소액채권의 경우 개인투자자들도 증권회사를 통해 쉽게 참여할 수 있다. 물론
발행물량이 적고 유통시장이 발달되지 못한 채권의 경우에는 현금화하기 어려운 유동성 위험이 존재할
수도 있다.

(5) 채권의 분류

채권은 발행주체, 만기유형, 이자지급방법, 발행유형 등에 따라 다양하게 분류될 수 있다.

① 발행주체별

국 채	• 국회의 의결을 거쳐 국가가 재정정책의 일환으로 발행하는 채권으로 정부가 원리금의 지급을 보증하기 때문에 국가 신용도와 동일한 신용도를 가진다. • 정부의 재정적자가 클수록 발행잔액과 유통시장이 커지며, 국고채권, 국민주택채권(1종, 2종), 외국환평형기금채권, 재정증권 등이 있다.
지방채	• 지방정부 및 지방공공기관 등이 「지방자치법」과 「지방재정법」에 의거하여 특수목적 달성에 필요한 자금을 조달하기 위해 발행하는 채권이다. 발행잔액 및 신용도가 국채에 미치지 못하고 비교적 유동성이 낮은 편이다. • 지방채의 종류에는 서울도시철도공채, 지방도시철도공채, 지역개발채권 등이 있다.
특수채	• 특별한 법률에 의해서 설립된 기관이 특별법에 의하여 발행하는 채권으로서 공채와 사채의 성격을 모두 지니고 있으며 정부가 원리금의 지급을 보증하는 것이 일반적이어서 안정성과 수익성이 비교적 높다. • 한국전력채권, 지하철공사채권, 토지주택채권, 도로공사채권, 예금보험공사채권, 증권금융채권 등이 있다.
금융채	• 특별법에 의하여 설립된 금융회사가 발행하는 채권으로서 금융채의 발행은 특정한 금융회사의 중요한 자금조달수단의 하나이다. • 통화조절을 위해 한국은행이 발행하는 통화안정증권, 산업자금 조달을 위한 산업금융채권, 중소기업 지원을 위한 중소기업금융채권 및 각 시중은행이 발행하는 채권과 카드회사, 캐피탈회사, 리스회사, 할부금융회사 등이 발행하는 채권들이 여기에 속한다.
회사채	• 「상법」상의 주식회사가 발행하는 채권으로서 채권자는 주주들의 배당에 우선하여 이자를 지급받게 되며 기업이 도산하거나 청산할 경우 주주들에 우선하여 기업자산에 대한 청구권을 갖는다. • 일반적으로 매 3개월 후급으로 이자를 지급받고 원금은 만기에 일시상환 받는다.

② 만기유형별

단기채	통상적으로 상환기간이 1년 이하인 채권을 단기채권이라 하며, 우리나라에는 통화안정증권, 양곡기금증권, 금융채 중 일부가 여기에 속한다.
중기채	상환기간이 1년 초과 5년 이하인 채권을 말한다. 우리나라에서는 대부분의 회사채 및 금융채가 만기 3년으로 발행되고 있다.
장기채	상환기간이 5년 초과인 채권이며 우리나라에서는 주로 국채가 만기 5년 또는 10년으로 발행되고 있다.

ⓐ 채권은 시간이 경과하면서 장기채권에서 중기채권으로 다시 단기채권으로 바뀌게 되며, 기간이 짧아져 감에 따라 다른 요인들이 모두 동일하다면 채권가격의 변동성은 감소한다.

ⓑ 일반적으로 만기가 긴 채권일수록 수익률은 높으나 유동성이 떨어지고 채무불이행 확률도 증가하므로 투자자는 자신의 투자기간을 고려하여 적절한 만기를 가진 채권에 투자해야 한다.

③ 이자지급방법별

이표채	• 채권의 권면에 이표(coupon)가 붙어 있어 이자지급일에 이표를 떼어 이자를 지급받는 채권으로서, 외국의 경우 6개월마다 이자를 지급하지만 우리나라는 보통 3개월 단위로 이자를 지급한다. • 대부분의 회사채가 이표채로 발행되고 있으며 국고채, 회사채, 금융채 중 일부가 이표채로 발행된다.
할인채	• 표면상 이자가 지급되지 않는 대신에 액면금액에서 상환일까지의 이자를 공제한 금액으로 매출되는 채권으로서 이자가 선급되는 효과가 있다. • 이자를 지급하지 않기 때문에 무이표채(zero-coupon bond)라고 불리기도 한다. • 통화안정증권, 산금채 일부가 여기에 해당하며 대부분 1년 미만의 잔존만기를 갖는다.
복리채	• 정기적으로 이자가 지급되는 대신에 복리로 재투자되어 만기상환 시에 원금과 이자를 동시에 지급하는 채권을 말한다. • 국민주택채권(1종, 2종), 지역개발채권, 금융채의 일부가 이런 방식으로 발행된다.

④ 발행유형별

보증채	원리금의 상환을 발행회사 이외의 제3자가 보증하는 채권으로서 보증의 주체가 정부인 정부보증채와 신용보증기금, 보증보험회사, 시중은행 등이 지급을 보증하는 일반보증채로 구분된다.
무보증채	제3자의 보증 없이 발행회사의 자기신용에 의해 발행·유통되는 채권이다. 우리나라에서는 과거 보증채가 많이 발행되었으나, 외환위기 이후부터 무보증채의 발행이 급속히 증가하였다.
담보부채권	원리금 지급불능 시 발행주체의 특정 재산에 대한 법적 청구권을 지키는 채권이다.
무담보부채권	발행주체의 신용을 바탕으로 발행하는 채권이다.
후순위채권	발행주체의 이익과 자산에 대한 청구권을 가지나 다른 무담보사채보다 우선권이 없는 채권이다.

2 특수한 형태의 채권

위에서 설명한 일반적인 형태의 채권과 달리 계약 조건이 변형된 특수한 형태의 채권이 등장하여 다양한 목적으로 발행되며 투자되고 있다.

(1) 전환사채(CB ; Convertible Bond)

① 순수한 회사채의 형태로 발행되지만 일정 기간이 경과된 후 보유자의 청구에 의하여 발행회사의 주식으로 전환될 수 있는 권리가 붙어 있는 사채이다. 이에 따라 전환사채는 사실상 주식과 채권의 중간적 성격을 갖고 있다.

② 전환사채에는 전환할 때 받게 되는 주식의 수를 나타내는 전환비율이 미리 정해져 있다. 즉, 전환사채 발행기관의 주가가 어느 수준 이상으로 상승하게 되면 보유자가 전환권을 행사하여 채권을 포기하고 주식을 취득함으로써 추가적인 수익을 추구하고, 그렇지 않을 때는 전환하지 않고 계속 사채의 형태로 보유하게 된다.

③ 전환사채는 보유자가 자신에게 유리할 때만 전환권을 행사하여 추가적인 수익을 꾀할 수 있는 선택권이 주어지기 때문에 다른 조건이 동일하다면 일반사채에 비해 낮은 금리로 발행된다.

(2) 신주인수권부사채(BW ; Bond with Warrant)

① 신주인수권부사채란 채권자에게 일정 기간이 경과한 후에 일정한 가격(행사가격)으로 발행회사의 일정 수의 신주를 인수할 수 있는 권리, 즉 신주인수권이 부여된 사채이다. 전환사채와 달리 발행된 채권은 그대로 존속하는 상태에서 부가적으로 신주인수권이라는 옵션이 부여되어 있으며 신주인수권은 정해진 기간 내에는 언제든지 행사할 수 있다.

② 신주인수권부사채의 발행조건에는 몇 주를 어느 가격에 인수할 수 있는지가 미리 정해져 있어서 전환사채와 마찬가지로 발행기관의 주가가 상승하게 되면 신주인수권을 행사하여 당시 주가보다 낮은 가격에 주식을 보유할 수 있게 된다.

③ 이와 같이 신주인수권부사채는 보유자에게 유리한 선택권이 주어지기 때문에 다른 조건이 같다면 일반사채에 비해 낮은 금리로 발행된다.

(3) 교환사채(EB ; Exchangeable Bond)

① 교환사채란 회사채의 형태로 발행되지만 일정 기간이 경과된 후 보유자의 청구에 의하여 발행회사가 보유 중인 다른 주식으로의 교환을 청구할 수 있는 권리가 부여된 사채이다.

② 교환사채에는 발행 당시에 추후 교환할 때 받게 되는 주식의 수를 나타내는 교환비율이 미리 정해져 있다.

③ 이에 따라 교환권을 행사하게 되면 사채권자로서의 지위를 상실한다는 점에서는 전환사채와 동일하지만, 전환사채의 경우에는 전환을 통해 발행회사의 주식을 보유하게 되는 반면에 교환사채의 경우는 발행회사가 보유 중인 타 회사의 주식을 보유하게 된다는 점에서 차이가 있다.

(4) 옵션부사채

① 옵션부사채란 발행 당시에 제시된 일정한 조건이 성립되면 만기 전이라도 발행회사가 채권자에게 채권의 매도를 청구할 수 있는 권리, 즉 조기상환권이 있거나, 채권자가 발행회사에 채권의 매입을 요구할 수 있는 권리, 즉 조기변제요구권이 부여되는 사채이다.

② 조기상환권부채권(callable bond)은 발행 당시에 비해 금리가 하락한 경우에 발행회사가 기존의 고금리 채권을 상환하고 새로 저금리로 채권을 발행할 목적으로 주로 활용된다.

③ 이렇게 되면 낮은 금리로 자금을 재조달할 수 있는 발행회사에는 유리한 반면 기존의 고금리 채권 상품을 더 이상 보유할 수 없게 된 채권투자자는 불리하게 된다. 따라서 조기상환권부채권은 그런 조건이 없는 채권에 비해 높은 금리로 발행된다.

④ 조기변제요구권부채권(puttable bond)은 발행 당시에 비해 금리가 상승하거나 발행회사의 재무상태 악화로 채권 회수가 힘들어질 것으로 예상되는 경우 채권투자자가 만기 전에 채권을 회수할 목적으로 주로 활용될 수 있다. 즉, 조기변제요구권은 채권투자자에게 유리한 조건이기 때문에 이러한 옵션이 부가된 조기변제요구권부채권은 그렇지 않은 채권에 비해 낮은 금리로 발행될 수 있다.

(5) 변동금리부채권(FRN ; Floating Rate Note)

① 채권은 발행일로부터 원금상환일까지 금리변동에 관계없이 발행 당시에 정한 이자율로 이자를 지급하는 금리확정부채권이 일반적이지만 지급이자율이 대표성을 갖는 시장금리에 연동하여 매 이자지급 기간마다 재조정되는 변동금리부채권이 발행되기도 한다.

② 변동금리부채권은 일반적으로 채권발행 시에 지급이자율의 결정방식이 약정되며 매번 이자지급기간 개시 전에 차기 지급이자율이 결정된다. 즉, 변동금리부채권의 지급이자율은 대표성을 갖는 시장금리에 연동되는 기준금리와 발행기업의 특수성에 따라 발행시점에 확정된 가산금리를 더하여 결정된다.

> 지급이자율 = 기준금리(reference rate) + 가산금리(spread)

③ 기준금리로는 시장의 실세금리를 정확히 반영하고 신용도가 우수한 금융시장의 대표적인 금리가 주로 사용되는데 우리나라에서는 CD금리, 국고채 수익률, KORIBOR(Korea inter-bank offered rate) 등이 있다.

④ 기준금리에 가산되어 지급이자율을 결정하는 가산금리는 발행자의 신용도와 발행시장의 상황을 반영하여 결정된다. 일반적으로 가산금리는 발행 당시에 확정되어 고정되므로 발행 이후 신용도와 시장상황의 변화에 따라 변동금리부채권의 가격을 변동시키는 주된 요인이 된다.

(6) 자산유동화증권(ABS ; Asset Backed Securities)

① 금융회사가 보유 중인 자산을 표준화하고 특정 조건별로 집합(Pooling)하여 이를 바탕으로 증권을 발행한 후 유동화자산으로부터 발생하는 현금흐름으로 원리금을 상환하는 증권이다. 즉, 유동화 대상자산을 집합하여 특수목적회사(SPV ; Special Purpose Vehicle)에 양도하고 그 자산을 기초로 자금을 조달하는 구조이다.

② 발행과정에서 증권의 신용도를 높이기 위해 후순위채권이나 보증 등의 방법을 활용하기도 한다. 유동화 대상자산이 회사채이면 CBO(Collateralized Bond Obligation), 대출채권이면 CLO(Collateralized Loan Obligation), 주택저당채권(mortgage)이면 주택저당증권(MBS ; Mortgage Backed Securities)이라고 한다.

③ ABS 발행회사는 재무구조를 개선할 수 있으며, 신용보강을 통해 발행사 신용등급보다 높은 신용등급의 사채 발행으로 자금조달비용을 절감할 수 있어 현금흐름 및 리스크 관리 차원에서 유용하다. 투자자 측면에서는 높은 신용도를 지닌 증권에 상대적으로 높은 수익률로 투자할 수 있다는 장점이 있다.

(7) 주가지수연계채권(ELN ; Equity Linked Note)

① 채권의 이자나 만기상환액이 주가나 주가지수에 연동되어 있는 채권으로 우리나라에서 주로 발행되는 원금보장형 주가지수연계채권은 투자금액의 대부분을 일반 채권에 투자하고 나머지를 파생상품(주로 옵션)에 투자하는 방식으로 운용된다.

② 은행이 발행하는 주가 지수연동정기예금(ELD ; Equity Linked Deposit)이나 증권회사가 발행하는 주가지수연계증권(ELS ; Equity Linked Securities)도 ELN과 유사한 구조로 발행되고 있다.

(8) 물가연동채권(KTBi ; Inflation-Linked Korean Treasury Bond)

① 정부가 발행하는 국채로 원금 및 이자지급액을 물가에 연동시켜 물가상승에 따른 실질구매력을 보장하는 채권이다. 투자자 입장에서 물가연동채권은 이자 및 원금이 소비자물가지수(CPI)에 연동되어 물가상승률이 높아질수록 투자수익률도 높아져 인플레이션 헤지 기능이 있으며, 정부의 원리금 지급보증으로 최고의 안전성이 보장된다는 장점이 있다.

② 정부의 입장에서는 물가가 안정적으로 관리되면 고정금리국채보다 싼 이자로 발행할 수 있다는 장점이 있다. 반면에 물가연동채권은 물가가 지속적으로 하락하는 디플레이션 상황에서는 원금 손실 위험도 있고 발행물량과 거래량이 적어 유동성이 떨어진다는 단점이 있다.

(9) 신종자본증권

① 신종자본증권은 일정 수준 이상의 자본요건을 충족할 경우 자본으로 인정되는 채무증권이다.

② 초기에는 국제결제은행(BIS)의 건전성 감독지표인 자기자본비율 제고를 위해 은행의 자본확충 목적으로 발행되었으나 점차 일반 기업의 발행도 증가하고 있다.

③ 채권과 주식의 중간적 성격을 가지고 있어 하이브리드채권으로 불리기도 한다. 통상 30년 만기의 장기채로 고정금리를 제공하고 청산 시 주식보다 변제가 앞선다는 점(후순위채보다는 후순위)에서 채권의 성격을 가지고 있으나 만기 도래 시 자동적인 만기연장을 통해 원금상환부담이 없어진다는 점에서 영구자본인 주식과 유사하다.

④ 변제 시 일반 후순위채권보다 늦은 후순위채라는 점에서 투자자에게 높은 금리를 제공하는 반면에 대부분의 경우 발행 후 5년이 지나면 발행기업이 채권을 회수할 수 있는 콜옵션(조기상환권)이 부여되어 있다.

⑤ 최근 저금리 기조의 지속으로 콜옵션을 행사하여 상환된 신종자본증권의 사례가 증가하고 있어 투자 시 콜옵션 조항에 대한 세밀한 검토가 필요하다.

3 소액채권거래제도

(1) 첨가소화채권

① 채권은 대규모여서 소액투자자인 일반인들이 접근하기 어려우나 일반인들도 채권을 소유하는 경우가 있다. 주택이나 자동차를 구입하거나 금융회사에서 부동산을 담보로 대출을 받을 때 의무적으로 구입해야 하는 첨가소화채권이 있다.

② 첨가소화채권은 정부나 지방자치단체 등이 공공사업 추진을 위해 재원을 조달하고자 할 때 관련 국민들에게 법률에 의해 강제로 매입하게 하는 준조세로서의 성격을 가지고 있다.

③ 첨가소화채권은 표면이자율이 확정되어 있고 만기는 5년 이상 장기채권으로 발행된다. 대부분 매입과 동시에 현장에서 매도되는 게 일반적이다.

(2) 소액국공채 거래제도

① 정부는 이러한 의무매입국공채의 환금성을 높여서 채권시장의 공신력을 높이고, 첨가소화채권을 통해 채권이라는 것을 처음 가지게 된 일반 대다수 국민의 채권시장에 대한 신뢰도를 높이기 위해 소액국공채 거래제도를 운영하고 있다.

② 소액국공채 매매거래제도를 적용받는 거래대상 채권은 제1종 국민주택채권, 서울도시철도채권 및 서울특별시 지역개발채권, 지방공기업법에 의하여 특별시, 광역시 및 도가 발행한 지역개발공채증권, 주요 광역시 발행 도시철도채권 등이 있다.

4 주식과 채권의 비교

(1) 주식과 채권

주식의 소유자인 주주는 채권 소유자와 달리 주주총회에서 의사결정에 참여할 수 있다. 주식의 발행은 자기자본의 증가를 가져오지만 채권은 타인자본인 부채의 증가를 수반한다. 회사 청산 시 채권은 주식에 우선하여 청산 받을 권리가 있다.

(2) 주식과 채권의 비교

① 전통적인 주식과 채권은 아래 표에서와 같이 구분되지만 최근에는 주식과 채권의 성격이 혼합된 증권이 더욱 많이 발행되고 있다.

[주식과 채권의 비교]

구 분	주 식	채 권
발행자	주식회사	정부, 지자체, 특수법인, 주식회사
자본조달 방법	자기자본	타인자본
증권소유자의 지위	주 주	채권자
소유로부터의 권리	결산시 사업이익금에 따른 배당을 받을 권리	확정이자 수령 권리
증권 존속기간	발행회사와 존속을 같이하는 영구증권	기한부증권(영구채권 제외)
원금상환	없 음	만기 시 상환
가격변동위험	크 다	작 다

② 채권이 주식화된 대표적인 예로는 전환 · 신주인수권부 · 교환사채 등 각종 주식관련 사채와 이익참가부 사채가 있으며, 투자자는 확정이자보다 주식으로의 전환을 통한 소득에 더 관심을 갖는다.

③ 주식이 채권화된 예로는 우선주(이익참가부우선주)가 있는데, 투자자는 의결권보다 배당에 더 관심을 갖는다. 우선주는 채권과 주식의 특성을 모두 가진 증권인데, 투자자에게 매년 확정 배당금을 지급함으로써 만기가 무한한 채권과 유사하며 우선주의 시장가격의 증감은 발행주체의 수익성보다 시장이자율과 더욱 밀접한 관련이 있다.

④ 우선주는 회사 경영과 관련된 의결권을 투자자에게 부여하지 않는다는 점에서는 채권과 유사하지만 투자자에게 배당금을 지급하지 못하는 경우에도 파산하지 않는다는 점에서는 주식의 특성을 갖는다.

⑤ 미지급 배당금이 있다면 기업은 보통주 배당금 지급 전에 누적적 우선주 보유자에게 우선 지급해야 한다.

⑥ 채권발행 주체의 이자비용은 법인세를 감소시키는 효과가 있지만 우선주와 보통주의 배당금은 법인세를 차감한 순이익에서 지급되므로 회사의 입장에서 법인세 감면효과가 없다. 그러나 배당금을 수령하는 기관투자가에게는 배당소득의 30%를 익금불산입하기 때문에 우선주가 기관투자가에게는 어느 정도 매력적인 고정수익 투자대상이라고 볼 수 있다.

유사점	차이점
• 정해진 현금흐름의 정기적 지급(채권의 이자, 우선주의 배당금) • 회사경영에 대한 의결권 미부여 • 회사 순이익을 공유하지 않음 • 조기상환(채권) 또는 상환(우선주) 가능 • 감채기금 적립 가능 • 발행주체의 파산 시 보통주보다 우선	• 우선주 배당금 지급 시 법인 비용처리 불가 • 우선주 배당금의 일부는 기관투자가에게 익금불산입 • 우선주 투자자에게 배당금 미지급 시에도 발행주체는 파산하지 않음 • 회계처리가 다름 • 우선주는 보통주로 전환 가능한 경우 있음 • 우선주 배당금은 회계기간 종료 후 지급, 채권의 이자는 3개월 마다 지급

06 증권분석

1 증권의 투자가치 분석

증권의 현재가격은 시장에서 매수자와 매도자의 거래를 통해 결정되는데, 여러 가지 자료나 정보를 토대로 그 가격의 적정성이나 미래의 가격예측에 대해 판단을 하는 것을 증권분석(securities analysis)이라고 한다. 분석기법으로는 크게 기본적 분석과 기술적 분석이 있다.

(1) 기본적 분석

① 기본적 분석은 시장에서 증권에 대한 수요와 공급에 의해서 결정되는 시장가격이 그 증권의 내재가치(intrinsic value)와 동일하지 않을 수 있다는 전제하에 증권의 내재가치를 중점적으로 분석하는 방법이다.

② 따라서 내재가치가 추정되면 이를 시장가격과 비교함으로써 과소 또는 과대평가된 증권을 발견하고, 이에 따라 매입 또는 매도 투자결정을 하여 초과수익을 추구한다. 기본적 분석에는 경제분석, 산업분석, 기업분석으로 이어지는 환경적 분석과 재무제표를 중심으로 기업의 재무상태와 경영성과를 평가하는 재무적 분석이 포함된다.

하향식(Top-down) 분석	• 일반 경제를 검토하는 것에서 시작하여 특정산업으로, 최종적으로는 기업자체를 검토하는 분석방법으로, 밀물 때가 되면 모든 배가 든다는 것을 가정한다. • 호황기에는 강한 기업이나 약한 기업 모두 높은 실적을 거두지만 불황기에는 강한 기업까지도 번창하기 어렵기 마련이다. • 호경기 때 약한 기업의 주식에 투자하는 것이 불경기 때 좋은 주식에 투자하는 것보다 성과가 좋을 수 있다.
상향식(Bottom-up) 분석	• 투자 가망 회사에 초점을 두고 개별 기업의 사업, 재무, 가치 등 투자자가 선호할 만한 것들을 보유한 기업을 선택한 후 산업과 시장에 대해 그 기업을 비교한다. • 내재가치보다 저평가된 주식을 찾아 장기적으로 보유하고 있으면 언젠가는 적정 가치를 찾아가리라는 믿음을 갖고 투자하는 방법이다.

(2) 기술적 분석

① 기술적 분석은 과거의 증권가격 및 거래량의 추세와 변동패턴에 관한 역사적인 정보를 이용하여 미래 증권가격의 움직임을 예측하는 분석기법이다. 즉, 증권시장의 시황이 약세시장이나 강세시장으로 전환하는 시점과 시장동향을 미리 포착하여 초과수익을 얻는 데 분석의 초점을 두고 있다.

② 기술적 분석은 과거 증권가격 움직임의 모습이 미래에도 반복된다고 가정하며, 증권가격의 패턴을 결정짓는 증권의 수요와 공급이 이성적인 요인뿐만 아니라 비이성적인 요인이나 심리적 요인에 의해서도 결정된다는 것을 전제하고 있다.

③ 기술적 분석은 주로 과거 주가흐름을 보여주는 주가 차트(chart)를 분석하여 단기적인 매매타이밍을 잡는 데 이용된다.

2 기업정보

개별 증권의 가격에 영향을 미치는 가장 중요한 요인은 기업에 대한 정보라고 할 수 있다. 공시정보, 경영실적정보, 지배구조 및 경영권 등 기업정보는 결과적으로 주가 등에 반영된다. 그러나 증권의 가격은 이들뿐 아니라 종종 시장의 수급, 경영권에 관련된 정보, 일시적인 유행 등에 따라서도 움직인다.

(1) 기업공시 정보

① 상장기업은 기업공시제도(corporate disclosure system)에 따라 자사 증권에 대한 투자판단에 중대한 영향을 미칠 수 있는 중요한 기업 정보를 반드시 공시하도록 되어 있다.

② 투자자가 기업의 실체를 정확히 파악하여 투자결정을 할 수 있도록 함으로써 증권시장 내의 정보의 불균형을 해소하고 증권거래의 공정성을 확보하여 투자자를 보호하는 기능을 하게 된다. 투자자 입장에서는 기업공시 내용이 중요한 투자정보가 되고, 공시내용의 중요성에 따라 증권의 가격에도 적지 않은 영향을 미치게 된다.

③ 공시정보를 사전에 유출하는 것은 불법이기 때문에 사전정보를 이용한 투자는 사실상 어려우며, 발표된 공시정보는 비교적 효율적으로 증권가격에 반영되어 사후적으로 공시정보를 활용한 투자는 별로 도움이 되지 못한다는 견해도 있다.

> **더 알아보기**　전자공시시스템(DART ; Data Analysis, Retrieval and Transfer System)
>
> - 금융감독원(https://dart.fss.or.kr/)에서 운영하며, 상장법인 등이 공시 서류를 인터넷에 제출하면 투자자 등 누구나가 인터넷을 통해 관련 정보를 조회할 수 있도록 마련된 종합적 기업공시시스템이다.
> - 기업의 사업 내용, 재무 상황, 경영실적 등 전반에 대한 정보를 담고 있는 사업보고서 등을 열람할 수 있다.
> - 증권의 공모발행을 위한 증권신고서, 투자설명서, 증권발행 실적보고서 등을 검색할 수 있어 어떤 증권들이 발행되고 있고 해당 증권의 특징은 무엇인지 파악할 수 있다.

(2) 경영실적 정보

① 경쟁력 높은 제품군을 보유하고 있고 아무리 경영능력이 뛰어난 기업이라고 해도 결국은 실적이 뒷받침 되어야만 주가는 상승할 수 있다. 곧 주식시장에서 가장 중요한 정보는 기업의 실적이다.

② 일반적으로 상장기업의 경우에는 매 분기마다 매출액, 영업이익, 당기순이익 등의 주요한 재무정보를 발표하도록 되어 있다. 이러한 실적 발표는 실제로 주가에 커다란 영향을 미치므로 증권회사 애널리스 트를 비롯한 수많은 전문가들이 사전에 주요기업의 실적을 예측하여 발표하게 된다.

③ 실적 예상치가 어느 정도 주가에 미리 반영되기 때문에 실제로 발표일의 주가는 절대적인 실적의 증감보 다는 예상을 상회 또는 하회하는지에 따라 변동하게 된다. 특히 예상을 크게 상회하는 경우는 '어닝 서프 라이즈(earning surprise)'라고 하여 주가가 크게 상승하고, 예상에 크게 못 미칠 때에는 '어닝 쇼크 (earning shock)'라고 하며 주가가 폭락하는 경우도 있다.

(3) 지배구조 및 경영권 정보

① 우리나라에서는 여러 기업들이 복잡한 지분 관계로 묶여 재벌을 이루거나 계열회사 그룹을 형성하는 경 우가 많다. 기업의 주주분포 및 경영권의 소재를 나타내는 지배구조가 기업의 가치에 미치는 영향에 관 해서는 다양한 주장이 있어 일률적으로 판단하기는 어렵다.

② 그러나 투자자 입장에서는 자신이 투자한 기업의 가치가 해당 기업의 영업이익뿐 아니라 같은 그룹 내 계열회사의 실적과도 밀접하게 연관되게 된다. 따라서 기업 가치를 평가할 때는 그 기업이 원래 영위하 는 사업뿐 아니라 관계회사나 자회사의 가치와 지분법 평가이익 또는 평가손실로 인해 수익에 미치는 영 향을 함께 고려해 보아야 한다. 자회사에 대한 지분보유를 목적으로 설립된 지주회사(holding company)의 경우는 자회사의 실적이 특히 중요하다.

③ 기업의 경영권과 관련된 정보도 주가에 상당한 영향을 미치는데, 우선 기업 인수합병(M&A)은 인수기업 및 피인수기업의 주가를 크게 움직이는 대표적인 테마이다. 특히 적대적 M&A 시도로 인한 지분경쟁의 경우에는 피인수기업의 주가가 급등하지만 실패로 끝나면 주가가 폭락할 수도 있다.

④ 또 대주주 사이에 경영권 분쟁이 발생하면 지분확보를 위한 경쟁으로 주가가 급등하게 되지만 기업 가치 와 무관하게 변동한 주가는 결국 제자리로 되돌아오거나 분쟁으로 인해 오히려 기업가치가 훼손될 수 있 다는 점에서 투자에 유의해야 한다.

(4) 유행성 정보

① 주식시장에서는 갑자기 출현한 이슈나 재료에 따라 주가가 급등락하는 경우가 있다. 특히 비슷한 이슈를 가진 여러 종목의 주가가 동반 상승하는 '테마주'를 형성하기도 하는데, 이런 유행성 정보는 일시적 현상 에 그치는 경우가 대부분이며 많은 경우 실적이 뒷받침되지 않으면서 루머에 따라 급등락하기 때문에 일 반투자자는 조심해야 한다.

② 때로는 이러한 현상이 집단적 심리현상으로 특정 업종 전반에 널리 퍼지면서 거품(bubble)을 형성하기 도 한다. 실제로 주식시장에는 다수의 버블이 있어왔고 그때마다 오래지 않아 거품이 꺼지면서 수많은 개인투자자들이 파멸했다. 2000년도를 전후해서 전 세계 주식시장에서 발생한 '닷컴 버블'이나 첨단 기 술주에 대한 'IT 버블' 등이 그 예이다.

3 재무비율 분석

(1) 재무비율 분석의 필요성

① 기업의 재무상태와 경영성과를 객관적으로 파악할 수 있는 가장 중요한 자료는 재무상태표와 손익계산서로 대표되는 재무제표이다.

② 모든 상장기업은 반드시 정기적으로 재무제표를 작성하고 회계감사를 받아 공개해야 한다. 만약 고의나 실수로 잘못된 회계정보를 제공할 경우에는 법적인 책임을 지게 된다.

③ 일반인들이 기업의 재무제표를 면밀하게 분석하는 것은 어렵기 때문에 중요한 정보만을 정리하여 간결한 수치로 나타내어 분석하는 것을 재무비율분석이라고 하며 대표적인 재무비율 지표에는 레버리지비율, 유동성비율, 활동성비율, 수익성비율 등이 있다.

(2) 레버리지비율

① 레버리지비율(leverage measures)은 기업이 자산이나 자기자본에 비하여 부채를 얼마나 사용하고 있는가를 보여준다.

② 일반적인 부채비율은 총자산대비 총부채로 측정하지만 종종 자기자본 대비 총부채의 비중으로 측정되기도 한다.

③ 부채의 레버리지효과는 기업이익을 증폭시키기 때문에 주주 이익을 높이는 데 기여할 수 있으나 이익의 변동성을 크게 하여 재무 리스크를 높인다. 특히 과도한 부채는 기업의 파산가능성을 높이게 되므로 부채비율이 지나치게 높은 주식은 투자를 피하는 것이 좋다.

④ 적정한 부채비율이 어느 정도이냐에 대해서는 업종의 특성과 재무전략적 측면에서 논란의 여지가 있으나 외환위기 당시 부채비율이 높았던 기업들이 곤욕을 치른 경험에 비추어 볼 때 제조업의 경우에는 대략 자기자본 대비 2배 이내의 부채를 가이드라인으로 삼고 있다.

⑤ 한편 부채에서 발생하는 이자비용을 같은 기간의 영업이익에 의해 얼마만큼 커버할 수 있는지를 살펴보는 지표로 이자보상배율이 있다.

  ㉠ 이자보상배율이 높으면 이자비용을 커버하기에 충분한 영업이익이 있다는 뜻이다.

  ㉡ 이자보상배율이 1보다 작다면 영업이익으로 이자비용도 감당하지 못한다는 의미로 기업이 심각한 재무적 곤경에 처해 있다고 볼 수 있다.

> 부채비율＝총부채÷자기자본
>
> 이자보상배율＝영업이익÷이자비용

(3) 유동성비율

① 유동성지표(liquidity measures)는 기업이 부담하고 있는 단기부채를 충분하게 상환할 수 있는 능력을 살펴보는 지표로 1년 이내에 만기가 돌아오는 유동부채 대비 현금성이 있는 유동자산의 비율로 측정된다.

② 유동자산에 포함되는 재고자산의 경우는 기업이 정상적인 영업 활동을 하기 위해 항상 필요한 자산이므로 이를 제외한 나머지 유동자산인 당좌자산만으로 유동성을 측정하는 당좌비율을 사용하기도 한다.

③ 유동성지표가 높을수록 단기부채를 상환하기 위한 유동자산 또는 당좌자산이 충분하다는 것을 뜻하지만 이 비율이 지나치게 높으면 불필요하게 많은 자금을 수익성이 낮은 현금성 자산으로 운용하고 있다는 의미도 있다.

> 유동비율＝유동자산÷유동부채
> 당좌비율＝(유동자산－재고자산)÷유동부채

(4) 활동성비율

① 활동성지표(activity measures)는 기업이 보유자산을 얼마나 잘 활용하고 있는가를 보여주는 지표로 주로 총자산 대비 매출액으로 측정한 자산회전율로 측정한다.

② 자산회전율이 낮다면 매출이 둔화되었거나 비효율적인 자산에 투자하여 자산의 활용도가 낮다는 의미가 된다. 다만 철강, 자동차, 조선과 같이 자본집약적 산업은 자산회전율이 낮은 경향이 있어서 산업별 특성을 고려하여 지표를 평가할 필요가 있다.

③ 매출액 대비 외상매출금의 평균회수기간이나 재고자산 대비 매출액으로 측정한 재고자산회전율도 활동성지표의 하나로 활용된다. 평균회수기간이 길면 매출이 감소했거나 느슨한 신용정책으로 대금회수가 느리다는 뜻이고 재고자산회전율이 하락하고 있으면 매출이 둔화되고 있거나 재고가 누적되어 있다는 의미가 된다.

> 자산회전율＝매출액÷총자산
> 평균회수기간＝(매출채권×365일)÷매출액
> 재고자산회전율＝매출액÷재고자산

(5) 수익성지표

① 기업의 경영성과를 나타내며 가장 중요한 재무비율지표로 평가되는 수익성지표(earnings measures)는 크게 매출액과 투자자본 대비 수익률로 측정된다.

② 우선 매출액 대비 수익률을 각각 당기순이익과 영업이익으로 측정한 매출액순이익률(Ration of Net income to Sales)과 매출액영업이익률(Ration of Operating profit to Sales)이 있는데 당기순이익은 지분법 이익과 같이 기업 본연의 영업활동과 상관없이 발생한 영업외 수익과 이자비용과 같은 영업외 비용의 영향을 받기 때문에 영업이익만으로 측정한 매출액영업이익률이 더 많이 사용된다.

③ 그리고 총자산 대비 당기순이익으로 측정한 총자산이익률(ROA ; Return on Asset)은 기업이 자산을 활용하여 이익을 창출하는 능력을 나타내며, 자기자본이익률(ROE ; Return on Equity)은 주주의 몫인 자기자본을 얼마나 효율적으로 활용하여 이익을 창출하였는지를 보여주는 지표로 주주의 부를 극대화한다는 측면에서 주식시장에서 가장 중요한 재무비율 지표로 인식된다.

> 매출액순이익률＝당기순이익÷매출액
> 매출액영업이익률＝영업이익÷매출액
> 총자산이익률(ROA)＝순이익÷총자산
> 자기자본이익률(ROE)＝순이익÷자기자본

(6) 재무제표 자료의 한계

① 재무제표 자료는 기업에 관한 중요 정보로 널리 활용되지만 재무제표에 나타난 장부가치(book value)는 미래의 경제적 이익을 반영하는 주식시장의 시장가치(market value)와 괴리될 수밖에 없다는 점을 인식해야 한다.

② 근본적으로 회계정보는 과거의 결과를 정리한 것이고 주가는 미래의 가능성을 반영하고 있기 때문이다.

③ 재무제표에 표시된 값은 시가보다 보수적으로 평가되어 작성될 수밖에 없으며 특히 화폐단위로 표시할 수 없는 항목, 즉 경영자의 능력, 기술개발력, 브랜드 가치와 같은 질적 정보를 고려하지 못한다는 한계가 있기 때문이다.

④ 한편 재무비율의 경우 쉽게 계산하고 이해하기 쉬워 널리 사용되고 있으나 여러 가지 한계가 있어서 결과 해석과 활용에 신중할 필요가 있다.

　㉠ 우선 기업마다 회계처리방법이 달라 재무비율의 단순 비교가 부적절한 경우가 많다. 또 비율분석의 기준이 되는 표준비율 선정이 어렵다.

　㉡ 산업평균을 비교 기준으로 삼고 있으나 많은 기업들이 다각화된 제품구조를 가지고 있어 산업군을 분류하기 애매한 경우가 많다.

　㉢ 결국 수치화된 재무비율이라 하더라도 그 해석에는 분석자의 주관성이 크게 작용될 수밖에 없다.

4 주가배수 평가

(1) 기업 가치 분석

① 주식투자를 위한 기본적 분석의 핵심은 기업의 내재가치와 현재 주가를 비교하여 주가가 기업 가치 대비 저평가된 주식은 매입하고 기업 가치 대비 고평가 주식은 매도하는 것이라고 할 수 있다. 다만 현재 주가는 언제든지 시장에서 알 수 있으나 기업의 실제 가치를 정확하게 측정한다는 것은 거의 불가능하다.

② 결국 기업의 가치를 알아내기 위한 다양한 노력이 기본적 분석에 의한 성공적인 투자의 관건이 되는데, 비교적 간단한 방법으로 기업 가치와 주가를 비교해서 주식투자에 활용하는 방법으로 주가이익비율과 주가장부가치 비율이 있다.

③ 기업의 가치를 각각 수익의 수준과 장부 가치로 측정하여 현재 주가와 비교하는 방법이다.

(2) 주가이익비율(PER ; Price Earning Ratio)

① 주식가격을 1주당 순이익(EPS ; Earning Per Share)으로 나눈 값으로 기업이 벌어들이는 주당이익에 대해 증권시장의 투자자들이 어느 정도의 가격을 지불하고 있는가를 뜻한다.

② 주식 1주당 수익에 대한 상대적 주가수준을 나타낸다고 볼 수 있다. 주가이익비율은 기업의 본질적인 가치에 비해 주가가 고평가되어 있는지 저평가되어 있는지를 판단하는 기준으로 사용된다. 주가이익비율이 상대적으로 높으면 주가가 고평가되어 있다는 것을 의미하며 낮으면 저평가되어 있다는 것을 의미한다.

③ 이때 비교 기준은 주로 유사위험을 지닌 주식들의 PER를 이용하거나 동종 산업의 평균 PER를 이용하는 방법, 해당 기업의 과거 수년간의 평균 PER를 이용하는 방법 등이 있다.

$$PER = \frac{주가}{주당순이익(EPS)}$$

④ 위의 PER 계산에서 분모로 사용되는 주당순이익(EPS)은 해당 기업의 최근 실적을 의미하는 반면에 분자가 되는 주가는 기업의 미래가치까지 반영하여 결정되기 때문에 두 값 사이에 괴리가 발생할 수 있다.

   예 최근 실적은 좋았으나 향후 기업 전망이 좋지 못하면 PER가 낮을 수도 있고, 최근 실적은 부진하지만 향후 기업의 성장 가능성이 높으면 PER가 높게 형성될 수도 있다.

⑤ 일반적으로 높은 성장은 기대되지 않지만 안정적인 수익을 창출하는 산업은 PER가 낮고 현재 수익은 작아도 성장성이 높은 산업은 PER가 높게 형성되는 경향이 있다.

   예 기술집약적인 산업이나 신생 벤처기업의 경우는 시장에서 PER가 높은 편이다. 따라서 PER의 절대적인 수준만을 보고 수익 대비 주가가 고평가되었다거나 저평가되었다고 판단하는 것은 바람직하지 못하다.

⑥ 다만 해당 기업의 과거 수년 동안의 평균값이나 그 기업이 속한 산업의 평균값과 비교하여 수익 대비 현재 주가수준을 판단하는 기준으로는 자주 사용된다.

(3) 주가장부가치비율(PBR ; Price Book-value Ratio)

① PER와 함께 주식투자에서 널리 사용되는 주가장부가치비율(PBR ; Price Book-value Ratio)은 시장가치(market value)를 나타내는 주가를 장부가치(book value)를 보여주는 주당순자산(BPS ; Book-value Per Share)으로 나눈 비율로, 주당 가치 평가 시 시장가격과 장부가치의 괴리 정도를 평가하는 지표이다.

$$PBR = 주가 \div 주당순자산(BPS) = 주당시장가격 \div 주당장부가치$$

② 주당순자산은 기업 청산 시 장부상으로 주주가 가져갈 수 있는 몫을 나타내며 PBR이 낮을수록 투자자는 낮은 가격에 주당순자산을 확보하게 된다. 만약 PBR이 1보다 작다면 해당 기업이 지금의 장부 가치로 청산한다고 해도 보통주 1주에 귀속되는 몫이 현재 주가보다 많다는 의미이다.

③ 회계원칙의 보수성 때문에 장부상 자산은 시장가격보다 낮은 가격으로 작성될 수밖에 없으며 경영자의 능력, 기술개발력, 브랜드 가치와 같이 질적인 항목은 순자산에 반영되지 못하고 있어 일반적으로 주식의 PBR은 1보다 큰 값을 갖는다.

④ PBR이 지나치게 높으면 주가가 장부상의 기업 가치에 비해 고평가 되었다고 인식되지만 미래 성장성이 큰 기업의 주가는 PBR이 높은 경향이 있다. 따라서 PER와 마찬가지로 PBR 역시 해당 기업의 과거 수년 동안 평균값이나 그 기업이 속한 산업의 평균값과 비교하여 자산 가치 대비 현재 주가수준의 적정여부를 판단하는 기준으로 사용하는 것이 좋다.

우체국금융 일반현황

01 연혁

(1) 우체국 금융(~1999년)

① 우체국금융은 1905년 우편저금과 우편환, 1929년 우편보험을 실시한 이후 전국 각지에 고루 분포되어 있는 우체국을 금융창구로 활용하여 국민들에게 각종 금융서비스를 제공하고 있다.

② 과거 우체국금융은 우편사업의 부대업무로 운영되며 과도한 국가 재정 목적의 활용으로 인한 적자 누적과 우편사업 겸업에 따른 전문성 부재 논란이 이어지며 사업을 중단하고 1977년 농업협동조합으로 이관하였다.

③ 이후 우편사업의 재정지원과 금융의 대중화 실현을 위하여 1982년 12월 제정된 「우체국예금·보험에 관한 법률」에 의거 1983년 1월부터 금융사업의 재개와 함께 현재의 국영금융기관으로서의 역할을 수행하고 있다.

④ 1990년 6월에 전국 우체국의 온라인망이 구축되었고 1995년에는 우체국 전산망과 은행전산망이 연결되어 전국을 하나로 연결하는 편리한 우체국 금융서비스를 제공할 수 있는 큰 틀을 갖추었다.

(2) 우체국 금융(2000년 이후)

① 2000년 7월부터는 우정사업의 책임경영체제 확립을 위해 정보통신부(현 과학기술정보통신부) 산하에 우정사업본부를 설치하여 우정사업을 총괄하고 있으며, 2007년 우체국금융의 내실화 있는 성장과 책임경영 강화를 위하여 우체국예금과 보험의 조직을 분리하여 운영하고 있다.

② 이러한 새로운 경영체제출범과 함께 「우정사업운영에 관한 특례법」에 의거 통신사업특별회계를 우편사업, 예금사업, 보험사업 특별회계로 각각 완전 분리하여 우정사업의 회계 투명성을 제고하였고 체계적인 자산운용 성과관리 체계를 구축하는 등 금융사업의 전문화를 도모하였다.

③ 2011년부터 건전한 소비문화 조성을 위한 우체국 독자 체크카드 사업을 시작하였으며, 2012년 스마트금융 시스템 오픈 이후 2019년 우체국 스마트뱅킹 전면 개편, 2023년 차세대 금융시스템 도입 등 지속적인 디지털금융 고도화를 통해 국민들이 우체국금융창구 뿐만 아니라 우체국금융 온라인을 통해 언제 어디서나 쉽고 편리하게 금융서비스를 제공 받을 수 있게 하였다.

④ 2018년에는 농어촌 등 금융소외 지역 서민들의 금융편익 증진 및 자산형성 지원을 위한 대국민 우체국 펀드판매를 실시하였으며, 2023년에는 국가기관 최초로 마이데이터(본인신용정보관리업) 본허가를 획득하는 등 금융사업의 다각화와 전문화를 통해 스마트한 국민금융을 제공하는 국내 유일의 소매금융 중심의 국영 금융기관으로 발돋움하고 있다.

1 우체국금융 일반

(1) 우체국의 금융 업무는 「우정사업운영에 관한 특례법」에서 고시하는 우체국예금, 우체국보험, 우편환·대체, 외국환업무, 체크카드, 펀드판매, 전자금융서비스 등이 있다.

(2) 우체국금융은 그 경영주체가 국가이므로 사업의 영리만을 목적으로 하지 아니하며, 우체국예금의 원금과 이자 그리고 우체국보험의 보험금 등은 국가가 법으로 전액 지급을 보장한다.

(3) 우체국금융은 은행법에 따른 은행업 인가를 받은 일반은행이나 보험업법에 따른 보험업 인가를 받은 보험회사와는 달리 「우체국예금·보험에 관한 법률」 등 소관 특별법에 의해 운영되는 국영금융기관으로 대출, 신탁, 신용카드 등 일부 금융 업무에 제한을 받고 있다.

[국내 예금취급기관의 예금자보호 비교]

구 분	주요내용
우체국예금	「우체국예금·보험에 관한 법률」에 의해 국가가 전액 지급 보장
은행, 저축은행	「예금자보호법」에 따라 1인당 최고 1억원(세전)까지 지급 보장
상호금융 (농·축협, 신협, 새마을금고 등)	• 소관 법률 내 예금자보호준비금을 통하여 1억원까지 지급 보장 • 2금융권은 각각 영업점이 독립 법인체로 운영되므로 거래하는 각 사업체별로 예금자보호 적용 • 각 지역 본점은 각각 5천만원까지 보호되며, 해당 지역 본점과 지점의 예금은 합산하여 1억원까지 보호

2 우체국예금·보험

(1) 우체국예금

① 「우체국예금·보험에 관한 법률」에 따라 우체국에서 취급하는 예금을 말하며 우체국을 통하여 누구나 편리하고 간편하게 저축수단을 이용하게 함으로써 국민의 저축의욕을 북돋우고 일상생활 안정을 도모한다.

② 우체국예금 상품은 크게 요구불예금과 저축성예금으로 구분할 수 있으며, 예금상품의 구체적인 종류 및 가입대상, 금리 등은 과학기술정보통신부장관이 정하여 고시하도록 하고 있다.

③ 예금 자체에 있어서는 타 금융기관 예금과 다를 바 없으나 일반법인 「민법」·「상법」에 의해 취급되는 타 금융기관 예금과는 달리 우체국예금은 소관법에 의하여 취급되어 특별법 우선 원칙에 따라 소멸시효 및 무능력자의 행위 등에 관하여 일반법과는 달리 특별 규정을 가진다.

④ 금융기관의 건전성관리를 기준으로 볼 때 우체국예금과 일반은행과의 주요 차이는 다음과 같다.

   ⊙ 주식 발행이 없으므로 자기자본에 자본금 및 주식발행 초과금이 없다.

   ⊙ 타인자본에는 예금을 통한 예수부채만 있고, 은행채의 발행 등을 통한 차입 혹은 금융기관 등으로 부터의 차입을 통한 차입부채는 없다.

   ⊙ 우편대체 계좌대월 등 일부 특수한 경우를 제외하고는 여신이 없다. 단, 환매조건부채권매도 등을 통한 차입부채는 있을 수 있다.

(2) 우체국보험

① 「우체국예금 · 보험에 관한 법률」에 따라 우체국에서 피보험자의 생명 · 신체의 상해(傷害)를 보험사고로 하여 취급하는 보험을 말하며 보험의 보편화를 통하여 재해의 위험에 공동으로 대처하게 함으로써 국민의 경제생활 안정과 공공복리의 증진에 이바지함을 목적으로 한다.

② 우체국보험은 동법에 따라 계약 보험금 한도액이 보험종류별로 피보험자 1인당 4천만원으로 제한되어 있다.

③ 우체국보험의 종류는 보장성보험, 저축성보험, 연금보험이 있으며 각 보험의 종류에 따른 상품별 명칭, 특약, 보험기간, 보험료납입기간, 가입연령, 보장내용 등은 우정사업본부장이 정하여 고시한다.

3 기타 금융업무

(1) 우체국예금 · 보험 이외에 우체국에서 취급하는 금융 관련 업무로는 우편환, 우편대체, 체크카드, 집합투자증권(펀드) 판매, 외국환, 전자금융 업무가 있다.

(2) 전국 우체국 금융창구를 업무 제휴를 통해 민영금융기관에 개방하여 신용카드 발급, 증권계좌 개설, 결제대금 수납, 은행 입 · 출금서비스 제공 노란우산 공제 판매대행, 건설근로자퇴직공제금 접수대행 등 타 금융기관 업무를 대리 수행하며 민영금융기관의 창구망 역할을 대행하고 있다.

(3) 비대면 금융서비스의 확대에 따라 일반 금융기관들이 영업점을 줄이고 있는 추세를 감안할 때 우체국 금융창구망을 통한 보편적 금융서비스 제공은 농 · 어촌지역에도 도시지역과 동일한 수준의 금융서비스를 제공하여 도시 · 농어촌 간의 금융서비스 격차를 해소하는 데 크게 기여하고 있다.

4 소관 법률

[우체국금융 관련 소관 법령]

법 률	대통령령	부 령
「우정사업 운영에 관한 특례법」	「우정사업 운영에 관한 특례법 시행령」	–
「우체국예금 · 보험에 관한 법률」	「우체국예금 · 보험에 관한 법률 시행령」	• 「우체국예금 · 보험에 관한 법률 시행규칙」 • 「체신관서의 국채 · 공채 매도 등에 관한 규칙」
「우체국보험특별회계법」	「우체국보험특별회계법 시행령」	「우체국보험특별회계법 시행규칙」
「우체국창구업무의 위탁에 관한 법률」	「우체국창구업무의 위탁에 관한 법률 시행령」	「우체국창구업무의 위탁에 관한 법률 시행규칙」
「우편환법」	「우체국어음교환소 참가규정」	• 「우편환법 시행규칙」 • 「국제환 규칙」
「우편대체법」	–	「우편대체법 시행규칙」
–	「체신관서 현금출납 규정」	「체신관서의 국채 · 공채매도 등에 관한 규칙」

우체국금융은 「우체국예금 · 보험에 관한 법률」을 근거로 우체국으로 하여금 간편하고 신뢰 가는 예금 · 보험 사업을 운영하게 함으로써 금융의 대중화를 통하여 국민의 저축 의욕을 북돋우고, 보험의 보편화를 통하여 재해의 위험에 공동으로 대처하게 함으로써 국민 경제생활의 안정과 공공복리의 증진 임무를 수행하고 있다. 이러한 우체국의 금융 사업은 다음과 같은 4개지 핵심 역할을 가지고 있다.

1 보편적 금융서비스의 제공

(1) 운영비 절감 등 수익성 악화를 이유로 지점을 통 · 폐합하며 지속적으로 오프라인 영업망을 줄여 가고 있는 민간 금융기관의 점포 전략 추세 속에서 민간 금융기관들은 현재 운영되고 있는 지점마저도 대부분이 수도권 및 도시 지역에 분포하는 등 민간 금융기관에서 기피하는 농어촌 및 도서산간 지역과 같은 상대적 소외 지역의 국민들은 금융 접근성 부재에 직면해 있다.

(2) 우체국금융은 수익성과 관계없이 전국적으로 고르게 분포되어 있는 우체국 국사를 금융창구로 운영하며 기본적인 금융서비스를 제공할 뿐만 아니라 민간 금융기관과의 다양한 제휴를 통해 시중은행 수준의 금융상품 및 서비스를 제공함으로써 국민들에게 지역 차별 없는 금융 접근성을 제공하고 있다.

2 우편사업의 안정적 운영 지원

(1) 우체국의 우편 서비스는 국가가 국민에게 제공하는 대표적인 공공서비스 중 하나로 전국 어디에서나 저렴한 요금으로 서비스를 제공하며 국민과 함께 해왔다. 하지만 ICT 기술 발달에 따른 우편 물량 감소 등의 어려운 사업 환경 변화에 직면해 있다.

(2) 이에 우체국은 금융 사업을 함께 영위하며 금융 사업에서 발생한 수익의 일부를 지원하는 등 우편서비스의 지속적인 운영에 이바지하고 있다. 우체국의 기존 시설 및 인력을 활용하여 금융서비스를 제공함으로써 우정사업 전체의 인건비 절약 및 우체국 시설 활용도 제고 등의 시너지 확대 효과를 볼 수 있다.

(3) 뿐만 아니라 「우정사업운영에 관한 특례법」상 각 사업의 적자 발생 등 필요한 경우 우편사업특별회계, 우체국예금특별회계 또는 우체국보험특별회계의 세출예산 각각의 총액 범위에서 각 과목 상호 간에 이용하거나 전용할 수 있어 우체국 금융 사업에서 발생하는 이익금을 통해 대국민 우편서비스가 안정적으로 제공될 수 있도록 재정적으로 지원하고 있다.

3 국가 재정 및 경제 회복 지원

(1) 우체국금융에서 발생하는 이익잉여금을 통해 일반회계 전출(국가 재정으로의 이익금 귀속)과 공적자금 상환기금 등을 지원하고 있다.

(2) 우체국은「국가재정법」및「정부기업예산법」에 의거 IMF 외환 위기인 1998년부터 현재까지 사업상 이익 발생 시 이익금 중 일부를 국가 재정으로 귀속하고 있으며, 우체국이 공적자금을 지원받지 않음에도 불구하고 금융시장 안정과 타 금융기관 정상화 등 금융구조조정 지원을 위해 2004년부터 현재까지 매년 공적자금상환기금을 출연하여 지원하는 등 국가 재정 및 경제회복 지원을 위한 국영금융기관으로서의 역할을 충실히 수행 중에 있다.

(3)「공공자금관리기금법」에 의해 우체국 금융자금 중 일부를 공공자금관리기금에 예탁함으로써 국가의 재정 부담을 완화하고, 중소·벤처기업 지원 등 공적 목적의 투자를 수행함으로써 금융위기 등 급격한 경기침체 시에 기업의 연쇄 도산을 막는 역할에 기여하고 있다.

4 서민경제 활성화 지원

(1) 공익적 역할

① 우체국금융은 금융상품과 서비스 제공에 있어서 공공적 역할을 수행한다.

② 서민경제 지원을 위하여 기초생활보호대상자, 장애인, 소년소녀가장, 다문화 가정 등 사회적 취약계층과 서민·소상공인을 대상으로 한 다양한 금융상품과 금융서비스를 출시하여 자산형성을 지원하며, 보험료 부담을 경감하고 금융 수수료 면제 혜택, 우체국 네트워크를 활용한 긴급재난지원금 등 각종 정부지원금 사업 신청 대행접수, 사회공헌 활동 등을 통해 국영금융기관의 공익적 역할을 수행한다.

(2) 우체국공익재단

① 공익사업의 전문성과 효율성, 지속 가능성 증대를 위해 1995년부터 각 사업단에서 추진 중이던 공익사업을 이어받아 2013년 우체국공익재단을 설립하였다.

② 우체국공익재단에서는 전국의 우체국 네트워크를 활용한 민관 협력 활동과 아동청소년의 건강한 성장 지원을 위한 미래세대 육성, 의료 사각지대에 놓인 소외된 이웃을 위한 의료복지 인프라 기반 조성, 자연 생태계 조성과 같은 지속가능 친환경 활동을 수행 중에 있다.

PART 02

우체국금융 제도

CHAPTER 01 예금업무 개론

CHAPTER 02 내부통제 및 금융소비자 보호

CHAPTER 03 예금관련법

예금업무 개론

01 예금계약

1 예금거래의 성질

(1) 예금계약의 법적 성질

① 소비임치계약

  ㉠ 소비임치계약이란 수취인이 보관을 위탁받은 목적물의 소유권을 취득하여 이를 소비한 후 그와 같은 종류·품질 및 수량으로 반환할 수 있는 특약이 붙어있는 것을 내용으로 하는 계약이다.

  ㉡ 예금계약은 예금자가 금전의 보관을 위탁하고 금융회사가 이를 승낙하여 자유롭게 운용하다가 같은 금액의 금전을 반환하면 되는 소비임치계약이다. 그러나 당좌예금은 위임계약과 소비임치계약이 혼합된 계약이다.

> 「**민법**」 제702조(소비임치) 수치인이 계약에 의하여 임치물을 소비할 수 있는 경우에는 소비대차에 관한 규정을 준용한다. 그러나 반환시기의 약정이 없는 때에는 임차인은 언제든지 그 반환을 청구할 수 있다.

② 상사계약

  ㉠ 금융회사는 상인이므로 금융회사와 체결한 예금계약은 상사임치계약이고, 예금 채권은 5년의 소멸시효에 걸린다.

  ㉡ 상사계약은 민사임치의 경우와는 달리 금융회사는 임치물에 대하여 주의의무가 가중되어 선량한 관리자의 주의의무를 부담한다. 선량한 관리자의 주의의무란 그 사람이 종사하는 직업 및 그가 속하는 사회적인 지위 등에 따라 일반적으로 요구되는 주의의무이다.

  ㉢ 상사계약은 예금업무를 처리함에 있어서 금융회사 종사자에게 일반적으로 요구되는 정도의 상당한 주의를 다해야만 면책된다.

③ 부합계약

  ㉠ 부합계약이란 계약당사자의 일방이 미리 작성하여 정형화해 둔 일반거래약관에 따라 체결되는 계약을 말한다.

  ㉡ 예금계약은 금융회사가 「예금거래기본약관」 등을 제정하고 이를 예금계약의 내용으로 삼는다는 점에서 부합계약이다.

  ㉢ 「예금거래기본약관」은 그 내용이 공정하여야 하며, 거래처와 계약을 체결함에 있어 금융회사는 약관의 내용을 명시하고 중요내용을 설명하여야만 예금계약이 성립한다.

④ 쌍무계약 · 편무계약

　㉠ 계약의 각 당사자가 서로 대가적 의미를 가지는 채무를 부담하는 계약을 쌍무계약이라고 한다.

　㉡ 당사자의 일방만이 채무를 부담하거나 또는 쌍방이 채무를 부담하더라도 그 채무가 서로 대가적 의미를 갖지 않는 계약을 편무계약이라 한다.

⑤ 낙성계약 · 요물계약

　㉠ 낙성계약은 계약당사자 간의 합의만으로도 성립하는 계약을 말한다.

　㉡ 계약당사자 간의 합의 이외에 물건의 인도 기타의 급부를 하여야만 성립하는 계약을 요물계약이라 한다.

　㉢ 오늘날에는 금융회사의 예금계약 체결 시에 금전의 인도를 요하지 않은 예금(0원으로 통장개설)이 늘어가고 있는 실정을 감안하면 낙성계약이 대두되고 있다.

(2) 각종 예금계약의 법적 구조

① 보통예금 · 저축예금

　㉠ 보통예금 · 저축예금은 반환기간이 정하여지지 않아 언제든지 입 · 출금을 자유롭게 할 수 있으며 질권 설정이 금지되어 있다. 다만, 보통예금 · 저축예금은 금융회사가 승낙하면 양도는 가능하다.

　㉡ 보통예금 · 저축예금은 최종 입금 또는 출금이 있으면 그 잔액에 대하여 하나의 새로운 예금채권이 성립하므로 그 예금채권의 소멸시효는 입금 또는 출금이 있는 때로부터 새로이 진행된다.

> 「우체국 예금거래 기본약관」 제11조(지급시기) ① 입출금이 자유로운 예금은 예금주가 찾을 때에 지급한다.
>
> 제12조(양도 및 질권설정) ① 예금주가 예금을 양도하거나 질권설정하려면 사전에 우체국에 통지하고 동의를 받아야 한다. 다만, 법령으로 금지되는 경우에는 양도나 질권설정을 할 수 없다.
> ② 입출금이 자유로운 예금은 질권설정할 수 없다.

② 정기예금

　㉠ 정기예금은 예치기간이 약정된 금전소비임치계약이다.

　㉡ 정기예금은 기한이 도래하지 않음으로써 그 기간 동안 당사자가 받는 이익을 기한의 이익이라고 하는데, 「거치식예금약관」 제2조는 이 예금은 약정한 만기일 이후 거래처가 청구한 때에 지급한다고 규정하여 기한의 이익이 금융회사에 있음을 명확히 하고 있다.

　㉢ 정기예금 예금주는 원칙적으로 만기일 전에 예금의 반환을 청구할 수 없다. 다만, 거래처에게 부득이한 사유가 있는 때에는 만기 전이라도 지급할 수 있다.

> 「거치식예금약관」 제2조(지급시기) 이 예금은 약정한 만기일 이후 예금주가 청구할 때 지급한다. 다만, 예금주가 부득이한 사정으로 청구할 때에는 만기 전이라도 지급할 수 있다.

③ 정기적금

　㉠ 정기적금은 월부금을 정해진 회차에 따라 납입하면 만기일에 금융회사가 계약액을 지급하겠다는 계약이다.

　㉡ 정기적금은 계약의 당사자 일방만이 채무를 부담하거나 또는 쌍방이 채무를 부담하더라도 그 채무가 서로 대가적 의미를 갖지 않는 편무계약으로 가입자는 월부금을 납입할 의무가 없다.

④ 별단예금

별단예금은 각종 금융거래에 수반하여 발생하는 미정리예금 · 미결제예금 · 기타 다른 예금 종목으로 처리가 곤란한 일시적인 보관금 등을 처리하는 예금계정으로, 각각의 대전별로 그 법적 성격이 다르다.

⑤ 상호부금

㉠ 상호부금은 일정한 기간을 정하여 부금을 납입하게 하고 기간의 중도 또는 만료 시에 부금자에게 일정한 금전을 급부할 것을 내용으로 하는 약정이다.

㉡ 종래의 실무계에서는 거래처가 부금을 납입할 의무를 부담하고 금융회사는 중도 또는 만기 시에 일정한 급부를 하여야 하는 쌍무계약의 성질을 지닌 것으로 보아왔다. 그러나 상호부금의 예금적 성격을 강조하여 정기적금과 동일하게 편무계약으로 보아야 한다는 견해도 현재 유력하게 주장되고 있다.

⑥ 당좌예금

㉠ 당좌예금은 어음 · 수표의 지급 사무처리의 위임을 목적으로 하는 위임계약과 금전소비임치계약이 혼합된 계약이다.

㉡ 당좌거래계약에 있어서 무엇보다 중요한 것은 지급사무에 관하여 위임을 받은 금융회사는 당좌수표나 어음금의 지급 시 선량한 관리자의 주의의무를 다하여야 한다는 데 있다.

2 예금계약의 성립

(1) 현금에 의한 입금

① 창구입금의 경우

㉠ 예금계약을 요물소비임치계약으로 보는 견해에 의하면 예금의사의 합치와 요물성의 충족이 있으면 예금계약이 성립한다고 한다.

㉡ 예금의사의 합치란 막연히 예금을 한다는 합의와 금전의 인도가 있었던 것으로는 부족하고, 어떤 종류 · 어떤 이율 · 어떤 기간으로 예금을 하겠다는 의사의 합치가 있는 경우를 말한다.

㉢ 예금자가 예금계약의 의사를 표시하면 금융회사에 금전을 제공하고, 금융회사가 그 의사에 따라서 그 금전을 받아서 확인하면 요물성이 충족된 것으로 본다.

㉣ 「예금거래기본약관」도 현금입금의 경우, 예금계약은 금융회사가 금원을 받아 확인한 때에 성립하는 것으로 규정하고 있다.

㉤ 다만, 예금계약은 금융회사와 거래처와의 예금을 하기로 하는 합의에 의해 성립하며, 반드시 입금자원의 입금이 있어야 하는 것이 아니라는 낙성계약설에 의하면 예금의 성립시기 문제를 예금반환청구권의 성립시기 문제로 다루게 된다는 점에 유의하여야 한다.

② 점외수금의 경우

㉠ 원칙적으로 예금수령의 권한을 갖고 있는 금융회사 종사자라 할지라도 그 권한은 영업장 내에서의 권한이지, 영업점 외에까지 그 권한이 미치는 것은 아니다. 왜냐하면 예금수령의 권한을 가진다고 하는 것은 예금장부, 증서 · 통장 등의 용지, 직인, 회계기 등을 갖춘 점포 내에서의 권한을 의미하는 것이기 때문이다.

ⓛ 점외수금의 경우에는 그 수금직원이 영업점으로 돌아와 수납직원에게 금전을 넘겨주고 그 수납직원이 이를 확인한 때에 예금계약이 성립하는 것으로 보아야 한다.

ⓒ 그러나 영업점 이외에서 예금을 수령할 수 있는 대리권을 가진 자, 예컨대 지점장(우체국장) 또는 대리권을 수여 받은 자 등이 금전을 수령하고 이를 확인한 때에는 즉시 예금계약이 성립하는 것으로 보아야 한다.

③ ATM(Automated Teller Machine, 현금자동입출금기)에 의한 입금의 경우

ⓐ 고객이 ATM의 예입버튼을 누르면 예금신청이 있다고 보고, 예금자가 ATM의 현금투입박스에 현금을 투입한 때에 현금의 점유이전이 있다고 보아야 하며, ATM이 현금계산을 종료하여 그 금액이 표시된 때에 예금계약이 성립한다고 보아야 할 것이다.

ⓛ 그러나 ATM의 조작은 예금주 자신에 의하여 이루어지고 최종적으로 그 현금이 금융회사에 인도되는 것은 예금주가 확인버튼을 누른 때이므로, 예금계약이 성립하는 시기는 고객이 확인버튼을 누른 때라고 보는 것이 통설이다.

(2) 증권류에 의한 입금

① 타점권 입금의 경우

ⓐ 추심위임설 : 타점권의 입금과 동시에 그 타점권이 미결제통보와 부도실물이 반환되지 않는 것을 정지조건으로 하여 예금계약이 성립한다고 보는 견해이다.

ⓛ 양도설 : 타점권의 입금과 동시에 예금계약이 성립하고, 다만 그 타점권이 부도반환되는 경우에는 소급하여 예금계약이 해제되는 것으로 보는 견해이다.

ⓒ 위의 대립하는 두 학설 중 「예금거래기본약관」은 추심위임설의 입장을 취하여 증권으로 입금했을 때 금융회사가 그 증권을 교환에 돌려 부도반환시한이 지나고 결제를 확인했을 때에 예금계약이 성립한다고 규정하고 있다.

ⓔ 다만, 타점발행의 자기앞수표로 입금할 경우에는 발행 금융회사가 사고신고된 사실이 없고 결제될 것이 틀림없음을 확인하여 예금원장에 입금기장을 마친 때에도 예금계약은 성립한다.

② 자점권 입금의 경우

ⓐ 자점권으로 당해 점포가 지급인으로 된 증권의 경우에는 발행인이 당좌예금잔액을 확인하여 당좌예금계좌에서 액면금 상당을 인출한 다음 예입자의 계좌에 입금처리하면 예금계약이 성립한다.

ⓛ 실무상 잔액을 확인하지 않고 일단 입금기장하고 잔액을 나중에 처리할 경우에도 발행인의 잔액에서 수표액면금액이 현실로 인출되어 예입자의 계좌에 입금되지 않으면 예금계약이 성립하지 않는다.

ⓒ 「예금거래기본약관」도 개설점에서 지급하여야 할 증권은 그날 안에 결제를 확인했을 경우에 예금이 된다고 규정하고 있다. 다만, 자점 발행의 자기앞수표의 경우에는 입금 즉시 예금계약이 성립한다.

(3) 계좌송금

① 계좌송금은 계좌송금신청인의 수탁영업점에 대한 송금신청, 수탁영업점의 수취인의 예금거래영업점에 대한 입금의뢰, 수취인의 예금거래영업점의 입금처리 형식으로 업무처리 과정이 진행된다.
② 현금에 의한 계좌송금의 경우에는 예금원장에 입금기장을 마친 때에 예금계약이 성립하며, 증권류에 의한 계좌송금의 경우에는 증권류의 입금과 같은 시기에 예금계약이 성립한다.

3 예금거래약관

(1) 약관 일반

① 약관이 계약당사자에게 구속력을 갖게 되는 근거는 계약당사자가 이를 계약의 내용으로 하기로 하는 명시적 · 묵시적 합의가 있기 때문이다.
② 약관의 장단점
  ㉠ 장점 : 기업에게는 계약체결에 소요되는 시간 · 노력 · 비용을 절약할 수 있고 그 내용을 완벽하게 구성할 수 있다.
  ㉡ 단점 : 고객에게는 일방적으로 불리한 경우가 많다.
③ 약관의 법제화
  일반거래약관의 양면성을 고려하여 기업거래의 효율화 및 소비자의 권익을 보호한다는 차원에서 우리나라는 「독점규제 및 공정거래에 관한 법률(1984.10.20.)」을 제정하였고, 「약관의 규제에 관한 법률(1986.12.31.)」을 제정하여 약관의 공정성을 기하도록 제도화하였다.
④ 약관의 계약편입 요건
  약관은 계약이므로 약관에 의한 계약이 성립되었다고 하기 위해서는 다음 요건을 충족하여야 한다.
  ㉠ 약관을 계약의 내용으로 하기로 하는 합의가 있어야 한다.
  ㉡ 약관의 내용을 명시하여야 한다. 명시의 정도는 고객이 인지할 가능성을 부여하면 족하므로 사업자의 영업소에서 계약을 체결하는 경우 사업자는 약관을 쉽게 보이는 장소에 게시하고, 고객에게 약관을 교부하거나 고객이 원할 경우 가져갈 수 있어야 한다.
  ㉢ 중요한 내용을 고객에게 설명하여야 한다.
    • 중요한 내용이란 계약의 해지 · 기업의 면책사항 · 고객의 계약위반 시의 책임가중 등 계약체결여부에 영향을 미치는 사항을 말한다.
    • 약관 외에 설명문 예컨대 통장에 인쇄된 예금거래 유의사항에 의해 성실하게 설명한 경우에는 중요내용의 설명의무를 다한 것으로 본다.
    • 다만, 계약의 성질상 대량 · 신속하게 업무를 처리하여야 하는 경우 등 설명이 현저히 곤란한 때에는 설명의무를 생략할 수 있다.
  ㉣ 계약 시 약관을 고객이 원하는 수단(영업점 직접수령, 이메일 · 문자 등 비대면 수령 등) 중 하나로 선택 후 교부하여야 한다.

ⓜ 계약내용이 공정하여야 한다. 「약관의 규제에 관한 법률」은 불공정약관조항 여부를 판단하는 일반원칙으로서 신의성실의 원칙에 반하여 공정을 잃은 약관조항은 무효라고 선언하고 있다. 공정을 잃은 약관조항의 판단기준은 다음과 같이 구체적으로 규정하여 이에 해당하는 약관조항을 불공정한 약관으로 추정하고 있다.

- 고객에 대하여 부당하게 불리한 조항
- 고객이 계약의 거래행태 등 제반사정에 비추어 예상하기 어려운 조항
- 계약의 목적을 달성할 수 없을 정도로 계약에 따르는 본질적 권리를 제한하는 조항

⑤ 약관의 해석원칙

약관은 기업 측에는 유리하고 고객의 입장에서는 내용의 변경을 요구할 수 없는 등 불리한 경향이 있으므로 일반적인 계약의 해석과는 다르게 적용되고 있다.

객관적 · 통일적 해석의 원칙	약관은 해석자의 주관이 아니라 객관적 합리성에 입각하여 해석되어야 하며 시간, 장소, 거래상대방에 따라 달리 해석되어서는 안 된다는 원칙이다.
작성자불이익의 원칙	약관의 의미가 불명확한 때에는 작성자인 기업 측에 불이익이 되고 고객에게는 유리하게 해석되어야 한다는 원칙이다.
개별약정우선의 원칙	기업과 고객이 약관에서 정하고 있는 사항에 대하여 명시적 또는 묵시적으로 약관의 내용과 다르게 합의한 사항이 있는 경우에는 당해 합의사항을 약관에 우선하여 적용하여야 한다는 원칙이다.

(2) 예금거래약관

① 예금거래도 금융회사와 고객 간의 계약이므로 계약자유의 원칙이 지배한다. 그러나 계속 · 반복적이며 대량적인 거래가 수반되는 예금거래를 개시할 때마다, 금융회사와 고객 간에 개별적으로 예금계약의 내용과 방식을 결정하도록 하는 것은 불가능하고 매우 비능률적이다.

② 예금거래를 할 때, 일정하게 정형화된 계약서를 미리 준비해 놓고 예금을 하려는 자에게 이를 제시하여 예금계약을 체결하도록 하는 것이 합리적이다.

③ 계약당사자의 일방이 미리 작성하여 정형화시켜 놓은 계약조항을 일반거래약관이라고 하고, 일반거래약관에 따라 체결되는 계약을 부합계약이라고 부른다.

④ 금융회사의 예금계약은 대부분 부합계약의 형식을 가지며, 금융회사와 거래처 사이에 법률분쟁이 발생한 경우에, 그 해결은 예금거래약관의 해석에서 비롯된다.

⑤ 우리나라 예금거래약관의 체계

㉠ 모든 금융회사의 통일적인 약관체계

- 각 금융회사가 독자적인 약관을 운영함으로써 거래처가 혼란에 빠지는 것을 방지하기 위하여 대한민국 내의 모든 금융회사는 동일한 약관체계를 가지고 있다(단, 우체국의 경우 시중은행과의 근거법 및 제도 운영상 차이로 인하여 일부분에 있어 차이가 존재한다).
- 우리나라는 금융회사 공동으로 예금거래에 관한 표준약관을 제정하고 그 채택과 시행은 각 금융회사가 자율적으로 하도록 하고 있다.
- 다만, 금융자율화의 진전으로 각 금융회사가 독립적인 상품을 개발함으로써 그 상품에 특유한 독자적인 약관을 보유하고 있다.

ⓛ 단계별 약관체계

현행 예금거래약관은 모든 예금에 공통적으로 적용될 기본적인 사항을 통합 정리하여 규정한「예금거래기본약관」과 각 예금 종류별로 약관체계를 이원화하였다는 점에서 단계별 약관체계를 구성하고 있다고 할 것이다.

ⓒ 약관의 이원적 체계

- 현행 예금거래약관은 예금거래의 공통적인 사항을 정하고 있는「예금거래기본약관」과 예금의 법적 성질에 따라 입출금이 자유로운 예금약관과 거치식예금약관·적립식예금약관의 이원적 체계로 구성되어 있다.
- 약관의 이원적 체계 외에 개별적인 예금상품의 특성에 따라 더 세부적인 내용을 약관이나 특약의 형식으로 정하고 있다.
- 예금계약에 대해서는 당해 예금상품의 약관이 우선적으로 적용되고, 그 약관에 규정이 없는 경우에는 예금별 약관,「예금거래기본약관」의 내용이 차례로 적용된다.

02 예금거래의 상대방

1 자연인과의 거래

(1) 권리·의무 주체로서의 자연인

사람은 살아있는 동안 권리·의무의 주체가 된다. 따라서 자연인인 개인과 예금거래를 함에 있어서 특별한 제한이 없는 것이 원칙이고, 단지 예금의 종류에 따라서 그 가입자격에 제한이 있는 경우가 있다.

(2) 제한능력자와의 거래

① 제한능력자는 단독으로 유효한 법률행위를 하는 것이 제한되는 자로서, 미성년자·피성년후견인·피한정후견인이 있다.

② 미성년자

ⓐ 19세 미만의 자로서, 원칙적으로 행위능력이 없다.

ⓑ 법정대리인의 동의를 얻어 직접 법률행위를 하거나 법정대리인이 미성년자를 대리하여 그 행위를 할 수 있다.

ⓒ 미성년자가 법정대리인의 동의 없이 법률행위를 한 때에는 법정대리인은 미성년자의 법률행위를 취소할 수 있다(「민법」 제5조).

> 「민법」 제4조(성년) 사람은 19세로 성년에 이르게 된다.
>
> 제5조(미성년자의 능력) ① 미성년자가 법률행위를 함에는 법정대리인의 동의를 얻어야 한다. 그러나 권리만을 얻거나 의무만을 면하는 행위는 그러하지 아니하다.

③ 피성년후견인

　　㉠ 질병, 장애, 노령 등의 사유로 인한 정신적 제약으로 사무를 처리할 능력이 지속적으로 결여되어 성년후견개시의 심판을 받은 자로서, 원칙적으로 행위능력이 없다.

　　㉡ 법정대리인인 후견인은 피성년후견인을 대리하여 법률행위를 할 수 있고, 피성년후견인이 직접 한 법률행위를 취소할 수 있다.

　　㉢ 다만 가정법원이 정한 범위 또는 일상생활(일용품 구입 등 일상행위 가능)에 필요하고 대가가 과도하지 않는 법률행위는 취소할 수 없다(「민법」 제10조).

> **「민법」 제10조(피성년후견인의 행위와 취소)** ① 피성년후견인의 법률행위는 취소할 수 있다.
> ② 제1항에도 불구하고 가정법원은 취소할 수 없는 피성년후견인의 법률행위의 범위를 정할 수 있다.
> ③ 가정법원은 본인, 배우자, 4촌 이내의 친족, 성년후견인, 성년후견감독인, 검사 또는 지방자치단체의 장의 청구에 의하여 제2항의 범위를 변경할 수 있다.
> ④ 제1항에도 불구하고 일용품의 구입 등 일상생활에 필요하고 그 대가가 과도하지 아니한 법률행위는 성년후견인이 취소할 수 없다.

④ 피한정후견인

　　㉠ 질병, 장애, 노령 등의 사유로 인한 정신적 제약으로 사무를 처리할 능력이 부족하여 한정후견개시의 심판을 받은 자로서, 원칙적으로 행위능력이 있다.

　　㉡ 다만 가정법원이 범위를 정하여 동의를 유보할 수 있는바(가정법원이 정한 행위에만 후견인의 동의가 필요), 이 경우에 후견인의 동의 없이 한 법률행위는 취소할 수 있다(「민법」 제13조).

> **「민법」 제13조(피한정후견인의 행위와 동의)** ① 가정법원은 피한정후견인이 한정후견인의 동의를 받아야 하는 행위의 범위를 정할 수 있다.
> ② 가정법원은 본인, 배우자, 4촌 이내의 친족, 한정후견인, 한정후견감독인, 검사 또는 지방자치단체의 장의 청구에 의하여 제1항에 따른 한정후견인의 동의를 받아야만 할 수 있는 행위의 범위를 변경할 수 있다.
> ③ 한정후견인의 동의를 필요로 하는 행위에 대하여 한정후견인이 피한정후견인의 이익이 침해될 염려가 있음에도 그 동의를 하지 아니하는 때에는 가정법원은 피한정후견인의 청구에 의하여 한정후견인의 동의를 갈음하는 허가를 할 수 있다.
> ④ 한정후견인의 동의가 필요한 법률행위를 피한정후견인이 한정후견인의 동의 없이 하였을 때에는 그 법률행위를 취소할 수 있다. 다만, 일용품의 구입 등 일상생활에 필요하고 그 대가가 과도하지 아니한 법률행위에 대하여는 그러하지 아니하다.

⑤ 법정대리인인 후견인이 대리권을 행사하려면 법원의 대리권 수여가 필요하다.

　　㉠ 금융회사가 피성년후견인과 예금계약을 체결하거나, 법정대리인의 동의 없이 미성년자 또는 피한정후견인과 예금계약을 맺은 경우 법정대리인이 예금계약을 취소한다 할지라도 원금을 반환하면 족하고, 금융회사가 예금을 지급한 후에는 법정대리인이 예금계약을 취소하려 하여도 취소의 대상이 없으므로 금융회사가 손해를 입을 염려는 없다.

　　㉡ 미성년자의 경우 그 법정대리인이 범위를 정하여 처분을 허락한 재산과 피성년후견인의 경우 일상생활에 필요하고 대가가 과도하지 않는 범위 내에서의 재산 및 피한정후견인의 경우 가정법원이 결정한 동의유보의 범위에 포함되지 않은 재산은 자유로이 처분할 수 있으므로 이들이 용돈 · 학비 등을 가지고 예금을 하는 경우에는 전혀 문제가 없다.

ⓒ 그러나 당좌예금거래는 어음·수표의 지급사무를 위임하는 계약이므로 제한능력자의 단독거래는 허용하지 않는 것이 원칙이다.

(3) 대리인과의 거래

① 대리제도
　㉠ 모든 예금거래를 예금주 본인과 할 수는 없다. 따라서 예금주의 대리인 또는 예금주의 심부름을 하는 자와 예금거래를 하는 것은 불가피하다.
　㉡ 대리란 타인이 본인의 이름으로 법률행위를 하거나 의사표시를 수령함으로써 그 법률효과가 직접 본인에 관하여 생기는 제도이다(「민법」 제114조).
　㉢ 대리권의 발생 원인으로는 본인의 수권행위에 의하여 생기는 임의대리와 법률의 규정에 의하여 생기는 법정대리가 있다.

> **「민법」 제114조(대리행위의 효력)** ① 대리인이 그 권한 내에서 본인을 위한 것임을 표시한 의사표시는 직접 본인에게 대하여 효력이 생긴다.

② 대리인과의 거래 시 유의사항
　㉠ 금융회사가 대리인과 예금거래계약을 체결함에 있어서 대리인이라고 칭하는 자가 진정한 대리인인지 여부 및 그 대리행위가 대리권의 범위에 속하는지 여부를 확인하여야 한다.
　㉡ 예금을 수입하는 경우에는 금융회사가 대리인의 권한 등을 확인하지 않았다 하더라도 금융회사가 손해를 볼 염려가 없으므로 대리권의 존부 등을 확인할 필요는 거의 없다.
　㉢ 예금을 지급할 경우에는 이중지급의 위험이 있으므로 정당한 대리권자인지 여부를 확인하여야 한다.
　㉣ 임의대리의 경우
　　• 통장상의 인감이 날인되거나 인감증명서 또는 본인서명사실확인서가 붙어있는 본인의 위임장 및 대리인의 주민등록증에 의하여 진정한 대리인인지 여부 및 대리권의 범위를 확인하여야 한다.
　　• 대리권의 범위 등을 확인하지 않아 발생하는 손해는 금융회사가 부담할 수밖에 없기 때문이다.

[법정대리의 경우 대리관계의 확인]

구 분	대리인	확인서류
미성년자	친권자, 후견인	가족관계등록부, 기본증명서
피성년후견인 및 피한정후견인	후견인	후견등기부
부재자	부재자 재산관리인	법원의 선임심판서
사 망	유언집행자, 상속재산관리인	사망자의 유언, 법원의 선임심판서

　㉤ 예금의 중도해지와 예금담보대출의 경우
　　• 「예금거래기본약관」상의 면책약관에 따라 통장 등을 제출받고 인감과 비밀번호가 일치하여 지급하였다는 사유만으로 항상 금융회사가 면책되는 것은 아니다. 이러한 면책규정은 금융회사가 주의의무를 다한 경우에만 면책된다.

- 예금의 중도해지나 예금담보대출의 경우에는 예금약관상의 면책규정이나 채권의 준점유자에 대한 변제규정이 적용되지 아니하거나 적용된다 하더라도 주의의무가 가중된다 할 것이므로 위임장 이외에도 예금주 본인의 의사를 반드시 확인하여야 한다.

(4) 외국인과의 거래

① 외국인과의 예금거래의 성립과 효력은 당사자 간에 준거법에 관한 합의가 없으면 행위지의 법률에 따른다(「국제사법」 제22조). 그러나 예금거래에 관하여 외국법에 따르기로 합의하는 일은 거의 없으므로 결국 우리나라법이 적용된다.

② 외국인과의 거래는 원칙적으로 내국인과의 예금거래와 다른 점이 없다. 다만 「외국환거래법」상의 외국인은 거주자와 비거주자를 구분하여 제한하고 있으나, 외국인이라도 거주자이면 금융회사와의 원화예금거래는 자유이다. 또한 비거주자라도 외국환은행과 일부 예금거래는 가능하다.

> 「국제사법」 제22조(외국법에 따른 대한민국 법의 적용) ① 이 법에 따라 외국법이 준거법으로 지정된 경우에 그 국가의 법에 따라 대한민국 법이 적용되어야 할 때에는 대한민국의 법(준거법의 지정에 관한 법규는 제외한다)에 따른다.
> ② 다음 각 호의 어느 하나에 해당하는 경우에는 제1항을 적용하지 아니한다.
>   1. 당사자가 합의로 준거법을 선택하는 경우
>   2. 이 법에 따라 계약의 준거법이 지정되는 경우 등

2 법인과의 거래

(1) 법인의 개념

① 법인이란 자연인이 아니면서 법에 의하여 권리능력이 부여되어 있는 사단 또는 재단을 말한다.

② 자연인은 출생과 동시에 당연히 권리의무의 주체가 되는데 반하여, 법인은 법률의 규정에 의함이 아니면 성립하지 못한다(「민법」 제31조).

> 「민법」 제31조(법인성립의 준칙) 법인은 법률의 규정에 의함이 아니면 성립하지 못한다.
>
> 제33조(법인설립의 등기) 법인은 그 주된 사무소의 소재지에서 설립등기를 함으로써 성립한다.

③ 우리 법제에서는 자유설립주의가 배제되고 있어서, 법인은 그 설립의 근거가 되는 법률에 따라 권리능력이 제한되는 경우가 많다(예컨대, 학교법인의 경우에 정기예금이 기본재산이라면 이를 담보로 제공하는 것이 원칙적으로 금지된다).

④ 법인은 관념적인 존재에 불과한 것이므로, 현실적인 법률행위는 그 대표기관에 의하여 이루어진다.

⑤ 법인과의 예금거래는 그 대표자 또는 그로부터 대리권을 수여받은 대리인과 하여야 한다.

    ⊙ 법 이론적으로 법인과 예금거래를 하려면, 진정한 대표자인지 여부와 대리인의 대리권의 존부나 대리권의 범위 등을 확인하여야 하지만, 실무상 당좌거래의 경우를 제외하고, 이러한 확인을 하고 예금거래를 개시하는 경우는 거의 없다.

ⓛ 그 이유는 예금의 경우에 금융회사가 채무자로서 예금계약이 취소되더라도, 금전을 반환하면 될 뿐이기 때문이고, 선의로 지급한 이상 약관상의 면책규정이나 「민법」상의 채권의 준점유자에 대한 변제에 의하여 구제받을 수 있기 때문이다.

ⓒ 그러나 이러한 면책규정만으로는 구제될 수 없는 경우가 있는바, 이때에는 그 대표권 또는 대리권의 존부와 범위가 문제될 수 있다.

(2) 회사와의 거래

① 회사의 대표권은 각종 회사마다 각기 다르다. 주식회사와 유한회사의 경우는 대표이사, 합명회사와 합자회사의 경우에는 업무집행사원이 회사를 대표하고 업무집행권을 가진다.

② 따라서 당좌거래와 같이 회사의 신용상태와 행위능력 등이 특히 문제되는 경우에는 등기사항전부증명서와 인감증명 등을 징구하며, 법인의 존재 여부와 대표자를 엄격하게 확인할 필요가 있다.

③ 공동대표이사제도를 채택하고 있는 경우의 거래

공동대표이사제도는 회사의 대표자가 독단 또는 전횡으로 권한을 남용하는 것을 방지하기 위하여 여러 사람의 대표자가 공동으로서만 대표권을 행사할 수 있도록 하는 제도이다. 따라서 예금거래도 공동으로 하는 것이 원칙이다.

④ 외국회사와의 거래

㉠ 외국회사란 외국법에 의하여 설립된 법인을 말한다. 다만, 외국법에 의하여 설립된 회사라 할지라도 국내에 본점을 두거나 대한민국 내에서 영업을 하는 것을 주목적으로 하는 회사는 내국회사와 동일한 규제에 따라야 한다.

㉡ 외국회사가 국내에서 영업을 하고자 하는 경우에는 한국에서의 대표자를 정하고 영업소를 설치하여야 하며, 회사설립의 준거법·한국에서의 대표자·회사명 등을 등기하여야 한다.

㉢ 외국회사의 대표자로 등기된 자는 회사의 영업에 관하여 재판상·재판 외의 권한을 행사할 수 있다. 따라서 법인등기사항전부증명서를 징구하여 한국 내의 예금자와 예금거래를 하면 된다.

㉣ 단, 등기가 이루어지지 않은 외국회사는 계속적 거래를 할 수 없으므로(「상법」 제616조), 계속적 거래를 전제로 하는 당좌계좌개설은 허용되지 않는다.

> 「상법」 제614조(대표자, 영업소의 설정과 등기) ① 외국회사가 대한민국에서 영업을 하려면 대한민국에서의 대표자를 정하고 대한민국 내에 영업소를 설치하거나 대표자 중 1명 이상이 대한민국에 그 주소를 두어야 한다.
>
> 제616조(등기 전의 계속거래의 금지) ① 외국회사는 그 영업소의 소재지에서 제614조의 규정에 의한 등기를 하기 전에는 계속하여 거래를 하지 못한다.

(3) 국가 · 자치단체와의 거래

① '국가나 지방자치단체가 공법인(公法人)인가'에 관하여는 학설의 대립이 있다. 공법인의 개념을 가장 넓게 해석할 경우에는 국가까지 포함하는 것으로 보며, 가장 좁은 의미로 볼 경우에는 국가나 지방자치단체를 제외한 공공단체만을 의미하기도 한다.

② 국가나 지방자치단체와의 예금 거래행위의 법적 성질이 공법관계인가 사법관계인가에 관하여 이론이 있을 수 있다. 그러나 통설은 이를 사법관계로 본다.

③ 국고금은 법령 규정이 인정하는 예외적인 경우를 제외하고는 한국은행에 예탁하여야 한다. 다만, 국고 대리점 또는 국고수납대리점 업무를 취급하는 일반은행에서도 이를 수납할 수 있다.

④ 지방자치단체는 그 재정을 「지방재정법」이 정하는 바에 따라 규율하며, 그 재정의 출납사무는 지방자치단체의 장 또는 그의 위임을 받은 공무원이 임명한 출납원이 담당한다. 따라서 국가 · 지방자치단체 등과 예금거래를 할 때 예금주명의는 공공단체로 하되, 예금거래 입출금과 관련해서는 출납원을 거래상대방으로 거래하는 것이 타당하다.

3 법인격 없는 단체와의 거래

(1) 법인격 없는 사단

① 법인격 없는 사단이란 아파트입주자대표회의 · 아파트부녀회 · 학회 · 교회 · 종중 · 동문회 · 노동조합 등 법인으로서의 실체를 가지고 있으면서도 주무관청의 허가를 받지 않아 법인격을 취득하지 않은 단체를 말하며, 「민법」은 법인격 없는 사단의 소유관계를 총유로 본다(「민법」 제275조).

② 법인격 없는 사단과 거래 시 「부가가치세법」에 의한 고유번호를 부여받은 경우에는 그 대표자와 예금거래를 하면 되고, 위와 같이 개설된 예금은 대표자 개인의 예금이 아니라 법인격 없는 사단에 총유적으로 귀속된다.

③ 그러나 고유번호를 부여받지 못한 경우에는 개인예금으로 처리되므로 사전에 고객에게 이를 고지, 설명해주는 것이 바람직하다.

> 「민법」 제275조(물건의 총유) ① 법인이 아닌 사단의 사원이 집합체로서 물건을 소유할 때에는 총유로 한다.

(2) 법인격 없는 재단

① 법인격 없는 재단이란 장학재단이나 종교재단 등과 같이 「민법」상 재단법인의 실체, 즉 일정한 목적을 위해서 출연된 재산의 집단이되 「민법」상 절차에 따라 법인격을 취득하지 아니한 것을 말한다.

② 법인격 없는 재단은 권리능력이 없고, 법인격 없는 사단과 같은 구성원도 없으므로 그 예금의 귀속관계는 준총유나 준합유의 관계가 될 수 없다.

③ 이론상 법인격 없는 재단에 대해서도 등기에 관한 사항을 빼고는 재단법인에 관한 규정을 유추 적용할 수 있는바, 대표자나 관리자와 예금거래를 할 수 있다.

④ 하지만 법인격 없는 재단은 그 실체파악이 어려운 점, 「금융실명거래 및 비밀보장에 관한 법률」상 실명확인방법을 구체적으로 정하지 않은 점 등을 고려하면 대표자 개인명의로 거래할 수밖에는 없을 것이다.

(3) 조합

① 조합이란 2인 이상의 특정인이 서로 출자하여 공동의 사업을 영위함을 목적으로 결합된 단체를 말한다. 그런데 「민법」은 조합에 대하여는 법인격을 인정하지 않고 구성원 사이의 계약관계로 보고 있다(「민법」 제703조).

② 따라서 금융회사가 이러한 조합과 예금거래를 하기 위해서는 조합원 전원의 이름으로 하는 것이 원칙이나 각 조합원의 위임을 받은 조합대표자와 거래할 수 있고 그 예금의 귀속관계는 조합원 전원의 준합유에 속하게 된다.

> 「민법」 제703조(조합의 의의) ① 조합은 2인 이상이 상호출자하여 공동사업을 경영할 것을 약정함으로써 그 효력이 생긴다.
>
> 제704조(조합재산의 합유) 조합원의 출자 기타 조합재산은 조합원의 합유로 한다.

03 예금의 입금과 지급

1 예금의 입금업무

(1) 현금입금

① 금액의 확인

입금인의 면전에서 입금액을 확인한 경우에는 문제될 것이 없으나, 입금인이 입회하지 않은 상태에서 입금 의뢰액과 확인액 사이에 차이가 발생한 경우에는 문제가 된다.

입금자 입증책임	• 입금 의뢰액보다 실제 확인된 금액이 적은 경우에 입금 의뢰액대로 예금계약이 성립함을 주장하기 위해서는 입금자가 그 입금 의뢰액을 입증할 책임을 부담한다. • 왜냐하면 예금계약은 금융회사가 거래처로부터 교부받은 금전을 확인한 때에 성립하기 때문이다.
금융회사 입증책임	• 현금의 확인을 유보하는 의사 없이 예금통장 등을 발행한 경우에 부족액이 발생되면 금융회사가 입증책임을 부담한다. • 금융회사는 현금을 수납함에 있어서 입금자의 면전에서 확인하되, 그렇지 못한 경우에는 입금자에게 나중에 확인절차를 거쳐 확인된 금액으로 수납 처리하겠다는 것을 분명히 밝혀 둘 필요가 있다.

② 과다입금

㉠ 금융회사가 실제로 받은 금액보다 과다한 금액으로 통장 등을 발행한 경우, 실제 입금한 금액에 한하여 예금계약이 성립하고 초과된 부분에 대하여는 예금계약이 성립하지 않으므로 예금주의 계좌에서 초과입금액을 인출하면 족하다.

㉡ 예금주가 오류입금인 사실을 알면서 예금을 인출하였다면 부당이득으로 반환하여야 한다.

㉢ 그러나 제3자가 그런 사실을 모르고 그 예금에 대하여 질권을 취득하고 금전을 대부해 주었다거나 압류 · 전부명령을 받은 경우에는 그로 인한 손해를 금융회사가 배상하여야 한다.

㉣ 다만, 그 배상 범위는 예금액이 아니라 전부명령신청 등 그 절차를 취하는 과정에서 발생한 비용에 상응한다.

③ 계좌상위 입금

   ⊙ 직원이 입금조작을 잘못하여 착오계좌에 입금하고 정당계좌에 자금부족이 발생한 경우에는 금융회사의 과실에 의한 채무불이행으로 되어 그 손해를 배상하여야 한다(「민법」 제390조).

   ⓒ 한편 잘못된 입금은 착오에 기인한 것이므로 착오계좌 예금주의 동의 없이 취소하여(「민법」 제109조) 정당계좌에 입금할 수 있다.

   ⓒ 잘못된 입금을 취소하기 전에 예금주가 동 예금을 인출하였다면 이는 원인 없이 타인의 재산으로부터 부당하게 이득을 취한 것이므로 반환하여야 한다.

> **「민법」 제109조(착오로 인한 의사표시)** ① 의사표시는 법률행위의 내용의 중요부분에 착오가 있는 때에는 취소할 수 있다. 그러나 그 착오가 표의자의 중대한 과실로 인한 때에는 취소하지 못한다.
>
> **제390조(채무불이행과 손해배상)** 채무자가 채무의 내용에 좇은 이행을 하지 아니한 때에는 채권자는 손해배상을 청구할 수 있다. 그러나 채무자의 고의나 과실없이 이행할 수 없게 된 때에는 그러하지 아니하다.

(2) 증권류의 입금

① 타점권 입금의 법적 성격

   ⊙ 타점권을 입금시키는 행위는 금융회사에 대하여 그 추심을 의뢰하고 그 추심이 완료되면 추심대전을 예금계좌에 입금시키도록 하는 위임계약이므로 금융회사는 선량한 관리자로서의 주의를 가지고 타점권 입금업무를 처리하여야 한다(「민법」 제681조).

> **「민법」 제680조(위임의 의의)** 위임은 당사자 일방이 상대방에 대하여 사무의 처리를 위탁하고 상대방이 이를 승낙함으로써 그 효력이 생긴다.
>
> **제681조(수임인의 선관의무)** 수임인은 위임의 본지에 따라 선량한 관리자의 주의로써 위임사무를 처리하여야 한다.

   ⓒ 금융회사가 타점권을 입금받는 경우에는 다음과 같은 사항을 확인할 필요가 있다.

어 음	입금받은 어음을 지급제시기간 내에 제시할 수 있는지 확인	지급제시기간 내에 제시하지 못할 경우에 입금인은 배서인에 대하여 상환청구권을 상실하며, 금융회사는 제시기일경과로 인한 어음교환업무규약상의 과태료를 부담하기 때문이다.
	어음요건을 완전히 충족하는지 확인	백지를 보충하지 않은 상태에서의 제시는 지급제시로서의 효력이 없으므로 입금인이 상환청구권을 상실하게 되기 때문이다.
수 표	지급제시기간 내에 수표가 제시될 수 있는지 확인	지급제시기간 내에 수표가 제시되지 않을 경우에 입금인은 상환청구권을 상실하며, 금융회사는 어음교환업무규약상의 과태료 제재를 받기 때문이다.
	선일자 수표인지 여부 확인	「수표법」상 수표는 일람출급증권이므로 제시기일 미도래로 부도되는 경우란 있을 수 없으나, 당사자 간에는 발행일자 이전에는 제시하지 않겠다는 명시적·묵시적인 합의가 있는 것이 통상적이므로 이에 반하여 교환에 회부함으로써 발행인이 손해를 보았다면 입금인은 채무불이행으로 인한 손해를 배상하여야 하기 때문이다.

「**수표법**」 제28조(**수표의 일람출급성**) ① 수표는 일람출급(一覽出給)으로 한다. 이에 위반되는 모든 문구는 적지 아니한 것으로 본다.

② 기재된 발행일이 도래하기 전에 지급을 받기 위하여 제시된 수표는 그 제시된 날에 이를 지급하여야 한다.

  ⓒ 수표요건을 구비하였는지 여부를 확인한다.

  ⓔ 일반 횡선수표인 경우에는 입금인이 우체국과 계속적인 거래가 있는 거래처인지 여부를 확인하고, 특정횡선수표인 경우에는 그 특정된 금융회사가 우체국인지 여부를 확인한다. 금융회사가 이러한 확인을 소홀히 하여 제3자에게 손해가 발생하였다면 그로 인한 손해를 배상하여야 하기 때문이다. 횡선위배로 부도반환되면 어음교환업무규약상의 과태료 제재를 받는다.

 ② 선관주의의무를 위반한 경우 금융회사의 책임

  ㉠ 금융회사는 다음의 경우는 선량한 관리자로서의 주의의무를 다한 것으로 볼 수 없으므로 입금인에게 그 손해를 배상하여야 한다.

   • 금융회사가 과실로 지급제시기일에 제시하지 못하였거나 교환 회부할 수 없는 증권을 입금받아 입금인이 소구권을 상실한 경우

   • 파출수납 시 증권류의 교환회부를 부탁받고 당일에 교환에 회부하지 않아 입금인에게 손해가 발생한 경우

   • 부도사실을 추심의뢰인에게 상당한 기일이 지나도록 통지하지 않은 경우

  ㉡ 그러나 입금인은 증권을 입금시키고자 하는 경우 백지를 보충하여야 하며, 금융회사는 백지보충 의무를 부담하지 않는다(「예금거래기본약관」 제6조 제3항).

(3) 계좌송금

 ① 계좌송금의 의의

  ㉠ 계좌송금이란 예금주가 개설점 이외에서 자기의 계좌에 입금하거나 제3자가 개설점 · 다른 영업점 또는 다른 금융회사에서 예금주의 계좌에 입금하는 것을 말한다.

  ㉡ 따라서 계좌송금은 입금의뢰인이 수납 금융회사에 대하여 송금할 금액을 입금하면서 예금주에게 입금하여 줄 것을 위탁하고 수납 금융회사가 이를 승낙함으로써 성립하는 위임계약이다.

  ㉢ 「금융실명거래 및 비밀보장에 관한 법률」에 의거 일정한 계좌송금의 경우에는 실명확인을 하여야 한다.

  ㉣ 그 외 계좌송금은 법적 성질이 위임이므로 위임사무가 종료한 때에 금융회사는 위임인에게 위임사무 처리결과를 통지하여야 하는 바(「민법」 제683조), 입금의뢰인의 주소 · 전화번호 등을 반드시 기재해 놓아야 한다.

「**민법**」 제683조(**수임인의 보고의무**) 수임인은 위임인의 청구가 있는 때에는 위임사무의 처리상황을 보고하고 위임이 종료한 때에는 지체 없이 그 전말을 보고하여야 한다.

② 계좌송금의 철회 · 취소

　㉠ 계좌송금은 위임계약이므로 입금의뢰인은 수임인인 수납 금융회사 및 수납 금융회사의 위임을 받은 예금 금융회사가 위임사무를 종료하기 전에는 언제든지 위임계약을 해지하고 계좌송금 철회를 할 수 있다(「민법」 제689조).

　㉡ 그러나 현금 계좌송금의 경우에는 입금기장을 마친 시점에서, 타점권 계좌송금의 경우에는 부도반환 시한이 지나고 결제를 확인한 시점에서 예금계약은 성립하고(「예금거래기본약관」 제7조 제1항), 위임계약은 종료되므로 그 이후 입금의뢰인은 그 입금의 취소를 주장할 수 없게 된다. 예컨대 타행환입금 의뢰인 甲이 지정한 丙의 예금계좌에 입금을 마쳤으나, 실제로는 乙에게 입금할 예금임을 주장하여 취소를 요청하더라도 丙과의 예금계약은 이미 성립한 것이므로 丙의 동의 없이 취소할 수 없다.

　㉢ 다만, 금융회사가 실수로 지정계좌 이외의 예금계좌에 입금하였다면 금융회사는 위임사무를 종료한 것으로 볼 수 없고 착오임이 명백하므로 그 입금을 취소할 수 있다.

> 「민법」 제689조(위임의 상호해지의 자유) ① 위임계약은 각 당사자가 언제든지 해지할 수 있다.
> ② 당사자 일방이 부득이한 사유 없이 상대방의 불리한 시기에 계약을 해지한 때에는 그 손해를 배상하여야 한다.

③ 착오송금 시 법률관계

　㉠ 착오송금이란 송금인의 착오로 인해 송금금액, 수취금융회사, 수취인 계좌번호 등이 잘못 입력돼 이체된 거래로서, 착오송금액은 법적으로 수취인의 예금이기 때문에 송금인은 수취인의 동의 없이는 자금을 돌려받을 수 없다.

　㉡ 왜냐하면 계좌이체 시 금융회사는 자금이동의 원인에 관여함이 없이 중개 기능을 수행할 뿐이므로, 잘못 입금된 돈이라도 수취인이 계좌에 들어온 금원 상당의 예금채권을 취득하게 되고, 금융회사는 수취인의 동의 없이 송금인에게 임의로 돈을 돌려줄 수 없기 때문이다.

　㉢ 그러나 일단 수취인이 예금채권을 취득하였더라도 법적으로는 자금이체의 원인인 법률관계가 존재하지 않으므로, 수취인은 금전을 돌려줄 민사상 반환의무가 발생하고, 송금인은 수취인에 대하여 착오이체 금액 상당의 부당이득반환청구권을 가지게 된다.

　㉣ 따라서 송금인은 수취인에게 부당이득반환청구가 가능하고, 수취인이 반환을 거부할 경우 송금인은 부당이득반환청구의 소를 제기할 수 있으며, 그 소송의 상대방은 송금오류로 예금채권을 취득한 수취인이 된다(수취 금융회사는 자금중개 기능을 담당할 뿐 이득을 얻은 바 없으므로 부당이득반환의 상대방이 되지 않음).

　㉤ 그리고 수취인은 잘못 입금된 금원을 송금인에게 돌려줄 때까지 보관할 의무가 있으므로, 수취인이 착오입금된 돈을 임의로 인출하여 사용하는 경우 형사상 횡령죄에 해당될 수 있다.

　㉥ 「예금자보호법」(2021년 7월 개정)에 따라 계좌번호 착오 등의 사유로 송금인이 실수로 잘못 송금한 건에 대해 금융기관을 통해 반환 신청하였으나, 반환받지 못하는 경우 착오 송금액을 예금보험공사가 대신 찾아주는 '착오송금 반환지원제도'가 신설되었다.

[착오송금 반환지원제도 개요]

구 분	주요내용
신청대상	• '21.7.6 이후 발생한 5만원 이상 1천만원 이하 착오송금 • '23.12.31 이후 발생한 5만원 이상 5천만원 이하 착오송금 • '25년 이후 발생한 5만원 이상 1억원 이하 착오송금
대상조건	착오송금 시 먼저 금융회사를 통해 수취인에게 반환을 요청하여야 하며, 미반환된 경우(금융회사의 반환청구절차 결과 '반환거절' 또는 '일부반환' 종결)에만 예금보험공사에 반환지원 신청 가능
신청가능기간	착오송금일로부터 1년 이내 신청(통상 접수일로부터 약 2개월 내외 반환 예상)
반환지원 신청절차	예금보험공사 홈페이지 내 착오송금 반환지원 사이트 접속 온라인 신청 또는 예금보험공사 본사 상담센터 방문 신청

(4) 통장 · 증서의 교부

① 일반적으로 예금의 경우 거래처로부터 금전을 입금받아 금액을 확인하고 입금기장을 마치면 금융회사는 거래처에게 예금통장이나 예금증서를 기장하여 교부한다.

② 예금통장이나 예금증서는 단순한 증거증권이라는 점에 이론이 없다. 따라서 예금통장이나 증서를 소지하고 있다는 사실만으로 소지인이 금융회사에 예금의 반환을 청구할 수는 없다.

③ 다만, 금융회사가 과실 없이 예금통장이나 증서 소지자에게 예금을 지급한 경우에는 채권의 준점유자에 대한 변제에 해당되어 면책이 될 뿐이다.

④ 반면 예금통장이나 증서를 소지하고 있지 않다 하더라도 그 실질적 권리자임을 입증한 경우에는 예금의 반환을 청구할 수 있다.

⑤ 그러나 양도성예금증서나 표지어음 등은 그 성격이 유가증권이므로 원칙적으로 그 증서 소지자에게만 발행대전을 지급할 수 있다.

2 예금의 지급업무

(1) 예금지급의 법적 성질

① 예금주의 청구에 의하여 금융회사가 예금을 지급함으로써 예금계약이 소멸한다.

② 예금주가 금융회사에 대하여 예금의 지급을 청구하는 행위는 의사의 통지라는 것이 통설이고, 이에 따라 금융회사가 예금을 지급하는 행위는 채무의 변제인 것이므로 변제에 의하여 예금채무는 소멸한다.

③ 기타 예금의 소멸원인으로는 변제공탁 · 상계 · 소멸시효의 완성 등이 있다.

(2) 예금의 지급장소

① 지명채권은 원칙적으로 채무자가 채권자의 주소지에서 변제하는 지참채무가 원칙이다. 그러나 예금채권은 예금주가 금융회사에 나와서 이를 수령한다는 점에서 추심채무이다.

②「예금거래기본약관」제3조도 거래처는 예금계좌를 개설한 영업점에서 모든 예금거래를 한다고 규정하여 예금채무가 추심채무임을 규정하고 있다.

③ 또한 무기명채권은 변제 장소의 정함이 없으면 채무자의 현 영업소를 지급장소로 하며, 영업장소가 여러 곳인 때에는 거래를 한 영업소가 지급장소이다. 그러므로 무기명예금을 지급하여야 할 장소는 원칙적으로 계좌개설 영업점이다.

(3) 예금의 지급시기

① 보통예금이나 당좌예금과 같이 기한의 정함이 없는 예금에 대하여는 예금주는 금융회사 영업시간 내에는 언제라도 예금을 청구할 수 있고 금융회사가 이에 응하지 않을 경우에는 채무불이행이 된다. 또한 금전채권의 성질상 채무자인 금융회사는 원칙적으로 불가항력을 주장할 수도 없다.

② 정기예금 등과 같이 기한의 정함이 있는 예금은 약정한 지급기일에 지급을 하여야 하나 기한의 정함이 있는 예금도 추심채무이므로 예금의 기일이 도래하고 예금주의 청구가 있는 때에만 채무불이행으로 인한 책임을 부담한다.

(4) 예금의 지급과 면책

① 면책의 근거

㉠ 예금채권은 원칙적으로 지명채권이다. 따라서 진정한 예금주에게 변제한 때에 한하여 금융회사는 예금 채무를 면하게 되는 것이 원칙이다.

㉡ 이러한 원칙에 따른다면 금융회사는 예금을 지급할 때마다 그 청구자가 진정한 예금주인지 또는 예금을 청구할 정당한 권리나 권한을 가지고 있는지를 면밀히 조사하여야 한다.

• 왜냐하면 예금계약은 소비임치계약이므로 수취인인 금융회사는 예금의 선량한 관리자로서의 주의의무를 다하여 임치물을 보관하였다가 이를 반환하여야 하기 때문이다.

• 만약 금융회사가 이러한 선관주의의무를 다하지 못함으로써 무권리자에게 지급한 때에는 예금주에 대하여 그 지급의 유효를 주장할 수 없게 된다.

㉢ 양도성예금증서(CD)와 같은 유가증권은 그 증권의 점유자에게 지급하면 그 소지인이 정당한 권리자인지 여부에 관계없이 금융회사는 면책된다.

㉣ 그런데 예금거래는 대량적이고 반복적이므로 금융회사가 일일이 그 청구자가 진정한 예금주인지 여부를 조사하여야 한다면 신속한 예금업무처리가 불가능하다.

㉤ 따라서 금융회사가 채권의 준점유자에 대한 변제, 영수증 소지자에 대한 변제, 상관습, 예금거래기본약관의 면책의 요건을 구비한 자에게 예금을 지급한 경우에는 이를 수령한 자가 진정한 권리자인지 여부에 관계없이 그 지급이 유효하고 금융회사는 면책되는 것으로 규정하고 있다.

② 「민법」상 채권의 준점유자에 대한 변제

㉠ 채권의 준점유자에 대한 변제는 변제자가 선의이며 과실이 없는 때에 효력이 있다.

㉡ 채권의 준점유자란 거래의 관념상 진정한 채권자라고 믿게 할 만한 외관을 갖춘 자이며, 예금거래에서는 예금통장을 소지하고 그에 찍힌 인영과 같은 인장 및 신고된 비밀번호에 의하여 예금을 청구하는 자를 말한다.

㉢ 금융회사가 이러한 예금채권의 준점유자에 대하여 선의·무과실로 예금을 지급한 경우에는 설령 그 청구자가 무권리자라 하더라도 그 지급은 유효한 것으로 된다.

> 「**민법**」 **제470조(채권의 준점유자에 대한 변제)** 채권의 준점유자에 대한 변제는 변제자가 선의이며 과실없는 때에 한하여 효력이 있다.

③ 약관상의 면책규정

「예금거래기본약관」 제16조는 채권의 준점유자에 대한 변제에 관한 「민법」의 이론을 구체화하여 예금통장·증서를 소지하고 인감 또는 서명이 일치하며 비밀번호가 일치하면, 금융회사가 선의·무과실인 한 책임을 면하는 것으로 규정하고 있다.

④ 금융회사의 면책요건

민법과 약관상의 면책규정을 하나의 면책규정으로 본다면 금융회사가 예금지급에 관하여 면책을 주장하기 위해서는 다음과 같은 요건을 모두 갖추어야 한다.

㉠ 채권의 준점유자에 대한 변제일 것

- 일반적으로 채권의 준점유자가 되기 위해서는 예금통장이나 증서 등을 소지하고 있어야 하나 표현상속인이나, 전부채권자 또는 추심채권자는 예금통장·증서를 소지하고 있지 않더라도 금융회사가 선의·무과실이면 면책된다.
- 예금통장·증서를 소지하고 신고인감 등을 절취하여 예금주의 대리인임을 주장하며 예금을 지급받은 자도 채권의 준점유자에 대한 변제규정의 취지가 선의의 변제자를 보호하기 위한 규정이므로 채권의 준점유자로 볼 수 있다.

㉡ 인감 또는 서명이 일치할 것

- 인감 또는 서명은 육안으로 상당한 주의를 하여 일치한다고 인정되면 족하다.
- 상당한 주의로 인감을 대조할 의무란 인감대조에 숙련된 금융회사 종사자로 하여금 그 직무수행상 필요로 하는 충분한 대조를 다하여 인감을 대조하여야 할 의무를 말한다. 즉, 인감대조의 정도는 필적감정가 수준보다는 낮고 일반인보다는 높은 수준을 말한다고 볼 수 있다.
- 그러나 서명 대조 시 요구되는 금융회사 종사자의 주의의무는 실무경험이 없는 금융회사 종사자가 육안으로 외형상 전체적으로 유사여부를 평면대조하면 족하다. 서명이란 동일인이라 하더라도 경우에 따라서는 상당한 차이가 있기 때문이다.
- 이처럼 서명대조의 정도는 인감대조의 정도보다는 약간 낮은 주의의무를 요구하고 있는 것으로 보이나, 실거래상으로는 본임임을 확인하고 거래하는 것이 통상적인 예이다.

㉢ 비밀번호가 일치할 것

㉣ 금융기관이 선의·무과실일 것

- 선의란 채권의 준점유자에게 변제수령의 권한이 없음을 알지 못한다는 것만으로는 부족하며, 적극적으로 채권의 준점유자에게 수령권한이 있다고 믿었어야 한다.
- 무과실이란 그렇게 믿는데, 즉 선의인데 과실이 없음을 뜻한다.
- 예금의 준점유자로서 청구서상의 인감 또는 서명이 일치하더라도, 금융회사가 예금에 관하여 분쟁이 발생한 사실을 알고 있거나 예금주 회사에 경영권분쟁이 있음을 알면서 예금을 지급한 때에는 주의의무를 다한 것으로 볼 수 없다.

⑤ 유의사항

㉠ 정당한 예금주에 의한 청구인지 여부

- 예금의 귀속에 관하여 다툼이 있는 경우에는 진정한 예금주가 누구인지에 관하여 소송의 결과 등을 통하여 확인한 후 지급하여야 한다.
- 예금주 본인에게만 지급하겠다는 특약이 있는 예금을 제3자에게 지급할 경우 인감이나 비밀번호가 일치한다 할지라도 금융기관이 면책될 수 없으므로 주의를 요한다.

㉡ 예금청구서가 정정된 경우

- 예금청구서는 영수증의 역할을 하는 것이므로 예금청구서의 금액·비밀번호·청구일자 등이 정정된 경우에는 반드시 정정인을 받든가 또는 새로운 전표를 작성하도록 하여야 한다.
- 그렇지 않으면 그 진정성이 의심될 뿐만 아니라 주의의무가 가중되어 선의·무과실로 면책될 가능성이 감소되기 때문이다.

㉢ 기한부예금의 중도해지의 경우

기한부예금이나 적금을 중도해지하는 경우에 금융회사는 이익을 포기하여 중도해지청구에 응하는 것이고, 예금주로서는 만기까지 통장이나 인감보관, 그 상실의 경우에 금융회사에 대한 신고가 보통예금이나 기한도래 후의 정기예금에 비하여 소홀히 할 가능성이 있으므로 금융회사는 예금주 본인, 사자 또는 대리인에 대한 확인의 주의의무가 가중되므로, 반드시 본인의 의사를 확인하는 것이 필요하다.

㉣ 사고신고 여부 등의 확인

전산등록 되므로 별 문제가 없다. 다만, 사고신고를 지연하여 예금주에게 손해를 입혔다면 그 손해를 배상하여야 한다.

㉤ 폰뱅킹에 의한 자금이체신청의 경우

- 판례는 자금이체가 기계에 의하여 순간적으로 이루어지는 폰뱅킹에 의한 자금이체신청이 채권의 준점유자에 대한 변제로서 금융회사의 주의의무를 다하였는지를 판단함에 있어서는 자금이체 시의 사정만을 고려할 것이 아니라 그 이전의 폰뱅킹 등록을 할 당시에 예금주의 주민등록증의 진정여부, 부착된 사진과 실물을 대조하고 본인이 폰뱅킹의 비밀번호를 직접 등록하였는지 여부의 확인과 같은 폰뱅킹 등록 당시의 제반사정을 고려하여야 한다고 판시한다.
- 따라서 금융회사가 폰뱅킹신청 등록 시 거래상대방의 본인여부를 확인하는 때 그 상대방이 거래명의인의 주민등록증을 소지하고 있는지 여부를 확인하는 것만으로는 부족하고, 그 직무 수행상 필요로 하는 충분한 주의를 다하여 주민등록증의 진정여부 등을 확인함과 아울러 그에 부착된 사진과 실물을 대조하여야 한다.

⑥ 편의지급

㉠ 편의지급이란 무통장 지급·무인감지급 등과 같이 약관이 정하는 예금지급절차를 따르지 않은 지급을 말한다.

㉡ 예금주에게 지급한 경우에는 변제의 효과가 발생하나, 종업원 등과 같은 예금주가 아닌 제3자에게 지급한 경우에는 면책될 수 없다.

㉢ 따라서 실무상 부득이 편의 취급할 경우에는 예금주에 한해서 취급하고, 평소 예금거래를 대신하는 종업원 등이 편의취급을 요구할 경우에도 본인의 의사를 확인하여야 한다.

⑦ 과다지급

　　㉠ 금융회사 직원의 착오 또는 실수로 예금주가 청구한 것보다 많은 금액을 지급하게 되면 금융회사는 부당이득의 법리에 따라 과다 지급된 금액에 대하여 예금주에게 부당이득반환 청구권을 행사하여 잘못 지급된 금액의 반환을 청구할 수 있다.

　　㉡ 이때 거래처가 과다지급된 사실을 부인하면서 지급에 응하지 않는 경우에는 금융회사는 부당이득반환청구소송을 통해서 동 금원은 물론 지연배상금까지 회수할 수 있음을 고지시키고, 형사적으로도 과다 지급된 금원을 부당수령하게 되는 경우 '점유이탈물횡령죄'에 해당할 수 있어 형사상 문제로 비화될 수 있음을 주지시키면서 즉시 반환하도록 설득시켜야 할 것이다.

04 　예금의 관리

1 　예금주의 사망

(1) 상속

① 상속이란 사망한 사람의 재산이 생존하고 있는 사람에게 승계되는 것을 말한다. 이때 사망한 자를 피상속인이라 하고 승계하는 자를 상속인이라 한다.

② 상속은 사망한 시점에서 개시되며 사망한 사실이 가족관계등록부에 기재된 시점에서 개시되는 것은 아니다(「민법」 제997조).

③ 예금상속은 재산권의 일종인 예금채권이 그 귀속주체인 예금주가 사망함에 따라 상속인에게 승계되는 것을 말한다.

④ 상속이 개시되면 피상속인의 권리 · 의무가 포괄적으로 상속인에게 상속된다.

⑤ 상속인은 사망한 자의 유언에 따라 결정되며(유언상속), 유언이 없을 경우 법률에 정해진 바에 따라 상속인이 결정된다(법정상속).

⑥ 「민법」은 법정상속을 원칙으로 하고 유언상속은 유증의 형태로 인정하고 있다.

> 「민법」 제997조(상속개시의 원인) 상속은 사망으로 인하여 개시된다.
>
> 제1005조(상속과 포괄적 권리의무의 승계) 상속인은 상속개시된 때로부터 피상속인의 재산에 관한 포괄적 권리의무를 승계한다. 그러나 피상속인의 일신에 전속한 것은 그러하지 아니하다.

(2) 법정상속

① 혈족상속인

　　㉠ 예금주가 사망한 경우 혈족상속의 순위는 혈연상의 근친에 따라 그 순위가 정하여진다.

　　㉡ 혈족이란 자연혈족뿐만 아니라 법정혈족도 포함하며, 만약 선순위 상속권자가 1인이라도 있으면 후순위권자는 전혀 상속권을 가지지 못한다.

ⓒ 혈족 상속인의 상속순위

제1순위	피상속인의 직계비속 및 피상속인의 배우자 • 양자는 법정혈족이므로 친생부모 및 양부모의 예금도 상속한다(다만 2008.1.1.부터 시행된 친양자입양제도에 따라 입양된 친양자는 친생부모와의 친족관계 및 상속관계가 모두 종료되므로 생가부모의 예금을 상속하지는 못한다). • 서자와 적모 사이·적자와 계모 사이·부와 가봉자(의붓아들) 사이에는 혈연도 없고 법정혈족도 아니므로 상속인이 아니다. • 태아는 상속순위에 있어 출생한 것으로 간주되므로 상속인이 된다.
제2순위	피상속인의 직계존속 및 피상속인의 배우자
제3순위	피상속인의 형제자매
제4순위	피상속인의 4촌 이내의 방계혈족

② 대습상속

　㉠ 상속인이 될 직계비속 또는 형제자매가 상속개시 전에 사망하거나 결격자가 된 경우에 그 직계비속이 있는 때에는, 그 직계비속이 사망하거나 결격된 자의 지위를 순위에 갈음하여 상속권자가 된다(「민법」 제1001조).

　㉡ 배우자 상호 간에도 대습상속이 인정된다. 예컨대 남편이 사망한 후 남편의 부모가 사망한 경우에 처는 남편의 상속인의 지위를 상속한다. 그러나 배우자가 타인과 재혼한 경우에는 인척관계가 소멸되므로 상속인이 될 수 없다.

> 「민법」 제1001조(대습상속) 상속인이 될 직계비속 또는 형제자매가 상속개시 전에 사망하거나 결격자가 된 경우에 그 직계비속이 있는 때에는 그 직계비속이 사망하거나 결격된 자의 순위에 갈음하여 상속인이 된다.
>
> 제1010조(대습상속분) ① 제1001조의 규정에 의하여 사망 또는 결격된 자에 갈음하여 상속인이 된 자의 상속분은 사망 또는 결격된 자의 상속분에 의한다.

③ 공동상속과 상속분

　㉠ 같은 순위의 상속인이 여러 사람인 경우에는 최근친을 선순위로 본다. 예컨대 같은 직계비속이라도 아들이 손자보다 선순위로 상속받게 된다.

　㉡ 같은 순위의 상속인이 두 사람 이상인 경우에는 공동상속을 한다.

　㉢ 공동상속인 간의 상속분은 배우자에게는 1.5, 그 밖의 자녀에게는 1의 비율이다.

④ 상속재산 공유의 성질

　㉠ 공동상속인은 각자의 상속분에 응하여 피상속인의 권리의무를 승계하나, 분할을 할 때까지는 상속재산을 공유로 한다.

　㉡ 상속재산의 공유의 성질에 대하여는 공유설과 합유설의 대립이 있다.

> 「민법」 제1006조(공동상속과 재산의 공유) 상속인이 수인인 때에는 상속재산은 그 공유로 한다.

　• 공유설이란 공동상속인이 상속분에 따라 각자의 지분을 가지며, 그 지분을 자유로이 처분할 수 있다는 견해이다.

- 합유설이란 공동상속인이 상속분에 따른 지분은 가지나, 상속재산을 분할하기까지는 그 공동상속 재산의 지분에 대한 처분은 공동상속인 전원의 동의를 얻어야 한다는 견해이다.
- 두 학설에 대한 대법원의 판례는 없으나 공유설이 통설이며 법원의 실무처리도 공유설에 따르고 있다.
- 은행(우체국)의 입장에서는 상속인 중 일부가 법정상속분을 청구하는 경우 상속결격사유의 발생, 유언 등이 있는지 여부를 확인할 방법이 없으므로 합유설에 따라 공동상속인 전원의 동의를 받아 지급하는 것이 합리적이다.
- 만약 상속인 중 일부가 다른 상속인의 동의 없이 자기의 지분을 청구하는 경우 은행(우체국)은 법원의 실무처리인 공유설에 따라 가족관계등록사항별 증명서 등을 징구하여 상속인의 범위와 자격을 확인한 다음 그에 따라 예금을 지급하였다면 문제가 없을 것으로 본다.
- 왜냐하면 이와 같이 예금을 지급하더라도 채권의 준점유자에 대한 면책규정에 의하여 면책될 수 있고, 오히려 지급에 응하지 아니하여 소송이 제기되는 경우에는 패소에 따른 소송비용 및 지연이자까지도 부담할 수 있기 때문이다.

(3) 유언상속(유증)

① 유증의 의의

 ㉠ 유증이란 유언에 따른 재산의 증여행위를 말한다.

 ㉡ 유증의 형태로는 상속재산의 전부 또는 일정비율로 자산과 부채를 함께 유증하는 포괄유증과 상속재산 가운데 특정한 재산을 지정하여 유증하는 특정(지정)유증이 있다.

② 유언의 확인

 ㉠ 수증자가 유언에 의하여 예금지급을 청구할 경우에는 유언의 형식 및 내용을 확인하여야 한다.

 ㉡ 유언의 방식 중 공정증서 또는 법원의 검인을 받은 구수증서에 의한 것이 아닌 경우에는 가정법원의 유언검인심판서를 징구하여 유언의 적법성 여부를 확인하여야 한다.

③ 유언집행자의 확인

 ㉠ 유언집행자가 선임되어 있는 경우에는 상속재산에 대한 관리권이 유언집행자에게 있으므로 그 유무를 확인하여야 한다.

 ㉡ 유언집행자를 확인하기 위하여는 유언서 · 법원의 선임공고 또는 상속인에 대한 조회로 할 수 있다.

 ㉢ 유언집행자는 유언의 내용대로 재산을 관리하고 기타 유언의 집행에 필요한 행위를 할 권리와 의무가 있고 그러한 권한에 따른 유언집행자의 행위의 효과가 상속인에게 귀속된다.

 ㉣ 유언집행자는 법정유언집행자, 지정유언집행자, 선임유언집행자로 구분할 수 있다.

④ 수증자의 예금청구가 있는 경우

 ㉠ 포괄유증을 받은 자는 재산상속인과 동일한 권리의무가 있으므로, 적극재산뿐만 아니라 소극재산인 채무까지도 승계한다.

 ㉡ 한편 특정유증의 경우에는 수증자가 상속인 또는 유업집행자에 대하여 채권적 청구권만 가지므로 은행(우체국)은 예금을 상속인이나 유언집행자에게 지급함이 원칙이다.

 ㉢ 그러나 실무상으로는 수증자가 직접 예금을 지급하여 줄 것을 요구하는 경우가 많다. 이 경우에는 유언집행자 또는 법정상속인으로부터 유증을 원인으로 하는 명의변경신청서를 징구하여 예금주의 명의

를 수증자로 변경한 후에 예금을 지급하면 될 것이다. 다만 상속인으로부터 유류분반환청구가 있는지 확인하여야 한다.

㉣ 유류분이란 유증에 의한 경우에 법정상속인 중 직계비속과 배우자는 법정상속의 2분의 1까지, 직계존속은 3분의 1까지 수증자에게 반환을 청구할 수 있는 권리를 말한다.

㉤ 따라서 수증자의 예금청구에 대하여 상속인이 그 유류분을 주장하여 예금인출의 중지를 요청하는 경우에는 은행은 상속인으로부터 수증자에 대하여 유류분 침해분에 대한 반환을 청구하였음을 증명하는 서면을 징구하고, 수증자에 대하여는 유류분침해분에 해당하는 금액의 예금반환을 거절하여야 한다.

(4) 상속인 확인방법

① 예금주가 유언 없이 사망한 경우에는 법정상속이 이루어지게 되는바, 가족관계등록사항별 증명서를 징구하여(필요시 제적등본 징구) 상속인을 확인하면 족하다.

② 유언상속의 경우에는 유언서의 내용을 확인하되 자필증서·녹음·비밀증서에 의한 경우에는 법원의 유언검인심판을 받은 유언검인심판서를 징구하여야 한다.

③ 또한 유류분에 대한 상속인의 청구가 있을 수 있으므로 가족관계등록사항별 증명서를 징구하여 유류분 권리자를 확인하여야 한다.

(5) 상속과 관련된 특수문제

① 상속인이 행방불명인 경우

㉠ 상속재산이 공동상속인에게 합유적으로 귀속된다는 합유설에 따르면 행방불명인 자의 지분을 제외한 나머지 부분도 지급할 수 없다.

㉡ 그러나 공유설을 취할 경우에는 행방불명인 자의 상속분을 제외한 나머지 부분은 각 상속인에게 지급할 수 있다.

② 상속인이 부존재하는 경우

㉠ 상속권자나 수증인이 없는 경우에는 이해관계인 및 검사의 청구에 의하여 상속재산관리인을 선임하고, 재산관리인은 채권신고기간을 정하여 공고하고 상속재산을 청산하는 절차를 밟는다.

㉡ 채권신고기간 종료 시까지 상속인이 나타나지 않으면 2년간의 상속인 수색절차를 거쳐 상속인이 없으면 특별연고권자에게 재산을 분여한다. 특별연고자도 없으면 국고에 귀속된다.

③ 피상속인이 외국인인 경우

㉠ 「국제사법」상 상속은 피상속인의 본국법에 의하므로 외국인의 경우에는 예금주의 본국법에 의하여 상속절차를 밟는 것이 원칙이다.

㉡ 그러나 실무상 은행(우체국)으로서는 외국의 상속법에 정통할 수는 없으므로 만기가 도래한 예금은 채권자의 지급청구가 있으면 변제자가 과실 없이 채권자를 알 수 없는 경우를 사유로 변제 공탁하는 것이 최선의 방법이다.

㉢ 만기가 도래하지 않은 예금의 경우에는 변제공탁이 불가능하므로 주한 해당국 공관의 확인을 받고 필요한 경우에는 내국인으로 하여금 보증을 하도록 한 후에 지급하여야 할 것이다.

④ 상속재산 분할방법

  ㉠ 상속재산의 분할이란 상속개시로 생긴 공동상속인 사이의 상속재산의 공유관계를 끝내고 상속분 또는 상속인의 협의 내용대로 그 배분관계를 확정시키는 것을 말한다.

  ㉡ 상속재산분할의 방법으로는 다음의 3가지가 있다.

유언에 의한 분할	피상속인은 유언으로 상속재산의 분할방법을 정하거나 이를 정할 것을 제3자에게 위탁할 수 있다.
협의분할	• 협의분할이란 공동상속인 간의 협의에 의한 분할로 유언에 의한 분할방법의 지정이 없거나, 피상속인이 5년을 넘지 않는 범위 내에서 상속재산의 분할을 금지하지 않는 한 공동상속인들은 언제든지 협의로 상속재산을 분할할 수 있다. • 협의분할에 따른 예금지급을 위해서는 상속인의 범위를 확정하고 상속재산분할협의서 · 공동상속인의 인감증명서 · 손해담보각서 등을 징구한 후 지급하면 된다. • 다만, 공동상속인 중 친권자와 미성년자가 있는 경우에 친권자가 미성년자를 대리하여 협의분할하는 것은 이해상반행위에 해당하므로 특별대리인의 선임증명을 첨부하여 특별대리인이 동의권 또는 대리권을 행사하도록 하여야 한다.
심판분할	• 심판분할이란 공동상속인들 간에 상속재산의 분할협의가 이루어지지 않아 가정법원의 심판에 의하여 상속재산을 분할하는 방법이다. • 상속재산을 분할한 경우에는 상속 개시된 때에 그 효력이 생긴다.

⑤ 단순승인, 한정승인, 상속포기

  ㉠ 상속인은 상속의 개시 있음을 안 날로부터 3개월 내에 단순승인이나 한정승인 또는 상속포기를 할 수 있다.

  ㉡ 상속의 포기는 엄격한 요식행위이므로 법원의 상속포기심판서를 징구하여 확인하여야 한다.

  ㉢ 한정승인이란 상속으로 인하여 취득할 재산의 범위 내에서 채무를 변제할 것을 조건으로 상속을 승인하는 것을 말하는데 한정승인 또한 법원의 한정승인심판서를 징구하여 확인하여야 한다.

> 「민법」 제1019조(승인, 포기의 기간) ① 상속인은 상속개시있음을 안 날로부터 3월 내에 단순승인이나 한정승인 또는 포기를 할 수 있다. 그러나 그 기간은 이해관계인 또는 검사의 청구에 의하여 가정법원이 이를 연장할 수 있다.
>
> 제1026조(법정단순승인) 다음 각호의 사유가 있는 경우에는 상속인이 단순승인을 한 것으로 본다.
> 1. 상속인이 상속재산에 대한 처분행위를 한 때
> 2. 상속인이 제1019조 제1항의 기간 내에 한정승인 또는 포기를 하지 아니한 때
> 3. 상속인이 한정승인 또는 포기를 한 후에 상속재산을 은닉하거나 부정소비하거나 고의로 재산목록에 기입하지 아니한 때

⑥ 은행(우체국)이 예금주 사망사실을 모르고 예금을 지급한 경우

  ㉠ 은행(우체국)이 예금주의 사망사실을 모르는 상태에서 선의로 예금통장이나 증서를 소지한 자에게 신고된 인감과 비밀번호에 의하여 예금을 지급한 경우에는 채권의 준점유자에 대한 변제로서 면책된다.

  ㉡ 다만, 예금주가 사망한 사실을 모르고 지급한 것에 대하여 은행(우체국)의 과실이 없어야 한다.

  ㉢ 은행(우체국)이 그 예금약관으로 지급의 면책에 관하여 규정하고 있다 하더라도 은행(우체국)의 주의의무를 경감시키거나 과실이 있는 경우까지 면책되는 것은 아니다.

(6) 상속예금의 지급

① 상속예금의 지급절차

　　㉠ 상속인들로부터 가족관계등록사항별 증명서(필요시 제적등본) · 유언장 등을 징구하여 상속인을 확인한다.

　　㉡ 상속인의 지분에 영향을 미치는 상속의 포기 · 한정승인 · 유류분의 청구 등이 있는지 확인한다.

　　㉢ 각종 증빙서류가 적법한 것인지를 확인한다(유언검인심판서 · 한정승인심판서 등).

　　㉣ 상속재산관리인 선임여부를 확인한다.

　　㉤ 상속재산의 분할여부를 확인한다.

　　㉥ 상속예금 지급 시 상속인 전원의 동의서 및 손해담보약정을 받는 것이 바람직하다. 그러나 위 동의서 및 손해담보약정의 징구와 관련해서는 분쟁의 소지가 많고 이를 징구하지 않더라도 정당한 절차에 따라 상속예금을 지급하였다면 상속채권의 준점유자에 대한 변제로서 유효할 수 있으므로 반드시 징구하여야 하는 것은 아니다.

② 당좌계정의 처리

　당좌거래는 그 법적 성질이 위임계약이고 당사자 일방의 사망으로 계약관계가 종료되므로 당좌거래계약을 해지하고 상속인으로부터 미사용 어음 · 수표를 회수하여야 한다.

③ 정기적금의 처리

　　㉠ 예금주가 사망한 경우에는 상속인이 포괄적으로 예금주의 지위를 승계하므로, 일반 상속재산의 지급절차에 의하면 족하다.

　　㉡ 다만, 적금 적립기간 중 예금주가 사망하고 공동상속인 중 1인이 적금계약을 승계하기 위해서는 상속인 전원의 동의가 필요하다.

2 예금채권의 양도와 질권설정

(1) 예금채권의 양도

① 예금채권의 양도성

　　㉠ 예금채권의 양도란 예금주가 그 예금채권을 다른 사람에게 양도하는 것을 말하며, 기명식예금은 지명채권이므로 원칙적으로 그 양도성이 인정된다.

　　㉡ 다만, 당사자 사이의 특약으로 그 양도성을 배제할 수 있는데, 예금거래의 실무상으로는 증권적 예금을 제외하고는 대부분의 예금에 대해 양도금지특약을 하고 있다.

② 양도금지특약

　　㉠ 「예금거래기본약관」은 '거래처가 예금을 양도하려면 사전에 은행(우체국)에 통지하고 동의를 받아야 한다. 다만, 법령으로 금지된 경우에는 양도할 수 없다'고 규정하여 양도를 제한하고 있다.

　　㉡ 위 특약을 규정한 이유는 대량적 · 반복적 지급거래를 수반하는 예금거래에 있어서 은행(우체국)이 일일이 정당하게 양도된 것인지 여부를 확인하여야 하는 번거로움과 이중지급의 위험성을 배제하고 채권보전의 확실성을 도모하기 위함이다.

③ 양도금지특약의 효력

    ㉠ 예금주가 양도금지특약을 위반하여 예금을 다른 사람에게 양도한 경우, 그 양도는 무효이고 은행(우체국)에 대하여 대항할 수 없다.

    ㉡ 비록 「민법」이 선의의 양수인에 대하여는 양도제한의 특약을 가지고 대항할 수 없다고 규정하고 있기는 하나 예금에 양도금지특약이 있다는 것은 공지의 사실이므로 양수인은 선의를 주장하기 어렵다.

    ㉢ 다만, 주의할 점은 양도금지의 특약에도 불구하고 전부채권자가 그 특약을 알고 있든 모르고 있든 관계없이 전부명령은 유효하다는 것이다.

④ 예금의 양도방법

    ㉠ 예금을 양도하기 위해서는 양도인과 양수인 사이에 예금양도계약 및 은행(우체국)의 승낙이 있어야 한다.

    ㉡ 실무상 양도인인 예금주가 예금양도 통지만을 하는 경우가 있으나, 이는 양도금지특약을 위반한 것이므로 당사자 사이에는 유효하나 그 양도로 은행(우체국)에 대항할 수 없다.

    ㉢ 또한 제3자에게 예금양도로써 대항하기 위해서는 은행(우체국)의 승낙서에 확정일자를 받아 두어야 한다.

    ㉣ 이는 예금채권에 대해 권리가 경합한 때에 누가 우선하는가를 결정하는 기준이 되는 것으로 제3자와의 관계에서 확정일자를 받지 않았으면 채권의 양수로 대항할 수 없으며, 확정일자를 받았으면 대항요건을 갖춘 시기의 앞뒤에 따라 그 우열관계가 결정된다.

    ㉤ 예금의 양도가 유효하면 그 예금은 동일성을 유지한 채로 양수인에게로 이전되므로 예금주의 명의를 양수인으로 변경하여야 한다.

    ㉥ 예금이자의 귀속에 관하여 합의가 있는 경우에는 그 합의에 따르면 되며, 합의가 없는 경우에는 이자채권은 원본채권에 부종하므로 예금양도의 효력을 발생일을 기준으로 하여 그 이후 발생 이자분은 양수인에게 귀속하고, 그 이전 발생분은 양도인에게 귀속하는 것으로 해석하는 것이 통설이다.

⑤ 은행(우체국) 실무처리 시 유의사항

    은행(우체국)이 양도승낙의 신청을 받은 경우 다음과 같이 처리한다.

    ㉠ 양도인인 예금주의 양도의사를 확인한다.

        이때 예금 중에는 그 성질상 예금양도가 금지되는 경우와 근로자장기저축 등 법령상 양도가 금지되는 예금이 있음에 유의하여야 한다.

    ㉡ 예금양도승낙신청서를 징구한다.

        • 이때 예금양도승낙신청서에는 양도인과 양수인 연서로 하며 제3자에게 대항하기 위해서는 확정일자를 득한 것을 징구하는 것이 바람직하다.

        • 또한 승낙서는 2부를 작성하여 1부는 교부하고 1부는 은행(우체국)이 보관하여 향후 분쟁에 대비하여야 한다.

        • 구두에 의한 승낙도 유효하나 분쟁의 소지가 있으므로 서면에 의하도록 한다.

    ㉢ 당해 예금에 가압류·압류 등이 있는지 확인한다.

ⓐ 예금주에 대하여 대출금채권 등을 가지고 있는 경우에는 상계권행사를 유보하고 승낙할지 여부를 결정한다.

  • 예금채권양도에 대한 승낙의 방법에는 이의를 유보한 승낙과 이의를 유보하지 않은 승낙이 있고, 이의를 유보하지 않고 승낙한 때에는 설사 은행(우체국)이 양도인에게 대항할 수 있는 사유가 있더라도 이로써 양수인에게 대항할 수 없다.
  • 따라서 은행(우체국)이 예금채권 양도 승낙요청을 받은 경우에는 우선 양도인에게 대항할 수 있는 항변사유가 있는가를 검토할 필요가 있다. 이러한 항변사유 가운데는 특히 뒷날 상계할 가능성이나 필요성 등 채권보전에 지장은 없겠는가를 검토하는 것이 중요하다.

ⓜ 명의변경과 개인(改印)절차를 밟는다. 물론 이때에도 실명확인절차를 거쳐야 한다.

(2) 예금채권의 질권설정

① 예금의 질권설정

ⓐ 예금은 그 예금을 받은 은행 또는 다른 금융회사나 일반인 등 제3자가 자기의 채권을 담보하기 위하여 질권설정을 하는 예가 적지 않다.

ⓑ 이 가운데 그 예금을 받은 은행(우체국)이 질권설정하는 경우에는 자기가 받은 예금에 질권설정하는 것이므로 승낙이라는 특별한 절차를 거치지 않아도 되나, 제3자가 질권설정하는 경우에는 예금양도의 경우와 마찬가지 이유에서 질권설정금지특약을 두고 있어 은행(우체국)의 승낙을 필요로 한다.

ⓒ 그 밖에도 기본적으로는 양도의 경우와 다를 바 없다.

② 예금에 대한 질권의 효력

ⓐ 채권의 직접청구

  • 질권자는 질권의 목적이 된 채권을 직접 청구할 수 있고, 채권의 목적이 금전인 때에는 자기의 채권액에 해당하는 부분을 직접 청구해서 자기 채권의 우선변제에 충당할 수 있다.
  • 다만, 질권자에게 직접청구권과 변제충당권이 인정되려면 피담보채권과 질권설정된 채권(예금채권)이 모두 변제기에 있어야 한다.
  • 따라서 질권설정된 예금채권의 변제기는 이르렀으나 피담보채권의 변제기가 도래하지 않은 경우 질권자는 제3채무자에게 그 변제금액의 공탁을 청구할 수 있고, 이 경우 질권은 그 공탁금 위에 계속 존속한다.
  • 반대의 경우, 즉 피담보채권의 변제기는 도래했으나 질권설정된 예금채권의 변제기는 도래하지 않은 경우 질권자는 질권설정된 예금채권의 변제기까지 기다려야 한다.

ⓑ 이자에 대한 효력

예금채권에 대한 질권의 효력은 그 예금의 이자에도 미친다.

ⓒ 질권설정된 예금을 기한 갱신하는 경우

질권설정을 했는데 이자 등의 문제로 기한에 이른 정기예금의 원금과 이자를 그대로 종목을 동일하게 하는 새로운 정기예금으로 하는 경우 특별한 사정이 없는 한 두 예금채권 사이에는 동일성이 인정되므로 종전 예금채권에 설정한 담보권은 당연히 새로 성립하는 예금채권에도 미친다.

ㄹ 질권설정된 예금을 다른 종목의 예금으로 바꾼 경우
  - 다른 종목의 예금으로 바꾼 경우 특정한 사정이 없는 한 원칙적으로 두 예금채권 사이에는 동일성이 인정되지 않으므로 종전 예금채권에 설정된 담보권은 새로이 성립하는 예금채권에 미치지 않는다.
  - 따라서 은행(우체국)은 그 예금종목을 바꾼 것으로 질권자에게는 대항할 수 없고, 질권의 지급금지 효력에 위반한 것이므로 손해배상책임을 질 수도 있을 것이다.

③ 질권설정된 예금의 지급
  ㉠ 예금주에 대한 지급
  - 질권은 지급금지의 효력이 있으므로 피담보채권이 변제 등의 사유로 소멸하여 질권자로부터 질권해지의 통지를 받은 경우에는 그 예금을 예금주에게 지급할 수 있다.
  - 또한 질권의 효력은 그 원금뿐만 아니라 이자에도 미치므로 예금주가 이자의 지급을 요청하는 경우에도 질권자의 동의하에서만 지급 가능할 것이다.

  ㉡ 질권자에 대한 지급
  질권설정된 예금과 피담보채권의 변제기가 도래하여 질권자의 직접청구가 있는 경우 제3채무자인 은행(우체국)은 예금주에게 질권자에 대한 지급에 이의가 있는지의 여부를 조회하고, 승낙문언을 기재한 질권설정승낙의뢰서, 피담보채권에 관한 입증서류(대출계약서, 어음 등), 피담보채권액에 관한 입증서류(원장, 대출원리금계산서 등), 예금증서 및 질권자의 지급청구서 등을 징구한 후 지급하면 된다.

④ 실무상 유의사항
  ㉠ 피담보채권의 변제기보다 예금의 변제기가 먼저 도래한 경우
  - 피담보채권의 변제기보다 예금의 변제기가 먼저 도래한 경우에는 은행(우체국)이 예금주를 위해서 그 예금을 새로이 갱신하는 경우가 있다. 이때 주의할 점은 같은 종류의 예금으로 갱신하여야 하며, 다른 종목의 예금으로 바꾸지 않도록 하여야 할 것이다.
  - 실무상 다툼의 염려가 있고 혹 이중지급의 우려도 있기 때문이다. 기한갱신을 한 경우 새로운 통장이나 증서에도 질권설정의 뜻을 표시하고 예금거래신청서 및 전산원장에도 역시 같은 뜻의 표시를 하여 종전 예금과의 관계를 명백히 표시해 두어야 할 것이다.

  ㉡ 예금의 변제기보다 피담보채권의 변제기가 먼저 도래한 경우
  - 예금의 변제기보다 피담보채권의 변제기가 먼저 도래한 경우 질권자가 피담보채권의 변제기가 이르렀음을 이유로 그 예금을 중도해지하여 지급청구하는 경우가 있다. 이러한 경우 질권자는 그 예금에 대한 계약당사자가 아니므로 중도해지권이 없다. 따라서 이 예금을 중도해지해서 질권자에게 지급하려면 예금주의 동의가 있어야 한다.
  - 실무상으로는 질권자가 질권해지·중도해지 및 대리수령에 관한 위임장을 가지고 와서 중도해지하여 지급하여 줄 것을 요청하는 경우 질권자에게 지급할 수 있을 것이다.

3 예금에 대한 압류

(1) 예금에 대한 (가)압류 명령이 송달된 경우의 실무처리절차

① 압류명령의 송달연월일 및 접수시각을 명확히 기록하고, 송달보고서에 기재된 시각을 확인하여야 한다.

② 어떠한 종류의 명령인가를 명백히 파악한다.

　㉠ 압류에는 강제집행절차상의 압류와 「국세징수법」상의 체납처분에 의한 압류가 있다.

　㉡ 강제집행개시에 앞선 보전처분으로서의 가압류가 있고, 압류 이후의 환가처분으로서의 전부명령과 추심명령이 있다.

　㉢ 따라서 명령서의 내용을 조사하여 어떤 종류의 압류인가를 명백히 파악해 둔다.

③ 피압류채권에 해당되는 예금의 유무를 조사하고 피압류채권의 표시가 예금을 특정할 정도로 유효하게 기재되어 있는가를 확인한다.

④ 압류명령상의 표시에 하자가 있는 경우에는 경정결정을 받아오도록 한다.

⑤ 압류된 예금에 대하여는 즉시 온라인에 주의사고 등록을 하고 원장 등에 압류사실을 기재하여 지급금지 조치를 취한다.

⑥ 해당예금에 대한 질권설정의 유무 및 예금주에 대한 대출금의 유무를 조사하고 대출채권이 있는 경우 상계권 행사여부를 검토한다.

⑦ 해당예금에 대한 압류경합여부를 확인하고, 공탁의 여부를 검토한다.

⑧ 예금주, 질권자 등에게 압류사실을 통지한다.

⑨ 압류명령에 진술최고서가 첨부된 경우에는 송달일로부터 1주일 이내에 진술서를 작성하여 법원에 제출한다.

(2) 압류명령의 접수

① 압류의 효력발생시기

　㉠ 압류명령은 채무자와 제3채무자에게 송달된다.

　㉡ 그러나 예금에 대한 압류명령의 효력이 발생하는 시기는 그 결정문이 제3채무자인 은행(우체국)에 송달된 때이다.

　㉢ 이와 같이 은행(우체국)에 압류결정문이 송달된 때를 그 효력발생 시기로 한 것은 제3채무자인 은행(우체국)이 그러한 결정이 있음을 안 때에 집행채무자인 예금주에 대하여 현실로 예금의 지급을 금지할 수 있기 때문이다.

　㉣ 압류명령은 본점에 송달되는 경우도 있고, 해당지점에 송달되는 경우도 있다.

　㉤ 본점에 송달되는 경우 압류명령의 효력이 발생하는 시점은 그 결정문이 본점에 접수된 때이며 해당지점에 이첩된 때가 아니다.

　㉥ 송달장소는 송달을 받을 자의 주소·거소·영업소 또는 사무소 어느 곳이라도 무방하기 때문이다.

　㉦ 따라서 압류명령을 접수한 본점은 이를 신속하게 소관 영업점에 통지하여 예금이 지급되지 않도록 하여야 한다.

② 접수시각의 기록 및 송달보고서에 기재된 시각의 확인

　　㉠ 압류의 효력발생 시기는 그 결정문이 은행(우체국)에 송달된 때이므로 은행(우체국)은 압류결정문의 송달연월일·접수시각을 정확히 기록하고, 송달보고서에 기재된 시각을 확인하여야 한다.

　　㉡ 왜냐하면 은행(우체국)이 예금주에게 예금을 지급한 시각과 압류의 효력발생의 선후가 문제될 수 있고, 압류의 경합에 따른 예금의 공탁여부를 결정하여야 할 때 또는 전부명령과 다른 압류명령이 있는 경우 전부명령의 유효성 여부가 문제되는 경우엔 그 판단의 기준은 압류명령의 효력발생시기가 언제이냐에 따라 달라질 것이기 때문이다.

③ 예금주 등에 대한 통지의 필요

　　㉠ 예금에 대한 압류가 있는 경우에 은행(우체국)이 그 압류의 사실을 예금주에게 통지해 줄 법적인 의무는 없다. 왜냐하면 압류결정문은 예금주에게도 송달되기 때문이다.

　　㉡ 그러나 예금주에 대한 송달이 주소불명 등으로 송달되지 않는 경우도 있고, 보통예금이나 당좌예금과 같이 운전자금이 필요한 경우에는 미리 예금주가 자금계획은 세울 수 있도록 알려줄 필요가 있다.

　　㉢ 또한 예금에 대하여 질권이 설정되어 있는 경우에 은행(우체국)은 질권자에게도 통지할 필요가 있다.

(3) 피압류예금의 특정

① 집행채권자는 압류를 신청할 때에 압류할 채권이 다른 채권과 구별하여 특정할 수 있도록 그 종류와 액수, 즉 예금종류와 피압류예금액을 명시하지 않으면 안 된다.

② 만일 피압류예금을 특정할 수 없으면 압류의 효력이 없다.

③ 그러나 피압류예금을 반드시 기재할 필요는 없다. 다만, 피압류예금을 기재한 경우 실제의 예금액이 기재된 예금액보다 적을 때에는 실제의 예금액 전액에 압류의 효력이 미치고, 그 반대이면 기재된 예금액에 한하여 압류의 효력이 미친다.

④ 판례는 압류 및 전부명령의 목적인 채권의 표시는 이해관계인, 특히 제3채무자로 하여금 딴 채권과 구별할 수 있을 정도로 기재되어 그 동일성의 인식을 저해할 정도에 이르지 않은 이상 그 압류 및 전부명령은 유효하다고 한다. 그러나 이러한 기준에도 불구하고 실무상으로는 특정성에 의문이 가는 경우가 많다.

⑤ 예금장소의 특정

　　㉠ 예금에 대한 압류결정문에는 제3채무자가 통상 소관 ○○지점이라고 표시되며 이 경우에 특정성이 인정된다.

　　㉡ 그러나 소관 예금개설점이 표시되지 않은 경우라 하더라도 모든 영업점에 대한 조사를 실시하여 피압류채권의 존재를 알아낼 수 있는 이상, 조사에 상당한 시간이 소요되어 그 사이에 예금이 지급되었다면 이는 은행(우체국)의 과실 없는 지급이 되어 면책이 되는 것은 별론으로 하고 본점 또는 다른 지점으로 송달된 압류명령도 유효하다고 본다.

⑥ 예금계좌의 특정

　　㉠ 예금주에게 한 종류의 예금 1개 계좌만 있을 때에는 반드시 예금의 종류와 계좌를 명시하지 않더라도 특정된다고 볼 수 있다.

　　㉡ 여러 종류의 예금이 여러 계좌로 있는 경우에도 집행채권의 총액이 예금총액을 상회하는 경우에는 압류명령이 유효하다고 본다.

ⓒ 그러나 집행채권의 총액이 예금채권을 하회하는 경우에는 그 압류명령이 어느 것을 목적으로 하는 것인지 특정할 수 없으므로 압류의 효력이 없다고 본다.

ⓔ 다만 압류명령이 채무자가 제3채무자에 대하여 가지는 동종의 예금에 관하여는 계약일이 오래된 순서로 청구채권에 달하기까지의 금액을 압류한다고 표시되어 있을 때에는 특정성이 인정되므로 그 압류명령은 유효하다.

⑦ 특정성에 관하여 의문이 있는 경우의 실무상 처리방법

ⓐ 압류명령이 유효함에도 불구하고 무효로 보아 예금주에게 지급하거나 압류명령이 무효임에도 불구하고 유효한 것으로 보아 압류채권자에게 지급한 경우에 채권의 준점유자에 대한 변제에 관한 규정이 적용될 수 없는 것은 아니지만, 일반적으로 은행(우체국)의 과실이 인정되어 은행(우체국)이 이중지급을 하게 되는 경우가 있을 수 있다.

ⓑ 따라서 실무상으로는 예금의 특정성에 다소의 의문이 있는 경우에는 그 압류가 유효한 것으로 취급하여 지급정지 조치를 취한 후 예금주가 그 특정성을 인정하든가 또는 경정결정에 의하여 예금채권이 특정된 경우에 한하여 압류채권자에게 지급하되, 그렇지 않은 경우에는 소송의 결과에 따라 지급여부를 결정하는 것이 안전하다 할 것이다.

(4) 압류된 예금의 지급

① 예금채권의 압류만으로써는 압류채권자의 집행채권에 만족을 줄 수 없으므로 압류채권자는 자기 채권의 만족을 위하여 압류한 예금채권을 환가할 필요가 있다.

② 예금채권의 환가방법으로 추심명령과 전부명령이 이용된다.

③ 실무상 압류와 환가처분으로서의 전부명령이나 추심명령을 따로 내리는 경우는 거의 없으며, 대체로 압류 및 전부명령이나 압류 및 추심명령의 형식으로 행해짐이 일반적이다. 이는 집행권원이 있으므로 특별히 이를 구분해서 신청할 필요가 없기 때문이다.

④ 추심명령의 경우

ⓐ 추심명령이란 집행채무자(예금주)가 제3채무자(우체국)에 대하여 가지는 예금채권의 추심권을 압류채권자에게 부여하여 그가 직접 제3채무자에게 이행의 청구를 할 수 있도록 하는 집행법원의 명령을 말한다.

ⓑ 추심명령은 전부명령의 경우와는 달리 제3채무자에 대한 송달로서 그 효력이 생긴다.

ⓒ 전부명령처럼 채권의 이전이 없으므로, 그 확정으로 효력이 생기게 할 필요가 없기 때문에, 추심채권자에게 지급함에 있어서는 그 확정여부의 확인이 필요 없다.

⑤ 전부명령의 경우

ⓐ 전부명령이란 집행채무자(예금주)가 제3채무자(우체국)에 대하여 가지는 예금채권을 집행채권과 집행비용청구권에 갈음하여 압류채권자에게 이전시키는 법원의 명령을 말한다.

ⓑ 전부명령은 즉시항고가 허용되므로 확정되어야 그 효력이 생긴다. 즉, 즉시항고 없이 법정기간이 지나거나 즉시항고가 각하 또는 기각되어야 전부명령은 그 효력이 생긴다.

ⓒ 다만, 전부명령의 실체적 효력인 전부채권자에 대한 채권이전 및 채무자의 채무변제효력은 그 전부명령이 확정되면 전부명령이 제3채무자에게 송달된 때 소급해서 생긴다.

ⓔ 따라서 전부채권자에게 지급하려면 우선 그 전부명령이 확정되었음을 확인하여야 한다. 그 확인은 법원에서 발급한 확정증명원으로 한다.

⑥ 전부채권자 · 추심채권자의 본인확인

전부명령이 있는 때 전부채권자는 종전채권자(집행채무자)에 갈음해서 새로운 채권자가 되고, 추심채권자는 집행법원에 갈음해서 추심권을 가지므로 은행(우체국)이 그 지급조건이 충족되었을 때 전부명령 또는 추심명령서로써 권리자를 확인하고, 주민등록증 등으로 수령권한을 확인한 후 영수증을 징구하고 전부채권자나 추심채권자에게 지급하여야 한다.

(5) 예금에 대한 체납처분압류

① 체납처분에 의한 압류의 의의

체납처분에 의한 압류란 세금 체납처분의 제1단계로서 세금체납자가 독촉을 받고서도 기한까지 세금을 완납하지 않을 경우에 체납자의 재산처분을 금하고 체납자를 대위하여 추심할 수 있는 행정기관의 명령을 말하는 것으로 세금의 강제징수방법이다.

② 체납처분압류의 절차와 효력

㉠ 세무서장이 체납자가 은행(우체국)에 대하여 가지고 있는 예금채권을 압류할 때에는 제3채무자인 은행(우체국)에 압류통지서를 우편 또는 세무공무원편으로 송달한다.

㉡ 압류의 효력발생시기는 압류통지서가 은행(우체국)에 송달된 때이다.

㉢ 체납처분압류는 압류목적채권의 지급금지 · 처분금지 및 추심권의 효력까지 있으므로 마치 「민사집행법」상의 압류명령과 추심명령을 합한 것과 같다.

③ 체납처분압류와 「민사집행법」상 강제집행의 경합

> **더 알아보기** 판례 변경에 따른 압류 경합 기준 변경
>
> 대법원 판례 변경*에 따라 법원 압류(「민사집행법」)와 체납처분 압류(「국세징수법」) 경합 시 업무처리 기준 개선('16.4월)
> *판결요지 : 「국세징수법」상 체납처분절차와 「민사집행법」의 압류가 경합한 경우 체납처분절차가 우선할 수 없음(대법원 2015.7.9.선고 2013다60982 판결)

㉠ 「민사집행법」에 의한 압류(가압류)가 경합된 경우 : 우선권이 없으므로 채권자의 추심요청 시 경합사실을 안내하고 지급 거절

㉡ 「국세징수법」에 의한 압류(체납처분절차)가 경합된 경우(압류선착주의)

　• 「국세징수법」에 의한 압류(체납처분절차)는 압류선착주의에 의해 먼저 송달된 기관에 우선권

　• 후순위 압류기관에서 추심요청 시 지급 불가

㉢ 「민사집행법」에 의한 압류와 「국세징수법」에 의한 압류(체납처분절차)가 경합된 경우 : 우선권이 없으므로 채권자의 추심요청 시 경합사실을 안내하고 지급 거절

㉣ 「민사집행법」에 의한 압류와 「국세징수법」 준용기관의 압류가 경합된 경우 : 우선권이 없으므로 채권자의 추심요청 시 경합사실을 안내하고 지급 거절

ⓜ 「국세징수법」에 의한 압류(체납처분절차)와 「국세징수법」 준용기관의 압류가 경합된 경우 : 국세우선
원칙에 따라 송달 시점에 관계없이 체납처분압류가 우선

ⓑ 「국세징수법」 준용기관의 압류가 경합된 경우 : 준용기관은 압류선착주의가 적용되지 않으므로, 압류
가 경합된 경우 기관 간 협의하여 처리

구 분	공탁 가능여부	업무기준
「민사집행법」 압류 vs 「국세징수법」 압류	집행공탁 가능	집행공탁(우선권 없음)
「민사집행법」 압류 vs 준용기관 압류	집행공탁 가능	집행공탁(우선권 없음)
「국세징수법」 압류 vs 「국세징수법」 압류	집행공탁 불가	압류선착주의
「국세징수법」 압류 vs 준용기관 압류	집행공탁 불가	국세청 지급(국세우선원칙)
준용기관 압류 vs 준용기관 압류	집행공탁 불가	기관 간 협의처리

④ 체납처분에 의한 압류예금의 지급절차

ⓐ 체납처분에 의하여 압류된 예금을 지급할 때에는 은행(우체국)이 그 처분청에 스스로 납부하여야 하
는 것은 아니며, 징수직원이 은행(우체국)에 나와 금전을 수령해 가도록 하면 된다.

ⓑ 이때 신분증명서에 의하여 수령인의 권한을 확인하고 처분청장의 위임장·현금영수증 등을 받고 지
급에 응하면 될 것이다.

ⓒ 그러나 최근 처분청은 압류통지서에 처분청의 예금계좌를 지정하고 그 지정된 계좌로 입금을 요청하
는 경우가 많으며, 이러한 경우에는 처분청의 계좌번호 여부를 확인한 후 그 지시에 따라 입금하면
될 것이다.

ⓓ 그리고 연금·건강보험료 등을 체납하면 연금관리공단이나 국민건강보험공단 등은 자신의 권한으로
체납자의 재산을 압류할 수 있다.

ⓔ 이러한 채권들은 그 특수성이 인정되므로 납부의 지체가 있는 경우 조세체납처분절차를 준용하는 것
이 통상적인 예이다. 그러므로 실거래의 처리는 조세의 체납처분압류에 준하여 하면 된다.

내부통제 및 금융소비자 보호

01 　내부통제 · 준법감시

1 　내부통제와 준법감시 개요

(1) 의의

① 내부통제(Internal Control)

ㄱ 내부통제란 조직이 효율적인 업무 운영(운영의 목적), 정확하고 신뢰성 있는 재무보고 체계의 유지 (보고의 목적), 관련 법규 및 내부정책 · 절차의 준수(준법의 목적) 등과 같은 내부통제 목적을 달성하는데 합리적인 확신(reasonable assurance)*을 주기 위하여 조직 내부에서 자체적으로 마련하여 이사회, 경영진 및 직원 등 조직의 모든 구성원들이 지속적으로 실행 · 준수하도록 하는 일련의 통제과정이다.

　*합리적 확신(reasonable assurance) : 아무리 잘 설계되고 운영되는 내부통제라도 회사의 목표를 달성하는 것을 100% 보장(guarantee)할 수 없다는 개념으로 이것은 모든 내부통제 시스템이 가지고 있는 내재적 한계(인간실수[human error], 직원공모 등)에 기인함

ㄴ 내부통제는 3가지 목적*을 각각의 부서가 달성함으로써 전체 조직의 목표를 달성하도록 하는 수단이며, 통제환경, 리스크평가, 통제활동, 정보 및 소통, 모니터링의 5가지 요소로 구성된다.

　*운영의 목적(Operations), 보고의 목적(Reporting), 준법의 목적(Compliance)

② 준법감시(Compliance*)

ㄱ 일반적으로 임직원 모두가 고객재산의 선량한 관리자로서 제반 법규뿐만 아니라 내규까지 철저하게 준수하도록 사전 또는 상시적으로 통제 · 감독하는 것을 말한다.

ㄴ 조직의 자산보호, 회계자료의 정확성 및 신뢰성 체크, 조직운영의 효율적 증진, 경영방침의 준수를 위하여 채택한 조정수단 및 조치 등을 포함하는 경우 내부통제에 해당한다.

　*미국 등 선진국의 경우 Compliance는 내부통제(Internal Control)의 전부 또는 일부를 대상으로 하는 업무로서 업종별 · 회사별로 다양하게 정의됨

③ 내부통제제도

내부통제제도는 조직이 추구하는 최종목표를 달성하기 위한 과정 또는 수단이고, 금융회사 내 모든 구성원에 의해 수행되는 일련의 통제활동이며, 특정한 목표를 달성하는 데 합리적인 확신을 주는 것이다.

(2) 법적 근거

「금융회사의 지배구조에 관한 법률」에는 금융회사가 효과적인 내부통제제도를 구축·운영해야 하는 법적인 근거를 제시하고 있다. 「금융회사의 지배구조에 관한 법률」 제24조에서 '금융회사는 법령을 준수하고 경영을 건전하게 하며 주주 및 이해관계자 등을 보호하기 위하여 금융회사의 임직원이 직무를 수행할 때 준수하여야 할 기준 및 절차(내부통제기준)를 마련하여야 한다.'고 되어 있다.

(3) 필요성

① 1997년 국내기업들의 경영투명성 결여, 회계정보의 신뢰성 부족, 경영감시기능 미흡으로 인한 독단적 경영 등이 IMF 경제위기의 주요한 원인으로 주목되면서 내부통제의 중요성이 강조되기 시작했다.

② 1999년에는 정부와 금융당국에서도 내부통제 수단으로 사외이사와 감사위원회, 준법감시인 및 선진화된 리스크관리 제도 등을 도입하게 되었다.

③ 내부통제제도의 운영을 통해 금융회사는 자산을 보전하고 신뢰성 있는 재무보고체계의 유지, 법규 준수 등을 효과적으로 하면서 회사의 목표를 달성할 수 있다.

④ 또한 영업활동 시 중요한 오류 및 일탈행위 가능성을 감소시키고 오류 등이 실제 발생하는 경우 시의적절하게 감지하여 시정조치를 할 수 있다.

⑤ 한편 우체국은 「금융회사의 지배구조에 관한 법률」에서 규정한 금융회사에 해당하지는 않으나, 우체국금융의 자산 증가 및 금융 소비자보호 강화 추세 등 대내외적으로 내부통제 강화 필요성이 대두됨에 따라 직원 윤리의식 제고 등을 통한 우체국금융의 투명성 및 신뢰성 확보를 위해 우정사업본부 자체 내부통제 기준(「우정사업본부 내부통제 규정」 등)을 마련하여 운영하고 있다.

2 내부통제의 주요 내용

(1) 내부통제의 구성요소

현재까지 세계적으로 내부통제의 표준으로 활용되고 있는 COSO 보고서*에서 규정한 효과적인 내부통제를 위한 5대 구성요소는 다음과 같다.

*미국 공인회계사협회 등 5개 민간협회가 공동 설립한 단체인 COSO(Committee Of Sponsoring Organizations of the Treadway Commission)에서 1992년 내부통제 통합표준체계인 COSO 보고서 발표

① 통제환경(Control Environment)

　㉠ 내부통제에 적합한 조직구조, 효과적인 내부통제가 이루어지도록 유인하는 보상체계, 적절한 인사 및 연수정책, 이사회의 내부통제에 대한 관심 방향, 임직원의 성실성과 자질 등 환경적 요인이다.

　㉡ 조직 내 모든 구성원이 내부통제시스템의 중요성을 인식하고, 내부통제기준 및 절차를 준수하겠다는 통제문화의 형성이 중요하다.

② 리스크평가(Risk Assessment)

　㉠ 조직이 직면하고 있는 리스크를 종류별·업무별로 인식하고 측정, 분석하는 것이다.

　㉡ 효과적인 내부통제시스템 구축을 위해 조직의 목표달성에 부정적인 영향을 미칠 수 있는 리스크를 정확히 인식하고 평가한다.

③ 통제활동(Control Activities)

　　㉠ 목표달성에 부정적인 영향을 미치는 리스크를 통제하기 위한 정책 및 절차 수립 등 제도의 구축과 운영을 말한다.

　　㉡ 적절한 직무분리, 각종 한도 설정, 예외 적용 시 특별승인절차 등의 방법이 있다.

④ 정보와 의사소통(Information & Communication)

　　구성원이 본연의 책임과 역할을 적절히 수행하기 위해서는 적절한 정보가 수집·관리되고, 필요한 사람에게 신속하게 제공될 수 있는 시스템을 갖추어야 한다.

⑤ 모니터링(Monitoring Activities)

　　㉠ 내부통제의 모든 과정은 모니터링되고 지속적으로 수정 및 보완되어야 한다.

　　㉡ 내부통제시스템을 상시 모니터링해야 하며, 중요한 리스크에 대한 모니터링은 내부감시기능에 의해 정기적으로 평가되고 일상적인 영업활동의 일부가 되어야 한다.

(2) 내부통제의 수단

내부통제의 주요 수단은 조직의 경영목표, 규모 및 영업활동의 특성 등에 따라 형태 및 강도의 차이가 있겠지만 일반적인 내부통제 수단은 권한의 적절한 배분 및 제한, 회사 자산 및 각종 기록에의 접근 제한, 직무분리 및 직무순환, 정기적인 점검 및 테스트, 불시 점검 및 테스트 등이 있다.

(3) 내부통제기준

금융회사는 법령을 준수하고 경영을 건전하게 하며 주주 및 이해관계자 등을 보호하기 위하여 금융회사의 임직원이 직무를 수행할 때 준수해야 할 기준 및 절차(내부통제기준)를 마련하여야 한다.

> **더 알아보기**　내부통제기준에 포함되어야 하는 사항
>
> - 업무의 분장 및 조직구조
> - 임직원이 업무를 수행할 때 준수하여야 하는 절차
> - 내부통제와 관련하여 이사회, 임원 및 준법감시인이 수행하여야 하는 역할
> - 내부통제와 관련하여 이를 수행하는 전문성을 갖춘 인력과 지원조직
> - 경영의사결정에 필요한 정보가 효율적으로 전달될 수 있는 체제의 구축
> - 임직원의 내부통제기준 준수 여부를 확인하는 절차·방법과 내부통제기준을 위한 임직원의 처리
> - 임직원의 금융관계법령 위반행위 등을 방지하기 위한 절차나 기준
> - 내부통제기준의 제정 또는 변경 절차
> - 준법감시인의 임면 절차
> - 이해상충을 관리하는 방법 및 절차 등
> - 상품 또는 서비스에 대한 광고의 제작 및 내용과 관련한 준수사항
> - 「금융회사의 지배구조에 관한 법률」 제11조 제1항에 따른 임직원 겸직이 같은 법 시행령 제11조 제4항 제4호 각 목(이해상충 또는 금융회사의 건전성을 저해하지 않는 경우 등) 요건을 충족하는지에 대한 평가·관리
> - 그 밖에 내부통제기준에서 정하여야 할 세부적인 사항으로서 금융위원회가 정하여 고시하는 사항

3 준법감시제도

(1) 준법감시(Compliance)

준법감시란 법령, 기업윤리, 사내규범 등의 법규범을 철저히 준수해 사업운영을 완전하게 하기 위한 것으로, 법규범 위반을 조직적으로 사전에 방지하는 것이다.

(2) 준법감시인(Compliance officer)

준법감시인이란 내부통제기준의 준수 여부를 점검하고 내부통제기준을 위반하는 경우 이를 조사하는 등 내부통제 관련 업무를 총괄하는 자를 말한다.

(3) 준법감시제도의 도입

1997년 외환위기 이후 금융권 전 부문에 대한 규제완화, 구조조정 및 개방화가 진전되면서 금융회사의 내부통제 강화를 위한 선진국의 준법감시제도가 국내에 도입되는 분위기가 조성되었다.

(4) 준법감시인의 법제화

「금융회사의 지배구조에 관한 법률」 제25조에서는 '금융회사는 내부통제기준의 준수 여부를 점검하고 내부통제기준을 위반하는 경우 이를 조사하는 등 내부통제 관련 업무를 총괄하는 사람(준법감시인)을 1명 이상 두어야 하며, 준법감시인이 필요하다고 판단되는 경우 조사결과를 감사위원회 또는 감사에게 보고할 수 있다'고 규정하고 있다.

(5) 우정사업본부 준법감시인

「우정사업본부 직제」(대통령령) 등에 따라 우정사업본부는 준법감시담당관을 준법감시인으로 정하고 있다.

---

02 금융실명거래 원칙 및 방법

1 의의

(1) 금융실명제 실시 및 법규 제정

① 1993년 실지명의(實地名義, 이하 실명)에 의한 금융거래를 실시하고 그 비밀을 보장하여 금융거래의 정상화를 꾀함으로써 경제정의를 실현하고 국민경제의 건전한 발전을 도모할 목적으로 금융실명제가 실시되었다.

② 1997년 동 제도를 구체적으로 법규화한 「금융실명거래 및 비밀보장에 관한 법률」(약칭 : 금융실명법)이 제정되었다.

(2) 금융실명제의 개요

① 금융실명제란 금융회사 등이 실명에 의해 고객과 금융거래를 하도록 실명확인의무를 부여하는 제도를 말한다.

② 실명이란 주민등록표상의 성명 및 주민등록번호, 사업자등록증에 기재된 법인명 및 등록번호 등을 의미한다.

2 실명확인방법

(1) 실명확인자

① 실명확인자는 실제로 고객의 실명을 확인한 금융회사의 직원이다.

② 실명확인자는 실명확인업무에 대한 권한·의무가 주어진 영업점(본부의 영업부서 포함) 직원(계약직, 시간제 근무자, 도급직 포함)이며, 후선부서 직원(본부직원, 서무원, 청원경찰 등)은 실명확인할 수 없으나 본부부서 근무직원이 실명확인 관련 업무를 처리하도록 지시 또는 명령받은 경우는 실명확인을 할 수 있다.

③ 금융회사 등의 임원 및 직원이 아닌 업무수탁자(대출모집인, 카드모집인, 보험모집인, 공제모집인 등) 등은 실명확인을 할 수 없다.

(2) 실명확인증표

① 실명확인은 고객의 성명과 주민등록번호의 확인뿐만 아니라 실명확인증표에 첨부된 사진 등에 의하여 명의인 본인여부를 확인하는 것이다.

② 제시된 실명확인증표의 사진에 의하여 본인 여부의 식별이 곤란한 경우에는 다른 실명확인증표를 보완적으로 사용 가능하다.

③ 개인의 경우에는 주민등록증이 원칙이다. 다만, 국가기관, 지방자치단체, 「유아교육법」·「초중등교육법」·「고등교육법」에 의한 학교의 장이 발급한 것으로 성명, 주민등록번호가 기재되어 있고 부착된 사진에 의하여 본인임을 확인할 수 있는 유효한 증표(운전면허증, 여권, 청소년증, 경로우대증, 노인복지카드, 장애인복지카드, 학생증 등)도 실명확인증표가 될 수 있다.

④ 법인의 경우에는 사업자등록증, 고유번호증, 사업자등록증명원이 실명확인증표가 된다.

⑤ 사업자등록증 사본은 동일 금융회사 내부에서 원본을 대조·확인한 경우에 사용이 가능하다.

⑥ 임의단체의 경우에는 납세번호 또는 고유번호가 있는 경우에는 납세번호증 또는 고유번호증이 실명확인증표가 된다. 다만 납세번호 또는 고유번호가 없는 경우에는 대표자 개인의 실명확인증표가 된다.

⑦ 외국인의 경우에는 외국인등록증, 여권 등이 실명확인증표가 된다.

⑧ 계좌에 의한 실명확인 원칙

　ㄱ 계좌개설 시(신규 및 재예치)마다 실명확인증표 원본에 의하여 실명을 확인하여 거래원장, 거래신청서, 계약서 등에 '실명확인필'을 표시하고 확인자가 날인 또는 서명(동시에 다수의 계좌를 개설하는 경우 기 실명확인된 실명확인증표 재사용 가능)

　ㄴ 계좌개설 시에는 실명확인증표 사본 등 실명확인에 필요한 관련 서류를 첨부·보관 : 실명확인할 의무가 있는 금융회사 직원이 금융회사가 통제·관리할 수 있는 스캐너 또는 디지털카메라에 의해 스캔(촬영) 후 파일을 별도 보관하거나 사본 출력 후 거래신청서 등에 첨부·보관도 가능(기 징구된 실명확인증표 사본 등 관련 서류 재사용 금지)

ⓒ 대리인을 통하여 계좌개설할 경우 인감증명서가 첨부된 위임장 징구

- 본인 및 대리인 모두의 실명확인증표와 첨부된 위임장의 진위여부 확인을 위한 인감증명서 및 본인 서명사실확인서를 제시받아 실명 확인함(이 경우 본인의 실명확인증표는 사본으로도 가능)
- 위임장 : 인감날인 시 인감증명서, 서명날인 시 본인서명사실확인서 징구
- 인감증명서상 인감과 거래인감이 상이할 경우에는 계좌개설신청서에 거래 인감 별도 날인

ⓓ 가족대리 시 가족관계확인서류(주민등록등본, 가족관계증명서, 가족관계등록부 등) 징구

※ 인감증명서, 위임장, 가족관계확인서류 등 징구서류는 사유 발생일 이후 발급분을 징구하고, 해당 서류의 유효기간은 발행일로부터 3개월 이내로 제한

(3) 비대면 실명확인

① 비대면 실명확인은 거래자 본인 여부를 확인할 때 온라인 채널 등 대면 이외의 방식으로 실명확인하는 것을 의미한다.

② 비대면 실명확인 대상 금융거래는 계좌개설에 한정되는 것은 아니며 「금융실명법」상 실명확인 의무가 적용되는 모든 거래에 적용된다.

③ 비대면 실명확인 적용 대상자는 명의자 본인에 한정하고 대리인은 제외되며 인정 대상 실명확인증표는 주민등록증, 운전면허증(모바일운전면허증 포함), 여권 또는 외국인등록증, 국가보훈등록증(모바일국가보훈등록증 포함)이다.

④ 비대면 실명확인의 적용 대상으로 개인뿐만 아니라 법인도 가능하지만, 법인의 경우 금융회사가 위임 · 대리관계를 확인할 수 있는 각종 서류(위임장 및 인감증명서 등)의 검증을 위해 대면 확인을 하는 것이 바람직하다.

⑤ 비대면 실명확인 방식은 다음의 2가지 이상의 방식을 활용하여 가능하다.

ⓐ 거래자의 실명확인증표 사본을 제출받아 확인

ⓑ 거래자와의 영상통화 등(실시간 원격 얼굴인식 기술 등을 활용)을 통해 확인

ⓒ 「전자금융거래법」 제2조 제10호에 따른 접근매체 전달업무 위탁기관 등을 통하여 실명확인증표 확인

ⓓ 「금융실명법」상 실명확인을 거쳐 거래자 명의로 금융회사에 이미 개설된 계좌와의 거래를 통한 확인

ⓔ 기타 ⓐ~ⓓ에 준하는 새로운 방식을 통하여 확인 : 금융회사가 「금융실명법」상 실명확인을 거쳐 거래자의 동의를 받아 「전자금융거래법」 제2조 제10호 라목에 따른 생체정보를 직접 등록 받은 후 이와 대조하여 확인하는 방식도 ⓔ에 해당

3 실명확인 생략이 가능한 거래

「금융실명거래 및 비밀보장에 관한 법률 시행령」에서는 금융거래 중 실명확인의 생략이 가능한 거래를 규정하고 있다.

(1) 실명이 확인된 계좌에 의한 계속 거래

실명이 확인된 계좌에 의한 계속거래라 하는 것은 실명확인된 계좌의 입출금*, 해지 및 이체 등을 말한다. 재예치 등 계좌가 새로 개설되는 경우는 계속거래가 아니다.

*통장, 거래카드(현금, 직불카드 포함) 등으로 입출금하는 경우를 의미하며 무통장 입금(송금)은 해당하지 않음

(2) 각종 공과금 등의 수납

(3) 100만원 이하의 원화 송금(무통장입금 포함) 또는 그에 상당하는 외국통화 매입 · 매각

　① 수표 및 어음 입금 시 금액 상관없이 실명확인 대상이며 수표 · 어음 뒷면에 입금계좌번호를 기재하는 것
　　으로 실명확인에 갈음하고 무통장입금 의뢰서에 실명확인 날인

　② 동일 금융회사 등에서 본인 또는 그 대리인이 동일자 동일인에게 100만원을 초과하는 금액을 분할 입금
　　하는 것을 금융회사가 인지한 경우에는 그 초과금액에 대하여 실명 확인

　　※ 실명확인 대상 외국환거래의 종류 : 외화예금, 환전(100만원 초과), 해외로 외화송금, 해외로부터 외
　　　화 송금, 외화수표 추심 등

(4) 보험 공제거래, 여신거래는 실명거래대상에서 제외

4　불법 · 탈법 차명거래 금지

　「금융실명거래 및 비밀보장에 관한 법률」은 불법재산의 은닉, 자금세탁행위(조세포탈 등), 공중협박자금조
달행위, 강제집행의 면탈 또는 그 밖의 탈법행위를 목적으로 하는 차명거래를 금지하고 있다. 금융회사 종
사자는 불법 차명거래를 알선 · 중개하는 행위를 금지하고, 금융회사 종사자에게 거래자를 대상으로 불법
차명거래가 금지된다는 사실을 설명해야 하며, 설명한 내용을 거래자가 이해하였음을 서명, 기명날인, 녹
취 등의 방법으로 확인받아야 한다.

03　금융거래에 대한 비밀보장

1　비밀보장제도

(1) 비밀보장의무 규정

　① 「금융실명거래 및 비밀보장에 관한 법률」은 금융회사 종사자에게 명의인의 서면상 요구나 동의 없이는
　　금융거래정보 또는 자료를 타인에게 제공하거나 누설할 수 없도록 비밀보장의무를 규정하고 있다(법 제
　　4조 제1항).

　② 금융회사 업무에 종사하면서 금융거래 정보를 알게 된 자는 본인이 취급하는 업무에 의하여 직접적으로
　　알게 된 경우뿐만 아니라 간접적으로 알게 된 경우에도 비밀보장의 의무를 지게 된다.

(2) 비밀보장 대상의 금융거래정보 · 자료

　비밀보장의 대상이 되는 금융거래정보 또는 자료란 특정인의 금융거래사실(누가 어느 금융회사 등, 어느 점
포와 금융거래를 하고 있다는 사실)과 금융회사가 보유하고 있는 금융거래 내용을 기록 · 관리하고 있는 모든
장표 · 전산기록 등의 원본 · 사본(금융거래자료) 및 그 기록으로부터 알게 된 것(금융거래정보), 당해 정보만
으로 명의인의 정보 등을 직접 알 수 없으나 다른 정보와 용이하게 결합하여 식별할 수 있는 것을 말한다.

(3) 비밀보장의무 종사자

① 비밀보장의무가 있는 「금융회사 등에 종사하는 자」는 금융회사 등의 임·직원, 대리인, 사용인 및 기타 종업원으로서, 금융거래 내용에 대한 정보 또는 자료를 취급·처리하는 업무에 사실상 종사하는 자는 모두 포함된다.

② 이는 용역직, 계약직, 아르바이트, 파트타임 등 고용형식이나 직위 등에 관계 없이 금융회사 등의 업무에 종사하면서 금융거래 정보를 알게 된 자는 자기가 취급하는 업무에 의해서 직접적으로 알게 된 경우뿐만 아니라 간접적으로 알게 된 경우에도 비밀보장의 의무를 지게 된다는 의미이다(시행령 제5조).

> **더 알아보기**   비밀보장의 대상 및 제외대상의 예
>
> **비밀보장의 대상이 되는 예**
> - 특정 명의인이 전화번호, 주소, 근무처 등이 포함된 금융거래 자료 또는 정보
> - 정보 요구자가 특정인의 성명, 주민등록번호, 계좌번호 등을 삭제하는 조건으로 요구한 당해 특정인의 식별 가능한 금융거래 자료 또는 정보
>
> **비밀보장의 제외대상에서 제외되는 예**
> 특정명의인의 금융거래 사실 또는 금융거래에 대한 정보를 알 수 없는 것은 비밀보장의 대상에서 제외
> - 금융거래에 관한 단순통계자료
> - 성명, 주민등록번호, 계좌번호, 증서번호 등이 삭제된 다수 거래자의 금융거래 자료로서 특정인에 대한 금융거래정보를 식별할 수 없는 자료
> - '93.8.12 이전에 거래된 무기명, 가명의 금융거래
> - 순수한 대출거래·보증·담보내역 등에 관한 정보 및 자료
> - 신용카드 발급, 가맹점 가입, 카드를 이용한 매출, 현금서비스, 기타 회원, 가맹점 및 채무관리 등에 관한 정보 및 자료
> - 대여금고 이용에 관한 정보
> - CCTV화면 관련 정보
> ※ CCTV관련 정보는 「개인정보 보호법」 등 타 법률에 따라 제한사항 여부 확인

2 금융거래 정보제공

(1) 사용목적에 따른 정보제공

사용목적에 필요한 최소한의 범위 내에서 인적사항을 명시하는 등 법령이 정하는 방법 및 절차에 따라 금융거래정보제공이 가능하다.

[금융거래정보제공 흐름]

※ 정보제공 요구자 또는 금융거래 내용에 따라 절차가 생략되거나 변경될 수 있음

(2) 금융거래 정보제공의 법률적 근거

① 「금융실명거래 및 비밀보장에 관한 법률」은 금융회사 종사자로 하여금 명의인의 서면상 요구나 동의 등 법률상 일정한 사유가 있는 경우에만 금융거래정보를 제3자에게 제공할 수 있게 하고, 제공하는 경우에도 사용목적에 필요한 최소한의 범위 내에서 인적사항을 명시하는 등 법령이 정하는 방법 및 절차에 의하여 정보를 제공하도록 하고 있다.

② 「금융실명법」상 정보제공이 가능한 경우(제4조 제1항)는 다음과 같다.

　ⓐ 명의인의 서면상의 요구나 동의를 받은 경우

　ⓑ 법원의 제출명령 또는 법관이 발부한 영장에 의한 경우

　ⓒ 조세에 관한 법률의 규정에 의하여 소관 관서장의 요구(상속·증여재산의 확인, 체납자의 재산조회 등)에 의한 거래정보 등을 제공하는 경우

　ⓓ 동일 금융회사의 내부 또는 금융회사 상호 간에 업무상 필요한 정보 등을 제공하는 경우

③ 그 외에도 타 법률의 규정에 의하여 정보제공이 가능하다.

(3) 정보제공 요구 방법

① 법률의 규정에 따라 금융거래정보 제공을 요구하는 자는 금융위원회가 정하는 표준양식에 의하여 금융회사의 특정 점포에 요구해야 한다.

② 금융회사는 정보제공 시 표준양식(금융거래의 정보제공 요구서)에 따라 다음의 인적사항을 확인한 후 제공한다.

　ⓐ 명의인의 인적 사항(성명, 주민등록번호, 계좌번호, 수표·어음 등 유가증권의 증서번호 등 중 하나)

　ⓑ 요구 대상 거래기간

　ⓒ 요구의 법적 근거

　ⓓ 사용목적

　ⓔ 요구하는 거래정보의 내용

　ⓕ 요구하는 기관의 담당자 및 책임자의 성명과 직책 등

③ 정보제공요구는 특정점포에 요구하여야 하나 다음의 거래정보 등을 보관 또는 관리하는 부서에 일괄 조회요구를 할 수 있다.

　ⓐ 명의인이 서면상의 요구나 동의에 의한 정보제공

　ⓑ 법원의 제출명령 또는 법관이 발부한 영장에 의하여 거래정보를 요구하는 경우

　ⓒ 부동산거래와 관련한 소득세 또는 법인세의 탈루혐의가 인정되는 자의 필요한 거래정보를 세무관서의 장이 요구하는 경우

　ⓓ 체납액 1천만원 이상인 체납자의 재산조회를 위하여 필요한 거래정보를 국세청장 등이 요구하는 경우

　ⓔ 금융회사 내부 또는 금융회사 상호 간에 업무상 필요한 정보를 요구하는 경우

(4) 정보제공 사실의 기록·관리 의무

① 금융회사가 명의인 이외의 자로부터 정보의 제공을 요구받았거나 명의인 이외의 자에게 정보 등을 제공하는 경우, 그 내용을 기록·관리하여야 한다.

② 이는 정보 등의 제공에 대한 책임관계를 명확히 하고 금융거래 정보관리를 강화함으로써 부당한 정보 등의 제공이나 유출을 방지하기 위함이다. 다만, 과세자료의 제공, 금융회사 내부 또는 금융회사 상호 간의 정보제공의 경우에는 기록·관리의무가 면제된다.

③ 관련 서류의 보관기간은 정보제공일로부터 5년간이며, 금융회사 등이 기록·관리하여야 하는 사항은 다음과 같다.

 ㉠ 요구자의 인적사항, 요구하는 내용 및 요구일자

 ㉡ 제공자의 인적사항 및 제공일자

 ㉢ 제공된 거래정보 등의 내용

 ㉣ 제공의 법적근거

 ㉤ 명의인에게 통보된 날

(5) 명의인에 대한 정보 등의 제공사실 통보

① 금융회사가 금융거래정보 등을 제공한 경우에는 정보 등을 제공한 날로부터 10일 이내에 제공한 거래정보 등의 주요 내용, 사용 목적, 제공받은 자 및 제공일자 등을 명의인에게 서면으로 통보하여야 한다. 다만, 정보 등의 요구자가 통보 유예를 요청하는 경우에는 통보를 유예할 수 있다.

② 통보유예 요청가능 사유

 ㉠ 사람의 생명이나 신체의 안전을 위협할 우려가 있는 경우

 ㉡ 증거인멸·증인위협 등 공정한 사법절차의 진행을 방해할 우려가 명백한 경우

 ㉢ 질문·조사 등의 행정절차의 진행을 방해하거나 과도하게 지연시킬 우려가 있는 경우

③ 통보유예기간이 종료되면 종료일로부터 10일 이내에 명의인에게 정보제공사실과 통보유예사유 등을 통보해야 한다.

3 금융실명거래 위반에 대한 처벌 및 제재

(1) 처벌 규정

「금융실명거래 및 비밀보장에 관한 법률」은 실명거래의무 위반행위, 불법 차명거래 알선·중개행위, 설명의무 위반행위, 금융거래 비밀보장의무 위반행위, 금융거래정보의 제공사실 통보의무 위반행위, 금융거래 정보 제공 내용 기록·관리의무 위반행위에 대한 처벌로서 벌칙과 과태료에 대한 규정을 두고 있다.

(2) 벌금 및 과태료

금융회사의 직원이 불법 차명거래 알선·중개행위를 하거나 금융거래 비밀보장의무 위반행위를 한 경우에는 5년 이하의 징역 또는 5천만원 이하의 벌금에 처하고, 실명거래의무 위반행위를 하거나 설명의무 위반행위, 금융거래정보의 제공사실 통보의무 위반행위, 금융거래 정보 제공 내용 기록·관리의무 위반행위를 한 경우에는 3천만원 이하의 과태료를 부과하도록 규정하고 있다.

1　개요

(1) 자금세탁방지제도

국내 · 국제적으로 이루어지는 불법자금의 세탁을 적발 · 예방하기 위한 법적 · 제도적 장치로서 사법제도, 금융제도, 국제협력을 연계하는 종합 관리시스템을 의미한다.

(2) 자금세탁(Money Laundering)의 개념

일반적으로 '자금의 위법한 출처를 숨겨 적법한 것처럼 위장하는 과정'을 의미하며, 각국의 법령이나 학자들의 연구목적에 따라 구체적인 개념은 다양하게 정의되고 있다.

(3) 우리나라의 자금세탁방지제도

'불법재산의 취득 · 처분사실을 가장하거나 그 재산을 은닉하는 행위 및 탈세 목적으로 재산의 취득 · 처분 사실을 가장하거나 그 재산을 은닉하는 행위'로 규정(「특정 금융거래정보의 보고 및 이용 등에 관한 법률」 제2조 제4호 및 제5호, 「범죄수익은닉의 규제 및 처벌 등에 관한 법률」 제3조 참조)하고 있다.

[자금세탁방지제도 체계]

2　금융정보분석기구(FIU)

(1) 금융정보분석기구(FIU ; Financial Intelligence Unit)

금융정보분석기구는 금융기관으로부터 자금세탁 관련 의심거래 보고 등 금융정보를 수집 · 분석하여, 이를 법집행기관에 제공하는 중앙 국가기관으로 각 국가별로 FIU를 두고 있다.

(2) 금융정보분석원(KoFIU ; Korea Financial Intelligence Unit)

① 우리나라의 금융정보분석기구(=자금세탁방지기구)는 「특정 금융거래정보의 보고 및 이용 등에 관한 법률」(약칭 : 특정금융정보법)에 따라 설립된 금융정보분석원(KoFIU)이다.

② 금융정보분석원은 법무부 · 금융위원회 · 국세청 · 관세청 · 경찰청 · 금융감독원 등 관계기관의 전문 인력으로 구성되어 있다.

③ 금융정보분석원의 업무

   ㉠ 금융기관 등으로부터 자금세탁 관련 의심거래를 수집·분석하여 불법거래, 자금세탁행위 또는 공중 협박자금조달행위와 관련된다고 판단되는 금융거래자료를 법 집행기관(검찰청·경찰청·국세청·관세청·금융위·중앙선관위 등)에 제공 등이 주 업무

   ㉡ 금융기관 등의 의심거래 보고업무에 대한 감독 및 검사

   ㉢ 외국의 FIU와의 협조 및 정보교류 등

3 의심거래보고제도(STR ; Suspicious Transaction Report)

(1) 정의

① 의심거래보고제도란 금융거래(카지노에서의 칩 교환 포함)와 관련하여 수수한 재산이 불법재산이라고 의심되는 합당한 근거가 있거나 금융거래의 상대방이 자금세탁행위를 하고 있다고 의심되는 합당한 근거가 있는 경우 이를 금융정보분석원장에게 보고토록 한 제도이다.

② 불법재산 또는 자금세탁행위를 하고 있다고 의심되는 합당한 근거의 판단주체는 금융회사 종사자이며, 그들의 주관적 판단에 의존하는 제도라는 특성이 있다.

(2) 보고 대상

① 다음의 경우 지체 없이 의무적으로 금융정보분석원에 의심거래보고를 하여야 한다.

   ㉠ 금융회사 등(우체국도 포함)은 금융거래와 관련하여 수수한 재산이 불법재산이라고 의심되는 합당한 근거가 있는 경우

   ㉡ 금융거래의 상대방이 자금세탁행위나 공중협박자금조달행위를 하고 있다고 의심되는 합당한 근거가 있는 경우

   ㉢「범죄수익은닉의 규제 및 처벌 등에 관한 법률」제5조 제1항 및「공중 등 협박목적 및 대량살상무기 확산을 위한 자금조달행위의 금지에 관한 법률」제5조 제2항에 따라 관할 수사기관에 신고한 경우

② 의심거래보고를 하지 않는 경우에는 관련 임직원에 대한 징계 및 기관에 대한 시정명령과 과태료 부과 등 제재처분이 가능하다.

③ 특히 금융회사가 금융거래의 상대방과 공모하여 의심거래보고를 하지 않거나 허위보고를 하는 경우에는 6개월의 범위 내에서 영업정지처분도 가능하다.

④ 또한 의심거래보고를 허위보고하는 경우 1년 이하의 징역 또는 1천만원 이하의 벌금에 처하며, 미보고 하는 경우 3천만원 이하의 과태료 부과도 가능하다.

(3) 보고 방법 및 절차

① 금융회사 등의 영업점 직원은 업무지식과 전문성, 경험을 바탕으로 고객의 평소 거래상황, 직업, 사업내용 등을 고려하여 취급한 금융거래가 의심거래로 판단되면 그 내용을 보고책임자에게 보고한다.

② 또한 고객확인의무 이행을 위해 요청하는 정보에 대해 고객이 제공을 거부하거나 수집한 정보의 검토 결과 고객의 금융거래가 정상적이지 못하다고 판단하는 경우 의심스러운 거래로 보고한다.

③ 보고책임자는 「특정 금융거래정보 보고 및 감독규정」의 별지 서식에 의한 의심스러운 거래보고서에 다음의 내용을 기재하여 온라인으로 보고하거나 문서 · 전자기록매체로 제출하되, 긴급한 경우에는 우선 전화나 Fax로 보고하고 추후 보완할 수 있다.
  ㉠ 보고기관
  ㉡ 의심스러운 거래자
  ㉢ 의심스러운 거래내역
  ㉣ 의심스러운 거래 관련계좌
  ㉤ 송금인/수취인 정보
  ㉥ 의심스러운 거래유형
  ㉦ 의심스러운 거래에 대한 서술부분(의심스러운 거래의 개요 및 보고 이유를 설명) 등

(4) 의심거래보고 정보의 법집행기관에 대한 제공

① 금융회사 등 보고기관이 의심스러운 거래의 내용에 대해 금융정보분석원(KoFIU)에 보고한다.

② 보고를 받은 KoFIU는 보고된 의심거래내용과 외환전산망 자료, 신용정보, 외국 FIU의 정보 등 자체적으로 수집한 관련 자료를 종합 · 분석한 후 불법거래 또는 자금세탁행위와 관련된 거래라고 판단되는 때에는 해당 금융거래 자료를 검찰청 · 경찰청 · 해양경찰청 · 국세청 · 관세청 · 금융위원회 · 선거관리위원회 등 법집행기관에 제공한다.

③ 법집행기관은 KoFIU가 제공한 거래내용을 조사 · 수사하여 기소 등의 법 조치를 하게 된다.

4 고액현금거래보고(CTR ; Currency Transaction Report)

(1) 개념

① 고액현금거래보고제도(CTR)는 일정금액 이상의 현금거래를 KoFIU에 보고토록 한 제도이다.

② 1거래일 동안 1천만원 이상의 현금을 입 · 출금한 경우 거래자의 신원과 거래일시, 거래금액 등 객관적 사실을 전산으로 자동보고토록 하고 있다.

③ 따라서 금융기관이 자금세탁의 의심이 있다고 주관적으로 판단하여 의심되는 합당한 사유를 적어 보고하는 의심거래보고제도(STR ; Suspicious Transaction Report)와는 구별된다.

④ 우리나라는 2006년에 이 제도를 처음 도입하였으며(「특정금융정보법」 제4조의2, 시행일자 : 2006.1.18.), 도입 당시는 보고 기준금액을 5천만원으로 하였으나, 2008년부터는 3천만원, 2010년부터는 2천만원, 2019년 7월부터는 1천만원으로 단계적으로 인하하여 운영하고 있다.

(2) 도입 목적

① 고액현금거래보고제도는 객관적 기준에 의해 일정금액 이상의 현금거래를 보고토록 하여 불법자금의 유출입 또는 자금세탁이 의심되는 비정상적 금융거래를 효율적으로 차단하려는 데 목적이 있다.

② 현금거래를 보고토록 한 것은 1차적으로는 출처를 은닉 · 위장하려는 대부분의 자금세탁거래가 고액의 현금거래를 수반하기 때문이며, 금융기관 직원의 주관적 판단에 의존하는 의심거래보고제도만으로는 금융기관의 보고가 없는 경우 불법자금을 적발하기가 사실상 불가능하다는 문제점을 해결하기 위한 것이다.

③ 국제적으로는 모든 국가가 이 제도를 도입하고 있는 것은 아니며, 각국이 사정에 맞게 도입 · 운영하고 있다.

④ 우리나라는 금융거래에서 현금거래 비중이 높은 점 때문에 자금세탁방지의 중요한 장치로서 도입 필요성이 강하게 제기되어 왔다.

⑤ 고액현금거래보고제도가 자금세탁거래를 차단하는 데 효율적이라는 점이 인정됨에 따라 FATF(Financial Action Task Force on Money Laundering) 등 자금세탁방지 관련 국제기구는 각국이 이러한 제도를 도입할 것을 적극 권고하고 있다.

(3) 보고 기준 및 보고 기한

① 고액현금거래보고의 보고 기준금액은 「특정금융정보법 시행령」 제8조2에서 정한 금액으로 동일인* 기준 1거래일 동안 지급하거나 영수한 현금액을 각각 합산하여 산정한다.

*동일인 : 「금융실명법」 제2조 제4호의 실지명의가 동일한 경우(주민등록표상의 명의 등)

② 고객이 고액현금거래보고를 회피할 목적으로 금액을 분할하여 금융거래를 하고 있다고 의심되는 합당한 근거가 있는 경우에는 의심스러운 거래(STR)로 보고해야 한다.

③ 기준 금액 : 1천만원 원화

④ 기준금액 산정 시 제외거래

   ㉠ 1백만원 이하의 원화송금(무통장입금 포함) 금액

   ㉡ 1백만원 이하에 해당하는 외국통화 매입 · 매각 금액

   ㉢ 「금융실명법」 제3조 제2항 제1호, 동법 시행령 제4조 제1항 제2호에서 정하는 공과금 등을 수납한 금액

   ㉣ 법원공탁금, 정부 · 법원보관금, 송달료를 지출한 금액

   ㉤ 은행지로장표에 의하여 수납한 금액

   ㉥ 1백만원 이하의 선불카드 거래 금액

⑤ 보고 기한

금융회사 등은 금융거래 등의 상대방에게 보고 기준금액 이상의 현금을 지급하거나 영수한 날로부터 30일 이내에 금융정보분석원장에게 보고한다.

(4) 외국 사례

① 미국을 시작으로 호주, 캐나다 등 주로 선진국 FIU에서 도입하여 운영해 왔으나, 최근 들어 대만, 과테말라, 슬로베니아, 파나마, 콜롬비아, 베네수엘라 등으로 그 도입이 점차 확대되어 가고 있다.

② 보고대상기관은 대부분의 국가에서 은행, 증권회사, 보험회사 등 모든 업종의 금융기관으로 하고 있다.

③ 보고기준금액은 자금세탁 등 불법자금 유통을 효과적으로 차단할 수 있는 범위 내에서 현금거래성향, 수준 등을 고려하여 각국이 결정하므로 국가에 따라 다르나, 미국, 호주, 캐나다 등 주요국에서는 1만 달러(자국 화폐 기준)를 기준금액으로 하고 있다.

④ 각국은 분할거래를 통해 고액현금거래보고제도를 회피하는 것을 방지하기 위해 일정 기간 동안의 다중거래는 단일거래로 판단하여 그 합이 보고기준금액을 넘을 경우에도 보고토록 하는 장치를 두고 있다.

⑤ 한편, 미국, 캐나다 등에서는 보고와 관련된 비용부담을 줄이고, 자료의 실효성을 제고하기 위해 자금세탁 위험성이 상대적으로 낮은 정부기관 또는 금융기관 등과 거래는 금융회사가 스스로 판단하여 보고대

상에서 제외할 수 있도록 하는 보고면제제도를 운영하고 있다.

⑥ 반면 우리나라는 「특정금융정보법」에 따라 다른 금융회사 등과의 현금의 지급 또는 영수, 국가, 지방자
치단체와의 현금의 지급 또는 영수에 해당하는 경우 보고를 면제토록 하는 '면제대상 법정 지정방식'을
채택하고 있다.

5 고객확인제도(CDD ; Customer Due Diligence)

(1) 개념

① 고객확인제도란(CDD), 금융회사가 고객과 거래 시 고객의 실지명의(성명, 실명번호) 이외에 주소, 연락
처, 실제 소유자 등을 확인하고, 자금세탁행위 등의 우려가 있는 경우 금융거래 목적 및 자금의 원천 등
을 추가로 확인하는 제도이다.

② 금융회사가 고객에 대해 이렇게 적절한 주의를 기울이도록 한 것은 금융상품 또는 서비스가 자금세탁행
위 등 불법행위에 이용되는 것을 방지하기 위한 것이다. 우리나라 법률에서는 이를 '합당한 주의'로서 행
하여야 하는 의무사항으로 규정하고 있다.

③ 고객확인 과정에서 정보의 제공 및 관련 서류의 제출을 거부하는 경우 금융거래를 거절할 수 있다.

④ 고객확인제도는 금융회사 입장에서는 금융회사가 고객의 수요에 맞는 금융서비스를 제공하면서도 정확
한 고객확인을 통해 자금세탁의 위험성을 최소화하고 금융회사의 평판 위험을 줄일 수 있는 장치로서 인
식되고 있다.

⑤ 고객확인제도는 자금세탁방지 측면에서는 금융회사가 평소 고객에 대한 정보를 파악 · 축적함으로써 고
객의 의심거래 여부를 파악하는 토대를 제공한다고 할 것이다.

⑥ 우리나라가 1993년부터 시행하고 있는 금융실명제는 고객확인제도의 기초에 해당한다.

⑦ 국제적으로 고객확인제도는 2003년부터 본격적으로 도입되었고, 우리나라는 금융실명제를 토대로 하되
금융실명제가 포함하지 않고 있는 사항을 보완하는 차원에서 「특정금융정보법」에 근거를 두고 2006년 1
월 18일부터 이 제도를 도입하였다.

⑧ 2010년 7월 새롭게 제정 · 시행된 「자금세탁방지 및 공중협박자금조달금지에 관한 업무규정(금융정보분
석원 고시)」에서는 고객확인제도의 이행사항을 상세하게 규정하고 있다.

⑨ 고객확인제도는 금융회사 입장에서 자신의 고객이 누구인지 정확하게 알고 범죄자에게는 금융서비스를
제공하지 않도록 하는 정책이라 하여 고객알기정책(Know Your Customer Policy)이라고도 한다.

⑩ 2014년 5월 「특정금융정보법」 개정을 통해 국제기준에 따른 실제 소유자의 정의와 고객확인업무 수행
시 실제 소유자를 확인하도록 의무사항이 추가되었다(2016.1.1. 시행).

[실명확인제도와 고객확인제도 비교]

「금융실명법」	「특정금융정보법」상 고객확인제도(CDD)	
	(2006년 1월 도입)	고위험고객 : 강화된 고객확인(EDD*)
성명, 주민번호	성명, 주민번호＋주소, 연락처＋실제소유자에 관한 사항(2016.1.1.부터 시행)	성명, 주민번호, 주소, 연락처, 실제소유자에 관한 사항＋거래목적, 거래자금의 원천

*EDD(Enhanced Due Diligence)

(2) 고객확인 대상

금융기관은 계좌의 신규개설이나 1천만원(미화 1만불) 이상의 일회성 금융거래 시 고객의 신원을 확인해야 하는데, 그 구체적인 내용은 다음과 같다.

① 계좌의 신규개설

  ㉠ 고객이 금융기관에서 예금계좌, 위탁매매계좌 등을 개설하는 경우뿐만 아니라, 일반적으로 금융기관과 계속적인 금융거래를 개시할 목적으로 계약을 체결하는 것이다.

  ㉡ 계좌 신규개설에 포함되는 예로는 보험 · 공제계약, 대출 · 보증 · 팩토링 계약의 체결, 양도성 예금증서, 표지어음의 발행, 펀드 신규 가입, 대여금고 약정, 보관어음 수탁을 위한 계약 등이 있다.

  ㉢ 계좌 신규개설의 경우는 거래금액에 상관없이 고객확인의무를 수행하여야 한다.

② 1천만원(미화 1만불 상당액) 이상의 일회성 금융거래

  금융기관 등과 계속하여 거래할 목적으로 계약을 체결하지 않은 고객에 의한 금융거래를 말한다.

  예 무통장입금(송금), 외화송금 · 환전, 자기앞수표 발행 및 지급, 우편환 발행 및 지급, 보호예수, 선불카드 매매 등

③ 1백만원을 초과하는 전신송금

  전신송금은 송금인의 계좌보유 여부를 불문하고, 금융회사 등을 이용하여 국내외의 다른 금융회사 등으로 자금을 이체하는 서비스를 말한다.

  예 타행 송금, 해외송금 등

④ 금융거래의 실제 당사자 여부가 의심되는 등 자금세탁행위나 공중협박자금조달 행위를 할 우려가 있는 경우

⑤ 고객확인의무 면제 대상

  ㉠ 「금융실명법」에서 정하는 각종 공과금 등의 수납, 100만원 이하의 원화 송금(무통장입금 포함), 100만원 이하에 상당하는 외국통화의 매입 · 매각

  ㉡ 「금융실명법」에서 정하는 채권의 거래(우체국에서 취급하지 않음)

  ㉢ 법원공탁금, 정부 · 법원 보관금, 송달료를 지출한 금액

  ㉣ 보험기간의 만료 시 보험계약자, 피보험자 또는 보험수익자에 대하여 만기환급금이 발생하지 아니하는 보험계약 등

(3) 고객확인 내용

① 고객별 신원확인(「특정금융정보법 시행령」 제10조의4)

구분	신원확인사항
개인(외국인포함) 및 개인사업자	○ (공통) 성명, 실명번호, 주소 및 연락처, 국적(외국인에 한함) * 외국인 비거주자는 실제 국내 거소 ○ (급여소득자) 직종, 직장명, 직장주소 및 연락처 등 ○ (개인사업자) 상호명, 사업자등록번호, 업종 등
법인 및 단체	○ 법인(단체)명 ○ 실명번호(사업자등록번호) ○ 본점/사업장 주소 및 소재지, 회사연락처 * 외국법인의 경우 실제 국내 사업장 소재지 ○ 대표자 성명, 생년월일, 국적(외국인에 한함) ○ 업종(영리법인의 경우) ○ 설립목적(비영리법인의 경우)

② 실제 소유자 확인

실제소유자(Beneficial Owner)란 '고객을 최종적으로 지배하거나 통제하는 자연인'으로서 해당 금융거래를 통하여 궁극적으로 혜택을 보는 개인을 말한다[국제자금세탁방지기구(FATF ; Financial Action Task Force) 정의].

㉠ 개인 고객

- 타인을 위한 거래를 하고 있다고 의심되거나 고객이 실제소유자가 따로 존재한다고 밝힌 경우에만 실제소유자를 새로 파악*

  *이 경우 외에는 '계좌 명의인＝실제소유자'로 간주

- 파악된 실제소유자의 실지명의(성명, 주민등록번호)를 확인하고 기재

㉡ 법인 또는 단체 고객

- 다음과 같이 3단계로 실제소유자를 파악한다.

1단계	100분의 25 이상의 지분증권을 소유한 사람

↓ (1단계에서 확인할 수 없는 경우)

2단계	• ⓐ, ⓑ, ⓒ 중 택일 　ⓐ 최대 지분증권을 소유한 사람 　ⓑ 대표자 또는 임원·업무집행사원의 과반수를 선임한 주주(자연인) 　ⓒ ⓐ·ⓑ 외에 법인·단체를 사실상 지배하는 사람 • 단, 최대 지분증권 소유자가 법인 또는 단체인 경우, 금융회사는 3단계로 바로 가지 않고 최종적으로 지배하는 사람을 추적하는 것을 선택할 수 있음

↓ (2단계에서 확인할 수 없는 경우)

3단계	법인 또는 단체의 대표자

※ 금융회사는 주주, 대표자, 임원 등을 법인등기사항전부증명서, 주주명부 등을 통해 확인 가능

- 파악된 실제소유자의 성명, 생년월일을 확인하고 기재

※ 투명성이 보장되거나 정보가 공개된 국가·지자체·공공단체·금융회사 및 사업보고서 제출대상법인의 경우 확인의무 면제 가능

(4) 강화된 고객확인의무(EDD ; Enhanced Due Diligence)

① 강화된 고객확인제도는 고객별·상품별 자금세탁 위험도를 분류하고 자금세탁위험이 큰 경우에는 더욱 엄격한 고객확인, 즉 실제 당사자 여부 및 금융거래 목적과 거래자금의 원천 등을 확인하도록 하는 제도이다(2008.12.22. 시행).

② 금융회사는 고객과 거래유형에 따른 자금세탁 위험도를 평가하고 위험도에 따라 차등화된 고객확인*을 실시함으로써 자금세탁위험을 보다 효과적으로 관리할 수 있다.

　*위험기반 접근법(Risk-based Approach)에 기초하여 위험이 낮은 고객에 대해서는 간소화된 고객확인으로 고객확인에 수반되는 비용과 시간을 절약하는 반면, 고위험 고객(또는 거래)에 대하여는 강화된 고객확인을 실시

③ 2016년부터 강화된 FATF 국제기준을 반영하여 금융회사는 고객확인 시 실제 소유자 여부를 확인하는 사항이 추가되었고, 고객확인을 거부하는 고객에 대해 신규거래 거절 및 기존 거래 종료가 의무화되도록 하였다.

05　금융소비자보호

1 「금융소비자보호법」

(1) 제정

2020년 3월 금융소비자의 권익 증진과 금융소비자 보호의 실효성을 높이고 금융상품판매업 및 금융상품자문업의 건전한 시장질서 구축을 위하여 금융상품판매업자 및 금융상품자문업자의 영업에 관한 준수사항과 금융소비자 권익 보호를 위한 금융소비자정책 및 금융분쟁조정절차 등에 관한 사항을 규정하는 「금융소비자보호에 관한 법률」이 제정(2021년 3월 시행)되었다.

(2) 정의 및 규정

① 정의 : 「금융소비자보호법」은 동일기능 동일규제 원칙 아래 금융상품의 유형과 금융회사 등의 업종 구분 등을 정하고 있다.

② 규정 : 금융소비자의 권리와 책무, 국가와 금융상품판매업자 등의 책무, 금융상품판매업자 등의 영업행위 준수사항, 금융소비자보호 감독 및 처분 등을 규정한다.

(3) 「금융소비자보호법」 관련 개념

① 금융상품의 유형 : 금융상품을 크게 예금성, 대출성, 투자성, 보장성상품 4가지 유형으로 분류하였다.

구 분	개 념	대상(예시)
예금성	「은행법」상 예금 및 이와 유사한 것으로서 대통령령으로 정하는 것	예·적금
대출성	「은행법」상 대출 및 이와 유사한 것으로서 대통령령으로 정하는 것	주택대출, 신용대출 등
투자성	「자본시장법」상 금융투자상품 및 이와 유사한 것으로서 대통령령으로 정하는 것	펀드, 신탁 등
보장성	「보험업법」상 보험상품 및 이와 유사한 것으로서 대통령령으로 정하는 것	생명보험, 손해보험 등

② **금융회사 등의 업종 구분** : 금융상품직접판매업자, 금융상품판매대리 · 중개업자 또는 금융상품자문업자로 분류

구 분	개 념	대상(예시)
직접 판매업자	자신이 직접 계약의 상대방으로서 금융상품에 관한 계약체결을 영업으로 하는 자(투자중개업자 포함)	은행, 보험사, 증권사, 여전사, 저축은행 등
판매대리 · 중개업자	금융회사와 금융소비자의 중간에서 금융상품 판매를 중개하거나 금융회사의 위탁을 받아 판매를 대리하는 자	투자권유대행인, 보험설계 · 중개사, 보험대리점, 카드 · 대출모집인 등
자문업자	금융소비자가 본인에게 적합한 상품을 구매할 수 있도록 자문을 제공	투자자문업자

2 금융상품판매업자 등의 영업행위 준수사항

(1) 법적 근거

「금융소비자보호법」은 개별 업법에서 일부 금융상품에 한정하여 적용하고 있는 금융상품 6대 판매원칙을 모든 금융상품에 확대 적용하여 업권에 따른 금융소비자보호 공백을 해소하기 위한 법적 근거를 마련하였다.

(2) 금융상품 6대 판매원칙

① 적합성의 원칙

　㉠ 소비자의 재산상황, 금융상품 취득 · 처분 경험 등의 정보를 파악하고 이에 비추어 부적합한 금융상품 계약 체결의 권유를 금지

　㉡ 금융투자상품, 변액보험 등 일부 상품에 도입되어 있던 해당 원칙을 모든 금융상품으로 확대

　　※ 예금성 상품의 경우 수익률 등 변동 가능성이 있는 상품에 한정

② 적정성의 원칙

소비자가 자발적으로 구매하려는 금융상품이 소비자의 재산상황, 투자경험, 신용 및 변제계획 등에 비추어 부적정할 경우 이를 고지하고 확인

※ 예금성 상품에 미적용

③ 설명의무

계약 체결을 권유하거나 소비자가 설명을 요청하는 경우 상품의 중요사항을 설명

④ 불공정영업행위 금지

판매업자 등이 금융상품 판매 시 우월적 지위를 이용하여 소비자의 권익을 침해하는 행위 금지

⑤ 부당권유행위 금지

금융상품 계약 체결 권유 시 소비자가 오인할 우려가 있는 허위 사실 등을 알리는 행위를 금지

⑥ 허위 · 과장광고 금지

금융상품 또는 판매업자 등의 업무에 관한 광고 시 필수 포함사항 및 금지행위 등

(1) 위반 시 제재 강화

「금융소비자보호법」은 금융상품 판매원칙 위반과 관련 위법계약해지권, 징벌적 과징금 도입, 과태료 부과, 판매제한명령, 손해배상 입증책임 전환 등 금융상품판매업자 등의 판매원칙 준수를 위한 다양한 실효성 확보 수단을 명시하고 위반 시 제재를 강화하였다.

(2) 설명의무 위반의 입증책임

설명의무 위반에 따른 손해배상청구 소송 시 고의·과실에 대한 입증책임을 소비자가 아닌 금융회사가 입증하도록 하였다.

(3) 청약철회권 등 제도 도입

「금융소비자보호법」을 제정함으로서 소비자의 선택권 확대, 피해 방지, 사후구제 강화 등을 위한 제도 또한 새롭게 도입하였다. 청약철회권을 도입하여 일정기간 내 소비자가 금융상품 계약을 철회하는 경우 금융상품 판매자는 이미 받은 금전·재화 등을 소비자에게 반환하여야 한다.

(4) 분쟁 시 소비자의 정보접근 권한 법제화

① 금융회사와 소비자 간 분쟁조정 과정 중 금융회사의 소 제기 시 조정절차가 중지되는 점을 들어 금융회사는 불리한 결정이 예상되면 소송을 제기하는 사례가 다수 발생함에 따라 금융회사의 분쟁조정제도 무력화 방지 및 분쟁조정·소송 시 소비자의 정보접근 권한을 법으로 강화하였다.

② 소비자의 정보접근 권한 제도

　㉠ 소송중지제도 도입 : 분쟁조정이 신청된 사건에 대하여 소송이 진행 중일 경우 법원이 그 소송을 중지할 수 있도록 하였다.

　㉡ 조정이탈금지제도 마련 : 소비자가 신청한 소액분쟁(권리·이익의 가액이 2천만원 이내)은 분쟁조정 완료 시까지 금융회사의 제소를 금지하는 제도를 마련하였다.

　㉢ 자료 열람 요구 수용 의무 : 소비자가 분쟁조정·소송 등 대응 목적으로 금융회사 등이 유지·관리하는 자료 열람을 요구 시 금융회사 등은 영업비밀의 현저한 침해 등의 경우가 아니라면 이를 수용할 의무를 법에서 명시하고 있다.

[금융 상품 유형별 청약 철회 숙려 기간]

상품 구분	상품 유형별 숙려 기간
보장성	보험증권 수령일로부터 15일과 청약일로부터 30일 중 먼저 도래하는 기간 이내
투자성·금융상품자문	계약서류 제공일 또는 계약체결일로부터 7일 이내
대출성	계약서류 제공일, 계약체결일 또는 계약에 따른 금전·재화 등 제공일로부터 14일 이내

(1) 「우체국예금·보험에 관한 법률」

우체국금융은 특별법인 「우체국예금·보험에 관한 법률」에 따라 과학기술정보통신부장관의 관장하에 운영되는 정부기관으로서, 민간은행과는 다른 조직특성을 가지며 이로 인해 우체국은 금융소비자를 보호하기 위한 자체 법체계와 제도를 가지고 있다.

(2) 우체국금융의 소비자보호제도

① 예금자보호

　㉠ 우체국금융은 예금을 모집하고 관리하는 역할을 수행한다.

　㉡ 예금자의 금융 자산을 안전하게 보호하기 위해 특별법인 「우체국예금·보험에 관한 법률」에 따라 예금자보호제도를 운영한다.

　㉢ 우체국예금의 경우 시중은행(금융상품의 원금과 이자를 합한 5,000만원까지)과는 달리, 예금자보호 한도에 제한이 없다.

② 「금융소비자보호법」 체계

　㉠ 동일기능-동일규제 원칙 아래, 「금융소비자보호법(이하 금소법)」에서 적용되는 「우체국예금·보험법」의 동일 상품에 대해서는 「금소법」을 최대한 준용한다.

　㉡ 그러나 민간과는 다른 우체국금융의 조직특성(정부조직·감독제도)과 일부 영업행위에 관한 사항은 소비자 권익의 영향이 없는 범위 내 반영하고 있다.

[「금소법」 대비 우체국금융 소비자보호 적용상품 비교]

소비자 보호 관련 규정	「금융소비자보호법」	우체국금융 소비자 보호	비 고
상품 관련 법률	「은행법」, 「보험법」, 「자본시장법」, 「여신법」 등	「우체국예금·보험법」	
예금성상품	○	○	※ 우체국 판매 상품 중 펀드, 하이브리드 체크 카드는 「금소법」 준용
대출성상품	○	×	
투자성상품	○	×	
보장성상품	○	○	

　㉢ 「우체국예금·보험에 관한 법률(2023.3.21. 개정, 2023.9.22. 시행)」 개정 및 자체 규정(고시 제정/훈령 개정) 마련을 통해 우체국금융 소비자의 사전정보제공 및 사후구제 강화 등을 위한 제도 또한 새롭게 도입하였다.

　㉣ 「우체국예금·보험에 관한 법률」을 통해 청약철회권, 위법계약해지권, 자료열람요구권 등을 도입, 민간은행에 준하는 고객보호 및 서비스 품질을 제공함으로써 시장경쟁력을 확보하고, 동시에 국가금융 정책 목표 달성을 위해 노력하고 있다.

[우체국금융 소비자보호 체계]

금융소비자와 판매업자 등 정의
·금융상품판매업 유형 　① 금융상품직접판매업 ② 금융상품판매대리 · 중개업 ·금융상품판매업자 유형 　① 금융상품직접판매업자 ② 금융상품판매대리 · 중개업자 ·금융상품의 유형(예금성/보장성 상품) ·금융소비자 유형(일반/전문 금융소비자)

6대 판매원칙에 따른 영업행위 규제
·6대 판매행위 원칙 　① 적합성, ② 적정성, ③ 설명의무, 　④ 불공정영업행위, ⑤ 부당권유, ⑥ 광고규제 ·방문판매 및 전화권유 관련 준수사항 　① 직원 등의 명부작성 및 관리, 신원확인 등 　② 연락 금지 요구, 야간 방문판매 금지

우체국금융
소비자보호
체계

사전 정보제공 및 사후구제 강화
·금융상품 비교공시 및 판매수수료 표기 ·금융교육 강화 ·권리구제를 위한 정보제공 ·분쟁조정 대상 확대(기존 보험만 대상) ·청약철회권, 위법계약해지권

금융소비자보호 내부통제규정 정비
·금융소비자보호 관련 내부통제기준 및 금융소비자보호 　기준에 대한 규정 수립 ·광고물 제작 및 광고물 내부 심의 운영 ·소비자에 대한 정보제공 강화(휴면 금융자산 등)

③ 민원처리제도

　㉠ 우체국금융은 다양한 제도 및 자체 민원 프로세스를 통해 고객의 권리를 보호한다.

　㉡ 금융당국의 분쟁조정제도(금융감독원 금융분쟁조정위원회)를 준용한 우체국예금 · 보험분쟁조정위원회는 법적 절차(소송) 없이, 고객과 우체국 간의 분쟁을 공정하고 신속하게 해결하여 소비자의 권익을 보호한다.

　㉢ 우체국금융 소비자보호제도는 안정적이고 신뢰성 있는 금융 활동을 지원하며, 우체국금융 소비자의 권리 제고 및 이익을 보호함에 있어 중요한 역할을 수행한다.

03 예금관련법

01 예금자보호

1 예금보험의 구조

(1) 예금 지급불능 사태 방지

① 금융회사가 영업정지나 파산 등으로 고객의 예금을 지급하지 못하게 될 경우 해당 예금자는 물론 전체 금융제도의 안정성도 큰 타격을 입게 된다.

② 예금 지급불능 사태를 방지하기 위하여 우리나라에서는 「예금자보호법」을 제정하여 고객들의 예금을 보호하는 제도를 갖추어 놓고 있는데, 이를 '예금보험제도'라고 한다.

(2) 보험의 원리를 이용하여 예금자 보호

① 예금보험은 그 명칭에서 알 수 있듯이 '동일한 종류의 위험을 가진 사람들이 평소에 기금을 적립하여 만약의 사고에 대비한다.'는 보험의 원리를 이용하여 예금자를 보호하는 제도이다.

② 「예금자보호법」에 의해 설립된 예금보험공사가 평소에 금융회사로부터 보험료(예금보험료)를 받아 기금(예금보험기금)을 적립한 후, 금융회사가 예금을 지급할 수 없게 되면 금융회사를 대신하여 예금(예금보험금)을 지급하게 된다.

(3) 법에 의해 운영되는 공적 보험

예금보험은 예금자를 보호하기 위한 목적으로 법에 의해 운영되는 공적보험이기 때문에 예금을 대신 지급할 재원이 금융회사가 납부한 예금 보험료만으로도 부족할 경우에는 예금보험공사가 직접 채권(예금보험기금채권)을 발행하는 등의 방법을 통해 재원을 조성하게 된다.

2 보호대상 금융회사

(1) 보호대상 금융회사의 종류

보호대상 금융회사는 은행, 보험회사(생명보험 · 손해보험회사), 투자매매업자 · 투자중개업자, 종합금융회사, 상호저축은행이다.

(2) 자체 기금에 의해 보호되는 금융회사

농협은행, 수협은행 및 외국은행 국내지점은 보호대상 금융회사이지만, 농 · 수협 지역조합, 신용협동조합, 새마을금고는 현재 예금보험공사의 보호대상 금융회사는 아니며 관련 법률에 따른 자체 기금에 의해 보호된다.

(3) 국가가 전액 지급책임을 지는 우체국금융

우체국의 경우 예금보험공사의 보호대상 금융회사는 아니지만, 「우체국예금 · 보험에 관한 법률」 제4조(국가의 지급 책임)에 의거하여 우체국예금(이자 포함)과 우체국보험 계약에 따른 보험금 등 전액에 대하여 국가에서 지급을 책임지고 있다.

3 보호대상 금융상품

(1) 보호대상인 금융상품

예금보험공사는 예금보험 가입 금융회사가 취급하는 '예금' 등만을 보호한다.

(2) 보호대상 제외 금융상품

① 모든 금융상품이 보호대상 '예금' 등에 해당하지 않는다.

② 예를 들면 실적 배당형 상품인 투자신탁 상품은 보호대상 금융상품이 아니다. 운용실적이 좋은 경우에는 큰 수익을 올릴 수 있지만, 운영 실적이 나쁜 경우에는 원금 손실도 발생할 수 있다.

③ 정부, 지방자치단체(국 · 공립학교 포함), 한국은행, 금융감독원, 예금보험공사, 부보금융회사의 예금은 보호대상에서 제외한다.

[보호금융상품 vs 비보호금융상품]

구 분	보호금융상품	비보호금융상품
은 행	• 보통예금, 기업자유예금, 별단예금, 당좌예금 등 요구불예금 • 정기예금, 저축예금, 주택청약예금, 표지어음 등 저축성예금 • 정기적금, 주택청약부금, 상호부금 등 적립식 예금 • 외화예금 • 예금보호대상 금융상품으로 운용되는 확정 기여형 퇴직연금제도 및 개인형 퇴직연금 제도의 적립금 • 중소기업퇴직연금기금에 편입된 금융상품 중 예금보호 대상으로 운용되는 금융상품** • 개인종합자산관리계좌(ISA)에 편입된 금융상품 중 예금보호 대상으로 운용되는 금융상품 • 원본이 보전되는 금전신탁 등	• 양도성예금증서(CD), 환매조건부채권(RP) • 금융투자상품(수익증권, 뮤추얼펀드, MMF 등) • 은행 발행채권 • 주택청약저축*, 주택청약종합저축* 등 • 확정급여형 퇴직연금제도의 적립금 • 특정금전신탁 등 실적배당형 신탁 • 개발신탁

투자매매업자 · 투자중개업자	• 증권의 매수 등에 사용되지 않고 고객계좌에 현금으로 남아 있는 금액 • 자기신용대주담보금, 신용거래계좌 설정보증금, 신용공여담보금 등의 현금 잔액 • 예금보호대상 금융상품으로 운용되는 확정기여형 퇴직연금제도 및 개인형퇴직연금제도의 적립금 • 개인종합자산관리계좌(ISA)에 편입된 금융상품 중 예금보호 대상으로 운용되는 금융상품 • 원본이 보전되는 금전신탁 등	• 금융투자상품(수익증권, 뮤추얼펀드, MMF 등) • 청약자예수금, 제세금예수금, 유통금융대주담보금 • 환매조건부채권(RP) • 금현물거래예탁금 등 • 확정급여형 퇴직연금제도의 적립금 • 랩어카운트, 주가지수연계증권(ELS), 주가연계 파생결합사채(ELB), 주식워런트증권(ELW) • 증권사 종합자산관리계좌(CMA) • 증권사 발행채권 • 「자본시장과 금융투자업에 관한 법률」 제117조의 8에 따라 증권금융회사에 예탁되어 있는 금전
	증권금융회사가 「자본시장과 금융투자업에 관한 법률」 제330조 제1항에 따라 예탁받은 금전	• 「자본시장과 금융투자업에 관한 법률 시행령」 제137조 제1항 제3호의2에 따라 증권금융회사에 예탁되어 있는 금전 • 종합금융투자사업자(초대형IB) 발행어음
보험회사	• 개인이 가입한 보험계약 • 퇴직보험 • 변액보험계약 특약 • 변액보험계약 최저사망보험금 · 최저연금적립금 · 최저중도인출금 · 최저종신중도인출금 등 최저보증 • 예금보호대상 금융상품으로 운용되는 확정기여형 퇴직연금제도 및 개인형 퇴직연금제도의 적립금 • 중소기업퇴직연금기금에 편입된 금융상품 중 예금보호 대상으로 운용되는 금융상품** • 개인종합자산관리계좌(ISA)에 편입된 금융상품 중 예금보호 대상으로 운용되는 금융상품 • 원본이 보전되는 금전신탁 등	• 보험계약자 및 보험료납부자가 법인인 보험계약 • 보증보험계약, 재보험계약 • 변액보험계약 주계약(최저사망보험금 · 최저연금적립금 · 최저중도인출금 · 최저종신중도인출금 등 최저보증 제외) 등 • 확정급여형 퇴직연금제도의 적립금
종합금융회사	발행어음, 표지어음, 어음관리계좌(CMA) 등	• 금융투자상품(수익증권, 뮤추얼펀드, MMF 등) • 환매조건부채권(RP),양도성예금증서(CD), 기업어음(CP), 종금사 발행채권 등
상호저축은행 및 상호저축은행 중앙회	• 보통예금, 저축예금, 정기예금, 정기적금, 신용부금, 표지어음 • 예금보호대상 금융상품으로 운용되는 확정기여형 퇴직연금제도 및 개인형 퇴직연금제도의 적립금*** • 개인종합자산관리계좌(ISA)에 편입된 금융상품 중 예금보호 대상으로 운용되는 금융상품*** • 상호저축은행중앙회 발행 자기앞수표 등	• 저축은행 발행채권(후순위채권 등) 등 • 확정급여형 퇴직연금제도의 적립금

*주택도시기금에 의해 정부가 별도로 관리(주택도시기금법 제14조 제2항)

**확정기여형, 개인형 퇴직연금제도 및 중소기업퇴직연금기금 편입 금융상품 중 예금보호 대상으로 운용되는 금융상품은 합산하여 1억원까지 별도 보호하며, 사고보험금과 연금저축(신탁 · 보험)은 각각 1억원 한도로 별도 보호

***저축은행이 부보금융회사로부터 조달하여 예금보호대상 금융상품으로 운용하는 경우

(1) 예금자보호제도의 개요

① 예금자보호제도는 다수의 소액예금자를 우선 보호하고 부실 금융회사를 선택한 예금자도 일정 부분 책임을 분담한다는 차원에서 예금의 전액을 보호하지 않고 일정액만을 보호하고 있다.

② 원금과 소정이자를 합하여 1인당 1억원까지만 보호되며 초과금액은 보호되지 않는다.

③ 1997년 말 IMF 사태 이후 금융 산업 구조조정에 따른 사회적 충격을 최소화하고 금융거래의 안정성 유지를 위하여 2000년 말까지 한시적으로 예금전액을 보장하였다.

④ 2001년부터는 예금부분보호제도로 전환되어, 2001년 1월 1일 이후 부보금융회사에 보험사고(영업 정지, 인가취소 등)가 발생하여 파산할 경우, 보험금지급공고일 기준의 원금과 소정의 이자를 합하여 1인당 최고 1억원(세전)까지 예금을 보호하고 있다.

⑤ 또한 2015년 2월 26일부터는 예금보호대상 금융상품으로 운용되는 확정기여형퇴직연금제도 또는 개인퇴직연금제도의 적립금을 합하여 가입자 1인당 최고 1억원(세전)까지 다른 예금과 별도로 보호하고 있다.

⑥ 아울러, 2023년 10월 17일부터는 예금보호대상 금융상품으로 운용되는 퇴직연금에 중소기업퇴직연금기금(실예금자별 보호)이 추가되었으며, 보험계약의 사고보험금 및 연금저축(신탁 · 보험)도 각각 1인당 1억원(세전)까지 다른 예금과 별도로 보호하고 있다.

⑦ 2025년 9월 1일부터 예금보호한도가 가입자 1인당 5천만원(세전)에서 1억원(세전)으로 상향되었으며, 예금보험공사로부터 보호받지 못한 나머지 예금은 파산한 금융회사가 선순위채권을 변제하고 남는 재산이 있는 경우 이를 다른 채권자들과 함께 채권액에 비례하여 분배받음으로써 그 전부 또는 일부를 돌려받을 수 있다.

⑧ 보호금액 1억원(외화예금 포함)은 예금의 종류별 또는 지점별 보호금액이 아니라 동일한 금융회사 내에서 예금자 1인이 보호받을 수 있는 총금액이다.

⑨ 이때 예금자 1인이라 함은 개인뿐만 아니라 법인도 대상이 되며, 예금의 지급이 정지되거나 파산한 금융회사의 예금자가 해당 금융회사에 대출이 있는 경우에는 예금에서 대출금을 먼저 상환(상계)시키고 남은 예금을 기준으로 보호한다.

(2) 예금자 보호한도(예시)

① 예금자 X씨가 다음과 같이 예금을 보유하고 있었을 때 보호한도

A은행 1지점 OO적금	원금 3,000만원, 이자 30만원	1억원만 보호
A은행 1지점 YY정기예금	원금 1,000만원, 이자 20만원	
A은행 2지점 CC정기예금	원금 1억원, 이자 100만원	
A은행 2지점 개인형퇴직연금	예금자보호형 적립금 1억원	1억원 보호

② 예금자 Y씨가 다음과 같이 예금을 보유하고 있었을 때 보호한도

A은행 1지점 XX적금	원금 3,000만원, 이자 50만원	3,050만원 보호
B은행 1지점 DD예금	원금 1,000만원, 이자 20만원	1,020만원 보호
C은행 2지점 CC정기예금	원금 1억원, 이자 100만원	1억원만 보호

1 개요

(1) 금융소득 종합과세제도의 실시

금융소득 종합과세제도는 금융실명제 실시에 따른 후속조치로 1996년부터 실시되었으며 1998년부터 일시 유보되었다가 2001년부터 다시 실시되고 있다.

(2) 개인별 연간 금융소득의 원천징수

① 현재 실시되고 있는 내용을 보면 개인별 연간 금융소득(이자 · 배당 소득)이 2천만원 이하일 경우에는 원천징수한다.

② 2천만원을 초과하는 금융소득은 2천만원에 대하여는 원천징수세율을 적용하고, 2천만원을 초과하는 금액은 다른 종합소득(근로소득 · 사업소득 · 연금소득 등)과 합산하여 누진세율을 적용하여 종합과세한다.

2 소득의 종류와 과세방법

(1) 소득 및 소득세 납세 의무

① 소득(소득금액)이란 연간 총수입금액에서 필요경비를 공제한 금액을 말한다.

② 여러 가지 경제활동을 통해 얻은 과세소득이 있는 개인은 본인에게 귀속되었거나 귀속될 것이 확정된 소득에 대해 소득세 납세 의무가 있다.

(2) 「소득세법」상 소득의 종류

① 「소득세법」은 개인의 소득을 다음과 같이 구분하고 소득종류별로 과세방법을 다르게 규정하고 있다.

② 소득 구분(분류과세) : 종합소득, 퇴직소득, 양도소득

종합소득	• 해당 과세기간에 발생하는 이자소득, 배당소득, 사업소득, 근로소득, 연금소득, 기타소득 • 개인별로 합산하여 종합소득세율에 의해 신고 · 납부 원칙
퇴직소득	근로자가 퇴직함으로 인하여 지급받는 퇴직금
양도소득	자산을 양도함으로 인하여 발생하는 소득

※ 2010년부터 부동산 임대 소득은 종합소득 중 사업소득에 포함하여 과세

(3) 과세방법

① 종합과세 : 이자소득 등 종합소득 중 비과세소득과 분리과세소득을 제외한 소득을 합산하여 누진세율을 적용하는 방법이다.

② 분리과세 : 타 소득과 합산되지 아니하고 분리과세 대상소득이 발생할 때에 건별로 단일세율에 의하여 원천징수의무자가 원천징수함으로써 당해 소득자는 납세의무가 종결되는 과세방식이다.

3 금융소득에 대한 이해

(1) 금융소득의 개요

① 금융소득이란 금융자산의 저축이나 투자에 대한 대가를 말하며, 이자소득과 배당소득을 포함한 것이다.

② 현행 「소득세법」 체계는 종합소득에 대해 종합과세하는 것이 원칙이나, 조세정책적 목적으로 금융소득에 대해서는 다양한 분리과세제도를 운용하고 있다.

(2) 이자소득과 배당소득

① 이자란 금전을 대여하고 받은 대가이며, 배당이란 영리법인 등이 영업활동에서 얻은 이익을 주주 등에게 분배하는 것을 말한다.

② 「소득세법」에서는 이자소득과 배당소득 둘 다 유형별 포괄주의에 의하여 과세범위를 규정하고 있다.

③ 이자소득은 총수입금액이 되며 비과세되는 이자소득은 포함하지 않는다.

④ 배당소득도 총수입금액이 되며 비과세되는 배당소득은 포함하지 않으나, 배당소득이 종합소득에 합산되는 경우 배당소득의 일부는 이미 법인세로 납부한 이익을 배당받는 것이므로 이를 조정하기 위해 귀속법인세를 포함해 과세표준에 가산하는 Gross-up 방식이 적용된다.

> 이자소득금액＝이자소득 총수입금액
> 배당소득금액＝배당소득 총수입금액＋귀속법인세(Gross-up 금액)

4 금융소득 종합과세 체계

① 금융소득(이자소득＋배당소득)	
(-) ② 비과세 금융소득	• 공익신탁의 이익, 장기저축성보험차익 • 장기주택마련저축 이자·배당, 개인연금저축 이자·배당, 비과세종합저축 이자·배당(1인당 5천만원 이하), 농·어민 조합 예탁금 이자, 농어가 목돈 마련저축 이자, 녹색예금·채권 이자, 재형저축에 대한 이자·배당, 경과규정에 따른 국민주택채권 이자 • 우리사주조합원이 지급받는 배당, 조합 등 예탁금의 이자 및 출자금에 대한 배당, 영농·영어조합법인 배당, 재외동포 전용 투자신탁(1억원 이하) 등으로부터 받는 배당, 녹색투자신탁 등 배당, 저축지원을 위한 조특법에 따른 저축에서 발생하는 배당, 개인종합자산관리계좌(ISA)에서 발생하는 금융소득의 합계액 중 200만원 또는 400만원까지
(-) ③ 분리과세 금융소득	• 장기채권이자 분리과세 신청(30%), 비실명금융소득(45,90%), 직장공제회 초과 반환금(기본세율) • 7년(15년) 이상 사회기반시설채권이자(14%), 영농·영어 조합법인(1천2백만원 초과분)으로부터 받는 배당(5%), 농업회사법인 출자 거주자의 식량작물재배업 소득 외의 소득에서 발생한 배당(14%), 사회기반시설투융자집합투자기구의 배당(5%, 14%), 세금우대종합저축 이자·배당(9%), 개인종합자산관리계좌(ISA)에서 발생하는 금융소득의 비과세 한도(200만원, 400만원)를 초과하는 금액 등
(=) ④ 종합과세 금융소득	• ①-(②+③)의 금액 중 2천만원을 초과하는 금액이 종합과세됨 • ①-(②+③)의 금액이 2천만원 이하인 경우 - 국내외 금융소득으로서 국내에서 원천징수되지 아니한 소득에 대해서는 종합과세 - 그 외 금융소득은 원천징수로 분리과세

> 금융소득＝이자소득＋배당소득
> 종합과세 제외 금융소득＝비과세 되는 금융소득＋분리과세 되는 금융소득
> 종합과세 대상 금융소득＝금융소득－종합과세 제외 금융소득

(1) 종합과세 제외 금융소득

비과세되는 금융소득은 과세대상이 아니고, 분리과세 되는 금융소득은 원천징수로 납세의무가 종결되므로 금융소득종합과세 대상에서 제외된다.

① 비과세 금융소득

　㉠ 「소득세법」에 의한 비과세 금융소득

　　• 「공익신탁법」에 의한 공익신탁의 이익

　　• 장기저축성보험의 보험차익

　㉡ 「조세특례제한법」에 의한 비과세 금융소득

　　• 개인연금저축의 이자 · 배당

　　• 장기주택마련저축의 이자 · 배당

　　• 비과세종합저축의 이자 · 배당(1명당 저축원금 5천만원 이하)

　　• 조합 등 예탁금의 이자 및 출자금에 대한 배당

　　• 재형저축에 대한 이자 · 배당

　　• 농어가목돈마련저축의 이자

　　• 우리사주조합원이 지급받는 배당

　　• 농업협동조합근로자의 자사출자지분 배당

　　• 영농 · 영어조합법인의 배당

　　• 농업회사법인 출자금의 배당

　　• 재외동포전용 투자신탁 등의 배당(1억원 이하)

　　• 녹색예금, 녹색채권의 이자와 녹색투자신탁 등의 배당

　　• 경과규정에 의한 국민주택채권 등 이자

　　• 개인종합자산관리계좌(ISA)에서 발생하는 금융소득(이자소득과 배당소득)의 합계액 중 200만원 또는 400만원까지의 금액

② 분리과세 금융소득

　㉠ 「소득세법」에 의한 분리과세 금융소득

- 부동산 경매입찰을 위하여 법원에 납부한 보증금 및 경락대금에서 발생하는 이자(14%)
- 실지명의가 확인되지 아니하는 이자(45%)
- '17.12.31. 이전에 가입한 10년 이상 장기채권(3년 이상 계속하여 보유)으로 분리과세를 신청한 이자와 할인액(30%)
- 직장공제회 초과반환금(기본세율)
- 수익을 구성원에게 배분하지 아니하는 개인으로 보는 법인격 없는 단체로서 단체명을 표기하여 금융거래를 하는 단체가 금융회사 등으로부터 받는 이자 · 배당(14%)
- 금융소득(비과세 또는 분리과세분 제외)이 개인별로 연간 2천만원(종합과세기준 금액) 이하인 경우(14% 또는 25%)

　㉡ 「조세특례제한법」에 의한 분리과세 금융소득

- 발행일부터 최종 상환일까지의 기간이 7년 이상인 「사회기반시설에 대한 민간투자법」 제58조 제1항의 규정에 의한 사회기반시설채권으로서 '14년 말까지 발행된 채권의 이자(14%)
  ※ 2010.1.1. 이후 발행하는 사회기반시설채권은 최종 상환일까지의 기간이 7년 이상(15년→7년)으로 변경되었으며, '10년부터 수해방지채권은 분리과세 대상에서 제외되었음
- 영농 · 영어조합법인의 배당(5%)
- 세금우대종합저축의 이자 · 배당(9%)
- 재외동포전용투자신탁 등의 배당(5%)
- 집합투자증권의 배당소득에 대한 과세특례(5%, 14%)
- 고위험고수익투자신탁 등에 대한 이자 배당(14%)
- 개인종합자산관리계좌(ISA)에서 발생하는 금융소득(이자소득과 배당소득)의 비과세 한도(200만원, 400만원)를 초과하는 금액(9%)
- 특정사회기반시설(뉴딜 인프라) 집합투자기구 투자자 배당소득(9%)
- 투융자집합투자기구 투자자 배당소득(14%)

더 알아보기　　**조건부 과세대상**

- 2016.1.1. 이후 선박투자회사로부터 받은 배당소득
- 2017.1.1. 이후 해외자원개발투자회사 · 해외자원개발투자전문회사로부터 받은 배당소득

　㉢ 「금융실명거래 및 비밀보장에 관한 법률」에 의한 분리과세

- 비실명금융자산으로서 금융회사 등을 통해 지급되는 이자 · 배당(90%)
- 「금융실명거래 및 비밀보장에 관한 법률」에 의하여 발행된 비실명채권에서 발생된 이자(2000.12.31.까지 20%, 2001.1.1. 이후 15%)

(2) 종합과세 되는 금융소득

① 금융소득이 2천만원(종합과세기준금액)을 초과하는 경우

    ㉠ 금융소득 중 비과세 및 분리과세 소득을 제외한 금융소득이 2천만원을 초과하는 경우 금융소득 전체를 종합과세한다.

    ㉡ 다만, 종합과세 기준금액을 기점으로 한 급격한 세부담 증가 문제를 보완하고 금융소득 종합과세 시 최소한 원천징수세율(14%) 이상의 세부담이 되도록 하기 위해 2천만원을 초과하는 금융소득만 다른 종합소득과 합산하여 산출세액을 계산하고 2천만원 이하 금액은 원천징수세율(14%)을 적용하여 산출세액을 계산한다.

    ㉢ 산출세액 계산 시 「소득세법」 제62조의 규정에 따라 기준금액을 초과하는 금융소득을 다른 종합소득과 합산하여 계산하는 종합과세방식과 금융소득과 다른 종합소득을 구분하여 계산하는 분리과세방식에 의해 계산된 금액 중 큰 금액을 산출세액으로 한다.

    ㉣ 종합과세기준금액(2천만원)의 초과 여부를 계산함에 있어서 배당소득에 대해 배당가산(Gross-up)하지 않은 금액으로 한다.

    ※ 금융소득이 2천만원을 초과하는 경우로서 기준금액 이하 금액은 형식적으로 종합과세되나 원천징수세율에 의해 산출세액을 계산하므로 실질적으로는 분리과세되는 것과 동일함

    ㉤ 금융소득이 2천만원을 초과하는 경우에는 배당가산(Gross-up)한 금액을 종합과세 금융소득으로 한다.

    ㉥ 예외적으로 출자공동사업자로부터 받는 배당(원천징수세율 25%)은 종합과세기준금액(2천만원)을 초과하지 않더라도 종합과세한다.

② 국내에서 원천징수 되지 않은 금융소득

    ㉠ 국내에서 원천징수 되지 않은 국외에서 받는 금융소득

    ㉡ 국내에서 받는 2천만원 이하의 금융소득으로서 「소득세법」 제127조에 따라 원천징수 되지 않은 금융소득

    ※ 국내 거주자의 경우 2천만원(종합과세기준금액) 초과여부 판단 시 국내에서 원천징수 되지 않은 금융소득도 합산하며, 이미 외국에서 납세한 경우 외국납부세액공제가 가능하다.

6 금융소득의 세액계산 방법

종합소득에 합산되는 금융소득이 있는 경우 다음과 같이 종합소득산출세액을 계산한다.

(1) 금융소득 중 2천만원까지는 원천징수세율(14%)을 적용하여 계산한 세액과 2천만원을 초과하는 금융소득에는 기본세율(6~45%)을 적용하여 계산한 세액을 합계하여 산출세액으로 한다.

> 산출세액＝(금융소득 2천만원×14%)＋(종합소득 과세표준×기본세율)

(2) 금융소득 전체 금액에 대하여 원천징수된 세액 전부를 기납부세액(2천만원에 대한 원천징수세액을 포함)으로 공제하여 납부할 세액을 계산한다. 따라서 전체 금융소득 중 2천만원까지는 원천징수세율로 납세의무가 종결되는 분리과세와 같은 결과가 된다.

[종합소득세 기본세율]

과세표준 / 귀속연도	2021~2022년		과세표준 / 귀속연도	2023년~	
	세 율	누진공제액		세 율	누진공제액
1,200만원 이하	6%	–	1,400만원 이하	6%	–
1,200만원 초과~4,600만원 이하	15%	108만원	1,400만원 초과~5,000만원 이하	15%	126만원
4,600만원 초과~8,800만원 이하	24%	522만원	5,000만원 초과~8,800만원 이하	24%	576만원
8,800만원 초과~1억5천만원 이하	35%	1,490만원	8,800만원 초과~1억5천만원 이하	35%	1,544만원
1억5천만원 초과~3억원 이하	38%	1,940만원	1억5천만원 초과~3억원 이하	38%	1,994만원
3억원 초과~5억원 이하	40%	2,540만원	3억원 초과~5억원 이하	40%	2,594만원
5억원 초과~10억원 이하	42%	3,540만원	5억원 초과~10억원 이하	42%	3,594만원
10억 초과	45%	6,540만원	10억 초과	45%	6,594만원

7 신고와 납부

(1) 금융소득종합과세 신고 · 납부

종합과세대상 금융소득이 발생한 경우(1년간 금융소득이 2천만원을 초과한 경우 또는 국내에서 원천징수되지 않는 금융소득이 있는 경우) 발생년도 다음해 5월 1일부터 5월 31일까지 주소지 관할세무서에 종합소득세 확정 신고 · 납부하여야 하며, 만약 5월 31일까지 신고하지 않거나 불성실하게 신고하는 경우에는 신고불성실 가산세 또는 납부불성실 가산세를 부담하게 된다.

(2) 금융소득종합과세 비교과세(사례 분석)

[사례1] 2천만원을 초과하는 이자소득이 있는 경우(14% 이자소득만 있음)

> • 2024년도 종합소득 현황
>   – 은행예금 이자 : 50,000,000원
>   – 회사채 이자 : 50,000,000원
>   – 세금우대종합저축의 이자 : 5,000,000원
> • 종합소득공제는 5,100,000원으로 가정

① 종합과세 되는 금융소득금액

  ㉠ 종합과세 되는 금융소득금액 : 1억원(은행예금이자＋회사채이자)

    ※ 세금우대종합저축의 이자는 분리과세 되는 금융소득으로 종합과세 되는 금융소득 금액에서 제외됨

  ㉡ 기준금액초과 금융소득 : $100,000,000 - 20,000,000 = 80,000,000$

② 종합소득 산출세액의 계산

  ㉠ 금융소득을 기본세율로 과세 시 산출세액

    (2천만원 초과금액 － 종합소득공제)×기본세율＋2천만원×14%

    $= (80,000,000 - 5,100,000) × 기본세율 - 누진공제 + (20,000,000 × 14\%)$

    $= (74,900,000 × 24\% - 5,760,000) + 2,800,000$

    $= 12,216,000 + 2,800,000 = 15,016,000$원

  ㉡ 금융소득을 원천징수세율로 과세 시 산출세액

    금융소득×14% $= 100,000,000 × 14\% = 14,000,000$원

  ㉢ 종합소득산출세액은 ㉠과 ㉡ 중 큰 금액인 15,016,000원

[사례2] 이자소득과 사업소득이 함께 있는 경우

> • 2024년도 종합소득 현황
>   – 은행예금 이자 : 60,000,000원
>   – 사업소득 금액 : 30,000,000원
> • 종합소득공제는 5,100,000원으로 가정

① 종합과세 되는 금융소득금액 : 60,000,000원

② 종합소득 산출세액의 계산

  ㉠ 금융소득을 기본세율로 과세 시 산출세액

    (2천만원 초과금액＋사업소득금액 － 종합소득공제)×기본세율＋2천만원×14%

    $= (40,000,000 + 30,000,000 - 5,100,000) × 기본세율 + 20,000,000 × 14\%$

    $= (64,900,000 × 24\% - 5,760,000) + 2,800,000 = 12,616,000$원

ⓒ 금융소득을 원천징수세율로 과세 시 산출세액

금융소득금액×14%+(사업소득금액-종합소득공제)×기본세율

=60,000,000×14%+(30,000,000-5,100,000)×기본세율

=8,400,000+(24,900,000×15%-1,260,000)=10,875,000원

ⓒ 종합소득산출세액은 ㉠과 ㉡ 중 큰 금액인 12,616,000원

[사례3] 금융소득종합과세 계산 종합

다음 자료에 의하여 종합소득산출세액과 배당세액공제액을 계산하시오.

- 2024년도 종합소득 현황
  (i) 은행예금 이자 : 20,000,000원
  (ii) 비영업대금이익 : 10,000,000원
  (iii) 비상장법인배당 : 30,000,000원
  (iv) 사업소득금액 : 50,000,000원
- 종합소득공제는 5,100,000원으로 가정

- 금융소득=(i)+(ii)+(iii)=60,000,000원
- 종합과세기준금액 초과금액 : 60,000,000-20,000,000=40,000,000원

  ※ 기준금액 초과금액은 이자, G-up 제외 배당, G-up 대상 배당 순으로 적용

- 배당가산(Gross-up) 대상 금액 : 30,000,000원
- 배당가산액 : 30,000,000×11%=3,300,000원
- 종합소득 산출세액 계산(ⓐ, ⓑ 중 큰 금액) : 18,230,000원

ⓐ 종합과세방식
  [(종합과세기준금액 초과금액+배당가산액+다른 종합소득금액)-종합소득공제]×기본세율 - 누진공제액+(종합과세기준금액×원천징수세율)=산출세액
  [(40,000,000+3,300,000+50,000,000)-5,100,000]×35%-15,440,000+(20,000,000×14%)=18,230,000
ⓑ 분리과세방식
  [(50,000,000-5,100,000)×15%-1,260,000]+[10,000,000×25%+50,000,000×14%]=14,975,000

- 배당세액공제(ⓒ, ⓓ 중 적은 금액) : 3,255,000원

ⓒ 배당가산액 : 30,000,000×11%=3,300,000
ⓓ 위 종합소득 산출세액(18,230,000)-위 분리과세방식 산출세액(14,975,000)=3,255,000원

1 금융정보자동교환을 위한 국제 협정

(1) 조세조약에 따른 국가 간 금융정보자동교환

조세조약에 따른 국가 간 금융정보자동교환을 위하여 국내 금융회사들은 매년 정기적으로 상대국 거주자 보유 계좌정보를 국세청에 제출하고 있다.

[국가 간 자동 금융정보 교환 방식]

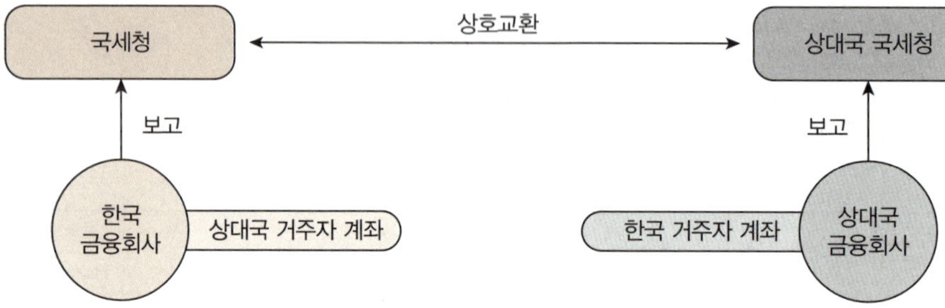

(2) 한–미 간 국제 납세의무 준수 촉진을 위한 협정(FATCA협정)

① 2010년 3월 미국은 해외금융회사에 대해 자국 납세자의 금융정보 보고를 의무화하는 조항(FATCA ; Foreign Account Tax Compliance Act)를 신설하고 동 정보교환을 위해 2012년부터 다른 나라들과 정부 간 협정 체결을 추진하였다.

② 우리나라는 2012년 4월 한미 재무장관 회의에서 상호교환 방식으로 '금융정보자동교환 협정'을 체결하기로 하고 협상을 진행하여 2014년 3월 협정문에 합의하였으며 2015년 6월 양국 간 정식 서명하였다.

③ FATCA 협정은 2016년 9월 국회 비준에 따라 발효되었으며, 국세청은 국내 금융거래회사등으로부터 미국 거주자 등의 금융정보를 수집하여 2016년 12월 미국 과세당국과 금융정보를 상호교환 하였고, 2017년부터는 매년 6월 국내 금융거래회사 등으로부터 금융정보를 수집하여 9월에 상호교환하고 있다.

(3) 다자 간 금융정보자동교환 협정(MCAA협정)

① 미국이 양자 간 금융정보자동교환을 추진한 이후, OECD 및 G20을 중심으로 각국에 납세 의무가 있는 고객의 금융정보를 교환하기 위한 '다자간 금융정보자동교환 협정'(MCAA ; Multilateral Competent Authority Agreement on Automatic Exchange of Financial Account Information)이 추진되었고, 우리나라는 2014년 10월 독일 베를린에서 동 협정에 서명하였다.

② 2024년 4월 기준으로 우리나라를 포함한 전 세계 110여 개 관할권이 동 협정에 참여하고 있으며 매해 참여 관할권이 더욱 확대되고 있다. 각국은 OECD가 마련한 공통보고기준(CRS ; Common Reporting Standard)을 기반으로 금융정보자동교환 관련 의무를 이행하고 있다.

③ 국세청은 2017년부터 다자간 협정에 따라 협정 참여 관할권들과 금융정보를 상호교환하고 있다.

2 금융정보자동교환을 위한 국내 규정

금융정보자동교환을 위한 국내 규정에서는 「국제조세조정에 관한 법률」에서 위임받아 금융회사가 금융거래 상대방의 인적사항 등을 확인하기 위한 실사절차, 자료제출방법, 비보고 금융회사와 제외계좌 등을 규정하고 있다.

① 「국제조세조정에 관한 법률」 제36조, 제37조, 제89조

정기적인 금융정보 교환을 위한 금융거래회사 등의 금융정보 보고 의무, 정보보안의무, 금융거래 상대방에게 자료 보고 요구 근거, 세무당국의 질문·확인권, 과태료 등 규정

② 「국제조세조정에 관한 법률」 시행령 제75조, 제146조

금융정보 보고 방법, 금융거래 상대방에게 요청할 수 있는 인적사항의 종류, 보고된 정보의 시정요구 및 오류시정 절차, 과태료 부과 기준 등 규정

③ 정보교환협정에 따른 금융정보자동교환 이행규정 (기획재정부 고시)

「국제조세조정에 관한 법률」에서 위임을 받아 금융거래회사 등이 금융거래 상대방의 인정 사항 등을 확인하기 위한 실사절차, 자료보고방법, 비보고 금융회사와 제외계좌 등 규정

3 금융회사의 의무

(1) 실사의 의무

금융정보 자동교환을 위한 국제 협정을 이행하기 위하여 국내 금융거래회사 등은 관리하고 있는 금융계좌 중 계좌보유자가 보고대상 '해외 납세의무자'에 해당하는지 확인하는 실사 절차를 수행해야 한다.

[실사 일반사항]

구 분			주요 내용
개 인	기존계좌	소 액	• 거주지 주소확인 (미국 제외) • 전산기록 검토를 통해 추정정보 확인 → 확인되는 경우 본안확인서 및 증빙자료 수취 • 특정한 경우 마스터파일·문서기록 검토를 통해 추정정보 확인 → 확인되는 경우 본인확인서 및 증빙자료 수취
		고 액	• 전산·마스터파일·문서기록 검토 통해 추정정보 확인 → 확인되는 경우 본인확인서 및 증빙자료 수취 • 고객담당자 검토 ※ 고액계좌 : 미화 100만 달러 초과 계좌
	신규계좌		본인확인서 및 증빙자료 수취
단 체	기존계좌		법령준수 또는 고객관계 목적으로 관리되는 정보를 검토하여 계좌보유자가 보고대상 관할권 거주자임을 나타내는 정보 확인 → 확인되는 경우 본인확인서 및 증빙자료 수취
	신규계좌		본인확인서 및 증빙자료 수취

(2) 정보수집 및 보고의 의무

① 금융거래회사 등은 보고대상 금융계좌에 대한 정보를 수집하여 해당 정보를 국세청에 보고하여야 한다.

[보고대상 금융계좌의 종류(이행규정 제11조~제18조)]

구 분	개 요
예금계좌	금융거래회사 등이 은행업에 따른 은행업무 또는 이와 유사한 업무를 운영하는 과정에서 관리하는 예금 · 적금 · 부금 등 계좌, 예금증서 또는 이와 유사한 증서로 증명되는 계좌(보험회사가 보유하는 투자보증계약 또는 보유금액에 대해 이자를 지급하거나 적립하는 유사 계약 포함) – 금융시장에서 거래되고 금융회사를 통해 유통 · 보유되는 양도성 채권상품(양도성 예금증서 등 증서식 예금상품을 포함)은 예금계좌에서 제외
수탁계좌	타인의 이익을 위해 투자 목적으로 금융상품을 보유하거나 금융계약을 체결하기 위해 개설된 계좌(자본시장법에 따른 신탁업자가 금융상품 또는 금융계약을 수탁하기 위해 체결한 신탁계약 포함) – 보험계약 또는 연금계약인 경우에는 수탁계좌로 보지 않음
자본지분 채무지분	금융거래회사 등인 조합의 경우에는 조합의 자본 또는 수익에 대한 지분 금융거래회사 등인 신탁의 경우에는 신탁에 대한 통제권을 가지는 자 또는 수익자의 자본에 대한 지분
현금가치 보험계약*	위험보장을 목적으로 우연한 사건 발생에 관하여 발행인이 금전 또는 그 밖의 급여를 지급할 것을 약정하고 대가를 수수하는 현금가치가 있는 보험계약
연금계약	발행인이 1인 이상인 개인의 기대수명 전부 또는 일부에 기초하여 일정기간 동안 금전 또는 그 밖의 급여를 지급할 것을 약정하는 계약

*현금가치보험계약에서 제외되는 보험계약(이행규정 제18조) : ① 보험업감독규정 제1-2조 제11호에 따른 일반손해보험계약, ② 제1호에 해당하지 않는 보험계약 중 순보험료가 위험보험료만으로 구성되는 보험계약, ③ 두 보험회사 간의 보장성 재보험계약

② 개인퇴직계좌, 생명보험계약 등과 같이 해당 계좌가 세제혜택 대상이고 계좌에 관한 정보가 과세당국에 보고되는 등 이행규정(제31조 제외계좌)에서 규정한 특정 조건을 모두 충족하며 조세회피 등에 사용될 위험이 낮은 것으로 판단되는 특정 금융계좌를 제외계좌라고 한다.

③ 금융계좌라 하더라도 제외계좌에 해당하는 계좌들은 보고뿐만 아니라 실사절차, 계좌잔액 합산 대상 금융계좌에서도 제외된다.

PART 03

우체국금융 상품

CHAPTER 01 우체국금융 상품

CHAPTER 02 우체국금융 서비스

CHAPTER 03 전자금융

우체국금융 상품

01 예금상품

(1) 우체국은 예금상품 개발 시 수익성, 공공성, 안정성, 소비자보호 이 4가지를 고려한다. 우체국예금 상품은 예금사업의 영위를 위해 이익을 창출할 수 있도록 수익성이 고려되어야 하며, 수익성뿐만 아니라 국민경제의 공익증진 및 금융시장 발전에 기여하는 방안, 소비자보호의 관점도 고려되어야 한다.

(2) 예금이 전체 자산수익률 변동성과 손실 위험이 허용되는 범위 안에 있도록 안정성도 고려한다. 예금상품의 이자율은 「우체국예금·보험에 관한 법률」에 따라 고시하는 기본이자율에 우대이자율을 더하여 정한다. 기본이자율이란 원금에 대한 이자의 비율(총 이자율) 중 우체국의 금리정책에 따라 예금의 종류별로 기본적으로 부여되는 금리를 말하며, 우대이자율이란 원금에 대한 이자의 비율(총 이자율) 중 상품에서 특정 조건에 따라 선택적으로 제공하는 금리를 말한다.

(3) 「우체국예금·보험에 관한 법률」에 따라 고시하고 우체국에서 취급하는 예금상품은 크게 입출금이 자유로운 예금, 거치식예금, 적립식예금, 기타예금으로 구분되며, 2025년 12월 기준 우체국에서 취급(판매)하는 예금상품은 다음과 같다.

1 수시입출식 예금(입출금이 자유로운 예금)

(1) 보통예금

가입대상에 제한이 없고 예입과 지급에 있어서 특별한 조건을 붙이지 않는 입출금이 자유로운 예금

(2) 저축예금

개인고객을 대상으로 하여 입출금이 자유로운 예금

(3) 듬뿍우대저축예금(MMDA ; Money Market Deposit Account)

개인고객을 대상으로 예치금액별로 차등 금리를 적용하는 개인 MMDA 상품으로 입출금이 자유로운 예금

(4) e-Postbank예금

① 가입대상은 실명의 개인
② 스마트뱅킹 또는 우체국 창구를 통해 가입하고 별도의 통장 발행 없이 전자금융 채널(인터넷뱅킹, 스마트뱅킹, 폰뱅킹, 자동화기기)을 통해 거래하는 입출금이 자유로운 예금

③ 이 예금의 상품 우대이율은 매 결산기간 중 다음에서 정하는 조건을 충족하는 경우 최고 연 0.5%p를 제공

(연 %p)

우대조건	우대이율
결산기 평균 잔액 50만원 이상	0.2
우체국 급여성 이체 기준에 해당하는 실적이 있는 경우	0.1
우체국 스마트뱅킹으로 이체·출금 거래실적이 있을 시	0.1
우체국 체크카드 이용실적이 20만원 이상인 경우	0.1

(5) 기업든든MMDA통장

① 가입대상은 법인, 고유번호증을 부여받은 단체, 사업자등록증을 가진 개인사업자 등
② 예치금액별로 차등 금리를 적용하는 기업 MMDA 상품으로 입출금이 자유로운 예금

(6) 우체국 행복지킴이통장

① 가입대상은 아래 표에서 정하는 국가에서 지급하는 각종 복지급여 수급자
② 저소득층 생활안정 및 경제활동 지원 도모를 목적으로 기초생활보장, 기초(노령)연금, 장애인연금, 장애(아동)수당 등의 기초생활 수급권 보호를 위한 「압류방지 전용 통장」으로 관련 법령에 따라 압류방지 수급금에 한해 입금이 가능한 예금

| 가입대상 | 아래에서 정하는 실명의 개인
① 「국민기초생활보장법」에서 정하는 기초생활 수급자
② 「기초연금법」에서 정하는 기초(노령)연금 수급자
③ 「장애인연금법」에서 정하는 장애인연금 수급자
④ 「장애인복지법」에서 정하는 장애수당, 장애아동수당 수급자
⑤ 「한부모가족지원법」에서 정하는 한부모가족지원 보호대상자
⑥ 「국민건강보험법」에서 정하는 요양비등 보험급여수급자
⑦ 「긴급복지지원법」에서 정하는 긴급지원 대상자
⑧ 「어선원 및 어선 재해보상보험법」에서 정하는 어선원보험의 보험급여 지급대상자
⑨ 「노인장기요양보험법」에서 정하는 특별현금급여비 수급자
⑩ 「건설근로자의 고용개선 등에 관한 법률」에서 정하는 건설근로자 퇴직공제금 수급자
⑪ 「아동수당법」에서 정하는 아동수당, 영아수당 수급자
⑫ 「중소기업협동조합법」에서 정하는 소기업·소상공인 공제금 수급자
⑬ 「아동복지법」에서 정하는 자립수당 수급자
⑭ 「재난적의료비 지원에 관한 법률」에서 정하는 재난적의료비 지원금액 수급자
⑮ 「자동차손해배상보장법」에서 정하는 자동차 사고 피해지원금 수급자
⑯ 「의료급여법」에서 정하는 의료급여 수급자
⑰ 「아동복지법」에서 정하는 자립정착금 수급자
⑱ 「영유아보육법」에서 정하는 양육수당 수급자
⑲ 「구직자 취업촉진 및 생활안정지원에 관한 법률」에서 정하는 구직촉진수당 등 수급자
⑳ 「고용보험법」에서 정하는 실업급여 수급자
㉑ 「산업재해보상보험법」에서 정하는 산업재해보상보험 보험급여 수급자
㉒ 「임금채권보장법」에서 정하는 체불 임금등 대지급금 수급자
㉓ 「장애인복지법」에서 정하는 저소득장애인 진단서 발급비 및 검사비 수급자
㉔ 「청소년복지지원법」에서 정하는 시설 퇴소청소년 자립지원수당 수급자
㉕ 「사회복지공동모금회법」에서 정하는 사회복지공동모금회 지원금 수급자
㉖ 「청소년복지지원법」에서 정하는 위기청소년 특별지원금 수급자 |

(7) 우체국 국민연금안심통장

① 가입대상은 실명의 개인

② 국민연금 수급권자의 연금수급 권리를 보호하기 위한 '압류방지 전용 통장'으로 관련 법령에 따라 국민연금공단에서 입금하는 국민연금 급여에 한하여 입금이 가능한 예금

③ 이 예금의 상품 우대이율은 매 결산 기간 중 평균잔액에 따라 최고 연 0.2%p를 제공

(연 %p)

예금 평균 잔액	우대이율
30만원 이상 50만원 미만	0.1
50만원 이상	0.2

(8) 우체국 선거비관리통장

① 가입대상은 선거관리위원회가 관리 운영하는 선거에 출마하는 입후보자 또는 입후보자가 지정하는 회계책임자 및 시·군·구 선거관리위원회

② 선거관리위원회에서 관리·운영하는 선거 입후보자의 선거비용과 선거관리위원회의 선거경비 관리를 위한 입출금 통장으로 선거기간을 전후로 일정기간 동안 거래수수료 면제 서비스를 제공하는 입출금이 자유로운 예금

(9) 우체국 하도급지킴이통장

① 가입대상은 법인 및 사업자등록증을 소지한 개인사업자, 고유번호(또는 납세번호)를 부여받은 단체

② 조달청에서 운영하는 '정부계약 하도급관리시스템'을 통해 발주한 공사 대금 및 입금이 하도급자와 근로자에게 기간 내 집행될 수 있도록 관리, 감독하기 위한 전용통장

③ 예금 출금은 '정부계약 하도급관리시스템'의 이체요청을 통해서만 가능하며 우체국창구, 전자금융, 자동화기기 등을 통한 출금은 불가

(10) 우체국 다드림통장

① 가입대상은 다드림통장 패키지 구분별로 아래 표에서 정하는 대상자로 구분

② 예금, 보험, 우편 서비스 이용 실적별 포인트 제공과 패키지별 우대금리 및 수수료 면제 등 다양한 우대서비스를 제공하는 우체국 대표 입출금이 자유로운 예금

패키지	주니어	직장인	사업자	실 버	베이직
가입대상자	19세 미만 실명의 개인	실명의 개인	개인사업자, 법인, 단체(금융기관 제외)	50세 이상 실명의 개인	개인, 개인사업자, 법인, 단체(금융기관 제외)

③ 다드림통장 주니어 패키지 우대이율은 매 결산일 기준으로 다음에서 정하는 조건을 충족하는 경우 최고 연 0.4%p를 제공

(연 %p)

우대조건	우대이율
결산기 평균 잔액 50만원 이상	0.1
우체국 어린이 전용 보험료 자동이체	0.1
우체국 적립식예금 월 납부금 1만원 이상 자동이체	0.1
우체국 체크카드 10만원 이상 이용	0.1
우체국 수시입출식 예금 첫 고객(가입일로부터 1년간 적용)	0.2
우체국 예금 · 보험 · 우편 우수고객 또는 인터넷 · 스마트뱅킹을 통한 가입	0.1~0.15

④ 다드림통장 직장인 패키지 상품 우대이율은 매 결산일 기준으로 다음에서 정하는 조건을 충족하는 경우 최고 연 0.6%p를 제공

(연 %p)

우대조건	우대이율
우체국 급여성 이체 기준에 해당하는 실적이 있는 경우	0.2
공과금 자동이체 약정이 되어 있는 경우	0.1
우체국 체크카드 20만원 이상 이용	0.1
결산기 평균 잔액 100만원 이상	0.1
우체국 수시입출식 예금 첫 고객(가입일로부터 1년간 적용)	0.2
우체국 예금 · 보험 · 우편 우수고객 또는 스마트뱅킹을 통한 가입	0.1~0.15

⑤ 다드림통장 사업자 패키지 상품 우대이율은 매 결산일 기준으로 다음에서 정하는 조건을 충족하는 경우 최고 연 0.6%p를 제공

(연 %p)

우대조건	우대이율
카드(신용, 체크) 가맹점 결제계좌 약정 및 이용	0.2
공과금 자동이체 약정이 되어 있는 경우	0.1
우체국 체크카드 이용(개인사업자 · 법인 100만원, 단체, 50만원)	0.1
결산기 평균 잔액 500만원 이상	0.2
우체국 수시입출식 예금 첫 고객(가입일로부터 1년간 적용)	0.2
우체국 예금 · 보험 · 우편 우수고객 또는 스마트뱅킹을 통한 가입	0.1~0.15

⑥ 다드림통장 실버 패키지 상품 우대이율은 매 결산일 기준으로 다음에서 정하는 조건을 충족하는 경우 최고 연 0.6%p를 제공

(연 %p)

우대조건	우대이율
연금 수령 실적	0.2
공과금 자동이체 약정이 되어 있는 경우	0.1
우체국 체크카드 20만원 이상 이용	0.1

결산기 평균 잔액 100만원 이상	0.1
우체국 수시입출식 예금 첫 고객(가입일로부터 1년간 적용)	0.2
우체국 예금 · 보험 · 우편 우수고객 또는 스마트뱅킹을 통한 가입	0.1~0.15

⑦ 다드림통장 베이직 패키지 상품 우대이율은 매 결산일 기준으로 다음에서 정하는 조건을 충족하는 경우 최고 연 0.15%p를 제공

(연 %p)

우대조건	우대이율
우체국 예금 · 보험 · 우편 우수고객 또는 스마트뱅킹을 통한 가입	0.1~0.15

(11) 우체국 공무원연금평생안심통장

① 가입대상은 실명의 개인

② 공무원연금, 별정우체국연금 수급권자의 연금수급 권리를 보호하기 위한 '압류방지 전용 통장'으로 관련 법령에 따라 공무원연금공단, 별정우체국연금관리단에서 입금하는 수급금에 한하여 입금이 가능한 예금

③ 이 예금의 상품 우대이율은 매 결산 기간 중 평균잔액에 따라 최고 연 0.2%p를 제공

(연 %p)

예금 평균 잔액	우대이율
50만원 이상 100만원 미만	0.1
100만원 이상	0.2

(12) 우체국 호국보훈지킴이통장

① 가입대상은 실명의 개인

② 독립 · 국가유공자의 보훈급여금 등 수급 권리를 보호하기 위한 '압류방지 전용 통장'으로 관련 법령에 따라 가입자에게 지급되는 보훈급여금, 참전명예수당, 고엽제수당 등 정기 급여에 한하여 입금이 가능한 예금

③ 이 예금의 상품 우대이율은 매 결산기간 중 평균잔액에 따라 최고 연 0.2%p를 제공

(연 %p)

예금 평균 잔액	우대이율
50만원 이상 100만원 미만	0.1
100만원 이상	0.2

(13) 우체국 생활든든통장

① 가입대상은 50세 이상 실명의 개인

② 50세 이상 고객의 기초연금, 급여, 용돈 수령 및 체크카드 이용 시 금융 수수료 면제, 우체국 보험료 자동이체 또는 공과금 자동이체 시 캐시백, 창구소포 할인쿠폰 등 다양한 서비스를 제공하는 시니어 특화 입출금이 자유로운 예금

③ 이 예금의 상품 우대이율은 매 결산기간 중 평균잔액 200만원 이하의 금액에 대해 다음에서 정하는 조건을 충족하는 경우 최고 연 1.3%p를 제공

(연 %p)

우대조건	우대이율
이 예금에 '기초연금' 입금 실적이 있는 경우(월 1회 이상)	0.5
이 예금에 '급여' 또는 '용돈' 입금 실적이 있는 경우(월 1회 이상)	0.5
우체국 '라이프⁺플러스 체크카드', '행福한 체크카드', '하이브리드여행체크카드' 중 1가지 이상 이용 실적이 있는 경우(월 20만원 이상 결제 시)	0.3

(14) 우체국 페이든든⁺ 통장

① 우체국예금 모바일 어플리케이션인 '우체국페이' 이용 실적 등에 따라 우대혜택을 제공하는 통장

② 실명의 개인으로 가입하는 개인통장과 개인사업자, 법인으로 가입하는 사업자 통장으로 구분

③ 우체국 페이든든⁺통장 개인통장의 상품 우대이율은 매 결산일 다음에서 정하는 조건을 충족하는 경우 최고 연 0.9%를 제공

(연 %p)

우대조건					우대이율
이 예금에서 우체국페이를 이용한 간편결제 및 간편송금 합산 이용금액이 아래 각 구간별 실적에 해당할 경우					0.1~0.5
10만원 이상 20만원 미만	20만원 이상 30만원 미만	30만원 이상 40만원 미만	40만원 이상 50만원 미만	50만원 이상	
0.1	0.2	0.3	0.4	0.5	
우체국 적립식 예금을 정상 보유한 경우					0.2
이 예금에서 공과금, 통신비, 보험료, 우체국 적금 자동이체 실적이 매월 있는 경우					0.2
소상공인 또는 소기업 대표자로 확인될 경우					0.2

④ 우체국 페이든든⁺통장 사업자통장의 상품 우대이율은 매 결산일 다음에서 정하는 조건을 충족하는 경우 최고 연 0.9%를 제공

(연 %p)

우대조건					우대이율
우체국페이(제로페이 포함) 간편결제 가맹점 결제계좌가 우체국 계좌로 약정되어 있고, 페이든든⁺통장 결산기간 평균 잔액이 각 구간별 실적에 해당할 경우					0.1~0.5
100만원 이상 200만원 미만	200만원 이상 300만원 미만	300만원 이상 400만원 미만	400만원 이상 500만원 미만	500만원 이상	
0.1	0.2	0.3	0.4	0.5	
'우체국 소상공인 정기예금'을 정상 보유한 경우					0.2
소상공인 또는 소기업으로 확인될 경우					0.2

(15) 우체국 정부보관금통장

① 가입대상은 출납공무원이 배치된 국가기관
② 정부보관금의 효율적인 자금관리를 위한 전용통장

(16) 우체국 청년미래든든통장

① 가입대상은 18세 이상 ~ 35세 이하 실명의 개인
② 대학생 · 취업준비생 · 사회초년생의 안정적인 사회 진출 지원을 위해 금리우대, 수수료 면제, 창구소포 할인쿠폰 등 다양한 혜택을 제공하는 입출금이 자유로운 예금
③ 이 예금의 상품 우대이율은 매 결산기간 중 평균잔액 100만원 이하의 금액에 대해 다음에서 정하는 조건 중 하나를 충족하는 경우 최고 연 1.0%p를 제공

(연 %p)

우대조건	우대이율
이 예금에 우체국 체크카드 이용 실적이 있는 경우	1.0
이 예금에 우체국페이 이용(간편결제 또는 간편송금) 실적이 있는 경우	

(17) 우체국 건설하나로 통장

① 가입대상은 자격확인 증빙서류를 통해 건설업 종사자임을 확인할 수 있는 실명의 개인 또는 개인사업자
② 건설업에 종사하는 '우체국 건설 올패스 카드' 이용고객을 우대하는 전용통장
③ 이 예금의 상품 우대이율은 매 결산기간 중 평균잔액 100만원 이하의 금액에 대해 다음에서 정하는 조건을 충족하는 경우 최고 연 0.8%p를 제공

(연 %p)

우대조건	우대이율
전월에 「우체국 건설 올패스 카드」* 이용실적이 있는 경우	0.4
전월에 「해외 자동송금 서비스」 이용실적이 있는 경우	0.2
전월에 우체국 급여성 이체 기준에 해당하는 실적, 적금 자동이체 실적, 결산기간 동안 평균 잔액 50만원 이상 실적 중 1가지 이상 해당하는 경우	0.2

*기존 '우체국 하나로 전자카드' → '우체국 건설 올패스 카드'로 네이밍 변경 (2024.1.8.)

2 거치식 예금(목돈 굴리기 예금)

(1) 정기예금

가입대상에 제한이 없고 일정의 약정기간을 정하여 그 기간 내에는 지급청구를 하지 않고 기간 만료 시에 지급하는 조건으로 일정금액을 일시에 예입하는 거치식 예금의 기본상품

(2) 챔피언 정기예금

가입대상에 제한이 없고 가입기간(연, 월, 일 단위 가입) 및 이자지급방식(만기일시지급식, 월이자지급식)을 자유롭게 선택할 수 있는 고객맞춤형 정기예금

(3) 이웃사랑정기예금

① 국민기초생활수급자, 장애인, 한부모가족, 소년소녀가정, 조손가정, 다문화가정 등 사회 소외계층과 장기기증(희망등록)자, 골수기증(희망등록)자, 헌혈자(5회 이상), 입양자 등 사랑 나눔 실천자 및 농어촌 지역(읍·면 단위 지역 거주자) 주민의 경제생활 지원을 위한 공익형 정기예금

② 이 예금의 상품 우대이율은 신규 가입일에 다음 우대조건을 확인하여 충족하는 경우예치금액에 따른 차등이율을 적용하며 최고 연 0.5%p를 제공

(연 %p)

우대조건		우대이율	
		1억원 이하	1억원 초과
사랑 금리 (최고 연 0.3%p)	국민기초생활수급자, 장애인, 한부모가족, 조손가정, 소년소녀가정, 다문화 가정 고객	0.3	0.2
	장기기증(희망등록)자, 골수 기증(희망등록)자, 헌혈자(5회 이상), 입양 실천 고객	0.3	0.2
	읍·면 단위 지역 거주자	0.2	0.1
보너스 금리 (최고 연 0.2%p)	소외 계층의 정기적인 정부지원금을 우체국 수시 입출식 예금으로 매월 수령	0.1	
	우체국 장애인복지체크카드 이용고객	0.1	

(4) 우체국 퇴직연금 정기예금

① 「근로자퇴직급여보장법」에서 정한 자산관리업무를 수행하는 퇴직연금사업자를 위한 전용 정기예금

② 이 예금은 우정사업본부와 퇴직연금사업자의 사전 협약에 의해 가입이 가능하며, 우정사업본부가 정한 우체국에 한해 취급이 가능한 상품

(5) e-Postbank정기예금

① 가입대상은 실명의 개인

② 인터넷뱅킹, 스마트뱅킹으로 가입이 가능한 온라인 전용상품으로 온라인 예·적금 가입, 자동이체 약정, 체크카드 이용실적에 따라 우대금리를 제공하는 정기예금

③ 이 예금의 상품 우대이율은 다음에서 정하는 조건을 충족하는 경우 최고 연 0.3%p를 제공

(연 %p)

우대조건	우대이율
인터넷·스마트뱅킹으로 거치·적립식 예금상품을 신규 가입한 경우	0.1
우체국 수시입출식 예금에 자동이체약정 2건 이상 되어 있는 경우	0.1
우체국 체크카드 월 평균 이용실적이 20만원 이상인 경우	0.1

(6) 2040⁺ᵅ 정기예금

① 가입대상은 우체국 창구를 통해 가입하는 경우 실명의 개인, 개인사업자, 단체, 법인(금융기관 제외)이고, 인터넷뱅킹 · 스마트뱅킹을 통해 가입 경우에는 실명의 개인

② 20~40대 직장인과 법인 등의 안정적 자금운용을 위해 급여이체 실적, 체크카드 이용실적, 우체국예금, 보험, 우편 우수고객 등 일정 조건에 해당하는 경우 우대금리를 제공하는 정기예금

③ 이 예금의 상품 우대이율은 다음에서 정하는 조건을 충족하는 경우 최고 연 0.3%p를 제공

(연 %p)

우대조건	우대이율			
	개 인	개인 사업자	법 인	단 체
우체국 수시입출식 예금으로 우체국 급여성 이체 기준에 해당하는 실적이 있는 경우	0.1	–	–	–
우체국 체크카드 월 평균 이용실적 해당 시 (개인, 단체 60만원 / 개인사업자 90만원 / 법인 300만원) *신규 가입일이 속한 월의 1일부터 3개월이 경과한 월의 말일까지 이용실적	0.1	0.1	0.1	0.1
우체국 수시입출식 예금 3개월 평균잔액 실적 해당 시 (개인 100만원 / 개인사업자, 법인, 단체 500만원) *신규 가입일의 전전전월 1일부터 신규 가입일 전일까지 평잔실적	0.1	0.1	0.1	0.1
우체국 예금 · 보험 · 우편 우수고객인 경우 *우편 우수고객 우대는 우체국창구 가입 시 적용	0.1~0.15	0.1~0.15	0.1	0.1

(7) 우체국 ISA(개인종합자산관리계좌)정기예금

① 「조세특례제한법」에서 정한 개인종합자산관리계좌(ISA; Individual Savings Account) 판매자격을 갖춘 신탁업자 및 금융투자업자 등 ISA 취급 금융기관을 대상

② ISA 편입 자산을 운용하기 위한 전용 정기예금

(8) 우체국 소상공인정기예금

① 실명의 개인 또는 개인사업자인 소상공인 · 소기업 대표자를 대상

② 노란우산 가입, 노란우산 자동이체 실적, 우체국 수시입출식 예금 실적에 따라 우대금리를 제공하는 서민자산 형성 지원을 위한 공익형 정기예금

③ 이 예금의 상품 우대이율은 다음에서 정하는 조건을 충족하는 경우 최고 연 0.5%p를 제공

(연 %p)

우대조건	우대이율
가입자가 소상공인 · 소기업 대표자일 경우	0.3
중소기업중앙회가 운영하는 노란우산을 보유한 경우	0.1
우체국 수시입출식 예금에서 노란우산 자동이체 실적이 있는 경우 *신규 가입일이 속한 월의 1일부터 3개월이 경과한 월의 말일까지	0.1
우체국 수시입출식 예금 평균잔액 200만원 이상 시 *신규 가입일이 속한 월의 1일부터 만기 전전월 말일까지	0.1

(9) 우체국 파트너든든 정기예금

① 가입대상은 개인, 개인사업자, 법인(금융기관 제외)

② 회전주기(1개월, 3개월, 6개월) 적용을 통해 고객의 탄력적인 목돈운용이 가능하며 우편 계약 고객(우체국 소포, EMS, 우체국쇼핑 공급업체) 및 예금 거래 고객을 우대하는 정기예금

③ 이 예금의 상품 우대이율은 다음에서 정하는 조건을 충족하는 경우 최고 연 0.4%p를 제공

(연 %p)

우대조건	우대이율
우편 계약고객(우체국 소포, EMS, 우체국쇼핑 공급업체)으로 확인되는 경우 *우체국창구를 통한 신규 가입 시 적용	0.2
우체국 수시입출식 예금 평균잔액 실적에 해당되는 경우 (개인 100만원 이상 / 개인사업자 · 법인 · 단체 1,000만원 이상)	0.1
우체국 체크카드 이용실적 우대에 해당되는 경우 (개인 · 단체 20만원 이상 / 개인사업자 60만원 이상 / 법인 200만원 이상)	0.1
신규 가입 시 우체국 예금 우수고객일 경우	0.1~0.15

(10) 우체국 편리한 e정기예금

① 가입대상은 실명의 개인

② 보너스입금, 비상금 출금, 자동 재예치, 만기 자동해지 서비스로 편리한 목돈 활용이 가능한 디지털전용 정기예금

③ 이 예금의 상품 우대이율은 다음에서 정하는 조건을 충족하는 경우 최고 연 0.4%p를 제공

(연 %p)

우대조건	우대이율
우체국 온라인 정기예금 첫 거래 고객 우대 (최근 1년 이내 인터넷 · 스마트뱅킹을 통한 정기예금 가입, 유지, 해지가 없는 경우)	0.2
우체국 수시입출식 예금으로 우체국 급여성 이체 기준에 해당하는 실적이 있는 경우	0.2
만기 자동 재예치 하는 경우	0.2

(11) 시니어 싱글벙글 정기예금

① 가입대상은 실명의 개인

② 여유자금 추가입금과 긴급자금 분할해지가 가능한 정기예금으로 50세 이상 중년층 고객을 위한 우대금리 및 세무, 보험 등 부가서비스를 제공

③ 이 예금의 상품 우대이율은 다음에서 정하는 조건을 충족하는 경우 최고 연 0.4%p를 제공

(연 %p)

우대조건	우대이율
가입 시 50세 이상 고객인 경우	0.1
정기예금 첫 거래 고객 우대(최근 1년 이내 우체국 정기예금 가입, 유지, 해지가 없는 경우)	0.1
우체국 수시입출식 예금으로 연금 또는 급여이체 실적 우대	0.2

우체국 수시입출식 예금 월 평균 잔액 50만원 이상 우대	0.1
우체국 체크카드 20만원 이상 이용 우대	0.1
만기 자동재예치 우대	0.1

(12) 초록별 사랑 정기예금

① 가입대상은 실명의 개인

② 종이통장 미발행, 친환경 활동 및 기부참여 시 우대혜택을 제공하는 ESG 연계 정기예금

③ 이 예금의 상품 우대이율은 다음에서 정하는 조건을 충족하는 경우 최고 연 0.4%p를 제공

(연 %p)

우대조건	우대이율
친환경 실천 가입확인서 제출 (서울시 통합에코마일리지 가입확인서 또는 한국환경산업기술원 탄소중립포인트 가입확인서)	0.2
우체국공익재단 협약기관에(사단법인 한국백혈병소아암 협회) 기부 신청 및 기부금(1천원~1백만원)이 1회 이체된 경우	0.2
우체국 창구에서 신규 가입 시 '통장 미 발행'을 선택하거나 인터넷 · 스마트뱅킹을 통해 이 예금을 가입하는 경우	0.1

3 적립식 예금(목돈마련 예금)

(1) 정기적금

가입대상에 제한이 없고 일정기간 후에 약정금액을 지급할 것을 조건으로 하여 예금자가 일정금액을 일정일에 예입하는 적립식 예금

(2) 2040$^{+\alpha}$ 자유적금

① 가입대상은 개인, 개인사업자, 단체, 법인(금융기관 제외)

② 20~40대 직장인과 카드 가맹점, 법인 등의 자유로운 목돈 마련을 위해 급여이체 실적, 카드 가맹점 결제계좌 이용, 적금 자동이체 실적 등의 조건에 해당하는 경우 우대금리를 제공하는 적립식 예금

③ 이 예금의 상품 우대이율은 다음에서 정하는 조건을 충족하는 경우 최고 연 0.3%p를 제공

(연 %p)

우대조건	우대이율			
	개 인	개인 사업자	법 인	단 체
우체국 수시입출식 예금으로 우체국 급여성 이체 기준에 해당하는 실적이 있는 경우	0.1	–	–	–
카드(신용, 체크)가맹점 우체국 결제계좌 약정 및 이용 시	0.1	0.1	0.1	0.1
우체국 체크카드 월 평균 이용실적 해당 시 (개인, 단체 60만원/개인사업자 90만원/법인 300만원) *신규 가입일이 속한 월의 1일부터 3개월이 경과한 월의 말일까지 이용실적	0.1	0.1	0.1	0.1

월 50만원 이상 우체국 수시입출식 예금에서 이 적금으로 만기까지 자동이체 시	0.1	0.1	0.1	0.1
(창구 가입 시) 우체국 예금, 보험, 우편 우수고객 (인터넷 가입 시) 인터넷뱅킹 · 스마트뱅킹으로 가입 시	0.1 ~ 0.15	0.1~0.15	0.1	0.1

(3) 우체국 새출발자유적금

① 가입대상은 새출발자유적금 패키지 구분별로 아래 표에서 정하는 대상자로 구분

② 사회 소외계층 및 농어촌 고객의 생활 안정과 사랑 나눔실천(헌혈자, 장기기증자 등) 국민행복 실현을 위해 우대금리 등의 금융혜택을 적극 지원하는 공익형 적립식 예금

패키지 구분	새출발 희망	새출발 행복
가입 대상자	기초생활수급자, 근로장려금수급자, 장애인 연금 · 장애수당 · 장애아동수당수급자, 한부모가족지원보호대상자, 소년소녀가장, 북한이탈주민, 결혼이민자	헌혈자, 입양자, 장기 · 골수기증자, 다자녀가정, 부모봉양자, 농어촌 읍면단위 거주자, 개인신용 평점 상위 92% 초과 개인, 협동조합종사자, 소상공인

③ 이 예금의 상품 우대이율은 다음에서 정하는 조건을 충족하는 경우 새출발 희망 패키지는 최고 연 2.2%p, 새출발 행복 패키지는 최고 연 0.5%p를 제공

(연 %p)

우대조건		우대이율	
		새출발 희망	새출발 행복
패키지 구분별 가입대상자 조건에 해당할 경우		0.2	
우체국 수시입출식 계좌에서 이 적금으로 자동이체 (적금 자동이체 월 평균 금액대별 우대이율 제공)	1만원 이상 10만원 미만	1.0	0.1
	10만원 이상 20만원 미만	1.5	0.2
	20만원 이상 30만원 이하	2.0	0.3

(4) 우체국 다드림적금

① 가입대상은 실명의 개인

② 주거래 고객 확보 및 혜택 제공을 목적으로 각종 이체 실적 보유 고객, 장기거래 등 주거래 이용 실적이 많을수록 우대 혜택이 커지는 적립식 예금

③ 이 예금의 상품 우대이율은 다음에서 정하는 조건을 충족하는 경우 최고 연 1.0%p를 제공

(연 %p)

우대조건	우대이율
우체국예금 3년 이상 장기거래 고객	0.1
우체국 예금 우수고객	0.1~0.15
이 적금을 3년으로 가입하고 만기해지 시	0.2

우체국 급여성 이체 기준 실적, 연금수령, 공과금 자동이체, 다드림 적금 월 납부금 자동이체 중 매월 2가지 이상 실적 해당 시		0.4
다드림 통장 또는 다드림 체크카드 중 1가지 이상의 실적 해당 시		0.2
구 분	**실적기준**	
다드림통장	월 평균 잔액이 100만원 이상인 경우	
다드림체크카드	결제실적이 월 10만원 이상인 경우	

(5) 우체국 아이LOVE 적금

① 가입대상은 19세 미만의 실명의 개인

② 어린이 · 청소년의 목돈 마련을 위해 사회소외 계층, 단체가입, 가족 거래 실적 등에 따라 우대금리를 제공하는 적립식 예금

③ 가입 고객을 대상으로 우체국 주니어보험 무료가입, 캐릭터통장 및 통장 명 자유선정, 자동 재예치 서비스 등의 부가서비스 제공

④ 우체국 수시입출식 예금의 자투리 금액(1만원 미만 잔액)을 매월 이 적금으로 자동 저축하는 서비스인 자투리 저축 서비스 제공

⑤ 이 예금의 상품 우대이율은 다음에서 정하는 조건을 충족하는 경우 최고 연 1.0%p를 제공

(연 %p)

우대조건	우대이율
대표가족[*]의 스마트뱅킹 이체 거래가 15회 이상인 경우 [*]가족관계증명서장 예금주의 직계존속(부모, 조부모) 중 대표가족으로 등록한 1인	0.1
대표가족의 우체국 체크카드 이용실적이 총 60만원 이상인 경우	0.1
대표가족의 우체국 정기예금 · 적립식 예금 신규 가입	0.1
학교(초 · 중 · 고), 유치원, 어린이집을 통한 단체 신규 가입	0.2
'우체국예금–초등학교 협력사업'의 초등학교 학생 신규 가입	0.2
우체국 수시입출식 예금에서 이 적금으로 자동이체	0.1
자동 재예치 시 직전 예치기간 동안 100만원 이상 납입한 경우	0.1
기초생활수급자 가정, 장애인, 한부모가족지원보호대상자 가정, 소년소녀가정, 새터민 가정, 결혼이민자 가정, 다자녀 가정	0.4

(6) 우체국 마미든든 적금

① 가입대상은 실명의 개인

② 일하는 기혼 여성 및 다자녀 가정 등 워킹맘을 우대하고, 다문화 · 한부모 가정 등 목돈마련 지원과 금융거래 실적 해당 시 우대혜택이 커지는 적립식 예금

③ 우체국 수시입출식 예금에서 이 적금으로 월 30만원 이상 자동이체약정 시 부가서비스로 우체국 쇼핑 할인쿠폰을 제공

④ 이 예금의 상품 우대이율은 다음에서 정하는 조건을 충족하는 경우 최고 연 1.4%p를 제공

(연 %p)

우대조건				우대이율
계약기간(신규 가입일~만기일) 중 예금주의 총 자녀수(태아포함)에 따라 우대이율 제공				0.2~0.4
자녀수	1명	2명	3명 이상	
우대이율	0.2	0.3	0.4	
계약기간(신규 가입일~만기일) 중 예금주가 혼인한 여성이면서 경제활동 사실이 있는 경우				0.2
신규 가입 시 예금주가 결혼이민여성, 한부모 가정의 여성, 여성 장애인 중 하나에 해당할 경우				0.4
신규 가입 시 예금주 본인, 자녀, 손자 · 손녀 중 우체국 아이LOVE 적금을 보유한 경우				0.1
신규 가입 시 예금주 본인, 자녀, 손자 · 손녀 중 우체국 아이LOVE 적금에서 '우체국예금–초등학교 협력사업의 초등학교 학생 신규 가입' 실적에 해당되어 우대이율을 적용 받는 경우				0.3
신규 가입일이 속한 월의 1일부터 3개월이 경과한 월의 말일까지 우체국 체크카드 이용 실적 총 60만원 이상				0.1
계약기간(신규 가입일~만기일) 중 우체국 수시입출식 예금에서 이 적금으로 자동이체(월 30만원 이상) 월 납입횟수 80% 이상				0.2

(7) 우체국 가치모아적금

① 가입대상은 실명의 개인

② 여행자금, 모임회비 등 목돈 마련을 위해 여럿이 함께 저축할수록 우대혜택이 커지고 다양한 우대 서비스를 제공하는 적립식 예금

③ 예금주에게 매월 자동이체 저축현황을 알려주는 자동이체 알림 서비스, 모임추천번호에 등록한 인원 현황을 알려주는 모임적금 알림 서비스, 고객이 통장명칭을 자유로이 선정할 수 있는 통장별칭 서비스 등 다양한 우대서비스 제공

④ 이 예금의 상품 우대이율은 다음에서 정하는 조건을 충족하는 경우 최고 연 0.8%p를 제공

(연 %p)

우대조건								우대이율
우체국 수시입출식 예금에서 이 적금으로 자동이체 약정 (최대 10명)을 하고 자동이체 실적 횟수를 달성한 인원수에 따라 제공								1명 : 0.1 2명 : 0.2 3~10명 : 0.3
가입기간	6개월	7개월	8개월	9개월	10개월	11개월	12개월	
자동이체 실적 횟수 (1명당)	3회	3회	4회	4회	5회	5회	6회	
동일한 모임추천번호를 등록하여 우체국 가치모아적금에 가입한 인원이 3명이상 5명 이하인 경우								0.2
목표저축액을 설정하고 달성한 경우 (100만원 이상 500만원 미만 0.1/500만원 이상 0.2)								0.1~0.2
우체국 상품 · 서비스 마케팅 동의한 경우								0.1
우체국 여행특화 체크카드 ('우체국 드림플러스 아시아나 체크카드' 또는 '우체국 하이브리드여행 체크카드') 이용 실적이 있는 경우								0.1
이 적금을 인터넷뱅킹 또는 스마트뱅킹을 통해 가입한 경우								0.1
이 적금을 재가입한 경우								0.1

(8) 우체국 장병내일준비적금

① 국군병사의 군 복무 중 목돈 마련을 지원하고, 금융실적에 따라 우대금리, 부가서비스를 제공하는 적립식 예금

② 가입대상은 현역병, 상근예비역, 의무경찰, 해양의무경찰, 의무소방대원, 사회복무요원, 대체복무요원 등 병역의무 수행자로 만기일은 전역(또는 소집해제) 예정일로 한정

③ 이 예금의 저축한도는 매월 30만원 범위 내에서 적립 가능하며, 「장병내일준비적금」상품을 판매하는 모든 취급기관*을 합산하여 고객의 최대 저축 한도는 월 55만원까지 가능

　*취급기관 : 14개(우체국, 국민, 기업, 신한, 우리, 하나, 농협, 수협, iM뱅크, 부산, 광주, 전북, 경남, 제주은행)

④ 이 예금의 상품 우대이율은 다음에서 정하는 조건을 충족하는 경우 최고 연 0.8%p를 제공
다만, 적금 가입기간이 6개월 미만인 경우 상품 우대이율은 최고 연 0.6%p를 제공

(연 %p)

우대조건	우대이율
우체국 수시입출식 예금에서 이 적금으로 월 1만원 이상 자동이체 약정을 하고 자동이체 납입 횟수가 계약기간(신규 가입일~만기일) 개월수의 50% 이상인 경우	0.4
신규 가입일이 속한 월의 1일부터 3개월이 경과한 월의 말일까지 우체국 체크카드 이용 실적이 월평균 5만원(총 20만원) 이상인 경우 ※ 적금 가입기간 6개월 이상인 경우에만 해당 우대이율 적용	0.2
신규 가입일 현재 우체국예금 첫 거래 고객	0.2

(9) 우체국 매일모아 e적금

① 가입대상은 실명의 개인

② 매일 저축(자동이체) 및 매주 알림저축 서비스를 통해 소액으로 쉽고 편리하게 목돈 모으기가 가능한 디지털전용 적립식 예금

③ 이 예금의 상품 우대이율은 다음에서 정하는 조건을 충족하는 경우 최고 연 1.1%p를 제공

(연 %p)

우대조건	우대이율
최근 1년 이내 인터넷·스마트뱅킹을 통한 적립식 예금 가입, 유지, 해지가 없는 경우	0.5
우체국 수시입출식 예금으로 우체국 급여성 이체 기준에 해당하는 실적이 있는 경우	0.2
신규 가입 시 타인의 추천번호를 입력하거나 본인의 추천번호를 타인이 가입 시 입력한 경우 본인 및 타인 모두 각각 연 0.1%p씩 최고 연 0.2%p까지 적용	0.2
'매일 자동이체' 약정을 하고 가입기간 동안 '매일 자동이체'로 납입한 합계액이 100만원 이상인 경우	0.2

(10) 달달하이(high) 적금

① 가입대상은 실명의 개인

② 1개월 또는 2개월의 초단기로 가입하며 단기간의 소액이지만 높은 금리를 제공하는 스마트뱅킹 전용 적립식 예금

③ 이 예금의 상품 우대이율은 다음에서 정하는 조건을 충족하는 경우 최고 연 3.2%p를 제공

(연 %p)

우대조건	우대이율
청년고객(19세 이상 34세 이하) 고객인 경우	0.5
나만의 소망 · 목표를 '나무이름 정하기'를 통해서 등록할 경우	0.5

가입기간(재예치 기간)별 저축 우대

가입기간(재예치 기간) 1개월		가입기간(재예치 기간) 2개월		
적립횟수	우대이율	적립횟수	우대이율	
5회 이상 10회 미만	1.0	10회 이상 20회 미만	1.0	1.0~2.0
10회 이상 20회 미만	1.5	20회 이상 40회 미만	1.5	
20회 이상	2.0	40회 이상	2.0	

우대조건	우대이율
만기 후 재예치 또는 재가입 우대(고객별 1회만 적용)	0.2

(11) 우체국 럭키⁺ CU 적금

① 가입대상은 실명의 개인이며 높은 금리 제공으로 효율적인 저축자금 마련 지원 및 편의점 연계 이벤트를 통해 편의점 소비 시 할인혜택을 제공하는 이색 적금

* 우체국 럭키⁺CU 적금 가입고객 대상으로 편의점 CU 모바일 상품권 등 경품 이벤트 제공

② 이 예금의 상품 우대이율은 다음에서 정하는 조건을 충족하는 경우 최고 연 3.0%p를 제공

(연 %p)

우대조건	우대이율
최근 1년 이내 스마트뱅킹을 통한 적립식 예금의 가입, 유지, 해지가 없는 경우	1.5
우체국 체크카드 이용 실적 총 20만원 이상인 경우 (신규 가입일이 속한 월의 1일부터 3개월이 경과한 월의 말일까지)	1.5

4 기타

(1) 국고예금

정부의 관서운영경비를 지급하는 관서운영경비 출납공무원이 교부받은 자금을 예치 · 사용하기 위해 개설하는 일종의 보통예금

5 공익형 예금상품

(1) 공익형 상품이란 우체국예금 상품 중 국영금융기관으로서의 공적인 역할 제고를 위한 예금으로서 정부정책 지원 및 금융소외계층, 사회적 약자를 지원하기 위한 예금이다.

(2) 우체국은 총 10종의 예금상품을 통해 금융소외계층의 기초생활 보장을 위한 수급금 압류방지 통장과 서민 · 소상공인 등 금융소외계층의 자산형성을 지원하기 위한 특별 우대이율을 제공 중에 있다.

[공익형 예금상품의 종류]

구 분	수시입출식 예금(6종)	적립식 예금(2종)	거치식 예금(2종)
10종	행복지킴이통장, 국민연금안심통장, 공무원연금 평생안심통장, 호국보훈지킴이통장, 청년미래든든통장, 건설하나로통장	새출발자유적금, 장병내일준비적금	이웃사랑정기예금, 소상공인정기예금

02 카드상품(체크카드)

우체국은 국민의 건전한 소비문화 조성과 친서민 경제 활성화를 위해 「전자금융거래법」(제2조 및 제28조)상 근거를 통해 우체국 결제계좌 잔액의 범위 내에서 지불결제 및 현금카드 기능을 부여한 체크카드 사업을 2011년 12월부터 시행 중이다.

1 발급대상 및 기능과 사용한도

(1) 우체국 체크카드 발급대상 및 가입연령

구 분	내 용
개 인	• 12세 이상(일반 체크카드), 14세 이상(지역사랑상품권), 18세 이상(하이브리드 체크) • 단, 하이브리드 체크카드의 경우 18세는 후불교통만 가능(소액신용 불가)
법 인	일반법인, 개인사업자, 고유번호 또는 납세번호가 있는 단체(임의단체)

(2) 우체국 체크카드 기능

구 분	내 용	
체크카드	결제계좌 잔액범위 내에서 지불결제	기본 기능
현금카드	CD/ATM 등 자동화기기를 통해 현금 입·출금	
선불교통	(주)티머니(T-money) 제휴 선불교통 기능	
하이브리드	후불교통 및 소액신용(최대 30만원 한도) 결제	
해외결제	글로벌 브랜드사와 제휴한 해외가맹점에서 결제	
가족카드	본인회원이 발급한 개인형 카드에 가족이 추가 발급하는 카드로 이용에 관한 모든 책임을 본인회원이 부담 ※ 발급대상 : 본인회원의 배우자, 자녀, 자녀의 배우자, 부모, 조부모, 형제자매, 손자녀, 본인회원 배우자의 부모, 배우자의 형제자매	
점자카드	시각장애인을 위해 카드 앞면에 카드번호, 상품명, 유효기간 등을 점자로 각인	
학생증카드	대학교(원) 학생증에 체크카드 기능이 통합	
복지카드	복지포인트가 부여된 임직원이 발급받는 카드로 복지포인트 가맹점에서 결제 시, 복지포인트로 결제 또는 차감이 가능한 카드	

(3) 우체국 체크카드 사용한도

① 우체국 체크카드 결제계좌는 현재 우체국 요구불 예금으로 지정하도록 되어 있다(국민행복 전용카드와 같이 계좌 없이 바우처 사용만을 위한 특수상품 제외).

② 사용한도는 개인과 법인에 따라 차이가 있으며 연회비는 없다.

[우체국 체크카드 사용한도]

구 분		기본 한도		최대 한도	
		일한도	월한도	일한도	월한도
개 인	12세 이상	3만원	30만원	3만원	30만원
	14세 이상	6백만원	2천만원	5천만원	5천만원
법 인		6백만원	2천만원	1억원	3억원

※ 미성년자(12~13세)는 14세 이상이 되는 시점에 자동으로 한도가 상향되지 않으며, 우체국창구, 인터넷뱅킹, 스마트뱅킹을 통하여 한도 상향 신청 필요

2 체크카드 상품 및 특징

2025년 12월 판매상품 기준으로 우체국 체크카드는 개인 19종, 법인 5종으로 총 24종의 상품을 운영 중이며, 상품별 특징은 다음과 같다.

(1) 개인형 상품

① 우체국 행복한 체크카드

ㄱ 의료 특화 카드로 병의원 · 약국 · 학원 · 대형마트 · 문화 10%, 우체국 최대 12% 캐시백 및 그린서비스 제공

ㄴ 국내 전용/국내외 겸용(Mastercard) 선택이 가능하며 12세 이상은 체크카드, 18세 이상인 경우 하이브리드카드 발급 가능

② 우체국 다드림 체크카드

ㄱ 포인트 적립 카드로 전 가맹점 0.3%, 우체국 5%, 알뜰폰 통신료 10%가 우체국 포인트로 적립되며 Oh! Point 가맹점 이용 시 Oh!Point 적립(가맹점에 따라 적립률 상이)

ㄴ 국내 전용/국내외 겸용(Mastercard) 선택이 가능하며 12세 이상은 체크카드, 18세 이상인 경우 하이브리드카드 발급 가능

③ 우체국 국민행복 체크카드

ㄱ 정부에서 지원하는 다양한 국가바우처를 한 장의 카드로 이용 가능한 상품

ㄴ 부가서비스는 A,B,C Type 선택이 가능하며, 선택 Type에 따라 혜택(캐시백 및 에코머니 포인트) 제공

ㄷ 그린서비스를 제공하며, 국내 전용 카드로 12세 이상 발급 가능

④ 우체국 우리동네plus 체크카드

ㄱ 지역별 특성을 고려하여 특화 서비스를 제공하는 상품

ㄴ 부가서비스는 Ⅰ, Ⅱ, Ⅲ Type 선택이 가능하며, 선택한 Type에 따라 캐시백 제공

ㄷ 그린서비스를 제공하며, 국내 전용 카드로 12세 이상 발급 가능

⑤ 우체국 후불 하이패스 카드

  ⑦ 충전이 필요 없는 후불 하이패스 전용 상품으로 일반 가맹점 결제 및 현금카드 기능 불가

  ⓛ 국내 전용 카드로 우체국 하이브리드카드 발급고객에 한하여 발급이 가능하며, 최초 발급 시 발급수수료 5천원 징구(단, 우수고객은 발급수수료 면제)

  ⓒ 한도는 하이브리드카드 신용한도에 합산*되고, 이용대금은 하이브리드카드 신용결제 대금 청구 시 함께 청구

    *우체국 하이브리드카드와 후불 하이패스카드 합산, 1인당 월 30만원 한도

⑥ 우체국 어디서나plus 체크카드

  ⑦ 우체국 어디서나 체크카드를 리뉴얼한 카드로 친환경 소비, 구독, 디저트 등 최근 소비 트렌드를 반영한 생활밀착형 상품

  ⓛ 전기차·수소차 충전요금·구독·우체국 10%, 쇼핑·식음료 5%, 이동통신요금·아파트 관리비 3천원, 주유 L당 40원 캐시백 제공

  ⓒ 국내 전용/국내외 겸용(VISA) 선택이 가능하며 12세 이상은 체크카드, 18세 이상인 경우 하이브리드 체크카드 발급 가능

⑦ 우체국 e-나라도움 체크카드(개인)

  ⑦ 국고보조금을 교부받는 개인에게 발급하는 상품

  ⓛ 국내 전용 카드로 별도 캐시백 및 포인트 등의 부가서비스는 제공되지 않음

⑧ 우체국 라이프+플러스 체크카드

  ⑦ 액티브 시니어 대상 행복한 라이프를 위한 카드

  ⓛ 온라인쇼핑·홈쇼핑·대형마트·편의점·반려동물 업종·레져/스포츠 10% 캐시백, 우체국 5% 캐시백, 해외 전 가맹점 1% 캐시백 제공

  ⓒ 국내외 겸용(VISA)으로 12세 이상 발급 가능

⑨ 우체국 건설올패스 전자카드

  ⑦ 건설근로자가 건설현장에서 설치된 단말기에 태그하여 출퇴근 기록을 남길 수 있는 기능과 체크카드 기능이 합쳐진 통합 카드

  ⓛ 의료비·통신비 5%, 음식점·편의점·숙박업 3%, 우체국 10% 캐시백을 제공하며 해외 CD/ATM 현금인출 수수료(건당 3$) 면제

  ⓒ 국내 전용/국내외 겸용(VISA)선택이 가능하며 12세 이상 발급 가능

    *(구) 하나로 전자카드를 리뉴얼하여 출시

⑩ 우체국 go캐시백글로벌 체크카드

  ⑦ 해외 및 온라인 소비에 특화된 카드

  ⓛ 대형마트·간편결제·배달앱·커피·우체국·면세점 5%, 공항라운지 연 1회, 해외 전 가맹점 7% 캐시백 제공

  ⓒ 국내외 겸용(Mastercard)으로 12세 이상은 체크카드, 18세 이상인 경우 하이브리드 체크카드 발급 가능

⑪ 우체국 영리한plus 체크카드

　㉠ 폐플라스틱을 재활용한 친환경카드로 MZ고객 니즈를 반영한 상품

　㉡ 디지털 콘텐츠 서비스 20%, 온라인쇼핑 · 배달앱 15%, 커피 · 생활 잡화 스토어 · 우체국 5% 캐시백 제공

　㉢ 국내외 겸용(Mastercard)으로 12세 이상 발급 가능

⑫ 우체국 개이득 체크카드

　㉠ 혜택이 펼쳐지는(開 : 펼쳐질 개) 디자인이 예쁜 세로형 카드

　㉡ 국내 전 가맹점 0.3%, OTT · 패션 · 멤버십 30% 캐시백 제공

　㉢ 국내외 겸용(VISA)으로 12세 이상 발급 가능

⑬ 우체국 브라보 체크카드

　㉠ 중장년 세대의 Bravo Life를 위한 카드

　㉡ 음식점 · 대형마트 · 전기차 충전 5%, 주유 L당 40원, 약국 · 건강기능식품 · 골프 10%, 영화 · 도서 · 숙박 15% 캐시백 제공

　㉢ 해외원화결제(DCC)차단 서비스 기본 설정 및 시각장애인을 위한 터치기능(카드 측면에 홈을 넣어 체크카드 인식) 제공

　㉣ 해외 CD/ATM 현금인출 수수료(건당 $3) 면제

　㉤ 국내외 겸용(Mastercard)으로 12세 이상은 체크카드, 18세 이상인 경우 하이브리드 체크카드 발급 가능

⑭ 우체국 동행 체크카드

　㉠ 중증장애인 근로자 대상 출퇴근 비용*을 지원하는 상품

　　*한국장애인고용공단의 중증장애인 근로자 교통비 지원 대상자 외 일반 고객 발급 시, 별도 교통비 지원 없음

　㉡ 디지털 콘텐츠 서비스 20%, 온라인쇼핑 · 배달앱 15%, 커피 · 생활 잡화 스토어 · 우체국 5% 캐시백 제공

　㉢ 시각장애인을 위한 터치기능(카드 측면에 홈을 넣어 체크카드 인식) 제공

　㉣ 국내외 겸용(Mastercard)으로 18세 이상 발급이 가능

⑮ 우체국 BizFit 체크카드(개인)

　㉠ 개인사업자 및 소상공인 대상 사업에 적합한(Fit) 서비스를 제공하는 상품으로 개인도 발급 가능

　㉡ 우체국 · 세금 · 보안 · 방역 · 렌탈 · 통신료 5%, 음식점 · 대형마트 · 전통시장 3%, 해외 전 가맹점 1% 캐시백을 제공

　㉢ 캐시백형, 캐시백 미제공형 중 선택 가능

　㉣ 해외원화결제(DCC)차단 서비스 기본 설정 및 시각장애인을 위해 터치 기능(카드 측면에 홈을 넣어 체크카드 인식) 제공

　㉤ 국내외 겸용(Mastercard)으로 12세 이상 발급 가능

⑯ 우체국 공무원연금복지 체크카드

    ㉠ 공무원연금법을 적용받는 공무원, 공무원연금수급권자, 공단이 운영하는 맞춤형 복지포탈의 정회원 대상 발급 가능

    ㉡ 병·의원·약국·대형마트·문화·학원 10%, 우체국 최대 12% 캐시백 제공

    ㉢ 국내외 겸용(Mastercard)으로 해외원화결제(DCC)차단 서비스 기본으로 설정

⑰ 우체국 지역사랑 상품권

    ㉠ 지역상권 활성화를 위해 지자체가 발행하고 지자체 행정구역 내에서 사용하는 카드형 상품권

    ㉡ 온라인쇼핑·홈쇼핑·대형마트·편의점·반려동물 업종·레저/스포츠 10% 캐시백, 우체국 5% 캐시백 제공

    ㉢ 지역사랑상품권 충전 시, 지자체에서 할인혜택 등을 제공(지자체별 할인율 상이)

    ㉣ 지역사랑상품권 가맹점에서 사용 시 충전금액을 우선 차감하며, 충전금액 소진 또는 지역사랑상품권 가맹점이 아닌 곳에서 결제 시 체크카드 결제계좌에서 출금

    ㉤ 국내 전용 카드로 14세 이상 발급 가능

⑱ 우체국 어디로든그린 체크카드

    • 저탄소·친환경 소비생활 제공을 위한 카드로 전기차·수소차 충전요금 20%, 공유 모빌리티·커피 5%, 국내 전 가맹점 0.1% 에코머니 포인트 적립

    • 친환경 소비활동에 따라 에코머니 포인트 적립 및 공공시설 할인혜택 등을 제공하는 그린서비스 탑재

    • 국내외 겸용(VISA)으로 해외원화결제(DCC)차단 서비스가 기본으로 설정되어 있으며, 12세 이상 발급 가능

⑲ 우체국 LUCK-KEY 체크카드

    • 고객 소비생활에 '행운의 열쇠'처럼 일상생활 및 청소년·청년 선호 서비스 등 다양한 혜택을 제공하는 카드

    • 편의점 10%, 간편결제·간편식·커피·카카오톡 선물하기·철도승차권·셀프스튜디오·학원·문구용품 7% 캐시백

    • 신규 발급 고객 동의 시, 우체국예금제휴보험(3종) 무료 가입 서비스(1년간) 제공

    • 국내외 겸용(Mastercard)으로 해외원화결제(DCC)차단 서비스가 기본으로 설정되어 있으며, 12세 이상 발급 가능

(2) 법인형 상품

카드 명	주요 특징
우체국 성공파트너 체크카드	• 법인 전용 상품 • 캐시백형, 포인트 적립형, 포인트 미적립형 중 선택 가능 • 주유 L당 60원, 일반한식 5%, 인터넷몰 5%는 캐시백 또는 우체국 포인트를 적립하며, 전 가맹점 0.3%는 카드 유형에 관계없이 우체국 포인트로 적립 • 국내 전용/국내외 겸용(VISA)선택이 가능하며, 사업자등록증 등 관련 서류 지참 후 우체국 창구에서 발급
우체국 e-나라도움 체크카드 (법인)	• 국고보조금을 교부받은 사업자 및 보조사업자 대상으로 발급 • 국내 전용 카드로 별도 캐시백 및 포인트 등의 부가서비스는 제공되지 않음

<table>
<tr><td rowspan="2">우체국 정부구매
체크카드</td><td>• 국가재정의 투명성과 효율성 제고를 위해 정부에서 사용하는 경비를 결제하는 카드로 정부부처가 발급
대상</td></tr>
<tr><td>• 국내전용/국내외 겸용(Mastercard) 선택 가능하며, 기획재정부에서 운영하는 디지털 예산회계시스템
(D-Brain)에서 신청 가능</td></tr>
<tr><td rowspan="4">우체국 Biz플러스
체크카드</td><td>• 개인사업자 및 소상공인 대상 맞춤형 상품</td></tr>
<tr><td>• 대형마트ㆍ전통시장 7%, 주유 L당 최대 50원, 신차구매 0.5%, 우체국 0.3%, 해외 전 가맹점 1% 캐시
백 제공</td></tr>
<tr><td>• 캐시백형, 캐시백 미제공형 중 선택 가능</td></tr>
<tr><td>• 국내외 겸용(VISA)으로 사업자등록증 등 관련서류 지참 후 우체국 창구에서 발급</td></tr>
<tr><td rowspan="5">우체국 BizFit
체크카드
(개인사업자)</td><td>• 개인사업자 및 소상공인 대상 사업에 적합한(Fit) 서비스를 제공</td></tr>
<tr><td>• 우체국ㆍ세금ㆍ보안ㆍ방역ㆍ렌탈ㆍ통신료 5%, 음식점ㆍ대형마트ㆍ전통시장 3%, 해외 전 가맹점 1%
캐시백을 제공하며, 개인사업자 발급 시 제휴서비스(세무지원 서비스, 멤버십 할인 등)도 제공</td></tr>
<tr><td>• 캐시백형, 캐시백 미제공형 중 선택 가능</td></tr>
<tr><td>• 해외원화결제(DCC)차단 서비스 기본 설정 및 시각장애인을 위해 터치기능(카드 측면에 홈을 넣어 체크
카드 인식) 제공</td></tr>
<tr><td>• 국내외 겸용(Mastercard)으로 개인사업자 발급 시, 사업자등록증 등 관련서류 지참 후 우체국 창구에
서 발급</td></tr>
</table>

3 상품별 기능

우체국 체크카드는 상품별 특성에 따라 다양한 기능 및 발급 형태로 선택이 가능하다.

[우체국 체크카드 상품별 기능]

구 분	카드명	현금 카드 기능	복지 카드 기능	교통 선 불	교통 후 불	가족 카드	점자 카드	해외 겸용
개 인	행복한(일반/하이브리드) ◆	○	×	△[1]	△[2]	△[1]	○	○
	다드림(일반/하이브리드)	○	×	△[1]	△[2]	△[1]	○	○
	국민행복 ◆	○	×	○	×	×	○	×
	우리동네[plus] ◆	○	×	○	×	×	○	×
	후불하이패스	×	×	×	○	×	○	×
	어디서나[plus](일반/하이브리드)	○	○	×	△[2]	×	○	○
	e-나라도움(개인)	○	×	×	×	×	○	×
	라이프[+]플러스	○	×	○	×	×	○	○
	건설올패스	○	×	×	○	×	○	○
	go캐시백글로벌(일반/하이브리드)	○	×	×	△[2]	×	○	○
	영리한[plus]	○	○	○	×	×	○	○
	개이득	○	×	○	×	×	○	○
	브라보(일반/하이브리드)	○	○	×	△[2]	△[1]	○	○
	동행	○	×	○	×	×	○	○
	BizFit(개인)	○	×	×	×	×	○	○
	공무원연금복지 ◆	○	×	×	×	×	×	○

개 인	지역사랑상품권	○	×	△4)	×	×	○	×
	어디로든 그린 ◆	○	×	×	×	×	○	○
	LUCK-KEY	○	×	○	×	×	○	○
법 인	성공파트너	△3)	×	×	×	×	×	○
	e-나라도움(법인)	△3)	×	×	×	×	×	×
	정부구매	×	×	×	×	×	×	○
	Biz플러스	△3)	×	×	×	×	○	○
	BizFit(개인사업자)	△3)	×	×	×	×	○	○

※ 자료 : 각 체크카드 상품 및 특징은 2025년 12월 우체국 판매상품 기준(판매중지 상품 제외)
1) 일반 체크카드의 경우만 적용
2) 하이브리드 카드의 경우만 적용
3) 법인용 체크카드의 현금 입출금 기능은 개인사업자에 한하여 선택 가능
4) 일부 상품 가능
◆ 그린 플랫폼 서비스 제공 상품 : 에코머니 포인트 적립, 공공시설 무료입장 · 할인 등의 혜택이 제공

4 효력의 발생과 상실

(1) 우체국 체크카드는 회원이 가입신청서를 작성하여 카드 발급을 요청하면 우체국에서 이를 심사하여 금융단말기에 등록하고, 카드를 교부함으로써 효력이 발생한다.

(2) 위탁업체를 통하여 후 발급을 신청하는 경우 카드 수령 전 빠른등록 서비스를 이용하거나 카드 수령 후 회원 본인이 우체국 창구 방문, 인터넷뱅킹, 스마트뱅킹, ARS를 통하여 사용 등록하여야 효력이 발생한다.

(3) 우체국 체크카드는 카드 유효기간이 만료되거나, 회원 본인의 사망 또는 피성년후견인/피한정후견인으로 우체국에 신고 등록한 경우 효력이 상실되며, 법인 회원의 경우 폐업, 청산에 따라 우체국에 신고 등록한 경우에도 효력이 상실된다.

5 포인트 및 캐시백 운영

(1) 포인트 운영

① 우체국 체크카드는 사용에 따라 부가서비스 혜택으로 포인트를 제공한다.
② 우체국 포인트는 회원기준으로 통합되며, 1포인트는 1원으로 관리된다.
③ 포인트 사용방법은 개인고객, 법인고객에 따라 다르며 자세한 내용은 다음과 같다.
  ㉠ 개인고객 포인트 사용방법
    • 적립 1포인트 이상 시, 1포인트 단위로 다음 [우체국 체크카드 포인트 사용방법]에 있는 포인트 사용처에서 사용 가능
     (단, SSGPAY 가맹점에서 사용 시, SSG MONEY로 전환 후 사용 가능하며, 전환기준 및 한도는 SSGPAY 정책에 따름)

- 우체국페이 앱 가입 후, 우체국 체크카드 포인트를 우체국 통합 멤버십 '잇다머니'로 전환하여 잇다머니 가맹점에서 사용 가능
  - 적립 1포인트 이상 시 1 포인트 단위로 우체국 창구, 우체국예금 고객센터, 인터넷 뱅킹, 스마트뱅킹을 통하여 캐시백 전환 가능
- ⓛ 법인고객 포인트 사용방법
  - 적립 포인트가 30,000포인트 이상 시 1,000포인트 단위로 우체국, 우체국예금 고객센터 및 인터넷 뱅킹을 통하여 캐시백 전환 가능

[우체국 체크카드 포인트 사용방법]

구 분		사용방법
개 인	포인트 사용	우체국창구, 인터넷우체국, 우체국쇼핑, GS리테일(GS25 · GS수퍼마켓), 뚜레쥬르, CGV, 티비허브, 코엑스아쿠아리움, 서원유통 탑마트, 거제씨월드, SSGPAY 가맹점(SSG MONEY 전환필요), oh!포인트 가맹점(우체국 다드림 체크카드 限)에서 우체국 포인트로 결제 가능
	잇다머니 전환	우체국 통합 멤버십 '잇다머니'로 전환 후 잇다머니 가맹점에서 사용
	캐시백 전환	우체국 창구, 인터넷뱅킹, 스마트뱅킹, 우체국예금 고객센터를 통하여 캐시백 전환 가능
법 인	캐시백 전환	우체국 창구, 인터넷뱅킹, 우체국예금 고객센터를 통하여 캐시백 전환 가능

(2) 캐시백 운영

① 우체국 체크카드는 사용에 따라 부가서비스 혜택으로 캐시백을 제공한다.

② 상품별로 조건 충족 시, 결제금액의 일정비율 금액을 회원의 결제계좌에 현금으로 돌려주는 제도로 우체국 체크카드 대부분의 상품에서 캐시백을 제공하고 있다.

6 카드 서비스

(1) 하이브리드 기능

① 우체국 체크카드에 소액신용 기능이 결합된 카드로 체크카드 연결 계좌의 잔액이 부족할 경우 일정 한도(월 30만원) 내에서 신용카드처럼 사용할 수 있다.

② 하이브리드 체크카드는 18세 이상 발급이 가능하나 18세는 후불교통 기능만 사용할 수 있고, 19세부터 신용 결제가 가능하다.

③ 우체국 하이브리드 체크카드는 총 5종(판매상품 기준)이며 상품은 다음과 같다.

- ㉠ 우체국 행복한 하이브리드 체크카드
- ㉡ 우체국 다드림 하이브리드 체크카드
- ㉢ 우체국 어디서나^{plus} 하이브리드 체크카드
- ㉣ 우체국 go캐시백글로벌 하이브리드 체크카드
- ㉤ 우체국 브라보 하이브리드 체크카드

(2) 해외결제 서비스

① 글로벌 브랜드사와 제휴하여 해외에서도 자유롭게 카드를 이용할 수 있는 서비스이다.

② 현재 우체국 체크카드 중 해외결제가 가능한 상품은 총 18종(판매상품 기준)이며, 브랜드는 VISA, Mastercard이다.

③ 해외결제가 가능한 우체국 국내외 겸용 체크카드는 다음과 같다.

브랜드	상품명
VISA (7종)	우체국 어디서나plus 체크카드, 우체국 라이프+플러스 체크카드, 우체국 건설올패스 전자카드, 우체국 개이득 체크카드, 우체국 성공파트너 체크카드, 우체국 Biz플러스 체크카드, 우체국 어디로든그린 체크카드
Mastercard (11종)	우체국 행복한 체크카드, 우체국 다드림 체크카드, 우체국 go캐시백글로벌 체크카드, 우체국 영리한PLUS 체크카드, 우체국 브라보 체크카드, 우체국 동행 체크카드, 우체국 공무원연금복지 체크카드, 우체국 정부구매 체크카드, 우체국 BizFit 체크카드(개인), 우체국 BizFit 체크카드(개인사업자), 우체국 LUCK-KEY 체크카드

(3) 해외원화결제(DCC) 차단 서비스

① 해외에서 원화결제로 인한 추가수수료 발생 부담을 방지하고자, 자국통화인 원화(KRW)로 결제되지 않도록 사전에 차단하는 서비스이다.

② 우체국 체크카드 발급 당시 최초상태는 해제(해외에서 원화결제 가능)상태이나 우체국 브라보 체크카드, 우체국 BizFit 체크카드, 우체국 공무원연금복지 체크카드, 우체국 어디로든그린 체크카드, 우체국 LUCK-KEY 체크카드, 우체국 어디서나plus 체크카드는 해외원화결제(DCC) 차단 서비스가 기본으로 설정 되어있다.

③ 설정은 언제든지 변경이 가능하며, 우체국 창구 · 우체국예금 고객센터 · 인터넷뱅킹 · 스마트뱅킹을 통하여 각 카드별로 해외원화결제(DCC) 차단 서비스 설정 및 해제가 가능하다.

(4) 빠른등록 서비스

① 실물 체크카드를 등기우편으로 수령 전에 간편결제 플랫폼에 등록하여 이용할 수 있는 서비스이다.

② 이용 대상은 개인 체크카드(후불하이패스 제외) 신규발급 · 재발급 · 갱신 발급 고객이다.

③ 이용방법은 체크카드 발급 시, 수신한 알림톡을 통해 페이북 등 간편결제 서비스에 접속하여 카드 등록 후 사용 가능하다.

(5) 아파트관리비 자동납부 서비스

① 아파트관리비를 우체국 체크카드로 자동납부 할 수 있는 서비스이다.

② 우체국 체크카드 개인형 상품에 한하여 신청 가능하고 법인카드, 후불 하이패스, e-나라도움, 국민행복바우처 전용카드는 신청이 불가하다.

③ 신청채널은 우체국 창구, 스마트뱅킹, 페이북(BC카드)에서 가능하다.

7 카드 해지와 이용정지 및 일시 제한

(1) 카드 해지

① 우체국 체크카드의 해지는 카드 유효기간 내 회원의 요청에 의해 해지되는 일반해지, 체크카드 결제계좌 해지에 따른 당연해지, 본인 회원 카드 해지 시 가족카드가 해지되는 자동해지가 있다.

② 체크카드 해지 시에는 현금카드 기능도 함께 해지된다.

(2) 카드 이용정지 및 일시 제한 사유

① 미성년자의 경우 법정대리인이 거래 중단을 요청하는 경우

② 결제계좌가 지급정지 사유에 해당하는 경우

③ 카드의 부정 사용·비정상적인 거래로 판단되거나, 해킹으로 인하여 회원에게 피해가 갈 것이 우려되는
경우

03 펀드상품

(1) 2016년 금융당국은 실물경제 지원을 위한 공모펀드 활성화 방안의 일환으로 집합투자증권업(이하 펀드판매) 채널의 확대를 위해 우체국을 포함한 농협 등 중소서민금융 회사의 펀드판매를 허용하였다. 우체국은 단계적인 준비 과정을 거쳐 2018년 9월부터 우체국 펀드판매를 개시하였다.

(2) 우체국의 펀드판매는 전국적인 네트워크망을 활용하여 금융소외지역 서민층의 펀드 정보 접근성을 강화하고 투자시장 활성화를 통해 서민의 자산형성 지원 및 실물경제 활력을 제고하는 국영금융기관의 역할 제고 측면에서 큰 의미를 가진다.

1 펀드상품의 종류 및 특징

(1) 2025년 12월 기준 우체국에서 판매하는 펀드상품은 대부분 안정형 위주로 구성되어 있다.

(2) 공모펀드 중 원금손실 위험도가 낮은 MMF 13종, 채권형펀드 24종, 주식 비중이 30% 이하인 채권혼합형 펀드 19종 등 총 56종의 펀드상품을 우체국 창구 및 온라인을 통해 판매하고 있다.

(3) 펀드는 원금과 이자, 보험금 등 전액을 보장하는 우체국예금·보험 상품과는 달리 운용실적에 따라 손익이 결정되는 실적배당 상품이기 때문에 원금 손실이 발생할 수도 있다.

[우체국 펀드상품]

구 분	펀드 상품명
단기금융펀드 (MMF)	• IBK그랑프리국공채MMF개인투자신탁제1호(국공채) • NH-Amundi개인MMF1호(국공채) • KB스타개인용MMFP-101호(국공채) • 신한BEST국공채개인MMFⅡ5(국공채) • 미래에셋개인전용MMF1호(국공채) • 한화개인MMF2호(국공채) • 키움프런티어개인용MMF제1호(국공채) • KB법인용MMFI-2호(국공채) • NH-Amundi법인MMF8호 • 삼성MMF법인제1호 • 신한법인용MMFGS-1호 • 우리큰만족법인MMF1(국공채) • IBK그랑프리국공채MMF법인투자신탁제1호(국공채)

증권펀드 (채권형)	• 키움단기국공채증권자투자신탁제1호(채권) • 한화내일받는단기국공채증권자투자신탁(채권) • 유진챔피언단기채증권자투자신탁(채권) • 우리단기채권증권투자신탁(채권) • NH-Amundi하나로단기채증권투자신탁(채권) • 한국투자크레딧포커스ESG증권자투자신탁1호(채권) • 흥국멀티크레딧증권자투자신탁(채권) • 우리나라중단기ESG채권증권자투자신탁1호(채권) • 한화코리아밸류채권증권자투자신탁(채권) • 유진챔피언중단기채증권자투자신탁(채권) • IBK단기채증권자투자신탁(채권) • 키움더드림단기채증권투자신탁(채권) • 한국투자e단기채ESG증권투자신탁(채권) • 미래에셋글로벌다이나믹증권자투자신탁1호(채권) • 삼성달러표시단기채권증권자투자신탁H(채권) • 교보악사Tomorrow장기우량증권투자신탁K-1(채권) • KB스타중기국공채증권자투자신탁(채권) • NH-AmundiUSD초단기채권증권자투자신탁(UH)(채권) • KB머니마켓액티브증권투자신탁(채권) • NH-Amundi국채10년인덱스증권자투자신탁(채권) • 신한베스트크레딧단기증권자투자신탁(채권) • 삼성코리아중기채권증권자투자신탁1(채권) • 우리하이플러스채권증권자투자신탁1호(채권) • 삼성ABF코리아장기채권인덱스증권투자신탁(채권)
증권펀드 (채권혼합형)	• 흥국멀티플레이30공모주증권자투자신탁(채권혼합) • NH-Amundi4차산업혁명30증권투자신탁(채권혼합) • 우리중소형고배당30증권투자신탁1호(채권혼합) • KB밸류포커스30증권자투자신탁(채권혼합) • 한국밸류10년투자배당증권투자신탁(채권혼합) • 흥국공모주로우볼채움플러스증권투자신탁1호(채권혼합) • NH-Amundi모아모아15증권투자신탁(채권혼합) • 신한삼성전자알파증권투자신탁제1호(채권혼합) • NH-Amundi모아모아30증권투자신탁(채권혼합) • 브이아이실적포커스30증권투자신탁1호(채권혼합) • 유진챔피언공모주&배당주30증권투자신탁(채권혼합) • DB크레딧알파증권투자신탁제1호(채권혼합) • IBKKOSPI200인덱스30증권자투자신탁(채권혼합) • 미래에셋단기채알파증권자투자신탁(채권혼합) • 신영고배당30증권투자신탁(채권혼합) • 한국투자삼성TOP3증권자투자신탁1호(채권혼합) • 우리BIG2플러스증권투자신탁(채권혼합) • NH-Amundi필승코리아30증권투자신탁(채권혼합) • 우리정말쉬운미국공모주증권자투자신탁1호(H)(채권혼합)

.2 펀드명의 이해

(1) 펀드명의 의미를 이해하면, 펀드에 대한 이해가 쉬워진다.

(2) 펀드명이 길고 복잡한 것은 그안에 상품정보의 핵심을 담아두었기 때문이며, 자본시장법 분류에 근거하여 펀드명을 생성하기 때문에 펀드명의 규칙을 제대로 알아두면 대략적인 펀드상품의 성격을 한눈에 파악할 수 있다.

---

①키움 ②단기국공채 ③증권 ④자 ⑤투자신탁 ⑥제1호 ⑦(채권) ⑧A

---

① 펀드를 운용하는 운용회사를 의미
② 펀드의 투자대상을 의미. 예시는 국내 단기국공채에 투자하는 펀드임을 의미
③ 투자자금을 주식, 채권 등 증권에 투자하는 펀드임을 의미
④ 펀드이름에 '자(子)'자가 들어오면 '모(母)펀드'가 따로 있다는 의미. 동일한 운용회사가 설정한 여러 아들(子)펀드의 재산을 펀드별로 운용하는 대신 모(母)펀드에 통합하여 운용
⑤ 펀드의 법적성격을 의미
⑥ 펀드의 순번을 뜻함. 펀드의 규모가 커져 같은 성격의 펀드를 더 만들어 판매할 경우 1호, 2호 등으로 표시
⑦ 운용자산의 성격을 보여줌. 예시 펀드는 운용자산을 주로 채권에 투자
⑧ 펀드의 클래스를 의미. 펀드는 가입자격 및 판매경로 등에 따라 종류(클래스)별로 판매수수료·보수가 다르게 부과될 수 있으므로 본인의 투자목적, 투자기간에 맞는 클래스를 선택하는 것이 바람직

---

3 펀드상품의 유형별 특징

(1) MMF(Money Market Fund)

① 정의

    ㉠ MMF는 투자대상이 단기채권, CP(기업어음), CD(양도성예금증서) 등 단기금융상품에 투자하는 펀드를 말한다.

    ㉡ '단기'는 투자대상 자산의 만기가 단기라는 의미가 아니라 잔존만기가 단기라는 의미다.

② 특징

    ㉠ MMF는 수시입출금이 가능하며, 환매수수료가 없고, 입출금이나 투자금의 제한이 없다.

    ㉡ MMF의 위험을 체계적으로 관리하기 위해 투자대상자산의 신용등급과 잔존만기, 유동성, 평가방법 등을 엄격히 제한한다.

    ㉢ MMF는 예금자보호 대상 상품이 아니며, 보유채권 부도시 원금손실 가능성이 있다.

③ MMF 구분

구 분	분 류	
투자대상	국공채형	일반형
가입주체	개인형	법인형

(2) 채권형 펀드

① 정의

    ㉠ 집합투자재산의 50% 이상을 채권 및 채권 관련 파생상품에 투자하는 펀드를 말한다.

    ㉡ 투자하는 채권의 종류에 따라 국공채형/일반형/회사채형 등으로 구분된다.

② 특징

    ㉠ 채권형 펀드는 시가로 평가하여 금리변동에 따른 채권가격의 변동위험, 채권 발행회사의 신용위험 등의 주의가 필요하다.

    ㉡ 채권형 펀드의 수익은 이자수익과 자본수익으로 구성되며, 금리, 듀레이션, 신용등급의 영향에 따라 수익률이 변동한다.

    ㉢ 금리 하락기에는 편입채권의 가격이 상승하여 수익이 커지고, 금리 상승기에는 편입채권의 가격이 하락하여 수익이 작아진다.

    ㉣ 채권형 펀드 구분 : 투자하는 채권의 종류에 따라 국공채형/일반형/회사채형 등으로 구분된다.

(3) 채권혼합형 펀드

① 정의

    ㉠ 집합투자재산의 50% 미만을 주식에 투자하는 펀드를 말한다.

    ㉡ 우체국 펀드의 경우 주식편입비 30% 이내 펀드를 판매하고 있다.

    ㉢ 채권과 주식이 혼합되어 운용되나, 채권에의 투자 비중이 더 많아 채권의 안정성과 주식의 수익성을 기대하는 펀드이다.

② 특징

    ㉠ 서로 다른 위험과 기대수익을 가진 자산(주식과 채권)을 혼합하여 운용하기 때문에 자산배분효과가 크다.

    ㉡ 상대적으로 채권운용전략보다 주식운용전략이 펀드의 성과에 미치는 영향이 더욱 크다.

    ㉢ 채권혼합형 펀드 구분 : 펀드의 전략에 따라 공모주/가치주, 성장주/배당주/대형주, 중소형주/저변동성/테마투자펀드/뉴딜테마/인덱스 펀드/롱숏펀드 등으로 구분된다.

우체국금융 서비스

01 전자금융

(1) 전자금융거래는 우체국이 전자적 장치를 통하여 제공하는 금융상품 및 서비스를 이용자가 전자적 장치를 통하여 비대면 · 자동화된 방식으로 직접 이용하는 거래를 말한다.

(2) 전자적 장치는 휴대폰, 컴퓨터, 현금자동지급기, 자동입출금기, 지급용단말기 그 밖에 전자적 방법으로 전자금융거래정보를 전송하거나 처리하는데 이용되는 장치를 말한다.

(3) 우체국이 제공하는 전자금융 서비스는 크게 인터넷뱅킹, 모바일뱅킹, 폰뱅킹, CD/ATM 등의 서비스가 있다.

1 인터넷뱅킹

고객이 우체국 창구에 직접 방문하지 않고 인터넷이 연결된 PC를 이용하여 우체국예금보험 홈페이지(www.epostbank.go.kr)에 접속하여 신청에 따라 금융상품 정보 획득, 각종 조회 및 이체, 예금 · 보험 상품의 가입 등 우체국예금 및 우체국보험에 대한 다양한 금융 서비스를 이용할 수 있는 전자금융 서비스이다.

[우체국 인터넷뱅킹 금융상품 관련 서비스]

구 분	주요 서비스
예 금	• (조회) 계좌조회, 거래내역조회, 수표조회 • (이체) 자금이체, 자동이체, 이체결과조회, 이체관리 • (공과금) 국고/통합지방세 조회 · 납부, 지로, 범칙/벌과금, 보험료/연금, 생활/기타요금
체크카드	이용내역 조회, 포인트 조회/관리, 카드관리(정보변경, 재발급, 배송조회 등)
외 환	환율조회, 인터넷환전, 해외송금
펀 드	펀드매매, 펀드계좌관리, 펀드자동이체, 펀드소액투자 서비스
오픈뱅킹	오픈뱅킹 등록(계좌/카드/핀테크), 오픈뱅킹 관리/조회/이체, 착오송금반환결과 조회
보 험	• (보험관리) 조회, 자동이체, 계약사항변경, 안내장/증명서 • (납입/지급) 보험료선납, 보험료납입, 보험금청구, 지급신청, 예상보험금 조회 • (대출/전자청약) 환급금대출신청, 대출상환신청, 대출내역조회, 전자청약 서비스

[우체국 인터넷뱅킹 비대면 창구서비스]

구 분	주요 서비스
온라인 증명서 발급	• (예금) 소득공제용 납입증명서, 예금잔액증명서, 연도별 금융소득 종합과세자료, 계좌별 종합과세자료, 이자 소득 원천징수 내역 • (카드) 소득공제 내역조회/발급, 부가가치세 내역조회/발급 • (펀드) 원천징수내역, 잔액증명
비대면서류 제출	• 퇴직급여 계좌대월 재약정·해지, 해외거주자 보안매체 재발급, 개명에 따른 제변경, 해외 거주자 사고계좌 해제, 창구 방문시 누락 또는 보완서류*, 친환경실천가입신청서 *우체국과 사전 협의된 서류만 가능

[우체국 인터넷뱅킹 기타서비스]

구 분	주요 서비스
카드분실 /사고신고	• 본인계좌지급정지, 통장/인감, 현금/체크카드/제휴 신용카드, 자기앞수표, 환증서, 보안카드/OTP, 통합OTP 사고해제, 무통장/무카드 실행번호
인증/보안	• (인증센터) 금융인증서, 공동인증서, 전자세금용 공동인증서, 공동인증서 기타서비스 • (보안센터) 보안프로그램 안내, 금융사기예방안내, 금융보안서비스*, 개인정보 처리방침 *전자금융사기 예방서비스, 해외IP차단서비스, 피싱방지 안심거래 아이콘 등
경조금배달	• 경조금배달, 경조금 배달조회, 온라인환송금, 경조금정보관리
폰뱅킹관리	• 입출금통지서비스, 신입금계좌지정서비스, 예금만기/계좌정보/가입상품/뱅킹 이용관리
소비자리서치	• 고객 아이디어, 설문조사

2 폰뱅킹

(1) 고객의 신청에 따라 우체국예금·보험 고객센터를 통해 가정이나 사무실 등에서 다양한 우체국예금·보험 서비스를 전화통화로 간편하게 처리할 수 있는 서비스를 말한다.

(2) 지정전화번호 등록 시 고객이 지정한 전화번호로만 자금이체 또는 보험금 지급 등 주요 거래가 가능하다. 또한, 고객이 직접 단축코드를 등록하여 편리하게 이용할 수 있는 고객 맞춤 서비스도 제공 중이다.

[우체국 폰뱅킹 서비스]

구 분	주요 서비스
예 금	• (조회) 잔액조회, 거래내역조회 • (이체) 우체국 간 이체, 다른은행으로 이체 • (체크카드) 체크카드 사용등록, 이용내역조회, 포인트환급 신청/취소 • (경조금 및 기타) 경조금배달, 온라인환 송금/조회, 환율조회, 고객정보관리 등
보 험	• (조회) 환급금대출/해지환급금/만기보험금/연금/배당금/휴면보험금 조회 • (환급금) 환급금대출 신청. 원리금 상환, 대출이율 조회 • (보험료) 보험료 납입, 보험료 자동이체 신청/변경/해지, 대출이자 자동이체 신청/변경/해지 • (신청) 만기보험금/배당금/휴면보험금/해지환급금 신청
펀 드	펀드 잔액조회, 펀드 거래내역조회
기 타	• (신고) 보이스피싱 피해신고, 카드분실신고, 통장/인감 분실신고, 보안카드/OTP 분실 신고 등 • (쉬운말 서비스) 잔액조회, 거래내역조회, 우체국 간 이체, 우체국과 은행 간 이체

3 모바일뱅킹

(1) 고객이 우체국을 방문하지 않고 스마트폰을 이용하여 우체국예금·보험 및 각종 모바일 금융 서비스를 제공받을 수 있는 전자금융 서비스를 말한다.

(2) 모바일뱅킹 서비스는 크게 휴대폰의 기능에 따라 IC칩 방식(2016년 7월 서비스 종료), VM방식(2015년 12월 서비스 종료), 스마트폰뱅킹으로 구분되며 현재 우체국예금은 어플리케이션 기반의 스마트폰뱅킹인 '우체국뱅킹'과 '우체국페이' 두 가지 모바일뱅킹 서비스를 제공하고 있다.

(3) 우체국뱅킹

① 우체국뱅킹 앱(App)은 우체국 전자금융서비스 신청 고객이 우체국 방문 없이 스마트폰에서 우체국 금융서비스(가입, 조회, 이체 등)를 이용할 수 있는 우체국예금 스마트폰뱅킹 전용 어플리케이션이다.

② 우체국뱅킹 앱 가입 시에는 본인명의 휴대폰과 신분증, 타 금융기관 계좌가 필요(없을 경우 화상통화로 대체)하며, 이용 가능한 신분증은 주민등록증, 운전면허증, 모바일신분증(운전면허증, 국가보훈등록증)이다.

③ 우체국뱅킹 앱에서는 우체국 창구 및 인터넷뱅킹 수준의 다양한 서비스와 QR코드를 활용한 쉽고 편리한 지로/공과금 납부서비스를 제공한다.

④ SMS 및 PUSH 메시지를 활용한 입출금통지, 모바일 경조금 등 고객 편의를 위한 우체국만의 부가 서비스 이용이 가능하다.

⑤ 우체국뱅킹은 공동인증서, 금융인증서, 간편인증(개인인증번호, 패턴인증, 지문/얼굴 등 생체인증), PASS 인증 등을 통해서 로그인이 가능하다(PASS 인증은 이체 등 금융거래가 불가하며 단순 조회만 가능).

⑥ 우체국 인터넷뱅킹을 해지하면 우체국뱅킹은 자동 해지되나 우체국뱅킹을 해지하더라도 인터넷뱅킹 이용 자격은 계속 유지된다.

⑦ 우체국뱅킹은 고령층 등 디지털 취약계층의 디지털 접근성 강화를 위하여 간편모드(쉬운뱅킹)를 제공하고 있으며, 고령자 친화적인 화면 구성(단순화된 메뉴, 직관적인 디자인, 큰글씨 등)과 오입력 방지를 위한 이체화면 단계별 구성, 사고신고 메뉴 홈화면 배치 등이 특징이다.

⑧ 또한 대포폰 개설, 신분증 탈취 등 금융범죄에 따른 모바일뱅킹 금융사고를 사전에 방지하기 위하여 모바일뱅킹 가입 절차에 안면인식 기능을 탑재하여, 실물 신분증으로 가입 시 안면인식(가입 핸드폰으로 가입자 모습 촬영)을 실시간 연동하여 신분증 사진과 실제 가입자 간 일치여부 확인하고 있다.

⑨ 우체국뱅킹은 금융거래 외 생활혜택을 제공하기 위하여 비금융서비스 '혜택잇다' 서비스를 운영하고 있으며, 디지털 공공서비스 내·외부 개방과 외부 제휴를 통해 콘텐츠 서비스(운세, 자산관리 강좌 등), 공공서비스(우편물 간편 사전접수, 병원 및 약국찾기 등)를 제공하고 있다.

[우체국뱅킹 주요 서비스]

구 분	주요 서비스
예 금	• (조회) 계좌조회, 거래내역조회, 이체결과조회, 수표조회 • (이체/출금) 이체, 생활송금, 자동이체, 간편결제, 스마트(ATM)출금, 이체관리 • (공과금) 통합공과금, 지로, 범칙/벌과금, 통합사회보험료, 생활요금
체크카드	• 내카드조회, 이용조회, 포인트/캐시백 관리, 카드관리, 카드재발급
외 환	• 환율조회, 외화환전, 해외송금, 해외송금조회
펀 드	• 내펀드조회, 펀드매매, 펀드계좌관리, 펀드자동이체, 펀드소액투자서비스
오픈뱅킹	• 오픈뱅킹(계좌, 카드, 핀테크) 관리, 오픈뱅킹 이체, 착오송금반환
금융상품몰	• 예금/보험/카드/펀드상품 소개 및 가입, 판매종료상품 안내, 금융계산기
인 증	• 간편인증, PASS인증, 공동인증서, 금융인증서, PC로그인/인증
보 안	• 전자금융사기예방서비스, 해외IP차단서비스, 디지털 OTP, OTP 이용등록/보정
부가서비스	• 비대면서류제출, 증명서발급, 전자문서지갑, 고객편의 서비스(모바일번호표, 알뜰폰 가입, 생활혜택)

[혜택잇다 제공 서비스]

구 분	주요 서비스
콘텐츠	운세서비스, 자산관리 강좌, 좋은생각 읽기
공공(내부)	우편물 간편 사전접수, 우편물 배송조회
공공(외부)	지역축제 소개, 주요 관광명소 소개, 병원 및 약국 찾기

(4) 우체국페이

① 우체국예금 모바일뱅킹에 핀테크를 접목시켜 간편결제 및 간편송금 등 핀테크 서비스를 제공하는 앱이다.

② 우체국페이 앱(App)을 통해 현금 또는 카드 없이 스마트폰만으로 지불 결제를 진행하고, 휴대전화번호만 알면 경조카드와 함께 경조금을 보낼 수 있다.

③ 우체국 통합멤버십 가입 및 이용이 가능하며, 통합멤버십 가입 고객은 우체국 쇼핑 · 체크카드 등에서 발생한 우체국 포인트가 통합멤버십 포인트인 '잇다머니'로 전환되어 우체국 보유 포인트를 통합하여 이용할 수 있다.

[우체국페이 주요 서비스]

구 분		주요 서비스
간편결제	우편결제	바코드를 통하여 우체국 우편창구에서 결제
	제로페이	QR코드를 활용하여 제로페이 가맹점*에서 상품 및 서비스 결제 *소상공인, 소기업 등 한국간편결제진흥원이 모집한 가맹점
	포인트결제	바코드를 통하여 우체국 통합멤버십 포인트로 오프라인* 결제 *생활밀접형 가맹점(카페, 편의점 등)에서 이용 가능

	계좌번호 송금	별도 인증 없이 간편인증(핀번호, 생체−지문 등, 패턴)으로 바로 송금
간편송금 (이체)	전화번호 송금	수신자의 계좌번호를 몰라도 전화번호로 바로 송금
	경조 송금	전화번호 송금에 온라인 경조사 카드(결혼, 상조 등)와 메시지 첨부
	모임 서비스	통장 잔액 및 입출금 내역이 다수에게 공유되는 모임 회비 관리 서비스
생활금융	더치페이	모임 등에서 결제한 내역을 지정하여 다수와 나눠 내기 정산 제공
	경조금 배달	지정한 수신자에게 집배원이 현물(현금, 현금증서)과 경조카드 배달
잇다머니		우체국 통합멤버십 포인트 조회 · 충전 · 선물 · 캐시백 서비스 제공

(5) 기타 우체국금융 모바일 어플리케이션

'우체국보험 어플리케이션'은 우체국 방문 없이 보험가입, 보험금청구 등 우체국보험과 관련된 다양한 서비스를 모바일로 간편하게 이용할 수 있는 우체국보험 모바일 앱(APP)이다.

[우체국보험 주요 서비스]

구 분	주요 서비스
보험관리	• (조회) 계약사항 조회, 부활보험료 조회, 피보험자 담보별 조회 등 • (계약사항 변경) 보험금 감액, 청약철회, 특약해지, 기간변경, 연금변경 등 • (안내장/증명서) e−보험알림장 조회, 안내장 우편발송 신청, 납입증명서 이메일 신청 등
납 입	보험료 납입/선납/추가납입
지 급	보험금 청구, 만기보험금 지급 신청, 연금지급 신청, 생존보험금 지급 신청 등
대출/상환	환급금대출 신청, 대출상환 신청, 대출내역 조회, 보험료 자동대출 신청/해지

4 전자금융을 이용한 자금이체 한도

(1) 전자금융 이용 고객은 1회 및 1일 이체한도를 우체국이 정한 보안등급별 자금이체 한도와 보안매체별 거래이용수단에 따라 계좌이체 한도를 지정할 수 있으며, 우체국과 별도 약정을 통해 우체국이 정한 한도를 초과하여 지정할 수 있다.

(2) 전자금융 보안매체별 거래이용 수단

보안등급	서비스	거래이용수단
안전등급	인터넷뱅킹/모바일뱅킹	우체국이 정한 인증서*+OTP(디지털 OTP 포함)
		HSM** 방식 공동인증서+보안카드
	폰뱅킹	OTP(디지털 OTP 포함)+이체비밀번호
일반등급	인터넷뱅킹/모바일뱅킹	우체국이 정한 인증서*+보안카드
	폰뱅킹	보안카드+이체비밀번호
기본등급	인터넷뱅킹/모바일뱅킹	우체국이 정한 인증서*

*우체국이 정한 인증서 : 우체국 간편인증서(PIN), 공동인증서, 금융인증서 등

**HSM(Hardware Security Module) : 공동인증서 복사방지를 위해 사용하는 보안성이 강화된 스마트카드 USB 저장장치

(3) 전자금융 보안등급별 자금이체 한도

구 분			보안등급		
			안전등급	일반등급	기본등급
인터넷뱅킹 모바일뱅킹	개 인	1회	1억원	1천만원	3백만원(인터넷뱅킹) 1천만원(모바일뱅킹)
		1일	5억원	5천만원	3백만원(인터넷뱅킹) 1천만원(모바일뱅킹)
	법 인	1회	10억원	–	–
		1일	50억원	–	–
	법 인 (별도계약[1])	1회	10억원	–	–
		1일	무제한	–	–
폰뱅킹	개 인	1회	5천만원	3백만원	–
		1일	2억5천만원	5백만원	–
	법 인	1회	1억원	–	–
		1일	5억원	–	–

1) 법인 별도계약을 통해 한도 초과 약정을 하고자 할 경우 안전등급의 거래이용수단을 이용하고 관할 지방우정청장의 승인을 받아야 함

※ 인터넷 · 모바일의 1일 자금이체한도는 합산하여 처리됨

※ 인터넷뱅킹의 기본등급은 본인거래(본인 우체국계좌 거래, 공과금 납부 등)에 한하여 적용

※ 전화번호 이체, 주소 송금(경조금 배달), 기부금 송금의 이체한도는 1회 200만원/1일 300만원 적용(해당 이체한도는 합산하여 적용되며, 우체국페이 이체한도와 별도 적용됨)

(4) 전자금융 서비스 이용 제한

① 우체국은 아래와 같은 상황에 해당하는 경우 전자금융 서비스의 전부 또는 일부를 제한할 수 있다.

　㉠ 계좌 비밀번호, 보안카드 비밀번호, 폰뱅킹 이체비밀번호, 모바일 인증서에 등록한 PIN, 패턴, 생체인증 정보, OTP(디지털OTP 포함) 인증번호 등을 연속 5회 이상 잘못 입력한 경우

　㉡ OTP는 전 금융기관을 통합하여 연속 10회 이상 잘못 입력한 경우

　㉢ 기타 예금거래 기본약관 등에서 정한 거래 제한 사유가 발생한 경우

② 또한 우체국뱅킹을 통한 비대면 계좌 개설 시 한도제한 계좌로 개설되며, 1일 누적 기준으로 금융거래 한도가 아래와 같이 제한된다.

　㉠ 우체국 창구 : 인출 및 이체 300만원

　㉡ 자동화기기 : 인출 및 이체 100만원

　㉢ 전자금융(인터넷뱅킹+스마트뱅킹+폰뱅킹) : 이체 100만원

③ 한도제한 계좌의 거래한도를 해제하기 위해서는 우체국 금융창구에 방문하여 계좌개설 목적 확인을 위한 증빙서류를 제출해야 하며, 우체국뱅킹을 통해 비대면 서류제출도 가능하다.

[한도제한 계좌 해제 관련 계좌개설 목적 확인 증빙서류]

구 분	증빙관련 제출서류
급여수령자	• 건강보험자격득실확인서 • 재직증명서, 근로소득 원천징수 영수증, 소득금액증명, 급여명세표, 고용(연봉)계약서 중 1가지
사업자	• 사업자등록증 • 부가가치세 과세표준증명, 면세사업자 수입금액증명, 표준재무제표증명 중 1가지
공과금 자동이체자	• 전기/상하수도/도시가스/통신비/관리비 내역서 ※ 공과금 자동이체는 3개월 거래내역 확인 가능 고객만 가능하며, 공과금 내역서상 주소지와 고객등록 된 주소지가 일치해야 함 ※ 모니터 촬영분은 인정되지 않음

5 자동화기기

(1) 우체국금융 자동화기기(CD 또는 ATM)를 이용하여 현금입출금, 잔액조회, 계좌이체 등을 통장 및 카드 거래(현금 또는 체크) 또는 무통장/무카드 거래로 손쉽게 제공받을 수 있는 서비스이다.

(2) 최근 보급이 확대되고 있는 지능형 자동화기기인 "우체국 스마트 ATM"에서는 화상인증(신분증 복사기능＋얼굴 사진촬영) 및 지문 · 얼굴 등 생체인증을 통해 이용고객의 신원확인이 가능하여, 서비스 제공범위가 기존 자동화기기 서비스는 물론 우체국 창구에서만 처리 가능하던 일부 업무(상품가입, 체크카드 발급, 비밀번호 변경 등)까지 확대되었다.

[우체국 자동화기기 서비스]

구 분		주요 서비스
CD/ATM		• (예금) 입금/출금/조회, 계좌이체/해외송금, 통장/보험정리, 무통장/무카드거래 • (기타) 휴대폰거래, 신용카드, 지로/공과금/대학등록금 납부, 전자통장/T-money거래, 보험 서비스 등
스마트 ATM	창구업무	계좌*개설, 체크카드 발급, 보안매체** 발급, 인터넷뱅킹 신규가입, 통장(재)발급, 분실신고/해제
	ATM업무	예금 출금/입금 · 조회, 계좌이체/해외송금, 바이오/무통장거래, 통장정리, 공과금/등록금 납부 등

*개설가능 상품종류 : 수시입출식예금, 저축성예금
**발급가능 보안매체 : 보안카드, 카드형 OTP

(1) 우체국 통합멤버십은 우정사업 서비스(체크카드, 쇼핑) 이용 및 이벤트 참여 등으로 모은 포인트를 통합하여 사용하는 서비스를 말한다. 통합멤버십 포인트의 명칭은 "잇다머니"이며 우체국페이 앱(App)에서 회원가입을 통하여 이용할 수 있다.

(2) 통합멤버십 포인트는 우정사업 서비스 및 이벤트에서 모은 포인트 외에 우체국예금 계좌로 선불 충전이 가능하다. 또한 보유하고 있는 통합멤버십 포인트로 우체국 우편 서비스와 제휴 가맹점에서 결제가 가능하며, 통합멤버십 관리 · 결제 등의 기능은 우체국뱅킹 및 우체국페이 앱을 통해 제공한다.

1 회원 관리

우체국 통합멤버십은 기존 우정사업 서비스를 이용하는 고객여부와 상관없이 멤버십 신규 회원 가입을 통해 이용할 수 있다. 우체국페이 및 우체국뱅킹 앱에서 통합멤버십 회원 가입이 가능하며, 각 앱의 신규회원으로 가입 시 통합멤버십 가입절차가 포함되어 있다. 우체국뱅킹 신규 고객은 선택약관을 통해 통합멤버십 가입이 가능하며, 기존 우체국뱅킹 고객은 잇다머니 메뉴를 통하여 통합멤버십 가입이 가능하다. 통합멤버십 회원의 탈퇴는 회원 가입한 앱을 통해 처리가 가능하다.

[통합멤버십 회원 가입 절차]

우체국페이 앱을 통한 가입

이름 및 주민번호 입력(가입여부 확인) → 휴대폰 본인인증(본인확인) → 이용약관 동의(필수) → 개인인증번호 등록(필수) → 추가인증 등록(선택 · 지문, 패턴) → 가입완료

우체국뱅킹(기존고객 기준) 앱을 통한 가입

잇다머니 메뉴선택 → 휴대폰 본인인증(보유 CI 없는 경우 한정) → 이용약관 동의(필수) → 가입완료

2 포인트 관리

(1) 통합멤버십 포인트 유형은 크게 적립 · 충전 · 선물 · 전환포인트로 구분할 수 있다. 통합멤버십의 1포인트는 1원 가치를 가지며 우정사업을 이용하는 기존 고객이 보유한 포인트를 통합멤버십 포인트로 전환할 경우 1:1로 전환된다. 통합멤버십 포인트는 우체국 창구(우편접수, 통장재발행 수수료)와 우체국쇼핑 웹 · 앱(상품 결제), 제휴처(한국페이즈, BC카드 제휴사)에서 포인트 차감방식으로 사용이 가능하다.

(2) 포인트 유형

① **적립포인트** : 적립포인트는 우체국 체크카드 서비스 이용과 우체국쇼핑에서 상품 구입, 이벤트 참여로 적립되는 포인트를 말한다.

② **충전포인트** : 우체국 계좌 연결 후 계좌이체를 통해 선불 충전한 포인트를 말한다. 충전한도는 건당 30만원, 1일 50만원이며 총 보유한도는 200만원이다.

③ **선물포인트** : 통합멤버십 회원 간 보유 포인트를 선물하거나 선물 받은 포인트를 말한다. 선물 한도는 건당 10만원, 1일 30만원, 월 50만원이며, 받은 선물포인트는 재선물이 불가하다.

④ **전환포인트** : 통합멤버십 가입 전 고객이 보유한 우체국 체크카드 및 우체국쇼핑 포인트가 통합멤버십 가입으로 통합멤버십 포인트로 전환된 포인트를 말한다. 통합멤버십 가입 전 보유한 포인트는 멤버십 가입 후 익일에 일괄하여 통합멤버십 포인트로 전환된다.

03 우편환 · 대체

(1) 우편환이란 「우편환법」에 따라 우편 또는 전자적 수단으로 전달되는 환증서(전자적 매체를 통해 표시되는 지급지시서 및 계좌입금 등을 포함)를 통한 송금수단으로 금융기관의 온라인망이 설치되어 있지 않은 지역에 대한 송금을 위해 이용된다.

(2) 우체국의 우편환 서비스는 크게 통상환, 온라인환 및 경조금 배달 서비스가 있다. 우편대체는 우체국에 개설한 우편대체계좌를 통하여 자금 결제를 할 수 있는 제도로서 이를 통하여 세금 · 공과금 · 할부금 등 수납, 각종 연금 · 급여 지급, 공과금 자동이체 및 수표 발행 등의 서비스가 제공된다.

04 외국환

우체국의 외국환 업무는 크게 환전과 해외송금 업무로 구분된다. 우체국은 「외국환거래법 시행령」 제14조의 제3호 체신관서의 업무와 직접 관련된 외국환 업무 조항에 따라 업무를 수행하고 있다. 우체국 외국환 업무는 이용고객 대부분이 금융소외계층인 중 · 소도시 외국인 근로자 및 농 · 어촌지역 다문화가정으로, 우체국의 보편적 금융 서비스 제공 의무에 부합한다.

1 해외송금

(1) 우체국의 해외송금 업무는 크게 시중은행과의 제휴를 통한 SWIFT(계좌송금) · MoneyGram(무계좌 실시간 송금)과 소액해외송금업체와의 제휴를 통해 제공하는 핀테크 송금 서비스인 간편 해외송금으로 구분할 수 있다.

(2) 서비스 이용시간은 우체국 금융창구는 09:00~16:30, 인터넷 · CD/ATM · 스마트뱅킹은 연중 24시간(서비스 점검시간 23:50~00:10 제외)이다. 국민인 거주자는 송금금액 건당 5천불 초과 시, 외국인 · 국민인 비거주자는 송금금액과 상관없이 거래외국환은행을 반드시 지정해야 한다.

(3) SWIFT 해외송금

① SWIFT(SWIFT ; Society for Worldwide Interbank Financial Telecommunication)는 1973년 유럽 및 북미은행 중심으로 설립된 국제은행 간의 금융통신망이다.

② 은행 간 자금결제 및 메시지 교환을 표준화된 양식에 의거 송수신함으로써 신속, 저렴, 안전한 송금 서비스를 제공한다.

③ 우체국은 신한은행과 제휴하여 신한은행 SWIFT망을 통해 전 세계 금융 기관을 대상으로 해외송금 서비스를 운영하고 있다.

④ 해외송금 서비스는 수취인의 해외은행계좌로 송금하는 당발송금과 해외은행으로부터 수취인의 한국 우체국계좌로 송금을 받는 타발송금 업무가 있다.

⑤ 매월 약정한 날짜에 송금인 명의의 우체국계좌에서 자금을 인출하여 해외의 수취인에게 자동으로 송금해 주는 SWIFT 자동 송금 서비스도 제공하고 있다.

(4) MoneyGram 특급송금

① 미국 텍사스에 본사를 둔 머니그램社와 제휴한 Agent 간 네트워크상 정보에 의해 자금을 송금 · 수취하는 무계좌 거래로 송금 후 약 10분 뒤에 송금번호(REF.NO)만으로 수취가 가능한 특급 해외송금 서비스이다.

② 우체국은 신한은행 및 머니그램社와 제휴하여 계좌번호 없이 8자리 송금번호 및 수취인 영문명으로 송금하면 약 10분 뒤 수취인 지역 내 머니그램 Agent를 방문하여 수취 가능한 특급 송금 서비스를 제공하고 있다.

(5) 간편 해외송금

① 소액 해외송금업체인 ㈜와이어바알리社와 제휴를 통해 제공하는 핀테크 해외송금이다.

② 수수료가 저렴하며 타 송금 서비스 대비 고객에게 유리한 환율로 우체국 방문 없이 간편하게 송금하는 서비스이다.

③ 스마트뱅킹을 통한 당발송금만 가능(21. 4월 시행)하며 타발송금의 창구지급 및 배달 서비스는 향후 도입예정이다.

[우체국 해외송금 비교(2025년 12월 기준)]

구 분		SWIFT		머니그램특급송금		간편해외송금
송금통화		USD 등 13종		USD		해당국가 통화
송 금 한 도	건당 5천불 이하	제한 없음				연간 5만불 이하
	건당 5천불 초과(SWIFT · 머니그램 합산)	국민인 거주자	연간 10만불 이하	국민인 거주자	연간 10만불 이하	송금불가
		외국인 비거주자	연간 5만불 이하	외국인 비거주자	연간 5만불 이하	

소요시간	3~5 영업일	송금 후 10분	즉시~2 영업일
거래유형	계좌송금	수취인 방문 지급	국가에 따라 다양 (계좌, 방문, 배달, 전자지갑)
이용채널 창 구	○	○	×
이용채널 인터넷뱅킹	○	○	×
이용채널 CD/ATM	○	×	×
이용채널 스마트뱅킹	○	○	○
취급국가	전 세계 대부분	전 세계 대부분	43개 국가

2 환전업무

(1) 우체국의 환전 업무는 창구에서 직접 신청 후 즉시 현물로 수령하는 직접환전과 우체국 창구 또는 인터넷뱅킹·스마트뱅킹에서 신청 후 지정 우체국 또는 제휴은행 일부 지점에서 현물 수령이 가능한 외화환전 예약 서비스가 있다. 또한, 우체국 환전고객의 외화 수령 편의를 위해 '외화배달 서비스'를 부가적으로 시행하고 있다.

(2) 외화환전 예약 서비스

① 우체국 창구 방문 신청 또는 인터넷뱅킹·스마트뱅킹을 이용하여 환전(원화를 외화로 바꾸는 업무) 거래와 대금 지급을 완료하고, 원하는 수령일자(환전예약 신청 당일 수령은 불가) 및 장소를 선택하여 지정한 날짜에 외화 실물을 직접 수령하는 서비스이다.

② 수령 장소는 고객이 지정한 일부 환전업무 취급 우체국 및 우정사업본부와 환전업무 관련 제휴된 하나은행 지점(환전소)에서 수령할 수 있다.

③ 환전 가능 금액은 건당 1백만원 이내이고 환전가능 통화는 미국달러(USD), 유럽유로(EUR), 일본엔(JPY), 중국위안(CNY), 캐나다달러(CAD), 호주달러(AUD), 홍콩달러(HKD), 태국바트(THB), 싱가폴달러(SGD), 영국파운드(GBP) 등 총 10종이다.

(3) 외화배달 서비스

① 우체국 인터넷뱅킹 또는 스마트뱅킹 등 비대면 채널을 통하여(우체국 창구 접수는 불가) 환전거래와 대금 지급을 완료하고, 고객이 직접 날짜와 장소를 지정하면 우편 서비스(맞춤형계약등기)를 이용하여 접수된 외화 실물을 직접 배달해 주는 서비스이다.

② 외화 수령일은 신청일로부터 3 영업일에서 10 영업일 이내로 지정할 수 있으며, 외화 배달서비스 신청이 가능한 통화는 미국달러(USD), 유럽유로(EUR), 일본엔(JPY), 중국위안(CNY) 총 4개 통화이다.

(1) 우체국은 제한된 금융업무 범위를 보완하고 국민에게 지역 차별 없는 종합적이고 보편적인 금융 서비스 제공을 위해 민간 금융기관에 전국 우체국망을 개방하였다.

(2) 우체국금융 창구망 및 시스템을 타 금융기관들에게 개방하여 농어촌 등 금융소외 지역에서도 도시 수준의 금융 서비스를 제공받을 수 있도록 신용카드 등 제휴카드 발급, 증권계좌 개설, 시중은행과의 창구망 공동이용을 통한 입출금 서비스 제공 등 민간 금융기관의 다양한 금융 서비스를 우체국에서 제공하고 있다. 우체국의 제휴 사업은 「우정사업 운영에 관한 특례법 시행령」 제2조(부대사업의 범위)*에 따라 추진한다.

*1항 : 우체국 전산망 및 이에 연계되는 전산망을 활용한 부가통신사업 및 정보처리업
 7항 : 다른 행정기관이나 타인으로부터 위임 또는 위탁받은 업무

[우체국금융 제휴 서비스 현황]

구 분	분 야	주요업무
창구망 개방	창구망 공동이용업무	• 창구공동망업무(자동화기기 포함) • 노란우산 판매대행 • KT 현금 환급금 지급 • SWIFT해외송금 • 환전 서비스 • 특급해외송금(머니그램) • 우체국CMS 입금업무
	카드업무 대행 서비스	• 신용/체크카드 • 선불카드(T-Money카드)
	증권계좌 개설대행 서비스	• 증권계좌 개설 대행 • 증권제휴카드 발급 등
	소 계	11개 업무
시스템 개방	결제자금 수납 대행	• 일괄배치 서비스 • 실시간 자동이체 서비스 • 가상계좌 서비스 • 예금주실명조회 서비스 • 금융결제원 지불결제(PG) • 금융결제원 지로/CMS
	자동화기기 이용업무	• 제휴CD업무 이용 • 현금 서비스
	전자금융 서비스	• 공동인증 서비스
	소 계	9개 업무
합 계		20개 업무

1 창구망 공동이용

우체국과 민간은행이 업무제휴를 맺고 전용선 또는 금융결제원 공동망으로 양 기관 간 전산 시스템을 연결하여 제휴은행 고객이 전국의 우체국 창구에서 기존의 타행환 거래 방식이 아닌 자행거래 방식으로 입 · 출금 거래를 할 수 있도록 하고 있다.

[제휴기관 및 이용가능 업무(2025년 12월 기준)]

구 분		주요내용
제휴기관		• IBK기업은행, KDB산업은행, 한국씨티은행, 전북은행, KB국민은행, 신한은행, 하나은행, 우리은행, 경남은행, iM뱅크^{대구은행}, SC제일은행(총 11개 은행)
이용가능 업무	창 구*	• (입금) 제휴은행 고객이 우체국 창구에서 제휴은행 고객계좌로 입금(유통, 무통) • (지급) 제휴은행 고객이 우체국 창구에서 제휴은행 통장을 이용하여 출금 • (통장정리) 제휴은행 고객이 우체국 창구에서 통장정리 • (조회) 무통거래내역, 계좌잔액, 처리결과, 수수료 조회 * 우체국 창구에서 제휴은행 통장 신규발행(재발행) 및 해지 불가
	자동화기기*	• (입금) 제휴은행 고객이 우체국 자동화기기에서 제휴은행 고객계좌로 입금 • (지급) 제휴은행 고객이 우체국 자동화기기에서 제휴은행 카드로 출금 • (이체) 제휴은행 고객이 우체국 자동화기기에서 타행으로 이체 • (조회) 제휴은행 고객이 우체국 자동화기기에서 계좌잔액 조회 * 자동화기기에서는 카드 거래만 가능, 통장정리 불가

2 노란우산 판매대행

(1) 노란우산은 소기업 · 소상공인이 폐업 · 노령 · 사망 등의 위험으로부터 생활안정을 기하고 사업재기 기회를 제공받을 수 있도록 「중소기업협동조합법」 제115조 규정에 따라 2007.9월부터 비영리기관인 중소기업중앙회에서 운영하는 공적 공제제도이다.

(2) 2013년 11월부터 국가의 기본 인프라망인 전국 우체국 금융 창구를 통해 가입, 지급신청 등을 할 수 있도록 업무를 대행함으로써 소기업 · 소상공인의 서비스 이용 편익을 제고하였다.

[우체국 노란우산 판매대행 업무]

구 분	주요내용
가입자격	소기업 · 소상공인 대표자, 무등록 소상공인* *사업자등록이 없는 일종의 프리랜서이나 사업소득원천징수영수증 발급이 가능한 자
가입혜택	압류 · 담보 · 양도 금지 및 무료상해보험가입(가입시점부터 2년간), 가입부금에 대해 연간 최대 500만원 한도 내 소득공제 및 연 복리이율 적용 ※ 2025.1.1.부터 연간 최대 600만원 한도 내로 소득공제 확대
업무대행내용	• 청약 전 고객 상담 : 기 가입자 또는 강제 해지 후 1년 미경과 시에는 신규 및 (재)청약이 불가하므로 청약 전 기가입 여부 등 조회를 필수적으로 실시 • 청약서(철회서) 및 제반 서류 접수 • 부금 수납, 공제금/해약지급신청서 및 제반 서류 접수

(1) 우체국은 카드 · 캐피탈社 등과의 개별 이용약정을 통해 전국 우체국에서 CMS 입금 업무를 대행한다.

(2) CMS*는 고객이 우체국에 개설된 제휴회사의 계좌로 무통장 입금하고 그 입금 내역을 우정정보관리원(우체국금융 IT운영 담당)에서 입금회사로 실시간 전송하는 시스템이다.

   *CMS(Cash Management Service ; 자금관리서비스)의 정의 : 기업의 입 · 출금 자금에 대한 관리를 우체국 등 금융기관이 대행해 주는 서비스로서, 기업의 자금관리 담당자가 자금흐름을 한눈에 파악하여 자금관리 업무를 용이하게 수행할 수 있도록 지원하는 서비스

(3) 입금된 자금은 우정정보관리원에서 회사가 지정한 정산계좌로 일괄 입금 처리한다.

[우체국 CMS 업무분담 내역(2023년 12월 기준)]

구 분	업무분담 내역
제휴회사*	• 대금청구서 등 수납자료를 우체국 CMS 계좌번호와 함께 고객에게 통지 • 입금거래 내역과 정산자금 대사 확인 *카드사(신한, 롯데, 삼성, 현대), 현대백화점, AXA다이렉트보험, 공무원연금공단 등 7개
고 객	우체국 창구에서 무통장 입금을 의뢰하거나 인터넷뱅킹, 폰뱅킹, 자동화기기를 통한 CMS 이체를 함
우체국	고객이 우체국 창구에 입금을 의뢰하면 해당 계좌에 CMS 번호와 함께 무통입금 처리
우정정보관리원	• 입금거래 내역을 해당 회사로 실시간 전송하고 입금된 자금을 해당 회사가 지정한 정산계좌로 일괄 이체 • 익월 10일까지 해당 회사에 수수료 내역을 통보하고 매달 20일, 해당 회사 계좌에서 수수료를 출금하여 정산함

4 **카드 업무 대행 서비스**

우체국은 신용카드사와의 업무제휴를 통해 우체국예금의 현금카드와 체크카드 기능이 결합된 제휴 체크카드를 발급하거나 우체국예금의 현금카드와 신용카드 기능이 포함된 제휴 신용카드 상품을 출시함으로써 국민의 카드이용 편의를 도모하고 있다.

[우체국 제휴 체크카드 및 신용카드 비교(2025년 12월 기준)]

구 분		제휴 체크카드	제휴 신용카드
발급대상	개 인	12세 이상	19세 이상 소득이 있는 자
	법인, 임의단체	카드사별 심사	카드사별 심사
심사기준		자격기준 없음(신용불량자도 가능)	별도 자격기준 부여
이용범위		제휴카드사 가맹점에서 일시불만 이용(할부 불가)	국내 · 외 가맹점 일시불/할부/현금서비스 이용
사용한도		우체국예금 결제계좌 잔액	개인별 신용한도액
연회비		연회비 없음	회원등급별 연회비 징수
제휴기관		신한카드	하나카드

※ 제휴 카드(체크, 신용) 발급 시, 결제 계좌는 우체국 요구불(수시입출식) 계좌만 가능

5 증권계좌 개설 대행

우체국은 증권·선물회사와 업무제휴 계약을 체결하고 전국 우체국 창구에서 고객의 증권·선물 계좌개설, 관련 제휴카드 발급, 이체 서비스 등을 대행하고 있다.

[제휴기관 및 이용가능 업무(2025년 12월 기준)]

구 분	주요내용
제휴기관	• (증권) 한국투자, NH투자, 대신, 교보, KB, iM, 삼성, 한화투자, SK, 미래에셋, 키움, 하나금융투자, 신한금융투자, 유안타, 우리투자, DB증권* 등 16개 *DB증권, 우리투자는 신규 계좌 개설 불가, 기존 고객에 한해 주식 거래 가능 • (선물) 삼성선물 1개

이용가능 업무	• 우체국 고객(성년 본인 限)의 증권/선물 계좌 개설 대행
	  – 위탁(주식) : 제휴증권사 전체(우리투자증권, 삼성선물 제외)
	  – 선물/옵션 : 한국투자, 하나금융투자, 삼성, 하이투자, 키움, SK, 미래에셋, 신한금융투자, 유안타, 삼성선물
	  – 수익증권 : 한국투자, iM, 키움, SK, 한국포스증권
	  – CMA : 삼성증권, iM증권
	• 우체국과 증권/선물회사 간의 자금이체
	• 우체국 및 증권/선물회사 고객의 제휴카드 발급
	• 증권/선물 계좌 비밀번호 변경

03 전자금융

01 전자금융의 의의

(1) 전자금융이란 금융 업무에 IT기술을 적용하여 자동화, 전산화를 구현한 것을 의미한다. 초창기 전자금융의 의의는 금융기관 업무를 자동화함으로써 입출금, 송금 등 기본적인 금융 서비스 처리 속도를 향상시키는 한편, 다양한 공동망 구축을 통하여 금융기관 간 거래의 투명성, 효율성 등을 제고하는 것이었다.

(2) 그 결과 금융기관 직원의 개입 없이 계좌 간, 금융기관 간 거래가 자동화되었으며 실시간 거래도 가능해졌다. 이를 기반으로 은행들은 온라인 뱅킹, 지로 등 고객 대상 전자금융 서비스를 제공할 수 있고 고객들은 영업점을 방문하지 않아도 PC, 전화, 휴대폰 등 정보통신 기기를 사용해서 금융거래가 가능하게 되었다.

1 전자적 장치 : 전달 채널

(1) 지급결제 관련 IT 인프라 구축으로 개인과 회사, 개인과 개인의 지급 서비스가 전자화되기 시작하였고, 이 과정에서 신용카드, 현금카드 등 전자지급수단이 등장하게 되었으며 구매자의 대금이 판매자에게 지불되는 전 과정이 전산화되었다. 또한 스마트폰의 등장으로 다양한 직불 및 선불 전자지급수단이 출시되고 금융기관을 중심으로 모바일금융 서비스 제공이 확산되고 있다.

(2) 전자금융거래에서 이용되고 있는 전자적 장치는 전화, 현금 자동 입 · 출금기(CD/ATM ; Cash Dispenser/Automated Teller Machine) 등 전통적인 전자매체에서부터 PC, 태블릿 PC, 스마트폰 등 새로운 전자매체에 이르기까지 매우 다양하다.

(3) 단순히 전자적 장치를 금융기관 또는 전자금융업자의 업무에 활용하는 것은 전달 채널에 해당하지 않는다. 이용자가 비대면으로 전자적 장치를 통하여 금융상품 및 서비스에 직접 접근해야 전달채널에 해당한다.

2 접근 매체 : 거래의 진정성 확보 수단

(1) 금융기관 영업점을 방문하여 금융거래를 이용하는 창구거래의 경우 고객이 통장, 도장, 신분증 등을 제시하고 창구 직원이 이를 확인한 후 실제 금융거래를 이용할 수 있다.

(2) 전자금융거래에 있어서도 거래지시를 하거나 이용자 및 거래내용의 진실성과 정확성을 확보하기 위하여 사용되는 수단 또는 정보가 필요한데, 이를 접근 매체라고 한다.

(3) 접근 매체는 전자식 카드 및 이에 준하는 전자적 정보, 「전자서명법」상의 인증서, 금융회사 또는 전자금융업자에 등록된 이용자 번호, 이용자의 생체정보, 이상의 수단이나 정보를 사용하는 데 필요한 비밀번호 등 「전자금융거래법」 제2조 제10호에서 정하고 있는 것을 말한다.

3 디지털금융

(1) 최근에는 전자금융과 관련하여 디지털금융(Digital Finance)이란 용어를 많이 사용하고 있다. 통신, 정보기술, 전자기술 등의 결합으로 기존의 금융거래 방식을 완전히 변화시킨다는 의미로 고객은 금융 서비스 제공자로부터 원하는 서비스를 다양한 금융 채널과 방식으로 제공받을 수 있다.

(2) 디지털금융의 특징은 개인 고객의 특성에 적합한 금융 서비스를 적시에 제공하는 것이다. 특히 금융과 ICT 기술의 융합이 가속화되면서 출현한 금융 서비스는 기존 금융기관이 아닌 ICT업체들의 전자금융산업 참여를 가능하게 하였으며, 최근 금융(Finance)과 기술(Technology)의 융합인 핀테크(Fintech)가 등장하는 등 관련 산업환경이 변화하면서 인터넷전문은행 설립 등 비금융기업들의 금융시장 참여가 더욱 활발하게 진행되고 있다.

02 전자금융의 특징

1 금융 서비스 이용편의 증대

(1) 전자금융 서비스 이용 시 고객 입장에서는 영업점 방문이 필요했던 전통적인 금융거래의 시간적 · 공간적 제약을 극복할 수 있어 금융 서비스 이용편의가 크게 증대된다. 과거에는 금융거래를 위하여 금융기관을 직접 방문해야 했고 금융기관의 영업시간 내에만 금융거래가 가능했으나 비대면 · 비장표로 거래가 가능하여 24시간 언제 어디서든 금융거래가 가능해졌다.

(2) 영업점 창구 대신에 집이나 사무실에서 또는 밖에서 이동하는 중에도 단순 입 · 출금, 공과금 납부는 물론 예금이나 펀드상품 가입, 대출업무까지 거의 모든 금융거래가 가능하며, 창구거래보다 이용 수수료도 저렴하다. 따라서 고객은 시간과 공간의 제약을 받지 않으면서 편리하고 빠르게 금융거래를 이용할 수 있다.

2 금융기관 수익성 제고

(1) 금융기관 입장에서는 비장표로 거래되는 특성상 금융거래에 필요한 종이 사용량이 크게 감소하여 관리비용과 거래건당 처리비용을 크게 낮출 수 있다. 또한 다양한 전자금융 전용 상품 및 서비스의 개발이 가능하여 높은 부가가치 창출이 가능해졌다.

(2) 전자금융은 고객이 이용할 수 있는 전자금융 서비스 채널의 다양화를 통해 고객의 영업점 방문 횟수를 감소시킴으로써 금융기관에게는 효율적인 창구운영의 기회를 제공하게 되었다.

(3) 영업점 창구의 모습을 금융상품 판매와 전문화된 금융 서비스 제공에 집중할 수 있는 분위기로 전환시킴으로써 예전의 복잡하고 비생산적인 영업점에서 수익성과 생산성을 높일 수 있는 영업점으로 변화시키고 있다.

3 전자금융의 이면

(1) IT에 대한 의존도 증가, 비대면 거래 수행, 공개 네트워크 이용 등으로 기존에는 없었던 새로운 유형의 문제점들도 발생하고 있다. 전산화된 금융 서비스들은 IT시스템 문제로 운영이 중단될 수 있으며 전산 장애 또는 운영자의 실수로 IT시스템이 정상적으로 작동하지 않을 경우 고객들에게 금융 서비스를 제공할 수 없다.

(2) 안정적인 금융 서비스 제공을 위하여 안정적인 전력 및 통신망 등 IT시스템을 원활하게 동작할 수 있는 환경을 제공하고 운영에 필요한 전문 인력을 양성하는 한편, 장애에 대비한 업무지속계획을 수립하여 이를 준수해야 한다.

(3) 전자금융은 비대면, 공개 네트워크로 이루어져서 해킹 등 악의적인 접근으로 인한 금융정보 유출 혹은 비정상 고객으로 인한 부정거래 발생 빈도가 높아지고 있다. 이에 따라 IT시스템에 대한 정보보호를 위해 내부 직원에 대한 정보보호, 윤리 교육을 강화하여 내부자로 인한 정보유출 사고를 예방하는 것이 중요하다.

(4) 또한 모바일을 중심으로 발전 중인 전자금융 서비스는 전자기기가 익숙하지 않은 고령층 등 오프라인에서 금융거래를 하는 고객에게 금융 소외 발생 유인이 되며, 디지털 접근성 강화를 통한 금융포용 구현이 전자금융의 주요 과제로 부상하고 있다.

(5) 위와 같은 전자금융의 특징으로 금융기관이 부담해야 하는 전반적인 리스크 상황이나 수준이 전통적인 금융서비스를 제공하던 때와 달라졌다. 특히 IT시스템 장애로 금융서비스가 중단됨으로써 발생할 수 있는 운영리스크와 이로 인한 금융기관의 평판리스크 등이 과거에 비하여 중요해졌다.

전자금융은 정보통신기술 기반의 자동화 및 네트워크화된 금융정보망을 통하여 PC, 스마트기기 등으로 고객들에게 전자적인 금융 서비스를 제공하는 것이다. 국내 전자금융의 역사는 1980년대부터 현재까지 정부 및 금융기관의 많은 준비 작업과 지속적인 노력으로 큰 발전과 혁신을 거듭하고 있다. 이러한 전자금융 분야에서의 발전 과정을 크게 5단계로 세분화할 수 있다.

1 제1단계 : PC기반 금융업무 자동화

(1) 우리나라의 경우 지금과 같이 일상생활에서 전자금융거래를 편리하게 이용할 수 있게 된 배경은 금융기관의 업무전산화 노력에서부터 시작되었다고 할 수 있다.

(2) 1970년대부터 은행에서 자체 본·지점 간에 온라인망을 구축하여 그동안 수작업으로 처리하던 송금업무나 자금정산업무 등을 전산으로 처리할 수 있게 됨으로써 금융기관의 업무전산화가 본격적으로 시작되었다. 이 단계에서는 CD/ATM 및 지로 등을 도입하여 장표처리를 자동화하여 창구업무의 효율화를 도모하였다.

(3) 이는 1980년대 국가정보화사업의 하나였던 은행 공동의 전산망 구축으로 확대되면서 고객에게 다양한 전자금융 서비스를 제공할 수 있는 기반을 마련하였다.

2 제2단계 : 네트워크 기반 금융전산 공동망화

(1) 1980년대 후반 금융권역별로 개발한 금융기관들은 구축한 자동화된 업무시스템을 상호 연결하여 금융네트워크(금융공동망)를 형성하고 공동망 서비스를 제공하게 되었다. 고객들은 개별 금융기관에서만 처리하였던 금융거래를 공동망에서 편리하고 신속하게 이용할 수 있게 되었다.

(2) 은행 공동망 구축은 은행의 각 전산시스템을 연결하여 24시간 연중무휴로 금융 서비스를 제공하고 전국의 1일 결제권화와 전자자금이체를 확산시킬 목적으로 추진되었다. 따라서 거래은행에 관계없이 CD/ATM, 전화기를 이용한 전자금융거래가 가능해져 창구거래 위주의 금융거래가 전자금융으로 확대되기 시작하였다.

(3) 자금의 수수도 현금이나 어음·수표 등 장표기반의 지급수단을 직접 주고받는 대신에 자동이체, 신용카드와 같은 전자지급수단을 이용한 전산데이터의 송·수신방식으로도 가능해지면서 전자금융거래가 대중화되는 계기가 되었다.

3 **제3단계 : 인터넷 기반 금융 서비스 다양화**

(1) 인터넷의 등장은 금융 산업을 포함하여 거의 모든 분야에 혁명적이라고 할 만큼 큰 영향을 주었는데, 1990년대 중반 이후 인터넷과 컴퓨터 보급의 확산으로 고객들의 PC 이용률이 증가하였고 금융기관은 그동안 CD/ATM이나 전화기에 의존하던 전자금융 서비스 전달 채널을 컴퓨터로 확대시킬 수 있게 되었다.

(2) 금융기관과 고객이 기존 영업점 창구에서 대면하지 않고 인터넷 공간에서 실시간으로 입출금거래, 주식매매, 청약, 대출 등의 금융거래를 수행함으로써 편의성과 효율성이 크게 제고되었다.

(3) 인터넷을 기반으로 한 전자상거래의 발달로 고객, 인터넷쇼핑몰, 금융기관을 연결하여 결제 서비스를 제공하는 PG(Payment Gateway) 서비스, 결제대금예치 서비스 및 인터넷을 통해 각종 대금을 조회하고 납부할 수 있는 EBPP(Electronic Bill Presentation and Payment) 서비스와 같은 새로운 전자금융 서비스가 등장하면서 전자금융거래의 이용이 활성화되는 기폭제가 되었다. 또한 이때부터 전자어음, 전자외상매출채권과 같은 기업 고객을 위한 전자지급수단이 개발되기 시작하였고, 서비스 전달 채널이 더욱 다양화되어 휴대폰, PDA, TV를 통해서도 전자금융거래를 이용할 수 있게 되었다.

(4) 한편으로는 비대면 채널에서의 각종 보안사고가 발생하고 전문화된 해킹 기술을 통해 전자금융사기 피해가 증가하면서 전자금융에 대한 신뢰성과 안전성에 대한 경각심이 크게 부각되었다.

4 **제4단계 : 모바일 기반 디지털금융 혁신화**

(1) 2000년대 후반 스마트폰이 전 세계적으로 확산되면서 국내 전자금융도 새로운 환경에 직면하게 됨에 따라 은행, 증권, 카드업계에서 스마트기기를 적극 활용한 디지털금융 서비스 시대가 시작되었다.

(2) 스마트폰과 무선인터넷을 통해 금융 서비스가 이루어지는 모바일금융 서비스는 일상생활 속에 디지털 혁신은 물론 금융소비자의 이용행태에도 큰 변화를 가져왔다. 모바일뱅킹, 모바일증권, 모바일카드 등 모바일 기반의 디지털금융 서비스를 통해 언제 어디서나 편리하게 금융거래가 가능하게 되었으며 이용 규모도 급속히 증가하게 되었다.

(3) 사회 전반에 확산된 개방형 네트워크와 스마트폰 등 모바일 기기를 활용한 전자상거래 활성화에 따른 해외 전자금융 서비스 이용 규모도 증가하게 되었다.

5 **제5단계 : 신기술 기반 금융IT 융합화**

(1) 인터넷과 모바일 금융 서비스의 발전은 전자금융 부문에서 금융 · 비금융 업종 간 장벽을 허물고 국경 없는 진화된 서비스 경쟁을 촉발하게 되었으며 스타트업, 대형 ICT기업 등을 중심으로 비금융기업들의 금융시장 진출이라는 큰 변화를 가져왔다.

(2) 글로벌 ICT기업들은 많은 고객층과 간편결제를 바탕으로 국내 전자상거래 시장 진출을 시도하고 있으며 국내 ICT기업들도 모바일과 인터넷 사용자들을 대상으로 새로운 금융 서비스와 전자지급 모델을 개발하고 있어 향후에도 소액결제 시장에서 금융기관과 협력 및 경쟁이 심화될 전망이다.

(3) 정부와 금융당국은 전자금융의 관리 감독을 법제화한 전자금융거래법에 금융소비자 편의성과 효율성 제고 필요에 따른 공동인증서(舊공인인증서) 의무사용 폐지, Active X 제거, 국제 웹 표준 적용 등의 규제를 완화하고 핀테크 산업 육성을 위해 노력하고 있다.

6 전자금융과 미래 전망

(1) 1990년대 후반 이후 본격화되기 시작한 전자금융은 금융서비스의 채널을 다양화하고 금융거래의 편리성과 투명성을 높이는 동시에 시장참여자들의 정보 접근성과 거래비용 절감 등에 크게 기여하고 있다.

(2) 전자금융거래의 활성화에는 인터넷을 비롯한 정보통신기술의 발달 이외에 금융시장의 환경변화에 따른 금융기관 내부의 혁신도 한몫했다고 할 수 있다. 우리나라 경제 상황에서 처음 겪어보는 외환위기를 통해 금융기관 내부에서도 효율적인 조직으로 변화해야만 생존할 수 있다는 위기의식이 높아지면서 금융기관은 경쟁력 강화와 경제처리의 효율성을 높이기 위해 전자금융 서비스 제공에 전력을 쏟기 시작하였다.

(3) 전 세계적으로도 인터넷을 통한 전자금융의 이용자 수가 급속히 늘어나면서 각국의 금융기관들이 인터넷금융 서비스를 강화하고 있는 가운데 점포를 두지 않은 채 인터넷·모바일뱅킹 서비스만을 전문으로 제공하는 인터넷전문은행도 성업 중이며 우리나라도 2017년부터 케이뱅크와 카카오뱅크, 토스뱅크가 인터넷전문은행으로 출범하여 영업 중이다.

(4) 전자금융의 신속성 및 편리성, 저비용 등을 감안할 때 앞으로 전자서명 등을 통한 안정성 강화와 함께 인터넷·모바일금융은 더욱 활성화될 것으로 예상된다. 더 나아가 IT기술의 발달로 인터넷을 통한 기업·은행 간, 개인·은행 간 쌍방향 거래가 용이하게 이루어지게 되어 전자금융을 통해 고객별로 차별화된 상품이나 맞춤형 상품도 취급할 수 있다.

(5) 2019년 금융혁신지원 특별법 시행에 따른 혁신금융서비스 제도 도입, 오픈뱅킹·마이데이터 등 금융결제망과 데이터 개방 정책의 추진으로, 금융기관과 핀테크기업의 사업 진출 영역이 확대되고 있다.

(6) 정보통신기술의 발전으로 금융과 IT가 융합된 혁신적인 전자금융 서비스가 출현되고 있어 보다 고도화된 금융보안사고 대책 마련 및 자율과 책임이 따르는 금융 서비스를 위한 금융업계의 노력이 요구된다.

(7) 최근에는 공공기관의 디지털 서비스 개방이 활성화되면서 모바일뱅킹에서 공공 서비스를 제공하는 사례가 증가하고 있으며, 모바일 신분증 민간개방 공모사업에 참가한 금융기관의 모바일뱅킹에서는 실물 신분증과 동일한 법적 효력이 있는 디지털 신분증을 이용할 수 있다.

(8) 전자금융과 공공서비스 간의 융합은 각 정부부처가 운영하는 디지털 서비스의 통합 제공이 가능하게 되어 공공서비스 이용 확대에 이바지할 것으로 예상되며, 이러한 추세는 지속 확대될 것으로 전망된다.

1 인터넷뱅킹의 개요

1990년대 개인용 컴퓨터의 보급 확대와 인터넷 접속을 위한 네트워크 인프라 확충에 따라 인터넷이라는 새로운 전달 채널을 통해 금융 서비스 제공이 가능하게 되었다. 전자금융의 가장 대표적인 서비스라 할 수 있는 인터넷뱅킹은 고객이 인터넷을 통해 각종 은행업무를 원격지에서 편리하게 처리할 수 있는 새로운 형태의 금융 서비스이다.

[주요 전자금융 채널 비교]

구 분	인터넷뱅킹	모바일뱅킹	텔레뱅킹	CD/ATM
매 체	PC, 인터넷	휴대전화, 스마트기기	전 화	CD/ATM
취급가능 정보	문자, 화상, 음성	문자, 화상, 음성	음 성	문자, 화상, 음성
이용가능 장소	가정과 직장 등	제약없음	제약없음	영업점 및 번화가
시각성	화면이 커서 보기 쉬움	화면이 작아 정보표시에 한계	–	화면이 커서 보기 쉬움
통신료 부담	고 객	고 객	금융기관 (수신자 부담)	금융기관

2 인터넷뱅킹의 의의

(1) 고객이 은행으로부터 금융 서비스를 제공받는 채널로는 영업점, CD/ATM, PC 및 스마트기기 등이 있으며, 이 중 PC는 전용선 또는 인터넷을 통하여 은행의 호스트 컴퓨터 등과 연결되는데, 인터넷을 활용하여 금융 서비스가 이루어지는 것을 인터넷뱅킹이라고 한다.

(2) 국내의 인터넷뱅킹 서비스는 도입 시기(1999년 7월)가 일부 선진국들에 비해 다소 늦었음에도 불구하고 매우 빠른 성장 속도를 보여주고 있다. 국내의 높은 인터넷 이용률과 관련 산업의 눈부신 발달은 인터넷뱅킹의 확산을 가속화시켰고 은행은 인터넷뱅킹을 도입함으로써 비용을 절감하고 고객 관계 강화를 위한 노력에 집중할 수 있게 되었다.

3 PC뱅킹과 인터넷뱅킹

(1) PC뱅킹

① 인터넷뱅킹 도입 이전에 많이 이용되던 거래방법으로, 고객이 VAN사업자나 은행이 제공하는 전용소프트웨어를 이용하여 자신의 PC를 은행의 호스트컴퓨터와 연결하여 금융 서비스를 제공받는 방식이다.

② 이용자를 기준으로 기업이 이용하면 펌뱅킹이라 하고, 개인이 이용하면 홈뱅킹이라고 하는데, 개인의 인터넷 이용이 급증하면서 기존 홈뱅킹 이용자가 거의 인터넷뱅킹 이용자로 전환되었다.

(2) 인터넷뱅킹

① 인터넷을 통하여 고객의 컴퓨터와 금융기관의 호스트컴퓨터를 연결하여 금융 서비스를 제공하는 시스템을 지칭한다.

② 스마트기기를 이용하는 모바일뱅킹의 경우에도 전용 앱이나 웹브라우저를 통해 금융 서비스가 전달되는 측면에서 볼 때 넓은 의미에서는 인터넷뱅킹의 범주에 포함된다고 할 수 있다.

4 인터넷뱅킹의 특징 및 유의사항

(1) 인터넷뱅킹의 특징

① 인터넷은 저비용, 실시간성, 멀티미디어화, 쌍방향성, 글로벌화라는 기본특성을 가지고 있는데 이러한 특성이 금융거래에 반영된 인터넷뱅킹으로 인하여 지역적·시간적 제약을 뛰어넘은 금융거래가 가능해져 금융서비스의 범세계화가 촉진될 뿐만 아니라, 금융거래를 하는 데 있어 비용을 절감할 수 있다.

② 인터넷을 통하여 금융상품 및 서비스에 대해 금융기관 간 비교가 가능해짐에 따라 다양한 금융 서비스와 상품에 대한 수요가 높아지고, 시장이 금융기관 중심에서 고객 중심으로 재편된다.

③ 인터넷에서 한 번의 클릭으로 고객이 다른 금융기관으로 이동할 수 있으므로 고객흡인력과 경쟁력 있는 상품을 갖춘 금융기관으로 고객이 집중되는 현상이 심화될 가능성이 있다.

④ 점포 등 공간 확보에 따른 비용과 인건비가 감소되어 서비스 제공비용을 대폭 절감할 수 있고, 인터넷을 통하여 금융상품 및 서비스에 대한 금융기관 간 및 시장 간 비교가 가능해진다.

⑤ 저렴한 수수료, 인터넷예금과 대출 시 우대금리 제공, 환율우대, 각종 공과금의 인터넷납부, 사고신고 및 고객정보 변경, 계좌관리 등 고객 중심의 보다 신속하고 편리한 서비스를 제공한다.

(2) 인터넷뱅킹의 유의사항

① 인터넷은 해킹 등으로 인해 안전성에 문제가 생길 가능성이 높으므로 철저한 보안대책이 필요하다.

② 고객 단말기와 가상은행 서버 간 보안을 위해 상당히 높은 수준의 암호문을 활용하고 있으며, 웹서버에 대한 외부 사용자의 접근을 제어하기 위해 방화벽을 사용하며 공동인증서 등 다양한 인증수단을 통하여 보안성과 안전성을 높이고 있다.

5 인터넷뱅킹의 이용

(1) 이용신청 및 등록

① 인터넷뱅킹은 개인고객과 기업고객(법인, 개인사업자)으로 서비스가 구분된다.

② 인터넷뱅킹을 이용하려는 개인고객은 금융실명거래 확인을 위한 신분증을 지참하고 거래금융기관을 방문하여 신청하거나 비대면으로 신청할 수 있다.

③ 기업고객은 사업자등록증, 대표자 신분증 등 관련 서류를 지참하여 거래금융기관에 방문하여 신청해야 한다.

④ 금융기관 지점에서는 인터넷뱅킹 신청 고객에게 보안매체(보안카드, OTP 등)를 지급해준다. 비대면으로 신청한 고객은 인터넷뱅킹의 보안센터에서 타 금융기관 OTP를 등록하거나, 신청 금융기관 앱에서 디지털OTP를 발급받을 수 있다.

⑤ 고객은 인터넷상에서 인증센터를 접속하여 공동인증서를 발급받고 최초 거래 시 이체비밀번호를 등록해야 한다. 조회 서비스만 이용할 고객은 공동인증서 발급 없이도 조회 서비스를 이용할 수 있다.

(2) 인터넷뱅킹 제공 서비스

① 인터넷뱅킹을 제공하는 은행은 서비스 내용이 조금씩 다르지만 대부분 예금조회, 이체, 대출 등의 기본적인 금융 서비스를 제공한다.

② 이 외에도 계좌통합 서비스, 기업 간 전자상거래(B2B : Business-to-Business) 결제 서비스 등의 금융 서비스도 제공하고 있다.

③ 또한 각종 상담 및 이벤트 정보 등의 다양한 서비스도 제공하고 있다.

(3) 이용시간 및 수수료

① 인터넷뱅킹 서비스는 대부분 24시간 연중무휴 이용이 가능하지만, 일부 서비스의 경우 0시부터 오전 7시까지는 금융기관별로 일정시간 이용시간에 제한이 있다.

② 인터넷뱅킹을 이용할 경우 자행이체의 수수료는 대부분 면제되고 타행 이체의 경우 제공기관에 따라 수수료 면제 또는 500원 내외의 수수료를 적용하고 있어 창구를 이용하는 것보다 저렴하다.

③ 외화 환전이나 해외 송금의 경우에도 수수료 우대 혜택이 제공되며 예금 및 대출 상품 가입 시 우대 금리가 적용된다.

(4) 디지털 신원인증

① 디지털 신원인증은 디지털 공간에서 본인을 증명하는 행위다. 인터넷 서비스, 특히 금융 서비스를 디지털 공간에서 이용하기 위해서는 필수적으로 거쳐야 하는 과정이다.

② 2020년 「전자서명법」 개정 전까지는 공인인증서를 디지털 신원인증 방법으로 사용하였다. 1999년부터 도입된 공인인증서는 정부에서 인정한 공인인증기관이 발행하는 인증서로 「전자서명법」에 의하여 법적인 효력과 증거력을 갖추고 있어 인터넷에서 일어나는 각종 계약·신청 등에 사용하는 인증서이다.

③ 공인인증서를 사용하면 거래사실을 법적으로 증빙할 수 있으므로 인감을 날인한 것과 같은 효력이 생긴다.

④ 인터넷뱅킹 이용 시 예금조회, 계좌이체의 경우에는 일반적으로 공인인증서가 필요하고, 로그인 시에도 ID나 비밀번호 대신에 공인인증서를 사용할 수 있기 때문에 인터넷뱅킹 서비스를 이용하고자 하는 고객은 공인인증서를 발급받는 것이 편리하다.

⑤ 2020년 「전자서명법」 개정안이 시행되어 공인인증서의 법적 지위가 상실되었고 기존 인증업체들은 '공동인증서'로 명칭을 변경하여 계속 서비스를 제공하고 있다.

⑥ 「전자서명법」 개정에 따라 공동인증서(舊공인인증서) 이외에도 여러 민간기관에서 발행하는 다양한 전자서명 서비스를 선택하여 사용할 수 있으며, 공동인증서의 발급은 거래 금융기관의 인터넷 홈페이지에서 가능하다.

(5) 보안매체

① 보안매체란 계좌이체 및 상품 가입 등 전자금융거래 시 기존의 비밀번호 이외에 보안용 비밀번호를 추가 입력하는 보안수단으로 금융거래 시 사고를 예방한다.

② 보안매체

구 분	특 징
보안카드	• 보안용 비밀번호를 추가로 사용하기 위한 카드 • 카드에 30개 또는 50개의 코드번호와 해당 비밀번호가 수록 • 거래 시마다 무작위로 임의의 코드번호에 해당하는 비밀번호를 입력
OTP(One Time Password)	• 전자금융거래의 인증을 위하여 이용고객에게 제공되는 일회용 비밀번호 생성 보안매체 • 실물형 OTP 　– 비밀번호 생성이 6자리 숫자를 1분 단위로 자동 변경되어 보여주며 고객은 전자금융 이용 시 해당 숫자를 보안카드 비밀번호 대신 입력 　– 한번 사용한 비밀번호는 다시 반복하지 않으므로 보안카드보다 더 안전한 보안수단 　– 고객이 보유하고 있는 OTP 1개로 전 금융기관에서 전자금융 서비스 이용이 가능 　– 다른 금융기관에서 사용하기 위해서는 고객이 신분증을 지참하고 해당 금융기관을 방문하여 OTP 사용 신청을 하면 됨 • 전자형 OTP 　– 금융기관 앱(App)에서 발급이 가능 　– 고객이 전자금융거래 시 금융기관 앱에 접속하여 사용자가 지정한 비밀번호를 통해 생성된 OTP 번호를 자동으로 인증 　– PC와 휴대폰을 연동한 2채널 인증이며 실물형 OTP와 다르게 발급받은 금융기관에서만 사용이 가능

(6) 업무처리 절차

① 인터넷뱅킹을 이용하여 계좌이체를 하기 위해서 고객은 인터넷상에서 인터넷뱅킹 신청 시 발급받은 공동인증서로 인증 후 로그인한다.

② 메뉴 중에 이체 메뉴를 선택한 후 인터넷뱅킹 신청 시 등록한 계좌 비밀번호와 공동인증서 인증, 은행에서 받은 보안카드 또는 OTP번호를 입력하거나, 금융기관 앱(App)에서 발급받은 전자형 OTP 인증절차를 완료한다.

③ 출금계좌와 입금계좌를 입력한 후 이체내역을 확인함으로써 거래가 완료된다.

6 인터넷 공과금 납부

(1) 각종 공과금 납부를 위하여 고객이 별도 영업점 창구를 방문할 필요 없이 인터넷뱅킹을 통하여 공과금의 과
금내역을 조회하고 납부할 수 있도록 한 서비스이다.

(2) 납부 가능한 공과금의 종류

① 금융결제원에서 승인한 지로요금

② 서울시를 포함한 지방세(100여 개 지방자치단체)

③ 국세, 관세, 각종기금을 포함한 국고금(재정 EBPP)

④ 전화요금, 아파트관리비, 상하수도 요금 등 생활요금

⑤ 국민연금, 고용보험료, 산재보험료 등

⑥ 경찰청 교통범칙금, 검찰청 벌과금

⑦ 대학등록금

05　모바일뱅킹 서비스

1　모바일뱅킹의 개요

(1) 우리나라의 이동통신 산업은 1999년 후반부터 이동전화 가입 고객 수가 유선전화 가입자 수를 초과하고 모
든 연령층으로 이용고객이 확대되면서 폭발적인 성장을 하였다. 휴대폰에서 금융 서비스의 이용이 가능한
모바일뱅킹은 이와 같은 이동통신시장의 성장과 휴대폰 기능의 진화를 배경으로 등장하였다.

(2) 모바일뱅킹 서비스는 고객이 휴대전화나 스마트기기 등을 수단으로 무선인터넷을 통하여 금융기관의 사이
트에 접속하여 금융 서비스를 이용할 수 있는 전자금융 서비스이다. 모바일뱅킹은 이동성을 보장받고자 하
는 고객에 대한 서비스 제고와 이동통신사들의 새로운 수익원 창출 노력이 결합되면서 제공되기에 이르렀
는데 서비스의 내용 측면에서 인터넷뱅킹 서비스에 포함되는 것으로 보이지만 공간적 제약과 이동성 면에
서 큰 차이가 있다.

2　모바일뱅킹의 의의

(1) 은행은 모바일뱅킹 서비스를 통해 기존 고객의 유지 및 신규 고객 확보 등 경쟁력을 강화하고 은행업무의
자동화를 통해 은행 비용 절감이라는 경제적 효과를 누릴 수 있다. 은행에서 제공하는 모바일뱅킹 서비스는
기본적으로 통신회사의 무선통신회선을 기반으로 고객정보와 금융 서비스 거래과정 전반을 은행이 관리하
는 것을 기본 구조로 하고 있다.

(2) 이러한 모바일뱅킹 이외에도 이동통신기기를 이용한 유사 모바일 지급결제 서비스가 이동통신 회사 등을 통하여 제공되고 있다. 모바일뱅킹의 등장은 금융과 통신의 대표적인 서비스 융합 사례로 주목받았으며, CD/ATM 서비스나 인터넷뱅킹과 달리 매체의 특성상 장소의 제약을 받지 않고 자유롭게 이용할 수 있다는 점에서 U–Banking(Ubiquitous Banking) 시대의 시작을 알리는 전자금융 서비스로 인식되었다. 모바일뱅킹 서비스는 IC칩 기반의 모바일뱅킹을 거쳐 IC칩이 필요 없는 VM모바일뱅킹으로 이용자가 전환되었다.

(3) 2009년 말 이후 혁신적인 멀티태스킹과 고객 친화적 인터페이스를 기반으로 한 스마트폰이 급속히 보급되며 국내 스마트폰 시장의 활성화에 따라 현재 국내 모든 시중은행들이 자체 앱(App)을 통해 스마트폰뱅킹 서비스를 제공하고 있다.

(4) 스마트폰뱅킹이란 태블릿 PC나 스마트폰으로 무선인터넷(LTE, 5G, WIFI 등)을 이용하여 시간과 장소에 상관없이 편리하게 뱅킹 서비스, 상품가입, 자산관리 등을 이용할 수 있는 금융 서비스이다. 국내 은행의 스마트폰뱅킹 서비스는 인터넷뱅킹 서비스 이후 가장 핵심적인 전자금융 서비스 채널로 빠르게 자리 잡았다.

(5) 스마트폰뱅킹은 휴대성, 이동성 및 개인화라는 매체적 특성을 활용한 조회, 이체, 상품가입 등 기본 업무에 한정되던 것에서 최근 부동산담보대출 등의 고관여 업무까지 범위를 확장하며 비대면의 한계를 극복하고 있다. 참고로 스마트폰뱅킹을 제외한 기존 모바일뱅킹(IC칩 기반 모바일뱅킹, VM모바일뱅킹, 3G 모바일뱅킹, WAP뱅킹)은 2016년 말 기준으로 모든 서비스가 종료되었다.

3 모바일뱅킹의 이용

(1) 모바일뱅킹의 이용

① **모바일뱅킹 제공 서비스** : 모바일뱅킹을 통해 제공되고 있는 서비스로는 예금조회, 거래명세조회, 계좌이체, 현금 서비스, 대출신청, 예금 및 펀드 가입, 환율조회, 사고신고 등이 있다.

② **이용시간 및 수수료** : 모바일뱅킹의 이용가능 시간은 인터넷뱅킹과 동일하며 조회 및 자행이체 서비스에 대하여는 무료로 제공하고 있으며, 타행이체의 경우 무료로 제공하거나 건당 수수료를 부과한다.

(2) 비대면 계좌개설

① 모바일뱅킹에서는 비대면 계좌개설이 가능하며 개설계좌는 한도계좌로 개설된다.

② 비대면 계좌개설 시에는 비대면 실명확인을 실시해야 하며 본인확인 방식 중 2가지 이상을 중첩하여 진행해야 한다.

③ 비대면계좌 본인확인 방식: 신분증 사본 제출, 영상통화, 접근매체 전달 과정에서 신분증 확인, 기존계좌 활용, 기타 이에 준하는 방법(사전 등록된 생체 정보 비교 등)

(3) 이용방법 및 유의사항

모바일뱅킹 서비스는 거래 금융기관에 방문하여 전자금융 서비스 신청을 통해 인터넷뱅킹과 모바일뱅킹을 가입하고 모바일뱅킹 앱(App)을 다운로드하여 서비스를 이용하거나, 모바일뱅킹 앱에서 비대면 전자금융 서비스 신청을 통해 이용한다.

1 텔레뱅킹의 개요

텔레뱅킹 서비스는 고객이 은행창구에 나가지 않고 가정이나 사무실 등에서 전자식 전화기를 통하여 자동응답 서비스를 이용하거나 은행직원과 통화함으로써 자금이체, 조회, 분실신고 및 팩스통지 등을 할 수 있는 금융 서비스이다.

2 텔레뱅킹의 의의

(1) 각종 조회 · 분실신고 등은 거래은행에 별도의 신청절차 없이 비밀번호 입력만으로 이용이 가능하나, 자금이체 · FAX 통지 서비스 등은 이용신청서를 제출하고 이용 시 비밀번호를 입력하게 하는 등 거래의 안전을 기하고 있으며, 은행 창구를 통한 거래보다 저렴하게 은행 서비스를 이용할 수 있다.

(2) 단순한 텔레뱅킹 제공에서 더 나아가 전화를 매체로 한 고객에 대한 1:1 마케팅 영업이 새로이 주목받는 소매금융 영업 전략이 되고 있다. 전화를 이용한 마케팅을 위해서는 CTI(Computer Telephony Integration) 기술을 도입한 콜센터의 구축이 필수적인데 우리나라에서도 이미 대부분의 은행이 이러한 콜센터를 구축하고 운영 중이다.

3 텔레뱅킹의 이용

(1) 이용 신청 및 등록

① 실명확인증표가 있는 개인(외국인, 재외교포 포함) 및 기업이면 누구나 이용 가능하다.

② 본인의 수시입출식 예금계좌(보통, 저축, 기업자유, 가계당좌, 당좌예금)가 있어 출금계좌로 지정할 수 있어야 하며, 금융기관 영업점에 신청해야 한다. 잔액 조회, 입출금 내역 조회는 별도의 신청 없이도 가능하다.

③ 개인의 경우 본인을 확인할 수 있는 실명확인증표를, 법인의 대표자인 경우 사업자등록증, 법인등기사항전부증명서, 법인인감증명서, 법인인감, 대표자 실명확인증표 등을 지참하여 영업점에서 신청한다.

④ 영업점에서 이용자번호 등록과 보안카드를 수령한 후 각 은행별 텔레뱅킹 접속번호에 접속한 후 서비스를 이용한다.

⑤ 비밀번호를 연속 5회 잘못 입력하면 서비스가 제한되며 은행(우체국) 창구에서 확인절차를 거쳐야 다시 이용할 수 있다.

[본인확인절차]

구 분	징구서류	본인 확인 방법
신규고객	주민등록증	• 주민등록증의 홀로그램, 사진, 성명 등 확인 • ARS 또는 인터넷으로 주민등록증 진위여부 확인*
	주민등록증 이외의 실명확인이 가능한 신분증	• 신분증의 사진, 성명 등 확인 • ARS 또는 인터넷으로 주민등록증 진위여부 확인
기존고객	주민등록증	• 주민등록증의 사진, 성명 등 확인 • ARS 또는 인터넷으로 주민등록증 진위여부 확인 • 기존 전산등록 되어 있는 정보와 대조
	주민등록증 이외의 신분증	• 신분증의 사진, 성명 등 확인 • ARS 또는 인터넷으로 주민등록증 진위여부 확인 • 기존 전산등록 되어 있는 정보와 대조

*주민등록증 진위확인 서비스
 – ARS 확인 : 국번 없이 '1382'(행정안전부)에서 확인
 – 인터넷 확인 : 대한민국 전자정부 홈페이지(http://www.egov.go.kr 접속 → 민원서비스)에서 확인
 – ARS와 인터넷 장애 시 주민센터에서 유선으로 확인

(2) 이용시간 및 수수료

① 텔레뱅킹 서비스는 대부분 24시간 연중무휴 이용이 가능하지만, 일부 서비스의 경우 금융기관별로 이용시간에 제한(통상적으로 00:00부터 07:00 사이에 제한)이 있다.

② 계좌이체 한도나 수수료도 금융기관별로 차이가 있을 수 있는데, 대부분 자행이체의 경우 무료로, 타행이체의 경우에는 건당 500원 내외의 수수료가 부과되어 은행 창구를 이용하는 것보다 저렴하다.

③ 상담원을 이용한 상담 및 이체 거래의 경우 주말 및 공휴일에는 제공하지 않는 것이 일반적이다.

(3) 업무처리 절차

① 텔레뱅킹 서비스는 자동응답시스템(ARS)과 상담원을 통해 이용이 가능하다.

② 자동응답시스템의 경우 전화기를 이용하여 은행의 주전산기에 접속하게 된다.

③ 상담원을 이용할 경우에는 상담원과의 통화내용이 녹취되는 장치가 필요하다.

④ 단순 뱅킹업무 외에도 고객 상담 및 불만처리 등의 업무를 위해 고객정보호출시스템 등을 설치하여 전화하는 고객에 대한 정보를 상담원이 볼 수 있도록 하고 있다.

⑤ 텔레뱅킹을 통한 업무는 금융결제원의 전자금융공동망을 이용해 처리된다.

(4) 안전거래를 위한 보안조치

① 텔레뱅킹은 일반전화 회선을 통해 금융거래 내역이 송·수신되기 때문에 각 금융기관에서는 도청 등 보안상 취약점을 방지하기 위해 텔레뱅킹 도·감청 보안솔루션을 도입하고 있다.

② 지정된 전화번호에서만 텔레뱅킹을 이용하거나 공중전화, 국제전화, 선불폰 등 발신자 추적이 불가능한 전화로는 텔레뱅킹 서비스 이용을 제한하는 금융기관도 있다.

③ 계좌이체 시에는 이용자 비밀번호 이외에 보안카드 비밀번호와 출금계좌의 비밀번호를 입력하도록 하고, 최종 거래일로부터 12개월 이상(금융기관별 상이) 이용실적이 없는 경우에는 이용을 제한하고 있다.

④ 이와 같은 경우에는 본인이 거래금융기관에 직접 방문하여 계좌이체 제한을 해제하면 바로 이용이 가능하다.

1 CD/ATM 서비스 개요

(1) CD/ATM 서비스는 고객이 금융기관 창구에 방문하지 않고도 24시간 365일 은행의 현금자동 입·출금기(CD/ATM ; Cash Dispenser/Automated Teller Machine)를 이용하여 현금인출, 계좌이체, 잔액조회 등을 이용할 수 있는 서비스이다.

(2) CD/ATM 서비스 제공으로 금융 서비스의 장소적 제약이 제거되어 이용 고객은 통장과 도장이 없더라도 현금카드 또는 현금카드 겸용 신용·체크카드 등을 지참하고 모든 참가 은행의 CD/ATM을 이용하여 손쉽게 현금 인출 등 각종 서비스를 이용할 수 있으며 금융기관의 무인점포영업이 조기에 도입되는 계기를 마련하였다.

(3) CD/ATM 서비스로는 현금(10만원권 자기앞수표 포함)인출 및 입금, 신용카드 현금서비스, 계좌이체, 잔액조회, 공과금 납부 등이 있다.

2 CD/ATM 이용 매체

(1) CD/ATM 서비스를 이용하기 위해서는 현금카드나 신용·체크카드 등이 있어야 하지만 최근 기술 발달로 휴대폰, 바코드, 생체인식으로도 CD/ATM 서비스를 이용할 수 있으며, 이용매체가 없어도 CD/ATM 서비스 이용이 가능하다.

(2) 칩 내장 휴대폰 이용

① 모바일뱅킹용 금융IC칩이 내장된 휴대폰으로도 거래 금융기관뿐만 아니라 다른 금융기관의 CD/ATM에서도 금융거래를 이용할 수 있다.

② 휴대폰과 CD/ATM 간의 정보교환은 교통카드 결제를 통해 이용자들에게 널리 알려진 무선주파수 방식으로 이루어지는데 RF 수신기가 부착되어 있는 금융기관의 CD/ATM에서 현금인출, 계좌이체, 조회 등의 금융 업무를 처리할 수 있다.

③ 고객이 은행에 서비스를 신청하면, 고객의 휴대폰으로 Callback URL(Uniform Resource Locator)이 있는 SMS가 수신되고, 고객은 해당 URL에 접속하여 자신의 카드번호를 대체한 바코드를 전송받는다.

④ 바코드가 인식되는 ATM에 휴대폰의 바코드를 접촉하여 현금인출, 계좌이체 등 각종 금융 서비스를 이용할 수 있다.

(3) 생체인식으로 본인인증

① 현금카드의 위조, 도난 그리고 ID, 비밀번호 등의 도용에 따른 각종 금융사고를 예방하고자 금융거래 시 본인 확인 수단으로 생체인식 기술이 이용되기도 한다.

② 고객이 자신의 지문, 홍채, 정맥 등 생체정보를 미리 금융기관에 등록해 놓으면 고객이 CD/ATM을 이용할 때 등록한 생체정보와 비교하여 일치하면 이용권한을 부여하는 것이다.

③ 최근에는 손바닥·손가락 정맥 등 생체인식 수단 종류가 다양화되고 있으며, 2개 이상의 복합 생체정보를 적용한 선진형 CD/ATM인 스마트 키오스크 및 스마트 ATM이 보급되는 추세이다.

④ 생체인식 수단은 크게 접촉식과 비접촉식으로 구분할 수 있다. 접촉식의 주요 생체인식 수단은 지문, 손가락 정맥이며, 비접촉식은 홍채, 손바닥 정맥이 있다.

(4) 무매체거래

① 통장이나 카드 없이 금융거래가 가능한 무매체 거래는 고객이 사전에 금융기관에 신청하여 무매체 거래용 고유승인번호를 부여받은 뒤 CD/ATM에서 주민등록번호, 계좌번호, 계좌비밀번호, 고유승인번호를 입력하여 각종 금융 서비스를 이용할 수 있는 거래를 말한다.

② 고객이 현금을 찾기 위하여 카드나 통장을 지니고 다녀야 하는 불편함과 분실의 위험을 해소하고 창구 대기시간을 단축하기 위해 개발된 서비스이다.

③ 개인정보 등이 유출될 경우 타인에 의한 예금부정인출 가능성이 있고, 다른 은행의 CD/ATM에서는 이용할 수 없다는 단점이 있다.

3 CD/ATM 제공 서비스

(1) 현금 입출금

① 현금 입출금 업무는 고객이 다른 은행 CD/ATM을 이용하여 예금잔액 범위 내에서 현금을 인출하거나 자신의 계좌에 입금하는 서비스이다.

② 현재 1회 인출한도(100만원 이내) 및 1일 인출한도(600만원 이내)는 금융위원회의 전자금융감독규정이 정한 한도금액 내에서 예금계좌 개설은행이 정하여 운영한다.

③ CD/ATM의 계좌이체 기능을 이용한 전화금융사기(일명 '보이스피싱') 사건의 증가로 인한 피해를 최소화하기 위하여 최근 1년간 CD/ATM을 통한 계좌이체 실적이 없는 고객에 한하여 1일 및 1회 이체한도를 각각 70만원으로 축소하였다.

(2) 현금서비스(단기카드대출)

① 현금서비스 업무는 고객이 CD/ATM을 통하여 신용카드 현금서비스를 받을 수 있는 금융서비스이다.

② 고객은 거래은행과 상관없이 CD/ATM을 통하여 현금서비스 이용한도 내에서 현금을 인출 할 수 있다.

③ 현금서비스 한도는 각 신용카드 발급사가 개별고객의 신용도에 따라 정하고 있다.

(3) 계좌이체

① 계좌이체는 고객이 CD/ATM을 이용하여 거래은행 내 계좌이체를 하거나 거래은행의 본인계좌로부터 다른 은행의 본인 또는 타인계좌로 자금을 이체할 수 있는 서비스이다.

② 1회 이체가능금액(600만원 이내) 및 1일 이체가능금액(3,000만원 이내)은 금융위원회의 전자금융감독규정이 정한 한도금액 내에서 각 은행이 정하여 운영하고 있다.

③ 보이스피싱 피해 방지를 위해 수취계좌 기준 1회 100만원 이상 이체금액에 대해 CD/ATM에서 인출 시 입금된 시점부터 30분 후 인출 및 이체가 가능하도록 하는 지연인출제도가 시행되고 있다.

4 기타 CD/ATM 서비스

(1) CD/ATM은 창구업무의 부담을 완화시키는 수준에서 처음에는 은행의 영업점 내에 설치되기 시작하였지만 이후에는 영업점을 개설하기 어려운 장소나 유동인구가 많은 장소 등으로 설치장소가 다변화하였다.

(2) 현금인출과 잔액조회가 주 기능이었던 초기의 CD/ATM 서비스는 현재 대출금 이자납부 및 대출원금 상환 뿐만 아니라 각종 금융상품의 조회, 잔액증명과 같은 각종 증명서나 거래내역의 출력, 카드나 통장 비밀번호 변경 및 분실신고, 수표 사고신고 등으로 매우 다양하게 확대되었다.

(3) 제2금융권 연계 서비스

① 은행은 CD/ATM을 통해 제2금융권과 연계하여 카드, 증권, 보험관련 서비스를 제공하고 있다.

② 현금서비스 제공을 위한 전업계 카드사의 은행 CD/ATM 연계를 시작으로 이후에 은행의 CD/ATM을 이용한 증권사 자산관리계좌의 관리가 일반화되고, 보험사의 대출원금 및 이자상환이나, 분할보험금·배당금·중도보험금 등의 입·출금 서비스도 가능하게 되었다.

③ 공과금납부, 티켓발행, 화상상담, 기업광고 등 다양한 서비스로 확대되어 은행으로서는 CD/ATM 서비스를 통해 수익 창출의 기회도 얻게 되었다.

④ CD/ATM이 설치된 장소의 특성을 고려하여 특화된 부가 서비스가 제공되기도 한다. 예를 들면, 기차나 버스 터미널에 설치된 CD/ATM에서는 차표 발권·발매 서비스를 제공한다든지, 공공기관에 설치된 CD/ATM을 통해 민원서류 발급, 행정정보 검색 등의 서비스를 제공하는 것이 대표적이다.

(4) CD/ATM 기능의 진화

① 단순 현금 입·출금 기능이 전부였던 초기의 CD/ATM은 1990년대 초반부터 금융자동화 기기 제조업체의 기술진보에 힘입어 수표 입·출금 기능에서부터 키오스크의 기능과 CD/ATM 기능이 접목되어 CD/ATM에서도 정보검색은 물론 각종 티켓이나 서류발급 및 출력까지 할 수 있는 다기능 기기로 발전하였다.

② 외국인을 위한 외국어 지원 기능, 노인이나 저시력자를 위한 화면확대 기능도 추가되어 이용편의를 도모하고 있으며, 휠체어 이용고객용 CD/ATM, 입력버튼에 점자가 추가된 CD/ATM, 인터폰으로 안내방송을 들으면서 이용할 수 있는 CD/ATM 등이 등장하여 이용 효율성을 높여가고 있다.

카드 거래 시에는 카드 회원, 카드발급사, 가맹점 그리고 가맹점의 거래금융기관이 한 네트워크 안에서 서로 연결되어 전자거래가 이루어지는데, 카드 회원이 가맹점에서 카드를 이용하게 되면 카드발급사는 가맹점 거래금융기관과 자금정산을 통해 카드결제대금을 입금해주며, 카드발급사는 카드 회원으로부터 약정한 날짜에 카드결제대금을 회수하게 된다. 「여신전문금융업법」에서는 카드를 대금 결제 방법에 따라 신용카드, 직불카드, 선불카드로 분류하고 있다.

[카드 종류별 비교]

구 분	신용카드 (Credit Card)	선불카드 (Prepaid Card)	직불형카드		
			체크카드 (Check Card)	직불카드 (Debit Card)	현금IC카드
회원자격	일정수준의 월 가처분소득 보유 및 개인 신용 평점 취득자(미성년자는 원칙적으로 발급 금지)	제한없음	제한없음 (단, 소액신용한도 부여시 자체기준 있음)	제한없음 (요구불 예금 보유자)	제한없음 (요구불 예금 보유자)
계좌인출	선구매 후인출	선인출 후구매	구매즉시 인출	구매즉시 인출	구매즉시 인출
연회비	있 음	없 음	없 음	없 음	없 음
이용한도	신용한도 내	충전잔액 범위 내*	예금잔액 범위 내**	예금잔액 범위 내	예금잔액 범위 내
발급기관	카드사 (겸영은행)	카드사 (겸영은행)	카드사 (겸영은행)	국내 은행	국내 은행
이용가능 시간	24시간	24시간	24시간 (체크카드 연결 계좌 개설기관의 전산 점검 시간에는 이용 제한)	08:00~23:30 (체크카드 연결 계좌 개설기관의 전산 점검 시간에는 이용 제한)	08:00~23:30 (체크카드 연결 계좌 개설기관의 전산 점검 시간에는 이용 제한)
승인절차	서 명	서 명	서 명	PIN 입력	PIN 입력
신용공여	가 능	불가능	일정 한도 내	불가능	불가능
사용가맹점	신용카드 가맹점	신용카드 가맹점	신용카드 가맹점	직불카드 가맹점	현금 IC카드 가맹점
가맹점 입금	매출전표 접수 후 2영업일 이내	매출전표 접수 후 2영업일 이내	매출전표 접수 후 2영업일 이내	거래 익영업일	거래 익영업일
부가혜택	있 음	없 음	있 음	없 음	없 음
거래 승인	거래정지 잔여한도 확인	권면 잔액 확인	거래정지 잔여한도 확인	거래정지, 예금잔액, 비밀번호 확인	거래정지, 예금잔액, 비밀번호 확인
기 능	물품구매 예금입출금 (현금카드 기능)	물품구매	물품구매 예금입출금 (현금카드 기능)	물품구매 예금입출금 (현금카드 기능)	물품구매 예금입출금 (현금카드 기능)
네트워크	신용카드망	신용카드망	신용카드망	직불카드망 (금융결제원)	CD공동망 (금융결제원)

*기명은 500만원, 무기명은 50만원
**일정 한도(최대 30만원) 내에서 예금잔액 초과 신용공여 혜택 부여 가능

 신용카드

(1) 신용카드의 개요

① 신용카드(Credit Card)는 가맹점 확보 등 일정한 자격을 구비한 신용카드업자가 카드 신청인의 신용상태나 미래소득을 근거로 상품이나 용역을 신용구매하거나 현금서비스, 카드론 등의 융자를 받을 수 있도록 발급하는 지급수단이다.

② 신용카드는 현금, 어음·수표에 이어 제3의 화폐라고도 불린다. 등장한 지 불과 50년이 조금 넘은 신용카드는 수세기 전부터 사용해 온 현금이나 어음·수표보다 더 많이 이용하는 전자지급결제수단이 되었다.

(2) 신용카드의 특징

① 신용카드는 기본적으로 현금 및 수표를 대체하는 지급수단 기능을 수행한다.

② 신용카드는 일정자격 이상의 신청자에게만 발급되고 개인의 경제 현황에 따라 발급되는 카드 등급이 다르므로 사회적 지위를 나타내는 기능도 있으며 회원에게는 대금 결제일까지 이용 대금 납부를 유예하므로 신용제공의 기능도 있다.

③ 신용카드는 소지하기에 편리하고 물품을 구매하거나 서비스를 이용할 때 당장 현금이 없어도 신용을 담보로 일점 시점 후에 결제가 가능하기 때문에 이용이 증가하고 있다.

④ 정부에서 1999년부터 자영업자의 과표를 양성화하고 신용카드 이용을 활성화한다는 취지하에 신용카드 사용금액에 대한 소득·세액공제와 카드영수증 복권제도(2006년 폐지)를 실시함으로써 이용이 활성화되는 데 기여하였다.

⑤ 과당경쟁에 따른 무분별한 신용카드 발급과 현금서비스 위주의 무분별한 확장영업으로 신용불량자 양산과 같은 사회경제적 문제를 초래(2003년 카드사태)하기도 하였다.

⑥ 고객은 신용카드 사용 시 물품 및 서비스의 신용구매에 따른 실질적인 할인구매의 효과를 누릴 수 있고 또한 현금서비스 기능을 이용하여 긴급신용을 확보할 수 있다.

⑦ 가맹점은 고정고객을 확보하거나 판매대금을 안정적이고 편리하게 회수할 수 있는 장점이 있다.

(3) 신용카드 서비스 제공기관

① 1969년 신세계백화점이 우리나라 최초의 판매점카드를 발행하였으며 1978년 외환은행이 비자카드를 발급한 이후 은행계 카드가 카드 시장을 주도하게 되었다.

② 1980년대 후반부터 전문 신용카드 회사가 설립되었고 1990년대부터 신용카드에 대한 규제가 완화됨에 따라 카드산업이 크게 성장하기 시작했다.

③ 신용카드는 카드발급기관의 성격에 따라 전업카드사와 겸업카드사, 각 카드사는 은행계와 기업계 카드사 등으로 구분할 수 있다.

④ 전업카드사는 신용카드업을 영위하는 자 중에서 금융위원회의 신용카드업 허가를 득한 자로서 신용카드업을 주로 영위하는 자를 말한다.

⑤ 겸영카드사는 신용카드업자는 아니지만 영위하는 사업의 성격상 신용카드업을 겸영하는 것이 바람직하다고 인정되어 대통령령으로 신용카드업을 영위할 수 있도록 한 자이다.

⑥ 국내 신용카드는 해외에서의 이용을 위해 국제적 서비스망을 갖춘 VISA사, Master Card사 등과 제휴하고 있다.

[신용카드의 사업자]

전업카드사(8)	은행계(4)	신한카드, 우리카드, 하나카드, KB국민카드
	기업계(4)	롯데카드, 비씨카드, 삼성카드, 현대카드
겸영은행(11)		경남, 광주, 부산, 수협, 씨티, 전북, 제주, DGB대구, IBK기업, NH농협, SC제일
유통계 겸영(2)		현대백화점, 한화갤러리아

출처 : 여신금융협회(www.crefia.or.kr)

(4) 신용카드 제공 서비스

① 초기의 신용구매에서 1986년 BC카드가 최초로 현금카드 기능을 추가하였고 금융위원회가 정한 최고한도 범위 내에서 현금 서비스, 카드론 등의 대출 서비스도 제공되고 있다.

② 최근에는 물품구매 및 현금 서비스 외에 통신판매, 항공권 예약, 보험가입 등 유통 서비스 부문을 중심으로 부수업무를 확대함과 아울러 기업체와 연계한 제휴카드를 발급하는 등 서비스가 다양해지고 있다.

(5) 신용카드 회원

① 신용카드 회원이란 카드회사(신용카드업자)와의 계약에 따라 그로부터 신용카드를 발급받은 자를 말한다(「여신전문금융업법」 제2조 제4호).

② 카드회사의 약관에서는 "회원은 회원약관을 승인하고 카드회사에 신용카드의 발급을 신청하여 카드회사로부터 신용카드를 발급받은 자"라고 규정하고 있다.

③ 개인회원

　㉠ 본인회원 : 별도로 정한 심사기준에 의해 신용카드 회원으로 입회가 허락된 실명의 개인으로서 개인회원으로 신청한 자를 말한다.

　㉡ 가족회원

　　• 카드 이용 대금에 대한 모든 책임을 본인회원이 부담할 것을 승낙하고 신용카드 회원에 가입한 자를 말한다.

　　• 그 대상은 부모나 배우자, 배우자의 부모, 「민법」상 성년인 자녀 및 형제, 자매 등이다.

　　• 본인회원의 이용한도 범위 내에서 카드를 사용할 수 있으며 가족카드별로 한도를 별도로 지정할 수도 있다.

④ 기업회원 : 기업카드 신용평가 기준에 따라 신용카드 회원으로 가입한 기업체를 말한다.
  ㉠ 기업공용카드(무기명식 기업카드)
    • 기업회원이 특정 이용자를 지정하지 않은 카드로 카드발급 기업 또는 법인 임직원 누구든지 사용 가능하다.
    • 카드 실물에 사용명의가 표시되어 있지 않으며 기업체 명칭이 영문으로 표기되어 있다.
    • 공용카드 신청서의 카드 서명란에는 카드를 실제로 사용하게 될 임직원의 서명을 기재하는 것이 아니라 법인명 또는 기업명을 기재한다.
    • 카드를 사용할 경우 매출전표에는 사용자의 서명을 기재한다.
  ㉡ 기업개별카드(사용자 지정카드)
    • 기업회원이 특정 이용자를 지정한 카드로 발급받은 기업 또는 법인의 지정된 임직원에 한하여 사용할 수 있는 권리가 부여된 카드를 말한다.
    • 카드의 앞면에 사용자의 영문명이 기재되어 있고 카드에 성명이 기재된 임직원만 그 카드를 사용할 권한이 있다.

[기업카드의 분류]

분 류	내 용
일반 기업카드	후불식 일반 신용카드로서 국내외에서 일시불 이용만 가능하며, 해외에서는 기업개별카드에 한해 제휴은행 창구 및 ATM에서 단기카드대출(현금 서비스) 사용이 가능하다.
직불형 기업카드	결제계좌 잔액 범위 내에서 이용 가능한 기업카드로 국내외에서 이용 가능하며 신용공여기능은 없다.
정부구매카드	정부부처 및 소속기관의 관서경비를 지출할 목적으로 정부기관을 대상으로 발급하는 기업카드로 국가재정정보시스템과 신용카드사 전산망을 연결, 신용카드 발급 및 사후관리를 파일 송수신으로 처리한다.
구매전용카드	구매기업과 판매기업 간 물품 등 거래와 관련하여 발생되는 대금을 신용카드업자가 구매기업을 대신하여 판매기업에게 대금을 선지급하고 일정기간 경과 후 구매기업으로부터 물품대금을 상환받는 카드로 실물 없이 발급되기도 한다.
기 타	사용처가 주유소로 제한되는 주유전용카드, 지방세납부 전용카드, 고용/산재보험결제 전용카드, 우편요금결제 전용카드 등의 특화 기업카드들은 통상 별도의 한도가 부여되고 특정한 가맹점에서만 사용된다.

(6) 이용수수료

① 신용카드와 관련된 수수료는 가맹점이 부담하는 가맹점 수수료와 이용 고객이 부담하는 서비스 수수료로 나누어진다.
② 가맹점 수수료는 가맹점과 신용카드사 간의 개별 협약에 의하여 정해지는데 가맹점의 업종 및 이용카드사, 가맹점 규모에 따라 다르다.
③ 최근에는 영세한 중소가맹점의 범위 및 우대수수료율 조정을 지속적으로 추진 중이다.
④ 신용카드로 현금서비스나 카드론을 받을 경우에는 그에 따른 수수료를 지급해야 한다.

(7) 신용카드 이용 방법

① 고객이 신용카드 서비스를 이용하고자 하는 경우 가입신청서, 본인 확인용 신분증, 자격 확인서류 등을 구비하여 은행 및 카드사 앞으로 신청하면 소정의 심사절차를 거쳐 신용카드가 발급된다.

② 신용카드 이용 대금의 결제 방식으로는 일시불결제, 할부결제, 리볼빙결제 등이 있다.

③ **일시불결제** : 신용카드 발급 당시에 회원과 신용카드사 간의 결제 약정일에 카드사용 대금 전액을 결제하는 방식으로 고객 입장에서는 수수료 부담이 없지만 일시상환에 따른 자금 부담이 있을 수 있다.

④ **할부결제** : 카드 이용대금을 할부로 2개월 이상 분할하여 1개월 단위로 희망하는 기간 동안 이자를 부담하여 결제하는 방식으로 고객의 입장에서 여유로운 자금 운용이 가능하나 원금이외 할부수수료의 부담이 있다.

⑤ **리볼빙결제**

　㉠ 카드이용대금 중 사전에 정해져 있는 일정금액 이상의 건별 이용금액에 대해서 이용금액의 일정비율을 결제하면 나머지 이용 잔액은 다음 결제대상으로 연장되며, 카드는 잔여 이용한도 내에서 계속 사용할 수 있는 결제방식이다.

　㉡ 리볼빙결제 방식은 이용 고객의 경제여건에 따라 결제를 조절할 수 있는 맞춤형 결제방식이지만 높은 리볼빙 수수료를 부담해야 한다.

2 직불카드

(1) 직불카드의 개요

① 직불카드는 고객이 카드를 이용함과 동시에 고객의 신용한도가 아닌 예금계좌의 잔액 범위 내에서 카드 결제대금이 바로 인출되는 카드를 말한다.

② 고객 예금계좌에서 즉시 카드결제대금이 인출되고 CD/ATM을 이용하여 자신의 예금계좌에서도 즉시 자금을 인출할 수도 있기 때문에 직불카드를 현금카드라고도 한다.

③ 미국에서 처음 등장한 이후 1970년대 중반부터 본격 사용하기 시작하였는데, 우리나라에서는 국가적인 차원에서 직불카드공동망 구축을 추진하여 1996년 2월에 은행 공동의 직불카드가 도입되었다.

(2) 직불카드의 특징

① 직불카드와 신용카드의 가장 큰 차이는 바로 결제방식의 차이라고 할 수 있는데 신용카드는 신용공여에 기반을 둔 후불결제방식을, 직불카드는 예금계좌를 기반으로 한 즉시결제방식을 이용한다는 점이다.

② 직불카드는 자신의 예금계좌가 개설되어 있는 은행에서 발급받으며, 직불카드 취급가맹점이면 발급은행에 관계없이 어디에서나 사용할 수 있다.

③ 직불카드는 직불카드 가맹점을 별도로 모집해야 하고, 직불카드 가맹점 공동규약에 의해 국내에서 직불기능 이용 시 일정 시간에는 사용이 불가능하다는 제약 등으로 인하여 활성화되지 못하였다.

(1) 체크카드의 개요

① 체크카드는 지불결제 기능을 가진 카드로서 카드거래 대금은 체크카드와 연계된 고객의 예금계좌 범위 내에서 즉시 인출된다.

② 비자카드사의 오프라인 직불카드 이름인 Visa Check Card에서 체크카드라는 명칭이 유래되었다고 하는데, 신용카드와 마찬가지로 서명을 통해 본인확인을 하게 된다.

③ 원래 의미의 체크카드는 신용공여 기능이 없어 할부 서비스나 현금서비스를 이용할 수 없지만 최근에는 고객의 신용등급에 따라 소액의 신용공여(30만원 한도)가 부여된 하이브리드형 카드를 발급받아 이용할 수 있다.

④ 직불카드는 거래은행에서 발급받고 가맹점 이용과 이용시간에 제약을 받는 데 비해, 체크카드는 은행 또는 카드사가 제휴한 은행에 입출금이 자유로운 통장을 소지한 개인 및 기업회원을 대상으로 발급 가능하다.

⑤ 최근에는 증권사나 종금사의 CMA를 결제계좌로 하는 체크카드의 발급도 활발하다.

(2) 체크카드의 특징

① 체크카드 발급 시 발급가능 연령, 신용상태, 외국인인지 여부 등에 따라 카드사마다 제한사항을 두기도 하지만 기본적으로 하이브리드 체크카드를 제외하고는 신용공여기능이 없기 때문에 발급과정에서 별도의 결제능력을 심사하지 않는다.

② 카드사나 은행의 영업점에서 즉시 발급하는 경우가 많으며 후선에서 발급 처리 후 회원 앞으로 인편이나 우편 교부하기도 한다.

③ 금융기관 전산점검시간을 제외하고는 이용시간에 제한이 없고 신용카드 가맹점이라면 이용이 가능하다는 장점이 있다.

④ 체크카드가 Visa, Master 등 해외 사용 브랜드로 발급된 경우에는 해외에서 물품구매 및 현지통화로 예금인출도 가능하다.

⑤ 외국환 거래규정상 외국인 거주자인 경우에는 별도의 등록 거래를 통해 연간 미화 5만불 한도 내에서 해외 예금인출 및 해외 직불가맹점 이용이 가능하고, 카드사에 따라서 해외 현금인출이 가능한 체크카드의 발급을 제한하기도 한다.

⑥ 체크카드는 일시불 이용만 가능하고 할부 및 단기카드대출(현금서비스) 이용은 불가능하다.

⑦ 체크카드를 이용할 수 있는 이용한도는 1회, 1일, 월간으로 정할 수 있으며 하이브리드 체크카드를 제외한 모든 체크카드는 별도의 신용한도가 부여되지 않는다.

⑧ 체크카드의 이용 명세는 직불카드와 마찬가지로 거래 건별로 결제계좌 통장에 가맹점명 및 사용 금액을 기록하는 것으로 갈음되지만, 카드사별로 별도의 이용내역서 통지 혹은 이메일로도 통지 가능하다.

⑨ 체크카드는 연체 리스크가 없는 직불카드의 장점과 전국의 신용카드 가맹점망을 이용할 수 있는 신용카드 프로세스를 그대로 적용할 수 있는 신용카드의 장점을 가지고 있다.

⑩ 신용카드 대비 높은 세액공제 제공, 소액 신용한도가 부여된 체크카드의 등장, 신용카드 대비 낮은 가맹점 수수료율, 전반적인 체크카드 가맹점 수수료의 지속적 인하 등 체크카드 활성화 정책과 맞물려 체크카드는 계속 활성화될 전망이다.

(3) 하이브리드 카드

① 체크 · 신용결제 방식이 혼합된 겸용카드로서, 체크카드 기반과 신용카드 기반으로 구분된다.

② 하이브리드 체크카드

　　㉠ 계좌 잔액범위 내에서는 체크카드로 결제되고 잔액이 소진되면 소액 범위 내에서 신용카드로 결제

　　㉡ 계좌 잔액이 부족한 상태에서 잔액을 초과하여 승인 신청이 되면 신청금액 전액이 신용카드로 결제되며, 부여 가능 최대 신용한도는 30만원

③ 하이브리드 신용카드

　　㉠ 회원이 지정한 일정금액 이하의 거래는 체크카드로 결제되고, 초과 거래는 신용카드로 결제

　　㉡ 기존의 신용카드 회원에게 체크결제 서비스를 부가하는 형태

4　선불카드

(1) 선불카드의 개요

① 선불카드는 고객이 카드사에 미리 대금을 결제하고 카드를 구입한 후 카드에 저장된 금액 내에서만 이용할 수 있는 카드로서 최근 인기를 얻고 있는 기프트카드가 대표적인 선불카드라고 할 수 있다.

② 신용카드와의 차이점은 신용카드의 경우 이용대금을 후불로 입금하지만 선불카드는 선불로 구매한다는 점이다.

(2) 선불카드의 특징

① 선불카드 구매 시 현금, 체크카드 및 신용카드를 사용하며, 유효기간은 대부분 발행일로부터 5년이고 연회비는 없다.

② 개인 신용카드로 구매 및 충전할 수 있는 이용한도는 1인당 월 최대 100만원(선불카드 금액과 상품권 금액 합산)이다.

③ 신용카드사를 통해 연령에 제한 없이 발급받을 수 있는 선불카드는 원칙적으로는 신용카드 가맹점에서 이용 가능하나 일부 백화점 및 대형할인점 등에서는 사용하지 못하는 경우도 있다.

④ 인터넷 쇼핑몰과 같은 온라인상에서도 이용이 가능한데, 이때에는 카드발급사의 인터넷 홈페이지를 통해 본인확인용 비밀번호를 등록해야 한다.

⑤ 선불카드 잔액 환불은 「전자금융거래법」 제19조 및 「선불카드 표준약관」 등에 따라 가능하다.

　　㉠ 천재지변으로 사용하기 곤란한 경우

　　㉡ 선불카드의 물리적 결함

　　㉢ 선불카드 발행 권면금액 또는 충전액의 60/100(1만원권 이하의 경우 80/100) 이상 사용한 경우

⑥ 환불 시 기명식 선불카드의 경우 회원 본인 여부와 실명을, 무기명식 선불카드의 경우 선불카드 소지자의 실명 등을 확인한다.

(3) 선불카드의 종류

① 기명식 선불카드

　㉠ 카드실물에 회원의 성명이 인쇄되어 있거나 신용카드업자 전산에 회원으로서의 정보가 존재하여 발급 이후에 양도가 불가능하다.

　㉡ 기명식 선불카드는 최고 500만원까지 충전할 수 있다.

② 무기명식 선불카드

　㉠ 카드실물에 성명이 인쇄되어 있지 않으며 신용카드업자 전산에 기명식 회원으로서의 정보가 존재하지 않아 양도가 가능하다.

　㉡ 무기명식 선불카드의 경우 양도가 가능하다.

　㉢ 뇌물 등의 수단으로 악용되는 것을 방지하기 위해 「여신전문금융업법 시행령」 및 「선불카드 표준약관」에서 충전 금액 한도를 최고 50만원으로 제한하고 있다(단, 재난 및 안전관리 기본법에 따른 재난에 대응하여 국가 또는 지방자치단체가 지원금을 지급하기 위해 발행하는 경우 최고 300만원).

PART 04

예금일반 관련 법령

CHAPTER 01	우체국 예금거래 기본약관
CHAPTER 02	입출금이 자유로운 예금 약관
CHAPTER 03	거치식예금 약관
CHAPTER 04	적립식예금 약관
CHAPTER 05	금융실명거래 및 비밀보장에 관한 법률
CHAPTER 06	우체국예금 · 보험에 관한 법률
CHAPTER 07	우체국예금 · 보험에 관한 법률 시행령
CHAPTER 08	우체국예금 · 보험에 관한 법률 시행규칙

우체국 예금거래 기본약관

[시행 2021. 3. 16]

이 예금거래 기본약관(이하 '이 약관'이라 한다)은 우체국과 예금주가 서로 믿음을 바탕으로 예금거래를 빠르고 틀림없이 처리하는 한편, 서로의 이해관계를 합리적으로 조정하기 위하여 기본적이고 일반적인 사항을 정한 것이다. 우체국은 이 약관을 창구에 놓아두고, 예금주는 영업시간 중 언제든지 이 약관을 볼 수 있고 또한 그 교부를 청구할 수 있다.

제1조(적용범위)

이 약관은 입출금이 자유로운 예금, 거치식예금, 적립식예금 거래에 적용한다.

제2조(실명거래)

① 예금주는 실명으로 거래하여야 한다.

② 우체국은 예금주의 실명확인을 위하여 주민등록증·사업자등록증 등 실명확인증표 또는 그 밖에 필요한 서류의 제시나 제출을 요구할 수 있고 예금주는 이에 따라야 한다.

제3조(거래장소)

예금주는 예금계좌를 개설한 우체국 창구(이하 '개설우체국'이라 한다)에서 모든 예금거래를 한다. 다만, 우체국이 정하는 바에 따라 다른 우체국이나 다른 금융 기관 또는 현금자동지급기, 현금자동입출금기, 컴퓨터, 전화기 등(이하 '전산통신기기'라 한다)을 통하여 거래할 수 있다.

제4조(거래방법)

예금주는 우체국에서 내준 통장(증서, 전자통장을 포함한다) 또는 수표·어음용지로 거래하여야 한다. 그러나 입금할 때와 자동이체·전산통신기기 이용약정에 따라 거래하는 경우 및 기등록된 생체정보(이하 "바이오정보"), 실명확인증표 등을 통해 본인확인된 경우에는 통장 없이(이하 "무통장")도 거래할 수 있다.

제5조(인감과 비밀번호 등의 신고)

① 예금주는 거래를 시작할 때 인감 또는 서명, 비밀번호, 성명, 상호, 대표자명, 대리인명, 주소 등 거래에 필요한 사항을 신고하여야 한다. 다만, 비밀번호는 비밀번호 입력기(이하 'Pin-Pad 기'라 한다)에 의하여 예금주가 직접 등록할 수 있으며, 예금주가 우체국에 내국할 수 없는 경우 예금주는 개설된 예금의 첫거래 전에 우체국이 정한 방법에 따라 전산통신기기를 이용하여 비밀번호를 등록하여야 한다.

② 제1항에 불구하고 거치식·적립식 예금은 비밀번호를 신고하지 않을 수 있다.

③ 예금주는 인감과 서명을 함께 신고하거나 인감 또는 서명을 추가로 신고할 수 있다.

④ 통장을 발행하지 않는 경우, 우체국은 거래처로부터 인감 또는 서명의 신고 절차를 생략할 수 있다.

제6조(입금)

① 예금주는 현금이나 과학기술정보통신부장관이 지정하는 수표·증서(이하 '증권'이라 한다)로 입금할 수 있다.

② 예금주는 현금이나 증권 등으로 계좌송금(예금주가 개설우체국 이외에서 자기계좌에 입금하거나, 제3자가 개설우체국 또는 다른 우체국이나, 다른 금융기관에서 예금주 계좌에 입금하는 것)하거나, 계좌이체(예금주의 신청에 따라 우체국이 특정계좌에서 자금을 출금하여 같은 우체국 또는 다른 금융기관의 다른 계좌에 입금하는 것)를 할 수 있다.

③ 증권으로 입금할 때 입금인은 증권의 백지보충이나 배서 또는 영수기명날인 등 필요한 절차를 밟아야 하며, 우체국은 백지보충 등의 의무를 지지 않는다.

④ 입금하는 증권이 수표일 때 우체국은 소정의 금액란에 적힌 금액으로 처리한다.

제7조(예금이 되는 시기)

① 제6조에 따라 입금한 경우 다음 각 호의 시기에 예금이 된다.

    1. 현금으로 입금한 경우 : 우체국이 이를 받아 확인한 때

    2. 현금으로 계좌송금하거나 계좌이체한 경우 : 예금원장에 입금기록이 된 때

    3. 증권으로 입금하거나 계좌송금한 경우 : 우체국이 그 증권을 교환에 돌려 부도반환시한이 지나고 결제를 확인한 때. 다만, 우체국에서 즉시 지급하여야 할 증권의 경우 결제를 확인한 때

② 제1항 제3호에 불구하고 증권이 자기앞수표이고 지급제시 기간 안에 사고신고가 없으며 결제될 것이 틀림없음을 우체국이 확인한 경우에는 예금원장에 입금의 기록이 된 때 예금이 된다.

③ 우체국은 특별한 사정이 없는 한 제1항 및 제2항의 확인 또는 입금기록을 신속히 하여야 한다.

제8조(증권의 부도)

① 제6조 제1항에 따라 입금한 증권이 지급거절되었을 때는 우체국은 그 금액을 예금원장에서 뺀 뒤 예금주(무통장입금일 때에는 입금의뢰인)가 신고한 연락처로 그 사실을 알린다. 다만, 통화불능 등 부득이한 사유로 그 사실을 알릴 수 없는 경우에는 그러하지 아니하다.

② 우체국은 지급거절된 증권을 그 권리보전절차를 밟지 아니하고, 입금한 우체국에서 예금주(무통장입금일 때에는 입금 의뢰인)가 반환청구할 때 돌려준다. 다만, 증권 발행인이 지급거절한 날의 다음 영업일까지 증권을 입금한 예금계좌에 해당자금을 현금이나 즉시 현금으로 바꿀 수 있는 증권으로 입금하였을 때는 발행인에게 돌려줄 수 있다.

제9조(이자)

① 이자는 10원을 단위로(10원 미만 절사) 약정한 예치기간 또는 제7조에 따라 예금이 된 날(자기앞수표·가계수표는 입금일)로부터 지급일 전날까지의 기간에 대하여 과학기술정보통신부장관이 정한 이율로 계산한다.

② 우체국은 예금종류별 이율표를 창구 또는 인터넷 홈페이지에 비치·게시하고, 이율을 바꾼 때는 그 바꾼 내용을 창구 또는 인터넷 홈페이지에 1개월 동안 게시한다.

③ 제2항에 따라 이율을 바꾼 때에는 입출금이 자유로운 예금은 바꾼 날로부터 바꾼 이율을 적용하며, 거치식·적립식예금은 계약 당시의 이율을 적용함을 원칙으로 하되, 변동금리가 적용되는 예금은 금리를 바꾼 날로부터 바꾼 이율을 적용한다.

④ 변동금리를 적용하는 거치식·적립식 예금은 최초 거래 시 이율적용 방법을 통장에 표시하며, 또한 변동이
  율을 적용하는 적립식예금은 이율을 바꾼 때마다 바뀐 이율을 통장에 기록하여 안내한다.

⑤ 예금주가 실제 받는 이자는 제1항에 따라 계산한 이자에서 소득세법 등 관계법령에 따라 원천징수한 세액을
  뺀 금액이다.

제9조의2(휴면예금 및 국고귀속)

① 우체국은 예금이 각 호에 해당할 때에는 예금채권의 소멸시효가 완성된 것(이하 "휴면예금"이라 한다)으로
  본다.

  1. 입출금이 자유로운 예금은 이자지급을 포함한 최종거래일로부터 10년 이상 경과한 예금

  2. 거치식, 적립식 예금은 만기일 또는 이자지급을 포함한 최종거래일로부터 10년 이상 경과한 예금

② 제1항에 따른 휴면예금은 「우체국 예금·보험에 관한 법률」 제24조에 따라 국고귀속 될 수 있으며, 원권리
  자는 국고귀속된 휴면예금을 같은 법 제24조의2에 따라 지급청구할 수 있다.

③ 예금계약은 예금이 제1항 각호에 따라 휴면예금에 해당하게 된 시점에 자동 종료하며, 해당 계좌는 더 이상
  이용이 불가하다. 잔액이 0원으로 된 예금이 제1항 각호에 해당하게 된 경우도 같다.

제10조(지급·해지청구)

① 예금주가 통장으로 예금·이자를 찾거나 예금계약을 해지하고자 할 때에는 신고한 비밀번호 등 필요한 사항
  을 적고, 거래인감을 날인하거나 서명감과 일치되게 서명한 지급 또는 해지청구서를 제출하여야 한다. 다
  만, 예금주가 Pin-Pad기에 직접 비밀번호를 입력하는 경우에는 지급 또는 해지청구서에 비밀번호의 기재
  를 생략할 수 있다.

② 예금주가 무통장으로 거래하고 실명확인증표 등에 의해 본인확인된 경우, 우체국이 정하는 바에 따라 제1항
  에 따른 절차의 전부 또는 일부를 생략할 수 있다.

③ 예금주가 자동이체·전산통신기기·바이오정보 등을 이용하여 찾을 때는 그 약정에서 정한 바에 따른다.

제11조(지급시기)

① 입출금이 자유로운 예금은 예금주가 찾을 때에 지급한다.

② 거치식·적립식예금은 만기일이 지난 다음 예금주가 찾을 때 지급한다.

제12조(양도 및 질권설정)

① 예금주가 예금을 양도하거나 질권설정 하려면 사전에 우체국에 통지하고 동의를 받아야 한다. 다만, 법령으
  로 금지되는 경우에는 양도나 질권설정을 할 수 없다.

② 입출금이 자유로운 예금은 질권설정 할 수 없다.

제13조(사고·변경사항 신고)

① 예금주는 통장·도장·카드 또는 증권이나 그 용지를 분실·도난·멸실·훼손하였을 때에는 우체국에 즉시
  서면으로 신고하여야 한다. 다만, 긴급하거나 부득이할 때에는 영업시간 중에 전화 등으로 신고할 수 있으
  며 이때에는 다음 영업일 안에 서면으로 신고하여야 한다.

② 예금주가 인감 또는 서명, 비밀번호, 성명, 상호, 대표자명, 대리인명, 주소, 전화번호 기타 신고사항을 바꿀
  때에는 서면으로 신고하여야 한다.

③ 예금주는 주소, 전화번호 등의 일부 신고사항에 대하여는 우체국이 정한 방법에 따라 전산통신기기를 이용하여 변경할 수 있다.

④ 제1항 및 제2항의 신고는 우체국이 이를 접수한 뒤 전산 입력 등 필요한 조치를 하는데 걸리는 합리적인 시간이 지나면 그 효력이 생기며 전산장애 등 불가항력적인 사유로 처리하지 못한 때에는 복구 등 사유 해제 시 즉시 처리하여야 한다.

⑤ 제1항의 신고를 철회할 때에는 우체국에 예금주 본인이 서면 또는 전산통신기기 등으로 하여야 한다.

제14조(통장, 카드의 재발급 등)

제13조에 따라 통장·도장·카드에 대한 사고신고가 있을 때에는 우체국은 신고인이 예금주 본인임을 확인하는 등 필요한 조치를 마친 뒤에 재발급하거나 지급한다.

제15조(통지방법 및 효력)

① 우체국은 오류의 정정 등 예금거래에서 발생하는 일반적 사항을 통보하는 경우에는 예금주가 신고한 전화 또는 E-mail을 이용하여 통보할 수 있다. 다만, 전화에 의한 통보 시 통화자가 예금주 본인이 아닌 경우, 그 통화자가 우체국의 통지내용을 이해하고 이를 예금주에게 전달할 것이라고 믿을 충분한 이유가 있는 때에는 예금주에게 정당하게 통보한 것으로 본다.

② 일반적인 사항을 서면 또는 E-mail로 통지할 때에는 천재지변 등 불가항력적인 경우 외에는 보통의 우송기간이 지났을 때 도달한 것으로 본다.

③ 우체국은 예금계약의 임의해지 등 중요한 의사표시를 하는 때는 서면으로 하여야 하며 그 통지가 예금주에게 도달되어야 의사표시의 효력이 생긴다. 다만, 관계법령 또는 어음교환업무규약 등에 의하여 예금계약을 해지한 경우나 예금주가 제13조에 의한 변경신고를 게을리하여 도달되지 않은 때에는 그러하지 아니하다.

제16조(면책)

① 우체국은 예금지급청구서·증권 또는 신고서 등에 찍힌 인영(또는 서명)을 신고한 인감(또는 서명감)과 육안으로 주의 깊게 비교·대조하여 틀림없다고 여기고, 예금지급청구서 등에 적힌 비밀번호나 Pin-Pad기를 이용하여 입력된 비밀번호가 신고한 것과 동일하여 예금을 지급하였거나 기타 예금주가 요구하는 업무를 처리하였을 때에는 인감이나 서명의 위조·변조 또는 도용 그 밖의 다른 사고로 인하여 예금주에게 손해가 생겨도 그 책임을 지지 아니한다. 다만, 우체국이 예금주의 인감이나 서명의 위조·변조 또는 도용 사실을 알았거나 알 수 있었을 때는 그러하지 아니한다.

② 전산통신기기 등을 이용하거나 거래정보 등의 제공 및 금융거래명세 등의 통보와 관련하여 우체국이 책임질 수 없는 사유로 계좌번호, 비밀번호 등의 금융정보가 새어나가 거래처에 손해가 생겨도 우체국은 그 책임을 지지 않는다.

③ 우체국이 거래처의 실명확인증표 등으로 주의 깊게 본인확인하여 예금을 지급하였거나 기타 예금주가 요구하는 업무를 처리하였을 때에는 위조·변조 또는 도용이나 그밖의 다른 사고로 인하여 거래처에 손해가 생겨도 그 책임을 지지 않는다. 다만, 우체국의 고의 또는 과실로 인한 귀책사유가 있는 경우 우체국은 그 책임의 일부 또는 전부를 부담한다.

④ 우체국이 주민등록증 등 실명확인증표로 주의 깊게 실명확인하거나 실명전환한 계좌는 예금주가 실명확인
증표 또는 서류의 위조·변조·도용 등을 한 경우, 이로 인하여 예금주에 손해가 생겨도 우체국은 그 책임
을 지지 않는다.

⑤ 예금주가 제13조 제1항, 제2항, 제4항의 신고나 절차를 미루어 생긴 손해에 대해 우체국은 그 책임을 지지
않는다. 다만, 이 경우에도 우체국은 예금주에게 손해가 발생하지 않도록 선량한 관리자로서의 주의를 다하
여야 한다.

제17조(수수료)

① 예금주가 개설우체국이 아닌 다른 우체국이나 다른 금융기관 또는 전산통신기기 등을 통해 거래할 때 우체
국은 온라인수수료나 추심수수료 등을 받을 수 있다.

② 제1항의 경우 외에도 예금주가 자기앞수표 발행 등을 원하거나 예금주 잘못으로 통장 재발행 등을 요청하는
경우 그 사무처리와 관련하여 과학기술정보통신부장관이 정하여 고시하는 수수료를 납부하여야 한다.

③ 제1항 및 제2항과 관련한 수수료표는 영업점 및 인터넷 홈페이지에 게시한다.

제18조(오류처리 등)

① 우체국이 예금원장이나 통장거래내용을 사실과 다르게 처리하였을 때에는, 이를 확인하여 바르게 고치고 그
사실을 예금주에게 통지하여야 한다.

② 예금주는 거래를 마친 때 그 내용이 맞는가를 확인하고, 거래내용이 사실과 다를 때에는 바르게 고칠 것을
요구할 수 있으며, 우체국은 그 사실을 확인하고 바르게 처리하여야 한다.

제19조(예금의 비밀보장)

① 우체국은 「금융실명거래 및 비밀보장에 관한 법률」 등 법령에서 정한 경우를 제외하고는 예금주의 거래내용
에 대한 자료나 정보를 남에게 제공하지 않는다.

② 우체국은 예금주가 전산통신기기 등으로 무통장입금(송금 포함) 및 예금잔액 등에 관한 정보의 제공을 요청
한 때에는 명의인·계좌번호·비밀번호[자동응답서비스(ARS)는 계좌번호·비밀번호]가 맞으면 그 요청자
를 본인으로 여겨 입금(송금)을 하고 입금인, 입금액, 예금잔액 등에 관한 정보를 제공할 수 있으며, 이로 인
하여 금융거래 정보누설 등으로 거래처에 손해가 생겨도 그 책임을 지지 않는다.

제20조(약관변경)

① 우체국은 약관을 변경하고자 할 때에는 변경약관 시행일 1개월 전에 그 내용을 우체국과 인터넷 홈페이지에
게시하여 예금주에 알린다. 다만, 법령의 개정이나 제도의 개선 등으로 인하여 긴급히 약관을 변경할 때에
는 즉시 이를 게시 또는 공고하여야 한다.

② 약관변경의 내용이 예금주에게 불리한 경우에는 변경약관 시행일 1개월 전에 제1항에 따라 게시하여야 하
며 다음 각 호중 3개 이상의 방법으로 거래처에 알린다.

1. 거래처가 신고한 전자우편(E-mail) 또는 휴대전화(SMS, MMS)에 의한 통지

2. 거래통장에 표기

3. 현금자동지급기/현금자동입출금기 설치장소에 게시

4. 인터넷뱅킹 및 모바일뱅킹 초기화면에 게시

5. 거래처와 약정한 별도의 전자기기(앱푸쉬 등)에 의한 통지

③ 예금주는 제1항 및 제2항의 고지 후 변경약관 시행일 전영업일까지 서면에 의한 통지로 계약을 해지할 수 있으며, 이 기간 내에 예금주의 서면에 의한 이의가 우체국에 도달하지 않으면 이를 승인한 것으로 본다.

제21조(약관적용의 순서)

① 우체국과 예금주 사이에 개별적으로 합의한 사항이 약관 조항과 다를 때는 그 합의사항을 약관에 우선하여 적용한다.

② 이 약관에 정한 사항과 입출금이 자유로운 예금약관 또는 거치식 · 적립식 예금약관에서 정한 사항이 다를 때에는 입출금이 자유로운 예금 약관이나 거치식 · 적립식 예금약관을 먼저 적용한다.

제22조(기타)

이 약관과 입출금이 자유로운 예금약관 또는 거치식 · 적립식 예금약관에서 정하지 않은 사항은 따로 약정이 없으면 관계법령 · 어음교환업무규약 및 과학기술정보통신부장관이 정한 업무처리 방법을 적용한다.

제23조(이의 제기)

예금주가 우체국과의 거래와 관련하여 이의가 있을 때에는 금융분쟁처리기구 등을 통하여 분쟁조정을 신청할 수 있다.

입출금이 자유로운 예금 약관

[시행 2021. 3. 16.]

제1조(적용범위)

① 입출금이 자유로운 예금(이하 '이 예금'이라 한다)이란 예치기간을 정하지 아니하고 자유로이 입출금하는 예금을 말한다.

② 이 약관에서 정하지 아니한 사항은 우체국 예금거래 기본약관의 규정을 적용한다.

제2조(예금거래 특례)

저축예금 가입자 중 가계수표 약정을 한 경우에는 지급청구서, 현금카드 또는 가계수표 등에 의하여 인출할 수 있다.

제3조(이자)

① 이 약관의 적용을 받는 예금 중 예금의 이자는 상품별 해당 기준일에 계산하여 기준일 다음날(이하 '지급일'이라 한다)에 원금에 더하여 지급한다. 다만, 우체국이 따로 정한 기준에 해당하는 예금에 대하여는 이자를 지급하지 않을 수 있다.

② 제1항의 예금이자는 최초 예금일부터 지급일 전일까지(또는 지급일부터 차기 지급일 전일)의 기간을 이자계산 기간으로 하고, 매일 최종잔액을 평균하여 우체국에 게시한 이율로 계산한다.

③ 예금의 이자는 제1항에 따른 이자지급을 제외한 최종거래일로부터 5년까지는 제1항 및 제2항에서 정한 방식으로 지급하고, 5년이 경과한 날부터는 이자에 원금을 더하지 않고 계좌해지 또는 추가 입출금거래 발생일에 일괄 계산하여 지급할 수 있다.

제4조(거래중지계좌)

우체국은 이 예금이 다음 각 호에 해당할 때에는 거래중지 계좌로 관리하여 입출금, 잔액조회, 이관 등을 제한할 수 있다. 다만 예금주가 위 계좌로 입출금, 잔액조회, 이관 등을 신청할 때에는 우체국은 금융거래목적확인서 등 서류를 징구하여 금융거래 목적을 확인 후 거래재개에 필요한 조치를 취하여야 한다.

  1. 잔고가 1만원 미만으로서 1년 이상 계속하여 거래가 없을 때
  2. 잔고가 1만원 이상 5만원 미만으로서 2년 이상 계속하여 거래가 없을 때
  3. 잔고가 5만원 이상 10만원 미만으로서 3년 이상 계속하여 거래가 없을 때

제5조(자동이체)

① 급여, 연금배당금 등 정기적 수입금 및 제세공과금, 공공요금 등 정기적 지급금의 자동이체를 신청할 경우에는 우체국이 정한 소정의 신청서를 우체국창구에 제출하여야 한다. 이 경우 신청서 상의 제반 약정사항을 준수하여야 한다.

② 각종 지급금의 자동이체는 이체지정일에 입출금이 자유로운 예금에서 인출하여 자동 납입되므로 이체지정일의 지급 가능액을 미리 확인하여야 한다.

③ 자동이체 지정일에 지급 가능액이 부족하여 우체국이 자동이체 처리를 못 하였을 경우 이로 인한 손해에 대하여는 우체국이 책임을 지지 아니한다.

제6조(거래제한)

통장이 「전기통신금융사기 피해금 환급에 관한 특별법」에서 정의한 사기이용계좌로 사용될 경우, 통장명의인에 대한 계좌개설 및 현금카드 발급 등의 금융거래를 제한할 수 있다.

거치식예금 약관

[시행 2018. 10. 31.]

제1조(적용범위)

① 거치식예금(이하 '이 예금'이라 한다)이란 예치기간을 정하고 거래를 시작할 때 맡긴 예금을 만기에 찾는 예금을 말한다.

② 이 약관에서 정하지 아니한 사항은 우체국 예금거래 기본약관의 규정을 적용한다.

제2조(지급시기)

이 예금은 약정한 만기일 이후 예금주가 청구할 때 지급한다. 다만, 예금주가 부득이한 사정으로 청구할 때에는 만기 전이라도 지급할 수 있다.

제3조(이자)

① 이 예금의 이자는 일할 계산하되 약정한 예치기간에 따라 예금일 당시 과학기술정보통신부 장관이 고시한 예치기간별 이율로 계산하여 만기일 이후 원금과 함께 지급한다. 다만, 예금주의 요청이 있으면 월별로 이자를 지급할 수 있다.

② 만기일 후 지급 청구할 때에는 만기일부터 지급일 전날까지의 기간에 대하여 예금일 당시 과학기술정보통신부 장관이 고시한 만기 후 이율로 계산한 이자를 더하여 지급한다.

③ 만기일 전에 지급청구할 때에는 예금일부터 지급일 전날까지의 기간에 대하여 예금일 당시 과학기술정보통신부 장관이 고시한 중도해지이율로 계산하여 지급하며 이미 지급한 이자는 지급할 금액에서 뺀다.

④ 이 예금 중 변동금리를 적용하는 예금은 이율을 바꾼 때 바꾼 날부터 바꾼 이율로 계산하여 이자를 지급한다.

제4조(상속에 의한 특별중도해지)

저축가입자의 사망으로 인한 상속의 경우, 상속인은 우체국에 이 저축의 해지를 신청해야 하며, 이때 우체국은 당초 약정이율을 적용한다.

적립식예금 약관

[시행 2018. 10. 31.]

제1조(적용범위)

① 적립식예금(이하 '이 예금'이라 한다)이란 기간을 정하고 그 기간 중에 미리 정한 금액이나 불특정액을 정기 또는 부정기적으로 입금하는 예금을 말한다.

② 이 약관에서 정하지 아니한 사항은 우체국 예금거래 기본약관의 규정을 적용한다.

제2조(지급시기)

이 예금은 약정한 만기일 이후 예금주가 청구할 때 지급한다. 다만, 예금주가 부득이한 사정으로 청구할 때에는 만기 전이라도 지급할 수 있다.

제3조(저축금의 입금)

예금주는 계약기간 동안 매월 약정한 날짜에 월저축금을 입금하여야 한다.

제4조(이자)

① 이 예금의 월저축금을 매월 약정한 날짜에 입금하였을 때에는 우체국은 입금일부터 만기일 전날까지의 기간에 대하여 계약일 당시 과학기술정보통신부 장관이 고시한 이율로 계산한 이자를 저축금 총액(이하 '원금'이라 한다)에 더한 금액(이하 '계약금액'이라 한다)을 만기지급금으로 지급한다.

② 이 예금 중 변동금리를 적용하는 예금은 이율을 바꾼 날부터 바꾼 이율로 계산하여 이자를 지급한다.

③ 예금주가 월저축금을 약정일보다 늦게 입금하였을 때에는 우체국은 예금주의 요청에 따라 총지연일수에서 총선납일수를 뺀 순지연일수에 대하여 계약일 당시 과학기술정보통신부 장관이 고시한 입금지연 이율로 계산한 금액을 계약금액에서 빼거나 순지연일수를 계약월수로 나눈 월평균 지연일수 만큼 만기일을 늦출 수 있다.

④ 총선납일수가 총지연일수보다 많은 경우에는 우체국은 계약금액만을 지급한다.

⑤ 이 예금의 이자는 원을 단위로 과학기술정보통신부 장관이 고시한 이율로 계산한다.

제5조(만기도래 전 지급)

① 월부금을 전회 납입하고 만기일(이연 만기일) 이전에 해약하는 것으로서 지연일수로 인해 만기일이 이연된 경우와 월부금 완납 후 당초 만기일 이전에 해약하는 경우로 구분되며 일반 해약절차에 준하여 처리한다.

② 만기도래 전 해약지급이자액 계산 시에는 중도해약 지급이자와 만기도래 전 지급이자를 계산하여 이자가 많은 것을 지급한다. 단, 약정지급이자액을 초과하여 지급할 수는 없다.

제6조(중도해지이율 및 만기 후 이율)

① 예금주가 만기일 후 지급청구한 때에는 만기지급금에 만기일부터 지급일 전날까지 기간에 대해 계약일 당시 과학기술정보통신부장관이 고시한 만기 후 이율로 계산한 이자를 더하여 지급한다.

② 예금주가 만기일 전에 지급청구한 때에는 월저축금마다 입금일부터 지급일 전날까지의 기간에 대하여 계약일 당시 과학기술정보통신부장관이 고시한 중도해지이율로 계산한 이자를 원금에 더하여 지급한다.

③ 예금주가 만기일까지 약정한 모든 회차의 월저축금을 입금하지 않고 만기일 이후에 청구하였을 때에는 전항의 중도해지이율로 계산한 이자를 지급한다.

제7조(상속에 의한 특별중도해지)

저축가입자의 사망으로 인한 상속의 경우, 상속인은 우체국에 이 저축의 해지를 신청해야 하며, 이때 우체국은 당초 약정이율을 적용한다.

제8조(자유적립식 예금 특례)

① 자유적립식 예금이란 계약기간동안 저축금을 달리하여 수시로 입금하는 예금을 말한다.

② 자유적립식 예금은 입금 횟수에 관계없이 저축금마다 입금일부터 만기일 전날까지의 기간에 대하여 계약일 당시 과학기술정보통신부 장관이 고시한 이율로 계산한 이자와 원금을 만기지급금으로 한다.

③ 자유적립식 예금에는 제3조, 제4조 제1항, 제3항, 제4항, 제5조, 제6조 제3항의 규정을 적용하지 아니한다.

제9조(법령위반 시 처리)

법령에 따라 시행하는 예금에 있어서 예금주가 법령에서 정하는 가입자격, 저축한도 등 거래조건을 위반한 것으로 판명된 때에는 우체국은 임의로 그 예금을 해지하고 제6조 제2항의 규정에 따라 처리한 후 이를 즉시 예금주에 통보한다.

금융실명거래 및 비밀보장에 관한 법률

[시행 2025. 4. 1.] [법률 제20894호, 2025. 4. 1., 일부개정]

제1조(목적)

이 법은 실지명의(實地名義)에 의한 금융거래를 실시하고 그 비밀을 보장하여 금융거래의 정상화를 꾀함으로써 경제정의를 실현하고 국민경제의 건전한 발전을 도모함을 목적으로 한다.

제2조(정의)

이 법에서 사용하는 용어의 뜻은 다음과 같다.

1. "금융회사 등"이란 다음 각 목의 것을 말한다.

    가. 「은행법」에 따른 은행

    나. 「중소기업은행법」에 따른 중소기업은행

    다. 「한국산업은행법」에 따른 한국산업은행

    라. 「한국수출입은행법」에 따른 한국수출입은행

    마. 「한국은행법」에 따른 한국은행

    바. 「자본시장과 금융투자업에 관한 법률」에 따른 투자매매업자 · 투자중개업자 · 집합투자업자 · 신탁업자 · 증권금융회사 · 종합금융회사 및 명의개서대행회사

    사. 「상호저축은행법」에 따른 상호저축은행 및 상호저축은행중앙회

    아. 「농업협동조합법」에 따른 조합과 그 중앙회 및 농협은행

    자. 「수산업협동조합법」에 따른 조합과 그 중앙회 및 수협은행

    차. 「신용협동조합법」에 따른 신용협동조합 및 신용협동조합중앙회

    카. 「새마을금고법」에 따른 금고 및 중앙회

    타. 「보험업법」에 따른 보험회사

    파. 「우체국예금 · 보험에 관한 법률」에 따른 체신관서

    하. 그 밖에 대통령령으로 정하는 기관

2. "금융자산"이란 금융회사 등이 취급하는 예금 · 적금 · 부금(賦金) · 계금(契金) · 예탁금 · 출자금 · 신탁재산 · 주식 · 채권 · 수익증권 · 출자지분 · 어음 · 수표 · 채무증서 등 금전 및 유가증권과 그 밖에 이와 유사한 것으로서 총리령으로 정하는 것을 말한다.

3. "금융거래"란 금융회사 등이 금융자산을 수입(受入) · 매매 · 환매 · 중개 · 할인 · 발행 · 상환 · 환급 · 수탁 · 등록 · 교환하거나 그 이자, 할인액 또는 배당을 지급하는 것과 이를 대행하는 것 또는 그 밖에 금융자산을 대상으로 하는 거래로서 총리령으로 정하는 것을 말한다.

4. "실지명의"란 주민등록표상의 명의, 사업자등록증상의 명의, 그 밖에 대통령령으로 정하는 명의를 말한다.

제3조(금융실명거래)

① 금융회사 등은 거래자의 실지명의(이하 "실명"이라 한다)로 금융거래를 하여야 한다.

② 금융회사 등은 제1항에도 불구하고 다음 각 호의 어느 하나에 해당하는 경우에는 실명을 확인하지 아니할 수 있다.

1. 실명이 확인된 계좌에 의한 계속거래(繼續去來), 공과금 수납 및 100만원 이하의 송금 등의 거래로서 대통령령으로 정하는 거래

2. 외국통화의 매입, 외국통화로 표시된 예금의 수입(受入) 또는 외국통화로 표시된 채권의 매도 등의 거래로서 대통령령으로 정하는 기간 동안의 거래

3. 다음 각 목의 어느 하나에 해당하는 채권(이하 "특정채권"이라 한다)으로서 법률 제5493호 「금융실명거래 및 비밀보장에 관한 법률」 시행일(1997년 12월 31일) 이후 1998년 12월 31일 사이에 재정경제부장관이 정하는 발행기간·이자율 및 만기 등의 발행조건으로 발행된 채권의 거래

   가. 고용 안정과 근로자의 직업능력 향상 및 생활 안정 등을 위하여 발행되는 대통령령으로 정하는 채권

   나. 「외국환거래법」 제13조에 따른 외국환평형기금 채권으로서 외국통화로 표시된 채권

   다. 중소기업의 구조조정 지원 등을 위하여 발행되는 대통령령으로 정하는 채권

   라. 「자본시장과 금융투자업에 관한 법률」 제329조에 따라 증권금융회사가 발행한 사채

   마. 그 밖에 국민생활 안정과 국민경제의 건전한 발전을 위하여 발행되는 대통령령으로 정하는 채권

③ 누구든지 「특정 금융거래정보의 보고 및 이용 등에 관한 법률」 제2조 제4호에 따른 불법재산의 은닉, 같은 조 제5호에 따른 자금세탁행위 또는 같은 조 제6호에 따른 공중협박자금조달행위 및 강제집행의 면탈, 그 밖에 탈법행위를 목적으로 타인의 실명으로 금융거래를 하여서는 아니 된다.

④ 금융회사 등에 종사하는 자는 제3항에 따른 금융거래를 알선하거나 중개하여서는 아니 된다.

⑤ 제1항에 따라 실명이 확인된 계좌 또는 외국의 관계 법령에 따라 이와 유사한 방법으로 실명이 확인된 계좌에 보유하고 있는 금융자산은 명의자의 소유로 추정한다.

⑥ 금융회사 등은 금융위원회가 정하는 방법에 따라 제3항의 주요 내용을 거래자에게 설명하여야 한다.

⑦ 실명거래의 확인 방법 및 절차, 확인 업무의 위탁과 그 밖에 필요한 사항은 대통령령으로 정한다.

제4조(금융거래의 비밀보장)

① 금융회사 등에 종사하는 자는 명의인(신탁의 경우에는 위탁자 또는 수익자를 말한다)의 서면상의 요구나 동의를 받지 아니하고는 그 금융거래의 내용에 대한 정보 또는 자료(이하 "거래정보 등"이라 한다)를 타인에게 제공하거나 누설하여서는 아니 되며, 누구든지 거짓 또는 그 밖의 부정한 수단이나 방법으로 금융회사 등에 종사하는 자에게 거래정보 등의 제공을 요구하여서는 아니 된다. 다만, 다음 각 호의 어느 하나에 해당하는 경우로서 그 사용 목적에 필요한 최소한의 범위에서 거래정보 등을 제공하거나 그 제공을 요구하는 경우에는 그러하지 아니하다.

1. 법원의 제출명령 또는 법관이 발부한 영장에 따른 거래정보 등의 제공

2. 조세에 관한 법률에 따라 제출의무가 있는 과세자료 등의 제공과 소관 관서의 장이 상속·증여 재산의 확인, 조세탈루의 혐의를 인정할 만한 명백한 자료의 확인, 체납자(체납액 5천만원 이상인 체납자의 경우에는 체납자의 재산을 은닉한 혐의가 있다고 인정되는 다음 각 목에 해당하는 사람을 포함한다)의 재산조

회, 「국세징수법」 제9조 제1항 각 호의 어느 하나에 해당하는 사유로 조세에 관한 법률에 따른 질문·조사를 위하여 필요로 하는 거래정보 등의 제공

　가. 체납자의 배우자(사실상 혼인관계에 있는 사람을 포함한다)

　나. 체납자의 6촌 이내 혈족

　다. 체납자의 4촌 이내 인척

3. 「국정감사 및 조사에 관한 법률」에 따른 국정조사에 필요한 자료로서 해당 조사위원회의 의결에 따른 금융감독원장(「금융위원회의 설치 등에 관한 법률」 제24조에 따른 금융감독원의 원장을 말한다. 이하 같다) 및 예금보험공사사장(「예금자보호법」 제3조에 따른 예금보험공사의 사장을 말한다. 이하 같다)의 거래정보 등의 제공

4. 금융위원회(증권시장·파생상품시장의 불공정거래조사의 경우에는 증권선물위원회를 말한다. 이하 이 조에서 같다), 금융감독원장 및 예금보험공사사장이 금융회사 등에 대한 감독·검사를 위하여 필요로 하는 거래정보 등의 제공으로서 다음 각 목의 어느 하나에 해당하는 경우와 제3호에 따라 해당 조사위원회에 제공하기 위한 경우

　가. 내부자거래 및 불공정거래행위 등의 조사에 필요한 경우

　나. 고객예금 횡령, 무자원(無資源) 입금 기표(記票) 후 현금 인출 등 금융사고의 적발에 필요한 경우

　다. 구속성예금 수입(受入), 자기앞수표 선발행(先發行) 등 불건전 금융거래행위의 조사에 필요한 경우

　라. 금융실명거래 위반, 장부 외 거래, 출자자 대출, 동일인 한도 초과 등 법령 위반행위의 조사에 필요한 경우

　마. 「예금자보호법」에 따른 예금보험업무 및 「금융산업의 구조개선에 관한 법률」에 따라 예금보험공사사장이 예금자표(預金者表)의 작성업무를 수행하기 위하여 필요한 경우

5. 동일한 금융회사 등의 내부 또는 금융회사 등 상호 간에 업무상 필요한 거래정보 등의 제공

6. 금융위원회 및 금융감독원장이 그에 상응하는 업무를 수행하는 외국 금융감독기관(국제금융감독기구를 포함한다. 이하 같다)과 다음 각 목의 사항에 대한 업무협조를 위하여 필요로 하는 거래정보 등의 제공

　가. 금융회사 등 및 금융회사 등의 해외지점·현지법인 등에 대한 감독·검사

　나. 「자본시장과 금융투자업에 관한 법률」 제437조에 따른 정보교환 및 조사 등의 협조

7. 「자본시장과 금융투자업에 관한 법률」에 따라 거래소허가를 받은 거래소(이하 "거래소"라 한다)가 다음 각 목의 경우에 필요로 하는 투자매매업자·투자중개업자가 보유한 거래정보 등의 제공

　가. 「자본시장과 금융투자업에 관한 법률」 제404조에 따른 이상거래(異常去來)의 심리 또는 회원의 감리를 수행하는 경우

　나. 이상거래의 심리 또는 회원의 감리와 관련하여 거래소에 상응하는 업무를 수행하는 외국거래소 등과 협조하기 위한 경우. 다만, 금융위원회의 사전 승인을 받은 경우로 한정한다.

8. 그 밖에 법률에 따라 불특정 다수인에게 의무적으로 공개하여야 하는 것으로서 해당 법률에 따른 거래정보 등의 제공

② 제1항 제1호부터 제4호까지 또는 제6호부터 제8호까지의 규정에 따라 거래정보 등의 제공을 요구하는 자는 다음 각 호의 사항이 포함된 금융위원회가 정하는 표준양식에 의하여 금융회사 등의 특정 점포에 이를 요구하여야 한다. 다만, 제1항 제1호에 따라 거래정보 등의 제공을 요구하거나 같은 항 제2호에 따라 거래정보

등의 제공을 요구하는 경우로서 부동산(부동산에 관한 권리를 포함한다. 이하 이 항에서 같다)의 보유기간, 보유 수, 거래 규모 및 거래 방법 등 명백한 자료에 의하여 대통령령으로 정하는 부동산거래와 관련한 소득세 또는 법인세의 탈루혐의가 인정되어 그 탈루사실의 확인이 필요한 자(해당 부동산 거래를 알선·중개한 자를 포함한다)에 대한 거래정보 등의 제공을 요구하는 경우 또는 체납액 1천만원 이상인 체납자의 재산조회를 위하여 필요한 거래정보 등의 제공을 대통령령으로 정하는 바에 따라 요구하는 경우에는 거래정보 등을 보관 또는 관리하는 부서에 이를 요구할 수 있다.

1. 명의인의 인적사항

2. 요구 대상 거래기간

3. 요구의 법적 근거

4. 사용 목적

5. 요구하는 거래정보 등의 내용

6. 요구하는 기관의 담당자 및 책임자의 성명과 직책 등 인적사항

③ 금융회사 등에 종사하는 자는 제1항 또는 제2항을 위반하여 거래정보 등의 제공을 요구받은 경우에는 그 요구를 거부하여야 한다.

④ 제1항 각 호[종전의 금융실명거래에 관한 법률(대통령긴급재정경제명령 제16호로 폐지되기 전의 것을 말한다) 제5조 제1항 제1호부터 제4호까지 및 금융실명거래 및 비밀보장에 관한 긴급재정경제명령(법률 제5493호로 폐지되기 전의 것을 말한다. 이하 같다) 제4조 제1항 각 호를 포함한다]에 따라 거래정보 등을 알게 된 자는 그 알게 된 거래정보 등을 타인에게 제공 또는 누설하거나 그 목적 외의 용도로 이용하여서는 아니 되며, 누구든지 거래정보 등을 알게 된 자에게 거짓 또는 그 밖의 부정한 수단이나 방법으로 그 거래정보 등의 제공을 요구하여서는 아니 된다. 다만, 금융위원회 또는 금융감독원장이 제1항 제4호 및 제6호에 따라 알게 된 거래정보 등을 외국 금융감독기관에 제공하거나 거래소가 제1항 제7호에 따라 외국거래소 등에 거래정보 등을 제공하는 경우에는 그러하지 아니하다.

⑤ 제1항 또는 제4항을 위반하여 제공 또는 누설된 거래정보 등을 취득한 자(그로부터 거래정보 등을 다시 취득한 자를 포함한다)는 그 위반사실을 알게 된 경우 그 거래정보 등을 타인에게 제공 또는 누설하여서는 아니 된다.

⑥ 다음 각 호의 법률의 규정에 따라 거래정보 등의 제공을 요구하는 경우에는 해당 법률의 규정에도 불구하고 제2항에 따른 금융위원회가 정한 표준양식으로 하여야 한다.

1. 「감사원법」 제27조 제2항

2. 「정치자금법」 제52조 제2항

3. 「공직자윤리법」 제8조 제5항

4. 삭제

5. 「상속세 및 증여세법」 제83조 제1항

6. 「특정 금융거래정보의 보고 및 이용 등에 관한 법률」 제13조 제3항

7. 「과세자료의 제출 및 관리에 관한 법률」 제6조 제1항

① 금융회사 등은 명의인의 서면상의 동의를 받아 거래정보 등을 제공한 경우나 제4조 제1항 제1호·제2호(조세에 관한 법률에 따라 제출의무가 있는 과세자료 등의 경우는 제외한다)·제3호 및 제8호에 따라 거래정보 등을 제공한 경우에는 제공한 날(제2항 또는 제3항에 따라 통보를 유예한 경우에는 통보유예기간이 끝난 날)부터 10일 이내에 제공한 거래정보 등의 주요 내용, 사용 목적, 제공받은 자 및 제공일 등을 명의인에게 서면으로 통보하여야 한다.

② 금융회사 등은 통보 대상 거래정보 등의 요구자로부터 다음 각 호의 어느 하나에 해당하는 사유로 통보의 유예를 서면으로 요청받은 경우에는 제1항에도 불구하고 유예요청기간(제2호 또는 제3호의 사유로 요청을 받은 경우로서 그 유예요청기간이 6개월 이상인 경우에는 6개월) 동안 통보를 유예하여야 한다.

  1. 해당 통보가 사람의 생명이나 신체의 안전을 위협할 우려가 있는 경우

  2. 해당 통보가 증거 인멸, 증인 위협 등 공정한 사법절차의 진행을 방해할 우려가 명백한 경우

  3. 해당 통보가 질문·조사 등의 행정절차의 진행을 방해하거나 과도하게 지연시킬 우려가 명백한 경우

③ 금융회사 등은 거래정보 등의 요구자가 제2항 각 호의 어느 하나에 해당하는 사유가 지속되고 있음을 제시하고 통보의 유예를 서면으로 반복하여 요청하는 경우에는 요청받은 날부터 두 차례만(제2항 제1호의 경우는 제외한다) 매 1회 3개월의 범위에서 유예요청기간 동안 통보를 유예하여야 한다. 다만, 제4조 제1항 제2호(조세에 관한 법률에 따라 제출의무가 있는 과세자료 등의 경우는 제외한다)에 따른 거래정보 등의 제공을 요구하는 자가 통보의 유예를 요청하는 경우에는 요청을 받은 때마다 그날부터 6개월의 범위에서 유예요청기간 동안 통보를 유예하여야 한다.

④ 제1항에 따라 금융회사 등이 거래정보 등의 제공사실을 명의인에게 통보하는 경우에 드는 비용은 대통령령으로 정하는 바에 따라 제4조 제1항에 따라 거래정보 등의 제공을 요구하는 자가 부담한다.

⑤ 다음 각 호의 법률의 규정에 따라 거래정보 등의 제공을 요구하는 경우에는 제1항부터 제4항까지의 규정을 적용한다.

  1. 「감사원법」 제27조 제2항

  2. 「정치자금법」 제52조 제2항

  3. 「공직자윤리법」 제8조 제5항

  4. 삭제

  5. 「상속세 및 증여세법」 제83조 제1항

  6. 「과세자료의 제출 및 관리에 관한 법률」 제6조 제1항

제4조의3(거래정보 등의 제공내용의 기록·관리)

① 금융회사 등은 명의인의 서면상의 동의를 받아 명의인 외의 자에게 거래정보 등을 제공한 경우나 제4조 제1항 제1호·제2호(조세에 관한 법률에 따라 제출의무가 있는 과세자료 등의 경우는 제외한다)·제3호·제4호·제6호·제7호 또는 제8호에 따라 명의인 외의 자로부터 거래정보 등의 제공을 요구받거나 명의인 외의 자에게 거래정보 등을 제공한 경우에는 다음 각 호의 사항이 포함된 금융위원회가 정하는 표준양식으로 기록·관리하여야 한다.

1. 요구자(담당자 및 책임자)의 인적사항, 요구하는 내용 및 요구일

1의2. 사용 목적(명의인의 서면상의 동의를 받아 명의인 외의 자에게 거래정보 등을 제공한 경우는 제외한다)

2. 제공자(담당자 및 책임자)의 인적사항 및 제공일

3. 제공된 거래정보 등의 내용

4. 제공의 법적 근거

5. 명의인에게 통보한 날

6. 통보를 유예한 경우 통보유예를 한 날, 사유, 기간 및 횟수

② 제1항에 따른 기록은 거래정보 등을 제공한 날(제공을 거부한 경우에는 그 제공을 요구받은 날)부터 5년간 보관하여야 한다.

③ 다음 각 호의 법률의 규정에 따라 거래정보 등의 제공을 요구하는 경우에는 제1항 및 제2항을 적용한다.

1. 「감사원법」 제27조 제2항

2. 「정치자금법」 제52조 제2항

3. 「공직자윤리법」 제8조 제5항

4. 삭제

5. 「상속세 및 증여세법」 제83조 제1항

6. 「특정 금융거래정보의 보고 및 이용 등에 관한 법률」 제13조 제3항

7. 「과세자료의 제출 및 관리에 관한 법률」 제6조 제1항

제4조의4(금융위원회의 업무)

금융위원회는 이 법 또는 다른 법률에 따른 거래정보 등의 요구, 제공, 통보 및 통보유예 현황을 파악하여 분석하고 그 결과를 매년 정기국회에 보고하여야 한다.

제5조(비실명자산소득에 대한 차등과세)

실명에 의하지 아니하고 거래한 금융자산에서 발생하는 이자 및 배당소득에 대하여는 소득세의 원천징수세율을 100분의 90[특정채권에서 발생하는 이자소득의 경우에는 100분의 20(2001년 1월 1일 이후부터는 100분의 15)]으로 하며, 「소득세법」 제14조 제2항에 따른 종합소득과세표준의 계산에는 이를 합산하지 아니한다.

제5조의2(행정처분)

① 금융위원회는 금융회사 등이 이 법 또는 이 법에 따른 명령이나 지시를 위반한 사실을 발견하였을 때에는 다음 각 호의 어느 하나에 해당하는 조치를 하거나 해당 금융회사 등의 영업에 관한 행정제재처분의 권한을 가진 관계 행정기관의 장에게 그 조치를 요구할 수 있다.

1. 위반행위의 시정명령 또는 중지명령

2. 위법행위로 인한 조치를 받았다는 사실의 공표명령 또는 게시명령

3. 기관경고

4. 기관주의

② 금융위원회는 금융회사 등이 다음 각 호의 어느 하나에 해당하는 경우에는 6개월 이내의 범위에서 그 업무의 전부 또는 일부의 정지를 명하거나 해당 금융회사 등의 영업에 관한 행정제재처분의 권한을 가진 관계 행정기관의 장에게 그 조치를 요구할 수 있다.

1. 제1항 제1호 및 제2호에 따른 명령을 이행하지 아니한 경우
2. 제1항 제3호에 따른 기관경고를 3회 이상 받은 경우
3. 그 밖에 이 법 또는 이 법에 따른 명령이나 지시를 위반하여 건전한 금융거래의 질서 또는 거래자의 이익을 크게 해칠 우려가 있는 경우

③ 금융위원회는 금융회사 등의 임원 또는 직원이 이 법 또는 이 법에 따른 명령이나 지시를 위반한 사실을 발견하였을 때에는 다음 각 호의 구분에 따른 조치를 하여 줄 것을 해당 금융회사 등의 장에게 요구할 수 있다.

1. 임원 : 다음 각 목의 어느 하나에 해당하는 조치
   가. 해임
   나. 6개월 이내의 직무정지
   다. 문책경고
   라. 주의적 경고
   마. 주의
2. 직원 : 다음 각 목의 어느 하나에 해당하는 조치
   가. 면직
   나. 6개월 이내의 정직
   다. 감봉
   라. 견책
   마. 주의

④ 제1항 또는 제2항에 따른 요구를 받은 관계 행정기관의 장은 정당한 사유가 없으면 그 요구에 따라야 한다.

제6조(벌칙)

① 제3조 제3항 또는 제4항, 제4조 제1항 또는 제3항부터 제5항까지의 규정을 위반한 자는 5년 이하의 징역 또는 5천만원 이하의 벌금에 처한다.
② 제1항의 징역형과 벌금형은 병과(倂科)할 수 있다.

제7조(과태료)

① 제3조·제4조의2 제1항 및 제5항(제4조의2 제1항을 적용하는 경우로 한정한다)·제4조의3을 위반한 금융회사 등의 임원 또는 직원에게는 3천만원 이하의 과태료를 부과한다.
② 제1항에 따른 과태료는 대통령령으로 정하는 바에 따라 금융위원회가 부과·징수한다.

제8조(양벌규정)

법인의 대표자나 법인 또는 개인의 대리인, 사용인, 그 밖의 종업원이 그 법인 또는 개인의 업무에 관하여 제6조 또는 제7조의 위반행위를 하면 그 행위자를 벌하는 외에 그 법인 또는 개인에게도 해당 조문의 벌금 또는 과태료를 과(科)한다. 다만, 법인 또는 개인이 그 위반행위를 방지하기 위하여 해당 업무에 관하여 상당한 주의와 감독을 게을리 하지 아니한 경우에는 그러하지 아니하다.

제9조(다른 법률과의 관계)

① 이 법과 다른 법률이 서로 일치하지 아니하는 경우에는 이 법에 따른다.

② 금융실명거래 및 비밀보장에 관한 긴급재정경제명령 시행 당시 같은 긴급재정경제명령보다 우선하여 적용
하였던 법률은 제1항에도 불구하고 이 법에 우선하여 적용한다.

제10조(권한의 위탁)

금융위원회는 이 법에 따른 권한의 일부를 대통령령으로 정하는 바에 따라 금융감독원장에게 위탁할 수 있다.

우체국예금·보험에 관한 법률

[시행 2024. 10. 25.] [법률 제20457호, 2024. 10. 16., 일부개정]

제1장 총칙

제1조(목적)

이 법은 체신관서(遞信官署)로 하여금 간편하고 신용 있는 예금·보험사업을 운영하게 함으로써 금융의 대중화를 통하여 국민의 저축의욕을 북돋우고, 보험의 보편화를 통하여 재해의 위험에 공동으로 대처하게 함으로써 국민 경제생활의 안정과 공공복리의 증진에 이바지함을 목적으로 한다.

제2조(정의)

이 법에서 사용하는 용어의 뜻은 다음과 같다.

1. "우체국예금"이란 이 법에 따라 체신관서에서 취급하는 예금을 말한다.
2. "예금통장"이란 우체국예금의 예입(預入)과 지급 사실을 증명하기 위하여 체신관서에서 발행하는 통장을 말한다.
3. "예금증서"란 우체국예금의 예입과 지급 사실을 증명하기 위하여 체신관서에서 발행하는 증서를 말한다.
4. "우체국보험"이란 이 법에 따라 체신관서에서 피보험자의 생명·신체의 상해(傷害)를 보험사고로 하여 취급하는 보험을 말한다.
5. "보험계약"이란 보험계약자가 보험료를 납입하고 보험사고가 발생하였을 경우 체신관서가 보험금을 지급할 것을 내용으로 하는 계약을 말한다.
6. "보험사고"란 보험계약상 체신관서가 보험수익자에게 보험금이나 그 밖의 급여를 지급할 의무를 발생하게 하는 피보험자의 생명·신체에 관한 불확정한 사고를 말한다.

제3조(우체국예금·보험사업의 관장)

우체국예금사업과 우체국보험사업은 국가가 경영하며, 과학기술정보통신부장관이 관장(管掌)한다.

제3조의2(건전성의 유지·관리)

① 과학기술정보통신부장관은 우체국예금·보험사업에 대한 건전성을 유지하고 관리하기 위하여 필요한 경우에는 금융위원회에 검사를 요청할 수 있다.

② 과학기술정보통신부장관은 우체국예금·보험사업의 건전한 육성과 계약자 보호를 위하여 금융위원회와 협의하여 건전성을 유지하고 관리하기 위하여 필요한 기준을 정하고 고시(告示)하여야 한다.

제3조의3(소비자 보호)

과학기술정보통신부장관은 우체국예금·보험상품에 관한 계약의 체결 또는 계약 체결의 권유를 하거나 청약을 받는 것에 관한 체신관서의 거래 상대방(이하 "우체국예금·보험소비자"라 한다)의 권익 증진을 위하여 다음 각 호의 사항을 정하여 고시하여야 한다.

    1. 우체국예금·보험소비자의 권리와 책무에 관한 사항

    2. 체신관서가 우체국예금·보험소비자의 권리 보호를 위하여 준수하여야 할 사항

    3. 그 밖에 우체국예금·보험소비자 보호를 위하여 과학기술정보통신부장관이 필요하다고 인정하는 사항

제4조(국가의 지급 책임)

국가는 우체국예금(이자를 포함한다)과 우체국보험계약에 따른 보험금 등의 지급을 책임진다.

제5조 삭제

제6조(업무취급의 제한)

① 과학기술정보통신부장관은 전시·사변, 천재지변, 그 밖의 부득이한 사유가 있을 때에는 과학기술정보통신부령으로 정하는 바에 따라 우체국예금(이하 "예금"이라 한다)과 우체국보험(이하 "보험"이라 한다)에 관한 업무취급을 제한하거나 정지할 수 있다.

② 과학기술정보통신부장관은 제1항에 따라 예금·보험에 관한 업무취급을 제한하거나 정지한 경우에는 그 내용을 공고하여야 한다.

제7조(피해 예금자 등에 대한 이용편의 제공)

① 과학기술정보통신부장관은 전시·사변, 천재지변, 그 밖의 부득이한 사유로 피해를 입은 예금자 및 보험계약자·피보험자 또는 보험수익자(이하 "보험계약자 등"이라 한다)에게는 과학기술정보통신부령으로 정하는 바에 따라 예금·보험의 업무취급에 관한 수수료를 면제하거나 그 밖의 이용편의를 제공할 수 있다.

② 과학기술정보통신부장관은 제1항에 따라 수수료를 면제하거나 그 밖의 이용편의를 제공할 때에는 그 내용을 공고하여야 한다.

제8조(예금·보험의 증대 활동)

① 과학기술정보통신부장관은 예금·보험을 늘리고 유지하기 위하여 필요한 활동을 할 수 있다.

② 제1항에 따른 활동의 내용과 활동 경비의 지출에 필요한 사항은 과학기술정보통신부령으로 정한다.

제9조(우편물의 무료취급)

예금·보험업무의 취급에 관한 우편물은 과학기술정보통신부령으로 정하는 바에 따라 무료로 할 수 있다.

제10조(관계 부처와의 협의 등)

① 과학기술정보통신부장관은 제14조 제2항에 따라 예금의 종류별 이자율을 정하려면 금융위원회와 협의하여야 한다. 다만, 「한국은행법」 제28조 제15호에 따라 금융통화위원회가 정하는 기준의 범위에서 이자율을 정하려는 경우에는 금융위원회와 협의하지 아니하고 이자율을 정할 수 있다.

② 과학기술정보통신부장관은 제28조에 따라 계약보험금 한도액을 과학기술정보통신부령으로 정하려면 금융위원회와 협의하여야 한다.

③ 과학기술정보통신부장관은 제19조 제2항에 따른 국채(國債) 및 공채(公債)의 매매이율과 제1항 단서에 따른 예금의 종류별 이자율을 정한 때에는 금융위원회에 알려야 하고, 예금거래와 관련된 약관을 제정 또는 변경하였을 때에는 금융위원회에 알려야 한다.

④ 과학기술정보통신부장관은 보험의 종류를 수정하려면 「보험업법」 제5조 제3호에 따른 기초서류 등을 금융위원회에 제출하고 협의하여야 한다.

⑤ 과학기술정보통신부장관은 회계연도마다 보험의 결산이 끝났을 때에는 재무제표 등 결산서류를 금융위원회에 제출하고 협의하여야 한다.

⑥ 제2항·제4항 및 제5항에 따른 제출서류와 협의 절차 등에 필요한 사항은 과학기술정보통신부령으로 정한다.

제10조의2(주민등록전산정보자료의 이용)

과학기술정보통신부장관은 다음 각 호의 어느 하나에 해당하는 경우에는 행정안전부장관에게 「주민등록법」 제30조 제1항에 따른 주민등록전산정보자료의 제공을 요청할 수 있다. 이 경우 요청을 받은 행정안전부장관은 특별한 사유가 없으면 그 요청에 따라야 한다.

  1. 소멸시효가 완성된 예금 및 보험금 등의 지급을 위한 경우로서 해당 예금 및 보험금 등의 원권리자에게 관련 사항을 알리기 위한 경우

  2. 예금 및 보험계약의 만기 도래, 효력 상실, 해지 등 계약의 변경사유 발생 등 거래 상대방의 권리·의무에 영향을 미치는 사항을 알리기 위한 경우

제2장 예금

제11조(예금의 종류 등)

① 예금은 요구불예금과 저축성예금으로 구분한다.

② 예금의 종류와 종류별 내용 및 가입대상 등에 관하여 필요한 사항은 과학기술정보통신부장관이 정하여 고시한다.

③ 예금업무취급 등에 필요한 사항은 과학기술정보통신부령으로 정한다.

제12조(예금통장 등의 발급)

체신관서는 예금자가 처음 예입할 때에는 예금자에게 예금통장이나 예금증서를 내준다.

제13조(인감 및 서명)

① 예금자가 예금에 관하여 사용할 인감 또는 서명(「전자서명법」 제2조 제2호에 따른 전자서명을 포함한다)은 체신관서에 신고된 것이어야 한다.

② 제1항에 따른 인감은 예금자의 신고를 받아 변경할 수 있다.

제14조(이자의 지급 등)

① 예금에 대하여는 과학기술정보통신부령으로 정하는 바에 따라 이자를 지급한다.

② 예금의 종류별 이자율은 금융기관의 이자율을 고려하여 과학기술정보통신부장관이 정하여 고시한다.

제15조(예금의 예입)

① 예금의 예입은 현금이나 과학기술정보통신부령으로 정하는 유가증권 또는 증서로 한다.

② 예금자는 제1항에 따른 유가증권 또는 증서로 예입을 한 경우에는 그 유가증권 또는 증서로 결제하거나 지급한 후가 아니면 그 예입금의 지급을 청구하지 못한다.

③ 제2항에 따라 유가증권 또는 증서가 결제되거나 지급되지 아니하면 예금이 예입되지 아니한 것으로 본다.

제16조(예금액의 제한)

① 과학기술정보통신부장관은 예금의 종류별로 예금자가 예입할 수 있는 최고한도액을 정할 수 있다.

② 과학기술정보통신부장관은 거래관행과 업무취급의 편의 등을 고려하여 예금자가 한 번에 예입할 수 있는 최저액을 정할 수 있다.

③ 과학기술정보통신부장관은 제1항이나 제2항에 따라 최고한도액이나 최저액을 정한 경우에는 그 금액을 고시하여야 한다.

제17조(예금의 지급)

예금의 지급은 체신관서에서 예금통장이나 예금증서에 의하여 예금자의 청구를 받아 지급한다.

제18조(예금자금의 운용)

① 과학기술정보통신부장관은 예금(이자를 포함한다)의 지급에 지장이 없는 범위에서 예금자금을 다음 각 호의 방법으로 운용한다.

  1. 금융기관에 예탁(預託)

  2. 재정자금에 예탁

  3. 「자본시장과 금융투자업에 관한 법률」에 따른 증권의 매매 및 대여

  4. 「자본시장과 금융투자업에 관한 법률」 제355조에 따른 자금중개회사를 통한 금융기관에 대여

  5. 「자본시장과 금융투자업에 관한 법률」 제5조에 따른 파생상품의 거래

  6. 대통령령으로 정하는 업무용 부동산의 취득ㆍ처분 및 임대

② 제1항 제3호에 따른 증권의 매입, 같은 항 제4호에 따른 금융기관에의 대여, 같은 항 제5호에 따른 파생상품 거래의 각 총액이 예금자금에서 차지하는 비율과 같은 항 제6호에 따른 업무용 부동산의 보유한도는 예금의 안정을 해치지 아니하는 범위에서 과학기술정보통신부령으로 정한다.

③ 제1항 제3호에 따라 예금자금을 운용하는 경우에는 장기적이고 안정적인 수익 증대를 위하여 투자대상과 관련한 환경ㆍ사회ㆍ지배구조 등의 요소를 고려할 수 있다.

④ 과학기술정보통신부장관은 제1항에 따른 자금의 운용으로 생긴 수입금으로 이자를 지급하고 그 밖에 필요한 비용에 충당할 수 있다.

제19조(국채 및 공채의 매도)

① 제18조 제1항 제3호에 따라 매입한 증권 중 국채 및 공채는 체신관서에서 매도(賣渡)할 수 있다. 이 경우 매수인이 요청하면 환매(還買)를 조건으로 할 수 있다.

② 제1항에 따라 환매를 조건으로 매도하는 국채 및 공채의 매매이율은 과학기술정보통신부장관이 정하여 고시한다.

③ 제1항에 따른 국채 및 공채의 매도, 환매조건부매도에 관한 절차, 취급체신관서, 그 밖에 필요한 사항은 과학기술정보통신부령으로 정한다.

제20조(예금통장 등의 재발급)

① 체신관서는 다음 각 호의 어느 하나에 해당하는 경우에는 예금자의 신청을 받아 예금통장·예금증서 또는 지급증서를 재발급할 수 있다.

　　1. 분실한 경우

　　2. 더럽혀지거나 손상되어 기재사항이 분명하지 아니한 경우

　　3. 예금통장에 빈자리가 없는 경우

② 제1항에 따른 예금통장 등의 재발급 수수료와 그 납입 또는 면제, 그 밖의 재발급 절차 등에 관하여는 과학기술정보통신부령으로 정한다.

제21조(예금통장 등의 제출)

체신관서는 예금업무를 취급하기 위하여 필요하다고 인정할 때에는 예금자에게 예금통장이나 예금증서를 제출하도록 요구할 수 있다.

제22조(권리자의 확인 등)

체신관서는 예금통장 또는 예금증서의 소지인(所持人)이 예금의 지급을 청구한 경우에는 그가 정당한 권리자인지를 확인한 후 지급할 수 있다.

제23조(손해에 대한 면책)

체신관서는 다음 각 호의 어느 하나에 해당하는 경우에는 지급이 늦어져서 발생한 손해에 대하여 책임을 지지 아니한다.

　　1. 지급 청구가 이 법을 따르지 아니한 경우

　　2. 천재지변이나 그 밖의 부득이한 사유로 업무취급을 하지 못하게 된 경우

제24조(예금지급청구권의 소멸)

① 체신관서는 예금자가 10년간 예금을 하지 아니하거나 예금의 지급, 이자의 기입, 인감 변경, 예금통장(예금증서를 포함한다)의 재발급신청 등을 하지 아니한 경우에는 과학기술정보통신부령으로 정하는 바에 따라 그 예금의 지급청구나 그 밖에 예금의 처분에 필요한 신청을 할 것을 최고(催告)하여야 한다.

② 제1항에 따른 최고를 한 후 2개월이 지나도록 예금지급의 청구나 그 밖에 예금의 처분에 필요한 신청을 하지 아니한 경우에는 그 예금에 관한 예금자의 지급청구권은 소멸한다.

③ 지급증서를 발행한 예금에 관한 지급청구권은 그 발행 후 3년간 지급을 청구하지 아니한 경우에는 소멸한다.

④ 제1항 및 제3항의 기간에는 만기가 정하여진 예금의 만기까지의 예치기간과 지급증서의 유효기간은 포함하지 아니한다.

⑤ 제2항 또는 제3항에 따라 예금자의 지급청구권이 소멸된 예금은 국고에 귀속한다.

제24조의2(예금 미청구자에 대한 지원)

① 과학기술정보통신부장관은 제24조 제5항에 따라 국고에 귀속된 예금 중 과학기술정보통신부령으로 정하는 사유가 있는 예금에 대하여 예금자가 지급청구를 하면 예금을 갈음하는 일정한 금액을 예금자에게 지급할 수 있다.

② 제1항에 따른 금액의 지급한도와 그 밖에 지급에 필요한 사항은 과학기술정보통신부령으로 정한다.

제3장 보험

제25조(청약의 승낙)

① 보험계약은 보험계약을 체결하려는 자가 첫 회분 보험료 납입과 함께 보험계약을 청약하고 체신관서가 이를 승낙함으로써 그 효력이 발생한다.

② 체신관서는 제1항에 따른 청약을 승낙한 때에는 보험증서를 작성하여 보험계약자에게 내주어야 한다.

③ 제2항의 보험증서의 기재사항은 과학기술정보통신부령으로 정한다.

제26조(특약에 따른 불이익 변경금지)

과학기술정보통신부장관은 보험계약자와의 특약으로 이 법의 규정을 보험계약자 등에게 불리하게 변경하지 못한다.

제27조(보험약관)

① 과학기술정보통신부장관은 과학기술정보통신부령으로 정하는 범위에서 보험계약의 내용에 관한 사항을 보험약관으로 정하여 고시하여야 한다.

② 보험계약에 관하여 이 법 또는 과학기술정보통신부령으로 규정하지 아니한 사항은 보험약관에 따른다.

제28조(보험의 종류와 금액 등)

보험의 종류, 계약보험금 한도액, 보험업무의 취급 등에 필요한 사항은 과학기술정보통신부령으로 정한다.

제29조(신체검사의 면제)

보험계약을 체결할 때에는 피보험자에 대한 신체검사는 하지 아니한다. 다만, 과학기술정보통신부령으로 정하는 피보험자에 대하여는 그러하지 아니하다.

제30조(보험수익자)

보험계약자가 보험수익자(保險受益者)를 지정하지 아니한 경우에는 보험계약자를 보험수익자로 본다.

제31조(보험금의 감액 지급)

체신관서는 보험계약의 효력 발생 후 과학기술정보통신부령으로 정하는 기간 내에 보험사고가 발생한 경우에는 과학기술정보통신부령으로 정하는 바에 따라 보험금의 일부를 지급하지 아니할 수 있다.

제32조(보험계약의 승계)

① 보험계약자는 피보험자의 동의를 받아 제3자에게 보험계약으로 인한 권리 · 의무를 승계하게 할 수 있다.

② 제1항에 따른 승계를 한 경우 보험계약자가 체신관서에 승계 사실을 알리지 아니하면 대항할 수 없다.

제33조(보험약관 개정의 효력)

① 보험약관의 개정은 이미 체결한 보험계약에는 그 효력이 없다.

② 과학기술정보통신부장관은 보험약관을 개정하는 경우 보험계약자 등의 이익을 보호하기 위하여 특히 필요하다고 인정할 때에는 제1항에도 불구하고 장래에 향하여 그 효력을 인정할 수 있다.

제34조(보험계약의 변경)

보험계약자는 과학기술정보통신부령으로 정하는 바에 따라 체신관서에 계약내용의 변경을 청구할 수 있다.

제35조(보험계약의 해지)

① 보험계약자는 보험사고가 발생하기 전에는 언제든지 보험계약을 해지(解止)할 수 있다.

② 보험계약을 체결할 때 보험계약자 또는 피보험자가 과학기술정보통신부령으로 정하는 중요한 사항을 고의 또는 중대한 과실로 고지하지 아니하거나 부실한 고지를 한 경우에는 체신관서는 그 사실을 알게 된 날부터 1개월 이내, 보험계약의 효력발생일부터 5년 이내에만 그 보험계약을 해지할 수 있다.

③ 체신관서는 보험계약 체결 당시 제36조 제1항 제2호의 경우 외에 보험사고가 이미 발생하였거나 발생할 수 없는 것임을 안 때에는 그 보험계약을 해지할 수 있다.

제36조(보험계약의 무효)

① 다음 각 호의 어느 하나에 해당하는 보험계약은 무효로 한다.

  1. 보험계약자 또는 피보험자의 사기(詐欺)로 인한 보험계약

  2. 보험계약자 등이 보험계약 체결 당시 이미 보험사고가 발생하였거나 발생할 수 없는 것임을 알고 한 보험계약

② 체신관서는 제1항에 따라 보험계약이 무효인 경우에는 보험금을 지급하지 아니하며, 보험계약자가 이미 낸 보험료는 반환하지 아니한다.

제37조(보험계약 효력의 상실)

① 보험계약자가 보험료를 내지 아니하고 과학기술정보통신부령으로 정하는 유예기간이 지난 때에는 그 보험계약은 효력을 잃는다.

② 보험계약자가 제1항에 따른 유예기간이 지난 후 1개월 이내에 그 계약을 보험료 납입을 완료한 보험계약으로 변경하여 줄 것을 청구한 경우에는 제1항을 적용하지 아니한다.

제38조(환급금의 지급)

체신관서는 제34조, 제35조, 제36조 제1항, 제37조 제1항, 제43조 및 제50조에서 준용하는 「상법」 제655조에 따라 보험금을 지급하지 아니하게 된 경우에는 보험수익자를 위하여 적립한 금액의 일부를 보험계약자에게 되돌려주어야 하며, 이 경우 되돌려줄 금액(이하 "환급금"이라 한다)의 범위와 환급 절차 등에 관한 사항은 과학기술정보통신부령으로 정한다. 다만, 제43조 제2호에 따른 보험사고가 보험계약자에 의하여 발생한 경우에는 되돌려주지 아니한다.

제39조(보험계약의 부활)

① 보험계약자는 제37조 제1항에 따른 보험계약의 효력 상실 후 2년을 초과하지 아니하는 범위에서 보험약관에서 정하는 기간 이내에 미납보험료의 납입과 함께 실효(失效)된 보험계약의 부활을 청구할 수 있다.

② 제1항에 따른 부활의 효력은 체신관서가 그 청구를 승낙한 때부터 발생한다.

③ 보험계약이 부활된 경우에는 처음부터 보험계약의 효력이 상실되지 아니한 것으로 본다.

제40조(보험계약 부활 시의 준용 규정)

보험계약 부활에 관하여는 제31조, 제35조 제2항·제3항 및 제36조를 준용한다.

제41조(환급금의 대출)

체신관서는 보험계약자가 청구할 때에는 보험계약이 해지된 경우 등에 되돌려줄 수 있는 금액의 범위에서 과학기술정보통신부령으로 정하는 바에 따라 대출할 수 있다.

제42조(보험금 등 지급 시의 공제)

체신관서는 보험금이나 환급금을 지급할 때 제41조에 따른 대출금이나 미납보험료가 있으면 지급 금액에서 이를 빼고 지급한다.

제43조(체신관서의 면책)

체신관서는 다음 각 호의 어느 하나에 해당하는 보험사고에 대하여는 보험금 지급의 책임을 지지 아니한다.

    1. 피보험자가 보험계약 또는 제39조 제2항에 따른 보험계약 부활의 효력이 발생한 후 2년 이내에 자살하거나 자해행위로 인하여 발생한 보험사고

    2. 보험계약자 또는 보험수익자의 고의로 인하여 발생한 생명·신체에 관한 보험사고. 다만, 보험수익자가 여러 명인 경우에는 그가 지급받을 부분만 해당된다.

제44조(보험금의 감액 지급 등)

① 체신관서는 천재지변, 전쟁, 그 밖의 변란(變亂)으로 인한 보험사고가 발생하여 보험금 계산의 기초에 중대한 영향을 미칠 우려가 있을 때에는 그 보험금을 감액하여 지급할 수 있다.

② 제1항에 따른 보험금의 감액지급률은 과학기술정보통신부령으로 정한다.

제45조(수급권의 보호)

① 보험금 또는 환급금을 지급받을 권리는 양도할 수 없다.

② 보험금을 지급받을 권리에 대하여는 다음 각 호의 금액은 압류할 수 없다.

    1. 직계존속(直系尊屬)·직계비속(直系卑屬) 또는 배우자가 사망함으로써 보험수익자가 취득하는 사망보험금청구권의 2분의 1에 해당하는 금액

    2. 본인, 직계존속·직계비속 또는 배우자의 장해로 인하여 보험수익자가 취득하는 장해보험금청구권의 2분의 1에 해당하는 금액

    3. 「국민기초생활 보장법」 제7조에 따른 급여를 받는 사람 또는 「장애인복지법」 제32조에 따라 등록한 장애인이 보험수익자로서 취득하는 보험금청구권(제1호 또는 제2호에 해당하는 보험금청구권은 제외한다)의 2분의 1에 해당하는 금액

4. 「장애인복지법」 제32조에 따라 등록한 장애인에게 보험사고가 발생하여 보험수익자가 취득하는 보험금 청구권(제1호부터 제3호까지의 규정에 해당하는 보험금청구권은 제외한다)의 2분의 1에 해당하는 금액

③ 제2항 각 호의 보험금청구권을 제외한 보장성보험의 보험금청구권과 환급금청구권에 대하여는 보험수익자 또는 보험계약자의 생계유지에 필요하다고 인정하여 대통령령으로 정하는 금액(이하 이 조에서 "최저보장금액"이라 한다)은 압류할 수 없다. 이 경우 보험계약이 여러 개이면 그 보험금청구권 또는 환급금청구권에 해당하는 금액을 합산하여 적용한다.

④ 제2항 각 호의 보험금청구권을 취득하는 보험계약이 여러 개인 경우 또는 제2항 각 호와 제3항의 보험금청구권 또는 환급금청구권을 취득하는 보험계약을 합하여 여러 개인 경우에는 제3항은 적용하지 아니하고 제2항 각 호의 보험금청구권만 각 보험계약별로 제2항을 적용한다.

⑤ 제2항 및 제4항을 적용한 금액(보험계약이 여러 개인 경우에는 그 합한 금액을 말한다)이 최저보장금액 미만인 경우에는 제2항 및 제4항에도 불구하고 최저보장금액을 압류할 수 없는 금액으로 한다.

제45조의2(실손의료보험계약의 보험금 청구를 위한 서류 전송)

① 실손의료보험(실제로 부담한 의료비만을 지급하는 보험을 말한다. 이하 같다)계약의 보험계약자, 피보험자, 보험수익자 또는 그 대리인은 보험금을 청구하기 위하여 「국민건강보험법」 제42조에 따른 요양기관(이하 "요양기관"이라 한다)으로 하여금 진료비 계산서 · 영수증, 진료비 세부산정내역 등 보험금 청구에 필요한 서류로서 과학기술정보통신부장관이 정하여 고시하는 서류를 체신관서에 전자적 형태로 전송하여 줄 것을 요청할 수 있다.

② 제1항의 요청을 받은 요양기관은 「의료법」 제21조 및 「약사법」 제30조에도 불구하고 대통령령으로 정하는 정당한 사유가 없으면 그 요청에 따라야 한다.

③ 제1항 및 제2항에 따른 요청 방법과 절차, 전송방식 등에 관하여 필요한 세부사항은 대통령령으로 정한다.

제45조의3(실손의료보험계약의 서류 전송을 위한 전산시스템의 구축 · 운영 등)

① 체신관서는 제45조의2 제1항에 따른 업무를 수행하기 위하여 필요한 전산시스템을 구축 · 운영하여야 한다.

② 체신관서는 제1항에 따른 전산시스템의 구축 · 운영에 관한 업무를 공공성 · 보안성 · 전문성 등을 고려하여 대통령령으로 정하는 바에 따라 「보험업법」 제102조의7 제2항에 따른 전송대행기관에 위탁할 수 있다.

③ 제1항 및 제2항에 따른 전산시스템의 구축 · 운영에 관한 비용은 국가가 부담한다.

④ 제1항 및 제2항에 따른 전산시스템의 구축 · 운영에 관한 업무에 종사하거나 종사한 사람은 그 업무를 수행하는 과정에서 알게 된 정보 또는 자료를 누설하거나 제45조의2 제1항에 따른 서류 전송 업무 외의 용도로 사용 또는 보관하여서는 아니 된다.

⑤ 제1항 및 제2항에 따른 전산시스템의 구축 · 운영, 업무위탁의 범위 · 방법 및 절차 등에 관하여 필요한 사항은 과학기술정보통신부장관이 정하여 고시한다.

제46조(부당이득의 징수)

① 체신관서는 거짓이나 그 밖의 부정한 방법으로 보험금을 지급받은 자에게는 그 지급액을 반환할 것을 요구할 수 있다. 이 경우 보험계약자 등이 거짓 진술이나 거짓 증명으로 보험금을 지급하게 하였으면 연대(連帶)하여 책임을 진다.

② 제1항의 경우에는 환급금을 지급하지 아니한다.

제46조의2(재보험)

① 과학기술정보통신부장관은 보험을 효율적으로 운영하고 위험을 적절하게 분산하기 위하여 필요하다고 인정하면 재보험(再保險)에 가입할 수 있다.

② 제1항에 따른 재보험의 한도와 그 밖에 재보험 계약 등에 필요한 사항은 과학기술정보통신부령으로 정한다.

제47조(복지시설의 설치 등)

① 과학기술정보통신부장관은 보험계약자 등의 복지증진을 위하여 의료·휴양 등에 필요한 시설을 설치할 수 있다.

② 제1항에 따른 시설은 보험계약자 등 외의 자에게도 이용하게 할 수 있다.

③ 제1항에 따른 시설의 설치와 운영에 필요한 비용은 「우체국보험특별회계법」에 따른 우체국보험적립금에서 지출한다.

제48조(보상금의 지급)

① 보험업무를 취급한 사람에게는 그 실적에 따라 보상금을 지급할 수 있다.

② 제1항에 따른 보상금의 종류, 지급범위, 보상금액 등에 관한 사항은 과학기술정보통신부령으로 정한다.

제49조(특별회계)

이 법에 따른 보험의 회계에 관하여는 따로 법률로 정한다.

제50조(「상법」의 준용)

보험에 관하여는 「상법」 제639조·제643조·제655조·제662조·제731조·제733조 및 제734조를 준용한다.

제4장 우체국예금·보험분쟁조정위원회

제51조(우체국예금·보험분쟁조정위원회의 설치 및 구성)

① 우체국예금·보험 이해관계인 사이에 발생하는 예금계약, 예금지급, 보험모집, 보험계약 및 보험금 지급 등 우체국예금·보험 관련 분쟁으로서 대통령령으로 정하는 분쟁을 조정하기 위하여 과학기술정보통신부장관 소속으로 우체국예금·보험분쟁조정위원회(이하 "분쟁조정위원회"라 한다)를 둔다.

② 분쟁조정위원회는 위원장 1명을 포함한 15명 이내의 위원으로 구성한다.

③ 분쟁조정위원회 위원장은 위원 중에서 과학기술정보통신부장관이 지명하며, 위원은 다음 각 호의 어느 하나에 해당하는 사람 중에서 과학기술정보통신부장관이 위촉한다.

 1. 예금·보험 관련 기관·단체 또는 예금·보험사업체에서 심사·분쟁조정 등의 업무에 10년 이상 근무한 경력이 있는 사람

 2. 변호사 또는 전문의의 자격이 있는 사람

 3. 「소비자기본법」 제28조에 따른 소비자단체 또는 같은 법 제33조에 따라 설립된 한국소비자원의 임원 또는 임원이었던 사람

 4. 그 밖에 예금·보험 또는 예금·보험 관련 분쟁 조정에 관한 학식과 경험이 풍부한 사람으로서 과학기술정보통신부장관이 인정하는 사람

④ 위원의 임기는 2년으로 하되, 연임할 수 있다.

⑤ 이 법에서 정한 사항 외에 분쟁조정위원회의 구성·운영 및 조정 절차 등에 관하여 필요한 사항은 대통령령으로 정한다.

제52조(위원의 제척·기피·회피)

① 분쟁조정위원회의 위원이 다음 각 호의 어느 하나에 해당하는 경우에는 분쟁조정위원회의 심의·의결에서 제척(除斥)된다.

1. 위원 또는 그 배우자나 배우자이었던 사람이 해당 안건의 분쟁당사자(분쟁당사자가 법인·단체 등의 경우에는 그 임원을 포함한다. 이하 이 호 및 제2호에서 같다)가 되거나 그 안건의 분쟁당사자와 공동권리자 또는 공동의무자인 경우
2. 위원이 해당 안건의 분쟁당사자와 친족이거나 친족이었던 경우
3. 위원이 해당 안건에 관하여 증언, 진술 또는 자문을 하거나 진단을 한 경우
4. 위원이나 위원이 속한 법인·단체 등이 해당 안건의 분쟁당사자의 대리인이거나 대리인이었던 경우

② 해당 안건의 분쟁당사자는 위원에게 공정한 심의·의결을 기대하기 어려운 사정이 있는 경우에는 분쟁조정위원회에 기피 신청을 할 수 있고, 분쟁조정위원회는 의결로 이를 결정한다. 이 경우 기피 신청의 대상인 위원은 그 의결에 참여하지 못한다.

③ 위원이 제1항 각 호에 따른 제척 사유에 해당하는 경우에는 스스로 해당 안건의 심의·의결에서 회피(回避)하여야 한다.

제53조(위원의 해촉)

과학기술정보통신부장관은 위원이 다음 각 호의 어느 하나에 해당하는 경우에는 해당 위원을 해촉(解囑)할 수 있다.

1. 심신장애로 인하여 직무를 수행할 수 없게 된 경우
2. 직무태만, 품위손상이나 그 밖의 사유로 인하여 위원으로 적합하지 아니하다고 인정된 경우
3. 직무와 관련한 형사사건으로 기소된 경우
4. 제52조 제1항 각 호의 어느 하나에 해당함에도 불구하고 회피하지 아니한 경우

제54조(분쟁조정 절차)

① 위원장은 분쟁조정의 신청을 받으면 지체 없이 이를 분쟁조정위원회의 회의에 부치고, 그 내용을 분쟁당사자에게 통지하여야 한다. 다만, 분쟁의 내용이 다음 각 호의 어느 하나에 해당하는 경우에는 회의에 부치지 아니할 수 있다.

1. 법원에 소(訴)가 제기된 경우
2. 분쟁의 내용이 관계 법령·판례 또는 증거 등에 의하여 심의·조정의 실익이 없다고 판단되는 경우
3. 그 밖에 분쟁의 내용이 분쟁조정 대상으로 적합하지 아니하다고 인정되는 경우

② 분쟁조정위원회는 회의에 부쳐진 분쟁에 대하여 관련 자료 등의 보완이 필요하다고 인정되면 적절한 기간을 정하여 분쟁당사자에게 그 보완을 요구하거나 관련 자료의 제출을 요청할 수 있다.

③ 분쟁조정위원회는 해당 분쟁이 회의에 부쳐진 날부터 60일 이내에 이를 심의·조정하여야 한다.

제55조(벌칙 적용에서 공무원 의제)

분쟁조정위원회의 위원은 「형법」 제129조부터 제132조까지의 규정을 적용할 때에는 공무원으로 본다.

제5장 보칙

제56조(권한의 위임)

이 법에 따른 과학기술정보통신부장관의 권한은 대통령령으로 정하는 바에 따라 그 일부를 소속 기관의 장에게 위임할 수 있다.

제6장 벌칙

제57조(벌칙)

제45조의3 제4항을 위반하여 업무를 수행하는 과정에서 알게 된 정보 또는 자료를 누설하거나 제45조의2 제1항에 따른 서류 전송 업무 외의 용도로 사용 또는 보관한 사람은 3년 이하의 징역 또는 3천만원 이하의 벌금에 처한다.

부칙

이 법은 2024년 10월 25일부터 시행한다. 다만, 제45조의2의 개정규정은 「의료법」 제3조 제2항 제1호에 따른 의원급 의료기관과 「약사법」 제2조 제3호에 따른 약국에 대해서는 2025년 10월 25일부터 시행한다.

우체국예금·보험에 관한 법률 시행령

[시행 2024. 10. 25.] [대통령령 제34949호, 2024. 10. 22., 일부개정]

제1조(목적)

이 영은 「우체국예금·보험에 관한 법률」에서 위임된 사항과 그 시행에 필요한 사항을 정함을 목적으로 한다.

제2조~제3조 삭제

제3조의2(업무용 부동산의 범위)

「우체국예금·보험에 관한 법률」(이하 "법"이라 한다) 제18조 제1항 제6호에서 "대통령령으로 정하는 업무용 부동산"이란 다음 각 호의 어느 하나에 해당하는 부동산을 말한다.

    1. 영업시설(연면적의 100분의 10 이상을 우정사업에 직접 사용하는 시설만 해당한다)

    2. 연수시설

    3. 복리후생시설

    4. 제1호부터 제3호까지의 용도로 사용할 토지·건물 및 그 부대시설

제3조의3(압류금지 금액의 범위)

법 제45조 제3항 전단에서 "대통령령으로 정하는 금액"이란 400만원을 말한다.

제4조(실손의료보험계약의 보험금 청구를 위한 서류 전송)

① 실손의료보험(실제로 부담한 의료비만을 지급하는 보험을 말한다. 이하 같다)계약의 보험계약자, 피보험자, 보험수익자 또는 대리인(이하 "보험계약자등"이라 한다)은 법 제45조의2 제1항에 따라 「국민건강보험법」 제42조에 따른 요양기관(이하 "요양기관"이라 한다)에 실손의료보험계약의 보험금 청구에 필요한 서류의 전송을 요청하는 경우에는 피보험자의 진료내역을 확인해야 한다.

② 법 제45조의2 제1항의 요청을 받은 요양기관은 보험계약자등의 요청에 따라 실손의료보험계약의 보험금 청구에 필요한 서류를 체신관서에 전송하는 경우에는 다음 각 호의 요건을 모두 갖추어 전송해야 한다.

    1. 정보처리장치로 처리가 가능한 형태일 것

    2. 암호화 등 안전성 확보 및 개인정보 보호 등을 위한 조치로서 과학기술정보통신부장관이 정하여 고시하는 조치를 할 것

③ 법 제45조의2 제2항에서 "대통령령으로 정하는 정당한 사유"란 다음 각 호의 사유를 말한다.

    1. 법 제45조의3 제1항에 따른 전산시스템(이하 "실손전산시스템"이라 한다)에 전산장애가 발생하거나 실손전산시스템의 보수·점검 등으로 전송할 수 없는 경우

    2. 「전자금융거래법」 제2조 제22호에 따른 전자적 침해행위가 발생한 경우로서 개인정보 보호 등을 위하여 실손전산시스템을 차단할 필요가 있는 경우

3. 실손전산시스템에 의한 서류 전송을 위하여 시스템 연계 등 사전절차를 진행하고 있는 경우로서 과학기술정보통신부장관이 정하여 고시하는 경우

4. 그 밖에 제1호부터 제3호까지에 준하는 경우로서 과학기술정보통신부장관이 정하여 고시하는 경우

제4조의2(실손전산시스템의 구축 · 운영에 관한 업무의 위탁)

체신관서는 법 제45조의3 제2항에 따라 「보험업법」 제102조의7 제2항에 따른 전송대행기관에 실손전산시스템의 구축 · 운영에 관한 업무를 위탁하려는 경우 위탁계약을 체결해야 한다.

제5조(우체국예금 · 보험분쟁조정위원회의 운영)

① 법 제51조 제1항에 따른 우체국예금 · 보험분쟁조정위원회(이하 "분쟁조정위원회"라 한다)의 회의는 위원장이 소집하며, 위원장이 부득이한 사유로 직무를 수행할 수 없을 때에는 분쟁조정위원회의 의결을 거쳐 위원장이 미리 정한 분쟁조정위원회의 위원(이하 "위원"이라 한다)이 그 직무를 대행한다.

② 분쟁조정위원회의 회의는 재적위원 과반수의 출석으로 개의(開議)하고, 출석위원 과반수의 찬성으로 의결한다.

③ 위원장은 제1항에 따른 분쟁조정위원회의 회의를 소집하려는 경우에는 특별한 사정이 없으면 회의 개최 7일 전까지 회의의 일시, 장소 및 안건을 위원에게 통지하여야 한다.

④ 분쟁조정위원회의 회의는 공개하지 아니한다. 다만, 필요하다고 인정될 때에는 해당 위원회의 의결로 분쟁 당사자 또는 이해관계인이 방청하게 할 수 있다.

제5조의2(분쟁조정위원회의 조정 대상)

법 제51조 제1항에서 "대통령령으로 정하는 분쟁"이란 다음 각 호의 어느 하나에 해당하는 사항과 관련된 분쟁을 말한다.

1. 우체국예금의 계약 및 지급
2. 우체국보험의 모집, 계약 및 보험금지급
3. 그 밖에 과학기술정보통신부장관이 우체국예금 · 보험과 관련하여 분쟁의 조정이 필요하다고 인정하는 사항

제5조의3(분쟁조정위원회의 간사)

분쟁조정위원회의 업무 지원 및 회의의 기록 등을 위하여 분쟁조정위원회에 예금 분야의 간사 1명과 보험 분야의 간사 1명을 두며, 간사는 예금 · 보험 분쟁 업무를 담당하는 우정사업본부 소속 4급 이상 공무원 중에서 과학기술정보통신부장관이 지명한다.

제6조 삭제

제7조(신청인 등의 의견청취)

① 분쟁조정위원회는 분쟁조정 신청인 또는 분쟁 조정에 필요한 전문가 등의 의견을 들을 필요가 있다고 인정하면 이들을 회의에 출석하게 하여 의견을 들을 수 있다.

② 분쟁조정위원회는 제1항에 따라 의견을 들으려면 일시와 장소를 정하여 의견청취 7일 전까지 분쟁조정 신청인 또는 전문가 등에게 통지하여야 한다.

③ 분쟁조정 신청인은 필요한 경우에는 위원장의 허가를 받아 분쟁조정위원회에 출석하여 의견을 진술할 수 있다.

제8조(분쟁조정 결과의 통지)

위원장은 법 제54조에 따른 분쟁조정 결과 또는 분쟁조정 회의에 부치지 아니하기로 결정한 사항을 분쟁당사자에게 통지하여야 한다.

제9조(수당 등)

회의에 참석하는 위원 및 제7조 제1항에 따라 회의에 출석하여 의견을 진술하는 전문가 등에게는 예산의 범위에서 수당·여비 등을 지급할 수 있다. 다만, 공무원이 그 소관 업무와 직접적으로 관련되어 회의에 참석하는 경우에는 그러하지 아니하다.

제10조(운영세칙)

이 영에서 규정한 사항 외에 분쟁조정위원회의 운영 등에 필요한 사항은 분쟁조정위원회의 의결을 거쳐 위원장이 정한다.

제11조(권한의 위임)

① 과학기술정보통신부장관은 법 제56조에 따라 다음 각 호의 권한을 우정사업본부장에게 위임한다.

　　1. 법 제3조의2 제2항에 따른 건전성의 유지·관리에 필요한 기준의 고시

　　1의2. 법 제3조의3에 따른 우체국예금·보험소비자의 권익 증진을 위한 사항의 고시

　　2. 법 제6조에 따른 우체국예금·보험에 관한 업무취급의 제한, 정지 및 그 내용의 공고

　　3. 법 제7조에 따른 우체국예금·보험의 업무취급에 관한 수수료의 면제, 이용편의 제공 및 그 내용의 공고

　　4. 법 제8조 제1항에 따른 우체국예금·보험의 증대와 유지를 위하여 필요한 활동

　　4의2. 법 제10조의2에 따른 주민등록전산정보자료의 제공 요청

　　5. 법 제11조 제2항에 따른 예금의 종류와 종류별 내용 및 가입대상 등에 관한 고시

　　6. 법 제14조 제2항에 따른 예금의 종류별 이자율의 결정 및 그 내용의 고시(「한국은행법」 제28조 제15호에 따라 금융통화위원회가 정하는 기준의 범위에서 정하는 경우로 한정한다)

　　7. 법 제16조에 따른 예금의 종류별로 예입(預入)할 수 있는 최고한도액 및 한 번에 예입할 수 있는 최저액의 결정 및 그 내용의 고시

　　8. 법 제18조에 따른 예금자금(제2항에 따라 지방우정청장이 운용하도록 위임한 자금은 제외한다)의 운용

　　9. 법 제19조 제2항에 따른 환매(還買)를 조건으로 매도하는 국채 및 공채의 매매이율의 결정 및 그 내용의 고시

　　10. 법 제24조의2 제1항에 따른 예금의 지급

　　11. 법 제26조에 따른 특약에 의한 불이익 변경금지

　　12. 법 제27조 제1항에 따른 보험약관의 결정 및 그 내용의 고시

　　13. 법 제33조 제2항에 따른 개정 보험약관의 효력 인정

　　13의2. 법 제45조의2 제1항에 따른 보험금 청구에 필요한 서류의 고시

　　13의3. 법 제45조의3 제5항에 따른 실손전산시스템의 구축·운영, 업무위탁의 범위·방법 및 절차 등에 관하여 필요한 사항의 고시

　　14. 법 제46조의2 제1항에 따른 재보험(再保險)에의 가입

　　15. 법 제47조 제1항에 따른 시설의 설치

16. 법 제51조에 따른 분쟁조정위원회의 구성ㆍ운영

17. 제4조 제2항 제2호에 따른 안전성 확보 및 개인정보 보호 등을 위한 조치 내용의 고시

18. 제4조 제3항 제3호 및 제4호에 따른 요양기관의 청구서류 전송의무 예외사유의 고시

② 과학기술정보통신부장관은 법 제56조에 따라 법 제18조에 따른 예금자금 중 과학기술정보통신부장관이 책정하는 자금의 운용에 관한 권한을 지방우정청장에게 위임한다.

제12조(민감정보 및 고유식별정보의 처리)

① 과학기술정보통신부장관(제11조 또는 「우정사업 운영에 관한 특례법」 제17조에 따라 과학기술정보통신부장관의 권한을 위임받거나 우정사업을 위탁받은 자를 포함한다)은 다음 각 호의 사무를 수행하기 위하여 불가피한 경우 각 호의 구분에 따라 「개인정보 보호법」 제23조에 따른 건강에 관한 정보(이하 이 조에서 "건강정보"라 한다)나 같은 법 시행령 제19조에 따른 주민등록번호, 여권번호, 운전면허의 면허번호 또는 외국인등록번호(이하 이 조에서 "고유식별정보"라 한다)가 포함된 자료를 처리할 수 있다.

1. 법 제10조의2에 따른 주민등록전산정보자료의 제공 요청에 관한 사무 : 원권리자 및 거래 상대방의 주민등록번호

2. 법 제2장에 따른 예금계약의 체결, 유지ㆍ관리, 예금의 지급 등에 관한 사무 : 예금계약자의 고유식별정보

3. 법 제3장에 따른 보험계약의 체결, 유지ㆍ관리, 보험금의 지급 등에 관한 사무 : 보험계약자의 고유식별정보와 피보험자에 관한 건강정보 또는 고유식별정보

4. 법 제50조 및 「상법」 제639조에 따른 타인을 위한 보험계약의 체결, 유지ㆍ관리, 보험금의 지급 등에 관한 사무 : 보험계약자의 고유식별정보와 피보험자에 관한 건강정보 또는 고유식별정보

5. 법 제50조 및 「상법」 제733조에 따른 보험수익자 지정 또는 변경에 관한 사무 : 보험수익자에 관한 고유식별정보

6. 「상법」 제735조의3에 따른 단체보험계약의 체결, 유지ㆍ관리, 보험금의 지급 등에 관한 사무 : 피보험자에 관한 건강정보 또는 고유식별정보

② 법 제45조의3 제2항에 따라 실손전산시스템의 구축ㆍ운영에 관한 업무를 위탁받은 전송대행기관은 실손전산시스템의 운영에 관한 사무를 수행하기 위하여 불가피한 경우 보험계약자등의 건강정보 및 고유식별정보가 포함된 자료를 처리할 수 있다.

부칙

이 영은 2024년 10월 25일부터 시행한다. 다만, 제4조의 개정규정은 「의료법」 제3조 제2항 제1호에 따른 의원급 의료기관과 「약사법」 제2조 제3호에 따른 약국에 대해서는 2025년 10월 25일부터 시행한다.

우체국예금·보험에 관한 법률 시행규칙

[시행 2026. 1. 1.] [과학기술정보통신부령 제159호, 2025. 12. 30., 일부개정]

제1장 총칙

제1조(목적)

이 규칙은 「우체국예금 · 보험에 관한 법률」 및 같은 법 시행령에서 위임된 사항과 그 시행에 필요한 사항을 정함을 목적으로 한다.

제2조(업무취급 제한 등의 공고)

우정사업본부장은 「우체국예금 · 보험에 관한 법률」(이하 "법"이라 한다) 제6조에 따라 우체국예금(이하 "예금"이라 한다) 및 우체국보험(이하 "보험"이라 한다)에 관한 업무의 취급을 제한하거나 정지하였을 때에는 다음 각 호의 사항을 공고하여야 한다.

1. 업무취급이 제한 또는 정지되는 체신관서
2. 제한 또는 정지되는 업무의 내용
3. 제한 또는 정지되는 기간
4. 그 밖에 우정사업본부장이 필요하다고 인정하는 사항

제3조(이용편의의 제공 등)

① 우정사업본부장은 법 제7조 제1항에 따라 다음 각 호와 같이 수수료를 면제하거나 이용편의를 제공할 수 있다.

1. 제16조 제1항에 따른 수수료의 면제
2. 제50조에 따른 보험료 납입 유예기간의 연장
3. 그 밖에 우정사업본부장이 특히 필요하다고 인정하는 조치

② 우정사업본부장은 제1항에 따라 수수료를 면제하거나 이용편의를 제공할 때에는 그 내용, 기간, 취급체신관서 및 그 밖에 필요한 사항을 공고하여야 한다.

제4조(예금 · 보험의 증대 활동)

① 법 제8조 제1항에서 "예금 · 보험을 늘리고 유지하기 위하여 필요한 활동"이란 다음 각 호의 행위 또는 활동을 말한다.

1. 체신관서의 직원 등이 예금 · 보험을 모집하는 행위와 수납(收納)하는 행위
2. 제1호의 행위와 관련된 홍보, 교육, 지도, 감독 등 예금 · 보험을 늘리고 유지하기 위하여 필요한 모든 활동

3. 우체국이라는 명칭을 사용하는 행위

4. 법 제46조에 따른 부당이득의 징수를 위하여 필요한 활동

② 삭제

제5조(우편물의 무료취급)

법 제9조에 따라 무료로 취급하는 우편물은 다음 각 호와 같다.

1. 예금 · 보험업무의 취급을 위하여 체신관서에서 발송하는 우편물

2. 예금 · 보험업무의 취급을 위하여 체신관서의 의뢰에 따라 체신관서로 발송되는 우편물

제6조(창구업무취급시간)

예금 · 보험에 관한 창구업무취급시간은 「은행법」 제2조 제1항 제2호에 따른 금융기관의 창구업무취급시간을 고려하여 우정사업본부장이 정하여 고시한다. 다만, 체신관서는 특히 필요할 때에는 창구업무취급시간을 연장할 수 있으며, 이 경우 해당 체신관서 앞에 이를 게시하여야 한다.

제6조의2(계약보험금 한도액 등에 관한 협의)

① 과학기술정보통신부장관은 법 제10조 제2항, 제4항 및 제5항에 따라 협의를 하려는 경우에는 다음 각 호의 구분에 따른 서류를 금융위원회에 제출하여야 한다.

1. 법 제10조 제2항에 따라 협의를 하려는 경우 : 보험금 한도액 증액에 관한 자료

2. 법 제10조 제4항에 따라 협의를 하려는 경우 : 「보험업법」 제5조 제3호에 따른 기초서류

3. 법 제10조 제5항에 따라 협의를 하려는 경우 : 다음 각 목의 자료

가. 「우체국보험특별회계법」 제8조에 따른 결산서

나. 우체국보험의 지급여력비율 및 산출 근거

② 금융위원회는 법 제10조 제2항에 따른 계약보험금 한도액의 증액에 대한 협의를 요청받은 경우에는 그 내용을 고시하여 의견을 수렴한 후 과학기술정보통신부장관에게 의견을 제시하여야 한다. 이 경우 계약보험금 한도액의 증액분이 물가상승률을 반영하기 위하여 필요한 금액보다 많지 아니하고 적절한 경우에만 동의를 하여야 한다.

③ 금융위원회는 법 제10조 제4항 및 제5항에 따른 협의를 요청받은 경우에는 협의를 요청받은 날부터 15일 이내에 의견을 서면으로 제시하여야 한다.

④ 과학기술정보통신부장관은 제2항 및 제3항에 따라 금융위원회가 제시한 의견에 따라 필요한 조치를 하여야 한다.

제2장 예금

제1절 통칙

제7조 삭제

제8조(예금 증대 활동의 경비)

① 법 제8조 제2항에 따른 예금의 증대와 유지를 위하여 필요한 경비는 다음 각 호와 같다.

    1. 다음 각 목의 모집경비

        가. 개인모집경비 : 예금을 모집한 체신관서의 직원 및 우정사업본부장이 지정하는 자에게 지급하는 경비

        나. 관서모집경비 : 예금을 모집한 체신관서(별정우체국은 제외한다)에 지급하는 경비

        다. 그 밖의 모집경비 : 우정사업본부장이 필요하다고 인정하는 경우 체신관서의 직원 및 체신관서에 지급하는 경비

    2. 우체국이라는 명칭의 사용료

② 제1항에 따른 경비의 지급기준, 지급방법, 지급시기 및 그 밖에 경비의 지급에 필요한 사항은 우정사업본부장이 정한다.

제9조(이자의 계산)

① 법 제14조 제1항에 따른 예금의 이자는 예금의 종류별로 일할 이율, 월이율 또는 연이율로 계산한다.

② 예금의 이자계산은 예금 잔액에 그 예금 잔액의 예금일수를 곱하는 방법으로 하되, 산출된 누계액이 10원 미만인 경우에는 이자를 계산하지 않는다.

③ 삭제

④ 삭제

⑤ 제1항 및 제2항에서 정한 사항 외에 예금의 종류별 이자의 계산방법 및 정기계산시기에 관한 사항은 우체국 예금약관으로 정하여 우정사업본부장이 고시한다.

제10조(예금원부의 관리)

① 예금원부는 우정정보관리원의 장(이하 "원장"이라 한다)이 기록하고 관리한다.

② 원장은 예금계약의 성립 · 소멸, 예금의 예입 및 지급, 그 밖에 예금에 필요한 사항을 예금원부에 기록하여야 한다.

제11조(예금원부의 변경)

예금자가 예금원부의 기재사항을 변경하려는 경우에는 예금원부 변경신청서를 체신관서에 제출하여야 한다.

제12조(가입국의 변경)

예금자가 예금계좌를 개설한 체신관서(이하 "가입국"이라 한다)를 변경하려는 경우에는 해당 가입국 또는 변경하려는 체신관서에 가입국 변경신청서를 제출하여야 한다.

제13조(인감의 변경)

예금자가 법 제13조 제2항에 따라 인감을 변경하려는 경우에는 인감 및 예금통장 · 예금증서 · 지급증서(이하 "통장 등"이라 한다)와 함께 인감 변경신고서를 체신관서에 제출하여야 한다.

제14조(예입 가능한 유가증권 및 증서)

법 제15조 제1항에 따라 예입할 수 있는 유가증권 및 증서(이하 "증권 등"이라 한다)는 다음 각 호와 같다.

    1. 자기앞수표

        가. 체신관서를 지급인으로 한 자기앞수표

        나. 「은행법」 제2조 제1항 제2호에 따른 금융기관을 지급인으로 한 자기앞수표

    2. 우편대체증서

    3. 우편환증서

    4. 그 밖에 우정사업본부장이 지정하는 증권 등

제15조(결제 불능 증권 등의 반환)

① 체신관서는 예입된 증권 등이 결제 또는 지급되지 아니하였을 때에는 그 사실을 예금자에게 알려야 한다.

② 제1항에 따라 통지를 받은 예금자는 해당 증권 등의 예입을 취급한 체신관서에 통장 등 또는 입금한 영수증 등을 제출하여야 한다.

③ 체신관서는 제2항에 따라 통장 등 또는 입금한 영수증 등이 제출된 때에는 해당 예입을 취소하고 해당 증권 등을 예금자에게 반환하여야 한다.

제15조의2(증권 매입비율 등)

① 법 제18조 제1항 제3호에 따라 「자본시장과 금융투자업에 관한 법률」에 따른 증권을 매입하는 때에는 같은 법 제4조 제2항 제2호에 따른 지분증권의 취득가액 총액을 예금자금 총액의 100분의 20 이내로 한다.

② 법 제18조 제1항 제4호에 따른 금융기관에의 대여금액 총액은 예금자금 총액의 100분의 5 이내로 한다.

③ 법 제18조 제1항 제5호에 따른 파생상품 거래 중 장내파생상품을 거래하기 위한 위탁증거금 총액은 예금자금 총액의 100분의 1.5 이내로 한다.

④ 법 제18조 제1항 제5호에 따른 파생상품의 거래 중 장외파생상품을 거래하기 위한 기초자산의 취득가액 총액은 예금자금 총액의 100분의 20 이내로 한다.

⑤ 법 제18조 제1항 제6호에 따른 업무용 부동산의 보유한도는 자기자본의 100분의 60 이내로 한다.

제15조의3~제15조의4 삭제

제16조(통장 등의 재발급)

① 예금자가 법 제20조 제1항 제1호에 해당하여 통장 등을 재발급 받으려는 경우에는 과학기술정보통신부장관이 정하여 고시하는 수수료를 납부하여야 한다.

② 예금자가 법 제20조 제1항 제2호 및 제3호에 해당하여 통장 등을 재발급 받으려는 경우에는 체신관서에 통장 등을 제출하여야 한다.

제17조(통장 등의 제출 등)

① 체신관서가 법 제21조에 따라 통장 등의 제출을 요구할 때에는 미리 그 취지 및 제출방법 등을 해당 예금자에게 알려야 한다.

② 제1항에 따른 통지를 받은 예금자는 그 통지서에 적힌 제출방법으로 통장 등을 체신관서에 제출하여야 한다.

③ 체신관서는 제2항에 따라 통장 등이 제출된 때에는 예금자에게 통장 등의 예치증을 발급하고 통장 등을 예금원부와 대조한 후 직접 또는 등기우편으로 예금자에게 반환하여야 한다.

제18조(정당한 권리자인지의 확인 등)

① 체신관서가 법 제22조에 따른 확인을 할 때에는 예금자로 하여금 정당한 권리자임을 증명하는 서류를 제시 또는 제출하게 할 수 있다.

② 체신관서는 제1항의 방법으로 예금자가 정당한 권리자인지를 확인할 수 없을 때에는 보증인의 선정을 요구할 수 있다.

제19조(예금 현재고의 확인)

① 예금자가 예금의 현재고를 확인하려는 경우에는 현재고 확인신청서를 체신관서에 제출하여야 한다.

② 체신관서는 제1항에 따른 청구를 받으면 전산원부를 확인한 후 이를 확인하는 증명서를 해당 예금자에게 내주어야 한다.

제20조(거래중지계좌에의 편입)

① 체신관서는 요구불예금계좌가 다음 각 호의 어느 하나에 해당될 때에는 거래중지계좌에 해당 계좌를 편입할 수 있다.

  1. 잔액이 1만원 미만으로서 1년 이상 계속하여 거래가 없을 때
  2. 잔액이 1만원 이상 5만원 미만으로서 2년 이상 계속하여 거래가 없을 때
  3. 잔액이 5만원 이상 10만원 미만으로서 3년 이상 계속하여 거래가 없을 때

② 제1항에 따른 거래중지계좌에의 편입은 매년 2회 하며, 상반기에는 5월 마지막 일요일에 편입하고 하반기에는 11월 마지막 일요일에 편입한다.

제21조(거래중지계좌의 부활 및 해약)

체신관서는 예금자가 거래중지계좌에 편입된 예금의 부활 또는 해약을 청구하면 우정사업본부장이 정하는 바에 따라 해당 예금을 부활시키거나 해약해야 한다.

제22조(예금지급청구권의 소멸 최고)

① 체신관서는 예금자가 10년간 예금의 예입·지급, 이자의 기입, 인감 변경 또는 통장 등의 재발급신청 등을 하지 아니한 경우에는 법 제24조 제1항에 따라 10년이 경과한 날이 해당 연도의 상반기일 때에는 10년이 경과한 날부터 해당 연도 10월 말까지, 하반기일 때에는 10년이 경과한 날부터 그 다음 해의 4월 말까지 해당 예금자에게 그 예금의 지급청구나 그 밖에 예금의 처분에 필요한 신청을 하도록 최고(催告)하여야 한다.

② 제1항에 따른 최고는 우편 또는 전자우편으로 한다. 다만, 잔액이 1만원 이상인 경우에는 등기우편으로 한다.

③ 제2항에도 불구하고 예금자의 주소 또는 전자우편주소를 통상의 방법으로 확인할 수 없을 때에는 우정사업본부장이 정하여 고시하는 방법에 따른다.

제22조의2(국고귀속예금 지급사유)

법 제24조의2 제1항에서 "과학기술정보통신부령으로 정하는 사유"란 다음 각 호의 경우를 말한다.

  1. 예금자의 의식불명 등으로 법 제24조 제2항 및 제3항의 기간에 예금지급의 청구 등을 할 수 없었던 경우
  2. 예금자의 사망으로 상속인이 예금의 존재 여부를 인지(認知)하지 못한 경우
  3. 그 밖에 예금자가 최고서를 받지 못하였다고 우정사업본부장이 인정할 만한 충분한 사유가 있는 경우

제22조의3(국고귀속예금 지급한도)

법 제24조의2 제2항에 따라 국고에 귀속된 예금의 지급한도는 국고에 귀속된 금액으로 한다.

제2절 예금의 예입

제23조(신규예입)

예금에 신규로 예입하려는 자는 현금 또는 증권 등과 함께 예금가입신청서 및 예입신청서를 체신관서에 제출하여야 한다.

제24조(계속예입)

① 예금자나 예금자 외의 자는 우정사업본부장이 정하는 바에 따라 예금자의 요구불예금계좌에 가입국 외의 체신관서에서도 예입할 수 있다.

② 예금자가 저축성예금의 월부금을 납입하려는 경우에는 예금통장과 함께 현금 또는 증권 등을 체신관서에 제출하여야 한다. 이 경우 예금자는 우정사업본부장이 정하는 바에 따라 가입국 외의 체신관서에서도 예입할 수 있다.

③ 제1항에 따라 예금자 외의 자가 예금자의 요구불예금계좌에 가입국 외의 체신관서에서 예입하는 경우에는 과학기술정보통신부장관이 정하여 고시하는 수수료를 납부하여야 한다. 다만, 과학기술정보통신부장관이 정하는 사유에 해당하는 경우에는 그 수수료를 면제할 수 있다.

제25조(예입방법 등)

이 규칙에서 정한 것 외에 예금 예입의 방법 및 절차 등 예금의 예입에 필요한 사항은 우정사업본부장이 정하여 고시한다.

제3절 예금의 지급 등

제26조(지급의 청구)

예금자가 예금의 지급을 청구할 때에는 통장 등과 함께 예금지급청구서를 체신관서에 제출하여야 한다.

제27조(만기지급)

① 저축성예금의 만기가 되거나 마지막 회분의 월부금을 납입한 경우에는 만기지급을 한다.

② 저축성예금의 만기지급 시 지연일수가 선납일수보다 많은 경우에는 우정사업본부장이 정하는 바에 따라 지급일을 산정하고, 선납일수가 지연일수보다 많은 경우에는 만기일을 지급일로 한다.

제28조(만기 전 지급)

① 저축성예금의 예금자로서 우정사업본부장이 정하는 기간 이상 월부금을 납입하거나 우정사업본부장이 정하는 기간 이상 예치한 자는 예입액의 90퍼센트의 범위에서 만기 전에 지급을 청구할 수 있다.

② 제1항에 따라 만기 전에 지급을 받은 경우에는 그 지급일부터는 그 지급받은 금액에 대하여 이자를 계산하지 아니한다.

③ 제1항에 따라 만기 전에 지급을 받은 예금자는 과학기술정보통신부장관이 정하는 바에 따라 수수료를 납부하여야 한다.

제29조(해약)

예금자가 요구불예금을 해약하거나 저축성예금을 중도해약할 때에는 통장 등과 함께 예금해약청구서를 체신관서에 제출하여야 한다.

제30조(지급방법 등)

이 규칙에서 정한 것 외에 예금 지급의 방법 및 절차 등 예금의 지급과 해약에 필요한 사항은 우정사업본부장이 정하여 고시한다.

제31조 삭제

제4절 삭제(제32조~제34조)

제3장 보험

제1절 통칙

제35조(보험의 종류)

① 법 제28조에 따른 보험의 종류는 다음 각 호와 같다.

  1. 보장성보험 : 생존 시 지급되는 보험금의 합계액이 이미 납입한 보험료를 초과하지 아니하는 보험

  2. 저축성보험 : 생존 시 지급되는 보험금의 합계액이 이미 납입한 보험료를 초과하는 보험

  3. 연금보험 : 일정 연령 이후에 생존하는 경우 연금의 지급을 주된 보장으로 하는 보험

② 제1항의 보험의 종류에 따른 상품별 명칭, 특약, 보험기간, 보험료 납입기간, 가입 연령, 보장 내용 등은 우정사업본부장이 정하여 고시한다.

제36조(계약보험금 및 보험료의 한도)

① 법 제28조에 따른 계약보험금 한도액은 보험종류별(제35조 제1항 제3호의 연금보험은 제외한다)로 피보험자(被保險者) 1인당 4천만원(제35조 제1항 제1호의 보장성보험 중 우체국보험사업을 관장하는 기관의 장이 「국가공무원법」 제52조에 따라 그 소속 공무원의 후생·복지를 위하여 실시하는 단체보험상품의 경우에는 2억원으로 한다)으로 하되, 보험종류별 계약보험금한도액은 우정사업본부장이 정한다.

② 제35조 제1항 제3호의 연금보험(「소득세법 시행령」 제40조의2 제2항 제1호에 따른 연금저축계좌에 해당하는 보험은 제외한다)의 최초 연금액은 피보험자 1인당 1년에 900만원 이하로 한다.

③ 제35조 제1항 제3호의 연금보험 중「소득세법 시행령」제40조의2 제2항 제1호에 따른 연금저축계좌에 해당하는 보험의 보험료 납입금액은 피보험자 1인당 연간 900만원 이하로 한다.

제37조(보험료의 산정)

우정사업본부장은 예정이율·예정사업비율·예정사망률 및 최적기초율[장래 현금흐름이 실제 발생하는 현금흐름에 최대한 근접하도록 추정된 기초율(최적사업비율, 최적위험률, 최적해지율 등)을 말한다] 등을 기초로 하여 보험료를 산정하고, 그 내용을 고시하여야 한다.

제38조(대리인의 청구)

① 보험계약자 또는 보험수익자는 본인 외의 다른 사람으로 하여금 보험계약에 관한 각종 청구를 하게 할 수 있다. 이 경우 해당 청구서에는 보험계약자 또는 보험수익자의 위임장을 첨부하여야 한다.
② 제1항의 위임은 체신관서에 제출하는 서류에 덧붙여 적어 증명할 수 있다.

제39조(보증인의 선정 요구 등)

① 체신관서는 보험계약에 관하여 필요하다고 인정하면 보험계약자 또는 보험수익자로 하여금 정당한 권리자임을 증명하게 하거나 보증인의 선정을 요구할 수 있다.
② 보험계약자 또는 보험수익자가 체신관서에 대한 의무를 이행하지 아니하였을 때에는 제1항에 따른 보증인이 책임을 진다.

제40조(각종 증서의 재발급)

보험계약자 또는 보험수익자는 보험증서, 보험금 또는 환급금 지급증서, 보험료 반환증서 또는 보험대출금 지급증서를 훼손하거나 분실한 경우에는 체신관서에 재발급을 청구할 수 있다.

제2절 계약의 성립

제41조(보험계약의 청약)

① 보험계약을 체결하려는 자는 법 제25조 제1항에 따라 제1회 보험료와 함께 보험계약청약서를 체신관서에 제출하여야 한다.
② 체신관서가 법 제25조 제1항에 따라 보험계약의 청약을 승낙하지 아니한 경우에는 제1회 보험료(선납보험료를 포함한다)를 해당 청약자에게 반환하여야 한다.
③ 법 제25조 제3항에 따라 보험증서에 적어야 할 사항은 다음 각 호와 같다.
　1. 보험의 종류별 명칭
　2. 보험금액
　3. 보험료
　4. 보험계약자(보험계약자가 2인 이상인 경우에는 그 대표자를 말한다)·피보험자 및 보험수익자의 성명·주소 및 생년월일
　5. 보험기간 및 보험료 납입기간
　6. 보험증서의 작성연월일 및 번호
　7. 그 밖에 우정사업본부장이 정하는 사항

제42조(특약의 설정)

보험계약자는 제35조 제2항에 따라 고시한 상품별 주계약에 부가하여 같은 고시에 따른 특약을 설정할 수 있다.

제43조(보험약관)

법 제27조 제1항에 따라 보험약관으로 정할 사항은 다음 각 호와 같다.

1. 보험금의 지급사유
2. 보험계약의 변경
3. 보험계약의 무효사유
4. 보험자의 면책사유
5. 보험자의 의무의 한계
6. 보험계약자 또는 피보험자가 그 의무를 이행하지 아니한 경우에 받는 손실
7. 보험계약의 전부 또는 일부의 해지사유와 해지한 경우의 당사자의 권리 · 의무
8. 보험계약자 또는 보험수익자가 이익금 또는 잉여금을 배당받을 권리가 있는 경우 그 범위
9. 그 밖에 보험계약에 관하여 필요한 사항

제44조(면접 및 신체검사)

① 체신관서는 보험계약의 청약이 있을 때에는 다음 각 호의 어느 하나에 해당하는 자에게 피보험자를 면접하게 할 수 있다.

1. 체신관서의 직원
2. 우정사업본부장이 지정한 개인 또는 법인

② 제1항 제2호에 따른 개인 또는 법인의 자격 및 지정절차 등에 관하여 필요한 사항은 우정사업본부장이 정한다.

③ 체신관서가 제1항에 따른 면접을 요청하면 보험계약을 청약한 자는 즉시 피보험자로 하여금 그 면접에 응하게 하여야 한다.

④ 법 제29조 단서에 따라 신체검사를 받아야 하는 사람은 다음 각 호의 사람으로 한다.

1. 중증의 병력(病歷)이 있거나 현재 증세가 있다고 판단되는 사람
2. 신체상의 결함이 있어 「보험업법」 제2조 제6호에 따른 보험회사로부터 보험계약의 청약이 거절된 사실이 있는 사람
3. 제1항에 따른 면접 결과 신체검사를 실시할 필요가 있다고 인정되는 사람

⑤ 제3항에 따른 신체검사에 필요한 비용은 체신관서가 부담한다.

제45조(보험계약의 변경)

① 법 제34조에 따라 보험계약자는 보험약관에서 정하는 바에 따라 제41조 제3항 각 호(제4호 중 피보험자는 제외한다)의 사항의 변경을 청구할 수 있다. 다만, 제41조 제3항 제1호에 따른 보험의 종류별 명칭의 변경은 보험계약의 효력이 발생한 후 2년이 지나야 한다.

② 보험계약자 또는 보험수익자는 보험료를 납입하는 체신관서와 보험금 · 환급금 · 보험료 반환금 및 대출금 등을 지급하는 체신관서의 변경을 청구할 수 있다.

③ 보험계약자는 보험계약자·보험수익자·피보험자의 성명이 잘못 표기되어 이를 변경하려는 경우에는 그 사실을 증명하는 서류를 첨부하여 체신관서에 정정을 청구하여야 한다.

제46조(보험계약의 해지사유)

① 법 제35조 제2항에서 "과학기술정보통신부령으로 정하는 중요한 사항"이란 다음 각 호에 해당하는 사항을 말한다.

   1. 피보험자의 신체의 이상, 과거 증세, 현재 증세 및 기능장애

   2. 신체상의 결함이 있어「보험업법」제2조 제6호에 따른 보험회사로부터 보험계약의 청약이 거절된 사실이 있는 경우에는 그 사실

   3. 피보험자의 직업 또는 직종

② 우정사업본부장은 법 제35조 제2항 및 제3항에 따라 보험계약을 해지하였을 때에는 그 사실을 보험계약자에게 알려야 한다.

제3절 보험료의 납입

제47조(보험료의 납입)

① 보험계약자는 제2회분 이후의 보험료를 약정한 납입방법으로 해당 보험료의 납입 해당 월의 납입기일까지 납입해야 한다.

② 보험계약자는 보험료를 1개월·3개월·6개월·1년 단위로 납입하거나 한꺼번에 납입할 수 있다.

③ 보험계약자는 다음 각 호의 방법 중 한 가지 방법을 선택하여 보험료를 납입할 수 있다.

   1. 삭제

   2. 보험계약자가 체신관서에 직접 납입하는 방법

   3. 자동적으로 계좌에서 이체하여 납입하는 방법

   4.「여신전문금융업법」제2조 제3호에 따른 신용카드 및 같은 조 제6호에 따른 직불카드로 납입하는 방법

   5.「전자금융거래법」제2조 제13호에 따른 직불전자지급수단으로 납입하는 방법

④ 제3항 제4호 및 제5호에 따른 방법으로 보험료를 납입할 수 있는 우체국보험의 종류 및 보험료 납입방법 등은 우정사업본부장이 정하여 고시한다.

⑤ 보험계약자는 제2항 및 제3항에 따른 보험료 납입방법의 변경을 청구할 수 있다.

⑥ 보험계약자는 보험료 납입기간에 보험약관에서 정한 보험금 지급사유(보험계약 소멸사유와 보험료 납입 면제사유로 한정한다)가 발생한 경우에 그 발생일이 그 달의 계약일에 해당하는 날 전이면 해당 월의 보험료는 납입하지 아니한다.

제48조(보험료의 할인)

① 우정사업본부장은 보험계약자가 한꺼번에 3개월분 이상의 보험료를 선납(先納)하는 경우에는 그 보험료를 할인할 수 있다.

② 우정사업본부장은 보험계약자가 보험료(최초의 보험료는 제외한다)를 제47조 제3항 제2호 또는 제3호의 방법으로 납입하는 경우에는 재무건전성을 해치지 않는 범위 내에서 그 보험료를 할인할 수 있다.

③ 제1항과 제2항에 따른 보험료의 할인율 및 할인방법은 우정사업본부장이 정한다.

제49조(보험료의 단체 납입)

① 보험계약자는 5명 이상의 단체를 구성하여 보험료의 단체 납입을 청구할 수 있다.

② 우정사업본부장은 보험계약자가 보험료를 단체납입하는 경우에는 재무건전성을 해치지 않는 범위 내에서 그 보험료를 할인할 수 있다.

제50조(보험료 납입 유예기간)

법 제37조 제1항에 따른 보험료 납입 유예기간은 해당 월분 보험료의 납입기일부터 납입기일이 속하는 달의 다음 다음 달의 말일까지로 한다. 다만, 유예기간의 만료일이 공휴일인 경우에는 그 다음 날까지로 한다.

제51조(보험료의 납입 면제)

① 보험의 종류에 따라 보험약관에서 정한 보험료의 납입 면제사유에 해당하는 경우에는 보험료의 납입을 면제한다.

② 보험계약자 또는 보험수익자는 제1항에 따라 보험료의 납입을 면제받으려면 「의료법」 제3조에 따른 의료기관(「의료법」 제3조에 따른 의료기관과 동등하다고 체신관서에서 인정하는 국외 의료기관을 포함한다. 이하 같다)에서 발행한 진단서를 체신관서에 제출하여야 한다. 다만, 공익사업 등 별도의 목적으로 개발된 보험으로서 우정사업본부장이 정하는 보험은 제외한다.

제4절 보험금 등의 지급

제52조(보험금 지급사유의 발생 통보)

보험계약자 또는 보험수익자는 보험기간 만료 전에 보험약관에서 정한 보험금 지급사유가 발생하였을 때에는 지체 없이 그 사실을 체신관서에 알려야 한다.

제53조(보험금의 지급청구)

① 보험수익자가 보험약관에서 정한 보험금 지급사유가 발생하여 보험금의 지급을 청구할 때에는 보험금 지급청구서에 다음 각 호의 구분에 따른 서류 및 법 제27조 제1항에 따라 보험약관으로 정한 서류를 첨부하여 체신관서에 제출하여야 한다.

  1. 사망의 경우 : 「의료법」 제3조에 따른 의료기관에서 발행한 사망진단서 또는 사체검안서(死體檢案書)

  2. 장해의 경우 : 「의료법」 제3조에 따른 의료기관에서 발행한 장해진단서

  3. 질병 또는 상해의 경우 : 「의료법」 제3조에 따른 의료기관에서 발행한 진단서 등 질병 또는 상해를 증명할 수 있는 서류

  4. 수술하거나 입원한 경우 : 그 사실을 증명할 수 있는 서류

② 제1항에 따른 보험금의 지급은 즉시 지급하는 즉시지급 또는 심사에 의하여 지급하는 심사지급의 방법으로 한다.

제54조(보험금의 즉시지급)

보험수익자는 다음 각 호의 어느 하나에 해당하는 경우에는 보험약관에서 정하는 바에 따라 보험금의 즉시지급을 청구할 수 있다.

　　1. 보험기간이 만료된 경우

　　2. 보험기간 만료 전에 생존보험금 지급사유가 발생한 경우

　　3. 그 밖에 우정사업본부장이 정하여 고시하는 사유가 발생한 경우

제55조(보험금의 감액 지급 등)

① 법 제31조에 따라 체신관서는 보험계약의 효력이 발생한 후 2년 이내에 피보험자가 재해 외의 원인으로 사망하거나 제1급 장해상태가 된 경우에는 보험약관에 따라 보험금의 일부만을 지급한다.

② 법 제44조 제2항에 따른 보험금의 감액지급률은 지급하여야 할 보험금의 100분의 50의 범위에서 보험사고의 발생률 등을 고려하여 우정사업본부장이 정한다.

③ 체신관서가 법 제44조 제1항에 따라 보험금을 감액하여 지급하기로 하였을 때에는 그 지급률을 체신관서의 게시판에 공고하여야 한다.

제56조(환급금의 지급)

① 법 제38조에 따른 환급금(이하 "환급금"이라 한다)의 범위는 우정사업본부장이 정하여 고시한다.

② 체신관서가 환급금을 지급할 때에는 보험계약자로 하여금 보험금 지급청구서를 작성하여 제출하게 하고, 그 신원을 확인할 수 있는 신분증명서로 정당한 권리자인지를 확인하여야 한다.

제57조(공익급여의 지급)

① 체신관서는 수입보험료의 일부를 공익급여(公益給與)로 지급할 수 있다.

② 제1항에 따른 공익급여 지급대상 보험의 종류별 명칭과 공익급여의 지급대상, 지급범위 및 지급절차 등은 우정사업본부장이 정한다.

제5절 대출

제58조(대출금)

법 제41조에 따라 대출을 할 수 있는 금액의 범위는 보험종류별로 우정사업본부장이 정한다.

제59조(대출기간 및 대출금의 이자계산)

① 제58조에 따른 대출금의 이자율은 「은행법」 제2조 제1항 제2호에 따른 금융기관의 1년 만기 정기예금의 이자율을 고려하여 우정사업본부장이 정한다.

② 이자의 계산 단위는 원 단위로 하되, 그 수입금 또는 지급금에 10원 미만의 끝수가 있을 때에는 「국고금 관리법」 제47조에 따라 그 끝수는 계산하지 아니한다.

③ 대출기간의 계산은 대출받은 날의 다음 날부터 변제일까지로 하며, 대출금의 이자는 보험계약자가 이자 납기일까지 체신관서에 납입하여야 한다.

④ 보험계약자가 대출금의 이자를 이자 납기일까지 체신관서에 납입하지 아니한 경우 미납된 이자는 납기일의 다음 날에 대출원금에 산입된 것으로 본다. 이 경우 다음 납기일부터의 대출금 이자는 미납된 이자를 합산한 대출금을 기준으로 계산한다.

제60조 삭제

제5절의2 재보험

제60조의2(재보험의 가입한도)

법 제46조의2 제2항에 따른 재보험(再保險)의 가입한도는 사고 보장을 위한 보험료의 100분의 80 이내로 한다.

제60조의3(재보험회사의 기준)

보험의 재보험을 계약할 수 있는 보험회사는 「보험업법」 제4조에 따른 재보험의 영업허가를 받은 보험회사 또는 같은 법 제2조 제8호에 따른 외국보험회사로서 다음 각 호의 어느 하나의 요건을 갖춘 자로 한다.

    1. 국내외 감독기관이 정하는 재무건전성에 관한 기준을 충족할 것

    2. 국제적으로 인정받는 신용평가기관에서 실시한 최근 3년 이내의 신용평가에서 평가등급(이에 상응하는 국내 신용평가기관의 신용 등급을 포함한다)이 투자적격일 것

제6절 모집 등의 업무취급 및 보상금

제61조(보험의 모집 등)

① 다음 각 호의 어느 하나에 해당하는 자는 보험의 모집과 보험료의 수납을 할 수 있다.

    1. 체신관서의 직원

    2. 우정사업본부장이 지정하는 개인 또는 법인

② 제1항 제2호에 따른 개인 또는 법인의 자격 및 지정절차 등에 관하여 필요한 사항은 우정사업본부장이 정한다.

제62조(보험 증대 활동의 경비)

① 법 제8조 제2항에 따른 보험의 증대와 유지를 위하여 필요한 경비(이하 "보험증대활동경비"라 한다)의 종류는 다음 각 호와 같다.

    1. 보험 모집 등 보험의 증대와 유지를 위한 영업을 촉진하는데 필요한 경비(이하 "영업촉진경비"라 한다)

    2. 우체국이라는 명칭의 사용료

    3. 법 제46조에 따른 부당이득의 징수를 위한 활동에 필요한 경비

    4. 제62조의2에 따른 부당이득 신고포상금

② 우정사업본부장은 법 제8조 제2항에 따라 영업촉진경비를 다음 각 호의 금액을 합한 범위에서 지급할 수 있다.

    1. 모집한 보험금액의 1천분의 2에 해당하는 금액

    2. 수납한 보험료의 100분의 1에 해당하는 금액

③ 우정사업본부장은 영업촉진경비를 다음 각 호의 구분에 따른 지급기준을 고려하여 해당 관서에 지급한다.

    1. 보험업무를 취급하는 체신관서 : 보험의 모집 및 수금 실적

    2. 지방우정청 : 지방우정청 소속 관서의 실적

④ 보험증대활동경비의 지급방법·지급시기, 그 밖에 보험증대활동경비의 지급에 필요한 사항은 우정사업본부장이 정한다.

제62조의2(부당이득 신고포상금)

우정사업본부장은 법 제46조 제1항에 따른 거짓이나 그 밖의 부정한 방법으로 보험금을 지급받은 자를 신고하는 자에게 우정사업본부장이 정하여 고시하는 바에 따라 예산의 범위에서 포상금을 지급할 수 있다.

제63조(보상금의 종류 및 지급대상)

법 제48조 제2항에 따른 보상금의 종류 및 지급대상은 다음 각 호와 같다.

1. 모집자 보상금 : 직접 모집한 자(모집 형태에 따라 지급률을 다르게 할 수 있다)
2. 관서 영업지원 보상금 : 보험업무를 취급하는 체신관서
3. 삭제
4. 유지관리 보상금 : 보험료를 수납하여 보험계약을 유지 · 관리하는 자
5. 유공자 보상금 : 보험의 모집 및 유지 · 관리가 우수하여 보험수입 증대에 기여한 공로가 큰 자, 그 밖에 보험사업 발전에 기여한 공로가 크다고 우정사업본부장이 인정한 자(보험사업을 취급하는 체신관서를 포함한다)
6. 모집자 육성 보상금 : 제61조 제1항 제2호에 따른 개인 또는 법인의 육성에 기여한 공로가 크다고 우정사업본부장이 인정하는 자(보험업무를 취급하는 체신관서를 포함한다)
7. 비례보상금 : 제61조 제1항 제2호에 따른 개인 또는 법인 중 우정사업본부장이 정하는 자

제64조(보상금의 지급률 및 지급절차 등)

① 보상금의 지급률은 별표 2의 보상금 지급률의 범위에서 우정사업본부장이 정한다.
② 제63조 제7호에 따른 비례보상금을 지급받는 자에 대해서는 우정사업본부장이 정하는 바에 따라 별도의 금액을 보상금에 더하여 지급할 수 있다.
③ 제1항 및 제2항에서 규정한 사항 외에 보상금의 지급방법 및 지급절차 등에 관하여 필요한 사항은 우정사업본부장이 정한다.

제7절 삭제(제65조~제73조)

제3과목

보험일반

※ 출처 : 제3과목 보험일반은 2025년 11월 14일에 우정사업본부(https://www.koreapost.go.kr/) 시험자료에 기재된 『26년 보험일반 학습교재』를 참고하였습니다.

PART 01

보험 개론

CHAPTER 01   보험일반 이론

CHAPTER 02   생명보험 이론

CHAPTER 03   보험윤리와 소비자 보호

CHAPTER 04   생명보험과 제3보험

CHAPTER 05   보험계약법(인보험편)

CHAPTER 06   우체국보험 일반현황

CHAPTER 07   리스크관리 및 자금운영

01 보험일반 이론

01 위험관리와 보험

1 보험의 정의

(1) 사람은 출생에서 사망에 이르는 생애주기 동안 질병·상해·우연한 사고 등 수많은 위험에 노출되어 있으며, 생사에 관한 사고 및 질병은 가족의 생계유지와도 관련되어 있다. 보험은 이러한 위험에 대비해 상부상조 정신을 바탕으로 경제적 손실을 보전하기 위한 준비 제도로 볼 수 있다.

(2) 보험이란 장래 어떠한 손실이 발생할 경우 그 손실을 회복하는 데 드는 비용을 같은 위험에 노출되어 있는 여러 사람들이 공동으로 부담하는 제도적 장치로 손실이 발생할 경우 손실을 보상하거나, 다른 금전적 대가를 제공 혹은 위험과 관련된 서비스를 제공하기로 약정한 보험자(보험회사)에게 손실 발생과 관련된 불확실성을 전가함으로써 계약자의 예기치 못한 손실을 집단화하여 분배하는 것이라 정의할 수 있다.

(3) 보험이란 피보험자(보험대상자)가 불의의 사고를 당했을 경우 보험회사가 그 손실에 상응하는 금전적 보상을 한다는 계약을 통해 보험회사에게 전가된 피보험자(보험대상자) 위험의 집합체이다.

2 보험의 목적과 특성

(1) 보험의 목적

① 보험은 불확실한 손실에 대한 경제적 결과를 축소하고자 하는 것을 목적으로 한다.
② 보험은 대규모의 불확실한 손실의 위험을 타인에게 전가하거나 타인과 공유하기 위한 수단을 제공한다.
③ 보험은 손실을 보상 또는 회복할 자금을 제공해 줄 수는 있으나 보험 그 자체가 손실 발생을 방지해 주는 것은 아니다.

(2) 보험의 일반적인 특징(5가지)

① 예상치 못한 손실의 집단화
　㉠ 손실의 집단화란 손실을 한데 모아 개별위험을 집단의 위험으로 전환함으로써 개인이 부담해야 할 실제 손실을 위험그룹의 평균손실로 대체하는 것을 의미한다.
　예 주택가격이 1억원인 주택이 1만 가구가 있고 1년 동안 평균 10건의 화재가 발생한다면 1년간 총손실은 10억원으로 볼 수 있다. 보험이 없을 경우 1만 가구 중 10가구는 불확실한 1억원의 손실을 각각 부담해야 하지만, 보험이 있음으로써 가구당 손실은 1년간 10만원으로 확정된다.

ⓛ 즉 보험을 통해 불확실한 손실을 확정손실로 전환할 뿐 아니라 손실을 개인으로부터 그룹 전체의 손실로 분산할 수 있다.

ⓒ 손실을 집단화할 때 주의해야 할 점은 발생빈도와 평균손실의 규모 면에서 동종의 손실이거나 그와 비슷한 것이어야 한다는 것이다.

ⓔ 다른 특성을 가진 손실을 집단화하게 되면 보험료 책정이나 보상 등에 동일한 기준을 적용하는 과정에서 많은 문제가 발생하게 된다.

② **위험의 분산**

보험은 위험을 분산시킨다. 개별적으로 감당하기 힘든 손실 위험을 집단화하여 서로 분담(risk sharing)하는 것은 손실로부터의 회복을 보다 용이하게 해준다. 이러한 상호 부조적 관계는 당사자 간의 자율적 시장거래를 통하여 달성된다는 특징을 가진다.

③ **위험의 전가**

보험은 형태상으로 계약에 의한 위험의 전가로 볼 수 있다. 즉 손실의 빈도는 낮으나, 손실의 규모가 커서 스스로 부담하기 어려운 위험을 보험회사에 보험료 납부를 통해 전가함으로써 개인이나 기업이 위험에 대해 더 효과적으로 대응할 수 있게 해주는 사회적 장치이다.

④ **실제 손실에 대한 보상(실손보상의 원리)**

㉠ 계약상의 보험금 지급사유 발생 시, 보험사가 보상하는 것은 실제로 발생한 손실을 원상회복하거나 교체할 수 있는 금액으로 한정하기 때문에 이론적으로 보험보상을 통해 이익을 보는 경우는 없다.

ⓛ 다만, 손실금액을 확정할 수 없는 손실(신체적 손해, 미술품의 파손 등)이 발생할 경우에는 보험계약 시 사전에 결정한 금액을 보상할 수 있다.

ⓒ 이와 같이 보상을 실제 손실 또는 현금 가치로 한정함으로써 보험에 수반되는 도덕적 해이를 줄일 수 있다.

ⓔ 실손보상의 원리는 보험으로 보상을 받기 위해서는 손실을 화폐가치로 환산할 수 있어야 함을 의미하기 때문에 정서적 가치 훼손, 정신적 괴로움과 같은 경우 대체적으로 보험을 통해 보호받을 수 없다.

⑤ **대수의 법칙 적용**

㉠ 보험의 주요한 혜택 중 하나는 손실을 예측하는 데 있다.

ⓛ 대수의 법칙은 표본이 클수록 결과가 점점 예측된 확률에 가까워진다는 통계학적인 정리로 보험회사가 위험을 예측할 수 있는 이유가 여기에 있다.

> **예** 동전을 던져 앞면이 나올 확률은 50%이지만 4번을 던질 경우 정확하게 앞면이 두 번 나오기는 힘들다. 하지만 1만 번을 던질 경우 앞면이 나오는 경우가 50%에 극히 가까워지게 된다.

ⓒ 이와 같이 표본의 수를 늘리거나 실험횟수를 많이 거칠수록 결과는 예측치에 가까워지며 보험사는 이러한 논리로 동질의 위험에 대한 다수의 보험계약자를 확보함으로써 손실의 예측능력을 확보할 수 있다.

■3■ 위험의 구분

(1) 순수위험 · 투기적 위험

위험은 사건 발생에 연동되는 결과에 따라 순수위험과 투기적 위험으로 분류할 수 있다.

① 순수위험

- ㉠ 조기 사망, 화재, 자연재해, 교통사고 등과 같이 사건의 발생 결과 손실만 발생하는 위험(Loss Only Risk)이다.
- ㉡ 순수위험은 손실이 발생하거나 발생하지 않는 불확실성이며, 사건 발생이 곧 손실의 발생이므로 이익이 발생하지 않는다.

② 투기적 위험

- ㉠ 주식투자, 복권, 도박 등과 같이 경우에 따라 이익 또는 손실이 발생할 수 있는 위험을 말한다.
- ㉡ 원칙적으로 보험상품의 대상이 되는 위험은 순수위험에 국한된다.

(2) 정태적 위험 · 동태적 위험

위험의 발생상황에 따라 정태적 위험(개인적 위험)과 동태적 위험(사회적 위험)으로도 구분이 가능하다.

① 정태적 위험

- ㉠ 시간에 따른 사회 · 경제적 변화와 관계없이 발생할 수 있는 위험이다.
  - 예 자연재해, 인적원인에 의한 화재 · 상해, 고의적인 사기 · 방화 등
- ㉡ 손실만을 발생시키는 순수 위험적 성격을 가지고 있으며, 사회적인 것이 아닌 개인적인 위험으로 개별적 사건 발생은 우연적 · 불규칙적이나, 집단적으로 관찰 시 일정한 확률을 가지기 때문에 예측이 가능하여 대부분 보험의 대상이 된다.

② 동태적 위험

- ㉠ 시간 경과에 따른 사회 · 경제적 변화와 관계가 있는 위험이다.
  - 예 산업구조 변화, 물가변동, 생활양식 변화, 소비자 기호변화, 정치적 요인 등 사회의 동적변화에 따라 발생할 수 있는 불확실성
- ㉡ 사회적인 특정 징후로 예측이 가능한 면도 있으나, 위험의 영향이 광범위하며 발생 확률을 통계적으로 측정하기 어렵다.
- ㉢ 정태적 위험과 달리 경제적 손실을 발생시킬 가능성과 동시에 이익을 창출할 기회, 사업기회 등을 제공함으로써 손실 혹은 이익을 초래하는 불확실성으로 투기적 위험과 함께 보험의 대상이 되기 어려운 특성을 가진다.

4 보험의 대상이 되는 불확실성(위험)의 조건

위험 전가를 원하는 계약자와 보험회사 간 적정 수준의 보험료를 통해 전가할 수 있는 위험은 다음과 같은 조건을 만족해야 한다.

(1) 다수의 동질적 위험 단위(Large Number of Similar Exposure Units)

① 건물 화재, 자동차 접촉사고 등과 같이 유사한 속성(발생빈도 및 손실 규모)의 위험이 발생의 연관이 없이 독립적으로 다수 존재해야 한다.

② 대수의 법칙을 적용하여 손실을 예측할 수 있고 보험료를 계산할 수 있어야 한다.

(2) 우연적이고 고의성 없는 위험(Accidental and Unintentional)

손실사고 발생이 인위적이거나 의도가 개입되지 않으며 미리 예측할 수 없이 무작위로 발생하는 손실이어야 한다.

(3) 한정적 측정 가능 손실(Determinable and Measurable Loss)

① 피해의 발생원인, 발생 시점, 장소, 피해의 정도가 명확히 식별 가능해야 한다.

② 손실금액을 측정할 수 있어야 하며, 이를 위해서는 객관적 자료 수집과 처리를 통해 정확한 보험금 지급 및 적정 보험료 산정이 가능해야 한다.

(4) 측정 가능한 손실확률(Calculable Chance of Loss)

적정 보험료 및 준비금 산정을 위해 손실사건 발생확률을 추정할 수 있는 위험이어야 한다.

(5) 비재난적 손실(No Catastrophic Loss)

① 보험회사 혹은 인수집단의 능력으로 보상이 가능한 규모의 손실이어야 한다.

② 다만, 위험 분산기법 발달, 보험사의 대규모화 등으로 전가 가능 위험의 범위가 확대되는 추세이다.

   ※ 재난적 손실의 예시 : 천재지변, 전쟁, 대량실업 등

(6) 경제적으로 부담 가능한 보험료 수준(Economically Feasible Premium)

위험에 따른 보험료가 매우 높게 산정되어 가입자가 경제적으로 부담이 불가능한 경우 시장성이 없어 계약이 거래되지 않는다.

1 보험의 긍정적 기능

(1) 사회보장제도 보완

① 경제성장에 따른 도시화 및 핵가족화, 저출산 기조, 인구 구조 고령화, 소득재분배 구조 왜곡으로 인한 소득분포 불균형 등의 사회적 문제가 국민 경제에 미치는 영향을 완화하기 위해 정부 차원에서 사회보장제도를 확충하고 있으나, 그 수준이 국민 평균적인 기대에 미치지 못하는 상황이다.

② 사회보장제도 보완 방안 : 3층 보장론

   ㉠ 정부가 최저수준의 국민 생활을 보장해주는 사회보장, 기업이 종업원의 퇴직 후 생활을 보장해주기 위한 기업보장, 개인별 노후를 준비하는 개인 보장의 3대 보장축 조화에 기반한 복지사회 구현을 3층 보장론이라 한다.

   ㉡ 예를 들어 일반적인 기업체에서 근무하고 있는 급여소득자의 경우 국민연금과 기업체로부터 수령하는 퇴직금·퇴직연금, 그리고 개인적으로 준비하는 개인연금보험 등을 통해 노후 생활을 준비해야 한다.

   ㉢ 3층 보장론의 측면에서 볼 때 정부의 사회보험과 민영보험은 상호보완적이면서도 경쟁 관계라는 양면성을 가진다.

> **더 알아보기** 　사회보장제도
>
> • 국가가 국민 최저생활을 보장해 주기 위해 실시하는 제도를 총칭한다.
> • 우리나라의 사회보장제도 구성

사회보험	국민의 경제적 생활을 보장하기 위해 생활에 위협을 가져오는 사고가 발생할 경우 보험의 원리를 응용해 생활을 보장하고자 하는 사회보장 정책 예 국민건강보험(장기요양보험), 국민연금, 산재보험, 고용보험 등 4대 보험
공공부조	국가 및 지방자치단체의 비용부담으로 생활유지능력이 없거나 생활이 어려운 국민에게 최저생활을 보장하고 자립을 촉진하는 경제적 보호제도 예 기초생활보장(생계급여, 주거급여, 의료급여, 교육급여, 해산급여, 장제급여, 자활급여)
사회복지서비스	'삶의 질' 향상을 위해 사회적으로 꼭 필요하지만 저수익성으로 민간 참여가 부진하기 때문에 정부·지자체 등이 함께 제공하는 복지서비스 예 노인복지, 장애인복지, 아동복지, 건강복지

(2) 손해 감소 동기부여

① 보험은 특정 우발적 사고 발생 시 손해를 보상해 주는 것을 목적으로 하며, 사고 발생 자체를 예방 또는 진압하는 것을 목적으로 하지 않는다. 하지만 보험회사는 사고 발생에 따른 보상책임 부담을 줄이기 위해 직·간접적인 노력을 하고 있다.

② 화재보험의 경우 면책제도, 보험료할인제도 등을 통해 보험가입자의 소방설비 설치 등 사고예방 노력에 대한 동기를 부여하며, 각종 사고 예방 선전·캠페인 등을 진행하기도 한다.

(3) 기업의 자본 효율성 향상

기업은 보험이 없을 경우 우발적 사고에 대비하기 위한 거액의 자금을 준비금으로 적립해야 한다. 하지만 보험을 이용할 경우 소액의 자본(보험료)을 사용해 사전에 손실을 확정하고 안정적으로 기업을 존속할 수 있어 기업의 자본효율성을 제고할 수 있다.

(4) 국가 경제 발전에 기여

① 보험사는 향후 보험금 지급을 위해 계약자가 납입한 보험료를 적립하고 이를 효율적으로 운영하여 이익금이 발생할 경우 주주·계약자에 대한 배당을 실시하기도 한다. 이처럼 보험회사는 보험의 보장기능 외에도 금융기능을 일부 담당하고 있다.

② 생명보험의 경우 대부분 장기간에 걸친 계약이기 때문에 자산을 장기적, 그리고 안정적으로 운용할 수 있는 특징이 있다. 이러한 특징으로 인해 국가 기간산업 등에 적립금을 투자함으로써 국가 경제 발전에 기여하고 있다.

③ 화재·질병·사망 등 우발적 사고로 국민의 생활이 위협받게 되면 사회 불안이 급증하고 국가는 이들의 생활을 보호하기 위해 재정부담이 확대될 수밖에 없다. 그러나 보험이 존재함으로써 이러한 우발적 사고에 대한 손해를 보험회사가 보상하기 때문에 국가 재정부담의 기능도 수행한다고 볼 수 있다.

2 보험의 부정적 영향

(1) 보험회사 측면

① 보험회사는 계약자 확대, 보험료 과대계상 등을 통한 이익추구를 위해 피보험 목적물 가액을 과대하게 평가하여 피보험자(보험대상자)의 사행성을 자극하여 도박과 같은 보험계약을 유발할 수 있다.

② 보험회사는 보험업의 운용이 복잡함을 악용하여 보험금 지급을 위한 책임준비금을 적립하는 대신 자금을 부당하게 사용함으로써 피보험자에게 손해를 끼치고 사회에 악영향을 줄 수도 있다.

(2) 보험가입자 측면

① 보험 가입 이후 보험사고 발생 시 피보험자는 보험회사로부터 보험금을 지급받게 되며 이에 따라 보험가입자들은 우발적 위험에 대비한 저축을 하거나, 사고 발생을 예방하기 위한 노력을 기울이지 않을 수 있다.

② 보험금을 사취하기 위한 방화 등 고의적 사고를 일으키거나, 사건 발생을 가장·위증하는 등 사회질서를 해치는 행위를 유발할 수 있다.

3 보험의 종류

보험은 「상법」상으로 손해보험과 인보험으로 분류된다.

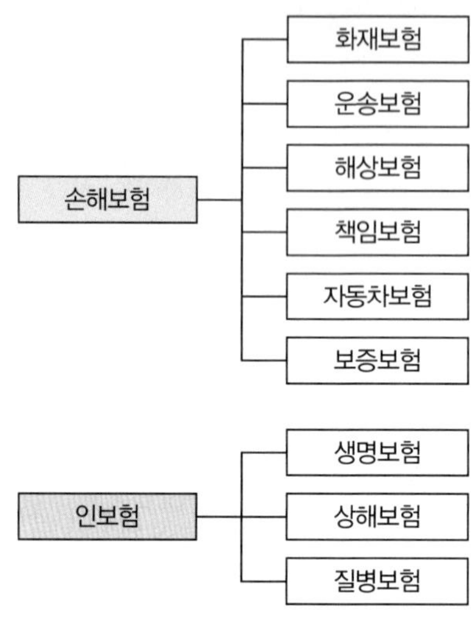

(1) 손해보험

보험사고로 인하여 발생할 피보험자의 재산상의 손해에 대하여 보험자가 그 손해를 보상한다.

① 화재보험

    ㉠ 화재나 번개로 인하여 재산상의 손해가 발생할 경우 보험증권에 의해 사전에 약정된 보험금을 지급한다.

    ㉡ 상품에 따라 태풍, 도난 등과 같은 손인들 및 소화 활동을 할 때 발생한 피해 및 피난지에서의 피난손해도 보상 포함한다.

② 운송보험

    ㉠ 육상운송의 목적인 운송물에 대하여 그 운송에 관한 사고로 인하여 생길 손해의 보상을 목적으로 하는 보험이다.

    ㉡ 운송보험의 목적은 운송물로, 운송에 이용되는 용구 자체나 승객은 운송보험에서 담보되는 보험의 목적이 아니다.

③ 해상보험

    ㉠ 항해에 따르는 사고로 인해 발생할 수 있는 많은 종류의 위험을 종합적으로 담보한다.

    ㉡ 보험사고 발생 시 보험증권에 의해 약정된 보험금을 지급한다.

④ 책임보험

피보험자가 보험기간 중의 사고로 인하여 제3자에게 배상할 책임을 질 경우에 보험자가 이로 인한 손해를 보상할 것을 목적으로 하는 보험이다.

⑤ **자동차보험**

계약자가 자동차를 소유, 운행, 관리하는 동안 발생하는 각종 사고로 인해 생기는 피해에 대한 보험금을
지급한다.

⑥ **보증보험**

각종 거래에서 발생하는 신용위험을 감소시키기 위해 보험의 형식으로 하는 보증제도로서 보증보험회사
가 일정한 대가(보험료)를 받고 계약상의 채무이행 또는 법령상의 의무이행을 보증하는 특수한 형태의
보험이다.

(2) 인보험

피보험자의 생명이나 신체를 위협하는 사고가 발생한 경우 보험자가 일정한 금액 또는 기타의 급여를 지급
한다.

① **생명보험**

㉠ 계약자의 사망 또는 일정 연령까지 생존 시 약정한 보험금을 지급하는 보험이다.

㉡ 노후의 생활비, 사망 후 유가족의 생활보호를 위한 자금 등을 마련하기 위해 이용한다.

㉢ 보험금 지급사유에 따라 세분화 한다.

- 사망보험 : 보험기간 중 계약자가 장해 또는 사망 시 보험금 지급
- 생존보험 : 계약자가 보험기간 종료일까지 생존하는 경우에만 지급
- 생사혼합보험 : 생존보험의 저축기능과 사망보험의 보장기능 절충

② **상해보험**

㉠ 계약자가 우발적 사고로 신체에 상해를 입은 경우 보험금액 및 기타의 급여를 지급하는 보험이다.

㉡ 보험사고 발생으로 인한 상해의 정도에 따라 일정한 보험금을 지급하는 정액보험인 경우와 비정액보
험인 경우가 있다.

③ **질병보험**

㉠ 보험자가 피보험자의 질병에 관한 보험사고가 발생할 경우 보험금이나 그 밖의 급여를 지급할 것을
약정한 보험이다.

㉡ 그 성질에 반하지 아니하는 범위에서 생명보험 및 상해보험에 관한 규정을 준용한다.

1 시대별 생명보험의 역사

(1) 고대시대

① 기원전 고대시대부터 인류는 집단생활을 하면서 구성원끼리 서로 어려울 때 도와주는 문화를 가지고 있었다. 집단 구성원이 사망하거나 천재지변으로 손해가 발생할 경우 다른 구성원들이 손실비용을 부담하기도 하였다. 이는 오늘날 보험과 유사한 형태로 볼 수 있다.

② 대표적인 제도

명 칭	시 대	특 징
에라노이 (Eranoi)	기원전 3세기경	집단 구성원이 사망하거나 어려운 일이 생길 때를 대비하여 서로 도움을 주는 종교적 공제단체
콜레기아 (Collegia Tenuiorum)	로마 제정시대	• 사회적 약자나 소외계층 등 하층민들이 서로 돕기 위해 조직했던 상호부조조합 • 구성원이 낸 회비를 추후에 구성원의 사망 장례금, 유가족 지원금 등으로 지급하거나 예배 등 종교활동에 필요한 비용으로 사용

(2) 중세시대

① 유럽에서는 과학 · 경제 · 금융이 급속도로 발전하기 시작하고 교역 또한 크게 발달하였다.

② 길드(Guild)

ㄱ 13~14세기경 독일에서 발달한 길드(Guild)는 교역의 발달에서 파생된 상호구제제도이다.

ㄴ 길드는 해상교역 중에 발생하는 선박이나 화물의 손해를 공동으로 부담하고 구성원의 사망, 화재, 도난 등의 재해도 구제해 주었다.

ㄷ 길드의 상호구제 기능은 그 필요성에 따라 전문화되고 자본주의 성립과 함께 영국의 우애조합(Friendly Society), 독일의 구제금고(Hilfskasse) 등의 형태로 발전하였으며, 이 시기에 생명보험 · 화재보험의 초기형태가 나타나게 된다.

(3) 근대시대

근대에 들어 자본주의가 발달하게 되고 오늘날의 생명보험 형태의 토대가 만들어진다.

① 프랑스

ㄱ 톤틴 연금

• 17세기 말 프랑스 루이 14세는 이탈리아 은행가 톤티(Lorenzo Tonti)가 고안한 연금제도인 톤틴 연금을 시행하였다.

• 톤틴 연금은 대중의 출자로 대량의 자금을 만드는 방법으로 출자자를 연령별 그룹으로 구분하고 그룹별로 결정된 일정 금액을 매년 국가에 납부하고 이를 그룹의 생존자 간에 분배하는 일종의 종신연금과 같은 제도였다.

- 최초로 사망률, 이자 계산방법 등 근대식 수리기법이 적용된 제도로 이후 근대적 생명보험 발달에 크게 기여하였다.
- 톤틴 연금은 타인의 죽음을 기뻐하는 도덕적 폐단과 국고 부담 과중으로 루이 15세에 의해 1763년 폐지되었다.
ⓒ 1787년 제국보험회사(Compaie Royale d'Assurance)가 설립되었으나, 이 역시 프랑스 대혁명으로 해체되고 19세기까지 생명보험의 발전은 완만하게 진행되었다.

② 영국

ⓐ 1762년 세계 최초의 근대적인 생명보험 회사 '에쿼터블' 생명보험회사가 설립되었다.

ⓑ 에쿼터블 생명보험은 최초로 수학적으로 예측한 인간의 예상 수명을 보험에 적용하였고 이에 따라 적절한 보험료를 산출하는 체계화된 시스템과 해약환급금, 신체검사, 가입금액 한도, 배당 등 오늘날 생명보험 운영의 토대가 되는 각종 근대적인 제도를 도입하였다.

③ 독일 : 자본주의 경제가 성숙됨에 따라 1828년 고타(Gotha) 생명보험회사가 설립되었다.

④ 미국 : 1812년 펜실베니아생명 보험회사 설립 이후 메사추세츠생명, 뉴욕생명, 뉴잉글랜드생명 등이 설립되면서 본격적으로 생명보험이 보급되었다.

2 우리나라 생명보험의 역사

(1) 상호부조 제도(계와 보)

우리나라에서도 '생명보험'과 유사한 제도가 있었다. 삼한 시대의 '계'와 신라 · 고려 시대의 '보'가 이에 해당한다.

① 계(契)

ⓐ 삼한 시대부터 시작되었던 '계(契)'는 공통된 이해를 가진 사람들 간의 상호협동조직이었다.

ⓑ 처음에는 '상호부조'라는 목적으로 시작되었으나, 조선 시대에 와서는 친목 도모, 관혼상제 공동부담 등 다양한 계가 등장하게 되며 지금까지도 목돈 마련을 위해 대중적으로 활용되는 수단이기도 하다.

② 보(寶)

ⓐ 신라 시대 불교의 '삼보'에서 비롯된 '보(寶)'는 일종의 재단의 성격을 가지고 있었으며, 특정 공공사업을 수행할 목적으로 일정한 기본자산을 마련한 뒤 그 기금을 대출해 생기는 이자로 경비를 충당하거나, 자선에 활용하는 제도였다.

ⓑ 이후 고려 시대에 국가의 공공목적 수행을 위한 재원의 확보책으로 많이 활용되었으나, 시간이 지날수록 고리대(高利貸)의 성격이 짙어져 사회 문제를 일으키기도 하였다.

(2) 근대적 생명보험

1876년	일본에 의한 강화도조약 체결 이후 미국 · 독일 · 영국 등 서양 열강의 보험회사들이 진출하기 시작했다.
1891년	일본의 테이코쿠생명이 부산에 대리점을 내며 쿄사이생명, 니혼생명, 치요타생명 등이 인천 · 목포 등 항구도시를 중심으로 대리점을 개설하였다.
1921년	우리나라 최초의 생명보험사인 '조선생명보험주식회사'를 한상룡씨가 설립하였다.
1922년	최초의 손해보험회사인 '조선화재해상보험주식회사'가 설립된다. 하지만 일본강점기 동안 일본계 보험회사들과 경쟁하는 과정에서 무너지게 되고, 광복 이후 일본 생명보험사들은 보험료를 환급하지 않고 철수하는 사태가 벌어져 당시 보험계약자에게 큰 경제적 피해를 입힘과 함께 보험에 대한 불신 풍조가 오랫동안 지속되는 계기가 되었다.
1940～1950년대	대한생명, 협동생명, 고려생명, 흥국생명, 제일생명(현 알리안츠), 동방생명(현 삼성생명), 대한교육보험(현 교보생명) 등이 설립되었다.
1960년대	정부의 경제개발계획이 추진되면서 생명보험회사가 국민저축기관으로 지정되었다.
1970년대	경제성장과 함께 보험산업도 발전하면서 시장도 개인보험 위주로 전환된다.
1980년대	경제 고속성장 및 가계소득 증가로 생명보험산업도 고도성장을 이룰 수 있었다.
1990년대	보험시장 개방, 금융 자율화 정책 등으로 생명보험 시장 내에서도 본격적인 경쟁이 시작되었으며, 규모 위주 성장전략에 따른 과다한 실효 해약 등으로 경영부실이 확대되기 시작하였다.
1998년	1997년 IMF 외환위기가 발생하고, 1998년 4개 생명보험회사의 허가가 취소되는 등 생명보험업계의 대규모 구조조정이 이루어진다.

(3) 현대적 생명보험

① 2000년대 이후로는 「보험업법」 개정을 통한 방카슈랑스 제도 도입으로 방카슈랑스전문 보험회사가 출범하였다. 이와 함께 홈쇼핑, TM(Tele-Marketing), CM(Cyber-Marketing) 등에서의 판매가 활발해지는 등 생명보험의 판매 채널이 다양해지는 양상을 보이고 있다.

② 정보통신기술의 발전으로 2013년부터는 인터넷 전문 생명보험회사가 출범하는 등 온라인채널이 지속적으로 확대되는 추세이다.

③ 2021년에는 금융소비자의 권익 증진과 건전한 시장질서 구축을 위한 법적 기반 마련을 위해 「금융소비자 보호에 관한 법률」(금융소비자보호법)이 시행되었고, 향후 금융소비자 보호의 중요성은 더욱 커질 것으로 전망된다.

[2000년대 이후 생명보험산업의 주요 연혁]

2000년대	• 방카슈랑스 제도 도입 • 홈쇼핑, T/M, C/M, 대형마트 등 판매채널 다양화
2013년	• 인터넷 전문 생명보험사 출범 • 온라인 채널 확대 가속화
2015년	생명 · 손해보험협회, '온라인 보험 슈퍼마켓(보험다모아)' 서비스 개설
2017년	생명 · 손해보험협회, 보험가입내역과 숨은보험금을 조회할 수 있는 '내보험찾아줌(ZOOM)' 서비스 운영 실시
2021년	「금융소비자보호법」 시행으로 건전한 시장질서 구축을 위한 체계 마련 및 금융소비자 보호의 실효성 확대

생명보험 이론

01 생명보험 계약

1 생명보험계약 관계자

(1) 보험자

① 위험을 인수하는 보험회사를 말하며, 보험자(보험회사)는 보험계약 당사자로서 보험계약자와 보험계약을 체결하고 유지된 계약에 대하여 보험금 지급사유가 발생하였을 경우 보험금을 지급할 의무가 있다.

② 보험사업은 공공의 이익과 밀접한 관련이 있으며 다수의 보험계약자로부터 위험을 인수하여 효율적으로 관리해야 하므로 보험사업을 영위하기 위해서는 금융위원회의 사업허가를 득해야 하는 등의 제한이 있다.

(2) 보험계약자

① 보험자(보험회사)와 보험계약을 체결하는 보험계약 당사자이다. 따라서 보험계약자는 보험계약에 대한 보험료 납부 등의 의무와 보험금 청구 권리를 갖는다.

② 보험계약자의 자격에는 제한이 없어 자연인 · 법인 또는 1인 · 다수 등 상관없이 보험계약자가 될 수 있다. 다만, 만 19세 미만자의 경우 친권자 또는 후견인(법정대리인)의 동의가 필요하다.

③ 보험계약자의 주된 의무로는 보험료 납입의무, 보험계약 시 고지의무, 주소변경 통지의무, 보험금 지급사유 발생 통지의무 등이 있다.

④ 보험계약자의 자격에는 제한이 없으나 미성년자, 피한정후견인, 피성년후견인의 경우에는 법정대리인의 동의를 필요로 한다.

(3) 피보험자

① 그 사람의 사망, 장해, 질병 또는 생존 등의 조건에 관해 보험계약이 체결된 대상자를 말하며, 피보험자는 1인 또는 다수이든 상관이 없다.

② 생명보험에서 피보험자와 보험계약자가 동일할 경우 '자기의 생명보험', 양자가 각각 다른 사람일 경우 '타인의 생명보험'이라고 한다.

③ 다만, 타인의 생명보험일 경우 반드시 그 타인의 서면동의(또는 전자서명 등)를 받아야 하는 제한이 있다.

(4) 보험수익자

① 피보험자에게 보험사고가 발생 시 보험자에게 보험금 지급을 청구·수령할 수 있는 권리를 가진 사람으로 그 수나 자격에 대한 제한이 없다.
② 보험수익자와 보험계약자가 동일한 경우 '자기를 위한 보험', 양자가 각각 다른 사람일 경우 '타인을 위한 보험'이라 한다.
③ 보험수익자가 여러 명일 경우 대표자를 지정해야 하며 보험수익자의 지정과 변경권은 보험계약자에게 있다.
④ 보험계약자와 피보험자가 다른 '타인의 생명보험'일 경우 보험수익자 지정 또는 변경 시 피보험자의 동의가 필요하다.

더 알아보기 **보험금을 받는 자를 지정하지 않은 경우**

계약자가 보험계약 시 보험수익자를 지정하지 않은 경우 보험사고에 따라 보험수익자가 결정

보험사고별 종류	보험수익자
사망보험금	피보험자의 상속인
생존보험금	보험계약자
장해·입원·수술·통원급부금 등	피보험자

(5) 기타

계약자와 보험자 간의 계약 체결을 위해 중간에서 도와주는 보조자가 있다. 보험설계사, 보험대리점, 보험중개사 등이 보험계약의 체결을 지원하는 모집 보조자이다.
① **보험설계사** : 보험회사, 대리점, 중개사에 소속되어 보험계약 체결을 중개하는 자
② **보험대리점** : 보험자를 위해 보험계약 체결을 대리하는 자(계약체결권, 고지 수령권, 보험료 수령권의 권한을 가지고 있음)
③ **보험중개사** : 독립적으로 보험계약 체결을 중개하는 자(보험대리점과 달리 계약체결권, 고지수령권, 보험료 수령권에 대한 권한이 없음)

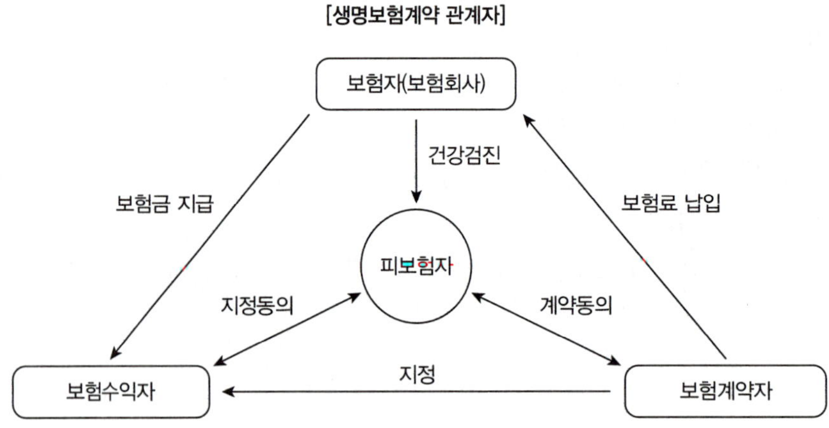

2 보험계약의 요소

(1) 보험목적물(보험대상)

보험사고 발생의 객체로 생명보험에서는 피보험자의 생명 또는 신체를 말한다. 보험의 목적물은 보험자(보험회사)가 배상하여야 할 범위와 한계를 정해준다.

(2) 보험사고(보험금 지급사유)

보험사고란 보험에 담보된 재산 또는 생명이나 신체에 관하여 보험자(보험회사)가 보험금 지급을 약속한 사고(위험)가 발생하는 것으로 생명보험의 경우 피보험자의 사망·생존, 장해, 입원, 진단 및 수술, 만기 등이 보험금 지급사유로 규정된다.

(3) 보험기간

보험에 의한 보장이 제공되는 기간으로 위험기간 또는 책임기간이라고도 하며 「상법」에서는 보험자의 책임을 최초의 보험료를 지급받은 때로부터 개시한다고 규정하고 있다.

(4) 보험금액

보험금액은 보험기간 내 보험사고가 발생하였을 때 보험자(보험회사)가 지급해야 하는 금액이다. 보험금액은 보험계약 체결 시 보험자와 보험계약자 간 합의에 의해 설정할 수 있다.

(5) 보험료

보험계약자가 보험사고에 의한 보장을 받기 위하여 보험자(보험회사)에게 지급하여야 할 금액으로 만약 보험료를 납부하지 않는다면 그 계약은 해제 혹은 해지된다.

(6) 보험료 납입기간

보험계약자가 보험료를 납입하는 기간을 말한다. 보험료 납입을 보험기간(보장기간)의 전 기간에 걸쳐서 납부하는 보험을 전기납(全期納)보험이라 하며, 보험료의 납입기간이 보험기간보다 짧은 기간에 종료되는 보험을 단기납(短期納)보험이라 한다.

1 상부상조의 정신

(1) 상부상조의 정신은 다수의 사람들이 모여 언제 일어날지 모르는 각종 사고에 대비해 서로 일정 금액을 모금하여 공동준비재산을 마련해 두고 그 구성원 가운데 예기치 못한 불행을 당한 사람에게 미리 약정된 금액을 지급함으로써 서로를 돕는 것이다.

(2) 이러한 상부상조(相扶相助)의 정신을 과학적이고 합리적인 방법으로 제도화한 것이 생명보험이며 이의 기초가 되는 것으로 대수의 법칙, 생명표, 수지상등의 원칙 등이 있다.

[생명보험의 기본원리]

생명보험		
대수의 법칙	생명표	수지상등의 원칙
상부상조의 정신		

과학적으로 제도화

2 대수의 법칙

(1) 측정대상의 숫자 또는 측정횟수가 많아지면 많아질수록 예상치가 실제치에 근접한다는 원칙을 말한다. 즉, 관찰의 횟수를 늘려 가면 일정한 발생확률이 산출되고 관찰대상이 많을수록 확률의 정확성은 커지게 되는데, 이를 대수의 법칙이라고 한다.

(2) 다음 표[대수의 법칙 예시]는 주사위를 던졌을 때 실행횟수별 각 숫자가 나올 확률을 표시한 결과이다. 주사위 각 숫자의 이론적인 산출 가능 확률은 1/6, 즉 16.67%이다. 실행횟수가 제한(6번 실행)되었을 경우와 실행횟수가 증가했을 경우의 숫자별 산출 확률상의 편차를 비교해 보면 실행횟수가 증가할수록 이론적인 확률과 실제 산출 확률 간 편차가 줄어드는 것을 확인할 수 있다. 이러한 대수의 법칙에 따라 특정인의 우연한 사고 발생 가능성 및 발생 시기 등은 불확실하지만 많은 사람들을 대상으로 관찰해보면 통계적인 사고 발생확률을 산출할 수 있게 된다.

(3) 따라서 생명보험에서는 다수의 피보험자로 구성된 동일한 성질의 위험을 가진 보험집단이 존재해야 하고 그 피보험자 수가 많을수록 통계적 수치의 정확성이 커지게 되어 보험자(보험회사)가 정확한 보험요율을 산정하고 미래에 발생할 수 있는 손실의 빈도와 강도에 대하여 보다 정확하게 예측할 수 있다.

[대수의 법칙 예시]

구분		1	2	3	4	5	6	합계
6번 실행	횟수(건)	0	2	2	0	1	1	6
	확률(%)	0.0	33.3	33.3	0.0	16.7	16.7	100
	표준편차(%)							≒14.9
100번 실행	횟수(건)	9	20	21	20	15	15	100
	확률(%)	9.0	20.0	21.0	20.0	15.0	15.0	100
	표준편차(%)							≒4.6
500번 실행	횟수(건)	82	82	68	88	82	98	500
	확률(%)	16.4	16.4	13.6	17.6	16.4	19.6	100
	표준편차(%)							≒2.0
1,000번 실행	횟수(건)	168	144	178	168	174	168	1,000
	확률(%)	16.8	14.4	17.8	16.8	17.4	16.8	100
	표준편차(%)							≒1.2
10,000번 실행	횟수(건)	1,619	1,710	1,648	1,659	1,688	1,676	10,000
	확률(%)	16.2	17.1	16.5	16.6	16.9	16.8	100
	표준편차(%)							≒0.3

3 생명표

(1) 정의 및 분류

대수의 법칙에 연령대별 생사 잔존 상태(생존자 수, 사망자 수, 생존율, 평균여명)를 나타낸 표를 생명표 또는 사망표라 하며, 생명표는 국민생명표와 경험생명표로 분류할 수 있다.

① 국민생명표 : 국민 또는 특정 지역의 인구를 대상으로 그 인구 통계에 의해 사망상황을 작성한 생명표

② 경험생명표 : 생명보험회사, 공제조합 등의 가입자에 대해 실제 사망 경험을 근거로 작성한 생명표

③ 우체국보험생명표 : 우체국보험 가입자의 실제 사망 현황을 감안하여 작성한 생명표

(2) 기타 생명표 분류 방법

사람의 사망률은 일반적으로 의료기술 발달, 생활수준 향상 등에 따라 낮아지는 특성을 가지고 있어 사망상황을 측정하는 방법 및 연도에 따라 생명표를 분류하기도 한다.

4 수지상등의 원칙

(1) 정의

보험계약자가 납입하는 보험료 총액과 보험회사가 지급하는 보험금 및 사업비 등 지출비용의 총액이 동일한 금액이 되도록 하는 것을 수지상등(收支相等)의 원칙이라 한다.

(2) 등식

보험계약자 1인당 보험료를 P, 가입자 수를 n, 보험집단의 사고 발생 건수를 α, 1회 지급 보험금을 R이라고 하면 수지상등의 원칙은 아래와 같은 등식으로 나타낼 수 있다.

$$P \times n = R \times \alpha$$
$$\text{(총 보험료)} = \text{(총 보험금)}$$

(3) 실현

보험회사에서는 수지상등의 원칙을 실현하기 위해 대수의 법칙이 작용하는 충분한 피보험자 수를 확보한 보험집단을 형성하고 보험집단 내 우연적인 보험사고 발생확률과 이에 따른 평균적인 손실금액을 산정해 총지급보험금을 예측하며, 이에 부합하는 보험료를 개별 보험계약자로부터 징수하여 보험료 총액과 사업비 등을 포함한 지급보험금 총액 간의 균형이 이루어지도록 해야 한다.

03 보험료 계산의 기초(3이원 방식, 현금 흐름 방식)

1 3이원 방식

보험료를 수지상등의 원칙에 의거하여 예정사망률(예정위험률), 예정이율, 예정사업비율의 3대 예정률을 기초로 계산하는 방식이다. 최근에는 일부 상품[무(저)해지 환급형 보험]에 예정해지율을 보험료 계산에 반영하고 있다.

(1) 3대 예정률의 정의

① 예정사망률(예정위험률)

특정 개인의 수명을 예측하기 힘들기 때문에 대다수 사람의 일정한 사망(위험) 비율을 관찰하여 사망, 질병, 장해 등 보험사고가 발생할 확률을 대수의 법칙에 의해 미리 예측하여 보험료 계산에 적용하는 것을 예정사망률(예정위험률)이라 한다.

② 예정이율

보험자(보험회사)는 장래의 보험금 지급에 대비하여 보험계약자가 납입한 보험료를 적립·운용(運用)하게 되며 이에 따라 적립 보험료는 시간이 흐르면서 이자와 운용 수익이 발생하게 된다. 이러한 기대 수익을 사전에 예상하여 일정 비율로 보험료를 할인해주는 할인율을 예정이율이라고 한다.

③ 예정사업비율

보험자(보험회사)가 보험계약을 유지 · 관리해 나가기 위해서는 여러 비용이 수반된다. 따라서 보험자는 보험사업 운영에 필요한 경비를 미리 예상하고 계산해 보험료에 포함시키고 있으며, 보험료 중 이러한 경비의 비율을 예정사업비율이라고 한다.

④ 예정해지율

예정해지율은 보험계약자가 보험기간 중 계약을 해지할 확률을 예측한 결과로 보험자는 예정해지율을 해약환급금에 반영하여 보험료 계산에 적용한다.

(2) 3대 예정률과 보험료의 관계

① 예정사망률과 보험료의 관계

예정사망률이 낮아지면 사망보험(피보험자 사망 시 보험금이 지급되는 보험)의 보험료는 내려가고, 생존보험(일정 시점까지 피보험자 생존 시에만 보험금이 지급되는 보험)의 보험료는 올라간다. 이와 반대로 예정사망률이 높아지면 사망보험의 보험료는 올라가고 생존보험의 보험료는 내려간다.

② 예정이율과 보험료의 관계

예정이율이 낮아지면 보험료는 올라가고 예정이율이 높아지면 보험료는 내려간다.

③ 예정사업비율과 보험료의 관계

예정사업비율이 낮아지면 보험료는 내려가고 예정사업비율이 높아지면 보험료는 올라간다.

④ 예정해지율과 보험료의 관계

일반적으로 예정해지율이 높으면 보험료는 내려가고 낮으면 보험료는 올라간다.

2 현금 흐름 방식

(1) 정의

현금 흐름 방식은 기존의 3이원 방식 가격요소와 함께 계약유지율, 판매량, 투자수익률 등 다양한 가격요소를 반영하여 보험료를 산출하는 방식이다.

(2) 특징

기존의 3이원을 조합하여 정해진 수식으로 보험료를 산출하는 방식이 아닌 다양한 기초율을 가정하여 미래 현금흐름을 예측하고, 이에 따른 목표 수익률을 만족시키는 영업보험료를 역으로 산출하는 방식을 통해 보험회사는 상품개발의 유연성을 제고할 수 있고 보험소비자는 상품선택의 폭을 확대할 수 있다.

구 분	3이원 방식	현금 흐름 방식
기초율 가정	3이원(위험률, 이자율, 사업비율)	3이원 포함 다양한 기초율 – 경제적 가정 : 투자수익률, 할인율, 적립이율 등 – 계리적 가정 : 위험률, 해지율, 손해율, 사업비용 등
기초율 가정적용	• 보수적 표준기초율 일괄 가정 • 기대이익 내재	• 각 보험회사별 최적가정 • 기대이익 별도 구분
장 점	• 보험료 산출이 비교적 간단 • 기초율 예측 부담 경감	• 상품개발 시 수익성 분석을 동시에 할 수 있으며 상품개발 후 리스크 관리 용이 • 새로운 가격요소 적용으로 정교한 보험료 산출 가능
단 점	• 상품개발 시 별도의 수익성 분석 필요 • 상품개발 후 리스크 관리 어려움	• 정교한 기초율 예측 부담 • 산출방법이 복잡하고, 전산시스템 관련 비용이 많음

04 영업보험료의 구성

1 영업보험료의 정의 및 구성

영업보험료(총보험료)는 보험계약자가 실제로 보험회사에 납입하는 보험료를 뜻하며, 이는 순보험료와 부가보험료로 구성된다.

[영업보험료(총보험료)의 구성]

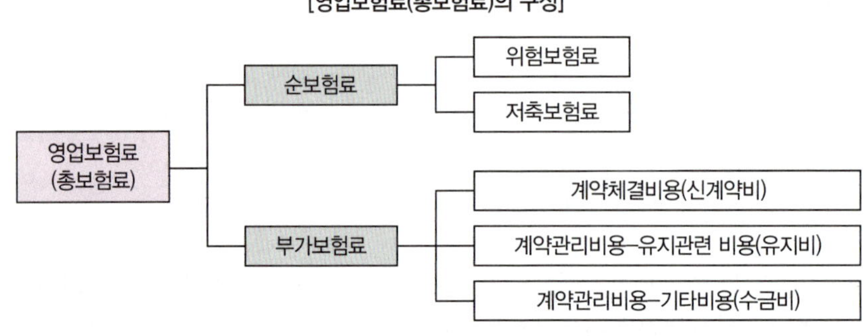

(1) 순보험료

순보험료는 장래의 보험금 지급의 재원(財源)이 되는 보험료로 위험보험료와 저축보험료로 분리할 수 있다.

① 위험보험료

사망보험금, 장해보험금 등 보험사고 발생 시 보험금 지급 재원이 되는 보험료이다.

② 저축보험료

만기보험금, 중도보험금 등의 지급 재원이 되는 보험료이다.

(2) 부가보험료

보험회사가 보험계약을 체결, 유지 및 관리하기 위한 경비에 사용되는 보험료로 예정사업 비율을 기초로 계산되며 신계약비, 계약체결비용 및 계약관리비용(유지관련비용, 기타비용)으로 구분된다.

① 계약체결비용(신계약비)

보상금 및 수당, 보험증서 발행 등 신계약과 관련한 비용에 사용되는 보험료이다.

② 계약관리비용 – 유지관련비용(유지비)

인건비, 관리비 등 계약이 소멸하기까지 계약을 유지해 가는데 사용되는 보험료이다.

③ 계약관리비용 – 기타비용(수금비)

보험료 수금에 필요한 경비로 사용되는 보험료이다.

2 보험료의 산정

(1) 일시납 보험료

① 보험계약 및 유지에 필요한 모든 보험료를 한 번에 납입하는 방식이다.

② 일시납 방식 보험계약에서는 미래 예상되는 모든 보험금 지급비용 충당에 필요한 금액을 일시금으로 납입한다.

(2) 자연 보험료

① 매년 납입 순보험료 전액이 그 해 지급되는 보험금 총액과 일치하도록 계산하는 방식이다.

② 자연 보험료는 나이가 들수록 사망률(위험률)이 높아짐에 따라 보험금 지급이 증가하므로 보험료가 매년 높아지게 된다.

(3) 평준보험료

① 정해진 시기에 매번 납입하는 보험료의 액수가 동일한 산정방식이다.

② 사망률(위험률)이 낮은 계약 전반기 동안에 납입된 평준보험료는 보험금 및 비용 지급분 대비 크다. 이렇게 남은 보험료에 이자가 붙어 기금이 조성되며, 사망률(위험률)이 높아지는 계약 후반기에 이 기금과 납입된 평준보험료가 보험금 및 비용 지급에 사용된다.

③ 즉, 동일한 보험료를 납입함으로써 계약 후반기에 늘어나는 보험금 지급에 대비하여 전반기에 미리 기금을 조성해 놓는 방식이다.

(4) 유동적 보험료

기본적으로 보험계약자는 보험기간 중에 보험회사가 정한 납입 보험료의 최저 · 최고치 규정에 따라 본인이 원하는 만큼의 보험료를 납입할 수 있다.

3 배당

(1) 배당의 의의

유배당보험의 경우 보험회사는 계약에 대해 잉여금이 발생할 경우 잉여금의 일정 비율을 계약자 배당 준비금으로 적립하여 이를 보험계약자에게 배당금으로 지급한다.

> **더 알아보기**   잉여금
>
> 보험료 산출 시 사용되는 기초율을 예정률이라 하며 여기에는 예정이율, 예정위험률, 예정사업비율이 있다. 예정률은 적정 수준의 안전성을 가정하고 있으므로 수지계산에 있어서 과잉분을 낳는 것이 일반적이다. 이러한 보험료 계산의 기초는 보험회사 경영상의 잉여금액에 큰 영향을 주게 되며 보험료의 과잉분에 따른 잉여금은 보험회사의 경영형태 여하에 불구하고 대부분 계약자에게 정산 환원되어야 한다. 이를 계약자 배당이라 하고, 주식회사의 주주 배당과는 그 성질이 상이하다고 볼 수 있다.

(2) 배당금의 지급

배당금은 「보험업감독규정」의 기준에 의해 보험회사의 경영성과에 따라 계약자에게 배당되며 지급방법은 아래와 같다.

① 현금 지급 : 배당금 발생 시 계약자에게 현금으로 지급

② 보험료 상계 : 계약자가 납입해야 하는 보험료를 배당금으로 대납(상계)

③ 보험금 또는 제환급금 지급 시 가산 : 계약이 소멸할 때까지 혹은 보험계약자의 청구가 있을 때까지 발생한 배당금을 보험회사가 적립하여 보험금 또는 각종 환급금 지급 시 가산

④ 연금보험에 대한 배당금 지급 : 개인연금 및 연금저축보험의 계약자 배당금은 생명보험사가 정하는 이율로 부리하여 계약 만료 또는 연금 개시 후에 증액하여 지급

> 「보험업감독규정」 제6-14조(계약자배당금의 산출 및 적립) ⑨ 생명보험회사는 계약자배당금을 현금지급 · 납입할 보험료와 상계 · 보험금 또는 제환급금 지급 시 가산방법 중 계약자가 선택하는 방법에 따라 지급하여야 한다. 〈이하 생략〉

(3) 보험안내자료상 배당에 대한 예상의 기재금지 및 예외사항

① 「보험업법」은 보험모집 시 미래 경영상황에 따라 변동될 수 있는 불확실한 배당을 과장되게 기재함으로써 발생할 수 있는 과당경쟁 및 고객과의 마찰 등을 방지하기 위해 보험모집에 사용되는 보험안내자료상 보험회사의 장래 이익배당 또는 잉여금 분배에 대한 추정내용을 기재하지 못하도록 규제하고 있다(「보험업법」 제95조 제3항).

> 「보험업법」 제95조(보험안내자료) ③ 보험안내자료에는 보험회사의 장래의 이익 배당 또는 잉여금 분배에 대한 예상에 관한 사항을 적지 못한다. 다만, 보험계약자의 이해를 돕기 위하여 금융위원회가 필요하다고 인정하여 정하는 경우에는 그러하지 아니하다.

② 다만, 보험계약자의 이해를 돕기 위하여 금융위원회가 필요하다고 인정하는 경우에는 예외를 두고 있다. 이에 따라 배당이 있는 연금보험의 경우 직전 5개년도 실적을 근거로 장래 계약자 배당을 예시할 수 있으나, 보험계약자가 오해하지 않도록 장래의 배당금은 추정에 따른 금액으로 실제 배당금액과 차이가 발생할 수 있음을 명시해야 한다(「보험업감독규정」 제4-34조 제3항).

> **「보험업감독규정」 제4-34조(보험안내자료의 기재사항 등)** ③ 법 제95조 제3항의 규정에 의한 "금융위원회가 필요하다고 인정하여 정하는 경우"란 계약자 배당이 있는 연금보험을 말하며 직전 5개년도 실적을 근거로 장래의 계약자 배당을 예시할 수 있다. 이 경우 장래의 계약자 배당금액은 예상금액이므로 실제 금액과 차이가 있을 수 있음을 명시하여야 한다.

05 언더라이팅과 클레임

1 언더라이팅(Underwriting)과 언더라이터(Underwriter)

(1) 언더라이팅의 의미

① 보험사업은 동질성 있는 피보험자의 위험을 적절한 위험집단으로 분류하고 동일 위험군에 대해 동일한 보험료율을 적용할 수 있도록 보험가입자 간 공평성을 유지해야 합리적으로 운영될 수 있다.

② 이처럼 보험회사 입장에서 보험 가입을 원하는 피보험자(보험대상자)의 위험을 각 위험집단으로 분류하여 보험 가입 여부를 결정(계약인수 · 계약거절 · 조건부 인수 등)하는 일련의 과정이 언더라이팅(청약심사)이다.

③ 이를 위해 피보험자의 환경 · 신체 · 재정 · 도덕적 위험 등 전반에 걸친 위험평가가 이루어지며, 언더라이팅 과정 및 결과에 따라 보험회사는 보험계약 청약에 대한 승낙여부와 보험료 및 보험금의 한도를 설정할 수 있다.

④ 앞서 언급한 '위험평가'의 과정을 통한 언더라이팅은 우량 피보험자 선택, 보험사기와 같은 역선택 위험 방지 등 보험사업의 핵심적인 업무에 해당하며 언더라이터(청약 심사 업무담당자) 뿐 아니라 보험고객 모집조직, 상품개발 및 보험계리 조직, 보험금 지급조사 조직, 경영진에 이르는 모든 관계자들이 전사적 · 유기적으로 연계된 종합적인 의사결정 과정이다.

> **더 알아보기** 역선택 위험
>
> 보험계약자 스스로 위험도가 매우 높은 상황임을 알고 있으나, 보험금 등의 수령을 목적으로 위험 사실을 의도적으로 은폐하여 보험을 가입하는 행위이다. 언더라이팅을 통해 이러한 보험사기 가능성이 높은 계약을 사전에 차단함으로써 위험률차 손익을 관리할 수 있으며 선의의 계약자를 보호할 수 있다.

(2) 언더라이팅의 필요성

① 보험회사는 합리적인 사업운영을 위해 보험계약관계자를 공평하게 대우해야 하며, 보험계약자는 피보험자의 위험도에 따라 산정된 적절한 보험료를 납부함으로써 쌍방 간의 공평성과 합리성이 유지된다.

② 보험회사 입장에서 계약수 확대를 위해 무분별하게 위험이 높은 보험계약(현 건강상태 감안 시 높은 수준의 위험 또는 고위험 직업군에 종사하는 피보험자 등)까지 인수할 경우, 당초 예상 대비 실제 보험금 지급액이 증가함에 따라 정상적인 사업운영과 보험가입자 간 공평성을 유지하기가 어려워진다. 반대로 지나치게 엄격한 위험 선택 기준을 적용한다면 보험산업 내에서 회사의 경쟁력을 상실하게 될 수 있다.

③ 따라서 보험회사는 피보험자 및 보험계약자의 위험 수준을 적절하게 유지할 필요가 있으며, 보험회사가 감내하는 위험수준에 부합하는 보험료를 보험계약자에게 부담시킴으로써 공평성을 유지하기 위해 언더라이팅이 필요하다.

④ 언더라이팅을 통한 위험 분석 및 선별 능력은 곧 보험회사의 경쟁력으로 직결된다. 언더라이팅이 발달된 보험회사는 영업적인 측면에서의 경쟁력 우위와 함께 더욱 적절하고 효율적인 보험리스크 관리를 통해 단기적일 뿐만 아니라 중·장기적으로도 안정적인 수익을 창출할 수 있으며 선의의 고객 보호에도 기여할 수 있다.

(3) 언더라이터(Underwriter)

언더라이터는 언더라이팅, 즉 보험계약의 위험을 평가하고 선택하며 위험인수기준과 처리 절차(계약인수·계약거절·조건부계약인수)를 결정하는 직무를 수행하는 전문가이다.

(4) 언더라이터의 역할

① 언더라이터는 보험설계사를 통해 접수된 청약서를 검토하고 보험가입의 승인 여부, 또는 특별한 조건으로 조건부인수를 할 것인지 결정한다.

② 언더라이터는 피보험자의 위험 수준에 따른 적절한 보험료 및 보장 한도를 결정함으로써 보험회사와 보험가입자 간의 공평성을 제고하는 역할도 수행하며 양측 모두에게 득이 될 수 있도록 비용에 있어서는 효율적으로, 가입심사에 있어서는 공정하게 업무를 수행해야 하는 책임이 있다.

③ 이상적인 언더라이터의 조건

언더라이터는 모든 계약을 합리적이고 객관적으로 인수해야 하며, 이를 위해 논리적이며 유연한 사고를 바탕으로 법과 규정 등을 준수해야 한다.

2 언더라이팅(Underwriting)의 대상

언더라이팅은 고객의 위험을 과학적인 기법으로 평가하여 보험 가입자 사이의 형평성을 제고하고 안정적으로 보험제도를 유지할 수 있도록 한다. 언더라이팅 시 고려 대상은 크게 환경적·신체적·재정적·도덕적 위험으로 분류할 수 있다.

(1) 환경적 언더라이팅

① 환경적 언더라이팅은 피보험자가 처해있는 환경적 위험을 평가하며 환경적 위험의 대표적인 항목으로는 피보험자의 직업, 운전, 흡연, 음주, 취미, 거주지 위험 등이 있다.

② 직업에 대해서는 업계 표준직업분류 및 등급표에 따라 위험등급을 비위험직ㆍ위험직 1~4등급으로 구분하고 있으며 각 보험사 자체적으로 이를 세분화하여 위험등급을 나누고 등급별 보장범위 및 가입 한도 등을 설정하여 운영한다.

③ 직업(운전, 취미 등을 포함) 등의 환경적 위험요소에 대해 각각의 위험등급별 보장범위 이내에서는 계약을 인수하고, 보장범위를 초과하는 경우에는 계약을 거절하는 것이 일반적이다.

(2) 신체적 언더라이팅

신체적 언더라이팅은 개인 신체상 위험을 평가하는 절차로서 언더라이팅에 있어서 매우 중요하다. 일반적으로 신체적 위험에는 피보험자(보험대상자)의 연령, 성별, 체격, 과거 및 현재 병력, 가족력 등에 따른 사망 또는 발병 가능성 등이 포함되며 세부평가를 위해 피보험자에 대한 전문의의 진단결과나 기타자료를 참고한다.

(3) 도덕적 언더라이팅

① 보험업 내에서의 도덕적 위험은 고의적ㆍ악의적으로 보험을 악용 또는 역이용하려는 행위와 그 결과를 의미하며 보험 가입 이후 의식적 또는 무의식적으로 부주의, 과실 등으로 보험사고의 발생 가능성이 커짐에 따른 손해 확대위험 등도 이에 포함된다.

② 도덕적 위험은 보험계약의 피보험자가 자기 자신인지, 타인인지에 따라 자기 자신을 이용한 위험과 타인을 이용한 위험으로 구분할 수 있다. 이에 따라 보험회사는 피보험자를 대상으로 사망ㆍ입원 등을 보험금 지급사유로 하는 고액의 보험 가입 후 고의적인 보험사고 유발 또는 사고 과장으로 보험금을 타려는 행위와 부실고지 등을 통해 보험회사를 의도적으로 속이는 행위 등을 사전에 차단하기 위해 도덕적 위험 평가를 실시한다.

> **더 알아보기**   도덕적 위험의 영향
>
> • 도덕적 위험 발생 증가 → 손해율 증가 및 보험회사 경영수지 악화 → 보험료 인상
> • 보험과 보험회사 이미지 악화, 보험에 대한 불신 풍조로 사회 전체적인 피해 증가

(4) 재정적 언더라이팅

① 재정적 언더라이팅의 목적은 보험계약자의 가입 상품의 보장내용이 청약자의 생활환경ㆍ소득수준에 적합한지 여부를 확인함으로써 보험을 투기의 목적으로 가입하는 것을 예방하고 피보험자가 적정 수준의 보장을 받도록 하는 것이다.

② 보험설계사의 입장에서는 다수의 계약보다 단일 고액보장 계약을 선호할 수도 있다. 하지만 언더라이터 입장에서는 보험회사의 위험 노출 수준을 고려하여 비정상적 고액계약에 대한 주의 깊은 언더라이팅 과정이 필요하다.

③ 실제로 고액의 보험가입자일수록 사망 확률이 높다는 보도 및 연구자료가 있으며 여러 국가에서 고액계약의 피보험자가 자살, 의문의 죽음, 실종되는 등의 사건이 발생하고 있다. 따라서 언더라이터는 재정적 위험평가를 통해 기본적으로 역선택의 예방과 계약 실효를 방지해야 하며 보험회사의 위험 노출 수준을 적절하게 조절해야 할 필요가 있다.

[언더라이팅 대상 분류]

환경적 언더라이팅	신체적 언더라이팅
・운전 및 생활습관 ・흡연, 음주, 취미생활 ・직업 및 거주지 위험	・연령, 성별, 체격 ・과거 및 현재 병력 ・가족병력
도덕적 언더라이팅	재정적 언더라이팅
・보험사기, 보험범죄 ・태만, 과실, 부주의	・생활환경 및 소득수준 ・보장의 적정 여부

(가운데: 언더라이팅)

3 언더라이팅(Underwriting)의 절차

보험계약은 보험계약자의 청약과 보험회사의 승인으로 성립된다. 보험계약자의 청약 이후 보험회사는 승인 여부를 결정하기 위해 건강검진 등을 통해 피보험자의 건강상태를 확인하고 직업, 소득수준 등 중요정보를 파악하여 동일 위험집단별로 분류하고 적정 가입조건을 제시한다. 이와 같은 일련의 절차를 언더라이팅이라 하며, 현재 국내 대부분의 생명보험 회사의 언더라이팅 절차(4단계)는 다음과 같다.

(1) 1단계-모집조직(보험설계사)에 의한 선택

① 보험설계사는 고객과 가장 먼저 접촉하여 피보험자나 계약자의 건강상태, 생활환경 등에 대해 파악하고 1차 위험 선택의 기능을 수행한다.

② 보험설계사는 피보험자와 보험계약자에게 위험정보 수집을 위한 청약서상 언더라이팅 판단자료를 사실에 입각해 알리도록 해야 하며, 계약조건 결정에 필수적인 기본 정보를 고객에게 정확히 고지ㆍ안내해야 한다.

③ 보험설계사는 모집단계에서 향후 보험분쟁의 발생을 예방하기 위해 상품에 대한 충분한 설명과 계약상의 중요한 사실을 계약자와 피보험자에게 알려야 하며, 보험료 수령 등이 정확히 이행될 수 있도록 해야 한다. 이를 위해 보험설계사는 상품 및 약관 등 기초서류에 대한 정확한 지식을 가지고 있어야 하며, 특히 언더라이팅을 위한 기초정보를 수집하는 과정에서 피보험자와의 불만을 야기하지 않고 정보를 수집할 수 있어야 한다.

④ 보험설계사는 계약체결 시 보험회사의 언더라이팅 절차를 설명하면서 계약적부확인 등 추가조사가 있을 수 있으며 경우에 따라서는 계약조건이 변경될 수 있음을 계약자와 피보험자에게 충분히 설명해야 한다.

(2) 2단계-건강진단에 의한 선택

① 계약인수 과정에서의 건강진단(건강진단을 필요로 하는 계약의 경우)은 보험회사가 더욱 객관적인 입장에서 피보험자의 중요 고지 내용에 대한 확인 또는 중요 고지내용의 추가 등을 수행하기 위한 선택과정이다.

② 이를 위한 수단으로는 병원진단, 서류진단, 방문진단이 실시되고 있다.

> **더 알아보기** 무진단 계약인수
>
> - 편의성 제고측면보다는 재무적 관점에서의 비용절감 측면에서 도입
> - 건강진단 절차를 생략함으로써 일부 표준미달체 계약인수에 따른 사망 및 발병률이 증가하여 추가보험금 지급이 발생할 수 있으나 이러한 추가보험금 지급비용과 건강검진 비용을 상계 처리
> - 무진단 계약인수에 따른 언더라이팅 비용 절감액이 사고보험금 증가액을 상쇄할 수 있는 경우에 한해 재무적 유용성이 확보
> - 무진단 보험은 건강진단 절차만을 생략할 수 있는 보험으로 고지의무 등에서 일반보험과 동일하므로 고지의무가 없는 무심사 보험과 차이가 있음

(3) 3단계-언더라이터에 의한 선택

① 언더라이팅부서의 언더라이터가 1, 2단계 선택 과정에서 수집한 정보를 토대로 피보험자의 위험을 종합적으로 평가 · 분류하여 위험 수준에 따라 인수, 거절 또는 조건부 인수 등의 최종 결정을 내린다.

② 언더라이팅 부서의 주요 역할

    ㉠ 영업적 역할 : 언더라이팅 과정에서 영업력을 축소하지 않아야 함

    ㉡ 관리적 역할 : 효율적인 언더라이팅을 통해 관리 부담 축소 및 비용 측면의 효율성 제고

    ㉢ 공익적 역할 : 모든 피보험자(보험대상자)에 대해 공정하게 언더라이팅을 실시

③ 언더라이터가 활용하는 주요 수집정보

    ㉠ 청약서상의 계약 전 알릴 의무사항과 보험설계사의 모집보고서

    ㉡ 의적진단보고서(병원진단 또는 서류)

    ㉢ 신용정보원을 통해서 조회되는 피보험자의 타사(자사) 계약사항 및 보험금 지급사항

    ㉣ 계약적부확인에 의한 조사보고서 등

(4) 4단계-계약적부확인

① 계약적부확인은 언더라이터가 3단계 선택 과정에서 보험가입금액이 과도하게 크거나 피보험자의 잠재적 위험이 큰 것으로 의심되는 경우 또는 계약 성립 이후라도 역선택 가능성이 크다고 의심되거나 사후 분쟁의 여지가 있는 계약에 대해 보험회사 직원이나 계약적부확인 전문회사 직원이 피보험자의 체질 및 환경 등 계약선택상 필요한 모든 사항을 직접 면담 · 확인하는 것을 말한다.

② 계약적부확인은 계약선택의 합리성을 제고하고, 고객의 고지 의무사항 위반 계약을 조기에 발견함으로써 양질의 계약을 확보하고 역선택 방지 및 보험사고 발생 시 분쟁을 최소화하며 보험금을 신속하게 지급하는 데 목적이 있다.

③ 계약적부 조사 과정에서 다음과 같은 경우 등에는 고객의 고지 의무사항 위반 수준에 따라 해당 계약을 해지하거나 보장을 제한할 수 있다.

　㉠ 청약서에 피보험자의 자필서명이 누락된 경우

　㉡ 피보험자가 보험 가입에 동의하지 않은 경우

　㉢ 피보험자가 청약서상 고지사항에 대해 고지하지 않거나 병력을 축소 고지한 경우

　㉣ 피보험자의 직업·운전·취미 등의 위험이 청약서에 고지한 내용보다 높은 경우

　　※ 표준약관에서는 피보험자의 고지의무 위반사실을 안 날로부터 1개월 이내, 계약체결일로부터 3년 이내에 해지하거나 보장을 제한할 수 있도록 규정

4 표준미달체/우량체의 인수

(1) 표준미달체 및 우량체 분류

국내 보험업계에서의 언더라이팅은 표준체 중심으로 되어 있다. 앞서 언급한 4가지 언더라이팅 대상(환경적, 신체적, 도덕적, 재정적)에 대한 평가 결과가 표준체 기준 위험보다 큰 경우 표준미달체, 위험이 낮은 경우 우량체로 분류된다.

(2) 표준미달체로 분류된 경우 다음과 같은 형태로 계약을 인수한다.

① 보험료 할증 : 표준미달체의 위험 수준이 시간 흐름에 따라 증가하는 체증성의 경우와 일정한 상태를 유지하는 항상성의 경우 주로 적용한다.

② 보험금 삭감 : 보험 가입 후 시간 흐름에 따라 위험 수준이 감소하는 체감성 위험에 대해 적용하며 보험 가입 후 일정 기간 내 보험사고 발생 시 미리 정해진 비율로 보험금을 감액하여 지급한다.

③ 부담보 : 보험 가입 기간 중 특정 신체 부위 및 특정 질환에 대해 일정 기간 또는 전 기간 동안 질병으로 인한 수술 및 입원 등의 각종 보장을 제외하는 조건부 계약의 형태이다.

(3) 우량체로 분류되는 경우

체격과 혈압 등 신체 이상 여부와 흡연·음주 등에 대한 평가 결과 우량체로 분류되는 경우 보험료 할인 혜택을 부여한다.

5 클레임(Claim) 업무

(1) 클레임 업무의 정의와 분류

① 보험업에서 클레임(Claim)이란 보험금 청구에서 지급까지 일련의 업무를 뜻하며 보험금 청구 접수, 사고조사, 조사건 심사, 수익자 확정, 보험금 지급 등의 업무가 포함된다. 이 과정에서 다음과 같은 부수적인 업무 등을 수행한다.

　㉠ 지급 청구 건이 약관 규정상 지급사유에 해당하지 않는 경우 이에 대한 부지급 처리 업무

　㉡ 클레임 업무 과정에서 발생 가능한 민원업무 및 법원 소송업무

　㉢ 보험가입자의 채권자가 보험금액 등을 압류하는 경우에 발생하는 채권 가압류 처리

② 클레임 업무는 보험금액의 형태, 보험사고의 급부, 보험사고의 원인으로 분류할 수 있다.

㉠ 보험금액의 형태 : 보험사고가 발생하였을 때 지급할 금액이 계약 시 미리 정해져 있는 정액 클레임 업무와 보험금액의 범위 내에서 실제 보장하는 실손 클레임 업무로 구분

㉡ 보험사고의 급부 : 보험회사가 보험금을 지급해야 하는 보험사고에 따라 생존, 사망, 상해, 진단, 수술, 입원 등으로 구분

㉢ 보험사고의 원인 : 보험사고의 원인이 사고로 인한 것인지, 내재적으로 인한 것인지에 따라 재해와 질병으로 구분

(2) 클레임 업무의 필요성

① 매 건 적게는 수십만원에서 많게는 수십억원의 보험금 지급 여부를 결정하게 되는 클레임 업무는 잘못 처리되었을 경우 현실적으로 상당한 금액이 보험금으로 지출되기 때문에 회사의 경영수지에 큰 영향을 미칠 수 있다.

② 자신의 위험을 숨기고 보험을 가입한 후 보험사고가 발생하거나 고의적인 보험사고를 야기하는 경우를 정확히 찾아내지 못하여 정당치 못한 보험금이 지급된다면 다수의 선의의 가입자들에게 막대한 피해를 야기하게 될 것이다.

③ 따라서 선의의 가입자를 보호하고 보험경영의 건전성을 도모하기 위해서는 보험계약 체결단계의 언더라이팅 업무와 함께 보험금 지급 단계의 클레임 업무 또한 매우 중요하며, 업무의 전문성이 요구된다.

(3) 클레임 업무담당자에게 요구되는 요건

① 조사 경험 및 조사 기법 : 사고조사 및 현장조사 등 다양한 조사 업무를 경험해야 하며 이를 통한 조사 기법을 터득하고 현실적으로 적용할 수 있어야 한다.

② 법률 지식

㉠ 보험 관련 법규와 약관을 올바르게 해석하고 적용할 수 있어야 한다.

㉡ 적절한 클레임 심사를 위해서는 보험 관련 법률 지식을 숙지하고 해당 보험사고와 관련된 약관 및 법 규정을 조사 업무에 적용할 수 있어야 하며 이를 통해 법원 소송 및 민원 발생에도 효율적으로 대응할 수 있다.

③ 의학 지식

㉠ 사고 및 현장조사와 관련하여 의사와 면담이 필요할 경우 해당 건과 관련된 중요한 질문을 통해 업무 처리에 필요한 답변을 얻어낼 수 있다.

㉡ 보험계약자 또는 피보험자가 계약 전 알릴 의무 위반 시 인과관계 여부 판단 및 각종 검사결과를 통한 환자의 이상 여부를 파악할 수 있다.

1 생명보험의 세제 혜택 부여 목적

(1) 보험을 통한 한계 보완

국가가 국민의 생활 및 경제적 안정성을 보장할 수 있는 수준에는 한계가 있으며, 이러한 한계를 보험을 통해 보완할 수 있다. 이러한 관점에서 생명보험의 세제 혜택은 다음과 같은 목적을 위해 도입되었다.

① 민영보험의 육성과 발전을 통한 위험 및 사회보장 기능 강화와 국민 개인의 3층 보장(사회보장, 기업보장, 개인 보장) 완성에 기반한 복지국가 실현

② 경제개발에 필요한 산업자금 조달을 위한 저축 유인책 기능 수행

(2) 구체적인 목적

① 사회보장 기능 강화 및 복지국가 실현

　㉠ 국가에서 책임지고 시행하고 있는 사회보장제도는 국민 개개인의 다양한 위험 보장을 감당하기에 재정적 한계 등 현실적 어려움이 존재하기 때문에 보험의 순기능을 활용하여 이를 보완하고 있다.

　㉡ 우리나라는 현재 세계 최저수준 출산율과 평균수명 증가 등으로 초고령화 사회 진입이 빠르게 진행되고 있다. 경제협력개발기구(OECD)에서는 개인이 은퇴 후 연금으로 은퇴 전 소득의 60~70%를 충당할 수 있어야 노후 생활을 안정적으로 유지할 수 있다고 권고하고 있다. 하지만 우리나라의 공적연금 소득대체율은 31.2%(2021년 기준) 수준으로 OECD 38개국 평균치 42.2%(2021년 기준) 대비 열위한 상황이며, 국민 개개인으로 본다면 조기퇴직 증가 등으로 노후를 위한 은퇴 준비 기간 및 자금이 부족한 실정이다.

　㉢ 이에 따라 국가는 국민 개개인의 미래보장을 보완하기 위한 수단 중 하나로써 생명보험의 긍정적 기능을 인정하여 다양한 세제 혜택을 부여하고 있다.

② 산업자금 조달을 위한 저축 유인책 기능 수행

　㉠ 대부분의 생명보험계약은 만기가 10년 이상으로 적립금 자산을 활용해 장기간에 걸쳐 안정적으로 유가증권 투자 및 대출 운용이 가능하며 이를 통해 다음과 같은 국가경제발전에 필요한 역할 등을 수행할 수 있다.

　　• 사회간접자본 및 국가경제발전에 필요한 산업자금 지원 역할 수행

　　• 투자확대를 통한 경제 활성화

　　• 일자리 창출 등

　㉡ 위와 같은 생명보험의 경제 발전 측면 순기능을 확대하기 위해서도 생명보험에 대한 세제 혜택이 지속적으로 유지될 필요가 있다.

2 보험계약 세제

개인보험계약의 계약자 및 수익자는 「소득세법」, 「조세특례제한법」에 의해 보험료 납입 및 보험금 수령 시 보험료 세액공제, 저축성보험 보험차익 비과세 등의 세제 혜택을 받을 수 있다.

(1) 일반 보장성보험료의 세액공제

일반 보장성보험은 만기 환급되는 금액이 납입 보험료를 초과하지 않는 보험으로 보험계약 또는 보험료 납입 영수증에 보험료 공제대상임이 표시된 보험계약으로 생명보험, 상해보험 및 화재·도난 기타의 손해를 담보하는 손해보험 등이 이에 해당한다.

① 세액공제 사항

일용근로자를 제외한 근로소득자가 기본공제대상자를 피보험자로 하는 일반 보장성보험에 가입한 경우 과세 기간에 납입한 보험료(100만원 한도)의 12%(지방소득세 별도)에 해당하는 금액을 종합소득산출세액에서 공제받을 수 있다.

② 세액공제 대상자

㉠ 세액공제 대상을 근로소득자로 제한하고 있어 연금소득자 또는 개인사업자 등은 보장성 보험에 가입하더라도 세액공제를 받을 수 없다.

㉡ 사장·임원·직원 등이 근로소득자에 해당한다.

㉢ 일용근로자는 근로소득자에서 제외한다. 다만, 개인사업자에게 고용된 직원이 근로소득자일 경우에는 세액공제가 가능하다.

③ 기본공제대상자

㉠ 피보험자에 해당하는 기본공제대상자는 본인을 포함한 배우자 및 부양가족으로 근로소득자 본인에 대해서는 별도의 요건이 없으나, 배우자 및 부양가족 등은 근로소득자 본인이 보험료를 납입하더라도 소득 및 연령 요건 미충족 시 세액공제를 받을 수 없다.

㉡ 다만, 기본공제대상자가 장애인일 경우 연령에 상관없이 소득금액 요건만 충족 시 세액공제가 가능하다.

[기본공제대상자 요건]

보험료 납입인	피보험자	소득금액 요건	연령 요건	세액공제여부
본 인	부 모	연간 100만원 이하	만 60세 이상	가 능
본 인	배우자	연간 100만원 이하	특정 요건 없음	가 능
본 인	자 녀	연간 100만원 이하	만 20세 이하	가 능
본 인	형제자매	연간 100만원 이하	만 20세 이하 또는 만 60세 이상	가 능

④ 보장성보험 중도해지 시 세액공제 여부

과세 기간 중 보장성보험을 해지할 경우 해지 시점까지 납입한 보험료에 대해 세액공제가 가능하며 이미 세액공제 받은 보험료에 대한 추징 또한 없다.

> **보장성보험료의 세액공제**
>
> 「소득세법」 제59조의4(특별세액공제) ① 근로소득이 있는 거주자(일용근로자는 제외한다. 이하 이 조에서 같다)가 해당 과세기간에 만기에 환급되는 금액이 납입보험료를 초과하지 아니하는 보험의 보험계약에 따라 지급하는 다음 각 호의 보험료를 지급한 경우 그 금액의 100분의 12(제1호의 경우 100분의 15)에 해당하는 금액을 해당 과세기간의 종합소득산출세액에서 공제한다. 다만, 다음 각 호의 보험료 별로 그 합계액이 각각 연 100만원을 초과하는 경우 그 초과하는 금액은 각각 없는 것으로 한다. 〈개정 2015.5.13〉
>
> 1. 기본공제대상자 중 장애인을 피보험자 또는 수익자로 하는 장애인전용보험으로서 대통령령으로 정하는 장애인전용 보장성보험료
> 2. 기본공제대상자를 피보험자로 하는 대통령령으로 정하는 보험료(제1호에 따른 장애인전용 보장성보험료는 제외한다)

(2) 장애인전용보장성보험료의 세액공제

근로소득자가 기본공제대상자 중 장애인을 피보험자 또는 수익자로 하는 장애인전용보험(보험계약 또는 보험료 납입영수증에 장애인전용보험으로 표시) 및 장애인전용보험전환특약을 부가한 보장성 보험의 경우 과세기간 납입 보험료(1년 100만원 한도)의 15%(지방소득세 별도)에 해당되는 금액을 종합소득산출세액에서 공제받을 수 있다.

더 알아보기 장애인전용보험전환특약 및 보장성보험료 세액공제 가능 여부

장애인전용보험전환특약
- 전환대상상품 : 보장성보험 전 상품(판매중지 상품 포함)
  ※ 계약자가 법인인 상품, 장애인전용보험 등은 제외
- 전환대상계약 : 전환대상상품의 피보험자(또는 수익자)가 소득세법상 장애인인 계약
  ※ 피보험자가 다수일 경우, 피보험자 모두 장애인인 경우 적용가능(수익자도 동일)

보장성보험료 세액공제 가능 여부

근로소득자 본인이 보험료를 납입하는 보장성보험의 피보험자가 연간 소득 100만원을 초과하는 배우자인 경우	세액공제 적용 대상이 아님
근로소득자 본인이 보험료를 납입하는 각 보장성보험의 피보험자가 각각 연간 소득 100만원 미만의 부양가족 중 만 59세 부모와 만 20세 형제일 경우	만 20세 형제의 경우 요건에 충족하여 세액공제 적용 대상이나, 부모의 경우 적용 대상이 아님
보장성보험의 피보험자가 태아인 경우	출생 전이므로 기본공제대상자에 해당하지 않음
보험계약기간이 '20. 6월부터 '21. 5월까지인 보장성보험의 보험료를 '20. 6월에 일시 납부했을 경우	'20년(납부일이 속하는 과세 기간)의 근로소득에서 세액공제(기간별 안분 계산 X)
보장성 보험의 '20년 중 2개월 치 보험료를 미납하여 '21년 중 납부한 경우	세액공제는 납부일이 속하는 과세 기간에 적용되므로 미납분 보험료의 경우 실제 납부한 과세 기간에 공제 가능
자영업을 영위하는 사람(장애인)이 본인 명의로 보장성보험에 가입한 경우	자영업자는 근로소득자에 해당하지 않으므로 세액공제 대상에서 제외

(3) 연금계좌의 세액공제

① 연금계좌의 종류

유 형	연금저축계좌	퇴직연금계좌
정 의	금융회사와 체결한 계약에 따라 '연금저축'이라는 명칭으로 설정하는 계좌	퇴직연금을 지급받기 위해 가입하는 계좌
종 류	• 연금저축보험 • 연금저축신탁 • 연금저축펀드	• 확정급여형(DB형)–세액공제 대상에서 제외 • 확정기여형(DC형) • 개인형 퇴직연금(IRP)

② 세액공제 사항

   ㉠ 종합소득자가 과세 기간 중 연금저축계좌에 납입한 금액 600만원 한도의 12%(지방소득세 별도) 세액공제[종합소득금액 4천 500만원 이하 또는 근로소득만 있는 경우 총 급여액 5천 500만원 이하인 거주자는 15%(지방소득세 별도)를 해당 과세 기간 종합소득산출세액에서 공제]한다.

   ㉡ 보장성 보험료 세액공제가 근로소득자에 한해 가능한 것과 달리 연금계좌의 세액공제는 근로소득 외의 종합소득이 있는 경우에도 가능하다.

[연금계좌 세액공제 납입 한도 및 공제율]

종합소득금액 (근로소득만 있는 경우 총급여액)	세액공제 대상 납입 한도 (퇴직연금 합산 시)	공제율 (지방소득세 미포함)
4천 500만원 이하 (5천 500만원 이하)	600만원 (900만원)	15%
4천 500만원 초과 (5천 500만원 초과)		12%

> **연금계좌의 세액공제**
> 「소득세법」 제59조의3(연금계좌세액공제) ① 종합소득이 있는 거주자가 연금계좌에 납입한 금액 중 다음 각 호에 해당하는 금액을 제외한 금액(이하 "연금계좌 납입액"이라 한다)의 100분의 12[해당 과세 기간에 종합과세표준을 계산할 때 합산하는 종합소득금액이 4천 500만원 이하(근로소득만 있는 경우에는 총급여액 5천 500만원 이하)인 거주자에 대해서는 100분의 15]에 해당하는 금액을 해당 과세 기간의 종합소득산출세액에서 공제한다. 〈이하 생략〉

(4) 저축성보험의 보험차익 비과세

① 보험차익의 의미

   저축성보험의 보험차익은 보험계약에 따라 만기 또는 해지 환급금(피해자 사망, 질병, 부상, 상해 등에 따른 보험금은 제외) 등에서 납입 보험료 총액을 뺀 금액을 뜻한다.

② 보험차익의 비과세 조건

   일반적으로 저축성보험의 보험차익은 이자소득으로 「소득세법」상 과세대상이지만 아래 ③의 ㉠~㉢까지의 조건 충족 시 이자소득세가 비과세된다. 다만, 보험계약 체결 이후 비과세 요건을 미충족하게 되는 경우 비과세 대상이 되지 못한다. 단, 아래 ③의 ㉡~㉢에 해당하는 보험계약이 계약체결 이후 비과세 요건을 충족하지 못하더라도 ㉠의 요건을 충족하는 경우 비과세 대상으로 인정된다.

③ 보험차익의 비과세 요건

  ㉠ 저축성 보험(㉡과 ㉢ 제외)

   • 최초 보험료 납입 시점부터 만기일 또는 중도해지일까지 기간이 10년 이상

   • 계약자 1인당 납입 보험료 합계액이 아래와 같은 계약의 보험차익에 대해 비과세
     – '17년 3월 31일까지 가입한 경우 2억원 이하
     – '17년 4월 1일부터 가입한 경우 1억원 이하

   • 단, 최초 보험료 납입일로부터 만기일 또는 중도해지일까지의 기간은 10년 이상이나, 납입 보험료를 최초 납입일부터 10년이 경과하기 전에 확정된 기간 동안 연금형태로 분할하여 지급받는 경우는 비과세 요건에서 제외

  ㉡ 월 적립식 저축성 보험

   • 최초 보험료 납입 시점부터 만기일 또는 중도해지일까지 기간이 10년 이상으로, 아래 각 요건을 모두 충족하는 계약에 대해 보험차익을 비과세
     – 최초 납입일로부터 납입 기간이 5년 이상인 월 적립식 보험계약
     – 최초 납입일로부터 매월 납입 기본보험료가 균등(최초 계약 기본보험료의 1배 이내로 기본보험료를 증액하는 경우 포함)하고 기본보험료 선납 기간이 6개월 이내
     – 계약자 1명당 매월 납입 보험료 합계액이 150만원 이하('17년 4월 1일부터 가입한 보험계약에 한해 적용)

  ㉢ 종신형 연금보험(아래의 요건 충족)

   • 계약자가 보험료 납입기간 만료 후 만 55세 이후부터 사망 시까지 보험금 · 수익 등을 연금으로 받는 계약

   • 연금 외의 형태로 보험금 · 수익 등이 지급되지 않는 계약

   • 사망 시「통계법」제18조에 따라 통계청장이 승인하여 고시하는 통계표에 따른 성별 · 연령별 기대여명 연수(소수점 이하는 버리며, 이하 이 조에서 "기대여명연수"라 한다) 이내에서 보험금 · 수익 등을 연금으로 지급하기로 보증한 기간(이하 "보증기간"이라 한다)이 설정된 경우로서 계약자가 해당 보증기간 이내에 사망한 경우에는 해당 보증기간의 종료 시] 보험계약 및 연금 재원이 소멸하는 계약

   • 계약자, 피보험자 및 수익자가 동일한 계약으로 최초 연금지급개시 이후 사망일 전에 중도 해지할 수 없는 계약

   • 매년 수령 연금액이 아래의 계산식에 따른 금액 이내인 계약

> (연금수령 개시일 현재 연금계좌 평가액÷연금수령 개시일 현재 기대여명연수)×3

저축성보험의 보험차익 비과세

「소득세법」제16조(이자소득) ① 이자소득은 해당 과세기간에 발생한 다음 각 호의 소득으로 한다.

9. 대통령령으로 정하는 저축성보험의 보험차익. 다만, 다음 각 목의 어느 하나에 해당하는 보험의 보험차익은 제외한다.

  가. 최초로 보험료를 납입한 날부터 만기일 또는 중도해지일까지의 기간이 10년 이상으로서 대통령령으로 정하는 요건을 갖춘 보험

  나. 대통령령으로 정하는 요건을 갖춘 종신형 연금보험 〈이하 생략〉

03 보험윤리와 소비자 보호

01 보험영업윤리

1 보험회사 영업행위 윤리준칙 1

국내 보험업계는 2018년 6월 [보험회사 영업행위 윤리준칙]을 제정하고 보험소비자의 권익 제고를 위한 기본지침으로 활용하고 있다.

더 알아보기 보험회사 영업행위 윤리준칙 주요 내용

영업활동 기본원칙	보험소비자 권익 제고를 위해 신의성실, 공정한 영업풍토 조성, 보험 관계 법규 준수 등 보험상품 판매 과정에서 준수해야 할 기본원칙
판매 관련 보상체계의 적정성 제고	보험소비자의 권익 침해를 방지하기 위해 평가 및 보상체계에 판매실적 외 불완전판매 건수, 고객수익률, 소비자만족도, 계약 관련 서류 충실성 등 관련 요소들을 충분히 반영하여 운영
영업행위 내부통제 강화	윤리준칙 준수 여부에 대한 주기적 점검 및 위법·부당행위 내부 신고제도 운영 등
보험소비자와의 정보 불균형 해소	충실한 설명의무 이행, 계약체결 및 유지단계에서 필요한 정보 제공 등
합리적 분쟁 해결 프로세스 구축	독립적이고 공정한 민원 처리를 위한 민원관리 시스템 구축, 분쟁 방지 및 효율적 처리방안 마련 등

(1) 보험영업활동 기본원칙

① 보험회사는 보험상품을 판매하고 서비스를 제공하는 일련의 과정에서 보험소비자의 권익이 침해되는 일이 발생하지 않도록 노력해야 한다.

② 보험모집자는 금융인으로서 사명감과 윤리의식을 가지고, 보험소비자의 권익 보호를 최우선 가치로 삼고 영업활동을 수행해야 한다.

③ 보험회사는 보험모집자의 도입·양성·교육·관리 등에 있어서 법령을 준수하고 건전한 금융거래질서가 유지될 수 있도록 노력해야 한다.

④ 보험회사 및 보험모집자는 부당한 모집행위나 과다경쟁을 하지 않고 합리적이고 공정한 영업풍토를 조성함으로써 모집질서를 확립하고 보험계약자의 권익 보호에 최선을 다해야 한다.

⑤ 보험회사 및 보험모집자는 보험상품 판매에 관한 보험 관계 법규 등을 철저히 준수해야 하며, 법령 등에서 정하고 있지 않은 사항은 사회적 규범과 시장의 일관된 원칙 등을 고려하여 선의의 판단에 따라 윤리적으로 행동해야 한다.

(2) 보험상품 판매 전 · 후 보험소비자와의 정보 불균형 해소

① 신의성실의 원칙 준수

　㉠ 보험회사 및 보험모집자는 보험소비자의 권익을 보호하기 위해 보험 영업활동 시 합리적으로 행동하고 적절하게 판단해야 하며, 보험소비자가 합리적인 선택을 할 수 있도록 지원해야 한다.

　㉡ 보험회사는 보험상품 판매 과정에서 보험소비자에게 피해가 생긴 경우에는 신속한 피해 구제를 위해 노력해야 한다.

　㉢ 보험모집자는 보험소비자와의 신뢰 관계를 성실하게 유지해야 하며, 이를 위해 정직, 신용, 성실 및 전문직업의식을 가지고 보험 영업활동을 수행해야 한다.

② 보험소비자에게 적합한 상품 권유

보험회사 및 보험모집자는 보험소비자의 연령, 보험 가입목적, 보험상품 가입 경험 및 이해수준 등에 대한 충분한 정보를 파악하고, 보험상품에 대한 합리적 정보를 제공함으로써 불완전판매가 발생하지 않도록 노력해야 한다.

③ 부당한 영업행위 금지

　㉠ 보험소비자의 보험 가입 니즈와 구매 의사에 반하는 다른 보험상품의 구매를 강요하는 행위를 금지한다.

　㉡ 새로운 보험상품을 판매하기 위해 보험소비자가 가입한 기존 상품을 해지하도록 유도하는 행위(보험계약 승환)를 금지한다.

　㉢ 보험회사로부터 승인을 받지 않은 보험안내자료나 상품광고 등을 영업에 활용하는 행위를 금지한다.

　㉣ 보험소비자에게 객관적이고 올바른 정보를 제공하지 않아 보험소비자가 합리적인 선택을 불가능하게 하는 행위를 금지한다.

　㉤ 보험회사의 대출, 용역 등 서비스 제공과 관련하여 보험소비자의 의사에 반하는 보험상품의 구매를 강요하는 행위를 금지한다.

　㉥ 보험소비자가 보험상품의 중요한 사항을 보험회사에 알리는 것을 방해하거나 알리지 아니할 것을 권유하는 행위를 금지한다.

　㉦ 실제 명의인이 아닌 자의 보험계약을 모집하거나 실제 명의인의 동의가 없는 보험계약을 모집하는 행위(허위작성)를 금지한다.

　㉧ 보험소비자의 자필서명을 받지 아니하고 서명을 대신하는 행위를 금지한다.

④ 보험상품 권유 시 충실한 설명의무 이행

　㉠ 보험회사 및 보험모집자는 보험상품을 권유할 때 보험소비자가 보험상품의 종류 및 특징, 유의사항 등을 제대로 이해할 수 있도록 충분히 설명하여야 한다.

　㉡ 보험회사는 보험계약 체결 시부터 보험금 지급 시까지의 주요 과정을 보험업 법령에서 정하는 바에 따라 보험소비자에게 충분히 설명하여야 한다.

　㉢ 보험회사는 중도해지 시 불이익, 보장이 제한되는 경우 등 보험소비자의 권익에 관한 중요사항은 반드시 설명하고, 상품설명서 등 관련 정보를 보험소비자에게 제공해야 한다.

　㉣ 보험회사 및 보험모집자는 보험상품의 기능을 왜곡하여 설명하는 등 보험계약자의 이익과 필요에 어긋나는 설명 행위를 해서는 안 된다.

⑤ 보험계약 유지관리 강화

보험회사는 보험소비자에게 보험료 납입 안내, 보험금 청구절차 안내 등 보험계약 유지관리서비스를 강화하여 보험소비자의 만족도를 제고하도록 노력해야 한다.

(3) 보험소비자에 대한 정보 제공

① 정보의 적정성 확보

㉠ 보험모집자는 보험회사가 제작하여 승인된 보험안내자료만 사용해야 하며, 승인되지 않은 보험안내자료를 임의로 제작하거나 사용할 수 없다.

㉡ 보험회사는 보험상품 안내장, 약관, 광고, 홈페이지 등 보험소비자에게 정보를 제공하는 수단에 대하여 부정확한 정보나 과대광고로 보험소비자가 피해를 입는 일이 없도록 해야 한다.

㉢ 보험회사는 보험상품에 대한 판매 광고 시 보험협회의 상품광고 사전심의 대상이 되는 보험상품에 대해서는 보험협회로부터 심의필을 받아야 하며, 공정한 거래질서를 해치거나 보험소비자의 윤리적 · 정서적 감정을 훼손하는 내용을 제외해야 한다.

㉣ 보험소비자에게 제공하는 정보는 보험소비자가 알기 쉽도록 간단 · 명료하게 작성되어야 하며, 객관적인 사실에 근거하여 보험소비자가 오해할 우려가 있는 정보를 배제해야 한다.

② 정보의 시의성 확보

㉠ 보험소비자에 대한 정보 제공은 제공 시기 및 내용을 보험소비자의 관점에서 고려하고, 정보 제공이 시의적절하게 이루어질 수 있도록 운영해야 한다.

㉡ 보험회사는 공시자료 내용에 변경이 생긴 경우 특별한 사유가 없는 한 지체 없이 자료를 수정함으로써 보험소비자에게 정확한 정보를 제공해야 한다.

③ 계약체결 · 유지단계의 정보 제공

㉠ 보험모집자는 보험소비자에게 보험계약 체결 권유 단계에 상품설명서를 제공해야 하며, 보험계약 청약 단계에 보험계약청약서 부본 및 보험약관을 제공해야 한다.

㉡ 보험모집자는 보험소비자에게 제공하는 보험 안내 자료상의 예상 수치는 실제 적용되는 이율이나 수익률 등과 다를 수 있다는 점을 분명하게 설명해야 한다.

㉢ 보험회사는 1년 이상 유지된 계약에 대해 보험계약관리 내용을 연 1회 이상 보험소비자에게 제공해야 하며, 변액보험에 대해서는 분기별 1회 이상 제공해야 한다.

㉣ 보험회사는 저축성보험에 대해 판매 시점의 공시이율을 적용한 경과 기간별 해지 환급금을 보험소비자에게 안내하고, 해지 환급금 및 적립금을 공시기준에 따라 공시해야 한다.

㉤ 보험회사는 미가입 시 과태료 부과 등 행정조치가 취해지는 의무보험에 대해서는 보험기간이 만료되기 일정 기간 이전에 보험 만기 도래 사실 및 계약 갱신 절차 등을 보험소비자에게 안내해야 한다.

(4) 모집질서 개선을 통한 보험소비자 보호

① 완전판매 문화 정착 및 건전한 보험시장 질서 확립

㉠ 보험회사는 보험소비자 보호 강화를 위해 완전판매 문화가 정착되도록 노력해야 하며 보험모집자의 모집관리지표를 측정 · 관리하고 그 결과에 따라 완전판매 교육체계를 마련해야 한다.

ⓒ 불완전판매 등 보험모집자의 부실모집 행위에 대하여 양정기준을 운영함으로써 보험모집자의 불완전 판매 재발을 방지해야 한다.

ⓒ 보험소비자 등에게 「금융소비자 보호에 관한 감독규정」 제14조 제4항에 따른 금융소비자 의사에 반하여 보험계약 체결을 강요하여서는 안 된다.

② 보험회사와 보험모집자의 불공정행위 금지

ⓐ 보험회사 및 보험모집자는 위탁계약서의 내용을 충실히 이행해야 하며, 위탁계약서에 명시된 것 이외의 항목에 대해서는 부당하게 지원 및 요구를 하지 않아야 한다.

ⓒ 보험회사는 정당한 사유 없이 보험모집자에게 지급되어야 할 수수료의 일부 또는 전부를 지급하지 않거나 지급을 지연해서는 안 된다. 또한 기지급된 수수료에 대해 정당한 사유 없이 환수해서는 안 된다.

ⓒ 보험회사는 보험모집사에게 보험료 대납 등 불법 모집행위를 강요하는 행위를 하여서는 안 된다.

③ 보험모집자의 전문성 제고

ⓐ 보험모집자는 판매하는 상품에 대한 모집자격을 갖추어야 하며, 판매하는 상품에 대한 충분한 지식을 갖추어야 한다.

ⓒ 보험회사는 보험모집사의 전문성 제고를 위한 교육프로그램을 운영하여 보험모집사가 종합적인 재무 · 위험 전문 컨설턴트로서 보험소비자에게 최고의 서비스를 제공할 수 있도록 지원해야 한다.

2 보험회사 영업행위 윤리준칙 2

(1) 개인정보의 보호

① 개인정보의 수집 및 이용

보험회사는 보험상품 판매를 위해 개인정보의 수집 및 이용이 필요할 경우 명확한 동의 절차를 밟아야 하며 그 목적에 부합하는 최소한의 정보만 수집 · 이용해야 한다.

② 개인정보의 보호 및 파기

ⓐ 보험회사는 수집한 개인정보를 고객의 동의 없이 제3자에게 제공해서는 아니 되며, 개인정보가 외부에 유출되지 않도록 기술적 · 관리적 조치를 해야 한다.

ⓒ 보험회사는 수집한 개인정보를 당해 목적 이외에는 사용하지 아니하며, 그 목적이 달성되었을 때는 수집한 정보를 파기해야 한다.

(2) 보험소비자보호 조직 및 판매 관련 보상체계

① 보험회사는 보험상품을 판매하는 과정에서 판매 담당 직원과 보험소비자의 이해 상충이 발생하지 않도록 판매 담당 직원 및 단위조직*(이하 '판매 담당 직원 등'이라 한다)에 대한 평가 및 보상체계를 설계해야 한다.

*판매 담당 직원 등의 범위 : 보험소비자에게 금융상품을 직접 판매하는 직원과 이러한 직원들의 판매실적에 따라 주로 평가 받는 직원 및 영업 단위조직으로 보험설계사와 보험대리점은 포함되지 않음

② 보험회사는 판매 담당 직원 등에 대한 평가 및 보상체계에 판매실적 이외에도 불완전판매 건수, 고객수익률, 소비자만족도 조사결과, 계약 관련 서류의 충실성, 판매 프로세스 적정성 점검결과 등 관련 요소들을 충분히 반영하여 평가결과에 실질적인 차별화가 있도록 운영해야 한다. 다만, 구체적인 반영항목 및 기준은 각 보험회사가 합리적으로 마련하여 운영할 수 있다.

③ 보험소비자들이 판매 담당 직원의 불건전영업행위, 불완전판매 등으로 금융거래를 철회 · 해지하는 경우 보험회사는 판매 담당 직원에게 이미 제공된 금전적 보상을 환수할 수 있으며, 이를 위해 보상의 일정 부분은 소비자에게 상품 및 서비스가 제공되는 기간에 걸쳐 분할 또는 연기하여 제공할 수 있다.

④ 판매 담당 직원 등에 대한 성과 · 보상체계 설정 부서, 성과평가 부서, 상품개발 · 영업 관련 부서, 준법감시 부서 등이 불완전판매 등 관련 정보를 수집 · 공유하고 특정 보험상품에 대한 판매 목표량과 판매실적 가중치 부여의 적정 여부, 부가상품 판매에 따른 불완전판매 발생 사례 및 발생 가능성 등에 대해 정기적으로 협의 · 검토해야 한다.

(3) 분쟁 방지 및 민원 처리

① 불완전판매 등에 대한 관리

　㉠ 보험회사는 보험상품 판매 과정에서 불완전판매가 발생하지 않도록 보험소비자 보호 관점에서 지속적으로 관리해야 한다.

　㉡ 보험회사는 상품 및 서비스와 관련한 주요 보험소비자 불만 사항에 대해 그 불만 내용과 피해에 대한 분석을 통해 불만의 주요 원인을 파악하고 이를 관련 부서와 협의하여 개선해야 한다.

② 민원관리시스템 구축

　㉠ 보험회사는 독립적이고 공정한 민원 처리와 구제절차를 마련하여 운영해야 하며, 보험소비자가 시의 적절하고 효율적으로 이용할 수 있도록 해야 한다.

　㉡ 보험회사는 보험소비자가 다양한 민원접수 채널을 통해 민원을 제기할 수 있도록 해야 하고, 해당 민원을 One-Stop으로 처리할 수 있도록 전산화된 시스템을 구축해야 한다.

　㉢ 보험회사는 민원관리시스템을 통한 민원 처리 시 접수 사실 및 사실관계 조사현황 등을 보험소비자에게 고지해야 하며, 민원인의 의견을 검토하여 민원예방에 노력해야 한다.

③ 분쟁방지 및 효율적 처리방안 마련

　㉠ 보험회사는 보험소비자와의 분쟁을 해결하는 부서를 지정하고, 분쟁이 발생하지 않도록 분쟁 예방 대책을 마련해야 한다.

　㉡ 보험회사는 분쟁 발생 시 조기에 분쟁이 해소될 수 있도록 노력해야 하며, 분쟁과 관련하여 정당한 사유 없이 보험소비자의 피해가 발생하지 않아야 한다.

　㉢ 보험회사는 분쟁 발생 시 보험소비자에게 분쟁 해결에 관한 내부 절차를 알려야 한다.

　㉣ 보험회사는 보험소비자가 분쟁 처리 결과에 이의가 있는 경우, 이의제기 방법 또는 객관적인 제3자를 통한 분쟁 해결 방법에 대해 안내해야 한다.

(4) 내부 신고제도 운용

① 보험회사는 금융사고를 방지하고 사고 발생 시 피해를 최소화하기 위해 내부 신고제도를 운용한다.

② 신고대상 행위

ㄱ 횡령, 배임, 공갈, 절도, 뇌물수수 등 범죄 혐의가 있는 행위

ㄴ 업무와 관련하여 금품, 향응 등을 요구하거나 수수하는 행위

ㄷ 업무와 관련된 상사의 위법 또는 부당한 지시행위

ㄹ 기타 위법 또는 부당한 업무처리로 판단되는 일체의 행위

02 보험사기 방지 활동

1 보험사기의 개념

(1) 보험사기의 정의

보험사기란 보험계약을 악용하여 보험 원리상 지급받을 수 없는 보험금을 수령하거나 실제 손해액 대비 많은 보험금을 청구하는 행위 또는 보험 가입 시 실제 위험 수준 대비 낮은 보험료를 납입할 목적으로 행하는 일체의 불법행위로 연성사기와 경성사기로 구분할 수 있다.

(2) 연성사기(Soft fraud)

① 우연히 발생한 보험사고의 피해를 부풀려 실제 발생한 손해 이상의 과다한 보험금을 청구하는 행위를 말한다.

② 유형

ㄱ 경미한 질병·상해에도 장기간 입원하는 행위

ㄴ 보험료 절감을 위해 보험 가입 시 보험회사에 허위 정보를 제공(고지 의무 위반)하는 행위

(3) 경성사기(Hard fraud)

① 보험계약에서 담보하는 재해, 상해, 도난, 방화, 기타의 손실을 의도적으로 각색 또는 조작하는 행위를 말한다.

② 유형

ㄱ 피보험자의 신체에 상해를 입히거나 방화·살인 등 피보험자를 해치는 행위

ㄴ 생존자를 사망한 것으로 위장함으로써 보험금을 받으려는 행위

③ 경성사기의 경우 사기행위를 통한 보험금을 부정 편취하는 과정에서 추가적인 피해자가 발생하게 된다.

 보험사기와 보험범죄의 차이

보험범죄가 형법적 처벌대상으로서의 구체적인 범법행위로 나타난 결과만을 가리켜 이르는 반면, 보험사기는 보험 가입 시 악의성을 포함하므로 보험범죄보다 더 넓은 개념이다.

보험범죄	보험계약자, 피보험자 또는 수익자가 보험제도의 원리상으로는 취할 수 없는 보험 혜택을 부당하게 얻거나, 보험제도를 고의적·악의적으로 이용하여 보험금을 편취하는 불법행위
보험사기	「보험사기방지특별법」에서 정한 보험회사를 기망하여 보험금을 청구하는 행위 또는 「형법」 제347조(사기죄)가 성립하는 행위로, 보험업무와 관련하여 발생되는 재산적 이득을 얻을 목적으로 보험회사를 기망하는 모든 행위

*사기죄 : 타인을 속여 재물을 빼앗거나 재산상 불법한 이익을 취하거나 혹은 제3자에게 이를 얻게 함으로써 성립하는 죄

 보험사기와 구별되는 유형(정보의 불균형으로 인해 발생)

도덕적 해이	보험사고의 발생 가능성을 높이거나 손해를 증대시킬 수 있는 보험계약자 또는 피보험자의 고의 또는 불성실에 의한 행동으로 다음과 같이 구분할 수 있다. • 내적 도덕적 해이 : 보험계약자 또는 피보험자가 직접적으로 보험제도를 악용·남용하는 행위로 야기되는 도덕적 해이 • 외적 도덕적 해이 : 피보험자와 관계있는 의사, 변호사 등이 간접적으로 보험을 악용·남용하는 행위로 위험을 야기하는 도덕적 해이
역선택	• 보험계약에 있어 역선택이란 특정군의 특성에 기초하여 계산된 위험보다 높은 위험을 가진 집단이 동일 위험군으로 분류되어 보험계약을 체결함으로써 그 동일 위험군의 사고 발생률을 증가시키는 현상이다. • 보험에 가입하고자 하는 자가 지금까지 걸렸던 질병이나 외상 등 현재에 이르기까지의 병력이 있었다고 하더라도 그 병력으로 인한 보험금 수령 사실이 없을 경우 보험회사로서는 보험계약 당시 이러한 병력에 대한 여부를 확인하기가 매우 어렵다.

2 보험사기의 특성과 유형

(1) 보험사기의 특성

① 관련·후속 범죄 유발

보험금을 부정적으로 편취하기 위해 보험계약 체결 전 고지해야 할 중요한 사항을 고의로 위조·변조하기도 하며, 보험계약 체결 후에는 보험금 청구를 위해 살인, 방화 등 다른 범죄가 함께 발생하는 경우가 많다.

② 입증의 어려움

㉠ 보험범죄가 성립되기 위해서는 고액의 보험금을 편취하기 위해 다수의 보험에 계약한 사실이나 보험사고가 고의·허위에 의한 것임을 입증해야 하나, 보험사고의 과실이나 고의를 구분하는 것이 어렵다.

㉡ 특히 생명보험의 경우 사고 발생 후 상당 기간이 경과한 후 보험금을 청구하는 경우가 많아 입증이 더욱 어려울 수 있다.

③ 수법의 다양화 · 지능화 · 조직화

    ㉠ 보험사기 조사 등 보험회사의 보험범죄 대처가 강화되면서 보험사고를 고의로 일으키거나 보험금 편취 목적의 보험 가입 사실을 숨기기 위해 치밀하고 다양한 형태의 수법이 사용되고 있다.

    ㉡ 최근 개인의 단독 범행뿐 아니라 가족, 조직폭력배, 전문 브로커 등에 의한 조직적 · 계획적 보험사기가 증가하고 있는 추세이다.

④ 보험사기 피해 전가

  보험사기로 인한 부정한 보험금 지급이 많아지면 보험회사는 수지상등의 원리에 의해 불가피하게 보험료를 인상하게 되는데 이는 선의의 일반계약자에게 그 피해가 전가되는 형태로 보험사기 피해가 확대된다.

(2) 보험사기의 유형

① 사기적 보험계약 체결

    ㉠ 보험계약자가 보험계약 시 자신의 건강 · 직업 등의 정보를 허위로 알리거나 타인에게 자신을 대신해 건강진단을 받게 하는 행위 등을 통해 중요한 사실을 숨기고 사기적으로 보험계약을 체결하는 행위등을 말한다.

    ㉡ 사기적 보험계약 체결 예시

- 암 등 고위험군 질병을 진단받은 자가 보험가입을 위해 진단사실을 은폐
- 피보험자가 제 3자를 통한 대리진단으로 다수의 보험에 가입하는 행위
- 이미 사망한 자를 피보험자로 보험에 가입하는 행위
- 자동차 등과 관련하여 보험사고 발생 후 사고 일자 등을 조작 · 변경하여 보험에 가입하는 행위

② 보험사고 위장 또는 허위사고

    ㉠ 보험사고 자체를 위장하거나 보험사고가 아닌 것을 보험사고로 조작하는 행위이다.

    ㉡ 보험사고 위장 또는 허위사고 예시

- 피보험자가 생존 중이나, 사망보험금 편취를 위해 사망한 것처럼 위장하는 행위
- 보험사고를 조작하여 병원 또는 의원으로부터 허위진단서를 발급받아 보험금을 청구하는 행위
- 기존 다른 사고로 인한 부상을 경미한 사고로 인해 발생한 것처럼 조작하여 보험금을 청구하는 행위

③ 보험금 과다청구

    ㉠ 보험사고에 따른 실제 피해보다 과다한 보험금을 지급받기 위해 병원과 공모하여 부상 정도나 장해등급을 상향, 또는 통원치료를 하였음에도 입원 치료를 받은 것으로 서류를 조작하는 행위 등 사기적으로 보험금을 과다청구하는 행위이다.

    ㉡ 보험금 과다청구 예시

- 보험가입자가 피보험자와 병원에 내원하여 '일반질병'을 보험계약에서 정한 '특정질병'으로 허위진단서를 발급받아 보험금을 과다 청구하는 경우
- 병원 입원 기간 동안 외출, 외박 등을 통해 정상적인 사회활동을 하였음에도 입원한 것처럼 진단서를 발급받는 행위

④ 고의적인 보험사고 유발

 ㉠ 보험금을 부정 편취하기 위해 고의적인 살인 · 방화 · 자해 등으로 사고를 유발하는 가장 악의적인 보험범죄 유형으로 최근에는 가족 또는 지인들과 사전 공모하여 고의로 사고를 일으키는 등 계획적 · 조직적 보험범죄 양상을 보이고 있다.

 ㉡ 고의적인 보험사고 유발 예시

  • 피보험자 본인이 신체 일부를 절단 또는 고층에서 뛰어내리거나 운행 중인 차량에 고의로 충돌하는 행위

  • 보험수익자가 보험금을 노리고 피보험자의 신체에 고의로 상해를 입히거나 살해하는 행위

3 보험사기의 사회적 피해 및 방지 활동

(1) 보험사기의 사회적 피해

① 보험제도 존립기반에 대한 위협

 ㉠ 보험사기로 인한 부당한 보험금 지급의 증가는 수리적 근거로 산출한 보험료를 부당하게 인상시키는 요인이 될 뿐만 아니라 보험상품의 판매 중단으로 이어지기도 한다.

 ㉡ 인상된 보험료로 선의의 보험계약자가 보험가입을 회피함으로써 산업의 존립이 위협받을 수 있다.

② 생명존중 가치관 파괴

보험금을 목적으로 한 살인, 방화 등의 범죄로 인해 건전한 윤리의식 및 생명존중 가치관이 파괴되어 사회의 존립 기반 자체가 위협받을 수 있다.

③ 모방범죄 증가

보험사기가 사회적으로 만연하게 될 경우 선량한 보험계약자들도 이러한 분위기에 동조하여 비슷한 행위를 할 가능성이 증가하게 된다.

④ 공공보험료 인상 초래

 ㉠ 보험사고는 건강보험 등과 밀접한 관계를 가지고 있는데 보험사기가 증가할수록 건강보험 지출증가로 이어져 공공보험의 재정악화를 초래하게 된다.

 ㉡ 이러한 결과는 보험료 인상으로 귀결되어 국민의 부담이 된다.

(2) 정부 및 유관기관의 방지 활동

① 보험범죄가 급증함에 따라 정부 및 금융감독원, 보험협회 등 유관기관은 보험사기 적발 및 예방을 위한 대책과 방지 활동을 강화하고 있다.

② 유관기관이 함께 참여하는 '보험범죄전담합동대책반'을 구성 · 운영하고 있으며, 경찰청은 기획수사 및 특별단속을 지속적으로 실시하고 있다.

③ 보험회사에서는 자체적으로 보험심사시스템을 구축하는 등 언더라이팅을 강화하여 역선택을 방지하고 보험사기특별조사반을 설치하여 금융감독원의 보험사기대응단 및 생 · 손보협회의 보험범죄방지부서와 유기적인 협조체제를 갖추고 보험범죄에 대처하고 있다.

1999년	국무총리실, 매년 법무부 등 관계기관 합동으로 '보험범죄 근절 대책'을 마련하여 시행하도록 조치
2008년	「보험업법」상 보험계약자 등의 의무로 보험사기 행위금지 조항 신설(제102조의2)
2011년	금융감독원, 건강보험심사평가원과 업무협약을 체결, 부적정 급여 청구 의료기관 정보를 공유하고 의료비 허위 · 부당청구, 허위입원확인서 발급 등 의료기관의 불법행위에 공동 대응할 수 있는 방안 마련
2014년	「보험업법」상 보험관계 업무 종사자의 의무로 보험사의 임직원, 보험설계사, 보험대리점, 보험중개사, 손해사정사 등이 고의로 보험사고 발생 · 보험사고 발생 조작 · 피해 과장 등으로 보험금을 수령하도록 하는 행위를 금지하는 조항 신설(제102조의3)
2016년	「보험사기방지 특별법」을 제정, 보험 사기행위에 대한 정의 및 처벌 강화 등을 통해 보험범죄에 대한 사회적 경각심을 제고하고 실질적인 보험범죄 예방에 기여할 수 있는 제도적 기반 마련
2019년	금융감독원, 보험사기 피해로 할증된 자동차 보험료 환급제도 마련 및 보험사기 피해사고 조회서비스 도입 (자동차 보험사기 피해정보 확인 및 보험료 환급을 요청할 수 있도록 '과납 보험료 통합조회시스템' 개선)
2020년	금융감독원, 코로나19 상황을 틈타 고액 일당 지급 등을 미끼로 한 보험사기가 급증함에 따라 소비자 경보 발령, 관련 콘텐츠 모니터링 및 보험사기 기획조사 강화
2021년	금융감독원, 국민건강보험공단보험협회와 「공 · 민영보험 공동조사 협의회」 출범, 공 · 민영보험이 연계된 대규모 보험사기 공동조사 등 상호협력을 통해 공 · 민영보험 재정 건전화 도모
2022년	금융감독원, 기업형 브로커 조직이 개입된 백내장 등 실손보험 관련 보험사기 급증에 따라 소비자 경보 발령, 백내장 보험사기 협의 특별 신고 기간 및 포상금 제도 운영
2024년	「보험사기방지 특별법」을 개정, 보험사기의 알선 · 유인 · 권유 및 광고 행위를 금지하고, 관계기관에 대한 자료 요청권을 강화하여 금융당국의 보험사기 의심 사례에 대한 조사권을 강화

(3) 보험모집 종사자의 방지 활동

보험설계사 등 보험모집자는 업무 특성상 보험계약자 등과 1차적 접점 관계에 있으며 보험계약자 또는 피보험자의 건강상태 및 재산 상황 등을 가장 먼저 인지할 수 있는 위치에 있어 보험계약 모집이나 보험금 지급 신청 시 보험계약자의 보험범죄 유발 가능성 등을 파악하고 모방범죄 등을 예방하기 위한 활동에 참여해야 한다.

1 보험모집 개요

(1) 보험모집의 정의

보험모집이란 보험회사와 보험에 가입하려는 소비자 사이에서 보험계약의 체결을 중개·대리하는 행위로 일반적으로는 소비자를 대상으로 보험상품을 판매하는 행위로 정의할 수 있다.

(2) 보험모집의 자격

「보험업법」상 보험을 모집할 수 있는 자격은 아래와 같이 제한된다.

① 보험설계사 : 보험회사, 보험대리점 또는 보험중개사에 소속되어 보험계약 체결을 중개하는 자

② 보험대리점 : 보험회사를 위하여 보험계약의 체결을 대리하는 자

③ 보험중개사 : 독립적으로 보험계약의 체결을 중개하는 자

④ 보험회사의 임직원 : 대표이사, 사외이사, 감사 및 감사위원은 제외

2 「보험업법」 상 준수사항 주요 내용

(1) 보험안내자료(제95조)

보험모집을 위해 사용하는 보험안내자료는 다음과 같은 사항 등을 명백하고 알기 쉽게 적어야 한다.

① 보험회사의 상호나 명칭 또는 보험설계사, 보험대리점 또는 보험중개사의 이름·상호나 명칭

② 보험 가입에 따른 권리·의무에 관한 주요 사항

③ 보험약관으로 정하는 보장에 관한 사항

④ 보험금 지급제한 조건에 관한 사항

⑤ 해약환급금에 관한 사항

⑥ 「예금자보호법」에 따른 예금자 보호와 관련된 사항

(2) 설명의무(제95조의2 등)

① 보험회사는 보험계약의 체결 시부터 보험금 지급 시까지의 주요 과정을 대통령령으로 정하는 바에 따라 일반보험계약자에게 설명하여야 한다. 다만, 일반보험계약자가 설명을 거부하는 경우에는 설명하지 않아도 된다.

② 보험회사는 일반보험계약자가 보험금 지급을 요청하는 경우 대통령령으로 정하는 바에 따라 보험금 지급절차 및 지급 내역 등을 설명해야 하며, 보험금을 감액하거나 지급하지 않는 경우 그 사유에 대해 설명해야 한다.

(3) 중복계약 체결 확인 의무(제95조의5)

① 보험회사 또는 보험설계사 등은 실손의료보험 계약을 모집하기 전에 보험계약자가 되려는 자의 동의를 통해 피보험자가 되려는 자가 다른 실손의료보험계약의 피보험자로 되어있는지 확인해야 하며, 확인 즉시 보험계약자가 되려는 자에게 알려야 한다.

② 피보험자가 되려는 자가 다른 실손의료보험계약의 피보험자로 되어 있는 경우 보험금 비례분담 등 지급에 관한 세부 사항을 안내해야 한다.

(4) 통신수단을 이용한 모집 관련 준수사항(제96조)

① 전화 · 우편 · 컴퓨터 통신 등 통신수단을 이용하여 모집하는 자는 「보험업법」상 보험모집을 할 수 있는 자이어야 하며, 사전에 통신수단을 이용한 모집에 동의한 자를 대상으로 해야 한다.

② 통신수단을 이용해 보험계약을 청약한 경우 청약의 내용 확인 및 정정, 청약 철회 및 계약 해지도 통신수단을 이용할 수 있도록 해야 한다.

③ 계약을 해지하고자 하는 경우에는 보험계약자가 계약을 해지하기 전에 안전성 및 신뢰성이 확보되는 방법을 이용하여 보험계약자 본임임을 확인받은 경우에 한정한다.

(5) 보험계약 체결 또는 모집에 관한 금지행위(제97조)

① 보험계약자 또는 피보험자로 하여금 이미 성립된 보험계약을 부당하게 소멸시킴으로써 새로운 보험계약(기존보험계약과 보장내용 등이 비슷한 경우)을 청약하게 하거나 새로운 보험계약을 청약하게 함으로써 기존보험계약을 부당하게 소멸시키거나 그 밖에 부당하게 보험계약을 청약하게 하거나 이러한 것을 권유하는 행위

② 실제 명의인이 아닌 자의 보험계약을 모집하거나 실제 명의인의 동의가 없는 보험계약을 모집하는 행위

③ 보험계약자 또는 피보험자의 자필서명이 필요한 경우에 보험계약자 또는 피보험자로부터 자필서명을 받지 아니하고 서명을 대신하거나 다른 사람으로 하여금 서명하게 하는 행위

④ 다른 모집 종사자의 명의를 이용하여 보험계약을 모집하는 행위

⑤ 보험계약자 또는 피보험자와의 금전대차의 관계를 이용하여 보험계약자 또는 피보험자로 하여금 보험계약을 청약하게 하거나 이러한 것을 요구하는 행위

⑥ 정당한 이유 없이 「장애인차별금지 및 권리구제 등에 관한 법률」 제2조에 따른 장애인의 보험 가입을 거부하는 행위

⑦ 보험계약의 청약 철회 또는 계약해지를 방해하는 행위

(6) 특별이익제공 금지(제98조)

보험계약의 체결 또는 모집에 종사하는 자는 그 체결 또는 모집과 관련하여 보험계약자나 피보험자에게 다음과 같은 사항을 제공하거나 제공하기로 약속하여서는 아니 된다.

① 금품

② 기초서류에서 정한 사유에 근거하지 아니한 보험료의 할인 또는 수수료의 지급

③ 기초서류에서 정한 보험금액보다 많은 보험금액의 지급 약속

④ 보험료 대납

⑤ 보험회사로부터 받은 대출금에 대한 이자의 대납

⑥ 보험료로 받은 수표 또는 어음에 대한 이자 상당액의 대납

⑦ 「상법」 제682조에 따른 제3자에 대한 청구권대위행사의 포기 등의 특별이익

(7) 수수료 지급 등의 금지(제99조)

보험회사는 「보험업법」상 보험을 모집할 수 있는 자 이외의 자에게 모집을 위탁하거나 모집에 관하여 수수료, 보수, 그 밖의 대가를 지급하지 못한다.

3 「생명보험 공정경쟁질서 유지에 관한 협정」에서 정한 준수사항

(1) 무자격자 모집 금지

보험회사는 「보험업법」상 보험모집을 할 수 없거나 보험모집 등에 관한 부당한 행위로 보험모집을 할 수 없게 된 자에게 보험모집을 위탁하여서는 아니 된다.

(2) 특별이익제공 금지

보험회사는 보험모집자가 보험계약자에게 보험료의 할인 기타 특별한 이익을 제공하거나 이를 약속하는 행위를 하지 못하도록 하여야 하며 회사 또한 동일한 행위를 하여서는 아니 된다.

(3) 작성계약 금지

보험회사는 보험계약자의 청약이 없음에도 보험모집자가 계약자 또는 피보험자의 명의를 가명ㆍ도명ㆍ차명으로 보험계약 청약서를 임의로 작성하여 성립시키는 계약을 하지 못하도록 하여야 한다.

(4) 경유계약 금지

보험회사는 보험모집자 본인이 모집한 계약을 타인의 명의로 처리하지 못하도록 하여야 한다.

(5) 허위사실 유포 금지

보험회사는 보험모집자가 다른 회사를 모함하거나 허위사실을 유포하는 행위를 하지 못하도록 하여야 하며, 회사 또한 동일한 행위를 하여서는 아니 된다.

(6) 승환계약 금지

기존 보험계약을 부당하게 소멸시킴으로써 새로운 보험계약을 청약하게 하거나, 새로운 보험계약을 청약하게 함으로써 기존 보험계약을 부당하게 소멸시키는 행위, 그 밖에 부당하게 보험계약을 청약하게 하는 행위를 하여서는 아니 된다.

4 「금융소비자 보호에 관한 법률」상 준수사항 주요 내용

(1) 설명의무(제19조)

① 금융상품판매업자 등은 일반금융소비자에게 계약체결을 권유(금융상품자문업자가 자문에 응하는 것을 포함한다)하는 경우 및 일반금융소비자가 설명을 요청하는 경우에는 다음 각 호의 금융상품에 관한 중요한 사항(일반금융소비자가 특정 사항에 대한 설명만을 원하는 경우 해당 사항으로 한정한다)을 일반금융소비자가 이해할 수 있도록 설명하여야 한다.

  1. 다음 각 목의 구분에 따른 사항

    가. 보장성 상품

      1) 보장성 상품의 내용

      2) 보험료(공제료를 포함한다. 이하 같다)

      3) 보험금(공제금을 포함한다. 이하 같다) 지급제한 사유 및 지급절차

      4) 위험보장의 범위

      5) 그 밖에 위험보장 기간 등 보장성 상품에 관한 중요한 사항으로서 대통령령으로 정하는 사항

    나. 투자성 상품

      1) 투자성 상품의 내용

      2) 투자에 따른 위험

      3) 대통령령으로 정하는 투자성 상품의 경우 대통령령으로 정하는 기준에 따라 금융상품직접판매업자가 정하는 위험등급

      4) 그 밖에 금융소비자가 부담해야 하는 수수료 등 투자성 상품에 관한 중요한 사항으로서 대통령령으로 정하는 사항

    다. 예금성 상품

      1) 예금성 상품의 내용

      2) 그 밖에 이자율, 수익률 등 예금성 상품에 관한 중요한 사항으로서 대통령령으로 정하는 사항

    라. 대출성 상품

      1) 금리 및 변동 여부, 중도상환수수료(금융소비자가 대출만기일이 도래하기 전 대출금의 전부 또는 일부를 상환하는 경우에 부과하는 수수료를 의미한다. 이하 같다) 부과 여부 · 기간 및 수수료율 등 대출성 상품의 내용

      2) 상환방법에 따른 상환금액 · 이자율 · 시기

      3) 저당권 등 담보권 설정에 관한 사항, 담보권 실행사유 및 담보권 실행에 따른 담보목적물의 소유권 상실 등 권리변동에 관한 사항

      4) 대출원리금, 수수료 등 금융소비자가 대출계약을 체결하는 경우 부담하여야 하는 금액의 총액

      5) 그 밖에 대출계약의 해지에 관한 사항 등 대출성 상품에 관한 중요한 사항으로서 대통령령으로 정하는 사항

  2. 제1호 각 목의 금융상품과 연계되거나 제휴된 금융상품 또는 서비스 등(이하 "연계 · 제휴서비스 등"이라 한다)이 있는 경우 다음 각 목의 사항

    가. 연계 · 제휴서비스 등의 내용

    나. 연계 · 제휴서비스 등의 이행책임에 관한 사항

    다. 그 밖에 연계 · 제휴서비스 등의 제공 기간 등 연계 · 제휴서비스 등에 관한 중요한 사항으로서 대통령령으로 정하는 사항

  3. 제46조에 따른 청약 철회의 기한 · 행사방법 · 효과에 관한 사항

  4. 그 밖에 금융소비자 보호를 위하여 대통령령으로 정하는 사항

② 금융상품판매업자 등은 제1항에 따른 설명에 필요한 설명서를 일반금융소비자에게 제공하여야 하며, 설명한 내용을 일반금융소비자가 이해하였음을 서명, 기명날인, 녹취 또는 그 밖에 대통령령으로 정하는 방법으로 확인을 받아야 한다. 다만, 금융소비자 보호 및 건전한 거래질서를 해칠 우려가 없는 경우로서 대통령령으로 정하는 경우에는 설명서를 제공하지 아니할 수 있다.

③ 금융상품판매업자 등은 제1항에 따른 설명을 할 때 일반금융소비자의 합리적인 판단 또는 금융상품의 가치에 중대한 영향을 미칠 수 있는 사항으로서 대통령령으로 정하는 사항을 거짓으로 또는 왜곡(불확실한 사항에 대하여 단정적 판단을 제공하거나 확실하다고 오인하게 할 소지가 있는 내용을 알리는 행위를 말한다)하여 설명하거나 대통령령으로 정하는 중요한 사항을 빠뜨려서는 아니 된다.

④ 제2항에 따른 설명서의 내용 및 제공 방법 · 절차에 관한 세부내용은 대통령령으로 정한다.

(2) 불공정영업행위의 금지(제20조)

① 금융상품판매업자 등은 우월적 지위를 이용하여 금융소비자의 권익을 침해하는 다음 각 호의 어느 하나에 해당하는 행위(이하 "불공정영업행위"라 한다)를 해서는 아니 된다.
1. 대출성 상품, 그 밖에 대통령령으로 정하는 금융상품에 관한 계약체결과 관련하여 금융소비자의 의사에 반하여 다른 금융상품의 계약체결을 강요하는 행위
2. 대출성 상품, 그 밖에 대통령령으로 정하는 금융상품에 관한 계약체결과 관련하여 부당하게 담보를 요구하거나 보증을 요구하는 행위
3. 금융상품판매업자 등 또는 그 임직원이 업무와 관련하여 편익을 요구하거나 제공받는 행위
4. 대출성 상품의 경우 다음 각 목의 어느 하나에 해당하는 행위
    가. 자기 또는 제3자의 이익을 위하여 금융소비자에게 특정 대출 상환방식을 강요하는 행위
    나. 1)부터 3)까지의 경우를 제외하고 수수료, 위약금 또는 그 밖에 어떤 명목이든 중도상환수수료를 부과하는 행위
        1) 대출계약이 성립한 날부터 3년 이내에 상환하는 경우
        2) 다른 법령에 따라 중도상환수수료 부과가 허용되는 경우
        3) 금융소비자 보호 및 건전한 거래질서를 해칠 우려가 없는 행위로서 대통령령으로 정하는 경우
    다. 개인에 대한 대출 등 대통령령으로 정하는 대출상품의 계약과 관련하여 제3자의 연대보증을 요구하는 경우
5. 연계·제휴서비스 등이 있는 경우 연계·제휴서비스 등을 부당하게 축소하거나 변경하는 행위로서 대통령령으로 정하는 행위. 다만, 연계·제휴서비스 등을 불가피하게 축소하거나 변경하더라도 금융소비자에게 그에 상응하는 다른 연계·제휴서비스 등을 제공하는 경우와 금융상품판매업자 등의 휴업·파산·경영상의 위기 등에 따른 불가피한 경우는 제외한다.
6. 그 밖에 금융상품판매업자 등이 우월적 지위를 이용하여 금융소비자의 권익을 침해하는 행위
② 불공정영업행위에 관하여 구체적인 유형 또는 기준은 대통령령으로 정한다.

(3) 부당권유행위 금지(제21조)

금융상품판매업자 등은 계약 체결을 권유(금융상품자문업자가 자문에 응하는 것을 포함한다. 이하 이 조에서 같다)하는 경우에 다음 각 호의 어느 하나에 해당하는 행위를 해서는 아니 된다. 다만, 금융소비자 보호 및 건전한 거래질서를 해칠 우려가 없는 행위로서 대통령령으로 정하는 행위는 제외한다.
1. 불확실한 사항에 대하여 단정적 판단을 제공하거나 확실하다고 오인하게 할 소지가 있는 내용을 알리는 행위
2. 금융상품의 내용을 사실과 다르게 알리는 행위
3. 금융상품의 가치에 중대한 영향을 미치는 사항을 미리 알고 있으면서 금융소비자에게 알리지 아니하는 행위
4. 금융상품 내용의 일부에 대하여 비교대상 및 기준을 밝히지 아니하거나 객관적인 근거 없이 다른 금융상품과 비교하여 해당 금융상품이 우수하거나 유리하다고 알리는 행위
5. 보장성 상품의 경우 다음 각 목의 어느 하나에 해당하는 행위
    가. 금융소비자(이해관계인으로서 대통령령으로 정하는 자를 포함한다. 이하 이 호에서 같다)가 보장성 상품 계약의 중요한 사항을 금융상품직접판매업자에게 알리는 것을 방해하거나 알리지 아니할 것을 권유하는 행위
    나. 금융소비자가 보장성 상품 계약의 중요한 사항에 대하여 부실하게 금융상품직접판매업자에게 알릴 것을 권유하는 행위
6. 투자성 상품의 경우 다음 각 목의 어느 하나에 해당하는 행위
    가. 금융소비자로부터 계약의 체결권유를 해줄 것을 요청받지 아니하고 방문·전화 등 실시간 대화의 방법을 이용하는 행위
    나. 계약의 체결권유를 받은 금융소비자가 이를 거부하는 취지의 의사를 표시하였는데도 계약의 체결권유를 계속하는 행위
7. 그 밖에 금융소비자 보호 또는 건전한 거래질서를 해칠 우려가 있는 행위로서 대통령령으로 정하는 행위

(4) 금융상품 등에 관한 광고 관련 준수사항(제22조)

금융상품판매업자등이 아닌 자는 금융상품판매업자등의 업무에 관한 광고 또는 금융상품에 관한 광고를 해서는 아니되며, 금융상품판매업자등이 금융상품등에 관한 광고를 하는 경우에는 금융소비자가 금융상품의 내용을 오해하지 아니하도록 명확하고 공정하게 전달해야 한다.

(5) 금융상품판매대리 · 중개업자의 고지의무 등(제26조)

금융상품판매대리 · 중개업자는 금융상품판매 대리 · 중개 업무를 수행할 때 금융소비자에게 금융상품직접판매업자의 명칭 및 업무 내용, 체결 권한 유무에 관한 사항 등을 금융소비자에게 미리 알려야 하고, 금융상품판매대리 · 중개업자는 금융상품판매 대리 · 중개 업무를 수행할 때 자신이 금융상품판매대리 · 중개업자라는 사실을 나타내는 표지를 게시하거나 증표를 금융소비자에게 보여 주어야 한다.

04 | 보험소비자 보호

1 보험소비자 보호제도

(1) 예금자보호법

보험회사의 인가취소나 해산 또는 파산 시 보험계약자 등은 「예금자보호법」에 따라 예금보험공사로부터 보험금을 지급받을 수 있다.

[「예금자보호법」에 의한 보험계약 보장(예금보험공사)]

구 분	주요 내용
지급사유	보험금 지급정지, 보험회사의 인가취소 · 해산 · 파산 · 제3자 계약이전 시 계약이전에서 제외된 경우
보호대상	예금자(개인 및 법인 포함)
보장금액	• 1인당 최고 10,000만원(원금 및 소정의 이자 합산) • 동일한 금융기관내에서 보호받을 수 있는 총 합산 금액임
산출기준	• 해지환급금(사고보험금, 만기보험금)과 기타 제지급금의 합산금액 • 대출 채무가 있는 경우 이를 먼저 상환하고 남은 금액
보험상품별 보호여부	• 보호상품 : 개인이 가입한 보험계약, 퇴직보험, 변액보험계약 특약 및 최저보증금, 예금자보호대상 금융상품으로 운용되는 확정기여형 퇴직연금제도 및 개인형 퇴직연금제도의 적립금, 원본이 보전되는 금전신탁 등 • 비보호상품 : 보험계약자 및 보험료납부자가 법인인 보험계약, 보증보험계약, 재보험계약, 변액보험계약주계약, 확정급여형 퇴직연금제도의 적립금 등

(2) 금융분쟁조정위원회(「금융소비자 보호에 관한 법률」 제2절 금융분쟁의 조정)

① 금융회사, 예금자 등 금융수요자 및 기타 이해관계자는 금융 관련 분쟁 발생 시 금융감독원에 분쟁의 조정을 신청할 수 있다.

② 금융감독원은 분쟁 관계 당사자에게 내용을 통지하고 합의를 권고할 수 있으며, 분쟁 조정 신청일 이후 30일 이내로 합의가 이루어지지 않는 경우 금융감독원장은 지체 없이 이를 금융분쟁조정위원회로 회부해야 한다.

③ 금융분쟁조정위원회는 조정 회부로부터 60일 이내 이를 심의하여 조정안을 마련해야 하며 금융감독원장은 신청인과 관계 당사자에게 이를 제시하고 수락을 권고할 수 있다.

④ 관계 당사자가 조정안을 수락한 경우 해당 조정안은 재판상 화해와 동일한 효력을 갖는다.

(3) 고객상담창구 및 보험 가입조회

① 금융감독원·생명보험협회·보험회사는 보험 관련 소비자 상담 등을 위해 고객상담창구를 설치 및 운영하고 있으며 생명보험협회의 경우 생존자 및 사망자에 대한 보험 가입조회 제도를 운영하고 있다(www.klia.or.kr).

② 보험 가입 내역은 생명보험과 손해보험에 대해 확인이 가능하나 우체국, 새마을금고 등 공제보험의 가입 내역은 조회할 수 없다(우체국보험의 경우 우체국보험 홈페이지의 계약사항조회를 통해 확인 가능).

2 보험소비자 보호를 위한 기타 제도

(1) 보험금 대리청구인 지정제도

보험계약자와 피보험자, 그리고 보험수익자가 동일한 본인을 위한 보험상품 가입 시 보험금을 수령하기 위해서는 본인이 직접 보험금을 청구해야 한다. 하지만 치매 등 보험사고 발생으로 본인이 의식불명상태 등 스스로 보험금 청구가 현실적으로 어려운 상황이 발생할 수 있다. 따라서 이러한 경우를 방지하고자 보험금 대리청구인을 미리 지정해 두어 대리청구인이 피보험자(수익자)를 대신하여 보험금을 청구할 수 있도록 제도를 실시하고 있다.

(2) 생명보험 광고심의제도

① 생명보험업계는 보험소비자 보호 및 보험업 이미지 제고를 위해 2005년부터 「생명보험광고에 관한 규정」을 제정하고 생명보험 광고에 대한 심의제도를 운용하고 있다. 이는 「금융소비자 보호에 관한 법률」 제22조 금융상품 등에 관한 광고 관련 준수사항을 법적 근거로 하고 있으며 생명보험회사가 보험상품을 광고하기 위해 반드시 안내해야 하는 필수안내 사항 및 금지사항 등을 규정하고 있다.

② 이와 달리 정부기관, 곧 우체국보험을 포함한 우정사업본부의 광고는 「정부기관 및 공공법인 등의 광고 시행에 관한 법률」에 따라 기본계획을 수립하고, 광고를 「동법 시행령」 제6조(업무의 위탁)에 따라 정부 광고 업무를 수탁한 한국언론진흥재단의 정부광고통합시스템에 의뢰하며 해당 시스템을 통해 소요경비를 지출한다.

(1) 보험 민원의 정의

보험업에서 민원이란 보험회사가 계약에 따른 의무를 이행하지 않거나 보험상품 및 서비스가 고객 입장에서 기대에 미치지 못했을 때 또는 고객에 대한 관리가 적절히 이루어지지 않았을 경우 발생할 수 있는 보험회사에 대한 이의신청 · 진정 · 건의 · 질의 및 기타 특정한 행위를 요하는 의사표시로 정의할 수 있다.

(2) 보험 민원의 특징

① 일반적으로 보험은 상품 특성상 어느 정도의 민원을 내포할 수밖에 없다. 보험금의 지급책임이 장래의 우연한 보험사고의 발생 여부에 달려있으며 보험계약 시 보험회사와 계약자를 연결하는 판매 채널이 존재하므로 불완전판매 등의 민원도 상당 비중을 차지한다. 또한 보험회사의 상품개발 및 판매 정책 등에 의해서도 발생할 수 있어 상품기획 단계에서부터 민원소지나 불완전판매 소지가 없는지 보험회사 스스로 판단하는 제도를 운영하기도 한다.

② 보험 민원은 보험회사가 민원평가 및 평판 등을 의식하여 원칙적으로 수용할 수 없는 민원까지 수용할 경우 악성 민원인에 의해 남용될 소지가 크다. 이러한 경우 보험회사와 감독 당국의 민원 · 분쟁 처리 효율성을 크게 저하시켜 결국 선량한 소비자의 정당한 민원 · 분쟁 처리가 지연될 수도 있다. 따라서 보험회사는 정확한 사실관계 확인을 바탕으로 관련 법규 및 기준에 근거하여 민원을 객관적 · 합리적으로 처리해야 한다.

(3) 현장에서의 보험 민원 주요 유형

실제 보험영업 및 관리과정에서 많이 발생하는 민원유형은 아래 표와 같이 분류할 수 있다.

주요 유형	세부 유형
불완전판매	• 약관 및 청약서 부본 미교부 • 고객불만 야기 및 부적절한 고객불만 처리 • 고객의 니즈에 부합하지 않는 상품을 변칙 판매
부당행위	• 자필서명 미이행 • 적합성원칙 등 계약권유준칙 미이행 • 약관상 중요 내용에 대한 설명 불충분 및 설명의무 위반 • 고객의 계약 전 알릴 의무 방해 및 위반 유도 • 대리진단 유도 및 묵인 • 약관과 다른 내용의 보험안내자료 제작 및 사용 • 특별이익 제공 또는 제공을 약속 • 보험료, 보험금 등을 횡령 및 유용 • 개인신용정보관리 및 보호 관련 중요사항 위반 • 보험료 대납, 무자격자 모집 또는 경유계약
보험금 지급	• 보험금 지급처리 지연 • 보험금 부지급 또는 지급 처리과정에서의 불친절 • 최초 안내(기대)된 보험금 대비 적은 금액을 지급
계약인수	• 계약인수 과정에서 조건부 가입에 대한 불만 • 계약적부심사 이후 계약해지 처리 불만 • 장애인 계약 인수과정에서 차별로 오인함에 따른 불만 • 계약 전 알릴 의무 위반사항과 인과관계 여부에 대한 불만

생명보험과 제3보험

01 생명보험의 개요

1 보험의 의의

일상생활에는 예측하기 힘들고 우연 발생적인 사고의 가능성이 항상 존재하는데 이로 인해 발생하는 경제적 손실을 보전하고 우리 주변을 둘러싸고 있는 여러 가지 위험으로부터 안정적인 생활을 영위할 필요에 따라 만들어진 제도가 보험이다.

2 생명보험의 의의

(1) 개념

생명보험은 보험자가 보험계약자로부터 보험료를 받고 피보험자의 사망, 생존, 사망과 생존에 관하여 우연한 사고가 발생할 경우에 약정한 보험금을 지급하기로 하는 보험이다.

(2) 특징

① 사람의 사망, 생존, 사망과 생존을 보험사고로 하는 점에서 상해나 질병을 보험사고로 하는 상해보험이나 질병보험과는 다르며 보험사고가 발생할 경우 손해의 유무나 다소에 따라 보험금을 지급하는 손해보험과 달리 이를 불문하고 일정한 금액을 지급하는 정액보험이다.

② 주로 사람의 생사(生死)에 관련된 불의의 사고에 대한 경제적 손실을 보전하며 많은 사람이 모여 합리적으로 계산된 소액의 분담금(보험료)을 모아서 공동 준비 재산을 조성하고 불의의 사고가 발생했을 경우에 약정된 금액(보험금)을 지급한다.

(3) 기능

보장성 기능	피보험자가 보험기간에 사망하거나 생존한 경우에 보험자는 보험수익자에게 약정한 보험금을 지급하여 피보험자가 노후생활을 대비하거나 피보험자의 사망으로 인한 유족의 생활을 보장한다.
저축성 기능	저축보험료를 주식이나 채권 등에 투자하여 얻은 이익을 지급한다.

1 생명보험 상품의 특성

(1) 무형의 상품

생명보험은 형태가 보이지 않는 무형의 상품이므로 타상품과 성능을 비교 검증하기 힘들다. 따라서 보험가입자의 정확한 이해가 중요하며, 상품 권유단계부터 가입자에게 필요한 가입설계, 보장내용 및 보험금 지급절차, 이를 수록한 약관에 대한 충분한 설명이 필요하다.

(2) 미래지향적 · 장기효용성 상품

제조업체의 상품은 구입 즉시 사용으로 인한 만족감을 느끼는 현재 지향적인 상품이지만, 생명보험 상품은 불확실한 미래에 대한 보장을 주기능으로 하는 미래지향적인 상품으로 가입과 효용이 동시에 발생하지 않고 사망, 상해, 만기, 노후 등 보험금 지급사유가 발생했을 때 효용을 주는 상품이다.

(3) 장기계약 · 비자발적 상품

제조업체 상품은 대개 돈을 내고 상품을 구입하는 즉시 계약이 종료되지만, 생명보험 상품은 짧게는 수년부터 길게는 종신 동안 계약의 효력이 지속되고, 스스로의 필요에 의해 자발적으로 가입하기도 하지만 자신의 생명과 신체에 대한 사망, 재해, 질병 등을 인식하기 꺼리는 경향이 있어 대부분의 경우 보험판매자의 권유와 설득에 의해 가입하게 되는 비자발적인 상품이다.

2 생명보험 상품의 구성

생명보험 상품은 일반적으로 주계약(기본보장계약)과 특약(추가보장계약)으로 구성된다.

[생명보험 상품의 구성]

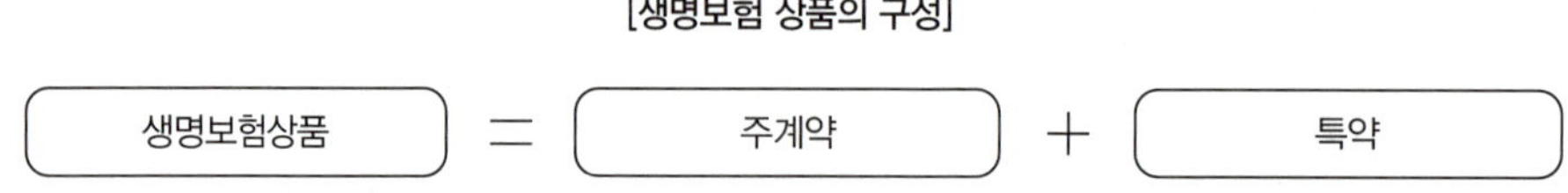

(1) 주계약

보험계약에 있어서 기본이 되는 중심적인 보장내용 부분으로 보험계약의 가장 큰 특징이자 가입목적을 나타내며 계약성립의 기본이 되는 부분이다.

(2) 특약

특별약관의 줄임말로써, 다수의 보험계약자의 다양한 욕구를 모두 충족시키기 위하여 부가하는 것이 특약이며 주계약 외에 별도의 보장을 받기 위해 주계약에 부가하는 계약을 의미한다.

[특약의 분류]

- 독립성에 따라
  - 독립특약: 별도의 독립된 상품으로 개발됨 / 어떤 상품에든지 부가될 수 있는 특약
  - 종속특약: 특정상품에만 부가할 목적으로 개발됨 / 다른 상품에는 부가하지 못하는 특약
- 필수가입 여부에 따라
  - 고정부가특약: 계약자 선택과 무관하게 주계약에 고정시켜 판매되는 특약
  - 선택부가특약: 계약자가 선택하는 경우에만 부가되는 특약

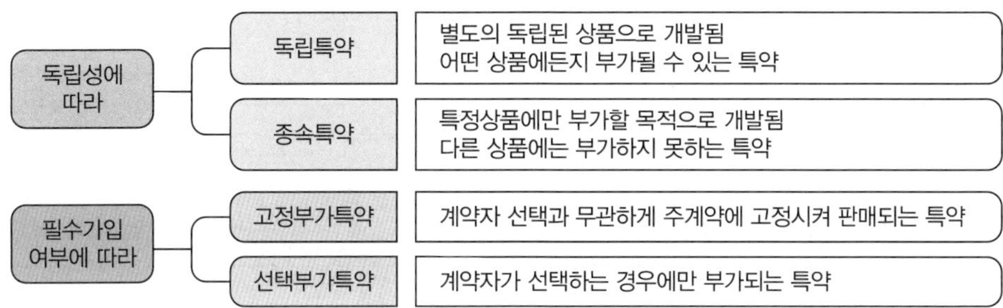

3 생명보험 상품의 종류

- 주된 보장(사망보장, 생존보장)에 따라
  - 사망보험
    - 정기보험
    - 종신보험
  - 생존보험
  - 생사혼합보험

- 보험상품 성격에 따라
  - 저축성보험
  - 보장성보험
  - 교육보험
  - 연금보험
    - 개인연금보험
    - 퇴직(기업)연금보험
  - 양로보험

- 피보험자의 수에 따라
  - 개인보험
    - 단생보험(피보험자 1인)
    - 연생보험(피보험자 2인 이상)
  - 단체보험

- 배당유무에 따라
  - 배당보험
  - 무배당보험

- 가입 시 건강진단 유무에 따라
  - 건강진단보험(유진단보험)
  - 무진단보험

(1) 사망보험

① 피보험자가 보험기간 중 사망하였을 때 보험금이 지급되는 보험이다.

② 사망보험은 정기 · 종신보험으로 구분된다.

정기보험 (定期保險)	보험기간을 미리 정해놓고 피보험자가 그 기간 내에 사망했을 때 보험금이 지급되는 보험
종신보험 (終身保險)	보험기간을 정하지 않고 피보험자가 일생을 통하여 언제든지 사망했을 때 보험금을 지급하는 보험

(2) 생존보험

피보험자가 보험기간이 끝날 때까지 생존했을 때에만 보험금이 지급되는 보험으로서 저축기능이 강한 반면 보장기능이 약한 결함을 갖고 있지만, 만기보험금을 매년 연금형식으로 받을 수 있는 등 노후대비에 좋은 이점도 있다.

(3) 생사혼합보험

피보험자가 보험기간 중 사망한 경우 사망보험금을 지급하는 사망보험과 만기 시까지 생존한 경우 만기보험금을 지급하는 생존보험을 혼합한 보험으로 사망보험의 보장 기능과 생존보험의 저축 기능을 동시에 가진 생명보험이다.

(4) 저축성보험

① 생존 시에 보험금이 지급되는 저축 기능을 강화한 보험으로 저축성보험은 생존 시 지급되는 보험금 합계액이 기 납입 보험료를 초과한다.

② 위험보장 기능보다는 만기 생존 시 보험금이나 연금이 지급되는 저축기능을 강화한 상품으로 중 · 장기간에 목돈을 마련하거나 노후를 대비할 수 있도록 개발된 상품이다.

③ 저축성보험은 일반적으로 적립 부분이 보장 부분보다 큰 비중을 차지한다.

보장 부분	위험보험료를 예정이율로 부리 하여 피보험자가 사망 또는 장해를 당했을 때 보험금을 지급하는 부분
적립 부분	저축보험료를 일정 이율로 부리 하여 만기 또는 중도 생존 시 적립된 금액을 지급하는 부분

(5) 보장성보험

① 주로 사망, 질병, 재해 등 각종 위험보장에 중점을 둔 보험으로, 보장성보험은 만기 시 환급되는 금액이 없거나 기 납입 보험료보다 적거나 같다.

② 암보험, 상해보험 등이 보장성보험의 대표적인 예이다.

(6) 교육보험

① 자녀의 교육자금을 종합적으로 마련할 수 있도록 설계된 보험으로, 부모 생존 시뿐만 아니라 사망 시에도 양육자금을 지급해주는 특징이 있다.

② 즉, 교육보험은 일정 시점에서 계약자와 피보험자가 동시에 생존했을 때 생존급여금을 지급하고, 계약자가 사망하고 피보험자가 생존하였을 때 유자녀 학자금을 지급하는 형태를 가진다.

(7) 연금보험

① 소득 일부를 일정 기간 적립(보험료 납입)했다가 노후에 연금(보험금액)을 수령하여 일정 수준의 소득을 계속 유지함으로써 노후의 생활능력을 보호하기 위한 보험이다.

② 연금은 가입자가 원할 경우 지급 기간을 확정하여 받거나 종신토록 받을 수 있다.

    ㉠ 종신연금보험 : 피보험자가 일정한 나이가 된 때로부터 사망할 때까지 매년 연금을 지급하는 보험

    ㉡ 정기연금보험 : 일정한 기간을 정하여 연금을 지급하는 보험

(8) 개인보험

일반 개인이 가입하는 대부분의 보험계약이 개인보험에 해당하며 피보험자를 1인으로 한정하여 체결하는 보험으로 단생보험 또는 단독보험이 주류를 이루고 있다.

(9) 연생보험

피보험자 2인 중 1인의 사망을 보험사고로 하여 다른 1인이 보험금액을 받기로 하는 생명보험이 대표적인 예이다.

(10) 단체보험

① 일정한 조건을 구비한 단체의 구성원을 피보험자로 하여 단체 또는 단체의 대표자가 가입하는 생명보험이다.

② 대표적인 예로 직장이나 단체에 속하는 자를 포괄적으로 피보험자로 하여 사망, 생존, 사망과 생존을 보험사고로 하는 생명보험이 있다.

(11) 변액보험

계약자가 납입한 보험료를 특별계정을 통하여 기금을 조성한 후 주식, 채권 등에 투자하여 발생한 이익을 보험금 또는 배당으로 지급하는 상품으로 변액종신보험, 변액연금보험, 변액유니버셜보험 등이 있으며 펀드형 투자상품이 아니다.

(12) CI(Critical Illness)보험

중대한 질병이며 치료비가 고액인 암, 심근경색, 뇌출혈 등에 대한 급부를 중점적으로 보장하여 주는 보험으로 생존 시 고액의 치료비, 장해에 따른 간병비, 사망 시 유족들에게 사망보험금 등을 지급해주는 상품이다.

1 제3보험의 의의 및 종목

(1) 제3보험의 의의

① 제3보험이란 "위험보장을 목적으로 사람의 질병·상해 또는 이에 따른 간병에 관하여 금전 및 그 밖의 급여를 지급할 것을 약속하고 대가를 수수하는 계약으로서 대통령령으로 정하는 계약이다(「보험업법」 제2조 제1호)"라고 정의된다. 즉, 제3보험의 경우 생명보험의 약정된 정액보상적 특성과 손해보험의 실손보상적 특성을 모두 가지는 보험을 의미하게 된다.

> 「보험업법」 제2조(정의) 이 법에서 사용하는 용어의 뜻은 다음과 같다.
> 1. "보험상품"이란 위험보장을 목적으로 우연한 사건 발생에 관하여 금전 및 그 밖의 급여를 지급할 것을 약정하고 대가를 수수(授受)하는 계약(「국민건강보험법」에 따른 건강보험, 「고용보험법」에 따른 고용보험 등 보험계약자의 보호 필요성 및 금융거래 관행 등을 고려하여 대통령령으로 정하는 것은 제외한다)으로서 다음 각 목의 것을 말한다.
>   가. 생명보험상품 : 위험보장을 목적으로 사람의 생존 또는 사망에 관하여 약정한 금전 및 그 밖의 급여를 지급할 것을 약속하고 대가를 수수하는 계약으로서 대통령령으로 정하는 계약
>   나. 손해보험상품 : 위험보장을 목적으로 우연한 사건(다목에 따른 질병·상해 및 간병은 제외한다)으로 발생하는 손해(계약상 채무불이행 또는 법령상 의무불이행으로 발생하는 손해를 포함한다)에 관하여 금전 및 그 밖의 급여를 지급할 것을 약속하고 대가를 수수하는 계약으로서 대통령령으로 정하는 계약
>   다. 제3보험상품 : 위험보장을 목적으로 사람의 질병·상해 또는 이에 따른 간병에 관하여 금전 및 그 밖의 급여를 지급할 것을 약속하고 대가를 수수하는 계약으로서 대통령령으로 정하는 계약 〈이하 생략〉

② 사람의 신체에 대해 보상하는 보험의 성격에 따라 분류하면 생명보험이라 할 수 있으나, 비용손해와 의료비 등 실손 부분에 대해 보상한다고 분류하게 되면 손해보험으로 볼 수 있다. 이에 생명보험 영역, 손해보험 영역 두 분야에 걸쳐 있다는 의미에서 제3보험 혹은 Gray Zone 보험이라고 불리기도 한다.

③ 예를 들어 생명보험의 경우 질병보장상품 등이 해당되고, 각종 질병치료비 등의 실손보상은 손해보험으로 분류할 수 있는데 이와 같은 중복된 영역에 대하여 제3보험이라는 용어를 사용하게 되었다.

④ 우리나라에서는 2003년 8월 「보험업법」 개정을 통해서 최초로 제3보험이 제정되었다. 제3보험의 종류로는 상해보험, 질병보험, 간병보험이 있으며 생명보험사·손해보험사는 제3보험업 겸영이 가능하다.

[생명보험, 손해보험, 제3보험 구분]

구 분	생명보험	손해보험	제3보험
보험사고대상 (조건)	사람의 생존 또는 사망	피보험자 재산상의 손해	신체의 상해, 질병, 간병
보험기간	장 기	단 기	단기, 장기 모두 존재
피보험이익	원칙적으로 불인정	인 정	원칙적으로 불인정
피보험자 (보험대상자)	보험사고 대상	손해에 대한 보상받을 권리를 가진 자	보험사고 대상
보상방법	정액보상	실손보상	정액보상, 실손보상

(2) 제3보험의 종목

제3보험은 보험업감독규정에 따르면 '상해보험 · 질병보험 · 간병보험'으로 구분하고 있다.

① **상해보험** : 우연한 사고로 신체에 입은 상해에 대한 치료 등에 소요되는 비용 보장

② **질병보험** : 질병 또는 질병으로 인한 입원 · 수술 등에 소요되는 비용 보장

③ **간병보험** : 치매 또는 일상생활장해 등으로 타인의 간병을 필요로 하는 상태로 진단받았거나 그와 관련하여 소요되는 비용 보장

[제3보험의 보험계약]

보험계약(종목)	구분기준
상해보험(계약)	사람의 신체에 입은 상해에 대하여 치료에 소요되는 비용 및 상해의 결과에 따른 사망 등의 위험에 관하여 금전 및 그 밖의 급여를 지급할 것을 약속하고 대가를 수수하는 보험(계약)
질병보험(계약)	사람의 질병 또는 질병으로 인한 입원 · 수술 등의 위험(질병으로 인한 사망을 제외한다)에 관하여 금전 및 그 밖의 급여를 지급할 것을 약속하고 대가를 수수하는 보험(계약)
간병보험(계약)	치매 또는 일상생활장해 등 타인의 간병을 필요로 하는 상태 및 이로 인한 치료 등의 위험에 관하여 금전 및 그 밖의 급여를 지급할 것을 약속하고 대가를 수수하는 보험(계약)

출처 : 「보험업감독규정」 별표1

2 제3보험의 특성

제3보험은 생명보험의 특성과 손해보험의 특성을 모두 가지고 있어서 다음과 같은 특성을 가지고 있다.

[제3보험의 특성]

구 분	특 성
생명보험으로서 제3보험	• 피보험자의 동의 필요 • 피보험이익 평가불가 • 보험자 대위 금지 • 만 15세 미만 계약 허용 • 중과실 담보
손해보험으로서 제3보험	• 실손보상의 원칙 • 보험사고 발생 불확정성

(1) 「상법」상의 분류

「상법」에서 생명보험, 상해보험, 질병보험, 화재보험, 운송보험, 해상보험, 책임보험, 자동차보험 등에 대한 정의는 있지만 제3보험이라는 분류는 없다. 대신 제3보험과 관련된 생명보험, 상해보험, 질병보험 등 관련 법규를 준용하게 된다.

> **「상법」 내 관련 법규**
>
> **제2절 생명보험**
>
> **제730조(생명보험자의 책임)** 생명보험계약의 보험자는 피보험자의 사망, 생존, 사망과 생존에 관한 보험사고가 발생할 경우에 약정한 보험금을 지급할 책임이 있다.
>
> **제731조(타인의 생명의 보험)** ① 타인의 사망을 보험사고로 하는 보험계약에는 보험계약 체결 시에 그 타인의 서면(「전자서명법」 제2조 제2호에 따른 전자서명이 있는 경우로서 대통령령으로 정하는 바에 따라 본인 확인 및 위조·변조 방지에 대한 신뢰성을 갖춘 전자문서를 포함한다)에 의한 동의를 얻어야 한다.
>
> **제3절 상해보험**
>
> **제737조(상해보험자의 책임)** 상해보험계약의 보험자는 신체의 상해에 관한 보험사고가 생길 경우에 보험금액 기타의 급여를 할 책임이 있다.
>
> **제739조(준용규정)** 상해보험에 관하여는 제732조를 제외하고 생명보험에 관한 규정을 준용한다.
>
> **제4절 질병보험**
>
> **제739조의2(질병보험자의 책임)** 질병보험계약의 보험자는 피보험자의 질병에 관한 보험사고가 발생할 경우 보험금이나 그 밖의 급여를 지급할 책임이 있다.
>
> **제739조의3(질병보험에 대한 준용규정)** 질병보험에 관하여는 그 성질에 반하지 아니하는 범위에서 생명보험 및 상해보험에 관한 규정을 준용한다.

(2) 「보험업법」상의 분류

① 「보험업법」 제2조(정의)에서 "위험보장을 목적으로 사람의 질병·상해 또는 이에 따른 간병에 관하여 금전 및 그 밖의 급여를 지급할 것을 약속하고 대가를 수수하는 계약으로서 대통령령으로 정하는 계약"으로 정의하고 있다.

② 「보험업법」 제4조에서는 보험 종목을 구분하여 제3보험을 생명보험이나 손해보험이 아닌 독립된 하나의 보험업으로 구분하고 있다.

「보험업법」상 관련 법규

제2조(정의) 이 법에서 사용하는 용어의 뜻은 다음과 같다.

1. "보험상품"이란 위험보장을 목적으로 우연한 사건 발생에 관하여 금전 및 그 밖의 급여를 지급할 것을 약정하고 대가를 수수(授受)하는 계약(「국민건강보험법」에 따른 건강보험, 「고용보험법」에 따른 고용보험 등 보험계약자의 보호 필요성 및 금융거래 관행 등을 고려하여 대통령령으로 정하는 것은 제외한다)으로서 다음 각 목의 것을 말한다.

  가. 생명보험 상품 : 위험보장을 목적으로 사람의 생존 또는 사망에 관하여 약정한 금전 및 그 밖의 급여를 지급할 것을 약속하고 대가를 수수하는 계약으로서 대통령령으로 정하는 계약

  나. 손해보험상품 : 위험보장을 목적으로 우연한 사건(다목에 따른 질병·상해 및 간병은 제외한다)으로 발생하는 손해(계약상 채무불이행 또는 법령상 의무 불이행으로 발생하는 손해를 포함한다)에 관하여 금전 및 그 밖의 급여를 지급할 것을 약속하고 대가를 수수하는 계약으로서 대통령령으로 정하는 계약

  다. 제3보험 상품 : 위험보장을 목적으로 사람의 질병·상해 또는 이에 따른 간병에 관하여 금전 및 그 밖의 급여를 지급할 것을 약속하고 대가를 수수하는 계약으로서 대통령령으로 정하는 계약 〈이하 생략〉

제4조(보험업의 허가) ① 보험업을 경영하려는 자는 다음 각 호에서 정하는 보험종목별로 금융위원회의 허가를 받아야 한다.

1. 생명보험업의 보험 종목

  가. 생명보험

  나. 연금보험(퇴직보험을 포함한다)

  다. 그 밖에 대통령령으로 정하는 보험종목

2. 손해보험업의 보험종목

  가. 화재보험

  나. 해상보험(항공·운송보험을 포함한다)

  다. 자동차보험

  라. 보증보험

  마. 재보험(再保險)

  바. 그 밖에 대통령령으로 정하는 보험종목

3. 제3보험업의 보험종목

  가. 상해보험

  나. 질병보험

  다. 간병보험

  라. 그 밖에 대통령령으로 정하는 보험 종목 〈이하 생략〉

4 제3보험의 겸영

(1) 「보험업법」에서는 장기 안정적 위험을 담보로 하는 생명보험업과 단기 거대위험 등을 담보로 하는 손해보험업이 서로 다른 성격으로 보험계약자에게 손해를 끼칠 리스크로 인해 생명보험업과 손해보험업의 겸영을 금지하고 있다.

(2) 그러나 보험회사가 생명보험업이나 손해보험업에 해당하는 전 종목에 관하여 허가를 받았을 때는 제3보험업에 대해서도 허가를 받은 것으로 본다. 따라서 이러한 경우 제3보험업에 대해서는 겸영을 허용하고 있다(「보험업법」 제4조 제3항).

「보험업법」 **제4조(보험업의 허가)** ③ 생명보험업이나 손해보험업에 해당하는 보험종목의 전부(제1항 제2호 라목에 따른 보증보험 및 같은 호 마목에 따른 재보험은 제외한다)에 관하여 제1항에 따른 허가를 받은 자는 제3보험업에 해당하는 보험종목에 대한 허가를 받은 것으로 본다.

(3) 또한 생명보험회사나 손해보험회사는 질병보험 주계약에 각종 특약을 부가하여 보장을 확대한 보험상품을 판매하고 있다. 다만, 손해보험회사에서 판매하는 질병사망 특약의 보험기간은 80세 만기, 보험금액 한도는 개인당 2억원 이내로 부가할 수 있으며, 만기 시 지급하는 환급금이 납입보험료 합계액 범위 내여야 하는 요건이 충족하는 경우 겸영이 가능하다(「보험업법 시행령」 제15조 제2항).

[제3보험(질병사망)의 특약에 따른 겸영가능 요건]

구 분	생명보험	손해보험
보험만기		80세 이하
보험금액	제한없음	개인당 2억 원 이내
만기환급금		납입보험료 합계액 범위 내

> 「보험업법 시행령」 제15조(겸영 가능 보험종목) ② 법 제10조 제3호에서 "대통령령으로 정하는 기준에 따라 제3보험의 보험종목에 부가되는 보험"이란 질병을 원인으로 하는 사망을 제3보험의 특약 형식으로 담보하는 보험으로서 다음 각 호의 요건을 충족하는 보험을 말한다.
> 1. 보험 만기는 80세 이하일 것
> 2. 보험금액의 한도는 개인당 2억원 이내일 것
> 3. 만기 시에 지급하는 환급금은 납입보험료 합계액의 범위 내일 것
> [전문개정 2011.1.24.]

04 **제3보험 상품**

⊡1 제3보험 상품의 분류

제3보험은 상해보험, 질병보험, 간병보험으로 분류할 수 있다. 상해보험은 생명보험의 재해보험 상품과 손해보험의 상해보험 상품이 있다. 질병보험은 각종 암, 뇌혈관질환 등의 진단 보험과 암 보험, CI보험 등의 상품이 있다. 간병보험의 경우에는 공적 · 민영 장기간병보험 상품을 판매하고 있다.

[제3보험 보장성에 따른 상품 분류]

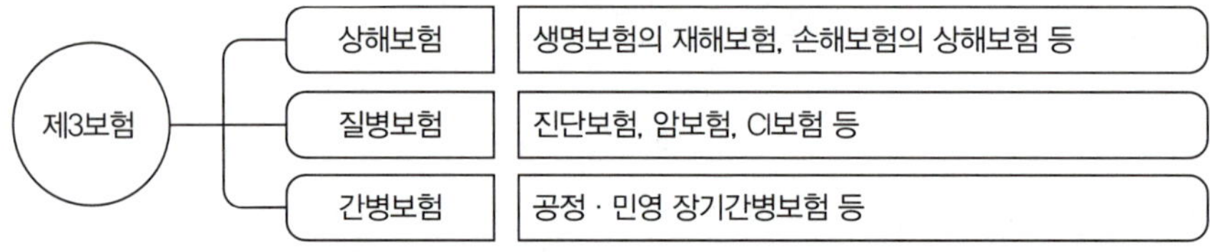

2 상해보험

(1) 상해보험의 정의

① 상해보험은 갑작스럽고 우연한 외래 사고로 인해 사람의 신체에 입은 상해에 대하여 발생한 비용을 보상하는 상품이다. 즉, 교통재해 및 각종 사고 발생 시 보험금을 지급하는 상품을 말한다.

② 상해보험은 외부로부터의 급작스러운 사고로 인한 상해인정 여부가 중요한 조건이 되는데 단, 피보험자의 책임 있는 사유로 타인에게 상해 등을 입힌 경우는 보장하지 않는다.

(2) 상해사고의 요건

급격성	• 보험사고의 원인으로부터 보험사고의 결과인 상해가 발생하기까지의 과정에 있어 시간적 간격 없이 갑자기 발생하여야 하고 이를 피보험자가 예견하지 않거나 예견할 수 없는 순간에 사고가 생긴 것을 의미한다. • 이는 질병 또는 전신 쇠약 등의 원인을 상해에서 제외하기 위한 개념으로 연탄가스 등의 유독가스를 우연히 일시에 흡입하여 생긴 중독 현상이나 약물복용의 부작용은 상해로 보지만 세균성 식중독이나 상습적 흡입·섭취 또는 마약류 장기 복용으로 인한 손해는 상해가 아니다.
우연성	• 피보험자가 보험사고의 핵심적인 요건으로 원인 또는 결과의 발생이 예견할 수 없는 상태를 말한다. • 자해행위, 자살, 음독, 외과적 수술 도중에 생긴 상해·사망, 범죄자에 대한 형의 집행으로 인한 사망 또는 질환이 있는 자가 과격한 운동 중에 생긴 사망 등은 우연한 사고에 해당하지 않는다.
외래성	• 보험사고의 신체 상해의 발생 원인이 피보험자 신체에 내재되어 있는 내부 요인이 아니라 신체의 외부적 요인에 기인하는 것을 의미한다. • 상해의 원인이 외래적이라면 상해 자체가 신체의 내부나 외부 어디에서 발생하든 상관없다. • 또한 상해사고는 발생하였으나 그에 따른 질병으로 사망한 경우에는 우연한 상해사고가 질병의 직접적인 원인에 해당한다면 이를 상해사고로 본다.

[상해요건과 보험금 지급 단계]

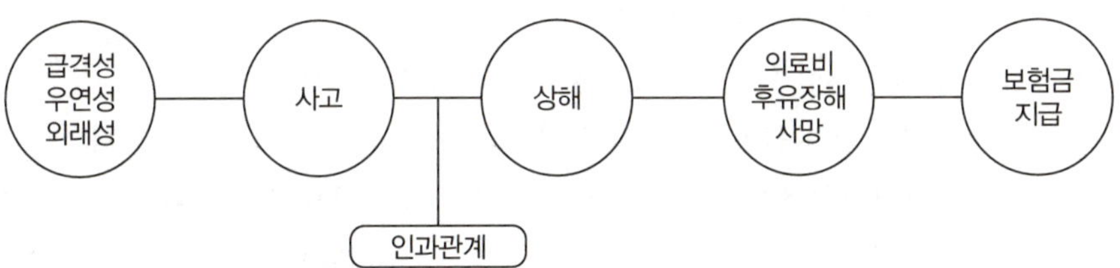

(3) 보상 제외 사항

보장되는 상해 사고에서는 사고의 근본원인에 따라 면·부책여부가 결정되는 데 질병에 의해 발생되는 상해사고는 보상이 제외되는 데 반해 상해에 의해 발생되는 질병의 경우는 보상이 된다.

[보상 제외 사항]

원 인	결 과	보상 여부
상 해	질병 발생	보상 해당
질 병	상해 발생	보상 제외

(4) 상해보험의 종류

① 생명보험의 재해보험과 손해보험의 상해보험

생명보험의 재해보험	특정 재해분류표(보험상품 약관참고) 등을 이용하여 담보위험을 열거하여 보장해주는 상품
손해보험의 상해보험	특정 상해사고를 보상하는 특별약관으로 보장하는 형태

② 일반적인 상해보험 보장내용

[일반적인 상해보험 주요 보장내용]

구 분	내 용
상해입원급부금	보험기간 중 상해로 인해 직접치료를 목적으로 입원하였을 경우
상해수술급부금	보험기간 중 상해로 인해 직접치료를 목적으로 수술을 받았을 경우
상해장해급부금	보험기간 중 상해로 인해 장해분류표에서 정한 각 장해지급률에 해당하는 장해상태가 되었을 경우
상해사망보험금	보험기간 중에 상해의 직접적인 원인으로 사망하였을 경우
만기환급금	보험기간이 끝날 때까지 피보험자가 살아있는 경우

(5) 알릴 의무 관련 유의사항

① 직업이 변경되었을 경우

   ㉠ 상해보험은 직업(직무)의 성격에 맞춰서 사고의 발생가능성이 달라지기 때문에 보험요율을 구분하여 산출하게 된다.

   ㉡ 변경된 직업(직무)별 위험도에 따라 사고 발생 가능성도 증가 또는 감소할 수 있으므로 계약자의 납입보험료도 그에 따라 달라진다.

② 위험한 직업 및 직무로 변경 시 보험회사에 고지

   ㉠ 보험기간 중에 사고 발생 위험이 증가된 때 그 사실을 보험회사에 통지할 의무가 있으므로 보험가입자는 피보험자의 직업이 위험한 직업으로 변경된 경우 보험회사에 알려야 한다. 또한, 추후 분쟁의 소지를 방지하기 위해서 서면 등으로 변경 통지하고 보험증권에 확인을 받아두는 것이 안전하다.

   ㉡ 변경된 직업 및 직무와 관계가 없는 사고의 경우에는 보험가입자가 직업 및 직무의 변경 사실을 알리지 않고 있어도 보험금이 전액 지급된다.

3 질병보험

(1) 질병보험의 정의

① 질병보험이란 암, 성인병 등의 각종 질병으로 인한 진단, 입원, 수술 시 보험금을 지급하는 상품을 의미한다. 단, 질병으로 인한 사망은 제외된다.(질병사망은 특약으로만 부가)

② 우리나라에서는 질병보험을 건강보험이라고도 하는데 그 종류로는 진단 보험, 암보험, CI보험, 실손의료보험 등이 있다. 이러한 질병보험 상품들이 각종 질병에 따라 발생하는 진단비, 수술비, 입원비 등의 각종 의료비를 보장하고 있다.

(2) 질병보험 시장의 변화

① 급속한 인구노령화의 진행

최근 의료기술 발전 등으로 평균수명이 연장됨에 따라 노인 인구가 급증하고 있다. 따라서 각종 노인성 질환의 발생률도 증가하고 있으며 질병에 대한 치료 기간이 길어지게 되었다. 그에 따라 질병보험의 종류 및 지급방식도 변화하고 있다.

② 질병 형태의 변화

국내외 환경 변화에 따라 생활양식의 서구화 등으로 질병 형태가 변화하고 있으며, 이에 따라 의료비용도 급증하는 현상이 초래하고 있다.

③ 새로운 상품개발

IMF 이후 대량판매 되었던 종신보험 시장이 포화됨에 따라 새롭게 CI보험(중대한 질병보험), 온라인 미니보험 등 다양한 질병 중심의 상품을 개발 및 판매하는 추세 변화가 나타나고 있다.

④ 고액 의료비용 발생

중대한 질병에 걸려도 과거와 달리 생존율 및 완치율이 높아서 의료비 외에도 각종 비용이 추가로 발생하게 되어 경제적 부담이 가중되었다.

(3) 질병보험의 특성

① 질병 보상한도의 설정

진단비, 수술비에는 1회 보상한도 금액을 설정하고 있다. 입원의 경우에는 입원일수를 120일 또는 180일 등으로 한도를 정하고 있다.

② 질병의 진단에 대한 판정기준

새로운 질병이 지속적으로 증가하고 있어 이로 인한 분쟁을 줄이기 위한 약관의 판정기준 및 용어의 정의를 정확히 규정하고 있다.

③ 보험나이에 따른 보험료 계산

질병보험은 연령별로 보험료가 차이가 있으며 고연령일수록 보험료가 증가하게 된다.

④ 면책 질병 및 개시일

선천적인 질병, 정신질환, 알코올중독 및 마약 등의 질병은 면책 질병으로 분류되며 질병보험의 책임개시일은 보험계약일로 하나, 일부 질병 담보(예 암 90일)의 경우 보험계약일(당일 포함)로부터 일정 기간의 면책 기간을 둔다.

⑤ 부담보조건 인수로 보험 가입 대상 확대

계약 전 알릴 의무에 해당하는 질병으로 피보험자가 과거에 의료기관에서 진단 또는 치료를 받은 경우 부담보조건의 계약을 인수하고 가입 이후 해당 질병으로 보험금 지급사유가 발생하여도 보험금을 지급하지 않는다. 그 외의 질병에 대해서는 보상하도록 하여 보험가입 대상을 확대할 수 있도록 하고 있다.

(4) 질병보험의 일반적 가입조건

① 질병보험은 각종 질병, 암 등 다양한 보험사고가 발생하여 치료를 위해 발생하는 각종 의료비 등을 보장하는 보험상품이다. 진단 확정 시 수술, 입원, 요양 등의 발생비용에 대해서 보장해 준다.

② 질병보험의 종류로는 보장하는 내용에 따라 암보험, 실손의료보험 등이 있고, 만기환급금의 유무에 따라 순수보장형과 만기환급형으로 구분할 수 있다.

③ 보험기간은 10년 이상이 대부분이며, 0세부터 가입이 가능하다(사망 보장의 경우 만 15세 이상).

④ 고연령이거나 건강상태에 따라 가입이 제한될 수 있다. 질병보험은 일반적으로 연령이 증가함에 따라 위험도가 증가하므로 보험료가 높아진다.

⑤ 암보험 등 특화된 질병만을 보장하는 상품의 경우 저렴한 보험료를 책정받을 수 있지만 대신 보장해 주는 질병의 종류가 많지 않다.

⑥ 보험금의 지급사유가 발생하기 전에 사망한 경우에는 보험계약은 소멸하게 된다. 이때 보험금 대신 책임준비금을 지급하게 된다.

(5) 질병보험의 종류

① 진단비 보장보험

뇌출혈, 급성심근경색증, 말기신부전증, 말기간경화 등의 질병으로 진단받을 경우 진단보험금으로 보장해 준다.

② 암보험

㉠ 암보험의 정의

"암"이라 함은 비정상적 세포성 종양으로 한국표준질병·사인분류 중 "대상이 되는 악성 신생물 분류표(일부 제외)"에서 정한 질병을 말한다. 이러한 질병을 치료하기 위한 자금을 보장받기 위한 보험을 암보험 상품이라 한다.

㉡ 암보험의 종류

만기환급금에 따라 순수보장형과 만기환급형으로 구분되는데 암과 관련하여 진단, 입원, 수술 등에 따라 지급되며 만기환급형의 경우 만기환급금이 지급된다. 특정 암(예 3대 주요 암)만을 집중적으로 보장하는 형태의 상품도 있다.

ⓒ 암보험금의 종류

암진단보험금	보험기간 중 피보험자가 암 보장개시일 이후에 암으로 진단 확정되었을 때 보험금을 지급하게 된다. 암보험 상품에 따라서 특정 암에 대해서 추가 약정금액을 지급하기도 한다.
암 수술보험금	보험기간 중 피보험자가 암 보장개시일 이후에 암으로 진단이 확정되었을 때 직접적인 치료를 목적으로 수술을 받은 경우 지급한다.
암 직접치료 입원보험금	암으로 진단 확정되고, 직접적인 치료를 목적으로 입원하여 치료를 받는 경우 입원 1일당 약정 보험금을 지급하게 된다.
암 직접치료 통원보험금	피보험자가 암 보장개시일 이후에 암으로 진단 확정되고, 직접적인 치료를 목적으로 하여 통원하였을 경우 통원 1회당 약정 보험금을 지급하게 된다.
암 사망보험금	피보험자가 보험기간 중 암 보장개시일 이후에 암으로 진단 확정되고, 해당 암으로 인하여 사망하였을 경우 암 사망 약정 보험금을 지급하게 된다.
방사선 약물 치료비	피보험자가 보험기간 중 암 보장개시일 이후 암으로 진단 확정되고, 치료를 목적으로 항암 방사선치료나 항암 약물치료를 받는 경우에는 약정 보험금을 지급하게 된다.

ⓔ 암보험의 일반적 가입조건
- 암보험 상품의 보험기간은 10년 이상으로서 가입 가능 연령은 0세 이상(사망 보장의 경우 만 15세 이상)이고, 일반적으로 연령이 증가함에 따라 위험도가 증가하므로 보험료도 증가하게 된다.
- 갱신형 상품의 경우에는 갱신 시 보험료가 변동이 될 수 있으므로 계약자에게 이 사실을 안내해야 한다. 암보험의 경우 도덕적 해이 및 역선택 발생 방지를 위해서 일정 기간 이후부터 보장이 개시되도록 하고 가입 후 일정 시점(보통 1년)을 기준으로 보험금이 차등 책정된다.

③ 실손의료보험
ⓐ 상품 개요
실손의료보험은 피보험자가 질병·상해로 입원(또는 통원) 치료를 하게 될 경우 실제 부담하게 되는 의료비('국민건강보험 급여 항목 중 본인부담액'+'비급여 항목'의 합계액)의 일부를 보험회사가 보상하는 상품이다.

ⓑ 실손의료보험의 가입 전 주의사항
실손의료보험은 동일인이 여러 개를 가입해도 실제 손해액 이내로 보상하게 된다. 즉, 가입자가 다수의 실손의료보험을 가입하더라도 초과이익 금지를 위해 본인이 부담한 치료비를 상품별로 비례보상하게 되므로, 다수의 실손의료보험에 가입했다고 하더라도 치료비가 가입 상품 수만큼 지급되는 것은 아니다. 따라서 보험계약 체결 전 중복가입(기가입) 여부를 반드시 확인해야 한다.

ⓒ 단체-개인실손보험 간 연계제도
- 퇴직자의 단체실손보험 해지에 따른 보장공백을 해소하고 단체·개인실손 보험의 중복가입자에 대한 보험료 이중부담을 해소하기 위해 단체-개인 실손보험 간 연계 제도가 운영 중이다.
- 단체실손보험에 5년 이상 가입한 사람이 퇴직할 경우 1개월 이내 개인실손으로 전환하여 가입할 수 있으며, 개인실손보험에 1년 이상 가입한 사람이 취직 등으로 회사의 단체실손보험에 가입 시, 기존에 가입한 개인실손보험의 보험료 납입 및 보장을 중지한 후 퇴직 후 1개월 이내 중지했던 개인실손보험을 재개할 수 있다.

4 간병보험

(1) 간병보험의 정의

① 간병보험이란 피보험자가 보험기간 중 상해 또는 질병으로 장기요양상태가 되거나 중증치매 등으로 일상생활이 어려워졌을 때 간병을 필요로 하게 되면 이를 약관에 의거 보험금을 지급하는 상품이다.

② "장기요양상태"라 함은 거동이 불편하여 장기요양이 필요하다고 판단되었을 경우 「노인장기요양보험법」에 따라 국민건강보험공단의 장기요양등급 판정위원회에서 장기요양등급으로 판정받은 경우를 말한다.

③ "치매"란 각종 상해 또는 질병 등으로 인지기능 장애가 발생한 상태를 말한다.

④ 간병보험의 용어

용 어	세부 내용
장기요양상태	만 65세 이상 노인 또는 노인성질병을 가진 만 65세 미만의 자로서 거동이 현저히 불편하여 장기요양이 필요하다고 판단되어 「노인장기요양보험법」에 따라 등급판정위원회에서 장기요양등급을 판정받은 경우를 말한다.
장기요양등급	장기요양인정점수에 따라 1등급, 2등급, 3등급, 4등급, 5등급 및 인지지원등급 등 6개의 등급으로 판정이 되고, 인지지원등급이 가장 경증을 의미하며, 1등급이 가장 중증을 의미한다.
일상생활 장해상태	재해 또는 질병으로 특별한 보조기구(휠체어, 목발, 의수, 의족 등)를 사용하여도 생명유지에 필요한 기본동작들을 스스로 할 수 없는 상태로서, 이동하기를 스스로 할 수 없으면서 식사하기, 화장실 사용하기, 목욕하기, 옷입기 중 어느 하나라도 스스로 할 수 없는 상태가 90일 이상 지속되어 장래에 더 이상 호전을 기대할 수 없는 상태를 말한다.
중증치매상태	재해 또는 질병으로 중증치매상태가 되고, 이로 인해 인지기능의 장애(CDR척도검사 결과가 3점 이상)가 발생한 상태를 말한다.

(2) 간병보험의 특성

① 보험금 지급사유

간병보험은 치매상태와 일상생활에서 행동의 제한이 있는 상태에 있을 때 보험금을 지급하는 것으로, 기존 진단, 수술, 입원 등의 사유로 보험금을 지급하는 질병보험과는 다르다.

② 노인장기요양보험의 장기요양등급 적용

노인장기요양보험제도의 도입 이후로 기존 일상생활기본동작제한 장해평가표(ADLs)를 기준으로 적용하는 방식과 정부의 장기요양등급을 기준으로 적용하는 상품으로 적용되어 판매되고 있다.

(3) 간병보험의 종류

① 장기간병보험(공적)

㉠ 「노인장기요양보험법」에 따라 2008년 7월 1일부터 노인장기요양보험제도가 시행되면서, 고령 및 노인성 질병 등으로 인한 장기간의 간병·요양 문제를 국가와 사회가 책임을 분담하게 되었다. 노인장기요양보험이 공적 장기간병보험에 해당한다.

ⓛ 노인장기요양보험

- 만 65세 이상의 노인 및 노인성질병(치매, 뇌혈관성질환, 파킨슨병 등)을 가진 만 65세 미만의 자를 대상으로 한다.
- 심신의 기능상태에 따라 장기요양 인정점수로 등급을 판정한다.
- 등급에 따라 노인요양시설 등과 계약을 체결하여 요양서비스를 제공받게 되며 해당 비용의 일부를 공적보험에서 지원받게 된다.

② 장기간병보험(민영)

㉠ 우리나라에서 민영 장기간병보험은 2003년 8월부터 판매되기 시작하였다.

ⓛ 민영 장기간병보험은 보험금 지급방식에 따라 정액보상형과 실손보상형으로 구분되는데, 상품구조에 따라 연금형, 종신보장형, 정기보장형과 특약형태로 구분할 수 있다. 또한, 갱신형 혹은 비갱신형으로 구분이 가능하다.

(4) 보험금 지급사유

① 피보험자의 보험금 지급기준표에 따라 보험수익자에게 약정한 보험금을 지급하기도 하며, 또한 보험기간 중 장기요양상태 보장개시일 이후에 장기요양상태(장기요양 1등급 또는 장기요양 2등급 등)가 되었을 때에 따라 지급하기도 한다(단, 최초 1회에 한하여 지급함). 보험기간이 끝날 때까지 살아 있을 때는 건강관리자금으로 구분하여 지급하게 된다.

② 간병보험은 보험기간 중 "일상생활장해상태" 또는 "치매상태"가 되는 경우, 약관에 따라 보험금을 지급하는 상품도 있지만, 공적 요양보험의 장기요양 등급판정을 받으면 보험금을 지급하는 상품도 있다.

③ 회사 자체 판단기준에 따라 "일상생활 장해상태", "치매가 있는 장기요양상태" 또는 "치매상태"로 진단 확정되면 보험약관에 따라 지급대상이 될 수 있다.

05 보험계약법(인보험편)

01 의의

보험계약이란 당사자 일방(보험계약자)이 약정한 보험료를 납부하고, 상대방(보험자)이 재산 또는 생명이나 신체에 불확정한 사고가 생길 경우에 일정한 보험금액 기타의 급여를 지급할 의무를 부담하는 계약(「상법」 제638조, 제730조)을 말하며 그 법률효과로서 피보험자의 사망, 생존 등에 관한 보험사고가 발생할 경우 보험계약 관계자인 보험계약자, 피보험자, 보험수익자 및 보험자 사이에 보험료 지급에 관한 권리 의무관계인 보험관계가 형성된다.

> 「상법」
>
> **제638조(보험계약의 의의)** 보험계약은 당사자 일방이 약정한 보험료를 지급하고 재산 또는 생명이나 신체에 불확정한 사고가 발생할 경우에 상대방이 일정한 보험금이나 그 밖의 급여를 지급할 것을 약정함으로써 효력이 생긴다.
>
> **제730조(생명보험자의 책임)** 생명보험계약의 보험자는 피보험자의 사망, 생존, 사망과 생존에 관한 보험사고가 발생할 경우에 약정한 보험금을 지급할 책임이 있다.
> [전문개정 2014.3.11.]

02 법적 성질, 특성, 요소

1 법적 성질

(1) 낙성계약

① 낙성계약이란 당사자 간 의사표시의 합치만으로 성립하는 계약을 말하고 당사자의 의사표시 합치 이외에 물건의 인도 그 밖의 급부를 해야만 성립하는 요물계약에 대응하는 개념이다.

② 보험계약은 보험계약자의 청약과 동시에 최초보험료를 미리 납부하는 것이 보험거래의 관행이므로 요물계약처럼 운용되고 있다. 그러나 보험계약은 본질적으로 낙성계약이므로, 보험료의 선납이 없어도 보험계약은 유효하게 성립된다. 다만 최초보험료의 납부 없이는 보험자의 책임이 개시하지 않는다.

> 「상법」 **제656조(보험료의 지급과 보험자의 책임개시)** 보험자의 책임은 당사자 간에 다른 약정이 없으면 최초의 보험료의 지급을 받은 때로부터 개시한다.

(2) 불요식계약

① 보험계약은 보험계약에 대해 특별한 방식을 요구하지 않는 불요식계약이다. 따라서 보험계약은 서면으로 체결되지 아니하여도 효력이 있다. 다만 현실 거래 시 정형화된 보험계약 청약서를 마련하고 있고 계약자가 해당 회사 소정의 청약서에 의하여 청약하지 않으면 보험자가 승낙하지 않는 것이 보통이므로 보험계약은 사실상 요식계약화 되어가고 있다.

② 그러나 청약서를 작성해야만 보험계약 청약의 효력이 있는 것은 아니므로 보험계약은 통상적으로 청약서를 작성하더라도 불요식계약이다.

(3) 유상 · 쌍무계약

① 보험계약은 보험자와 보험계약자 사이에 이루어지는 채권계약으로, 계약이 성립하면 보험계약자는 보험료 납부의무를 가지게 되며 보험자는 보험사고의 발생을 조건으로 보험금 지급의무를 부담한다.

② 이 두 채무 사이에는 대가관계가 있으므로 보험계약은 보험자와 보험계약자 사이의 의무관계로 놓인 쌍무계약이며, 대가관계의 유상계약이다.

(4) 부합계약성

① 보험계약은 다수인을 상대로 체결되고 보험의 기술성과 단체성으로 인하여 그 정형성이 요구되므로 부합계약에 속한다.

② 보험계약은 일반적으로 보험회사가 미리 작성한 보통보험약관을 매개로 체결되는데 보험계약자는 약관을 승인하거나 거절하는 형식을 취하므로 약관 해석 시는 약관을 작성한 작성자(보험회사) 불이익의 원칙을 두고 있다.

(5) 상행위성

① 영리보험에 있어서 보험계약은 상행위성이 인정되며 이를 영업으로 하는 보험자가 상인이 된다.

② 따라서 보험계약에도 상행위에 관한 규정이 적용되나 그 특수성으로 인해 많은 제약을 받는다.

(6) 사행계약성

① 사행계약이란 요행을 노려서 하는 계약으로 보험계약에서 보험금 지급의 조건인 보험사고 발생은 장래의 우연한 사고에 달려 있으므로 도박과 마찬가지로 사행계약의 특성을 가진다.

② 보험계약에서 보험자의 보험금 지급의무는 우연한 사고의 발생을 전제로 하고 있으나 정보의 비대칭성으로 보험범죄나 인위적 사고의 유발과 같은 도덕적위험이 내재해 있으며 이를 규제하기 위하여 피보험이익, 실손 보상원칙, 최대선의 원칙 등을 두고 보험의 투기화를 막는 제도적 장치가 있다.

(7) 선의계약성

① 모든 계약은 신의성 · 신의성실의 원칙에 의해 체결되어야하며 일반적으로 보험계약은 보험자의 보험금 지급책임이 우연한 사고의 발생에 발생하는 소위 사행성계약이므로 보험계약자 측의 선의가 더욱 강조된다.

② 보험계약에서는 선의계약성 실현을 위해 고지의무, 위험변경 · 증가의 통지의무, 고의나 중과실 사고에 대한 보험자면책, 사기로 인한 초과보험 무효, 손해방지의무, 보험자대위 등의 규정을 두고 있다.

③ 그러나 보험자의 보험약관 설명의무는 보험계약자 측을 보호하기 위한 것으로 선의계약성과는 관계가 없다.

(8) 계속계약성

① 보험계약은 보험회사가 일정 기간(보험기간) 안에 보험사고가 발생하면 보험금을 지급하는 것을 내용으로 하여 그 기간 동안에 보험관계가 지속되는 계속계약의 성질을 지니며, 상법상 독립한 계약이다.
② 따라서 보험계약자 등은 보험료를 모두 납부한 후에도 보험자에 대한 통지 의무와 같은 보험 계약상의 의무를 진다.

2 특성

(1) 사익조정성(영리성)

① 보험계약자는 자기의 개인적인 위험을 보험자에게 전가하고, 보험자는 위험을 인수하는 대가로 보험료를 받게 된다.
② 보험계약법은 보험계약자와 보험자 사이의 이해관계를 합리적으로 조정하는 역할을 담당하게 되고, 보험자의 입장에서 보험의 인수는 영리 추구를 위한 수단으로 사용된다.
③ 보험계약법은 사회보험과는 달리 사보험관계에 적용되는 법으로서 사보험은 국가가 경제적 약자를 지원하는 사회보장적 성격을 지니는 사회보험과는 그 성격이 크게 다르다고 볼 수 있다.
　㉠ 보험공법의 의의 : 보험사업에 대한 감독과 규제에 관한 법(예「보험업법」)
　㉡ 보험사법의 의의 : 보험계약을 둘러싼 법률관계로, 어느 당사자가 어떠한 의무를 지고 권리를 갖는가에 대한 관계를 규율하는 것(예「보험계약법」)

(2) 단체성

① 보험자와 계약을 체결하는 많은 보험가입자(보험계약자)들은 경제적인 면에 있어서는 서로 연결이 되어 있고, 이들은 하나의 위험단체 혹은 보험단체를 구성하게 된다.
② 보험계약자는 보험자와 계약을 체결하는 것이지만, 보험계약의 배후에는 수많은 보험계약자로 구성된 보험단체 또는 위험단체의 관념이 존재하고 있다.

(3) 기술성

① 각각의 개별 보험계약자의 입장에서는 보험사고의 발생여부는 극히 우연한 것이나, 보험단체를 통하여 대량적으로 관찰하면 사고의 발생은 상당히 규칙적인 성질을 가지고 있으므로 보험사업의 합리적인 경영이 가능하게 된다.
② 보험자는 대수의 법칙과 수지상등의 원칙에 따라 보험사업을 영위하여야 하고 이를 뒷받침하기 위해 보험계약법은 기술적인 성격을 가지게 된다.

(4) 사회성과 공공성

① 보험사업은 다른 상거래와는 달리 공공성과 사회성이 특히 강조된다.

② 보험제도는 다수의 가입자로부터 거둔 보험료를 기초로 하여 가입자의 경제적 안정을 도모함을 목적으로 한다.

(5) 상대적 강행법성

① 상법에 속하는 상거래의 하나인 보험계약은 고도로 기술적인 거래로서 약관에 의해 체결되는 부합거래이다.

② 사적자치의 원칙상 보험계약법은 임의법인 것이 원칙이지만 계약자는 보험자에 비하여 법적으로나 경제적으로나 보험자에 비하여 열세를 보이고 있다. 따라서 보험계약법은 상대적 강행법규를 많이 정하여 둠으로써 약자인 보험계약자를 보호하도록 이루어져 있다.

[강행법규와 임의법규]

강행법규	법에 규정된 내용을 당사자 간의 의사표시에 의하여 함부로 변경할 수 없고 원칙적으로 법 규정대로 적용해야 하는 법규를 말한다.
임의법규	법의 규정에도 불구하고 당사자가 법에 규정된 내용과 다른 의사표시를 하였다면 그 의사표시에 따르고 당사자의 의사표시가 없는 경우에는 해당 법 규정의 내용을 적용하는 법규를 말한다.

3 요소

(1) 보험대상자와 보험목적물

① 보험사고 발생의 객체로 생명보험에서는 피보험자의 생명 또는 신체가 보험의 목적이 되므로 당연히 사람인 자연인만 보험의 목적이 된다.

② 보험자는 보험의 목적에 보험사고가 발생한 경우 보험금을 지급할 책임을 지므로 보험계약 시 목적물을 구체적으로 정하여 보험증권에 기재하도록 하고 있다.

③ 보험계약에서의 목적물은 보험사고 발생 후 보험자가 배상하여야 할 범위와 한계를 정해준다.

(2) 보험사고

① 보험사고란 보험금 지급책임을 구체화시키는 우연한 사고로 보험에 담보된 재산 또는 생명이나 신체에 관하여 불확정한 사고, 즉 위험이 발생하는 것을 말하며 보험금 지급사유라고도 한다.

② 보험사고는 보험계약에서 보험금이 지급되는 구체적인 조건이며 보험상품에 따라 다르지만 대개 생명보험은 보험대상자의 생존, 사망, 장해 등을 보험사고로 정한다.

> 「상법」 제644조(보험사고의 객관적 확정의 효과) 보험계약 당시에 보험사고가 이미 발생하였거나 또는 발생할 수 없는 것인 때에는 그 계약은 무효로 한다. 그러나 당사자 쌍방과 피보험자가 이를 알지 못한 때에는 그러하지 아니하다.

(3) 보험료와 보험금

① 보험금은 보험사고가 발생할 경우 보험자가 보험금액의 범위 내에서 실제로 지급하는 금액을 말한다.

② 보험료는 보험자의 보험금 지급에 대한 반대급부로서 보험계약자가 보험자에게 내는 금액을 말한다.

③ 보험자의 보험금 지급책임은 다른 약정이 없는 한 보험계약자로부터 최초의 보험료(제1회 보험료)를 받은 때(자동이체납입 및 신용 카드납입의 경우에는 자동이체 신청 및 신용카드 매출승인에 필요한 정보를 제공한 때, 다만 계약자의 귀책사유로 자동이체 또는 매출승인이 불가능한 경우에는 보험료가 납입되지 않은 것으로 봄)로부터 시작된다.

> 「상법」 제658조(보험금액의 지급) 보험자는 보험금액의 지급에 관하여 약정기간이 있는 경우에는 그 기간 내에 약정기간이 없는 경우에는 제657조 제1항의 통지를 받은 후 지체 없이 지급할 보험금액을 정하고 그 정하여진 날부터 10일내에 피보험자 또는 보험수익자에게 보험금액을 지급하여야 한다.
> [전문개정 1991.12.31.]

(4) 보험기간과 보험료 납입기간

① 보험기간은 보험자의 책임이 시작되어 끝날 때까지의 기간으로 위험기간 · 책임기간 · 담보기간이라고도 하며 상법에서는 보험자의 책임을 최초의 보험료를 지급 받은 때로부터 개시한다고 규정되어 있다.

② 보험자의 보험금 지급책임이 존속하는 기간을 보험기간, 계약자가 보험자에게 보험료를 납입하여야 할 기간을 보험료 납입기간이라고 한다.

③ 보험기간과 보험료 납입기간이 일치하는 경우를 전기납, 보험료 납입기간이 보험기간보다 짧은 경우를 단기납이라고 한다.

03 성립과 체결

1 보험계약의 성립과 거절

(1) 보험계약은 보험계약자의 청약과 보험자의 승낙으로 성립된다.

(2) 보험자는 계약자의 청약에 대해 피보험자가 계약에 적합하지 않을 경우 계약을 거절할 수 있으며, 보험자가 계약을 거절한 때에는 보험료를 받은 기간에 대하여 일정 이자를 보험료에 더하여 돌려준다. 단, 계약자가 최초 보험료를 신용카드로 납부한 계약에 대한 승낙 거절 시 이자를 지급하지 않고 신용카드 매출만 취소한다.

(3) 보험자는 계약의 청약을 받고, 제1회 보험료를 받은 경우에 건강진단을 받지 않는 계약은 청약일, 진단계약은 진단일부터 30일 이내에 계약을 승낙 또는 거절하여야 한다. 만일 30일 이내에 승낙 또는 거절의 통지를 하지 않으면 계약은 승낙된 것으로 본다.

「상법」 제638조의2(보험계약의 성립) ① 보험자가 보험계약자로부터 보험계약의 청약과 함께 보험료 상당액의 전부 또는 일부의 지급을 받은 때에는 다른 약정이 없으면 30일 내에 그 상대방에 대하여 낙부의 통지를 발송하여야 한다. 그러나 인보험계약의 피보험자가 신체검사를 받아야 하는 경우에는 그 기간은 신체검사를 받은 날부터 기산한다.

② 보험자가 제1항의 규정에 의한 기간 내에 낙부의 통지를 해태한 때에는 승낙한 것으로 본다.

③ 보험자가 보험계약자로부터 보험계약의 청약과 함께 보험료 상당액의 전부 또는 일부를 받은 경우에 그 청약을 승낙하기 전에 보험계약에서 정한 보험사고가 생긴 때에는 그 청약을 거절할 사유가 없는 한 보험자는 보험계약상의 책임을 진다. 그러나 인보험계약의 피보험자가 신체검사를 받아야 하는 경우에 그 검사를 받지 아니한 때에는 그러하지 아니하다.

[본조시설 1991.12.31]

2 보험계약의 체결

보험계약은 특별한 방식을 요구하지 않는 불요식의 낙성계약이므로 보험계약자의 청약에 대하여 보험자가 승낙한 때에 성립한다. 승낙의 방법에는 청약의 경우와 같이 제한이 없으나 보험자는 별도의 승낙의 의사표시를 행하지 않고 보험증권의 교부로 갈음하고 있으며 실제로는 보험자의 승낙절차와 보험증서(보험증권)의 교부절차는 통합되어 이루어진다. 보험자가 승낙할 경우 보험자의 책임은 최초보험료가 지급된 때로 소급하여 개시된다.

3 승낙의제

보험계약자가 보험계약의 청약 시에 보험료 상당액을 납부한 때에는 보험자는 다른 약정이 없는 한 30일내에 승낙의 통지를 발송해야 하고, 이를 해태한 때에는 승낙한 것으로 본다(「상법」 제638조의2 제1항, 제2항). 다만, 인보험계약의 피보험자가 신체검사를 받아야 하는 경우에는 그 기간은 신체검사를 받은 날로부터 기산한다.

「상법」 제638조의2(보험계약의 성립) ① 보험자가 보험계약자로부터 보험계약의 청약과 함께 보험료 상당액의 전부 또는 일부의 지급을 받은 때에는 다른 약정이 없으면 30일 이내에 그 상대방에 대하여 낙부의 통지를 발송하여야 한다. 그러나 인보험계약의 피보험자가 신체검사를 받아야 하는 경우에는 그 기간은 신체검사를 받은 날부터 기산한다.

② 보험자가 제1항의 규정에 의한 기간 내에 낙부의 통지를 해태한 때에는 승낙한 것으로 본다.

4 승낙 전 사고담보

보험계약자가 청약과 함께 보험료 일정을 납부하고, 보험자가 청약을 승낙하기 전에 보험사고가 생긴 때에는 고지의무위반, 건강진단 불응 등 해당 청약을 거절할 사유가 없는 한 보험자는 보험계약상의 책임을 진다(「상법」 제638조의2 제3항).

「상법」 제638조의2(보험계약의 성립) ③ 보험자가 보험계약자로부터 보험계약의 청약과 함께 보험료 상당액의 전부 또는 일부를 받은 경우에 그 청약을 승낙하기 전에 보험계약에서 정한 보험사고가 생긴 때에는 그 청약을 거절할 사유가 없는 한 보험자는 보험계약상의 책임을 진다. 그러나 인보험계약의 피보험자가 신체검사를 받아야 하는 경우에 그 검사를 받지 아니한 때에는 그러하지 아니하다.

5 보험가입증서(보험증권)의 교부

(1) 보험가입증서(보험증권)란 보험계약의 성립 및 그 내용에 관한 증거로서 보험자가 교부하는 문서를 말하며, 보험자는 계약이 성립한 때에는 보험가입증서(보험증권)를 교부한다.

(2) 보험가입증서(보험증권)의 교부 여부는 보험계약의 효력발생에 아무런 영향을 미치지 못한다. 보험가입증서(보험증권)는 계약이 성립한 후 보험계약 당사자 간의 계약 내용을 나타낼 뿐 계약의 성립요건은 아니다. 따라서 배달착오 등으로 인하여 보험계약자에게 보험가입증서(보험증권)가 도달되지 못한 경우에도 보험계약은 유효하게 성립한 것이다.

> 「상법」 제640조(보험증권의 교부) ① 보험자는 보험계약이 성립한 때에는 지체 없이 보험증권을 작성하여 보험계약자에게 교부하여야 한다. 그러나 보험계약자가 보험료의 전부 또는 최초의 보험료를 지급하지 아니한 때에는 그러하지 아니하다.[개정 1991.12.31]
> ② 기존의 보험계약을 연장하거나 변경한 경우에는 보험자는 그 보험증권에 그 사실을 기재함으로써 보험증권의 교부에 갈음할 수 있다.[신설 1991.12.31]

04 철회, 무효, 취소, 실효

1 보험계약의 철회

보험계약자는 보험가입증서(보험증권)를 받은 날부터 15일 이내에 청약을 철회할 수 있다. 다만, 진단계약, 보험기간이 90일 이내인 계약 또는 전문금융소비자가 체결한 계약은 청약을 철회할 수 없으며, 청약일로부터 30일이 초과한 계약도 청약 철회가 불가하다(일자 계산은 초일 불산입을 적용하므로 1일 보험가입증서를 받은 경우 16일까지 청약철회가 가능함).

> 「보험업감독업무시행세칙」 별표15 (표준약관)
> **생명보험**
> **제17조(청약의 철회)** ① 계약자는 보험증권을 받은 날 부터 15일 이내에 그 청약을 철회할 수 있습니다. 다만, 회사가 건강상태 진단을 지원하는 계약, 보험기간이 90일 이내인 계약 또는 전문금융소비자가 체결한 계약은 청약을 철회할 수 없습니다.[개정 2021.7.1]
> 【전문금융소비자】 보험계약에 관한 전문성, 자산규모 등에 비추어 보험계약에 따른 위험감수능력이 있는 자로서, 국가, 지방자치단체, 한국은행, 금융회사, 주권상장법인 등을 포함하며 「금융소비자 보호에 관한 법률」 제2조(정의) 제9호에서 정하는 전문금융소비자를 말합니다.
> 【일반금융소비자】 전문금융소비자가 아닌 계약자를 말합니다.[개정 2021.7.1]
> ② 제1항에도 불구하고 청약한 날부터 30일이 초과된 계약은 청약을 철회할 수 없습니다.[신설 2014.12.26]
>
> 「민법」 제157조(기간의 기산점) 기간을 일, 주, 월 또는 연으로 정한 때는 기간의 초일은 산입하지 않지만 그 기간이 오전 영시로부터 시작하는 때에는 그러하지 아니하다.

2 보험계약의 무효

(1) 보험계약 무효

① 보험계약의 무효 : 보험계약이 성립한 때부터 그 효력이 발생하지 않는 것을 말한다.

② 보험료 반환 청구 : 보험계약이 무효가 된 경우 보험계약자 · 피보험자 · 보험수익자가 선의이며 중과실이 없을 경우 보험료의 전부 또는 일부의 반환을 청구할 수 있다.

(2) 보험계약이 취소된 경우

① 보험자가 보험약관의 교부 · 명시 의무에 위반한 경우 보험계약자는 보험계약이 성립한 날부터 3개월 이내에 보험계약을 취소할 수 있다.

② 보험계약이 취소되면 계약 체결 시점으로 소급하여 처음부터 효력이 발생하지 않게 되어 무효와 같은 효과가 발생한다.

> 「상법」 제638조의3 (보험약관의 교부 · 설명의무)
> ① 보험자는 보험계약을 체결할 때 보험계약자에게 보험약관을 교부하고 그 약관의 중요한 내용을 설명하여야 한다.
> ② 보험자가 제1항을 위반한 경우 보험계약자는 보험계약이 성립한 날부터 3개월 이내에 그 계약을 취소할 수 있다.

(3) 보험사고 발생 후의 보험계약 등

① 보험계약 당시에 보험사고가 이미 발생하였거나 발생할 수 없는 것일 때 그 보험계약은 무효로 한다.

② 당사자 쌍방과 피보험자가 이를 알지 못한 경우, 주관적으로 불확정한 경우에 그 보험계약은 유효하다.

(4) 사기 · 반사회 질서의 보험계약

① 사기로 인한 초과보험(손해보험), 사기로 인한 중복보험의 경우에는 그 보험계약 전체를 무효로 하며 보험계약이 선량한 풍속 기타 사회질서에 반하는 경우에도 무효가 된다.

② 보험계약자의 사기로 인한 고지의무위반의 경우는 보험계약을 해지하거나 취소할 수 있도록 규정하고 있다.

(5) 타인의 사망보험에서 서면동의의 흠결

인보험의 경우 타인의 사망을 보험사고로 하는 보험계약에서 타인의 서면에 의한 동의를 얻지 못한 경우에 그 보험계약은 전부 무효가 된다.

(6) 사망보험에서 피보험자의 결격사유

① 만 15세 미만자, 심신상실자 또는 심신박약자의 사망을 보험사고로 하는 보험계약은 무효로 하며 이들의 서면에 의한 동의를 받아도 역시 무효이다.

② 심신박약자가 보험계약을 체결하거나 소속 단체의 규약에 따라 단체보험의 피보험자가 될 때 의사능력이 있는 경우에는 무효가 아닌 것으로 한다.

[보험계약 무효와 취소]

구 분	보험계약 무효	보험계약 취소

요 건	• 사기에 의한 초과, 중복보험
	• 기발생 사고
	• 피보험자의 자격미달(사망보험의 경우)
		• 보험자의 법률 위반이 존재할 때
		• '3대기본지키기'를 미이행 했을 때
		  – 고객 자필 서명
		  – 청약서 부본 전달
		  – 약관 중요내용 설명 및 교부

효 력	보험금 지급사유가 발생하더라도 보험금 지급을 하지 않음	보험자는 납입한 보험료에 일정 이자를 합한 금액을 계약자에게 반환

「보험업감독업무시행세칙」 별표15 (표준약관)

생명보험

제19조(계약의 무효) 다음 중 한 가지에 해당되는 경우에는 계약을 무효로 하며 이미 납입한 보험료를 돌려드립니다. 다만, 회사의 고의 또는 과실로 계약이 무효로 된 경우와 회사가 승낙 전에 무효임을 알았거나 알 수 있었음에도 보험료를 반환하지 않은 경우에는 보험료를 납입한 날의 다음 날부터 반환일까지의 기간에 대하여 회사는 이 계약의 보험계약대출이율을 연단위 복리로 계산한 금액을 더하여 돌려드립니다.

1. 타인의 사망을 보험금 지급사유로 하는 계약에서 계약을 체결할 때까지 피보험자의 서면(「전자서명법」 제2조 제2호에 따른 전자서명이 있는 경우로서 「상법 시행령」 제44조의2에 정하는 바에 따라 본인 확인 및 위조·변조 방지에 대한 신뢰성을 갖춘 전자문서를 포함)에 의한 동의를 얻지 않은 경우. 다만, 단체가 규약에 따라 구성원의 전부 또는 일부를 피보험자로 하는 계약을 체결하는 경우에는 이를 적용하지 않습니다. 이 때 단체보험의 보험수익자를 피보험자 또는 그 상속인이 아닌 자로 지정할 때에는 단체의 규약에서 명시적으로 정한 경우가 아니면 이를 적용합니다.[개정 2021.7.1]
2. 만 15세 미만자, 심신상실자 또는 심신박약자를 피보험자로 하여 사망을 보험금 지급사유로 한 계약의 경우. 다만, 심신박약자가 계약을 체결하거나 소속 단체의 규약에 따라 단체보험의 피보험자가 될 때에 의사능력이 있는 경우에는 계약이 유효합니다.[개정 2015.8.31]
3. 계약을 체결할 때 계약에서 정한 피보험자의 나이에 미달되었거나 초과되었을 경우. 다만, 회사가 나이의 착오를 발견하였을 때 이미 계약나이에 도달한 경우에는 유효한 계약으로 보나, 제2호의 만 15세 미만자에 관한 예외가 인정되는 것은 아닙니다.

3 보험계약의 변경, 소멸

(1) 보험계약의 당연한 변경·소멸

① 보험기간 만료에 따른 소멸 : 보험계약에서 정한 보험사고가 발생하지 않고 보험기간이 끝난 경우, 보험기간의 만료로 보험계약은 소멸한다.

② 최초 보험료 부지급으로 인한 보험계약 해제

   ㉠ 보험계약자가 별도의 약정 없이 계약 성립 후 2월이 지나도록 그 보험료를 납입하지 않을 때 보험계약은 해제된 것으로 본다.

   ㉡ 타인을 위한 보험의 경우 상당한 기간을 정하여 그 타인에게도 최고한 후에야 해제된 것으로 본다.

③ 위험의 소멸

   ㉠ 보험계약 체결 당시에 이미 보험사고가 발생하여 위험이 더 이상 존재하지 않거나 보험사고가 발생할 수 없게 된 때에는 그 보험계약은 무효가 된다.

ⓛ 보험계약이 체결된 후에 사고 발생의 위험이 소멸하여 보험사고의 발생 가능성이 없어진 경우 보험계약은 당연히 소멸한다.

④ 보험자의 파산 후 3월을 경과한 때 : 보험자가 파산선고를 받으면 보험계약자는 계약을 해지할 수 있으나 보험계약자가 해지하지 않으면 파산선고 후 3월을 경과한 때 계약은 당연히 효력을 상실한다.

⑤ 보험사고의 발생 : 보험사고의 발생으로 손해가 발생하고 보험금액의 전부를 지급한 경우 원칙적으로 보험계약은 목적의 달성에 의하여 소멸한다.

(2) 보험계약의 해지

① 보험계약자에 의한 보험계약의 해지

ㄱ 보험계약자는 보험사고가 발생하기 전에는 언제든지 계약의 전부 또는 일부를 해지할 수 있으며, 또한 보험자가 파산선고를 받은 때 보험계약자는 그 계약을 해지할 수 있다.

ㄴ 타인을 위한 보험계약의 경우 보험계약자가 그 타인의 동의를 얻지 않았거나 보험증권을 소지하지 않은 경우 그 계약을 해지하지 못한다.

② 보험자에 의한 보험계약의 해지

ㄱ 보험계약자가 보험계약에서 정해진 계속 보험료를 지급기일 내에 지급하지 않을 때 보험자는 상당한 기간을 정하여 보험계약자에게 최고하고 그 기간 내에도 보험료를 지급하지 않은 경우 계약을 해지할 수 있다.

ㄴ 보험계약 당시에 보험계약자 또는 피보험자가 고의 또는 중대한 과실로 고지의무를 위반한 때 보험자는 그 고지의무 위반 사실을 안 날로부터 1월, 계약을 체결한 날로부터 3년 이내에 보험계약을 해지할 수 있다.

[보험계약의 실효]

구 분	내 용
당연 실효	• 최초보험료의 부지급 • 보험기간의 만료 • 보험회사가 파산선고를 받고 3개월이 경과하였을 때 • 사망사고 등 보험사고의 발생 • 보험목적의 멸실
임의해지	보험계약자가 보험사고 발생 전에 계약의 전부 또는 일부를 해지할 때(타인을 위한 계약의 경우 타인의 동의를 얻지 못하면 해지할 수 없다)
해지권 행사	보험자가 계속보험료 미지급, 고지의무 위반, 통지의무 위반 등의 경우 보험계약에 대한 해지권을 행사하였을 때 (타인을 위한 계약의 경우 보험계약자가 납입을 지체하여도 보험회사가 상당기간 보험료 납입을 최고한 후가 아니면 계약을 해지할 수 없다)

1 고지의무의 의의

(1) 개념

보험자는 보험계약 체결 시 해당 계약에 대한 정확한 위험의 정도를 측정하는 것이 필요한데 이를 위해 보험계약자 또는 피보험자는 보험계약 당시에 보험자에게 중요한 사항을 고지하고, 부실의 고지를 하지 않을 의무를 지는데 이를 고지의무라 한다.

(2) 구분

고지의무는 중요사항에 대해 진실을 알릴 것을 요구하는 보험계약의 특유한 제도로 보험계약이 성립하기 전의 의무로 보험계약 성립 후의 의무인 위험변경 증가의 통지의무·위험 유지 의무 또는 보험사고 발생의 통지의무와는 구분된다.

[청약서상 "계약 전 알릴의무 질문항목"(예시)]

구 분	질문항목(요약)
현재 및 과거의 질병 (6개 항목)	• 최근 3개월 이내에 의사로부터 질병확정진단, 질병의심소견, 치료, 입원, 수술(제왕절개포함), 투약 등 의료행위를 받은 사실 여부 • 최근 3개월 이내에 특정약물 복용 여부 • 최근 1년 이내에 의사로부터 진찰 또는 검사를 통하여 추가검사 여부 • 최근 5년 이내 입원, 수술, 7일 이상 치료 또는 30일 이상 투약 여부 등
외부환경 (10개 항목)	• 직업, 운전여부, 위험이 높은 취미(암벽등반 등) 등 • 부업(계절업무 종사), 해외위험지역 출국계획, 음주, 흡연, 체격, 타보험 가입현황 등

출처 : 「보험업감독업무시행세칙」 별표14 〈표준사업방법서–부표1. 계약전 알릴의무 사항〉

「상법」
제651조(고지의무위반으로 인한 계약해지) 보험계약당시에 보험계약자 또는 피보험자가 고의 또는 중대한 과실로 인하여 중요한 사항을 고지하지 아니하거나 부실의 고지를 한 때에는 보험자는 그 사실을 안 날로부터 1월 내에, 계약을 체결한 날로부터 3년 내에 한하여 계약을 해지할 수 있다. 그러나 보험자가 계약당시에 그 사실을 알았거나 중대한 과실로 인하여 알지 못한 때에는 그러하지 아니하다.[개정 1991.12.31]

제651조의2(서면에 의한 질문의 효력) 보험자가 서면으로 질문한 사항은 중요한 사항으로 추정한다.[본조신설 1991.12.31]

제652조(위험변경증가의 통지와 계약해지) ① 보험기간 중에 보험계약자 또는 피보험자가 사고발생의 위험이 현저하게 변경 또는 증가된 사실을 안 때에는 지체 없이 보험자에게 통지하여야 한다. 이를 해태한 때에는 보험자는 그 사실을 안 날로부터 1월 내에 한하여 계약을 해지할 수 있다.
② 보험자가 제1항의 위험변경증가의 통지를 받은 때에는 1월 내에 보험료의 증액을 청구하거나 계약을 해지할 수 있다.[신설 1991.12.31]

제653조(보험계약자 등의 고의나 중과실로 인한 위험증가와 계약해지) 보험기간 중에 보험계약자, 피보험자 또는 보험수익자의 고의 또는 중대한 과실로 인하여 사고 발생의 위험이 현저하게 변경 또는 증가된 때에는 보험자는 그 사실을 안 날부터 1월 내에 보험료의 증액을 청구하거나 계약을 해지할 수 있다.[개정 1991.12.31]

2 고지의무 당사자

고지의무자란 보험계약법상 고지할 의무를 부담하는 보험계약자, 피보험자 및 이들의 대리인이다. 그러나 보험수익자는 고지의 의무가 부여되지 않는다. 고지수령권자는 보험자 또는 보험자로부터 고지 수령권을 받은 자이다.

3 고지의무위반의 효과

(1) 보험계약 당시에 보험계약자 또는 피보험자가 고의 또는 중대한 과실로 인하여 중요한 사항을 고지하지 않거나 부실의 고지를 한 경우 보험자는 그 사실을 안 날로부터 1월 내에, 계약을 체결한 날로부터 3년 내에 한하여 계약을 해지할 수 있다. 이 경우 보험자는 해지환급금을 지급한다.

(2) 피보험자의 직업 또는 직종에 관한 고지의무를 위반함으로써 보험가입한도액을 초과 청약한 경우에는 그 초과 청약액에 대해서만 계약을 해지하고 초과 가입액에 대한 보험료는 반환한다. 단, 승낙거절 직업 또는 직종에 대해서는 계약전부를 해지한다.

(3) 고지의무를 위반한 사실이 보험금 지급사유 발생에 영향을 미쳤음을 보험자가 증명하지 못하는 경우에는 해당보험금을 지급한다.

[고지의무 위반 요건]

구 분	내 용
고 의	보험계약자가 중요한 사실을 알면서 이를 고지하지 않거나 허위사실인 줄 알면서 고지한 것
중대한 과실	보험계약자가 주의를 기울였으면 제대로 고지할 수 있는 것을 주의를 다하지 아니하여 불고지 또는 부실고지를 한 것 ※ 불고지 : 중요한 사항을 알리지 않는 것 　부실고지 : 중요한 사항에 관하여 사실과 다르게 말하는 것

「보험업감독업무시행세칙」 별표15 (표준약관)

생명보험

제14조(계약 전 알릴 의무 위반의 효과) ① 회사는 계약자 또는 피보험자가 제13조(계약 전 알릴 의무)에도 불구하고 고의 또는 중대한 과실로 중요한 사항에 대하여 사실과 다르게 알린 경우에는 회사가 별도로 정하는 방법에 따라 계약을 해지하거나 보장을 제한할 수 있습니다. 그러나 다음 중 한 가지에 해당되는 때에는 계약을 해지하거나 보장을 제한할 수 없습니다.

　1. 회사가 계약 당시에 그 사실을 알았거나 과실로 인하여 알지 못하였을 때
　2. 회사가 그 사실을 안 날부터 1개월 이상 지났거나 또는 보장개시일부터 보험금 지급사유가 발생하지 않고 2년(진단계약의 경우 질병에 대하여는 1년)이 지났을 때
　3. 계약을 체결한 날부터 3년이 지났을 때
　4. 회사가 이 계약을 청약할 때 피보험자의 건강상태를 판단할 수 있는 기초자료(건강진단서 사본 등)에 따라 승낙한 경우에 건강진단서 사본 등에 명기되어 있는 사항으로 보험금 지급사유가 발생하였을 때(계약자 또는 피보험자가 회사에 제출한 기초자료의 내용 중 중요사항을 고의로 사실과 다르게 작성한 때에는 계약을 해지하거나 보장을 제한할 수 있습니다)
　5. 보험설계사 등이 계약자 또는 피보험자에게 고지할 기회를 주지 않았거나 계약자 또는 피보험자가 사실대로 고지하는 것을 방해한 경우, 계약자 또는 피보험자에게 사실대로 고지하지 않게 하였거나 부실한 고지를 권유했을 때(다만, 보험설계사 등의 행위가 없었다 하더라도 계약자 또는 피보험자가 사실대로 고지하지 않거나 부실한 고지를 했다고 인정되는 경우에는 계약을 해지하거나 보장을 제한할 수 있습니다)

② 회사는 제1항에 따라 계약을 해지하거나 보장을 제한할 경우에는 계약 전 알릴 의무 위반사실(계약해지 등의 원인이 되는 위반사실을 구체적으로 명시)뿐만 아니라 계약 전 알릴 의무 사항이 중요한 사항에 해당되는 사유 및 계약의 처리결과를 "반대증거가 있는 경우 이의를 제기할 수 있습니다"라는 문구와 함께 계약자에게 서면 또는 전자문서 등으로 알려드립니다. 회사가 전자문서로 안내하고자 할 경우에는 계약자에게 서면 또는 「전자서명법」 제2조 제2호에 따른 전자서명으로 동의를 얻어 수신확인을 조건으로 전자문서를 송신하여야 합니다. 계약자의 전자문서 수신이 확인되기 전까지는 그 전자문서는 송신되지 않은 것으로 봅니다. 회사는 전자문서가 수신되지 않은 것을 확인한 경우에는 서면(등기우편 등)으로 다시 알려드립니다.[개정 2020.7.31, 2022.9.30]

③ 제1항에 따라 계약을 해지하였을 때에는 제32조(해지환급금) 제1항에 따른 해지환급금을 드리며, 보장을 제한하였을 때에는 보험료, 보험가입금액 등이 조정될 수 있습니다.

④ 제13조(계약 전 알릴 의무)의 계약 전 알릴 의무를 위반한 사실이 보험금 지급사유 발생에 영향을 미쳤음을 회사가 증명하지 못한 경우에는 제1항에도 불구하고 계약의 해지 또는 보장을 제한하기 이전까지 발생한 해당 보험금을 지급합니다.

⑤ 회사는 다른 보험가입내역에 대한 계약 전 알릴 의무 위반을 이유로 계약을 해지하거나 보험금 지급을 거절하지 않습니다.

4 고지의무(계약전 알릴의무)위반에 대해 해지할 수 없는 경우

(1) 보험자가 계약 당시에 고지의무 위반사실을 알았거나 과실로 알지 못한 경우

(2) 보험자가 고지의무 위반사실을 안 날로부터 1개월 이상 지났거나 보장개시일부터 보험금 지급사유가 발생하지 않고 2년 이상 지났을 때

(3) 계약을 체결한 날부터 3년이 지났을 때

(4) 보험을 모집한 자(이하 "모집자 등"이라 함)가 계약자 또는 피보험자에게 고지할 기회를 주지 않았거나 계약자 또는 피보험자가 사실대로 고지하는 것을 방해한 경우, 계약자 또는 피보험자에게 사실대로 고지하지 않게 하였거나 부실한 고지를 권유했을 때. 다만, 모집자 등의 행위가 없었다 하더라도 계약자 또는 피보험자가 사실대로 고지하지 않거나 부실한 고지를 했다고 인정되는 경우에는 계약을 해지하거나 보장을 제한할 수 있음

※ 일반적으로 약관상에는 계약자 보호를 위해 상법 규정보다 강화된 규정을 두고 있다.

「**상법**」 제655조(**계약해지와 보험금청구권**) 보험사고가 발생한 후라도 보험자가 제650조, 제651조, 제652조 및 제653조에 따라 계약을 해지하였을 때에는 보험금을 지급할 책임이 없고 이미 지급한 보험금의 반환을 청구할 수 있다. 다만, 고지의무(告知義務)를 위반한 사실 또는 위험이 현저하게 변경되거나 증가된 사실이 보험사고 발생에 영향을 미치지 아니하였음이 증명된 경우에는 보험금을 지급할 책임이 있다.[전문 개정 2014.3.11]

1　보험자의 의무

(1) 보험가입증서(보험증권) 교부의무

① 보험계약이 성립하면 보험자는 지체 없이 보험가입증서(보험증권)를 작성하여 교부할 의무가 있다. 그러나 보험자가 보험증권 교부의무를 이행하지 않았다고 하여 계약의 취소나 해지사유가 되는 것은 아니다.

② 보험계약자가 보험료의 전부 또는 최초의 보험료를 지급하지 아니한 때에는 보험증권을 교부할 의무가 없다.

③ 보험계약자가 보험료의 전부 또는 최초의 보험료를 지급한 경우에는 보험자에 대해 보험가입증서(보험증권)의 교부청구권을 가지게 된다.

> **「상법」 제640조(보험증권의 교부)** ① 보험자는 보험계약이 성립한 때에는 지체 없이 보험증권을 작성하여 보험계약자에게 교부하여야 한다. 그러나 보험계약자가 보험료의 전부 또는 최초의 보험료를 지급하지 아니한 때에는 그러하지 아니하다.[개정 1991.12.31]
> ② 기존의 보험계약을 연장하거나 변경한 경우에는 보험자는 그 보험증권에 그 사실을 기재함으로써 보험증권의 교부에 갈음할 수 있다.[신설 1991.12.31]

(2) 보험금 지급의무

보험자는 보험기간 내에 보험사고가 생긴 때에는 피보험자 또는 보험수익자에게 보험금을 지급할 의무를 진다(「상법」 제658조).

> **「상법」 제658조(보험금액의 지급)** 보험자는 보험금액의 지급에 관하여 약정기간이 있는 경우에는 그 기간 내에 약정기간이 없는 경우에는 제657조 제1항의 통지를 받은 후 지체 없이 지급할 보험금액을 정하고 그 정하여진 날부터 10일 내에 피보험자 또는 보험수익자에게 보험금액을 지급하여야 한다.[전문개정 1991.12.31]

[보험금 지급사유(예시)]

구 분	내 용
중도보험금 장해보험금 입원보험금	보험기간 중 피보험자가 생존해 있을 때 계약서에 정한 조건에 부합하여 지급하는 경우
만기보험금	보험기간이 끝날 때 피보험자가 생존해 있을 경우
사망보험금	보험기간 중 피보험자가 사망한 경우

(1) 보험계약의 일부 또는 전부가 무효인 경우 보험계약자와 피보험자가 선의이며 중대한 과실이 없는 때에는 보험자는 납입보험료의 일부 또는 전부를 반환할 의무를 진다(「상법」 제648조).

> **「상법」 제648조(보험계약의 무효로 인한 보험료반환청구)** 보험계약의 전부 또는 일부가 무효인 경우에 보험계약자와 피보험자가 선의이며 중대한 과실이 없는 때에는 보험자에 대하여 보험료의 전부 또는 일부의 반환을 청구할 수 있다. 보험계약자와 보험수익자가 선의이며 중대한 과실이 없는 때에도 같다.

(2) 보험계약자가 보험사고의 발생 전에 보험계약의 전부 또는 일부를 해지한 경우 보험자는 다른 약정이 없으면 미경과보험료*를 반환하여야 할 의무를 진다(「상법」 제649조 제1항, 제3항).

*미경과보험료란 보험계약이 해지될 경우 아직 경과하지 않은 보험료기간에 해당하는 보험료를 의미하며 실무에서는 일할로 계산한 금액이나 단기요율로 계산한 금액을 지급한다.

> **「상법」 제649조(사고발생전의 임의해지)** ① 보험사고가 발생하기 전에는 보험계약자는 언제든지 계약의 전부 또는 일부를 해지할 수 있다. 그러나 제639조의 보험계약의 경우에는 보험계약자는 그 타인의 동의를 얻지 아니하거나 보험증권을 소지하지 아니하면 그 계약을 해지하지 못한다.[개정 1991.12.31]
> ② 보험사고의 발생으로 보험자가 보험금액을 지급한 때에도 보험금액이 감액되지 아니하는 보험의 경우에는 보험계약자는 그 사고발생 후에도 보험계약을 해지할 수 있다.[신설 1991.12.31]
> ③ 제1항의 경우에는 보험계약자는 당사자 간에 다른 약정이 없으면 미경과보험료의 반환을 청구할 수 있다.[개정 1991.12.31]

(3) 생명보험의 경우 보험자는 보험계약이 해지되었거나 보험금 지급이 면책된 경우에는 소위 보험적립금을 반환할 의무가 있다(「상법」 제736조).

> **「상법」 제736조(보험적립금 반환의무 등)** ① 제649조, 제650조, 제651조 및 제652조 내지 제655조의 규정에 의하여 보험계약이 해지된 때, 제659조와 제660조의 규정에 의하여 보험금액의 지급책임이 면제된 때에는 보험자는 보험 수익자를 위하여 적립한 금액을 보험계약자에게 지급하여야 한다. 그러나 다른 약정이 없으면 제659조 제1항의 보험사고가 보험계약자에 의하여 생긴 경우에는 그러하지 아니하다.[개정 1991.12.31]

3 보험자의 면책사유

면책사유란 보험기간 내에 보험자가 보상책임을 지는 보험사고가 발생하였으나 일정한 원인으로 그 책임이 면제되는 사유를 말한다.

(1) 법정 면책사유 중 도덕적 위험

① 보험사고가 보험계약자, 피보험자, 보험수익자 등 보험계약자 측의 고의 또는 중과실로 생긴 경우 보험자는 보험금 지급 책임을 면한다(「상법」 제659조).

② 다만 사망을 보험사고로 한 보험계약에서는 사고가 보험계약자 또는 피보험자나 보험수익자의 중대한 과실로 인하여 발생한 경우에도 보험자는 보험금을 지급할 책임을 면하지 못한다(「상법」 제732조의2).

③ 도덕적 위험에 대한 면책 사유의 입증책임은 보험자에게 있으며 보험계약자나 피보험자 또는 보험수익자 중의 어느 한 사람의 고의나 중과실이 있으면 성립한다.

> 「상법」 제659조(보험자의 면책사유) ① 보험사고가 보험계약자 또는 피보험자나 보험수익자의 고의 또는 중대한 과실로 인하여 생긴 때에는 보험자는 보험금액을 지급할 책임이 없다.

(2) 법정 면책사유 중 전쟁위험

> 「상법」 제660조(전쟁위험 등으로 인한 면책) 보험사고가 전쟁 기타의 변란으로 인하여 생긴 때에는 당사자 간에 다른 약정이 없으면 보험자는 보험금액을 지급할 책임이 없다.

4 보험계약자 등의 의무

(1) 보험료 지급의무와 그 성질

① 보험료 납입의무는 보험계약자의 가장 중요한 의무이다. 보험계약이 성립되면 보험계약자는 보험자에게 보험료를 납부할 의무를 진다(「상법」 제638조).

② 보험료지급의무는 계약 체결의 당사자인 보험계약자가 1차적으로 부담하고 다만 타인을 위한 보험계약의 경우 보험계약자가 파산선고를 받거나 보험료 지급을 지체한 때 그 타인이 그 권리를 포기하지 않는 한 그 타인도 2차적으로 보험료를 지급할 의무가 있다(「상법」 제639조).

③ 보험료는 보험금에 대한 대가관계에 있는 것으로 이의 지급은 보험자의 책임발생의 전제가 되는 것이다(「상법」 제656조 참조).

④ 보험료지급은 원칙적으로 지참채무이지만 당사자의 합의나 보험모집인의 관행을 통하여 추심채무로 될 수 있다.

> 「상법」 제638조(보험계약의 의의) 보험계약은 당사자 일방이 약정한 보험료를 지급하고 재산 또는 생명이나 신체에 불확정한 사고가 발생할 경우에 상대방이 일정한 보험금이나 그 밖의 급여를 지급할 것을 약정함으로써 효력이 생긴다.[전문개정 2014.3.11]

(2) 보험료의 지급시기

① 실제 보험실무에서는 보험계약청약 시에 보험료의 전부 또는 제1회 보험료를 선납부하는 관행이 행해지고 있으나 원칙적으로 보험계약자는 계약체결 후 지체 없이 보험료의 전부 또는 제1회 보험료를 납부하여야 한다(「상법」 제650조 제1항).

② 분할납부의 경우에는 제2회 이후의 계속보험료는 약정한 납입기일에 납부하여야 한다(「상법」 제650조 제2항).

> 「상법」 제650조(보험료의 지급과 지체의 효과) ① 보험계약자는 계약 체결 후 지체 없이 보험료의 전부 또는 제1회 보험료를 지급하여야 하며, 보험계약자가 이를 지급하지 아니하는 경우에는 다른 약정이 없는 한 계약 성립 후 2월이 경과하면 그 계약은 해제된 것으로 본다.
> ② 계속보험료가 약정한 시기에 지급되지 아니한 때에는 보험자는 상당한 기간을 정하여 보험계약자에게 최고하고 그 기간 내에 지급되지 아니한 때에는 그 계약을 해지할 수 있다.
> ③ 특정한 타인을 위한 보험의 경우에 보험계약자가 보험료의 지급을 지체한 때에는 보험자는 그 타인에게도 상당한 기간을 정하여 보험료의 지급을 최고한 후가 아니면 그 계약을 해제 또는 해지하지 못한다.

(3) 보험료 납입지체의 효과

① 보험계약의 체결 후 보험계약자가 보험료의 전부 또는 제1회 보험료(분할납입의 약정이 되어 있는 경우의 최초 납입분)를 납입하여야 함에도 불구하고, 납입하지 않는 경우에 다른 약정이 없는 한 계약 성립 후 2월이 경과하면 그 계약은 해제된 것으로 본다.

② 계속보험료가 약정되어 있는 시기에 납부되지 않을 경우, 보험자는 '상당한' 기간을 정하여 보험료 납입을 최고하고, 해당 기간 내에 보험계약자가 보험료의 납입을 지체한 경우 별도의 해지통보를 통해 계약을 해지할 수 있다.

(4) 위험변경 증가의 통지의무

① 보험기간 중에 보험계약자 또는 피보험자가 사고발생의 위험이 현저하게 변경 또는 증가된 사실을 안 때에는 지체 없이 이를 보험자에게 통지하여야 한다(「상법」 제652조 제1항).

> 「상법」 제652조(위험변경증가의 통지와 계약해지) ① 보험기간 중에 보험계약자 또는 피보험자가 사고발생의 위험이 현저하게 변경 또는 증가된 사실을 안 때에는 지체 없이 보험자에게 통지하여야 한다. 이를 해태한 때에는 보험자는 그 사실을 안 날로부터 1월 내에 한하여 계약을 해지할 수 있다.
> ② 보험자가 제1항의 위험변경증가의 통지를 받은 때에는 1월 내에 보험료의 증액을 청구하거나 계약을 해지할 수 있다.[신설 1991.12.31]

② 위험의 변경 또는 증가의 원인은 객관적이어야 하므로 보험계약자 또는 피보험자의 행위로 인한 것이 아니어야 한다. 보험계약자 또는 피보험자가 이를 해태한 때에는 보험자는 그 사실을 안 날로부터 1월 내에 계약을 해지할 수 있다.

(5) 보험사고 발생의 통지의무

① 보험자에 대한 보험사고의 통지는 보험자로 하여금 그 사고가 보험사고에 해당하는지 여부 등과 면책사유가 존재하는지 여부를 확정하는 전제가 되기 때문에 이 통지는 대단히 중요한 사항이다. 따라서 보험계약자 또는 피보험자나 보험수익자는 계약에서 정한 보험사고의 발생을 안 때에는 지체 없이 이를 보험자에게 통지해야 한다(「상법」 제657조 제1항).

② 보험계약자 등의 통지 해태로 인해 손해가 증가된 때에는 그 증가된 손해를 보상할 책임이 없다(「상법」 제657조 제2항).

> 「상법」 제657조(보험사고발생의 통지의무) ① 보험계약자 또는 피보험자나 보험수익자는 보험사고의 발생을 안 때에는 지체 없이 보험자에게 그 통지를 발송하여야 한다.
> ② 보험계약자 또는 피보험자나 보험수익자가 제1항의 통지의무를 해태함으로 인하여 손해가 증가된 때에는 보험자는 그 증가된 손해를 보상할 책임이 없다.[신설 1991.12.31]

(6) 위험 유지 의무

보험기간 중에 보험계약자, 피보험자 또는 보험수익자의 고의 또는 중대한 과실로 인하여 사고 발생의 위험이 현저하게 변경 또는 증가한 때에는 보험자는 그 사실을 안 날로부터 1월 내에 보험료 증액을 청구하거나 계약을 해지할 수 있다.(「상법」 제653조)

> 「상법」 제653조(보험계약자 등의 고의나 중과실로 인한 위험 증가와 계약 해지)
> 보험기간 중에 보험계약자, 피보험자 또는 보험수익자의 고의 또는 중대한 과실로 인하여 사고 발생의 위험이 현저하게 변경 또는 증가된 때에는 보험자는 그 사실을 안 날부터 1월 내에 보험료의 증액을 청구하거나 계약을 해지할 수 있다.

07 부활

1 부활의 의미

(1) 보험료의 납입연체로 인해 계약이 해지되었으나 해지환급금이 지급되지 아니한 경우, 계약자는 연체보험료에 약정이자를 붙여 보험자에게 지급하고 그 계약의 부활(효력회복)을 청구할 수 있다. 이는 계약의 해지로 인해 보험계약자가 새로운 보험계약을 체결할 경우 다양한 불이익이 발생할 수 있기 때문이다.

(2) 일반적으로 생명보험의 경우에는 연령증가 등에 따른 피보험자의 위험률이 높아져서 인상된 보험료를 더 많이 부담해야 하고, 보험료 적립금 내지 해지환급금의 지급상의 불이익이 초래되기 때문이다.

(3) 보험계약자가 계속보험료를 체납함으로써 해지 또는 실효된 계약에 대해 일정한 기간 내에 부활(효력회복)을 청구할 수 있도록 제도화된 것이다.

> 「상법」 제650조의2(보험계약의 부활) 제650조 제2항에 따라 보험계약이 해지되고 해지환급금이 지급되지 아니한 경우에 보험계약자는 일정한 기간 내에 연체보험료에 약정이자를 붙여 보험자에게 지급하고 그 계약의 부활을 청구할 수 있다. 제638조의2의 규정은 이 경우에 준용한다.[본조신설 1991.12.31]

2 부활의 요건

(1) 부활계약 청구 시에도 보험계약자는 중요한 사항에 대하여 고지의무를 부담하여야 한다.

(2) 보험계약자가 제2회 이후의 계속보험료를 납부하지 아니함으로써 보험계약이 해지되었거나 실효된 경우로서 해지환급금이 지급되지 않았어야 한다.

(3) 보험계약자는 부활이 가능한 일정 기간 내에 연체된 보험료에 약정이자를 붙여 보험자에게 납부하고 보험계약의 부활을 청구하여야 하며 보험자의 승낙이 있어야 한다.

(4) 보험계약자의 부활청구로부터 보험자가 약정이자를 첨부한 연체보험료를 받은 후 30일이 지나도록 낙부통지하지 않으면 보험자의 승낙이 의제되고 해당 보험계약은 부활한다(「상법」 제650조의2 단서).

(5) 부활청약 시 부활청약 심사를 하는 이유

계약부활의 경우 부활청약자의 역선택 가능성이 높기 때문이다. 예를 들어 암진단 후 보험금을 받기 위해 부활청약을 하는 경우 심사과정이 생략된다면 모두 부활승낙이 될 것이고 보험금을 지급해야 한다. 이는 정상적인 보험사업 운영을 불가능하게 만들고 다른 계약자에게 손실을 끼치는 결과를 가져온다.

부활의 요건
• 해지환급금의 미지급 혹은 미수령(해지환급금 지급 시 보험계약관계가 완전 종료)
• 계속보험료 미납에 따른 계약해지의 경우
• 보험계약자의 청구
• 보험자의 승낙

3 부활의 효과

(1) 보험계약에서의 부활은 실효된 보험계약의 효력을 원래대로 복구시키는 것이므로 실효되기 이전의 보험계약과 동일한 내용의 보험계약을 계속 유지하게 된다. 그렇지만 해당 보험계약을 부활하였다 하더라도 보험계약이 실효된 이후 시점부터 부활될 때까지의 기간에 발생한 보험사고에 대하여는 보험자는 책임을 지지 않는다.

(2) 보험자의 책임은 부활계약의 승낙 시부터 다시 개시된다. 단, 계약자가 약정이자를 포함한 연체보험료를 지급하고 보험계약 부활을 청구한 때부터 보험자가 승낙하기 전까지 사이에 보험사고 발생 시 보험자가 거절할 사유가 없는 한 보상책임을 지게 된다.

우체국보험 일반현황

01 연혁

1 우체국보험의 주요 연혁

(1) 우체국보험은 1929년 5월에 제정된 '조선간이생명보험령'에 따라 1929년 10월에 조선총독부 체신국에서 종신보험과 양로보험을 판매하기 시작한 것을 시초로 하고 있다. 이후 1952년 12월에 '국민생명보험법' 및 '우편연금법'을 제정함에 따라 기존 일본식 명칭이었던 '간이생명보험'을 '국민생명보험'으로 개칭하였고, 생명보험 4종 및 연금보험 4종으로 보험사업을 확대하기 시작하였다.

(2) 국가정책 목적에 의거 조달금리 이하로 운용하도록 함에 따라 부실 규모가 점차 증가하고 있는 와중에 1977년 1월 당시 체신부는 국가정책 사업인 전기통신사업으로 역량을 결집하기 위해서 국민생명보험사업 분야를 농협으로 모두 이관 조치하였다.

(3) 이후 체신부가 관장하던 전기통신사업을 한국전기통신공사가 분리하여 관장함에 따라 1982년 12월 31일 체신예금 · 보험에 관한 법률 및 체신보험특별회계법을 제정하였고 1983년부터 본격적인 보험사업을 재개하기 시작하였다.

(4) 2007년 11월에 보험사업단을 신설하였고 2013년에는 '국가가 보장하는 착한보험 우체국보험'이라는 슬로건을 선포하였다. 국영보험으로서 공익상품인 '만원의 행복보험'(2010.1.)과 장애인전용보험인 '어깨동무연금보험'(2015.7.)을 출시하였으며 서민의 보편적 보험서비스 제공을 위해서 '우체국노후실손의료비보험'(2016.3.), '우체국간편가입건강보험'(2017.1.), '우체국든든한종신보험'(2018.2.), '우체국착한안전보험'(2018.8.), '자녀지킴이보험'(2018.8.), '우체국간편실손의료비보험'(2019.4.), '우체국치매간병보험'(2019.11.), '우체국통합건강보험'(2020.4) 등 다양한 보험상품을 출시하였다.

(5) 우체국보험은 국영보험으로 사회적 책임과 역할을 체계적이고 효율적으로 수행하기 위하여 2013년 9월 '우체국공익재단'을 설립하였고, 다양한 사회공헌활동과 공익사업 추진을 현재도 진행하고 있으며, 추가사업 발굴 등 국영보험으로서 사회적 기업의 역할을 다하고 있다.

(6) 우체국보험은 사회가 요구하는 기업의 윤리적 기대를 경영에 반영한 책임경영을 위해 노력하고 있고, 윤리경영 실천과 조직 내에 비리 근절을 위한 감사 활동도 전개하였다. 이와 함께 공직 윤리체계 활동 강화를 위해서 반부패 의식교육을 활성화하였으며, 청탁금지법 시행에 따라 자료 제작 및 교육 등을 통해서 윤리경영 강화에도 주력하고 있다.

연 혁
1929.10.01. 간이생명보험 시행
1952.12.16. "간이생명보험"을 "국민생명보험"으로 개칭
1977.01.01. 국민생명보험의 농협 이관
1982.12.31. 체신예금 · 보험에 관한 법률 제정 · 공포
1983.07.01. 체신보험사업의 재개
1984.01.01. "체신금융국" 발족
1990.12.01. 체신보험 온라인 업무 개시
1994.12.23. 정보통신부로 개편
2000.04.04. "체신보험"을 "우체국보험"으로 개칭
2000.07.01. "우정사업본부" 출범
2000.09.01. 우체국금융콜센터 운영 및 인터넷뱅킹 서비스 개시
2002.02.25. 우체국보험적립금운용심의회의 설치
2003.08.06. 금융리스크관리팀 신설
2005.03.25. 우체국금융 BI "에버리치(EverRich)" 제정
2006.08.16. 우체국 예금 · 보험 건전성기준 제정
2007.11.30. 보험사업단 신설
2008.09.30. 우체국보험 슬로건 선포(당신을 믿어요!)
2010.01.04. 소액서민보험(만원의 행복보험) 판매
2010.07.01. 우정사업 CI 변경
2011.09.23. (무)우체국즉시연금보험 판매
2012.03.15. 치아보험 판매
2013.02.27. 우체국보험 슬로건 변경(국가가 보장하는 착한보험 우체국보험)
2013.03.23. 정부조직개편으로 '지식경제부'에서 '미래창조과학부'소속으로 이관
2013.09.03. (재)우체국공익재단 설립
2013.11.01. 우체국보험 BI 제정
2014.10.02. (무)100세 종합보장보험 판매
2014.10.15. (무)나눔의 행복보험 판매
2014.12.22. 정부세종청사 우정사업본부 이전
2015.07.13. (무)우체국치아보험, 어깨동무연금보험 판매
2016.03.21. (무)우체국노후실손의료비보험 판매
2016.08.12. (무)우체국생애맞춤보험, 우리가족암보험 판매
2016.09.30. 우체국스마트뱅킹 보험간편서비스 시행
2016.12.26. 우체국보험 지급센터 운영
2017.01.02. 우체국간편가입건강보험 판매
2017.07.18. (무)우체국온라인암보험 판매
2017.07.26. 정부조직개편으로 '미래창조과학부'에서 '과학기술정보통신부'소속으로 이관
2018.12.27. 우체국금융 '우정톡톡' 챗봇 상담서비스 시행
2019.05.01. (무)win–win단체플랜보험 판매
2019.11.11. 우체국금융 소비자보호 규정 제정
2019.12.18. 우체국보험 AI로보텔러 완전판매모니터링 시행
2020.04.27. (무)우체국통합건강보험, (무)우체국나르미안전보험 판매
2020.12.01. (무)우체국당뇨안심보험, (무)우체국온라인당뇨보험, (무)우체국온라인정기보험 판매
2021.05.18. 전국 최대 규모 소아암 아동지원시설(마음이음 한사랑의 집) 개소
2022.07.06. 복지등기 시범사업 시행

출처 : 우체국보험 경영공시자료

1 우체국보험의 목적

(1) 국가가 간편하고 신용 있는 보험사업을 운영함으로써 보험의 보편화를 달성하고 이를 통해서 질병과 재해의 위험에 공동으로 대처하여 궁극적으로는 국민의 경제생활의 안정과 공공복리의 증진에 기여함을 목적으로 한다.

(2) 우체국 우편사업의 운영·유지에 필요한 비용을 일부 마련하기 위한 경영상의 목적도 가지고 있다. 우체국보험은 4천만원 이하의 소액보험(생명·신체·상해·연금 등) 상품개발과 판매 및 운영 사업을 하면서 기타 보험사업에 부대되는 환급금대출과 증권의 매매 및 대여를 업무범위로 하고 있다. 부동산의 취득·처분과 임대서비스도 업무범위에 포함된다.

> 「우체국예금·보험에 관한 법률」 제1조(목적) 이 법은 체신관서(遞信官署)로 하여금 간편하고 신용 있는 예금·보험 사업을 운영하게 함으로써 금융의 대중화를 통하여 국민의 저축의욕을 북돋우고, 보험의 보편화를 통하여 재해의 위험에 공동으로 대처하게 함으로써 국민 경제생활의 안정과 공공복리의 증진에 이바지함을 목적으로 한다.[전문개정 2009.4.22]

2 우체국보험의 특징

우체국보험은 국가가 경영하고 보험금의 지급을 국가가 책임지는 등 국영보험으로서 그 운영상에 있어서 일반보험과 구별되는 다음과 같은 특성이 있다.

서민 보험서비스	무진단·단순한 상품구조를 바탕으로 보험료가 저렴한 보험상품을 취급하여 서민들이 쉽게 가입이 가능하도록 하고 있다.
보편적 보험서비스	농·어촌 지역에서부터 지방 중소도시까지 전국적으로 널리 분포된 우체국 조직을 이용하므로 보험료가 저렴하고 가입절차가 간편하여 보험의 보편화에 기여하고 있다.
공적 역할	사익(주주이익)을 추구하지 않는 국영보험으로서 장애인, 취약계층 등과 관련된 보험상품을 확대 보급하고 있다. 또한 사회소외계층을 위한 현장밀착형 공익사업을 발굴 및 지원함으로써 사회적 책임을 강화하고 있다.
운영 주체	국가가 경영하고 과학기술정보통신부 장관이 관장(「우체국예금·보험에 관한 법률」 제3조)하며, 감사원의 감사와 국회의 국정감사를 받고 있다.
회계 특성	우체국보험은 국가가 운영함에 따라 정부예산회계 관계법령의 적용을 받고 있으며 「우체국보험 건전성 기준」 제34조에 따라 외부 회계법인의 검사를 받고 있다.
인력 및 조직	담당인력과 조직에 대해 행정안전부 등 관련부처와 협의를 거치는 등 「정부조직법」, 「국가공무원법」 등의 통제를 받고 있다.
예산·결산	우체국보험사업의 운영에 필요한 경비는 기획재정부와 협의, 국회의 심의를 거쳐 정부예산으로 편성하고, 예산집행 내역 및 결산 결과를 국회 및 감사원에 보고한다.

(1) 우체국보험과 공영보험

구 분	우체국보험	공영보험*
가입의무	자유가입	의무가입
납입료 대비 수혜 비례성	비례함(수익자 부담)	비례성 약함(소득재분배 및 사회 정책적 기능)

*공영보험 : 건강보험, 국민연금, 고용보험, 산재보험 등

(2) 우체국보험과 민영보험

구 분	우체국보험	민영보험
보험료	상대적으로 저렴	상대적으로 고액
가입한도액	• 사망 : 4,000만원 • 연금 : 연 900만원	제한 없음
지급보장	국가 전액 보장	동일 금융기관 내에서 1인당 최고 1억원(예금보험공사 보증)
운영방법	농어촌 · 서민 위주 전 국민 대상	도시 위주 전 국민 대상
사익추구	주주이익 없음(국영사업)	주주이익 추구
취급제한	변액보험, 퇴직연금, 손해보험 불가	제한 없음
감독기관	과학기술정보통신부, 감사원, 국회, 금융위원회 등	금융위원회, 금융감독원
적용법률	• 「우체국예금 · 보험에 관한 법률」, 「우체국보험특별회계법」 • 「보험업법」(일부), 「상법」(보험 분야)	• 「보험업법」 • 「상법」(보험 분야)

1 우체국보험 관련 법률

법률(2)	대통령령(2)	부령(2)
•「우체국예금 · 보험에 관한 법률」 •「우체국보험특별회계법」	•「우체국예금 · 보험에 관한 법률 시행령」 •「우체국보험특별회계법 시행령」	•「우체국예금 · 보험에 관한 법률 시행규칙」 •「우체국보험특별회계법 시행규칙」

2 보험적립금 관련 주요 내용

(1) 근거 및 목적

① 근거 :「우체국보험특별회계법」 제4조

② 목적 : 보험금, 환급금 등 보험급여의 지급을 위한 책임준비금에 충당하기 위하여 우체국보험특별회계의 세입 · 세출 외에 별도 우체국보험적립금을 설치 운영한다.

> 「**우체국보험특별회계법**」 **제4조(우체국보험적립금의 조성 등)** ① 보험금 · 환급금 등 보험급여를 지급하기 위한 책임준비금에 충당하기 위하여 세입 · 세출 외에 따로 우체국보험적립금(이하 "적립금"이라 한다)을 둔다.
> ② 적립금은 다음 각 호의 금액으로 조성한다.
>   1. 순보험료(보험료 중 부가보험료를 제외한 보험료를 말한다)
>   2. 적립금 운용수익금
>   3. 회계의 세입 · 세출 결산에 따른 잉여금
> ③ 보험금 · 환급금 등 보험급여는 적립금에서 지출한다.

(2) 재원 조달 및 운용

① 우체국보험적립금은 순보험료, 운용수익 및 우체국보험특별회계 세입 · 세출의 결산상 잉여금으로 조성한다.

② 조성된 적립금은 주로 보험금 지급에 충당하고, 여유자금은 유가증권 매매 또는 금융기관에 예치하여 수익성을 제고하는 한편, 벤처기업에의 투자, 재정자금에의 예탁, 보험계약자를 위한 대출제도 운영에 사용된다.

> 「**우체국보험특별회계법**」 **제5조(적립금의 운용)** ① 적립금은 과학기술정보통신부장관이 운용 · 관리한다.
> ② 적립금을 운용할 때에는 안정성 · 유동성 · 수익성 및 공익성이 확보되도록 하여야 한다.

「우체국보험특별회계법」 제6조(적립금의 운용 방법) ① 적립금은 다음 각 호의 방법으로 운용한다.
1. 금융기관에의 예탁
2. 「자본시장과 금융투자업에 관한 법률」에 따른 증권의 매매 및 대여
3. 국가, 지방자치단체와 과학기술정보통신부령으로 정하는 공공기관에 대한 대출
4. 보험계약자에 대한 대출
5. 대통령령으로 정하는 업무용 부동산의 취득 · 처분 및 임대
6. 「자본시장과 금융투자업에 관한 법률」 제5조에 따른 파생상품의 거래
7. 「벤처기업육성에 관한 특별법」 제2조 제1항에 따른 벤처기업에의 투자
8. 재정자금에의 예탁
9. 「자본시장과 금융투자업에 관한 법률」 제355조에 따른 자금중개회사를 통한 금융기관에의 대여
10. 그 밖에 대통령령으로 정하는 적립금 증식
② 제1항 제2호에 따라 적립금을 운용하는 경우에는 장기적이고 안정적인 수익 증대를 위하여 투자대상과 관련한 환경 · 사회 · 지배구조 등의 요소를 고려할 수 있다.
③ 과학기술정보통신부장관은 적립금의 운용 성과와 재정 상태를 분명하게 하기 위하여 자산의 증감 및 변동을 그 발생한 사실에 따라 회계처리하여야 한다.
④ 과학기술정보통신부장관은 적립금을 효율적으로 운용하기 위하여 제1항 제2호 · 제6호 · 제7호 및 제10호의 사업의 전부 또는 일부를 대통령령으로 정하는 바에 따라 그가 지정하는 법인에 위탁하여 운용하게 하거나 적립금으로 법인을 설립하여 그 법인으로 하여금 운용하게 할 수 있다.
⑤ 다음 각 호에 관하여 필요한 사항은 대통령령으로 정한다.
1. 제1항 제2호에 따라 매입하는 증권 취득가액의 총액이 적립금에서 차지하는 비율
2. 제1항 제5호에 따라 취득하는 부동산 취득가액의 총액이 적립금에서 차지하는 비율
3. 제1항 제6호에 따라 매입하는 파생상품 취득가액의 총액이 적립금에서 차지하는 비율
4. 제1항 제7호에 따른 벤처기업에의 투자 한도
5. 제1항 제9호에 따른 금융기관에의 대여 한도
⑥ 적립금운용계획의 수립 등 적립금을 운용하는 데에 필요한 사항은 대통령령으로 정한다.

04 역할(사회공헌)

1 개요

우체국보험은 1995년 소년소녀가장 장학금 지원사업을 시작으로 공공복지의 사각지대에 있는 사회 소외계층(아동, 노인, 장애인 등)에 대한 다양한 지원을 통해 국가기관으로서 사회적 책임과 사회안전망 기능을 강화하였다.

「우체국예금보험에 관한 법률 시행규칙」 제57조(공익급여의 지급) ① 체신관서는 수입보험료의 일부를 공익급여(公益給與)로 지급할 수 있다.
② 제1항에 따른 공익급여 지급대상 보험의 종류별 명칭과 공익급여의 지급대상, 지급범위 및 지급절차 등은 우정사업본부장이 정한다.[전문개정 2009.10.22]

> 「우체국보험특별회계법」 제8조(결산서의 작성 및 잉여금의 처리) ① 과학기술정보통신부장관은 회계연도마다 「국가회계법」
> 등에 따라 회계의 결산서를 작성하는 외에 기업예산회계 관계 법령에 따라 결산서(적립금을 포함한다)를 작성할 수 있다.
> ② 회계연도마다 회계의 세입·세출 결산에 따른 잉여금이 있으면 이월손실금을 보전(補塡)하고 남은 금액은 적립금으로
>   적립하여야 한다.
> ③ 과학기술정보통신부장관은 적립금 결산에 따른 잉여금의 일부로 보험계약자 및 소외계층을 위한 공익사업을 할 수 있다.
> ④ 제3항에 따른 공익사업의 범위와 그 재원(財源) 조성 등에 관하여 필요한 사항은 과학기술정보통신부령으로 정한다.

2 추진 경과

1995년 휴면보험금으로 소년소녀가장에게 장학금을 지원하는 공익사업을 시작하였다. 2000년 들어서 교통안전보험 재원을 활용하여 본격적인 공익사업을 추진하였으며, 2013년 9월에는 우체국공익재단을 설립하여 현재까지 다양한 공적역할을 수행하고 있다.

3 재원

우체국예금의 공익준비금의 경우 정부예산에서 재원으로 삼고 있는 데 반해, 우체국보험의 공익준비금은 전 회계연도 적립금 이익잉여금의 5% 이내, 그린보너스저축보험 전년도 책임준비금의 0.05% 이내(친환경 사업 활용)에서 재원을 마련하고 있다.

4 공익재단 출연 기준

공익재단 출연을 위해서 공익자금 조성액은 전 회계연도 이익잉여금을 기준으로 조성하되, 전년 및 당해 연도(추정) 당기순이익과 적립금 재무건전성을 고려하여 조성한다.

> 「우체국보험특별회계법 시행규칙」 제16조(공익사업 범위와 재원조성) ① 법 제8조 제3항에 따른 공익사업의 범위는 다음
> 각 호와 같다.
> 1. 보건·사회복지 관련 사업 : 의료사업, 요양사업, 보육사업, 주거 개선사업
> 2. 체육·문화 관련 사업 : 체육활동, 전시·공연의 주최 및 후원사업
> 3. 교육 관련 사업 : 교육·장학사업 및 학술연구 지원사업
> 4. 제1호부터 제3호까지의 사업과 유사한 사업
> ② 제1항에 따른 공익사업의 재원은 전(前) 회계연도에 대한 적립금 결산에 따른 이익잉여금의 100분의 5 이내의 금액으로
>   조성한다. 이 경우 적립금의 운용으로 발생한 전년도 당기순이익과 적립금의 재무건전성을 고려하여야 한다.

5 사회공헌 관련 세부사업

우체국공익재단은 전문적이고 체계적인 사회공헌활동의 추진을 위해 매년 공익사업 계획을 수립·운영하고 있다.

[2025년 우체국공익재단 세부사업]

분 야	세부사업
(우정) 우정 인프라 기반 공적 역할 강화	• 우체국 사회공헌 지원 • 복지등기 서비스 • 안부살핌 소포
(사회) 복지 소외계층 지원	• 저소득 장애인 우체국 암보험 • 소아암 환자·가족 지원 • 발달장애인 카페 지원 • 무의탁환자 야간 간병 지원(예금위탁) • 전국 휠체어 농구대회 지원
(환경) 지속 가능 친환경	• 폐의약품 회수 지원 • 다회용컵 순환 체계 운영
(미래) 미래세대 육성	• 자립준비청년 식비 지원(예금위탁) • 우체국 희망 장학금 지원(예금위탁) • 장애 가정 아동 성장 멘토링 지원(예금위탁) • 우체국 청소년 꿈보험 지원
※ 예비사업	• 우체국 디지털교육 • 어르신 현금배달 서비스

07 리스크관리 및 자금운영

01 리스크관리

1 개요

(1) 금융시장에서 사용하는 리스크라는 용어는 흔히 생각할 수 있는 위험과는 다른 의미로 사용된다. 일반적으로 위험은 화재, 자연재해, 교통사고와 같이 수익에 관계없이 손실만을 발생시키는 사건을 의미하는 반면, 리스크는 예측하지 못한 어떤 사실이나 행위가 자본 및 수익에 부정적인 영향을 끼칠 수 있는 잠재적인 가능성을 뜻한다.

(2) 리스크는 리스크관리 활동을 통해 최소화함으로써 손실 관리를 할 수 있으며, 적절한 리스크관리를 수행함으로써 투자에 대한 불확실성 수준에 따른 수익을 보존할 수도 있다.

[리스크(Risk)와 위험(Danger)의 관계]

리스크(Risk)	예측하지 못한 사실 또는 행위로 인해 자본 및 수익에 부정적인 영향이 발생할 수 있는 잠재적 가능성 • 수익의 불확실성 또는 손실발생 가능성 • 불확실성 정도에 따른 보상 존재 • 통계적 방법을 통해 관리 가능 예 주식투자, 건강관리 등
위험(Danger)	수익에 관계없이 손실만을 발생시키는 사건 • 적절한 보상이 주어지지 않음 • 회피함으로써 제거하거나 전가하는 것이 최선 예 자연재해, 화재, 교통사고 등

2 리스크의 종류

금융회사에서 발생할 수 있는 리스크는 재무적 리스크와 비재무적 리스크로 분류할 수 있다.

(1) 재무적 리스크

시장리스크, 신용리스크, 금리리스크, 유동성리스크, 보험리스크로 나눠지며, 주가 및 금리와 같은 데이터를 활용하여 특정한 산식을 통해 산출 및 관리가 가능한 계량적인 특성을 갖는다.

(2) 비재무적 리스크

금융회사의 영업활동 또는 시스템 관리 등에 따라 발생할 수 있는 비정형화된 리스크로서 계량적인 산출과 관리가 어렵다.

[리스크의 종류]

리스크 유형		내 용
재무적 리스크	시장리스크	시장가격(주가, 이자율, 환율 등)의 변동에 따른 자산가치 변화로 손실이 발생할 리스크
	신용리스크	채무자의 부도, 거래 상대방의 채무불이행 등으로 인하여 손실이 발생할 리스크
	금리리스크	금리 변동에 따른 순자산가치의 하락 등으로 재무상태에 부정적인 영향을 미칠 리스크
	유동성리스크	자금의 조달, 운영기간의 불일치, 예기치 않은 자금 유출 등으로 지급불능상태에 직면할 리스크
	보험리스크	예상하지 못한 손해율 증가 등으로 손실이 발생할 리스크
비재무적 리스크	운영리스크	부적절하거나 잘못된 내부의 업무 절차, 인력 및 시스템 또는 외부의 사건 등으로 인하여 손실이 발생할 리스크

3 리스크관리 필요성

(1) IT기술·금융공학의 발전으로 전세계 금융시장의 연결이 가속화되고 주식 및 채권과 같은 전통적인 투자상품 외에 옵션, 선물 등 파생상품과 결합된 새로운 유형의 투자상품들이 지속적으로 개발되고 있다.

(2) 주요국 대표 금융회사들은 자국 내 시장 경쟁 심화로 기업 경쟁력 확보를 위한 해외시장 개척 및 사업확장이 이어지고 있으며, 대규모 인수합병을 통해 금융회사의 규모가 대형화되고 있어 리스크관리 실패에 따른 손실의 연쇄 효과가 과거에 비해 확대되고 있다.

(3) 국내금융시장의 경우 은행 중심의 대형화, 겸업화 진전과 자본시장통합법에 따른 자본시장의 기능별 통합 가속화가 이루어지고 있는 가운데 핀테크의 발전에 따른 P2P, 인터넷전문은행 등 새로운 시장 참여자들이 급부상 중이다.

(4) 보험업계의 경우 평균수명 증가로 인한 생존리스크 확대, 보험시장 성숙 및 생손보 교차판매 등 업종 간 경쟁이 심화되는 가운데 부채를 원가가 아닌 시가로 평가하는 IFRS17 적용에 따라 보험사의 중요 건전성 지표인 지급여력비율 하락 우려가 가중되고 있다.

1 건전경영의 유지

우정사업본부장은 우체국보험의 보험금 지급능력과 재무건전성을 확보하기 위하여 다음 표[건전경영의 유지를 위한 준수사항]의 내용을 준수하여야 한다.

[건전경영의 유지를 위한 준수사항]

구 분	내 용
1	자본의 적정성에 관한 사항
2	자산의 건전성에 관한 사항
3	그 밖에 경영의 건전성 확보를 위하여 필요한 사항

2 자본의 적정성

(1) 우체국보험은 자본의 적정성 유지를 위하여 지급여력비율을 분기별로 산출 · 관리하여야 하며, 지급여력비율은 지급여력금액을 지급여력기준금액으로 나누어 산출한다.

(2) 지급여력기준금액은 보험사업에 내재된 다양한 리스크를 보험 · 금리 · 시장 · 신용 · 운영 리스크로 세분화하여 측정하며 지급여력금액은 기본자본과 보완자본을 합산한 후, 차감항목을 차감하여 산출한다.

(3) 지급여력비율은 100% 이상을 유지하도록 노력하여야 한다. 이는 우체국보험이 예상하지 못한 손실이 발생하더라도 이를 충당할 수 있는 자기자본을 보유하고 있음을 의미하며, 손실흡수를 통해 우체국보험의 지급능력을 보장하고, 나아가 금융시스템의 안정성을 확보하기 위한 중요한 수단이다.

3 경영개선계획

(1) 우정사업본부장은 우체국보험의 지급여력비율이 100% 미만인 경우로서 보험계약자에게 보험금을 지급하지 못할 우려가 있다고 판단되는 경우에는 경영개선계획을 수립 · 시행하여야 한다.

(2) 경영개선계획에는 지급여력비율의 수준에 따라 아래 중 일부 또는 전부가 반영되어야 한다.
① 인력 및 조직운영의 개선
② 사업비의 감축
③ 재정투입의 요청
④ 부실자산의 처분
⑤ 고정자산에 대한 투자 제한
⑥ 계약자배당의 제한
⑦ 위험자산의 보유제한 및 자산의 처분

4 자산의 건전성

우정사업본부장은 다음 표[자산건전성 분류 대상 자산]의 내용에 해당하는 보유자산에 대해 건전성을 "정상", "요주의", "고정", "회수의문", "추정손실"의 5단계로 분류하여야 한다. 또한, "회수의문" 또는 "추정손실"로 분류된 자산(이하 "부실자산"이라 함)을 조기에 상각하여 자산의 건전성을 확보하여야 한다.

[자산건전성 분류 대상 자산]

구 분	대 상
1	대출채권
2	유가증권
3	보험미수금
4	미수금 · 미수수익
5	그 밖에 건전성 분류가 필요하다고 인정하는 자산

03 우체국보험 자금운용 등

1 보험적립금 운용

「우체국보험특별회계법」 제6조(적립금의 운용 방법)에 의거하여 적립금을 운용할 때에는 안정성 · 유동성 · 수익성 및 공익성이 확보되도록 하여야 한다. 적립금은 다음 표[보험적립금 운용방법]에 의한 방법으로 운용한다.

[보험적립금 운용방법]

구 분	대 상
1	금융기관에의 예탁
2	「자본시장과 금융투자업에 관한 법률」에 따른 증권의 매매 및 대여
3	국가, 지방자치단체와 과학기술정보통신부령으로 정하는 공공기관에 대한 대출
4	보험계약자에 대한 대출
5	대통령령으로 정하는 업무용 부동산의 취득 · 처분 및 임대
6	「자본시장과 금융투자업에 관한 법률」 제5조에 따른 파생상품의 거래
7	「벤처기업육성에 관한 특별조치법」 제2조 제1항에 따른 벤처기업에의 투자
8	재정자금에의 예탁
9	「자본시장과 금융투자업에 관한 법률」 제355조에 따른 자금중개회사를 통한 금융기관에의 대여
10	그 밖에 대통령령으로 정하는 적립금 증식

▌2▌ 보험적립금 운용계획의 수립 및 운용분석

(1) 우정사업본부장은 보험적립금의 효율적인 운용을 위하여 '연간 보험적립금 운용계획'과 '분기별 적립금 운용계획'을 수립하여야 한다.

(2) 「우정사업 운영에 관한 특례법」 제5조의2 등 관련 법령에 따라 보험적립금 운용 분과위원회에서는 보험적립금 운용계획을 심의 · 의결한다.

(3) 우정사업본부장은 보험적립금 성과 분석을 매월 하며, 분석결과는 보고체계를 통해 운용부서 등에 제공하여 투자의사 결정에 활용될 수 있도록 하고, 연간 성과분석 자료는 보험적립금 운용분과위원회에 보고한다.

▌3▌ 회계기준 및 재무제표

(1) 우체국보험의 회계처리 및 재무제표 작성은 「우체국보험회계법」, 「국가재정법」, 「국가회계법」, 같은 법 시행령 및 시행규칙에서 정하는 바에 따른다.

(2) 관련 법령에서 정하지 않은 사항에 대하여는 「우체국보험특별회계법 시행령」 제15조에 근거하여 정한 「우체국보험 회계처리지침」에 따르며, 이 지침에서도 정하지 아니한 사항에 대해서는 일반적으로 인정된 기업회계기준과 기업회계기준서를 준용한다.

(3) 우체국보험적립금회계의 재무제표는 재무상태표, 손익계산서, 이익잉여금처분계산서 또는 결손금처리계산서, 현금흐름표로 하되, 분기 결산 시에는 재무상태표와 손익계산서만 작성할 수 있다.

▌4▌ 결산

우정사업본부장은 해당 회계연도의 경영성과와 재무상태를 명확히 파악할 수 있도록 법령을 준수하여 결산서류를 명료하게 작성하여야 한다. 또한, 매 회계연도마다 적립금의 결산서를 작성하고 외부 회계법인의 검사를 받아야 한다.

우정사업본부장은 경영의 투명성 확보를 위하여 다음 표[우체국보험 경영공시]의 사항을 공시하여야 한다. 공시는 결산이 확정된 날로부터 1개월 이내에 보험계약자 등 이해관계자가 알기 쉽도록 간단명료하게 작성하여 우체국보험 홈페이지 등에 게시하여야 한다.

[우체국보험 경영공시]

구 분	대 상
1	조직 및 인력에 관한 사항
2	재무 및 손익에 관한 사항
3	자금조달 · 운용에 관한 사항
4	건전성 · 수익성 · 생산성 등을 나타내는 경영지표에 관한 사항
5	경영방침, 리스크관리 등 경영에 중요한 영향을 미치는 사항
6	관련법에 따라 금융위원회에 제출된 결산서류 및 기초서류에 대해 금융위원회의 의견 또는 권고에 관한 사항
7	그 밖에 이해관계자의 보호를 위하여 공시가 필요하다고 인정되는 사항

6 **상품공시**

우정사업본부장은 인터넷 홈페이지에 상품공시란을 설정하여 보험계약자 등이 판매상품에 관한 다음 표[우체국보험 상품공시]의 사항을 확인할 수 있도록 공시하여야 한다. 또한, 보험계약자는 우정사업본부장에게 기초서류에 대한 열람을 신청할 수 있으며, 우정사업본부장은 정당한 사유가 없는 한 이에 응하여야 한다.

[우체국보험 상품공시]

구 분	대 상
1	보험안내서
2	판매상품별 상품요약서, 사업방법서 및 보험약관(변경 전 보험약관 및 판매중지 후 2년이 경과되지 아니한 보험약관을 포함함)
3	금리연동형 보험의 적용이율 및 환급금대출이율 등
4	계약자배당금 산출기준, 계약자배당율, 계약자배당준비금 부리이율
5	그 밖에 보험계약자의 보호를 위하여 필요하다고 인정되는 사항

PART 02

우체국보험 제도

CHAPTER 01   우체국보험 모집 및 언더라이팅

CHAPTER 02   우체국보험 계약유지 및 보험금 지급

우체국보험 모집 및 언더라이팅

01 　우체국보험 모집 준수사항

1 　보험모집

(1) '보험모집'이란 우체국과 보험계약이 체결될 수 있도록 중개하는 모든 행위(계약체결의 승낙은 제외)를 의미한다.

(2) 우정사업본부장은 우체국보험의 건전한 모집 질서를 확립하고 우체국보험의 공신력 제고와 보험계약자의 권익 보호를 위하여 부당한 모집행위나 과당경쟁을 해서는 안 되며, 보험모집자가 제반 법규를 준수하도록 하여 합리적이고 공정한 영업풍토를 조성하는 데 최선을 다하여야 한다.

2 　보험모집 안내자료

(1) 우체국보험을 모집하기 위하여 사용하는 보험안내자료에는 다음 표[보험안내자료 기재사항]의 사항을 명료하고 알기 쉽게 기재하여야 한다.

[보험안내자료 기재사항]

항	기재사항
1	보험가입에 따른 권리 · 의무에 관한 주요사항
2	보험약관에서 정하는 보장에 관한 주요내용
3	해약환급금에 관한 사항
4	보험금이 금리에 연동되는 보험상품의 경우 적용금리 및 보험금 변동에 관한 사항
5	최저로 보장되는 보험금이 설정되어 있는 경우 그 내용
6	보험금 지급제한 조건
7	보험안내자료의 제작기관명, 제작일, 승인번호
8	보험 상담 및 분쟁의 해결에 관한 사항
9	보험안내자료 사용기관의 명칭 또는 보험모집자의 성명 · 명칭, 그 밖에 필요한 사항
10	그 밖에 보험계약자의 보호를 위하여 필요하다고 인정되는 사항

(2) 보험안내자료 작성 시 다음 표[보험안내자료 준수사항]를 준수하여야 한다. 또한, 방송·영화·연설 그 밖의 방법으로 모집을 위하여 우체국보험의 자산 및 부채에 관한 사항과 장래의 이익의 배당 또는 잉여금의 분배에 대한 예상에 관한 사항을 불특정인에게 알리는 경우에 이를 준용한다.

[보험안내자료 준수사항]

구 분	준수사항
1	보험안내자료에 우체국보험의 자산과 부채를 기재하는 경우 우정사업본부장이 작성한 재무제표에 기재된 사항과 다른 내용의 것을 기재하지 못한다.
2	보험계약의 내용과 다른 사항, 보험계약자에게 유리한 내용만을 골라 안내하거나 다른 보험회사 상품과 비교한 사항, 확정되지 아니한 사항이나 사실에 근거하지 않은 사항을 기초로 다른 보험회사 상품에 비하여 유리하게 비교한 사항, 특정 보험계약자에게만 혜택을 준다는 내용을 기재하지 못한다.
3	보험안내자료에 우체국보험의 장래의 이익의 배당 또는 잉여금의 분배에 대한 예상에 관한 사항을 기재하지 못한다. 다만, 보험계약자의 이해를 돕기 위하여 필요하다고 인정하는 경우에는 그렇지 않다.

3 보험모집 단계별 제공서류

보험계약 체결 시 보험계약자에게 보험모집 단계별로 다음의 서류를 제공하여야 하며, 단체보험의 경우에는 1단계를 적용하지 않는다.

[보험모집 단계별 제공서류]

항		제공서류
1단계	보험계약 체결 권유 단계	가입설계서, 상품설명서
2단계	보험계약 청약 단계	보험계약청약서 부본(계약자보관용 청약서), 보험약관 ※ 청약서 부본의 경우 전화를 이용하여 청약하는 경우에는 「보험업감독규정」 제4-37조 제3호에서 정한 확인서 제공으로 이를 갈음 가능
3단계	보험계약 승낙 단계	보험가입증서(보험증권)

(1) 보험계약 체결을 권유하는 경우 다음 각호의 사항을 설명하여야 한다.

[설명단계별 의무사항]

항	설명사항
1	주계약 및 특약별 보험료
2	주계약 및 특약별로 보장하는 사망, 질병, 상해 등 주요 위험 및 보험금
3	보험료 납입기간 및 보험기간
4	보험 상품의 종목 및 명칭
5	청약의 철회에 관한 사항
6	지급한도, 면책사항, 감액지급 사항 등 보험금 지급제한 조건
7	고지의무 위반의 효과
8	계약의 취소 및 무효에 관한 사항
9	해약환급금에 관한 사항
10	분쟁조정절차에 관한 사항
11	그 밖에 보험계약자 보호를 위하여 필요하다고 인정되는 사항

(2) 저축성보험(금리확정형보험은 제외) 계약의 경우 계약자가 보험계약 체결권유 단계에서 아래에 해당하는 사항을 설명 받았고, 이를 이해하였음을 전화 등 통신수단을 통하여 청약 후 10일 이내에 확인받아야 한다.

[저축성보험 계약체결 권유 단계 설명 의무사항]

구 분	설명 의무사항
1	납입보험료 중 사업비 등이 차감된 일부 금액이 적용이율로 부리된다는 내용
2	저축성보험(금리확정형보험은 제외) 계약의 경우 사업비 수준
3	저축성보험(금리확정형보험은 제외) 계약의 경우 해약환급금
4	기타 우정사업본부장이 정하는 사항

(3) 보험계약의 체결 시부터 보험금 지급 시까지의 주요 과정을 보험계약자에게 설명하여야 하나, 보험계약자가 설명을 거부하는 경우에는 그렇지 않다.

[체결 시부터 보험금 지급 시까지의 주요과정 및 설명사항]

구 분	설명사항
보험계약 체결단계	가. 보험의 모집에 종사하는 자의 성명, 연락처 및 소속 나. 보험의 모집에 종사하는 자가 보험계약의 체결을 대리할 수 있는지 여부 다. 보험의 모집에 종사하는 자가 보험료나 고지의무사항을 대신하여 수령할 수 있는지 여부 라. 보험계약의 승낙절차 마. 보험계약 승낙거절 시 거절사유

보험금 청구단계	가. 담당 부서 및 연락처 나. 예상 심사기간 및 예상 지급일
보험금 지급단계	지급심사 지연 시 지연 사유

5 통신수단을 이용한 모집 시 준수사항

보험모집자는 전화·우편·컴퓨터 등의 통신매체를 이용한 보험모집을 함에 있어 다른 사람의 평온한 생활을 침해하여서는 안 되며, 통신수단을 이용하여 모집할 수 있는 대상자는 다음 각호와 같다.

[통신수단을 이용하여 모집할 수 있는 대상자]

구 분	대상자
1	통신수단을 이용한 모집에 대하여 동의한 자
2	우체국보험계약을 체결한 실적이 있는 보험계약자 또는 피보험자(통신수단을 이용한 모집당시 보험계약이 유효한 자에 한함)
3	「신용정보의 이용 및 보호에 관한 법률」에 의한 개인정보제공·활용 동의 등 적법한 절차에 따라 개인정보를 제공받거나 개인정보의 활용에 관하여 동의를 받은 경우의 해당 개인

6 보험계약의 체결 또는 모집에 관한 금지행위

(1) 보험계약의 체결에 종사하는 자 또는 보험모집자는 그 체결 또는 모집에 관하여 아래의 어느 하나의 행위를 하지 못한다.

[보험계약의 체결 또는 모집에 관한 금지행위]

항	금지행위
1	보험계약자 또는 피보험자에게 보험계약의 내용을 사실과 다르게 알리거나 그 내용의 중요한 사항을 알리지 아니하는 행위
2	보험계약자 또는 피보험자에게 보험계약의 내용의 일부에 대하여 비교대상 및 기준을 명시하지 아니하거나 객관적인 근거 없이 다른 보험계약과 비교한 사항을 알리는 행위(「표시·광고의 공정화에 관한 법률」에 의하여 허용되는 경우를 제외한다)
3	보험계약자 또는 피보험자에 대하여 보험계약의 중요한 사항을 알리는 것을 방해하거나 알리지 아니할 것을 권유하는 행위
4	보험계약자 또는 피보험자에게 체신관서에 대하여 중요한 사항에 관하여 부실한 사항을 알릴 것을 권유하는 행위
5	보험계약의 청약 철회 또는 계약 해지를 방해하는 행위
6	보험모집자가 보험계약자, 피보험자 또는 보험금을 취득할 자, 그 밖에 보험계약에 관하여 이해관계가 있는 자일 경우 보험사기행위
7	보험계약자, 피보험자 또는 보험금을 취득할 자, 그 밖에 보험계약에 관하여 이해관계가 있는 자로 하여금 고의로 보험사고를 발생시키거나 발생하지 아니한 보험사고를 발생한 것처럼 조작하여 보험금을 수령하도록 하는 행위

8	보험계약자, 피보험자 또는 보험금을 취득할 자, 그 밖에 보험계약에 관하여 이해관계가 있는 자로 하여금 이미 발생한 보험사고의 원인, 시기 또는 내용을 조작하거나 피해의 정도를 과장하여 보험금을 수령하도록 하는 행위
9	보험계약자 또는 피보험자로 하여금 이미 성립된 보험계약을 부당하게 소멸시킴으로써 새로운 보험계약을 청약하게 하거나 새로운 보험계약을 청약하게 함으로써 기존 보험계약을 부당하게 소멸시키거나 그 밖에 부당하게 보험계약을 청약하게 하거나 이러한 것을 권유하는 행위
10	보험계약자 또는 피보험자에게 보험료의 할인 또는 기타 특별한 이익을 제공하거나 이를 약속하는 행위
11	모집할 자격이 없는 자에게 모집을 하게 하거나 이를 용인하는 행위
12	우체국보험 외에 다른 보험 사업자를 위하여 모집하는 행위
13	우체국 보험상품의 판매를 거절하는 행위
14	모집과 관련이 없는 금융거래를 통하여 취득한 개인정보(「신용정보의 이용 및 보호에 관한 법률」에서 정하는 정보를 말한다)를 미리 해당 개인의 동의를 받지 않고 모집에 이용하는 행위
15	그 밖에 불완전판매 등에 대한 유형에 해당하는 행위

(2) 보험계약의 체결 또는 모집에 종사하는 자가 다음의 어느 하나에 해당하는 행위를 한 경우, 상기 표[보험계약의 체결 또는 모집에 관한 금지행위]의 9호를 위반하여 기존 보험계약을 부당하게 소멸시키거나 소멸하게 하는 행위를 한 것으로 본다.

(3) 이를 위반하여 기존보험계약을 소멸시키거나 소멸하게 하였을 때에 보험계약자는 보험계약의 체결 또는 모집에 종사하는 자가 속하거나 모집을 위탁한 우정관서에 대하여 그 보험계약이 소멸한 날부터 6개월 이내에 소멸된 보험계약의 부활을 청구하고 새로운 보험계약은 취소할 수 있다.

(4) 보험계약의 부활 청구를 받은 우정관서는 특별한 사유가 없으면 소멸된 보험계약의 부활을 승낙하여야 한다.

[기존보험계약을 부당하게 소멸시키거나 소멸하게 하는 행위]

구 분	기존계약 부당소멸 행위
가	기존보험계약이 소멸된 날부터 1개월 이내에 새로운 보험계약을 청약하게 하거나 새로운 보험계약을 청약하게 한 날부터 1개월 이내에 기존보험계약을 소멸하게 하는 행위(다만, 보험계약자가 기존 보험계약 소멸 후 새로운 보험계약 체결 시 손해가 발생할 가능성이 있다는 사실을 알고 있음을 본인의 의사에 따른 행위임이 명백히 증명되는 경우는 제외)
나	기존보험계약이 소멸된 날부터 6개월 이내에 새로운 보험계약을 청약하게 하거나 새로운 보험계약을 청약하게 한 날부터 6개월 이내에 기존보험계약을 소멸하게 하는 경우로서 해당 보험계약자 또는 피보험자에게 기존보험계약과 새로운 보험계약의 아래 6가지 중요한 사항을 비교하여 알리지 아니하는 행위 1. 보험료, 보험기간, 보험료 납입주기 및 납입기간 2. 보험가입금액 및 주요 보장 내용 3. 보험금액 및 환급금액 4. 예정 이자율 중 공시이율 5. 보험 목적 6. 우정관서의 면책사유 및 면책사항

보험계약의 체결에 종사하는 자 또는 보험모집자는 그 체결 또는 모집과 관련하여 보험계약자 또는 피보험자에 대하여 아래의 어느 하나에 해당하는 특별이익을 제공하거나 그 제공을 약속하여서는 아니 된다.

[모집과 관련한 특별이익의 제공금지]

구 분	특별이익 제공금지 항목
1	3만원을 초과하는 금품
2	기초서류에서 정한 사유에 근거하지 아니한 보험료의 할인 또는 수수료의 지급
3	기초서류에서 정한 보험금액보다 많은 보험금액의 지급의 약속
4	보험계약자 또는 피보험자를 위한 보험료의 대납
5	보험계약자 또는 피보험자가 체신관서로부터 받은 대출금에 대한 이자의 대납
6	보험료로 받은 수표 등에 대한 이자상당액의 대납

02 우체국보험 모집자

1 보험모집

(1) 「우체국예금 · 보험에 관한 법률 시행규칙」 제61조(보험의 모집 등)에 의해 체신관서의 직원과 우정사업본부장이 지정하는 개인 또는 법인은 보험의 모집을 할 수 있다.

(2) 보험 모집 등을 할 수 있는 개인 또는 법인(이하 "보험모집자"라 한다)은 다음 표[우체국보험 모집자]와 같다.

[우체국보험 모집자]

구 분	보험모집자
1	우정사업본부 소속 공무원 · 별정우체국직원 · 상시집배원, 우편취급국장 및 우편취급국 직원
2	우체국FC, 우체국TMFC, 그 밖에 우정사업본부장이 인정한 자

① **우체국FC** : 우체국으로부터 위탁을 받아 우체국보험의 모집 업무를 행하는 개인을 의미한다.

② **우체국TMFC**(Tele–Marketing Financial Consultant, 이하 TMFC) : 우체국장과 위촉계약을 체결하여 TCM을 통해 우체국보험을 모집하는 개인을 의미한다.

③ **우편취급국FC**(이하 **취급국FC**) : 우체국FC 중 「우체국 창구업무의 위탁에 관한 법률」 제3조 규정에 따라 우체국 창구업무의 일부를 수탁 받은 자 또는 위 수탁 받은 자가 설치한 장소에서 근무하는 자로서 「우체국보험 모집 및 보상금 지급 등에 관한 규정」 제28조에 따라 등록된 자를 말한다.

(1) 자격요건

직원 중 보험모집을 희망하는 자는 다음 표[직원의 보험모집 자격요건] 중 하나에 해당하는 요건을 충족하여야 한다. 우체국장은 비금융 업무담당자가 금융분야로 근무를 희망할 경우 또는 순환근무를 시행할 경우, 아래 자격요건이 있는 직원을 우선적으로 금융분야에 배치하여야 한다.

[직원의 보험모집 자격요건]

구 분	자격요건
1	우정인재개발원장이 실시하는 보험관련 교육을 3일 이상 이수한 자
2	우정인재개발원장이 실시하는 보험모집희망자 교육과정(사이버교육)을 이수하고 우정사업본부장, 지방우정청장 또는 우체국장이 실시하는 보험 관련 집합교육을 20시간 이상 이수한 자
3	교육훈련 인증제에 따른 금융분야 인증시험에 합격한 자
4	종합자산관리사(IFP), 재무설계사(AFPK), 국제재무설계사(CFP) 등 금융분야 자격증을 취득한 자
5	우정개발원장이 실시하는 보험모집희망자 교육과정(사이버교육)을 이수하고, 우체국보험 모집인 자격 평가 시험에서 70점 이상을 받아 합격한 자

(2) 보험모집 제한

직원 중 보험모집 자격요건을 충족한 직원의 경우라도, 다음에 해당하는 직원의 보험모집을 제한하여야 한다.

[직원의 보험모집 제한]

구 분	요 건
1	신규임용일 또는 금융업무 미취급 관서(타부처 포함)에서 전입일 때부터 3년 이하인 자(단, 금융업무 담당자는 제외)
2	휴직자, 수술 또는 입원 치료 중인 자
3	FC 조직관리 보상금을 받는 자
4	관련 규정에 따라 보험모집 비희망을 신청한 자
5	관련 규정에 따른 우체국 FC 등록 제한자
6	전년도 보험 보수교육 의무이수시간 미달자
7	최근 1년간 보험모집 신계약 실적이 없는 자

(3) 업무처리 방법

① 보험모집자는 보험모집 및 유지관리 등에 관련된 업무 절차 및 실무에 대하여 우정사업본부장이 정하는 바에 따라 처리하여야 한다.

② 우체국장은 보험모집자가 원활한 보험모집 업무를 수행할 수 있도록 보험에 관한 기초 지식, 모집에 관한 법규 및 실무, 보험약관, 보험상품 내용 등에 대하여 지속적인 교육을 실시하여야 한다.

3 FC의 보험모집

(1) 자격요건

① FC를 희망하는 자는 '우체국FC 위촉계약신청서'를 우체국장에게 제출하여야 한다.

② 우체국장은 다음 표[우체국FC 등록 제한자] 중 어느 하나에 해당하는 자를 FC로 등록할 수 없다.

③ 국내 거주 외국인을 FC 대상자로 선정하고자 할 때에는 우리말을 바르게 이해하고 어휘를 정확하게 구사할 수 있으며, 「출입국관리법」상 국내거주권(F-2) 또는 재외동포(F-4), 영주자격(F-5), 결혼이민(F-6)이 인정된 자이어야 한다.

[우체국FC 등록 제한자]

구 분	등록 제한 요건
1	민법상의 무능력자
2	파산자로서 복권되지 아니한 자
3	「우체국예금·보험에 관한 법률」 및 「보험업법」에 따라 벌금 이상의 형을 선고받고 그 집행이 종료되거나 집행이 면제된 날부터 2년이 경과되지 아니한 자
4	보험모집 등과 관련하여 법령, 규정 및 준수사항 등을 위반하여 보험모집 자격을 상실한 후 3년이 경과되지 아니한 자
5	「보험업법」에 따라 보험설계사·보험대리점 또는 보험중개사의 등록이 취소된 후 5년이 경과되지 아니한 자
6	FC 위촉계약 유지 최저기준에 미달하여 위촉계약이 해지된 후 6개월이 경과되지 아니한 자
7	보험회사, 금융회사, 선불식 할부거래회사 및 다단계 판매회사 등에 종사하는 자
8	우체국의 임시직 또는 경비용역 등에 종사하는 자
9	FC의 고의 또는 과실로 위탁업무 수행과 관련하여 소송 및 민원 등 분쟁으로 인하여 손실을 발생시켜 위촉계약이 해지된 후 6개월이 경과되지 아니한 자
10	폭행, 명예훼손, 공무집행 방해 등으로 우체국보험의 이미지를 실추시켜 이에 대한 처분을 받아 위촉계약이 해지된 후 6개월이 경과되지 아니한 자
11	허위사실 유포와 선동, 교육태도 불량, 욕설, 폭언, 집단 따돌림 가해, 성희롱 등 FC실 분위기를 저해하여 업무를 위탁하기에 어렵다고 우체국장이 판단하여 위촉계약이 해지된 후 6개월이 경과되지 아니한 자

(2) 업무 범위

우체국장은 우체국FC에게 다음 표[FC의 업무범위]의 내용에 해당하는 업무를 위탁한다.

[FC의 업무범위]

구 분	보험모집자
1	우체국보험 계약체결의 중개
2	계약유지를 위한 활동
3	상기 1, 2의 부대업무

03 **보험계약의 청약 및 언더라이팅(청약심사)**

1 보험계약의 청약

(1) 청약업무 개요

① 보험계약을 체결하려는 자는 「우체국예금 · 보험에 관한 법률」 제25조 제1항에 따라 제1회 보험료와 함께 보험계약 청약서를 체신관서에 제출하여야 한다. 보험계약은 체신관서가 이를 승낙함으로써 그 효력이 발생하며, 체신관서가 보험계약의 청약을 승낙하지 아니한 경우에는 제1회 보험료(선납보험료를 포함한다)를 해당 청약자에게 반환하여야 한다.

② 체신관서가 계약을 승낙한 때에는 보험가입증서를 작성하여 보험계약자에게 교부해야 한다.

③ 보험가입증서에 적어야 할 사항은 「우체국예금 · 보험에 관한 법률 시행규칙」 제41조에 의거한 다음 표[보험가입증서 기재사항]와 같다.

[보험가입증서 기재사항]

종 류	기재사항
1	보험의 종류별 명칭
2	보험금액
3	보험료
4	보험계약재(보험계약자가 2인 이상인 경우에는 그 대표자를 말한다) · 피보험자 및 보험수익자의 성명 · 주소 및 생년월일
5	보험기간 및 보험료 납입기간
6	보험가입증서의 작성연월일 및 번호
7	그 밖에 우정사업본부장이 정하는 사항

(2) 청약업무 프로세스

일반적으로 우체국보험 청약업무 프로세스는 다음 표[청약업무 프로세스]의 내용과 같으며, 전자청약서비스 및 태블릿청약서비스는 별도의 프로세스를 적용한다.

[청약업무 프로세스]

단 계	프로세스
1	고객면담(상품 설명 및 우체국보험 상담설계서 작성 등)
2	고객정보 입력
3	보험계약 청약서 발행
4	① 보험계약 청약서 및 상품설명서 등 작성 ② 약관의 주요내용 설명 ③ 약관 및 보험계약 청약서 부본, 상품설명서 등 교부
5	1회 보험료 입금
6	청약서류 스캔(보험계약 청약서, 상품설명서 등 청약서류 기재사항 최종확인 등)
7	완전판매모니터링(3대 기본지키기 이행여부 재확인) 및 계약적부(대상계약에 한함) 실시
8	청약심사
9	청약심사 결과(성립/거절) 안내

(3) 전자청약서비스

① 전자청약서비스는 고객이 보험모집자와의 사전 상담을 통해 설계한 청약내용을 직접 우체국보험 홈페이지 또는 모바일앱에 접속하여 고지의무사항 체크 등 필수정보를 입력한 후 금융인증서, 공동인증서, 카카오페이인증서를 통하여 보험계약을 체결하는 서비스이다.

② 전자청약이 가능한 계약은 가입설계서를 발행한 계약으로 전자청약 전환을 신청한 계약에 한하며, 가입설계일로부터 10일(비영업일 포함)이내에 한하여 전자청약을 할 수 있다.

③ 타인계약(보험계약자와 피보험자가 다른 경우 또는 피보험자와 보험수익자가 다른 경우), 계약관계자가 미성년자인 계약, 첨부서류 제출이 필수인 계약, 다자녀 할인 및 법인계약은 전자청약이 불가하다.

④ 전자청약을 이용하는 고객에게는 제2회 이후 보험료 자동이체 시 0.5%의 할인이 적용되며, 모집자 수당은 현행과 동일하다.

⑤ 보험모집자는 불완전판매 방지를 위하여 전자청약 계약도 '3대 기본지키기'를 이행하여야 한다.

(4) 태블릿청약서비스

① 태블릿청약서비스는 고객상담을 통해 가입 설계한 내용을 기초로 모집자의 태블릿 PC를 통해 전자서명·고지의무사항 체크 등 필수정보를 입력하고, 제1회 보험료 입금까지 One-Stop으로 편리하게 보험계약을 체결할 수 있는 서비스이다.

② 태블릿청약서비스가 이용 가능한 계약은 보험계약자가 성인이어야 한다.

③ 이전형 상품, 종피보험자가 있는 상품, 일부 공익형 상품은 태블릿청약이 불가하다.

④ 태블릿청약서비스를 이용하는 고객에게는 제2회 이후 보험료의 자동이체 시 0.5%의 할인이 적용되며, 보험모집자는 불완전판매 방지를 위하여 태블릿청약 계약도 '3대 기본지키기'를 이행하여야 한다.

(5) 우체국보험 가입대상과 보험나이

① 가입대상

    ㉠ 우체국보험 계약체결 대상자는 국내에 거주하는 자를 원칙으로 한다.

    ㉡ 외국인의 경우 국내에 거주 허가를 받은 자는 우체국보험에 가입할 수 있다. 예를 들어, 외국인으로 체류자격을 받고 외국인등록증, 외국국적동포 국내거소신고증, 영주증을 발급받은 자 등은 외국인 체류자격 코드에 따라 가입이 가능하다.

    ㉢ 내국인이라 하더라도 외국에 거주하는 자는 가입할 수 없다.

② 우체국보험의 계약체결 시 피보험자의 나이계산은 다음 표[보험나이 계산방법]의 내용과 같다.

[보험나이 계산방법]

> 계약일 현재 피보험자의 실제 만 나이를 기준으로 6개월 미만의 끝수는 버리고 6개월 이상의 끝수는 1년으로 하여 계산하며, 이후 매년 계약 해당일에 나이가 증가하는 것으로 함(다만, 계약의 무효 사유 중 만 15세 미만자에 해당하는 경우에는 실제 만 나이를 적용).
>
> 예 생년월일 : 1988년 10월 2일, 현재 계약일 : 2024년 4월 13일
>   ⇒ 2024년 4월 13일－1988년 10월 2일＝35년 6월 11일 → 36세

2 언더라이팅(청약심사)

(1) 언더라이팅 개요

① 체신관서는 보험계약에 대한 청약이 접수되면, 피보험자의 신체적·환경적·도덕적 위험 등을 종합적으로 평가하여 피보험자의 위험에 따라 정상인수, 조건부인수, 거절 등의 합리적 인수조건을 결정하는 청약심사(이하 언더라이팅)를 하게 된다.

② 언더라이팅 업무는 보험에만 있는 특수한 분야이다.

③ 언더라이팅의 목적

    ㉠ 피보험자의 환경, 건강 등에 따른 위험도를 통계에 근거하여 비슷한 수준의 위험도로 분류한다.

    ㉡ 생명보험은 건강이 양호한 사람보다 건강에 이상이 있는 사람이 보험가입을 선호하는 경향이 강하므로, 보험계약을 통하여 이익을 얻기 위한 목적으로 자신의 건강상의 결함을 은닉하고 계약을 체결하는 역선택을 방지한다.

    ㉢ 양질의 위험을 최대한 확보하여 회사의 이윤을 창출하여 지불능력을 유지한다.

(2) 계약선택의 기준이 되는 세 가지 위험

① 청약심사란 일반적으로 보험사의 "위험의 선택" 업무로서 위험평가의 체계화된 기법을 말한다.

② 보험사가 위험을 선택하는 것은 발생위험의 개연성이 높은 사람일수록 보험가입에 대한 선호도가 높고 보험에 가입하고자 하는 성향이 높기 때문이다.

③ 보험계약의 선택에 있어 가장 중요한 것은 보험금 지급사유의 발생 가능성을 파악하는 것이며, 따라서 보험판매 과정에서 계약선택의 기준이 되는 다음의 세 가지 위험을 주의해야 한다.

㉠ 신체적 위험

- 피보험자의 체격, 과거의 병력, 현재의 건강상태 등의 차이에 의해 위험도가 달라진다.
- 그 위험도를 정확히 알기 위해서는 필요한 사항에 대하여 사실 그대로를 체신관서에 알리도록 하는 것이 중요하다.

㉡ 환경적 위험

- 피보험자의 직업(부업 · 겸업 · 계절적 종사 포함), 업무 내용, 취미, 운전 등에 따라 위험도가 달라질 수 있다.
- 위험등급에 따라 보험종류별로 가입여부, 가입한도액 등이 달라질 수 있다.
- 이러한 위험도를 정확히 알기 위해서는 회사원, 전문직 등 직업의 종류를 파악하는 선에 머무르지 말고 직장명, 부서명, 직위, 하시는 일 등 구체적인 내용을 파악하여야 한다.

㉢ 도덕적 위험(재정적 위험)

- 생명보험을 악용하여 생명이나 신체를 고의로 손상시켜 보험금을 부당하게 받고자 하는 행위는 사전에 예방하여야 한다.
- 피보험자나 보험계약자의 수입, 지위, 나이 등에 비해 보험가입금액이 너무 크거나 보험금을 받는 자가 제3자로 되어 있거나 하는 등의 부자연스러운 점이 있을 때는 그에 대한 이유를 충분히 조사해 볼 필요가 있다.

(3) 1차 언더라이팅의 중요성

① 모집자는 영업현장에서 우체국보험을 대표하여 가장 먼저 고객을 만나 고객과 면담하는 과정에서 고객의 건강상태, 직업 등 제반정보에 대해 성실하게 알리도록 권유하고 정보수집을 통해 피보험자의 위험을 1차적으로 선별하는 가장 중요한 사람이다. 따라서 모집자는 위험을 선별하는 1차적 언더라이터이다.

② 일반적으로 고객의 보험계약을 심사하는 언더라이터는 고객을 직접 만나지 못하고 청약서만 가지고 심사하게 되므로, 고객이 지닌 위험도에 대하여 가장 잘 알 수 있는 영업현장 모집자의 역할이 매우 중요하다.

③ 결과적으로, 1차 언더라이팅은 역선택 예방과 적절한 가입조건의 선택을 위해 가장 중요한 단계이므로 성실한 고지이행 유도 및 고객에 대한 정확한 안내를 통해 우체국보험 사업 안정성 강화에 기여할 수 있다.

(4) 언더라이팅의 심사분류체계

① 우체국보험은 언더라이팅의 일반적 기준에 의한 심사분류체계를 수립하고, 해당 심사기준을 통하여 다양한 피보험자의 위험정도에 따라 동일한 위험집단을 분류한다.

② 동일위험에 대한 동일보험료를 부과함으로써 보험요율의 합리적인 적용을 통한 보험가입자 간 공정성 제고가 가능하다.

③ 역선택으로 인한 보험금 지급증가에 따른 보험료 인상 등 선의의 보험가입자들의 보험료 부담을 방어할 수 있다.

(5) 언더라이팅 관련 제도

① 계약적부조사

    ㉠ 계약적부조사란 적부조사자가 피보험자를 직접 면담 또는 전화를 활용하여 적부 주요 확인사항을 중심으로 확인하며, 계약적부조사서상에 주요 확인사항 등을 기재하고 피보험자가 최종 확인하는 제도이다.

    ㉡ 본 제도를 통해 보험계약 시 피보험자의 신체적, 환경적, 도덕적 위험에 대해 정확히 확인하여 계약선택의 합리성을 기하고, 고지의무위반 계약의 조기 발견 및 부실계약을 예방할 수 있다.

    ㉢ 우체국보험은 연령, 보험종류, 직업 등 신체·환경·도덕적 기준에 의한 계약적부대상자 선정기준을 마련하고 대상자를 선정하여 계약적부조사를 실시하고 있다.

    ㉣ 청약심사자는 청약서와 계약적부조사 결과 등을 종합적으로 평가하여 피보험자의 위험에 따라 정상인수, 조건부인수, 거절 등의 합리적 인수조건을 결정하게 된다.

② 특별조건부 계약

    ㉠ 피보험자의 질병 등 신체적 위험을 측정하여 표준체로 인수가 불가할 경우 언더라이팅 관련 제 매뉴얼 및 언더라이터의 판단에 의해 특별조건부 인수계약으로 계약을 인수할 수 있다.

    ㉡ 특별조건부 인수계약은 '특정부위·질병 부담보'와 '특약해지', '보험료 할증', '보험료 감액', '보험금 삭감' 등이 있다.

    ㉢ 우체국보험에서는 현재 '특정부위·질병 부담보'와 '특약해지', '보험료 할증'을 적용하고 있다.

구분	내용
특정부위·질병 부담보 제도	피보험자의 특정부위·질병에 대한 병력으로 정상 인수가 불가한 경우, 해당 부위·질병에 일정한 면책기간을 설정하여 인수하는 제도
보험료 할증 제도	피보험자의 위험정도(질병종류, 건강상태)에 따라 표준체 보험료에 위험도별 할증보험료를 부가하여 계약을 인수하는 제도
특약해지 제도	특정 질병으로 인한 생존치료금 발생 가능성이 높을 경우 주계약에 부가된 선택특약 가입분을 해지(거절)처리하여 보험금 지급사유를 사전에 차단하여 위험을 예방하고, 적극적인 계약 인수를 도모하는 제도

③ 환경적 언더라이팅

    ㉠ 피보험자의 직업·취미·운전 등 환경적 위험등급에 따라 담보급부별 가입한도 차등화 등을 할 수 있다.

    ㉡ 이는 1인당 과도한 가입을 제한하여 역선택을 예방함으로써 우체국 보험사업의 건전성을 도모하는 한편, 우체국보험의 근본 취지에 충실하기 위해 운영하는 제도이다.

    ㉢ 환경적 위험이 보험상품 보장 위험에 심각한 영향을 미칠 수 있다고 판단되는 경우에는 가입이 거절될 수 있다.

(6) 미성년자 계약

① 청약일 현재 만 19세 미만으로 보험계약자 또는 피보험자, 보험수익자를 정할 경우에는 친권자, 후견인 등의 법정대리인의 동의가 있어야 계약이 유효하다.

② 미성년자 계약 시 보험계약자가 친권자일 경우에는 나머지 친권자 1인의 자필서명을 득하는 것이 원칙이나, 자필서명이 어려운 경우 다른 친권자와 합의하여 공동친권을 행사한다는 사실을 친권자 1인이 확인(서명)하는 것을 예외적으로 인정한다.

③ 보험계약자가 후견인일 경우에는 후견인란의 자필서명 생략이 가능하다. 이는 청약서 및 계약체결동의서 등 계약 관련 서류에 공통으로 적용된다.

> **더 알아보기 친권의 행사**
>
> - 친권자는 부와 모이며, 부모가 혼인중일 경우 부모가 공동으로 친권을 행사함
> - "사망, 친권상실 신고" 등으로 인하여 부모 중 1인이 친권행사를 할 수 없을 때는 다른 1인이 행사함
> - 부모가 이혼한 경우는 공동친권, 단독친권 등 부모가 협의하여 친권자를 정할 수 있으나, 협의가 불가능한 경우는 당사자의 청구로 가정법원이 친권자를 결정함
> - 부모 이혼 후 단독 친권자 사망 시는 생존하고 있는 부 또는 모가 친권을 행사함
> - 양자일 경우는 양부모가 공동으로 친권을 행사하며, 만일 양부모 쌍방과 파양하였을 경우에는 친생부모의 친권이 부활됨

(7) 피보험자 담보별 가입한도 제도

① 보장내용에 따라 피보험자 1인당 과도한 가입을 제한하여 역선택을 예방함으로써 우체국보험사업의 건전성을 도모하는 한편, 우체국보험의 근본 취지에 충실하기 위해 운영하는 제도이다.

② 피보험자 1인당 담보별 가입한도를 설정하고, 피보험자별로 모든 가입계약의 각 담보별 보장금액을 계산하여, 이미 설정된 가입한도를 초과하는 경우에는 개별청약서 발행 거래에서 청약서 발행이 불가능하다.

[피보험자 담보별 가입한도 내용]

<table>
<tr>
<th rowspan="3">위험등급</th>
<th colspan="2">사망보험금</th>
<th colspan="2">암진단보험금</th>
<th rowspan="3">표적
항암
치료</th>
<th colspan="6">1일당 입원비</th>
<th rowspan="3">질병
수술비
(1회당)</th>
<th rowspan="3">중증치매
간병비
(매월)</th>
</tr>
<tr>
<th rowspan="2">질 병</th>
<th rowspan="2">재 해</th>
<th rowspan="2">일반암</th>
<th rowspan="2">고액암</th>
<th rowspan="2">암 직접
치료</th>
<th rowspan="2">요양
병원 암</th>
<th rowspan="2">뇌출혈,
급성심근
경색증</th>
<th rowspan="2">일반
질병</th>
<th rowspan="2">간병인
사용</th>
<th rowspan="2">재 해</th>
</tr>
<tr></tr>
<tr>
<td>비위험직</td>
<td rowspan="3">4억원</td>
<td rowspan="2">6억원</td>
<td rowspan="5">1.2억원</td>
<td rowspan="5">1억원</td>
<td rowspan="5">1.6억원</td>
<td rowspan="5">25만원</td>
<td rowspan="5">2만원</td>
<td rowspan="5">25만원</td>
<td rowspan="5">8만원</td>
<td rowspan="5">25만원</td>
<td>8만원</td>
<td rowspan="2">300만원
(3종기준)</td>
<td rowspan="5">200만</td>
</tr>
<tr>
<td>위험4급</td>
<td>6만원</td>
</tr>
<tr>
<td>위험3급</td>
<td>5억원</td>
<td>4만원</td>
<td rowspan="3">200만원
(3종기준)</td>
</tr>
<tr>
<td>위험2급</td>
<td rowspan="2">3억원</td>
<td rowspan="2">3억원</td>
<td>3만원</td>
</tr>
<tr>
<td>위험1급</td>
<td>2만원</td>
</tr>
</table>

(8) 보험계약자 가입한도 제도

① 소액보험 취급을 통한 보편적 보험서비스 제공을 위하여 보험계약자를 기준으로 보험가입 한도액을 설정하여 제도적 보완 방안을 마련한 제도이다.

② 보험계약자 1인당 가입한도를 보험가입금액 기준으로 설정하고, 이미 설정된 보험계약자별 가입한도를 초과하는 경우에는 개별청약서 발행 거래에서 발행이 불가능하다.

③ 보험계약자 1인당 가입한도는 저축성보험종류(연금보험 포함)에 한하여 실시한다.

[보험계약자 1인당 가입한도 내용]

구 분	가입한도	한도적용 제외 대상
저축성보험 (연금보험 포함)	20억원 (보험가입금액 기준)	• 계약자가 법인인 경우 • 2008.8.4. 제도시행 전 가입계약 중 알찬전환특약으로 만기자금 재유치, 기존 계약자와 동일하게 저축성 보험(연금보험 포함)으로 만기도래 후 3개월 이내 가입 • 우체국 즉시연금보험

04 보험계약의 성립과 효력

1 계약의 승낙 · 거절과 청약의 철회

(1) 보험계약의 성립

① 계약 승낙 : 보험계약은 보험계약자의 청약과 체신관서의 승낙으로 이루어진다.

② 계약 거절 : 체신관서는 보험계약자의 청약에 대해 피보험자가 계약에 적합하지 않을 경우 계약을 거절하거나 별도의 조건(보험가입금액 제한, 일부보장 제외, 보험료 할증 등)을 부과하여 인수할 수 있다.

③ 효력 : 체신관서는 계약의 청약을 받고, 제1회 보험료를 받은 경우에 청약일부터 30일 이내에 승낙 또는 거절하여야 하며, 승낙한 때에는 보험가입증서(보험증권)를 교부한다. 만일 30일 이내에 승낙 또는 거절의 통지를 하지 않으면 계약은 승낙된 것으로 본다.

(2) 청약의 철회

① 보험계약자는 보험가입증서(보험증권)를 받은 날부터 15일 이내에 그 청약을 철회할 수 있다. 다만 전문보험계약자가 체결한 계약은 청약을 철회할 수 없다.

② 청약한 날부터 30일(단, 전화를 통해 가입하는 계약 중 계약자의 나이가 만 65세 이상인 계약은 45일)이 초과된 계약은 청약을 철회할 수 없다.

③ 보험계약자가 청약을 철회한 때에는 체신관서는 청약의 철회를 접수한 날부터 3일 이내에 납입한 보험료를 반환한다.

2 보험계약의 효력

(1) 보험계약의 성립

① 보장개시일

　㉠ 체신관서가 보장을 개시하는 날로서 계약이 성립되고 제1회 보험료를 받은 날을 말한다.

　㉡ 체신관서가 승낙하기 전이라도 청약과 함께 제1회 보험료를 받은 경우에는 제1회 보험료를 받은 날 을 의미한다.

② 계약일

　㉠ 보장개시일을 계약일로 본다. 따라서, 체신관서가 청약과 함께 제1회 보험료를 받은 후 승낙한 경우 에도 제1회 보험료를 받은 때부터 보장이 개시된다.

　㉡ 단, 자동이체납입의 경우에는 자동이체 신청에 필요한 정보를 제공한 때를 보장개시일로 보며, 계약 자의 책임 있는 사유로 자동이체가 불가능한 경우에는 보험료가 납입되지 않은 것으로 본다.

(2) 보험계약의 무효

① 외형상 계약은 성립되어 있으나 법률상 그 효력이 처음부터 발생하지 않은 것을 의미한다.

② 체신관서는 보험계약 무효사유에 해당하는 경우, 약관에 의거하여 보험계약을 무효로 하고 이미 납입된 보험료를 반환한다.

[보험계약 무효사유]

종 류	무효사유
1	타인의 사망을 보험금 지급사유로 하는 계약에서 계약을 체결할 때까지 피보험자의 서면에 의한 동의를 얻지 않은 경우(다만, 단체가 규약에 따라 구성원의 전부 또는 일부를 피보험자로 하는 계약을 체결하는 경우에는 이를 적용 하지 않음. 이 때 단체보험의 보험수익자를 피보험자 또는 그 상속인이 아닌 자로 지정할 때에는 단체의 규약에서 명시적으로 정한 경우가 아니면 이를 적용함)
2	만 15세 미만자, 심신상실자 또는 심신박약자를 피보험자로 하여 사망을 보험금 지급사유로 한 계약의 경우(다만, 심신박약자가 계약을 체결하거나 소속 단체의 규약에 따라 단체보험의 피보험자가 될 때에 의사능력이 있는 경우 에는 계약이 유효함)
3	계약을 체결할 때 계약에서 정한 피보험자의 나이에 미달되었거나 초과되었을 경우(다만, 체신관서가 나이의 착오 를 발견하였을 때 이미 계약나이에 도달한 경우에는 유효한 계약으로 보나, 제2호의 만 15세 미만자에 관한 예외 가 인정되는 것은 아님)

(3) 보험계약의 취소

① 계약은 성립되었으나 후에 취소권자의 취소의 의사표시로 그 법률효과가 소급되어 없어지는 것을 의미한다.

② 체신관서는 보험약관에 의거 다음 표[사기에 의한 계약]의 내용에 해당하는 계약에 대해 취소권을 행사할 수 있다.

[사기에 의한 계약]

> 보험계약 취소사유 : 피보험자가 청약일 이전에 암 또는 인간면역결핍바이러스(HIV) 감염의 진단 확정을 받은 후 계약자 또는 피보험자가 이를 숨기고 가입하는 등의 뚜렷한 사기의사에 의하여 계약이 성립되었음을 체신관서가 증명하는 경우에는 보장개시일부터 5년 이내(사기사실을 안 날부터는 1개월 이내)에 계약을 취소할 수 있음

㉠ 보험모집자는 계약체결 시 계약자에게 약관 및 청약서 부본을 전달하고 약관의 주요 내용을 설명해야 한다.

㉡ 모집자가 청약 시 '3대 기본지키기' 의무를 이행하지 않았을 경우에는 계약자는 취소권을 행사할 수 있다.

㉢ 계약이 성립한 날부터 3개월 이내에 계약을 취소할 수 있다.

㉣ 체신관서는 이미 납입한 보험료에 보험료를 받은 기간에 대하여 환급금대출이율을 연단위 복리로 계산한 금액을 더하여 지급한다.

더 알아보기　　**3대 기본지키기**

① 보험계약자 및 피보험자의 자필서명
② 약관 및 청약서 부본 전달
③ 약관의 주요 내용 설명

02 우체국보험 계약유지 및 보험금 지급

01 계약유지업무

1 개요

(1) 의미

① 넓은 의미로 생명보험계약의 성립 이후부터 소멸까지 전 보험기간에 생기는 모든 사무를 말한다.

② 좁은 의미로 넓은 의미의 계약유지업무에서 청약업무와 (사고)보험금 지급업무를 제외한 즉시지급(해약, 만기, 중도금), 보험료수납, 계약사항 변경·정정, 납입 최고(실효예고안내) 등 일부사무를 뜻한다.

(2) 필요성

① 생명보험 상품의 특징 중 하나는 보험기간의 장기성(長期性)이다. 장기의 보험기간 동안 고객에게 생기는 여러 가지 사정의 변경에 대해 보험회사가 적절히 대응하여 고객을 돌볼 때, 생명보험 본래의 목적을 달성할 수 있다.

② 보험계약 유지기간 동안 고객의 사정 변경에 대응하여 고객의 니즈를 충족시키기 위해서 계약유지업무가 필요하다.

2 보험료의 납입

(1) 보험료는 보험계약자가 보험약관에서 정한 보장을 받는 대가로서 체신관서에 납입하는 금액을 말하며, 우체국보험은 고객의 보험료 납입편의를 위해 납입기간, 납입주기, 납입방법 및 할인제도 등을 다양하게 운영하고 있다.

(2) 「우체국예금·보험에 관한 법률 시행규칙」 제47조(보험료의 납입)에 의거하여 보험계약자는 제2회분 이후의 보험료를 약정한 납입방법으로 해당보험료의 납입 해당월의 납입기일까지 납입하여야 한다.

① 보험료의 납입기간에 따라 전기납, 단기납으로 분류된다.

② 보험료 납입 시 체신관서는 영수증을 발행하여 교부하되, 금융기관(우체국 또는 은행)을 통하여 자동이체 납입한 때에는 해당기관에서 발행한 증빙서류(자동이체기록 등)로 영수증을 대신할 수 있다.

[보험료 납입주기]

종 류	대 상
연납	보험료를 매년 연1회 납입하는 방법
6월납	보험료를 매년 2회, 매 6개월마다 납입하는 방법
3월납	보험료를 매년 4회, 매 3개월마다 납입하는 방법
월납	보험료를 매월 납입하는 방법
일시납	보험료를 일시에 납입하는 방법

3 보험료의 납입방법

① 「우체국예금·보험에 관한 법률 시행규칙」 제47조(보험료의 납입) 제3항에 의거하여 보험계약자는 다음 표[보험료 납입방법]의 내용 중 하나를 선택하여 보험료를 납입할 수 있다.

② 다만, 다음 표 중 3호 및 4호에 따른 방법으로 납입하는 경우에는 보험료를 납입할 수 있는 우체국보험 의 종류 및 보험료 납입방법 등은 우정사업본부장이 정하여 고시한다.

③ 보험계약자는 보험료 납입주기 및 납입방법의 변경을 청구할 수 있다.

[보험료 납입방법]

구 분	대 상
1	보험계약자가 체신관서에 직접 납입하는 방법(창구수납)
2	자동적으로 계좌에서 이체하여 납입하는 방법(자동이체)
3	「여신전문금융업법」 제2조 제3호에 따른 신용카드 및 같은 조 제6호에 따른 직불카드로 납입하는 방법(카드납)
4	「전자금융거래법」 제2조 제13호에 따른 직불전자지급수단으로 납입하는 방법

(1) 창구수납

① 계약자가 우체국을 방문하여 보험료를 창구에 직접 납입하는 방법이다.

② 계약자가 창구에 보험료를 납입하였을 때에는 체신관서는 영수증을 발행하여 교부한다.

(2) 자동이체

① 우체국 또는 은행계좌에서 약정일에 보험료를 자동으로 출금하여 이체·납입하는 제도이다.

　㉠ 우체국 이체 : 우체국 계좌에서 보험료 등을 출금하여 납입하는 방법이다. 금융결제원 및 각 금융기 관을 거치지 않고 우체국 내부에서 출금 및 납입이 처리되므로 원부정리까지 비교적 신속한 처리가 가능하다.

　㉡ 은행이체 : 은행계좌에서 보험료 등을 출금하여 납입하는 방법이다.

② 자동이체 약정은 유지중인 계약에 한해서 처리가 가능하며, 「전자금융거래법」 제15조(추심이체의 출금 동의)에 따라 예금주 본인에게만 신청·변경 권한이 있다.

③ 우체국보험 자동이체 신청은 체신관서, 은행, 우체국보험고객센터, 전자금융(폰뱅킹, 인터넷뱅킹, 모바 일앱)에서 신청 가능하며, 현재 합산자동이체 제도를 운영하고 있다.

(3) 전자금융에 의한 납입

① 인터넷(홈페이지 www.epostlife.go.kr)으로 보험료를 납입하는 방법

② 폰뱅킹을 통한 보험료 납입

③ 우체국보험 앱(우체국페이 앱 포함)을 통한 보험료 납입 등

(4) 자동화기기(CD, ATM 등)에 의한 납입

① 계약자의 보험료 납입 편의를 위하여 우체국에 설치된 자동화기기 등을 이용하여 우체국 계좌에서 자금을 인출하여 보험료를 납입하는 방법이다.

② 우체국에서 발행한 우체국현금카드(제휴카드 포함) 및 현금출금기능이 포함된 우체국체크카드를 이용해야 하며, 우체국계좌에 납입하고자 하는 보험료 상당의 잔고가 있어야 거래가 가능하다.

③ 보험계약조회(계약사항, 납입내역, 만기보험금 조회), 배당금 지급, 환급금대출(지급, 상환, 이자납입)도 가능하다.

④ 연체분 납입은 물론 선납도 가능하다.

(5) 카드납입

① TM(Tele Marketing), 온라인(인터넷, 모바일)을 통해 가입한 보장성 보험계약, 2021년 이후 신규 출시한 대면 채널의 보장성 보험계약에 한하여 가능하다.

② 초회보험료(1회), 계속보험료(2회 이후)를 대상으로 하고 있으며, 선납 및 부활보험료는 납입이 불가하다.

[채널별 업무범위]

채널 구분		초회보험료 (즉시이체)	계속보험료			비 고
			즉시이체(1회성)		자동이체 (신청·변경·해지)	
			납 부	취소(당일)		
대 면	창 구	○	○	○*	○	*조작국 처리건
비대면	TM	○	×	×	×	
	온라인	○	○	×	○	
	고객센터	×	○	○**	○	**인터넷, 모바일, 고객센터 처리건

(6) 계속보험료 실시간이체

① 고객 요청 시 즉시 계약자의 계좌 또는 보험료 자동이체 계좌에서 현금을 인출하여 보험료를 납부하는 제도이다.

② 자동이체 약정여부에 관계없이 처리가 가능하며, 계약상태가 정상인 계약만 가능하다.

③ 대상은 1·2연체 보험료 및 당월분 보험료이며, 선납보험료는 납입이 불가하다.

④ 수금방법이 자동이체인 계약은 실시간이체 출금계좌와 자동이체 약정계좌가 달라도 자동이체 할인이 적용된다.

(7) 우체국페이 납입

① 우체국보험 온라인(인터넷, 모바일) 납부방법에 우체국페이 결제 방식을 도입하여 보험료를 납부하는 제도이다.

② 대상 보험료는 초회보험료(1회)를 제외한 계속보험료이며, 보장성·저축성을 포함한 전 보험상품의 보험료를 납입할 수 있다.

4 보험료 자동대출 납입제도

(1) 보험료 미납으로 실효(해지)될 상태에 있는 보험계약에 대하여 계약자의 신청이 있는 경우 해약환급금 범위 내에서 자동대출(환급금대출)하여 보험료를 납입할 수 있다. 따라서 계약자의 신청이 있는 경우라도 환급금 대출금과 환급금대출이자를 합산한 금액이 해약환급금(당해 보험료가 납입된 것으로 계산한 금액을 의미) 을 초과하는 때에는 보험료의 자동대출납입을 지속할 수 없다.

(2) 신청기한은 보험료 납입유예기간이 끝나는 날의 전 영업일까지이며, 보험료의 자동대출납입 기간은 최초 자동대출납입일부터 1년을 한도로 하며 그 이후의 기간에 대한 보험료의 자동대출 납입을 위해서는 재신청 을 하여야 한다.

[신청불가 대상]

종 류	대 상
1	모든 순수보장성 보험, 어깨동무보험 3종(상해보장형), 평생OK보험* *평생OK보험의 경우 환급금대출은 가능하나 자동대출납입 신청은 불가
2	실효(보험료 납입 연체로 인한 계약 해지)계약, 납입완료(면제)계약, 환급금대출(이자) 기연체자
3	계약내용 변경/정정, 사고지급 등 계류 중인 계약
4	일반단체 계약

5 보험료의 할인

(1) 선납할인

① 향후 보험료를 3개월분(2021.9.12. 이전 계약은 1개월분) 이상 미리 납입하는 경우의 할인이다.

② 할인율은 해당상품 약관에서 정한 예정이율(2017.5.19. 이후 상품)로 계산한다.

③ 금리변동형 상품 및 (개인)연금저축 상품, 계약응당일 이후(당일 포함) 납입 시 차회분 보험료는 선납할인 적용에서 제외된다.

(2) 자동이체 할인

① 「우체국예금·보험에 관한 법률 시행규칙」 제48조(보험료의 할인)에 의거 우정사업본부장은 보험계약자가 보험료(최초의 보험료 제외)를 자동이체(우체국 또는 은행)로 납입하는 계약에 대해 보험료의 2%에 해당하는 금액의 범위에서 할인할 수 있다.

② 우체국보험은 계약체결 시기, 이체 금융기관, 청약방법 등에 따라 약 0.1~1.5%의 할인율을 적용하고 있다.

[자동이체납입 할인율]

구 분	할인율	대 상
2001.09.30 이전 계약	1.5%	교육, 학자금, 장학, (구)연금, 백년연금, 정기, 특별보장, 다보장, 체신건강, 암치료, 양로, 상록보험
	0.5%	1.5% 할인 상품을 제외한 모든 상품
2001.10.01~2005.06.30	0.5%	우체국이체
	0.3%	은행이체
2005.07.01 이후 계약	0.3%	우체국이체
	0.1%	은행이체
전자청약 등 판매 계약	0.5%	전자청약·태블릿청약·온라인(인터넷, 모바일)가입 계약 – 우체국이체와 은행이체의 할인율 같음 – 2016.7.31. 이전 CM(인터넷·우체국보험 앱)가입 계약은 우체국 0.5% ※ 2016.7.31. 이전에는 우체국이체만 가능 – 2016.8.1. 이후의 CM(인터넷·우체국보험 앱)가입 계약은 우체국·은행 0.5%, TM으로 가입한 (무)그린보너스저축보험은 우체국 0.3%, 은행 0.1%

(3) 단체납입 할인

① 보험계약자는 5명 이상의 단체를 구성하여 보험료의 단체납입을 청구할 수 있으며, 우정사업본부장은 보험계약자가 보험료를 단체납입하는 경우에는 보험료의 2%에 해당하는 금액의 범위에서 보험료를 할인할 수 있다.

② 현재 단체계약 할인율은 우체국 자동이체납입 할인율과 동일하며, 당월납입(선납 포함)에 한하여 할인 적용을 하고 유예기간 중의 보험료는 할인하지 아니한다.

③ 해당 단체가 자동이체납입을 선택하여 자동이체로 납입하는 경우 보험료를 중복하여 할인하지 않으며, 이 경우 자동이체납입의 보험료 할인방법에 따라 할인 적용한다.

④ 연체분에 대해서도 자동이체 할인이 가능하며 할인율은 단체할인율을 적용한다.

(4) 다자녀가구 할인

① 다자녀가구 할인은 두 자녀 이상을 둔 가구의 미성년(0~만 19세 미만) 자녀가 피보험자인 계약에 한하여, 판매 중인 보장성보험(2011.1.1. 이후 신규가입분부터 적용)에 가입하여 보험료의 자동이체 납입 시 할인하는 제도이다.

② 할인율은 두 자녀 0.5%, 세 자녀 이상 1.0%로 차등 적용되며, 자동이체 할인과 중복할인이 가능하다.

③ 자녀수는 신청시점(신규청약, 부활청약, 유지 중) 기준이며, 계약 중 계약자 변경, 자녀수 변동, 피보험자의 성년 나이 도달 등에 관계없이 만기까지 보험료 할인이 적용되고 보험기간 중 피보험자의 형제(자매 · 남매)가 출생한 경우 우체국에 신청한 이후 차회보험료부터 할인이 적용되며 소급적용이 불가하다.

(5) 의료수급권자 할인

① 의료급여 수급권자에게 실손의료비보험의 보험료를 할인하는 제도이다.

② 의료급여법상의 '의료급여 수급권자'로서의 증명서류를 제출해야 하며 영업보험료의 5%를 할인해 준다.

③ 피보험자의 수급권 자격만 확인하기 때문에 누구나 대신 제출이 가능하므로 별도의 위임서류 및 신분증 등이 필요 없다.

④ 계약 갱신 시 할인이 자동으로 적용되지 않으므로 증명서류를 반드시 제출해야만 할인이 적용되며, 증명서류 제출 시 소급하여 할인이 적용된다.

⑤ 피보험자가 수급권자 자격상실 시에는 자격을 상실한 날부터 할인되지 않은 영업보험료를 납입해야 한다.

(6) 실손의료비보험 무사고 할인

① 갱신 직전 보험기간 2년(2017.5.18. 이전 계약은 직전 보험기간) 동안 보험금이 지급되지 않은 경우 보험료를 할인하는 제도이다.

② 갱신 후 영업보험료의 5~10%를 할인하고 있다.

(7) 우체국암케어보험 보험료 할인

① 피보험자가 B형 간염 항체보유 시 영업보험료의 3%를 할인하는 B형 간염 항체보유 할인

② 고혈압과 당뇨병이 모두 없을 때 할인되는 우체국암케어보험 실버형 건강체 할인

③ ①, ② 두 가지 할인 조건을 만족하는 경우 영업보험료의 5%를 할인하고 있다.

(8) 고액계약 보험료 할인

경제적 부담이 큰 고액보험에 대하여 보험가입금액 2천만원 이상 가입 시 주계약 보험료(특약보험료 제외)에 대해서 1~3% 보험료 할인혜택을 적용한다.

보험가입금액	2~3천만원 미만	3천~4천만원 미만	4천만원
할인율	1.0%	2.0%	3.0%
대상상품	(무)우체국든든한종신보험, (무)온라인종신보험, (무)우체국온라인정기보험, (무)우체국와이드건강보험, (무)우체국통합건강보험, (무)우체국하나로OK건강종신보험, (무)우체국하나로OK보험(2018.6.1. 판매분부터)		

보험가입금액	2~3천만원 미만	3천~4천만원 미만	4천만원
할인율	3.0%	4.0%	5.0%
대상상품	(무)우체국든든한건강종신보험2506		

(9) 무배당 win-win 단체플랜보험 보험료 할인

무배당 win-win 단체플랜보험 가입 시에 단체별 피보험자 수에 따라 주계약 보험료(특약보험료 포함)에 대해서 1~2%의 할인율을 적용하고 있다.

피보험자수	5~20인	21~100인	101인 이상
할인율	1.0%	1.5%	2.0%

6 보험료의 납입면제

(1) 보험료 납입기간 내에 약관에서 정한 납입면제 사유 발생 시(50% 이상 장해 상태가 되었을 때 등 상품별로 상이), 보험료 납입을 면제하고 재해로 인한 경우 납입면제 신청과 동시에 상품에 따라 장해급부금도 청구 가능하다.

(2) 납입면제 사유가 발생한 날이 해당 월의 계약응당일 이후일 경우, 당월분 보험료는 납입해야 하며, 선납보험료 및 미경과보험료가 있는 계약은 해당보험금에 합산하여 지급하고, 미납보험료, 대출원리금이 있을 경우에는 이를 공제 후 지급한다.

7 피보험자 사망계약 보험료 납입중지

(1) 우체국보험 약관 중 [계약의 소멸] 조항에 따라 체신관서가 피보험자 사망을 인지한 경우에는 보험료 납입을 중지시켜 고객의 권익을 보호하고 있다.

(2) 납입중지 상태에서도 신규 · 추가 환급금대출 및 원리금 상환은 가능하며, 자동대출납입 신청 계약은 자동대출납입이 자동 해제된다.

> **더 알아보기**   **우체국보험 약관(계약의 소멸)**
>
> 보험기간 중 피보험자의 사망 및 실종으로 인하여 약관에서 규정하는 보험금 지급사유가 더 이상 발생할 수 없는 경우에는 보험계약은 그때부터 효력이 없다.

1 　보험료의 납입유예

(1) 보험계약자가 보험료를 내지 않고 유예기간이 지난 때에는 그 보험계약은 효력을 잃는다.

(2) 「우체국예금 · 보험에 관한 법률 시행규칙」 제50조(보험료 납입 유예기간)에 따라 제2회 이후의 보험료 납입 유예기간은 해당 월분 보험료의 납입기일*부터 납입기일이 속하는 달의 다음 다음 달의 말일까지로 한다. 다만, 유예기간이 끝나는 날이 비영업일인 때는 익 영업일까지이며, 해지(효력상실)되는 날은 휴일 여부와 관계없다.

*납입기일 : 계약자가 제2회 이후의 보험료를 납입하기로 한 날

2 　보험계약의 납입최고와 계약의 해지

(1) 보험계약자가 제2회 이후의 보험료를 납입기일까지 납입하지 않아 보험료 납입이 연체 중인 경우에 체신관서는 납입최고(독촉)하고, 유예기간이 끝나는 날까지 보험료가 납입되지 않은 경우 유예기간이 끝나는 날의 다음 날에 계약은 해지(효력상실)된다.

(2) 체신관서의 납입최고는 유예기간이 끝나기 15일 이전까지 서면(등기우편 등) 등으로 이루어지며 다음 표 [보험료 납입최고 안내사항]의 내용에 대해 안내한다. 보험계약자와 보험수익자가 다른 경우 보험계약자뿐만 아니라 보험수익자에게도 보험료 납입최고 안내를 한다.

[보험료 납입최고 안내사항]

구 분	안내사항
1	보험계약자(보험수익자와 보험계약자가 다른 경우 보험수익자를 포함)에게 유예기간 내에 연체보험료를 납입하여야 한다는 내용
2	유예기간이 끝나는 날까지 보험료를 납입하지 않을 경우 유예기간이 끝나는 날의 다음 날에 계약이 해지된다는 내용(이 경우 계약이 해지되는 때에는 즉시 해약환급금에서 환급금대출의 원금과 이자가 차감된다는 내용을 포함)

(3) 체신관서의 납입최고(독촉)에도 불구하고, 보험료 납입연체로 유예기간이 경과하여 계약이 해지(효력상실)되었을 때에는 보험계약자는 해약환급금을 청구하여 계약을 소멸시키거나, 소정기간 내에 부활절차를 밟아 체신관서의 승낙을 얻어 부활시킬 수 있다.

3 보험계약의 부활

(1) 부활의 의미와 기간

① 부활이란 계약자에게 편의를 제공하기 위하여 법령에서 규정한 바에 따라 보험료 납입 연체로 인하여 해지(효력상실)된 계약의 계속적인 유지를 원할 경우 소정의 절차에 따라 계약의 효력을 부활시키는 제도이다.

② 우체국보험 약관에 의거 보험료의 납입연체로 인한 해지계약이 해약환급금을 받지 않은 경우 계약자는 해지된 날부터 3년 이내에 체신관서가 정한 절차에 따라 계약의 부활(효력회복)을 청약할 수 있다.

③ 체신관서가 부활(효력회복)을 승낙한 때에 계약자는 부활(효력회복)을 청약한 날까지의 연체된 보험료에 약관에서 정한 이자를 더하여 납입하여야 한다.

(2) 부활조건

① 계약해지(효력상실) 후 만기 또는 해지 후 환급금을 수령한 경우에는 부활이 불가능하다.

② 최초 가입 시와 직종(운전 등 포함)이 다른 경우, 위험등급별 가입한도 초과 및 상품별 가입거절 직종에 해당하지 않아야 한다.

③ 환급금대출이 있는 계약은 대출이자(최종상환일로부터 부활신청일까지) 납부 후 부활 청약이 가능하다.

④ 계약해지(효력상실)일로부터 3년 이내, 보험기간 만기일까지 부활을 청구한 계약이어야 한다. 보험기간 만기일이 비영업일인 경우는 그 다음 업무 개시 영업일까지 가능하며 계약해지(효력상실) 후 3년 이내라도 만기일이 경과하면 부활이 불가능하다.

(3) 미성년자 계약의 부활

① 보험계약자 또는 피보험자가 미성년자(19세 미만)인 경우 부모 공동으로 친권을 행사하며, 친권자 각각의 서명 또는 날인을 득하여야 한다. 다만, 보험계약자가 친권자일 경우에는 나머지 친권자 1인의 자필서명을 득하는 것이 원칙이나, 자필서명이 어려운 경우 다른 친권자와 합의하여 공동친권을 행사한다는 사실을 친권자 1인이 확인(서명)하는 것을 예외적으로 인정한다. 보험계약자가 후견인일 경우에는 후견인 란의 자필서명 생략이 가능하다.

② 부모 이혼 시에는 법적으로 단독 친권자 또는 공동 친권자 지정여부를 확인하여야 하며, 부모가 없을 시는 후견인 선정여부 확인 후 미성년자의 기본증명서를 첨부한다.

1 계약내용의 변경

(1) 계약내용의 변경의 의미

① 계약내용의 변경은 계약자의 이익을 보호하기 위하여 일정한 범위 내에서 계약의 내용을 변경할 수 있게 하여 계약을 유지시켜 나가는 제도이다. 계약자는 체신관서의 승낙을 얻어 다음 표[계약내용의 변경]의 내용을 변경할 수 있다.

② 보험계약의 변경 중 보험가입금액 감액의 경우 그 감액된 부분은 해지된 것으로 보며, 이 경우 해약환급금을 계약자에게 지급한다.

③ 보험계약자는 보험수익자를 변경할 수 있으며 이 경우 체신관서의 승낙이 필요하지는 않다. 다만, 변경된 보험수익자가 체신관서에 권리를 대항하기 위해서는 보험계약자가 보험수익자가 변경되었음을 체신관서에 통지하여야 한다.

④ 보험수익자를 변경하고자 할 경우에는 보험금의 지급사유가 발생하기 전에 피보험자가 서면으로 동의하여야 한다.

[계약내용의 변경]

구 분	대 상
1	보험료의 납입방법
2	보험가입금액의 감액
3	보험계약자
4	기타 계약의 내용(단, 보험종목 및 보험료 납입기간의 변경은 제외)

(2) 계약관계자 변경

① 보험계약자 사망으로 인한 변경

　㉠ 보험계약자가 사망하여 그 법정상속인이 권리·의무 일체를 상속하는 경우 보험계약자의 법정상속인 전원의 동의로 보험계약자 변경이 가능하다.

　㉡ 법정상속인 전원의 동의 또는 피보험자 동의(2014.10.1. 이전 계약)를 얻지 못하여 보험계약자 변경 없이 보험계약을 해약하는 경우, 상속에 의한 분할지급 절차에 따라 해약환급금(시효완성계약 포함)을 지급한다.

② 보험계약자 계약자 요청으로 인한 변경

　㉠ 보험계약자가 제3자에게 보험계약의 권리·의무를 승계하는 임의승계를 말한다.

　㉡ 2014.10.1. 이전 계약은 피보험자의 동의를 얻어야 한다.

③ 연금저축보험의 승계

　㉠ 2001.1.1. 이후 체결된 연금저축 계약(세제혜택이 있는 세제적격 연금저축보험)의 가입자 사망 시 배우자(상속인)가 상속을 통해 계약을 유지할 수 있다.

　㉡ 가입자가 사망한 날이 속하는 달의 말일부터 6개월 이내 신청해야 한다.

(3) 종피보험자 변경

① 부부형 보험계약(백년연금보험, 암치료보험)에서 배우자(종피보험자)와 이혼 후, 타인과 재혼 시 종피보험자 변경이 가능하다.

② 종피보험자가 사망하거나 1급 장해 시에는 변경이 불가하다.

(4) 보험수익자 변경

① 보험계약자는 언제든지 보험수익자 변경이 가능하다.

② 타인의 생명보험(계약자≠피보험자)인 경우 보험수익자 변경 시에는 피보험자의 동의가 필요하다.

③ 보험금 지급사유 발생시점의 정당 보험수익자 여부를 확인하여야 하며, 보험사고 발생 후 보험수익자를 변경한 경우 보험금은 변경 전 보험수익자에게 지급하여야 한다.

④ 순수보장성보험, 종신보험 등 만기보험금이 없는 상품의 경우에는 만기 시 보험수익자 변경이 불필요하며, 사망보장이 없는 상품은 피보험자 사망 시 보험계약자에게 책임준비금을 지급하고 계약 소멸되므로 사망 시 보험수익자 지정·변경이 불가하다.

[보험금 지급사유 발생시점]

약관상 지급사유		지급사유 발생일
장해급부금	장해상태가 되었을 때	장해진단일
진단급부금	진단이 확정되었을 때	진단확정일
수술급부금	수술을 받았을 때	수술일
입원급부금	입원하였을 때	입원일
사망급부금	사망하였을 때	사망일

2 보험계약자의 임의해지 및 피보험자의 서면동의 철회권

(1) 보험계약자는 계약이 소멸하기 전에 언제든지 계약을 해지할 수 있으며, 이 경우 체신관서는 해당 상품의 약관에 따른 해약환급금을 보험계약자에게 지급한다.

(2) 사망을 보험금 지급사유로 하는 계약에서 서면으로 동의를 한 피보험자는 계약의 효력이 유지되는 기간에는 언제든지 서면동의를 장래를 향하여 철회할 수 있으며, 서면동의 철회로 계약이 해지되어 체신관서가 지급하여야 할 해약환급금이 있을 때에는 체신관서는 보험계약자에게 해약환급금을 지급한다.

3 중대사유로 인한 계약해지

다음 표[중대사유]와 같은 사실이 있을 경우에 체신관서는 그 사실을 안 날부터 1개월 이내에 계약을 해지할 수 있다. 이 경우 체신관서는 그 취지를 보험계약자에게 통지하고 해당 상품의 약관에 따른 해약환급금을 지급한다.

[중대사유]

구 분	내 용
1	보험계약자, 피보험자 또는 보험수익자가 고의로 보험금 지급사유를 발생시킨 경우
2	보험계약자, 피보험자 또는 보험수익자가 보험금 청구에 관한 서류에 고의로 사실과 다른 것을 기재하였거나 그 서류 또는 증거를 위조 또는 변조한 경우(다만, 이미 보험금 지급사유가 발생한 경우에는 보험금 지급에 영향을 미치지 않음)

04 고지의무

1 개요

보험계약자 또는 피보험자는 청약할 때 청약서에서 질문한 사항에 대하여 알고 있는 사실을 반드시 사실대로 알려야(이하 "고지의무"라 하며, 상법상 "고지의무"와 같음) 한다.

2 고지의무 위반의 효과

(1) 체신관서는 보험계약자 또는 피보험자가 약관 및 상법상의 "고지의무"에도 불구하고, 고의 또는 중대한 과실로 중요한 사항에 대하여 사실과 다르게 알린 경우에는 체신관서가 별도로 정하는 방법에 따라 계약을 해지하거나 보장을 제한할 수 있다. 그러나 다음 표[고지의무 위반 시 해지(또는 보장제한) 불가사유]의 내용 중 한 가지에 해당되는 때에는 계약을 해지하거나 보장을 제한할 수 없다.

(2) 고지의무 위반으로 인하여 계약을 해지할 때에는 해약환급금을 지급하며, 보장을 제한할 때에는 보험료, 보험가입금액 등이 조정될 수 있다. 다만, 고지의무를 위반한 사실이 보험금 지급사유 발생에 영향을 미쳤음을 체신관서가 증명하지 못한 경우에는 계약의 해지 또는 보장을 제한하기 이전까지 발생한 해당 보험금을 지급한다.

[고지의무 위반 시 해지(또는 보장제한) 불가사유]

구 분	불가사유
1	체신관서가 계약 당시에 그 사실을 알았거나 과실로 인하여 알지 못하였을 때
2	체신관서가 그 사실을 안 날부터 1개월 이상 지났거나 또는 보장개시일부터 보험금 지급사유가 발생하지 않고 2년이 지났을 때
3	계약을 체결한 날부터 3년이 지났을 때
4	보험을 모집한 자(이하 "모집자 등")가 계약자 또는 피보험자에게 고지할 기회를 주지 않았거나 계약자 또는 피보험자가 사실대로 고지하는 것을 방해한 경우, 계약자 또는 피보험자에게 사실대로 고지하지 않게 하였거나 부실한 고지를 권유했을 때

05　환급금 대출

1　개요

(1) 환급금 대출의 의미

① "환급금대출"이라 함은 보험계약이 해지될 경우에 보험계약자에게 환급할 수 있는 금액(이하 해약환급금)의 범위 내에서 보험계약자의 요구에 따라 대출하는 제도이다.

② 대출자격은 유효한 보험계약을 보유하고 있는 우체국보험 계약자로 한다.

③ 순수보장성보험 등 보험상품의 종류에 따라 대출을 제한할 수 있으며, 연금보험의 경우 연금개시 후에는 환급금대출을 제한한다. 다만, 계약해지가 가능한 연금보험은 대출을 허용할 수 있다.

(2) 환급금대출의 대출금액

① 해약환급금의 95% 이내에서 1만원 단위로 하며 보험 종류 및 채널별 세부한도는 다음 표[보험종류별 대출금액]의 내용과 같으며, 대출기간은 환급금대출 대상계약의 보험기간(연금보험의 경우 연금개시 전) 내로 하여 상환기간은 별도로 정하지 않는다.

[보험종류별 대출금액]

구 분	대출금액
1	저축성(꿈나무 제외) 및 연금보험(일부상품 제외) : 해약환급금의 95% 이내
2	보장성보험, 즉시연금보험 및 우체국연금보험 1종 : 해약환급금의 85% 이내(단, 실손보험은 80% 이내)
3	교육보험 : 해약환급금의 80% 이내

[채널별 환급금대출 한도]

대출채널		대출한도		비 고
우체국 창구		대출 가능 금액 한도 내에서 전액 이용 가능		대리인 신청가능 (대리신청인은 계약자의 직계존·비속 및 배우자에 한함)
우체국보험 고객센터		전자금융 약정	전자금융 미약정	–
		1회 1,000만원 1일 1,000만원	1회 500만원 1일 500만원	
폰뱅킹, 디지털 ARS	보안카드 등록	1회 1,000만원 1일 5,000만원		우체국폰뱅킹 약정자에 한하여 가능
	OTP 등록 (디지털 OTP 포함)	1회 5,000만원 1일 1억원		
모바일앱, 우체국보험홈페이지	OTP 미등록	1회 100만원 1일 300만원		–
	OTP 등록 (디지털 OTP 포함)	1회 5,000만원 1일 1억원		
자동화기기	에버리치 ONE-Plus카드, 다드림체크카드 이용자	1일 1,000만원(1회 한도 미설정) * 한도 합산기준 : 카드통합별(인별)		당월 상환하는 경우 한도 계산에서 제외

② 환급금 대출 이율은 변동금리로 환급금 대출약정서에 기재되어 있다.

③ 연체이자는 부과하지 않지만, 이자를 약정일에 납입하지 않았을 경우 미납이자는 다음 이자 계산 시 대출원금에 합산한 금액을 기준으로 대출이자를 부과한다.

2 불공정 대출금지

우체국보험 대출을 취급함에 있어 체신관서는 다음 표[불공정 대출금지]의 내용 중 어느 하나에 해당하는 불공정한 대출을 하여서는 안 된다.

[불공정 대출금지]

구 분	불공정 대출금지 행위
1	대출을 조건으로 차주의 의사에 반하여 추가로 보험가입을 강요하는 행위
2	부당하게 담보를 요구하거나 연대보증을 요구하는 행위
3	대출업무와 관련하여 부당한 편익을 제공받는 행위
4	우월적 지위를 이용하여 이용자의 권익을 부당하게 침해하는 행위

1 개요

(1) 보험금 지급은 보험 본연의 목적이며, 체신관서(보험자)가 부담해야 하는 의무이다. 따라서 법령 등이 정한 특정한 경우를 제외하고는 보험사고가 발생할 경우 빠른 시일 내에 보험금을 지급하여야 한다.

(2) 보험계약자 또는 피보험자나 보험수익자는 약관에서 정한 보험금 지급사유의 발생을 안 때에는 지체 없이 이를 체신관서에 알려야 한다.

2 보험금의 지급청구

(1) 보험금 청구서류

① 보험수익자 또는 보험계약자는 보험기간 만료 전에 보험약관에서 정한 보험금 지급사유가 발생하였을 때에는 지체 없이 그 사실을 체신관서에 알려야 한다.

② 보험금의 지급청구를 할 때에는 다음의 표[보험금 청구서류] 내용 중 해당하는 서류를 제출하고 보험금 또는 보험료 납입면제를 청구하여야 한다.

③ 병원 또는 의원에서 발급한 사고증명서는 「의료법」 제3조(의료기관)에서 규정한 국내의 병원이나 의원 또는 국외의 의료관련법에서 정한 의료기관에서 발급한 것이어야 한다.

[보험금 청구서류]

구 분	청구서류
1	청구서(체신관서 양식)
2	사고증명서[사망진단서, 장해진단서, 진단서(병명기입), 입원확인서 등]
3	신분증(주민등록증이나 운전면허증 등 사진이 붙은 정부기관 발행 신분증, 본인이 아닌 경우에는 본인의 인감증명서 또는 본인서명사실확인서 포함)
4	기타 보험수익자 또는 보험계약자가 보험금 수령 또는 보험료 납입면제 청구에 필요하여 제출하는 서류

(2) 즉시지급과 심사지급

① 즉시지급 : 별도의 심사 또는 조사행위 없이 접수처리 즉시 보험금 등을 지급하는 것을 말한다. 즉시지급 대상 보험금에는 생존보험금, 해약환급금, 연금, 학자금, 계약자배당금 등이 있다.

② 심사지급 : 보험금 지급청구 접수 시 사실증명 및 사고조사에 필요한 관계서류를 제출받아 보험금 지급의 적정여부를 심사한 후 약정한 보험금을 지급하는 것을 말한다.

(3) 보험금의 지급절차

① 체신관서가 보험금 청구서류를 접수한 때에는 접수증을 교부하고 휴대전화 문자메시지 또는 전자우편 등으로도 송부하며, 그 서류를 접수한 날부터 3영업일 이내에 보험금을 지급하거나 보험료 납입을 면제한다.

② 보험금 지급사유 또는 보험료 납입면제 사유의 조사나 확인이 필요한 때에는 접수 후 10영업일 이내에 보험금을 지급하거나 보험료 납입을 면제한다.

③ 체신관서가 보험금 지급사유를 조사 · 확인하기 위하여 지급기일 이내에 보험금을 지급하지 못할 것으로 예상되는 경우에는 그 구체적인 사유, 지급예정일 및 보험금 가지급제도에 대하여 피보험자 또는 보험수익자에게 즉시 통지한다.

④ 지급예정일은 다음 표[보험금 지급예정일 30일 초과사유] 각호의 어느 하나에 해당하는 경우를 제외하고는 보험금 청구서류를 접수한 날부터 30영업일 이내에서 정한다.

> **더 알아보기**　보험금 가지급제도
>
> 지급기한 내에 보험금이 지급되지 못할 것으로 판단될 경우 예상되는 보험금의 일부를 먼저 지급하는 제도

[보험금 지급예정일 30일 초과사유]

구 분	초과사유
1	소송제기
2	분쟁조정신청
3	수사기관의 조사
4	해외에서 발생한 보험사고에 대한 조사
5	체신관서의 조사요청에 대한 동의 거부 등 보험계약자, 피보험자 또는 보험수익자의 책임 있는 사유로 보험금 지급사유의 조사와 확인이 지연되는 경우
6	보험금 지급사유 등에 대해 제3자의 의견에 따르기로 한 경우

3 보험금을 지급하지 않는 사유

보험수익자 또는 보험계약자의 보험금 청구에도 불구하고, 체신관서는 다음 표[보험금 지급 면책사유] 내용 중 어느 한 가지로 보험금 지급사유 등이 발생한 때에는 보험금을 지급하지 않거나 보험료 납입을 면제하지 않는다.

[보험금 지급 면책사유]

구 분	면책사유
1	피보험자가 고의로 자신을 해친 경우. 다만, 다음 중 어느 하나에 해당하면 보험금을 지급하거나 보험료 납입을 면제함 가. 피보험자가 심신상실 등으로 자유로운 의사결정을 할 수 없는 상태에서 자신을 해친 경우 나. 계약의 보장개시일[부활(효력회복)계약의 경우는 부활(효력회복)청약일]부터 2년이 지난 후에 자살한 경우
2	보험수익자가 고의로 피보험자를 해친 경우. 다만, 그 보험수익자가 보험금의 일부 보험수익자인 경우에는 다른 보험수익자에 대한 보험금은 지급함
3	계약자가 고의로 피보험자를 해친 경우

4 사망보험금 선지급제도

사망보험금 선지급은 해당 약관 〈선지급서비스특칙〉에 의거하여 보험기간 중에 「의료법」 제3조(의료기관) 제2항 제3호 바목에서 정한 종합병원의 전문의 자격을 가진 자가 실시한 진단 결과, 피보험자의 남은 생존기간이 6개월 이내라고 판단한 경우에 체신관서가 정한 방법에 따라 사망보험금액의 60%를 선지급사망보험금으로 피보험자에게 지급하는 제도이다.

5 분쟁의 조정 등

계약에 관하여 분쟁이 있는 경우 분쟁 당사자 또는 기타 이해관계인과 체신관서는 과학기술정보통신부 장관이 정하는 바에 따라 우체국보험분쟁조정위원회의 심의조정을 받을 수 있다. 약관의 해석에 있어서는 다음 표[약관해석 원칙] 내용을 준용한다.

[약관해석 원칙]

구 분	약관해석 원칙
1	신의성실의 원칙에 따라 공정하게 약관을 해석하여야 하며 계약자에 따라 다르게 해석하지 않음
2	약관의 뜻이 명백하지 않은 경우에는 계약자에게 유리하게 해석함
3	보험금을 지급하지 않는 사유 등 계약자나 피보험자에게 불리하거나 부담을 주는 내용은 확대하여 해석하지 않음

6 소멸시효

보험금청구권, 보험료 반환청구권, 해약환급금청구권 및 책임준비금 반환청구권은 3년간 행사하지 않으면 소멸시효가 완성된다.

남에게 이기는 방법의 하나는 예의범절로 이기는 것이다

- 조쉬 빌링스 -

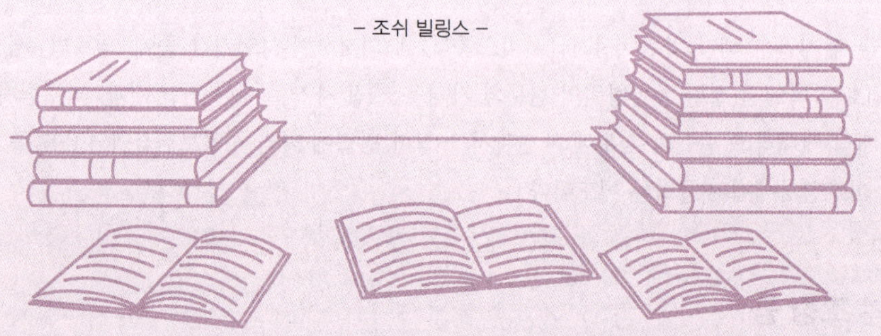

PART 03

우체국보험 상품 및 관련 세제

CHAPTER 01   우체국보험 상품

CHAPTER 02   우체국보험 관련 세제

우체국보험 상품

1 보험의 종류와 한도액

(1) 우체국보험의 종류

「우체국예금 · 보험에 관한 법률」 제28조(보험의 종류와 금액 등) 및 「동법 시행규칙」 제35조(보험의 종류)에 의한 우체국보험의 종류는 다음과 같다.

보장성보험	생존 시 지급되는 보험금의 합계액이 이미 납입한 보험료를 초과하지 아니하는 보험
저축성보험	생존 시 지급되는 보험금의 합계액이 이미 납입한 보험료를 초과하는 보험
연금보험	일정 연령 이후에 생존하는 경우 연금의 지급을 주된 보장으로 하는 보험

(2) 계약보험금 한도액

「우체국예금 · 보험에 관한 법률 시행규칙」 제36조(계약보험금 및 보험료의 한도)에 따른 계약보험금 한도액은 다음과 같다.

① 보험 종류별로 피보험자 1인당 4천만원

② 연금보험(단, 연금저축 계좌에 해당하는 보험은 제외)의 최초 연금액은 피보험자 1인당 1년에 900만원 이하

③ 연금보험 중 연금저축 계좌에 해당하는 보험의 보험료 납입 금액은 피보험자 1인당 연간 900만원 이하 (「소득세법 시행령」 제40조의2 제2항 제1호)

2 보험상품의 개발

(1) 보험상품 개발 시 우정사업본부장의 고려 사항

① 예정이율 · 예정사업비율 및 예정사망률 등을 기초로 하여 보험료를 산정한다.

② 우체국보험의 재무 건전성, 계약자 보호 및 사회 공익 등을 고려하여 사업방법서, 보험약관, 보험료 및 해약환급금 산출방법서 등 기초서류를 합리적으로 작성하여야 한다.

(2) 보험약관 기재 사항 [「우체국예금 · 보험에 관한 법률 시행규칙」 제43조(보험약관)]

① 보험금의 지급사유

② 보험계약의 변경

③ 보험계약의 무효 사유

④ 보험자의 면책사유

⑤ 보험자의 의무 한계

⑥ 보험계약자 또는 피보험자가 그 의무를 이행하지 아니한 경우에 받는 손실

⑦ 보험계약의 전부 또는 일부의 해지사유와 해지한 경우 당사자의 권리 · 의무

⑧ 보험계약자 또는 보험수익자가 이익금 또는 잉여금을 배당받을 권리가 있는 경우 그 범위

⑨ 그 밖에 보험계약에 관하여 필요한 사항

3 판매 중인 상품

2025년 12월 31일 기준 보험 종류별 판매 중인 상품목록은 아래와 같다.

(1) 보장성보험(37종)

	보험 종류	시행일(고시일)
1	무배당 우체국든든한건강종신보험 2506	2025.06.05.
2	무배당 우체국New건강클리닉보험 2509	2025.09.12.
3	무배당 우체국하나로OK건강종신보험 2504	2025.04.03.
4	무배당 우체국실속정기보험 2504	2025.04.03.
5	무배당 우체국암케어보험 2504	2025.04.03.
6	무배당 우체국더든든한자녀지킴이보험 2504	2025.04.03.
7	무배당 어깨동무보험 2504	2025.04.03.
8	무배당 에버리치상해보험 2504	2025.04.03.
9	무배당 우체국예금제휴보험 2504	2025.04.03.
10	무배당 우체국단체보장보험 2501	2025.0101.
11	무배당 우체국안전벨트보험 2504	2025.04.03.
12	무배당 우체국급여실손의료비보험(갱신형) 2504	2025.04.03.
13	무배당 우체국급여실손의료비보험 (계약전환 · 단체개인전환 · 개인중지재개용)(갱신형) 2504	2025.04.03.
14	무배당 우체국노후실손의료비보험(갱신형) 2504	2025.04.03.
15	무배당 우체국간편실손의료비보험(갱신형) 2504	2025.04.03.
16	무배당 만원의행복보험 2504	2025.04.03.
17	무배당 우체국통합건강보험 2504	2025.04.03.
18	무배당 우체국간편건강보험(325)(20년갱신형) 2504	2025.04.03.
19	무배당 우체국간편건강보험(355)(20년갱신형) 2504	2025.04.03.

20	무배당 우체국더간편건강보험(갱신형) 2504	2025.04.03.
21	무배당 우체국치아보험(갱신형) 2504	2025.04.03.
22	무배당 내가만든희망보험 2504	2025.04.03.
23	무배당 우체국간병비보험 2504	2025.04.03.
24	무배당 우체국당뇨안심보험 2504	2025.04.03.
25	무배당 우체국나르미안전보험 2504	2025.04.03.
26	무배당 win-win단체플랜보험 2504	2025.04.03.
27	무배당 우체국온라인어린이보험 2504	2025.04.03.
28	무배당 우체국온라인암보험 2504	2025.04.03.
29	무배당 우체국온라인3대질병보험 2504	2025.04.03.
30	무배당 우체국온라인정기보험 2504	2025.04.03.
31	무배당 우체국온라인입원수술보험 2504	2025.04.03.
32	무배당 우체국온라인종합건강보험(갱신형) 2504	2025.04.03.
33	무배당 우체국온라인치매간병보험 2504	2025.04.03.
34	무배당 우체국대한민국엄마보험 2504	2025.04.03.
35	무배당 우체국뇌심케어보험 2506	2025.06.05.
36	무배당 우체국암뇌심주요치료비보험(20년갱신형) 2511	2025.11.25.
37	무배당 우체국치매요양간병보험 2509	2025.09.12.

(2) 저축성보험(5종)

	보험 종류	시행일(고시일)
1	무배당 청소년꿈보험 2504	2025.04.03.
2	무배당 그린보너스저축보험플러스 2504	2025.04.03.
3	무배당 파워적립보험 2504	2025.04.03.
4	무배당 우체국온라인저축보험 2504	2025.04.03.
5	무배당 알찬전환특약 2504	2025.04.03.

(3) 연금보험(7종)

	보험 종류	시행일(고시일)
1	무배당 우체국보너스팡팡연금보험 2511	2025.11.25.
2	우체국연금저축보험 2504	2025.04.03.
3	무배당 우체국연금저축보험(이전형) 2504	2025.04.03.
4	무배당 우체국온라인연금저축보험 2504	2025.04.03.
5	무배당 우체국개인연금보험(이전형) 2504	2025.04.03.
6	어깨동무연금보험 2504	2025.04.03.
7	우체국연금보험 2504	2025.04.03.

*상품명 뒤 2504, 2509 등은 년월 기준을 의미한다(ex 2025년 04월 기준).

1　무배당 우체국든든한건강종신보험 2506

(1) 주요 특징

특 징
• 해약환급금 50%지급형 선택 시 동일한 보장혜택을 제공하고, 표준형 대비 저렴한 보험료로 고객 부담 완화
• 주계약에서 3대질병 진단 시 사망보험금 100%를 선지급하여 치료자금 지원
• 다양한 소비자 수요에 맞춰 일부 특약을 갱신·비갱신 선택형으로 설계
• 중증질환자(암·뇌혈관·심장질환) 산정특례대상 등록 시 진단보험금 지급(특약 가입 시)
• 특약부가로 3대질병(암, 뇌졸중, 특정허혈성심장질환) 진단 시 기납입한 주계약 보험료 환급 제공
• 보험료 납입면제 및 고액계약 할인(주계약)으로 보험료 부담 완화
• 세제혜택 : 근로소득자는 납입보험료(연간 100만원 한도)에 대하여 12% 세액공제

(2) 가입요건

① 주계약 [1종(해약환급금 50%지급형), 2종(표준형)]

가입나이	보험기간	납입기간	납입주기	보험가입금액
만15~50세	종 신	5, 10, 15, 20, 30년납	월 납	500만원~4,000만원 (500만원 단위)
51~60세		5, 10, 15, 20년납		
61~65세		5, 10, 15년납		
66~70세		5, 10년납		

② 특약

㉠ 무배당 암진단특약Ⅵ 2506

• 1종(20년갱신형)

구 분	가입나이	보험기간	납입기간 (납입주기)	보험가입금액
최초계약	만15~70세	20년 만기 (갱신형)	전기납 (월납)	500만원~4,000만원 (주계약 가입금액 이내에서 500만원 단위)
갱신계약	만35~80세			
	81~99세	100세 만기		

• 2종(비갱신형)

가입나이	보험기간	납입기간	납입주기	보험가입금액
만15~50세	80, 90, 100세 만기	5, 10, 15, 20, 30년납	월 납	500만원~4,000만원 (주계약 가입금액 이내에서 500만원 단위)
51~60세		5, 10, 15, 20년납		
61~65세		5, 10, 15년납		
66~70세		5, 10년납		

주1) 비갱신형 특약은 주계약과 동일한 납입기간, 납입주기로 가입
주2) 비갱신형 특약 간에는 동일한 보험기간(80·90·100세만기)으로 운영
주3) 비갱신형 특약은 80세 만기·20년납 가입 시 59세까지 가입 가능

ⓛ 무배당 암입원수술특약Ⅲ 2506, 무배당 항암방사선약물치료특약Ⅶ 2506, 무배당 뇌질환입원수술특약 2506, 무배당 심질환입원수술특약 2506, 무배당 질병입원수술특약Ⅱ 2506, 무배당 재해입원수술특약Ⅱ 2506

• 1종(20년갱신형)

구 분	가입나이	보험기간	납입기간 (납입주기)	보험가입금액
최초계약	만15~70세	20년 만기 (갱신형)	전기납 (월납)	500만원~1,000만원 (주계약 가입금액 이내에서 500만원 단위)
갱신계약	만35~80세			
	81~99세	100세 만기		

• 2종(비갱신형)

가입나이	보험기간	납입기간	납입주기	보험가입금액
만15~50세	80, 90, 100세 만기	5, 10, 15, 20, 30년납	월 납	500만원~1,000만원 (주계약 가입금액 이내에서 500만원 단위)
51~60세		5, 10, 15, 20년납		
61~65세		5, 10, 15년납		
66~70세		5, 10년납		

주1) 비갱신형 특약은 주계약과 동일한 납입기간, 납입주기로 가입
주2) 비갱신형 특약 간에는 동일한 보험기간(80 · 90 · 100세만기)으로 운영
주3) 비갱신형 특약은 80세 만기 · 20년납 가입 시 59세까지 가입 가능

ⓒ 무배당 표적항암약물허가치료특약Ⅵ(10년갱신형) 2506

구 분	가입나이	보험기간	납입기간 (납입주기)	보험가입금액
최초계약	만15~70세	10년 만기 (갱신형)	전기납 (월납)	500만원~4,000만원 (주계약 가입금액 이내에서 500만원 단위)
갱신계약	만25~90세			
	91~99세	100세 만기		

ⓔ 무배당 요양병원암입원특약Ⅶ(20년갱신형) 2506

구 분	가입나이	보험기간	납입기간 (납입주기)	보험가입금액
최초계약	만15~70세	20년 만기 (갱신형)	전기납 (월납)	1,000만원(고정)
갱신계약	만35~80세			
	81~99세	100세 만기		

주1) (무)암입원수술특약Ⅲ 2506 가입 시 부가 가능

ⓜ 무배당 뇌출혈진단특약Ⅳ 2506, 무배당 뇌경색증진단특약Ⅴ 2506, 무배당 뇌혈관질환진단특약Ⅳ 2506, 무배당 급성심근경색증진단특약Ⅳ 2506, 무배당 허혈성심장질환진단특약Ⅳ 2506, 무배당 재해보장특약Ⅲ 2506

• 1종(20년갱신형)

구 분	가입나이	보험기간	납입기간 (납입주기)	보험가입금액
최초계약	만15~70세	20년 만기 (갱신형)	전기납 (월납)	500만원~2,000만원 (주계약 가입금액 이내에서 500만원 단위)
갱신계약	만35~80세			
	81~99세	100세 만기		

• 2종(비갱신형)

가입나이	보험기간	납입기간	납입주기	보험가입금액
만15~50세	80, 90, 100세 만기	5, 10, 15, 20, 30년납	월 납	500만원~2,000만원 (주계약 가입금액 이내에서 500만원 단위)
51~60세		5, 10, 15, 20년납		
61~65세		5, 10, 15년납		
66~70세		5, 10년납		

주1) 비갱신형 특약은 주계약과 동일한 납입기간, 납입주기로 가입
주2) 비갱신형 특약 간에는 동일한 보험기간(80 · 90 · 100세 만기)으로 운영
주3) 비갱신형 특약은 80세 만기 · 20년납 가입 시 59세까지 가입 가능

ⓑ 무배당 중증질환자(암)산정특례대상보장특약(20년갱신형) 2506, 무배당 중증질환자(뇌혈관질환)산정특례대상보장특약(20년갱신형) 2506, 무배당 중증질환자(심장질환)산정특례대상보장특약(20년갱신형) 2506

구 분	가입나이	보험기간	납입기간 (납입주기)	보험가입금액
최초계약	만15~70세	20년 만기 (갱신형)	전기납 (월납)	500만원~2,000만원 (주계약 가입금액 이내에서 500만원 단위)
갱신계약	만35~80세			
	81~99세	100세 만기		

ⓐ 무배당 3대질병진단보험료환급특약 2506

가입나이	보험기간	납입기간	납입주기	보험가입금액
만15~70세	주계약 보험료 납입기간 (5·10·15·20·30년)	전기납	월 납	주계약 가입금액과 동일

ⓞ 이륜자동차 운전 및 탑승중 재해 부담보 특약 2109, 지정대리청구서비스특약 2109, 장애인전용보험전환특약 2007

(3) 보험료 할인에 관한 사항

고액 할인

주계약 보험가입금액	2천만원 이상~3천만원 미만	3천만원 이상~4천만원 미만	4천만원
할인율	3.0%	4.0%	5.0%

주1) 고액 할인은 주계약 보험료(특약보험료 제외)에 한해 적용

(4) 해약환급금 50%지급형 상품에 관한 사항

1. 1종(해약환급금 50%지급형)은 보험료 납입기간 중 계약이 해지될 경우 2종(표준형)의 해약환급금 대비 적은 해약환급금을 지급하는 대신 2종(표준형)보다 저렴한 보험료로 보험을 가입할 수 있도록 한 상품임
2. 1종(해약환급금 50%지급형)의 해약환급금을 계산할 때 기준이 되는 2종(표준형)의 예정해약환급금은 "보험료 및 해약환급금 산출방법서"에서 정한 방법에 따라 산출된 금액으로 해지율을 적용하지 않고 계산함
3. 1종(해약환급금 50%지급형)의 계약이 보험료 납입기간 중 해지될 경우의 해약환급금은 2종(표준형) 예정해약환급금의 50%에 해당하는 금액에 플러스적립금을 더한 금액으로 함. 다만 보험료 납입기간이 완료된 이후 계약이 해지되는 경우에는 2종(표준형)의 예정해약환급금과 동일한 금액에 플러스적립금을 더한 금액을 지급함

주1) 해약환급금 50%지급형 상품에 관한 사항은 주계약에 한해 적용

(5) 특약의 갱신에 관한 사항

갱신절차	• 보험기간 만료일 30일 전까지 계약자에게 서면 또는 전화(음성녹음) 안내 (보험료 등 변경내용) → 보험기간 만료일 15일 전까지 계약자의 별도 의사표시가 없으면 자동갱신 ※ 갱신형 특약의 경우, 피보험자의 99세 계약해당일까지 갱신 가능하며, 최종 갱신계약의 보험기간 만료일은 피보험자의 100세 계약해당일까지로 함 → 계약자가 갱신 거절의사를 통지하면 계약 종료 • (무)암진단특약Ⅵ 2506 1종(20년갱신형)의 경우, 피보험자에게 암진단보험금 지급사유(단, 갑상선암, 기타피부암, 제자리암, 경계성 종양 및 대장점막내암 제외)가 발생한 경우에는 이 특약을 갱신할 수 없음 • (무)항암방사선약물치료특약Ⅶ 2506 1종(20년갱신형)의 경우, 세부보장은 동시에 갱신하여야 하며, 보험금 지급사유가 더 이상 발생할 수 없는 경우의 세부보장(항암방사선치료보험금 및 항암약물치료보험금에 한함)은 갱신할 수 없음. 또한, 피보험자에게 항암방사선치료보험금 또는 항암약물치료보험금 지급사유가 발생한 경우에는 해당 세부보장을 갱신할 수 없음. 단, 갑상선암, 기타피부암, 대장점막내암, 제자리암 또는 경계성 종양으로 항암방사선치료보험금 또는 항암약물치료보험금 지급사유가 발생한 경우에는 해당 세부보장을 갱신할 수 있음 • (무)표적항암약물허가치료특약Ⅵ(10년갱신형) 2506의 경우, 피보험자에게 표적항암약물 허가치료보험금 지급사유가 발생한 경우에는 이 특약을 갱신할 수 없음 • (무)뇌출혈진단특약Ⅳ 2506 1종(20년갱신형)의 경우, 피보험자에게 뇌출혈진단보험금 지급사유가 발생한 경우에는 이 특약을 갱신할 수 없음 • (무)뇌경색증진단특약Ⅴ 2506 1종(20년갱신형)의 경우, 피보험자에게 뇌경색증진단보험금 지급사유가 발생한 경우에는 이 특약을 갱신할 수 없음 • (무)뇌혈관질환진단특약Ⅳ 2506 1종(20년갱신형)의 경우, 피보험자에게 뇌혈관질환진단 보험금 지급사유가 발생한 경우에는 이 특약을 갱신할 수 없음 • (무)급성심근경색증진단특약Ⅳ 2506 1종(20년갱신형)의 경우, 피보험자에게 급성심근경색증진단보험금 지급사유가 발생한 경우에는 이 특약을 갱신할 수 없음 • (무)허혈성심장질환진단특약Ⅳ 2506 1종(20년갱신형)의 경우, 피보험자에게 허혈성심장질환진단보험금 지급사유가 발생한 경우에는 이 특약을 갱신할 수 없음 • (무)중증질환자(암)산정특례대상보장특약(20년갱신형) 2506의 경우, 세부보장은 동시에 갱신하여야 하며, 보험금이 지급된 세부보장[중증질환자(암)산정특례대상진단보험금 및 중증질환자(소액질병)산정특례대상진단보험금에 한함]은 갱신할 수 없음
갱신계약 보험료	갱신계약의 보험료는 각각의 특약상품에 따라 나이의 증가, 적용기초율의 변동 등의 사유로 인상 가능

(6) 보장내용

① 주계약

지급구분	지급사유	
사망보험금	사망하였을 때	3대질병 진단보험금 지급사유가 발생하지 않은 경우
		3대질병 진단보험금 지급사유가 발생한 경우
3대질병 진단보험금	암보장개시일 이후에 최초의 암(갑상선암, 기타피부암, 대장점막내암, 제자리암 및 경계성 종양 제외)으로 진단이 확정되었거나, 보험기간 중 최초의 뇌졸중 또는 특정허혈성심장질환으로 진단이 확정되었을 때 (단, 암, 뇌졸중 또는 특정허혈성심장질환 중 최초 1회에 한함)	

주1) 암보장개시일은 계약일[부활(효력회복)일]부터 그 날을 포함하여 90일이 지난 날의 다음 날로 함

② 특약

㉠ 무배당 암진단특약Ⅵ 2506

지급구분	지급사유
암진단 보험금	암보장개시일 이후에 최초의 암으로 진단이 확정되었을 때(단, 최초 1회에 한함)
	보험기간 중 최초의 갑상선암, 기타피부암, 대장점막내암, 제자리암 또는 경계성 종양으로 진단이 확정되었을 때(단, 갑상선암, 기타피부암, 대장점막내암, 제자리암 및 경계성 종양 각각 최초 1회에 한함)

주1) 암보장개시일은 계약일[부활(효력회복)일]부터 그 날을 포함하여 90일이 지난 날의 다음 날로 하며 1종(20년갱신형) 갱신계약의 경우 갱신일로 함

㉡ 무배당 암입원수술특약Ⅲ 2506

지급구분	지급사유
암직접치료 입원보험금	암보장개시일 이후에 암으로 진단이 확정되고, 그 암의 직접적인 치료를 목적으로 입원(단, 요양병원 제외)하였거나, 보험기간 중 갑상선암, 기타피부암, 대장점막내암, 제자리암 또는 경계성 종양으로 진단이 확정되고, 그 갑상선암, 기타피부암, 대장점막내암, 제자리암 또는 경계성 종양의 직접적인 치료를 목적으로 입원(단, 요양병원 제외)하였을 때(1일 이상 입원일수 1일당, 120일 한도)
암수술 보험금	암보장개시일 이후에 암으로 진단이 확정되고, 그 직접적인 치료를 목적으로 관혈수술을 받았거나, 보험기간 중 갑상선암, 기타피부암, 대장점막내암, 제자리암 또는 경계성 종양으로 진단이 확정되고, 그 직접적인 치료를 목적으로 관혈수술을 받았을 때(수술 1회당)
	암보장개시일 이후에 암으로 진단이 확정되고, 그 직접적인 치료를 목적으로 비관혈 수술을 받았거나, 보험기간 중 갑상선암, 기타피부암, 대장점막내암, 제자리암 또는 경계성 종양으로 진단이 확정되고, 그 직접적인 치료를 목적으로 비관혈수술을 받았을 때(수술 1회당)

주1) 암보장개시일은 계약일[부활(효력회복)일]부터 그 날을 포함하여 90일이 지난 날의 다음 날로 하며 1종(20년갱신형) 갱신계약의 경우 갱신일로 함

㉢ 무배당 항암방사선약물치료특약Ⅶ 2506

지급구분 (세부보장)	지급사유
항암방사선 치료보험금	암보장개시일 이후에 암으로 진단이 확정되고 그 암의 직접적인 치료를 목적으로 항암방사선치료를 받았을 때(단, 최초 1회에 한함)
	보험기간 중 갑상선암, 기타피부암, 대장점막내암, 제자리암 또는 경계성종양으로 진단이 확정되고 그 갑상선암, 기타피부암, 대장점막내암, 제자리암 또는 경계성종양의 직접적인 치료를 목적으로 항암방사선치료를 받았을 때(단, 갑상선암, 기타피부암, 대장점막내암, 제자리암 및 경계성종양 각각 최초 1회에 한함)

지급구분	지급사유
항암약물 치료보험금	암보장개시일 이후에 암으로 진단이 확정되고 그 암의 직접적인 치료를 목적으로 항암약물치료를 받았을 때(단, 최초 1회에 한함)
	보험기간 중 갑상선암, 기타피부암, 대장점막내암, 제자리암 또는 경계성종양으로 진단이 확정되고 그 갑상선암, 기타피부암, 대장점막내암, 제자리암 또는 경계성종양의 직접적인 치료를 목적으로 항암약물치료를 받았을 때(단, 갑상선암, 기타피부암, 대장점막내암, 제자리암 및 경계성종양 각각 최초 1회에 한함)

주1) 암보장개시일은 계약일[부활(효력회복)일]부터 그 날을 포함하여 90일이 지난 날의 다음 날로 하며 1종(20년갱신형) 갱신계약의 경우 갱신일로 함

㉣ 무배당 표적항암약물허가치료특약Ⅵ(10년갱신형) 2506

지급구분	지급사유
표적항암 약물허가 치료보험금	암보장개시일 이후에 암으로 진단이 확정되고 그 암의 직접적인 치료를 목적으로 표적항암약물허가치료를 받았거나, 보험기간 중 갑상선암, 기타피부암 또는 대장점막내암으로 진단이 확정되고 그 갑상선암, 기타피부암 또는 대장점막내암의 직접적인 치료를 목적으로 표적항암약물허가치료를 받았을 때(단, 암, 갑상선암, 기타피부암 또는 대장점막내암 중 최초 1회에 한함)

주1) 암보장개시일은 계약일[부활(효력회복)일]부터 그 날을 포함하여 90일이 지난 날의 다음 날로 하며 갱신계약의 경우 갱신일로 함

㉤ 무배당 요양병원암입원특약Ⅶ(20년갱신형) 2506

지급구분	지급사유
요양병원 암입원보험금	암보장개시일 이후 암으로 진단이 확정되고 그 치료를 목적으로 4일 이상 요양병원에 입원 시 또는 보험기간 중 갑상선암, 기타피부암, 대장점막내암, 제자리암 또는 경계성 종양으로 진단이 확정되고 그 치료를 목적으로 4일 이상 요양병원에 입원 시(3일 초과 입원일수 1일당, 60일 한도)

주1) 암보장개시일은 계약일[부활(효력회복)일]부터 그 날을 포함하여 90일이 지난 날의 다음 날로 하며 갱신계약의 경우 갱신일로 함

㉥ 무배당 뇌출혈진단특약Ⅳ 2506

지급구분	지급사유
뇌출혈 진단보험금	보험기간 중 최초의 뇌출혈로 진단이 확정 되었을 때(단, 최초 1회에 한함)

㉦ 무배당 뇌경색증진단특약Ⅴ 2506

지급구분	지급사유
뇌경색증 진단보험금	보험기간 중 최초의 뇌경색증으로 진단이 확정 되었을 때(단, 최초 1회에 한함)

㉧ 무배당 뇌혈관질환진단특약Ⅳ 2506

지급구분	지급사유
뇌혈관질환 진단보험금	보험기간 중 최초의 뇌혈관질환으로 진단이 확정 되었을 때(단, 최초 1회에 한함)

ⓩ 무배당 뇌질환입원수술특약 2506

지급구분	지급사유
뇌혈관질환 입원보험금	보험기간 중 뇌혈관질환으로 진단이 확정되고, 그 직접적인 치료를 목적으로 입원하였을 때(1일 이상 입원일수 1일당, 120일 한도)
뇌혈관질환 수술보험금	보험기간 중 뇌혈관질환으로 진단이 확정되고, 그 직접적인 치료를 목적으로 관혈수술을 받았을 때(수술 1회당)
	보험기간 중 뇌혈관질환으로 진단이 확정되고, 그 직접적인 치료를 목적으로 비관혈수술을 받았을 때(수술 1회당)

ⓩ 무배당 급성심근경색증진단특약Ⅳ 2506

지급구분	지급사유
급성심근경색증 진단보험금	보험기간 중 최초의 급성심근경색증으로 진단이 확정 되었을 때(단, 최초 1회에 한함)

㉾ 무배당 허혈성심장질환진단특약Ⅳ 2506

지급구분	지급사유
허혈성심장질환 진단보험금	보험기간 중 최초의 허혈성심장질환으로 진단이 확정 되었을 때(단, 최초 1회에 한함)

㉤ 무배당 심질환입원수술특약 2506

지급구분	지급사유
심질환 입원보험금	보험기간 중 심질환으로 진단이 확정되고, 그 직접적인 치료를 목적으로 입원하였을 때(1일 이상 입원일수 1일당, 120일 한도)
심질환 수술보험금	보험기간 중 심질환으로 진단이 확정되고, 그 직접적인 치료를 목적으로 관혈수술을 받았을 때(수술 1회당)
	보험기간 중 심질환으로 진단이 확정되고, 그 직접적인 치료를 목적으로 비관혈수술을 받았을 때(수술 1회당)

㉤ 무배당 질병입원수술특약Ⅱ 2506

지급구분	지급사유
질병 입원보험금	보험기간 중 질병으로 인하여 그 직접적인 치료를 목적으로 입원하였을 때(1일 이상 입원일수 1일당, 120일 한도)
질병 수술보험금	보험기간 중 질병으로 인하여 그 직접적인 치료를 목적으로 수술, 신생물 근치 방사선 조사 분류표에서 정한 수술을 받았을 때(수술 1회당)

㉠ 무배당 재해입원수술특약Ⅱ 2506

지급구분	지급사유
재해 입원보험금	보험기간 중 재해로 인하여 그 직접적인 치료를 목적으로 입원하였을 때(1일 이상 입원일수 1일당, 120일 한도)
재해 수술보험금	보험기간 중 재해로 인하여 그 직접적인 치료를 목적으로 수술, 신생물 근치 방사선 조사 분류표에서 정한 수술을 받았을 때(수술 1회당)

㉮ 무배당 재해보장특약Ⅲ 2506

지급구분	지급사유
재해장해보험금	보험기간 중 재해를 직접적인 원인으로 장해분류표에서 정한 각 장해지급률에 해당하는 장해 상태가 되었을 때
재해외모수술 보험금	보험기간 중 재해로 인하여 외모상해의 직접적인 치료를 목적으로 외모수술을 받았을 때(수 술 1회당)
재해골절(치아파절제외) 보험금	보험기간 중 재해로 인하여 골절상태가 되었을 때(사고 1회당)
재해화상 진단보험금	보험기간 중 재해로 인하여 화상으로 진단이 확정되었을 때(사고 1회당)
재해깁스치료 (부목제외)보험금	보험기간 중 재해로 인하여 그 직접적인 치료를 목적으로 깁스(Cast)치료를 받았을 때(사고 1회당)

㉯ 무배당 중증질환자(암)산정특례대상진단특약(20년갱신형) 2506

지급구분(세부보장)	지급사유
중증질환자(암) 산정특례대상 진단보험금	중증질환자(암)산정특례대상보장개시일 이후에 중증질환자(암)산정특례대상으로 신규 등록되 었을 때(단, 최초 1회에 한함)
중증질환자(소액질병) 산정특례대상 진단보험금	보험기간 중 중증질환자(소액질병)산정특례대상으로 신규 등록되었을 때(단, 최초 1회에 한함)

주1) 중증질환자(암)산정특례대상보장개시일은 계약일[부활(효력회복)일]부터 그 날을 포함하여 90일이 지난 날의 다음 날 로 하며 갱신계약의 경우 갱신일을 암보장개시일로 함

㉰ 무배당 중증질환자(뇌혈관질환)산정특례대상진단특약(20년갱신형) 2506

지급구분	지급사유
중증질환자(뇌혈관질환) 산정특례대상 진단보험금	보험기간 중 재해 또는 재해 이외의 원인으로 중증질환자(뇌혈관질환)산정특례대상으로 적용 되었을 때(단, 연간 1회 한도)

㉱ 무배당 중증질환자(심장질환)산정특례대상진단특약(20년갱신형) 2506

지급구분	지급사유
중증질환자(심장질환) 산정특례대상 진단보험금	보험기간 중 재해 또는 재해 이외의 원인으로 중증질환자(심장질환)산정특례대상으로 적용되 었을 때(단, 연간 1회 한도)

㉲ 무배당 3대질병진단보험료환급특약 2506

지급구분	지급사유
3대질병진단 보험료환급금	암보장개시일 이후에 최초의 암(갑상선암, 기타피부암 및 대장점막내암 제외)으로 진단이 확 정되었거나, 보험기간 중 최초의 뇌졸중 또는 특정허혈성심장질환으로 진단이 확정되었을 때 (단, 암, 뇌졸중 또는 특정허혈성심장질환 중 최초 1회에 한함)

주1) 암보장개시일은 계약일[부활(효력회복)일]부터 그 날을 포함하여 90일이 지난 날의 다음 날로 함

㉕ 이륜자동차 운전 및 탑승중 재해부담보특약 2109

가입대상	이륜자동차 운전자(소유 및 관리하는 경우 포함)
부담보 범위	이륜자동차 운전(탑승 포함) 중에 발생한 재해로 인하여 주계약 및 특약에서 정한 보험금 지급사유 또는 보험료 납입면제사유가 발생한 경우에 보험금을 지급하지 않으며, 보험료 납입을 면제하지 않음

주1) 상품별 이륜자동차 운전 및 탑승중 재해부담보특약사항 동일(이하 생략)

㉖ 지정대리청구서비스특약 2109

대상계약	계약자, 피보험자 및 수익자(사망 시 수익자 제외)가 모두 동일한 계약
지정대리 청구인 지정	보험금을 직접 청구할 수 없는 특별한 사정이 있을 경우 대리청구인 지정
지정대리 청구인	피보험자의 가족관계등록부상의 배우자 또는 3촌 이내의 친족
보험금 지급 등의 절차	• 보험수익자가 보험금을 직접 청구할 수 없는 특별한 사정이 있음을 증명하는 서류제출 • 보험수익자의 대리인으로서 해당 보험금(사망보험금 제외)을 청구하고 수령 • 보험금을 지정대리청구인에게 지급한 경우, 그 이후 보험금 청구를 받더라도 체신관서는 이를 지급하지 않음

주1) 상품별 지정대리청구서비스특약 동일(이하 생략)

㉗ 장애인전용보험전환특약 2007

대상계약	피보험자 또는 수익자가 소득세법상 장애인인 계약
장애인전용 보험으로 전환	• 계약자가 증빙서류(장애인증명서, 국가유공자 확인서, 장애인등록증 등 확인서류 등)를 제출하고, 특약 가입 신청 • 장애인전용보험으로 전환된 이후 납입된 보험료부터 장애인전용 보장성보험료로 처리

주1) 상품별 장애인전용보험전환특약 동일(이하 생략)

(1) 주요 특징

특 징

• 단 하나의 주계약으로 각종 질병과 사고 종합 보장
• 0세부터 70세까지 가입 가능한 온가족 건강보험
• 고액의 치료비가 소요되는 3대질병 진단(최대 3,000만원), 중증수술(최대 500만원) 및 중증장해(최대 2,000만원) 고액 보장
• 고객기반 보장 설계가 가능하도록 일반형과 실속형으로 구성
  – 일반형 : 실속형 보장 범위에 더하여 중증 뇌심(뇌출혈, 급성심근경색증) 진단 보장 및 일반적인 질병 · 재해로 인한 입원 · 수술까지 보장
  – 실속형 : 경증 뇌심을 포함한 3대질병(암, 뇌혈관질환, 허혈섬심장질환) 중점보장에 재해로 인한 장해, 골절, 깁스까지 보장
• "국민체력100" 체력 인증 시 보험료 지원혜택 제공
• 1종(20년갱신형)은 세부보장 운영으로, 2종(비갱신형)은 납입면제 운영으로 고객의 보험료 부담을 경감
• 세제혜택 : 근로소득자는 납입한 보험료(연간 100만원 한도)에 대하여 12% 세액공제

(2) 가입요건

① 주계약(일반형, 실속형)

상품유형	보험기간		가입나이	납입기간	납입주기	보험가입금액
1종 (20년 갱신형)	최초계약	20년	0~70세	전기납	월 납	500만원~ 1,000만원 (500만원 단위)
	갱신계약	1~20년	20~99세			
2종 (비갱신형)	80세 만기		0~70세	10년납		
			0~65세	15년납		
			0~59세	20년납		
			0~50세	30년납		
	90, 100세 만기		0~70세	10년납		
			0~65세	15년납		
			0~60세	20년납		
			0~50세	30년납		

주1) 1종(20년 갱신형)의 경우, 보험기간은 20년 만기(갱신형)으로 운영함. 단, 81세 이후에 도래하는 갱신계약의 보험기간 만료일은 100세 계약해당일까지로 함

② 특약

이륜자동차 운전 및 탑승중 재해부담보특약 2109, 지정대리청구서비스특약 2109, 장애인전용보험전환특약 2007

(3) 피보험자의 건강관리 노력에 따른 보험료 납입 일부 지원

사전적 건강관리서비스를 위하여 "국민체력100" 체력인증 시 보험료 지원

*국민체력100(국민체육진흥공단) : 국민의 체력 및 건강 증진에 목적을 두고 체력상태를 과학적 방법에 의해 측정 · 평가를 하여 운동 상담 및 처방을 해주는 대국민 스포츠 복지 서비스

(4) 계약의 갱신에 관한 사항

갱신절차	• 보험기간 만료일 30일 전까지 계약자에게 서면 또는 전화(음성녹음) 안내(보험료 등 변경내용) → 보험기간 만료일 15일 전까지 계약자의 별도 의사표시가 없으면 자동갱신 → 계약자가 갱신 거절의사를 통지하면 계약 종료 〈1종(20년 갱신형) 일반형 가입 시〉 • 세부보장은 동시에 갱신하여야 하며, 보험금이 지급된 세부보장(암진단보험금, 뇌출혈진단보험금, 뇌혈관질환진단보험금, 급성심근경색증진단보험금, 허혈성심장질환진단보험금, 부정맥진단보험금 및 특정외상성뇌심장손상진단보험금에 한함) 및 보험금 지급사유가 더 이상 발생할 수 없는 경우의 세부보장(소액암진단보험금, 항암방사선치료보험금 및 항암약물치료보험금에 한함)은 갱신할 수 없음 • 또한, 피보험자에게 항암방사선치료보험금 또는 항암약물치료보험금 지급사유가 발생한 경우에는 해당 세부보장을 갱신할 수 없음. 단, 갑상선암, 기타피부암, 대장점막내암, 제자리암 또는 경계성 종양으로 항암방사선치료보험금 또는 항암약물치료보험금 지급사유가 발생한 경우에는 해당 세부보장을 갱신할 수 있음 〈1종(20년 갱신형) 실속형 가입 시〉 • 세부보장은 동시에 갱신하여야 하며, 보험금이 지급된 세부보장(암진단보험금, 뇌혈관질환진단보험금, 허혈성심장질환진단보험금, 부정맥진단보험금 및 특정외상성뇌심장 손상진단보험금에 한함) 및 보험금 지급사유가 더 이상 발생할 수 없는 경우의 세부보장(소액암진단보험금, 항암방사선치료보험금 및 항암약물치료보험금에 한함)은 갱신할 수 없음 • 또한, 피보험자에게 항암방사선치료보험금 또는 항암약물치료보험금 지급사유가 발생한 경우에는 해당 세부보장을 갱신할 수 없음. 단, 갑상선암, 기타피부암, 대장점막내암, 제자리암 또는 경계성 종양으로 항암방사선치료보험금 또는 항암약물치료보험금 지급사유가 발생한 경우에는 해당 세부보장을 갱신할 수 있음
갱신계약 보험료	갱신계약의 보험료는 나이의 증가, 적용기초율의 변동 등의 사유로 인상될 수 있음

(5) 보장내용

① 1종(20년 갱신형)

지급구분 (세부보장)	지급사유
암진단보험금	암보장개시일 이후에 최초의 암으로 진단이 확정되었을 때(단, 최초 1회에 한함)
소액 암진단보험금	보험기간 중 최초의 갑상선암, 기타피부암, 대장점막내암, 제자리암 또는 경계성 종양으로 진단이 확정되었을 때(단, 갑상선암, 기타피부암, 대장점막내암, 제자리암 및 경계성 종양 각각 최초 1회에 한함)
뇌출혈 진단보험금	보험기간 중 최초의 뇌출혈로 진단이 확정되었을 때(단, 최초 1회, 일반형에 한함)
뇌혈관질환 진단보험금	보험기간 중 최초의 뇌혈관질환으로 진단이 확정되었을 때(단, 최초 1회에 한함)
급성 심근경색증 진단보험금	보험기간 중 최초의 급성 심근경색증으로 진단이 확정되었을 때(단, 최초 1회, 일반형에 한함)
허혈성 심장질환 진단보험금	보험기간 중 최초의 허혈성 심장질환으로 진단이 확정되었을 때(단, 최초 1회에 한함
항암방사선 치료보험금	암보장개시일 이후에 암으로 진단이 확정되고 그 암의 직접적인 치료를 목적으로 항암방사선치료를 받았을 때(단, 최초 1회에 한함) 보험기간 중 갑상선암, 기타피부암, 대장점막내암, 제자리암 또는 경계성종양으로 진단이 확정되고 그 갑상선암, 기타피부암, 대장점막내암, 제자리암 또는 경계성종양의 직접적인 치료를 목적으로 항암방사선치료를 받았을 때(단, 갑상선암, 기타피부암, 대장점막내암, 제자리암 및 경계성종양 각각 최초 1회에 한함)

항암약물 치료보험금		암보장개시일 이후에 암으로 진단이 확정되고 그 암의 직접적인 치료를 목적으로 항암약물 치료를 받았을 때(단, 최초 1회에 한함)
		보험기간 중 갑상선암, 기타피부암, 대장점막내암, 제자리암 또는 경계성종양으로 진단이 확정되고 그 갑상선암, 기타피부암, 대장점막내암, 제자리암 또는 경계성종양의 직접적인 치료를 목적으로 항암약물치료를 받았을 때(단, 갑상선암, 기타피부암, 대장점막내암, 제자리암 및 경계성종양 각각 최초 1회에 한함)
부정맥 진단보험금		보험기간 중 최초의 부정맥으로 진단이 확정되었을 때(단, 최초 1회에 한함)
특정외상성뇌심장손상 진단보험금		보험기간 중 재해로 인하여 최초의 특정외상성뇌손상 또는 특정외상성심장손상으로 진단이 확정되었을 때(단, 특정외상성뇌손상 또는 특정외상성심장손상 중 최초 1회에 한함)
주요 치료 및 장해	입원보험금	보험기간 중 질병 또는 재해로 인하여 그 직접적인 치료를 목적으로 입원하였을 때(1일 이상 입원일수 1일당, 120일 한도, 일반형에 한함)
	암직접치료 입원보험금	암보장개시일 이후에 암으로 진단이 확정되고 그 암의 직접적인 치료를 목적으로 입원(단, 요양병원 제외)하였을 때(1일 이상 입원일수 1일당, 120일 한도)
		보험기간 중 갑상선암, 기타피부암, 대장점막내암, 제자리암 또는 경계성 종양으로 진단이 확정되고, 그 직접적인 치료를 목적으로 입원(단, 요양병원 제외) 하였을 때(1일 이상 입원일수 1일당, 120일 한도)
	뇌혈관질환 입원보험금	보험기간 중 뇌혈관질환으로 진단이 확정되고, 그 직접적인 치료를 목적으로 입원하였을 때(1일 이상 입원일수 1일당, 120일 한도)
	심질환 입원보험금	보험기간 중 심질환으로 진단이 확정되고, 그 직접적인 치료를 목적으로 입원하였을 때(1일 이상 입원일수 1일당, 120일 한도)
	수술보험금	보험기간 중 질병 또는 재해로 인하여 그 직접적인 치료를 목적으로 수술을 받았을 때(수술 1회당, 일반형에 한함)
	암수술 보험금	암보장개시일 이후에 암으로 진단이 확정되고, 그 직접적인 치료를 목적으로 관혈수술을 받았거나, 보험기간 중 갑상선암, 기타피부암, 대장점막내암, 제자리암 또는 경계성 종양으로 진단이 확정되고, 그 직접적인 치료를 목적으로 관혈수술을 받았을 때(수술 1회당)
		암보장개시일 이후에 암으로 진단이 확정되고, 그 직접적인 치료를 목적으로 비관혈수술을 받았거나, 보험기간 중 갑상선암, 기타피부암, 대장점막내암, 제자리암 또는 경계성 종양으로 진단이 확정되고, 그 직접적인 치료를 목적으로 비관혈수술을 받았을 때(수술 1회당)
	뇌혈관질환 수술보험금	보험기간 중 뇌혈관질환으로 진단이 확정되고, 그 직접적인 치료를 목적으로 관혈수술을 받았을 때(수술 1회당)
		보험기간 중 뇌혈관질환으로 진단이 확정되고, 그 직접적인 치료를 목적으로 비관혈수술을 받았을 때(수술 1회당)
	심질환 수술보험금	보험기간 중 심질환으로 진단이 확정되고, 그 직접적인 치료를 목적으로 관혈수술을 받았을 때(수술 1회당)
		보험기간 중 심질환으로 진단이 확정되고, 그 직접적인 치료를 목적으로 비관혈수술을 받았을 때(수술 1회당)
	재해장해 보험금	보험기간 중 재해로 인하여 장해분류표에서 정한 각 장해지급률에 해당하는 장해상태가 되었을 때
	재해골절 (치아파절제외) 보험금	보험기간 중 재해로 인하여 골절상태가 되었을 때(사고 1회당)

재해깁스치료 (부목제외) 보험금	보험기간 중 재해로 인하여 그 직접적인 치료를 목적으로 깁스(Cast)치료를 받았을 때(사고 1회당)
건강관리자금	보험기간이 끝날 때까지 살아 있을 때

주1) 암보장개시일은 계약일[부활(효력회복)일]부터 그 날을 포함하여 90일이 지난 날의 다음 날로 하며 갱신계약의 경우 갱신일로 함. 단, 피보험자의 나이가 15세 미만인 경우 암보장개시일은 계약일[부활(효력회복)일]로 함

② 2종(비갱신형)

지급구분	지급사유
암진단보험금	암보장개시일 이후에 최초의 암으로 진단이 확정되었을 때(단, 최초 1회에 한함)
소액 암진단보험금	보험기간 중 최초의 갑상선암, 기타피부암, 대장점막내암, 제자리암 또는 경계성 종양으로 진단이 확정되었을 때(단, 갑상선암, 기타피부암, 대장점막내암, 제자리암 및 경계성 종양 각각 최초 1회에 한함)
뇌출혈 진단보험금	보험기간 중 최초의 뇌출혈로 진단이 확정되었을 때(단, 최초 1회, 일반형에 한함)
뇌혈관질환 진단보험금	보험기간 중 최초의 뇌혈관질환으로 진단이 확정되었을 때(단, 최초 1회에 한함)
급성 심근경색증 진단보험금	보험기간 중 최초의 급성 심근경색증으로 진단이 확정되었을 때(단, 최초 1회, 일반형에 한함)
허혈성 심장질환 진단보험금	보험기간 중 최초의 허혈성 심장질환으로 진단이 확정되었을 때(단, 최초 1회에 한함)
항암방사선 치료보험금	암보장개시일 이후에 암으로 진단이 확정되고 그 암의 직접적인 치료를 목적으로 항암방사선치료를 받았을 때(단, 최초 1회에 한함)
	보험기간 중 갑상선암, 기타피부암, 대장점막내암, 제자리암 또는 경계성종양으로 진단이 확정되고 그 갑상선암, 기타피부암, 대장점막내암, 제자리암 또는 경계성종양의 직접적인 치료를 목적으로 항암방사선치료를 받았을 때(단, 갑상선암, 기타피부암, 대장점막내암, 제자리암 및 경계성종양 각각 최초 1회에 한함)
항암약물 치료보험금	암보장개시일 이후에 암으로 진단이 확정되고 그 암의 직접적인 치료를 목적으로 항암약물치료를 받았을 때(단, 최초 1회에 한함)
	보험기간 중 갑상선암, 기타피부암, 대장점막내암, 제자리암 또는 경계성종양으로 진단이 확정되고 그 갑상선암, 기타피부암, 대장점막내암, 제자리암 또는 경계성종양의 직접적인 치료를 목적으로 항암약물치료를 받았을 때(단, 갑상선암, 기타피부암, 대장점막내암, 제자리암 및 경계성종양 각각 최초 1회에 한함)
부정맥 진단보험금	보험기간 중 최초의 부정맥으로 진단이 확정되었을 때(단, 최초 1회에 한함)
특정외상성뇌심장손상 진단보험금	보험기간 중 재해로 인하여 최초의 특정외상성뇌손상 또는 특정외상성심장손상으로 진단이 확정되었을 때(단, 특정외상성뇌손상 또는 특정외상성심장손상 중 최초 1회에 한함)
입원보험금	보험기간 중 질병 또는 재해로 인하여 그 직접적인 치료를 목적으로 입원하였을 때(1일 이상 입원일수 1일당, 120일 한도. 일반형에 한함)
암직접치료 입원보험금	암보장개시일 이후에 암으로 진단이 확정되고 그 암의 직접적인 치료를 목적으로 입원(단, 요양병원 제외)하였을 때(1일 이상 입원일수 1일당, 120일 한도)
	보험기간 중 갑상선암, 기타피부암, 대장점막내암, 제자리암 또는 경계성 종양으로 진단이 확정되고, 그 직접적인 치료를 목적으로 입원(단, 요양병원 제외) 하였을 때(1일 이상 입원일수 1일당, 120일 한도)
뇌혈관질환 입원보험금	보험기간 중 뇌혈관질환으로 진단이 확정되고, 그 직접적인 치료를 목적으로 입원하였을 때(1일 이상 입원일수 1일당, 120일 한도)

심질환 입원보험금	보험기간 중 심질환으로 진단이 확정되고, 그 직접적인 치료를 목적으로 입원하였을 때(1일 이상 입원일수 1일당, 120일 한도)
수술보험금	보험기간 중 질병 또는 재해로 인하여 그 직접적인 치료를 목적으로 수술을 받았을 때(수술 1회당, 일반형에 한함)
암수술보험금	암보장개시일 이후에 암으로 진단이 확정되고, 그 직접적인 치료를 목적으로 관혈수술을 받았거나, 보험기간 중 갑상선암, 기타피부암, 대장점막내암, 제자리암 또는 경계성 종양으로 진단이 확정되고, 그 직접적인 치료를 목적으로 관혈수술을 받았을 때(수술 1회당)
	암보장개시일 이후에 암으로 진단이 확정되고, 그 직접적인 치료를 목적으로 비관혈수술을 받았거나, 보험기간 중 갑상선암, 기타피부암, 대장점막내암, 제자리암 또는 경계성 종양으로 진단이 확정되고, 그 직접적인 치료를 목적으로 비관혈수술을 받았을 때(수술 1회당)
뇌혈관질환 수술보험금	보험기간 중 뇌혈관질환으로 진단이 확정되고, 그 직접적인 치료를 목적으로 관혈수술을 받았을 때(수술 1회당)
	보험기간 중 뇌혈관질환으로 진단이 확정되고, 그 직접적인 치료를 목적으로 비관혈수술을 받았을 때(수술 1회당)
심질환 수술보험금	보험기간 중 심질환으로 진단이 확정되고, 그 직접적인 치료를 목적으로 관혈수술을 받았을 때(수술 1회당)
	보험기간 중 심질환으로 진단이 확정되고, 그 직접적인 치료를 목적으로 비관혈수술을 받았을 때(수술 1회당)
재해 장해보험금	보험기간 중 재해로 인하여 장해분류표에서 정한 각 장해지급률에 해당하는 장해상태가 되었을 때
재해골절(치아파절제외) 보험금	보험기간 중 재해로 인하여 골절상태가 되었을 때(사고 1회당)
재해깁스치료(부목제외) 보험금	보험기간 중 재해로 인하여 그 직접적인 치료를 목적으로 깁스(Cast)치료를 받았을 때(사고 1회당)

주1) 암보장개시일은 계약일[부활(효력회복)일]부터 그 날을 포함하여 90일이 지난 날의 다음 날로 함. 단, 피보험자의 나이가 15세 미만인 경우 암보장개시일은 계약일[부활(효력회복)일]로 함

※ 플러스보험기간(약관에서 정한 플러스보험기간이 적용되는 경우에 한함)

지급구분	지급사유
플러스사망보험금	플러스보험기간 중 사망하였을 때

주1) 플러스보험기간이란 보험기간이 만료되는 시점에 플러스적립금이 발생하는 경우, 보험기간 만료 후부터 10년 동안 자동으로 연장되어 추가적인 보장을 받는 기간

(1) 주요 특징

특 징
• 주계약 사망보험금을 통한 유족보장과 특약 가입을 통한 건강, 상해, 중대질병·수술, 3대질병 보장
• 다수의 특약 중 필요한 보장을 선택하여 가입 가능
• 부담없는 보험료로 각종 질병, 사고 및 고액치료비 보장
• 주계약 해약환급금 50% 지급형 선택 시 동일한 보장 혜택을 제공하고, 표준형 대비 저렴한 보험료로 고객 부담 완화
• 다양한 소비자 수요에 맞춰 일부 특약을 갱신·비갱신 선택형으로 설계하여, 고객의 필요에 따라 선택하여 가입 가능
• 보험료 납입 면제 및 고액 계약 할인(주계약)으로 보험료 부담 완화
• 세제혜택 : 근로소득자는 납입한 보험료(연간 100만원 한도)에 대하여 12% 세액공제

(2) 가입요건

① 주계약[1종(해약환급금 50% 지급형), 2종(표준형)]

가입나이	보험기간	납입기간	납입주기	보험가입금액
만15~50세	종 신	10, 15, 20, 30년납, 80세납	월 납	1,000만원~4,000만원 (500만원 단위)
51~60세		10, 15, 20년납, 80세납		
61~65세		10, 15년납, 80세납		
66~70세		10년납, 80세납		

② 특약

㉠ 무배당 재해치료보장특약Ⅲ 2504

• 1종(20년 갱신형)

구 분	가입나이	보험기간	납입기간	납입주기	보험가입금액
최초계약	만15~70세	20년	전기납	월 납	500만원~2,000만원 (주계약 가입금액 이내에서 500만원 단위)
갱신계약	만35~99세	1~20년			

※ 보험기간은 20년 만기(갱신형)로 운영함. 단, 81세 이후 도래하는 갱신계약의 보험기간 만료일은 100세 계약해당일까지로 함

• 2종(비갱신형)

가입나이	보험기간	납입기간(주기)	보험가입금액
주계약과 동일	80, 90, 100세 만기	주계약과 동일	500만원~2,000만원 (주계약 가입금액 이내에서 500만원 단위)

※ 80세 만기·20년납 및 80세 만기·80세납에 가입하는 경우, 가입나이 60세는 가입할 수 없음

※ 보험가입금액 한도는 1종(20년 갱신형) 및 2종(비갱신형) 합산 한도임

㉡ 무배당 건강클리닉특약Ⅱ 2504, 무배당 상해클리닉특약Ⅱ 2504, 무배당 암클리닉특약 2504, 무배당 뇌질환클리닉특약 2504, 무배당 심장질환클리닉특약 2504, 무배당 간폐신장질환클리닉특약 2504

• 1종(20년 갱신형)

구 분	가입나이	보험기간	납입기간	납입주기	보험가입금액
최초계약	만15~70세	20년	전기납	월 납	500만원~1,000만원 (주계약 가입금액 이내에서 100만원 단위)
갱신계약	만35~99세	1~20년			

※ 보험기간은 20년 만기(갱신형)로 운영함. 단, 81세 이후 도래하는 갱신계약의 보험기간 만료일
은 100세 계약해당일까지로 함

• 2종(비갱신형)

가입나이	보험기간	납입기간(주기)	보험가입금액
주계약과 동일	80, 90, 100세 만기	주계약과 동일	500만원~1,000만원 (주계약 가입 금액 이내에서 100만원 단위)

※ 80세 만기 · 20년납 및 80세 만기 · 80세납에 가입하는 경우, 가입나이 60세는 가입할 수 없음
※ 보험가입금액 한도는 1종(20년 갱신형) 및 2종(비갱신형) 합산 한도임

ⓒ 무배당 중대수술특약Ⅲ 2504, 무배당 항암방사선약물치료특약Ⅵ 2504

• 1종(20년 갱신형)

구 분	가입나이	보험기간	납입기간	납입주기	보험가입금액
최초계약	만15~70세	20년	전기납	월 납	500만원~1,000만원 (주계약 가입금액 이내에서 500만원 단위)
갱신계약	만35~99세	1~20년			

※ 보험기간은 20년 만기(갱신형)로 운영함. 단, 81세 이후 도래하는 갱신계약의 보험기간 만료일
은 100세 계약해당일까지로 함

• 2종(비갱신형)

가입나이	보험기간	납입기간(주기)	보험가입금액
주계약과 동일	80, 90, 100세 만기	주계약과 동일	500만원~1,000만원 (주계약 가입금액 이내에서 500만원 단위)

※ 80세 만기 · 20년납 및 80세 만기 · 80세납에 가입하는 경우, 가입나이 60세는 가입할 수 없음
※ 보험가입금액 한도는 1종(20년 갱신형) 및 2종(비갱신형) 합산 한도임

ⓓ 무배당 표적항암약물허가치료특약Ⅴ(10년 갱신형) 2504

구 분	가입나이	보험기간	납입기간	납입주기	보험가입금액
최초계약	만15~70세	10년	전기납	월 납	500만원~2,000만원 (주계약 가입금액 이내에서 500만원 단위)
갱신계약	만20~99세	1~10년			

※ 보험기간은 10년 만기(갱신형)로 운영함. 단, 91세 이후 도래하는 갱신계약의 보험기간 만료일은
100세 계약해당일까지로 함

㉤ 무배당 요양병원암입원특약Ⅵ(20년 갱신형) 2504

구 분	가입나이	보험기간	납입기간	납입주기	보험가입금액
최초계약	만15~70세	20년	전기납	월 납	1,000만원(고정)
갱신계약	만35~99세	1~20년			

※ (무)요양병원암입원특약Ⅵ(20년 갱신형) 2504를 가입하는 경우 (무)암클리닉특약 2504를 가입해야 함

※ 보험기간은 20년 만기(갱신형)로 운영함. 단, 81세 이후 도래하는 갱신계약의 보험기간 만료일은 100세 계약해당일까지로 함

㉥ 이륜자동차 운전 및 탑승 중 재해 부담보 특약 2109, 지정대리청구서비스특약 2109, 장애인전용보험전환특약 2007

(3) 보험료 할인에 관한 사항

① 고액 할인

주계약 보험가입금액	2천만원 이상~3천만원 미만	3천만원 이상~4천만원 미만	4천만원
할인율	1.0%	2.0%	3.0%

주1) 고액 할인은 주계약 보험료(특약보험료 제외)에 한해 적용

(4) 해약환급금 50% 지급형 상품에 관한 사항

1. 1종(해약환급금 50% 지급형)은 보험료 납입 기간 중 계약이 해지될 경우 2종(표준형)의 해약환급금 대비 적은 해약환급금을 지급하는 대신 2종(표준형)보다 저렴한 보험료로 보험에 가입할 수 있도록 한 상품임
2. 1종(해약환급금 50% 지급형)의 해약환급금을 계산할 때 기준이 되는 2종(표준형)의 예정해약환급금은 "보험료 및 해약환급금 산출방법서"에서 정한 방법에 따라 산출된 금액으로 해지율을 적용하지 않고 계산함
3. 1종(해약환급금 50% 지급형)의 계약이 보험료 납입 기간 중 해지될 경우의 해약환급금은 2종(표준형) 예정 해약환급금의 50%에 해당하는 금액에 플러스 적립금을 더한 금액으로 함. 다만, 보험료 납입 기간이 완료된 이후 계약이 해지되는 경우에는 2종(표준형)의 예정해약환급금과 동일한 금액에 플러스 적립금을 더한 금액을 지급함

주1) 해약환급금 50% 지급형 상품에 관한 사항은 주계약에 한해 적용

(5) 특약의 갱신에 관한 사항

갱신절차	• 보험기간 만료일 30일 전까지 계약자에게 서면 또는 전화(음성녹음) 안내(보험료 등 변경내용)
	  → 보험기간 만료일 15일 전까지 계약자의 별도 의사표시가 없으면 자동갱신
	    ※ 갱신형 특약의 경우, 피보험자의 99세 계약해당일까지 갱신 가능하며, 최종 갱신계약의 보험기간 만료일은 피보험자의 100세 계약해당일까지로 함
	  → 계약자가 갱신 거절의사를 통지하면 계약 종료
	• (무)암클리닉특약 2504 1종(20년 갱신형)의 경우, 세부 보장은 동시에 갱신하여야 하며, 보험금이 지급된 세부 보장(암진단보험금에 한함) 및 보험금 지급 사유가 더 이상 발생할 수 없는 경우의 세부 보장(소액 암진단보험금에 한함)은 갱신할 수 없음
	• (무)뇌질환클리닉특약 2504 1종(20년 갱신형)의 경우, 세부 보장은 동시에 갱신하여야 하며, 보험금이 지급된 세부 보장(뇌출혈 진단보험금, 뇌경색증 진단보험금 및 뇌혈관질환 진단보험금에 한함)은 갱신할 수 없음
	• (무)심장질환클리닉특약 2504 1종(20년 갱신형)의 경우, 세부 보장은 동시에 갱신하여야 하며, 보험금이 지급된 세부 보장(급성 심근경색증 진단보험금 및 허혈성심장질환 진단보험금에 한함)은 갱신할 수 없음
	• (무)간폐신장질환클리닉특약 2504 1종(20년 갱신형)의 경우, 세부 보장은 동시에 갱신하여야 하며, 보험금이 지급된 세부 보장(중대 질병 진단보험금 및 중기 이상 질병 진단보험금에 한함)은 갱신할 수 없음
	• (무)중대수술특약Ⅲ 2504 1종(20년 갱신형)의 경우, 피보험자에게 중대 수술보험금 지급 사유가 발생한 경우에는 이 특약을 갱신할 수 없음
	• (무)항암방사선약물치료특약Ⅵ 2504 1종(20년 갱신형)의 경우, 세부 보장은 동시에 갱신하여야 하며, 보험금 지급 사유가 더 이상 발생할 수 없는 경우의 세부 보장(항암 방사선치료 보험금 및 항암약물 치료보험금에 한함)은 갱신할 수 없고 피보험자에게 항암 방사선치료 보험금 또는 항암약물 치료보험금 지급 사유가 발생한 경우에는 해당 세부 보장을 갱신할 수 없음. 단, 갑상선암, 기타 피부암, 대장점막내암, 제자리암 또는 경계성 종양으로 항암 방사선치료 보험금 또는 항암약물 치료보험금 지급 사유가 발생한 경우에는 해당 세부 보장을 갱신할 수 있음
	• (무)표적항암약물허가치료특약Ⅴ(10년 갱신형) 2504의 경우, 피보험자에게 표적 항암약물 허가 치료보험금 지급 사유가 발생한 경우에는 이 특약을 갱신할 수 없음

갱신계약 보험료	갱신계약의 보험료는 나이의 증가, 적용기초율의 변동 등의 사유로 인상 가능

(6) 보장내용

① 주계약

지급구분	지급사유
사망보험금	보험기간 중 사망하였을 때

② 특약

㉠ 무배당 재해치료보장특약Ⅲ 2504

지급구분	지급사유
교통재해사망보험금	보험기간 중 교통 재해를 직접적인 원인으로 사망하였을 때
일반재해사망보험금	보험기간 중 일반재해를 직접적인 원인으로 사망하였을 때
교통재해장해보험금	보험기간 중 교통 재해를 직접적인 원인으로 장해 분류표에서 정한 각 장해 지급률에 해당하는 장해 상태가 되었을 때
일반재해장해보험금	보험기간 중 일반재해를 직접적인 원인으로 장해 분류표에서 정한 각 장해 지급률에 해당하는 장해 상태가 되었을 때

<table>
<tr><td>재해외모수술보험금</td><td>보험기간 중 재해로 인하여 외모 상해의 직접적인 치료를 목적으로 외모 수술을 받았을 때(수술 1회당)</td></tr>
<tr><td>재해골절(치아파절제외)보험금</td><td>보험기간 중 재해로 인하여 골절 상태가 되었을 때(사고 1회당)</td></tr>
<tr><td>재해깁스치료(부목제외)보험금</td><td>보험기간 중 재해로 인하여 그 직접적인 치료를 목적으로 깁스(Cast)치료를 받았을 때(사고 1회당)</td></tr>
<tr><td>재해화상진단보험금</td><td>보험기간 중 재해로 인한 화상으로 진단이 확정되었을 때(사고 1회당)</td></tr>
<tr><td>건강관리 자금</td><td>보험기간(20년)이 끝날 때까지 살아 있을 때[단, 1종(20년 갱신형)에 한함]</td></tr>
</table>

ⓛ 무배당 건강클리닉특약 Ⅱ 2504

지급구분	지급사유
질병 입원보험금	보험기간 중 질병으로 인하여 그 직접적인 치료를 목적으로 입원하였을 때(1일 이상 입원 일수 1일당, 120일 한도)
질병 수술보험금	보험기간 중 질병으로 인하여 그 직접적인 치료를 목적으로 수술·신생물 근치 방사선 조사 분류표에서 정한 수술을 받았을 때(수술 1회당)
12대 성인 질환 입원보험금	보험기간 중 12대 성인 질환으로 진단이 확정되고, 그 직접적인 치료를 목적으로 4일 이상 입원하였을 때(3일 초과 입원 일수 1일당, 120일 한도)
12대 성인 질환 수술보험금	보험기간 중 12대 성인 질환으로 진단이 확정되고, 그 직접적인 치료를 목적으로 12대 성인 질환 수술을 받았을 때(수술 1회당)
건강관리 자금	보험기간(20년)이 끝날 때까지 살아 있을 때[단, 1종(20년 갱신형)에 한함]

ⓒ 무배당 상해클리닉특약Ⅱ 2504

지급구분	지급사유
재해장해 생활자금	보험기간 중 장해 분류표 중 동일한 재해로 여러 신체 부위의 합산 장해 지급률이 50% 이상인 장해 상태가 되었을 때(매년 10년간 확정지급)
재해입원 보험금	보험기간 중 재해로 인하여 그 직접적인 치료를 목적으로 입원하였을 때(1일 이상 입원 일수 1일당, 120일 한도)
재해수술 보험금	보험기간 중 재해로 인하여 그 직접적인 치료를 목적으로 수술·신생물 근치 방사선 조사 분류표에서 정한 수술을 받았을 때(수술 1회당)
건강관리 자금	보험기간(20년)이 끝날 때까지 살아 있을 때[단, 1종(20년 갱신형)에 한함]

ⓔ 무배당 암클리닉특약 2504

지급구분 [1종(20년 갱신형)의 경우, 세부 보장]	지급사유
암진단보험금	암 보장개시일 이후에 최초의 암으로 진단이 확정되었을 때(단, 최초 1회에 한함)
소액 암진단보험금	보험기간 중 최초의 갑상선암, 기타 피부암, 대장점막내암, 제자리암 또는 경계성 종양으로 진단이 확정되었을 때(단, 갑상선암, 기타 피부암, 대장점막내암, 제자리암 및 경계성 종양 각각 최초 1회에 한함)

	암 직접 치료 입원보험금	암 보장개시일 이후에 암으로 진단이 확정되고 그 암의 직접적인 치료를 목적으로 4일 이상 입원(단, 요양병원 제외)하였거나, 보험기간 중 갑상선암, 기타 피부암, 대장점막내암, 제자리암 또는 경계성 종양으로 진단이 확정되고 그 갑상선암, 기타 피부암, 대장점막내암, 제자리암 또는 경계성 종양의 직접적인 치료를 목적으로 4일 이상 입원(단, 요양병원 제외)하였을 때(3일 초과 입원 일수 1일당, 120일 한도)
암 치료	암 수술보험금	암 보장개시일 이후에 암으로 진단이 확정되고 그 직접적인 치료를 목적으로 관혈 수술을 받았거나, 보험기간 중 갑상선암, 기타 피부암, 대장점막내암, 제자리암 또는 경계성 종양으로 진단이 확정되고 그 직접적인 치료를 목적으로 관혈 수술을 받았을 때(수술 1회당)
		암 보장개시일 이후에 암으로 진단이 확정되고 그 직접적인 치료를 목적으로 비관혈 수술을 받았거나, 보험기간 중 갑상선암, 기타 피부암, 대장점막내암, 제자리암 또는 경계성 종양으로 진단이 확정되고 그 직접적인 치료를 목적으로 비관혈 수술을 받았을 때(수술 1회당)
	암 직접 치료 통원 보험금	암 보장개시일 이후에 암으로 진단이 확정되고 그 암의 직접적인 치료를 목적으로 통원하였거나, 보험기간 중 갑상선암, 기타 피부암, 대장점막내암, 제자리암 또는 경계성 종양으로 진단이 확정되고 그 갑상선암, 기타 피부암, 대장점막내암, 제자리암 또는 경계성 종양의 직접적인 치료를 목적으로 통원하였을 때(통원 1회당, 1일 1회 한도)
	건강관리 자금	보험기간(20년)이 끝날 때까지 살아 있을 때[단, 1종(20년 갱신형)에 한함]

주1) 암보장개시일은 계약일[부활(효력회복)일]부터 그 날을 포함하여 90일이 지난 날의 다음 날로 하며, 1종(20년 갱신형) 갱신계약의 경우 갱신일로 함

ⓜ 무배당 뇌질환클리닉특약 2504

지급구분 [1종(20년 갱신형)의 경우, 세부 보장]		지급사유
뇌출혈 진단보험금		보험기간 중 최초의 뇌출혈로 진단이 확정되었을 때(단, 최초 1회에 한함)
뇌경색증 진단보험금		보험기간 중 최초의 뇌경색증으로 진단이 확정되었을 때(단, 최초 1회에 한함)
뇌혈관질환 진단보험금		보험기간 중 최초의 뇌혈관질환으로 진단이 확정되었을 때(단, 최초 1회에 한함)
뇌 질환 치료	뇌혈관질환 입원보험금	보험기간 중 뇌혈관질환으로 진단이 확정되고, 그 직접적인 치료를 목적으로 4일 이상 입원하였을 때(3일 초과 입원 일수 1일당, 120일 한도)
	뇌혈관질환 수술보험금	보험기간 중 뇌혈관질환으로 진단이 확정되고, 그 직접적인 치료를 목적으로 관혈 수술을 받았을 때(수술 1회당)
		보험기간 중 뇌혈관질환으로 진단이 확정되고, 그 직접적인 치료를 목적으로 비관혈 수술을 받았을 때(수술 1회당)
	뇌출혈 통원 보험금	보험기간 중 뇌출혈로 진단이 확정되고, 그 직접적인 치료를 목적으로 통원하였을 때(통원 1회당, 1일 1회 한도, 연간 30회 한도)
	뇌혈관질환 통원 보험금	보험기간 중 뇌혈관질환으로 진단이 확정되고, 그 직접적인 치료를 목적으로 통원하였을 때(통원 1회당, 1일 1회 한도, 연간 10회 한도)
	건강관리 자금	보험기간(20년)이 끝날 때까지 살아 있을 때[단, 1종(20년 갱신형)에 한함]

ⓗ 무배당 심장질환클리닉특약 2504

지급구분 [1종(20년 갱신형)의 경우, 세부 보장]		지급사유
급성 심근경색증 진단보험금		보험기간 중 최초의 급성 심근경색증으로 진단이 확정되었을 때(단, 최초 1회에 한함)
허혈성심장질환 진단보험금		보험기간 중 최초의 허혈성심장질환으로 진단이 확정되었을 때(단, 최초 1회에 한함)
심장질환 치료	심질환 입원보험금	보험기간 중 심질환으로 진단이 확정되고, 그 직접적인 치료를 목적으로 4일 이상 입원하였을 때(3일 초과 입원 일수 1일당, 120일 한도)
	심질환 수술보험금	보험기간 중 심질환으로 진단이 확정되고, 그 직접적인 치료를 목적으로 관혈 수술을 받았을 때(수술 1회당)
		보험기간 중 심질환으로 진단이 확정되고, 그 직접적인 치료를 목적으로 비관혈 수술을 받았을 때(수술 1회당)
	급성 심근경색증 통원 보험금	보험기간 중 급성 심근경색증으로 진단이 확정되고, 그 직접적인 치료를 목적으로 통원하였을 때(통원 1회당, 1일 1회 한도, 연간 30회 한도)
	허혈성심장질환 통원 보험금	보험기간 중 허혈성심장질환으로 진단이 확정되고, 그 직접적인 치료를 목적으로 통원하였을 때(통원 1회당, 1일 1회 한도, 연간 10회 한도)
	건강관리 자금	보험기간(20년)이 끝날 때까지 살아 있을 때[단, 1종(20년 갱신형)에 한함]

ⓢ 무배당 간폐신장질환클리닉특약 2504

지급구분 [1종(20년 갱신형)의 경우, 세부 보장]		지급사유
중대질병진단보험금		보험기간 중 최초의 중대 질병으로 진단이 확정되었을 때(단, 최초 1회에 한함)
중기이상질병진단보험금		보험기간 중 최초의 중기 이상 질병으로 진단이 확정되었을 때(단, 최초 1회에 한함)
주요간폐 신장질환 치료	주요간폐 신장질환 입원보험금	보험기간 중 주요 간질환, 주요 폐질환 또는 주요 신장질환으로 진단이 확정되고, 그 직접적인 치료를 목적으로 4일 이상 입원하였을 때(3일 초과 입원 일수 1일당, 120일 한도)
	주요간폐 신장질환 수술보험금	보험기간 중 주요 간질환, 주요 폐질환 또는 주요 신장질환으로 진단이 확정되고, 그 직접적인 치료를 목적으로 주요 간질환 수술, 주요 폐질환 수술 또는 주요 신장질환 수술을 받았을 때(수술 1회당)
	건강관리 자금	보험기간(20년)이 끝날 때까지 살아 있을 때[단, 1종(20년 갱신형)에 한함]

ⓞ 무배당 중대수술특약Ⅲ 2504

지급구분	지급사유
중대 수술보험금	보험기간 중 최초의 중대한 수술을 받았을 때(단, 최초 1회에 한함)

ⓩ 무배당 항암방사선약물치료특약Ⅵ 2504

지급구분 [1종(20년 갱신형) 의 경우, 세부보장]	지급사유
항암 방사선 치료보험금	암 보장개시일 이후에 암으로 진단이 확정되고 그 암의 직접적인 치료를 목적으로 항암 방사선치료를 받았을 때(단, 최초 1회에 한함)
	보험기간 중 갑상선암, 기타 피부암, 대장점막내암, 제자리암 또는 경계성 종양으로 진단이 확정되고 그 갑상선암, 기타 피부암, 대장점막내암, 제자리암 또는 경계성 종양의 직접적인 치료를 목적으로 항암 방사선치료를 받았을 때(단, 갑상선암, 기타 피부암, 대장점막내암, 제자리암 및 경계성 종양 각각 최초 1회에 한함)
항암약물 치료보험금	암 보장개시일 이후에 암으로 진단이 확정되고 그 암의 직접적인 치료를 목적으로 항암 약물치료를 받았을 때(단, 최초 1회에 한함)
	보험기간 중 갑상선암, 기타 피부암, 대장점막내암, 제자리암 또는 경계성 종양으로 진단이 확정되고 그 갑상선암, 기타 피부암, 대장점막내암, 제자리암 또는 경계성 종양의 직접적인 치료를 목적으로 항암 약물치료를 받았을 때(단, 갑상선암, 기타 피부암, 대장점막내암, 제자리암 및 경계성 종양 각각 최초 1회에 한함)

주1) 암 보장개시일은 계약일[부활(효력회복)일]부터 그날을 포함하여 90일이 지난 날의 다음 날로 하며, 1종(20년 갱신형) 갱신계약의 경우 갱신일로 함

ⓩ 무배당 표적항암약물허가치료특약Ⅴ(10년 갱신형) 2504

지급구분	지급사유
표적 항암약물 허가 치료보험금	암 보장개시일 이후에 암으로 진단이 확정되고 그 암의 직접적인 치료를 목적으로 표적 항암약물 허가 치료를 받았거나, 보험기간 중 갑상선암, 기타 피부암 또는 대장점막내암으로 진단이 확정되고 그 갑상선암, 기타 피부암 또는 대장점막내암의 직접적인 치료를 목적으로 표적 항암약물 허가 치료를 받았을 때(단, 암, 갑상선암, 기타 피부암 또는 대장점막내암 중 최초 1회에 한함)

주1) 암 보장개시일은 계약일[부활(효력회복)일]부터 그날을 포함하여 90일이 지난 날의 다음 날로 하며, 갱신계약의 경우 갱신일로 함

ㅋ 무배당 요양병원암입원특약Ⅵ(20년 갱신형) 2504

지급구분	지급사유
요양병원 암 입원보험금	암 보장개시일 이후에 암으로 진단이 확정되고, 그 치료를 목적으로 4일 이상 요양병원에 입원하였거나, 보험기간 중 갑상선암, 기타 피부암, 대장점막내암, 제자리암 또는 경계성 종양으로 진단이 확정되고, 그 치료를 목적으로 4일 이상 요양병원에 입원하였을 때(3일 초과 입원 일수 1일당, 60일 한도)

주1) 암 보장개시일은 계약일[부활(효력회복)일]부터 그날을 포함하여 90일이 지난 날의 다음 날로 하며, 갱신계약의 경우 갱신일로 함

(1) 주요 특징

특 징
• 비갱신형으로 보험료 변경 없이 사망과 50% 이상 중증장해 보장
• 특약 선택 시 일상생활 재해 및 암, 뇌출혈, 급성 심근경색증 추가 보장
• 고객 형편 및 목적에 맞게 순수형 또는 환급형 선택 가능
• 병이 있어도 3가지(건강 관련) 간편고지로 간편하게 가입[2종(간편 가입)]
• 세제 혜택 : 근로소득자는 납입한 보험료(연간 100만원 한도)에 대하여 12% 세액공제

(2) 가입요건

① 주계약

구 분		가입나이	보험기간	보험료 납입기간	보험료 납입주기	보험가입금액
1종 (일반가입)	순수형	만 15~최대 70세	60, 70, 80, 90세 만기	5, 10, 15, 20, 30 년납	월 납	1,000만원~ 4,000만원
	환급형					
2종 (간편가입)	순수형	35~최대 70세				1,000만원~ 2,000만원
	환급형					

주1) 보험가입금액은 500만원 단위로 가입 가능
주2) 1종(일반가입)과 2종(간편가입)의 중복가입은 불가하며, 다만, 순수형 및 환급형의 중복가입은 가입금액 이내에서 가능

② 특약

㉠ 무배당 재해사망특약 2504, 무배당 생활재해보장특약 2504, 무배당 3대질병진단특약 2504

특약명	가입나이, 보험기간, 보험료 납입기간	보험가입금액
무배당 재해사망특약 2504	주계약과 동일	1,000만원~4,000만원(주계약 보험가 입금액 이내에서 500만원 단위)
무배당 생활재해보장특약 2504		
무배당 3대질병진단특약 2504		

주1) 상기 특약의 경우 1종(일반가입)에 한하여 부가가능

㉡ 이륜자동차 운전 및 탑승 중 재해 부담보 특약 2109, 지정대리청구서비스특약 2109, 장애인전용 보험전환특약 2007

(3) 간편고지에 관한 사항[2종(간편가입)에 한함]

간편고지에 관한 사항
• 이 상품은 "간편고지" 상품으로 유병력자 등 일반심사보험에 가입하기 어려운 피보험자를 대상으로 함 • 간편고지란 보험시장에서 소외되고 있는 유병력자나 고연령자 등이 보험에 가입할 수 있도록 간소화된 계약 전 고지의무 사항을 활용하여 계약심사 과정을 간소화함을 의미함 • 간편고지 상품은 일반심사보험에 가입하기 어려운 피보험자를 대상으로 하므로, 일반심사보험보다 보험료가 다소 높으며, 일반심사를 할 경우 이 보험보다 저렴한 일반심사보험에 가입할 수 있음(다만, 일반심사보험의 경우 건강상태나 가입나이에 따라 가입이 제한될 수 있으며 보장하는 담보에는 차이가 있을 수 있음) • 이 상품 가입 시 간편고지 상품과 일반심사보험의 보험료 수준을 비교하여 설명하고, 이에 대한 계약자 확인을 받아야 함 • 이 상품 가입 후 계약일부터 3개월 이내에 일반심사보험 가입을 희망하는 경우, 일반계약 심사를 통하여 일반심사보험[(무)우체국실속정기보험 2504 1종(일반가입)]에 청약할 수 있음. 다만, 본 계약의 보험금이 이미 지급되었거나 청구서류를 접수한 경우에는 그러하지 않음. 일반심사보험[(무)우체국실속정기보험 2504 1종(일반가입)]에 가입하는 경우에는 본 계약을 무효로 하며 이미 납입한 보험료를 보험계약자에게 돌려드림

(4) 보장내용

① 주계약

지급구분	지급사유
만기보험금	보험기간이 끝날 때까지 살아 있을 때(환급형에 한함)
사망보험금	보험기간 중 사망하였을 때
장해보험금	보험기간 중 장해분류표 중 동일한 재해 또는 재해 이외의 동일한 원인으로 여러 신체부위의 합산 장해지급률이 50% 이상인 장해상태가 되었을 때(보험기간 중 최초 1회에 한하여 지급함)

※ 플러스보험기간(약관에서 정한 플러스보험기간이 적용되는 경우에 한함)

지급구분	지급사유
플러스사망보험금	플러스보험기간 중 사망하였을 때
플러스장해보험금	플러스보험기간 중 장해분류표 중 동일한 재해 또는 재해 이외의 동일한 원인으로 여러 신체부위의 합산 장해지급률이 50% 이상인 장해상태가 되었을 때(플러스보험기간 중 최초 1회에 한하여 지급함)

주1) 플러스보험기간이란 보험기간이 만료되는 시점에 플러스 적립금이 발생하는 경우, 보험기간 만료 후부터 10년 동안 자동으로 연장되어 추가적인 보장을 받는 기간

② 특약

㉠ 무배당 재해사망특약 2504

지급구분	지급사유
교통재해사망보험금	보험기간 중 교통재해를 직접적인 원인으로 사망하였을 때
일반재해사망보험금	보험기간 중 일반재해를 직접적인 원인으로 사망하였을 때

ⓛ 무배당 생활재해보장특약 2504

지급구분	지급사유
재해장해보험금	보험기간 중 재해를 직접적인 원인으로 장해분류표에서 정한 각 장해지급률에 해당하는 장해상태가 되었을 때
재해입원보험금	보험기간 중 재해로 인하여 그 직접적인 치료를 목적으로 4일 이상 입원하였을 때 (3일 초과 입원일수 1일당, 120일 한도)
재해골절(치아파절제외) 보험금	보험기간 중 재해로 인하여 골절상태가 되었을 때(사고 1회당)
재해깁스치료(부목제외) 보험금	보험기간 중 재해로 인하여 그 직접적인 치료를 목적으로 깁스(Cast)치료를 받았을 때(사고 1회당)

ⓒ 무배당 3대질병진단특약 2504

지급구분	지급사유
3대질병 진단보험금	보험기간 중 암보장개시일 이후에 최초의 암으로 진단이 확정되었거나, 보험기간 중 최초의 갑상선암, 기타 피부암, 대장점막내암, 제자리암, 경계성종양, 뇌출혈 또는 급성 심근경색증으로 진단이 확정되었을 때(다만, 암, 갑상선암, 기타 피부암, 대장점막내암, 제자리암, 경계성종양, 뇌출혈 또는 급성 심근경색증 각각 최초 1회에 한하여 지급함)

주1) 암보장개시일은 계약일[부활(효력 회복)일]부터 그날을 포함하여 90일이 지난 날의 다음 날로 함

5 무배당 우체국암케어보험 2504

(1) 주요 특징

특 징
• (주계약 암 진단형 가입) 우체국보험 암진단보험금 최고액 보장으로 암 진단 시 최대 4,000만원까지 보장 • 특약 선택 시 검사, 진단, 수술, 치료, 관리, 사망까지 암 발병 전 단계를 빈틈없이 보장 • [계속 받는 암진단특약Ⅲ(20년 갱신형) 가입] 암으로 재진단받으면 계속 보장 • (특약 가입) 신규 항암치료 특약으로 고액의 비급여 항암치료 보장 확대 • 다양한 소비자 수요에 맞춰 주계약 및 일부 특약을 갱신·비갱신 선택형으로 설계하여, 고객의 필요에 따라 선택하여 가입 가능 • 50% 이상 장해 진단 시 보험료 납입 면제로 보험료 부담을 완화 • 세제 혜택 : 근로소득자는 납입한 보험료(연간 100만원 한도)에 대하여 12% 세액공제

(2) 가입요건

① 주계약

ⓙ 암진단형·암사망형 1종(20년 갱신형)

구 분	가입나이		보험기간	납입기간 (주기)	가입한도액	
	암진단형	암사망형			0~65세	66~70세
최초계약	0~70세	만15~70세	20년 만기 (갱신형)	전기납(월납)	1,000만원~ 4,000만원 (500만원 단위)	1,000만원~ 2,000만원 (500만원 단위)
갱신계약	20~80세	만35~80세				
	81~99세	81~99세	100세 만기			

ⓒ 암진단형 · 암사망형 2종(비갱신형)

가입나이		보험기간	납입기간	납입주기	가입한도액	
암진단형	암사망형				0~65세	66~70세
0~50세	만15~50세	80, 90, 100세 만기	5,10,15,20,30년납	월 납	1,000만원~ 4,000만원 (500만원 단위)	1,000만원~ 2,000만원 (500만원 단위)
51~60세			5,10,15,20년납			
61~65세			5,10,15년납			
66~70세			5,10년납			

주) 80세 만기 20년납은 59세까지 가입 가능

ⓒ 실버형(20년 갱신형)

구 분	가입나이	보험기간	납입기간(주기)	가입한도액
최초계약	61~80세	20년 만기(갱신형)	전기납(월납)	1,000만원~2,000만원 (500만원 단위)
갱신계약	81~99세	100세 만기		

주) 주계약 암 진단형 또는 암 사망형과 중복가입이 불가함

② 특약

㉠ 무배당 암사망특약Ⅱ 2504, 무배당 암진단특약Ⅳ 2504

구 분	가입나이	보험기간	납입기간	가입한도액	
				0~65세	66~70세
1종 (20년 갱신형)	주계약과 동일	20년 만기 (갱신형)	전기납 (월납)	1,000만원~4,000만원 (주계약 가입 금액 이내에서 500만원 단위)	1,000만원~2,000만원 (주계약 가입 금액 이내에서 500만원 단위)
2종 (비갱신형)	주계약 2종(비갱신형)과 동일				

주1) 1종(20년 갱신형)의 경우, 주계약 2종(비갱신형) 80세 만기 부가 시 60세까지 가입 가능
주2) 특약 2종(비갱신형)은 주계약 2종(비갱신형) 가입 시에만 부가 가능
주3) 무배당 암사망특약Ⅱ 2504는 주계약 암진단형 가입 시에만 부가 가능
주4) 무배당 암진단특약Ⅳ 2504는 주계약 암사망형 가입 시에만 부가 가능
주5) 무배당 암사망특약Ⅱ 2504는 만 15세 이상부터 가입 가능
주6) 주계약 1종(20년 갱신형)에 부가된 갱신형 특약은 99세 계약해당일까지 갱신 가능하며, 최종 갱신계약의 보험기간 만료일은 주계약의 최종 갱신계약 보험기간 만료일로 함
주7) 주계약 2종(비갱신형)에 부가된 갱신형 특약은 (주계약 만기 나이-1세) 계약해당일까지 갱신가능하며, 최종 갱신계약의 보험기간 만료일은 주계약 보험기간 만료일로 함

㉡ 무배당 소액 암진단특약Ⅳ 2504, 무배당 고액 암진단특약 2504

구 분	가입나이	보험기간	납입기간	가입한도액	
				0~65세	66~70세
1종 (20년 갱신형)	주계약과 동일	20년 만기 (갱신형)	전기납 (월납)	500만원~4,000만원 (주계약 가입 금액 이내에서 500만원 단위)	500만원~2,000만원 (주계약 가입 금액 이내에서 500만원 단위)
2종 (비갱신형)	주계약 2종(비갱신형)과 동일				

주1) 1종(20년 갱신형)의 경우, 주계약 2종(비갱신형) 80세 만기 부가 시 60세까지 가입 가능
주2) 특약 2종(비갱신형)은 주계약 2종(비갱신형) 가입 시에만 부가 가능

주3) 무배당 소액 암진단특약Ⅳ 2504는 주계약 암진단형 가입 또는 무배당 암진단특약Ⅳ 2504 가입 시 부가 가능(의무부가)

주4) 무배당 고액 암진단특약 2504는 주계약 암진단형 가입 또는 무배당 암진단특약Ⅳ 2504 가입 시 부가 가능

주5) 주계약 암사망형 가입 시 무배당 소액 암진단특약Ⅳ 2504, 무배당 고액 암진단특약 2504는 무배당 암진단특약Ⅳ 2504의 보험 가입금액 이내에서 가입 가능

주6) 주계약 1종(20년 갱신형)에 부가된 갱신형 특약은 99세 계약해당일까지 갱신 가능하며, 최종 갱신계약의 보험기간 만료일은 주계약의 최종 갱신계약 보험기간 만료일로 함

주7) 주계약 2종(비갱신형)에 부가된 갱신형 특약은 (주계약 만기 나이-1세) 계약해당일까지 갱신가능하며, 최종 갱신계약의 보험기간 만료일은 주계약 보험기간 만료일로 함

ⓒ 무배당 암진단생활비특약Ⅱ 2504, 무배당 항암방사선약물치료특약Ⅳ 2504, 무배당 후유장해보장특약Ⅳ 2504

구 분	가입나이	보험기간	납입기간	가입한도액	
				0~65세	66~70세
1종 (20년 갱신형)	주계약과 동일	20년 만기 (갱신형)	전기납 (월납)	500만원~1,000만원 (500만원 단위)	500만원(고정)
2종 (비갱신형)	주계약 2종(비갱신형)과 동일				

주1) 1종(20년 갱신형)의 경우, 주계약 2종(비갱신형) 80세 만기 부가 시 60세까지 가입 가능

주2) 특약 2종(비갱신형)은 주계약 2종(비갱신형) 가입 시에만 부가 가능

주3) 주계약 1종(20년 갱신형)에 부가된 갱신형 특약은 99세 계약해당일까지 갱신 가능하며, 최종 갱신계약의 보험기간 만료일은 주계약의 최종 갱신계약 보험기간 만료일로 함

주4) 주계약 2종(비갱신형)에 부가된 갱신형 특약은 (주계약 만기 나이-1세) 계약해당일까지 갱신가능하며, 최종 갱신계약의 보험기간 만료일은 주계약 보험기간 만료일로 함

ⓓ 무배당 계속 받는 암진단특약Ⅲ(20년 갱신형) 2504, 무배당 암직접치료통원특약(20년 갱신형) 2504, 무배당 암직접치료입원특약(20년 갱신형) 2504

가입 나이	보험기간	납입기간(주기)	가입한도	
			0~65세	66~70세
주계약과 동일	20년 만기(갱신형)	전기납(월납)	500만원~1,000만원 (500만원 단위)	500만원(고정)

주1) 주계약 2종(비갱신형) 80세 만기 부가 시 60세까지 가입 가능

주2) 무배당 계속 받는 암진단특약Ⅲ(20년 갱신형) 2504는 주계약 암진단형 가입 또는 무배당 암진단특약 Ⅳ 2504 가입 시 부가 가능

주3) 주계약 1종(20년 갱신형)에 부가 시 99세 계약해당일까지 갱신 가능하며, 최종 갱신계약의 보험기간 만료일은 주계약의 최종 갱신계약 보험기간 만료일로 함

주4) 주계약 2종(비갱신형)에 부가 시 (주계약 만기 나이-1세) 계약해당일까지 갱신가능하며, 최종 갱신계약의 보험기간 만료일은 주계약 보험기간 만료일로 함

ⓜ 무배당 요양병원암입원특약Ⅳ(20년 갱신형) 2504

구분	가입나이		보험기간	납입기간 (주기)	가입한도
	남자	여자			
최초계약	6~70세	3~70세	20년 만기 (갱신형)	전기납 (월납)	1,000만원(고정)
갱신계약	26~99세	23~99세	1~20년		

주1) 주계약 2종(비갱신형) 80세 만기 부가 시 60세까지 가입 가능
주2) 무배당 암직접치료입원특약(20년 갱신형) 2504 가입 시 부가 가능
주3) 주계약 1종(20년 갱신형)에 부가 시 99세 계약해당일까지 갱신 가능하며, 최종 갱신계약의 보험기간 만료일은 주계약
　　의 최종 갱신계약 보험기간 만료일로 함
주4) 주계약 2종(비갱신형)에 부가 시 (주계약 만기 나이−1세) 계약해당일까지 갱신가능하며, 최종 갱신계약의 보험기간 만
　　료일은 주계약 보험기간 만료일로 함

ⓗ 무배당 암수술특약(10년 갱신형) 2504

가입나이	보험기간	납입기간(주기)	가입한도	
			0~65세	66~70세
주계약과 동일	10년 만기(갱신형)	전기납(월납)	500만원~1,000만원 (500만원 단위)	500만원(고정)

주1) 주계약 1종(20년 갱신형)에 부가 시 99세 계약해당일까지 갱신 가능하며, 최종 갱신계약의 보험기간 만료일은 주계약
　　의 최종 갱신계약 보험기간 만료일로 함
주2) 주계약 2종(비갱신형)에 부가 시 (주계약 만기 나이−1세) 계약해당일까지 갱신가능하며, 최종 갱신계약의 보험기간 만
　　료일은 주계약 보험기간 만료일로 함

ⓢ 무배당 암(특정암제외)다빈치로봇수술특약(10년 갱신형) 2504, 무배당 특정암다빈치로봇수술특약
(10년 갱신형) 2504, 무배당 급여암MRI촬영검사특약(10년 갱신형) 2504, 무배당 급여양전자단층촬
영(PET)검사특약(10년 갱신형) 2504, 무배당 특정항암호르몬약물허가치료특약(10년 갱신형) 2504,
무배당 항암정위적방사선치료특약(10년 갱신형) 2504, 무배당 항암양성자방사선치료특약(10년 갱신
형) 2504, 무배당 항암세기조절방사선치료특약(10년 갱신형) 2504, 무배당 급여암재활치료특약(10
년 갱신형) 2504, 무배당 입원간병인미사용특약Ⅱ(10년 갱신형) 2504

가입나이	보험기간	납입기간(주기)	가입한도
주계약과 동일	10년 만기(갱신형)	전기납(월납)	1,000만원(고정)

주1) 무배당 암(특정암제외)다빈치로봇수술특약(10년 갱신형) 2504는 남자 3세부터 가입 가능
주2) 무배당 특정항암호르몬약물허가치료특약(10년 갱신형) 2504는 남자 16세, 여자 17세부터 가입 가능
주3) 주계약 1종(20년 갱신형)에 부가 시 99세 계약해당일까지 갱신 가능하며, 최종 갱신계약의 보험기간 만료일은 주계약
　　의 최종 갱신계약 보험기간 만료일로 함
주4) 주계약 2종(비갱신형)에 부가 시 (주계약 만기나이−1세) 계약 해당일까지 갱신가능하며, 최종 갱신계약의 보험기간 만
　　료일은 주계약 보험기간 만료일로 함

◎ 무배당 표적항암약물허가치료특약Ⅲ(10년 갱신형) 2504

가입나이	보험기간	납입기간(주기)	가입한도	
			0~65세	66~70세
주계약과 동일	10년 만기 (갱신형)	전기납 (월납)	500만원~2,000만원	500만원 ~ 1,000만원
			(주계약 가입 금액 이내에서 500만원 단위)	

주1) 주계약 1종(20년 갱신형)에 부가 시 99세 계약해당일까지 갱신 가능하며, 최종 갱신계약의 보험기간 만료일은 주계약
　　의 최종 갱신계약 보험기간 만료일로 함
주2) 주계약 2종(비갱신형)에 부가 시(주계약 만기 나이-1세) 계약해당일까지 갱신가능하며, 최종 갱신계약의 보험기간 만
　　료일은 주계약 보험기간 만료일로 함

㉣ 무배당 입원간병인사용특약Ⅱ(10년 갱신형) 2504

가입나이	보험기간	납입기간(주기)	가입한도
주계약과 동일	10년 만기 (갱신형)	전기납 (월납)	1,000만원~1,500만원 (주계약 가입금액 이내에서 500만원 단위)

주1) 주계약 1종(20년 갱신형)에 부가 시 99세 계약해당일까지 갱신 가능하며, 최종 갱신계약의 보험기간 만료일은 주계약
　　의 최종 갱신계약 보험기간 만료일로 함
주2) 주계약 2종(비갱신형)에 부가 시(주계약 만기 나이-1세) 계약해당일까지 갱신가능하며, 최종 갱신계약의 보험기간 만
　　료일은 주계약 보험기간 만료일로 함

㉤ 이륜자동차 운전 및 탑승 중 재해 부담보 특약 2109, 지정대리청구서비스특약 2109, 장애인전용보
　　험전환특약 2007

(3) 갱신에 관한 사항(갱신형에 한함)

갱신절차	• 보험기간 만료일 30일 전까지 계약자에게 서면 또는 전화(음성녹음) 안내(보험료 등 변경내용) 　→ 보험기간 만료일 15일 전까지 계약자의 별도 의사표시가 없으면 자동갱신 　　※ 주계약 암진단형 및 암사망형 1종(20년 갱신형)의 경우, 피보험자의 99세 계약해당일까지 갱신 　　　가능하며, 최종 갱신계약의 보험기간 만료일은 피보험자의 100세 계약해당일까지로 함 　　※ 주계약 암진단형 및 암사망형 2종(비갱신형)에 부가한 갱신형 특약의 경우, 최대 주계약 보험기 　　　간 만료일의 1년 전 계약해당일까지 갱신 가능하며, 최종 갱신계약의 보험기간 만료일은 주계약 　　　보험기간 만료일까지로 함 　　※ 주계약 실버형(20년 갱신형)의 경우, 피보험자의 99세 계약해당일까지 갱신 가능하며, 최종 갱신 　　　계약의 보험기간 만료일은 피보험자의 100세 계약해당일까지로 함 　→ 계약자가 갱신 거절의사를 통지하면 계약 종료 • 주계약 암진단형 1종(20년 갱신형)의 경우, 피보험자에게 암진단보험금 지급 사유가 발생한 경우에는 　이 계약을 갱신할 수 없음 • 주계약 암사망형 1종(20년 갱신형)의 경우, 피보험자에게 암사망보험금 지급 사유가 발생한 경우에는 　이 계약을 갱신할 수 없음 • 주계약 실버형(20년 갱신형)의 경우, 피보험자에게 암진단보험금(갑상선암, 기타 피부암, 대장점막내암, 　제자리암 및 경계성 종양 제외) 지급 사유가 발생한 경우에는 이 계약을 갱신할 수 없음 •(무)소액 암진단특약IV 2504 1종(20년 갱신형)의 경우, 피보험자에게 소액 암진단보험금 지급 사유가 　더 이상 발생할 수 없는 경우에는 이 특약을 갱신할 수 없음 •(무)암사망특약Ⅱ 2504 1종(20년 갱신형)의 경우, 피보험자에게 암사망보험금 지급 사유가 발생한 경 　우에는 이 특약을 갱신할 수 없음 •(무)암진단특약IV 2504 1종(20년 갱신형)의 경우, 피보험자에게 암진단보험금 지급 사유가 발생한 경 　우에는 이 특약을 갱신할 수 없음

<table>
<tr><td></td><td>

- (무)고액 암진단특약 2504 1종(20년 갱신형)의 경우, 피보험자에게 고액 암진단보험금 지급 사유가 발생한 경우에는 이 특약을 갱신할 수 없음
- (무)암진단생활비특약Ⅱ 2504 1종(20년 갱신형)의 경우, 피보험자에게 암 진단 생활자금 지급 사유가 발생한 경우에는 이 특약을 갱신할 수 없음
- (무)항암방사선약물치료특약Ⅳ 2504 1종(20년 갱신형)의 경우, 피보험자에게 항암방사선·약물치료보험금 지급 사유가 발생한 경우에는 이 특약을 갱신할 수 없음. 단, 갑상선암, 기타 피부암, 대장점막내암, 제자리암 또는 경계성 종양으로 항암방사선·약물치료보험금 지급 사유가 발생한 경우에는 특약을 갱신할 수 있음
- (무)후유장해보장특약Ⅳ 2504 1종(20년 갱신형)의 경우, 피보험자에게 장해보험금 지급 사유가 발생한 경우에는 이 특약을 갱신할 수 없음
- (무)계속 받는 암진단특약Ⅲ(20년 갱신형) 2504의 경우, 다음 중 한 가지에 해당되는 경우는 이 특약을 갱신할 수 없음
  1. 첫 번째 암(갑상선암, 기타 피부암 및 대장점막내암 제외)으로 진단 확정되지 않은 피보험자의 최종 갱신계약의 보험기간 만료일까지의 기간이 2년 이하인 경우
  2. 첫 번째 암(갑상선암, 기타 피부암 및 대장점막내암 제외) 또는 재진단암(갑상선암, 기타 피부암 및 대장점막내암 제외)의 진단 확정일부터 그날을 포함하여 최종 갱신계약의 보험기간 만료일까지의 기간이 2년 이하인 경우
- (무)암(특정암제외)다빈치로봇수술특약(10년 갱신형) 2504의 경우, 피보험자에게 암(특정암 제외)다빈치로봇수술보험금 지급 사유가 발생한 경우에는 이 특약을 갱신할 수 없음
- (무)특정암다빈치로봇수술특약(10년 갱신형) 2504의 경우, 피보험자에게 특정암다빈치로봇수술보험금 지급 사유가 발생한 경우에는 이 특약을 갱신할 수 없음
- (무)특정항암호르몬약물허가치료특약(10년 갱신형) 2504의 경우, 피보험자에게 특정항암호르몬약물허가치료보험금 지급 사유가 발생한 경우에는 이 특약을 갱신할 수 없음
- (무)항암정위적방사선치료특약(10년 갱신형) 2504의 경우, 피보험자에게 항암정위적방사선치료보험금 지급 사유가 발생한 경우에는 이 특약을 갱신할 수 없음
- (무)항암양성자방사선치료특약(10년 갱신형) 2504의 경우, 피보험자에게 항암양성자방사선치료보험금 지급 사유가 발생한 경우에는 이 특약을 갱신할 수 없음
- (무)항암세기조절방사선치료특약(10년 갱신형) 2504의 경우, 피보험자에게 항암세기조절방사선치료보험금 지급 사유가 발생한 경우에는 이 특약을 갱신할 수 없음
- (무)표적항암약물허가치료특약Ⅲ(10년 갱신형) 2504의 경우, 피보험자에게 표적항암약물허가치료보험금 지급 사유가 발생한 경우에는 이 특약을 갱신할 수 없음

</td></tr>
<tr><td>**갱신계약 보험료**</td><td>갱신계약의 보험료는 나이의 증가, 적용기초율의 변동 등의 사유로 인상될 수 있음</td></tr>
</table>

(4) 보험료 할인에 관한 사항

① 피보험자가 B형 간염 항체 보유 시 항체 보유 사실을 증명할 수 있는 서류를 제출하고 체신관서가 확인 시에는 서류 제출 시점 이후의 차회 보험료부터 영업보험료(갱신계약 영업보험료 포함)의 3%를 할인하여 영수함. 다만, 제1회 보험료는 할인에서 제외됨

② 실버형(20년 갱신형)의 경우, 체신관서는 계약자 또는 피보험자가 계약일부터 보험기간 이내에 피보험자의 건강검진결과(건강검진결과 제출일 직전 1년 이내의 검진 결과)를 제출하여 다음의 요건을 모두 충족하는 경우 건강검진결과 제출일 이후 차회 보험료부터 보험기간 만료일까지 영업보험료의 5%를 할인하여 이를 영수함. 다만, 제1회 보험료는 할인에서 제외되며, 갱신계약의 경우도 갱신일을 계약일로 하여 위 내용을 동일하게 적용함

　㉠ 고혈압(수축기혈압이 140mmHg 이상이거나 이완기혈압이 90mmHg 이상 또는 고혈압 약물을 복용하고 있는 경우)이 없을 것

　㉡ 당뇨병(공복혈당이 126mg/dL 이상이거나 의사 진단을 받았거나 혈당강하제 복용 또는 인슐린 주사를 투여 받는 경우)이 없을 것

③ 실버형(20년 갱신형)의 경우, ① 및 ②의 할인이 동시에 해당되는 경우에는 중복 할인이 적용되지 않고 ②의 할인을 적용함

(5) 보장 내용

① 주계약

　㉠ 암진단형

지급구분	지급사유
암진단보험금	암 보장개시일 이후에 최초의 암(갑상선암, 기타 피부암 및 대장점막내암 제외)으로 진단이 확정되었을 때(단, 최초 1회에 한함)

주1) 암보장개시일은 계약일[부활(효력회복)일]부터 그날을 포함하여 90일이 지난 날의 다음 날로 하며 1종(20년 갱신형) 갱신계약의 경우 갱신일로 함[피보험자 나이가 15세 미만인 경우 암보장개시일은 계약일[부활(효력회복)일로 함]

※ 플러스 보험기간[2종(비갱신형)에 한하며, 약관에서 정한 플러스 보험기간이 적용되는 경우에 한함]

지급구분	지급사유
플러스 사망보험금	플러스 보험기간 중 사망하였을 때

주1) 플러스 보험기간이란 보험기간이 만료되는 시점에 플러스 적립금이 발생하는 경우, 보험기간 만료 후부터 10년 동안 자동으로 연장되어 추가적인 보장을 받는 기간

　㉡ 암사망형

지급구분	지급사유
암사망보험금	암 보장개시일 이후에 암으로 진단이 확정되고 그 암으로 사망하였거나, 보험기간 중 갑상선암, 기타 피부암 또는 대장점막내암으로 진단이 확정되고 그 갑상선암, 기타 피부암 또는 대장점막내암으로 사망하였을 때

주1) 암 보장개시일은 계약일[부활(효력회복)일]부터 그날을 포함하여 90일이 지난 날의 다음 날로 하며 1종(20년 갱신형) 갱신계약의 경우 갱신일로 함

※ 플러스 보험기간[2종(비갱신형)에 한하며, 약관에서 정한 플러스 보험기간이 적용되는 경우에 한함]

지급구분	지급사유
플러스 사망보험금	플러스 보험기간 중 사망하였을 때

주1) 플러스 보험기간이란 보험기간이 만료되는 시점에 플러스 적립금이 발생하는 경우, 보험기간 만료 후부터 10년 동안 자동으로 연장되어 추가적인 보장을 받는 기간

ⓒ 실버형

지급구분	지급사유
암진단보험금	암 보장개시일 이후에 최초의 암으로 진단이 확정되었을 때(단, 최초 1회에 한함)
	보험기간 중 최초의 갑상선암, 기타 피부암, 대장점막내암, 제자리암 또는 경계성 종양으로 진단이 확정되었을 때(단, 갑상선암, 기타 피부암, 대장점막내암, 제자리암 및 경계성 종양 각각 최초 1회에 한함)

주1) 암 보장개시일은 계약일[부활(효력회복)일]부터 그날을 포함하여 90일이 지난 날의 다음 날로 하며 갱신계약의 경우 갱신일로 함

② 특약

㉠ 무배당 소액암진단특약Ⅳ 2504

지급구분	지급사유
소액암 진단보험금	보험기간 중 최초의 갑상선암, 기타피부암, 대장점막내암, 제자리암 또는 경계성 종양으로 진단이 확정되었을 때(단, 갑상선암, 기타피부암, 대장점막내암, 제자리암 및 경계성종양 각각 최초 1회에 한함)

㉡ 무배당 암사망특약Ⅱ 2504

지급구분	지급사유
암사망보험금	암 보장개시일 이후에 암으로 진단이 확정되고 그 암으로 사망하였거나, 보험기간 중 갑상선암, 기타 피부암 또는 대장점막내암으로 진단이 확정되고 그 갑상선암, 기타 피부암 또는 대장점막내암으로 사망하였을 때

주1) 암 보장개시일은 계약일[부활(효력회복)일]부터 그날을 포함하여 90일이 지난 날의 다음 날로 하며 1종(20년 갱신형) 갱신계약의 경우 갱신일로 함

ⓒ 무배당 암진단특약Ⅳ 2504

지급구분	지급사유
암진단보험금	암 보장개시일 이후에 최초의 암(갑상선암, 기타 피부암 및 대장점막내암 제외)으로 진단이 확정되었을 때(단, 최초 1회에 한함)

주1) 암 보장개시일은 계약일[부활(효력회복)일]부터 그날을 포함하여 90일이 지난 날의 다음 날로 하며 1종(20년 갱신형) 갱신계약의 경우 갱신일로 함[피보험자 나이가 15세 미만인 경우 암 보장개시일은 계약일[부활(효력회복)일]로 함]

㉣ 무배당 고액암진단특약 2504

지급구분	지급사유
고액 암진단보험금	암 보장개시일 이후에 최초의 고액 암으로 진단이 확정되었을 때(단, 최초 1회에 한함)

주1) 암 보장개시일은 계약일[부활(효력회복)일]부터 그날을 포함하여 90일이 지난 날의 다음 날로 하며 1종(20년 갱신형) 갱신계약의 경우 갱신일로 함[피보험자 나이가 15세 미만인 경우 암 보장개시일은 계약일[부활(효력회복)일]로 함]

ⓜ 무배당 암진단생활비특약Ⅱ 2504

지급구분	지급사유
암 진단 생활자금	암 보장개시일 이후에 최초의 암(갑상선암, 기타 피부암 및 대장점막내암 제외)으로 진단이 확정되었을 때(단, 최초 1회에 한함, 매월 60회 확정)

주1) 암 보장개시일은 계약일[부활(효력회복)일]부터 그날을 포함하여 90일이 지난 날의 다음 날로 하며 1종(20년갱신형) 갱신계약의 경우 갱신일로 함[피보험자 나이가 15세 미만인 경우 암 보장개시일은 계약일[부활(효력회복)일]로 함]

ⓗ 무배당 항암방사선약물치료특약Ⅳ 2504

지급구분	지급사유
항암 방사선ㆍ약물치료 보험금	암 보장개시일 이후에 암으로 진단이 확정되고 그 암의 직접적인 치료를 목적으로 항암 방사선치료 또는 항암 약물치료를 받았을 때(단, 항암 방사선치료 또는 항암 약물치료 둘 중 최초 1회에 한함)
	보험기간 중 갑상선암, 기타 피부암, 대장점막내암, 제자리암 또는 경계성 종양으로 진단이 확정되고 그 갑상선암, 기타 피부암, 대장점막내암, 제자리암 또는 경계성 종양의 직접적인 치료를 목적으로 항암 방사선치료 또는 항암 약물치료를 받았을 때(단, 갑상선암, 기타 피부암, 대장점막내암, 제자리암 및 경계성 종양 각각 항암 방사선치료 또는 항암 약물치료 둘 중 최초 1회에 한함)

주1) 암 보장개시일은 계약일[부활(효력회복)일]부터 그날을 포함하여 90일이 지난 날의 다음 날로 하며 1종(20년갱신형) 갱신계약의 경우 갱신일로 함[피보험자 나이가 15세 미만인 경우 암 보장개시일은 계약일[부활(효력회복)일]로 함]

ⓢ 무배당 후유장해보장특약Ⅳ 2504

지급구분	지급사유
장해보험금	보험기간 중 장해 분류표 중 동일한 재해 또는 재해 이외의 동일한 원인으로 여러 신체 부위의 합산 장해 지급률이 50% 이상인 장해 상태가 되었을 때(단, 최초 1회에 한함)

ⓞ 무배당 계속받는암진단특약Ⅲ(20년 갱신형) 2504

지급구분	지급사유
재진단 암 진단보험금	재진단 암 보장개시일 이후에 재진단 암(갑상선암, 기타 피부암 및 대장점막내암 제외)으로 진단이 확정되었을 때

주1) 재진단 암 보장개시일은 "첫 번째 재진단 암 보장개시일"과 "두 번째 이후 재진단 암 보장개시일"을 합한 것을 말하며, 특약을 부활(효력회복)하는 경우에도 동일함
  – 첫 번째 재진단 암 보장개시일 : "첫 번째 암(갑상선암, 기타 피부암 및 대장점막내암 제외)" 진단 확정일부터 그날을 포함하여 2년(갱신계약을 포함)이 지난 날의 다음 날
  – 두 번째 이후 재진단 암 보장개시일 : 직전 "재진단 암(갑상선암, 기타 피부암 및 대장점막내암 제외)" 진단 확정일부터 그날을 포함하여 2년(갱신계약을 포함)이 지난 날의 다음 날
주2) 재진단 암(갑상선암, 기타 피부암 및 대장점막내암 제외)은 재진단 암 보장개시일 이후에 다음의 어느 하나에 해당하면서 약관에서 정한 암(갑상선암, 기타 피부암 및 대장점막내암 제외)으로 진단 확정 받은 경우를 말함
  – 새로운 원발암, 동일 장기 또는 타 부위에 전이된 암, 동일 장기에 재발한 암, 암 보장개시일 이후 발생한 암(갑상선암, 기타 피부암 및 대장점막내암 제외)으로 진단 확정 받은 부위에 암세포가 남아있는 경우
주3) 암 보장개시일은 계약일[부활(효력회복)일]부터 그날을 포함하여 90일이 지난 날의 다음 날로 하며 1종(20년갱신형) 갱신계약의 경우 갱신일로 함[피보험자 나이가 15세 미만인 경우 암 보장개시일은 계약일[부활(효력회복)일]로 함]

ⓩ 무배당 암직접치료통원특약(20년 갱신형) 2504

지급구분	지급사유
암직접치료 통원보험금	암 보장개시일 이후에 암으로 진단이 확정되고 그 암의 직접적인 치료를 목적으로 통원하였거나, 보험기간 중 갑상선암, 기타 피부암, 대장점막내암, 제자리암 또는 경계성 종양으로 진단이 확정되고 그 갑상선암, 기타피부암, 대장점막내암, 제자리암 또는 경계성 종양의 직접적인 치료를 목적으로 통원하였을 때(통원 1회당, 1일 1회 한도)

주1) 암 보장개시일은 계약일[부활(효력회복)일]부터 그날을 포함하여 90일이 지난 날의 다음 날로 하며 갱신계약의 경우 갱신일로 함[피보험자 나이가 15세 미만인 경우 암 보장개시일은 계약일[부활(효력회복)일]로 함]

ⓩ 무배당 암직접치료입원특약(20년 갱신형) 2504

지급구분	지급사유
암직접치료 입원보험금	암 보장개시일 이후에 암으로 진단이 확정되고 그 암의 직접적인 치료를 목적으로 4일 이상 입원(단, 요양병원 제외)하였거나, 보험기간 중 갑상선암, 기타 피부암, 대장점막내암, 제자리암 또는 경계성 종양으로 진단이 확정되고 그 갑상선암, 기타 피부암, 대장점막내암, 제자리암 또는 경계성 종양의 직접적인 치료를 목적으로 4일 이상 입원(단, 요양병원 제외)하였을 때(3일 초과 입원 일수 1일당, 120일 한도)

주1) 암 보장개시일은 계약일[부활(효력회복)일]부터 그날을 포함하여 90일이 지난 날의 다음 날로 하며 갱신계약의 경우 갱신일로 함[피보험자 나이가 15세 미만인 경우 암 보장개시일은 계약일[부활(효력회복)일]로 함]

㋡ 무배당 요양병원암입원특약Ⅳ(20년 갱신형) 2504

지급구분	지급사유
요양병원 암입원보험금	암 보장개시일 이후에 암으로 진단이 확정되고 그 치료를 목적으로 4일 이상 요양병원에 입원하였거나, 보험기간 중 갑상선암, 기타 피부암, 대장점막내암, 제자리암 또는 경계성 종양으로 진단이 확정되고 그 치료를 목적으로 4일 이상 요양병원에 입원하였을 때(3일 초과 입원 일수 1일당, 60일 한도)

주1) 암 보장개시일은 계약일[부활(효력회복)일]부터 그날을 포함하여 90일이 지난 날의 다음 날로 하며 갱신계약의 경우 갱신일로 함[피보험자 나이가 15세 미만인 경우 암 보장개시일은 계약일[부활(효력회복)일]로 함]

㋣ 무배당 암수술특약(10년 갱신형) 2504

지급구분	지급사유
암수술보험금	암 보장개시일 이후에 암으로 진단이 확정되고 그 직접적인 치료를 목적으로 관혈수술을 받았거나, 보험기간 중 갑상선암, 기타 피부암, 대장점막내암, 제자리암 또는 경계성 종양으로 진단이 확정되고 그 직접적인 치료를 목적으로 관혈수술을 받았을 때(수술 1회당)
	암 보장개시일 이후에 암으로 진단이 확정되고 그 직접적인 치료를 목적으로 비관혈 수술을 받았거나, 보험기간 중 갑상선암, 기타 피부암, 대장점막내암, 제자리암 또는 경계성 종양으로 진단이 확정되고 그 직접적인 치료를 목적으로 비관혈 수술을 받았을 때(수술 1회당)

주1) 암 보장개시일은 계약일[부활(효력회복)일]부터 그날을 포함하여 90일이 지난 날의 다음 날로 하며 갱신계약의 경우 갱신일로 함[피보험자 나이가 15세 미만인 경우 암 보장개시일은 계약일[부활(효력회복)일]로 함]

㋤ 무배당 암(특정암제외)다빈치로봇수술특약(10년 갱신형) 2504

지급구분	지급사유
암(특정암 제외) 다빈치로봇 수술보험금	암 보장개시일 이후에 암(특정암 제외)으로 진단이 확정되고 그 암(특정암 제외)의 직접적인 치료를 목적으로 다빈치로봇수술을 받았을 때(단, 최초 1회에 한함)

주1) 암 보장개시일은 계약일[부활(효력회복)일]부터 그날을 포함하여 90일이 지난 날의 다음 날로 하며 갱신계약의 경우 갱신일로 함[피보험자 나이가 15세 미만인 경우 암 보장개시일은 계약일[부활(효력회복)일]로 함]

⑧ 무배당 특정암다빈치로봇수술특약(10년 갱신형) 2504

지급구분	지급사유
특정암다빈치로봇수술보험금	특정암 보장개시일 이후에 특정암으로 진단이 확정되고 그 특정암의 직접적인 치료를 목적으로 다빈치로봇수술을 받았을 때(단, 최초 1회에 한함)

주1) 특정암 보장개시일은 계약일[부활(효력회복)일]부터 그날을 포함하여 90일이 지난 날의 다음 날로 하며 갱신계약의 경우 갱신일로 함[피보험자 나이가 15세 미만인 경우 암 보장개시일은 계약일[부활(효력회복)일]로 함]

㉮ 무배당 급여암MRI촬영검사특약(10년 갱신형) 2504

지급구분	지급사유
급여암MRI 촬영보험금	암 보장개시일 이후에 암의 진단 및 치료를 위해 급여 MRI 촬영을 받았거나, 보험기간 중 갑상선암, 기타 피부암, 대장점막내암, 제자리암 또는 경계성 종양의 진단 및 치료를 위해 급여 MRI 촬영을 받았을 때 (단, 연간 1회 한도)

주1) 암 보장개시일은 계약일[부활(효력회복)일]부터 그날을 포함하여 90일이 지난 날의 다음 날로 하며 갱신계약의 경우 갱신일로 함[피보험자 나이가 15세 미만인 경우 암 보장개시일은 계약일[부활(효력회복)일]로 함]

㉯ 무배당 급여양전자단층촬영(PET)검사특약(10년 갱신형) 2504

지급구분	지급사유
급여양전자단층 촬영(PET)보험금	보험기간 중 질병 또는 재해의 진단 및 치료를 위해 급여 양전자단층촬영(PET)을 받았을 때 (단, 연간 1회 한도)

㉰ 무배당 특정항암호르몬약물허가치료특약(10년 갱신형) 2504

지급구분	지급사유
특정 항암 호르몬 약물 허가 치료 보험금	암 보장개시일 이후에 암(갑상선암, 기타 피부암 및 대장점막내암 제외)으로 진단이 확정되고 그 암(갑상선암, 기타 피부암 및 대장점막내암 제외)의 직접적인 치료를 목적으로 특정 항암 호르몬 약물 허가 치료를 받았을 때(단, 최초 1회에 한함)

주1) 암 보장개시일은 계약일[부활(효력회복)일]부터 그날을 포함하여 90일이 지난 날의 다음 날로 하며 갱신계약의 경우 갱신일로 함[피보험자 나이가 15세 미만인 경우 암 보장개시일은 계약일[부활(효력회복)일]로 함]

㉱ 무배당 항암정위적방사선치료특약(10년 갱신형) 2504

지급구분	지급사유
항암정위적 방사선치료 보험금	암 보장개시일 이후에 암으로 진단이 확정되고 그 암의 직접적인 치료를 목적으로 항암정위적방사선치료를 받았거나, 보험기간 중 갑상선암, 기타 피부암 또는 대장점막내암으로 진단이 확정되고 그 갑상선암, 기타 피부암 또는 대장점막내암의 직접적인 치료를 목적으로 항암정위적방사선치료를 받았을 때(단, 암, 갑상선암, 기타 피부암 또는 대장점막내암 중 최초 1회에 한함)

주1) 암 보장개시일은 계약일[부활(효력회복)일]부터 그날을 포함하여 90일이 지난 날의 다음 날로 하며 갱신계약의 경우 갱신일로 함[피보험자 나이가 15세 미만인 경우 암 보장개시일은 계약일[부활(효력회복)일]로 함]

㉮ 무배당 항암양성자방사선치료특약(10년 갱신형) 2504

지급구분	지급사유
항암 양성자 방사선치료 보험금	암 보장개시일 이후에 암으로 진단이 확정되고 그 암의 직접적인 치료를 목적으로 항암 양성자 방사선치료를 받았거나, 보험기간 중 갑상선암, 기타 피부암 또는 대장점막내암으로 진단이 확정되고 그 갑상선암, 기타 피부암 또는 대장점막내암의 직접적인 치료를 목적으로 항암 양성자 방사선치료를 받았을 때(단, 암, 갑상선암, 기타 피부암 또는 대장점막내암 중 최초 1회에 한함)

주1) 암 보장개시일은 계약일[부활(효력회복)일]부터 그날을 포함하여 90일이 지난 날의 다음 날로 하며 갱신계약의 경우 갱신일로 함[피보험자 나이가 15세 미만인 경우 암 보장개시일은 계약일[부활(효력회복)일]로 함]

㉯ 무배당 항암세기조절방사선치료특약(10년 갱신형) 2504

지급구분	지급사유
항암 세기조절 방사선치료 보험금	암 보장개시일 이후에 암으로 진단이 확정되고 그 암의 직접적인 치료를 목적으로 항암 세기조절 방사선치료를 받았거나, 보험기간 중 갑상선암, 기타 피부암 또는 대장점막내암으로 진단이 확정되고 그 갑상선암, 기타 피부암 또는 대장점막내암의 직접적인 치료를 목적으로 항암 세기조절 방사선치료를 받았을 때(단, 암, 갑상선암, 기타 피부암 또는 대장점막내암 중 최초 1회에 한함)

주1) 암 보장개시일은 계약일[부활(효력회복)일]부터 그날을 포함하여 90일이 지난 날의 다음 날로 하며 갱신계약의 경우 갱신일로 함[피보험자 나이가 15세 미만인 경우 암 보장개시일은 계약일[부활(효력회복)일]로 함]

㉰ 무배당 표적항암약물허가치료특약Ⅲ(10년 갱신형) 2504

지급구분	지급사유
표적 항암 약물 허가 치료보험금	암 보장개시일 이후에 암으로 진단이 확정되고 그 암의 직접적인 치료를 목적으로 표적 항암약물 허가 치료를 받았거나, 보험기간 중 갑상선암, 기타 피부암 또는 대장점막내암으로 진단이 확정되고 그 갑상선암, 기타 피부암 또는 대장점막내암의 직접적인 치료를 목적으로 표적 항암약물 허가 치료를 받았을 때(단, 암, 갑상선암, 기타 피부암 또는 대장점막내암 중 최초 1회에 한함)

주1) 암 보장개시일은 계약일[부활(효력회복)일]부터 그날을 포함하여 90일이 지난 날의 다음 날로 하며 갱신계약의 경우 갱신일로 함[피보험자 나이가 15세 미만인 경우 암 보장개시일은 계약일[부활(효력회복)일]로 함]

㉱ 무배당 급여암재활치료특약(10년 갱신형) 2504

지급구분	지급사유
급여암특정통증 완화치료보험금	암 보장개시일 이후에 암(갑상선암, 기타 피부암 및 대장점막내암 제외)으로 진단이 확정되고 그 암(갑상선암, 기타 피부암 및 대장점막내암 제외)의 통증 완화를 목적으로 급여암특정통증완화치료를 받았거나, 보험기간 중 대장점막내암으로 진단이 확정되고 그 대장점막내암의 통증 완화를 목적으로 급여암특정통증완화치료를 받았을 때(단, 연간 1회 한도)
급여암특정 재활치료보험금	암 보장개시일 이후에 암으로 진단이 확정되고 급여암특정재활치료(기본 물리치료, 단순 재활치료, 전문 재활치료 및 기타 이학 요법)를 받았거나, 보험기간 중 갑상선암, 기타 피부암 또는 대장점막내암으로 진단이 확정되고 급여암특정재활치료(기본 물리치료, 단순 재활치료, 전문재활치료 및 기타 이학 요법)를 받았을 때(단, "기본 물리치료", "단순 재활치료", "전문 재활치료 및 기타 이학 요법" 각각 1일 1회, 연간 10회 한도)

주1) 암 보장개시일은 계약일[부활(효력회복)일]부터 그날을 포함하여 90일이 지난 날의 다음 날로 하며 갱신계약의 경우 갱신일로 함[피보험자 나이가 15세 미만인 경우 암 보장개시일은 계약일[부활(효력회복)일]로 함]

㉜ 무배당 입원간병인사용특약Ⅱ(10년 갱신형) 2504

지급구분	지급사유
입원 간병인 사용보험금 (요양병원 제외)	보험기간 중 질병 또는 재해로 인하여 그 직접적인 치료를 목적으로 동일 입원 기간 중에 의료기관(단, 요양병원 제외)에 입원하여 간병인을 사용하였을 때(간병인 사용 1일 기준)
입원 간병인 사용보험금 (요양병원)	보험기간 중 질병 또는 재해로 인하여 그 직접적인 치료를 목적으로 동일 입원 기간 중에 요양병원에 입원하여 간병인을 사용하였을 때(간병인 사용 1일 기준)

㉝ 무배당 입원간병인미사용특약Ⅱ(10년 갱신형) 2504

지급구분	지급사유
입원 간병인 미사용보험금 (요양병원 제외)	보험기간 중 질병 또는 재해로 인하여 그 직접적인 치료를 목적으로 동일 입원 기간 중에 의료기관(단, 요양병원 제외)에 입원하여 간병인을 사용하지 않았을 때(간병인 미사용 1일 기준)
입원 간병인 미사용보험금 (요양병원)	보험기간 중 질병 또는 재해로 인하여 그 직접적인 치료를 목적으로 동일 입원 기간 중에 요양병원에 입원하여 간병인을 사용하지 않았을 때(간병인 미사용 1일 기준)

6 무배당 우체국더든든한자녀지킴이보험 2504

(1) 주요 특징

특 징
• 출생 시부터 최대 100세까지 꼭 필요한 보장만 담은 어린이 종합보험 • 태아부터 최대 15세까지 폭넓게 가입할 수 있는 어린이보험 • 보험금 면책 및 감액기간 없이 가입 즉시 100% 보장 • 가입 목적 및 보험료 수준에 따라 1종(30세 만기) 또는 2종(80/100세 만기, 순수형/환급형) 중 선택하여 가입 가능 • 장해, 골절, 깁스 등 재해 관련 일상생활 위험을 주계약에서 기본 보장 • 태아가 특약 가입 시 선천이상, 신생아 질병은 물론 산모 위험까지 보장 가능 • 다양한 특약 구성으로 암 진단 및 치료(입원, 수술, 통원), 뇌·심장질환 진단, 질병·재해 입원 및 수술 등 고객의 필요에 따른 맞춤형 상품설계 • 세제 혜택 : 근로소득자는 납입한 보험료(연간 100만원 한도)에 대하여 12% 세액공제

(2) 가입 요건

① 주계약

1종(기본형), 2종(든든형, 순수형/환급형)

상품유형	보험기간	가입나이	납입기간	납입주기	보험가입금액
1종 (기본형)	30세 만기	0~10세	5, 10, 15, 20년납	월 납	1,000만원~2,000만원 (1,000만원 단위)
		11~15세	5, 10, 15년납		
2종 (든든형)	80, 100세 만기	0~15세	5, 10, 15, 20, 30년납		

주1) 임신 사실이 확인된 태아도 가입 가능함

② 특약

㉠ 무배당 선천이상특약Ⅱ 2504, 무배당 신생아보장특약 2504, 무배당 산모보장특약 2504

특약명	가입나이	보험기간	납입기간	보험가입금액	부가방법
무배당 선천이상 특약Ⅱ 2504	임신 23주 이내 태아	3년	전기납 (월납)	1,000만원 (고정)	의무부가
무배당 신생아보장 특약 2504		1년			
무배당 산모보장 특약 2504	17~45세 (임신 23주 이내 산모)	1년			선 택

주1) 무배당 산모보장특약 2504의 피보험자는 주계약 피보험자(태아)를 임신한 산모임

㉡ 무배당 어린이보장특약 2504, 무배당 어린이교통재해특약 2504

보험기간	가입나이	납입기간	납입주기	보험가입금액	부가방법
30세 만기	0~10세	5, 10, 15, 20년납	월 납	1,000만원~2,000만원 (주계약 보험가입금액 이내에서 1,000만원 단위)	선 택
	11~15세	5, 10, 15년납			

주1) 임신 사실이 확인된 태아도 가입 가능함

㉢ 무배당 2대질병진단특약 2504, 무배당 입원비특약 2504, 무배당 수술비특약 2504, 무배당 암진단비특약 2504

보험기간	가입나이	납입기간	납입주기	보험가입금액	부가방법
30세 만기	0~10세	5, 10, 15, 20년납	월 납	1,000만원~2,000만원 (주계약 보험가입금액 이내에서 1,000만원 단위)	선 택
	11~15세	5, 10, 15년납			
80세, 100세 만기	0~15세	5, 10, 15, 20, 30년납			

주1) 임신 사실이 확인된 태아도 가입 가능함

㉣ 무배당 암치료비특약 2504

보험기간	가입나이	납입기간	납입주기	보험가입금액	부가방법
30세 만기	0~10세	5, 10, 15, 20년납	월 납	500만원~1,000만원 (주계약 보험가입금액 이내에서 500만원 단위)	선 택
	11~15세	5, 10, 15년납			
80세, 100세 만기	0~15세	5, 10, 15, 20, 30년납			

주1) 임신 사실이 확인된 태아도 가입 가능함

㉤ 이륜자동차 운전 및 탑승중 재해 부담보 특약 2109, 지정대리청구서비스특약 2109, 장애인전용 보험전환특약 2007

(3) 보장내용

① 주계약

지급구분	지급사유
만기보험금	보험기간이 끝날 때까지 살아 있을 때[1종(기본형) 및 2종(든든형, 환급형)에 한함]
재해 장해보험금	재해로 인하여 장해 분류표에서 정한 각 장해 지급률에 해당하는 장해 상태가 되었을 때
재해골절(치아파절제외)보험금	출산손상 또는 재해로 인하여 골절상태가 되었을 때(사고 1회당)
재해깁스치료(부목제외)보험금	재해로 인하여 그 직접적인 치료를 목적으로 깁스(Cast) 치료를 받았을 때(사고 1회당)

② 특약

㉠ 무배당 선천이상특약 Ⅱ 2504

지급구분	지급사유
선천이상입원보험금	선천이상으로 진단이 확정되고, 그 직접적인 치료를 목적으로 4일 이상 입원 시(3일 초과 입원일수 1일당, 120일 한도)
선천이상(혀유착증제외) 수술보험금	선천이상(혀유착증제외)으로 진단이 확정되고, 그 직접적인 치료를 목적으로 수술 시(수술 1회당)
혀유착증수술보험금	혀유착증으로 진단이 확정되고, 그 직접적인 치료를 목적으로 수술 시(수술 1회당)

㉡ 무배당 신생아보장특약 2504

지급구분	지급사유
저체중아출생보험금	출생 시 체중이 2.0kg 미만 시(최초 1회에 한함)
저체중아입원보험금	출생 시 체중이 2.0kg 미만이고, 저체중질병의 직접적인 치료를 목적으로 3일 이상 입원 시(2일 초과 입원일수 1일당, 60일 한도)
3대주요선천이상진단보험금	최초의 3대주요선천이상 진단 확정 시(최초 1회에 한함)
구순구개열진단보험금	최초의 구순구개열(언청이) 진단 확정 시(최초 1회에 한함)
다지증진단보험금	최초의 다지증 진단 확정 시(최초 1회에 한함)
신생아뇌출혈진단보험금	최초의 신생아 뇌출혈 진단 확정 시(최초1회에 한함)
주산기질환입원보험금	주산기질환으로 진단이 확정되고, 그 직접적인 치료를 목적으로 4일 이상 입원 시(3일 초과 입원일수 1일당, 120일 한도)
주산기질환수술보험금	주산기질환으로 진단이 확정되고, 그 직접적인 치료를 목적으로 수술 시(수술 1회당)

㉢ 무배당 산모보장특약 2504

지급구분	지급사유
유산입원보험금	유산으로 진단이 확정되고, 그 직접적인 치료를 목적으로 4일 이상 입원 시(3일 초과 입원일수 1일당, 120일 한도)
유산수술보험금	유산으로 진단이 확정되고, 그 직접적인 치료를 목적으로 수술 시(수술 1회당)
임신 · 출산질환입원보험금	임신 · 출산질환으로 진단이 확정되고, 그 직접적인 치료를 목적으로 4일 이상 입원 시(3일 초과 입원일수 1일당, 120일 한도)
임신 · 출산질환수술보험금	임신 · 출산질환으로 진단이 확정되고, 그 직접적인 치료를 목적으로 수술 시(수술 1회당)

② 무배당 어린이보장특약 2504

지급구분	지급사유
소아암 진단보험금	최초의 소아암 진단 확정 시(최초 1회에 한함)
어린이 다발성 질병 입원보험금	어린이 다발성 질병으로 진단이 확정되고, 그 직접적인 치료를 목적으로 4일 이상 입원 시(3일 초과 입원 일수 1일당, 120일 한도)
응급실 내원보험금	응급환자로 응급실에 내원하여 진료를 받았을 시(내원 1회당)
어린이 개흉 심장 수술보험금	최초의 어린이 개흉 심장 수술 시(최초 1회에 한함)
말기신부전증 진단보험금	최초의 말기신부전증 진단 확정 시(최초 1회에 한함)
재해 화상 진단보험금	재해로 인하여 화상 진단 확정 시(사고 1회당)

⑩ 무배당 어린이교통재해특약 2504

지급구분	지급사유
교통재해장해보험금	교통재해로 인하여 장해분류표에서 정한 각 장해지급률에 해당하는 장해상태 시
교통재해입원보험금	교통재해로 인하여 그 직접적인 치료를 목적으로 입원 시(1일 이상 입원일수 1일당, 120일 한도)
교통재해중환자실입원보험금	교통재해로 인하여 그 직접적인 치료를 목적으로 중환자실에 입원 시(1일 이상 입원일수 1일당, 60일 한도)
교통재해중대수술보험금	교통재해로 인하여 그 직접적인 치료를 목적으로 중대한 수술 시(수술 1회당)

⑪ 무배당 2대질병진단특약 2504

지급구분	지급사유
뇌출혈진단보험금	최초의 뇌출혈 진단 확정 시(최초 1회에 한함)
뇌경색증진단보험금	최초의 뇌경색증 진단 확정 시(최초 1회에 한함)
뇌혈관질환진단보험금	최초의 뇌혈관질환 진단 확정 시(최초 1회에 한함)
급성심근경색증진단보험금	최초의 급성심근경색증 진단 확정 시(최초 1회에 한함)
허혈성심장질환진단보험금	최초의 허혈성심장질환 진단 확정 시(최초 1회에 한함)

⑫ 무배당 입원비특약 2504

지급구분	지급사유
입원보험금	질병 또는 재해로 인하여 그 직접적인 치료를 목적으로 입원하였을 때(1일 이상 입원 일수 1일당, 120일 한도)
중환자실 입원보험금	질병 또는 재해로 인하여 그 직접적인 치료를 목적으로 중환자실에 입원하였을 때(1일 이상 입원 일수 1일당, 60일 한도)
상급종합병원 입원보험금	질병 또는 재해로 인하여 그 직접적인 치료를 목적으로 4일 이상 상급종합병원에 입원하였을 때(3일 초과 입원 일수 1일당, 120일 한도)

⑬ 무배당 수술비특약 2504

지급구분	지급사유
수술보험금	질병 또는 재해로 인하여 그 직접적인 치료를 목적으로 수술을 받았을 때(수술 1회당)
특정 중대 수술보험금	최초의 조혈모세포이식 수술 또는 5대 장기이식수술을 받았을 때(각각 최초 1회에 한함)

ⓩ 무배당 암진단비특약 2504

지급구분	지급사유
암진단보험금	최초의 암으로 진단 확정되었을 때(최초 1회에 한함)
	최초의 갑상선암, 기타 피부암, 대장점막내암, 제자리암 또는 경계성 종양으로 진단 확정되었을 때(각각 최초 1회에 한함)

ⓩ 무배당 암치료비특약 2504

지급구분	지급사유
암직접치료입원보험금	암으로 진단이 확정되고, 그 직접적인 치료를 목적으로 4일 이상 입원(단, 요양병원 제외)하였을 때(3일 초과 입원 일수 1일당, 120일 한도)
	갑상선암, 기타 피부암, 대장점막내암, 제자리암 또는 경계성 종양으로 진단이 확정되고, 그 직접적인 치료를 목적으로 4일 이상 입원(단, 요양병원 제외)하였을 때(3일 초과 입원 일수 1일당, 120일 한도)
암수술보험금	암으로 진단이 확정되고, 그 직접적인 치료를 목적으로 수술을 받았을 때(수술 1회당)
	갑상선암, 기타 피부암, 대장점막내암, 제자리암 또는 경계성 종양으로 진단이 확정되고, 그 직접적인 치료를 목적으로 수술을 받았을 때(수술 1회당)
암통원보험금	암, 갑상선암, 기타 피부암, 대장점막내암, 제자리암 또는 경계성 종양으로 진단이 확정되고, 그 직접적인 치료를 목적으로 통원하였을 때(통원 1회당)

7 무배당 어깨동무보험 2504

(1) 주요 특징

특 징
• 가입자 선택의 폭 확대 : 부양자 사망 시 장애인에게 생활안정자금을 지급하는 '생활보장형', 장애인의 암 발병 시에 치료비용을 지급하는 '암보장형', 장애인의 재해사고 시 사망은 물론 각종 치료비를 보장하는 '상해보장형' 중 여건에 맞게 가입 • 장애인에게 적용되는 가입 장벽 완화 : 보험가입 시 장애인에게 적용되는 고지사항을 생략하거나 최대한 완화하여 가입 용이 • 장애인전용보험만의 세제 혜택 : 근로소득자는 납입한 보험료(연간 100만원 한도)에 대하여 15% 세액공제, 증여세 면제(보험수익자가 장애인인 경우 연간 4,000만원 한도) 등 • 가입나이 확대 : 어린이와 고령자도 가입 가능 • 장애로 인한 추가지출이 많은 장애인 가구의 경제적 여건을 고려한 저렴한 보험료 • 건강관리자금 지급 : 상해보장형의 경우, 매 2년마다 건강관리자금 지급으로 각종 질환 조기진단 및 사전예방 자금으로 활용

(2) 가입요건

① 주계약

상품유형	보험기간	가입나이		납입기간	납입주기
1종(생활보장형)	10년 만기 20년 만기 80세 만기	주피보험자	만 15~60세	일시납 5년납 10년납 20년납	일시납 월 납
		장애인	0~70세		
2종(암보장형)		0~70세			
3종(상해보장형)	10년 만기	만 15~70세		5년납	월 납

상품유형	가입한도액	
1종(생활보장형)	4,000만원	
2종(암보장형)	3,000만원	(500만원 단위)
3종(상해보장형)	1,000만원	

주1) 1종, 2종은 50세 이상 가입자의 경우 80세 만기 5년납에 한함

② 특약 : 지정대리청구서비스특약 2109

(3) 보장내용

① 1종(생활보장형)

지급구분	지급사유
장애인 생활안정자금	주피보험자가 사망하고 장애인 생존 시
재해장해보험금	주피보험자가 재해로 장해상태가 되고 장애인 생존 시
만기보험금	장애인 만기 생존 시

② 2종(암보장형)

지급구분	지급사유
암진단보험금	암보장개시일 이후에 최초로 암 진단 확정 시(최초 1회에 한함)
	보험기간 중 최초로 갑상선암, 기타피부암, 대장점막내암, 제자리암 또는 경계성 종양으로 진단 확정 시(각각 최초 1회에 한함)
만기보험금	만기 생존 시

주1) 암보장개시일은 계약일[부활(효력회복)일]부터 그날을 포함하여 90일이 지난 날의 다음 날로 함[피보험자 나이가 15세 미만인 경우 암보장개시일은 계약일[부활(효력회복)일]로 함]

③ 3종(상해보장형)

지급구분	지급사유
재해사망보험금	재해로 사망 시
재해수술보험금	재해로 수술 시(수술 1회당)
재해골절(치아파절제외) 보험금	재해로 골절 시(사고 1회당)
건강관리자금	가입 후 매 2년마다 계약해당일에 살아 있을 때(단, 보험기간 중에만 지급)

(4) 가입자의 자격요건 등

① 장애인의 범위 : 「장애인복지법」 제32조에 의하여 등록한 장애인 및 「국가유공자 등 예우 및 지원에 관한 법률」 제6조에 의하여 등록한 상이자

② 청약 시 구비서류 : 장애인등록증, 장애인복지카드 또는 국가유공자증 사본

※ 상이자의 경우, 국가유공자증에 기재된 상이등급(1~7급)으로 확인

③ 1종(생활보장형)의 경우, "계약자＝주피보험자"

④ 1종(생활보장형) "장애인생활안정자금"의 보험수익자는 장애인으로 한정되며, 변경 불가

8 무배당 에버리치상해보험 2504

(1) 주요 특징

특 징
• 교통사고나 각종 재해로 인한 장해, 수술 또는 골절 시 치료비용 체계적으로 보장
• 한번 가입으로 90세까지 보장 및 휴일재해 사망보장 강화
• 세제 혜택 : 근로소득자는 납입한 보험료(연간 100만원 한도)에 대하여 12% 세액공제

(2) 가입요건

① 주계약

보험기간	가입나이	납입기간	가입한도액
90세 만기	만 15~50세	10, 15, 20, 30년납	1,000만원 (500만원 단위)
	51~60세	10, 15, 20년납	
	61~65세	10, 15년납	
	66~70세	10년납	

② 특약 : 이륜자동차 운전 및 탑승중 재해 부담보 특약 2109, 지정대리청구서비스특약 2109, 장애인전용
보험전환특약 2007

(3) 보장내용

주계약

지급구분	지급사유
사망보험금	교통재해로 사망 시
	일반재해로 사망 시
재해장해생활자금	동일한 재해로 여러 신체부위의 합산 장해지급률이 50% 이상 장해 시(매년 10년간 확정 지급)
재해장해보험금	재해로 장해지급률 중 3% 이상 50% 미만 장해 시
재해입원보험금	재해로 4일 이상 입원 시(3일 초과 입원일수 1일당, 120일 한도)
재해수술보험금	재해로 수술 시(수술 1회당)
재해골절(치아파절제외)보험금	재해로 골절 시(사고 1회당)
만기보험금	만기 생존 시

(1) 주요 특징

특 징
특정 우체국 예·적금 상품 가입 시 무료로 가입이 가능한 보험

(2) 가입요건

상품유형	보험기간	가입나이	보험료 납입기간	보험료 납입주기	가입한도액
1종(휴일재해보장형)		만 15세 이상			1구좌
2종(주니어보장형)	1년 만기	0~19세	1년납	연 납	1구좌
3종(청년우대형)		20~34세			1구좌

(3) 보장내용

① 1종(휴일재해보장형)

지급구분	지급사유
휴일재해사망보험금	휴일에 재해로 사망하였거나 장해지급률이 80% 이상인 장해상태가 되었을 때

② 2종(주니어보장형)

지급구분	지급사유
소아암진단보험금	암보장개시일 이후에 최초의 소아암으로 진단이 확정되었을 때(단, 최초 1회에 한함)
재해장해보험금	재해로 인하여 장해분류표에서 정한 각 장해지급률에 해당하는 장해상태가 되었을 때
재해화상진단보험금	재해로 인하여 화상으로 진단이 확정되었을 때(사고 1회당)
식중독입원보험금	식중독으로 진단이 확정되고, 그 직접적인 치료를 목적으로 4일 이상 입원하였을 때(3일 초과 입원일수 1일당, 120일 한도)
재해외모수술보험금	재해로 인하여 외모상해의 직접적인 치료를 목적으로 외모수술을 받았을 때(수술 1회당)

주1) 암보장개시일은 계약일[부활(효력회복)일]부터 그날을 포함하여 90일이 지난 날의 다음 날로 함[피보험자 나이가 15세 미만인 경우 암보장개시일은 계약일[부활(효력회복)일]로 함]

③ 3종(청년우대형)

지급구분	지급사유
재해수술보험금	재해로 인하여 그 직접적인 치료를 목적으로 수술을 받았을 때(수술 1회당)
교통재해장해보험금	교통재해로 인하여 장해분류표에서 정한 각 장해지급률에 해당하는 장해상태가 되었을 때
교통재해깁스치료(부목제외) 보험금	교통재해로 인하여 그 직접적인 치료를 목적으로 깁스(Cast)치료를 받았을 때(사고 1회당)
교통재해응급실내원보험금	교통재해로 인하여 응급환자로 응급실에 내원하여 진료를 받았을 때(통원 1회당)
식중독입원보험금	식중독으로 진단이 확정되고, 그 직접적인 치료를 목적으로 4일 이상 입원하였을 때(3일 초과 입원일수 1일당, 120일 한도)
결핵진단보험금	최초의 결핵으로 진단 확정되었을 때(단, 최초 1회에 한함)

(1) 주요 특징

특 징
과학기술정보통신부 소속 공무원 및 산하기관 직원을 대상으로 한 단체보험

(2) 가입요건

① 주계약

보험기간	가입나이	보험료 납입기간	보험료 납입주기	가입한도액
1년 만기	만 15세 이상	1년납	연 납	10,000만원

※ 가입대상 : 과학기술정보통신부 소속 공무원 및 산하기관 직원

② 특약

㉠ 무배당 단체특약 2501

구 분	가입나이	보험기간	납입주기	가입한도액
무배당 단체재해사망특약 2501	만 15세 이상	1년 만기	연 납	20,000만원
무배당 단체질병사망특약 2501				10,000만원
무배당 단체입원의료비보장특약 2501				1,000만원
무배당 단체통원의료비보장특약 2501				1,000만원
무배당 단체공무상재해보장특약Ⅰ 2501				1,000만원
무배당 단체공무상재해보장특약Ⅱ 2501				1,000만원

주1) 주계약, 무배당 단체재해사망특약 2501 및 무배당 단체질병사망특약 2501의 가입한도는 과학기술정보통신부 산하기관의 경우 4,000만원으로 함

㉡ 단체실손의료비보장 중지특약 2401

(3) 보장내용

① 주계약

지급구분	지급사유
사망보험금	사망 또는 80% 이상 장해 발생 시
재해장해보험금	재해로 장해지급률 3~80% 미만 발생 시

② 특약

㉠ 무배당 단체재해사망특약 2501

지급구분	지급사유
재해사망보험금	재해로 사망 또는 80% 이상 장해 발생 시

ⓛ 무배당 단체질병사망특약 2501

지급구분	지급사유
질병사망보험금	질병으로 사망 또는 80% 이상 장해 발생 시

ⓒ 무배당 단체입원의료비보장특약 2501

지급구분	지급사유
입원의료비	상해 또는 질병으로 의료기관에 입원하여 치료를 받은 경우(1천만원 한도)

ⓔ 무배당 단체통원의료비보장특약 2501

지급구분		지급사유
통원의료비	외 래	상해 또는 질병으로 의료기관에 통원하여 치료를 받은 경우(1회당 20만원 한도, 연간 180회 한도)
	처방조제비	상해 또는 질병으로 의료기관에서 처방조제를 받은 경우(1건당 10만원 한도, 연간 180건 한도)

ⓜ 무배당 단체공무상재해보장특약 I 2501

지급 구분	지급 사유
공무상 요양 진단보험금	공무수행으로 인하여 발생한 질병 또는 재해의 직접 결과로 공무상 요양을 받은 경우

ⓗ 무배당 단체공무상재해보장특약 II 2501

지급 구분	지급 사유
공무상 요양 진단보험금	공무수행으로 인하여 발생한 질병 또는 재해의 직접 결과로 공무상 요양을 받은 경우 (요양 기간 30일 이하, 요양 기간 31일~60일, 요양 기간 61일~120일, 요양 기간 121일~180일, 요양 기간 181일 이상 지급액 차등화)

(1) 주요 특징

특 징
• 교통사고 종합 보장 : 교통재해로 인한 사망, 장해 및 각종 의료비 종합 보장
• 성별에 따른 차이는 있으나 나이에 관계없이 동일한 보험료
• 교통재해 사망 시 최고 2억원 보장, 교통재해 장해 시 최고 1억원 보장
• 교통재해로 인한 입원, 수술, 골절, 외모수술 및 깁스치료까지 각종 치료비 종합적으로 보장, 휴일교통재해 사망 보장 강화
• 세제 혜택 : 근로소득자는 납입한 보험료(연간 100만원 한도)에 대하여 12% 세액공제

(2) 가입요건

① 주계약

보험기간	가입나이	납입기간	가입한도액
20년 만기	만 15~70세	20년납	1,000만원(고정)

② 특약 : 이륜자동차 운전 및 탑승중 재해 부담보 특약 2109, 지정대리청구서비스특약 2109, 장애인전용
보험전환특약 2007

(3) 보장내용

주계약

지급구분	지급사유
휴일교통재해사망보험금	휴일에 발생한 교통재해를 직접적인 원인으로 사망하였을 때
평일교통재해사망보험금	평일에 발생한 교통재해를 직접적인 원인으로 사망하였을 때
교통재해장해보험금	교통재해로 인하여 장해분류표에서 정한 각 장해지급률에 해당하는 장해상태가 되었을 때
교통재해입원보험금	교통재해로 인하여 그 직접적인 치료를 목적으로 4일 이상 입원하였을 때(3일 초과 입원일수 1일당, 120일 한도)
교통재해수술보험금	교통재해로 인하여 그 직접적인 치료를 목적으로 수술 · 신생물 근치 방사선 조사 분류표에서 정한 수술을 받았을 때(수술 1회당)
교통재해외모수술보험금	교통재해로 인하여 외모상해의 직접적인 치료를 목적으로 외모수술을 받았을 때(수술 1회당)
교통재해골절 (치아파절제외)보험금	교통재해로 인하여 골절상태가 되었을 때(사고 1회당)
교통재해깁스치료 (부목제외)보험금	교통재해로 인하여 그 직접적인 치료를 목적으로 깁스(Cast)치료를 받았을 때(사고 1회당)

(1) 주요 특징

특 징
• 부담없는 가격의 의료비 전문보험
• 한 번 가입으로 평생 의료비 걱정 끝
• 입원 · 통원 합산 5천만원, 통원(외래 및 처방 합산) 회당 20만원까지 보장
• 보험금 지급실적이 없는 경우 보험료 할인혜택
• 개인별 의료이용량에 따라 보험료 차등(할인 · 할증) 적용
• 주계약 종합형 및 비급여특약 의무가입으로 보장공백 최소화
• 세제혜택 : 근로소득자 납입 보험료(연간 100만원 한도) 12% 세액공제

(2) 가입요건

① 주계약

종합형, 질병형, 상해형

구 분	가입나이	보험기간	납입기간	가입금액 (구좌수)
최초계약	0~60세			
갱신계약	1세~	1년	전기납	1구좌 고정
재가입	5세~			

주1) 임신 23주 이내의 태아도 가입 가능
주2) 보장내용 변경주기 : 5년
주3) 재가입 종료 나이 : 종신

※ 종합형만 가입할 수 있음. 다만, 중복가입, 병력 등의 사유로 종합형 가입이 불가능한 경우에는 예외
로 하며, 이 경우에도 주계약 상해형과 비급여특약 상해형, 주계약 질병형과 비급여특약 질병형은 함
께 가입하여야 함

판매형태	보장종목
질병형	질병급여
상해형	상해급여
종합형	질병급여＋상해급여

② 특약

㉠ 무배당 비급여실손의료비특약(갱신형) 2504[상해형, 질병형, 3대 비급여형](의무부가)

구 분	가입나이	보험기간	납입기간	가입금액(구좌수)
주계약과 동일				

㉡ 지정대리청구서비스특약 2109, 장애인전용보험전환특약 2007

(3) 보험금 지급 실적이 없는 경우 보험료 할인에 관한 사항(무사고할인)

- 갱신(또는 재가입) 직전 '무사고 할인판정기간' 동안 보험금 지급 실적[급여 의료비 중 본인부담금 및 4대 중증질환(암, 뇌혈관질환, 심장질환, 희귀난치성질환)으로 인한 비급여의료비에 대한 보험금은 제외]이 없는 계약을 대상으로 갱신일(또는 재가입일)부터 차기 보험기간 1년 동안 보험료의 10%를 할인
- '무사고 할인판정기간'은 갱신일(또는 재가입일)이 속한 달의 3개월 전 해당 월의 말일을 기준으로 직전 2년을 적용하며, 최초계약으로부터 2회차 갱신계약은 예외
- ※ 2회차 갱신계약부터 적용하며, 주계약만 가입한 계약은 할인대상에서 제외

(4) 비급여실손의료비특약 보험료 할인 · 할증에 관한 사항

- 갱신 직전 '요율상대도 판정기간' 동안의 비급여특약에 따른 보험금 지급 실적을 고려하여 보험료 갱신 시 순보험료(비급여특약의 순보험료 총액을 대상)에 요율 상대도(할인 · 할증요율)를 적용
- '요율상대도 판정기간'은 갱신일이 속한 달의 3개월 전 해당 월의 말일을 기준으로 12개월 이내로 하며, 최초계약으로부터 1회차 갱신계약은 예외
- 요율상대도 계산을 위해 계약자 또는 피보험자(보험대상자)에게 증빙자료의 제출을 요구할 수 있으며, 요율 상대도 계산을 위한 증빙자료 지연제출로 인해 발생한 보험료 차액에 대해서는 이자를 더하여 지급하지 않음
- ※ 단, 「국민건강보험법」상 산정특례대상질환(암질환, 뇌혈관질환, 심장질환, 희귀난치성질환 등) 및 「노인장기요양보험법」상 장기요양대상자 중 1~2등급 판정받은 자에 대한 비급여의료비는 제외

구 분	1단계(할인)	2단계(유지)	3단계(할증)	4단계(할증)	5단계(할증)
보험료 갱신 전 12개월 이내 기간 동안 보험금 지급실적(원)	0원 (보험금 지급실적 없음)	0 초과 ~ 100만 미만	100만 이상 ~ 150만 미만	150만 이상 ~ 300만 미만	300만 이상
요율 상대도	할인[주]	100%	200%	300%	400%

주) 할인율은 매년 별도 산출

(5) 자동갱신절차에 관한 사항

보험기간 종료일 30일 전까지 계약자에게 서면 또는 전화(음성녹음) 안내(보험료 등 변경 내용)
→ 보험기간 종료일 15일 전까지 계약자의 별도 의사표시가 없으면 자동갱신
　　※ 최대 4회까지 갱신 가능
→ 계약자가 갱신 거절의사를 통지하면 계약 종료

주1) 갱신 시 연령 증가 및 의료수가 인상, 적용기초율 변경, 요율 상대도(할인 · 할증요율) 적용 등으로 보험료는 인상될 수 있음

(6) 재가입에 관한 사항

- 다음 각 호의 조건을 충족하고 계약자가 보장내용 변경주기 종료일 전일(비영업일인 경우 전 영업일)까지 재가입 의사를 표시한 때에는 재가입 시점에서 체신관서가 판매하는 실손의료보험 상품으로 재가입 가능
  ① 재가입일에 있어서 피보험자의 나이가 체신관서가 최초가입 당시 정한 나이의 범위 내일 것(종신까지 재가입 가능)
  ② 재가입 전 계약의 보험료가 정상적으로 납입완료 되었을 것
- 보장내용 변경주기 종료일 전일까지 계약자로부터 재가입 의사를 확인하지 못한 경우(계약자와의 연락두절로 체신관서의 안내가 계약자에게 도달하지 못한 경우 포함)에는 직전계약과 동일한 조건으로 보험계약을 자동 연장함. 다만, 보험료, 해약환급금 등 보험요율은 나이의 증가, 의료수가의 변동, 적용 기초율의 변동, 요율 상대도(할인 · 할증요율) 적용 등의 사유로 인하여 변동될 수 있음
- 직전 계약과 동일한 조건으로 자동 연장된 경우 계약자는 그 연장된 날로부터 90일 이내에 그 계약을 취소할 수 있으며, 체신관서는 연장된 날 이후 계약자가 납입한 보험료 전액을 환급
- 직전 계약과 동일한 조건으로 자동 연장된 경우 보험계약의 연장일은 체신관서가 계약자의 재가입의사를 확인한 날(계약자 등이 체신관서에 보험금을 청구함으로써 계약자에게 연락이 닿아 체신관서가 계약자의 재가입의사를 확인한 날 등)까지로 함
- 계약자의 재가입 의사가 확인된 경우에는 약관에서 정한 절차에 따라 체신관서가 재가입 의사를 확인한 날에 판매 중인 상품으로 다시 재가입하는 것으로 하며, 기존 계약은 해지 됨. 다만, 계약자가 재가입을 원하지 않는 경우에는 해당 시점으로부터 계약은 해지

(7) 본인부담금 상한제 및 본인부담금 보상제 적용에 관한 사항

- 「국민건강보험법」에 따른 본인부담금 상한제
  요양 급여비용 중 본인이 부담한 비용의 연간 총액이 일정 상한액[국민건강보험 지역가입자의 세대별 보험료 부담 수준 또는 직장가입자의 개인별 보험료 부담 수준에 따라 「국민건강보험법」 등 관련 법령에서 정한 금액(81만원~584만원)]을 초과하는 경우 그 초과액을 국민건강보험공단이 부담하는 제도
- 「의료급여법」에 따른 본인부담금 보상제
  수급권자의 급여 대상 본인부담금이 매 30일간 다음 금액을 초과하는 경우, 초과 금액의 50%에 해당하는 금액을 의료급여기금 등이 부담하는 제도
  1. 1종 수급권자 : 2만원, 2. 2종 수급권자 : 20만원
- 「의료급여법」에 따른 본인부담금 상한제
  본인부담금 보상제에 따라 지급받은 금액을 차감한 급여 대상 본인부담금이 다음 금액을 초과하는 경우, 그 초과액 전액을 의료급여기금 등이 부담하는 제도
  1. 1종 수급권자 : 매 30일간 5만원
  2. 2종 수급권자 : 연간 80만원(다만, 「의료법」 제3조 제2항 제3호 라목에 따른 요양병원에 연간 240일을 초과하여 입원한 경우에는 연간 120만원으로 한다)
  ※ 다만, 관련 법령 등이 변경되는 경우 변경된 기준을 따른다(상기 예시 금액은 2021.5월 기준).

(8) 보장내용

① 주계약

판매형태		보장종목	지급사유
종합형	질병형	질병급여	피보험자가 질병으로 인하여 의료기관에 입원 또는 통원하여 급여 치료를 받거나 급여 처방조제를 받은 경우(연간 5천만원 한도)
	상해형	상해급여	피보험자가 상해로 인하여 의료기관에 입원 또는 통원하여 급여 치료를 받거나 급여 처방조제를 받은 경우(연간 5천만원 한도)

주1) 비급여의료비는 보상하지 않음

② 무배당 비급여실손의료비특약(갱신형) 2504

판매형태	보장종목	지급사유
상해형	상해비급여	피보험자가 상해로 인하여 의료기관에 입원 또는 통원하여 비급여 치료를 받거나 비급여 처방조제를 받은 경우(3대 비급여 제외, 연간 5천만원 한도)
질병형	질병비급여	피보험자가 질병으로 인하여 의료기관에 입원 또는 통원하여 비급여 치료를 받거나 비급여 처방조제를 받은 경우(3대 비급여 제외, 연간 5천만원 한도)
3대 비급여형	3대 비급여	피보험자가 상해 또는 질병의 치료목적으로 의료기관에 입원 또는 통원하여 3대 비급여 치료를 받은 경우

주1) 3대 비급여 : 도수치료 · 체외충격파치료 · 증식치료, 주사료, 자기공명영상진단

13 무배당 우체국급여실손의료비보험(계약전환 · 단체개인전환 · 개인중지재개용)(갱신형) 2504

(1) 주요 특징

특 징
• 실손의료비보험 계약전환, 단체실손의료비보험 개인실손전환 및 개인실손의료비보험 중지 후 재개 시 가입 가능한 실손의료비 상품 • 입원 · 통원 합산 5천만원, 통원(외래 및 처방 합산) 회당 20만원까지 보장 • 보험금 지급실적이 없는 경우 보험료 할인혜택 • 개인별 의료이용량에 따라 보험료 차등(할인 · 할증) 적용 • 주계약 종합형 및 비급여특약 의무가입으로 보장공백 최소화 • 세제혜택 : 근로소득자 납입 보험료(연간 100만원 한도) 12% 세액공제

(2) 가입요건

① 주계약

종합형, 질병형, 상해형

구 분	가입나이	보험기간	납입기간	가입금액(구좌수)
최초계약	0~99세	1년	전기납	1구좌 고정
갱신계약	1세~			
재가입	5세~			

주1) 보장내용 변경주기 : 5년
주2) 재가입 종료 나이 : 종신

※ 종합형만 가입할 수 있음. 다만, 중복가입, 병력 등의 사유로 종합형 가입이 불가능한 경우에는 예외로 하며, 이 경우에도 주계약 상해형과 비급여특약 상해형, 주계약 질병형과 비급여특약 질병형은 함께 가입하여야 함

판매형태	보장종목
질병형	질병급여
상해형	상해급여
종합형	질병급여＋상해급여

② 특약

　㉠ 무배당 비급여실손의료비특약(계약전환 · 단체개인전환 · 개인중지재개용)(갱신형) 2504[상해형, 질병형, 3대 비급여형](의무부가)

구 분	가입나이	보험기간	납입기간	가입금액(구좌수)
주계약과 동일				

　㉡ 지정대리청구서비스특약 2109, 장애인전용보험전환특약 2007, 실손의료비보험 계약전환특약 2509, 단체실손의료비보험 개인실손전환특약 2107, 개인실손의료비보험 중지 및 재개 특약 2304, 군장병 개인실손의료비보험 중지 및 재개 특약 2409

(3) 보험금 지급 실적이 없는 경우 보험료 할인에 관한 사항(무사고할인)

- 갱신(또는 재가입) 직전 '무사고 할인판정기간' 동안 보험금 지급 실적[급여 의료비 중 본인부담금 및 4대 중증질환(암, 뇌혈관질환, 심장질환, 희귀난치성질환)으로 인한 비급여의료비에 대한 보험금은 제외]이 없는 계약을 대상으로 갱신일(또는 재가입일)부터 차기 보험기간 1년 동안 보험료의 10%를 할인
- '무사고 할인판정기간'은 갱신일(또는 재가입일)이 속한 달의 3개월 전 해당월의 말일을 기준으로 직전 2년을 적용하며, 최초계약으로부터 2회차 갱신계약은 예외
　※ 2회차 갱신계약부터 적용하며, 주계약만 가입한 계약은 할인대상에서 제외

(4) 비급여실손의료비특약 보험료 할인 · 할증에 관한 사항

- 갱신 직전 '요율상대도 판정기간' 동안의 비급여특약에 따른 보험금 지급 실적을 고려하여 보험료 갱신 시 순보험료(비급여특약의 순보험료 총액을 대상)에 요율 상대도(할인 · 할증요율)를 적용
- '요율상대도 판정기간'은 갱신일이 속한 달의 3개월 전 해당 월의 말일을 기준으로 12개월 이내로 하며, 최초계약으로부터 1회차 갱신계약은 예외
- 요율상대도 계산을 위해 계약자 또는 피보험자(보험대상자)에게 증빙자료의 제출을 요구할 수 있으며, 요율 상대도 계산을 위한 증빙자료 지연제출로 인해 발생한 보험료 차액에 대해서는 이자를 더하여 지급하지 않음
　※ 단, 「국민건강보험법」상 산정특례대상질환(암질환, 뇌혈관질환, 심장질환, 희귀난치성질환 등) 및 「노인장기요양보험법」상 장기요양대상자 중 1~2등급 판정받은 자에 대한 비급여의료비는 제외

구 분	1단계(할인)	2단계(유지)	3단계(할증)	4단계(할증)	5단계(할증)
보험료 갱신 전 12개월 이내 기간 동안 보험금 지급실적(원)	0원 (보험금 지급실적 없음)	0 초과~ 100만 미만	100만 이상~ 150만 미만	150만 이상~ 300만 미만	300만 이상
요율 상대도	할인[주]	100%	200%	300%	400%

주) 할인율은 매년 별도 산출

(5) 자동갱신절차에 관한 사항

보험기간 종료일 30일 전까지 계약자에게 서면 또는 전화(음성녹음) 안내(보험료 등 변경 내용)
→ 보험기간 종료일 15일 전까지 계약자의 별도 의사표시가 없으면 자동갱신
　　※ 최대 4회까지 갱신 가능
→ 계약자가 갱신 거절의사를 통지하면 계약 종료

주1) 갱신 시 연령 증가 및 의료수가 인상, 적용기초율 변경, 요율 상대도(할인 · 할증요율) 적용 등으로 보험료는 인상될 수 있음

(6) 재가입에 관한 사항

- 다음 각 호의 조건을 충족하고 계약자가 보장내용 변경주기 종료일 전일(비영업일인 경우 전 영업일)까지 재가입 의사를 표시한 때에는 재가입 시점에서 체신관서가 판매하는 실손의료보험 상품으로 재가입 가능
  ① 재가입일에 있어서 피보험자의 나이가 체신관서가 최초가입 당시 정한 나이의 범위 내일 것(종신까지 재가입 가능)
  ② 재가입 전 계약의 보험료가 정상적으로 납입완료 되었을 것
- 보장내용 변경주기 종료일 전일까지 계약자로부터 재가입 의사를 확인하지 못한 경우(계약자와의 연락두절로 체신관서의 안내가 계약자에게 도달하지 못한 경우 포함)에는 직전계약과 동일한 조건으로 보험계약을 자동 연장함. 다만, 보험료, 해약환급금 등 보험요율은 나이의 증가, 의료수가의 변동, 적용 기초율의 변동, 요율 상대도(할인 · 할증요율) 적용 등의 사유로 인하여 변동될 수 있음
- 직전 계약과 동일한 조건으로 자동 연장된 경우 계약자는 그 연장된 날로부터 90일 이내에 그 계약을 취소할 수 있으며, 체신관서는 연장된 날 이후 계약자가 납입한 보험료 전액을 환급
- 직전 계약과 동일한 조건으로 자동 연장된 경우 보험계약의 연장일은 체신관서가 계약자의 재가입의사를 확인한 날(계약자 등이 체신관서에 보험금을 청구함으로써 계약자에게 연락이 닿아 체신관서가 계약자의 재가입의사를 확인한 날 등)까지로 함
- 계약자의 재가입 의사가 확인된 경우에는 약관에서 정한 절차에 따라 체신관서가 재가입 의사를 확인한 날에 판매 중인 상품으로 다시 재가입하는 것으로 하며, 기존 계약은 해지됨. 다만, 계약자가 재가입을 원하지 않는 경우에는 해당 시점으로부터 계약은 해지

(7) 본인부담금 상한제 및 본인부담금 보상제 적용에 관한 사항

- 「국민건강보험법」에 따른 본인부담금 상한제
  요양급여비용 중 본인이 부담한 비용의 연간 총액이 일정 상한액[국민건강보험 지역가입자의 세대별 보험료 부담 수준 또는 직장가입자의 개인별 보험료 부담 수준에 따라 「국민건강보험법」 등 관련 법령에서 정한 금액(81만원~584만원)]을 초과하는 경우 그 초과액을 국민건강보험공단이 부담하는 제도
- 「의료급여법」에 따른 본인부담금 보상제
  수급권자의 급여 대상 본인부담금이 매 30일간 다음 금액을 초과하는 경우, 초과 금액의 50%에 해당하는 금액을 의료급여기금 등이 부담하는 제도
  1. 1종 수급권자 : 2만원
  2. 2종 수급권자 : 20만원
- 「의료급여법」에 따른 본인부담금 상한제
  본인부담금 보상제에 따라 지급받은 금액을 차감한 급여 대상 본인부담금이 다음 금액을 초과하는 경우, 그 초과액 전액을 의료급여기금 등이 부담하는 제도
  1. 1종 수급권자 : 매 30일간 5만원
  2. 2종 수급권자 : 연간 80만원(다만, 「의료법」 제3조 제2항 제3호 라목에 따른 요양병원에 연간 240일을 초과하여 입원한 경우에는 연간 120만원으로 한다)
  ※ 다만, 관련 법령 등이 변경되는 경우 변경된 기준을 따른다(상기 예시 금액은 2021.5월 기준).

(8) 보장내용

① 주계약

판매형태		보장종목	지급사유
종합형	질병형	질병급여	피보험자가 질병으로 인하여 의료기관에 입원 또는 통원하여 급여 치료를 받거나 급여 처방조제를 받은 경우(연간 5천만원 한도)
	상해형	상해급여	피보험자가 상해로 인하여 의료기관에 입원 또는 통원하여 급여 치료를 받거나 급여 처방조제를 받은 경우(연간 5천만원 한도)

주1) 비급여의료비는 보상하지 않음

② 무배당 비급여실손의료비특약(계약전환 · 단체개인전환 · 개인중지재개용)(갱신형) 2504

판매형태	보장종목	지급사유
상해형	상해비급여	피보험자가 상해로 인하여 의료기관에 입원 또는 통원하여 비급여 치료를 받거나 비급여 처방조제를 받은 경우(3대 비급여 제외, 연간 5천만원 한도)
질병형	질병비급여	피보험자가 질병으로 인하여 의료기관에 입원 또는 통원하여 비급여 치료를 받거나 비급여 처방조제를 받은 경우(3대 비급여 제외, 연간 5천만원 한도)
3대비급여형	3대 비급여	피보험자가 상해 또는 질병의 치료목적으로 의료기관에 입원 또는 통원하여 3대 비급여 치료를 받은 경우

주1) 3대 비급여 : 도수치료 · 체외충격파치료 · 증식치료, 주사료, 자기공명영상진단

③ 실손의료비보험 계약전환특약 2509

전환대상	2009년 10월 26일부터 2021년 6월 30일까지 체결된 실손의료비를 보장하는 주계약 또는 특약(단, 단체보험 및 노후 · 간편실손의료보험 제외)
계약전환	계약전환 신청시, 계약전환 당시 체신관서가 판매하는 실손의료보험 상품으로 전환

④ 단체실손의료비보험 개인실손전환특약 2107

계약전환	단체실손의료보험(이하 "단체실손")의 피보험자 또는 피보험자이었던 자가 단체실손을 개인실손의료보험(이하 "개인실손")으로 전환
전환후계약	계약전환 신청시, 계약전환 시점에 체신관서가 판매하는 개인실손으로 전환 (단, 전환되는 개인실손의 보장범위 등은 단체실손과 다를 수 있음)

⑤ 개인실손의료비보험 중지 및 재개특약 2304

개인실손 중지	개인실손 피보험자가 단체실손의 피보험자인 경우, 개인실손 계약자가 개인실손 중지 신청
개인실손 재개	중지된 개인실손의 계약재개 신청시, 계약중지 시점의 개인실손으로 재개. 다만, 계약재개 시점 기준으로 최초 보장개시일로부터 보장내용 변경주기를 초과한 경우 또는 계약자가 요청하는 경우 계약재개 시점에 체신관서가 판매하는 개인실손으로 재개하며, 재개되는 개인실손의 보장범위 등은 중지된 개인실손과 다를 수 있음(특히 보장범위 등이 축소될 수 있음)

⑥ 군장병 개인실손의료비보험 중지 및 재개특약 2409

개인실손 중지	개인실손 피보험자가 병역법 제5조(병역의 종류) 제1항 제1호 가목에서 정한 현역병으로 입영한 병사(복무 중인 경우 포함)인 경우, 개인실손 계약자가 개인실손 중지 신청
개인실손 재개	중지된 개인실손의 계약재개 신청 시, 계약중지 시점의 개인실손으로 재개. 다만, 계약재개 시점 기준으로 최초 보장개시일로부터 보장내용 변경주기를 초과한 경우 또는 계약자가 요청하는 경우 계약재개 시점에 체신관서가 판매하는 개인실손으로 재개하며, 재개되는 개인실손의 보장범위 등은 중지된 개인실손과 다를 수 있음(특히 보장범위 등이 축소될 수 있음)

14 무배당 우체국노후실손의료비보험(갱신형) 2504

(1) 주요 특징

특 징
• (의료비 전문 보험) 상해 및 질병 최고 1억원, 통원 건당 최고 100만원, 요양병원의료비 5천만원, 상급병실료차액 연간 2천만원 • 최대 90세까지 가입이 가능한 실버 전용보험 • 필요에 따라 종합형 · 질병형 · 상해형 중 선택 • 세제혜택 : 근로소득자는 납입한 보험료(연간 100만원 한도)에 대하여 12% 세액공제

(2) 가입요건

① 주계약(종합형, 질병형, 상해형), 무배당 요양병원의료비특약(갱신형) 2504, 무배당 상급병실료차액특약(갱신형) 2504

구 분	가입나이	보험기간	보험료 납입기간	보험가입금액 (구좌수)
최초계약	61~90세			
갱신계약	62세~	1년	전기납	1구좌 고정
재가입	64세~			

주1) 보장내용 변경주기 : 3년
주2) 재가입 종료 나이 : 종신
주3) 종합형, 질병형, 상해형 중 한 가지 형태를 계약자가 선택하여 가입 가능
　　 – 무배당 요양병원 의료비특약(갱신형) 2504 및 무배당 상급 병실료 차액특약(갱신형) 2504를 가입하는 경우 종합형을 가입해야 함

② 지정대리청구서비스특약 2109, 장애인전용보험전환특약 2007

(3) 자동갱신절차에 관한 사항

보험기간 종료일 30일 전까지 계약자에게 서면 또는 전화(음성녹음) 안내(보험료 등 변경 내용)
→ 보험기간 종료일 15일 전까지 계약자의 별도 의사표시가 없으면 자동갱신
　※ 최대 2회까지 갱신 가능
→ 계약자가 갱신 거절의사를 통지하면 계약 종료

주1) 갱신 시 연령 증가 및 의료수가 인상, 예정기초율 변경 등으로 보험료는 인상될 수 있음

(4) 재가입에 관한 사항

다음 각 호의 조건을 충족하고 계약자가 보장내용 변경주기 종료일 전일(비영업일인 경우 전 영업일)까지 재가입 의사를 표시한 때에는 재가입 시점에서 체신관서가 판매하는 노후실손의료보험 상품으로 재가입 가능
① 재가입일에 있어서 피보험자의 나이가 체신관서가 최초가입 당시 정한 나이의 범위 내일 것(종신까지 재가입 가능)
② 재가입 전 계약의 보험료가 정상적으로 납입완료되었을 것
  ※ 계약자로부터 별도의 의사표시가 없을 때에는 계약종료

(5) 보장내용

① 주계약

판매형태		보장종목		지급사유
종합형	질병형	질병보장	질병의료비	질병으로 인하여 병원(요양병원 제외)에 입원 또는 통원하여 치료를 받거나 처방 조제를 받은 경우[연간 1억원 한도. 다만, 통원은 회(건)당 최고 100만원 한도]
	상해형	상해보장	상해의료비	상해로 인하여 병원(요양병원 제외)에 입원 또는 통원하여 치료를 받거나 처방 조제를 받은 경우[연간 1억원 한도. 다만, 통원은 회(건)당 최고 100만원 한도]

② 특약

㉠ 무배당 요양병원의료비특약(갱신형) 2504

지급구분	지급사유
요양병원의료비	상해 또는 질병으로 인하여 요양병원에 입원 또는 통원하여 치료를 받거나 처방조제를 받은 경우[상해 및 질병을 통합하여 연간 5천만원 한도. 다만, 통원은 회(건)당 최고 100만원 한도]

㉡ 무배당 상급병실료차액특약(갱신형) 2504

지급구분	지급사유
상급병실료차액 보험금	상해 또는 질병으로 인하여 병원의 상급병실에 입원하여 치료를 받은 경우(상해 및 질병을 통합하여 연간 2천만원 한도, 1일당 평균금액 10만원 한도)

15　무배당 우체국간편실손의료비보험(갱신형) 2504

(1) 주요 특징

특 징
• 병이 있거나 나이가 많아도 3가지(건강관련) 간편고지로 간편하게 가입하는 실손보험
• 5세부터 90세까지 가입 가능
• 입원 최대 5천만원, 통원 건당 20만원(단, 처방조제비 제외) 보장
• 필요에 따라 종합형, 질병형, 상해형 중 선택
• 세제혜택 : 근로소득자 납입 보험료(연간 100만원 한도) 12% 세액공제

(2) 가입요건

① 주계약(종합형, 질병형, 상해형)

구 분	가입나이	보험기간	보험료 납입기간	보험가입금액 (구좌수)
최초계약	5~90세			
갱신계약	6세~	1년	전기납	1구좌 고정
재가입	8세~			

주1) 보장내용 변경주기 : 3년
주2) 재가입 종료 나이 : 종신
주3) 종합형, 질병형, 상해형 중 한 가지 형태를 계약자가 선택하여 가입 가능

판매형태	보장종목
질병형	질병입원+질병통원
상해형	상해입원+상해통원
종합형	질병입원+질병통원+상해입원+상해통원

② 특약 : 지정대리청구서비스특약 2109, 장애인전용보험전환특약 2007

(3) 자동갱신절차에 관한 사항

> 보험기간 종료일 30일 전까지 계약자에게 서면 또는 전화(음성녹음) 안내(보험료 등 변경 내용)
> → 보험기간 종료일 15일 전까지 계약자의 별도 의사표시가 없으면 자동갱신
> 　※ 최대 2회까지 갱신 가능
> → 계약자가 갱신 거절의사를 통지하면 계약 종료

주1) 갱신 시 연령 증가 및 의료수가 인상, 예정기초율 변경 등으로 보험료 인상 가능

(4) 재가입에 관한 사항

다음 각 호의 조건을 충족하고 계약자가 보장내용 변경주기 종료일 전일(비영업일인 경우 전 영업일)까지 재가입 의사를 표시한 때에는 재가입 시점에서 체신관서가 판매하는 간편실손의료보험 상품으로 재가입 가능
① 재가입일에 있어서 피보험자의 나이가 체신관서가 최초가입 당시 정한 나이의 범위 내일 것(종신까지 재가입 가능)
② 재가입 전 계약의 보험료가 정상적으로 납입완료 되었을 것
　　※ 계약자로부터 별도의 의사표시가 없을 때에는 계약종료

(5) 간편고지에 관한 사항

- 이 상품은 "간편고지" 상품으로 유병력자 등 일반심사보험에 가입하기 어려운 피보험자를 대상으로 함
- 이 상품은 일반심사보험에 비해 보험료가 할증되어 있으며 일반계약 심사를 할 경우 이 보험보다 저렴한 일반심사형 실손의료비보험에 가입할 수 있음(다만, 일반심사보험의 경우 건강상태나 가입나이에 따라 가입이 제한될 수 있으며 보장하는 담보 및 내용에는 차이가 있을 수 있음)
- 이 상품 가입 시 간편고지 상품과 일반심사보험의 보험료 수준을 비교하여 설명하고, 이에 대한 계약자 확인을 받아야 함
- 최초계약 청약일로부터 직전 3개월 이내에 표준체에 해당하는 일반심사형 상품으로 가입한 피보험자를 대상으로 청약하는 경우, 피보험자의 유병력자 여부를 추가로 심사함. 다만, 해당 일반심사형 계약의 보험금이 이미 지급되거나 청구서류를 접수한 경우에는 그러하지 않음
  - 피보험자가 유병력자임을 알 수 없을 경우, 간편실손의료비보험 계약의 청약을 거절함
- 이 상품 가입 후 최초계약 계약일로부터 3개월이 지나지 않은 피보험자를 대상으로 표준체에 해당하는 일반심사형 상품에 청약한 경우, 해당 피보험자가 일반실손보험에 가입 가능한지 여부를 심사함. 다만, 본 계약의 보험금이 이미 지급되거나 청구서류를 접수한 경우에는 그러하지 않음
  - 일반실손보험에 가입이 가능한 경우에는 본 상품의 계약을 무효로 하며 이미 납입한 보험료를 보험계약자에게 돌려주고, 일반실손보험에 가입할 수 있음을 고객에게 안내함

(6) 보장내용

판매형태		보장종목		지급사유
종합형	질병형	질병입원	입원의료비	질병으로 인하여 병원에 입원하여 치료를 받은 경우(하나의 질병당 5천만원 한도)
		질병통원	통원의료비	질병으로 인하여 병원에 통원하여 치료를 받은 경우(단, 처방조제비 제외, 1회당 20만원 한도, 연간 180회 한도)
	상해형	상해입원	입원의료비	상해로 인하여 병원에 입원하여 치료를 받은 경우(하나의 상해당 5천만원 한도)
		상해통원	통원의료비	상해로 인하여 병원에 통원하여 치료를 받은 경우(단, 처방조제비 제외, 1회당 20만원 한도, 연간 180회 한도)

주1) 도수치료·체외충격파치료·증식치료로 발생한 비급여의료비, 비급여 주사료 및 자기공명영상진단(MRI/MRA)으로 발생한 비급여의료비는 보상에서 제외

(1) 주요 특징

특 징
• 차상위계층 이하 저소득층을 위한 공익형 상해보험
• 성별 · 나이에 상관없이 보험료 1만원(1년 만기 기준), 1회 납입 1만원(1년 만기 기준) 초과 보험료는 체신관서가 공익자금으로 지원
• 사고에 따른 유족보장과 재해입원 · 수술비 정액 보상
• 만기보험금(1년 만기 1만원, 3년 만기 3만원) 지급으로 납입보험료 100% 환급

(2) 가입요건

① 주계약

보험기간	가입나이	납입기간	가입금액(구좌수)
1년 만기, 3년 만기	만 15~65세	일시납	1구좌 고정

주1) 보험계약자는 개별 보험계약자와 과학기술정보통신부장관을 공동 보험계약자로 하며, 개별 보험계약자를 대표자로 함

② 지정대리청구서비스특약 2109, 장애인전용보험전환특약 2007

(3) 피보험자 자격요건

「국민기초생활보장법」에서 정한 차상위계층 이하

(4) 피보험자 확인서류

차상위계층 확인서 또는 수급자 증명서

(5) 보험료 납입

개별 보험계약자는 1년 만기의 경우 1만원, 3년 만기의 경우 3만원의 보험료를 납입하며, 나머지 보험료는 과학기술정보통신부장관이 납입

(6) 보장내용(주계약)

지급구분	지급사유
만기보험금	보험기간이 끝날 때까지 살아 있을 때
유족위로금	재해를 직접적인 원인으로 사망하였을 때
재해입원보험금	재해로 인하여 그 직접적인 치료를 목적으로 4일 이상 입원하였을 때(3일 초과 입원일수 1일당, 120일 한도)
재해수술보험금	재해로 인하여 그 직접적인 치료를 목적으로 수술을 받았을 때(수술 1회당)

(1) 주요 특징

특 징
• 사망부터 생존(진단, 입원, 수술 등)까지 종합적으로 보장하는 통합건강보험
• 대상포진 및 통풍 등 생활형 질병 보장
• 시니어 보장강화로 면역관련(다발경화증, 특정 류마티스관절염 등)질환 및 시니어 수술(백내장 · 관절염 · 인공관절 치환 수술) 특화 보장
• 중증 치매로 최종 진단 확정 시 중증 치매 진단 간병자금 지급
• 장해(50% 이상) 발생 시 보험료 납입면제 제공 및 주계약 보험료 고액 계약 할인으로 보험료 납입 부담 완화
• 첫날부터 입원비 보장(일반 입원 및 중환자실 입원)
• 세제 혜택 : 근로소득자는 납입보험료(연간 100만원 한도)에 대하여 12% 세액공제

(2) 가입요건

① 주계약

가입나이	보험기간	납입기간	납입주기	보험가입금액
만 15~50세	90, 95, 100세 만기	5, 10, 15, 20, 30년납	월 납	1,000만원~ 4,000만원 (500만원 단위)
51~60세		5, 10, 15, 20년납		
61~65세		5, 10, 15년납		

주1) 피보험자가 가입 당시 61세 이상인 경우 보험가입금액 2,000만원 한도

② 특약

㉠ 무배당 재해치료특약II 2504, 무배당 암보장특약 2504, 무배당 뇌혈관질환보장특약 2504, 무배당 심장질환보장특약 2504, 무배당 시니어보장특약 2504

가입나이	보험기간	납입기간	납입주기	보험가입금액
주계약과 동일				1,000만원~2,000만원 (주계약 가입금액 이내에서 500만원 단위)

주1) 피보험자가 가입 당시 61세 이상인 경우 보험가입금액 1,000만원(고정) 한도

㉡ 무배당 중증치매간병비특약II 2504

가입나이	보험기간	납입기간	납입주기	보험가입금액
30~50세	90, 95, 100세 만기	5, 10, 15, 20, 30년납	월 납	1,000만원~2,000만원 (주계약 가입금액 이내에서 500만원 단위)
51~60세		5, 10, 15, 20년납		
61~65세		5, 10, 15년납		

주1) 피보험자가 가입 당시 61세 이상인 경우 보험가입금액 1,000만원(고정) 한도

ⓒ 무배당 대상포진보장특약(갱신형) 2504, 무배당 통풍보장특약(갱신형) 2504, 무배당 첫날부터 입원특약(갱신형) 2504, 무배당 수술특약(갱신형) 2504, 무배당 시니어수술특약(갱신형) 2504, 무배당 12대질병입원수술특약(갱신형) 2504

구 분	가입나이	보험기간	납입기간	납입주기	보험가입금액
최초계약	만 15~65세	10년	전기납	월 납	1,000만원~2,000만원 (주계약 가입금액 이내에서 500만원 단위)
갱신계약	만 25~(주계약 만기 나이-1)세	1~10년			

주1) 보험기간은 10년 만기(갱신형)으로 운영함. 단, 최종 갱신계약의 보험기간 만료일은 주계약 보험기간 만료일까지로 함
주2) 피보험자가 가입 당시 61세 이상인 경우 보험가입금액 1,000만원(고정) 한도

ⓓ 무배당 암입원수술특약(갱신형) 2504

구 분	가입나이	보험기간	납입기간	납입주기	보험가입금액
최초계약	만 15~65세	10년	전기납	월 납	500만원~1,000만원 (500만원 단위)
갱신계약	만 25~(주계약 만기나이-1)세	1~10년			

주1) 보험기간은 10년 만기(갱신형)으로 운영함. 단, 최종 갱신계약의 보험기간 만료일은 주계약 보험기간 만료일까지로 함
주2) 피보험자가 가입 당시 61세 이상인 경우 보험가입금액 500만원(고정) 한도

ⓔ 무배당 요양병원암입원특약Ⅲ(갱신형) 2504

구 분	가입나이	보험기간	납입기간	납입주기	보험가입금액
최초계약	만 15~65세	10년 만기 (갱신형)	전기납	월 납	500만원~1,000만원 (500만원 단위)
갱신계약	만 25~70세				

주1) 피보험자가 가입 당시 61세 이상인 경우 보험가입금액 500만원(고정) 한도
주2) (무)요양병원암입원특약Ⅲ(갱신형) 2504는 (무)암입원수술특약(갱신형) 2504를 가입하는 경우에 한하여 부가

ⓕ 이륜자동차 운전 및 탑승중 재해 부담보 특약 2109, 지정대리청구서비스특약 2109, 장애인전용보험 전환특약 2007

(3) 보험료 할인에 관한 사항(고액 할인)

주계약 보험가입금액	2천만원 이상~ 3천만원 미만	3천만원 이상~ 4천만원 미만	4천만원
할인율	1.0%	2.0%	3.0%

주1) 고액 할인은 주계약 보험료(특약보험료 제외)에 한하여 적용

(4) 특약의 갱신에 관한 사항

갱신절차	보험기간 만료일 30일 전까지 계약자에게 서면 또는 전화(음성녹음) 안내(보험료 등 변경내용) → 보험기간 만료일 15일 전까지 계약자의 별도 의사표시가 없으면 자동갱신 　※ (무)대상포진보장특약(갱신형) 2504 (무)통풍보장특약(갱신형) 2504, (무)첫날부터입원특약(갱신형) 　　　2504, (무)수술특약(갱신형) 2504, (무)시니어수술특약(갱신형) 2504, (무)12대질병입원수술특약(갱 　　　신형) 2504, (무)암입원수술특약(갱신형) 2504의 경우, 최대 주계약 보험기간 만료일의 1년 전 계약 　　　해당일까지 갱신 가능하며, 최종 갱신계약의 보험기간 만료일은 주계약 보험기간 만료일까지로 함 　※ (무)요양병원암입원특약Ⅲ(갱신형) 2504의 경우, 피보험자 나이 70세를 초과하는 경우에는 이 특약 　　　을 갱신할 수 없음 → 계약자가 갱신 거절의사를 통지하면 계약 종료
갱신계약 보험료	갱신계약의 보험료는 각각의 특약상품에 따라 나이의 증가, 적용기초율의 변동 등의 사유로 인상 가능

(5) 지정대리청구인 지정에 관한 사항(무배당 중증치매간병비특약Ⅱ 2504에 한함)

계약자가 본인을 위한 특약(계약자, 피보험자 및 보험수익자가 모두 동일)을 체결할 경우, 체신관서는 지정대리청구서비스 신청서를 교부하고 지정대리청구인 지정에 관련된 내용을 설명하여야 함. 다만, 전화를 이용하여 특약을 체결하는 경우에는 음성 녹음함으로써 교부 및 설명한 것으로 봄

① 계약자는 보험금을 직접 청구할 수 없는 특별한 사정이 있을 경우를 대비하여 특약을 체결할 때 또는 특약 체결 이후에 다음 각 호의 어느 하나에 해당하는 자 중에서 보험금의 대리청구인(2인 이내에서 지정하되, 2인 지정 시 대표대리인을 지정, 이하 "지정대리청구인"이라 함)을 지정(변경 지정 포함)할 수 있음. 다만, 지정대리청구인은 보험금 청구 시에도 다음 각 호의 어느 하나에 해당하여야 함
　1. 피보험자의 가족관계등록부상의 배우자
　2. 피보험자의 3촌 이내의 친족
② 제1항에도 불구하고 지정대리청구인이 지정된 이후에 보험수익자가 변경되는 경우에는 이미 지정된 지정대리청구인의 자격은 자동적으로 상실된 것으로 봄

(6) 보장내용

① 주계약

지급구분	지급사유
사망보험금	보험기간 중 사망하였을 때

※ 플러스보험기간(약관에서 정한 플러스보험기간이 적용되는 경우에 한함)

지급구분	지급사유
플러스사망보험금	플러스보험기간 중 사망하였을 때

주1) 플러스보험기간이란 보험기간이 만료되는 시점에 플러스적립금이 발생하는 경우, 보험기간 만료 후부터 10년 동안 자동으로 연장되어 추가적인 보장을 받는 기간

② 특약

㉠ 무배당 재해치료특약Ⅱ 2504

지급구분	지급사유
재해장해보험금	재해로 인하여 장해분류표에서 정한 각 장해지급률에 해당하는 장해상태가 되었을 때
재해장해생활자금	장해분류표 중 동일한 재해로 여러 신체부위의 합산 장해지급률이 50% 이상인 장해상태가 되었을 때
재해외모수술보험금	재해로 인하여 외모상해의 직접적인 치료를 목적으로 외모수술을 받았을 때(수술 1회당)
재해화상진단보험금	재해로 인하여 화상으로 진단이 확정되었을 때(사고 1회당)
재해골절 (치아파절제외)보험금	재해로 인하여 골절상태가 되었을 때(사고 1회당)
재해깁스치료 (부목제외)보험금	재해로 인하여 그 직접적인 치료를 목적으로 깁스(Cast)치료를 받았을 때(사고 1회당)

㉡ 무배당 암보장특약 2504

지급구분	지급사유
암진단보험금	암보장개시일 이후에 최초의 암으로 진단이 확정되었을 때(단, 최초 1회에 한함)
	보험기간 중 최초의 갑상선암, 기타 피부암, 대장점막내암, 제자리암 또는 경계성 종양으로 진단이 확정되었을 때(단, 각각 최초 1회에 한함)
고액암진단보험금	보험기간 중 암보장개시일 이후에 최초의 고액암으로 진단이 확정되었을 때(단, 최초 1회에 한함)
항암방사선· 약물치료보험금	암보장개시일 이후에 암으로 진단이 확정되고 그 암의 직접적인 치료를 목적으로 항암방사선치료 또는 항암약물치료를 받았을 때(단, 항암방사선치료 또는 항암약물치료 둘 중 최초 1회에 한함)
	보험기간 중 갑상선암, 기타 피부암, 대장점막내암, 제자리암 또는 경계성 종양으로 진단이 확정되고 그 갑상선암, 기타 피부암, 대장점막내암, 제자리암 또는 경계성 종양의 직접적인 치료를 목적으로 항암방사선치료 또는 항암약물치료를 받았을 때(단, 갑상선암, 기타 피부암, 대장점막내암, 제자리암 및 경계성 종양 각각 항암방사선치료 또는 항암약물치료 둘 중 최초 1회에 한함)

주1) 암보장개시일은 계약일[부활(효력회복)일]부터 그날을 포함하여 90일이 지난 날의 다음 날로 함

㉢ 무배당 뇌혈관질환보장특약 2504

지급구분	지급사유
뇌출혈진단보험금	보험기간 중 최초의 뇌출혈로 진단이 확정되었을 때(단, 최초 1회에 한함)
뇌경색증진단보험금	보험기간 중 최초의 뇌경색증으로 진단이 확정되었을 때(단, 최초 1회에 한함)
뇌혈관질환진단보험금	보험기간 중 최초의 뇌혈관질환으로 진단이 확정되었을 때(단, 최초 1회에 한함)

㉣ 무배당 심장질환보장특약 2504

지급구분	지급사유
급성심근경색증진단보험금	보험기간 중 최초의 급성심근경색증으로 진단이 확정되었을 때(단, 최초 1회에 한함)
허혈성심장질환진단보험금	보험기간 중 최초의 허혈성심장질환으로 진단이 확정되었을 때(단, 최초 1회에 한함)

ⓜ 무배당 시니어보장특약 2504

지급구분	지급사유
특정파킨슨병진단보험금	특정파킨슨병보장개시일 이후에 최초의 특정파킨슨병으로 최종 진단 확정되었을 때 (단, 최초 1회에 한함)
다발경화증진단보험금	보험기간 중 최초의 다발경화증으로 진단이 확정되었을 때(단, 최초 1회에 한함)
중증재생불량성빈혈진단보험금	보험기간 중 최초의 중증재생불량성빈혈로 진단이 확정되었을 때(단, 최초 1회에 한함)
특정류마티스관절염진단보험금	보험기간 중 최초의 특정류마티스관절염으로 진단이 확정되었을 때(단, 최초 1회에 한함)

주1) 특정파킨슨병보장개시일은 계약일[부활(효력회복)일]부터 그날을 포함하여 1년이 지난 날의 다음 날로 함

ⓗ 무배당 중증치매간병비특약Ⅱ 2504

지급구분	지급사유
중증 치매 진단 간병자금	치매 보장개시일 이후에 '중증 치매 상태'로 진단 후 90일이 지난 이후에 '중증 치매 상태'로 최종 진단 확정되고, 최종 진단 확정된 날을 최초로 하여 15년 동안 매년 최종 진단 확정일에 살아 있을 때(단, 최초 1회의 최종 진단 확정에 한함) ※ 15년(180개월)을 최고한도로 지급

주1) 치매보장개시일은 계약일[부활(효력회복)일]부터 그날을 포함하여 1년이 지난 날의 다음 날로 함. 다만, 질병으로 인한 "중증치매상태"가 없는 상태에서 재해로 인한 뇌의 손상을 직접적인 원인으로 "중증치매상태"가 발생한 경우 치매보장 개시일은 계약일[부활(효력회복)일]로 함

ⓢ 무배당 대상포진보장특약(갱신형) 2504

지급구분	지급사유
대상포진진단보험금	보험기간 중 최초의 대상포진으로 진단이 확정되었을 때(단, 최초 1회에 한함)
건강관리자금	보험기간(10년)이 끝날 때까지 살아 있을 때

ⓞ 무배당 통풍보장특약(갱신형) 2504

지급구분	지급사유
통풍진단보험금	보험기간 중 최초의 통풍으로 진단이 확정되었을 때(단, 최초 1회에 한함)
건강관리자금	보험기간(10년)이 끝날 때까지 살아 있을 때

ⓩ 무배당 첫날부터입원특약(갱신형) 2504

지급구분	지급사유
입원보험금	보험기간 중 질병 또는 재해로 인하여 그 직접적인 치료를 목적으로 입원하였을 때(1일 이상 입원일수 1일당, 120일 한도)
중환자실입원보험금	보험기간 중 질병 또는 재해로 인하여 그 직접적인 치료를 목적으로 중환자실에 입원하였을 때(1일 이상 입원일수 1일당, 60일 한도)
건강관리자금	보험기간(10년)이 끝날 때까지 살아 있을 때

ⓩ 무배당 수술특약(갱신형) 2504

지급구분	지급사유
수술보험금	보험기간 중 질병 또는 재해로 인하여 그 직접적인 치료를 목적으로 수술을 받았을 때(수술 1회당)
건강관리자금	보험기간(10년)이 끝날 때까지 살아 있을 때

㉠ 무배당 시니어수술특약(갱신형) 2504

지급구분	지급사유
인공관절치환 수술보험금	보험기간 중 질병 또는 재해로 인하여 그 직접적인 치료를 목적으로 인공관절(견관절, 고관절, 슬관절) 치환수술을 받았을 때(수술 1회당)
관절염수술보험금	보험기간 중 관절염으로 진단이 확정되고 그 직접적인 치료를 목적으로 수술을 받았을 때(수술 1회당)
백내장수술보험금	보험기간 중 백내장으로 진단이 확정되고 그 직접적인 치료를 목적으로 수술을 받았을 때(수술 1회당)
건강관리자금	보험기간(10년)이 끝날 때까지 살아 있을 때

㉣ 무배당 12대질병입원수술특약(갱신형) 2504

지급구분	지급사유
12대성인질환 입원보험금	보험기간 중 12대성인질환으로 진단이 확정되고, 그 직접적인 치료를 목적으로 4일 이상 입원하였을 때(3일 초과 입원일수 1일당, 120일 한도)
12대성인질환 수술보험금	보험기간 중 12대성인질환으로 진단이 확정되고, 그 직접적인 치료를 목적으로 수술을 받았을 때(수술 1회당)
건강관리자금	보험기간(10년)이 끝날 때까지 살아 있을 때

㉤ 무배당 암입원수술특약(갱신형) 2504

지급구분	지급사유
암직접치료 입원보험금	암보장개시일 이후 암으로 진단이 확정되고, 직접적인 치료를 목적으로 4일 이상 입원(단, 요양병원 제외)하였을 때(3일 초과 입원일수 1일당, 120일 한도)
	보험기간 중 갑상선암, 기타피부암, 대장점막내암, 제자리암 또는 경계성 종양으로 진단이 확정되고, 직접적인 치료를 목적으로 4일 이상 입원(단, 요양병원 제외)하였을 때(3일 초과 입원일수 1일당, 120일 한도)
암수술보험금	암보장개시일 이후 암으로 진단이 확정되고, 직접적인 치료를 목적으로 수술을 받았을 때(수술 1회당)
	보험기간 중 갑상선암, 기타피부암, 대장점막내암, 제자리암 또는 경계성 종양으로 진단이 확정되고, 그 직접적인 치료를 목적으로 수술을 받았을 때(수술 1회당)
건강관리자금	보험기간(10년)이 끝날 때까지 살아 있을 때

주1) 암보장개시일은 계약일[부활(효력회복)일]부터 그날을 포함하여 90일이 지난 날의 다음 날로 하며, 갱신계약의 경우 갱신일로 함

ⓗ 무배당 요양병원암입원특약Ⅲ(갱신형) 2504

지급구분	지급사유
요양병원 암입원보험금	암보장개시일 이후 암으로 진단이 확정되고 그 치료를 목적으로 4일 이상 요양병원에 입원하였거나, 보험기간 중 갑상선암, 기타피부암, 대장점막내암, 제자리암 또는 경계성 종양으로 진단이 확정되고 그 치료를 목적으로 4일 이상 요양병원에 입원하였을 때(3일 초과 입원일수 1일당, 60일 한도)
건강관리자금	보험기간(10년)이 끝날 때까지 살아 있을 때

주1) 암보장개시일은 계약일[부활(효력회복)일]부터 그날을 포함하여 90일이 지난 날의 다음 날로 하며, 갱신계약의 경우 갱신일로 함

18 무배당 우체국간편건강보험(325)(20년 갱신형) 2504

(1) 주요 특징

특 징
• 3가지(건강 관련) 간편 고지로 간편하게 가입 • 보험 가입이 어려웠던 고령자 및 유병자도 가입 가능 • 3대 질병(암, 뇌, 심) 중심 진단, 입원, 수술비와 치료비, 일상생활의 위험까지 폭넓은 보장 제공 • 주계약은 재해 사망으로 간소화하고 필요한 담보는 특약으로 가입할 수 있도록 설계하여 고객 선택권 확대 • 긴 기간 동안 보험료 인상 걱정 없도록 20년 갱신형으로 운영하여 최대 100세까지 안정적인 보장제공

(2) 가입요건

① 주계약

구 분	가입나이		보험기간	납입기간	납입주기	보험가입금액
	1종(간편가입)	2종(일반가입)				
최초계약	30~80세	만15~70세	20년 만기	전기납	월 납	1,000만원~ 4,000만원 (500만원 단위)
갱신계약	50~80세	만35~80세	20년 만기			
	81~99세	81~99세	100세 만기			

주1) 1종(간편 가입)과 2종(일반가입)의 중복가입이 불가함
주2) 피보험자가 가입 당시 66세 이상인 경우 보험가입금액 2,000만원 한도

② 특약

㉠ 무배당 간편Ⅱ암진단특약(20년 갱신형) 2504, 무배당 간편Ⅱ뇌출혈진단특약(20년 갱신형) 2504, 무배당 간편Ⅱ급성심근경색증진단특약(20년 갱신형) 2504

구 분	가입나이	보험기간	납입기간	납입주기	보험가입금액
1종(간편가입)					500만원~3,000만원 (주계약 가입 금액 이내에서 500만원 단위)
2종(일반가입)		주계약과 동일			500만원~4,000만원 (주계약 가입금액 이내에서 500만원 단위)

주1) 피보험자가 가입 당시 66세 이상인 경우 1종 보험가입금액 1,500만원 한도, 2종 2,000만원 한다.

ⓛ 무배당 간편Ⅱ 표적항암약물허가치료특약(10년 갱신형) 2504

구 분		가입나이	보험기간	납입기간	납입주기	가입한도
1종 (간편가입)	최초계약	30~80세	10년 만기	전기납	월 납	500만원~2,000만원 (주계약 가입금액 이내에서 500만원 단위)
	갱신계약	40~90세	10년 만기			
		91~99세	100세 만기			
2종 (일반가입)	최초계약	만15~70세	10년 만기	전기납	월 납	500만원~3,000만원 (주계약 가입금액 이내에서 500만원 단위)
	갱신계약	만25~90세	10년 만기			
		91~99세	100세 만기			

주1) 보험기간은 10년 만기(갱신형)로 운영함
주2) 피보험자가 가입 당시 66세 이상인 경우 보험가입금액 1종 1,000만원 한도, 2종 1,500만원 한도

ⓒ 무배당 간편Ⅱ 뇌혈관질환진단특약(20년 갱신형) 2504, 무배당 간편Ⅱ 허혈성심장질환진단특약(20년 갱신형) 2504

구 분	가입나이		보험기간	납입기간	납입주기	보험가입금액
	1종(간편가입)	2종(일반가입)				
주계약과 동일						500만원~2,000만원 (주계약 가입 금액 이내에 서 500만원 단위)

주1) 피보험자가 가입당시 66세 이상 70세 이하인 경우 보험가입금액 1,000만원 한도, 71세 이상인 경우 보험가입금액 500만원(고정)

ⓔ 무배당 간편Ⅱ 뇌경색증진단특약(20년 갱신형) 2504, 무배당 간편Ⅱ 후유장해특약(20년 갱신형) 2504

구 분	가입나이		보험기간	납입기간	납입주기	보험가입금액
	1종(간편가입)	2종(일반가입)				
주계약과 동일						500만원~2,000만원 (주계약 가입 금액 이내에 서 500만원 단위)

주) 피보험자가 가입 당시 66세 이상인 경우 보험가입금액 1,000만원 한도

ⓜ 무배당 간편Ⅱ 급성뇌경색증혈전용해치료특약(20년 갱신형) 2504, 무배당 간편Ⅱ 급성심근경색증혈전용해치료특약(20년 갱신형) 2504

구 분	가입나이			보험 기간	납입 기간	납입 주기	보험 가입 금액
	1종(간편가입)	2종(일반가입)					
		남자	여자				
최초계약	30~80세	만15~70세	23~70세	20년 만기	전기납	월 납	1,000만원 (고정)
갱신계약	50~80세	만35~80세	43~80세	20년 만기			
	81~99세	81~99세		100세 만기			

ⓑ 무배당 간편Ⅱ암입원수술특약(20년 갱신형) 2504, 무배당 간편Ⅱ항암방사선약물치료특약(20년 갱신형) 2504, 무배당 간편Ⅱ뇌질환입원수술특약(20년 갱신형) 2504, 무배당 간편Ⅱ심질환입원수술특약(20년 갱신형) 2504, 무배당 간편Ⅱ첫날부터질병입원특약(20년 갱신형) 2504, 무배당 간편Ⅱ첫날부터재해입원특약(20년 갱신형) 2504, 무배당 간편Ⅱ집중입원특약(20년 갱신형) 2504, 무배당 간편Ⅱ질병수술특약(20년 갱신형) 2504, 무배당 간편Ⅱ재해수술특약(20년 갱신형) 2504, 무배당 간편Ⅱ재해보장특약(20년 갱신형) 2504

구 분	가입나이		보험기간	납입기간	납입주기	보험가입금액
	1종(간편가입)	2종(일반가입)				
주계약과 동일						500만원~1,000만원 (500만원 단위)

주) 피보험자가 가입 당시 66세 이상인 경우 보험가입금액 500만원 고정

ⓢ 특약 1종(간편가입)은 주계약 1종(간편가입)에 한하여 부가 가능하고, 특약 2종(일반가입)은 주계약 2종(일반가입)에 한하여 부가 가능

ⓞ 이륜자동차 운전 및 탑승중 재해 부담보 특약 2109, 지정대리청구서비스특약 2109, 장애인전용보험전환특약 2007

(3) 특약의 갱신에 관한 사항

갱신절차	• 보험기간 만료일 30일 전까지 계약자에게 서면 또는 전화(음성녹음) 안내(보험료 등 변경내용) → 보험기간 만료일 15일 전까지 계약자의 별도 의사표시가 없으면 자동갱신 　※ 피보험자의 99세 계약해당일까지 갱신가능하며 피보험자의 81세 이후에 도래하는 갱신계약의 보험기간 만료일은 피보험자의 100세 계약해당일까지로 함[단, (무)간편Ⅱ표적항암약물허가치료특약(10년 갱신형) 2504 제외] 　※ (무)간편Ⅱ표적항암약물허가치료특약(10년 갱신형) 2504의 경우, 피보험자의 99세 계약 해당일까지 갱신가능하며 피보험자의 91세 이후에 도래하는 갱신계약의 보험기간 만료일은 피보험자의 100세 계약해당일까지로 함 → 계약자가 갱신 거절의사를 통지하면 계약 종료 • (무)간편Ⅱ암진단특약(20년 갱신형) 2504의 경우, 피보험자에게 암진단보험금 지급 사유가 발생한 경우에는 이 특약을 갱신할 수 없음. 단, 갑상선암, 기타 피부암, 대장점막내암, 제자리암 또는 경계성 종양으로 암진단보험금 지급 사유가 발생한 경우에는 특약을 갱신할 수 있음 • (무)간편Ⅱ항암방사선약물치료특약(20년 갱신형) 2504의 경우, 피보험자에게 항암방사선·약물치료보험금 지급 사유가 발생한 경우에는 이 특약을 갱신할 수 없음. 단, 갑상선암, 기타 피부암, 대장점막내암, 제자리암 또는 경계성 종양으로 항암방사선·약물치료보험금 지급 사유가 발생한 경우에는 특약을 갱신할 수 있음 • (무)간편Ⅱ표적항암약물허가치료특약(10년 갱신형) 2504의 경우, 피보험자에게 표적항암약물 허가치료보험금 지급 사유가 발생한 경우에는 이 특약을 갱신할 수 없음 • (무)간편Ⅱ뇌출혈진단특약(20년 갱신형) 2504의 경우, 피보험자에게 뇌출혈 진단보험금 지급사유가 발생한 경우에는 이 특약을 갱신할 수 없음 • (무)간편Ⅱ뇌혈관질환진단특약(20년 갱신형) 2504의 경우, 피보험자에게 뇌혈관질환 진단보험금 지급 사유가 발생한 경우에는 이 특약을 갱신할 수 없음 • (무)간편Ⅱ뇌경색증진단특약(20년 갱신형) 2504의 경우, 피보험자에게 뇌경색증 진단보험금 지급 사유가 발생한 경우에는 이 특약을 갱신할 수 없음 • (무)간편Ⅱ급성뇌경색증혈전용해치료특약(20년 갱신형) 2504의 경우, 피보험자에게 급성 뇌경색증 혈전용해 치료보험금 지급 사유가 발생한 경우에는 이 특약을 갱신할 수 없음

	• (무)간편Ⅱ급성심근경색증진단특약(20년 갱신형) 2504의 경우, 피보험자에게 급성 심근경색증 진단보험금 지급 사유가 발생한 경우에는 이 특약을 갱신할 수 없음 • (무)간편Ⅱ허혈성심장질환진단특약(20년 갱신형) 2504의 경우, 피보험자에게 허혈성심장질환진단보험금 지급 사유가 발생한 경우에는 이 특약을 갱신할 수 없음 • (무)간편Ⅱ급성심근경색증혈전용해치료특약(20년 갱신형) 2504의 경우, 피보험자에게 급성 심근경색증Ⅱ혈전용해 치료보험금 지급 사유가 발생한 경우에는 이 특약을 갱신할 수 없음 • (무)간편Ⅱ후유장해특약(20년 갱신형) 2504의 경우, 피보험자에게 장해보험금 지급 사유가 발생한 경우에는 이 특약을 갱신할 수 없음
갱신계약 보험료	갱신계약의 보험료는 각각의 특약상품에 따라 나이의 증가, 적용기초율의 변동 등의 사유로 인상 가능

(4) 간편고지에 관한 사항[1종(간편가입)에 한함]

간편고지에 관한 사항
• 이 상품은 "간편고지" 상품으로 유병력자 등 일반심사보험에 가입하기 어려운 피보험자를 대상으로 함 • 간편고지란 보험시장에서 소외되고 있는 유병력자나 고연령자 등이 보험에 가입할 수 있도록 간소화된 계약 전 고지 의무사항을 활용하여 계약심사 과정을 간소화함을 의미함 • 간편고지 상품은 일반심사보험에 가입하기 어려운 피보험자를 대상으로 하므로, 일반심사보험보다 보험료가 다소 높으며, 일반심사를 할 경우 이 보험보다 저렴한 일반심사보험에 가입할 수 있음(다만, 일반심사보험의 경우 건강상태나 가입나이에 따라 가입이 제한될 수 있으며 보장하는 담보에는 차이가 있을 수 있음) • 이 상품 가입 시 간편고지 상품과 일반심사보험의 보험료 수준을 비교하여 설명하고, 이에 대한 계약자 확인을 받음 • 이 상품 가입 후 계약일부터 3개월 이내에 일반심사보험 가입을 희망하는 경우, 일반계약 심사를 통하여 일반심사 보험에 청약할 수 있음. 다만, 본 계약의 보험금이 이미 지급되었거나 청구서류를 접수한 경우에는 그러하지 않음. 일반심사보험에 가입하는 경우에는 본 계약을 무효로 하며 이미 납입한 보험료를 보험계약자에게 돌려드림

(5) 보장내용

① 주계약

지급구분	지급사유
재해사망보험금	보험기간 중 재해를 직접적인 원인으로 사망하였을 때

② 특약

㉠ 무배당 간편Ⅱ암진단특약(20년 갱신형) 2504

지급구분	지급사유
암진단보험금	암 보장개시일 이후에 최초의 암으로 진단이 확정되었을 때(단, 최초 1회에 한함)
	보험기간 중 최초의 갑상선암, 기타 피부암, 대장점막내암, 제자리암 또는 경계성 종양으로 진단이 확정되었을 때(단, 갑상선암, 기타 피부암, 대장점막내암, 제자리암 및 경계성 종양 각각 최초 1회에 한함)

주1) 암보장개시일은 계약일[부활(효력회복)일]부터 그날을 포함하여 90일이 지난 날의 다음 날로 하며, 갱신계약의 경우 갱신일로 함

ⓛ 무배당 간편Ⅱ암입원수술특약(20년 갱신형) 2504

지급구분	지급사유
암직접치료 입원보험금	암 보장개시일 이후 암으로 진단이 확정되고, 그 직접적인 치료를 목적으로 4일 이상 입원(단, 요양병원 제외)하였을 때(3일 초과 입원 일수 1일당, 120일 한도)
	보험기간 중 갑상선암, 기타 피부암, 대장점막내암, 제자리암 또는 경계성 종양으로 진단이 확정되고, 그 직접적인 치료를 목적으로 4일 이상 입원(단, 요양병원 제외)하였을 때(3일 초과 입원 일수 1일당, 120일 한도)
암수술보험금	암 보장개시일 이후에 암으로 진단이 확정되고, 그 직접적인 치료를 목적으로 관혈수술을 받았거나, 보험기간 중 갑상선암, 기타 피부암, 대장점막내암, 제자리암 또는 경계성 종양으로 진단이 확정되고, 그 직접적인 치료를 목적으로 관혈수술을 받았을 때(수술 1회당)
	암 보장개시일 이후에 암으로 진단이 확정되고, 그 직접적인 치료를 목적으로 비관혈 수술을 받았거나, 보험기간 중 갑상선암, 기타 피부암, 대장점막내암, 제자리암 또는 경계성 종양으로 진단이 확정되고, 그 직접적인 치료를 목적으로 비관혈 수술을 받았을 때(수술 1회당)

주1) 암보장개시일은 계약일[부활(효력회복)일]부터 그날을 포함하여 90일이 지난 날의 다음 날로 하며, 갱신계약의 경우 갱신일로 함

ⓒ 무배당 간편Ⅱ항암방사선약물치료특약(20년 갱신형) 2504

지급구분	지급사유
항암 방사선ㆍ 약물치료 보험금	암 보장개시일 이후에 암으로 진단이 확정되고 그 암의 직접적인 치료를 목적으로 항암 방사선치료 또는 항암 약물치료를 받았을 때(단, 항암 방사선치료 또는 항암 약물치료 둘 중 최초 1회에 한함)
	보험기간 중 갑상선암, 기타 피부암, 대장점막내암, 제자리암 또는 경계성 종양으로 진단이 확정되고 그 갑상선암, 기타 피부암, 대장점막내암, 제자리암 또는 경계성 종양의 직접적인 치료를 목적으로 항암 방사선치료 또는 항암 약물치료를 받았을 때(단, 갑상선암, 기타 피부암, 대장점막내암, 제자리암 및 경계성 종양 각각 항암 방사선치료 또는 항암 약물치료 둘 중 최초 1회에 한함)

주1) 암보장개시일은 계약일[부활(효력회복)일]부터 그날을 포함하여 90일이 지난 날의 다음 날로 하며, 갱신계약의 경우 갱신일로 함

ⓡ 무배당 간편Ⅱ표적항암약물허가치료특약(10년 갱신형) 2504

지급구분	지급사유
표적 항암 약물 허가 치료보험금	암 보장개시일 이후에 암으로 진단이 확정되고 그 암의 직접적인 치료를 목적으로 표적 항암약물 허가 치료를 받았거나, 보험기간 중 갑상선암, 기타 피부암 또는 대장점막내암으로 진단이 확정되고 그 갑상선암, 기타 피부암 또는 대장점막내암의 직접적인 치료를 목적으로 표적 항암약물 허가 치료를 받았을 때(단, 암, 갑상선암, 기타 피부암 또는 대장점막내암 중 최초 1회에 한함)

주1) 암 보장개시일은 계약일[부활(효력회복)일]부터 그날을 포함하여 90일이 지난 날의 다음 날로 하며, 갱신계약의 경우 갱신일로 함

ⓜ 무배당 간편Ⅱ뇌출혈진단특약(20년 갱신형) 2504

지급구분	지급사유
뇌출혈 진단보험금	보험기간 중 최초의 뇌출혈로 진단이 확정되었을 때(단, 최초 1회에 한함)

ⓗ 무배당 간편Ⅱ뇌혈관질환진단특약(20년 갱신형) 2504

지급구분	지급사유
뇌혈관질환 진단보험금	보험기간 중 최초의 뇌혈관질환으로 진단이 확정되었을 때(단, 최초 1회에 한함)

ⓢ 무배당 간편Ⅱ뇌경색증진단특약(20년 갱신형) 2504

지급구분	지급사유
뇌경색증 진단보험금	보험기간 중 최초의 뇌경색증으로 진단이 확정되었을 때(단, 최초 1회에 한함)

ⓞ 무배당 간편Ⅱ뇌질환입원수술특약(20년 갱신형) 2504

지급구분	지급사유
뇌 질환 입원보험금	보험기간 중 뇌 질환으로 진단이 확정되고, 그 직접적인 치료를 목적으로 4일 이상 입원하였을 때(3일 초과 입원 일수 1일당, 120일 한도)
뇌 질환 수술보험금	보험기간 중 뇌 질환으로 진단이 확정되고, 그 직접적인 치료를 목적으로 관혈 수술을 받았을 때(수술 1회당)
	보험기간 중 뇌 질환으로 진단이 확정되고, 그 직접적인 치료를 목적으로 비관혈 수술을 받았을 때(수술 1회당)

ⓩ 무배당 간편Ⅱ급성뇌경색증혈전용해치료특약(20년 갱신형) 2504

지급구분	지급사유
급성 뇌경색증 혈전용해 치료보험금	보험기간 중 급성 뇌경색증으로 진단이 확정되고, 그 직접적인 치료를 목적으로 혈전용해 치료를 받았을 때(단, 최초 1회에 한함)

ⓒ 무배당 간편Ⅱ급성심근경색증진단특약(20년 갱신형) 2504

지급구분	지급사유
급성 심근경색증 진단보험금	보험기간 중 최초의 급성 심근경색증으로 진단이 확정되었을 때(단, 최초 1회에 한함)

ⓚ 무배당 간편Ⅱ허혈성심장질환진단특약(20년 갱신형) 2504

지급구분	지급사유
허혈성심장질환 진단보험금	보험기간 중 최초의 허혈성심장질환으로 진단이 확정되었을 때(단, 최초 1회에 한함)

ⓣ 무배당 간편Ⅱ심질환입원수술특약(20년 갱신형) 2504

지급구분	지급사유
심질환 입원보험금	보험기간 중 심질환으로 진단이 확정되고, 그 직접적인 치료를 목적으로 4일 이상 입원하였을 때(3일 초과 입원 일수 1일당, 120일 한도)
심질환 수술보험금	보험기간 중 심질환으로 진단이 확정되고, 그 직접적인 치료를 목적으로 관혈수술을 받았을 때(수술 1회당)
	보험기간 중 심질환으로 진단이 확정되고, 그 직접적인 치료를 목적으로 비관혈 수술을 받았을 때(수술 1회당)

ⓟ 무배당 간편Ⅱ급성심근경색증혈전용해치료특약(20년 갱신형) 2504

지급구분	지급사유
급성 심근경색증Ⅱ 혈전용해 치료보험금	보험기간 중 최초의 급성 심근경색증Ⅱ로 진단이 확정되고, 그 직접적인 치료를 목적으로 혈전용해 치료를 받았을 때(단, 최초 1회에 한함)

ⓗ 무배당 간편Ⅱ첫날부터질병입원특약(20년 갱신형) 2504

지급구분	지급사유
질병 입원보험금	보험기간 중 질병으로 인하여 그 직접적인 치료를 목적으로 입원하였을 때(1일 이상 입원 일수 1일당, 120일 한도)

㉮ 무배당 간편Ⅱ첫날부터재해입원특약(20년 갱신형) 2504

지급구분	지급사유
재해입원보험금	보험기간 중 재해로 인하여 그 직접적인 치료를 목적으로 입원하였을 때(1일 이상 입원 일수 1일당, 120일 한도)

㉯ 무배당 간편Ⅱ집중입원특약(20년 갱신형) 2504

지급구분	지급사유
중환자실 입원보험금	보험기간 중 질병 또는 재해로 인하여 그 직접적인 치료를 목적으로 중환자실에 입원하였을 때(1일 이상 입원 일수 1일당, 60일 한도)
상급종합병원 입원보험금	보험기간 중 질병 또는 재해로 인하여 그 직접적인 치료를 목적으로 상급종합병원에 입원하였을 때(4일 이상 입원 일수 1일당, 120일 한도)
응급실 내원 보험금	보험기간 중 응급환자로 응급실에 내원하여 진료를 받았을 때(내원 1회당)

㉰ 무배당 간편Ⅱ질병수술특약(20년 갱신형) 2504

지급구분	지급사유
질병 수술보험금	보험기간 중 질병으로 인하여 그 직접적인 치료를 목적으로 수술·신생물 근치 방사선 조사 분류표에서 정한 수술을 받았을 때(수술 1회당)

㉱ 무배당 간편Ⅱ재해수술특약(20년 갱신형) 2504

지급구분	지급사유
재해수술보험금	보험기간 중 재해로 인하여 그 직접적인 치료를 목적으로 수술·신생물 근치 방사선 조사 분류표에서 정한 수술을 받았을 때(수술 1회당)

㉲ 무배당 간편Ⅱ후유장해특약(20년 갱신형) 2504

지급구분	지급사유
장해보험금	보험기간 중 장해 분류표 중 동일한 재해 또는 재해 이외의 동일한 원인으로 여러 신체 부위의 합산 장해 지급률이 50% 이상인 장해 상태가 되었을 때(단, 최초 1회에 한함)

㉳ 무배당 간편Ⅱ재해보장특약(20년 갱신형) 2504

지급구분	지급사유
재해장해보험금	보험기간 중 재해로 인하여 장해분류표에서 정한 각 장해지급률에 해당하는 장해상태가 되었을 때
재해골절(치아파절 제외)보험금	보험기간 중 재해로 인하여 골절상태가 되었을 때(사고 1회당)
재해깁스치료 (부목제외)보험금	보험기간 중 재해로 인하여 그 직접적인 치료를 목적으로 깁스(Cast)치료를 받았을 때(사고 1회당)

19 무배당 우체국간편건강보험(355)(20년 갱신형) 2504

(1) 주요 특징

특 징
• 건강을 장기간 유지한 유병자가 합리적인 보험료로 가입 가능한 경증 유병자보험
• 보험 가입이 어려웠던 고령자 및 젊은 경증질환자도 가입 가능
• 3대 질병(암, 뇌, 심) 중심 진단, 입원, 수술비와 치료비, 일상생활의 위험까지 폭넓은 보장
• 주계약은 재해 사망으로 간소화하고 필요한 담보는 특약으로 가입할 수 있도록 설계하여 고객 선택권 확대
• 긴 기간 동안 보험료 인상 걱정 없도록 20년 갱신형으로 운영하여 최대 100세까지 안정적인 보장

(2) 가입요건

① 주계약

구 분	가입나이	보험기간	납입기간	납입주기	보험가입금액
최초계약	30~80세	20년 만기	전기납	월 납	1,000만원~4,000만원 (500만원 단위)
갱신계약	50~80세	20년 만기			
	81~99세	100세 만기			

주) 피보험자가 가입 당시 66세 이상인 경우 보험가입금액 2,000만원 한도

② 특약

㉠ 무배당 간편Ⅲ암진단특약(20년 갱신형) 2504, 무배당 간편Ⅲ뇌출혈진단특약(20년 갱신형) 2504, 무배당 간편Ⅲ급성심근경색증진단특약(20년 갱신형) 2504

구 분	가입나이	보험기간	납입기간	납입주기	보험가입금액
주계약과 동일					500만원~4,000만원 (주계약 가입 금액 이내에서 500만원 단위)

주1) 보험기간은 20년 만기(갱신형)로 운영함
주2) 피보험자가 가입 당시 66세 이상인 경우 보험가입금액 2,000만원 한도

㉡ 무배당 간편Ⅲ표적항암약물허가치료특약(10년 갱신형) 2504

구 분	가입나이	보험기간	납입기간	납입주기	보험가입금액
최초계약	30~80세	10년 만기	전기납	월 납	500만원~3,000만원 (주계약 가입 금액 이내에서 500만원 단위)
갱신계약	40~90세	10년 만기			
	91~99세	100세 만기			

주1) 보험기간은 10년 만기(갱신형)로 운영함
주2) 피보험자가 가입 당시 66세 이상인 경우 보험가입금액 1,500만원 한도

ⓒ 무배당 간편Ⅲ뇌혈관질환진단특약(20년 갱신형) 2504, 무배당 간편Ⅲ허혈성심장질환진단특약(20년 갱신형) 2504

구 분	가입나이	보험기간	납입기간	납입주기	보험가입금액
주계약과 동일					500만원~2,000만원 (주계약 가입 금액 이내에서 500만원 단위)

주1) 보험기간은 20년 만기(갱신형)로 운영함
주2) 피보험자가 가입 당시 66세 이상 70세 이하인 경우 보험가입금액 1,000만원 한도, 71세 이상인 경우 보험가입금액 500만원 고정

ⓔ 무배당 간편Ⅲ뇌경색증진단특약(20년 갱신형) 2504, 무배당 간편Ⅲ후유장해특약(20년 갱신형) 2504

구 분	가입나이	보험기간	납입기간	납입주기	보험가입금액
주계약과 동일					500만원~2,000만원 (주계약 가입 금액 이내에서 500만원 단위)

주1) 보험기간은 20년 만기(갱신형)로 운영함
주2) 피보험자가 가입 당시 66세 이상인 경우 보험가입금액 1,000만원 한도

ⓜ 무배당 간편Ⅲ암입원수술특약(20년 갱신형) 2504, 무배당 간편Ⅲ항암방사선약물치료특약(20년 갱신형) 2504, 무배당 간편Ⅲ뇌질환입원수술특약(20년 갱신형) 2504, 무배당 간편Ⅲ심질환입원수술특약(20년 갱신형) 2504, 무배당 간편Ⅲ첫날부터질병입원특약(20년 갱신형) 2504, 무배당 간편Ⅲ첫날부터재해입원특약(20년 갱신형) 2504, 무배당 간편Ⅲ집중입원특약(20년 갱신형) 2504, 무배당 간편Ⅲ질병수술특약(20년 갱신형) 2504, 무배당 간편Ⅲ재해수술특약(20년 갱신형) 2504, 무배당 간편Ⅲ재해보장특약(20년 갱신형) 2504

구 분	가입나이	보험기간	납입기간	납입주기	보험가입금액
주계약과 동일					500만원~1,000만원 (500만원 단위)

주1) 보험기간은 20년 만기(갱신형)로 운영함
주2) 피보험자가 가입 당시 66세 이상인 경우 보험가입금액 500만원 고정

ⓑ 무배당 간편Ⅲ급성뇌경색증혈전용해치료특약(20년 갱신형) 2504, 무배당 간편Ⅲ급성심근경색증혈전용해치료특약(20년 갱신형) 2504

구 분	가입나이	보험기간	납입기간	납입주기	보험가입금액
주계약과 동일					1,000만원(고정)

주1) 보험기간은 20년 만기(갱신형)로 운영함

ⓢ 이륜자동차 운전 및 탑승중 재해 부담보 특약 2109, 지정대리청구서비스특약 2109, 장애인전용보험 전환특약 2007

(3) 특약의 갱신에 관한 사항

갱신절차	• 보험기간 만료일 30일 전까지 계약자에게 서면 또는 전화(음성녹음) 안내(보험료 등 변경내용) → 보험기간 만료일 15일 전까지 계약자의 별도 의사표시가 없으면 자동갱신 ※ 피보험자의 99세 계약해당일까지 갱신가능하며 피보험자의 81세 이후에 도래하는 갱신계약의 보험기간 만료일은 피보험자의 100세 계약해당일까지로 함 ※ (무)간편Ⅲ표적항암약물허가치료특약(10년 갱신형) 2504의 경우, 피보험자의 99세 계약 해당일까지 갱신가능하며 피보험자의 91세 이후에 도래하는 갱신계약의 보험기간 만료일은 피보험자의 100세 계약해당일까지로 함 → 계약자가 갱신 거절의사를 통지하면 계약 종료 • (무)간편Ⅲ암진단특약(20년 갱신형) 2504의 경우, 피보험자에게 암진단보험금 지급 사유가 발생한 경우에는 이 특약을 갱신할 수 없음. 단, 갑상선암, 기타 피부암, 대장점막내암, 제자리암 또는 경계성 종양으로 암진단보험금 지급 사유가 발생한 경우에는 특약을 갱신할 수 있음 • (무)간편Ⅲ항암방사선약물치료특약(20년 갱신형) 2504의 경우, 피보험자에게 항암방사선ㆍ약물 치료보험금 지급 사유가 발생한 경우에는 이 특약을 갱신할 수 없음. 단, 갑상선암, 기타 피부암, 대장점막내암, 제자리암 또는 경계성 종양으로 항암방사선ㆍ약물치료보험금 지급 사유가 발생한 경우에는 특약을 갱신할 수 있음 • (무)간편Ⅲ표적항암약물허가치료특약(10년 갱신형) 2504의 경우, 피보험자에게 표적 항암약물 허가 치료보험금 지급 사유가 발생한 경우에는 이 특약을 갱신할 수 없음 • (무)간편Ⅲ뇌출혈진단특약(20년 갱신형) 2504의 경우, 피보험자에게 뇌출혈 진단보험금 지급 사유가 발생한 경우에는 이 특약을 갱신할 수 없음 • (무)간편Ⅲ뇌혈관질환진단특약(20년 갱신형) 2504의 경우, 피보험자에게 뇌혈관질환 진단보험금 지급 사유가 발생한 경우에는 이 특약을 갱신할 수 없음 • (무)간편Ⅲ뇌경색증진단특약(20년 갱신형) 2504의 경우, 피보험자에게 뇌경색증 진단보험금 지급 사유가 발생한 경우에는 이 특약을 갱신할 수 없음 • (무)간편Ⅲ급성뇌경색증혈전용해치료특약(20년 갱신형) 2504의 경우, 피보험자에게 급성 뇌경색증 혈전용해 치료보험금 지급 사유가 발생한 경우에는 이 특약을 갱신할 수 없음 • (무)간편Ⅲ급성심근경색증진단특약(20년 갱신형) 2504의 경우, 피보험자에게 급성 심근경색증 진단보험금 지급 사유가 발생한 경우에는 이 특약을 갱신할 수 없음 • (무)간편Ⅲ허혈성심장질환진단특약(20년 갱신형) 2504의 경우, 피보험자에게 허혈성심장질환진단보험금 지급 사유가 발생한 경우에는 이 특약을 갱신할 수 없음 • (무)간편Ⅲ급성심근경색증혈전용해치료특약(20년 갱신형) 2504의 경우, 피보험자에게 급성심근경색증Ⅱ혈전용해 치료보험금 지급 사유가 발생한 경우에는 이 특약을 갱신할 수 없음 • (무)간편Ⅲ후유장해특약(20년 갱신형) 2504의 경우, 피보험자에게 장해보험금 지급 사유가 발생한 경우에는 이 특약을 갱신할 수 없음
갱신계약 보험료	갱신계약의 보험료는 특약상품에 따라 나이의 증가, 적용기초율의 변동 등의 사유로 인상 가능

(4) 간편고지에 관한 사항[1종(간편가입)에 한함]

간편고지에 관한 사항
• 이 상품은 "간편고지" 상품으로 유병력자 등 일반심사보험에 가입하기 어려운 피보험자를 대상으로 함 • 간편고지란 보험시장에서 소외되고 있는 유병력자나 고연령자 등이 보험에 가입할 수 있도록 간소화된 계약 전 고지 의무사항을 활용하여 계약심사 과정을 간소화함을 의미함 • 간편고지 상품은 일반심사보험에 가입하기 어려운 피보험자를 대상으로 하므로, 일반심사보험보다 보험료가 다소 높으며, 일반심사를 할 경우 이 보험보다 저렴한 일반심사보험에 가입할 수 있음(다만, 일반심사보험의 경우 건강상태나 가입나이에 따라 가입이 제한될 수 있으며 보장하는 담보에는 차이가 있을 수 있음) • 이 상품 가입 시 간편고지 상품과 일반심사보험의 보험료 수준을 비교하여 설명하고, 이에 대한 계약자 확인을 받음 • 이 상품 가입 후 계약일부터 3개월 이내에 일반심사보험 가입을 희망하는 경우, 일반계약 심사를 통하여 일반심사 보험에 청약할 수 있음. 다만, 본 계약의 보험금이 이미 지급되었거나 청구서류를 접수한 경우에는 그러하지 않음. 일반심사보험에 가입하는 경우에는 본 계약을 무효로 하며 이미 납입한 보험료를 보험계약자에게 돌려드림

(5) 보장내용

① 주계약

지급구분	지급사유
재해사망보험금	보험기간 중 재해를 직접적인 원인으로 사망하였을 때

② 특약

㉠ 무배당 간편Ⅲ암진단특약(20년 갱신형) 2504

지급구분	지급사유
암진단보험금	암 보장개시일 이후에 최초의 암으로 진단이 확정되었을 때(단, 최초 1회에 한함)
	보험기간 중 최초의 갑상선암, 기타 피부암, 대장점막내암, 제자리암 또는 경계성 종양으로 진단이 확정되었을 때(단, 갑상선암, 기타 피부암, 대장점막내암, 제자리암 및 경계성 종양 각각 최초 1회에 한함)

주1) 암 보장개시일은 계약일[부활(효력회복)일]부터 그날을 포함하여 90일이 지난 날의 다음 날로 하며, 갱신계약의 경우 갱신일로 함

㉡ 무배당 간편Ⅲ암입원수술특약(20년 갱신형) 2504

지급구분	지급사유
암 직접 치료 입원보험금	암 보장개시일 이후 암으로 진단이 확정되고, 그 직접적인 치료를 목적으로 4일 이상 입원(단, 요양병원 제외)하였을 때(3일 초과 입원 일수 1일당, 120일 한도)
	보험기간 중 갑상선암, 기타 피부암, 대장점막내암, 제자리암 또는 경계성 종양으로 진단이 확정되고, 그 직접적인 치료를 목적으로 4일 이상 입원(단, 요양병원 제외) 하였을 때(3일 초과 입원 일수 1일당, 120일 한도)
암 수술 보험금	암 보장개시일 이후에 암으로 진단이 확정되고, 그 직접적인 치료를 목적으로 관혈 수술을 받았거나, 보험기간 중 갑상선암, 기타 피부암, 대장점막내암, 제자리암 또는 경계성 종양으로 진단이 확정되고, 그 직접적인 치료를 목적으로 관혈 수술을 받았을 때(수술 1회당)
	암 보장개시일 이후에 암으로 진단이 확정되고, 그 직접적인 치료를 목적으로 비관혈 수술을 받았거나, 보험기간 중 갑상선암, 기타 피부암, 대장점막내암, 제자리암 또는 경계성 종양으로 진단이 확정되고, 그 직접적인 치료를 목적으로 비관혈 수술을 받았을 때(수술 1회당)

주1) 암 보장개시일은 계약일[부활(효력회복)일]부터 그날을 포함하여 90일이 지난 날의 다음 날로 하며, 갱신계약의 경우 갱신일로 함

ⓒ 무배당 간편Ⅲ항암방사선약물치료특약(20년 갱신형) 2504

지급구분	지급사유
항암 방사선· 약물치료 보험금	암 보장개시일 이후에 암으로 진단이 확정되고 그 암의 직접적인 치료를 목적으로 항암 방사선치료 또는 항암 약물치료를 받았을 때(단, 항암 방사선치료 또는 항암 약물치료 둘 중 최초 1회에 한함)
	보험기간 중 갑상선암, 기타 피부암, 대장점막내암, 제자리암 또는 경계성 종양으로 진단이 확정되고 그 갑상선암, 기타 피부암, 대장점막내암, 제자리암 또는 경계성 종양의 직접적인 치료를 목적으로 항암 방사선치료 또는 항암 약물치료를 받았을 때(단, 갑상선암, 기타 피부암, 대장점막내암, 제자리암 및 경계성 종양 각각 항암 방사선치료 또는 항암 약물치료 둘 중 최초 1회에 한함)

주1) 암 보장개시일은 계약일[부활(효력회복)일]부터 그날을 포함하여 90일이 지난 날의 다음 날로 하며, 갱신계약의 경우 갱신일로 함

ⓔ 무배당 간편Ⅲ표적항암약물허가치료특약(10년 갱신형) 2504

지급구분	지급사유
표적 항암 약물 허가 치료보험금	암 보장개시일 이후에 암으로 진단이 확정되고 그 암의 직접적인 치료를 목적으로 표적 항암약물 허가 치료를 받았거나, 보험기간 중 갑상선암, 기타 피부암 또는 대장점막내암으로 진단이 확정되고 그 갑상선암, 기타 피부암 또는 대장점막내암의 직접적인 치료를 목적으로 표적 항암약물 허가 치료를 받았을 때(단, 암, 갑상선암, 기타 피부암 또는 대장점막내암 중 최초 1회에 한함)

주1) 암 보장개시일은 계약일[부활(효력회복)일]부터 그날을 포함하여 90일이 지난 날의 다음 날로 하며, 갱신계약의 경우 갱신일로 함

ⓜ 무배당 간편Ⅲ뇌출혈진단특약(20년 갱신형) 2504

지급 구분	지급 사유
뇌출혈 진단보험금	보험기간 중 최초의 뇌출혈로 진단이 확정되었을 때(단, 최초 1회에 한함)

ⓗ 무배당 간편Ⅲ뇌혈관질환진단특약(20년 갱신형) 2504

지급구분	지급사유
뇌혈관질환 진단보험금	보험기간 중 최초의 뇌혈관질환으로 진단이 확정되었을 때(단, 최초 1회에 한함)

ⓢ 무배당 간편Ⅲ뇌경색증진단특약(20년 갱신형) 2504

지급구분	지급사유
뇌경색증 진단보험금	보험기간 중 최초의 뇌경색증으로 진단이 확정되었을 때(단, 최초 1회에 한함)

ⓞ 무배당 간편Ⅲ뇌질환입원수술특약(20년 갱신형) 2504

지급구분	지급사유
뇌 질환 입원보험금	보험기간 중 뇌 질환으로 진단이 확정되고, 그 직접적인 치료를 목적으로 4일 이상 입원하였을 때(3일 초과 입원 일수 1일당, 120일 한도)
뇌 질환 수술보험금	보험기간 중 뇌 질환으로 진단이 확정되고, 그 직접적인 치료를 목적으로 관혈 수술을 받았을 때(수술 1회당)
	보험기간 중 뇌 질환으로 진단이 확정되고, 그 직접적인 치료를 목적으로 비관혈 수술을 받았을 때(수술 1회당)

ⓩ 무배당 간편Ⅲ급성뇌경색증혈전용해치료특약(20년 갱신형) 2504

지급구분	지급사유
급성 뇌경색증 혈전용해 치료보험금	보험기간 중 급성 뇌경색증으로 진단이 확정되고, 그 직접적인 치료를 목적으로 혈전용해 치료를 받았을 때(단, 최초 1회에 한함)

ⓒ 무배당 간편Ⅲ급성심근경색증진단특약(20년 갱신형) 2504

지급구분	지급사유
급성 심근경색증 진단보험금	보험기간 중 최초의 급성 심근경색증으로 진단이 확정되었을 때(단, 최초 1회에 한함)

ⓚ 무배당 간편Ⅲ허혈성심장질환진단특약(20년 갱신형) 2504

지급구분	지급사유
허혈성심장질환 진단보험금	보험기간 중 최초의 허혈성심장질환으로 진단이 확정되었을 때(단, 최초 1회에 한함)

ⓣ 무배당 간편Ⅲ심질환입원수술특약(20년 갱신형) 2504

지급구분	지급사유
심질환 입원보험금	보험기간 중 심질환으로 진단이 확정되고, 그 직접적인 치료를 목적으로 4일 이상 입원하였을 때(3일 초과 입원 일수 1일당, 120일 한도)
심질환 수술보험금	보험기간 중 심질환으로 진단이 확정되고, 그 직접적인 치료를 목적으로 관혈수술을 받았을 때(수술 1회당)
	보험기간 중 심질환으로 진단이 확정되고, 그 직접적인 치료를 목적으로 비관혈 수술을 받았을 때(수술 1회당)

ⓟ 무배당 간편Ⅲ급성심근경색증혈전용해치료특약(20년 갱신형) 2504

지급구분	지급사유
급성 심근경색증Ⅱ 혈전용해 치료보험금	보험기간 중 최초의 급성 심근경색증Ⅱ로 진단이 확정되고, 그 직접적인 치료를 목적으로 혈전용해 치료를 받았을 때(단, 최초 1회에 한함)

ⓗ 무배당 간편Ⅲ첫날부터질병입원특약(20년 갱신형) 2504

지급구분	지급사유
질병 입원보험금	보험기간 중 질병으로 인하여 그 직접적인 치료를 목적으로 입원하였을 때(1일 이상 입원 일수 1일당, 120일 한도)

㉮ 무배당 간편Ⅲ첫날부터재해입원특약(20년 갱신형) 2504

지급구분	지급사유
재해입원보험금	보험기간 중 재해로 인하여 그 직접적인 치료를 목적으로 입원하였을 때(1일 이상 입원 일수 1일당, 120일 한도)

㉯ 무배당 간편Ⅲ집중입원특약(20년 갱신형) 2504

지급구분	지급사유
중환자실 입원보험금	보험기간 중 질병 또는 재해로 인하여 그 직접적인 치료를 목적으로 중환자실에 입원하였을 때(1일 이상 입원 일수 1일당, 60일 한도)
상급종합병원 입원보험금	보험기간 중 질병 또는 재해로 인하여 그 직접적인 치료를 목적으로 상급종합병원에 입원하였을 때(4일 이상 입원 일수 1일당, 120일 한도)
응급실 내원 보험금	보험기간 중 응급환자로 응급실에 내원하여 진료를 받았을 때(내원 1회당)

㉰ 무배당 간편Ⅲ질병수술특약(20년 갱신형) 2504

지급구분	지급사유
질병 수술보험금	보험기간 중 질병으로 인하여 그 직접적인 치료를 목적으로 수술·신생물 근치 방사선 조사 분류표에서 정한 수술을 받았을 때(수술 1회당)

㉱ 무배당 간편Ⅲ재해수술특약(20년 갱신형) 2504

지급구분	지급사유
재해수술보험금	보험기간 중 재해로 인하여 그 직접적인 치료를 목적으로 수술·신생물 근치 방사선 조사 분류표에서 정한 수술을 받았을 때(수술 1회당)

㉲ 무배당 간편Ⅲ후유장해특약(20년 갱신형) 2504

지급구분	지급사유
장해보험금	보험기간 중 장해 분류표 중 동일한 재해 또는 재해 이외의 동일한 원인으로 여러 신체 부위의 합산 장해 지급률이 50% 이상인 장해 상태가 되었을 때(단, 최초 1회에 한함)

㉳ 무배당 간편Ⅲ재해보장특약(20년 갱신형) 2504

지급구분	지급사유
재해 장해보험금	보험기간 중 재해로 인하여 장해 분류표에서 정한 각 장해 지급률에 해당하는 장해 상태가 되었을 때
재해 골절(치아파절 제외) 보험금	보험기간 중 재해로 인하여 골절 상태가 되었을 때(사고 1회당)
재해 깁스 치료(부목 제외) 보험금	보험기간 중 재해로 인하여 그 직접적인 치료를 목적으로 깁스(Cast) 치료를 받았을 때(사고 1회당)

 무배당 우체국더간편건강보험(갱신형) 2504

(1) 주요 특징

특 징
• 2가지(건강 관련) 간편 고지로 간편하게 가입
• 병이 있거나 나이가 많아도 가입 가능
• 고액의 치료비가 소요되는 3대질병 진단(암 최대 3,000만원, 뇌출혈·급성심근경색증 최대 3,500만원)에, 뇌경색증·뇌혈관질환·허혈성심장질환 진단(최대 500만원)까지 보장[1종(간편가입) 기준, 특약 가입 시]
• 암 보장형, 2대 질병 보장형으로 구성하여 꼭 필요한 보장만 가입 가능
• 15년 만기 생존 시마다 건강관리 자금 지급(주계약)

(2) 가입요건

① 주계약(암 보장형, 2대 질병 보장형)

구 분		가입나이	보험기간	납입기간	납입주기	보험가입금액
1종 (간편가입)	최초계약	30~80세	15년만기(갱신형)	전기납	월 납	1,000만원~ 2,000만원 (500만원 단위)
	갱신계약	45~85세	15년만기(갱신형)			
		86~99세	100세만기			
2종 (일반가입)	최초계약	15~70세	15년만기(갱신형)	전기납	월 납	1,000만원~ 2,500만원 (500만원 단위)
	갱신계약	30~85세	15년만기(갱신형)			
		86~99세	100세만기			

주1) 1종(간편가입)[암 보장형]과 2종(일반가입)[암 보장형]의 중복가입이 불가하며, 1종(간편가입)[2대 질병 보장형]과 2종(일반가입)[2대 질병 보장형]의 중복가입이 불가함

주2) 피보험자 가입 당시 66세 이상인 경우 보험가입금액 500만원 또는 1,000만원 가입 가능

② 특약

㉠ 무배당 더간편암진단특약(갱신형) 2504 1종(간편가입), 무배당 더간편암입원수술특약(갱신형) 2504 1종(간편가입), 무배당 더간편뇌출혈진단특약(갱신형) 2504 1종(간편가입), 무배당 더간편뇌경색증진단특약(갱신형) 2504 1종(간편가입), 무배당 더간편급성심근경색증진단특약(갱신형) 2504 1종(간편가입), 무배당 더간편2대질병입원수술특약(갱신형) 2504 1종(간편가입), 무배당 더간편뇌혈관질환진단특약(갱신형) 2504 1종(간편가입), 무배당 더간편허혈성심장질환진단특약(갱신형) 2504 1종(간편가입)

구 분	가입나이	보험기간	납입기간	납입주기	보험가입금액
최초계약	30~80세	15년 만기	전기납	월 납	500만원~1,000만원 (500만원 단위)
갱신계약	45~85세	15년 만기			
	86~99세	100세 만기			

㉡ 무배당 더간편암진단특약(갱신형) 2504 2종(일반가입), 무배당 더간편암입원수술특약(갱신형) 2504 2종(일반가입), 무배당 더간편뇌출혈진단특약(갱신형) 2504 2종(일반가입), 무배당 더간편뇌경색증진단특약(갱신형) 2504 2종(일반가입), 무배당 더간편급성심근경색증진단특약(갱신형) 2504 2종(일반가입), 무배당 더간편뇌혈관질환진단특약(갱신형) 2504 2종(일반가입), 무배당 더간편허혈성심장질환진단특약(갱신형) 2504 2종(일반가입)

구 분	가입나이	보험기간	납입기간	납입주기	보험가입금액
최초계약	15~70세	15년 만기			
갱신계약	30~85세	15년 만기	전기납	월 납	500만원~1,500만원 (500만원 단위)
	86~99세	100세 만기			

ⓒ 무배당 더간편2대질병입원수술특약(갱신형) 2504 2종(일반가입)

구 분	가입나이		보험기간	납입기간	납입주기	보험가입금액
	남자	여자				
최초계약	15~70세	19~70세	15년 만기			
갱신계약	30~85세	34~85세	15년 만기	전기납	월 납	500만원~1,000만원 (500만원 단위)
	86~99세	86~99세	100세 만기			

주1) 주계약 보험가입금액 이내에서 가입 가능

주2) 1종(간편가입)은 주계약 1종(간편가입)에 한하여 부가 가능하고, 2종(일반가입)은 주계약 2종(일반가입)에 한하여 부가 가능

주3) (무)더간편암진단특약(갱신형) 2504, (무)더간편암입원수술특약(갱신형) 2504은 주계약 암보장형에 한하여 부가 가능

주4) (무)더간편뇌출혈진단특약(갱신형) 2504, (무)더간편뇌경색증진단특약(갱신형) 2504, (무)더간편급성심근경색증진단특약(갱신형) 2504, (무)더간편2대질병입원수술특약(갱신형) 2504, (무)더간편뇌혈관질환진단특약(갱신형) 2504, (무)더간편허혈성심장질환진단특약(갱신형) 2504는 주계약 2대질병보장형에 한하여 부가 가능

주5) 피보험자 가입당시 66세 이상인 경우 특약 보험가입금액 500만원 고정

ⓓ 지정대리청구서비스특약 2109, 장애인전용보험전환특약 2007

(3) 갱신에 관한 사항

갱신절차	보험기간 만료일 30일 전까지 계약자에게 서면 또는 전화(음성녹음) 안내(보험료 등 변경내용) → 보험기간 만료일 15일 전까지 계약자의 별도 의사표시가 없으면 자동갱신 　　※ 피보험자의 99세 계약해당일까지 갱신가능하며, 피보험자의 86세 이후에 도래하는 갱신계약의 보험기간 만료일은 피보험자의 100세 계약해당일까지로 함 → 계약자가 갱신 거절의사를 통지하면 계약 종료 • 주계약 암 보장형의 경우, 피보험자에게 암진단보험금(갑상선암, 기타 피부암, 대장점막내암, 제자리암 및 경계성 종양 제외) 지급 사유가 발생한 경우에는 계약을 갱신하지 않음 • 주계약 2대 질병 보장형의 경우, 피보험자에게 2대 질병 진단보험금 지급 사유가 발생한 경우에는 계약을 갱신하지 않음 • (무)더간편암진단특약(갱신형) 2504의 경우, 피보험자에게 암진단보험금(갑상선암, 기타 피부암, 대장점막내암, 제자리암 및 경계성 종양 제외) 지급 사유가 발생한 경우에는 특약을 갱신하지 않음 • (무)더간편뇌출혈진단특약(갱신형) 2504의 경우, 피보험자에게 뇌출혈 진단보험금 지급 사유가 발생한 경우에는 특약을 갱신하지 않음 • (무)더간편뇌경색증진단특약(갱신형) 2504의 경우, 피보험자에게 뇌경색증 진단보험금 지급 사유가 발생한 경우에는 특약을 갱신하지 않음 • (무)더간편급성심근경색증진단특약(갱신형) 2504의 경우, 피보험자에게 급성 심근경색증 진단보험금 지급 사유가 발생한 경우에는 특약을 갱신하지 않음 • (무)더간편뇌혈관질환진단특약(갱신형) 2504의 경우, 피보험자에게 뇌혈관질환 진단보험금 지급 사유가 발생한 경우에는 특약을 갱신하지 않음 • (무)더간편허혈성심장질환진단특약(갱신형) 2504의 경우, 피보험자에게 허혈성심장질환 진단보험금 지급 사유가 발생한 경우에는 특약을 갱신하지 않음
갱신계약 보험료	갱신계약의 보험료는 나이의 증가, 적용기초율의 변동 등의 사유로 인상될 수 있음

(4) 간편 고지에 관한 사항[1종(간편 가입)에 한함]

간편 고지에 관한 사항
• 이 상품은 "간편 고지"상품으로 유병력자 등 일반심사 보험에 가입하기 어려운 피보험자를 대상으로 함
• 간편 고지란 보험시장에서 소외되고 있는 유병력자나 고연령자 등이 보험에 가입할 수 있도록 간소화된 계약 전 고지의무 사항을 활용하여 계약심사 과정을 간소화함을 의미함
• 간편 고지 상품은 일반심사 보험에 가입하기 어려운 피보험자를 대상으로 하므로, 일반 심사 보험보다 보험료가 다소 높으며, 일반심사를 할 경우 이 보험보다 저렴한 일반심사 보험에 가입할 수 있음(다만, 일반심사 보험의 경우 건강 상태나 가입 나이에 따라 가입이 제한될 수 있으며 보장하는 담보에는 차이가 있을 수 있음)
• 이 상품 가입 시 간편 고지 상품과 일반심사 보험의 보험료 수준을 비교하여 설명하고, 이에 대한 계약자 확인을 받음
• 이 상품 가입 후 계약일부터 3개월 이내에 일반심사 보험 가입을 희망하는 경우, 일반 계약심사를 통하여 일반심사 보험에 청약할 수 있음. 다만, 본 계약의 보험금이 이미 지급되었거나 청구 서류를 접수한 경우에는 그러하지 않음. 일반심사보험에 가입하는 경우에는 본 계약을 무효로 하며 이미 납입한 보험료를 보험계약자에게 돌려드림

(5) 보장내용

① 주계약

㉠ 암보장형

지급구분	지급사유
암진단보험금	암 보장개시일 이후에 최초의 암으로 진단이 확정되었을 때(단, 최초 1회에 한함)
	보험기간 중 최초의 갑상선암, 기타 피부암, 대장점막내암, 제자리암 또는 경계성 종양으로 진단이 확정되었을 때(단, 갑상선암, 기타 피부암, 대장점막내암, 제자리암 및 경계성 종양 각각 최초 1회에 한함)
건강관리 자금	보험기간(15년)이 끝날 때까지 살아 있을 때

주1) 암 보장개시일은 계약일[부활(효력회복)일]부터 그날을 포함하여 90일이 지난 날의 다음 날로 하며, 갱신계약의 경우 갱신일로 함

㉡ 2대 질병 보장형

지급구분	지급사유
2대 질병 진단보험금	보험기간 중 최초의 뇌출혈 또는 급성 심근경색증으로 진단이 확정되었을 때(단, 뇌출혈 또는 급성 심근경색증 중 최초 1회에 한함)
건강관리 자금	보험기간(15년)이 끝날 때까지 살아 있을 때

② 특약

㉠ 무배당 더간편암진단특약(갱신형) 2504

지급구분	지급사유
암진단보험금	암 보장개시일 이후에 최초의 암으로 진단이 확정되었을 때(단, 최초 1회에 한함)
	보험기간 중 최초의 갑상선암, 기타 피부암, 대장점막내암, 제자리암 또는 경계성 종양으로 진단이 확정되었을 때(단, 갑상선암, 기타 피부암, 대장점막내암, 제자리암 및 경계성 종양 각각 최초 1회에 한함)

주1) 암 보장개시일은 계약일[부활(효력회복)일]부터 그날을 포함하여 90일이 지난 날의 다음 날로 하며, 갱신계약의 경우 갱신일로 함

ⓛ 무배당 더간편암입원수술특약(갱신형) 2504

지급구분	지급사유
암 직접 치료 입원보험금	암 보장개시일 이후 암으로 진단이 확정되고, 그 직접적인 치료를 목적으로 4일 이상 입원(단, 요양병원 제외)하였을 때(3일 초과 입원 일수 1일당, 120일 한도)
	보험기간 중 갑상선암, 기타 피부암, 대장점막내암, 제자리암 또는 경계성 종양으로 진단이 확정되고, 그 직접적인 치료를 목적으로 4일 이상 입원(단, 요양병원 제외) 하였을 때(3일 초과 입원 일수 1일당, 120일 한도)
암 수술 보험금	암 보장개시일 이후에 암으로 진단이 확정되고, 그 직접적인 치료를 목적으로 수술을 받았을 때(수술 1회당)
	보험기간 중 갑상선암, 기타 피부암, 대장점막내암, 제자리암 또는 경계성 종양으로 진단이 확정되고, 그 직접적인 치료를 목적으로 수술을 받았을 때(수술 1회당)

주1) 암 보장개시일은 계약일[부활(효력회복)일]부터 그날을 포함하여 90일이 지난 날의 다음 날로 하며, 갱신계약의 경우 갱신일로 함

ⓒ 무배당 더간편뇌출혈진단특약(갱신형) 2504

지급구분	지급사유
뇌출혈 진단보험금	보험기간 중 최초의 뇌출혈로 진단이 확정되었을 때(단, 최초 1회에 한함)

ⓔ 무배당 더간편뇌경색증진단특약(갱신형) 2504

지급구분	지급사유
뇌경색증 진단보험금	보험기간 중 최초의 뇌경색증으로 진단이 확정되었을 때(단, 최초 1회에 한함)

ⓜ 무배당 더간편급성심근경색증진단특약(갱신형) 2504

지급구분	지급사유
급성 심근경색증 진단보험금	보험기간 중 최초의 급성 심근경색증으로 진단이 확정되었을 때(단, 최초 1회에 한함)

ⓗ 무배당 더간편2대질병입원수술특약(갱신형) 2504

지급구분	지급사유
2대 질병 입원보험금	보험기간 중 뇌출혈 또는 급성 심근경색증으로 진단이 확정되고, 그 직접적인 치료를 목적으로 4일 이상 입원하였을 때(3일 초과 입원 일수 1일당, 120일 한도)
2대 질병 수술보험금	보험기간 중 뇌출혈 또는 급성 심근경색증으로 진단이 확정되고, 그 직접적인 치료를 목적으로 수술을 받았을 때(수술 1회당)

ⓢ 무배당 더간편뇌혈관질환진단특약(갱신형) 2504

지급구분	지급사유
뇌혈관질환 진단보험금	보험기간 중 최초의 뇌혈관질환으로 진단이 확정되었을 때(단, 최초 1회에 한함)

ⓞ 무배당 더간편허혈성심장질환진단특약(갱신형) 2504

지급구분	지급사유
허혈성심장질환 진단보험금	보험기간 중 최초의 허혈성심장질환으로 진단이 확정되었을 때(단, 최초 1회에 한함)

21 무배당 우체국치아보험(갱신형) 2504

(1) 주요 특징

특 징
• 보철치료(임플란트, 브릿지, 틀니), 크라운 치료, 충전 치료, 치수 치료, 영구치 발거, 치석 제거(스케일링), 구내 방사선 · 파노라마촬영, 잇몸질환 치료 및 재해로 인한 치과 치료 등을 보장하는 치과 치료 전문 종합보험
• 특약 가입 시 임플란트(영구치 발거 1개당 최대 150만원), 브릿지(영구치 발거 1개당 최대 75만원), 틀니(보철물 1개당 최대 150만원) 치료보험금 지급
• 충전[치아 치료 1개당 최대 15만원(인레이 · 온레이 충전 치료 시)] 및 크라운(치아 치료 1개당 최대 30만원) 치료보험금 지급
• 근로소득자는 납입한 보험료(연간 100만원 한도)에 대하여 12% 세액공제 혜택

(2) 가입 요건

① 주계약

구 분	가입나이	보험기간	납입기간(납입주기)	보험가입금액
최초계약	15~65세	10년 만기(갱신형)	전기납(월납)	1,000만원 (500만원 단위)
갱신계약	25~70세			
	71~79세	80세 만기		

주1) 피보험자 가입 당시 61세 이상일 경우 보험가입금액 500만원 고정

② 특약

㉠ 무배당 보철치료보장특약(갱신형) 2504

구 분	가입나이	보험기간	납입기간(납입주기)	보험가입금액
주계약과 동일				1,000만원 (주계약 보험가입금액 이내에서 500만원 단위)

주1) 피보험자 가입 당시 61세 이상일 경우 보험가입금액 500만원 고정

㉡ 지정대리청구서비스특약 2109, 장애인전용보험전환특약 2007

(3) 갱신에 관한 사항

갱신절차	보험기간 만료일 30일 전까지 계약자에게 서면 또는 전화(음성녹음) 안내(보험료 등 변경 내용) → 보험기간 만료일 15일 전까지 계약자의 별도 의사표시가 없으면 자동 갱신 ※ 피보험자의 79세 계약해당일까지 갱신가능하며, 피보험자의 71세 이후에 도래하는 갱신계약의 보험기간 만료일은 피보험자의 80세 계약해당일까지로 함 → 계약자가 갱신 거절 의사를 통지하면 계약 종료
갱신계약 보험료	갱신계약의 보험료는 나이의 증가, 적용 기초율의 변동 등의 사유로 인상될 수 있음

(4) 보장 내용

① 주계약

지급구분	지급사유
가철성 의치 (틀니) 치료보험금	치과 치료보장개시일 이후에 치아우식증(충치), 치주(잇몸)질환 또는 재해를 직접적인 원인으로 최초로 영구치 발거를 진단 확정 받고, 해당 영구치를 발거한 부위에 가철성 의치(Denture) 치료를 받았을 때(보철물 1개당, 연간 1회 한도)
임플란트 치료보험금	치과 치료보장개시일 이후에 치아우식증(충치), 치주(잇몸)질환 또는 재해를 직접적인 원인으로 최초로 영구치 발거를 진단 확정 받고, 해당 영구치를 발거한 부위에 임플란트(Implant) 치료를 받았을 때(영구치 발거 1개당, 연간 3개 한도)
고정성 가공의치 (브리지) 치료보험금	치과 치료보장개시일 이후에 치아우식증(충치), 치주(잇몸)질환 또는 재해를 직접적인 원인으로 최초로 영구치 발거를 진단 확정 받고, 해당 영구치를 발거한 부위에 고정성 가공의치(Bridge) 치료를 받았을 때(영구치 발거 1개당, 연간 3개 한도)
크라운 치료보험금	치과 치료보장개시일 이후에 치아우식증(충치), 치주(잇몸)질환 또는 재해를 직접적인 원인으로 최초로 치아에 크라운 치료를 진단 확정 받고, 해당 치아에 대하여 크라운 치료를 받았을 때(치아 치료 1개당, 연간 3개 한도)
충전 치료보험금	치과 치료보장개시일 이후에 치아우식증(충치), 치주(잇몸)질환 또는 재해를 직접적인 원인으로 최초로 치아에 충전 치료를 진단 확정 받고, 해당 치아에 대하여 충전 치료를 받았을 때(치아 치료 1개당)
치수 치료보험금	치과 치료보장개시일 이후에 치아우식증(충치), 치주(잇몸)질환 또는 재해를 직접적인 원인으로 최초로 치아에 치수 치료(신경치료)를 진단 확정 받고, 해당 치아에 대하여 치수 치료(신경치료)를 받았을 때(치아 치료 1개당)
영구치 발거 치료보험금	치과 치료보장개시일 이후에 치아우식증(충치), 치주(잇몸)질환 또는 재해를 직접적인 원인으로 최초로 영구치 발거를 진단 확정 받고, 해당 영구치에 대하여 발거치료를 받았을 때(영구치 치료 1개당)
치석 제거 치료보험금	치과 치료보장개시일 이후에 치석 제거(스케일링) 치료를 받았을 때(치료 1회당, 연간 1회 한도)
구내 방사선 촬영보험금	촬영보장개시일 이후에 구내 방사선촬영을 받았을 때(촬영 1회당)
파노라마 촬영보험금	촬영보장개시일 이후에 파노라마촬영을 받았을 때(촬영 1회당, 연간 1회 한도)
치아 관리 자금	보험기간(10년)이 끝날 때까지 살아있을 때

주1) 치과 치료보장개시일 및 촬영보장개시일은 계약일[부활(효력회복)일]부터 그날을 포함하여 90일이 지난 날의 다음 날로 하며, 갱신계약의 경우 갱신일로 함. 단, 재해를 직접적인 원인으로 치과 치료, 구내 방사선촬영 또는 파노라마촬영을 받은 경우 치과 치료보장개시일 및 촬영보장개시일은 계약일[부활(효력회복)일]로 함

② 특약 : 무배당 보철치료보장특약(갱신형) 2504

지급구분	지급사유
가철성 의치 (틀니) 치료보험금	보철 치료보장개시일 이후에 치아우식증(충치), 치주(잇몸)질환 또는 재해를 직접적인 원인으로 최초로 영구치 발거를 진단 확정 받고, 해당 영구치를 발거한 부위에 가철성 의치(Denture) 치료를 받았을 때(보철물 1개당, 연간 1회 한도)
임플란트 치료보험금	보철 치료보장개시일 이후에 치아우식증(충치), 치주(잇몸)질환 또는 재해를 직접적인 원인으로 최초로 영구치 발거를 진단 확정 받고, 해당 영구치를 발거한 부위에 임플란트(Implant) 치료를 받았을 때(영구치 발거 1개당, 연간 3개 한도)
고정성 가공의치 (브리지) 치료보험금	보철 치료보장개시일 이후에 치아우식증(충치), 치주(잇몸)질환 또는 재해를 직접적인 원인으로 최초로 영구치 발거를 진단 확정 받고, 해당 영구치를 발거한 부위에 고정성 가공의치(Bridge) 치료를 받았을 때(영구치 발거 1개당, 연간 3개 한도)

주1) 보철 치료보장개시일은 계약일[부활(효력회복)일]부터 그날을 포함하여 90일이 지난 날의 다음 날로 하며, 갱신계약의 경우 갱신일로 함. 단, 재해를 직접적인 원인으로 보철치료를 받은 경우 보철 치료보장개시일은 계약일[부활(효력회복)일]로 함

22 무배당 내가만든희망보험 2504

(1) 주요 특징

특 징
• 각종 질병과 사고 보장을 본인이 선택하여 설계 가능
• 3대질병 진단(최대 2,000만원) 및 뇌경색증진단(최대 500만원) 보장(3대질병보장 가입 시)
• 12대성인질환 보장(생활보장 가입 시)
• 50% 장해 시 또는 3대질병 최초 진단 시 보험료 납입 면제 및 비갱신형 상품으로 보험료 변동없음(10, 20, 30년 만기)
• 20세부터 60세까지 가입 가능한 건강보험
• 보험기간 중 매 10년마다 생존 시 건강관리자금 지급
• 세제혜택 : 근로소득자는 납입한 보험료(연간 100만원 한도)에 대하여 12% 세액공제

(2) 가입요건

① 주계약

보장종목	가입나이	보험기간	납입기간	보험가입금액
3대질병보장 생활보장 상해보장	20~60세	10, 20, 30년	전기납 (월납)	500~1,000만원 (500만원 단위)

주1) 3대질병보장, 생활보장, 상해보장 중 최소 1가지 이상(최대 3개)을 계약자가 선택하여 가입 가능

판매형태	보장종목
질 병	3대질병보장
생 활	생활보장
상 해	상해보장
질병 · 생활	3대질병보장+생활보장
질병 · 상해	3대질병보장+상해보장
생활 · 상해	생활보장+상해보장
질병 · 생활 · 상해	3대질병보장+생활보장+상해보장

② 특약 : 이륜자동차 운전 및 탑승중 재해 부담보 특약 2109, 지정대리청구서비스특약 2109, 장애인전용 보험전환특약 2007

(3) 보장내용

① 주계약

※ 아래 3대질병보장, 생활보장, 상해보장 중 계약자가 선택하여 가입한 보장에 한하여 보험금 지급

보장종목	지급구분	지급사유
3대질병 보장	3대질병 진단보험금	암보장개시일 이후에 최초의 암으로 진단이 확정되었거나, 보험기간 중 최초의 갑상선암, 기타피부암, 대장점막내암, 제자리암, 경계성 종양, 뇌출혈 또는 급성심근경색증으로 진단이 확정되었을 때(단, 암, 갑상선암, 기타피부암, 대장점막내암, 제자리암, 경계성 종양, 뇌출혈 또는 급성심근경색증 각각 최초 1회에 한하여 지급함)
	뇌경색증 진단보험금	보험기간 중 최초의 뇌경색증으로 진단이 확정되었을 때(단, 최초 1회에 한하여 지급함)
	건강관리자금	가입 후 매 10년마다 계약해당일에 살아 있을 때(단, 보험기간 중에만 지급)
생활보장	12대성인질환 수술보험금	12대성인질환으로 진단이 확정되고 그 직접적인 치료를 목적으로 12대성인질환 수술을 받았을 때(수술 1회당)
	12대성인질환 입원보험금	12대성인질환으로 진단이 확정되고 그 직접적인 치료를 목적으로 4일 이상 입원하였을 때(3일 초과 입원일수 1일당, 120일 한도)
	재해골절(치아파절제외) 보험금	재해로 인하여 골절상태가 되었을 때(사고 1회당)
	재해깁스치료(부목제외) 보험금	재해로 인하여 그 직접적인 치료를 목적으로 깁스(Cast)치료를 받았을 때(사고 1회당)
	응급실내원보험금	응급환자로 응급실에 내원하여 진료를 받았을 때(내원 1회당)
	재해화상진단보험금	재해로 인하여 화상으로 진단이 확정되었을 때(사고 1회당)
	결핵진단보험금	보험기간 중 최초의 결핵으로 진단이 확정되었을 때(단, 최초 1회에 한하여 지급함)
	건강관리자금	가입 후 매 10년마다 계약해당일에 살아 있을 때(단, 보험기간 중에만 지급)
상해보장	재해장해보험금	재해로 인하여 장해분류표에서 정한 각 장해지급률에 해당하는 장해상태가 되었을 때
	재해장해생활자금	장해분류표 중 동일한 재해로 여러 신체부위의 합산 장해지급률이 50% 이상인 장해상태가 되었을 때
	재해입원보험금	재해로 인하여 그 직접적인 치료를 목적으로 4일 이상 입원하였을 때(3일 초과 입원일수 1일당, 120일 한도)
	재해수술보험금	재해로 인하여 그 직접적인 치료를 목적으로 수술을 받았을 때(수술 1회당)
	건강관리자금	가입 후 매 10년마다 계약해당일에 살아 있을 때(단, 보험기간 중에만 지급)

주1) 암보장개시일은 계약일[부활(효력회복)일]부터 그날을 포함하여 90일이 지난 날의 다음 날로 함

(1) 주요 특징

특 징
• 병원에서 발생하는 간병인 사용 비용을 보장
• 장기 요양 1~2등급으로 진단 확정되고, 매년 생존 시 최대 10년 동안 간병자금을 매월 지급(장기 요양 간병비특약 II 가입 시, 최대 120개월 한도)
• 장기 요양 진단보험금(1~2등급, 1~5등급) 설계 가능하여 고객 맞춤형 혜택을 제공
• 병이 있어도 3가지(건강 관련) 간편고지로 간편하게[2종(간편 가입)]
• 만 15세부터 70세까지 폭넓게 가입 가능한 간병비 보험[1종(일반가입 기준)]
• 세제 혜택 : 근로소득자는 납입한 보험료(연간 100만원 한도)에 대하여 12% 세액공제

(2) 가입 요건

① 주계약

㉠ 1종(일반가입)

가입나이	보험기간	납입기간	납입주기	보험가입금액
만15~55세	85, 90, 100세 만기	10, 15, 20, 30년납	월 납	1,000만원~4,000만원 (500만원 단위)
56~65세		10, 15, 20년납		
66~70세		10, 15년납		

㉡ 2종(간편가입)

가입나이	보험기간	납입기간	납입주기	보험가입금액
30~55세	85, 90, 100세 만기	10, 15, 20, 30년납	월 납	1,000만원~4,000만원 (500만원 단위)
56~65세		10, 15, 20년납		
66~70세		10, 15년납		

주1) 1종(일반가입)과 2종(간편가입)의 중복가입이 불가함

② 특약

㉠ 무배당 입원간병인사용특약(10년 갱신형) 2504, 무배당 간호 · 간병통합서비스급여특약(10년 갱신형) 2504

• 1종(일반가입)

구 분	보험기간	가입나이	납입기간	납입주기	보험가입금액
최초계약	10년 만기	만15~70세	전기납	월 납	1,000만원~2,500만원 (주계약 가입금액 이내에서 500만원 단위)
갱신계약	1~10년	만25~(주계약 만기나이-1)세			

주1) 주계약 가입시 (무)입원간병인사용특약(10년갱신형) 2504를 의무부가 함
주2) 보험기간은 10년 만기(갱신형)으로 운영함. 단, 최종 갱신계약의 보험기간 만료일은 주계약 보험기간 만료일까지로 함
주3) 주계약 1종(일반가입)에 한하여 부가 가능함

- 2종(간편가입)

구 분	보험기간	가입나이	납입기간	납입주기	보험가입금액
최초계약	10년 만기	30~70세	전기납	월 납	1,000만원~2,500만원 (주계약 가입금액 이내에서 500만원 단위)
갱신계약	1~10년	40~(주계약 만기나이-1)세			

주1) 주계약 가입시 (무)입원간병인사용특약(10년 갱신형) 2504를 의무부가 함
주2) 보험기간은 10년 만기(갱신형)으로 운영함. 단, 최종 갱신계약의 보험기간 만료일은 주계약 보험기간 만료일까지로 함
주3) 주계약 2종(간편가입)에 한하여 부가 가능함

ⓛ 무배당 입원간병인 미사용특약(10년 갱신형) 2504

- 1종(일반가입)

구 분	보험기간	가입나이	납입기간	납입주기	보험가입금액
최초계약	10년 만기	만15~70세	전기납	월 납	1,000만원~2,500만원 (주계약 가입금액 이내에서 1,000만원 단위)
갱신계약	1~10년	만25~(주계약 만기나이-1)세			

주1) 주계약 가입 시 (무)입원간병인미사용특약(10년 갱신형) 2504를 의무부가 함
주2) 보험기간은 10년 만기(갱신형)으로 운영함. 단, 최종 갱신계약의 보험기간 만료일은 주계약 보험기간 만료일까지로 함
주3) 주계약 1종(일반가입)에 한하여 부가 가능함

- 2종(간편가입)

구 분	보험기간	가입나이	납입기간	납입주기	보험가입금액
최초계약	10년 만기	30~70세	전기납	월 납	1,000만원~2,000만원 (주계약 가입금액 이내에서 1,000만원 단위)
갱신계약	1~10년	40~(주계약 만기나이-1)세			

주1) 주계약 가입 시 (무)입원간병인미사용특약(10년 갱신형) 2504를 의무부가 함
주2) 보험기간은 10년 만기(갱신형)으로 운영함. 단, 최종 갱신계약의 보험기간 만료일은 주계약 보험기간 만료일까지로 함
주3) 주계약 2종(간편가입)에 한하여 부가 가능함

ⓒ 무배당 장기요양(1~2등급)특약 2504

보험기간	납입기간	가입나이		납입주기	보험가입금액
		남 자	여 자		
85세 만기 90세 만기 100세 만기	10년납	30~70세	30~70세	월 납	1,000만원~4,000만원 (주계약 가입 금액 이내에서 500만원 단위)
	15년납	30~70세	30~70세		
	20년납	30~65세	30~65세		
	30년납	30~55세	30~55세		

주1) 피보험자가 가입 당시 61세 이상인 경우 보험가입금액 2,000만원 한도
주2) 주계약 1종(일반가입)에 한하여 부가 가능함

㉣ 무배당 장기요양(1~5등급)특약Ⅱ 2504

보험기간	납입기간	가입나이		납입주기	보험가입금액
		남 자	여 자		
85세 만기	10년납	30~70세	30~70세	월 납	1,000만원(고정)
	15년납	30~70세	30~70세		
	20년납	30~65세	30~65세		
	30년납	30~55세	30~55세		
90세 만기	10년납	30~70세	30~70세		
	15년납	30~70세	30~65세		
	20년납	30~65세	30~61세		
	30년납	30~55세	30~53세		
100세 만기	10년납	30~66세	30~64세		
	15년납	30~62세	30~60세		
	20년납	30~57세	30~56세		
	30년납	30~49세	30~48세		

주1) 피보험자가 가입 당시 61세 이상인 경우 보험가입금액 500만원 고정
주2) 주계약 1종(일반가입)에 한하여 부가 가능함

㉤ 무배당 장기요양간병비특약Ⅱ 2504

보험기간	납입기간	가입나이		납입주기	보험가입금액
		남 자	여 자		
85세 만기 90세 만기 100세 만기	10년납	30~70세	30~70세	월 납	1,000만원 (고정)
	15년납	30~70세	30~70세		
	20년납	30~65세	30~65세		
	30년납	30~55세	30~55세		

주1) 피보험자가 가입 당시 61세 이상인 경우 보험가입금액 500만원 고정
주2) 주계약 1종(일반가입)에 한하여 부가 가능함

ⓑ 무배당 정기특약Ⅲ 2504

• 1종(일반가입)

보험기간	납입기간	가입나이		납입주기	보험가입금액
		남 자	여 자		
85세 만기 90세 만기	10년납	만 15~70세	만 15~70세	월 납	1,000만원~2,000만원 (주계약 가입 금액 이내에서 500만원 단위)
	15년납	만 15~70세	만 15~70세		
	20년납	만 15~65세	만 15~65세		
	30년납	만 15~55세	만 15~55세		
100세 만기	10년납	만 15~66세	만 15~70세		
	15년납	만 15~62세	만 15~70세		
	20년납	만 15~58세	만 15~65세		
	30년납	만 15~51세	만 15~55세		

주1) 주계약 1종(일반가입)에 한하여 부가 가능함

• 2종(간편가입)

보험기간	납입기간	가입나이		납입주기	보험가입금액
		남 자	여 자		
85세 만기	10년납	30~70세	30~70세	월 납	1,000만원~2,000만원 (주계약 가입 금액 이내에서 500만원 단위)
	15년납	30~67세	30~70세		
	20년납	30~61세	30~65세		
	30년납	30~53세	30~55세		
90세 만기	10년납	30~64세	30~70세		
	15년납	30~59세	30~70세		
	20년납	30~54세	30~65세		
	30년납	30~47세	30~55세		
100세 만기	10년납	30~59세	30~67세		
	15년납	30~55세	30~63세		
	20년납	30~51세	30~60세		
	30년납	30~44세	30~53세		

주1) 주계약 2종(간편가입)에 한하여 부가 가능함

ⓢ 이륜자동차 운전 및 탑승중 재해 부담보 특약 2109, 지정대리청구서비스특약 2109, 장애인전용보험 전환특약 2007

(3) 특약의 갱신에 관한 사항

갱신절차	보험기간 만료일 30일 전까지 계약자에게 서면 또는 전화(음성녹음) 안내(보험료 등 변경 내용) → 보험기간 만료일 15일 전까지 계약자의 별도 의사표시가 없으면 자동 갱신 　※ 갱신형특약의 경우, 최대 주계약 보험기간 만료일의 1년 전 계약해당일까지 갱신 가능하며, 최종 　　갱신계약의 보험기간 만료일은 주계약 보험기간 만료일까지로 함 → 계약자가 갱신 거절 의사를 통지하면 계약 종료
갱신계약 보험료	갱신계약의 보험료는 나이의 증가, 적용 기초율의 변동 등의 사유로 인상될 수 있음

(4) 간편고지에 관한 사항[2종(간편가입)에 한함]

간편고지에 관한 사항
• 이 상품은 '간편고지' 상품으로 유병력자 등 일반심사 보험에 가입하기 어려운 피보험자를 대상으로 함 • 간편고지란 보험시장에서 소외되고 있는 유병력자나 고연령자 등이 보험에 가입할 수 있도록 간소화된 계약 전 고지 의무 사항을 활용하여 계약심사 과정을 간소화함을 의미함 • 간편고지 상품은 일반심사 보험에 가입하기 어려운 피보험자를 대상으로 하므로, 일반심사 보험보다 보험료가 다소 높으며, 일반심사를 할 경우 이 보험보다 저렴한 일반심사 보험에 가입할 수 있음(다만, 일반심사 보험의 경우 건강 상태나 가입나이에 따라 가입이 제한될 수 있으며 보장하는 담보에는 차이가 있을 수 있음) • 이 상품 가입 시 간편고지 상품과 일반심사 보험의 보험료 수준을 비교하여 설명하고, 이에 대한 계약자 확인을 받음 • 이 상품 가입 후 계약일부터 3개월 이내에 일반심사 보험 가입을 희망하는 경우, 일반계약 심사를 통하여 일반심사 보험에 청약할 수 있음 다만, 본 계약의 보험금이 이미 지급되었거나 청구 서류를 접수한 경우에는 그러하지 않음 • 일반심사 보험에 가입하는 경우에는 본 계약을 무효로 하며 이미 납입한 보험료를 보험계약자에게 돌려줌

(5) 지정 대리청구인 지정에 관한 사항[무배당 장기요양(1∼2등급)특약 2504, 무배당 장기요양(1∼5등급)특약Ⅱ 2504 및 무배당 장기요양간병비특약Ⅱ 2504에 한함]

계약자가 본인을 위한 계약(계약자, 피보험자 및 보험수익자가 모두 동일)을 체결할 경우, 체신관서는 지정 대리 청구 서비스 신청서를 교부하고 지정 대리청구인 지정에 관련된 내용을 설명함. 다만, 전화를 이용하여 계약을 체결하는 경우에는 음성 녹음함으로써 교부 및 설명한 것으로 봄

① 계약자는 보험금을 직접 청구할 수 없는 특별한 사정이 있을 경우를 대비하여 계약을 체결할 때 또는 계약 체결 이후에 다음 각호의 어느 하나에 해당하는 자 중에서 보험금의 대리청구인(2인 이내에서 지정하되, 2인 지정 시 대표대리인을 지정, 이하 '지정 대리청구인'이라 함)을 지정(변경 지정 포함)할 수 있음. 다만, 지정 대리청구인은 보험금 청구 시에도 다음 각호의 어느 하나에 해당하여야 함

1. 피보험자의 가족관계등록부상의 배우자
2. 피보험자의 3촌 이내의 친족

② 제1항에도 불구하고 지정 대리청구인이 지정된 이후에 보험수익자가 변경되는 경우에는 이미 지정된 지정 대리청구인의 자격은 자동적으로 상실된 것으로 봄

(6) 보장내용

① 주계약

지급구분	지급사유
재해사망보험금	보험기간 중 재해를 직접적인 원인으로 사망하였을 때

② 특약

ⓐ 무배당 입원간병인사용특약(10년 갱신형) 2504

- 1종(일반가입)

지급구분	지급사유
입원간병인 사용보험금 (요양병원 제외)	보험기간 중 질병 또는 재해로 인하여 그 직접적인 치료를 목적으로 동일 입원 기간 중에 의료기관(단, 요양병원 제외)에 입원하여 간병인을 사용하여 실질적으로 간병서비스를 이용하였을 때(간병인 사용 1일 기준)
입원간병인 사용보험금 (요양병원)	보험기간 중 질병 또는 재해로 인하여 그 직접적인 치료를 목적으로 동일 입원 기간 중에 요양병원에 입원하여 간병인을 사용하여 실질적으로 간병서비스를 이용하였을 때(간병인 사용 1일 기준)

- 2종(간편가입)

지급구분	지급사유
입원간병인 사용보험금 (요양병원 제외)	보험기간 중 질병 또는 재해로 인하여 그 직접적인 치료를 목적으로 동일 입원 기간 중에 의료기관(단, 요양병원 제외)에 입원하여 간병인을 사용하여 실질적으로 간병서비스를 이용하였을 때(간병인 사용 1일 기준)
입원간병인 사용보험금 (요양병원)	보험기간 중 질병 또는 재해로 인하여 그 직접적인 치료를 목적으로 동일 입원 기간 중에 요양병원에 입원하여 간병인을 사용하여 실질적으로 간병서비스를 이용하였을 때(간병인 사용 1일 기준)

ⓑ 무배당 입원간병인미사용특약(10년 갱신형) 2504

- 1종(일반가입)

지급구분	지급사유
입원간병인 미사용보험금 (요양병원 제외)	보험기간 중 질병 또는 재해로 인하여 그 직접적인 치료를 목적으로 동일 입원 기간 중에 의료기관(단, 요양병원 제외)에 입원하여 간병인을 사용하지 않았을 때(간병인 미사용 1일 기준)
입원간병인 미사용보험금 (요양병원)	보험기간 중 질병 또는 재해로 인하여 그 직접적인 치료를 목적으로 동일 입원 기간 중에 요양병원에 입원하여 간병인을 사용하지 않았을 때(간병인 미사용 1일 기준)

- 2종(간편가입)

지급구분	지급사유
입원간병인 미사용보험금 (요양병원 제외)	보험기간 중 질병 또는 재해로 인하여 그 직접적인 치료를 목적으로 동일 입원 기간 중에 의료기관(단, 요양병원 제외)에 입원하여 간병인을 사용하지 않았을 때(간병인 미사용 1일 기준)
입원간병인 미사용보험금 (요양병원)	보험기간 중 질병 또는 재해로 인하여 그 직접적인 치료를 목적으로 동일 입원 기간 중에 요양병원에 입원하여 간병인을 사용하지 않았을 때(간병인 미사용 1일 기준)

ⓒ 무배당 간호 · 간병통합서비스급여특약(10년 갱신형) 2504

- 1종(일반가입)

지급구분	지급사유
간호 · 간병 통합서비스 보험금	보험기간 중 질병 또는 재해로 인하여 그 직접적인 치료를 목적으로 동일 입원 기간 중에 간호 · 간병 통합서비스를 사용하였을 때(간호 · 간병 통합서비스 사용 1일 기준)

• 2종(간편가입)

지급구분	지급사유
간호·간병 통합서비스 보험금	보험기간 중 질병 또는 재해로 인하여 그 직접적인 치료를 목적으로 동일 입원 기간 중에 간호·간병 통합서비스를 사용하였을 때(간호·간병 통합서비스 사용 1일 기준)

㉣ 무배당 장기 요양(1~2등급)특약 2504

지급구분	지급사유
장기 요양(1~2등급) 진단보험금	장기 요양상태 보장개시일 이후에 최초로 장기 요양 1등급 또는 2등급으로 진단 확정되었을 때(단, 최초 1회에 한함)

주1) 장기 요양상태 보장개시일은 계약일[부활(효력회복)일]부터 그날을 포함하여 180일이 지난 날의 다음 날로 함. 단, 재
해를 직접적인 원인으로 장기 요양상태가 발생한 경우 장기 요양상태 보장개시일은 계약일[부활(효력회복)일]로 함

㉤ 무배당 장기 요양(1~5등급)특약Ⅱ 2504

지급구분	지급사유
장기 요양(1~5등급) 진단보험금	장기 요양상태 보장개시일 이후에 최초로 장기 요양 1등급, 2등급, 3등급, 4등급 또는 5등급 으로 진단 확정되었을 때(단, 최초 1회에 한함)

주1) 장기 요양상태 보장개시일은 계약일[부활(효력회복)일]부터 그날을 포함하여 180일이 지난 날의 다음 날로 함. 단, 재
해를 직접적인 원인으로 장기 요양상태가 발생한 경우 장기 요양상태 보장개시일은 계약일[부활(효력회복)일]로 함

㉥ 무배당 장기요양간병비특약Ⅱ 2504

지급구분	지급사유
장기 요양(1~2등급) 진단 간병자금	장기 요양상태 보장개시일 이후에 최초로 장기 요양 1등급 또는 2등급으로 진단 확정되고, 진단 확정된 날을 최초로 하여 10년 동안 매년 진단 확정일에 살아있을 때(단, 최초 1회의 진 단 확정에 한함) ※ 최초 1년(12개월) 보증지급 ※ 최대 10년(120개월)을 매월 지급

주1) 장기 요양상태 보장개시일은 계약일[부활(효력회복)일]부터 그날을 포함하여 180일이 지난 날의 다음 날로 함. 단, 재
해를 직접적인 원인으로 장기 요양상태가 발생한 경우 장기 요양상태 보장개시일은 계약일[부활(효력회복)일]로 함

㉦ 무배당 정기특약Ⅲ 2504

• 1종(일반가입)

지급구분	지급사유
사망보험금	보험기간 중 사망하였을 때

• 2종(간편가입)

지급구분	지급사유
사망보험금	보험기간 중 사망하였을 때

(1) 주요 특징

특 징
• 우체국보험 최초의 당뇨 전문보험 : 당뇨 진단부터 인슐린 치료, 장해, 사망까지 보장하는 종합보장보험
• 당뇨 중증도(당화혈색소 6.5%/7.5%/9.0%)에 따라 체계적인 보장 금액 설정
• 당뇨합병증 집중보장 : 당뇨병 진단 후 4대 중증질환(3대 질병/말기신부전)으로 진단 시 보험금을 2배 지급하여 고액 치료비 보장(해당특약 가입 시)
• 당뇨 치료비 강화 : 주계약 기본 당뇨 보장에 더해 특약 가입 시 당뇨 관련 주요 질환 입원·수술, 중대 수술, 뇌경색증 등 폭넓은 치료비 보장 가능
• 첫날부터 입원비 보장 및 질병/재해 중 원하는 입원수술비 보장만 선택가입 가능
• 주계약 비갱신형 설계 및 보험료 납입면제로 보험료 부담을 완화
• 세제 혜택 : 근로소득자는 납입보험료(연간 100만원 한도)에 대하여 12% 세액공제

(2) 가입요건

① 주계약

가입나이	보험기간	납입기간	납입주기	보험가입금액
만 15세~50세	80, 90, 100세 만기	10, 15, 20, 30년납	월 납	500만원~ 2,000만원 (500만원 단위)
51세~60세		10, 15, 20년납		
61세~65세		10, 15년납		

주1) 피보험자가 가입 당시 61세 이상인 경우 보험가입금액 1,000만원 한도

② 특약

㉠ 무배당 정기사망특약Ⅱ 2504

가입나이	보험기간	납입기간	납입주기	보험가입금액
주계약과 동일				500만원~2,000만원 (주계약 가입금액 이내에서 500만원 단위)

주1) 피보험자가 가입 당시 61세 이상인 경우 보험가입금액 1,000만원 한도

㉡ 무배당 재해입원수술특약(15년 갱신형) 2504, 무배당 질병입원수술특약(15년 갱신형) 2504, 무배당 중대수술특약(15년 갱신형) 2504, 무배당 당뇨플러스암진단특약(15년 갱신형) 2504, 무배당 당뇨플러스뇌출혈진단특약(15년 갱신형) 2504, 무배당 당뇨플러스급성심근경색증진단특약(15년 갱신형) 2504, 무배당 당뇨플러스말기신부전증진단특약(15년 갱신형) 2504, 무배당 뇌경색증진단특약(15년 갱신형) 2504, 무배당 당뇨관련주요질환입원수술특약(15년 갱신형) 2504

구 분	가입나이	보험기간	납입기간	납입주기	보험가입금액
최초계약	만 15~65세	15년	전기납	월 납	500만원~1,000만원 (주계약 가입금액 이내에서 500만원 단위)
갱신계약	만 30~(주계약 만기 나이-1)세	1~15년			

주1) 보험기간은 15년 만기(갱신형)으로 운영함. 단, 최종 갱신계약의 보험기간 만료일은 주계약 보험기간 만료일까지로 함
주2) 피보험자가 가입 당시 61세 이상인 경우 보험가입금액 500만원(고정) 한도

ⓒ 이륜자동차 운전 및 탑승중 재해 부담보 특약 2109, 지정대리청구서비스특약 2109, 장애인전용보험 전환특약 2007

(3) 특약의 갱신에 관한 사항

갱신절차	보험기간 만료일 30일 전까지 계약자에게 서면 또는 전화(음성녹음) 안내(보험료 등 변경내용) → 보험기간 만료일 15일 전까지 계약자의 별도 의사표시가 없으면 자동갱신 ※ 갱신형특약의 경우, 최대 주계약 보험기간 만료일의 1년 전 계약해당일까지 갱신 가능하며, 최종 갱신 계약의 보험기간 만료일은 주계약 보험기간 만료일까지로 함 → 계약자가 갱신 거절의사를 통지하면 계약 종료
갱신계약 보험료	갱신계약의 보험료는 나이의 증가, 적용기초율의 변동 등의 사유로 인상될 수 있음

(4) 보장내용

① 주계약

지급구분	지급사유
사망보험금	보험기간 중 사망하였을 때
장해보험금	보험기간 중 장해분류표 중 동일한 재해 또는 재해 이외의 동일한 원인으로 여러 신체부위의 합산 장해지급률이 50% 이상인 장해상태가 되었을 때(보험기간 중 최초 1회에 한하여 지급함)
당뇨병 (당화혈색소 6.5% 이상) 진단보험금	보험기간 중 당뇨보장개시일 이후에 "당뇨병(당화혈색소 6.5% 이상)"으로 진단이 확정되었을 때(보험기간 중 최초 1회에 한하여 지급함)
당뇨병 (당화혈색소 7.5% 이상) 진단보험금	보험기간 중 당뇨보장개시일 이후에 "당뇨병(당화혈색소 7.5% 이상)"으로 진단이 확정되었을 때(보험기간 중 최초 1회에 한하여 지급함)
당뇨병 (당화혈색소 9.0% 이상) 진단보험금	보험기간 중 당뇨보장개시일 이후에 "당뇨병(당화혈색소 9.0% 이상)"으로 진단이 확정되었을 때(보험기간 중 최초 1회에 한하여 지급함)
인슐린치료보험금	보험기간 중 "인슐린치료"를 받았을 때(보험기간 중 최초 1회에 한하여 지급함)

주1) 당뇨보장개시일은 계약일(부활일)부터 그날을 포함하여 1년이 지난 날의 다음 날로 함

※ 플러스보험기간(약관에서 정한 플러스보험기간이 적용되는 경우에 한함)

지급구분	지급사유
플러스사망보험금	플러스보험기간 중 사망하였을 때

주1) 플러스보험기간이란 보험기간이 만료되는 시점에 플러스적립금이 발생하는 경우, 보험기간 만료 후부터 10년 동안 자동으로 연장되어 추가적인 보장을 받는 기간

② 특약

㉠ 무배당 정기사망특약Ⅱ 2504

지급구분	지급사유
사망보험금	보험기간 중 사망하였을 때

ⓛ 무배당 재해입원수술특약(15년 갱신형) 2504

지급구분	지급사유
재해입원보험금	보험기간 중 재해로 인하여 그 직접적인 치료를 목적으로 입원하였을 때(1일 이상 입원일수 1일당, 120일 한도)
재해수술보험금	보험기간 중 재해로 인하여 그 직접적인 치료를 목적으로 수술을 받았을 때(수술 1회당)

ⓒ 무배당 질병입원수술특약(15년 갱신형) 2504

지급구분	지급사유
질병입원보험금	보험기간 중 질병으로 인하여 그 직접적인 치료를 목적으로 입원하였을 때(1일 이상 입원일수 1일당, 120일 한도)
질병수술보험금	보험기간 중 질병으로 인하여 그 직접적인 치료를 목적으로 수술을 받았을 때(수술 1회당)

ⓔ 무배당 중대수술특약(15년 갱신형) 2504

지급구분	지급사유
중대수술보험금	보험기간 중 최초의 중대한 수술을 받았을 때(단, 최초 1회에 한함)

ⓜ 무배당 당뇨플러스암진단특약(15년 갱신형) 2504

지급구분	지급사유	
암진단보험금	암보장개시일 이후에 최초의 암으로 진단이 확정되었을 때(단, 최초 1회에 한함)	"당뇨병(당화혈색소 6.5% 이상)"으로 진단 확정되지 않고 지급사유가 발생한 경우
		당뇨보장개시일 이후에 "당뇨병(당화혈색소 6.5% 이상)"으로 진단 확정된 후 지급사유가 발생한 경우
	보험기간 중 최초의 갑상선암, 기타피부암, 대장점막내암, 제자리암 또는 경계성 종양으로 진단이 확정되었을 때(단, 갑상선암, 기타피부암, 대장점막내암, 제자리암 및 경계성 종양 각각 최초 1회에 한함)	

주1) 암 보장개시일은 계약일[부활(효력회복)일]부터 그날을 포함하여 90일이 지난 날의 다음 날로 함
주2) 당뇨 보장개시일은 계약일[부활(효력회복)일]부터 그날을 포함하여 1년이 지난 날의 다음 날로 함

ⓗ 무배당 당뇨플러스뇌출혈진단특약(15년 갱신형) 2504

지급구분	지급사유	
뇌출혈 진단보험금	보험기간 중 최초의 뇌출혈로 진단이 확정되었을 때(단, 최초 1회에 한함)	"당뇨병(당화혈색소 6.5% 이상)"으로 진단 확정되지 않고 지급사유가 발생한 경우
		당뇨보장개시일 이후에 "당뇨병(당화혈색소 6.5% 이상)"으로 진단 확정된 후 지급사유가 발생한 경우

주1) 당뇨 보장개시일은 계약일[부활(효력회복)일]부터 그날을 포함하여 1년이 지난 날의 다음 날로 함

ⓢ 무배당 당뇨플러스급성심근경색증진단특약(15년 갱신형) 2504

지급구분	지급사유	
급성심근경색증 진단보험금	보험기간 중 최초의 급성심근경색증으로 진단이 확정되었을 때(단, 최초 1회에 한함)	"당뇨병(당화혈색소 6.5% 이상)"으로 진단 확정되지 않고 지급사유가 발생한 경우
		당뇨보장개시일 이후에 "당뇨병(당화혈색소 6.5% 이상)"으로 진단 확정된 후 지급사유가 발생한 경우

주1) 당뇨 보장개시일은 계약일[부활(효력회복)일]부터 그날을 포함하여 1년이 지난 날의 다음 날로 함

◎ 무배당 당뇨플러스말기신부전증진단특약(15년 갱신형) 2504

지급구분	지급사유	
말기신부전증 진단보험금	보험기간 중 최초의 말기신부전증으로 진단이 확정되었을 때(단, 최초 1회에 한함)	"당뇨병(당화혈색소 6.5% 이상)"으로 진단 확정되지 않고 지급사유가 발생한 경우
		당뇨보장개시일 이후에 "당뇨병(당화혈색소 6.5% 이상)"으로 진단 확정된 후 지급사유가 발생한 경우

주1) 당뇨 보장개시일은 계약일[부활(효력회복)일]부터 그날을 포함하여 1년이 지난 날의 다음 날로 함

ⓩ 무배당 뇌경색증진단특약(15년 갱신형) 2504

지급구분	지급사유
뇌경색증 진단보험금	보험기간 중 최초의 뇌경색증으로 진단이 확정되었을 때(단, 최초 1회에 한함)

ⓩ 무배당 당뇨관련주요질환입원수술특약(15년 갱신형) 2504

지급구분	지급사유
당뇨관련 주요질환 입원보험금	보험기간 중 당뇨관련 주요질환으로 진단이 확정되고, 그 직접적인 치료를 목적으로 4일 이상 입원하였을 때(3일 초과 입원일수 1일당, 120일 한도)
당뇨관련 주요안과질환 수술보험금	보험기간 중 당뇨관련 주요안과질환으로 진단이 확정되고, 그 직접적인 치료를 목적으로 수술을 받았을 때(수술 1회당)
당뇨관련 주요질환 (안과제외) 수술보험금	보험기간 중 당뇨관련 주요질환(안과제외)으로 진단이 확정되고, 그 직접적인 치료를 목적으로 수술을 받았을 때(수술 1회당)

25 무배당 우체국나르미안전보험 2504

(1) 주요 특징

특 징
• 운송업종사자 전용 공익형 교통상해보험
• 나이에 상관없이 성별에 따라 1회 보험료 납입으로 보장 가능(1년 만기)
• 보험료의 50%를 체신관서가 공익재원으로 지원
• 교통재해사고 종합 보장 : 교통재해로 인한 사망, 장해 및 교통사고에 대한 의료비(중환자실 입원 등) 보장

(2) 가입요건

① 주계약(1종 일반형), (2종 이륜자동차전용)

보험기간	가입나이	납입주기	납입기간	가입금액
1년 만기	만19~60세	연 납	전기납	1,000만원 고정

주1) 1종(일반형)과 2종(이륜자동차전용)의 중복가입 불가

② 특약 : 이륜자동차 운전 및 탑승중 재해 부담보 특약 2109, 지정대리청구서비스특약 2109, 장애인전용 보험전환특약 2007

(3) 피보험자 자격요건

① 1종(일반형) : 업무상 이륜자동차운전자를 제외한 플랫폼 경제 운송업 종사자*

② 2종(이륜자동차전용) : 유상운송배달용 및 대여용**으로 이륜자동차를 운전하는 플랫폼 경제 운송업 종사자*

*디지털 플랫폼의 중개를 통해 일자리를 구하여 단속적(1회성, 비상시적, 비정기적) 일거리 건당 일정한 보수를 수취하거나, 고용계약을 체결하지 않고 특수고용직 형태로 노동을 수행하는 운송업 종사자

**수당, 요금 등 대가의 보상을 직접적인 목적으로 물건 등의 배달을 위해서 이륜자동차를 운전하는 경우(260cc 초과 이륜자동차는 제외)

(4) 보험료 납입에 관한 사항

이 보험은 보험료의 50%를 각 개별 보험계약자가 납입하며, 나머지 보험료는 과학기술정보통신부장관이 납입하는 것을 원칙으로 함

(5) 보장내용

① 주계약

지급구분	지급사유
교통재해 사망보험금	교통재해를 직접적인 원인으로 사망하였을 때
교통재해 장해보험금	장해분류표 중 동일한 교통재해를 원인으로 여러 신체부위의 합산 장해지급률이 50% 이상인 장해상태가 되었을 때(단, 최초 1회에 한함)
교통재해 중환자실입원보험금	교통재해로 인하여 그 직접적인 치료를 목적으로 중환자실에 입원하였을 때(1일 이상 입원일수 1일당, 60일 한도)
교통재해 중대수술보험금	교통재해로 인하여 그 직접적인 치료를 목적으로 중대한 수술을 받았을 때(수술 1회당)
교통재해 응급실내원보험금	교통재해로 인하여 응급환자로 응급실에 내원하여 진료를 받았을 때(내원 1회당)

26 무배당 win-win단체플랜보험 2504

(1) 주요 특징

특 징
• 단체에서 요구하는 보장내용 충족을 위해 다양한 특약을 구성하여 각종 사고에 대한 맞춤형 보장 설계
• 0세 및 어린이 단체도 가입 가능하고, 성인 직장인에게 꼭 필요한 사망보장뿐만 아니라 어린이 단체를 위한 화상, 식중독, 깁스 등 보장
• 종업원의 복지 증진강화 및 불의의 사고에 대한 유가족의 안정적인 생활 보장을 위해 특약으로 재해 · 교통 재해사망보장 강화
• 세제 혜택 : 법인사업자는 근로자를 위해 납입한 보험료를 손금처리 가능

(2) 가입요건

① 주계약

가입나이	보험기간	납입기간	납입주기	보험가입금액
0~70세	1년 만기	1년납	연납	1,000만원~4,000만원 (1,000만원 단위)

② 특약

　㉠ 무배당 단체재해사망보장특약 2504, 무배당 단체교통재해사망보장특약 2504

가입나이	보험기간, 납입기간, 납입주기	보험가입금액
만 15~70세	주계약과 동일	1,000만원~4,000만원 (주계약 보험가입금액 이내에서 1,000만원 단위)

　㉡ 무배당 단체재해장해연금특약 2504, 무배당 단체재해입원특약 2504, 무배당 단체재해수술특약 2504, 무배당 단체골절치료특약 2504, 무배당 단체깁스치료특약 2504

가입나이	보험기간, 납입기간, 납입주기	보험가입금액
0~70세	주계약과 동일	1,000만원(고정)

　㉢ 무배당 단체화상치료특약 2504, 무배당 단체식중독치료특약 2504

가입나이	보험기간, 납입기간, 납입주기	보험가입금액
0~10세	주계약과 동일	1,000만원(고정)

　㉣ 이륜자동차 운전 및 탑승중 재해 부담보 특약 2109, 지정대리청구서비스특약 2109

(3) 보험료 할인에 관한 사항

단체별 피보험자수에 따라 다음과 같이 보험료(특약보험료 포함) 할인 적용

피보험자수	5인~20인	21인~100인	101인 이상
할인율	1%	1.5%	2.0%

(4) 중도추가가입에 관한 사항

- 단체 구성원의 입사 등의 사유로 피보험자의 변동이 있을 경우 보험계약자는 체신관서의 동의를 얻어 계약단체의 보험기간 중 피보험자를 추가할 수 있음. 이 경우 추가된 피보험자의 보험기간은 그 계약단체의 남은 보험기간으로 하며, 보험료 및 해약환급금 산출방법서에 의해 계산된 보험료를 적용함
- 피보험자가 가입하고자 하는 보험상품이 판매중지된 경우, 체신관서에서 인정하는 유사한 상품으로 계약을 체결할 수 있으며, 유사상품이 없는 경우에는 계약체결이 제한될 수 있음

(5) 계약변경에 관한 사항

- 체신관서의 승낙을 얻어 보험계약자를 변경한 경우, 변경된 계약자에게 보험가입증서(보험증권) 및 약관을 교부하고 변경된 계약자가 요청하는 경우 약관의 중요한 내용을 설명함. 보험가입금액 감액(피보험자가 보험료의 일부를 부담하는 경우에는 피보험자의 동의를 받아야 함) 시 환급금이 없을 수 있음
- 피보험자가 피보험단체로부터 탈퇴한 경우에 계약자는 지체 없이 피보험자의 탈퇴연월일 및 사유를 체신관서에 알려야 하며, 피보험자가 피보험단체로부터 탈퇴한 경우에 이 계약은 해지된 것으로 보고 해지 시 지급금액을 지급함

(6) 피보험자 변경에 관한 사항

> - 보험계약자가 보험료를 전액 부담하는 경우(다만, 피보험자가 보험료의 일부를 부담하는 경우에는 피보험자의 동의를 받아야 함) 피보험자가 보험계약에서 보장하지 않는 사유로 사망하거나 피보험자가 퇴직 등으로 피보험단체에서 탈퇴하는 경우에는 보험계약자는 새로운 피보험자의 동의 및 체신관서의 승낙을 얻어 피보험자를 교체할 수 있음
> - 피보험자 변경 시 "보험료 및 책임준비금 산출방법서"에서 정한 변경 전·후의 정산 차액을 추가납입하도록 하거나 보험계약자에게 지급함
> - 변경 후 피보험자에 대한 계약 내용 및 체신관서의 승낙기준 등은 변경 전 피보험자와 동일하게 적용함. 체신관서는 새로운 피보험자가 계약에 적합하지 않은 경우 피보험자의 변경에 대한 승낙을 거절할 수 있음

(7) 사망보험금 청구에 관한 사항

> 사망보험금의 보험수익자가 피보험자의 법정상속인 이외의 자(단체 또는 단체의 대표자 등)로 지정되는 계약은 사망보험금 청구 시 피보험자의 법정상속인의 확인서가 필요

(8) 보장내용

① 주계약

지급구분	지급사유
재해장해보험금	재해로 인하여 장해분류표에서 정한 각 장해지급률에 해당하는 장해상태가 되었을 때

② 특약

㉠ 무배당 단체재해사망보장특약 2504

지급구분	지급사유
재해사망보험금	보험기간 중 재해를 직접적인 원인으로 사망하였을 때

㉡ 무배당 단체교통재해사망보장특약 2504

지급구분	지급사유
교통재해사망보험금	보험기간 중 교통재해를 직접적인 원인으로 사망하였을 때

㉢ 무배당 단체재해장해연금특약 2504

지급구분	지급사유
재해장해생활자금	장해분류표 중 동일한 재해로 여러 신체부위의 합산 장해지급률이 50% 이상인 장해상태가 되었을 때

㉣ 무배당 단체재해입원특약 2504

지급구분	지급사유
재해입원보험금	보험기간 중 재해로 인하여 그 직접적인 치료를 목적으로 4일 이상 입원하였을 때(3일 초과 입원일수 1일당, 120일 한도)

ⓜ 무배당 단체재해수술특약 2504

지급구분	지급사유
재해수술보험금	보험기간 중 재해로 인하여 그 직접적인 치료를 목적으로 수술을 받았을 때(수술 1회당)

ⓗ 무배당 단체골절치료특약 2504

지급구분	지급사유
재해골절(치아파절제외) 보험금	보험기간 중 재해로 인하여 골절상태가 되었을 때(사고 1회당)

ⓢ 무배당 단체화상치료특약 2504

지급구분	지급사유
재해화상진단보험금	보험기간 중 재해로 인하여 화상(심재성 2도 이상)으로 진단이 확정되었을 때(사고 1회당)

ⓞ 무배당 단체식중독치료특약 2504

지급구분	지급사유
식중독입원보험금	보험기간 중 식중독으로 진단이 확정되고 그 직접적인 치료를 목적으로 4일 이상 입원하였을 때(3일 초과 입원일수 1일당, 120일 한도)

ⓩ 무배당 단체깁스치료특약 2504

지급구분	지급사유
재해깁스치료 (부목제외)보험금	보험기간 중 재해로 인하여 그 직접적인 치료를 목적으로 깁스(Cast)치료를 받았을 때(사고 1회당)

27 무배당 우체국온라인어린이보험 2504

(1) 주요 특징

특 징
• 암, 장해, 입원, 수술, 골절, 화상, 식중독 등의 각종 일상 생활 위험을 포괄적으로 보장하는 어린이 종합보험 • 중증질환(소아암, 중증장해 등) 고액 보장 • 만기 시 만기보험금 지급으로 계약자의 형편에 따라 다양한 목적자금으로 활용 가능

(2) 가입요건

구 분	가입나이	보험기간	보험료 납입기간	보험료 납입주기	가입한도액
주계약	0~15세	30세 만기	전기납	월 납	1,000만원(고정)
무배당선천이상특약Ⅱ 2504(의무부가)	임신 23주 이내 태아	3년	3년	월 납	1,000만원(고정)

주1) 임신 사실이 확인된 태아도 가입 가능. 다만, 무배당 선천이상특약Ⅱ 2504는 임신 23주 이내의 태아에 고정부가

① 특약 : 지정대리청구서비스특약 2109, 장애인전용보험전환특약 2007

(3) 보장내용

① 주계약

지급구분	지급사유
만기보험금	보험기간이 끝날 때까지 살아 있을 때
암진단보험금	최초의 암으로 진단 확정되었을 때(단, 최초 1회에 한함)
	최초의 갑상선암, 기타피부암, 대장점막내암, 제자리암 또는 경계성 종양으로 진단 확정되었을 때(단, 갑상선암, 기타피부암, 대장점막내암, 제자리암 및 경계성 종양 각각 최초 1회에 한함)
소아암진단보험금	최초의 소아암으로 진단 확정되었을 때(단, 최초 1회에 한함)
재해장해보험금	재해로 인하여 장해분류표에서 정한 각 장해지급률에 해당하는 장해상태가 되었을 때
입원보험금	질병 또는 재해로 인하여 그 직접적인 치료를 목적으로 4일 이상 입원하였을 때(3일 초과 입원일수 1일당, 120일 한도)
수술보험금	질병 또는 재해로 인하여 그 직접적인 치료를 목적으로 수술을 받았을 때(수술 1회당)
재해골절 (치아파절제외)보험금	출산손상 또는 재해로 인하여 골절상태가 되었을 때(사고 1회당)
재해깁스치료 (부목제외)보험금	재해로 인하여 그 직접적인 치료를 목적으로 깁스(Cast)치료를 받았을 때(사고 1회당)
재해화상진단보험금	재해로 인하여 화상으로 진단이 확정되었을 때(사고 1회당)
식중독입원보험금	식중독으로 진단이 확정되고 그 직접적인 치료를 목적으로 4일 이상 입원하였을 때(3일 초과 입원일수 1일당, 120일 한도)

② 특약 : 무배당 선천이상특약Ⅱ 2504

지급구분	지급사유
선천이상입원보험금	선천이상으로 진단이 확정되고, 그 직접적인 치료를 목적으로 4일 이상 입원하였을 때(3일 초과 입원일수 1일당, 120일 한도)
선천이상(허유착증제외) 수술보험금	선천이상(허유착증제외)으로 진단이 확정되고, 그 직접적인 치료를 목적으로 수술을 받았을 때(수술 1회당)
허유착증수술보험금	허유착증으로 진단이 확정되고, 그 직접적인 치료를 목적으로 수술을 받았을 때(수술 1회당)

28 무배당 우체국온라인암보험 2504

(1) 주요 특징

특 징
• 저렴한 보험료, 일반암 진단 시 최대 3,000만원까지 지급(3구좌 가입 시) • 고액암(백혈병, 뇌종양, 골종양, 췌장암, 식도암 등) 진단 시 최대 6,000만원까지 지급(3구좌 가입 시) • 암 진단 시 보험료 납입 면제 • 보험료 인상 없이 처음과 동일한 보험료로 보험기간 동안 보장 • 세제혜택 : 근로소득자는 납입한 보험료(연간 100만원 한도)에 대하여 12% 세액공제

(2) 가입요건

① 주계약

가입나이	보험기간	보험료 납입기간	보험료 납입주기	가입한도액(구좌수)
20~50세	30년	전기납	월 납	3구좌(1구좌 단위)
20~60세	20년			

② **특약** : 지정대리청구서비스특약 2109, 장애인전용보험전환특약 2007

(3) 보장내용

① 주계약

지급구분	지급사유
암진단보험금	암보장개시일 이후에 최초의 암으로 진단이 확정되었을 때(단, 최초 1회에 한함)
	보험기간 중 최초의 갑상선암, 기타피부암, 대장점막내암, 제자리암, 또는 경계성 종양으로 진단이 확정되었을 때(단, 갑상선암, 기타피부암, 대장점막내암, 제자리암 및 경계성 종양 각각 최초 1회에 한함)
고액암진단보험금	암보장개시일 이후에 최초의 고액암으로 진단이 확정되었을 때(단, 최초 1회에 한함)
항암방사선·약물치료 보험금	암보장개시일 이후에 암으로 진단이 확정되고 그 암의 직접적인 치료를 목적으로 항암방사선치료 또는 항암약물치료를 받았을 때(단, 항암방사선치료 또는 항암약물치료 둘 중 최초 1회에 한함)
	보험기간 중 갑상선암, 기타피부암, 대장점막내암, 제자리암 및 경계성 종양으로 진단이 확정되고 그 갑상선암, 기타피부암, 대장점막내암, 제자리암 및 경계성 종양의 직접적인 치료를 목적으로 항암방사선치료 또는 항암약물치료를 받았을 때(단, 갑상선암, 기타피부암, 대장점막내암, 제자리암 및 경계성 종양 각각에 대하여 항암방사선치료 또는 항암약물치료 둘 중 최초 1회에 한함)

주1) 암보장개시일은 계약일[부활(효력회복)일]부터 그날을 포함하여 90일이 지난 날의 다음 날로 함

29 무배당 우체국온라인3대질병보험 2504

(1) 주요 특징

특 징
• 경증질환(소액암, 뇌혈관질환 및 허혈성심장질환)부터 중증질환(암·뇌출혈·급성심근경색증)까지 체계적으로 보장 • 50% 이상 장해상태가 되었거나, 암, 뇌출혈 또는 급성심근경색증으로 진단 시 보험료 납입을 면제 • 비갱신형 상품으로 보험료 인상 없이 처음과 동일한 보험료로 만기까지 보장 • 세제혜택 : 근로소득자는 납입한 보험료(연간 100만원 한도)에 대하여 12% 세액공제

(2) 가입요건

① 주계약

가입나이	보험기간	보험료 납입기간	보험료 납입주기	가입한도액
20~50세	80세 만기	10, 20, 30년납	월 납	1,000~2,000만원 (1,000만원 단위)
51~60세		10, 20년납		

② **특약** : 지정대리청구서비스특약 2109, 장애인전용보험전환특약 2007

(3) 보장내용

① 주계약

지급구분	지급사유
암진단보험금	보험기간 중 암보장개시일 이후에 최초의 암으로 진단이 확정되었을 때(단, 최초 1회에 한함)
	보험기간 중 최초의 갑상선암, 기타피부암, 대장점막내암, 제자리암 또는 경계성 종양으로 진단이 확정되었을 때(단, 갑상선암, 기타피부암, 대장점막내암, 제자리암 및 경계성 종양 각 각 최초 1회에 한함)
뇌출혈진단보험금	보험기간 중 최초의 뇌출혈로 진단이 확정되었을 때(단, 최초 1회에 한함)
뇌경색증진단보험금	보험기간 중 최초의 뇌경색증으로 진단이 확정되었을 때(단, 최초 1회에 한함)
뇌혈관질환진단보험금	보험기간 중 최초의 뇌혈관질환으로 진단이 확정되었을 때(단, 최초 1회에 한함)
급성심근경색증진단보험금	보험기간 중 최초의 급성심근경색증으로 진단이 확정되었을 때(단, 최초 1회에 한함)
허혈성심장질환진단보험금	보험기간 중 최초의 허혈성심장질환으로 진단이 확정되었을 때(단, 최초 1회에 한함)

주1) 암보장개시일은 계약일[부활(효력회복)일]부터 그날을 포함하여 90일이 지난 날의 다음 날로 함

30 무배당 우체국온라인정기보험 2504

(1) 주요 특징

특 징
• 보험료 납입면제 및 고액계약 할인으로 보험료 부담을 완화
• 생존기간 6개월 이내 판단 시 사망보험금의 60%를 선지급
• 비갱신형 상품으로 보험료 변동 없이 처음과 동일한 보험료로 보험기간 동안 보장
• 세제혜택 : 근로소득자는 납입한 보험료(연간 100만원 한도)에 대하여 12% 세액공제

(2) 가입요건

① 주계약 [1종(기본형), 2종(재해보장형)]

가입나이	보험기간	보험료 납입기간	보험료 납입주기	가입한도액
20~60세	20년 만기	10년납, 20년납	월 납	1,000~4,000만원 (1,000만원 단위)
20~40세	60세 만기	10년납, 20년납		
41~50세		10년납		
20~50세	70세 만기	10년납, 20년납		
51~60세		10년납		
20~60세	80세 만기	10년납, 20년납		

② 특약 : 이륜자동차 운전 및 탑승중 재해 부담보 특약 2109, 지정대리청구서비스특약 2109, 장애인전용 보험전환특약 2007

(3) 보험료 할인에 관한 사항

① 고액 할인

주계약 보험가입금액	2천만원 이상~3천만원 미만	3천만원 이상~4천만원 미만	4천만원
할인율	1.0%	2.0%	3.0%

(4) 보장내용

① 주계약

㉠ 1종(기본형)

지급구분	지급사유
사망보험금	보험기간 중 사망하였을 때

㉡ 2종(재해보장형)

지급구분	지급사유
일반사망보험금	보험기간 중 재해 이외의 원인으로 사망하였을 때
재해사망보험금	보험기간 중 재해를 직접적인 원인으로 사망하였을 때

31 무배당 우체국온라인입원수술보험 2504

(1) 주요 특징

특 징
• 건강보험의 핵심보장인 입원 및 수술을 보장하는 온라인전용 보험상품
• 질병 또는 재해로 50% 이상 장해상태가 되었을 때 차회 이후의 보험료 납입을 면제
• 비갱신형 상품으로 보험료 인상 없이 처음과 동일한 보험료로 만기까지 보장
• 세제혜택 : 근로소득자는 납입보험료(연간 100만원 한도)에 대하여 12% 세액공제

(2) 가입요건

① 주계약

가입나이	보험기간	납입기간	납입주기	보험가입금액
20세~50세	80세 만기	10, 20, 30년납	월 납	500~1,000만원 (500만원 단위)
51세~60세		10, 20년납		
20세~60세	100세 만기	10, 20, 30년납		

② 특약 : 이륜자동차 운전 및 탑승중 재해 부담보 특약 2109, 지정대리청구서비스특약 2109, 장애인전용
보험전환특약 2007

(3) 보장내용

① 주계약

지급구분	지급사유
입원보험금	질병 또는 재해로 인하여 그 직접적인 치료를 목적으로 4일 이상 입원하였을 때(3일 초과 입원일수 1일당, 120일 한도)
수술보험금	질병 또는 재해로 인하여 그 직접적인 치료를 목적으로 수술을 받았을 때(수술 1회당)

32 무배당 우체국온라인종합건강보험(갱신형) 2504

(1) 주요 특징

특 징
• 현대인의 건강한 생활을 위하여 사망부터 생존(진단, 입원, 수술 등)까지 종합적으로 보장하는 온라인전용 종합건강보험상품 • 꼭 필요한 보장을 선택하여 가입할 수 있는 맞춤형 상품 • 부담없는 보험료로 각종 질병과 사고는 물론 고액치료비 및 백내장 · 관절염 · 인공관절치환 수술 등 시니어질환을 보장(특약 가입 시) • 세제혜택 : 근로소득자는 납입보험료(연간 100만원 한도)에 대하여 12% 세액공제

(2) 가입요건

① 주계약

구 분	가입나이	보험기간	납입기간	납입주기	보험가입금액
최초계약	20세~60세	10년 만기 (종신갱신형)	전기납	월 납	1,000~2,000만원 (1,000만원 단위)
갱신계약	30세 이상				

② 특약

㉠ 무배당 암보장특약Ⅱ(갱신형) 2504, 무배당 뇌질환진단특약(갱신형) 2504, 무배당 심장질환 진단특약(갱신형) 2504, 무배당 첫날부터입원특약Ⅱ(갱신형) 2504, 무배당 시니어플러스수술특약(갱신형) 2504

가입나이	보험기간	납입기간	납입주기	보험가입금액
주계약과 동일				1,000만원(고정)

㉡ 이륜자동차 운전 및 탑승중 재해 부담보특약 2109, 지정대리청구서비스특약 2109, 장애인전용보험 전환특약 2007

(3) 특약의 갱신에 관한 사항

갱신절차	보험기간 만료일 30일 전까지 계약자에게 서면 또는 전화(음성녹음) 안내(보험료 등 변경내용) → 보험기간 만료일 15일 전까지 계약자의 별도 의사표시가 없으면 자동갱신 → 계약자가 갱신 거절의사를 통지하면 계약종료 ※ (무)암보장특약Ⅱ(갱신형) 2504의 경우, 피보험자에게 암진단보험금 지급사유가 발생한 경우에는 이 특약을 갱신할 수 없음. 단, 갑상선암, 기타피부암, 대장점막내암, 제자리암 또는 경계성 종양으로 진단 확정 받은 경우에는 특약을 갱신할 수 있음 ※ (무)뇌질환진단특약(갱신형) 2504의 경우, 세부보장은 동시에 갱신하여야 함. 다만, 보험금이 지급된 세부보장은 갱신할 수 없음 ※ (무)심장질환진단특약(갱신형) 2504의 경우, 세부보장은 동시에 갱신하여야 함. 다만, 보험금이 지급된 세부보장은 갱신할 수 없음
갱신계약 보험료	갱신계약의 보험료는 각각의 특약상품에 따라 나이의 증가, 적용기초율의 변동 등의 사유로 인상 가능

(4) 보장내용

① 주계약

지급구분	지급사유
재해사망보험금	보험기간 중 재해를 직접적인 원인으로 사망하였을 때
재해화상진단보험금	재해로 인하여 화상으로 진단이 확정되었을 때(사고 1회당)
재해골절(치아파절제외)보험금	재해로 인하여 골절상태가 되었을 때(사고 1회당)
재해깁스치료(부목제외)보험금	재해로 인하여 그 직접적인 치료를 목적으로 깁스(Cast)치료를 받았을 때(사고 1회당)

② 특약

㉠ 무배당 암보장특약Ⅱ(갱신형) 2504

지급구분	지급사유
암진단보험금	보험기간 중 암보장개시일 이후에 최초의 암으로 진단이 확정되었을 때(단, 최초 1회에 한함)
	보험기간 중 최초의 갑상선암, 기타피부암, 대장점막내암, 제자리암 또는 경계성 종양으로 진단이 확정되었을 때(단, 갑상선암, 기타피부암, 대장점막내암, 제자리암 및 경계성 종양 각각 최초 1회에 한함)
고액암진단보험금	보험기간 중 암보장개시일 이후에 최초의 고액암으로 진단이 확정되었을 때(단, 최초 1회에 한함)
항암방사선·약물치료 보험금	보험기간 중 암보장개시일 이후에 암으로 진단이 확정되고 그 암의 직접적인 치료를 목적으로 항암방사선치료 또는 항암약물치료를 받았을 때(단, 항암방사선치료 또는 항암약물치료 둘 중 최초 1회에 한함)
	보험기간 중 갑상선암, 기타피부암, 대장점막내암, 제자리암 또는 경계성종양으로 진단이 확정되고 그 갑상선암, 기타피부암, 대장점막내암, 제자리암 또는 경계성종양의 직접적인 치료를 목적으로 항암방사선치료 또는 항암약물치료를 받았을 때(단, 갑상선암, 기타피부암, 대장점막내암, 제자리암 및 경계성종양 각각 항암방사선치료 또는 항암약물치료 둘 중 최초 1회에 한함)

주1) 암보장개시일은 계약일[부활(효력회복)일]부터 그날을 포함하여 90일이 지난 날의 다음 날로 하며, 갱신계약의 경우 갱신일로 함

ⓛ 무배당 뇌질환진단특약(갱신형) 2504

지급구분(세부보장)	지급사유
뇌출혈진단보험금	보험기간 중 최초의 뇌출혈로 진단이 확정되었을 때(단, 최초 1회에 한함)
뇌경색증진단보험금	보험기간 중 최초의 뇌경색증으로 진단이 확정되었을 때(단, 최초 1회에 한함)
뇌혈관질환진단보험금	보험기간 중 최초의 뇌혈관질환으로 진단이 확정되었을 때(단, 최초 1회에 한함)

ⓒ 무배당 심장질환진단특약(갱신형) 2504

지급구분(세부보장)	지급사유
급성심근경색증 진단보험금	보험기간 중 최초의 급성심근경색증으로 진단이 확정되었을 때(단, 최초 1회에 한함)
허혈성심장질환 진단보험금	보험기간 중 최초의 허혈성심장질환으로 진단이 확정되었을 때(단, 최초 1회에 한함)

ⓔ 무배당 첫날부터입원특약Ⅱ(갱신형) 2504

지급구분	지급사유
입원보험금	보험기간 중 질병 또는 재해로 인하여 그 직접적인 치료를 목적으로 입원하였을 때(1일 이상 입원일수 1일당, 120일 한도)
중환자실입원보험금	보험기간 중 질병 또는 재해로 인하여 그 직접적인 치료를 목적으로 중환자실에 입원하였을 때(1일 이상 입원일수 1일당, 60일 한도)

ⓜ 무배당 시니어플러스수술특약(갱신형) 2504

지급구분	지급사유
인공관절치환 수술보험금	보험기간 중 질병 또는 재해로 인하여 그 직접적인 치료를 목적으로 인공관절(견관절, 고관절, 슬관절)치환수술을 받았을 때(수술 1회당)
관절염수술보험금	보험기간 중 관절염으로 진단이 확정되고 그 직접적인 치료를 목적으로 수술을 받았을 때(수술 1회당)
백내장수술보험금	보험기간 중 백내장으로 진단이 확정되고 그 직접적인 치료를 목적으로 수술을 받았을 때(수술 1회당)
수술보험금	보험기간 중 질병 또는 재해로 인하여 그 직접적인 치료를 목적으로 별표5(수술·신생물 근치 방사선 조사 분류표)에서 정한 수술을 받았을 때(수술 1회당)

33 무배당 우체국온라인치매간병보험 2504

(1) 주요 특징

특 징
• 경도치매부터 중증치매까지 체계적으로 보장하는 온라인전용 치매전문보험
• "중증치매상태"로 최종 진단 확정되고, 매년 생존시 최대 15년 동안 중증치매진단간병자금을 매월 지급
• 비갱신형 상품으로 보험료 인상없이 처음과 동일한 보험료로 만기까지 보장
• 세제혜택 : 근로소득자는 납입보험료(연간 100만원 한도)에 대하여 12% 세액공제

(2) 가입요건

① 주계약

가입나이	보험기간	납입기간	납입주기	보험가입금액
30~65세	90, 95세 만기	15, 20년납	월 납	500~1,000만원 (500만원 단위)

㉠ 장애인전용보험전환특약 2007

(3) 지정대리청구인 지정에 관한 사항

계약자가 본인을 위한 계약(계약자, 피보험자 및 보험수익자가 모두 동일)을 체결할 경우, 체신관서는 지정대리청구서비스 신청서를 교부하고 지정대리청구인 지정에 관련된 내용을 설명하여야 함. 다만, 전화를 이용하여 계약을 체결하는 경우에는 음성 녹음함으로써 교부 및 설명한 것으로 봄

① 계약자는 보험금을 직접 청구할 수 없는 특별한 사정이 있을 경우를 대비하여 계약을 체결할 때 또는 계약 체결 이후에 다음 각 호의 어느 하나에 해당하는 자 중에서 보험금의 대리청구인(2인 이내에서 지정하되, 2인 지정 시 대표대리인을 지정, 이하 "지정대리 청구인"이라 함)을 지정(변경 지정 포함)할 수 있음. 다만, 지정대리청구인은 보험금 청구 시에도 다음 각 호의 어느 하나에 해당하여야 함

  1. 피보험자의 가족관계등록부상의 배우자

  2. 피보험자의 3촌 이내의 친족

② 제1항에도 불구하고 지정대리청구인이 지정된 이후에 보험수익자가 변경되는 경우에는 이미 지정된 지정 대리청구인의 자격은 자동적으로 상실된 것으로 봄

(4) 보장내용

① 주계약

지급구분	지급사유
경도치매 진단보험금	보험기간 중 치매보장개시일 이후에 "경도치매상태"로 진단되고 90일이 지난 이후에 "경도치매상태"로 최종 진단 확정되었을 때(단, 최초 1회에 한함)
중등도치매 진단보험금	보험기간 중 치매보장개시일 이후에 "중등도치매상태"로 진단되고 90일이 지난 이후에 "중등도치매상태"로 최종 진단 확정되었을 때(단, 최초 1회에 한함)
중증치매 진단보험금	보험기간 중 치매보장개시일 이후에 "중증치매상태"로 진단되고 90일이 지난 이후에 "중증치매상태"로 최종 진단 확정되었을 때(단, 최초 1회에 한함)
중증치매진단 간병자금	보험기간 중 치매보장개시일 이후에 "중증치매상태"로 진단 후 90일이 지난 이후에 "중증치매상태"로 최종 진단 확정되고, 최종 진단 확정된 날을 최초로 하여 15년 동안 매년 최종 진단 확정일에 살아 있을 때(단, 최초 1회의 최종 진단 확정에 한함) ※ 15년(180개월)을 최고한도로 지급

주1) 치매보장개시일은 계약일[부활(효력회복)일]부터 그날을 포함하여 1년이 지난 날의 다음 날로 함. 다만, 질병으로 인한 "경도치매상태", "중등도치매상태" 및 "중증치매상태"가 없는 상태에서 재해로 인한 뇌의 손상을 직접적인 원인으로 "경도치매상태", "중등도치매상태" 및 "중증치매상태"가 발생한 경우 치매보장개시일은 계약일[부활(효력회복)일]로 함

(1) 주요 특징

특 징
• 산모의 건강하고 안정적인 출산부터 자녀의 성장 지원을 위한 공익보험
• 별도의 조건 없이 체신관서가 보험료 전액을 지원
• 10년간 자녀의 희귀질환을 보장하고, 임신 22주 이내 특약에 가입한 경우 산모의 임신 질환 추가 보장
• 보험금 면책 및 감액기간 없이 가입 즉시 100% 보장

(2) 가입 요건

① 주계약

가입나이	보험기간	납입기간	납입주기	보험가입금액
태 아	10년 만기	전기납	연 납	1,000만원(고정)

주1) 보험계약자는 개별 보험계약자와 과학기술정보통신부 장관을 공동 보험계약자로 하며, 개별 보험계 약자를 대표자로 함

② 특약

㉠ 무배당 임신질환진단특약 2504

가입나이	보험기간	납입기간	납입주기	보험가입금액
17~45세 (임신 22주 이내 산모)	분만 시까지 (최대 10개월)	일시납	일시납	1,000만원(고정)

주1) 이 특약의 피보험자는 주계약 피보험자를 임신한 모(母)(산모)에 한하며, 임신 22주 이내 태아가 주계약에 가입하는 경우 이 특약을 선택하여 가입할 수 있음
주2) 무배당 임신질환진단특약 2504는 보험기간 10개월을 기준으로 체결하나, 실제 보험기간은 계약일부터 분만 시까지(최대 10개월)로 하고, 분만 이후에 해당하는 보험료는 정산하여 계약자에게 지급함. 이때, 분만은 출산, 사산, 유산을 포함

㉡ 지정대리청구서비스특약 2109

(3) 보험료 납입

이 보험은 보험료의 전부를 공동 보험계약자인 과학기술정보통신부 장관이 납입

※ 보험기간 중 계약의 해지 · 무효 · 취소 · 철회 등의 사유로 발생한 해약환급금 또는 보험료 반환에 해당하는 금액은 과학기술정보통신부 장관에게 귀속(주계약 또는 특약의 보험금 지급 사유에 해당하는 보험금 등은 해당 금액에서 제외)

(4) 보장 내용

① 주계약

지급구분	지급사유
희귀질환 진단보험금	보험기간 중 희귀질환으로 진단이 확정되었을 때(단, 최초 1회에 한함)

② 특약 : 무배당 임신질환진단특약 2504

지급구분	지급사유
임신중독증(자간 포함) 진단보험금	보험기간 중 임신중독증(자간 포함)으로 진단이 확정되었을 때(단, 최초 1회에 한함)
임신고혈압 진단보험금	보험기간 중 임신고혈압으로 진단이 확정되었을 때(단, 최초 1회에 한함)
임신성당뇨병 진단보험금	보험기간 중 임신성당뇨병으로 진단이 확정되었을 때(단, 최초 1회에 한함)

35 무배당 우체국뇌심케어보험 2506

(1) 주요 특징

특 징
• 뇌심혈관질환을 예방, 진단, 치료, 회복까지 발병 전단계에 걸쳐 종합적으로 보장하고, 비갱신형으로 설계하여 보험료 인상없이 최대 100세까지 집중보장[주계약 및 특약(비갱신형)] • 뇌심혈관질환의 진단보험금을 중증도에 따라 최대 6천만원까지 단계적으로 설계하고, 수술 난이도에 따라 관혈 · 비관혈수술 보험금 차등지급 • 입원 첫날부터 보장하고, 입원 및 통원 병원별 보장 차등 • 다양한 특약을 선택하여 추가 진단비, 입원, 수술, 통원, 후유장해, 검사비, 치료비, 합병증까지 보장 • 고객기반 설계가 가능하도록 중증부터 경증질환까지 보장을 강화한 1종(보장강화형)과 기본 보장하는 형태의 2종(기본보장형)으로 이원화 • 주계약 및 특약(비갱신형)의 보험기간을 80 · 90 · 100세 만기로 다양화 • 납입면제 : 보험료 납입 면제로 부담을 낮추고 안정적인 보장제공 • "국민체력100" 체력 인증시 보험료 지원혜택 제공 • 세제혜택 : 근로소득자는 납입보험료(연간 100만원 한도)에 대하여 12% 세액공제

(2) 가입요건

① 주계약[1종(보장강화형), 2종(기본보장형)]

가입나이	보험기간	납입기간	납입주기	보험가입금액
15~50세	80, 90, 100세 만기	5, 10, 15, 20, 30년납	월 납	1,000만원~4,000만원 (500만원 단위)
51~60세		10, 15, 20년납		
61~65세		10, 15년납		
66~70세		10년납		

주1) 피보험자가 가입당시 66세 이상인 경우 보험가입금액 2,000만원 한도

② 특약

㉠ 무배당 특정뇌심선행질환진단특약 2506

가입나이	보험기간	납입기간	납입주기	보험가입금액
	주계약과 동일			500만원~2,000만원 (주계약 가입금액 이내에서 500만원 단위)

주1) 피보험자가 가입당시 66세 이상인 경우 보험가입금액 1,000만원 한도
주2) 주계약과 동일한 보험기간, 보험료 납입기간, 보험료 납입주기로 가입

ⓛ 무배당 특정뇌심합병증진단특약 2506, 무배당 뇌심장양성종양진단특약 2506, 무배당 특정외상성뇌심장손상진단특약 2506, 무배당 혈전용해치료특약 2506

가입나이	보험기간	납입기간	납입주기	보험가입금액
주계약과 동일				500만원~1,000만원 (주계약 가입금액 이내에서 500만원 단위)

주1) 피보험자가 가입당시 66세 이상인 경우 보험가입금액 500만원 고정
주2) 주계약과 동일한 보험기간, 보험료 납입기간, 보험료 납입주기로 가입

ⓒ 무배당 뇌심질환치료보장특약 2506, 무배당 후유장해보장특약Ⅲ 2506

- 1종(20년 갱신형)

구 분	가입나이	보험기간	납입기간	납입주기	보험가입금액
최초계약	15~Min[(주계약 만기나이-20), 70]세	20년	전기납	월 납	500만원~1,000만원 (주계약 가입금액 이내에서 500만원 단위)
갱신계약	35~(주계약 만기나이-1)세	1~20년			

주1) 보험기간은 20년 만기(갱신형)으로 운영함. 단, 최종 갱신계약의 보험기간 만료일은 주계약 보험기간 만료일까지로 함
주2) 피보험자가 가입당시 66세 이상인 경우 보험가입금액 500만원 고정

- 2종(비갱신형)

가입나이	보험기간	납입기간	납입주기	보험가입금액
주계약과 동일				500만원~1,000만원 (주계약 가입금액 이내에서 500만원 단위)

주1) 피보험자가 가입당시 66세 이상인 경우 보험가입금액 500만원 고정
주2) 주계약과 동일한 보험기간, 보험료 납입기간, 보험료 납입주기로 가입
주3) 80세만기 20년납에 가입하는 경우, 가입나이 59세까지 가입 가능

ⓔ 무배당 급여뇌심질환검사지원특약(10년 갱신형) 2506, 무배당 고혈압및이상지질혈증약물치료특약(10년 갱신형) 2506, 무배당 급여특정뇌심질환재활치료특약(10년 갱신형) 2506

구 분	가입나이	보험기간	납입기간	납입주기	보험가입금액
최초계약	15~70세	10년	전기납	월 납	500만원~1,000만원 (주계약 가입금액 이내에서 500만원 단위)
갱신계약	25~(주계약 만기나이-1)세	1~10년			

주1) 보험기간은 10년 만기(갱신형)으로 운영함. 단, 최종 갱신계약의 보험기간 만료일은 주계약 보험기간 만료일까지로 함
주2) 피보험자가 가입당시 66세 이상인 경우 보험가입금액 500만원 고정

ⓗ 무배당 계속받는2대질병진단특약Ⅱ(20년 갱신형) 2506

구 분	가입나이	보험기간	납입기간	납입주기	보험가입금액
최초계약	15∼Min[(주계약 만기나이−20), 70]세	20년	전기납	월 납	500만원∼1,000만원 (주계약 가입금액 이내에서 500만원 단위)
갱신계약	35∼(주계약 만기나이−1)세	1∼20년			

주1) 보험기간은 20년 만기(갱신형)으로 운영함. 단, 최종 갱신계약의 보험기간 만료일은 주계약 보험기간 만료일까지로 함
주2) 피보험자가 가입당시 66세 이상인 경우 보험가입금액 500만원 고정

ⓗ 이륜자동차 운전 및 탑승중 재해 부담보 특약 2109, 지정대리청구서비스특약 2109, 장애인전용보험 전환특약 2007

(3) 특약의 갱신에 관한 사항

갱신절차	• 보험기간 만료일 30일 전까지 계약자에게 서면 또는 전화(음성녹음) 안내(보험료 등 변경내용) 　→ 보험기간 만료일 15일 전까지 계약자의 별도 의사표시가 없으면 자동갱신 　※ 갱신형특약의 경우, 최대 주계약 보험기간 만료일의 1년 전 계약해당일까지 갱신 가능하며, 최종 갱신계약의 보험기간 만료일은 주계약 보험기간 만료일까지로 함 　→ 계약자가 갱신 거절의사를 통지하면 계약 종료 • (무)후유장해보장특약Ⅲ 2506 1종(20년 갱신형)의 경우, 피보험자에게 장해보험금 지급사유가 발생한 경우에는 이 특약을 갱신할 수 없음 • (무)고혈압및이상지질혈증약물치료특약(10년 갱신형) 2506의 경우, 세부보장은 동시에 갱신하여야 하며, 보험금이 지급된 세부보장은 갱신할 수 없음 • (무)계속받는2대질병진단특약Ⅱ(20년 갱신형) 2506의 경우, 다음에 모두 해당되는 경우에는 이 특약을 갱신할 수 없음 　1. 첫 번째 뇌출혈로 진단 확정되지 않은 피보험자의 최종 갱신계약의 보험기간 만료일까지의 기간이 2년 이하인 경우이거나, 첫 번째 뇌출혈 또는 재진단뇌출혈의 진단 확정일부터 그 날을 포함하여 최종 갱신계약의 보험기간 만료일까지의 기간이 2년 이하인 경우 　2. 첫 번째 급성심근경색증으로 진단 확정되지 않은 피보험자의 최종 갱신계약의 보험기간 만료일까지의 기간이 2년 이하인 경우이거나, 첫 번째 급성심근경색증 또는 재진단급성심근경색증의 진단 확정일부터 그 날을 포함하여 최종 갱신계약의 보험기간 만료일까지의 기간이 2년 이하인 경우
갱신계약 보험료	갱신계약의 보험료는 각각의 특약상품에 따라 나이의 증가, 적용기초율의 변동 등의 사유로 인상 가능

주1) 특약의 갱신에 관한 사항은 특약 갱신형 특약에 한해 적용

(4) 피보험자의 건강관리 노력에 따른 보험료 납입 일부 지원

사전적 건강관리 서비스를 위하여 "국민체력100" 체력인증 시 보험료 지원

*국민체력100(국민체육진흥공단) : 국민의 체력 및 건강 증진에 목적을 두고 체력상태를 과학적 방법에 의해 측정·평가를 하여 운동 상담 및 처방을 해주는 대국민 스포츠 복지 서비스

(5) 보장내용

① 주계약[1종(보장강화형)]

지급구분	지급사유
뇌출혈진단보험금	보험기간 중 최초의 뇌출혈로 진단이 확정되었을 때(단, 최초 1회에 한함)
뇌졸중진단보험금	보험기간 중 최초의 뇌졸중으로 진단이 확정되었을 때(단, 최초 1회에 한함)
뇌혈관질환진단보험금	보험기간 중 최초의 뇌혈관질환으로 진단이 확정되었을 때(단, 최초 1회에 한함)

급성심근경색증 진단보험금	보험기간 중 최초의 급성심근경색증으로 진단이 확정되었을 때(단, 최초 1회에 한함)
허혈성심장질환 진단보험금	보험기간 중 최초의 허혈성심장질환으로 진단이 확정되었을 때(단, 최초 1회에 한함)

② 주계약[2종(기본보장형)]

지급구분	지급사유
뇌혈관질환진단보험금	보험기간 중 최초의 뇌혈관질환으로 진단이 확정되었을 때(단, 최초 1회에 한함)
허혈성심장질환 진단보험금	보험기간 중 최초의 허혈성심장질환으로 진단이 확정되었을 때(단, 최초 1회에 한함)

※ 플러스보험기간(약관에서 정한 플러스보험기간이 적용되는 경우에 한함)

지급구분	지급사유
플러스사망보험금	플러스보험기간 중 사망하였을 때

주1) 플러스보험기간이란 보험기간이 만료되는 시점에 플러스적립금이 발생하는 경우, 보험기간 만료 후부터 10년동안 자동으로 연장되어 추가적인 보장을 받는 기간

③ 특약

㉠ 무배당 특정뇌심선행질환진단특약 2506

지급구분	지급사유
일과성 뇌허혈발작 진단보험금	보험기간 중 최초의 일과성 뇌허혈발작으로 진단이 확정되었을 때(단, 최초 1회에 한함)
부정맥진단보험금	보험기간 중 최초의 부정맥으로 진단이 확정되었을 때(단, 최초 1회에 한함)

㉡ 무배당 특정뇌심합병증진단특약 2506

지급구분	지급사유
뇌출혈 · 뇌경색증입원중 폐렴 진단보험금	보험기간 중 뇌출혈 및 뇌경색증으로 입원 중 폐렴(폐렴 입원 중 뇌출혈 및 뇌경색증 포함)으로 진단이 확정되었을 때(단, 최초 1회에 한함)
급성심근경색증입원중 심부전 진단보험금	보험기간 중 급성심근경색증으로 입원 중 심부전(심부전 입원 중 급성심근경색증 포함)으로 진단이 확정되었을 때(단, 최초 1회에 한함)

㉢ 무배당 뇌심장양성종양진단특약 2506

지급구분	지급사유
뇌심장양성종양 진단보험금	보험기간 중 최초의 뇌양성종양 또는 심장양성종양으로 진단이 확정되었을 때(단, 뇌양성종양 또는 심장양성종양 중 최초 1회에 한함)

㉣ 무배당 특정외상성뇌심장손상진단특약 2506

지급구분	지급사유
특정외상성뇌심장손상 진단보험금	보험기간 중 재해로 인하여 최초의 특정외상성뇌손상 또는 특정외상성심장손상으로 진단이 확정되었을 때(단, 특정외상성뇌손상 또는 특정외상성심장손상 중 최초 1회에 한함)
특정외상성뇌출혈 진단보험금	보험기간 중 재해로 인하여 최초의 특정외상성뇌출혈로 진단이 확정되었을 때(단, 최초 1회에 한함)

㉤ 무배당 혈전용해치료특약 2506

지급구분	지급사유
급성뇌경색증 혈전용해치료보험금	보험기간 중 급성뇌경색증으로 진단이 확정되고, 그 직접적인 치료를 목적으로 혈전용해치료를 받았을 때(단, 최초 1회에 한함)
급성심근경색증Ⅱ 혈전용해치료보험금	보험기간 중 급성심근경색증Ⅱ로 진단이 확정되고, 그 직접적인 치료를 목적으로 혈전용해치료를 받았을 때(단, 최초 1회에 한함)

㉥ 무배당 뇌심질환치료보장특약 2506

지급구분	지급사유
2대질병 입원보험금	보험기간 중 뇌출혈 또는 급성심근경색증으로 진단이 확정되고, 그 직접적인 치료를 목적으로 입원하였을 때(1일이상 입원일수 1일당, 120일 한도)
2대질병 상급종합병원 입원보험금	보험기간 중 뇌출혈 또는 급성심근경색증으로 진단이 확정되고, 그 직접적인 치료를 목적으로 상급종합병원에 입원하였을 때(1일이상 입원일수 1일당, 120일 한도)
뇌심질환Ⅰ 입원보험금	보험기간 중 뇌심질환Ⅰ으로 진단이 확정되고, 그 직접적인 치료를 목적으로 입원하였을 때(1일이상 입원일수 1일당, 120일 한도)
뇌심질환Ⅰ 상급종합병원 입원보험금	보험기간 중 뇌심질환Ⅰ으로 진단이 확정되고, 그 직접적인 치료를 목적으로 상급종합병원에 입원하였을 때(1일이상 입원일수 1일당, 120일 한도)
뇌심질환Ⅰ 수술보험금	보험기간 중 뇌심질환Ⅰ으로 진단이 확정되고, 그 직접적인 치료를 목적으로 관혈수술을 받았을 때(수술 1회당)
	보험기간 중 뇌심질환Ⅰ으로 진단이 확정되고, 그 직접적인 치료를 목적으로 비관혈수술을 받았을 때(수술 1회당)
뇌출혈 통원보험금	보험기간 중 뇌출혈로 진단이 확정되고, 그 직접적인 치료를 목적으로 통원하였을 때(통원 1회당, 1일 1회 한도, 연간 30회 한도)
뇌출혈 상급종합병원 통원보험금	보험기간 중 뇌출혈로 진단이 확정되고, 그 직접적인 치료를 목적으로 상급종합병원에 통원하였을 때(통원 1회당, 1일 1회 한도, 연간 30회 한도)
급성심근경색증 통원보험금	보험기간 중 급성심근경색증으로 진단이 확정되고, 그 직접적인 치료를 목적으로 통원하였을 때(통원 1회당, 1일 1회 한도, 연간 30회 한도)
급성심근경색증 상급종합병원 통원보험금	보험기간 중 급성심근경색증으로 진단이 확정되고, 그 직접적인 치료를 목적으로 상급종합병원에 통원하였을 때(통원 1회당, 1일 1회 한도, 연간 30회 한도)
뇌혈관질환 통원보험금	보험기간 중 뇌혈관질환으로 진단이 확정되고, 그 직접적인 치료를 목적으로 통원하였을 때(통원 1회당, 1일 1회 한도, 연간 10회 한도)
뇌혈관질환 상급종합병원 통원보험금	보험기간 중 뇌혈관질환으로 진단이 확정되고, 그 직접적인 치료를 목적으로 상급종합병원에 통원하였을 때(통원 1회당, 1일 1회 한도, 연간 10회 한도)
허혈성심장질환 통원보험금	보험기간 중 허혈성심장질환으로 진단이 확정되고, 그 직접적인 치료를 목적으로 통원하였을 때(통원 1회당, 1일 1회 한도, 연간 10회 한도)
허혈성심장질환 상급종합병원 통원보험금	보험기간 중 허혈성심장질환으로 진단이 확정되고, 그 직접적인 치료를 목적으로 상급종합병원에 통원하였을 때(통원 1회당, 1일 1회 한도, 연간 10회 한도)

ⓢ 무배당 후유장해보장특약Ⅲ 2506

지급구분	지급사유
장해보험금	보험기간 중 장해분류표 중 동일한 재해 또는 재해 이외의 동일한 원인으로 여러 신체 부위의 합산 장해지급률이 50% 이상인 장해상태가 되었을 때(단, 최초 1회에 한함)

◎ 무배당 급여뇌심질환검사지원특약(10년갱신형) 2506

지급구분	지급사유
급여뇌심질환검사Ⅰ 지원보험금	보험기간 중 뇌심질환Ⅱ의 진단 및 치료를 위해 급여뇌심질환검사Ⅰ을 받았을 때(단, 연간 1회 한도)
급여뇌심질환검사Ⅱ 지원보험금	보험기간 중 뇌심질환Ⅱ의 진단 및 치료를 위해 급여뇌심질환검사Ⅱ를 받았을 때(단, 연간 1회 한도)

ⓩ 무배당 고혈압및이상지질혈증약물치료특약(10년갱신형) 2506

지급구분(세부보장)	지급사유
고혈압(원발성) 약물치료보험금	고혈압(원발성) 보장개시일 이후 고혈압(원발성)으로 진단이 확정되고, 그 직접적인 치료를 목적으로 180일 이상의 기간동안 고혈압(원발성) 약물치료를 받았을 때(단, 최초 1회에 한함)
이상지질혈증 (고지혈증포함) 약물치료보험금	이상지질혈증(고지혈증포함) 보장개시일 이후 이상지질혈증(고지혈증포함)으로 진단이 확정되고, 그 치료를 목적으로 180일 이상의 기간동안 이상지질혈증(고지혈증포함) 약물치료를 받았을 때(단, 최초 1회에 한함)

주1) 고혈압(원발성)보장개시일은 최초계약의 경우 계약일[부활(효력회복)일]부터 그 날을 포함하여 1년이 지난 날의 다음날로 하며, 갱신계약의 경우 갱신일로 함
주2) 이상지질혈증(고지혈증포함)보장개시일은 계약일[부활(효력회복)일]부터 그 날을 포함하여 1년이 지난 날의 다음 날로 하며 갱신계약의 경우 갱신일로 함

ⓩ 무배당 급여특정뇌심질환재활치료특약(10년 갱신형) 2506

지급구분	지급사유
급여뇌졸중특정 재활치료보험금	보험기간 중 뇌졸중으로 진단이 확정되고, 급여특정재활치료(기본물리치료, 단순재활치료, 전문재활치료 및 기타이학요법)를 받았을 때(단, 기본물리치료, 단순재활치료, 전문재활치료 및 기타이학요법 각각 1일 1회, 연간 20회 한도)
급여특정 허혈성심장질환 특정재활치료보험금	보험기간 중 특정허혈성심장질환으로 진단이 확정되고, 급여특정재활치료(기본물리치료, 단순재활치료, 전문재활치료 및 기타이학요법)를 받았을 때(단, 기본물리치료, 단순재활치료, 전문재활치료 및 기타이학요법 각각 1일 1회, 연간 20회 한도)

ⓣ 무배당 계속받는2대질병진단특약Ⅱ(20년 갱신형) 2506

지급구분	지급사유
재진단뇌출혈 진단보험금	재진단뇌출혈 보장개시일 이후에 재진단뇌출혈로 진단이 확정되었을 때
재진단 급성심근경색증 진단보험금	재진단급성심근경색증 보장개시일 이후에 재진단급성심근경색증으로 진단이 확정되었을 때

주1) 재진단뇌출혈 보장개시일은 "첫 번째 재진단뇌출혈 보장개시일"과 "두 번째 이후 재진단뇌출혈 보장개시일"을 합한 것을 말하며, 특약을 부활(효력회복)하는 경우에도 동일함
　－ 첫 번째 재진단뇌출혈 보장개시일 : "첫 번째 뇌출혈" 진단 확정일부터 그 날을 포함하여 2년(갱신계약을 포함)이 지난 날의 다음 날

– 두 번째 이후 재진단뇌출혈 보장개시일 : 직전 "재진단뇌출혈" 진단 확정일부터 그 날을 포함하여 2년(갱신계약을 포함)이 지난 날의 다음 날
주2) 재진단급성심근경색증 보장개시일은 "첫 번째 재진단급성심근경색증 보장개시일"과 "두 번째 이후 재진단급성심근경색증 보장개시일"을 합한 것을 말하며, 특약을 부활(효력회복)하는 경우에도 동일함
– 첫 번째 재진단급성심근경색증 보장개시일 : "첫 번째 급성심근경색증" 진단 확정일부터 그 날을 포함하여 2년(갱신계약을 포함)이 지난 날의 다음 날
– 두 번째 이후 재진단급성심근경색증 보장개시일 : 직전 "재진단급성심근경색증" 진단 확정일부터 그 날을 포함하여 2년(갱신계약을 포함)이 지난 날의 다음 날
주3) 재진단뇌출혈이라 함은 재진단뇌출혈 보장개시일 이후에 뇌출혈로 새롭게 진단 확정받은 경우를 말함. 다만, 첫 번째 뇌출혈 또는 이미 진단 확정된 재진단뇌출혈에 의한 신경학적 후유증은 재진단뇌출혈로 보지 않음
주4) 재진단급성심근경색증이라 함은 재진단급성심근경색증 보장개시일 이후에 급성심근경색증으로 새롭게 진단 확정받은 경우를 말함. 다만, 첫 번째 급성심근경색증 또는 이미 진단 확정된 재진단급성심근경색증에 의한 합병증은 재진단급성심근경색증으로 보지 않음

36 무배당 우체국암뇌심주요치료비보험(20년갱신형) 2511

(1) 주요 특징

특 징
• 3대질병(암,뇌,심) 중심의 진단, 주요치료, 입원, 통원의 위험까지 폭넓은 보장을 지속적으로 제공
• "주요치료"에 해당되는 경우 보험금을 지급 – (암주요치료) 수술, 항암방사선, 항암약물치료 – (뇌혈관ㆍ허혈성심장질환주요치료) 수술, 혈전용해치료, 종합병원이상 중환자실치료
• 신의료기술 및 고가 치료장비로 비용부담이 높고 중증질환자의 치료가 빈번한 상급종합병원주요치료는 별도 특약을 통해 보장금액을 확대 가능
• 질병 재발(전이암), 만성화(혈관장애)로 "주요치료"를 다시 받더라도 최초 진단부터 10년 이내 치료 시 연간1회, 최대10회 보험금을 지급
• 신규 항암중입자방사선 특약으로 고액의 항암치료 보장을 확대
• 간편가입 운영을 통해 보험 가입에 소외되었던 만성질환자나 고령자에 대한 포용적 보장을 제공
• 세제혜택 : 근로소득자는 납입한 보험료(연간 100만원 한도)에 대하여 12% 세액공제

(2) 가입요건

① 주계약

구 분	가입나이		보험기간	납입기간	납입주기	보험가입금액
	1종(일반가입)	2종(간편가입)				
최초계약	만15~70세	30~80세	20년 갱신	전기납 (월납)	월 납	1,000만원~4,000만원 (500만원 단위)
갱신계약	만35~80세	50~80세	20년 갱신			
	81~99세	81~99세	100세 만기			

주1) 피보험자가 가입당시 66세 이상인 경우 보험가입금액 2,000만원 한도

② 특약

㉠ 무배당 암진단특약(20년갱신형) 2511

구 분	가입나이	보험기간	납입기간	납입주기	보험가입금액
1종(일반가입)		주계약과 동일			1,000만원~4,000만원 (100만원 단위)
2종(간편가입)					

주1) 특약 1종(일반가입)은 주계약 1종(일반가입)에 한하여 부가 가능하고, 특약 2종(간편가입)은 주계약 2종(간편가입)에 한하여 부가 가능
주2) 피보험자가 가입당시 66세 이상인 경우 보험가입금액 2,000만원 한도

㉡ 무배당 전이암진단특약(20년갱신형) 2511

구 분	가입나이	보험기간	납입기간	납입주기	보험가입금액
1종(일반가입)		주계약과 동일			1,000만원~4,000만원 (100만원 단위)
2종(간편가입)					

주1) 특약 1종(일반가입)은 주계약 1종(일반가입)에 한하여 부가 가능하고, 특약 2종(간편가입)은 주계약 2종(간편가입)에 한하여 부가 가능
주2) 피보험자가 가입당시 66세 이상인 경우 보험가입금액 2,000만원 한도

㉢ 무배당 암주요치료특약(20년갱신형) 2511, 무배당 상급종합병원Ⅱ암주요치료특약(20년갱신형) 2511

구 분	가입나이	보험기간	납입기간	납입주기	보험가입금액
1종(일반가입)		주계약과 동일			1,000만원~2,000만원 (500만원 단위)
2종(간편가입)					

주1) 특약 1종(일반가입)은 주계약 1종(일반가입)에 한하여 부가 가능하고, 특약 2종(간편가입)은 주계약 2종(간편가입)에 한하여 부가 가능
주2) 피보험자가 가입당시 66세 이상인 경우 보험가입금액 1,000만원 한도

㉣ 무배당 항암중입자방사선치료특약(10년갱신형) 2511

구 분	가입나이		보험기간	납입기간	납입주기	보험가입금액
	1종(일반가입)	2종(간편가입)				
최초계약	만15~70세	30~80세	10년 갱신	전기납 (월납)	월 납	1,000만원~3,000만원 (500만원 단위)
갱신계약	만25~90세	40~90세	10년 갱신			
	91~99세	91~99세	100세 만기			

주1) 특약 1종(일반가입)은 주계약 1종(일반가입)에 한하여 부가 가능하고, 특약 2종(간편가입)은 주계약 2종(간편가입)에 한하여 부가 가능함
주2) 피보험자가 가입당시 66세 이상인 경우 보험가입금액 1,500만원 한도

㉤ 무배당 암직접치료입원 · 통원치료특약(20년갱신형) 2511

구 분	가입나이	보험기간	납입기간	납입주기	보험가입금액
1종(일반가입)		주계약과 동일			1,000만원 (500만원 단위)
2종(간편가입)					

주1) 특약 1종(일반가입)은 주계약 1종(일반가입)에 한하여 부가 가능하고, 특약 2종(간편가입)은 주계약 2종(간편가입)에 한하여 부가 가능

주2) 피보험자가 가입당시 66세 이상인 경우 보험가입금액 500만원 한도

ⓑ 무배당 뇌 · 심장질환진단특약(20년갱신형) 2511

구 분	가입나이	보험기간	납입기간	납입주기	보험가입금액
1종(일반가입)					100만원~4,000만원
2종(간편가입)	주계약과 동일				(100만원 단위)

주1) 특약 1종(일반가입)은 주계약 1종(일반가입)에 한하여 부가 가능하고, 특약 2종(간편가입)은 주계약 2종(간편가입)에 한하여 부가 가능

주2) 피보험자가 가입당시 66세 이상인 경우 보험가입금액 2,000만원 한도

ⓢ 무배당 뇌혈관 · 허혈성심장질환주요치료특약(20년갱신형) 2511, 무배당 상급종합병원뇌혈관 · 허혈성심장질환주요치료특약(20년갱신형) 2511

구 분	가입나이	보험기간	납입기간	납입주기	보험가입금액
1종(일반가입)					1,000만원
2종(간편가입)	주계약과 동일				

주1) 특약 1종(일반가입)은 주계약 1종(일반가입)에 한하여 부가 가능하고, 특약 2종(간편가입)은 주계약 2종(간편가입)에 한하여 부가 가능

ⓞ 무배당 혈전용해치료특약(20년갱신형) 2511

구 분	가입나이			보험기간	납입기간	납입주기	보험가입금액
	1종(일반가입)		2종 (간편가입)				
	남자	여자					
최초계약	만 15~70세	18~70세	30~80세	20년 갱신	전기납 (월납)	월 납	1,000만원
갱신계약	35~80세	38~80세	50~80세	20년 갱신			
	81~99세	81~99세	81~99세	100세 만기			

주1) 특약 1종(일반가입)은 주계약 1종(일반가입)에 한하여 부가 가능하고, 특약 2종(간편가입)은 주계약 2종(간편가입)에 한하여 부가 가능

ⓩ 무배당 뇌 · 심장질환입원 · 통원치료특약(20년갱신형) 2511

구 분	가입나이	보험기간	납입기간	납입주기	보험가입금액
1종(일반가입)					1,000만원
2종(간편가입)	주계약과 동일				(500만원 단위)

주1) 특약 1종(일반가입)은 주계약 1종(일반가입)에 한하여 부가 가능하고, 특약 2종(간편가입)은 주계약 2종(간편가입)에 한하여 부가 가능

주2) 피보험자가 가입당시 66세 이상인 경우 보험가입금액 500만원 한도

ⓩ 이륜자동차 운전 및 탑승중 재해 부담보 특약 2109, 지정대리청구서비스특약 2109, 장애인전용보험 전환특약 2007

(3) 간편고지에 관한 사항[2종(간편가입)에 한함]

1. 이 상품은 "간편고지"상품으로 유병력자 등 일반심사보험에 가입하기 어려운 피보험자를 대상으로 함
2. 간편고지란 보험시장에서 소외되고 있는 유병력자나 고연령자 등이 보험에 가입할 수 있도록 간소화된 계약전 고지의무 사항을 활용하여 계약심사 과정을 간소화함을 의미함
3. 간편고지 상품은 일반심사보험에 가입하기 어려운 피보험자를 대상으로 하므로, 일반심사보험보다 보험료가 다소 높으며, 일반심사를 할 경우 이 보험보다 저렴한 일반심사보험에 가입할 수 있음(다만, 일반심사보험의 경우 건강상태나 가입 나이에 따라 가입이 제한될 수 있으며 보장하는 담보에는 차이가 있을 수 있음)
4. 이 상품 가입 시 간편고지상품과 일반심사보험의 보험료 수준을 비교하여 설명하고, 이에 대한 계약자 확인을 받음
5. 이 상품 가입 후 계약일부터 3개월 이내에 일반심사보험 가입을 희망하는 경우, 일반계약 심사를 통하여 일반심사보험에 청약할 수 있음. 다만, 본 계약의 보험금이 이미 지급되었거나 청구서류를 접수한 경우에는 그러하지 않습니다. 일반심사보험에 가입하는 경우에는 본 계약을 무효로 하며 이미 납입한 보험료를 보험계약자에게 돌려드림

(4) 특약의 갱신에 관한 사항

갱신절차	• 보험기간 만료일 30일 전까지 계약자에게 서면 또는 전화(음성녹음) 안내(보험료 등 변경내용) → 보험기간 만료일 15일 전까지 계약자의 별도 의사표시가 없으면 자동갱신 ※ 피보험자의 99세 계약해당일까지 갱신가능하며 피보험자의 81세 이후에 도래하는 갱신계약의 보험기간 만료일은 피보험자의 100세 계약해당일까지로 함[단, (무)항암중입자방사선치료특약(10년갱신형) 2511의 제외] ※ (무)항암중입자방사선치료특약(10년갱신형) 2511의 경우, 피보험자의 99세 계약 해당일까지 갱신가능하며 피보험자의 91세 이후에 도래하는 갱신계약의 보험기간 만료일은 피보험자의 100세 계약해당일까지로 함 → 계약자가 갱신 거절의사를 통지하면 계약종료 • (무)암진단특약(20년갱신형) 2511의 경우, 2개의 세부보장(암진단보험금, 소액암진단보험금)으로 구성되며 세부보장은 동시에 갱신해야 함. 피보험자에게 암진단보험금은 보험금 지급사유가 발생한 경우, 소액암진단보험금은 보험금 지급사유가 더 이상 발생할 수 없는 경우, 각 세부보장은 갱신할 수 없음 • (무)전이암진단특약(20년갱신형) 2511의 경우, 피보험자에게 전이암진단보험금 지급사유가 발생한 경우에는 이 특약을 갱신할 수 없음 • (무)암주요치료특약(20년갱신형) 2511의 경우, 2개의 세부보장(암주요치료보험금, 기타 피부암, 갑상선암및대장점막내암주요치료보험금)으로 구성되며 세부보장은 동시에 갱신해야 함. 다만, 피보험자에게 보험금 지급사유가 더 이상 발생할 수 없거나 보험료 납입면제 사유가 발생한 세부보장은 갱신할 수 없음 • (무)상급종합병원Ⅱ암주요치료특약(20년갱신형) 2511의 경우, 2개의 세부보장(상급종합병원Ⅱ암주요치료보험금, 상급종합병원Ⅱ기타피부암, 갑상선암및대장점막내암주요 치료보험금)으로 구성되며 세부보장은 동시에 갱신해야 함. 다만, 피보험자에게 보험금 지급사유가 더 이상 발생할 수 없거나 보험료 납입면제 사유가 발생한 세부보장은 갱신할 수 없음 • (무)항암중입자방사선치료특약(10년갱신형) 2511 의 경우, 피보험자에게 항암중입자방사선치료보험금 지급사유가 발생한 경우에는 이 특약을 갱신할 수 없음 • (무)뇌 · 심장질환진단특약(20년갱신형) 2511의 경우, 4개의 세부보장(뇌출혈진단보험금, 뇌혈관질환진단보험금, 급성심근경색증진단보험금, 허혈성심장질환진단보험금)으로 구성되며 세부보장은 동시에 갱신해야 함. 다만, 피보험자에게 보험금 지급사유가 발생한 세부보장은 갱신할 수 없음 • (무)뇌혈관 · 허혈성심장질환주요치료특약(20년갱신형) 2511의 경우, 피보험자에게 보험금 지급사유가 더 이상 발생할 수 없거나 보험료 납입면제 사유가 발생한 경우에는 이 특약을 갱신할 수 없음 • (무)상급종합병원뇌혈관 · 허혈성심장질환주요치료특약(20년갱신형) 2511의 경우, 피보험자에게 보험금 지급사유가 더 이상 발생할 수 없거나 보험료 납입면제 사유가 발생한 경우에는 이 특약을 갱신할 수 없음 • (무)혈전용해치료특약(20년갱신형) 2511 의 경우, 2개의 세부보장(급성뇌경색증혈전용해치료보험금, 급성심근경색증Ⅱ혈전용해치료보험금)으로 구성되며 세부보장은 동시에 갱신해야 함. 다만, 보험금 지급사유가 발생한 세부보장은 갱신할 수 없음
갱신계약 보험료	갱신계약의 보험료는 나이의 증가, 적용기초율의 변동 등의 사유로 인상 가능

(5) 보장내용

① 주계약

지급구분	지급사유
재해사망보험금	보험기간 중 재해를 직접적인 원인으로 사망하였을 때

② 특약

㉠ 무배당 암진단특약(20년갱신형) 2511

지급구분	지급사유
암진단보험금	암보장개시일 이후에 최초로 암으로 진단이 확정되었을 때(단, 최초 1회에 한함)
소액암진단보험금	보험기간 중 최초로 갑상선암, 기타피부암, 대장점막내암, 제자리암 또는 경계성종양으로 진단이 확정되었을 때(단, 최초 1회에 한함)

주1) 암보장개시일은 계약일[부활(효력회복)일]부터 그 날을 포함하여 90일이 지난 날의 다음 날로 하며 갱신계약의 경우 갱신일로 함

㉡ 무배당 전이암진단특약(20년갱신형) 2511

지급구분	지급사유
전이암진단보험금	암보장개시일 이후에 최초로 전이암으로 진단이 확정되었을 때(단, 최초 1회에 한함)

주1) 암보장개시일은 계약일[부활(효력회복)일]부터 그 날을 포함하여 90일이 지난 날의 다음날로 하며 갱신계약의 경우 갱신일로 함

㉢ 무배당 암주요치료특약(20년갱신형) 2511

지급구분	지급사유
암주요치료보험금	암보장개시일 이후에 최초로 "암(기타피부암, 갑상선암 및 대장점막내암 제외)"으로 진단이 확정된 날부터 10년 이내에 "암(기타피부암, 갑상선암 및 대장점막내암 제외)"의 직접적인 치료를 목적으로 암주요치료(암수술, 항암방사선치료 또는 항암약물치료) 중 어느 하나의 치료를 받았을 때(단, 진단후 보험연도 기준 연간 1회, 최대 10회 보장)
기타피부암, 갑상선암 및 대장점막내암 주요치료보험금	보험기간 중 최초로 "기타피부암, 갑상선암 및 대장점막내암"으로 진단이 확정된 날부터 10년 이내에 "기타피부암, 갑상선암 및 대장점막내암"의 직접적인 치료를 목적으로 암주요치료(암수술, 항암방사선치료 또는 항암약물치료) 중 어느 하나의 치료를 받았을 때(단, 진단후 보험연도 기준 연간 1회, 최대 10회 보장)

주1) 암보장개시일은 계약일[부활(효력회복)일]부터 그 날을 포함하여 90일이 지난 날의 다음 날로 하며 갱신계약의 경우 갱신일로 함

㉣ 무배당 상급종합병원 Ⅱ 암주요치료특약(20년갱신형) 2511

지급구분(세부보장)	지급사유
상급종합병원 Ⅱ 암주요치료보험금	암보장개시일 이후에 최초로 "암(기타피부암, 갑상선암 및 대장점막내암 제외)"으로 진단이 확정된 날부터 10년 이내에 "암(기타피부암, 갑상선암 및 대장점막내암제외)"의 직접적인 치료를 목적으로 상급종합병원, 국립암센터 또는 원자력병원에서 암주요치료(암수술, 항암방사선치료 또는 항암약물치료) 중 어느 하나의 치료를 받았을 때(단, 진단후 보험연도 기준 연간 1회, 최대 10회 보장)

상급종합병원Ⅱ 기타피부암,갑상선암 및 대장점막내암 주요치료보험금	보험기간 중 최초로 "기타피부암, 갑상선암 및 대장점막내암"으로 진단이 확정된 날부터 10년 이내에 "기타피부암, 갑상선암 및 대장점막내암"의 직접적인 치료를 목적으로 상급종합병원, 국립암센터 또는 원자력병원에서 암주요치료(암수술, 항암방사선치료 또는 항암약물치료) 중 어느 하나의 치료를 받았을 때(단, 진단후 보험연도 기준 연간 1회, 최대 10회 보장)

주1) 암보장개시일은 계약일[부활(효력회복)일]부터 그 날을 포함하여 90일이 지난 날의 다음 날로 하며 갱신계약의 경우 갱신일로 함

ⓜ 무배당 항암중입자방사선치료특약(10년갱신형) 2511

지급구분(세부보장)	지급사유
항암중입자방사선 치료보험금	암보장개시일 이후에 암으로 진단이 확정되거나 보험기간 중 "갑상선암, 기타피부암 또는 대장점막내암"으로 진단이 확정되고, 그 암, 갑상선암, 기타피부암 또는 대장점막내암의 직접적인 치료를 목적으로 "항암중입자방사선치료"를 받았을 때(단, 암, 갑상선암, 기타피부암 또는 대장점막내암 중 최초 1회에 한함)

주1) 암보장개시일은 계약일[부활(효력회복)일]부터 그 날을 포함하여 90일이 지난 날의 다음 날로 하며 갱신계약의 경우 갱신일로 함

ⓗ 무배당 암직접치료입원·통원치료특약(20년갱신형) 2511

지급구분(세부보장)	지급사유
암직접치료 입원보험금	암보장개시일 이후에 암으로 진단이 확정되고, 그 암의 직접적인 치료를 목적으로 입원(단, 요양병원 제외)하였거나, 보험기간 중 갑상선암, 기타피부암, 대장점막내암, 제자리암 또는 경계성 종양으로 진단이 확정되고, 그 갑상선암, 기타피부암, 대장점막내암, 제자리암 또는 경계성 종양의 직접적인 치료를 목적으로 입원(단, 요양병원 제외)하였을 때(1일 이상 입원일수 1일당, 120일 한도)
암직접치료 통원보험금	암보장개시일 이후에 암으로 진단이 확정되고, 그 암의 직접적인 치료를 목적으로 통원하였거나, 보험기간 중 갑상선암, 기타피부암, 대장점막내암, 제자리암 또는 경계성 종양으로 진단이 확정되고, 그 갑상선암, 기타피부암, 대장점막내암, 제자리암 또는 경계성 종양의 직접적인 치료를 목적으로 통원하였을 때(통원 1회당, 1일 1회 한도)
상급종합병원 암직접치료 통원보험금	암보장개시일 이후에 암으로 진단이 확정되고, 그 암의 직접적인 치료를 목적으로 상급종합병원에 통원하였거나, 보험기간 중 갑상선암, 기타피부암, 대장점막내암, 제자리암 또는 경계성 종양으로 진단이 확정되고, 그 갑상선암, 기타피부암, 대장점막내암, 제자리암 또는 경계성 종양의 직접적인 치료를 목적으로 상급종합병원에 통원하였을 때(통원 1회당, 1일 1회 한도, 연간 10회 한도)

주1) 암보장개시일은 계약일[부활(효력회복)일]부터 그 날을 포함하여 90일이 지난 날의 다음 날로 하며 갱신계약의 경우 갱신일로 함

ⓐ 무배당 뇌·심장질환진단특약(20년갱신형) 2511

지급구분 (세부보장)	지급사유
뇌출혈 진단보험금	보험기간 중 최초로 뇌출혈로 진단이 확정되었을 때(단, 최초 1회에 한함)
뇌혈관질환 진단보험금	보험기간 중 최초로 뇌혈관질환으로 진단이 확정되었을 때(단, 최초 1회에 한함)
급성심근경색증 진단보험금	보험기간 중 최초로 급성심근경색증으로 진단이 확정되었을 때(단, 최초 1회에 한함)
허혈성심장질환 진단보험금	보험기간 중 최초로 허혈성심장질환으로 진단이 확정되었을 때(단, 최초 1회에 한함)

◎ 무배당 뇌혈관 · 허혈성심장질환주요치료특약(20년갱신형) 2511

지급구분	지급사유
뇌혈관 · 허혈성 심장질환 주요치료보험금	보험기간 중 최초로 "뇌혈관질환" 또는 "허혈성심장질환"으로 진단 확정된 날부터 10년 이내에 "뇌혈관질환" 또는 "허혈성심장질환"의 직접적인 치료를 목적으로 뇌혈관 · 허혈성심장질환 주요치료("뇌혈관 · 허혈성심장질환수술", "혈전용해치료" 또는 "종합병원이상 중환자실치료")중 어느 하나의 치료를 받았을 때(단, 진단후 보험연도 기준 연간 1회, 최대 10회 보장)

㉡ 무배당 상급종합병원뇌혈관 · 허혈성심장질환주요치료특약(20년갱신형) 2511

지급구분	지급사유
상급종합병원 뇌혈관 · 허혈성 심장질환 주요치료보험금	보험기간 중 최초로 "뇌혈관질환" 또는 "허혈성심장질환"으로 진단 확정된 날부터 10년 이내에 "뇌혈관질환" 또는 "허혈성심장질환"의 직접적인 치료를 목적으로 상급종합병원에서 뇌혈관 · 허혈성심장질환 주요치료("뇌혈관 · 허혈성심장질환수술", "혈전용해치료" 또는 "상급종합병원 중환자실치료")중 어느 하나의 치료를 받았을 때(단, 진단후 보험연도 기준 연간 1회, 최대 10회 보장)

㉢ 무배당 혈전용해치료특약(20년갱신형) 2511

지급구분(세부보장)	지급사유
급성뇌경색증 혈전용해치료보험금	보험기간 중 "급성뇌경색증"으로 진단 확정되고, 그 직접적인 치료를 목적으로 혈전용해치료를 받았을 때(단, 최초 1회에 한함)
급성심근경색증 II 혈전용해치료보험금	보험기간 중 "급성심근경색증 II"로 진단 확정되고, 그 직접적인 치료를 목적으로 혈전용해치료를 받았을 때(단, 최초 1회에 한함)

㉣ 무배당 뇌 · 심장질환입원 · 통원치료특약(20년갱신형) 2511

지급구분	지급사유
뇌심질환 I 입원보험금	보험기간 중 뇌심질환 I 으로 진단이 확정되고, 그 직접적인 치료를 목적으로 입원 시(1일 이상 입원일수 1일당, 120일 한도)
뇌혈관질환 통원보험금	보험기간 중 뇌혈관질환으로 진단이 확정되고 그 직접적인 치료를 목적으로 통원 시(통원 1회당, 1일 1회 한도, 연간 10회 한도)
허혈성심장질환 통원보험금	보험기간 중 허혈성심장질환으로 진단이 확정되고 그 직접적인 치료를 목적으로 통원 시(통원 1회당, 1일 1회 한도, 연간 10회 한도)
상급종합병원 뇌혈관질환통원 보험금	보험기간 중 뇌혈관질환으로 진단이 확정되고 그 직접적인 치료를 목적으로 상급종합병원에 통원 시(통원 1회당, 1일 1회 한도, 연간 10회 한도)
상급종합병원 허혈성심장질환 통원보험금	보험기간 중 허혈성심장질환으로 진단이 확정되고 그 직접적인 치료를 목적으로 상급종합병원에 통원 시(통원 1회당, 1일 1회 한도, 연간 10회 한도)

37 무배당 우체국치매요양간병보험 2509

(1) 주요 특징

특 징
• 치매 · 요양 · 간병까지 하나의 상품으로 보장하는 우체국 치매종합간병보험
• 치매로 발생하는 돌봄비용(시설급여, 재가급여, 입원간병인 등)을 포괄적으로 지원
• 인지능력 저하 단계부터 경도−중등도−중증치매까지 단계별로 체계적인 보장
• 치매 전후 단계(검사~치료)까지 보장범위를 확대[(무)급여치매보장특약(10년갱신형) 가입시]
• 치매 입원 환자의 개인 간병인 비용을 365일 한도로 보장[(무)치매입원간병인사용특약(10년갱신형) 가입시]
• 병이 있어도 간편심사로 간편하게 가입[2종(간편심사)]
• 해약환급금 미지급형 선택 시 표준형보다 저렴한 보험료로, 표준형과 동일한 보장
• 세제혜택 : 근로소득자는 납입보험료(연간 100만원 한도)에 대하여 12% 세액공제

(2) 가입요건

① 주계약

㉠ 1종(일반심사)[해약환급금 미지급형, 표준형], 2종(간편심사)[해약환급금 미지급형, 표준형]

가입나이	보험기간	납입기간	납입주기	보험가입금액
30~55세	90, 100세 만기	10, 15, 20, 30년납	월 납	500만원~1,000만원 (500만원 단위)
56~65세		10, 15, 20년납		
66~70세		10, 15년납		
71~75세		10년납		

주1) 1종(일반심사)과 2종(간편심사)의 중복가입 불가
주2) 피보험자가 가입당시 66세 이상인 경우 보험가입금액 500만원 한도

② 특약

㉠ 무배당 치매입원간병인사용특약(10년갱신형) 2509[1종(일반심사), 2종(간편심사)]

구 분	가입나이		보험기간	납입기간	납입주기	보험가입금액
	남자	여자				
최초계약	30~75세	32~75세	10년 만기	전기납	월 납	500만원~1,000만원 (500만원 단위)
갱신계약	40~(주계약 만기나이−1)세		1~10년			

주1) 1종(일반심사)는 주계약 1종(일반심사)에 한하여 부가 가능하고, 2종(간편심사)은 주계약 2종(간편심사)에 한하여 부가 가능
주2) 피보험자가 가입당시 66세 이상인 경우 보험가입금액 500만원 한도
주3) 갱신계약은 갱신전 계약의 보험기간과 동일하게 갱신하되, 최종 갱신계약의 보험기간 만료일은 주계약 보험기간 만료일까지로 함

㉡ 무배당 급여치매보장특약(10년갱신형) 2509[1종(일반심사), 2종(간편심사)]

구 분	가입나이	보험기간	납입기간	납입주기	보험가입금액
최초계약	30~75세	10년 만기	전기납	월 납	500만원~1,000만원 (500만원 단위)
갱신계약	40~(주계약 만기나이−1)세	1~10년			

주1) 1종(일반심사)는 주계약 1종(일반심사)에 한하여 부가 가능하고, 2종(간편심사)는 주계약 2종(간편심사)에 한하여 부가
가능
주2) 피보험자가 가입당시 66세 이상인 경우 보험가입금액 500만원 한도
주3) 갱신계약은 갱신전 계약의 보험기간과 동일하게 갱신하되, 최종 갱신계약의 보험기간 만료일은 주계약 보험기간 만료
일까지로 함

ⓒ 무배당 중증치매진단특약 2509, 무배당 중등도이상치매진단특약 2509, 무배당 치매장기요양(1-5등
급)진단특약 2509

• 1종(일반심사)[해약환급금 미지급형, 표준형], 2종(간편심사)[해약환급금 미지급형, 표준형]

가입나이	보험기간, 납입기간, 납입주기	보험가입금액
30~최대 75세	주계약과 동일	500만원~1,000만원 (500만원 단위)

주1) 1종(일반심사)는 주계약 1종(일반심사)에 한하여 부가 가능하고, 2종(간편심사)은 주계약 2종(간편심사)에 한하여
부가 가능
주2) 해약환급금 미지급형은 주계약 해약환급금 미지급형에 한하여 부가 가능하고, 표준형은 주계약 표준형에 한하여
부가 가능
주3) 피보험자가 가입당시 66세 이상인 경우 보험가입금액 500만원 한도

ⓓ 무배당 중증치매간병비특약Ⅲ 2509, 무배당 치매장기요양(1-2등급)간병비특약 2509

• 1종(일반심사)[해약환급금 미지급형, 표준형], 2종(간편심사)[해약환급금 미지급형, 표준형]

가입나이	보험기간, 납입기간, 납입주기	보험가입금액
주계약과 동일	주계약과 동일	100만원~1,000만원 (100만원 단위)

주1) 1종(일반심사)는 주계약 1종(일반심사)에 한하여 부가 가능하고, 2종(간편심사)은 주계약 2종(간편심사)에 한하여
부가 가능
주2) 해약환급금 미지급형은 주계약 해약환급금 미지급형에 한하여 부가 가능하고, 표준형은 주계약 표준형에 한하여
부가 가능
주3) 피보험자가 가입당시 66세 이상인 경우 보험가입금액 500만원 한도

ⓔ 무배당 치매장기요양(1~2등급)진단특약 2509, 무배당 치매장기요양(1~2등급)시설급여지원특약
2509, 무배당 치매장기요양(1~5등급)시설급여지원특약 2509, 무배당 치매장기요양(1~2등급)재가
급여지원특약 2509, 무배당 치매장기요양(1~5등급)재가급여지원특약 2509, 무배당 치매장기요양
(1~인지지원등급)주야간보호지원특약 2509

• 1종(일반심사)[해약환급금 미지급형, 표준형], 2종(간편심사)[해약환급금 미지급형, 표준형]

가입나이	보험기간, 납입기간, 납입주기	보험가입금액
주계약과 동일	주계약과 동일	주계약과 동일

주1) 1종(일반심사)은 주계약 1종(일반심사)에 한하여 부가 가능하고, 2종(간편심사)은 주계약 2종(간편심사)에 한하여
부가 가능
주2) 해약환급금 미지급형은 주계약 해약환급금 미지급형에 한하여 부가 가능하고, 표준형은 주계약 표준형에 한하여
부가 가능
주3) 피보험자가 가입당시 66세 이상인 경우 보험가입금액 500만원 한도

ⓕ 장애인전용보험전환특약 2007

(3) "해약환급금 미지급형" 상품에 관한 사항

1. "해약환급금 미지급형"은 보험료 납입기간 중 계약이 해지될 경우 해약환급금이 없는 대신 "표준형"보다 저렴한 보험료로 보험을 가입할 수 있도록 한 상품임
2. "1"에서 해약환급금을 계산할 때 기준이 되는 "표준형"의 해약환급금은 "보험료 및 해약환급금산출방법서"에서 정한 방법에 따라 산출된 금액으로 해지율을 적용하지 않고 계산함
3. "해약환급금 미지급형"의 계약이 보험료 납입기간 중 해지될 경우 해약환급금이 없음. 다만, 보험료 납입기간이 종료되고 납입하기로 한 보험료 총액의 납입이 완료된 이후 계약이 해지되는 경우 해약환급금은 "표준형"해약환급금의 50%에 해당하는 금액으로 함
4. 계약의 보험료 납입기간이 종료되었으나 납입하기로 한 보험료 총액의 납입이 완료되지 않고 해지될 경우 해약환급금이 없음
5. 체신관서는 계약을 체결할 때 "해약환급금 미지급형"과 "표준형"의 보험료 및 해약환급금(환급률 포함) 수준을 비교·안내함

(4) 간편심사 상품에 관한 사항[2종(간편심사)에 한함]

- "간편심사"상품은 유병력자 등 일반심사보험에 가입하기 어려운 피보험자를 대상으로 함
- 간편심사란 보험시장에서 소외되고 있는 유병력자나 고연령자 등이 보험에 가입할 수 있도록 간소화된 계약전 고지의무 사항을 활용하여 계약심사 과정을 간소화함을 의미함
- 간편심사 상품은 일반심사보험에 가입하기 어려운 피보험자를 대상으로 하므로, 일반심사보험보다 보험료가 다소 높으며, 일반심사를 할 경우 이 보험보다 저렴한 일반심사보험에 가입할 수 있음(다만, 일반심사보험의 경우 건강상태나 가입 나이에 따라 가입이 제한될 수 있으며 보장하는 담보에는 차이가 있을 수 있음)
- 이 상품 가입시 간편심사상품과 일반심사보험의 보험료 수준을 비교하여 설명하고, 이에 대한 계약자 확인을 받아야 함
- 이 상품 가입 후 계약일부터 3개월 이내에 일반심사보험 가입을 희망하는 경우, 동일한 피보험자를 대상으로 일반계약 심사를 통하여 일반심사보험에 청약할 수 있는 기회를 제공함. 다만, 본 계약의 보험금이 이미 지급되었거나 청구서류를 접수한 경우에는 그러하지 않음. 일반심사보험에 가입하는 경우에는 본 계약을 무효로 하며 이미 납입한 보험료를 보험계약자에게 돌려드림

(5) 특약의 갱신에 관한 사항

갱신절차	보험기간 만료일 30일 전까지 계약자에게 서면 또는 전화(음성녹음) 안내 (보험료 등 변경내용) → 보험기간 만료일 15일 전까지 계약자의 별도 의사표시가 없으면 자동갱신 ※ 갱신형특약의 경우, 최대 주계약 보험기간 만료일의 1년 전 계약해당일까지 갱신 가능하며, 최종 갱신계약의 보험기간 만료일은 주계약 보험기간 만료일까지로 함 → 계약자가 갱신 거절의사를 통지하면 계약 종료
갱신계약 보험료	갱신계약의 보험료는 각각의 특약상품에 따라 나이의 증가, 적용기초율의 변동 등의 사유로 인상될 수 있음

(6) 지정대리청구인 지정에 관한 사항

계약자가 본인을 위한 계약(계약자, 피보험자 및 보험수익자가 모두 동일)을 체결할 경우, 체신관서는 지정대리청구서비스
신청서를 교부하고 지정대리청구인 지정에 관련된 내용을 설명하여야 함. 다만, 전화를 이용하여 계약을 체결하는 경우에는
음성 녹음함으로써 교부 및 설명한 것으로 봄
① 계약자는 보험금을 직접 청구할 수 없는 특별한 사정이 있을 경우를 대비하여 계약을 체결할 때 또는 계약 체결 이후에
   다음 각 호의 어느 하나에 해당하는 자 중에서 보험금의 대리청구인(2인 이내에서 지정하되, 2인 지정시 대표대리인을
   지정)(이하 "지정대리 청구인"이라 함)을 지정(변경지정 포함)할 수 있음. 다만, 지정대리청구인은 보험금 청구시에도 다
   음 각 호의 어느 하나에 해당하여야 함
1. 피보험자의 가족관계등록부상의 배우자
2. 피보험자의 3촌 이내의 친족
② 제1항에도 불구하고 지정대리청구인이 지정된 이후에 보험수익자가 변경되는 경우에는 이미 지정된 지정 대리청구인의
   자격은 자동적으로 상실된 것으로 봄

(7) 보장내용

① 주계약

지급구분 (세부보장)	지급사유
치매 입원보험금	치매보장개시일 이후에 치매로 진단 확정되고 그 치매의 직접적인 치료를 목적으로 1일 이상 입원하였을 때(1회 입원당 지급일수 365일 한도)
경도이상치매 진단보험금	치매보장개시일 이후에 경도이상치매상태로 최종 진단 확정되었을 때(단, 최초 1회에 한함)
치매장기요양 (1~인지지원등급) 진단보험금	치매가 있는 장기요양상태 보장개시일 이후에 최초로 치매가 있는 장기요양상태(1~인지지원등급)으로 판정 확정되었을 때(단, 최초 1회에 한함)

주1) 치매보장개시일은 계약일[부활(효력회복)일]부터 그 날을 포함하여 1년이 지난 날의 다음 날로 함. 다만, 재해로 인한 뇌의
   손상을 직접적인 원인으로 경도이상치매상태 및 치매로 진단 확정된 경우에는 계약일[부활(효력회복)일]을 치매보장 개시
   일로 함
주2) 치매가 있는 장기요양상태 보장개시일은 계약일[부활(효력회복)일]부터 그 날을 포함하여 1년이 지난 날의 다음 날로 함.
   다만, 재해로 인한 뇌의 손상을 직접적인 원인으로 치매가 있는 장기요양상태(1~인지지원등급)으로 판정 확정된 경우에는
   계약일[부활(효력회복)일]을 치매가 있는 장기요양상태 보장개시일로 함
주3) 치매가 있는 장기요양상태(1~인지지원등급)은 치매로 진단 확정되고 장기요양상태(1~인지지원등급)으로 판정받은 경우
   를 말함

(8) 특약

① 특약

㉠ 무배당 치매입원간병인사용특약(10년갱신형) 2509

지급구분	지급사유
치매입원간병인 사용보험금 (요양병원 제외)	치매보장개시일 이후에 치매로 진단 확정되고 그 치매의 직접적인 치료를 목적으로 의료기관(단, 요양병원 제외)에 1일이상 입원하고 간병인을 사용하여 실질적으로 간병서비스를 이용하였을 때(1회 입원당 사용일수 365일 한도)

치매입원간병인 사용보험금(요양병원)	치매보장개시일 이후에 치매로 진단 확정되고 그 치매의 직접적인 치료를 목적으로 요양병원에 1일이상 입원하고 간병인을 사용하여 실질적으로 간병서비스를 이용하였을 때(1회 입원당 사용일수 365일 한도)
치매입원간호 · 간병 통합서비스 사용보험금 (요양병원 제외)	치매보장개시일 이후에 치매로 진단 확정되고 그 치매의 직접적인 치료를 목적으로 의료기관(단, 요양병원 제외)에 1일이상 입원하고 간호 · 간병통합서비스를 사용하였을 때(1회 입원당 사용일수 365일 한도)

주1) 치매보장개시일은 계약일[부활(효력회복)일]부터 그 날을 포함하여 1년이 지난 날의 다음 날로 하며 갱신계약의 경우 갱신일로 함. 다만, 재해로 인한 뇌의 손상을 직접적인 원인으로 치매로 진단 확정된 경우에는 계약일[부활(효력회복)일]을 치매보장개시일로 함

ⓛ 무배당 급여치매보장특약(10년갱신형) 2509

지급구분	지급사유
급여치매 CT, MRI, PET 검사비지원금	급여치매보장개시일 이후에 피보험자가 의사에 의하여 치매의 진단 및 치료를 위한 필요 소견을 토대로 급여 CT, MRI, PET 검사를 받은 경우(단, 연간 1회 한도)
급여치매치료제지원금	급여치매보장개시일 이후에 피보험자가 급여치매치료제를 처방받은 경우(단, 연간 1회 한도)

주1) 급여치매보장개시일은 계약일[부활(효력회복)일]부터 그 날을 포함하여 1년이 지난 날의 다음 날로 하며, 갱신계약의 경우 갱신일로 함. 다만, 재해로 인한 뇌의 손상을 직접적인 원인으로 급여 CT, MRI, PET 검사를 받은 경우 및 급여치매치료제를 처방받은 경우에는 계약일[부활(효력회복)일]을 급여치매보장개시일로 함

ⓒ 무배당 중증치매진단특약 2509

지급구분	지급사유
중증치매진단보험금	치매보장개시일 이후에 중증치매상태로 최종 진단 확정되었을 때(단, 최초 1회에 한함)

주1) 치매보장개시일은 계약일[부활(효력회복)일]부터 그 날을 포함하여 1년이 지난 날의 다음 날로 함. 다만, 재해로 인한 뇌의 손상을 직접적인 원인으로 중증치매상태로 진단 확정된 경우 계약일[부활(효력회복)일]을 치매보장개시일로 함

ⓔ 중등도이상치매진단특약 2509

지급구분	지급사유
중등도이상치매 진단보험금	치매보장개시일 이후에 중등도이상치매상태로 최종 진단 확정되었을 때(단, 최초 1회에 한함)

주1) 치매보장개시일은 계약일[부활(효력회복)일]부터 그 날을 포함하여 1년이 지난 날의 다음 날로 함. 다만, 재해로 인한 뇌의 손상을 직접적인 원인으로 중등도이상치매상태로 진단 확정된 경우에는 계약일[부활(효력회복)일]을 치매보장개시일로 함

ⓜ 무배당 중증치매간병비특약Ⅲ 2509

지급구분	지급사유
중증치매진단 간병자금	치매보장개시일 이후에 중증치매상태로 최종 진단 확정되고, 최종 진단 확정된 날을 최초로 하여 보험기간 동안 매년 최종 진단 확정일에 살아 있을 때(단, 최초 1회의 최종 진단 확정에 한함, 최초 36개월 보증지급)

주1) 치매보장개시일은 계약일[부활(효력회복)일]부터 그 날을 포함하여 1년이 지난 날의 다음 날로 함. 다만, 재해로 인한 뇌의 손상을 직접적인 원인으로 중증치매상태로 진단 확정된 경우에는 계약일[부활(효력회복)일]을 치매보장개시일로 함

ⓑ 무배당 치매장기요양(1~2등급)진단특약 2509

지급구분	지급사유
치매장기요양(1~2등급) 진단보험금	치매가 있는 장기요양상태 보장개시일 이후에 최초로 치매가 있는 장기요양상태(1~2등급)로 판정 확정되었을 때(단, 최초 1회에 한함)

주1) 치매가 있는 장기요양상태 보장개시일은 계약일[부활(효력회복)일]부터 그 날을 포함하여 1년이 지난 날의 다음 날로
    함. 단, 재해로 인한 뇌의 손상을 직접적인 원인으로 치매가 있는 장기요양상태(1~2등급)로 판정 확정된 경우 계약일
    [부활(효력회복)일]을 치매가 있는 장기요양상태 보장개시일로 함
주2) 치매가 있는 장기요양상태(1~2등급)는 치매로 진단 확정되고 장기요양상태(1~2등급)로 판정받은 경우를 말함

ⓢ 무배당 치매장기요양(1~5등급)진단특약 2509

지급구분	지급사유
치매장기요양(1~5등급) 진단보험금	치매가 있는 장기요양상태 보장개시일 이후에 최초로 치매가 있는 장기요양상태(1~5등급)로 판정 확정되었을 때(단, 최초 1회에 한함)

주1) 치매가 있는 장기요양상태 보장개시일은 계약일[부활(효력회복)일]부터 그 날을 포함하여 1년이 지난 날의 다음 날로
    함. 단, 재해로 인한 뇌의 손상을 직접적인 원인으로 치매가 있는 장기요양상태(1~5등급)로 판정 확정된 경우에는 계
    약일[부활(효력회복)일]을 치매가 있는 장기요양상태 보장개시일로 함
주2) 치매가 있는 장기요양상태(1~5등급)는 치매로 진단 확정되고 장기요양상태(1~5등급)로 판정받은 경우를 말함

ⓞ 무배당 치매장기요양(1~2등급)간병비특약 2509

지급구분	지급사유
치매장기요양(1~2등급) 진단간병자금	치매가 있는 장기요양상태 보장개시일 이후에 최초로 치매가 있는 장기요양상태(1~2등급)로 판정 확정되고, 판정 확정된 날을 최초로 하여 보험기간 동안 매년 판정 확정일에 살아있을 때(단, 최초 1회의 판정 확정에 한함)(최초 36개월 보증지급)

주1) 치매가 있는 장기요양상태 보장개시일은 계약일[부활(효력회복)일]부터 그 날을 포함하여 1년이 지난 날의 다음 날로
    함. 다만, 재해로 인한 뇌의 손상을 직접적인 원인으로 치매가 있는 장기요양상태(1~2등급)로 판정 확정된 경우에는
    계약일[부활(효력회복)일]을 치매가 있는 장기요양상태 보장개시일로 함
주2) 치매가 있는 장기요양상태(1~2등급)는 치매로 진단 확정되고 장기요양상태(1~2등급)로 판정받은 경우를 말함

ⓩ 무배당 치매장기요양(1~2등급)시설급여지원특약 2509

지급구분	지급사유
치매장기요양(1~2등급) 시설급여지원금	치매가 있는 장기요양상태 보장개시일 이후에 최초로 치매가 있는 장기요양상태(1~2등급)로 판정 확정되고, 최초 치매가 있는 장기요양상태 판정 확정일부터 보험기간동안 시설급여를 이용하였을 때(단, 발생 후 보험월 기준으로 월 1회 한도)

주1) 치매가 있는 장기요양상태 보장개시일은 계약일[부활(효력회복)일]부터 그 날을 포함하여 1년이 지난 날의 다음 날로
    함. 다만, 재해로 인한 뇌의 손상을 직접적인 원인으로 치매가 있는 장기요양상태(1~2등급)로 판정 확정된 경우에는
    계약일[부활(효력회복)일]을 치매가 있는 장기요양상태 보장개시일로 함
주2) 치매가 있는 장기요양상태(1~2등급)는 치매로 진단 확정되고 장기요양상태(1~2등급)로 판정받은 경우를 말함

ⓩ 무배당 치매장기요양(1~5등급)시설급여지원특약 2509

지급구분	지급사유
치매장기요양(1~5등급) 시설급여지원금	치매가 있는 장기요양상태 보장개시일 이후에 최초로 치매가 있는 장기요양상태(1~5등급)로 판정 확정되고, 최초 치매가 있는 장기요양상태 판정 확정일부터 보험기간동안 시설급여를 이용하였을 때(단, 발생 후 보험월 기준으로 월 1회 한도)

주1) 치매가 있는 장기요양상태 보장개시일은 계약일[부활(효력회복)일]부터 그 날을 포함하여 1년이 지난 날의 다음 날로 함. 다만, 재해로 인한 뇌의 손상을 직접적인 원인으로 치매가 있는 장기요양상태(1~5등급)로 판정 확정된 경우에는 계약일[부활(효력회복)일]을 치매가 있는 장기요양상태 보장개시일로 함

주2) 치매가 있는 장기요양상태(1~5등급)는 치매로 진단 확정되고 장기요양상태(1~5등급)로 판정받은 경우를 말함

㉠ 치매장기요양(1~2등급)재가급여지원특약 2509

지급구분	지급사유
치매장기요양(1~2등급) 재가급여지원금	치매가 있는 장기요양상태 보장개시일 이후에 최초로 치매가 있는 장기요양상태(1~2등급)로 판정 확정되고, 최초 치매가 있는 장기요양상태 판정 확정일부터 보험기간동안 재가급여를 이용하였을 때(단, 발생 후 보험월 기준으로 월 1회 한도)

주1) 치매가 있는 장기요양상태 보장개시일은 계약일[부활(효력회복)일]부터 그 날을 포함하여 1년이 지난 날의 다음 날로 함. 다만, 재해로 인한 뇌의 손상을 직접적인 원인으로 치매가 있는 장기요양상태(1~2등급)로 판정 확정된 경우에는 계약일[부활(효력회복)일]을 치매가 있는 장기요양상태 보장개시일로 함

주2) 치매가 있는 장기요양상태(1~2등급)는 치매로 진단 확정되고 장기요양상태(1~2등급)로 판정받은 경우를 말함

㉡ 치매장기요양(1~5등급)재가급여지원특약 2509

지급구분	지급사유
치매장기요양(1~5등급) 재가급여지원금	치매가 있는 장기요양상태 보장개시일 이후에 최초로 치매가 있는 장기요양상태(1~5등급)로 판정 확정되고, 최초 치매가 있는 장기요양상태 판정 확정일부터 보험기간동안 재가급여를 이용하였을 때(단, 발생 후 보험월 기준으로 월 1회 한도)

주1) 치매가 있는 장기요양상태 보장개시일은 계약일[부활(효력회복)일]부터 그 날을 포함하여 1년이 지난 날의 다음 날로 함. 다만, 재해로 인한 뇌의 손상을 직접적인 원인으로 치매가 있는 장기요양상태(1~5등급)로 판정 확정된 경우에는 계약일[부활(효력회복)일]을 치매가 있는 장기요양상태 보장개시일로 함

주2) 치매가 있는 장기요양상태(1~5등급)는 치매로 진단 확정되고 장기요양상태(1~5등급)로 판정받은 경우를 말함

㉢ 치매장기요양(1~인지지원등급)주 · 야간보호지원특약 2509

지급구분	지급사유
치매장기요양 (1~인지지원등급) 주 · 야간보호지원금	치매가 있는 장기요양상태 보장개시일 이후에 최초로 치매가 있는 장기요양상태(1~인지지원등급)로 판정 확정되고, 최초 치매가 있는 장기요양상태 판정확정일부터 보험기간동안 주 · 야간보호를 이용하였을 때(단, 발생 후 보험월 기준으로 월 1회 한도)

주1) 치매가 있는 장기요양상태 보장개시일은 계약일[부활(효력회복)일]부터 그 날을 포함하여 1년이 지난 날의 다음 날로 함. 다만, 재해로 인한 뇌의 손상을 직접적인 원인으로 치매가 있는 장기요양상태(1~인지지원등급)으로 판정 확정된 경우에는 계약일[부활(효력회복)일]을 치매가 있는 장기요양상태 보장개시일로 함

주2) 치매가 있는 장기요양상태(1~인지지원등급)는 치매로 진단 확정되고 장기요양상태(1~인지지원등급)로 판정받은 경우를 말함

1　무배당 청소년꿈보험 2504

(1) 주요 특징

특 징
공익보험으로 특정 피보험자 범위에 해당하는 청소년에게 무료로 보험가입 혜택을 주어 학자금을 지급하는 교육보험

(2) 가입 요건

보험기간	가입나이	보험료 납입기간	보험료 납입주기	가입한도액
5년 만기	만 6~17세	일시납	일시납	250만원 (생존학자금 50만원 기준)

주1) 보험계약자는 과학기술정보통신부 장관으로 함

(3) 피보험자 범위

이 보험의 피보험자는 가정위탁을 받는 청소년, 아동복지 시설의 수용자, 「북한이탈주민의 보호 및 정착 지원에 관한 법률」의 적용을 받는 탈북청소년 등 과학기술정보통신부 장관이 별도로 정한 바에 따름

(4) 보장내용

지급구분	지급사유
생존학자금	보험계약일부터 매년 계약해당일에 살아 있을 때(최대 5회 지급)
입원보험금	질병 또는 재해로 인하여 그 직접적인 치료를 목적으로 4일 이상 입원하였을 때(3일 초과 입원일수 1일당, 120일 한도)

2　무배당 그린보너스저축보험플러스 2504

(1) 주요 특징

특 징
• 실세금리 적용 : 적립부분 순보험료를 신공시이율Ⅳ로 부리 · 적립하며, 시중금리가 떨어지더라도 최저 1.0% 금리 보증 • 만기 유지 시 계약일부터 최초 1년간 보너스금리 추가 제공

3년 만기	5년 만기	10년 만기
1.0%	1.5%	3.0%

• 절세형 상품 : 관련 세법에서 정하는 요건에 부합하는 경우 일반형은 이자소득이 비과세되고 금융소득종합과세에서도 제외되며, 비과세종합저축은 「조세특례제한법」 제88조의2에서 정한 노인 및 장애인 등의 계약자에게 만기뿐만 아니라 중도 해약 시에도 이자소득 비과세
• 예치형, 적립형 및 보험기간(3년, 5년, 10년)에 따라 단기목돈 마련, 교육자금, 노후설계자금 등 다양한 목적의 재테크 수단으로 활용

(2) 가입 요건

① 주계약

상품유형		보험기간	가입나이	납입기간	납입주기
일반형	예치형	3년, 5년, 10년 만기	0세 이상	일시납	일시납
	적립형	3년, 5년 만기		전기납	월 납
		10년 만기		5년납, 전기납	
비과세 종합저축	예치형	3년, 5년, 10년 만기		일시납	일시납
	적립형	3년, 5년 만기		전기납	월 납
		10년 만기		5년납, 전기납	

주1) 비과세종합저축 계약자는 「조세특례제한법」 제88조의2 제1항에서 정한 요건을 충족해야 가능(직전 3개 과세기간 중 연속
하여 「소득세법」 제14조 제3항 제6호에 따른 소득의 합계액이 연 2천만원 이하인 자로 한정)

② 특약 : 지정대리청구서비스특약 2109

(3) 보험료 납입한도액

예치형	적립형		
	3년납	5년납	10년납
100만원~4,000만원	10만원~100만원	10만원~60만원	10만원~30만원

(4) 보장내용

① 주계약

지급구분	지급사유
만기보험금	보험기간이 끝날 때까지 살아 있을 때
재해장해보험금	재해로 인하여 장해상태가 되었을 때

---

3 무배당 파워적립보험 2504

(1) 주요 특징

특 징
• 실세금리 적용 : 적립부분 순보험료를 신공시이율Ⅳ로 부리·적립하며, 시중금리가 떨어지더라도 최저 1.0% 금리 보증 • 중도에 긴급자금 필요시 이자부담 없이 중도인출로 자금활용, 자유롭게 추가납입 가능 • 기본보험료 30만원 초과금액에 대해 수수료를 인하함으로써 수익률 증대 • 단기납(3년, 5년)으로 납입기간 부담 완화 • 1종(만기목돈형), 2종(이자지급형) 및 보험기간(3년, 5년, 10년)에 따라 단기목돈마련, 교육자금, 노후설계자금 등 다양한 목적 의 재테크 수단으로 활용 • 절세형상품 : 관련 세법에서 정하는 요건에 부합하는 경우 이자소득 비과세 혜택

(2) 가입 요건

① 주계약

상품유형	보험기간	가입나이	기본보험료		추가납입보험료 납입주기
			납입기간	납입주기	
1종(만기목돈형)	3년, 5년	0세 이상	3년, 전기납	월 납	수시납
	10년		5년, 전기납		
2종(이자지급형)	10년		5년		

② 특약 : 지정대리청구서비스특약 2109

(3) 기본보험료 납입한도액

구 분	기본보험료 한도		
	3년납	5년납	10년납
1종(만기목돈형)	5만원~100만원	5만원~50만원	5만원~30만원
2종(이자지급형)	5만원~50만원		

(4) 추가납입보험료 납입 한도액

보험기간 중 납입할 수 있는 1회 납입 가능한 추가납입보험료의 납입한도는 시중금리 등 금융환경에 따라 "기본보험료×200%×해당년도 가입경과월수−해당년도 이미 납입한 추가납입보험료" 이내에서 체신관서 가 정한 한도로 함. 단, 보험료 납입기간 후에는 추가납입 불가능

> ※ 해당년도 가입경과월수는 가입할 때(가입 이후 다음연도부터는 매년 1월)를 1개월로 하고, 이후 해당 월 기본보험료를 납입할 때마다 1개월씩 증가(최대 12개월)

(5) 보장내용

① 주계약

지급구분	지급사유
만기보험금	보험기간이 끝날 때까지 살아 있을 때
재해장해보험금	재해로 인하여 장해상태가 되었을 때

(6) 중도인출금에 대한 사항

① 1종(만기목돈형)의 경우 계약일 이후 1년이 지난 후부터 보험기간 중에 보험년도 기준 연 12회에 한하여 적립금액의 일부를 인출할 수 있으며, 1회에 인출할 수 있는 최고 한도는 인출 당시 해약환급금의 80% 를 초과할 수 없음. 또한 총 인출금액은 계약자가 실제 납입한 보험료 총액을 초과할 수 없음

② 2종(이자지급형)의 경우 기본보험료의 납입을 완료하고 계약이 유효한 때에는 기본보험료 납입 완료 후 최초 도래하는 계약해당일부터 매년 계약해당일 시점의 적립금액에서 해당 시점에서 계산한 만기시점 기준 총 납입보험료의 현재가치(최저보증이율로 할인)를 제외한 금액을 매년 계약해당일의 신공시이율 Ⅳ를 적용하여 잔여기간 동안 연단위로 분할하여 계산한 금액을 중도인출금으로 지급함

(1) 주요 특징

특 징
• 가입 1개월 유지 후 언제든지 해약해도 납입보험료의 100% 이상을 보장하는 신개념 저축보험
• 경과이자에 비례하여 사업비를 공제하므로, 신공시이율Ⅳ가 변동되면 사업비 공제금액(상한금액 설정)도 함께 변동
• "신공시이율Ⅳ"(최저보증이율 1.0%)로 부리 적립 등 실세금리 반영
• 중도에 긴급자금 필요시 이자부담 없이 중도인출로 자금활용, 자유롭게 추가납입으로 고객편의 제공
• 관련 세법이 정한 바에 따라 보험차익 비과세 요건 충족시 이자소득세가 전액 면제되고 금융소득종합과세 대상에서도 제외

(2) 가입 요건

① 주계약

가입나이	보험기간	기본보험료 납입기간	기본보험료 납입주기	추가납입보험료 납입주기
만 19~65세	1년	전기납	월 납	수시납
	3년			
	5년	3년납, 전기납		
	10년	5년납, 전기납		

② 특약 : 지정대리 청구 서비스특약 2109

(3) 기본보험료 납입한도액

구 분	기본보험료 한도			
	1년납	3년납	5년납	10년납
기본보험료	1만원~300만원	1만원~100만원	1만원~50만원	1만원~30만원

(4) 추가납입보험료 납입한도액

보험기간 중 납입할 수 있는 1회 납입 가능한 추가납입보험료의 납입한도는 시중금리 등 금융환경에 따라 "기본보험료×200%×해당년도 가입경과월수－해당년도 이미 납입한 추가납입보험료" 이내에서 체신관서가 정한 한도로 함. 단, 보험료 납입기간 후에는 추가납입이 불가능

※ 해당년도 가입경과월수는 가입할 때(가입이후 다음 연도부터는 매년 1월)를 1개월로 하고, 이후 해당월 기본보험료를 납입할 때마다 1개월씩 증가(최대 12개월)

(5) 보장내용

① 주계약

지급구분	지급사유
만기보험금	보험기간이 끝날 때까지 살아 있을 때
재해장해보험금	재해로 인하여 장해상태가 되었을 때

② 중도인출금에 대한 사항

계약일 이후 1개월이 지난 후부터 보험기간 중에 보험년도 기준 연 12회에 한하여 적립금액의 일부를 인출할 수 있으며, 1회에 인출할 수 있는 최고 한도는 인출 당시 해약환급금의 80%를 초과할 수 없음. 또한 총 인출금액은 계약자가 실제 납입한 보험료 총액을 초과할 수 없음

5 무배당 알찬전환특약 2504

(1) 주요 특징

특 징
• 만기보험금 재예치로 알찬 수익 보장
• 적립부분 순보험료를 신공시이율Ⅳ로 부리하므로 수익률이 높을 뿐만 아니라 시중금리 하락과 관계없이 최저 1.0% 금리보증
• 보험기간을 2, 3, 4, 5, 7, 10년으로 다양화하여 학자금, 결혼비용, 주택마련자금, 사업자금 등 경제적 필요에 맞춰 자유롭게 선택 가능하며 다양한 목적의 재테크 수단으로 활용

(2) 가입가능계약

에버리치복지보험(일반형), 무배당 에버리치복지보험(일반형), 복지보험, 파워적립보험, 무배당 파워적립보험, 무배당 빅보너스저축보험, 무배당 그린보너스저축보험(일반형) 무배당 그린보너스저축보험플러스(일반형) 및 무배당 우체국저축보험(확정금리형) 중 유효계약으로 무배당 알찬전환특약 2504를 신청한 계약

(3) 가입 요건

보험기간	가입나이	납입기간	일시납보험료
2년 만기 3년 만기 4년 만기 5년 만기 7년 만기 10년 만기	0세 이상	일시납	전환전계약의 만기보험금과 배당금 합계액

(4) 가입신청일 : 전환전계약의 만기일 1개월 전~만기일 전일

(5) 보장내용

지급구분	지급사유
만기보험금	보험기간이 끝날 때까지 살아 있을 때
재해장해보험금	재해로 인하여 장해상태가 되었을 때

1 무배당 우체국보너스팡팡연금보험 2511

(1) 주요 특징

특 징
• 실세금리 등을 반영한 신공시이율Ⅳ로 적립되며, 시중금리가 하락하더라도 최저 1.0% (다만, 가입후 10년 초과시 0.5%)의 금리 보장
• 운용보너스 제공 : 연금개시나이의 계약해당일까지 3년마다 기납입보험료에 운용보너스율을 곱한 금액만큼 계약자적립액에 더하여 신공시이율Ⅳ로 부리적립
• 유지보너스 제공 : 연금개시나이의 계약해당일에 기납입보험료에 유지보너스율(11%)을 곱한 금액만큼 계약자적립액에 가산 (연금강화형에 한함)
• 다양한 목적의 재테크 기회로 활용 　– 종신연금형 : 평생 연금수령을 통한 생활비 확보 가능, 조기 사망시 20년 또는 100세까지 안정적인 연금 수령 　– 확정기간연금형 : 연금개시 후에도 해지 가능하므로 다양한 목적자금으로 활용 가능
• 관련 세법에서 정하는 요건에 부합하는 경우 이자소득 비과세 및 금융소득종합과세 제외
• 45세 이후부터 연금 지급 : 45세 이후부터 연금을 받을 수 있어 노후를 위한 가장 든든한 준비

(2) 가입요건

① 주계약

구 분	연금개시나이(A)	가입나이	납입기간	납입주기
기본형	45~75세	일시납 : 0~(A-5)세 월납 : 0~(A-10)세	일시납 10, 15, 20년납	일시납 월 납
연금강화형		일시납 : 10~(A-5)세 월납 : 40~(A-10)세		

② 특약 : 지정대리청구서비스특약 2109

(3) 보험료 납입한도액

(단위 : 만원)

가입나이	일시납	월 납		
		10년납	15년납	20년납
20세 미만	500~ 3,000만원	5~25만원	5~15만원	5~15만원
20~29세	500~ 5,000만원	5~45만원	5~30만원	5~25만원
30~39세	500~ 6,000만원	5~55만원	5~40만원	5~30만원
40~49세	500~ 8,000만원	5~70만원	5~50만원	5~40만원
50세 이상	500~ 10,000만원	5~90만원	5~65만원	5~50만원

(4) 운용보너스에 대한 사항

① 체신관서는 운용보너스 발생일에 유효한 계약에 한하여 다음과 같이 계산한 운용보너스 금액을 계약자 적립액에 더하여 신공시이율Ⅳ로 부리 적립합니다.

> 운용보너스 금액=(운용보너스 기준금액×운용보너스율)

운용보너스 발생일	운용보너스 기준금액	운용보너스율
계약일부터 3년마다 경과시점의 계약해당일 (단, 연금개시나이의 계약해당일까지)	운용보너스 발생일 전일까지의 이미 납입한 영업보험료(선납보험료 제외)	운용보너스 발생일 기준 $Max[$운용자산이익률^{직전3년평균} − 신공시이율Ⅳ^{직전3년평균}, 0]

※ 신공시이율Ⅳ^{직전3년평균} : 운용보너스 발생일 전월부터 이전 36개월 기간의 월별 신공시이율Ⅳ의 평균

※ 운용자산이익률^{직전3년평균} : 신공시이율Ⅳ^{직전3년평균} 산출 시 적용된 36개월 기간의 월별 운용자산이익률의 평균

② 운용보너스율은 운용보너스 발생일 기준 직전 3년간 운용자산이익률 평균과 신공시이율Ⅳ 평균의 차이로 산출합니다.

③ 운용보너스 발생일 기준 직전 3년간 운용자산이익률 평균이 신공시이율Ⅳ 평균을 하회하는 경우 해당 시점의 운용보너스는 발생하지 않습니다.

④ 체신관서는 운용보너스를 운용보너스 발생일에 계약자적립액에 가산하기 위해 "보험료 및 해약환급금 산출방법서"에서 정한 방법에 따라 운용보너스 계약자적립액을 적립합니다.

⑤ 운용보너스 및 운용보너스 계약자적립액은 제1보험기간 중 납입보험료 및 연금개시 나이가 변경되었을 경우에는 변경된 시점부터 변경된 납입보험료 및 연금개시나이를 기준으로 계산됩니다.

⑥ 운용보너스 발생일 이전에 계약이 해지되었더라도 운용보너스 발생일이 경과된 이후 해지계약을 부활(효력회복)하는 경우 운용보너스를 가산하여 드립니다.

⑦ 제1보험기간 중 피보험자가 사망한 경우에는 「사망 당시의 계약자적립액과 이미 납입한 보험료 중 큰 금액」을 지급하며, 계약자적립액에 "보험료 및 해약환급금 산출방법서"에서 정한 방법에 따라 계산된 피보험자의 사망 시점의 운용보너스 계약자적립액을 더하여 지급합니다.

⑧ 제1보험기간 중 해약환급금 지급사유가 발생한 경우에는 운용보너스 계약자적립액을 계약자적립액에 더하여 지급하지 않습니다.

(5) 유지보너스에 대한 사항(연금강화형에 한함)

① 체신관서는 유지보너스 발생일에 유효한 계약에 한하여 다음과 같이 계산한 유지보너스 금액을 계약자적립액에 더하여 신공시이율Ⅳ로 부리 적립합니다.

> 운용보너스 금액＝(운용보너스 기준금액×운용보너스율)

운용보너스 발생일	운용보너스 기준금액	운용보너스율
연금개시나이의 계약해당일	유지보너스 발생일 전일까지의 이미 납입한 영업보험료(선납보험료 제외)	11%

② 체신관서는 유지보너스를 유지보너스 발생일에 계약자적립액에 가산하기 위해 "보험료 및 해약환급금 산출방법서"에서 정한 방법에 따라 유지보너스 계약자적립액을 적립합니다.

③ 유지보너스 및 유지보너스 계약자적립액은 제1보험기간 중 납입보험료 및 연금개시 나이가 변경되었을 경우에는 변경된 시점부터 변경된 납입보험료 및 연금개시나이를 기준으로 계산됩니다.

④ 유지보너스 발생일 이전에 계약이 해지되었더라도 유지보너스 발생일이 경과된 이후 해지계약을 부활(효력회복)하는 경우 유지보너스를 가산하여 드립니다.

⑤ 제1보험기간 중 피보험자가 사망한 경우에는 「사망 당시의 계약자적립액과 이미 납입한 보험료 중 큰 금액」을 지급하며, 계약자적립액에 "보험료 및 해약환급금 산출방법서"에서 정한 방법에 따라 계산된 피보험자의 사망 시점의 유지보너스 계약자적립액을 더하여 지급합니다.

⑥ 제1보험기간 중 해약환급금 지급사유가 발생한 경우에는 유지보너스 계약자적립액을 계약자적립액에 더하여 지급하지 않습니다.

(6) 보장내용

① 주내용

지급구분			지급사유		지급액
제1보험기간	재해장해보험금		재해로 인하여 장해상태가 되었을 때	일시납	일시납보험료의 20%×해당 장해지급률
				월 납	월납 보험료의 20배×해당 장해지급률
제2보험기간	생존연금	종신연금형	매년 계약해당일에 살아 있을 때		연금지급개시일의 계약자적립액을 기준으로 계산한 금액을 매년 지급(20년, 100세 보증지급)
		확정기간연금형	연금지급기간(5년, 10년, 15년, 20년)의 매년 계약해당일		연금지급개시일의 계약자적립액을 기준으로 계약자가 선택한 연금지급기간동안 나누어 계산한 금액을 연금지급기간동안 매년 지급(5, 10, 15, 20년 확정지급)

주1) 제1보험기간 : 보험계약일~연금개시나이 계약해당일 전일
주2) 제2보험기간 : (종신연금형) 연금개시나이 계약해당일부터 종신까지
　　　　　　　　　(확정기간연금형) 연금개시나이 계약해당일부터 최종연금 지급일까지

(1) 주요 특징

특 징
• 실세금리 등을 반영한 신공시이율Ⅳ로 적립되며, 시중금리가 하락하더라도 최저 1.0%(다만, 가입 후 10년 초과 시 0.5%)의 금리 보장
• 니즈에 맞는 연금지급형태 선택으로 종신(종신연금형) 또는 확정기간(확정기간연금형)동안 안정적인 연금 지급
• 관련 세법이 정한 바에 따라 납입한 보험료에 대하여 세액공제[연간 600만원 한도로 납입금액의 12% 세액공제(종합소득금액이 4천 500만원(근로소득만 있는 경우에는 총급여액 5천 500만원) 이하인 경우 납입금액의 15% 세액공제)] 혜택을 제공
• 추가납입제도로 자유롭게 추가납입 가능
• 유배당 상품 : 배당상품으로 향후 운용이익금 발생 시 배당혜택 제공

(2) 가입 요건

① 주계약

연금개시 나이(A)	가입나이	기본보험료		추가납입보험료 납입주기
		납입기간	납입주기	
만 55~80세	0~(A−5)세	5년~전기납	월 납	수시납

② 특약 : 지정대리 청구 서비스특약 2109

(3) 보험료 납입한도액

① 기본보험료

납입한도액	
10년납 미만	10만원~75만원(1천원 단위)
10년납 이상	5만원~75만원(1천원 단위)

② 추가납입보험료

　㉠ 추가납입보험료는 계약일 이후 1개월이 지난 후부터(연금개시나이−1)세 계약해당일까지 납입 가능

　㉡ 추가납입보험료의 연간 납입한도는 연간 총 기본보험료의 2배 이내. 단, 추가납입보험료의 최고 한도는 기본보험료 총액(기본보험료×12×기본보험료 납입기간)의 2배로 함

　※ 단, 관련 법령에서 정한 한도를 초과하여 납입할 수 없음

(4) 보장내용

① 주계약

지급구분		지급사유	지급액
생존연금	종신연금형	제2보험기간 중 매년 계약해당일에 살아 있을 때	연금지급개시일의 적립금액을 기준으로 계산한 금액을 매년 지급(20년 보증지급)
	확정기간 연금형	제2보험기간 중 연금지급기간(10년, 15년, 20년)의 매년 계약해당일	연금지급개시일의 적립금액을 기준으로 계약자가 선택한 연금지급기간동안 나누어 계산한 금액을 연금지급기간동안 매년 지급

주1) 제1보험기간 : 보험계약일~연금개시나이 계약해당일 전일
주2) 제2보험기간 : (종신연금형) 연금개시나이 계약해당일~종신
　　　　　　　　　 (확정기간연금형) 연금개시나이 계약해당일~최종연금 지급일

3 무배당 우체국연금저축보험(이전형) 2504

(1) 주요 특징

특 징
• 실세금리 등을 반영한 신공시이율Ⅳ로 적립되며, 시중금리가 하락하더라도 최저 1.0%(다만, 가입 후 10년 초과 시 0.5%)의 금리 보장
• 고객 니즈에 맞는 연금지급형태 선택으로 종신(종신연금형) 또는 확정기간(확정기간연금형)동안 안정적인 연금지급
• 관련 세법이 정한 바에 따라 납입한 보험료에 대하여 세액공제[연간 600만원 한도로 납입금액의 12% 세액공제(종합소득금액이 4천 500만원(근로소득만 있는 경우에는 총급여액 5천 500만원) 이하인 경우 납입금액의 15% 세액공제)] 혜택을 제공
• 추가납입제도로 자유롭게 추가납입 가능

(2) 가입 요건

① 주계약

연금개시 나이(A)	가입나이	기본보험료		추가납입보험료 납입주기
		납입기간	납입주기	
만 55~80세	0~(A)세	일시납	일시납	-
	0~(A-1)세	1년~전기납	월 납	수시납

주1) 무배당 우체국연금저축보험(이전형) 2504로의 가입은 「소득세법시행령」에서 정하는 연금저축계좌 범위에 속하는 다른 금융기관의 연금저축을 이전받는 경우에 한함

② 특약 : 지정대리청구서비스특약 2109

(3) 보험료 납입한도액

① 기본보험료

납입한도액		
일시납	한도 없음	
월 납	10년납 미만	10만원~75만원(1천원 단위)
	10년납 이상	5만원~75만원(1천원 단위)

② 추가납입보험료

　㉠ 추가납입보험료는 계약일 이후 1개월이 지난 후부터(연금개시나이－1)세 계약해당일까지 납입 가능하며, "월납계약"과 함께 가입할 경우에 한하여 납입 가능

　㉡ 추가납입보험료의 연간 납입한도는 연간 총 기본보험료의 2배 이내. 단, 추가납입보험료의 최고 한도는 월납 기본보험료 총액(월납 기본보험료×12×월납 기본보험료 납입기간)의 2배로 함

　　※ 단, 관련 법령에서 정한 한도를 초과하여 납입할 수 없음

(4) 보장내용

① 주계약

지급구분		지급사유	지급액
생존연금	종신연금형	제2보험기간 중 매년 계약해당일에 살아 있을 때	연금지급개시일의 적립금액을 기준으로 계산한 금액을 매년 지급(20년 보증지급)
	확정기간연금형	제2보험기간 중 연금지급기간(10년, 15년, 20년)의 매년 계약해당일	연금지급개시일의 적립금액을 기준으로 계약자가 선택한 연금지급기간동안 나누어 계산한 금액을 연금지급기간동안 매년 지급

주1) 제1보험기간 : 계약일~연금개시나이 계약해당일 전일
주2) 제2보험기간 : (종신연금형) 연금개시나이 계약해당일~종신
　　　　　　　　　 (확정기간연금형) 연금개시나이 계약해당일~최종연금 지급일

4 무배당 우체국온라인연금저축보험 2504

(1) 주요 특징

특 징
• 실세금리를 반영한 높은 금리로 부리 적립(가입 후 10년 이내 1.0%, 10년 초과 0.5% 최저보증)
• 만 55세부터 80세까지 연금개시 나이 선택가능
• 다양한 연금형태 제공 : '종신연금형'과 '확정기간연금형' 중 여건에 맞는 연금형태 선택 가능
• 관련 세법이 정한 바에 따라 납입한 보험료에 대하여 세액공제[연간 600만원 한도로 납입금액의 12% 세액공제(종합소득금액이 4천 500만원(근로소득만 있는 경우에는 총급여액 5천 500만원) 이하인 경우 납입금액의 15% 세액공제)] 혜택을 제공
• 추가납입제도로 자유롭게 추가납입 가능

(2) 가입 요건

① 주계약

연금개시 나이(A)	가입나이	기본보험료		추가납입보험료 납입주기
		납입기간	납입주기	
만 55~80세	만19~(A-5)세	5년~전기납	월 납	수시납

② 특약 : 지정대리청구서비스특약 2109

(3) 보험료 납입한도액

① 기본보험료

납입한도액		
월 납	10년납 미만	10만원~75만원
	10년납 이상	5만원~75만원

② 추가납입보험료

    ⊙ 추가납입보험료는 계약일 이후 1개월이 지난 후부터 (연금개시나이 − 1)세 계약해당일까지 납입 가능

    ⓒ 추가납입보험료의 연간 납입한도는 연간 총 기본보험료의 2배 이내로 하며, 최고 한도는 기본보험료 총액(기본보험료×12×기본보험료 납입기간)의 2배로 함

    ※ 단, 관련 법령에서 정한 한도를 초과하여 납입할 수 없음

(4) 보장내용

① 주계약

지급구분		지급사유	지급액
생존연금	종신연금형	제2보험기간 중 매년 계약해당 일에 살아 있을 때	연금지급개시일의 적립금액을 기준으로 계산한 금액을 매년 지급(20년 보증지급)
	확정기간연금형	제2보험기간 중 연금지급기간(10년, 15년, 20년)의 매년 계약해당일	연금지급개시일의 적립금액을 기준으로 계약자가 선택한 연금지급기간동안 나누어 계산한 금액을 연금지급기간동안 매년 지급

주1) 제1보험기간 : 계약일~연금개시나이 계약해당일 전일

주2) 제2보험기간 : (종신연금형) 연금개시나이 계약해당일~종신

          (확정기간연금형) 연금개시나이 계약해당일~최종연금 지급일

5 무배당 우체국개인연금보험(이전형) 2504

(1) 주요 특징

특 징
• 이 보험으로의 가입은 종전의 「조세특례제한법」에서 정한 바에 따라 다른 금융기관의 개인연금저축을 이전받는 경우에 한함
• 계약이전 받기 전 계약과 계약이전 받은 후 계약의 총 보험료 납입기간은 10년 이상이어야 함
• 계약이전 받기 전 이미 연금을 지급받고 있었던 계약을 이전한 경우 가입즉시부터 연금지급 개시함

(2) 가입 요건

① 주계약

연금개시나이	가입나이	납입기간	납입주기
만 55~80세	만 20~80세	일시납	일시납

② 특약 : 지정대리청구서비스특약 2109

(3) 보장내용

지급구분		지급사유
제1보험기간	재해장해보험금	동일한 재해로 여러 신체부위의 합산 장해지급률이 50% 이상 장해 시
제2보험기간	생존연금	매년 계약해당일에 살아 있을 때(20년 보증지급)

주1) 제1보험기간 : 계약일~연금개시나이 계약해당일 전일

주2) 제2보험기간 : 연금개시나이 계약해당일~종신

6 어깨동무연금보험 2504

(1) 주요 특징

특 징
• 장애인전용연금보험 : 일반연금보다 더 많은 연금을 받도록 설계, 장애인의 안정적인 노후생활 보장
• 실세금리 등을 반영한 신공시이율Ⅳ로 적립되며, 시중금리가 하락하더라도 최저 1.0%(다만, 가입 후 10년 초과 시 0.5%)의 금리 보장
• 보증지급기간 다양화 : 고객니즈에 맞는 보증지급기간(20년 보증지급, 30년 보증지급, 100세 보증지급) 선택 가능
• 연금개시연령 확대 : 장애인 부모의 부양능력 약화 위험 및 장애아동을 고려, 20세부터 연금수급 가능
• 유배당 상품 : 배당상품으로 향후 운용이익금 발생 시 배당혜택 제공

(2) 가입 요건

① 주계약

구 분	연금개시나이(A)	가입나이	납입기간	납입주기
20년보증지급, 100세보증지급	20~80세	0~(A-5)세	5, 10, 15, 20년납	월 납
30년보증지급	20~70세			

② 특약 : 지정대리청구서비스특약 2109

(3) 보험료 납입한도액

가입나이	납입한도액			
	5년납	10년납	15년납	20년납
20세 미만	50만원	30만원	20만원	15만원
20~29세	60만원	40만원	30만원	20만원
30~39세	80만원	50만원	30만원	30만원
40~49세	100만원	60만원	40만원	30만원
50세 이상	120만원	80만원	50만원	40만원

① 피보험자의 자격요건 등

㉠ 장애인의 범위 : 「장애인복지법」 제2조 제1호 및 제2호에 따른 장애인으로 동법 제32조 또는 제32조의2의 규정에 따라 등록된 장애인 또는 「국가유공자 등 예우 및 지원에 관한 법률」에 따라 등록한 상이자

㉡ 청약 시 구비서류 : 장애인등록증, 장애인복지카드 또는 국가유공자증 사본

※ 상이자의 경우, 국가유공자증에 기재된 상이등급(1~7급)으로 확인

㉢ 보험수익자는 피보험자(장애인)와 동일하며, 변경 불가

(4) 보장내용

① 주계약

지급구분	지급사유	지급액
생존연금	제2보험기간 중 매년 계약해당일에 살아있을 때	연금지급개시일의 적립금액을 기준으로 계산한 금액을 매년 지급(20년 보증지급, 30년 보증지급, 100세 보증지급)

주1) 제1보험기간 : 보험계약일~연금개시나이 계약해당일 전일
주2) 제2보험기간 : 연금개시나이 계약해당일~종신

7 우체국연금보험 2504

(1) 주요 특징

특 징
• 유배당 상품 : 배당 상품으로 향후 운용 이익금 발생 시 배당 혜택 제공
• 실세금리 등을 반영한 신공시이율IV로 적립되며, 시중금리가 하락하더라도 최저 1.0%(다만, 가입 후 10년 초과 시 0.5%)의 금리 보장
• 다양한 목적의 재테크 기회로 활용 – 종신연금형(정액형, 조기 집중 연금형) : 초기 연금액 증액으로 소득절벽기 보완(조기 집중 연금형), 평생 동안 연금 수령 통한 생활비 확보 가능, 조기사망 시에도 보증지급 기간 동안 안정적인 연금 수령 – 확정 기간 연금형 : 연금 개시 후에도 해지 가능하므로 다양한 목적자금으로 활용 가능
• 중도인출제도 및 추가 납입제도 : 중도에 긴급자금 필요시 이자 부담 없이 중도 인출로 자금 활용, 자유롭게 추가 납입으로 고객 편의 제공
• 관련 세법에서 정하는 요건에 부합하는 경우 이자소득 비과세 및 금융소득종합과세 제외

(2) 가입 요건

① 주계약

구 분	연금개시 나이(A)	가입나이	납입기간	납입주기	추가납입보험료 납입주기
종신연금형 (정액형, 조기 집중연금형) (20년, 30년, 90세, 100세 보증지급)	45~80세	0~(A-5)세	일시납 3, 5, 7, 10, 15, 20년 납	일시납 월 납	수시납
확정 기간 연금형 (5년, 10년, 15년, 20년, 30년 확정 지급)					

② 특약 : 지정대리청구서비스특약 2109

(3) 보험료 납입 한도액

(단위 : 만원)

가입나이	일시납	월 납					
		3년 납	5년 납	7년 납	10년 납	15년 납	20년 납
20세 미만	500~4,000	10~110	10~60	10~40	5~30	5~20	5~10
20~29세	500~6,000	10~160	10~90	10~60	5~40	5~30	5~20
30~39세	500~8,000	10~190	10~110	10~80	5~50	5~40	5~30
40~49세	500~9,000	10~230	10~130	10~90	5~70	5~40	5~30
50세 이상	500~10,000	10~270	10~150	10~110	5~80	5~50	5~40

※ 추가납입보험료

월 납	• 계약일 이후 1개월이 지난 후부터 "연금 개시 나이-2세" 연계약해당일 전날까지 납입 가능 • 1회 납입 가능한 추가납입보험료 납입한도는 시중금리 등 금융 환경에 따라 "기본 보험료×200%×해당연도 가입 경과 월수"와 "계약 체결 시점 가입 나이의 기본 보험료 최고 납입한도액에서 기본 보험료를 차감한 금액×해당연도 가입 경과 월수" 중 적은 금액에서 해당연도에 이미 납입한 추가납입보험료를 차감한 금액 이내에서 체신관서가 정한 한도로 함 • 추가납입보험료 총한도는 시중금리 등 금융 환경에 따라 "기본 보험료×200%×12×기본 보험료 납입기간"과 "계약 체결 시점 가입 나이의 기본 보험료 최고 납입한도액에서 기본 보험료를 차감한 금액×12×기본 보험료 납입기간" 중 적은 금액 이내에서 체신관서가 정한 한도로 함. 단, 중도 인출이 있을 경우 중도인출금의 합계만큼 1회 납입 가능한 추가납입보험료 한도 및 추가납입보험료 총한도를 초과하여 추가로 보험료를 납입할 수 있음 • 보험료 납입 기간 중 해당연도 가입 경과 월수는 가입할 때(가입 이후 다음 연도부터는 매년 1월)를 1개월로 하고 이후 해당 월 기본 보험료를 납입할 때마다 1개월씩 증가(최대 12개월)하는 것으로 하며, 보험료 납입 기간 이후 해당연도 가입 경과 월수는 보험료 납입기간이 종료된 이후 최초 도래하는 계약해당일(보험료 납입기간 종료 이후 다음 연도부터는 매년 1월)을 1개월로 하고 이후 계약해당일이 경과할 때마다 1개월씩 증가(최대 12개월) 하는 것으로 함
일시납	계약일 이후 1개월이 지난 후부터 "연금 개시 나이-2세" 연계약해당일 전날까지 납입할 수 있는 추가납입보험료 총한도는 시중금리 등 금융 환경에 따라 "기본 보험료×200%"와 "계약 체결 시점 가입 나이의 기본 보험료 최고 납입한도액에서 기본 보험료를 차감한 금액" 중 적은 금액 이내에서 체신관서가 정한 한도로 함. 단, 중도 인출이 있을 경우 중도 인출금의 합계만큼 추가납입보험료 총한도를 초과하여 추가로 보험료를 납입할 수 있음

(4) 중도 인출금에 대한 사항

① 계약자는 계약일 이후 1년이 지난 후부터 제1 보험기간 중 보험 연도 기준 연 12회에 한하여 적립 금액의 일부를 인출할 수 있으며, 1회에 인출할 수 있는 최고 한도는 인출 당시 해약환급금의 50%를 초과할 수 없음. 또한, 계약 후 경과 기간 10년 이내의 총인출 금액은 계약자가 실제 납입한 보험료 총액을 초과할 수 없음

② 적립 금액의 일부를 인출하기 위해서는 인출 후 적립 금액(다만, 환급금 대출의 원금과 이자를 차감한 금액)이 월납 계약의 경우 연간 기본 보험료(기본 보험료의 12배) 이상, 일시납 계약의 경우 기본 보험료의 30% 이상이어야 함

③ 적립 금액의 일부를 인출할 때 수수료는 인출 금액의 0.2%와 2,000원 중 적은 금액 이내에서 부과할 수 있으며, 인출 시 적립 금액에서 차감됨. 단, 보험 연도 기준 매년 최초 4회까지의 중도 인출에 한하여 인출 수수료를 부과하지 않음

④ 적립 금액의 인출은 추가납입보험료에 의한 적립 금액에서 우선적으로 가능하며, 추가납입보험료에 의한 적립 금액이 부족한 경우에 한하여 기본 보험료에 의한 적립 금액에서 인출할 수 있음

(5) 고액 계약 적립에 관한 사항 (월납 계약에 한함)

기본 보험료가 30만원을 초과하는 경우에는 다음의 고액 계약 적립 금액을 체신관서가 정한 방법에 따라 추가납입보험료에 의한 적립금액에 가산

기본 보험료 납입기간	고액 계약 적립 조건	고액 계약 적립 금액
3년 납	기본 보험료 > 30만원	기본 보험료 30만원 초과분의 1.0%
5년 납	기본 보험료 > 30만원	기본 보험료 30만원 초과분의 1.5%
7년 납 이상	기본 보험료 > 30만원	기본 보험료 30만원 초과분의 2.0%

(6) 보장 내용

① 주계약

<table>
<tr><th colspan="3">지급구분</th><th>지급사유</th><th>지급액</th></tr>
<tr><td rowspan="2">제1
보험
기간</td><td colspan="2" rowspan="2">재해 장해보험금</td><td rowspan="2">재해로 인하여 장해 상태가
되었을 때</td><td>※일시납
일시납보험료의 20%×해당 장해 지급률</td></tr>
<tr><td>※월 납
월납 보험료의 20배×해당 장해 지급률</td></tr>
<tr><td rowspan="2">제2
보험
기간</td><td rowspan="2">생존
연금</td><td>종신
연금형</td><td>매년
계약해당일에
살아 있을 때</td><td>• 정액형 : 연금 지급개시일의 적립 금액을 기준으로 계산한 금액을 매년 지급(20년, 30년, 90세, 100세 보증지급)
• 조기 집중 연금형 : 연금 지급개시일의 적립 금액을 기준으로 조기 집중 기간에는 조기 집중 기간 이후 연금액의 일정 비율이 지급되도록 계산한 금액을 매년 지급(20년, 30년, 90세, 100세 보증지급)
* 조기 집중 기간 : 5년, 10년
* 연금액 비율 : 200%, 300%</td></tr>
<tr><td>확정 기간
연금형</td><td>연금 지급 기간(5년, 10년, 15년, 20년, 30년)의 매년 계약해당일</td><td>연금 지급개시일의 적립 금액을 기준으로 계약자가 선택한 연금을 지급하는 동안 나누어 계산한 금액을 연금 지급하는 동안 매년 지급</td></tr>
</table>

주1) 종신연금형(정액형, 조기 집중 연금형)의 경우
  – 제1 보험기간 : 보험계약일 ～ 연금 개시 나이 계약해당일 전일
  – 제2 보험기간 : 연금 개시 나이 계약해당일 ～ 종신
주2) 확정 기간 연금형의 경우
  – 제1 보험기간 : 보험계약일 ～ 연금 개시 나이 계약해당일 전일
  – 제2 보험기간 : 연금 개시 나이 계약해당일 ～ 최종 연금 지급일

우체국보험 관련 세제

※ 2025년 12월 기준 관련 법령에 의한 내용으로, 세제와 관련한 사항은 관련 세법 등의 제 · 개정이나 폐지에 따라 변경될 수 있습니다.

01 보장성보험 관련 세제

1 보장성보험료 세액공제

보장성 보험료 세액공제 : 국민경제 생활 안정을 목적으로 보장성보험 가입을 유도하기 위하여 보장성보험 가입자가 납입하는 보험료에 대해 「소득세법」에 따라 종합소득 산출 세액에서 일정 금액을 공제해 주는 제도

2 세액공제 대상이 되는 보험상품(2025.12.31.)

구 분		상품목록
판매중지	보험료전액	다보장 · 체신건강 · 암치료 · 우체국암치료 · 평생보장암 · 종합건강 · 어린이 · (무)꿈나무(보장형) · 교통안전 · 재해안심 · 의료비보장 · 우체국종신 · 직장인생활보장 · 우체국건강 · 하이커버건강 · 평생OK · 하이로정기 · 우체국치아 · 우체국암보험 · (무)우리가족암 · (무)100세종합보장 · (무)우체국장제 · (무)꿈나무 · (무)우체국큰병큰보장 · (무)우체국여성암 · (무)우체국생애맞춤보험 · (무)우체국자녀지킴이 · (무)우체국100세건강 · (무)우체국요양 · (무)우체국온라인착한안전 · (무)우체국온라인당뇨 · (무)온라인내가만든희망 · (무)우체국온라인와이드암 · (무)우체국온라인미니암 · (무)우체국온라인요양 · (무)우체국온라인종신 · (무)우체국New100세건강 · (무)우체국건강클리닉 · (무)우체국든든한종신 · (무)우체국와이드건강 · (무)우체국치매간병 및 부가특약
	보험료일부	장학 · (구)연금 · 알뜰적립 · 상록 · 파워적립 · (무)장기주택마련저축 · (무)꿈나무(저축형)
판매중	보험료전액	(무)에버리치상해 · (무)우체국안전벨트 · (무)우체국New건강클리닉 · (무)만원의행복 · (무)우체국급여실손의료비 · (무)우체국노후실손의료비 · (무)우체국간편실손의료비 · (무)우체국치아 · (무)어깨동무 · (무)우체국하나로OK건강종신 · (무)우체국간병비 · (무)우체국암케어 · (무)우체국간편건강(325) · (무)우체국간편건강(355) · (무)우체국더간편건강 · (무)우체국온라인암 · (무)우체국든든한건강종신 · (무)우체국실속정기 · (무)우체국당뇨안심 · (무)우체국온라인어린이 · (무)우체국온라인3대질병 · (무)우체국온라인정기 · (무)우체국더든든한자녀지킴이 · (무)우체국뇌심케어 · (무)내가만든희망 · (무)win-win단체플랜 · (무)우체국치매요양간병 · (무)우체국통합건강 · (무)우체국나르미안전 · (무)우체국암뇌심주요치료비 · (무)우체국온라인입원수술 · (무)우체국온라인종합건강 · (무)우체국온라인치매간병 및 각 보장성 특약

3 보장성보험료 세액공제가 가능한 대상자 및 공제한도

구 분	내 용
대상자	근로소득자(사업소득자, 일용근로자 등은 제외)
세액공제 한도액	연간 납입보험료(100만원 한도)의 12%(장애인전용보험은 15%)
계약요건	• 보장성보험(생존보험금 ≦ 총납입보험료)에 한함 • 실질적인 계약자＝세액공제를 받고자 하는 근로자 본인 • 피보험자＝기본공제 대상자

주1) 실질적인 계약자＝실제로 보험료를 납입하는 자

02 장애인전용보험 관련 세제

1 정의

근로소득자가 기본공제대상자 중 장애인을 피보험자 또는 보험수익자로 하는 보험을 가입한 경우, 근로소득자가 실제로 납입한 보험료(연간 100만원 한도)의 15%에 해당하는 금액을 해당 과세기간의 종합소득산출세액에서 공제받을 수 있는 제도

2 세액공제 대상이 되는 장애인 전용보험 상품 및 세부 요건

구 분	내 용
대상상품	(무)어깨동무보험(1종, 2종, 3종) 및 장애인전용보험전환특약을 부가한 보장성보험
세액공제 한도액	연간 납입보험료(100만원 한도)의 15%
계약요건	• 피보험자 또는 보험수익자 : 기본공제대상자로서 장애인일 것 　주) 장애인의 범위 : 「장애인 복지법」 제2조에 의한 장애인 및 「국가유공자 등 예우 및 지원에 관한 법률」 제6조에 의하여 등록한 상이자 • 계약자 : 근로소득자 본인 또는 소득이 없는 가족

1 연금저축보험 세액공제

(1) 연금저축보험에 납입하는 보험료에 대해 종합소득산출세액에서 일정금액을 공제해 줌으로써 소득세 절세 효과를 주는 대신에 연금을 수령할 때 과세를 하는 제도이다.

(2) 일반적으로 연금소득세는 저율로 과세되기 때문에 소득이 적은 노후에 연금 수령 시 소득세율을 낮추는 절세 효과가 있다.

(3) 연금저축 세액공제는 보장성보험료 세액공제가 근로소득자만을 대상으로 하는 것과는 달리, 근로소득 외의 종합소득이 있는 경우에도 가능하며 세부 요건은 다음 표와 같다.

① 연금저축보험 상품 및 한도액

구 분	내 용
대상상품	우체국연금저축보험 2504, (무)우체국연금저축보험(이전형) 2504, (무)우체국온라인연금저축보험 2504
대상자	종합소득이 있는 거주자로 연금저축 가입자
세액공제 한도액	연금저축 연간 납입보험료 600만원 한도의 12% 세액공제[종합소득금액 4천 500만원 이하(근로소득만 있는 경우 총급여액 5천 500만원 이하)인 거주자는 15%]

② 연금계좌 세액공제 납입 한도 및 공제율

종합소득금액 (총급여액)	세액공제 대상 납입한도 (퇴직연금 합산 시)	공제율
4천 500만원 이하 (5천 500만원 이하)	600만원 (900만원)	15%
4천 500만원 초과 (5천 500만원 초과)		12%

(4) 연금저축보험 세액공제가 가능한 대상계약의 가입조건은 「소득세법 시행령」 제40조의2(연금계좌 등)에 의거 다음 표[연금저축 세액공제 요건]와 같다.

[연금저축 세액공제 요건]

구분	내 용
1	취급 금융기관(「우체국예금 · 보험에 관한 법률」에 의한 체신관서)
2	연 1,800만원 이내에서 납입할 것(체신관서는 월 75만원 한도)
3	연금수령 개시 이후에는 보험료를 납입하지 않을 것

2 연금저축보험 중도해지 또는 연금수령 시 세제

(1) 연금저축보험을 중도에 해지하는 경우에는 분리과세를 적용한다. 이는 일반 연금 외 수령으로 기타소득세(지방소득세 포함 16.5%)가 부과되나, 만약 부득이한 사유로 인한 연금 외 수령이 인정되는 경우에는 연금소득세(지방소득세 포함 3.3~5.5%)를 부과한다.

> **더 알아보기** **부득이한 사유의 범위**
>
> ① 천재 · 지변
> ② 사망
> ③ 가입자 또는 부양가족의 3개월 이상 요양이 필요한 질병 및 부상
> ④ 연금취급자 영업정지, 인 · 허가 취소, 해산 결의, 파산선고
> ⑤ 해외이주
> ⑥ 가입자의 파산 또는 개인회생절차 개시
> ⑦ 재난으로 15일 이상의 입원치료가 필요한 피해를 입은 경우

(2) 연금저축보험의 다음 표[연금수령 요건]에 부합하는 경우에는 그 지급금액은 연금소득으로 인정하여 연금소득세를 부과한다[단, 연간 연금액이 연금수령한도를 초과하는 경우, 그 초과금액은 연금외 소득으로 간주하여 기타소득세(지방소득세 포함 16.5%)를 부과함].

[연금수령 요건]

구 분	내 용
1	가입자가 만 55세 이후 연금수령 개시를 신청한 후 인출할 것
2	연금계좌 가입일부터 5년이 경과된 후에 인출할 것
3	과세기간 개시일[주1] 현재 연금수령한도[주2] 이내에서 인출할 것 주1) 연금수령 개시를 신청한 날이 속하는 과세기간에는 연금수령 개시를 신청한 날로 함 주2) 연금수령한도 $= \dfrac{\text{연금 계좌의 평가액}}{(11 - \text{연금수령연차})} \times \dfrac{120}{100}$ ※ 연금수령연차 : 최초로 연금수령할 수 있는 날이 속하는 과세기간을 기산연차로 하여 그 다음 과세기간을 누적 합산한 연차를 말하며, 연금수령연차가 11년 이상이면 위 계산식 미적용

(3) 다만, 연간 연금액이 1,500만원 이하인 경우에는 분리과세할 수 있고, 1,500만원을 초과하면 종합과세 또는 15% 분리과세를 선택할 수 있다. 이 때, 연금소득에 대한 세율은 「소득세법」 제129조 1항 5의2(원천징수세율)에 따라 다음의 표[연금소득 원천징수 세율]와 같다.

[연금소득 원천징수 세율]

구 분	세 율	
	나이(연금수령일 현재)	세율(지방소득세포함)
가. 연금소득자의 나이에 따른 세율	만 70세 미만	5.5%
	만 70세 이상 만 80세 미만	4.4%
	만 80세 이상	3.3%
나. 종신연금형	4.4%(지방소득세포함)	

주1) 가, 나를 동시 충족하는 경우에는 낮은 세율 적용

3 연금소득 확정 · 신고 시 연금소득공제

(1) 연금소득의 종합소득 확정 신고 시에는 「소득세법」 제47조의2(연금소득공제)에 의거 연금소득공제(필요경비)를 적용받을 수 있다.

(2) 연금소득이 있는 거주자에 대해서는 해당 과세기간에 받은 총연금액에서 다음 표[연금소득 공제금액]의 금액을 공제한다. 다만 공제액이 900만원을 초과하는 경우에는 900만원 공제한다.

[연금소득 공제금액]

총 연금액	공제금액(900만원 한도)
350만원 이하	총연금액
350만원 초과 700만원 이하	350만원+(350만원 초과금액)×40%
700만원 초과 1,400만원 이하	490만원+(700만원 초과금액)×20%
1,400만원 초과	630만원+(1,400만원 초과금액)×10%

04 개인연금저축 관련 세제

1 2000년 12월 31일 이전에 가입된 세제적격 개인연금저축보험

(1) 관련 세법에 의해 연간 납입보험료의 40%(72만원 한도)를 소득공제하며, 연금개시 이후 연금으로 수령 받는 연금소득에 대해 비과세가 적용된다.

(2) 중도해지 시에는 보험차익에 대한 소득세(지방소득세 포함 15.4%)와 해지추징세(5년 이내 해지 시, 지방소득세 포함 4.4%)가 부과된다. 다만, 천재 · 지변, 사망, 퇴직 등 불가피한 사유로 인한 해지 시에는 보험차익에 대해 소득세를 부과하지 아니한다.

2 개인연금저축 소득공제 요건

구 분	내 용
대상 상품	개인연금보험, 백년연금보험
소득공제 한도액	연간 납입액의 40%(72만원 한도)

> **더 알아보기**　개인연금저축 중도해지 시 보험차익과세 면제사유
>
> ① 천재 · 지변
> ② 사망
> ③ 퇴직
> ④ 해외 이주
> ⑤ 직장폐업
> ⑥ 3개월 이상 장기간 입원치료, 요양을 요하는 상해 및 질병 발생
> ⑦ 취급기관 영업정지, 인 · 허가 취소, 해산결의 또는 파산선고

05　저축성보험 과세

1 저축성 보험의 보험차익 비과세

(1) 보험차익

① 보험계약에 따라 만기에 받는 보험금 · 공제금 또는 계약기간 중도에 해당 보험계약이 해지됨에 따라 받는 환급금에서 납입보험료를 뺀 금액을 의미한다.

② 보험차익은 「소득세법」상 이자소득으로 분류되어 이자소득세(지방소득세 포함 15.4%)가 과세되지만, 다음 표[저축성보험의 보험차익 비과세 요건]의 내용을 충족할 경우 이자소득세가 비과세된다.

[저축성보험의 보험차익 비과세 요건(「소득세법 시행령」 제25조)]

구 분	내 용
저축성보험 (아래 월적립식 또는 종신형연금 으로 분류되지 않 는 저축성보험)	최초로 보험료를 납입한 날부터 만기일 또는 중도해지일까지의 기간이 10년 이상으로서, 계약자 1명당 납입할 보험료 합계액이 아래 각 호의 구분에 따른 금액 이하인 저축성보험 1. 2017년 3월 31일까지 체결하는 보험계약의 경우 : 2억원 2. 2017년 4월 1일부터 체결하는 보험계약의 경우 : 1억원 ※ 다만, 최초납입일부터 만기일 또는 중도해지일까지의 기간은 10년 이상이지만 최초납입일부터 10년이 경과하기 전에 납입한 보험료를 확정된 기간동안 연금형태로 분할하여 지급받는 경우를 제외함

월적립식 저축성보험	최초로 보험료를 납입한 날부터 만기일 또는 중도해지일까지의 기간이 10년 이상으로서, 아래 요건을 모두 충족하는 계약 1. 최초납입일로부터 납입기간이 5년 이상인 월적립식 계약일 것 2. 최초납입일부터 매월 납입하는 기본보험료가 균등(최초 계약한 기본보험료의 1배 이내로 기본보험료를 증액하는 경우를 포함한다)하고, 기본보험의 선납기간이 6개월 이내일 것 3. 계약자 1명당 매월 납입하는 보험료 합계액[계약자가 가입한 모든 월적립식 보험계약(만기에 환급되는 금액이 납입보험료를 초과하지 아니하는 보험계약으로서 기획재정부령으로 정하는 것은 제외한다)의 기본보험료, 추가로 납입하는 보험료 등 월별로 납입하는 보험료를 기획재정부령으로 정하는 방식에 따라 계산한 합계액을 말한다]이 150만원 이하일 것(2017년 4월 1일부터 체결하는 보험계약으로 한정한다)
종신형 연금보험	아래 요건을 모두 충족하는 계약 1. 계약자가 보험료 납입 계약기간 만료 후 만 55세 이후부터 사망 시까지 보험금 · 수익 등을 연금으로 지급받는 계약일 것 2. 연금 외의 형태로 보험금 · 수익 등을 지급하지 아니할 것 3. 사망 시[「통계법」 제18조에 따라 통계청장이 승인하여 고시하는 통계표에 따른 성별 · 연령별 기대여명 연수(소수점 이하는 버리며, 이하 이 조에서 "기대여명연수"라 한다) 이내에서 보험금 · 수익 등을 연금으로 지급하기로 보증한 기간(이하 이 조에서 "보증기간"이라 한다)이 설정된 경우로서 계약자가 해당 보증기간 이내에 사망한 경우에는 해당 보증기간의 종료 시를 말한다] 보험계약 및 연금재원이 소멸할 것 4. 계약자와 피보험자 및 수익자가 동일하고 최초 연금지급개시 이후 사망일 전에 중도해지할 수 없을 것 5. 매년 수령하는 연금액[연금수령 개시 후에 금리변동에 따라 변동된 금액과 이연(移延)하여 수령하는 연금액은 포함하지 아니한다]이 다음의 계산식에 따라 계산한 금액을 초과하지 아니할 것 $$\frac{\text{연금수령 개시일 현재 연금계좌 평가액}}{\text{연금수령 개시일 현재 기대여명 연수}} \times 3$$

2 비과세종합저축(보험)에 대한 조세특례

(1) 노인 및 장애인 등을 대상으로 하는 비과세저축상품에 대해 「조세특례제한법」 제88조의2(비과세종합저축에 대한 과세특례)에 의거하여 다음 표[비과세종합저축 가입 대상자]의 대상자는 1인당 저축원금 5,000만원(세금우대종합저축을 해지 또는 해약하지 아니한 경우에는 5,000만원에서 세금우대종합저축의 계약금액 총액을 뺀 금액) 이내에서 비과세가 적용(직전 3개 과세기간 중 「소득세법」 제14조 제3항 제6호에 따른 소득의 합계액이 1회 이상 연 2천만원을 초과한 자 제외)된다.

(2) 단, 2025년 12월 31일까지 가입하는 경우에 한하며 해당 저축에서 발생하는 이자소득 또는 배당소득에 대해서는 소득세를 부과하지 아니하며, 만기뿐 아니라 중도해지 시에도 비과세가 적용된다.

(3) 우체국보험 중 비과세종합저축에 해당하는 상품으로는 (무)그린보너스저축보험플러스(비과세종합저축)이 있다.

구 분	내 용
1	만 65세 이상인 거주자
2	「장애인복지법」 제32조에 따라 등록한 장애인
3	「독립유공자 예우에 관한 법률」 제6조에 따라 등록한 독립유공자와 그 유족 또는 가족
4	「국가유공자 등 예우 및 지원에 관한 법률」 제6조에 따라 등록한 상이자(傷痍者)
5	「국민기초생활보장법」 제2조 제2호에 따른 수급자(단, 생계급여 및 의료급여 수급자에 한함)
6	「고엽제후유의증 등 환자지원 및 단체설립에 관한 법률」 제2조 제3호에 따른 고엽제후유의증환자
7	「5 · 18민주유공자 예우 및 단체설립에 관한 법률」 제4조 제2호에 따른 5 · 18민주화운동부상자

06 상속·증여 관련 세제

1 상속세

(1) 개요

① 상속세는 사망으로 그 재산이 가족이나 친족 등에게 무상으로 이전되는 경우에 당해 상속 재산에 대하여 부과하는 세금을 의미한다.

② 상속세 납세의무가 있는 상속인 등은 신고서를 작성하여 신고기한까지 상속세를 신고 · 납부하여야 한다.

③ 「민법」에서는 상속이 개시되면 유언 등에 의한 지정상속분을 제외하고 사망자(피상속인)의 유산에 대해 그의 직계비속 · 직계존속 · 형제자매 · 4촌 이내의 방계혈족 및 배우자에게 상속권을 부여하고 있다.

④ 「민법」 제1000조(상속의 순위)에 의한 상속 순위 및 법정상속분은 다음 표[상속의 순위 및 상속분]의 내용과 같다. 단, 배우자는 직계비속과 같은 순위로 공동상속인이 되며, 직계비속이 없는 경우에는 제2순위인 직계존속과 공동상속인이 되며, 직계비속과 직계존속이 없는 경우에는 단독상속인이 된다.

[상속의 순위 및 상속분]

순 위	상속인	법정 상속분	비 고
1순위	직계비속과 배우자	배우자:1.5, 직계비속:1	–
2순위	직계존속과 배우자	배우자:1.5, 직계존속:1	제1순위가 없는 경우
3순위	형제자매	균등분할	제1, 2순위가 없는 경우
4순위	4촌 이내의 방계혈족	균등분할	제1, 2, 3순위가 없는 경우

(2) 금융재산상속공제

① 사망으로 인하여 상속이 개시되는 경우로서 상속재산가액 중 순금융재산가액(금융재산의 가액 – 금융채무)이 포함되어 있는 경우 이를 상속세 과세가액에서 공제하여 주는 제도이다.
② 금융재산에는 예금, 적금, 부금, 계금, 출자금, 금융신탁재산, 보험금, 공제금, 주식, 채권, 수익증권, 출자지분, 어음 등의 금액 및 유가증권 등을 모두 포함한다.
③ 상속공제액은 다음 표[금융재산 상속공제액]의 내용과 같다.

[금융재산 상속공제액]

순금융재산금액	공제금액	비 고
2천만원 초과	순금융재산가액의 20% 또는 2천만원 중 큰 금액	한도 2억원
2천만원 이하	순금융재산가액	–

2 증여세

(1) 개요

① 증여 : 당사자 일방(증여자)이 자신의 재산을 무상으로 상대방에게 양도하는 의사를 표시하고 상대방(수증자)이 이를 승낙함으로써 효력이 발생하는 계약이다. 계약이라는 법률행위이므로 당사자 간의 청약과 승낙이라는 의사표시를 하고 합의가 있어야 한다.
② 증여재산에 대하여는 상속세에 준하는 세금이 부과된다.
③ 증여재산에 대한 공제금액은 다음 표[증여재산 공제금액]의 내용과 같다.

[증여재산 공제금액]

증여자	공제한도액(10년간)
배우자	6억원
직계존속	5,000만원(미성년자는 2,000만원)
직계비속	5,000만원
직계 존 · 비속 이외 6촌 이내의 혈족, 4촌 이내의 인척	1,000만원

더 알아보기　증여와 양도의 차이

증여와 양도소득의 차이는 자산의 양도가 무상이냐, 유상이냐를 기준으로 구분된다. 대가를 받고 자산을 양도할 때는 양도소득세, 대가를 받지 않고 양도할 때는 증여세가 각각 부과된다.

(2) 보험금의 증여의제

① 「상속세 및 증여세법」 제34조(보험금의 증여)에 의거 계약자와 보험수익자가 서로 다른 경우에는 계약자가 납부한 보험료 납부액에 대한 보험금 상당액을 증여재산으로 간주하여 증여세를 부과한다.

② 계약자와 보험수익자가 동일하여도 보험계약기간 동안에 타인으로부터 증여받은 금액으로 보험료를 불입한 경우에는 보험금 상당액에서 보험료 불입액을 뺀 가액을 증여한 것으로 보아 증여세를 부과한다.

(3) 장애인이 수령하는 보험금에 대한 증여세 비과세

「상속세 및 증여세법」 제46조(비과세되는 증여재산)에 의한 장애인을 보험금수취인으로 하는 보험 가입 시, 장애인이 수령하는 보험금에 대해서는 연간 4,000만원을 한도로 증여세가 비과세 된다.

3 상속 및 증여세율

과세표준	세 율
1억원 이하	과세표준의 10%
1억원 초과 5억원 이하	1천만원+(1억원을 초과하는 금액의 20%)
5억원 초과 10억원 이하	9천만원+(5억원을 초과하는 금액의 30%)
10억원 초과 30억원 이하	2억 4천만원+(10억원을 초과하는 금액의 40%)
30억원 초과	10억 4천만원+(30억원을 초과하는 금액의 50%)

행운이란 100%의 노력 뒤에 남는 것이다.

- 랭스턴 콜먼 -

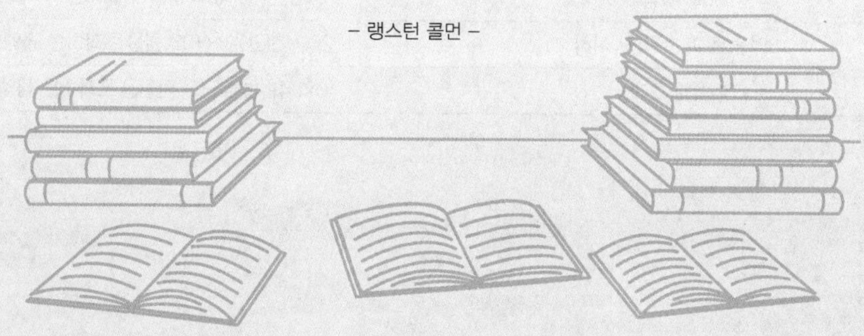

PART 04

보험일반 관련 법령

CHAPTER 01 상법 제4편 보험(손해보험부분 제외)

상법 4편 보험(손해보험부분 제외)

[시행 2025.7.22.] [법률 제20991호, 2025.7.22., 일부개정]

제1장 통칙

제638조(보험계약의 의의)

보험계약은 당사자 일방이 약정한 보험료를 지급하고 재산 또는 생명이나 신체에 불확정한 사고가 발생할 경우에 상대방이 일정한 보험금이나 그 밖의 급여를 지급할 것을 약정함으로써 효력이 생긴다.

제638조의2(보험계약의 성립)

① 보험자가 보험계약자로부터 보험계약의 청약과 함께 보험료 상당액의 전부 또는 일부의 지급을 받은 때에는 다른 약정이 없으면 30일 내에 그 상대방에 대하여 낙부의 통지를 발송하여야 한다. 그러나 인보험계약의 피보험자가 신체검사를 받아야 하는 경우에는 그 기간은 신체검사를 받은 날부터 기산한다.

② 보험자가 제1항의 규정에 의한 기간 내에 낙부의 통지를 해태한 때에는 승낙한 것으로 본다.

③ 보험자가 보험계약자로부터 보험계약의 청약과 함께 보험료 상당액의 전부 또는 일부를 받은 경우에 그 청약을 승낙하기 전에 보험계약에서 정한 보험사고가 생긴 때에는 그 청약을 거절할 사유가 없는 한 보험자는 보험계약상의 책임을 진다. 그러나 인보험계약의 피보험자가 신체검사를 받아야 하는 경우에 그 검사를 받지 아니한 때에는 그러하지 아니하다.

제638조의3(보험약관의 교부·설명 의무)

① 보험자는 보험계약을 체결할 때에 보험계약자에게 보험약관을 교부하고 그 약관의 중요한 내용을 설명하여야 한다.

② 보험자가 제1항을 위반한 경우 보험계약자는 보험계약이 성립한 날부터 3개월 이내에 그 계약을 취소할 수 있다.

제639조(타인을 위한 보험)

① 보험계약자는 위임을 받거나 위임을 받지 아니하고 특정 또는 불특정의 타인을 위하여 보험계약을 체결할 수 있다. 그러나 손해보험계약의 경우에 그 타인의 위임이 없는 때에는 보험계약자는 이를 보험자에게 고지하여야 하고, 그 고지가 없는 때에는 타인이 그 보험계약이 체결된 사실을 알지 못하였다는 사유로 보험자에게 대항하지 못한다.

② 제1항의 경우에는 그 타인은 당연히 그 계약의 이익을 받는다. 그러나 손해보험계약의 경우에 보험계약자가 그 타인에게 보험사고의 발생으로 생긴 손해의 배상을 한 때에는 보험계약자는 그 타인의 권리를 해하지 아니하는 범위 안에서 보험자에게 보험금액의 지급을 청구할 수 있다.

③ 제1항의 경우에는 보험계약자는 보험자에 대하여 보험료를 지급할 의무가 있다. 그러나 보험계약자가 파산선고를 받거나 보험료의 지급을 지체한 때에는 그 타인이 그 권리를 포기하지 아니하는 한 그 타인도 보험료를 지급할 의무가 있다.

제640조(보험증권의 교부)

① 보험자는 보험계약이 성립한 때에는 지체 없이 보험증권을 작성하여 보험계약자에게 교부하여야 한다. 그러나 보험계약자가 보험료의 전부 또는 최초의 보험료를 지급하지 아니한 때에는 그러하지 아니하다.

② 기존의 보험계약을 연장하거나 변경한 경우에는 보험자는 그 보험증권에 그 사실을 기재함으로써 보험증권의 교부에 갈음할 수 있다.

제641조(증권에 관한 이의약관의 효력)

보험계약의 당사자는 보험증권의 교부가 있은 날로부터 일정한 기간 내에 한하여 그 증권내용의 정부에 관한 이의를 할 수 있음을 약정할 수 있다. 이 기간은 1월을 내리지 못한다.

제642조(증권의 재교부청구)

보험증권을 멸실 또는 현저하게 훼손한 때에는 보험계약자는 보험자에 대하여 증권의 재교부를 청구할 수 있다. 그 증권작성의 비용은 보험계약자의 부담으로 한다.

제643조(소급보험)

보험계약은 그 계약전의 어느 시기를 보험기간의 시기로 할 수 있다.

제644조(보험사고의 객관적 확정의 효과)

보험계약당시에 보험사고가 이미 발생하였거나 또는 발생할 수 없는 것인 때에는 그 계약은 무효로 한다. 그러나 당사자 쌍방과 피보험자가 이를 알지 못한 때에는 그러하지 아니하다.

제645조 삭제

제646조(대리인이 안 것의 효과)

대리인에 의하여 보험계약을 체결한 경우에 대리인이 안 사유는 그 본인이 안 것과 동일한 것으로 한다.

제646조의2(보험대리상 등의 권한)

① 보험대리상은 다음 각 호의 권한이 있다.

　1. 보험계약자로부터 보험료를 수령할 수 있는 권한

　2. 보험자가 작성한 보험증권을 보험계약자에게 교부할 수 있는 권한

　3. 보험계약자로부터 청약, 고지, 통지, 해지, 취소 등 보험계약에 관한 의사표시를 수령할 수 있는 권한

　4. 보험계약자에게 보험계약의 체결, 변경, 해지 등 보험계약에 관한 의사표시를 할 수 있는 권한

② 제1항에도 불구하고 보험자는 보험대리상의 제1항 각 호의 권한 중 일부를 제한할 수 있다. 다만, 보험자는 그러한 권한 제한을 이유로 선의의 보험계약자에게 대항하지 못한다.

③ 보험대리상이 아니면서 특정한 보험자를 위하여 계속적으로 보험계약의 체결을 중개하는 자는 제1항 제1호(보험자가 작성한 영수증을 보험계약자에게 교부하는 경우만 해당한다) 및 제2호의 권한이 있다.

④ 피보험자나 보험수익자가 보험료를 지급하거나 보험계약에 관한 의사표시를 할 의무가 있는 경우에는 제1항부터 제3항까지의 규정을 그 피보험자나 보험수익자에게도 적용한다.

제647조(특별위험의 소멸로 인한 보험료의 감액청구)

보험계약의 당사자가 특별한 위험을 예기하여 보험료의 액을 정한 경우에 보험기간 중 그 예기한 위험이 소멸한 때에는 보험계약자는 그 후의 보험료의 감액을 청구할 수 있다.

제648조(보험계약의 무효로 인한 보험료반환청구)

보험계약의 전부 또는 일부가 무효인 경우에 보험계약자와 피보험자가 선의이며 중대한 과실이 없는 때에는 보험자에 대하여 보험료의 전부 또는 일부의 반환을 청구할 수 있다. 보험계약자와 보험수익자가 선의이며 중대한 과실이 없는 때에도 같다.

제649조(사고발생전의 임의해지)

① 보험사고가 발생하기 전에는 보험계약자는 언제든지 계약의 전부 또는 일부를 해지할 수 있다. 그러나 제639조의 보험계약의 경우에는 보험계약자는 그 타인의 동의를 얻지 아니하거나 보험증권을 소지하지 아니하면 그 계약을 해지하지 못한다.

② 보험사고의 발생으로 보험자가 보험금액을 지급한 때에도 보험금액이 감액되지 아니하는 보험의 경우에는 보험계약자는 그 사고발생 후에도 보험계약을 해지할 수 있다.

③ 제1항의 경우에는 보험계약자는 당사자 간에 다른 약정이 없으면 미경과보험료의 반환을 청구할 수 있다.

제650조(보험료의 지급과 지체의 효과)

① 보험계약자는 계약체결 후 지체 없이 보험료의 전부 또는 제1회 보험료를 지급하여야 하며, 보험계약자가 이를 지급하지 아니하는 경우에는 다른 약정이 없는 한 계약성립 후 2월이 경과하면 그 계약은 해제된 것으로 본다.

② 계속보험료가 약정한 시기에 지급되지 아니한 때에는 보험자는 상당한 기간을 정하여 보험계약자에게 최고하고 그 기간 내에 지급되지 아니한 때에는 그 계약을 해지할 수 있다.

③ 특정한 타인을 위한 보험의 경우에 보험계약자가 보험료의 지급을 지체한 때에는 보험자는 그 타인에게도 상당한 기간을 정하여 보험료의 지급을 최고한 후가 아니면 그 계약을 해제 또는 해지하지 못한다.

제650조의2(보험계약의 부활)

제650조 제2항에 따라 보험계약이 해지되고 해지환급금이 지급되지 아니한 경우에 보험계약자는 일정한 기간 내에 연체보험료에 약정이자를 붙여 보험자에게 지급하고 그 계약의 부활을 청구할 수 있다. 제638조의2의 규정은 이 경우에 준용한다.

제651조(고지의무위반으로 인한 계약해지)

보험계약당시에 보험계약자 또는 피보험자가 고의 또는 중대한 과실로 인하여 중요한 사항을 고지하지 아니하거나 부실의 고지를 한 때에는 보험자는 그 사실을 안 날로부터 1월 내에, 계약을 체결한 날로부터 3년 내에 한하여 계약을 해지할 수 있다. 그러나 보험자가 계약 당시에 그 사실을 알았거나 중대한 과실로 인하여 알지 못한 때에는 그러하지 아니하다.

제651조의2(서면에 의한 질문의 효력)

보험자가 서면으로 질문한 사항은 중요한 사항으로 추정한다.

제652조(위험변경증가의 통지와 계약해지)

① 보험기간 중에 보험계약자 또는 피보험자가 사고발생의 위험이 현저하게 변경 또는 증가된 사실을 안 때에는 지체 없이 보험자에게 통지하여야 한다. 이를 해태한 때에는 보험자는 그 사실을 안 날로부터 1월 내에 한하여 계약을 해지할 수 있다.

② 보험자가 제1항의 위험변경증가의 통지를 받은 때에는 1월 내에 보험료의 증액을 청구하거나 계약을 해지할 수 있다.

제653조(보험계약자 등의 고의나 중과실로 인한 위험증가와 계약해지)

보험기간 중에 보험계약자, 피보험자 또는 보험수익자의 고의 또는 중대한 과실로 인하여 사고발생의 위험이 현저하게 변경 또는 증가된 때에는 보험자는 그 사실을 안 날부터 1월 내에 보험료의 증액을 청구하거나 계약을 해지할 수 있다.

제654조(보험자의 파산선고와 계약해지)

① 보험자가 파산의 선고를 받은 때에는 보험계약자는 계약을 해지할 수 있다.

② 제1항의 규정에 의하여 해지하지 아니한 보험계약은 파산선고 후 3월을 경과한 때에는 그 효력을 잃는다.

제655조(계약해지와 보험금청구권)

보험사고가 발생한 후라도 보험자가 제650조, 제651조, 제652조 및 제653조에 따라 계약을 해지하였을 때에는 보험금을 지급할 책임이 없고 이미 지급한 보험금의 반환을 청구할 수 있다. 다만, 고지의무(告知義務)를 위반한 사실 또는 위험이 현저하게 변경되거나 증가된 사실이 보험사고 발생에 영향을 미치지 아니하였음이 증명된 경우에는 보험금을 지급할 책임이 있다.

제656조(보험료의 지급과 보험자의 책임개시)

보험자의 책임은 당사자 간에 다른 약정이 없으면 최초의 보험료의 지급을 받은 때로부터 개시한다.

제657조(보험사고발생의 통지의무)

① 보험계약자 또는 피보험자나 보험수익자는 보험사고의 발생을 안 때에는 지체 없이 보험자에게 그 통지를 발송하여야 한다.

② 보험계약자 또는 피보험자나 보험수익자가 제1항의 통지의무를 해태함으로 인하여 손해가 증가된 때에는 보험자는 그 증가된 손해를 보상할 책임이 없다.

제658조(보험금액의 지급)

보험자는 보험금액의 지급에 관하여 약정기간이 있는 경우에는 그 기간 내에 약정기간이 없는 경우에는 제657조 제1항의 통지를 받은 후 지체 없이 지급할 보험금액을 정하고 그 정하여진 날부터 10일 내에 피보험자 또는 보험수익자에게 보험금액을 지급하여야 한다.

제659조(보험자의 면책사유)

① 보험사고가 보험계약자 또는 피보험자나 보험수익자의 고의 또는 중대한 과실로 인하여 생긴 때에는 보험자는 보험금액을 지급할 책임이 없다.

② 삭제

제660조(전쟁위험 등으로 인한 면책)

보험사고가 전쟁 기타의 변란으로 인하여 생긴 때에는 당사자 간에 다른 약정이 없으면 보험자는 보험금액을 지급할 책임이 없다.

제661조(재보험)

보험자는 보험사고로 인하여 부담할 책임에 대하여 다른 보험자와 재보험계약을 체결할 수 있다. 이 재보험계약은 원보험계약의 효력에 영향을 미치지 아니한다.

제662조(소멸시효)

보험금청구권은 3년간, 보험료 또는 적립금의 반환청구권은 3년간, 보험료청구권은 2년간 행사하지 아니하면 시효의 완성으로 소멸한다.

제663조(보험계약자 등의 불이익변경금지)

이 편의 규정은 당사자 간의 특약으로 보험계약자 또는 피보험자나 보험수익자의 불이익으로 변경하지 못한다. 그러나 재보험 및 해상보험 기타 이와 유사한 보험의 경우에는 그러하지 아니하다.

제664조(상호보험, 공제 등에의 준용)

이 편(編)의 규정은 그 성질에 반하지 아니하는 범위에서 상호보험(相互保險), 공제(共濟), 그 밖에 이에 준하는 계약에 준용한다.

제3장 인보험

제1절 통칙

제727조(인보험자의 책임)

① 인보험계약의 보험자는 피보험자의 생명이나 신체에 관하여 보험사고가 발생할 경우에 보험계약으로 정하는 바에 따라 보험금이나 그 밖의 급여를 지급할 책임이 있다.

② 제1항의 보험금은 당사자 간의 약정에 따라 분할하여 지급할 수 있다.

제728조(인보험증권)

인보험증권에는 제666조에 게기한 사항 외에 다음의 사항을 기재하여야 한다.

    1. 보험계약의 종류

    2. 피보험자의 주소 · 성명 및 생년월일

    3. 보험수익자를 정한 때에는 그 주소 · 성명 및 생년월일

제729조(제3자에 대한 보험대위의 금지)

보험자는 보험사고로 인하여 생긴 보험계약자 또는 보험수익자의 제3자에 대한 권리를 대위하여 행사하지 못한다. 그러나 상해보험계약의 경우에 당사자 간에 다른 약정이 있는 때에는 보험자는 피보험자의 권리를 해하지 아니하는 범위 안에서 그 권리를 대위하여 행사할 수 있다.

제730조(생명보험자의 책임)

생명보험계약의 보험자는 피보험자의 사망, 생존, 사망과 생존에 관한 보험사고가 발생할 경우에 약정한 보험금을 지급할 책임이 있다.

제731조(타인의 생명의 보험)

① 타인의 사망을 보험사고로 하는 보험계약에는 보험계약 체결 시에 그 타인의 서면(「전자서명법」 제2조 제2호에 따른 전자서명이 있는 경우로서 대통령령으로 정하는 바에 따라 본인 확인 및 위조·변조 방지에 대한 신뢰성을 갖춘 전자문서를 포함한다)에 의한 동의를 얻어야 한다.

② 보험계약으로 인하여 생긴 권리를 피보험자가 아닌 자에게 양도하는 경우에도 제1항과 같다.

제732조(15세 미만자 등에 대한 계약의 금지)

15세 미만자, 심신상실자 또는 심신박약자의 사망을 보험사고로 한 보험계약은 무효로 한다. 다만, 심신박약자가 보험계약을 체결하거나 제735조의3에 따른 단체보험의 피보험자가 될 때에 의사능력이 있는 경우에는 그러하지 아니하다.

제732조의2(중과실로 인한 보험사고 등)

① 사망을 보험사고로 한 보험계약에서는 사고가 보험계약자 또는 피보험자나 보험수익자의 중대한 과실로 인하여 발생한 경우에도 보험자는 보험금을 지급할 책임을 면하지 못한다.

② 둘 이상의 보험수익자 중 일부가 고의로 피보험자를 사망하게 한 경우 보험자는 다른 보험수익자에 대한 보험금 지급 책임을 면하지 못한다.

제733조(보험수익자의 지정 또는 변경의 권리)

① 보험계약자는 보험수익자를 지정 또는 변경할 권리가 있다.

② 보험계약자가 제1항의 지정권을 행사하지 아니하고 사망한 때에는 피보험자를 보험수익자로 하고 보험계약자가 제1항의 변경권을 행사하지 아니하고 사망한 때에는 보험수익자의 권리가 확정된다. 그러나 보험 계약자가 사망한 경우에는 그 승계인이 제1항의 권리를 행사할 수 있다는 약정이 있는 때에는 그러하지 아니하다.

③ 보험수익자가 보험존속 중에 사망한 때에는 보험계약자는 다시 보험수익자를 지정할 수 있다. 이 경우에 보험계약자가 지정권을 행사하지 아니하고 사망한 때에는 보험수익자의 상속인을 보험수익자로 한다.

④ 보험계약자가 제2항과 제3항의 지정권을 행사하기 전에 보험사고가 생긴 경우에는 피보험자 또는 보험수익자의 상속인을 보험수익자로 한다.

제734조(보험수익자지정권 등의 통지)

① 보험계약자가 계약체결 후에 보험수익자를 지정 또는 변경할 때에는 보험자에 대하여 그 통지를 하지 아니하면 이로써 보험자에게 대항하지 못한다.

② 제731조 제1항의 규정은 제1항의 지정 또는 변경에 준용한다.

제735조 삭제

제735조의2 삭제

제735조의3(단체보험)

① 단체가 규약에 따라 구성원의 전부 또는 일부를 피보험자로 하는 생명보험계약을 체결하는 경우에는 제731
　조를 적용하지 아니한다.

② 제1항의 보험계약이 체결된 때에는 보험자는 보험계약자에 대하여서만 보험증권을 교부한다.

③ 제1항의 보험계약에서 보험계약자가 피보험자 또는 그 상속인이 아닌 자를 보험수익자로 지정할 때에는 단체
　의 규약에서 명시적으로 정하는 경우 외에는 그 피보험자의 제731조 제1항에 따른 서면 동의를 받아야 한다.

제736조(보험적립금반환의무 등)

① 제649조, 제650조, 제651조 및 제652조 내지 제655조의 규정에 의하여 보험계약이 해지된 때, 제659조와
　제660조의 규정에 의하여 보험금액의 지급책임이 면제된 때에는 보험자는 보험수익자를 위하여 적립한 금
　액을 보험계약자에게 지급하여야 한다. 그러나 다른 약정이 없으면 제659조 제1항의 보험사고가 보험계약
　자에 의하여 생긴 경우에는 그러하지 아니하다.

② 삭제

제3절 상해보험

제737조(상해보험자의 책임)

상해보험계약의 보험자는 신체의 상해에 관한 보험사고가 생길 경우에 보험금액 기타의 급여를 할 책임이 있다.

제738조(상해보험증권)

상해보험의 경우에 피보험자와 보험계약자가 동일인이 아닐 때에는 그 보험증권기재사항 중 제728조 제2호에
게기한 사항에 갈음하여 피보험자의 직무 또는 직위만을 기재할 수 있다.

제739조(준용규정)

상해보험에 관하여는 제732조를 제외하고 생명보험에 관한 규정을 준용한다.

제4절 질병보험

제739조의2(질병보험자의 책임)

질병보험계약의 보험자는 피보험자의 질병에 관한 보험사고가 발생할 경우 보험금이나 그 밖의 급여를 지급할
책임이 있다.

제739조의3(질병보험에 대한 준용규정)

질병보험에 관하여는 그 성질에 반하지 아니하는 범위에서 생명보험 및 상해보험에 관한 규정을 준용한다.

제4과목

컴퓨터일반

핵심요약으로 합격하기

01 컴퓨터 시스템의 구성요소

1 하드웨어(Hardware)

(1) 본체

① 중앙처리장치 : CPU라고 하며 컴퓨터 각 부분의 동작을 제어하고 연산을 수행하는 핵심 부분을 말한다. 중앙처리장치는 제어장치와 연산장치, 레지스터(Register)로 구성된다.
- 제어장치 : 주기억장치에 기억된 프로그램의 명령을 해독하여 그 명령 신호를 각 장치(기억장치, 연산장치, 입출력장치)에 보내 명령을 처리하도록 지시하는 장치로, 기억 레지스터, 명령 레지스터, 번지 레지스터, 명령계수기, 명령해독기, 번지해독기 등으로 구성되어 있다.
- 연산장치 : 사칙연산을 수행하는 산술연산과 비교, 판단 등의 논리연산을 수행하는 장치이다.
- 레지스터(Register) : 고속 임시 기억 장치로, 연산 및 제어 중 필요한 데이터를 저장한다.

② 주기억장치(Main Memory) : 프로그램과 데이터를 저장하는 기능을 수행한다. RAM(휘발성), ROM(비휘발성)으로 구분한다.

(2) 주변장치

① 입력장치(Input) : 외부 데이터를 컴퓨터 내부로 보내어 주기억장치에 기억시키는 장치를 말한다.
- 예 키보드, 마우스, 마이크, 트랙볼, 터치패드, 터치스크린, 조이스틱, 스캐너, 태블릿, 라이트펜(광전펜), 카드 리더기, BCR(바코드 판독기), OMR(광학마크판독기), OCR(광학문자판독기), MICR(자기잉크문자판독기) 등

② 출력장치(Output) : 처리된 데이터를 사용자(User)가 이해할 수 있는 형태로 외부에 보여주는 장치를 말한다.
- 예 모니터, 평판 디스플레이, 프린터, 플로터, 컴퓨터 출력 마이크로필름 등

③ 보조기억장치 : 주기억장치의 휘발성과 용량 부족을 해결하기 위한 외부 기억장치를 말한다.
- 예 하드디스크, 자기디스크, 광디스크(CD), 플로피디스크, 플래시메모리, 자기테이프, 데이터 셀 등

2 소프트웨어(Software)

하드웨어를 제어하고 사용자와 컴퓨터 간 상호작용을 가능하게 하는 프로그램이다.

(1) 시스템 소프트웨어(System Software)

각종 자료를 처리할 때 그 운영을 통제하고 제어해 주는 소프트웨어이다. 대표적으로 운영체제(Operating System)가 있으며 프로그램을 개발할 때 사용되는 처리프로그램도 포함된다.

> 예 유닉스(UNIX), 리눅스(LINUX), 윈도우(Windows), 컴파일러(Compiler), 링커(Linker), 로더(Loader) 등

(2) 응용 소프트웨어(Application Software)

① 넓은 의미로는 운영체제(OS) 위에서 실행되는 모든 소프트웨어를 뜻하고(넓은 의미에서는 컴파일러나 링커도 응용 소프트웨어에 포함됨), 좁은 의미로는 운영체제(OS) 위에서 사용자가 직접 사용하게 되는 소프트웨어를 뜻한다(좁은 의미에서는 컴파일러나 링커는 응용 소프트웨어에 포함되지 않음).

② 응용 소프트웨어는 사용자가 업무 수행을 위해 사용하는 패키지(제품군) 프로그램 및 사용자가 직접 작성한 프로그램을 말한다.

> 예 MS Office(워드프로세서, 스프레드시트, 데이터베이스, 프리젠테이션), 웹브라우저, 그래픽 프로그램 등

(3) 미들웨어(Middleware)

① 응용 소프트웨어와 시스템 소프트웨어(운영체제) 간의 중간 계층 역할을 하는 소프트웨어이다. 데이터 통신, 프로세스 관리, 장치 제어 등과 같은 기능을 제공하며, 다양한 응용 프로그램 간의 상호 운용성을 돕는다.

② 특징

- 응용 프로그램 간 상호작용 지원 : 여러 프로그램이 운영체제를 통해 서로 데이터를 교환할 수 있도록 중재 역할을 한다.
- 변경 및 확장 가능 : 사용자의 요구나 새로운 응용 소프트웨어에 따라 기능 추가가 용이하다.

> 예 데이터베이스 미들웨어 : 응용 프로그램과 데이터베이스 간 연결 제공
> 메시지 큐(MQ) : 분산 시스템 간 메시지 송수신 지원
> API 게이트웨이 : 클라이언트와 백엔드 서비스 간 데이터 교환을 처리

3 펌웨어(Firmware)

(1) 정의

① 펌웨어는 하드웨어를 제어하고 운영하기 위해 제작된 소프트웨어로, 하드웨어 내부에 내장된 형태로 동작한다.

② 일반적으로 ROM(Read-Only Memory), 플래시 메모리 등 비휘발성 메모리에 저장되어 하드웨어의 기본 동작을 관리한다.

(2) 특징

① 하드웨어와 밀접한 관계 : 하드웨어 장치를 초기화하거나 제어하는 데 사용된다.

　예 마우스, 키보드, 프린터, 네트워크 라우터의 제어 프로그램

② 변경 빈도 낮음 : 기능 추가보다는 안정성을 중시하기 때문에 업데이트가 드물다.

　예 BIOS(Basic Input/Output System) : 컴퓨터의 기본 입출력을 제어하는 초기 펌웨어

　　임베디드 장치의 운영 프로그램 : 스마트폰의 기본 부트로더, IoT 기기의 내장 프로그램

(3) 펌웨어와 미들웨어의 주요 차이

구 분	펌웨어	미들웨어
역 할	하드웨어 장치를 제어하고 기본 동작을 지원	응용 프로그램과 운영체제/시스템 간의 연결 및 상호작용 지원
저장 위치	하드웨어 내부의 비휘발성 메모리(ROM, 플래시 메모리 등)	컴퓨터 시스템 또는 네트워크 환경에 설치
주요 목적	하드웨어 초기화 및 제어	시스템의 복잡성을 줄이고, 다양한 소프트웨어 간의 상호 운용성 제공
변경 가능성	일반적으로 사용자가 변경하지 않음	필요에 따라 변경 및 업그레이드 가능
사용 범위	하드웨어 장치(키보드, 프린터, IoT 기기)	분산 시스템, 서버-클라이언트 구조, 클라우드 컴퓨팅

기출 Point

다음 중 시스템 소프트웨어로 알맞지 않은 것은?

→ 윈도우 XP　　　　　　　　　　→ 리눅스

→ 워드프로세서(×)　　　　　　　→ 컴파일러

▶ 워드프로세서는 시스템 소프트웨어가 아닌 응용 소프트웨어에 해당한다.

1 컴퓨터의 특성(컴퓨터가 정보사회의 유용한 도구인 이유)

① **신속성** : 입출력(I/O) 및 연산 속도가 빠르며 신속하다.

② **정확성** : 올바르고 확실한 결과를 얻을 수 있다.

③ **대용량성(대량성)** : 많은 양의 자료를 기억 · 처리할 수 있다.

④ **자동성** : 프로그램에 의해 자동적으로 일을 수행한다.

⑤ **범용성** : 여러 가지 업무 처리에 효율적으로 사용할 수 있다.

⑥ **저장성** : 보조기억장치를 이용하여 대량의 자료를 저장할 수 있다.

⑦ **호환성** : 다른 컴퓨터나 매체에서 작성한 자료도 공유하여 처리할 수 있다.

⑧ **신뢰성** : 오차를 최소화하여 결과를 믿을 수 있다.

⑨ **다양성** : 컴퓨터는 숫자, 문자, 그림, 소리, 동영상 등 다양한 종류의 자료를 처리할 수 있다.

⑩ **공유성** : 통신망으로 연결된 컴퓨터는 시간과 공간의 제약을 초월하여 전 세계의 정보를 많은 사람들이 서로 공유하게 해준다.

2 컴퓨터의 기능

① **입력 기능** : 키보드와 마우스 등의 입력장치를 이용하여 프로그램이나 데이터를 컴퓨터 내부로 읽어 들이는 기능을 말한다.

② **기억 기능** : 입력된 프로그램이나 데이터를 주기억장치에 저장시키는 기능을 말한다.

③ **연산 기능** : 주기억장치에 기억되어 있는 프로그램이나 데이터를 이용하여 비교, 산술 및 논리 연산을 실행하는 기능을 말한다.

④ **제어 기능** : 컴퓨터의 각 장치들이 유기적으로 동작할 수 있도록 제어하는 기능을 말한다.

⑤ **출력 기능** : 처리된 결과를 프린터나 모니터 화면으로 숫자, 문자, 도형 등 여러 가지 형태로 출력하는 기능을 말한다.

기출 Point

다음 중 컴퓨터의 기능이라 할 수 없는 것은?

→ 제어 기능

→ 연산 기능

→ 창조 기능(×)

→ 기억 기능

1 컴퓨터의 세대별 분류

구 분	논리회로	계산속도	적용분야	특 징
제1세대 (1946~1958)	진공관	ms(milli) : 10^{-3}초	통계, 집계	• 부피 큼 • 많은 비용 • 짧은 수명 • 많은 전력 소모
제2세대 (1959~1963)	트랜지스터	μs(micro) : 10^{-6}초	생산 관리	• 신뢰성 증대 • 전력 소모 감소 • 기억 용량 증대 • 운영체제(OS)
제3세대 (1964~1970)	집적회로	ns(nano) : 10^{-9}초	예측 및 의사 결정	• 주변 장치 고속화 • 각 장치의 호환성 • 연산 속도 고속화
제4세대 (1971~1990)	• 고밀도 집적회로 • 초고밀도 집적회로	ps(pico) : 10^{-12}초	경영 정보	• PC의 대중화 • 컴퓨터 네트워크 개발
제5세대 (1990년 이후)	• 초고밀도 집적회로 • 인공 지능	fs(femto) : 10초	문제 해결 추론 시스템	• 최소형화 • 고성능 단말기 개발 • 대규모 종합 컴퓨터 네트워크

2 데이터 취급 방법에 의한 분류

① 아날로그 컴퓨터(Analog Computer) : 길이, 무게, 전압, 전류, 온도 등 연속적인 물리량을 처리하는 데 사용되는 컴퓨터이다.

② 디지털 컴퓨터(Digital Computer) : 숫자나 문자 등 불연속적인(이산적인) 디지털 데이터를 처리하는 데 사용되는 컴퓨터이다.

③ 하이브리드 컴퓨터(Hybrid Computer) : 디지털과 아날로그의 장점만을 취한 컴퓨터이다.

① 모바일 컴퓨터(Mobile Computer) : 손목시계와 같이 언제 어디서나 무선으로 정보를 얻을 수 있는 컴퓨터이다.

② 랩톱 컴퓨터(Laptop Computer) : 무릎 위에 올려놓고 사용하는 컴퓨터이다.

③ 팜톱 컴퓨터(Palmtop Computer) : 손바닥 위에 올려놓고 사용하는 초소형 컴퓨터이다.

④ 임베디드 시스템(Embedded System, 내장형 시스템) : 시스템을 동작시키는 소프트웨어를 하드웨어에 내장하여 미리 정해진 특정 목적(용도)을 위해 만들어진 컴퓨터 시스템이다. 일반적으로 실시간 제약(Real-time Constraints)을 갖는 경우가 많으며, 휴대전화기, PDA, 게임기 등도 임베디드 시스템이라 할 수 있다.

기출 Point

임베디드 시스템(Embedded System)에 대한 설명으로 옳지 않은 것은?
→ 제품에 내장되어 있는 컴퓨터 시스템으로 일반적으로 범용보다는 특정 용도에 사용되는 컴퓨터 시스템이라 할 수 있다.
→ 일반적으로 실시간 제약(Real-time Constraints)을 갖는 경우가 많다.
→ 휴대전화기, PDA, 게임기 등도 임베디드 시스템이라 할 수 있다.
→ 일반적으로 임베디드 소프트웨어는 하드웨어와 밀접하게 연관되어 있지 않다(×).
▶ 임베디드 소프트웨어는 하드웨어에 내장되므로 하드웨어와 밀접하게 연관되어 있다.

04 불 대수의 기본 법칙

1 불 대수(Boolean Algebra)의 기본 법칙

불 대수는 논리회로를 분석하고 수학적으로 그 연산을 표현하고자 사용하는 대수식(직접 숫자를 입력하지 않고, A, B와 같은 문자를 사용하여 방정식을 푸는 방법)으로 논리 대수라고도 한다.

① 교환 법칙 : $A+B=B+A$, $A \cdot B=B \cdot A$

② 결합 법칙 : $(A+B)+C=A+(B+C)$, $(A \cdot B) \cdot C=A \cdot (B \cdot C)$

③ 배분 법칙 : $A \cdot (B+C)=(A \cdot B)+(A \cdot C)$, $A+(B \cdot C)=(A+B) \cdot (A+C)$

④ 부정 법칙 : $\overline{A}=A$

⑤ 누승 법칙(유일 법칙) : $A+A=A$, $A \cdot A=A$

⑥ 흡수 법칙 : $A=A \cdot B=A$, $A \cdot (A+B)=A$

⑦ 항등 법칙 : $A+0=A$, $A \cdot 1=A$

⑧ 보수 법칙 : $A+\overline{A}=1$, $A \cdot \overline{A}=0$

⑨ 드모르간 법칙 : $\overline{A+B}=\overline{A} \cdot \overline{B}$, $\overline{A \cdot B}=\overline{A}+\overline{B}$

게이트	기 호	의 미	진리표	논리식
AND		입력신호가 모두 1일 때만 1 출력	A B Y 0 0 0 0 1 0 1 0 0 1 1 1	$Y = A \cdot B$ $Y = AB$
OR		입력신호 중 1개만 1이어도 1 출력	A B Y 0 0 0 0 1 1 1 0 1 1 1 1	$Y = A + B$
NOT		입력신호를 반대로 변환하여 출력	A Y 0 1 1 0	$Y = A'$ $Y = \overline{A}$
BUFFER		입력신호를 그대로 출력	A Y 0 0 1 1	$Y = A$
NAND		NOT+AND, 즉 AND의 부정	A B Y 0 0 1 0 1 1 1 0 1 1 1 0	$Y = \overline{A \cdot B}$ $Y = \overline{AB}$ $Y = \overline{A} + \overline{B}$
NOR		NOT+OR, 즉 OR의 부정	A B Y 0 0 1 0 1 0 1 0 0 1 1 0	$Y = \overline{A + B}$ $Y = \overline{A} \cdot \overline{B}$
XOR		입력신호가 같으면 0, 다르면 1 출력	A B Y 0 0 0 0 1 1 1 0 1 1 1 0	$Y = A \oplus B$ $Y = A'B + AB'$ $Y = (A + B)(A' + B')$ $Y = (A + B)(AB)'$

기출 Point

논리 연산식 $AB + AB' + A'B$를 간소화하면?

→ $A + B$

▶ $AB + AB' + A'B = A(B + B') + A'B = A + A'B = (A + A')(A + B) = A + B$

1 조합논리회로(Combination Logical Circuit)

① 조합논리회로는 입력에 의해서만 출력이 결정되고 입력, 논리 게이트, 출력으로 구성되며 기억 능력이 없는 것이 특징이다.

② 조합논리회로는 출력신호가 입력신호에 의해 결정되는 회로로서 기억 소자는 포함하지 않으므로 기억 능력이 없다. 입력 조합에 관계없이 현재의 입력 조합에 의하여 출력이 직접 결정되는 논리 게이트로 구성된다.

③ 조합논리회로가 적용되는 것에는 반가산기(Half Adder), 전가산기(Full Adder), 반감산기(Half Subtracter), 전감산기(Full Subtracter), 해독기(Decoder), 인코더(Encoder, 부호기), 멀티플렉서(Multiplexer, MUX), 디멀티플렉서(Demultiplexer), 연산기(ALU), ROM(Read Only Memory) 등이 있다.

2 순서논리회로(Sequential Logical Circuit)

① 순서논리회로는 플립플롭(Flip-Flop, 기억회로)과 게이트(조합논리회로)로 구성되며, 출력은 외부 입력과 플립플롭의 현재 상태에 의해서 결정되는 논리회로로서 출력신호의 일부가 입력으로 피드백(Feedback)되어 출력신호에 영향을 준다.

② 순서논리회로는 기억 능력이 있는 것이 특징이며, 설계 과정이 복잡하고 고장 수리가 용이하지 않으나 처리속도가 빠르다.

③ 순서논리회로는 출력신호가 입력신호와 이 입력신호가 가해지기 바로 직전의 상태, 즉 현재의 상태에 의해서 결정되는 회로를 말한다. 따라서 순서논리회로에서는 다음 상태가 결정되기 위해 현재의 상태를 기억하고 있어야 하므로 기억 소자를 갖고 있다. 기본회로는 플립플롭이며, 플립플롭을 응용한 응용회로에는 레지스터(Register), 카운터(Counter), RAM 등이 있다.

④ 플립플롭(Flip-Flop) : 1비트(bit)의 정보를 기억할 수 있는 순서논리회로를 말한다.

⑤ 레지스터(Register) : 여러 개의 플립플롭을 이용하여 n비트(bit)의 정보를 기억하는 회로를 말한다.

기출 Point

순서논리회로(Sequential Logical Circuit)에 해당하지 않는 것은?
→ RAM   → 레지스터(Register)
→ 플립플롭(Flip-Flop)   → 디멀티플렉서(×)

1 진수 표현

우리가 일상에서 사용하는 진수는 0~9의 십진수(Decimal Number)이지만, 컴퓨터는 0과 1만으로 표현하는 2진수(Binary Number)를 사용한다.

2 각 진수에서의 수의 표현

10진수	2진수	8진수	16진수	10진수	2진수	8진수	16진수
1	1	1	1	11	1011	13	B
2	10	2	2	12	1100	14	C
3	11	3	3	13	1101	15	D
4	100	4	4	14	1110	16	E
5	101	5	5	15	1111	17	F
6	110	6	6	16	10000	20	10
7	111	7	7	17	10001	21	11
8	1000	10	8	18	10010	22	12
9	1001	11	9	19	10011	23	13
10	1010	12	A	20	10100	24	14

3 진법 변환

(1) 10진수를 다른 진수로 변환

① **정수의 변환** : 10진수를 해당 진수(2, 8, 16 등)로 나누어 몫이 0이 될 때까지 계속한다. 나머지를 맨 아래부터 거꾸로 기술한 것이 해당 진수로 표현한 값이다.

② **소수의 변환** : 10진수의 소수 부분 값이 0이 될 때까지 변환을 원하는 진수(2, 8, 16 등)로 곱해주면서 소수점 위로 올라오는 정수를 순서대로 표현한 값이다.

　예 10진수 $461.25_{(10)}$를 16진수로 표현하면,

　　㉠ 정수 부분의 변환　　　　　　　　　　㉡ 소수 부분의 변환

```
16 | 461                          0.25
16 |  28  … 13(D)               ×  16
16 |   1  … 12(C)                 4.00
         0  … 1
```

$$461.25_{(10)} = 1CD.4_{(16)}$$

기출 Point

10진수 461$_{(10)}$을 16진수로 나타낸 값으로 맞는 것은?

→ 1CD$_{(16)}$

▶ 16 ⌊ 461
16 ⌊ 28 … 13(D)
16 ⌊ 1 … 12(C)
　　 0 … 1

(2) 2진수, 8진수, 16진수의 상호 변환

① 2진수와 16진수의 상호 변환 : 소수점을 기준으로 2진수를 4자리씩 끊어서 16진수 1자리로 보고 변환한다.

② 2진수와 8진수의 상호 변환 : 소수점을 기준으로 2진수를 3자리씩 끊어서 8진수 1자리로 보고 변환한다.

③ 8진수와 16진수의 상호 변환 : 직접적인 변환은 안 되고, 8진수(16진수)를 2진수로 변환한 후에, 2진수를 16진수(8진수)로 변환한다.

기출 Point

16진수 1D.A8을 8진수로 옳게 변환한 것은?

→ 35.52$_{(8)}$

▶ 16진수를 2진수로 변환한 후, 2진수를 다시 8진수로 변환한다.
• 1D.A8을 2진수 4자리씩 표현하면, 0001/1101.1010/1000
• 소수점을 기준으로 3자리씩 나누면, 00/011/101.101/010/00＝35.52$_{(8)}$

1 보수(Complement)

① 일반적으로 "Complement"는 보완, 보충이라는 뜻이고, 컴퓨터에서 보수(Complement)는 "채움수"라고 하여 합쳐서(채워서) 어떤 수(10진수에서 9, 10)가 되는 수를 말한다.

② 컴퓨터에서는 보수를 이용하여 음수를 표현할 수 있으며, 보수를 이용하면 뺄셈 연산을 덧셈 연산으로 구할 수 있다.

③ 예컨대, 4라는 숫자에 대한 10의 보수는 4와 합쳐서 10이 되는 수로, 여기에서는 6이 되고, 4라는 숫자에 대한 9의 보수는 같은 원리로 4와 합쳐서 9가 되는 수를 말하므로 5가 된다.

2 r의 보수(r은 진수)

① 10진수에는 10의 보수가 있고, 2진수에는 2의 보수가 있다.

② 보수를 구할 숫자의 자리 수만큼 0을 채우고 가장 왼쪽에 1을 추가하여 기준을 만든다.

　예 45의 10의 보수는?

　　$45 + X = 100 \rightarrow X = 100 - 45 \rightarrow X = 55$

　예 11101의 2의 보수는?

　　$11101 + X = 100000 \rightarrow X = 100000 - 11101 \rightarrow X = 00011$

③ 다른 방법으로는 r-1의 보수를 구한 후, 그 값에 1을 더하는 방법이 있다.

3 r-1의 보수(r은 진수)

① 10진수에는 9의 보수가 있고, 2진수에는 1의 보수가 있다.

② 10진수 X에 대한 9의 보수는 주어진 숫자의 자리 수만큼 9를 채워 기준을 만든다.

　예 45의 9의 보수는?

　　$45 + X = 99 \rightarrow X = 99 - 45 \rightarrow X = 54$

③ 2진수 X에 대한 1의 보수는 주어진 숫자의 자리 수만큼 1을 채워 기준을 만든다.

　예 11101의 1의 보수는?

　　$11101 + X = 11111 \rightarrow X = 11111 - 11101 \rightarrow X = 00010$

기출 Point

2진수 0001101의 2의 보수(Complement)는?

→ 1110011

▶ 1의 보수를 구한 후, 1을 더하면 2의 보수가 된다. 2진수의 1의 보수는 각 자리 수마다 1이면 0으로, 0이면 1로 변환한다. 2진수 0001101의 1의 보수는 1110010이다. 여기에 2의 보수를 구하면 1을 더하면 된다. 따라서 2진수 0001101의 2의 보수는 1110011이다.

1 고정 소수점 표현

① 수의 표현 방법에는 고정 소수점 표현, 부동 소수점 표현, 10진 표현이 있다.

② 비트(bit)들의 좌측이나 우측의 고정된 위치에 소수점을 가지고 표현되는 수를 고정 소수점 수 또는 정수라고 한다.

2 고정 소수점 수에서 음수 표현 방식

① 부호화 절대치(Signed Magnitude) : 맨 앞의 비트(bit) 하나를 사용해서 비트가 0이면 양수로, 비트가 1이면 음수로 나타내는 방식이다. 두 가지 형태의 0이 존재한다(+0, −0).

② 부호화된 1의 보수(Signed 1's Complement) : 임의의 양수 값이 있다면 양수 값의 1의 보수 값을 그 값의 음수 값으로 사용하는 방식이다. 두 가지 형태의 0이 존재한다(+0, −0).

③ 부호화된 2의 보수(Signed 2's Complement) : 임의의 양수 값이 있다면 양수 값의 2의 보수 값을 그 값의 음수 값으로 사용하는 방식이다. 한 가지 형태의 0만 존재한다(+0).

3 표현 범위

종 류	부호화 절대치	부호화된 1의 보수	부호화된 2의 보수
범위(n비트)	$-(2^{n-1}-1)\sim 2^{n-1}-1$	$-(2^{n-1}-1)\sim 2^{n-1}-1$	$-(2^{n-1})\sim(2^{n-1}-1)$
0의 표현(8비트)	+0 : 0000 0000 −0 : 1000 0000 0이 2가지 존재(+0, −0)	+0 : 0000 0000 −0 : 1111 1111 0이 2가지 존재(+0, −0)	+0 : 0000 0000 0이 1가지만 존재(+0)
n=8	−127~127	−127~127	−128~127

기출 Point

"부호화 2의 보수 표현방법은 영(0)이 하나만 존재한다."는 옳은 내용인가?

→ 옳다.

▶ 부호와 절대치, 부호화된 1의 보수는 0이 두 가지 존재하지만, 부호화된 2의 보수는 0이 하나만 존재한다.

1 코드의 정리

구 분	코드 종류
가중치 코드	BCD 코드(8421 코드), 2421 코드, 5421 코드, 51111 코드, $74\overline{2}\overline{1}$ 코드, $842\overline{1}$ 코드, Ring Counter 코드, Biquinary 코드 등
비가중치 코드	Excess-3 코드(3초과 코드), 그레이 코드, 2-Out-of-5 코드, 3-Out-of-5 코드 등
자기 보수 코드	Excess-3 코드(3초과 코드), 2421 코드, 5211 코드, 51111 코드, $842\overline{1}$ 코드 등
에러 검출 코드	패리티 비트 코드, 해밍 코드, Biquinary 코드, Ring Counter 코드, 2-Out-of-5 코드, 3-Out-of-5 코드 등
에러 수정 코드	해밍 코드

2 가중치 코드(Weight Code)

(1) 가중치 코드의 개념

가중치 코드란 2진수를 코드화했을 때 각각의 비트마다 일정한 크기의 값을 갖는 코드를 의미하며 연산에 이용된다.

(2) BCD 코드(8421 코드)

① 10진수 1자리의 수를 2진수 4비트(bit)로 표현하는 2진화 10진 코드이다.

② 4비트(bit)의 2진수 각 비트가 8(2^3), 4(2^2), 2(2^1), 1(2^0)의 자릿값을 가지므로 8421 코드라고도 한다.

③ 대표적인 가중치 코드이다.

④ 문자코드인 BCD에서 Zone 부분을 생략한 형태이다.

⑤ 10진수 입출력이 간편하다.

(3) 2421 코드

① 각 자리 수의 가중치가 2, 4, 2, 1인 가중치 코드이다.

② 자기 보수(자보수, Self Complement)의 성질이 있다.

3 비가중치 코드(Unweight Code)

(1) 비가중치 코드의 개념

비가중치 코드란 2진수를 코드화했을때 각각의 비트마다 일정한 크기의 값이 없는 코드를 의미하며 연산에는 적합하지 않다.

(2) Excess-3 코드(3초과 코드)

① BCD+3, 즉 BCD 코드에 십진수 3(이진수 0011)을 더하여 만든 코드이다.

② 대표적인 자기 보수 코드이다.

③ 8421 코드의 연산을 보정하기 위해서 만든 코드이다.

(3) Gray 코드

① BCD 코드에 인접하는 비트를 XOR 연산하여 만든 코드이다.

② 입출력장치, D/A변환기, 주변장치 등에서 숫자를 표현할 때 사용한다.

③ 1비트(bit)만 변화시켜 다음 수치로 증가시키기 때문에 하드웨어적인 오류가 적다.

④ 아날로그 정보를 디지털 정보로 변환하는 데 사용된다.

4 에러 검출 코드

(1) 패리티 체크 코드(Parity Check Code)

① 코드의 오류를 검사하기 위해서 데이터 비트 외에 1bit의 패리티 체크 비트를 추가하는 것으로 1bit의 오류만 검출할 수 있고, 2bit 이상의 오류는 검출할 수 없다.

② 패리티 코드는 오류를 검출할 수는 있지만, 오류를 수정(교정)할 수는 없다.

③ **홀수 패리티(Odd Parity)** : 코드에서 1의 개수가 홀수가 되도록 0이나 1을 추가한다.

④ **짝수 패리티(Even Parity)** : 코드에서 1의 개수가 짝수가 되도록 0이나 1을 추가한다.

(2) 해밍 코드(Hamming Code)

① 오류를 스스로 검출할 수 있을 뿐만 아니라 오류를 수정(교정)할 수 있는 코드이다.

② 1bit의 오류만 교정할 수 있다.

③ 데이터 비트 외에 에러 검출 및 교정을 위한 잉여 비트가 많이 필요하다.

④ 해밍 코드 중 1, 2, 4, 8, 16 …… 2^n번째 비트는 오류 검출을 위한 패리티 비트이다.

기출 Point

다음은 자료의 표현과 관련된 설명이다. 옳은 것을 모두 고른 것은?

ㄱ. 2진수 0001101의 2의 보수(Complement)는 11100110이다.
ㄴ. 부호화 2의 보수 표현방법은 영(0)이 하나만 존재한다.
ㄷ. 패리티(Parity) 비트로 오류를 수정할 수 있다.
ㄹ. 해밍(Hamming) 코드로 오류를 검출할 수 있다.

→ ㄱ, ㄴ, ㄹ

▶ 패리티(Parity) 비트는 오류를 검출할 수는 있지만, 오류를 수정(교정)할 수는 없다. 반면, 해밍 코드는 오류를 검출할 수 있을 뿐만 아니라 오류를 수정할 수도 있다.

1 해밍 코드(Hamming Code)의 구성

① 2진수 1011을 짝수 패리티로 해밍 코드를 구성하고자 하면 다음과 같이 패리티 비트 자리(2^0, 2^1, 2^2, 2^3, …)에 각각의 체크 위치에서 1의 비트가 짝수 개가 되도록 구성하여 해밍 코드를 생성한다. 패리티 비트가 들어가는 자리는 $1(2^0)$의 자리, $2(2^1)$의 자리, $4(2^2)$의 자리이다. 나머지에는 정보 비트들인 1011 이 들어가도록 한다.

1의 자리	2의 자리	3의 자리	4의 자리	5의 자리	6의 자리	7의 자리
H	H	1	H	0	1	1

② 1의 자리 패리티 비트를 결정하기 위해서는 1비트만큼씩을 포함하고 1비트씩 건너뛴 1, 3, 5, 7, … 비트가 대상이 된다(하나씩 건너뛰면서 하나씩 체크한다). 짝수 패리티인 경우에는 아래 ✔된 부분들 중 1의 비트수가 짝수 개가 되도록 하고, 홀수 패리티인 경우에는 아래 ✔된 부분들 중 1의 비트수가 홀수 개가 되도록 한다. 짝수 패리티라고 했으므로 1번 패리티 비트는 0이 된다.

1의 자리	2의 자리	3의 자리	4의 자리	5의 자리	6의 자리	7의 자리
H	H	1	H	0	1	1
H ✔		1 ✔		0		1 ✔

③ 2의 자리 패리티 비트를 결정하기 위해서는 2비트만큼씩을 포함하고 2비트씩 건너뛴 2, 3, 6, 7, … 비트가 대상이 된다(두 개씩 건너뛰면서 두 개씩 체크한다). 짝수 패리티라고 했으므로 2번 패리티 비트는 1이 되어야 짝수 개가 된다.

1의 자리	2의 자리	3의 자리	4의 자리	5의 자리	6의 자리	7의 자리
0	H	1	H	0	1	1
	H ✔	1 ✔			1 ✔	1 ✔

④ 4의 자리 패리티 비트를 결정하기 위해서는 4비트만큼씩을 포함하고 4비트씩 건너뛴 4, 5, 6, 7, … 비트가 대상이 된다(네 개씩 건너뛰면서 네 개씩 체크한다). 짝수 패리티라고 했으므로 4번 패리티 비트는 0이 된다.

1의 자리	2의 자리	3의 자리	4의 자리	5의 자리	6의 자리	7의 자리
0	1	1	H	0	1	1
			H ✔	0 ✔	1 ✔	1 ✔

⑤ 결국 2진수 1011을 짝수 패리티로 해밍 코드를 구성하면 0110011이 된다.

BCD 코드 1001을 짝수 패리티의 해밍 코드(Hamming Code)로 구성하면?

→ 0011001

▶ 요점은 패리티 비트의 자리가 1, 2, 4, 8, … 이라는 점이다. 주어진 숫자들을 나머지 부분에 배치하고 정해진 공식에 따라 문제를 푼다.

- 오류 검출을 위한 패리티 비트가 들어가는 자리는 $1(2^0)$의 자리, $2(2^1)$의 자리, $4(2^2)$의 자리이다. 나머지에는 1001이 들어가도록 한다.

H	H	1	H	0	0	1

- 1번 비트를 결정하기 위해서 3, 5, 7번 비트를 이용하여 1의 비트수가 짝수 개가 되도록 한다. 3번 비트는 1, 5번 비트는 0, 7번 비트는 1이므로 현재 1의 비트수가 2로 짝수 개가 되어 있으므로 1번 비트는 0으로 맞춘다.

0	H	1	H	0	0	1

- 2번 비트를 결정하기 위해서 3, 6, 7번 비트를 이용하여 1의 비트수가 짝수 개가 되도록 한다. 3번 비트는 1, 6번 비트는 0, 7번 비트는 1이므로 현재 1의 비트수가 2로 짝수 개가 되어 있으므로 2번 비트는 0으로 맞춘다.

0	0	1	H	0	0	1

- 4번 비트를 결정하기 위해서 5, 6, 7번 비트를 이용하여 1의 비트수가 짝수 개가 되도록 한다. 5번 비트는 0, 6번 비트는 0, 7번 비트는 1이므로 현재 1의 비트수가 1로 홀수 개가 되어 있으므로 4번 비트는 1로 맞춘다.

0	0	1	1	0	0	1

2 해밍 코드로 전달된 코드의 오류 검출 및 수정

짝수 패리티 비트의 해밍 코드로 0011011을 받았을 때 오류가 수정된 정확한 코드를 구하는 문제를 풀어보자.

① 여기서 패리티 비트는 데이터에 포함된 1의 개수가 짝수인가 홀수인가를 나타낸다.

② 짝수 패리티 비트인 경우, 1의 개수가 홀수이면 패리티 비트를 1로 생성하고, 1의 개수가 짝수이면 패리티 비트를 0으로 생성한다. 즉, 0은 정상이고, 1은 비정상이다.

③ 홀수 패리티 비트인 경우, 1의 개수가 홀수이면 패리티 비트를 0으로 생성하고, 1의 개수가 짝수이면 패리티 비트를 1로 생성한다. 즉, 0은 정상이고, 1은 비정상이다.

④ 착오 체크 비트가 전부 0인 경우에는 정상적으로 전달된 것이고 하나라도 1이 있는 경우는 착오가 발생한 경우이다.

⑤ 착오가 발생한 위치를 찾아 교정하려는 경우에는 2진수로 계산하여 위치를 찾아 교정하면 된다.

11 마이크로 연산

1 마이크로 연산의 정의

① 마이크로 연산은 CPU 내부에서 한 사이클 동안 수행되는 가장 기본적인 연산 단위이다.

② 마이크로 연산은 데이터를 레지스터 간 이동하거나, 산술 및 논리 연산을 수행하거나, 제어 신호를 전송하는 등의 작업을 한다.

③ 주요 예
  • 데이터 이동 : 한 레지스터에서 다른 레지스터로 데이터 전송(예 R1 ← R2)
  • 산술 연산 : 레지스터의 값을 더하거나 빼는 연산(예 R3 ← R1＋R2)
  • 논리 연산 : 비트 단위의 AND, OR, NOT 연산(예 R1 ← R1 AND R2)
  • 제어 연산 : 조건 분기나 제어 플래그 설정(예 PC ← PC＋1)

2 마이크로 연산의 주요 유형

(1) 데이터 전송 연산(Register Transfer Micro-operations)

레지스터 간 데이터를 단순히 복사 또는 이동하는 연산이다.

① 형식 : R1 ← R2 이 연산은 R2의 데이터를 R1으로 복사한다.

② 제어 신호 : CPU 내부 제어 신호가 활성화되어 데이터 버스에서 이동을 제어한다.

(2) 산술 연산(Arithmetic Micro-operations)

레지스터의 데이터를 기반으로 산술 계산을 수행하는 연산이다.

① 예시
  • 덧셈 : R3 ← R1＋R2

- 뺄셈 : R3 ← R1 – R2
        - 증가/감소 : R1 ← R1+1
    ② 특징 : ALU(산술 논리 유닛)가 연산을 처리하며, 플래그 상태를 업데이트한다(예 캐리, 오버플로우).

(3) 논리 연산(Logic Micro-operations)

비트 단위로 논리 연산을 수행한다.

① 예시
- AND : R1 ← R1 AND R2
- OR : R1 ← R1 OR R2
- NOT : R1 ← NOT R1
- XOR : R1 ← R1 XOR R2

② 용도 : 데이터 비교, 비트 마스킹, 상태 설정 등

(4) 시프트 연산(Shift Micro-operations)

레지스터의 비트를 왼쪽 또는 오른쪽으로 이동시키는 연산이다.

① 종류
- 논리적 시프트 : 빈 공간에 0을 채움(예 R1 ← SHR R1)
- 산술적 시프트 : 부호 비트를 유지하며 시프트
- 순환적 시프트 : 이동된 비트를 반대쪽 끝으로 채움

② 용도 : 곱셈/나눗셈, 비트 순환 등

3 마이크로 연산 동작의 실행 과정

마이크로 연산은 CPU 내부의 제어 유닛에 의해 제어되며, 다음 단계를 거쳐 실행된다.

(1) 제어 신호 생성

CPU의 제어 유닛이 명령어를 디코딩하고 마이크로 연산을 실행하기 위한 제어 신호를 생성한다.

(2) 데이터 이동

필요한 데이터를 레지스터에서 ALU 또는 다른 레지스터로 이동한다.

예 R1 ← R2는 R2에서 데이터를 읽고 R1으로 복사

(3) ALU 동작

산술 또는 논리 연산이 필요한 경우 ALU에서 작업을 수행한다.

예 R3 ← R1+R2는 R1과 R2의 값을 더한 결과를 R3에 저장

(4) 결과 저장

연산 결과를 지정된 레지스터에 저장하거나 플래그를 업데이트한다.

예 산술 연산 후 캐리 플래그(Carry Flag)나 오버플로우 플래그(Overflow Flag) 업데이트

1 명령어 실행 과정

명령어는 다음과 같은 과정을 거쳐 실행한다.

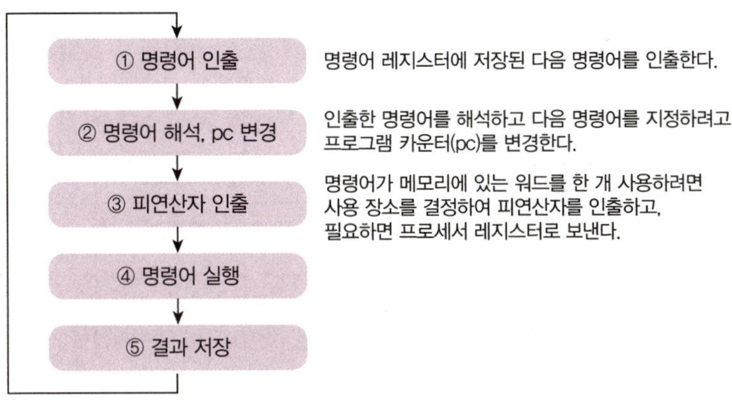

⑥ 다음 명령어로 이동, 다음 명령어의 ①단계부터 다시 시작

2 명령어 실행 사이클(명령어 실행 주기)

① 프로세서의 제어장치가 명령어를 실행하며, 프로세서는 메모리에서 명령어를 한 번에 하나씩 인출하고 해석하여 연산한다.

② 명령어를 인출하여 연산 완료한 시점까지를 인출–해석–실행 사이클 또는 인출–실행 사이클이라고 한다.

③ 명령어 실행 사이클은 명령어의 인출과 실행을 반복하는데, 가장 일반적인 명령어 사이클이다.

④ **메모리 간접 주소 지정 방법** : 실행 사이클을 시작하기에 앞서 그 데이터의 실제 주소를 기억장치에서 읽어 오는 간접 사이클을 사용하기도 한다.

⑤ 인터럽트를 처리하려고 인터럽트 사이클을 사용하기도 한다.

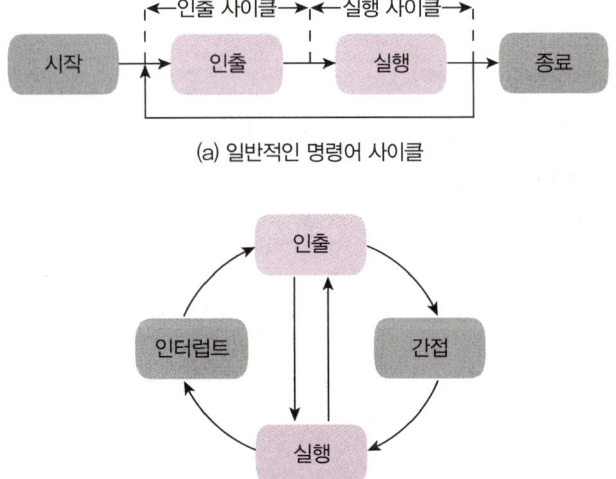

(a) 일반적인 명령어 사이클

(b) 세분화된 명령어 사이클

3 인출 사이클(Fetch Cycle)

① 명령어 실행 사이클의 첫 번째 단계이다.

② 인출 사이클은 메모리에서 명령어를 읽어 명령어 레지스터에 저장하고, 다음 명령어를 실행하려고 프로그램 카운터를 증가시킨다.

③ 인출 사이클에 소요되는 시간을 명령어 인출 시간이라고 한다.

④ 인출 사이클 과정 및 동작 설명

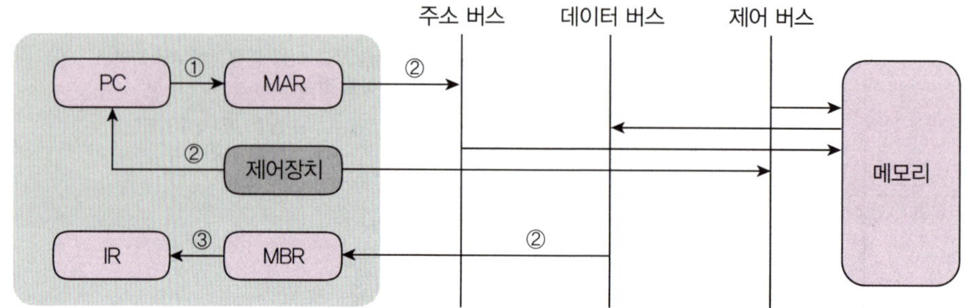

시 간	레지스터 동작	설 명
①	PC → MAR	PC에 저장된 주소를 프로세서 내부 버스를 이용하여 MAR에 전달한다.
②	MAR(Memory) → MBR	MAR에 저장된 주소에 해당하는 메모리 위치에서 명령어를 인출한 후 이 명령어를 MBR에 저장한다. 이때 제어장치는 메모리에 저장된 내용을 읽도록 제어신호를 발생시킨다.
	PC + 1 → PC	다음 명령어를 인출하려고 PC를 증가시킨다.
③	MAR→ IR	MBR에 저장딘 내용을 IR에 전달한다.

4 실행 사이클(Execution Cycle)

① 인출한 명령어를 해독하고 그 결과에 따라 제어신호를 발생시켜 명령어를 실행한다.

② 이 단계에서 소비되는 시간을 실행 시간이라고 한다.

5 간접 사이클(Indirect Cycle)

① 간접 주소 지정 방법을 사용하는 사이클은 명령어를 수행하기 전에 실제 데이터가 저장된 주기억장치의 주소인 유효 주소를 한 번 더 읽어 온다.

② 간접 사이클 과정 및 동작 설명

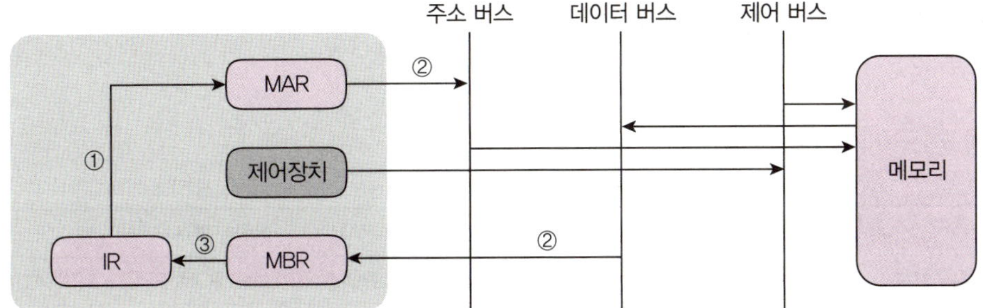

시 간	레지스터 동작	설 명
①	IR(address) → MAR	IR에 저장된 명령어의 피연산자(주소부)를 MAR에 전달한다.
②	MAR(Memory) → MBR	MAR에 저장된 주소에 해당하는 메모리 위치에서 데이터를 인출한 후 이 데이터를 MBR에 저장한다. 이때 제어장치는 메모리에 저장된 내용을 읽도록 제어신호를 발생시킨다.
③	MBR → IR(address)	MBR에 저장된 내용을 IR에 전달한다.

6 인터럽트 사이클(Interrupt Cycle)

① 인터럽트는 프로세서가 프로그램을 수행하는 동안 컴퓨터 시스템의 내부와 외부에서 발생하는 예기치 못한 사건을 의미한다.

② 프로세서는 실행 사이클을 완료한 후 인터럽트 요구가 있는지 검사한다.

③ 인터럽트 요구가 없으면 다음 명령어를 인출하고, 인터럽트 요구가 있으면 현재 수행 중인 프로그램의 주소(프로그램 카운터)값을 스택이나 메모리의 0번지와 같은 특정 장소에 저장한다.

④ 프로그램 카운터에는 인터럽트 처리 루틴의 시작 주소를 저장해 두었다가 인터럽트 처리를 완료하면 중단된 프로그램으로 복귀하여 계속 수행한다.

⑤ 인터럽트 사이클 과정 및 동작 설명

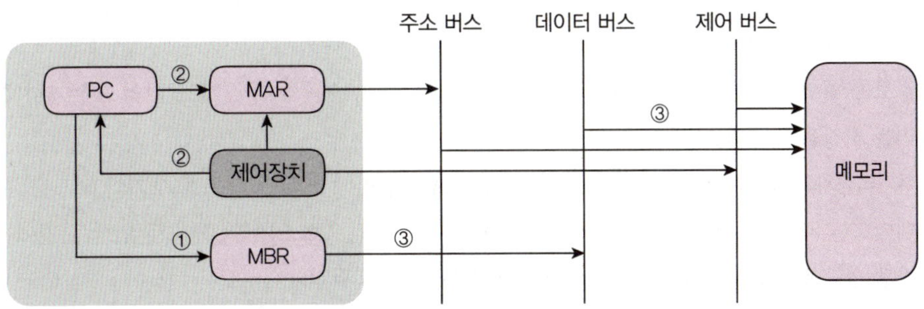

시 간	레지스터 동작	설 명
①	PC → MBR	PC의 내용을 MBR에 저장한다.
②	InRoutineAddress → PC	인터럽트 루틴 주소를 PC에 저장한다.
	Save Address → MAR	PC에 저장된 인터럽트 루틴 주소를 MAR에 저장한다.
③	MBR → MAR	MBR의 주소에 있는 내용을 지시된 메모리 셀로 이동한다.

1 사용 용도에 따른 분류

주기억장치	반도체		RAM	SRAM, DRAM
			ROM	Mask ROM, PROM, EPROM, EEPROM
	자기 코어			
보조기억장치	DASD(Direct Access Storage Device)		직접 접근 기억장치	
	SASD(Sequential Access Storage Device)		순차 접근 기억장치	
특수기억장치	복수 모듈 기억장치(인터리빙), 연관 기억장치, 캐시 기억 장치, 가상 기억장치			

2 특성에 따른 분류

전원 공급 유무	휘발성 메모리	RAM(SRAM, DRAM)
	비휘발성 메모리	ROM, Core, 보조기억장치(자기 디스크, 자기 테이프 등)
자료 보존 유무	파괴 메모리	Core
	비파괴 메모리	RAM, ROM, Disk, Tape 등 반도체 메모리
접근 방식	순차적 접근	자기 테이프
	직접 접근	자기 디스크, 자기 드럼, CD-ROM
시간의 흐름	정적 메모리	SRAM
	동적 메모리	DRAM

3 기억장치에서 사용하는 용어

(1) 접근 시간(Access Time)

① 정보를 기억장치에 기억시키거나 읽어내는 명령이 있고 난 후부터 실제로 기억 또는 읽기를 하는 데 걸리는 시간을 말한다.

② 주기억장치의 접근 시간 : ROM은 상대적으로 RAM에 비해 느리기 때문에 초기화 코드나 변경되지 않는 데이터를 저장하는 데 적합하고, RAM은 빠른 접근 시간으로 CPU와 연동된 연산 작업에 사용되며, 시스템 성능에 중요한 영향을 미친다. 접근 시간은 수ns가 걸린다.

③ 디스크의 접근 시간

- 디스크의 접근 시간은 데이터의 물리적 위치와 관련되며, 탐색 시간(Seek Time)과 회전 지연(Rotational Latency)이 포함된다.
- 디스크의 접근 시간＝탐색 시간(Seek Time)＋회전 지연(Rotational Latency)＋전송 시간(Transfer Time)

- 탐색 시간(Seek Time) : 디스크 헤드가 데이터를 읽기 위해 특정 트랙으로 이동하는 데 걸리는 시간
- 회전 지연(Rotational Latency) : 디스크가 회전하여 읽기 헤드 아래로 데이터가 도달하는 데 걸리는 시간
- 전송 시간(Transfer Time) : 데이터를 실제로 읽고 쓰는 데 소요되는 시간

(2) 사이클 시간(Cycle Time)

① 주기억장치가 하나의 접근(읽기 또는 쓰기) 작업을 완료한 후, 다음 작업을 시작할 수 있기까지 필요한 최소 시간이다.

4 계층 메모리

① 가격(고가≥저가) : 레지스터≥캐시 기억 장치≥주기억장치≥보조기억장치
② 속도(고속≥저속) : 레지스터≥캐시 기억 장치≥주기억장치≥보조기억장치
③ 용량(대용량≥소용량) : 보조기억장치≥주기억장치≥캐시 기억 장치≥레지스터

기출 Point

접근 시간(Access Time)이 빠른 순서부터 나열된 것은?

| ㄱ. CPU 레지스터 | ㄴ. Cache |
| ㄷ. 자기 디스크 | ㄹ. RAM |

→ ㄱ, ㄴ, ㄹ, ㄷ

▶ 속도(고속≥저속) : 레지스터≥캐시 기억 장치≥주기억장치(RAM)≥보조기억장치(자기 디스크)

1 캐시 기억 장치(Cache Memory)의 정의

① 캐시 기억 장치는 CPU와 주기억장치의 속도 차이를 극복하기 위해 CPU와 주기억장치 사이에 설치한 메모리로 CPU와 비슷한 액세스 속도를 가지고 있으며, 미리 데이터를 옮겨 놓고 버퍼 개념으로 사용하는 기억장치이다.

② CPU 속도와 메모리 속도의 차이를 줄이기 위해 사용하는 고속 버퍼 메모리이다.

2 캐시 기억 장치의 특징

① 캐시는 주기억장치와 CPU 사이에 위치하며, 가격이 비싸다.

② 캐시 메모리는 메모리 계층 구조에서 가장 빠른 소자이며, 처리속도가 CPU 속도와 비슷하다.

③ 캐시를 사용하면 기억장치의 접근 시간이 줄어들어 컴퓨터의 처리 속도가 향상된다.

④ 캐시는 수십 Kbyte~수백 Kbyte의 용량을 사용한다.

⑤ 캐시는 CPU에서 실행 중인 프로그램과 데이터를 기억한다.

⑥ 캐시 접근 시 충돌을 방지하기 위해 코드와 데이터를 분리해서 기억시키는 분리 캐시를 사용한다.

3 캐시의 매핑 프로세스

캐시 메모리의 용량은 한정되어 있기 때문에 메인 메모리의 블록(Block)을 캐시의 특정 위치에 매핑하는 방법이 필요하다. 이를 캐시 매핑(Cache Mapping) 기법이라고 하며, 크게 다음 세 가지 방식이 존재한다.

(1) 직접 매핑(Direct Mapping)

① 각각의 메모리 블록이 캐시의 특정한 한 개의 라인(Line)으로만 매핑되는 방식으로, 하나의 메모리 블록은 단 하나의 캐시 슬롯에서만 저장될 수 있다.

② 캐시 블록 번호 = 주기억장치 블록 번호 MOD 캐시 전체의 블록 수

③ 장점 : 구조가 간단하고 빠르게 동작하고, 하드웨어 구현이 쉽다.

④ 단점 : 같은 인덱스를 공유하는 메모리 블록들이 교체될 가능성이 크므로 충돌(Collision) 가능성이 높고, 활용률이 낮을 수 있다.

(2) 완전 연관 매핑(Fully Associative Mapping)

① 메모리의 어느 블록이든 캐시의 모든 블록에 자유롭게 매핑할 수 있는 방식이다.

② 특정 메모리 블록이 어느 캐시 라인에 저장될지 정해진 규칙이 없으며, 캐시의 모든 블록을 탐색하여 저장 및 검색한다.

③ 캐시가 가득 찬 경우 교체 알고리즘(FIFO, LRU, LFU 등)에 따라 기존 데이터를 교체해야 한다.

④ 장점 : 특정 인덱스에만 저장해야 하는 제약이 없기 때문에 충돌이 없고, 캐시 활용도가 높다.

⑤ 단점 : 비교 연산이 많아 성능 저하 되고(비교할 캐시 블록이 많아짐), 하드웨어 구현이 복잡하고 비용이 증가한다.

(3) 세트-연관 매핑(Set-Associative Mapping, 집합-연관 매핑)

① 직접 매핑 방식과 완전 연관 매핑 방식을 혼합한 방식이다.

② 캐시를 여러 개의 "집합(Set)"으로 나누고, 각 집합(Set) 내에서 연관 매핑을 수행하는 방식이다.

③ 예시 : 2-웨이(2-Way) 집합 연관 매핑

- 캐시 블록이 8개라면 4개의 집합(Set)으로 나누고, 각 집합당 2개의 블록(Way)을 가진다.
- 특정 메모리 블록은 특정 집합으로만 매핑되지만, 그 집합 내의 2개 블록 중 어디에 저장될지는 자유 롭다.

④ 장점 : 직접 매핑보다 충돌 확률이 낮으며, 완전 연관 매핑보다 하드웨어 구현이 쉽다.

⑤ 단점 : 하드웨어 복잡성이 존재하며, 교체 알고리즘이 필요하다.

⑥ 캐시 매핑 방식 비교 요약

매핑 방식	매핑 규칙	장 점	단 점
직접 매핑	특정 인덱스로 매핑	구조가 간단, 빠른 탐색	충돌(Collision) 가능성 높음
완전 연관 매핑	모든 블록에 저장 가능	충돌 없음, 활용도 높음	비교 연산 많아 성능 저하, 구현 어려움
집합 연관 매핑	특정 Set 내에서 자유롭게 저장	충돌 확률 낮음, 비교적 쉬운 구현	교체 알고리즘 필요, 일정한 충돌 발생 가능

4 캐시 쓰기 정책(Cache Write Policy)

① 정의 : CPU가 데이터를 캐시에 저장하거나 수정할 때, 해당 변경 사항을 메인 메모리(RAM)와 어떻게 동기화할 것인지를 결정하는 방식이다.

② 캐시 메모리는 CPU와 메인 메모리 간의 속도 차이를 줄이기 위해 사용되지만, 데이터를 캐시에만 저장 하고 메인 메모리에 반영하지 않으면 일관성이 깨질 위험이 있기 때문에 쓰기 작업에서는 추가적인 고려 가 필요하다.

③ Write-Through(즉시 반영)은 CPU가 캐시 데이터를 변경할 때, 즉시 메인 메모리에도 반영하는 방식 이다.

④ Write-Back(지연 반영)은 CPU가 캐시 데이터를 변경해도 즉시 메인 메모리에 반영하지 않고, 캐시에 서 변경된 블록이 교체될 때만 메모리에 기록하는 방식이다.

⑤ 캐시 쓰기 정책 비교 요약

쓰기 정책	작동 방식	장 점	단 점
Write-Through	데이터 변경 시 즉시 메모리에 반영	데이터 일관성 유지	성능 저하 가능 (쓰기 연산이 많음)
Write-Back	데이터 변경 후 캐시에만 저장, 교체 시 메모리에 반영	쓰기 속도 빠름, 메모리 접근 횟수 줄어듦	데이터 일관성 유지 어려움

1 RAID(Redundant Array of Inexpensive Disks)의 개념

① 여러 대의 하드디스크가 있을 때 동일한 데이터를 다른 위치에 중복해서 저장하는 방법을 말한다.

② 여러 개의 물리적인 HDD를 하나로 합쳐서 한 개의 논리적인 Volume 디스크로 사용하는 것을 말한다.

2 RAID의 목적

① 스토리지 관리 효율성 : 여러 개의 디스크 모듈을 하나의 대용량 디스크처럼 사용할 수 있도록 지원한다.

② 성능 향상 : 여러 개의 디스크 모듈에 데이터를 나누어서 한꺼번에 쓰고 한꺼번에 읽음으로써 I/O 속도를 향상시킨다.

③ 데이터 보호 : 중복 저장을 통해 여러 개의 디스크 중 하나 또는 그 이상의 디스크에 장애가 발생하더라도 데이터 소멸을 방지한다.

3 RAID의 종류

① RAID-0 : 디스크 스트라이핑(Disk Striping) 방식으로 중복 저장과 오류 검출 및 교정이 없는 방식으로, 최소 2개 이상의 디스크가 필요하다.

② RAID-1 : 디스크 미러링(Disk Mirroring) 방식이며 높은 신뢰도를 갖는 방식으로, 최소 2개 이상의 디스크가 필요하다.

③ RAID-2 : 해밍이라는 오류 정정 코드를 사용하는 방식으로 현재는 거의 쓰이지 않는다.

④ RAID-3 : 데이터를 비트(bit) 단위로 여러 디스크에 분할하여 저장하며 별도의 패리티 디스크를 사용한다.

⑤ RAID-4 : 데이터를 블록 단위로 여러 디스크에 분할하여 저장하며 별도의 패리티 디스크를 사용한다.

⑥ RAID-5 : 패리티 블록들을 여러 디스크에 분산(Striping)저장하는 방식으로 단일 오류 검출 및 교정이 가능하며, 최소 3개 이상의 디스크 필요하다.

⑦ RAID-6 : RAID-5와 동일한 방식이지만 패리티 정보를 2개 저장하여 2개의 디스크가 소신이 되더라도 데이터 복구가 가능하며, 최소 4개 이상의 디스크 필요하다.

⑧ RAID-0+1 : RAID-0과 RAID-1의 장점만을 이용한 방식으로, RAID 0를 먼저하고, RAID 1이 적용되어 한쪽 RAID 0 그룹에서 하나라도 장애 발생하면, 해당 그룹 전체가 무효화된다. 복구 능력이 낮고, 신뢰성이 상대적으로 낮으므로, RAID 01은 RAID 10보다 장애 복구 능력이 떨어지므로 거의 사용되지 않는다.

⑨ RAID-1+0 : RAID 1를 먼저하고, RAID 0이 적용되어 각 디스크 쌍이 독립적으로 미러링되므로, 한쪽에서 하나씩만 고장 나면 복구 가능하므로 장애 복구 능력이 RAID 01보다 훨씬 뛰어나다. 대부분의 기업이나 서버에서는 RAID 10을 선호한다.

16 DMA

1 DMA(Direct Memory Access)의 개념과 특징

① 기억 소자와 입출력장치(I/O) 간의 정보를 교환할 때 CPU의 개입 없이 직접 정보 교환이 이루어지는 방식이다.
② CPU를 경유하지 않으며, 하나의 입출력 명령어에 의해 블록 전체가 전송된다.
③ 기억장치와 입출력장치 사이에서 전용의 데이터 전송로를 설치하여 주어진 명령에 의해 직접적인 전송이 이루어지기 때문에 대용량의 데이터를 전송할 때 효과적이다.
④ DMA가 메모리 접근을 하기 위해서는 사이클 스틸(Cycle Steal)을 한다.
⑤ DMA를 이용하여 주기억장치로 데이터를 전송하는 방식으로 구성 요소에는 워드 카운트 레지스터, 주소 레지스터, 자료 버퍼 레지스터 등이 있다.
⑥ DMA 제어기가 자료 전송을 종료하면 인터럽트를 발생시켜 CPU에게 알려준다.

2 사이클 스틸(Cycle Steal)

① CPU가 프로그램을 수행하기 위해 계속하여 메이저 사이클(Major Cycle ; 인출, 간접, 실행, 인터럽트)을 반복하고 있는 상태에서 DMA 제어기가 하나의 워드(Word) 전송을 위해 일시적으로 CPU의 사이클을 훔쳐서 사용하는 것을 말한다.
② 사이클 스틸은 CPU의 상태를 보존할 필요가 없다. 반면, 인터럽트(Interrupt)는 CPU의 상태를 보존해야 한다.
③ 사이클 스틸은 아무 사이클이나 상관없이 훔치는 것이 가능하다. 반면, 인터럽트는 항상 실행 사이클 이후에만 인터럽트가 인지된다.

17 채널

1 채널(Channel)의 개념과 특징

① 채널은 주기억장치와 입출력장치 사이의 속도 차이를 개선하기 위한 장치로 DMA 개념을 확장한 방식이다.
② 채널 명령어를 분석하여 주기억장치에 직접적으로 접근해서 입출력을 수행한다.
③ 여러 개의 블록을 전송할 수 있으며, 전송 시에는 DMA를 이용할 수 있다.
④ 채널이 입출력을 수행하는 동안 CPU는 다른 프로그램을 수행함으로써 CPU의 효율을 향상시킬 수 있다.
⑤ CPU의 간섭 없이 독립적으로 입출력 동작을 수행하며, 작업이 끝나면 CPU에게 인터럽트를 알려준다.

2 채널의 종류(입출력장치의 성질에 따른 분류)

① 셀렉터 채널(Selector Channel) : 채널 하나를 하나의 입출력장치가 독점해서 사용하는 방식으로 고속 전송에 적합한 채널이다. 입출력이 실제로 일어나고 있을 때는 채널 제어기가 임의의 시점에서 볼 때 마치 어느 한 입출력장치의 전용인 것처럼 운영되는 채널이다.
② 바이트 멀티플렉서 채널(Byte Multiplexor Channel) : 한 개의 채널에 여러 개의 입출력장치를 연결하여 시분할 공유(Time Share) 방식으로 입출력하는 저속 입출력 방식이다.
③ 블록 멀티플렉서 채널(Block Multiplexor Channel) : 셀렉터 채널과 멀티플렉서 채널 방식을 결합한 방식으로 융통성 있는 운용을 할 수 있다.

1 인터럽트(Interrupt)의 정의

① 프로그램을 실행하는 도중에 예기치 않은 상황이 발생할 경우 현재 실행 중인 작업을 즉시 중단하고, 발생된 상황을 우선 처리한 후 실행 중이던 작업으로 복귀하여 계속 처리하는 것을 말하며, 일명 "끼어들기"라고도 한다.

② 인터럽트는 시스템의 효율성을 높이고, CPU가 중요한 이벤트를 빠르게 처리할 수 있도록 도와주는 핵심 개념이다.

③ 외부 인터럽트, 내부 인터럽트, 소프트웨어 인터럽트로 분류한다. 외부 및 내부 인터럽트는 CPU의 하드웨어에서의 신호에 의해 발생하고, 소프트웨어 인터럽트는 명령어의 수행에 의해 발생한다.

2 인터럽트의 종류

(1) 외부 인터럽트

① 전원 이상 인터럽트(Power Fail Interrupt) : 정전이 되거나 전원 이상이 있는 경우

② 기계 착오 인터럽트(Machine Check Interrupt) : CPU의 기능적인 오류 동작이 발생한 경우

③ 외부 신호 인터럽트(External Interrupt) : 타이머에 의해 규정된 시간(Time Slice)을 알리는 경우, 키보드로 인터럽트 키를 누른 경우, 외부장치로부터 인터럽트 요청이 있는 경우

④ 입출력 인터럽트(Input-Output Interrupt) : 입출력 데이터의 오류나 이상 현상이 발생한 경우, 입출력장치가 데이터의 전송을 요구하거나 전송이 끝났음을 알릴 경우

(2) 내부 인터럽트

① 잘못된 명령이나 데이터를 사용할 때 발생하며, 트랩(Trap)이라고도 부른다.

② 명령어 잘못에 의한 인터럽트 : 프로그램에서 명령어를 잘못 사용한 경우

③ 프로그램 검사 인터럽트(Program Check Interrupt) : 0으로 나누거나, Overflow 또는 Underflow가 발생한 경우, 접근 금지 공간에 접근했을 경우

(3) 소프트웨어 인터럽트

① 프로그램 처리 중 명령 요청에 의해 발생하는 것으로, 가장 대표적인 형태는 감시 프로그램을 호출하는 SVC(Supervisor Call) 인터럽트가 있다.

② SVC(Supervisor Call) 인터럽트 : 사용자가 SVC 명령을 써서 의도적으로 호출한 경우

3 인터럽트 발생 시 CPU가 확인할 사항

① 프로그램 카운터(PC)의 내용 : 인터럽트가 발생하면 현재 실행 중이던 명령어의 다음 주소를 저장해야 이후 원래 작업으로 복귀 가능하므로, PC 값을 스택(Stack)에 저장한 후 ISR을 실행한다.

② 사용한 모든 레지스터의 내용 : CPU는 현재 프로그램에서 사용 중인 레지스터 값을 저장해야 하므로, 인터럽트 서비스 루틴(ISR)이 실행되면서 레지스터 값을 변경할 수 있기 때문에, 원래 프로그램이 다시 실행될 때 정확한 상태로 복구해야 한다.

③ 플래그의 내용 : CPU의 연산 상태를 나타내는 플래그(Flags) 레지스터 값을 확인해야 하며, 인터럽트 처리 중에도 원래 상태를 복원할 수 있도록 플래그 값을 저장한다.

④ 플래그 상태 조건(PSW ; Program Status Word)의 내용 : CPU의 실행 상태를 나타내는 중요한 레지스터로 CPU의 현재 실행 상태 및 인터럽트 활성화 여부를 포함한다. 인터럽트 발생 시 PSW 내용을 저장하여, 이후 복귀할 때 원래 상태로 돌아갈 수 있도록 한다.

4 인터럽트의 동작 원리

① 인터럽트 요청 신호 발생

② 프로그램 실행을 중단 : 현재 실행 중이던 명령어(Micro Instruction)는 끝까지 실행함

③ 현재의 프로그램 상태를 보존 : 프로그램 상태는 다음에 실행할 명령의 번지로서 PC가 가지고 있음

④ 인터럽트 처리 루틴을 실행 : 인터럽트를 요청한 장치를 식별함

⑤ 인터럽트 서비스 루틴을 실행 : 실질적인 인터럽트를 처리함

⑥ 상태복구 : 인터럽트 요청신호가 발생했을 때 보관한 PC의 값을 다시 PC에 저장함

⑦ 중단된 프로그램 실행 재개 : PC의 값을 이용하여 인터럽트 발생 이전에 수행 중이던 프로그램을 계속 실행함

5 인터럽트 우선순위

① 목적 : 여러 장치에서 동시에 인터럽트가 발생하였을 때 가장 먼저 서비스할 장치를 결정하기 위함이다.

② 우선순위(높음>낮음) : 전원 이상(Power Fail)>기계 착오(Machine Check)>외부 신호(External)>입출력(I/O)>명령어 잘못>프로그램(Program Check)>SVC(Supervisor Call)

6 인터럽트 우선순위 판별 방법

(1) 소프트웨어적 판별방법(폴링, Polling)

① 작동 원리 : CPU가 주기적으로 각 장치의 상태를 확인하여 인터럽트 요청이 있는지 점검을 소프트웨어적으로 구현되며, 별도의 하드웨어 장치가 필요하지 않는다.

② 장점 : 구현이 간단하고 하드웨어 비용이 들지 않고, 인터럽트 우선순위 변경이 소프트웨어적으로 유연하게 가능하다.

③ 단점: CPU가 지속적으로 장치 상태를 확인해야 하므로 비효율적이며, CPU 자원을 낭비할 수 있으며, 인터럽트 요청이 많을 경우 처리 속도가 느려질 수 있다.

　㉖ 간단한 임베디드 시스템에서 사용되며, 주기적으로 센서 데이터를 확인하는 경우

(2) 하드웨어적 판별 방법(데이지 체인, Daisy-Chain)

① 작동 원리 : 여러 장치를 직렬로 연결하여 우선순위를 설정한다. 우선순위가 높은 장치가 먼저 인터럽트 요청을 보내며, CPU는 이를 순차적으로 처리한다.

② 장점 : 하드웨어적으로 구현되어 CPU의 부담을 줄어들고, 인터럽트 처리 속도가 빠르며, 실시간성이 요구되는 시스템에 적합하다.

③ 단점 : 하드웨어 비용이 추가로 발생하고, 우선순위 변경이 하드웨어적으로 제한적이며, 유연성이 떨어질 수 있다.

　㉖ 복잡한 시스템에서 사용되며, 여러 장치의 우선순위를 효율적으로 관리 가능

기출 Point

다음은 인터럽트 체제의 동작을 나열한 것이다. 수행 순서를 올바르게 표현한 것은?

① 현재 수행 중인 프로그램을 안전한 장소에 기억시킨다.　② 인터럽트 요청 신호 발생
③ 보존한 프로그램 상태로 복귀　④ 인터럽트 서비스 루틴의 수행
⑤ 어느 장치가 인터럽트를 요청했는지 찾는다.

→ ② - ① - ⑤ - ④ - ③

19　운영체제의 발달 과정

1　운영체제의 발달 과정 요약

일괄 처리 시스템 → 다중 프로그래밍, 다중 처리, 시분할, 실시간 처리 시스템 → 다중 모드 → 분산 처리 시스템

2　구체적 내용

(1) 일괄 처리(Batch Processing) 시스템

① 초기의 컴퓨터 시스템에서 사용된 형태로, 데이터를 일정량 또는 일정 기간 동안 모아서 한꺼번에 처리하는 방식이다.

② 자원 낭비를 최소화하고, 대량 처리가 가능하지만 실시간 처리가 불가능하다.

(2) 다중 프로그래밍(Multi Programming) 시스템

① 하나의 CPU와 주기억장치를 이용하여 여러 개의 프로그램을 동시에 처리하는 방식이다.

② CPU 사용률을 최대화하고, 프로그램이 CPU를 기다리는 시간을 줄여준다.

③ 여러 프로그램을 메모리에 올려 놓아야 하기 때문에 메모리 관리가 복잡해질 수 있다.

(3) 시분할(Time Sharing) 시스템

① 여러 명의 사용자가 사용하는 시스템에서 컴퓨터가 사용자들의 프로그램을 번갈아가며 처리해줌으로써 각 사용자에게 각자 독립된 컴퓨터를 사용하는 느낌을 주는 방식(라운드 로빈 방식)이다.

② 응답 시간이 빠르지만 시스템 자원 관리가 복잡하며, 컨텍스트 스위칭(문맥교환)이 자주 발생해 성능에 영향을 줄 수 있다.

(4) 다중 처리(Multi Processing) 시스템

① 여러 개의 CPU와 하나의 주기억장치를 이용하여 여러 개의 프로그램을 동시에 처리하는 방식이다.

② 성능이 크게 향상되어 대규모 계산 작업이나 병렬 처리가 필요한 시스템에 적합하다.

③ 하드웨어 비용이 높고, 구성 및 관리가 복잡해질 수 있다.

(5) 실시간 처리(Real Time Processing) 시스템

① 데이터 발생 즉시, 또는 데이터 처리 요구가 있는 즉시 처리하여 결과를 산출하는 방식이다.

② 데이터의 지연 없이 즉각적인 처리가 가능하여 안전하고 정확한 결과를 제공한다.

③ 처리 속도와 안정성이 매우 중요하므로 시스템 구현과 관리가 매우 복잡하다.

(6) 다중 모드 처리(Multi Mode Processing)

① 일괄 처리 시스템, 시분할 시스템, 다중 처리 시스템, 실시간 처리 시스템을 한 시스템에서 모두 제공하는 방식이다.

② 시스템이 유연하고 효율적이며, 다양한 환경에 맞게 최적화된 처리를 제공하여 하드웨어와 소프트웨어 자원을 최대한 활용할 수 있다.

③ 복잡한 시스템 설계와 관리가 필요하며 성능 저하가 발생할 수 있고, 각 모드 간의 전환에서 자원의 경쟁이 생길 수 있다.

(7) 분산 처리(Distributed Processing) 시스템

① 여러 개의 컴퓨터(프로세서)를 통신 회선으로 연결하여 하나의 작업을 처리하는 방식이다.

② 확장성이 뛰어나며, 여러 컴퓨터가 협력하여 작업을 처리할 수 있어 성능 향상을 기대할 수 있으며, 작업의 분산 처리로 인해 부하 분산과 장애 분산이 가능하다.

③ 통신 비용이 발생하며, 네트워크 장애 시 시스템의 성능 저하나 장애가 발생할 수 있고, 데이터 일관성 유지가 어려운 경우가 있으며, 동기화 문제나 분산 데이터 관리가 복잡해질 수 있다.

20 운영체제의 성능 평가 기준(척도)

1 처리량(Throughput)

① 정의 : 주어진 시간 동안 시스템이 처리할 수 있는 작업의 수 또는 양

② 특징 : 시스템이 얼마나 많은 작업을 처리할 수 있는지 나타낸다.

    예 초당 처리된 작업의 수로 나타낼 수 있음

③ 영향 요소 : CPU 속도, 메모리 및 I/O 성능, 병렬 처리 등

2 응답 시간(Response Time)

① 정의 : 사용자가 요청을 보낸 시점부터 시스템이 응답을 완료하는 데 걸리는 시간

② 특징 : 시스템의 반응 속도를 측정한다. 즉, 사용자가 시스템과 상호작용할 때 응답이 얼마나 빠르게 이루어지는지를 나타낸다.

③ 영향 요소 : 시스템 부하, 작업의 복잡성, I/O 처리 시간 등

3 처리 대기 시간(Waiting Time)

① 정의 : 프로세스가 CPU를 할당받기 위해 대기하는 시간

② 특징 : 대기 시간이 길어질수록 시스템의 응답 속도가 늦어진다. 이 지표는 다중 프로그래밍이나 스케줄링 알고리즘에 의해 영향을 받는다.

③ 영향 요소 : 시스템 부하, 프로세스 우선순위, CPU 스케줄링 전략 등

4 자원 이용률(Resource Utilization)

① 정의 : 시스템 자원(CPU, 메모리, I/O 장치 등)의 사용 비율

② 특징 : 자원 이용률이 높다는 것은 시스템이 자원을 효율적으로 사용하고 있다는 것을 의미한다. CPU, 메모리, 디스크 등 자원의 효율적 활용 여부를 평가한다.

③ 영향 요소 : 시스템 부하, 프로세스 수, I/O 작업의 양 등

5 반환 시간 또는 처리 시간(Turnaround Time)

① 정의 : 작업이 제출된 시점부터 작업이 완료되는 시점까지 걸리는 시간

② 특징 : 총 처리 시간으로, 대기 시간+실행 시간이 포함된다. 즉, 작업의 시작부터 끝까지의 모든 시간을 측정한다.

③ 영향 요소 : 작업의 크기, 시스템의 부하 상태, 프로세스 우선순위 등

6 적응성(Scalability)

① 정의 : 시스템이 부하 증가에 따라 성능을 유지하거나 확장할 수 있는 능력

② 특징 : 시스템에 새로운 자원이나 사용자, 작업이 추가되었을 때, 성능 저하 없이 적절히 확장할 수 있는지를 측정한다.

③ 영향 요소 : 하드웨어 자원, 소프트웨어 아키텍처, 네트워크 성능 등

7 신뢰성(Reliability)

① 정의 : 시스템이 장시간 동안 오류 없이 안정적으로 동작할 수 있는 능력

② 특징 : 시스템의 결함률, 시스템 장애 발생 빈도, 오류를 회복할 수 있는 능력 등을 평가한다.

③ 영향 요소 : 하드웨어의 품질, 소프트웨어의 안정성, 운영체제의 오류 처리 방식 등

8 효율성(Efficiency)

① 정의 : 주어진 자원으로 최대한 효율적으로 작업을 처리할 수 있는 능력

② 특징 : 시스템이 CPU, 메모리, I/O 자원 등을 얼마나 잘 활용하는지를 평가한다.

　예 메모리 부족 상태에서 메모리 관리가 효율적으로 이루어지는지를 살펴볼 수 있음

③ 영향 요소 : 메모리 관리, 프로세스 스케줄링, 입출력 처리 속도 등

9 확장성(Elasticity)

① 정의 : 시스템이 필요에 따라 자원을 동적으로 할당하거나 축소할 수 있는 능력

② 특징 : 특히 클라우드 환경에서 중요한 요소로, 시스템이 트래픽 변화나 부하에 맞게 자원을 동적으로 확장하거나 축소할 수 있어야 한다.

③ 영향 요소 : 가상화 기술, 클라우드 컴퓨팅 자원, 자동화된 자원 관리 도구 등

10 보안(Security)

① 정의 : 시스템이 외부 공격이나 무단 접근으로부터 데이터와 자원을 안전하게 보호하는 능력

② 특징 : 시스템의 보안성, 즉 데이터 암호화, 인증 및 권한 관리, 침입 탐지 시스템 등을 포함한 보안성을 평가한다.

③ 영향 요소 : 보안 프로토콜, 시스템 구성의 복잡성, 보안 정책 등

기출 Point

컴퓨터 시스템의 성능을 측정하는 척도에 대한 설명으로 알맞지 않은 것은?
→ 처리량(Throughput)은 보통 안정된 상태에서 측정되며 하루에 처리되는 작업의 개수 또는 시간당 처리되는 온라인 처리의 개수 등으로 측정된다.
→ 병목(Bottleneck) 현상은 시스템 자원이 용량(Capacity) 또는 처리량에 있어서 최대 한계에 도달할 때 발생될 수 있다.
→ 응답 시간(Response Time)은 주어진 작업의 수행을 위해 시스템에 도착한 시점부터 완료되어 그 작업의 출력이 사용자에게 제출되는 시점까지의 시간으로 정의된다(×).
→ 자원 이용도(Utilization)는 일반적으로 전체 시간에 대해 주어진 자원이 실제로 사용되는 시간의 백분율로 나타낸다.
▶ 주어진 작업의 수행을 위해 시스템에 도착한 시점부터 완료되어 그 작업의 출력이 사용자에게 제출되는(되돌아오는) 시점까지의 시간으로 정의되는 것은 반환 시간(Turnaround Time)이다.

21 운영체제의 기능상 분류

1 제어 프로그램(Control Program)

제어 프로그램은 컴퓨터 시스템의 자원을 관리하고 하드웨어 및 소프트웨어의 동작을 제어하는 운영체제의 핵심 기능을 수행한다.

① **감시 프로그램**(Supervisor Program, Monitor Program) : 시스템의 동작을 감시하고, 프로세스 실행 상태를 관리하며, 오류를 감지하고 처리한다.

② **작업 제어 프로그램**(Job Control Program, JCL Processor) : 사용자의 작업을 관리하고, 실행 순서를 제어하며, 작업 스케줄링 수행한다.

③ **입출력 제어 프로그램**(I/O Control Program) : 키보드, 마우스, 디스크, 프린터 등의 입출력 장치를 관리한다.

④ **인터럽트 처리 프로그램**(Interrupt Handler) : 인터럽트 발생 시 적절한 서비스 루틴을 실행하여 CPU와 장치 간의 동작을 조정한다.

⑥ **메모리 관리 프로그램**(Memory Management Program) : RAM 및 가상 메모리를 효율적으로 할당하고 관리한다.

⑤ **파일 관리 프로그램**(File Management Program) : 파일의 생성, 삭제, 수정, 검색 등의 작업을 수행하며 파일 시스템을 관리한다.

⑦ **네트워크 관리 프로그램**(Network Management Program) : 네트워크 연결, 데이터 전송, 보안 등의 작업을 수행한다.

⑧ 장치 드라이버(Device Driver) : 운영체제와 하드웨어 간의 인터페이스 역할을 수행하여 장치의 동작을 제어한다.

2 처리 프로그램(Processing Program)

처리 프로그램은 사용자의 요청을 받아 프로그램을 실행하고, 특정 기능을 수행하는 프로그램이다.
① 언어 번역 프로그램(Language Translator) : 소스 코드를 기계어로 변환하는 프로그램(컴파일러, 인터프리터, 어셈블러)
② 서비스 프로그램(Utility Program) : 시스템 유지보수 및 최적화를 위한 프로그램(디스크 조각 모음, 백업, 바이러스 검사 등)
③ 문제 프로그램(Application Program) : 사용자가 특정 작업을 수행하는 응용 프로그램(문서 편집기, 웹 브라우저, 게임 등)
④ 자료 관리 프로그램(Data Management Program) : 데이터 저장, 검색, 수정, 삭제를 수행하는 프로그램(DBMS, 파일 관리 도구 등)

3 제어 프로그램과 처리 프로그램 비교

구 분	제어 프로그램(Control Program)	처리 프로그램(Processing Program)
역 할	시스템 자원 및 하드웨어 제어	사용자 프로그램 실행 및 관리
주요 기능	프로세스 관리, 메모리 관리, I/O 관리, 파일 시스템 관리 등	명령어 해석, 응용 프로그램 실행, 데이터 관리 등
실행 주체	운영체제(Kernel, 시스템 관리 프로그램)	사용자가 실행하는 프로그램
예 시	감시 프로그램, 작업 제어 프로그램, 입출력 제어 프로그램, 장치 드라이버 등	언어 번역 프로그램, 서비스 프로그램, 문제 프로그램, 자료 관리 프로그램 등

기출 Point

운영체제를 기능별로 분류할 경우 제어 프로그램과 처리 프로그램으로 구분할 수 있다. 다음 중 처리 프로그램을 모두 고른 것은?

① 언어 번역 프로그램	② 감시 프로그램
③ 서비스 프로그램	④ 문제 프로그램
⑤ 작업 제어 프로그램	⑥ 자료 관리 프로그램

→ ①, ③, ④, ⑥

각각 실행 파일을 생성하고 실행하는 데 필수적인 역할을 하고, 운영체제는 링커와 로더를 통해 사용자가 작성한 프로그램을 실행 가능한 상태로 변환하고, 프로세스로 실행하는 과정을 관리한다.

1 운영체제의 입장에서 본 프로그램 작성 과정

운영체제는 프로그램을 실행하기 위해 다음 단계를 거친다.

① **소스 코드 작성** : 사용자가 프로그래밍 언어(C, Java 등)로 코드를 작성한다.

② **컴파일(Compile)** : 컴파일러(Compiler)가 소스 코드를 목적 코드(Object Code)로 변환한다.

③ **링킹(Linking)은 링커(Linker) 사용** : 목적 파일을 결합하여 실행 가능한 실행 파일을 생성하고, 정적/동적 라이브러리와 참조된 심볼을 연결한다.

④ **로딩(Loading)은 로더(Loader) 사용** : 실행 파일을 메모리에 적재(Load)하고 실행한다.

⑤ **실행(Execution)은 프로세스(Process) 생성** : CPU가 프로그램의 첫 번째 명령어를 실행하고, 운영체제가 프로세스를 관리한다.

2 운영체제의 입장에서 본 링커(Linker)

(1) 운영체제에서 링커의 역할

① 운영체제는 링커(Linker)를 통해 실행 가능한 바이너리를 생성한다.

② 링커는 여러 개의 목적 파일과 라이브러리를 결합하여 완전한 실행 파일을 만든다.

(2) 링커의 주요 기능(운영체제 관점)

기 능	운영체제에서의 역할
심볼 결합(Symbol Resolution)	참조된 함수나 변수의 실제 메모리 주소를 찾음
주소 재배치(Relocation)	상대 주소를 실제 메모리 주소로 변환
라이브러리 연결(Library Linking)	표준 라이브러리(.dll, .so)를 포함하여 실행 가능하도록 연결
재배치 가능 코드(Relocatable Code) 생성	실행할 수 있도록 코드 변환

3 운영체제의 입장에서 본 로더(Loader)

(1) 운영체제에서 로더의 역할

① 링커가 생성한 실행 파일을 운영체제가 메모리에 적재(Load)하여 실행하는 과정을 담당하는 것이다.

(2) 로더의 주요 기능(운영체제 관점)

기능	운영체제에서의 역할
메모리 할당(Memory Allocation)	프로그램이 실행될 주기억장치의 공간을 확보
연결(Linking)	프로그램 내에서 사용되는 외부 참조나 라이브러리 함수 등을 연결하여 실행 가능한 형태로 만듬
재배치(Relocation)	프로그램이 주기억장치의 어느 위치에 적재되더라도 올바르게 실행될 수 있도록, 프로그램 내의 주소를 실제 메모리 주소에 맞게 조정
적재(Loading)	프로그램과 데이터를 주기억장치에 실제로 배치하여 실행 준비를 완료

(3) 로더의 종류

① 컴파일 앤드 고 로더(Compile and Go Loader)
- 언어 번역 프로그램이 로더의 기능까지 수행하여, 번역과 적재를 동시에 진행한다.
- 프로그램이 크거나 여러 언어로 작성된 경우에는 비효율적일 수 있다.
- 실행할 때마다 번역이 필요하므로 실행 속도가 느려질 수 있다.

② 절대 로더(Absolute Loader)
- 목적 프로그램을 주기억장치의 특정 주소에 적재한다.
- 프로그램이 실행될 메모리 주소를 컴파일 시에 고정한다.
- 프로그램이 항상 동일한 메모리 위치에서 실행되어야 하므로, 메모리 활용에 제약이 있다.

③ 재배치 로더(Relocating Loader)
- 프로그램을 주기억장치의 임의의 위치에 적재할 수 있도록 설계되었다.
- 실행 시 메모리 상황에 따라 프로그램의 시작 주소를 변경할 수 있다.
- 메모리 활용의 유연성을 높여 다중 프로그래밍 환경에서 효율적이다.

④ 직접 연결 로더(Direct Linking Loader)
- 할당, 연결, 재배치, 적재의 모든 기능을 수행한다.
- 여러 목적 프로그램이나 라이브러리 루틴과의 연결 작업을 자동으로 처리한다.
- 현대의 운영체제에서 일반적으로 사용되는 로더이다.

⑤ 동적 적재 로더(Dynamic Loading Loader)
- 프로그램 전체를 한꺼번에 적재하지 않고, 실행 시 필요한 부분만을 주기억장치에 적재한다.
- 프로그램의 크기가 주기억장치보다 큰 경우에 유용하며, 메모리 사용 효율이 높다.
- 필요한 시점에 해당 모듈을 적재하므로, 메모리 낭비를 줄일 수 있다.

링커(Linker) 및 로더(Loader)에 대한 설명으로 옳지 않은 것은?
→ 다른 모듈의 심볼을 참조한 것이 있으면 대응되는 주소로 변환된다.
→ 주기억장치 안에서 빈 공간을 할당받는다.
→ 프로그램과 데이터를 디스크로부터 주기억장치로 로드한다.
→ 주기억장치의 효율적인 공간 활용을 위해 데이터를 압축 및 복원한다(×).
→ 할당된 공간 주소에 맞도록 이진 프로그램 내 각종 심볼의 주소를 조정한다.
▶ 링커(Linker)는 다른 곳에서 작성된 프로그램 루틴이나 컴파일 또는 어셈블러된 루틴들을 모아 실행 가능한 하나의 루틴으로 연결하고, 로더(Loader)는 프로그램을 실행하기 위하여 프로그램을 보조기억장치로부터 컴퓨터의 주기억장치에 올려놓는 기능을 가진 프로그램으로 "할당 → 연결 → 재배치 → 적재" 순서로 진행된다.
링커 및 로더의 기능에 압축이나 복원 기능은 없다.

23 프로세스

1 프로세스(Process)의 개요

① 프로세스는 실행 중인 프로그램을 의미하며, 실행을 위해 CPU, 메모리, 입출력 장치 등의 자원을 필요로 한다.
② 프로세스는 실행 상태를 포함하는 동적인 개체로, 운영체제의 중요한 관리 대상이다.
③ 운영체제는 다중 프로세스를 동시에 실행하며, 프로세스 간 자원 경쟁, 동기화, 통신 등을 관리하는 역할을 한다.

2 프로세스의 상태(State of a Process)

(1) 생성 상태(New)

① 새로운 프로세스가 생성된 상태이며, 운영체제에서 실행 준비가 진행 중이다.
② 프로세스 제어 블록(PCB)이 생성되며, 운영체제는 자원 할당을 검토한다.

(2) 준비 상태(Ready)

① 실행할 준비가 되었으나, CPU를 할당받지 못한 상태이다.
② 다중 프로세스 환경에서는 여러 개의 프로세스가 준비 큐(Ready Queue)에 대기하고 있다.

(3) 실행 상태(Running)

① CPU를 할당받아 명령어를 실행 중인 상태다.
② 단일 CPU 시스템에서는 한 번에 하나의 프로세스만 실행 상태가 될 수 있다.
③ 일정 시간 동안 실행된 후 스케줄링 정책에 따라 상태가 변할 수 있다.

(4) 대기 상태(Waiting 또는 Blocked)

① 프로세스가 입출력(I/O) 작업이나 특정 이벤트를 기다리는 상태다.

　　예 파일을 읽거나 키보드 입력을 기다리는 동안 대기 상태가 된다.

② 해당 이벤트가 발생하면 준비 상태(Ready)로 전환된다.

(5) 종료 상태(Terminated 또는 Exit)

① 프로세스가 실행을 마치고 시스템에서 제거된 상태다.

② 정상적으로 종료되거나, 오류 및 강제 종료(Kill, Abort 등)로 인해 종료될 수 있다.

3 프로세스 상태 전이(Process State Transition)

① 생성 → 준비(New → Ready) : 운영체제가 프로세스를 생성하고 실행 준비 완료 시 전이된다.

② 준비 → 실행(Ready → Running), 디스패치 : 스케줄러가 CPU를 할당하면 실행 상태가 된다.

③ 실행 → 준비(Running → Ready), 타임아웃 : CPU 할당 시간이 끝나거나 우선순위가 낮아지면 다시 준비 상태로 이동하며, 선점형(Preemptive) 스케줄링에서 발생한다.

④ 실행 → 대기(Running → Waiting) : 입출력 요청, 동기화 이벤트(예 파일 읽기, 네트워크 대기 등)로 인해 CPU가 필요하지 않으면 대기 상태로 이동한다.

⑤ 대기 → 준비(Waiting → Ready) : 입출력 작업이 끝나거나 대기 중인 이벤트가 발생하면 다시 준비 상태로 이동한다.

⑥ 실행 → 종료(Running → Terminated) : 프로그램이 종료되거나 운영체제에 의해 강제 종료되면 상태가 변경된다.

1 스레드(Thread)의 개요

(1) 정의

① 스레드(Thread)는 프로세스 내에서 실행되는 작은 단위의 작업 흐름이다.

운영체제에서 프로그램이 실행되면 프로세스(Process)가 생성되는데, 이 프로세스 내부에서 여러 개의

② 작업 흐름이 존재할 수 있고, 이러한 실행 흐름의 단위를 스레드라고 한다.

(2) 스레드의 특징

① 하나의 프로세스는 하나 이상의 스레드를 가질 수 있다(멀티스레드).

② 동일한 프로세스 내의 스레드는 코드(Code), 데이터(Data), 힙(Heap) 영역을 공유한다.

③ 각 스레드는 독립적인 스택(Stack)과 레지스터(Registers)를 가진다.

④ 프로세스 간의 통신(IPC)보다 스레드 간의 통신이 빠르다.

2 프로세스와 스레드의 차이점

항 목	프로세스(Process)	스레드(Thread)
정 의	실행 중인 프로그램	프로세스 내 실행 흐름
독립성	독립적인 실행 단위	프로세스 내에서 실행됨
메모리 공유	독립적인 메모리 공간 사용	코드, 데이터, 힙 영역 공유, 스택은 독립적
생성 비용	생성, 제거 비용 큼	생성, 제거 비용 작음
통신 방식	프로세스 간 통신(IPC) 필요	같은 프로세스 내에서는 공유 변수 이용
문맥 전환 비용	높음(다른 프로세스 간 전환)	낮음(같은 프로세스 내 전환)

기출 Point

스레드의 특징으로 옳지 않은 것은?
→ 실행 환경을 공유시켜 기억장소의 낭비가 줄어든다.
→ 프로세스 외부에 존재하는 스레드도 있다(×).
→ 하나의 프로세스를 여러 개의 스레드로 생성하여 병행성을 증진시킬 수 있다.
→ 프로세스들 간의 통신을 향상시킬 수 있다.
▶ 스레드는 프로세스 내부에 포함되는 단위이고, 외부에 존재하는 것이 아니다.

1 교착상태(Deadlock)의 정의

① 두 개 이상의 프로세스들이 서로 프로세스가 차지하고 있는 자원을 서로 무한정 기다리고 있어 프로세스의 진행이 중단된 상태를 말한다.

② 두 개 이상의 프로세스들이 자원을 점유한 상태에서 서로 다른 프로세스가 점유하고 있는 자원을 동시에 사용할 수 없는 현상이다.

2 교착상태의 발생 필수 4대 요소(필요충분조건)

교착상태가 발생하려면 다음의 4가지 조건이 동시에 만족되어야 하며, 이 조건들을 충족할 경우, 교착상태는 반드시 발생하게 된다.

(1) 상호 배제(Mutual Exclusion)

① 자원은 한 번에 한 프로세스만 사용할 수 있어야 한다.

　예 한 프로세스가 자원을 사용할 때 다른 프로세스는 기다려야 함

(2) 점유와 대기(Hold and Wait)

① 자원을 점유한 프로세스가 다른 자원을 기다리는 상태가 발생해야 한다.

　예 프로세스 A가 프린터를 점유하고, 프로세스 B가 스캐너를 점유한 상태에서 서로 다른 자원을 기다리는 경우

(3) 비선점(No Preemption)

① 자원을 강제로 빼앗을 수 없어야 한다.

　예 프로세스가 자원을 점유하고 있다면, 다른 프로세스는 해당 자원을 강제로 빼앗을 수 없음

(4) 순환 대기(Circular Wait)

① 여러 프로세스가 서로 순환적으로 자원을 기다리는 상태가 형성되어야 한다.

　예 P1이 자원을 점유하고 P2는 P1이 점유한 자원을 기다리며, P2가 자원을 점유하고 P3가 이를 기다리며, P3가 자원을 점유하고 P1이 기다리는 순환적 대기 상황이 발생해야 함

(1) 교착상태 예방(Deadlock Prevention)

교착상태가 발생하는 필수 조건(상호 배제, 점유와 대기, 비선점, 순환 대기)을 하나라도 제거함으로써 교착상태를 아예 발생하지 않도록 방지하는 방법이다.

① 상호 배제(Mutual Exclusion) 제거
- 일부 자원은 여러 프로세스가 동시에 사용할 수 있도록 만들어 상호 배제를 피할 수 있으나, 이 방법은 실용적이지 않으며 자원 자체의 특성에 따라 다르다.
  - 예 프린터 같은 물리적 자원은 반드시 하나만 사용할 수 있기 때문에 이 방법은 제한적임

② 점유와 대기(Hold and Wait) 제거
- 프로세스가 자원을 요청할 때 모든 자원을 한번에 요청하도록 강제하는 방법이다.
- 프로세스가 하나의 자원을 점유한 상태에서 다른 자원을 기다리는 상태를 방지하려면, 모든 자원을 동시에 요청하게 하거나, 자원을 요청하기 전에 자원을 반환하게 만들 수 있다.

③ 비선점(No Preemption) 제거
- 자원이 점유되었을 때, 다른 프로세스가 그 자원을 강제로 빼앗을 수 있게 하는 방법이다.
- 프로세스가 자원을 기다리는 동안 다른 프로세스가 해당 자원을 빼앗고, 교착상태를 방지할 수 있다.

④ 순환 대기(Circular Wait) 제거
- 프로세스가 자원을 요구하는 순서를 정의하여 자원의 순서대로만 요청하도록 한다.
  - 예 프로세스가 자원을 요청할 때, 정해진 순서대로만 자원을 요청하도록 하여 순환 대기를 방지, 자원의 요청 순서를 미리 정의하면 순환 대기가 발생하지 않음

(2) 교착상태 회피(Deadlock Avoidance)

① 개념
- 교착상태가 발생할 수 있는 조건을 미리 예측하고, 프로세스가 자원을 요청할 때 교착상태를 피할 수 있도록 한다.
- 교착상태를 회피하기 위해서는 자원 할당 시 상태를 분석하고, 교착상태를 초래할 수 있는 자원 요청을 차단한다.

② 안전한 상태(Safe State)
- 시스템이 교착상태에 빠지지 않으려면 자원의 할당이 항상 '안전한 상태'에서 이루어져야 한다.
- 안전한 상태 : 모든 프로세스가 요구하는 자원을 차례대로 할당해도 모두 종료할 수 있는 상태를 말한다.

③ 은행가 알고리즘(Banker's Algorithm)
- 프로세스가 자원을 요청할 때마다 시스템이 현재 상태가 안전한 상태인지를 확인하고, 만약 안전하지 않으면 자원을 할당하지 않는다.
- 이 알고리즘은 자원 할당이 교착상태를 유발할 수 있는지 예측하여 자원을 허용한다.

(3) 교착상태 탐지 및 회복(Deadlock Detection and Recovery)

① 개념

- 교착상태가 이미 발생한 후 이를 탐지하고, 회복하는 방법이다.
- 교착상태를 예방하지 않고 시스템이 계속 운영되도록 하고, 주기적으로 교착상태를 탐지하여 발생 시 이를 해결하는 방식이다.

② 교착상태 탐지(Detection)

- 주기적으로 시스템에서 프로세스들의 자원 할당 상태를 분석하고, 교착상태 여부를 판단한다.
- 자원 할당 그래프(Resource Allocation Graph), 리소스 할당 행렬(Resource Allocation Matrix) 등의 기법을 사용하여 교착상태를 탐지할 수 있다.

③ 교착상태 회복(Recovery)

- 프로세스 종료 : 교착상태에 관련된 프로세스를 강제로 종료하여 자원을 반환받는다.
- 자원 선점 : 교착상태에 있는 프로세스들 중 하나의 자원을 강제로 빼앗고 다른 프로세스에 할당하는 방식이다.
- 롤백(Rollback) : 프로세스를 이전 상태로 되돌려서 자원을 재할당한다.

1 프로세스 스케줄링 알고리즘

(1) 개념

① 프로세스 스케줄링은 운영체제가 실행 중인 프로세스들 중 어떤 프로세스를 언제 실행할지 결정하는 과정이다.

② 여러 프로세스들이 CPU 자원을 공유하는 데 있어 효율적이고 공정하게 자원을 할당하기 위해 사용된다.

③ 프로세스의 우선순위, 대기 시간, 응답 시간, 처리 속도 등을 고려하여 프로세스를 실행한다.

④ 스케줄링 알고리즘의 목적 : 시스템의 효율성 향상, 공정성 보장, 응답 시간 최소화 등을 달성

(2) 비선점형 스케줄링방식

① 현재 실행 중인 프로세스를 다른 프로세스가 중단할 수 없고, 해당 프로세스가 종료되거나 대기 상태로 전환될 때까지 계속 실행되는 방식이다.

② 한 번 CPU를 할당받으면 프로세스는 스스로 CPU를 반환할 때까지 실행된다.

③ 특징 : 프로세스 자발적 종료, 우선순위와 관계없음

(3) 선점형 스케줄링방식

① 현재 실행 중인 프로세스를 강제로 중단하고, 더 높은 우선순위를 가진 다른 프로세스를 실행할 수 있는 방식이다.

② CPU를 선점하여 다른 프로세스에게 할당하는 방식이다.

③ 특징 : 프로세스 중단, 우선순위 반영, 시스템 응답성 향상

(4) 선점형 vs 비선점형 스케줄링 비교

특 징	선점형 스케줄링	비선점형 스케줄링
프로세스 교체	프로세스가 강제로 교체됨	프로세스가 자발적으로 종료될 때까지 실행
시스템 응답성	빠른 응답, 대기 중인 프로세스가 빨리 실행됨	대기 시간이 길어질 수 있음
문맥 교환	자주 발생하여 오버헤드 증가	문맥 교환이 적어 오버헤드 적음
우선순위 반영	우선순위가 반영되며, 높은 우선순위 프로세스가 먼저 실행	우선순위가 반영되지만, 현재 실행 중인 프로세스는 끝날 때까지 실행
알고리즘 예시	Round Robin, SJF(선점형), Priority Scheduling(선점형)	FCFS, SJF(비선점형), Priority Scheduling(비선점형)

(1) FIFO(First In First Out) 또는 FCFS(First Come First Served)

① 먼저 입력된 작업을 먼저 처리하는 방식으로 가장 간단한 스케줄링이며, 가장 대표적인 비선점형 방식이다.

② 디스크 대기 큐에 들어온 순서대로 서비스하기 때문에 더 높은 우선순위의 요청이 입력되어도 순서가 바뀌지 않아 공평성이 보장되지만, 평균 반환 시간이 길다.

③ 짧은 작업이나 중요한 작업을 오랫동안 기다리게 할 수 있다.

FIFO의 평균 실행 시간, 평균 대기 시간, 평균 반환 시간 구하기

작 업	실행(추정) 시간
A	24초
B	6초
C	3초

대기 리스트

A(24초)	B(6초)	C(3초)

0   24   30   33

- 평균 반환 시간＝평균 실행 시간＋평균 대기 시간, 따라서 평균 실행 시간과 평균 대기 시간을 먼저 구한다.
- 평균 실행 시간＝{A(24초)＋B(6초)＋C(3초)}/3＝11초
- 평균 대기 시간을 보면, A작업은 곧바로 실행하므로 대기 시간이 0이고, B작업은 A작업이 끝난 후 실행하므로 대기 시간이 24초이다. C작업은 A작업과 B작업이 끝난 후 실행하므로 대기 시간이 30초이다.
  결국, 평균 대기 시간＝{A(0초)＋B(24초)＋C(30초)}/3＝18초
- 평균 반환 시간＝평균 실행 시간＋평균 대기 시간＝11＋18＝29초
- 제출 시간이 존재하는 경우에는 주의를 요한다. 대기 시간과 반환 시간 모두 제출된 이후 시점부터 계산하므로 제출 시간이 존재하는 경우에는 각 대기 시간에서 제출 시간을 감하고 계산하여야 한다.
- 임의의 작업 순서로 얻을 수 있는 최대 평균 반환 시간은 대기 시간이 가장 긴 경우이므로 큰 작업 순서로 배치하면 된다. 반면, 임의의 작업 순서로 얻을 수 있는 최소 평균 반환 시간은 대기 시간이 가장 짧은 경우이므로 짧은 작업 순서로 배치하면 된다.

---

(2) SJF(Shortest Job First, 최단 작업 우선)

① 작업이 끝나기까지의 실행 시간 추정치가 가장 작은 작업을 먼저 실행시키는 방식으로 비선점형 방식이다.

② SJF 방식은 긴 작업들을 어느 정도는 희생시키면서 짧은 작업들을 우선적으로 처리하기 때문에 대기 리스트 안에 있는 작업의 수를 최소화하면서 평균 반환 시간을 최소화할 수 있다.

③ SJF 방식의 경우 긴 작업은 계속 후순위로 밀려나게 되면 무한 연기 현상이 발생할 수 있다. 따라서 무한 연기 현상을 방지하기 위해 에이징(Aging) 기법을 사용한다. 에이징 기법은 자원이 할당되기를 오랫동안 기다린 프로세스에 대하여 기다린 시간에 비례하는 높은 우선순위를 부여하여 가까운 시간 내에 자원이 할당되도록 하는 기법으로 이를 통하여 무한 연기 현상을 방지하게 된다. 에이징 기법은 SJF에서만 사용하는 기법이다.

SJF의 평균 실행 시간, 평균 대기 시간, 평균 반환 시간 구하기(제출 시간 존재)

작 업	실행(추정) 시간	제출 시간
A	24초	0초
B	6초	1초
C	3초	2초

대기 리스트

A(24초)	B(6초)	C(3초)
0	24	30	33

- 입력된 첫 번째 작업인 A작업은 실행 시간이 길더라도 실행 중이면 작업이 끝날 때까지 진행된다는 점에 주의한다. B와 C 중에서는 실행 시간이 짧은 C가 먼저 오게 된다. 따라서 SJF의 대기 리스트는 A(24초), C(3초), B(6초) 순이다.
- 평균 반환 시간=평균 실행 시간+평균 대기 시간, 따라서 평균 실행 시간과 평균 대기 시간을 먼저 구한다.
- 평균 실행 시간={A(24초)+B(6초)+C(3초)}/3=11초
- 평균 대기 시간을 보면, A작업은 곧바로 실행하므로 대기 시간이 0이고, C작업은 A작업이 끝날 때까지 기다렸으므로 24초에 제출 시간 2초를 뺀 22초이다. B작업은 A작업과 C작업이 끝난 후 실행하므로 27초에 제출 시간 1초를 뺀 26초이다. 결국, 평균 대기 시간={A(0초)+C(22초)+B(26초)}/3=16초
- 평균 반환 시간=평균 실행 시간+평균 대기 시간=11+16=27초

(3) HRN(Highest Response-ratio Next)

① 서비스 시간(실행 시간 추정치)과 대기 시간의 비율을 고려한 스케줄링 방식으로, SJF의 무한 연기 현상을 극복하기 위해 개발된 방식이다.

② 대기 리스트에 있는 작업들에게 합리적으로 우선순위를 부여하여 작업 간 불평등을 해소한 방식이다.

③ 우선순위=(대기 시간+서비스 시간)/서비스 시간

※ 여기서 서비스 시간은 실행 시간 추정치를 말한다.

3 선점형(Preemptive) 방식

(1) 라운드 로빈(RR ; Round-Robin)

① 시분할 시스템을 위해 고안되었으며 여러 개의 프로세스가 시간 할당량이라는 작은 단위 시간이 정의되어 이 시간 할당량만큼씩 CPU를 사용하는 방식이다.

② 먼저 입력된 작업을 먼저 처리해 주는 비선점형 방식인 FIFO 스케줄링을 선점형으로 변환한 방식으로, 먼저 입력된 작업이더라도 할당된 시간 동안만 CPU를 사용할 수 있다.

③ 프로세스가 CPU에서 할당된 시간이 경과할 때까지 작업을 완료하지 못하면 CPU는 다음 대기 중인 프로세스에게로 사용 권한이 넘어가고 현재 실행 중이던 프로세스는 대기 리스트의 가장 뒤로 배치된다.

④ RR은 적절한 응답 시간을 보장해 주는 대화식 사용자에게 효과적이다.

⑤ 하나의 프로세스를 일정한 시간으로 분할하여 여러 번에 걸쳐 CPU를 사용하면 그만큼 문맥 교환이 있어야 한다. 시간 할당량이 너무 작게 되면 문맥 교환에 따른 오버헤드가 커지게 된다.

RR의 평균 실행 시간, 평균 대기 시간, 평균 반환 시간 구하기(시간 할당량은 10초이다)

작 업	실행(추정) 시간
A	12초
B	25초
C	15초
D	8초
E	10초

대기 리스트

A(10초)	B(10초)	C(10초)	D(8초)	E(10초)	A(2초)	B(10초)	C(5초)	B(5초)

0　　　　10　　　　20　　　　30　　　38　　　48　　　50　　　60　　65　　　70

- RR의 핵심은 시간 할당량을 이해하는 것이다. 시간 할당량이 10초라고 했으므로, A부터 순서대로 10초씩 할당하고, 나머지가 있으면 대기 리스트의 뒤로 계속 배치해간다. 순서를 보면, A(10초) − B(10초) − C(10초) − D(8초, 完) − E(10초, 完) − A(2초, 完) − B(10초) − C(5초, 完) − B(5초, 完)이다.
- 평균 반환 시간=평균 실행 시간+평균 대기 시간, 따라서 평균 실행 시간과 평균 대기 시간을 먼저 구한다.
- 평균 실행 시간={A(12초)+B(25초)+C(15초)+D(8초)+E(10초)}/5=14초
- 대기 시간은 각 작업의 마지막으로 처리되기 전까지에서 자신이 실행되지 않은 시간을 모두 더하면 된다. 아니면 각 작업의 마지막으로 처리되기 전까지의 시간에서 자신의 실행시간을 빼면 된다. A의 대기 시간은 A작업이 마지막으로 처리된 2초 작업 전까지의 시간 48초에서 A의 실행시간인 10초를 빼면 38초가 대기 시간이 된다. B의 대기 시간은 마지막 처리 전까지의 시간 65초에서 B의 실행시간 20초를 빼면 45초가 대기 시간이 된다. C의 대기 시간은 마지막 처리 전까지의 시간 60초에서 C의 실행시간 10초를 빼면 50초가 대기 시간이 된다. D의 대기 시간은 30초가 된다. E의 대기 시간도 38초가 된다.
- 평균 대기 시간={A(38초)+B(45초)+C(50초)+D(30초)+E(38초)}/5=40.2초
- 평균 반환 시간=평균 실행 시간+평균 대기 시간=14+40.2=54.2초

(2) SRT(Shortest Remaining Time)

① 작업이 끝나기까지 남아 있는 실행 시간의 추정치가 가장 작은 프로세스를 먼저 실행하는 방식으로 새로 입력되는 작업까지도 포함한다.

② 비선점 방식의 SJF는 일단 한 프로세스가 CPU를 사용하면 작업이 모두 끝날 때까지 계속 실행되지만 SRT는 남아 있는 프로세스의 실행 추정치 중 더 작은 프로세스가 있다면 언제든지 현재 작업 중인 프로세스를 중단하여 더 작은 프로세스에게 CPU를 넘겨주는 선점형 방식이다.

③ 임계치(Threshold Value)를 사용한다.

SRT의 평균 실행 시간, 평균 대기 시간, 평균 반환 시간 구하기

작 업	실행(추정) 시간	제출 시간
A	7초	0초
B	4초	2초
C	6초	4초
D	3초	6초

대기 리스트

A(2초)	B(4초)	D(3초)	A(5초)	C(6초)

0   2   6   9   14   20

- SRT의 핵심은 작업이 끝나기까지 남아 있는 실행 시간의 추정치가 가장 작은 프로세스를 먼저 실행하는 방식으로 새로 입력되는 작업까지도 포함한다. 제출 시간(도착 시간)이 가장 빠른 작업A를 대기 리스트에 기억시킨다. 2초가 지나면 작업B가 입력되고, 작업B의 실행 시간(4초)이 작업A의 남아 있는 실행 시간(5초)보다 작으므로 작업B가 처리된다. 4초가 지나면 작업C가 입력되지만, 작업C의 실행 시간(6초)이 작업B의 남아 있는 실행 시간(2초)보다 작지 않으므로 작업B가 계속 실행된다. 6초가 지나면 작업D가 입력되고, 작업D의 실행 시간이 가장 작으므로 작업D가 실행된다. 다음으로 남아 있는 실행 시간이 작은 작업A(5초)가 실행되고, 마지막으로 작업C(6초)가 실행된다. 순서를 보면, A(2초) – B(4초, 完) – D(3초, 完) – A(5초, 完) – C(6초, 完)이다.
- 평균 반환 시간＝평균 실행 시간＋평균 대기 시간, 따라서 평균 실행 시간과 평균 대기 시간을 먼저 구한다.
- 평균 실행 시간＝{A(7초)＋B(4초)＋C(6초)＋D(3초)}/4＝5초
- 대기 시간은 각 작업마다 마지막으로 처리되기 전까지의 시간에서 자신의 실행 시간을 뺀 후 제출 시간을 감하면 된다. 작업A는 마지막으로 처리된 5초 작업 전까지의 시간 9초에서 A의 실행 시간인 2초를 빼고 제출 시간을 감하면 되므로, 9−2−0＝7초가 대기 시간이다. B는 2초에서 제출 시간 2초를 감하면 0초가 대기 시간이다. C는 14초에서 C의 제출 시간 4초를 빼면 10초가 대기 시간이다. D는 6초에서 제출 시간 6초를 빼면 0초가 대기 시간이다.
- 평균 대기 시간＝{A(7초)＋B(0초)＋C(10초)＋D(0초)}/4＝4.25초
- 평균 반환 시간＝평균 실행 시간＋평균 대기 시간＝5＋4.25＝9.25초

(3) 다단계 큐(MQ ; Multi-level Queue)

① 프로세스를 특정 그룹으로 분류할 수 있을 경우 그룹에 따라 각기 다른 큐(대기 리스트)를 사용하는 기법이다.

② 각 큐(대기 리스트)들은 자신보다 낮은 단계의 큐보다 절대적인 우선순위를 갖는다. 이 말은 각 큐는 자신보다 높은 단계의 큐에게는 자리를 내주어야 한다는 말과 같다.

③ 우선순위가 가장 높은 대기 리스트에 존재하는 프로세스는 어떠한 경우에도 프로세스를 빼앗기지 않는 비선점형이다.

④ 나머지는 우선순위가 높은 큐에 프로세스가 입력되면 CPU를 빼앗기게 되므로 선점형이 된다.

⑤ 다단계 큐는 선점형과 비선점형을 결합한 방식이다.

(4) 다단계 피드백 큐(MFQ ; Multi-level Feedback Queue)

① 특정 그룹의 준비상태 큐에 들어간 프로세스가 다른 준비상태 큐로 이동할 수 없는 다단계 큐 기법을 준비상태 큐 사이를 이동할 수 있도록 개선한 기법이다.

② 짧은 작업이나 입출력 위주의 작업에 우선권을 부여하기 위해 개발된 선점형 방식이다.

③ 각 큐마다 시간 할당량이 존재하며 낮은 큐일수록 시간 할당량이 커진다.

기출 Point

라운드 로빈(Round Robin) 방식으로 프로세스 스케줄링을 하고 타임 퀀텀이 4ms라고 한다. 이때 아래 작업들의 평균 대기 시간과 평균 반환 시간을 구하면?

프로세스	진입 시간	실행(추정) 시간
P1	0ms	12ms
P2	1ms	4ms
P3	2ms	9ms
P4	3ms	5ms

→ 평균 대기 시간 : 14ms, 평균 반환 시간 : 21.5ms

▶ 대기 리스트는 다음과 같다.

대기 리스트

P1(4초)	P2(4초)	P3(4초)	P4(4초)	P1(4초)	P3(4초)	P4(1초)	P1(4초)	P3(1초)
0	4	8	12	16	20	24	25	29	30

- 평균 실행 시간={P1(12)+P2(4)+P3(9)+P4(5)}/4=7.5ms
- 대기 시간은 P1=25-4-4-0=17ms, P2=4-1=3ms, P3=29-4-4-2=19ms, P4=24-4-3=17ms
- 평균 대기 시간={P1(17)+P2(3)+P3(19)+P4(17)}/4=14ms
- 평균 반환 시간=평균 실행 시간+평균 대기 시간=7.5+14=21.5ms

---

27 메모리 관리 정책

1 메모리 관리의 필요성

운영체제에서 메모리 관리는 시스템의 안정성과 효율성을 보장하기 위해 필수적인 기능으로, 메모리는 한정된 자원으로, 여러 프로세스가 동시에 실행되는 환경에서 운영체제는 메모리 관리가 필요하다.

(1) 프로세스 간 메모리 충돌 방지

각 프로세스는 독립적인 메모리 공간을 가져야 하며, 다른 프로세스의 메모리 영역에 접근할 수 없으므로, 운영체제는 이러한 메모리 보호를 통해 프로세스 간의 충돌을 방지한다.

(2) 효율적인 자원 활용

메모리는 제한된 자원이므로, 멀티프로그래밍 환경에서 여러 프로세스가 메모리를 효율적으로 사용할 수 있도록 운영체제가 관리해야 한다.

(3) 메모리 보호

운영체제는 프로세스의 독립된 메모리 공간을 보장하고, 사용자 코드로부터 커널 공간을 보호하여 시스템의 안정성을 유지한다.

(4) 메모리 용량 한계 극복

설치된 물리 메모리보다 큰 프로세스를 지원하거나, 여러 프로세스의 메모리 합이 물리 메모리보다 큰 경우, 운영체제는 가상 메모리 등의 기법을 통해 이러한 한계를 극복한다.

(5) 메모리 효율성 증대

가능한 많은 프로세스를 실행시키기 위해, 운영체제는 프로세스당 최소한의 메모리를 할당하고, 필요에 따라 동적으로 조절한다.

2 반입(적재) 정책(Fetch Policy)

반입 정책은 디스크에 있는 데이터를 언제 메모리로 가져올지 결정하는 정책이다.

(1) 요구 반입(Demand Fetch)

① 필요할 때만 데이터를 메모리에 적재하는 방식이다.

② 프로세스가 참조하는 페이지가 메모리에 없을 경우(page fault) 해당 데이터를 디스크에서 읽어온다.

③ 장점 : 불필요한 데이터 적재를 방지하여 메모리 사용을 최소화

④ 단점 : 초기에 적재된 데이터가 적어 페이지 폴트 발생 가능성이 높음

(2) 예상 반입(Anticipatory Fetch 또는 Prepaging)

① 앞으로 필요할 것으로 예상되는 데이터를 미리 메모리에 적재하는 방식이다.

② 프로세스의 실행 패턴을 분석하여 자주 참조될 가능성이 높은 페이지를 사전에 로드한다.

③ 장점 : 페이지 폴트 발생을 줄여 성능 향상

④ 단점 : 불필요한 데이터를 적재할 가능성이 있어 메모리 낭비 가능

배치 정책은 새롭게 적재할 프로세스나 데이터를 메모리의 어느 위치에 배치할지 결정하는 정책이다.

(1) 최초 적합(First-Fit)

① 가장 먼저 발견된 충분히 큰 빈 공간에 데이터를 배치한다.

② 장점 : 빠른 속도로 배치 가능

③ 단점 : 작은 단편화(외부 단편화)가 발생하여 메모리 낭비 가능

(2) 최적 적합(Best-Fit)

① 가장 작은 적절한 빈 공간에 데이터를 배치한다.

② 장점: 메모리 공간을 효율적으로 사용할 수 있음

③ 단점: 작은 단편화가 많이 발생하여 성능 저하 가능

(3) 최악 적합(Worst-Fit)

① 가장 큰 빈 공간에 데이터를 배치하여 남은 공간을 더 크게 유지한다.

② 장점 : 새로운 프로세스가 들어올 공간을 확보하기 쉬움

③ 단점 : 단편화가 심해질 가능성이 있음

4 교체(대치, 재배치) 정책(Replacement Policy)

교체 정책은 메모리가 가득 찼을 때 어떤 페이지를 제거하여 새로운 데이터를 적재할지를 결정하는 정책이다.

(1) 선입선출(FIFO ; First In First Out)

① 가장 먼저 들어온 페이지를 가장 먼저 제거하는 방식이다.

② 장점 : 구현이 간단하고 직관적

③ 단점 : 가장 오래된 페이지가 여전히 자주 사용되는 경우 불필요한 페이지 교체가 발생할 수 있음

(2) 최적(OPT ; Optimal)

① 앞으로 가장 오랫동안 사용되지 않을 페이지를 제거하는 방식이다.

② 장점 : 이론적으로 가장 효율적인 알고리즘

③ 단점 : 미래의 메모리 접근 패턴을 정확히 예측해야 하므로 실제 구현이 불가능

(3) 최소 최근 사용(LRU ; Least Recently Used)

① 가장 오랫동안 사용되지 않은 페이지를 제거하는 방식이다.

② 장점 : 실제 프로그램의 메모리 접근 패턴과 잘 맞음

③ 단점 : 최근 사용 기록을 저장해야 하므로 오버헤드가 발생할 수 있음

(4) 최소 빈도 사용(LFU, Least Frequently Used)

① 참조 횟수가 가장 적은 페이지를 제거하는 방식이다.

② 장점 : 자주 사용되는 페이지를 유지할 가능성이 높음

③ 단점 : 특정 페이지가 한 번 집중적으로 사용된 후 오랫동안 사용되지 않아도 남아 있을 수 있음

(5) NUR(Not Used Recently)

① 페이지마다 두 개의 비트(참조 비트 R, 수정 비트 M)를 사용하여 페이지 상태를 추적하여 사용되지 않은
페이지를 먼저 제거한다.

② 장점 : 참조 비트와 수정 비트만 사용하므로 하드웨어 및 소프트웨어 구현이 쉬움

③ 단점 : 주기적인 비트 초기화 필요하므로 추가적인 타이머 및 제어 로직 필요

기출 Point

주기억장치에서 사용 가능한 부분은 다음과 같다. M1은 16KB(kilobyte), M2는 14KB, M3는 5KB, M4는 30KB이며 주기
억장치의 시작 부분부터 M1, M2, M3, M4 순서가 유지되고 있다. 이때 13KB를 요구하는 작업이 최초 적합(First Fit) 방법,
최적 적합(Best Fit) 방법, 최악 적합(Worst Fit) 방법으로 주기억장치에 각각 배치될 때 결과로 옳은 것은?(단, 배열 순서는
왼쪽에서 첫 번째가 최초 적합 결과이며, 두 번째가 최적 적합 결과 그리고 세 번째가 최악 적합 결과를 의미한다)

→ M1, M2, M4

▶ 문제에서 최초 적합(First Fit)은 최초의 가용 공간에 배치하므로 첫 순서인 M1에 배치한다. 최적 적합(Best Fit)은 13KB
용량의 프로그램을 배치한 후 남은 공간이 가장 적은 곳에 배치하므로 M1(16KB−13KB=3KB), M2(14KB−13KB=
1KB), M3(프로그램보다 가용 공간이 적으므로 배제함), M4(30KB−13KB=17KB) 중에서 M2에 배치한다. 최악 적합
(Worst Fit)은 13KB 용량의 프로그램을 배치한 후 남은 공간이 가장 많은 곳에 배치하므로 앞의 결과에서 보면, M4가 된
다. 결국 주기억장치에 배치되는 결과는 "M1, M2, M4"이다.

1 최적화(OPT ; Optimal Replacement)

① 페이지 프레임에 새로운 참조 페이지를 가져오는 대신 앞으로 가장 오랫동안 사용되지 않을 페이지와 교체를 한다. 즉, OPT는 참조 페이지를 미리 알고 운영하므로 Hit율이 가장 높다.

② 참조 페이지가 페이지 프레임에 있으면 Hit라고 하고, 참조 페이지가 페이지 프레임에 없으면 페이지 부재(Page Fault)라고 한다.

3개의 페이지 프레임을 가진 기억장치에서 참조 페이지 번호 순서대로 페이지 참조가 발생할 때 OPT 기법을 사용할 경우 몇 회의 페이지 부재(Page Fault)가 발생하는가?(단, 초기 페이지 프레임은 모두 비어 있는 상태이다)

- 참조 페이지 번호 : 1, 2, 3, 4, 1, 3, 5, 3, 4, 3, 4, 6
- 페이지 프레임 수 : 3개

→ 페이지 부재는 6번이다.

▶ 다음과 같이 직접 기입을 하면서 Hit/Fault를 계산한다.

참조 페이지		페이지 프레임			Hit/Fault
1	→	1			Fault
2	→	1	2		Fault
3	→	1	2	3	Fault
4	→	1	4	3	Fault
1	→	1✔	4	3	Hit
3	→	1	4	3✔	Hit
5	→	5	4	3	Fault
3	→	5	4	3✔	Hit
4	→	5	4✔	3	Hit
3	→	5	4	3✔	Hit
4	→	5	4✔	3	Hit
6	→	6	4	3	Fault

Hit 6회, Fault 6회이다.

---

2 FIFO(First In First Out, 선입선출)

① 주기억장치에 들어와 있는 페이지에 타임 스탬프를 찍어 그 시간을 기억하고 있다가 먼저 들어온 페이지 부터 교체하는(제거하는) 전략으로, 주기억장치 내에 시간상으로 가장 오래된 페이지와 교체한다.

3개의 페이지 프레임을 가진 기억장치에서 참조 페이지 번호 순서대로 페이지 참조가 발생할 때 FIFO 기법을 사용할 경우 몇 회의 페이지 부재(Page Fault)가 발생하는가?(단, 초기 페이지 프레임은 모두 비어 있는 상태이다)

- 참조 페이지 번호 : 1, 2, 3, 4, 1, 2, 5, 1, 2, 3, 4, 5
- 페이지 프레임 수 : 3개

→ 페이지 부재는 9회이다.

▶ 다음과 같이 직접 기입을 하면서 Hit/Fault를 계산한다.

참조 페이지		페이지 프레임			Hit/Fault
1	→	1			Fault
2	→	1	2		Fault
3	→	1	2	3	Fault
4	→	4	2	3	Fault
1	→	4	1	3	Fault
2	→	4	1	2	Fault
5	→	5	1	2	Fault
1	→	5	1 ✔	2	Hit
2	→	5	1	2 ✔	Hit
3	→	5	3	2	Fault
4	→	5	3	4	Fault
5	→	5 ✔	3	4	Hit

Hit 3회, Fault 9회이다.

---

3 LRU(Least Recently Used, 최소 최근 사용)

① 현 시점을 기준으로 과거에 사용된 지(참조된 지, used) 가장 오래된 페이지를 교체하는 전략으로, 현 시점에서 가장 오랫동안 사용되지 않은 페이지와 교체한다.

② 각 페이지마다 계수기(시간 기억 영역)를 두어 사용하는 기법이다.

3개의 페이지 프레임을 가진 기억장치에서 참조 페이지 번호 순서대로 페이지 참조가 발생할 때 LRU 기법을 사용할 경우 몇 회의 페이지 부재(Page Fault)가 발생하는가?(단, 초기 페이지 프레임은 모두 비어 있는 상태이다)

- 참조 페이지 번호 : 1, 2, 3, 4, 1, 3, 5, 3, 2, 3, 4, 5
- 페이지 프레임 수 : 3개

→ 페이지 부재는 9번이다.
▶ 다음과 같이 직접 기입을 하면서 Hit/Fault를 계산한다.

1	→	1				Fault
2	→	1	2			Fault
3	→	1	2	3		Fault
4	→	4	2	3		Fault
1	→	4	1	3		Fault
3	→	4	1	3 ✔		Hit
5	→	5	1	3		Fault
3	→	5	1	3 ✔		Hit
2	→	5	2	3		Fault
3	→	5	2	3 ✔		Hit
4	→	4	2	3		Fault
5	→	4	5	3		Fault

Hit 3회, Fault 9회이다.

가상 메모리의 교체 정책 중 LRU(Least Recently Used) 알고리즘으로 구현할 때 그림에서 D 페이지가 참조될 때의 적재되는 프레임으로 옳은 것은?(단, 고정 프레임이 적용되어 프로세스에 3개의 프레임이 배정되어 있고, 4개의 서로 다른 페이지(A, B, C, D)를 B, C, B, A, D 순서로 참조한다고 가정한다)

페이지 주소 열

B
B

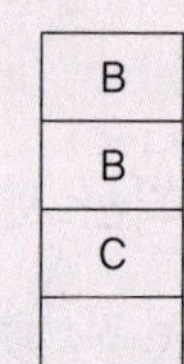

C
B
C

B
B
C

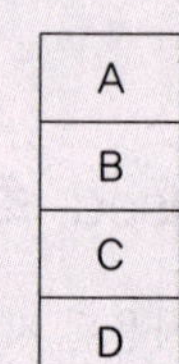

A
B
C
D

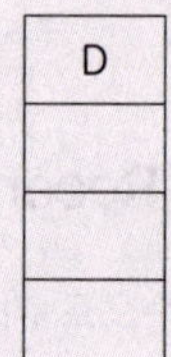

D

→	B
	D
	A

▶ LRU(Least Recently Used)는 현 시점을 기준으로 과거에 사용된 지(참조된 지, used) 가장 오래된 페이지를 교체하는 전략이다. D 페이지가 참조될 때 과거에 사용된 지 가장 오래된 페이지는 C이므로 C를 교체하고 D가 들어온다. 따라서 위에서부터 B, D, A의 순이다.

1 파일의 구성

① **파일 이름(Name)** : 파일을 식별하기 위한 문자열로, 확장자를 포함하여 파일의 형식을 나타낸다.
  예 document.txt, image.png
② **데이터(Data)** : 파일의 실제 내용으로, 텍스트, 이미지, 비디오, 오디오, 프로그램 코드 등 다양한 형태를 가진다.
③ **메타데이터(Metadata)** : 파일의 속성을 포함하는 정보로, 크기, 생성 날짜, 수정 날짜, 접근 권한 등을 포함한다.
④ **파일 디스크립터(File Descriptor)** : 운영체제가 파일을 관리하기 위해 사용하는 내부 식별자로, 파일의 위치, 크기, 상태 등을 추적한다.

2 파일의 유형

파일은 저장하는 데이터의 성격에 따라 다양한 유형으로 분류된다.

(1) 일반 파일(Regular File)

① **텍스트 파일(Text File)** : 사람이 읽을 수 있는 형식으로 저장된 파일 예 .txt, .csv, .html, .xml
② **바이너리 파일(Binary File)** : 기계가 해석할 수 있는 형식으로 저장된 파일 예 .exe, .jpg, .mp3, .mp4

(2) 디렉토리 파일(Directory File)

다른 파일이나 디렉토리를 포함하는 파일로, 파일 시스템 구조를 관리하는 역할을 한다.

(3) 특수 파일(Special File)

운영체제에서 하드웨어와 상호작용하는 파일로, 주로 장치 파일과 파이프 파일이 포함된다.
① **문자 장치 파일(Character Device File)** : 키보드, 마우스, 터미널과 같은 장치와의 입출력을 담당
② **블록 장치 파일(Block Device File)** : 하드디스크, USB와 같은 저장 장치와의 입출력을 담당
③ **파이프 파일** : 프로세스 간 통신(IPC)을 위한 파일

3 파일의 구조

파일의 내부 데이터 배치 방식에 따라 여러 구조가 존재한다.

(1) 순차 파일(Sequential File), 순차 접근 방식(Sequential Access File)

① 데이터가 순차적으로 저장되는 구조
② 파일 접근 시 처음부터 끝까지 읽어야 하므로 검색 속도가 느림
③ 주로 로그 파일, 데이터 백업 파일 등에 사용

④ 특징

- 파일을 순서대로 저장하고 처리하는 데 용이함
- 특정 데이터를 검색하거나 수정할 때 비효율적임

(2) 직접 파일 (Direct File), 직접 접근 방식(Direct Access File, 직접 파일)

① 데이터가 특정 키를 기반으로 직접 접근할 수 있도록 설계된 구조
② 해시(Hash) 함수를 사용하여 파일 내의 데이터 위치를 결정
③ 특징

- 특정 데이터에 빠르게 접근 가능
- 해시 충돌 문제가 발생할 수 있으며, 이를 해결하기 위한 추가 기법이 필요함

(3) 색인 순차 파일(Indexed Sequential File, ISAM 파일 ; Index Sequential Access Method 파일)

① 순차 파일(저장)과 직접 파일(접근)의 장점을 결합한 구조
② 색인(Index)을 추가하여 특정 데이터에 대한 검색을 빠르게 수행할 수 있음
③ 특징

- 색인을 통해 빠르게 데이터 검색이 가능
- 순차 접근과 직접 접근이 모두 가능하여 유연성이 높음
- 색인 파일을 관리해야 하므로 추가적인 저장 공간과 유지보수 비용이 발생

(4) 다중 색인 파일 (Multi-Level Indexed File)

① 색인을 계층적으로 구성하여 대용량 데이터에서도 빠른 검색이 가능하도록 설계된 구조
② 데이터베이스 시스템에서 널리 사용됨
③ 특징

- 검색 및 삽입, 삭제 작업이 효율적임
- B-트리, B+트리 등의 구조를 활용하여 성능 최적화 가능
- 구현 및 유지보수가 복잡함

[파일의 구조 비교]

파일 구조	데이터 저장 방식	검색 속도	장 점	단 점
순차 파일	연속된 순서로 저장	느 림	단순한 구현, 일괄 처리 용이	검색과 수정이 비효율적
직접 파일	해시 함수 사용	빠 름	빠른 검색 속도	해시 충돌 문제 발생 가능
색인 순차 파일	색인+순차 구조	보 통	검색 속도 향상, 유연성 높음	색인 관리 필요
다중 색인 파일	계층적 색인 구조	매우 빠름	대용량 데이터 처리에 적합	복잡한 구현

30　디스크 스케줄링

1　디스크 스케줄링(Disk Scheduling)

(1) 개념

① 운영체제가 디스크 입출력(I/O) 요청을 효율적으로 처리하기 위해 디스크 헤드의 이동 순서를 결정하는 알고리즘이다.

② 디스크 스케줄링의 목적 : 디스크 탐색 시간을 최소화하고, 응답 속도를 향상시키며, 시스템의 전반적인 처리량을 높이는 것이다.

③ 디스크 스케줄링이 필요한 이유

- 디스크는 물리적으로 동작하는 저장 장치이므로, 탐색 시간(Seek Time), 회전 지연 시간(Rotational Latency), 데이터 전송 시간(Transfer Time) 등의 요소가 성능에 영향을 미친다.
- 디스크 요청이 동시에 여러 개 발생하면 효율적인 순서로 처리하지 않으면 탐색 시간이 길어져 성능이 저하될 수 있다.
- 적절한 스케줄링 기법을 사용하면 탐색 시간을 줄이고, 입출력 처리량을 증가시킬 수 있다.

(2) 디스크 스케줄링 평가 기준

① 평균 탐색 시간(Seek Time)

- 탐색(Seek)이란 디스크의 헤드가 요청된 데이터가 위치한 트랙으로 이동하는 시간을 의미한다.
- 평균 탐색 시간이 짧을수록 스케줄링 성능이 우수하다.

② 평균 회전 지연 시간(Rotational Latency)

- 디스크 헤드가 올바른 트랙에 도달한 후, 필요한 데이터가 디스크 플래터(Platter)에서 회전하여 헤드 아래로 올 때까지 걸리는 시간이다.
- 회전 속도(RPM ; Revolutions Per Minute)에 따라 결정된다.

③ 평균 응답 시간(Response Time)

- 요청이 들어온 후 해당 요청이 처리되기까지 걸리는 전체 시간이다.
- 탐색 시간(Seek Time), 회전 지연 시간(Rotational Latency), 전송 시간(Transfer Time)을 모두 포함한다.

④ 처리량(Throughput)

- 단위 시간(초, 분)당 처리할 수 있는 I/O 요청의 개수를 나타낸다.
- 디스크 스케줄링 알고리즘이 효율적일수록 높은 처리량을 가진다.

⑤ 공정성(Fairness)

- 모든 요청이 적절한 시간 안에 처리되는지 평가하는 기준이다.
- 특정 요청이 과도하게 지연되지 않도록 보장해야 한다.
- 기아 현상(Starvation)이 발생하지 않도록 해야 한다.

⑥ 시스템 부하(System Overhead)

- 디스크 스케줄링 알고리즘이 시스템 자원을 얼마나 많이 소모하는지를 측정하는 지표이다.
- 알고리즘이 너무 복잡하면 CPU 부담이 커지고, 간단하면 최적의 디스크 성능을 내기 어려울 수 있다.

⑦ 실시간 성능(Real-Time Performance)

- 실시간 시스템에서는 특정 요청이 일정 시간 내에 반드시 완료되어야 한다.
- 실시간 성능을 보장하기 위해 일부 알고리즘은 마감 시간(Deadline)을 고려해야 한다.
- 실시간 시스템에서는 마감 시간 내에 요청을 처리할 수 있어야 한다.

2 FCFS(First Come First Served, 선착순 스케줄링)

① 요청 순서대로 디스크를 처리하는 가장 단순한 방식이다.
② 탐색 경로를 최적화하지 않기 때문에 비효율적인 경우가 많다.
③ 특징

- 구현이 단순하고 공정성이 보장됨
- 탐색 거리가 비효율적으로 증가할 가능성이 큼
- 요청이 많아지면 탐색 시간이 길어질 수 있음

FCFS(FIFO) 기법을 사용할 경우, 디스크 대기 큐의 작업들을 수행하기 위한 헤드의 이동 순서와 총 이동 거리는?(단, 초기 헤드의 위치는 50이다)

대기 큐 : 100, 150, 20, 120, 30, 140, 60, 70, 130, 200

바깥쪽 / 안쪽

0	20	30	60	70	100	120	130	140	150	200
		50								

- 이동 순서 : 50 → 100 → 150 → 20 → 120 → 30 → 140 → 60 → 70 → 130 → 200
- 총 이동 거리＝50＋50＋130＋100＋90＋110＋80＋10＋60＋70＝750

3 SSTF(Shortest Seek Time First, 최단 탐색 시간 우선)

① 가장 가까운 요청을 먼저 처리하는 방식이다.

② 탐색 시간을 최소화할 수 있지만, 기아(Starvation) 현상이 발생할 가능성이 있다.

③ 특징

- 탐색 거리를 줄여 성능이 향상됨

- 특정 요청이 무기한 대기할 수 있는 기아 현상 발생 가능

- 대화형 시스템에 부적합

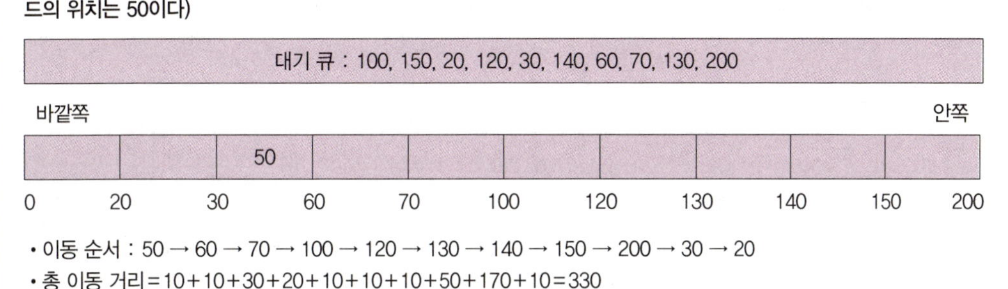

4 SCAN(Elevator Algorithm, 엘리베이터 알고리즘)

① 디스크 헤드가 한 방향으로 이동하면서 요청을 처리한 후, 끝에 도달하면 반대 방향으로 이동하는 방식이다.

② 요청을 고르게 처리하여 기아 현상을 방지할 수 있다.

③ 특징

- SSTF보다 공정성이 높음

- 탐색 거리를 줄이면서 기아 현상을 방지할 수 있음

- 끝점에 도달해야 반대 방향 요청을 처리할 수 있어 일부 요청의 응답 시간이 길어질 수 있음

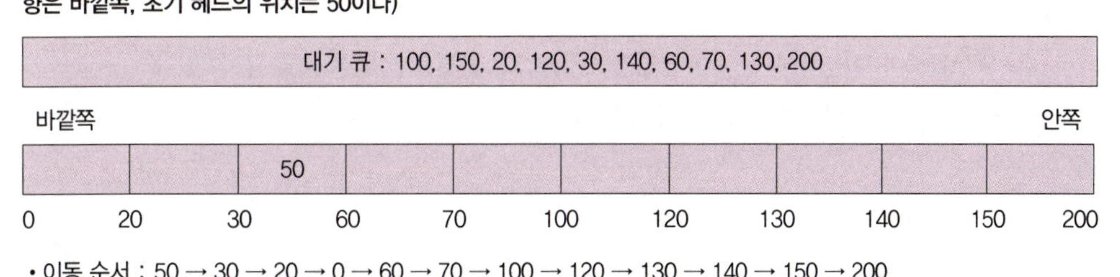

5 C-SCAN(Circular SCAN, 순환 스캔 알고리즘)

① SCAN 알고리즘과 유사하지만, 한 방향으로만 이동하고 끝까지 가면 처음으로 되돌아가 다시 요청을 처리한다.

② 특징

- SCAN보다 요청을 균등하게 처리할 수 있음
- 응답 시간이 일정하게 유지됨
- 끝에 도달하면 반대 방향의 요청을 무시하고 되돌아가야 하므로 일부 요청이 지연될 수 있음

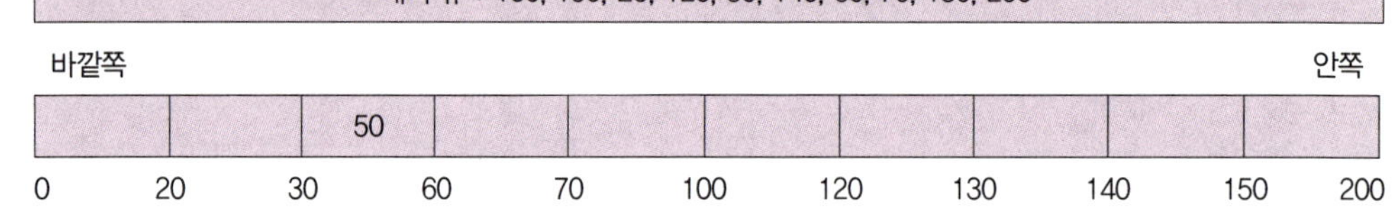

6 LOOK과 C-LOOK

(1) LOOK(개선된 SCAN, 단축 스캔 알고리즘)

① SCAN과 유사하지만 요청이 있는 위치까지만 이동하여, 방향을 바꾸어 역방향으로 진행하는 기법으로 불필요한 이동을 줄인다.

② 특징

- SCAN보다 효율적이며, 방향전환을 하며, 불필요한 탐색을 줄일 수 있음
- 기아 현상이 발생하지 않음

(2) C-LOOK(Circular 개선된 SCAN, 순환 단축 스캔 알고리즘)

① 한 방향으로 이동하며 요청을 처리하고, 끝까지 가면 처음으로 바로 이동한다.

② 특징

- C-SCAN보다 효율적이며, 방향전환을 하지않고, 불필요한 탐색을 줄일 수 있음
- 실시간 시스템, SSD, 일정 응답 시간 필요

현재 헤드의 위치가 50에 있고 트랙 0번 방향으로 이동하며, 요청 대기열에는 아래와 같은 순서로 들어있다고 가정할 때 SSTF(Shortest Seek Time First) 스케줄링 알고리즘에 의한 헤드의 총 이동 거리는 얼마인가?

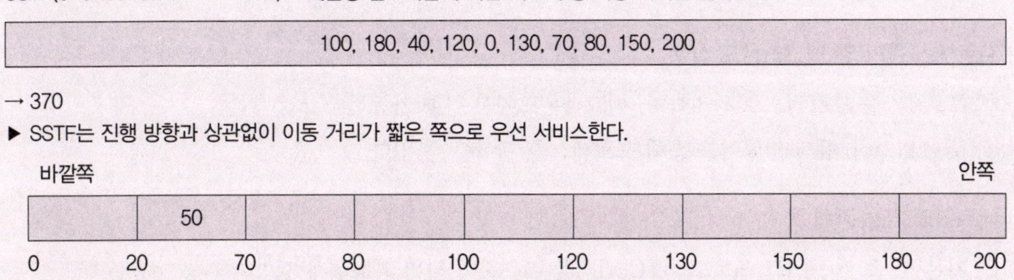

31 유닉스(UNIX)

1 유닉스(UNIX)의 특징

(1) 다중 사용자(Multi-User) 지원

① 여러 사용자가 동시에 시스템을 사용할 수 있다.

② 각 사용자는 독립적인 환경을 가질 수 있으며, 보안과 접근 제어가 강력하다.

(2) 다중 작업(Multi-Tasking) 지원

① 여러 프로세스를 동시에 실행 가능하다.

② 선점형(preemptive) 멀티태스킹을 지원하여 효율적인 리소스 관리 가능하다.

(3) 계층적 파일 시스템(Hierarchical File System)

① 디렉토리 구조를 사용하여 데이터를 체계적으로 저장한다.

② /(루트 디렉토리) 아래에 하위 디렉토리가 계층적으로 배치된다.

(4) 강력한 보안 및 권한 관리

① 사용자별 파일 및 디렉토리 접근 권한을 설정 가능(읽기, 쓰기, 실행 권한)하다.

② 루트(root) 사용자와 일반 사용자의 권한을 구분하여 보안성을 강화한다.

(5) 이식성(Portability) 및 개방성(Open Source)

① C 언어로 작성되어 다양한 하드웨어에서 실행 가능하다.

② 다양한 변종(리눅스, BSD 등)이 존재하며, 오픈소스 환경에서 발전한다.

(6) 쉘(Shell) 및 명령어 인터페이스 지원

① 사용자가 명령어를 입력하여 시스템을 조작할 수 있는 터미널 기반의 인터페이스 제공한다.

② 다양한 쉘(Bash, C Shell, Korn Shell 등)을 지원하여 유연한 환경 제공한다.

(7) 프로세스 관리 및 백그라운드 실행

① 프로세스를 효율적으로 관리하며, 백그라운드에서 실행 가능하다.

② ps, kill, top 등의 명령어를 통해 프로세스를 제어할 수 있다.

(8) 네트워크 기능 강력

① 기본적으로 네트워크 프로토콜(TCP/IP)을 지원하여 서버 환경에서 강력한 기능 제공한다.

② SSH, FTP, Telnet 등의 네트워크 명령어 지원한다.

2 유닉스의 주요 구성 요소

(1) 커널(Kernel)

① 하드웨어와 소프트웨어를 연결하는 핵심 부분이다.

② 프로세스, 메모리, 파일 시스템, 네트워크 등을 관리한다.

(2) 쉘(Shell)

① 사용자가 입력한 명령어를 해석하고 실행하는 역할이다.

② 대표적인 쉘 : Bash, C Shell, Korn Shell

(3) 파일 시스템(File System)

① 모든 데이터를 파일 형태로 저장하며, 계층적인 디렉토리 구조 사용한다.

(4) 유틸리티(Utility)

① 다양한 시스템 관리 및 작업 수행을 위한 도구이다.

　예 ls, grep, sed, awk 등

3 유닉스의 장점과 단점

(1) 장점

① 안정성 및 보안성 : 서버 환경에서 강력한 보안과 안정성을 제공

② 다중 사용자 및 멀티태스킹 : 많은 사용자가 동시에 시스템을 사용할 수 있음

③ 네트워크 기능 강력 : 서버 운영체제로 최적화됨

④ 이식성 높음 : 다양한 하드웨어에서 실행 가능

(2) 단점

① 사용이 어려움 : CLI(명령어 인터페이스) 기반으로 초보자에게 어려울 수 있음

② 소프트웨어 호환성 문제 : 일부 소프트웨어가 유닉스를 지원하지 않을 수 있음

③ GUI(그래픽 인터페이스) 부족 : 기본적으로 터미널 환경이 중심이므로, GUI 지원이 부족한 경우가 있음

◾4 유닉스 파일 시스템의 구조

(1) 유닉스 파일 시스템의 주요 개념

① 모든 것이 파일(All is File)

- 유닉스에서는 모든 것을 파일로 취급함
- 일반 파일(문서, 실행 파일 등)
- 디렉토리(폴더)
- 장치 파일(하드웨어 장치도 파일처럼 접근 가능)
- 소켓 및 파이프(프로세스 간 통신)

② 계층적 디렉토리 구조

루트 디렉토리(/)를 최상위로 두고, 트리(Tree) 형태로 파일과 디렉토리가 배치됨

③ 파일의 속성 및 권한 관리(유닉스/리눅스)

- 사용자(User), 그룹(Group), 기타(Others)로 권한을 나눔
- 읽기(r), 쓰기(w), 실행(x) 권한을 설정 가능

(2) 유닉스 파일 시스템의 구조적 구성 요소

① 슈퍼블록(Superblock)

- 파일 시스템 전체의 메타데이터를 저장하는 영역
- 파일 시스템 크기, inode 정보, 블록 크기 등의 정보를 포함
- 파일 시스템이 마운트될 때 운영체제가 먼저 읽는 정보

② 인노드(inode)

- 파일에 대한 정보를 저장하는 데이터 구조체
- 파일 이름을 저장하지 않고, 파일 속성과 데이터 위치를 저장
- 각 파일마다 고유한 inode 번호를 가짐
- inode에 저장되는 정보
  - 파일 유형(일반 파일, 디렉토리, 심볼릭 링크 등)
  - 파일 크기
  - 파일 소유자 및 그룹
  - 파일 접근 권한(rwx)
  - 파일 생성/수정/접근 시간
  - 데이터 블록 위치

제4과목

③ 데이터 블록(Data Block)

- 실제 파일 데이터를 저장하는 공간

- 각 블록은 고유한 주소를 가지며, inode가 해당 블록을 참조함

- 파일 크기가 크면 여러 개의 블록을 사용

④ 디렉토리 블록(Directory Block)

- 디렉토리 정보를 저장하는 블록

- 파일 이름과 inode 번호의 매핑 정보를 가짐

5 파일의 속성 및 권한 관리(유닉스/리눅스)

(1) 파일 속성(File Attributes)

① 유닉스 파일 시스템에서 파일 속성은 ls -l 명령어를 사용하여 확인할 수 있다.

예 출력 결과의 각 항목 설명

```
$ ls -l file.txt
-rw-r--r-- 1 user group 1024 Feb 5 12:00 file.txt
```

필 드	예 시	설 명
파일 유형 및 권한	-rw-r--r--	파일 유형(- : 일반 파일, d : 디렉토리) 및 권한
링크 수	1	해당 파일을 가리키는 하드 링크 수
사용자(User)	user	파일을 소유한 사용자
그룹(Group)	group	파일이 속한 그룹
파일 크기	1024	파일 크기(바이트 단위)
수정 시간	Feb 5 12:00	마지막 수정 시간
파일 이름	file.txt	파일명

(2) 파일 권한(File Permissions)

유닉스/리눅스의 파일 권한은 사용자(User), 그룹(Group), 기타(Others)로 나누어 관리된다.

① 파일 권한 구조

권 한	기 호	숫 자
읽기(Read)	r	4
쓰기(Write)	w	2
실행(Execute)	x	1

② 파일 권한 표시 방법

• 파일 권한은 ls −l 명령어로 확인할 수 있다.

예

```
$ ls −l script.sh
−rwxr−xr— 1 user group 4096 Feb 5 14:00 script.sh
```

각 부분의 의미 :

구 분	권한 문자열	의 미
파일 유형	−	일반 파일 (d : 디렉토리)
사용자(User)	rwx	읽기, 쓰기, 실행 가능
그룹(Group)	r−x	읽기, 실행 가능(쓰기 불가)
기타(Others)	r—	읽기만 가능

UNIX 명령어 ls −l을 수행했을 때의 결과에 대한 설명으로 알맞지 않은 것은?

−rwxr−xr − − 2 peter staff 3542 8월 31일 10:00 aaash

→ peter라는 사용자는 aaash 파일을 수정할 수 있다.
→ staff 그룹 사용자는 aaash 파일을 실행할 수 있다.
→ aaash 파일은 심볼릭 링크(Symbolic Link)가 2개 있다(×).
→ 다른 사용자도 이 파일의 내용을 볼 수 있다.
▶ aaash 파일은 하드 링크가 2개 있다.

32 유닉스의 주요 명령어

1 파일관리 호출 명령어

(1) 파일 속성 및 권한 관리 관련 명령어

파일의 소유권, 권한, 접근 제어를 담당한다.

명령어	설 명
access	파일의 접근 가능성을 확인(파일이 존재하는지, 특정 권한이 있는지 검사)
chgrp	파일이 속한 그룹 변경(chgrp newgroup file.txt)
chmod	파일의 읽기(r), 쓰기(w), 실행(x) 권한변경(chmod 755 file.txt)
chown	파일의 소유자 변경(chown newuser file.txt)

(2) 파일 조작 관련 명령어

파일을 생성, 열기, 닫기, 복사, 삭제 등의 기능을 수행한다.

명령어	설 명
close	파일을 닫고 FCB(File Control Block) 해제
creat	파일을 새로 생성(touch 명령어와 유사)
dup	이미 열린 파일의 파일 디스크립터 복사
open	파일을 열고 FCB 할당(파일 디스크립터 반환)

(3) 파일 시스템 관리 명령어

파일 시스템의 검사, 생성, 복구를 위한 명령어이다.

명령어	설 명
fsck	파일 시스템 무결성 검사 및 복구 (fsck -y /dev/sda1)
mkfs	새로운 파일 시스템을 생성 (mkfs.ext4 /dev/sda1)

2 디렉토리 관리 호출 명령어

(1) 디렉토리 이동 및 정보 조회 관련 명령어

명령어	설 명	리눅스 명령어 예제
chdir	현재 작업 디렉토리를 변경	cd /home/user/documents
pwd	현재 작업 디렉토리의 경로 출력	pwd

(2) 디렉토리 및 특수 파일 생성 관련 명령어

명령어	설 명	리눅스 명령어 예제
mkdir	새로운 디렉토리를 생성	mkdir new_directory
mknod	특수 파일(장치 파일, FIFO 등)을 생성	mknod my_fifo p

(3) 디렉토리 및 파일 시스템 삭제/해제 관련 명령어

명령어	설 명	리눅스 명령어 예제
rmdir	비어있는 디렉토리를 삭제	rmdir empty_dir
umount	파일 시스템을 마운트 해제	umount /mnt/external

(4) 파일 시스템 마운트 및 메모리 관리 관련 명령어

명령어	설 명	리눅스 명령어 예제
mount	기존 파일 시스템을 서브 디렉토리에 연결(마운트)	mount /dev/sdb1 /mnt/external
brk	데이터 세그먼트 크기 변경	sbrk(1024);(C 코드 내 호출)

명령어	설 명	리눅스 명령어 예제
exec	새로운 프로그램을 실행	exec ls -l
exit	프로세스를 종료	exit
fork	자식 프로세스를 생성	fork()(C 코드 내 사용)
getpid	현재 프로세스의 PID 확인	echo $$
getppid	부모 프로세스의 PID 확인	echo $PPID
kill	프로세스를 종료	kill -9 〈PID〉
preemption	자원 사용 권한을 선점	커널 스케줄러에 의해 자동 실행
ps	프로세스 상태 출력	ps aux
signal	신호에 대한 프로세스의 처리 지정	kill -SIGTERM 〈PID〉
sleep	일정 시간 동안 대기	sleep 5
uname	운영체제 정보 출력	uname -a
wait	자식 프로세스가 종료될 때까지 기다림	wait
&	백그라운드 작업 실행	command &

4 프로세스 간 통신 호출 명령어

명령어	설 명	리눅스 명령어 예제
abort	비정상적인 프로세스를 종료	abort()(C 코드 내 사용)
finger	로그인 중인 유저 정보 출력	finger 〈username〉
mail	이메일 읽기	mail
pipe	프로세스 간 통신 경로 설정	pipe()(C 코드 내 사용)
semget	세마포어 설정	semget()(C 코드 내 사용)

5 범용 명령어

명령어	설 명	리눅스 명령어 예제
cat	파일 내용을 출력	cat filename
cp	파일 복사	cp source.txt destination.txt
df	디스크 사용 정보 출력	df -h
diff	두 파일의 차이 비교	diff file1 file2
du	디스크 용량 사용 정보	du -sh folder/
grep	파일에서 문자열 검색	grep "search_term" file.txt

lp	파일을 프린터로 출력	lp file.txt
lpr	리눅스에서 프린터로 파일 출력	lpr file.txt
ls	디렉토리 목록 출력	ls -l
man	명령어 설명 출력	man ls
mkfs	파일 시스템 생성	mkfs.ext4 /dev/sda1
mv	파일 이동 또는 이름 변경	mv oldname.txt newname.txt
rm	파일 삭제	rm filename

기출 Point

UNIX 명령어의 기능 설명이 옳지 않은 것은?
→ fork – 새로운 프로세스를 생성한다.
→ getpid – 자신의 프로세스 id를 얻는다.
→ getppid – 자식 프로세스의 id를 얻는다(×).
→ exit – 프로세스 수행을 종료한다.
▶ getppid – 부모 프로세스 아이디를 얻는다.

33 　리눅스(LINUX)

1 　리눅스의 정의

① 유닉스를 기반으로 한 오픈 소스 운영 체제이다.
② 1991년 리누스 토르발스(Linus Torvalds)가 개발을 시작하였으며, 전 세계 개발자들의 참여로 발전해 왔다.
③ 소스 코드가 공개되어 있어 누구나 자유롭게 사용, 수정, 배포할 수 있으며, 서버, 데스크탑, 임베디드 시스템 등 다양한 환경에서 활용된다.
④ 멀티태스킹, 다중 사용자 환경, 보안, 네트워크 기능 등에서 뛰어난 성능을 발휘하며, 유닉스 철학을 기반으로 한 안정적이고 효율적인 시스템을 제공한다.

2 　리눅스의 특징

① 오픈 소스 : 소스 코드가 공개되어 있어 누구나 수정하고 개선할 수 있으며, 개발자들이 활발히 참여하여 시스템이 발전한다.
② 다중 사용자 지원 : 여러 사용자가 동시에 시스템에 접속하여 독립적으로 작업할 수 있다.
③ 다중 작업 : 여러 프로그램을 동시에 실행하고 CPU 자원을 효율적으로 배분하여 작업을 원활히 처리한다.
④ 유닉스 기반 : 유닉스 철학을 따르며, 안정적이고 효율적인 파일 시스템과 프로세스 관리 기능을 제공한다.

⑤ **강력한 커맨드 라인 인터페이스(CLI)** : 명령어를 통해 시스템을 빠르고 효율적으로 제어할 수 있고, 서버 환경에서 유용하다.

⑥ **보안** : 사용자 권한 관리와 보안 모듈(SELinux)을 통해 강력한 보안을 제공한다.

⑦ **파일 시스템** : 다양한 파일 시스템(ext4, XFS 등)을 지원하고, 장치 파일을 관리하는 구조를 가진다.

⑧ **네트워크 지원** : 다양한 네트워크 프로토콜을 지원하며, 네트워크 설정과 관리가 용이하다.

⑨ **모듈화** : 커널과 시스템이 모듈화되어, 필요한 기능만 로드하고 불필요한 기능은 비활성화할 수 있어 자원을 효율적으로 사용한다.

⑩ **배포판** : 다양한 배포판(우분투, 레드햇, 센트OS 등)이 존재하며, 각 배포판은 특정 용도에 맞게 최적화되어 있다.

기출 Point

리눅스 운영체제에 대한 설명으로 알맞지 않은 것은?
→ 리눅스는 마이크로커널(Microkernel) 방식으로 구현되었으며 커널 코드의 임의의 기능들을 동적으로 적재(Load)하여 사용할 수 있다(×).
→ 리눅스 커널 2.6 버전의 스케줄러는 임의의 프로세스를 선점할 수 있으며 우선순위 기반 알고리즘이다.
→ 리눅스 운영체제는 윈도우 파일 시스템인 NTFS와 저널링 파일 시스템인 JFFS를 지원한다.
→ 리눅스는 다중 사용자와 다중 프로세서를 지원하는 다중 작업형 운영체제이다.
▶ 리눅스는 마이크로 커널(Microkernel) 방식이 아니라 단일형(Monolithic, 모놀리틱) 커널 방식이다.

---

34 데이터 모델의 구성요소

1 데이터 모델의 3요소

(1) 개념

① 데이터 모델은 구조, 연산, 제약조건을 중심으로 데이터의 설계 및 운영을 규명한다.

② 데이터베이스 설계에서 데이터의 조직, 처리 방법, 그리고 이를 관리하는 규칙을 정의한다.

③ 데이터 모델을 정의하고 활용하는 데 필수적인 구성 요소로, 데이터베이스의 구조적 정의, 데이터 조작, 그리고 무결성 유지를 위해 필요하다.

(2) 구조(Structure)

① 데이터 모델에서 데이터가 어떻게 구성되고 저장될지에 대한 규칙을 정의하고, 데이터를 조직하는 방식, 즉 데이터가 어떤 형태로 저장될지를 나타낸다.

② 예시
- 관계형 데이터베이스에서 테이블, 행, 열이 구조에 해당
- 개체(Entity)와 그에 속한 속성(Attribute), 개체 간의 관계(Relationship) 등

(3) 연산(Operations)

① 정의 : 데이터에 대해 어떤 작업을 수행할 수 있을지를 정의하는 요소

② 데이터에 대한 검색, 삽입, 수정, 삭제와 같은 작업을 포함하며, 이를 통해 데이터베이스를 실제로 조작할 수 있다.

③ 예시

- 관계형 데이터베이스에서는 SELECT, INSERT, UPDATE, DELETE 같은 SQL 명령어가 연산에 해당
- 집합 연산(합집합, 교집합, 차집합)이나 조인(Join) 등

(4) 제약조건(Constraints)

① 정의 : 데이터 모델에서 데이터의 무결성을 보장하기 위한 규칙을 정의

② 데이터가 저장되거나 변경될 때 어떤 조건을 만족해야 하는지를 설정하는 요소이다.

③ 예시

- 기본키(Primary Key) 제약조건 : 각 레코드는 고유해야 한다.
- 외래키(Foreign Key) 제약조건 : 다른 테이블의 값을 참조해야 한다.
- 유일성 제약조건 : 특정 열의 값은 반드시 유일해야 한다.
- NOT NULL : 특정 속성은 반드시 값이 존재해야 한다.

2 개체–관계 모델 (ER 모델)의 핵심 요소

① ER 모델은 데이터베이스 설계의 논리적 구조를 나타내며, 개체, 속성, 관계라는 세 가지 핵심 요소로 구성된다.

② 이 모델은 데이터를 어떻게 정의하고, 이들 간의 관계를 어떻게 표현할지를 중점적으로 다룬다.

(1) 개체(Entity)

① 데이터 모델에서 개체는 실세계에서 존재하는 객체나 개념을 나타낸다.

예 학생, 교수, 제품, 직원 등이 개체가 될 수 있다.

② 각 개체는 고유한 식별자를 가질 수 있다.

(2) 속성(Attribute)

① 개체가 가지는 특성이나 성질을 의미한다.

예 학생 개체는 학번, 이름, 나이, 학과와 같은 속성을 가질 수 있다.

② 속성은 개체의 세부적인 정보를 제공한다.

(3) 관계(Relationship)

① 두 개 이상 개체 간의 상호작용이나 연관, 어떻게 연결되는지를 나타내는 요소이다.

예 학생과 수업은 등록이라는 관계를 통해 연결될 수 있다.

② 관계는 개체들이 어떻게 상호작용하는지 정의한다.

[개체-관계 모델과 데이터 모델의 핵심 요소 차이점]

구 분	개체-관계 모델(ER 모델)	데이터 모델
목 표	데이터베이스의 논리적 설계 및 구조 정의	데이터베이스의 저장 방식 및 데이터 처리 규칙 정의
핵심 요소	개체, 속성, 관계	구조, 연산, 제약조건
초 점	현실 세계의 개체와 그들 간의 관계를 모델링	데이터베이스 내 데이터의 구조적 조직 및 처리 방법
관계의 정의	개체 간의 관계를 명시하며, 관계의 방향성, 다중성 등을 정의	데이터의 관계는 테이블 간의 외래 키 등으로 표현됨
사용 예	데이터베이스 설계 단계에서 사용됨	데이터베이스 구현 및 데이터 처리 단계에서 사용됨
표현 방식	다이어그램(ER 다이어그램)을 사용하여 시각적으로 표현	관계형 모델이나 객체 모델과 같은 형태로 구체화됨

3 개체(Entity)의 구성 요소

① 속성(Attribute) : 개체가 가지고 있는 특성을 말한다. 회원들의 속성으로 회원번호, 이름, 주소, 전화번호, 이메일주소, 주민등록번호 등을 예상할 수 있다.
② 개체 타입(레코드 타입) : 속성으로만 기술된 개체의 정의를 말한다.
③ 개체 인스턴스 : 개체를 구성하고 있는 각 속성들이 값을 가져 하나의 개체를 나타내는 것으로, 개체 어커런스라고도 한다.
④ 개체 세트 : 개체 인스턴스의 집합을 말한다.

35 데이터베이스 설계

1 데이터베이스 설계(모델링) 단계

① **요구조건 분석** : 사용자의 요구사항을 수집하고 분석하여 요구조건 명세서를 작성하는 단계
② **개념적 설계**
- 현실 세계 데이터를 개념적으로 표현,
- E-R 다이어그램을 활용하여 개체, 속성, 관계를 정의
③ **논리적 설계**
- 특정 DBMS에 맞게 논리적 데이터 구조(테이블, 속성, 관계) 설계
- 정규화를 통해 데이터 중복 최소화
- 관계형 데이터 모델(RDBMS), 계층형 모델, 네트워크 모델 등이 존재
④ **물리적 설계**
- 물리적 저장 구조 및 인덱스 설계
- 성능 및 보안 고려하여 최적화

- 논리적 데이터 모델을 실제 DBMS의 물리적 저장구조로 변환

⑤ 구현

- DBMS에서 SQL(DDL)을 사용하여 데이터베이스 생성
- 실제 데이터를 입력하고 시스템을 테스트

2 개념적 설계(정보 모델링, 개념화)

(1) 개념

① 현실 세계의 데이터를 추상적으로 표현하는 모델

② 업무 중심의 모델링으로, 특정 DBMS에 종속되지 않음

③ 개체(Entity), 속성(Attribute), 관계(Relationship)를 중심으로 표현

④ 대표적인 모델 : E-R(Entity-Relationship) 모델

(2) 예시

① 회원(Member) 개체에는 회원번호(ID), 이름(Name), 주소(Address) 등의 속성이 있음

② 회원과 주문(Order) 개체 간의 관계를 "1:N(한 명의 회원이 여러 개의 주문을 할 수 있음)"으로 표현

3 논리적 설계(데이터 모델링)

(1) 개념

① 특정 DBMS에 맞춰 데이터를 논리적으로 구조화하는 단계

② 정규화(Normalization)를 적용하여 데이터 중복을 최소화

③ 테이블, 속성, 키, 관계 등을 정의

④ 관계형 데이터 모델(RDBMS), 계층형 모델, 네트워크 모델 등이 존재

(2) 예시(관계형 모델 기반)

① 회원(Member)테이블

회원번호(ID)	이름(Name)	주소(Address)
1001	홍길동	서울시 강남구
1002	이몽룡	대전시 중구

② 주문(Order)테이블

주문번호(OrderID)	회원번호(MemberID)	상품명(Product)
5001	1001	노트북
5002	1002	스마트폰

4 물리적 설계(데이터 구조화)

(1) 개념

① 논리적 데이터 모델을 실제 DBMS의 물리적 저장구조로 변환

② 성능 최적화를 위해 인덱스, 파티셔닝, 저장방식 결정

③ 데이터 타입, 테이블 공간, 파일 구조 고려

(2) 예시(MySQL기반)

```
CREATE TABLE Member (
    ID INT PRIMARY KEY,
    Name VARCHAR(50),
    Address VARCHAR(100)
);

CREATE TABLE Order (
    OrderID INT PRIMARY KEY,
    MemberID INT,
    Product VARCHAR(50),
    FOREIGN KEY (MemberID) REFERENCES Member(ID)
);
```

기출 Point

데이터베이스 설계에 대한 설명으로 옳지 않은 것은?
→ 요구 조건 분석 단계는 사용자의 요구 조건을 수집하고 분석하여 사용자가 의도하는 데이터베이스의 용도를 파악해야 한다.
→ 개념적 설계 단계에서는 트랜잭션 인터페이스 설계, 스키마의 평가 및 정제 등의 작업을 수행한다(×).
→ 논리적 설계 단계에서는 개념적 설계 단계에서 만들어진 정보 구조로부터 특정 목표 DBMS가 처리할 수 있는 스키마를 생성한다.
→ 물리적 설계 단계에서는 저장 구조와 접근 경로 등을 결정한다.
▶ 논리적 설계 단계에서 트랜잭션 인터페이스 설계, 스키마의 평가 및 정제 등의 작업을 수행한다.

1 데이터 모델의 분류

① 개념적 데이터 모델 : 개체-관계(E-R, Entity-Relation) 모델
② 논리적 데이터 모델 : 관계형 데이터 모델, 계층형 데이터 모델, 망형 데이터 모델

2 개체-관계(E-R, Entity-Relationship) 모델

(1) 개념

① 현실 세계의 데이터를 개체(Entity), 속성(Attribute), 관계(Relationship)로 표현하는 개념적 데이터 모델이다.
② 주로 데이터베이스 설계의 초기 개념 모델링 단계에서 사용되며, E-R 다이어그램(ERD)을 통해 데이터를 시각적으로 표현할 수 있다.

(2) E-R 모델의 핵심 요소

① 개체(Entity) : 저장할 대상(객체)
  예 회원(Member), 상품(Product), 주문(Order)
② 속성(Attribute) : 개체의 특성을 나타내는 데이터
  예 회원번호(ID), 이름(Name), 이메일(Email)
③ 관계(Relationship) : 개체 간의 연관성을 정의
  예 회원이 주문을 한다(회원과 주문의 관계).
④ 키(Key) : 각 개체를 고유하게 식별하는 값
  예 회원번호(ID)는 회원(Member) 개체의 기본 키

기출 Point

개체-관계(E-R) 모델에 대한 설명으로 옳지 않은 것은?
→ E-R 다이어그램으로 표현하며 피터 첸(P. Chen)이 제안했다.
→ 일대일(1 : 1) 관계 유형만을 표현할 수 있다(×).
→ 개체 타입과 이들 간의 관계 타입을 이용해 현실 세계를 개념적으로 표현한 방법이다.
→ E-R 다이어그램은 E-R 모델을 그래프 방식으로 표현한 것이다.
▶ E-R 다이어그램으로 표현하며, 1 : 1(일 대 일), 1 : N(일 대 다), N : M(다 대 다) 등의 관계 유형을 제한 없이 나타낼 수 있다.

(3) E-R 다이어그램

기 호	기호 이름	의 미
(사각형)	사각형	개체 타입(개체 집합)
(다이아몬드)	다이아몬드	관계 타입(관계 집합)
(타원)	타 원	속성(Attribute)
(밑줄 타원)	밑줄 타원	기본키 속성
(복수 타원)	복수 타원	복합 속성 예 성명은 성과 이름으로 구성
(관계 n m)	관 계	1:1, 1:n, n:m 등의 개체 관계에 대해 선 위에 대응수 기술
(선, 링크)	선, 링크	개체 타입과 속성을 연결

(4) E-R 모델 예시(회원과 주문 관계)

[회원(Member)] ──── (주문한다) ──── [주문(Order)]

① 회원(Member) 속성 : 회원번호(ID), 이름(Name), 이메일(Email)

② 주문(Order) 속성 : 주문번호(OrderID), 주문일(OrderDate), 상품(Product)

③ 관계(Relationship) : "회원이 주문을 한다"(1:N 관계)

기출 Point

개체–관계 모델(E-R Model)에 대한 설명으로 옳지 않은 것은?
→ 특정 DBMS를 고려한 것은 아니다.
→ E-R 다이어그램에서 개체 타입은 사각형, 관계 타입은 타원, 속성은 다이아몬드로 나타낸다(×).
→ 개체 타입과 관계 타입을 기본 개념으로 현실 세계를 개념적으로 표현하는 방법이다.
→ 1976년 Peter Chen이 제안하였다.
▶ E-R 다이어그램에서 개체 타입은 사각형, 관계 타입은 다이아몬드, 속성은 타원으로 나타낸다.

(1) 개념

① 관계형 데이터 모델(RDBMS ; Relational Database Management System)은 데이터를 테이블(Table, Relation) 형태로 저장하고, 개체 간의 관계를 열(Column)과 행(Row)으로 표현하는 데이터베이스 관리 시스템이다.

② 관계형 데이터 모델은 수학적 이론(집합론, 관계 대수)에 기반하여 데이터를 구조적으로 관리하며, SQL(Structured Query Language)을 사용하여 데이터를 조작할 수 있다.

(2) 관계형 데이터 모델의 핵심 개념

① 테이블(Table, Relation) : 데이터를 저장하는 기본 단위, 행(Row, Tuple)과 열(Column, Attribute)로 구성

예 회원(Member) 테이블, 주문(Order) 테이블

② 열(Column, Attribute) : 테이블에서 데이터를 저장하는 속성

예 회원번호(ID), 이름(Name), 이메일(Email)

③ 행(Row, Tuple) : 테이블에서 하나의 레코드(데이터 한 줄)

예 특정 회원 정보 (1001, 홍길동, hong@example.com)

④ 키(Key) : 각 행을 고유하게 식별하는 값

- 기본 키(Primary Key, PK) : 테이블에서 중복되지 않는 유일한 값
- 외래 키(Foreign Key, FK) : 다른 테이블을 참조하는 키

  예 회원번호(ID)는 회원(Member) 테이블의 기본 키

⑤ 관계(Relationship) : 두 개 이상의 테이블 간의 연관성으로 1:1 관계, 1:N 관계, M:N 관계 존재

예 회원(Member) – 주문(Order) → "회원이 주문을 한다" (1:N 관계)

(3) 관계형 데이터 모델의 특징

① 데이터 독립성 : 데이터와 애플리케이션 분리 가능

② 데이터 무결성(Integrity) 보장 : 키를 통해 중복 및 오류 방지

③ 데이터 일관성(Consistency) 유지 : 트랜잭션을 통한 데이터 보호

④ SQL을 통한 효율적 데이터 조작 : 검색, 삽입, 수정, 삭제 용이

(4) 관계형 데이터 모델 예시(회원과 주문 관계)

① 회원(Member)테이블

회원번호(ID)	이름(Name)	이메일(Email)
1001	홍길동	hong@example.com
1002	이순신	lee@example.com

② 주문(Order)테이블

주문번호(OrderID)	회원번호(MemberID, FK)	주문일(OrderDate)
2001	1001	2024-02-05
2002	1002	2024-02-06

③ 관계(1:N 관계)

- 회원(Member)의 회원번호(ID)가 주문(Order)의 회원번호(MemberID)를 외래 키(FK)로 참조
- 즉, 한 명의 회원이 여러 개의 주문을 할 수 있음(1:N 관계)

4 계층형 데이터 모델(Hierarchical Data Model)

(1) 개념

① 데이터를 트리(Tree) 구조로 계층적으로 저장하는 데이터 모델이다.

② 부모-자식(Parent-Child) 관계로 데이터가 연결되며, 한 개의 부모 노드는 여러 개의 자식 노드를 가질 수 있지만, 자식 노드는 하나의 부모만 가질 수 있다.

③ 현재는 많이 사용되지 않지만, 옛날 데이터베이스 시스템, 파일 시스템, 조직도, 디렉토리 구조 등에 활용

(2) 특징

① 트리(Tree) 구조 기반

- 데이터가 부모-자식 관계로 연결됨
- 계층적으로 상위(Parent)에서 하위(Child)로 데이터 탐색

② 1:N(One-to-Many) 관계만 허용

- 한 개의 부모 노드는 여러 개의 자식 노드를 가질 수 있음
- 하나의 자식 노드는 반드시 하나의 부모를 가져야 함

③ 빠른 데이터 접근 속도

- 데이터의 연결 구조가 명확하여 탐색(Search)이 빠름
- 파일 시스템 및 옛날 데이터베이스에서 사용

(3) 계층형 데이터 모델 예시

① 조직도를 예로 든 트리 구조

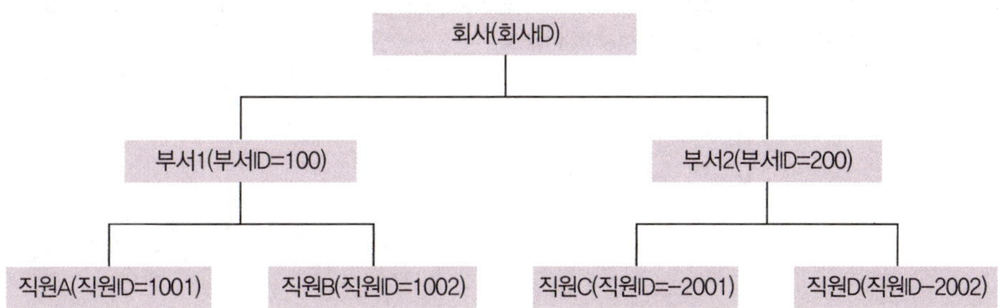

② 계층형 데이터 모델을 테이블로 표현

- 부서(Department)테이블

부서ID(DeptID)	부서명(Name)	상위부서(ParentDeptID)
100	영업부	NULL
200	개발부	NULL
110	국내영업팀	100
120	해외영업팀	100

- 직원(Employee)테이블

직원ID(EmpID)	직원명(Name)	부서ID(DeptID)
1001	김영업	110
1002	이영업	110
2001	박개발	200

  - 부서와 직원은 1:N 관계로 연결

    예 1001(김영업)은 110(국내영업팀)에 속함

(4) 계층형 데이터 모델의 장단점

① 장점

- 데이터 접근 속도가 빠름 : 부모−자식 관계가 명확해 탐색이 빠름
- 데이터 무결성 보장 : 부모가 없으면 자식이 존재할 수 없음
- 조직도, 파일 시스템 등 계층적인 데이터 표현에 적합

② 단점

- M:N(다대다) 관계 표현이 어려움 : 반드시 1:N 구조여야 함
- 유연성이 부족함 : 구조 변경이 어려워 유지보수가 복잡
- 데이터 중복 가능성 : 같은 데이터가 여러 곳에 중복 저장될 수 있음

기출 Point

계층 데이터 모델에서 두 레코드 간에 직접 표현 방법을 제공하지 않는 것은?

→ 1 : 1 관계   → M : N 관계(×)

→ 1 : N 관계   → 두 개의 1 : N 관계

▶ 계층형 데이터 모델에서 두 레코드 간에 직접 표현 방법을 제공하는 것은 1 : 1 관계, 1 : N 관계, 두 개의 1 : N 관계 등이고, M : N 관계(또는 N : M 관계)는 제공하지 않는다.

5 망(그래프, 네트워크)형 데이터 모델

(1) 개념

① 데이터가 그래프(Graph) 형태로 연결된 데이터 모델이다.

② 여러 개의 부모와 여러 개의 자식을 가질 수 있는 복잡한 M:N(다대다) 관계를 지원한다.

- 계층형 데이터 모델이 트리(Tree) 구조(1:N 관계)를 기반으로 한다면,
- 망형 데이터 모델은 그래프(Graph) 구조(M:N 관계)를 허용하여 더 복잡한 관계를 표현할 수 있다.

(2) 특징

① 그래프(Graph) 구조 기반

- 데이터 간 M:N(다대다) 관계를 허용
- 각 데이터가 여러 부모(Owner)와 여러 자식(Member)를 가질 수 있음

② 복잡한 관계 표현 가능

- 하나의 데이터가 여러 데이터와 연결될 수 있어 다양한 연관 관계 표현 가능
  예 "학생이 여러 과목을 듣고, 한 과목을 여러 학생이 수강할 수 있는 경우"

③ 데이터 탐색을 위해 포인터 사용

- 데이터를 연결하는 포인터(Pointer) 기반 접근 방식 사용
- 특정 데이터를 조회할 때 포인터를 따라 탐색해야 하므로 빠르게 접근 가능

④ 유연성이 뛰어나지만, 관리가 복잡

- 데이터 관계를 쉽게 변경 가능
- 다만, 포인터를 관리해야 하므로 설계가 복잡

(3) 장단점

① 장점

- M:N 관계 표현 가능 : 현실 세계의 복잡한 관계를 더 정확히 표현 가능
- 데이터 접근 속도가 빠름 : 포인터 기반으로 직접 탐색 가능
- 데이터 구조 변경이 용이 : 다중 연결 관계를 쉽게 조정 가능

② 단점

- 구조가 복잡 : 설계 및 유지보수가 어려움
- 포인터 기반 관리 필요 : 데이터 삽입, 삭제, 변경 시 포인터 관리가 필요
- 표준화된 데이터 조작 언어 부족 : SQL과 같은 표준 쿼리 언어 지원 부족

1 데이터 베이스에 관련된 용어

(1) 릴레이션(Relation)＝테이블(Table)

① 데이터를 저장하는 2차원 구조의 표

② 행(Row, 튜플)열(Column, 속성)로 구성됨

③ 예시 : 학생(Student)테이블

학생ID	이 름	학 과	학 년
S1	김철수	컴퓨터공학	3학년
S2	이영희	전자공학	2학년

(2) 튜플(Tuple)＝행(Row, Record)

① 릴레이션(테이블) 내에서 하나의 데이터(레코드) 단위

② 각 행(Row)이 하나의 튜플(Tuple)

　예 "S1, 김철수, 컴퓨터공학, 3학년" → 하나의 튜플(레코드)

(3) 속성(Attribute)＝열(Column, Field)

① 릴레이션(테이블)의 특정 데이터 항목을 나타내는 열

② 각 속성은 동일한 데이터 타입을 가짐

③ 예시 : 학생(Student) 테이블에서 "학생ID", "이름", "학과", "학년" → 속성(Attribute)

(4) 도메인(Domain)

① 각 속성이 가질 수 있는 값의 범위(타입)

　예 "학년" 속성의 도메인 → 1학년, 2학년, 3학년, 4학년

　　"학생ID" 속성의 도메인 → S1, S2, S3, …

(5) 차수(Degree)＝속성(열)의 개수

① 릴레이션(테이블)에 포함된 속성의 개수

　예 학생(Student) 테이블 속성(열) 개수＝4개(학생ID, 이름, 학과, 학년)

　　차수(Degree)＝4

(6) 카디널리티(Cardinality)＝튜플(행)의 개수

① 릴레이션(테이블)에 저장된 행(튜플)의 총 개수

　예 학생(Student) 테이블의 튜플(행) 개수＝2개

　　카디널리티(Cardinality)＝2

2 릴레이션의 특성

(1) 튜플(Tuple)은 유일해야 한다.

① 릴레이션 내에서 모든 튜플(행, 레코드)은 중복될 수 없음

② 기본 키(Primary Key, PK)를 이용해 튜플을 고유하게 식별 가능

③ 올바른 릴레이션의 경우

학생ID(PK)	이 름	학 과
S1	김철수	컴퓨터공학
S2	이영희	전자공학

④ 중복된 튜플의 경우

학생ID(PK)	이 름	학 과
S1	김철수	컴퓨터공학
S1	김철수	컴퓨터공학

(2) 튜플의 순서는 의미가 없다.

① 튜플(행, 레코드)의 저장 순서는 중요하지 않음

② 어떤 순서로 입력되었든 동일한 데이터로 인식

③ 동일한 릴레이션으로 인식되는 경우

학생ID	이 름	학 과
S1	김철수	컴퓨터공학
S2	이영희	전자공학

학생ID	이 름	학 과
S2	이영희	전자공학
S1	김철수	컴퓨터공학

(3) 속성(Attribute)의 순서는 의미가 없다.

① 속성(열, 컬럼)의 위치는 중요하지 않음

② 속성의 의미(이름)가 중요

③ 속성의 순서가 달라도 동일한 릴레이션으로 인식되는 경우

학생ID	이 름	학 과
S1	김철수	컴퓨터공학
S2	이영희	전자공학

이 름	학생ID	학 과
김철수	S1	컴퓨터공학
이영희	S2	전자공학

(4) 속성의 값은 원자성(Atomicity)을 가져야 한다.

① 속성(열)에 저장되는 값은 반드시 원자적(Atomic, 더 이상 나눌 수 없는) 값이어야 함

② 하나의 속성에는 하나의 값만 저장 가능(중복값 X, 복합값 X)

③ 원자성을 만족하는 릴레이션의 경우

학생ID	이 름	전화번호
S1	김철수	010-1234-5678
S2	이영희	010-9876-5432

④ 원자성을 위배한 릴레이션의 경우

학생ID	이 름	전화번호
S1	김철수	010-1234-5678, 02-3456-7890

→ 한 개의 속성(열)에는 하나의 값만 저장해야 함

→ 전화번호가 여러 개일 경우 새로운 속성 추가 또는 별도 테이블 분리 필요

(5) 속성의 값은 동일한 데이터 타입을 가져야 한다.

① 하나의 속성(열)에는 동일한 데이터 타입의 값만 저장 가능

② 일관된 데이터 타입의 경우

학생ID	이 름	학 년
S1	김철수	3
S2	이영희	2

③ 서로 다른 데이터 타입의 경우

학생ID	이 름	학 년
S1	김철수	셋째 학년
S2	이영희	2

→ "학년" 속성은 숫자(정수형) 데이터 타입이어야 함

→ 데이터 타입이 다르면 오류 발생 가능

3 관계형 데이터베이스에서 사용되는 키(Key)의 종류

(1) 기본 키(Primary Key, PK)

① 각 튜플을 고유하게 식별하는 속성(열) 또는 속성의 조합

② 중복이 없어야 하며, NULL 값을 가질 수 없음

예 학생(Student) 테이블에서 "학생ID"는 중복되지 않으므로 기본 키(PK)로 설정 가능하나, "이름" 속성은 같은 이름이 있을 수 있어 PK로 적절하지 않음

(2) 후보 키(Candidate Key)

① 기본 키(PK)로 사용할 수 있는 후보가 되는 속성(열) 또는 속성의 조합

② 고유성을 만족하지만, 선택된 하나만 기본 키(PK)가 됨

③ 대체(부)키(Alternate Key) : 후보키 중 선택된 기본키를 제외한 모든 키

예 학생(Student) 테이블에서 "학생ID"와 "주민등록번호" 둘 다 고유하지만, 둘 중 하나만 기본 키(PK)로 선택 가능 → 나머지는 후보 키(Candidate Key)

(3) 외래 키(Foreign Key, FK)

① 다른 테이블의 기본 키(PK)를 참조하는 속성

② 두 테이블 간의 관계(Relationship)를 형성하는 데 사용

예 수강(Student_Course)테이블이 학생(Student)테이블을 참조할 때, 수강(Student_Course)테이블의 "학생ID"속성은 학생(Student)테이블의 "학생ID"를 외래 키(FK)로 설정

수강ID	학생ID	과목ID
R1	S1	C1
R2	S2	C2

"학생ID"학생(Student)테이블의 "학생ID"를 참조하는 외래 키(FK)

(4) 슈퍼 키(Super Key)

① 튜플을 유일하게 식별할 수 있는 속성의 집합

② 기본 키(PK)+추가 속성이 포함될 수도 있음

예 학생(Student) 테이블에서 "학생ID", "주민등록번호", "이름+학과" 등 여러 조합이 가능

단, 최소성을 만족하는 키만 후보 키(Candidate Key)가 됨

① 관계형 데이터베이스(RDBMS)에서는 데이터의 정확성, 일관성, 신뢰성을 보장하기 위해 무결성(Integrity) 제약조건을 적용한다.

② 무결성 제약조건은 데이터가 잘못된 값이나 불완전한 값으로 변경되는 것을 방지하여 데이터의 품질을 유지하는 역할을 한다.

(1) 개체 무결성(ENTITY INTEGRITY)

① 모든 릴레이션(테이블)은 기본 키(Primary Key, PK)를 가져야 하며, 기본 키는 중복될 수 없고 NULL 값을 가질 수 없음

② 특징

- 기본 키(PK)는 각 행(튜플)을 고유하게 식별
- 기본 키는 중복되거나 NULL이 될 수 없음

③ 예시(올바른 릴레이션)

학생ID(PK)	이 름	학 과
S1	김철수	컴퓨터공학
S2	이영희	전자공학

④ 잘못된 예시(NULL 값 포함, 중복된 PK)

학생ID(PK)	이 름	학 과
S1	김철수	컴퓨터공학
NULL	이영희	전자공학
S1	박민수	기계공학

(2) 참조 무결성(REFERENTIAL INTEGRITY)

① 외래 키(Foreign Key, FK)는 참조하는 기본 키(PK) 값을 반드시 가져야 하며, 존재하지 않는 값을 가질 수 없음

② 특징

- 외래 키(FK)는 다른 테이블의 기본 키(PK)를 참조
- FK에 저장된 값은 반드시 참조하는 테이블(PK 테이블)에 존재해야 함

③ 올바른 릴레이션의 경우

학생 테이블(학생ID가 기본 키)

학생ID(PK)	이름
S1	김철수
S2	이영희

수강 테이블(학생ID가 외래 키로 참조됨)

수강ID	학생ID(FK)	과목명
C1	S1	데이터베이스
C2	S2	운영체제

④ 존재하지 않는 학생ID를 FK로 사용한 경우

수강ID	학생ID(FK)	과목명
C3	S3	네트워크

(3) 도메인 무결성(DOMAIN INTEGRITY)

① 속성(컬럼)에 저장되는 값은 미리 정의된 데이터 타입과 범위를 따라야 함

② 특징

- 각 속성(열, 컬럼)에 대해 허용 가능한 데이터 타입과 값의 범위를 지정
- 데이터 타입이 다르거나 지정된 범위를 벗어난 값은 입력할 수 없음

③ 올바른 도메인 무결성을 적용한 경우

학생ID	이 름	나이(INT)
S1	김철수	22
S2	이영희	20

④ 데이터 타입 또는 범위 위반한 경우

학생ID	이 름	나이(INT)
S1	김철수	스물두 살
S2	이영희	−5

(4) 키 무결성(KEY INTEGRITY)

① 하나의 릴레이션(테이블) 내에서 각 튜플을 식별할 수 있도록 기본 키가 반드시 존재해야 함

② 특징

- 기본 키(PK)는 반드시 존재해야 하며, 한 개 이상의 속성(컬럼)으로 구성됨
- 하나의 테이블에는 적어도 하나의 키(후보키, 기본키)가 존재해야 함

③ 올바른 키 무결성을 적용한 경우

학생ID(PK)	이 름	학 과
S1	김철수	컴퓨터공학
S2	이영희	전자공학

④ 기본 키 없이 중복이 허용된 경우

학생ID	이 름	학 과
S1	김철수	컴퓨터공학
S1	이영희	전자공학

(5) 고유 무결성(UNIQUE INTEGRITY)

① 특정 속성(컬럼)은 중복 값을 가질 수 없음(단, NULL 값은 허용됨)

② 특징

- 기본 키(PK)와 다르게 NULL 값은 허용됨
- 특정 컬럼을 UNIQUE 제약 조건으로 설정하여 중복된 값이 입력되지 않도록 제한 가능

③ 이메일 중복 없이 UNIQUE 속성을 적용한 경우

학생ID(PK)	이메일
S1	kim@email.com
S2	lee@email.com

④ 중복된 이메일 입력하여 오류가 발생한 경우

학생ID	이메일
S1	kim@email.com
S2	kim@email.com

38 데이터 정규화(Normalization)

1 관계 스키마 설계의 원칙

① 무결성(Integrity) : 기본 키, 외래 키를 이용해 데이터의 정확성과 일관성을 보장

② 최소 데이터 중복 : 동일한 데이터를 반복 저장하지 않도록 정규화 수행

③ 연산 최소화 : 조회, 삽입, 수정, 삭제 연산이 효율적으로 동작하도록 설계

④ 종속성 최소화 : 불필요한 함수적 종속성을 제거하여 이상(Anomaly) 방지

⑤ 확장성 및 유연성 : 데이터 증가 및 변경에 쉽게 대응할 수 있도록 설계

기출 Point

데이터베이스 설계 시에 양질의 데이터베이스를 구축하기 위하여 데이터베이스 릴레이션을 정규화한다. 이때 고려해야 할 사항과 가장 관련이 없는 것은?

→ 원하지 않는 데이터의 중복을 제거한다.

→ 원하지 않는 데이터의 종속을 제거한다.

→ 한 릴레이션 내의 속성들 간의 관계를 고려한다.

→ 한 릴레이션 내의 튜플들 간의 관계를 고려한다(×).

▶ 튜플들 간의 관계는 관련이 적다.

2 정규화와의 개념

(1) 개념

정규화는 데이터 중복을 줄이고, 데이터의 일관성과 무결성을 유지하기 위해 데이터베이스를 구조적으로 정리하는 과정이다.

(2) 목적

① 데이터 중복 최소화(Minimizing Data Redundancy)
- 중복된 데이터가 많을 경우 → 저장 공간 낭비 및 업데이트 시 일관성 문제 발생
- 정규화를 수행하면 → 동일한 데이터를 한 곳에서만 관리하여 데이터 중복을 제거

② 삽입, 갱신, 삭제 이상(Anomaly) 방지
- 정규화를 수행하지 않으면 데이터 삽입(Insert), 수정(Update), 삭제(Delete) 시 이상(Anomaly)이 발생할 수 있음.
- 삽입 이상(Insertion Anomaly) : 새로운 데이터를 추가하려 할 때 불필요한 데이터도 함께 입력해야 하는 문제

  예 새로운 학과(D3, 기계공학과)를 추가하려면 학생 정보도 입력해야 하는 상황
- 갱신 이상(Update Anomaly) : 중복된 데이터를 수정해야 할 때, 모든 중복된 값들을 일일이 수정해야 하는 문제

  예 교수 이름이 변경될 경우, 해당 학과 정보가 중복 저장되었으면 모든 행을 업데이트해야 함
- 삭제 이상(Deletion Anomaly) : 특정 데이터를 삭제하면, 원하지 않는 데이터까지 함께 삭제되는 문제

  예 학생이 한 명도 없는 학과를 삭제하면 학과 정보 자체가 사라짐
- 정규화를 통해 데이터가 적절하게 분리되면, 이상(Anomaly)이 방지됨

③ 데이터 무결성(Integrity) 및 일관성(Consistency) 유지
- 무결성 : 데이터가 정확하고 신뢰할 수 있도록 보장
- 일관성 : 여러 곳에 동일한 데이터가 존재하지 않도록 설계하여 불일치 문제 방지

④ 데이터베이스 구조의 유연성(Scalability & Flexibility) 확보
- 새로운 데이터 추가 및 변경이 쉬워짐
- 정규화를 통해 테이블 간 관계를 명확히 정의하면 확장성과 유지보수성이 향상

3 정규화의 과정

(1) 제1정규형(1NF, First Normal Form)

① 조건
- 모든 속성의 값이 원자값을 가져야 함
- 동일한 컬럼에서 다중 값(Multivalued Attribute)이 존재하면 안 됨

② 예시(1NF 위반)

학생ID	이 름	연락처
101	홍길동	010-1111-2222, 010-3333-4444
102	김영희	010-5555-6666

③ 1NF 적용 후 : 다중 값을 개별 행으로 분리

학생ID	이 름	연락처
101	홍길동	010-1111-2222
101	홍길동	010-3333-4444
102	김영희	010-5555-6666

(2) 제2정규형(2NF, Second Normal Form)

① 조건
- 1NF를 만족해야 함
- 부분 함수 종속(Partial Dependency)제거 → 기본키의 일부에만 종속된 속성이 존재하면 안 됨

② 예시(2NF 위반)

주문ID	고객ID	고객명	상품ID	상품명
5001	C001	홍길동	P1001	노트북
5002	C002	김철수	P1002	스마트폰

- 고객명은 고객ID에만 종속, 상품명은 상품ID에만 종속
- 기본키(주문ID, 상품ID)의 일부(부분 키)인 고객ID 또는 상품ID에 종속된 속성이 존재하므로 2NF 위반

③ 2NF 적용 후(테이블 분리)

- 주문 테이블

주문IDI	고객ID	상품ID
5001	C001	P1001
5002	C002	P1002

- 고객 테이블

고객ID	고객명
C001	홍길동
C002	김철수

- 상품 테이블

상품IDD	고객명
P1001	노트북
P1002	스마트폰

(3) 제3정규형(3NF, Third Normal Form)

① 조건

- 2NF를 만족해야 함
- 이행적 종속(Transitive Dependency) 제거 → 기본키가 아닌 속성이 다른 비키 속성에 종속되면 안 됨

② 예시(3NF 위반)

직원ID	직원명	부서ID	부서명
E001	홍길동	D100	인사부
E002	김철수	D200	회계부

- 부서명은 부서ID에 의해 결정되므로, 부서ID부서명의 이행적 종속이 발생
- 부서명은 기본키(직원ID)에 직접 종속되지 않고, 부서ID를 통해 간접적으로 종속됨

③ 3NF 적용 후 (테이블 분리)

- 직원 테이블

직원ID	직원명	부서ID
E001	홍길동	D100
E002	김철수	D200

- 부서 테이블

부서ID	부서명
D100	인사부
D200	회계부

(4) BCNF(Boyce–Codd Normal Form)

① 조건

- 3NF를 만족해야 함
- 모든 결정자가 후보키(Unique Key)가 되어야 함
- 3NF보다 조금 더 강화된 형태

② 예시(BCNF 위반)

강의ID	교수명	강의실
CS101	이순신	A101
CS102	강감찬	B202
CS101	이순신	A102

- 강의ID는 여러 강의실에서 진행될 수 있음 → 강의ID로 강의실을 결정할 수 없음
- 교수명도 여러 강의를 담당할 수 있음
- 강의ID와 강의실이 함께 유일한 후보키가 되어야 함

③ BCNF 적용 후 (테이블 분리)

- 강의 테이블

강의ID	부서명
CS101	이순신
CS102	강감찬

- 강의실 테이블

강의ID	부서명
CS101	A101
CS101	A102
CS102	B202

④ 4NF 적용 후 (테이블 분리)

- 학생-동아리 테이블

학생ID	동아리
1001	축구부
1001	농구부

- 학생-취미 테이블

학생ID	취 미
1001	독 서
1001	음 악

(5) 제5정규형(5NF, Fifth Normal Form)

① 조건

- 4NF를 만족해야 함
- 조인 종속(Join Dependency) 제거

② 예시(5NF 위반)

프로젝트ID	직원ID	역 할
P001	E001	기 획
P001	E002	디자인
P002	E001	개 발

- 한 프로젝트에 여러 직원이 참여하고, 직원은 역할을 가짐
- 프로젝트ID, 직원ID, 역할을 개별 테이블로 분해해야 함

③ 5NF 적용 후 (테이블 분리)

- 프로젝트-직원 테이블

프로젝트ID	직원ID
P001	E001
P001	E002

- 직원-역할 테이블

직원ID	역 할
E001	기 획
E002	디자인
E001	개 발

1 DDL(데이터 정의 언어, Data Definition Language)

① Schema, Domain, Table, View, Index를 정의하거나 변경 또는 삭제할 때 사용하는 언어이다.
② 데이터베이스 관리자나 데이터베이스 설계자가 사용한다.
③ 데이터 정의어(DDL)의 3가지 유형

명령어	기능
CREATE	Schema, Domain, Table, View, Index를 정의함
ALTER	Table에 대한 정의를 변경하는 데 사용함
DROP	Schema, Domain, Table, View, Index를 삭제함

기출 Point

SQL은 사용 용도에 따라 DDL, DML, DCL로 구분할 수 있다. 다음 중 성격이 다른 하나는?

UPDATE, ALTER, DROP, CREATE

→ UPDATE(∵ DML에 해당한다)

2 DML(데이터 조작 언어, Data Manipulation Language)

① 데이터베이스 사용자가 응용 프로그램이나 질의어를 통하여 저장된 데이터를 실질적으로 처리하는 데 사용하는 언어이다.
② 데이터베이스 사용자와 데이터베이스 관리 시스템 간의 인터페이스를 제공한다.
③ 데이터 조작어(DML)의 4가지 유형

명령어	기능
SELECT	테이블에서 조건에 맞는 튜플을 검색함
INSERT	테이블에 새로운 튜플을 삽입함
DELETE	테이블에서 조건에 맞는 튜플을 삭제함
UPDATE	테이블의 조건에 맞는 튜플의 내용을 변경함

3 DCL(데이터 제어 언어, Data Control Language)

① 데이터의 보안, 무결성, 데이터 회복, 병행 수행 제어 등을 정의하는 데 사용하는 언어이다.
② 데이터베이스 관리자가 데이터 관리를 목적으로 사용한다.
③ 데이터 제어어(DCL)의 4가지 유형

명령어	기능
COMMIT	데이터베이스 조작 작업이 정상적으로 완료되었음을 관리자에게 알려줌
ROLLBACK	데이터베이스 조작 작업이 비정상적으로 종료되었을 때 원래의 상태로 복구함
GRANT	데이터베이스 사용자에게 사용 권한을 부여함
REVOKE	데이터베이스 사용자의 사용 권한을 취소함

4 SQL의 내장 집계함수(Aggregate Function)

① COUNT( ) : 개수

② SUM( ) : 합계

③ MAX( ) : 최댓값

④ MIN( ) : 최솟값

⑤ AVG( ) : 평균

기출 Point

SQL에서는 데이터베이스 검색의 성능 및 편의 향상을 위하여 내장함수를 제공한다. 다음 중 SQL의 내장 집계함수
(Aggregate Function)가 아닌 것은?
→ COUNT   → SUM
→ TOTAL(×)   → MAX

40   Select문

1 Select문의 정의

① SELECT 문은 SQL에서 데이터를 조회(검색)할 때 사용하는 가장 기본적인 명령어이다.

② 데이터베이스에서 특정 테이블의 원하는 데이터를 가져오거나, 연산 및 정렬하여 출력할 수 있다.

③ 기본 문법

SELECT 열이름1, 열이름2, …

FROM 테이블이름

WHERE 조건;

- SELECT : 조회할 열을 지정

- FROM : 데이터를 가져올 테이블을 지정

- WHERE : 특정 조건을 만족하는 데이터만 조회(선택적 사용)

 SELECT문의 기본 예시

(1) 전체 데이터 조회

① SELECT *FROM students;

- *는 모든 열을 의미하며, 테이블의 모든 데이터를 가져옴

(2) 특정 열만 조회

① SELECT name, age FROM students;

- name과 age 열만 선택하여 출력

(3) 조건을 사용한 데이터 조회(WHERE)

① SELECT * FROM students WHERE age > = 20;

- age 값이 20 이상인 학생들만 조회

② SELECT * FROM students WHERE grade='A';

- grade 값이 'A'인 학생만 조회

(4) 데이터 정렬(ORDER BY)

① SELECT * FROM students ORDER BY age ASC;

- age 기준으로 오름차순(작은 값 → 큰 값) 정렬

② SELECT * FROM students ORDER BY age DESC;

- age 기준으로 내림차순(큰 값 → 작은 값) 정렬

(5) 중복 제거(DISTINCT)

① SELECT DISTINCT grade FROM students;

- grade 값이 중복되지 않도록 고유한 값만 가져옴

(6) 그룹화 및 집계(GROUP BY, HAVING)

① SELECT grade, COUNT(*) FROM students GROUP BY grade;

- grade별 학생 수를 계산

② SELECT grade, COUNT(*) FROM students GROUP BY grade HAVING COUNT(*) > 2;

- grade별 학생 수가 2명 이상인 경우만 출력

(7) 특정 개수만 조회(LIMIT)

① SELECT * FROM students LIMIT 3;

- 3개의 데이터만 출력

(8) 여러 조건을 조합한 조회(AND, OR)

① SELECT * FROM students WHERE age $>$ = 20 AND grade='A';

- age가 20 이상이고 grade가 'A'인 학생만 조회

② SELECT * FROM students WHERE age $<$ 18 OR grade='C';

- age가 18 미만이거나 grade가 'C'인 학생만 조회

3 고급 SELECT문

```
SELECT (ALL/DISTINCT 등) 속성명
FROM 테이블명
WHERE 조건식
GROUP BY 그룹 속성명
HAVING 그룹 조건식
ORDER BY 기준 속성명 [ASC(오름차순)/DESC(내림차순)];
```

(1) SELECT (ALL/DISTINCT 등) 속성명

① SELECT문은 조회할 컬럼(속성명)을 지정하는 역할이다.

② (ALL | DISTINCT) 옵션

- ALL(기본값) : 중복된 값도 포함하여 전체 데이터를 조회
- DISTINCT : 중복된 값을 제거하고 유일한 값만 조회

③ 예시

SELECT ALL name FROM students; : 모든 학생의 이름 조회(중복 포함)

SELECT DISTINCT name FROM students; : 중복 없이 학생의 이름 조회

(2) FROM 테이블명

① 데이터를 조회할 테이블명을 지정하는 부분이다.

② 예시

SELECT name, age FROM students;

students 테이블에서 name과 age 조회

(3) WHERE 조건식

① 특정 조건을 만족하는 행만 필터링할 때 사용한다.

② 예시

SELECT name, age FROM students

WHERE age $>$ = 20; : 나이가 20살 이상인 학생만 조회

③ 연산자의 사용 예시

- = (같다), < > 또는 ! = (같지 않다), >, <, > =, < =
- BETWEEN A AND B : A 이상 B 이하 범위 선택
- IN (값1, 값2, …) : 여러 값 중 하나와 일치하는 데이터 선택
- LIKE '패턴' : 특정 패턴과 일치하는 데이터 선택(%와 _ 와일드카드 사용)
- IS NULL : NULL 값 확인
- 예시

  SELECT * FROM students

  WHERE name LIKE '김%'; : '김'으로 시작하는 학생 조회

(4) GROUP BY 그룹 속성명

① 동일한 값을 가지는 데이터를 그룹화할 때 사용한다.

② 주로 COUNT, SUM, AVG, MAX, MIN 등의 집계 함수(Aggregate Function)**와 함께 사용한다.

③ 예시

  SELECT grade, COUNT(*) AS student_count

  FROM students

  GROUP BY grade; : 학점별 학생 수를 구함

(5) HAVING 그룹 조건식

① HAVING은 GROUP BY로 그룹화한 데이터에 조건을 적용할 때 사용한다.

② WHERE와 비슷하지만, HAVING은 집계 함수 결과에 대한 조건을 적용할 수 있다.

③ 예시

  SELECT grade, COUNT(*) AS student_count

  FROM students

  GROUP BY grade

  HAVING COUNT(*) > = 2; : 학생이 2명 이상 있는 학점만 조회

(6) ORDER BY 기준 속성명 [ASC/DESC]

① 결과를 정렬할 때 사용한다.

② ASC (오름차순, 기본값), DESC (내림차순) 옵션을 사용할 수 있다.

③ 예시

  SELECT name, age FROM students

  ORDER BY age ASC; : 나이 오름차순 정렬

  SELECT name, grade FROM students

  ORDER BY grade DESC; : 학점 내림차순 정렬

(7) 전체 흐름 예제

① 다음과 같은 students테이블이 있다고 가정하자.

id	name	age	grade
1	김철수	22	A
2	이영희	19	B
3	박민수	20	A
4	최지수	21	B
5	정하늘	22	C

② 다음 SQL을 실행하면

```
SELECT grade, COUNT(*) AS student_count
FROM students
WHERE age >= 20
GROUP BY grade
HAVING COUNT(*) >= 2
ORDER BY grade DESC;
```

③ 실행과정

WHERE age >= 20 : 나이가 20살 이상인 학생만 선택

→ 김철수, 박민수, 최지수, 정하늘(4명 남음)

GROUP BY grade : 학점별 그룹화

→ A(2명), B(1명), C(1명)

HAVING COUNT(*) >= 2 : 학생이 2명 이상인 학점만 남김

→ A(2명)

ORDER BY grade DESC : 학점 기준 내림차순 정렬

→ A(2명)

④ 최종 결과

grade	student_count
A	2

기출 Point

"회사원"이라는 테이블에서 "사원명"을 검색할 때, "연락번호"가 Null 값이 아닌 "사원명"을 모두 찾을 경우의 SQL 질의로 옳은 것은?

→ SELECT 사원명 FROM 회사원 WHERE 연락번호 IS NOT NULL;

▶ SELECT는 속성명이 오므로 "SELECT 사원명"이고, FROM은 테이블명이 오므로 "FROM 회사원"이며, WHERE는 검색 조건이 오므로 "WHERE 연락번호 IS NOT NULL;"이다.

다음 표와 같은 판매실적 테이블에 대하여 서울지역에 한하여 판매액 내림차순으로 지점명과 판매액을 출력하고자 한다. 가장 적절한 SQL구문은?

[테이블명 : 판매실적]

도 시	지점명	판매액
서 울	강남지점	330
서 울	강북지점	168
광 주	광주지점	197
서 울	강서지점	158
서 울	강동지점	197
대 전	대전지점	165

→ SELECT 지점명, 판매액
　 FROM 판매실적
　 WHERE 도시='서울'
　 ORDER BY 판매액 DESC;

▶ ① SELECT 지점명, 판매액 → 결과로 출력할 컬럼(지점명과 판매액)을 선택
　 ② FROM 판매실적 → 데이터를 조회할 테이블(판매실적)을 지정
　 ③ WHERE 도시='서울' → 도시가 "서울"인 데이터만 필터링

도 시	지점명	판매액
서 울	강남지점	330
서 울	강북지점	168
서 울	강서지점	158
서 울	강동지점	197

④ ORDER BY 판매액 DESC → 판매액을 기준으로 내림차순 정렬

지점명	판매액
강남지점	330
강동지점	197
강북지점	168
강서지점	158

MS Access의 데이터베이스를 이용한 성적 테이블에서 적어도 2명 이상이 수강하는 과목에 대해 등록한 학생 수와 평균점수를 구하기 위한 SQL 질의문을 작성할 경우 빈칸에 적절한 표현은?

[테이블명 : 성적]

학 번	과 목	성 적	점 수
100	자료구조	A	90
100	운영체제	A	95
200	운영체제	B	85
300	프로그래밍	A	90
300	데이터베이스	C	75
300	자료구조	A	95

SELECT 과목, COUNT(*) AS 학생수, AVG(점수) AS 평균점수
FROM 성적
GROUP BY 과목 _________________

→ HAVING COUNT(학번) >= 2;

▶ (1) SQL 실행 과정

① FROM 성적 → 테이블 전체 데이터 조회

학 번	과 목	성적점수
100	자료구조A	90
100	운영체제A	95
200	운영체제B	85
300	프로그래밍A	90
300	데이터베이스C	75
300	자료구조A	95

② GROUP BY 과목 → 과목별로 그룹화
과목을 기준으로 COUNT(학번)과 AVG(성적점수)를 계산

과 목	등록학생수	평균점수
자료구조A	2	(90+95)/2=92.5
운영체제A	1	95.0
운영체제B	1	85.0
프로그래밍A	1	90.0
데이터베이스C	1	75.0

③ HAVING COUNT(학번) >= 2 → 2명 이상 수강한 과목만 필터링

과 목	등록학생수	평균점수
자료구조A	2	92.5

관계 데이터베이스의 테이블 지점정보(지점코드, 소속도시, 매출액)에 대해 다음과 같은 SQL문이 실행되었다. 그 결과에 대한 설명으로 부적합한 것은?

```
SELECT 소속도시, AVG(매출액)
FROM 지점정보 WHERE 매출액 > 1000
GROUP BY 소속도시 HAVING COUNT(*) >= 3;
```

→ WHERE 절의 조건에 의해 해당 도시의 지점들의 매출액 평균이 1000 이하인 경우는 출력에서 제외된다(×).

→ 지점이 3 군데 이상 있는 도시에 대해 각 도시별로 그 도시에 있는 매출액 1000 초과인 지점들의 평균 매출액을 구하는 질의이다.

→ SELECT 절의 "AVG(매출액)"을 "MAX(매출액)"으로 변경하면 각 도시 별로 가장 높은 매출을 올린 지점의 매출액을 구할 수 있다.

→ HAVING 절에서 "COUNT(*)>=3"을 "SUM(매출액)>=5000"으로 변경하면 어느 한 도시의 지점들의 매출액합이 5000 이상인 경우만 그 도시 지점들의 매출액 평균을 구할 수 있다.

▶ ① FROM 지점정보 : 지점정보 테이블에서 데이터를 가져옴

② WHERE 매출액 > 1000 : 매출액이 1000을 초과하는 지점만 선택

③ GROUP BY 소속도시 : 소속도시(즉, 지역별)로 그룹화

④ HAVING COUNT(*) >= 3 : → 그룹 내 지점 수(COUNT(*))가 3개 이상인 도시만 선택

⑤ SELECT 소속도시, AVG(매출액) : 각 도시별로 평균 매출액(AVG(매출액))을 계산하여 출력

41 트랜잭션

1 트랜잭션(Transaction)의 정의

① 데이터베이스에서 하나의 논리적 기능을 수행하기 위한 작업의 단위이다.

② 데이터베이스 시스템에서 복구 및 병행 시행 시 처리되는 작업의 논리적 단위이다.

③ 데이터베이스의 상태를 하나의 상태에서 또 다른 일관된 상태로 변화시켜주는 일련의 논리적 연산 집합을 말한다.

④ 하나의 트랜잭션은 완료(Commit)되거나 복귀(Rollback)되어야 한다.

⑤ 트랜잭션은 일반적으로 회복의 단위가 된다.

2 트랜잭션의 특성(속성)

① 원자성(Atomicity) : 완전하게 수행 완료되지 않으면 전혀 수행되지 않아야 한다(All Or Nothing). 트랜잭션은 일부만 수행된 상태로 종료되어서는 안 된다.

② 일관성(Consistency) : 트랜잭션의 실행은 데이터베이스의 일관성을 유지해야 한다.

③ 독립성(Isolation, 격리성) : 임의의 트랜잭션은 동시에 수행되는 다른 트랜잭션에 방해를 받아서는 안 된다.

④ 영속성(Durability, 지속성, 계속성) : 트랜잭션이 일단 그 실행을 성공적으로 완료하면 그 결과는 영속적이어야 한다.

3 트랜잭션의 상태

① Active(활동) : 트랜잭션이 실행 중인 상태를 말한다.
② Failed(장애) : 트랜잭션 실행에 오류가 발생하여 중단된 상태를 말한다.
③ Aborted(철회) : 트랜잭션이 비정상적으로 종료되어 Rollback 연산을 수행한 상태를 말한다.
④ Partially Committed(부분 완료) : 트랜잭션의 마지막 연산까지 실행했지만, Commit 연산이 실행되기 직전의 상태를 말한다.
⑤ Committed(완료) : 트랜잭션이 성공적으로 종료되어 Commit 연산을 실행한 후의 상태를 말한다.

4 트랜잭션의 연산

① Commit(완료) : 트랜잭션 실행이 성공적으로 종료되었음을 알리는 연산자로 데이터 아이템의 값들은 영속성이 보장되고, 데이터베이스의 상태가 일관성 있는 상태로 변화된 것을 말한다.
② Rollback(복귀) : 트랜잭션이 실패했음을 알리는 연산자로 트랜잭션이 수행한 결과를 원래의 상태로 복귀시켜야 하는 상태를 말한다.

42 소프트웨어의 생명주기(SDLC ; Software Development Life Cycle)

1 개념

① 소프트웨어 개발 및 유지 관리의 전 과정에서 발생하는 다양한 활동들을 체계적으로 관리하기 위한 프로세스이다.
② 소프트웨어 개발이 효율적이고, 고품질의 결과물을 낼 수 있도록 돕는 중요한 프레임워크지이다.
③ SDLC는 특정 방법론을 따라 소프트웨어를 설계하고, 구현하고, 배포한 후 유지보수하는 과정을 포함한다.

2 SDLC의 주요 단계

(1) 계획 및 요구 사항 분석(Planning & Requirement Analysis)

① 목표 : 고객의 요구 사항을 정확히 파악하고, 프로젝트의 범위와 목표를 설정하는 단계

② 활동 : 고객과의 인터뷰, 설문, 기존 시스템 분석 등을 통해 요구 사항을 수집하고, 소프트웨어가 해결해 야 할 문제를 명확히 정의

③ 결과물 : 요구 사항 명세서(SRS ; Software Requirement Specification), 프로젝트 계획서

> **기출 Point**
>
> **소프트웨어 요구분석 명세서(SRS)에 대한 설명으로 옳은 것만을 모두 고르면?**
> → 시스템에 영향을 주는 제약 조건을 기술한다(O).
> → 시스템의 자료 구조에 대한 명세를 기술한다(X).
> → 사용자 인터페이스에 대한 명세를 기술한다(X).
> → 시스템 인수를 위한 테스트 기준을 제공한다(O).
> ▶ 시스템의 자료구조 등은 설계에 대한 영역으로 소프트웨어 정의 스트리지(SDS)에 해당되는 내용이다. 전기전자공학자협회(IEEE)의 SRS 작성 방법에 대한 권장 사례 및 지침인 STANDARD 830에서는 사용자 인터페이스의 상세 내용은 SRS 가 아닌 별도의 사용자 인터페이스 문서에 명세한다고 제시하고 있다.

(2) 시스템 설계(System Design)

① 목표 : 요구 사항을 바탕으로 시스템의 아키텍처와 설계를 구체화하는 단계

② 활동 : 시스템의 하드웨어, 소프트웨어, 데이터베이스 설계 등을 포함. 시스템 구조 및 데이터 흐름을 정의하고, 전체적인 설계를 명확히 함

③ 결과물 : 시스템 설계 문서, UI/UX 설계, 데이터베이스 모델, 아키텍처 설계

(3) 구현(Implementation)

① 목표 : 설계된 내용을 바탕으로 실제 코딩을 통해 소프트웨어를 개발하는 단계

② 활동 : 요구 사항에 맞게 프로그래밍 언어로 소프트웨어를 구현하고, 각 기능을 개발

③ 결과물 : 소스 코드, 실행 파일, 개발된 모듈

(4) 테스트(Testing)

① 목표 : 소프트웨어가 요구 사항을 충족하고, 버그가 없는지 확인하는 단계

② 활동 : 단위 테스트, 통합 테스트, 시스템 테스트, 인수 테스트 등을 통해 기능을 점검하고, 오류를 수정

③ 결과물 : 테스트 리포트, 수정된 코드

(5) 배포(Deployment)

① 목표 : 완성된 소프트웨어를 실제 운영 환경에 배포하는 단계

② 활동 : 소프트웨어 설치, 구성, 사용자 교육 및 문서화. 운영 환경에서 소프트웨어가 정상적으로 동작하는지 점검

③ 결과물 : 배포된 소프트웨어, 사용자 문서, 설치 가이드

(6) 유지보수(Maintenance)

① 목표 : 소프트웨어가 운영되는 동안 발생하는 문제를 해결하고, 시스템의 성능을 개선하는 단계

② 활동 : 버그 수정, 보안 패치, 성능 최적화, 새로운 요구 사항에 맞춰 기능 개선 및 추가

③ 결과물 : 업데이트된 소프트웨어, 수정된 코드, 보안 패치

(7) 폐기(Disposal)

① 목표 : 소프트웨어가 더 이상 사용되지 않거나, 시스템을 종료할 때 소프트웨어와 관련된 데이터 및 시스템을 정리하는 단계

② 활동 : 시스템 종료, 데이터 백업 및 삭제, 소프트웨어의 삭제 및 문서화

③ 결과물 : 시스템 종료 문서, 데이터 처리 및 폐기 보고서

3 소프트웨어 생명주기 모델(SDLC 모델)

(1) 폭포수 모델(Waterfall Model)

① 특징 : 전통적인 개발 모델로, 각 단계가 순차적으로 진행되는 모델

② 장점 : 단계가 명확하고, 문서화가 잘 이루어짐. 요구 사항이 고정되어 있을 때 유리

③ 단점 : 요구 사항 변경에 유연하지 않음. 개발 후에 오류를 수정하기 어려움

④ 예시 : 요구 사항 분석 → 설계 → 구현 → 테스트 → 배포

(2) 반복적 모델(Iterative Model)

① 특징 : 소프트웨어 개발을 여러 번의 반복(Iteration)으로 나누어 점진적으로 개발하는 모델

② 장점 : 초기 기능을 빠르게 배포하고, 점진적으로 개선할 수 있음

③ 단점 : 초기 요구 사항을 확실히 정의하기 어려운 경우 불완전한 시스템이 될 수 있음

④ 예시 : 요구 사항 분석 → 설계 → 구현 → 테스트 → 수정 및 반복

(3) 나선형 모델(Spiral Model)

① 특징 : 위험 분석을 통해 개발을 반복하면서 점진적으로 시스템을 구축하는 모델

② 장점 : 위험 요소를 사전에 분석하고 해결할 수 있음

③ 단점 : 개발 초기 비용이 높고, 관리가 어려울 수 있음

④ 예시 : 계획 → 위험 분석 → 개발 → 평가 → 반복

(4) 애자일 모델(Agile Model)

① 특징 : 소프트웨어를 빠르게 개발하고, 고객과의 피드백을 통해 지속적으로 개선하는 모델

② 장점 : 고객과의 소통이 좋고, 요구 사항 변경에 유연함

③ 단점 : 일정이 유동적이며, 문서화가 부족할 수 있음

④ 예시 : 스프린트 계획 → 개발 → 피드백 → 개선 → 반복

(5) V-모델(V-Model)

① 특징 : 각 개발 단계에 대응하는 테스트 단계를 함께 진행하는 모델

② 장점 : 테스트 계획과 개발이 동시에 진행되어 품질을 높일 수 있음

③ 단점 : 비슷한 단계가 두 번 반복되기 때문에 자원이 많이 소모될 수 있음

④ 예시 : 요구 사항 분석 → 설계 → 구현 → 단위 테스트 → 통합 테스트 → 시스템 테스트

43 객체지향(Objet-Oriented) 소프트웨어의 개념

1 객체지향의 개념

① 현실 세계의 개체(Entity)를 기계의 부품처럼 하나의 객체(Object)로 만들어, 기계적인 부품들을 조립하여 제품을 만들듯이 소프트웨어를 개발할 때도 객체들을 조립해서 작성할 수 있도록 하는 기법을 말한다.

② 구조적 기법의 문제점으로 인한 소프트웨어 위기의 해결책으로 채택되어 사용되고 있다.

③ 소프트웨어의 재사용 및 확장을 용이하게 함으로써 고품질의 소프트웨어를 빠르게 개발할 수 있으며 유지보수가 쉽다.

④ 복잡한 구조를 단계적 · 계층적으로 표현하고, 멀티미디어 데이터 및 병렬 처리를 지원한다.

⑤ 객체지향 기술은 분석과 설계, 구현 작업이 거의 구분되지 않는다. 반면, 폭포수 모형은 개발 단계가 명확하다.

2 객체지향의 구성요소

① 객체지향 프로그래밍(OOP)의 핵심 구성 요소는 클래스(Class), 객체(Object), 상속(Inheritance), 다형성(Polymorphism), 캡슐화(Encapsulation), 추상화(Abstraction) 등이다.

② 각 구성 요소는 객체지향 프로그래밍의 기본 개념을 구현하고 시스템을 보다 모듈화하고 효율적으로 관리할 수 있게 해준다.

(1) 클래스(Class)

① 정의 : 클래스는 객체를 생성하기 위한 설계도 또는 템플릿으로 클래스는 객체의 속성(데이터)과 행동(메서드)을 정의하고, 이를 바탕으로 객체를 생성한다.

② 특징 : 클래스는 객체의 공통된 특성과 행동을 묶어놓은 것이며, 하나의 클래스를 기반으로 여러 객체를 생성할 수 있다.

　예 자동차라는 클래스를 정의한다고 할 때, 자동차는 모델명, 색상, 속도와 같은 속성을 가질 수 있고, 달리기, 멈추기와 같은 행동을 정의할 수 있음

(2) 객체(Object)

① 정의 : 객체는 클래스에서 정의한 템플릿을 바탕으로 실제 메모리에 할당된 실체이다. 객체는 클래스에서 정의된 속성(데이터)과 메서드(행동)을 실제로 가지고 있다.

② 특징 : 객체는 클래스의 인스턴스로, 클래스에 정의된 속성값을 가지고 있으며, 그 속성에 따라 다르게 동작할 수 있다.

　예 자동차 클래스에서 카니발, 레이 등은 각각의 객체가 될 수 있음

(3) 상속(Inheritance)

① 정의 : 상속은 기존 클래스(부모 클래스)로부터 속성 및 메서드를 상속받아 새로운 클래스(자식 클래스)를 만드는 개념으로, 자식 클래스는 부모 클래스의 속성과 메서드를 물려받고, 이를 확장하거나 수정할 수 있다.

② 특징 : 상속은 코드의 재사용을 높이고, 클래스 계층 구조를 형성할 수 있게 한다.

　예 자동차라는 부모 클래스를 상속받아 전기차, 스포츠카와 같은 자식 클래스를 만들 수 있음

(4) 다형성(Polymorphism)

① 정의 : 다형성은 하나의 메서드나 함수가 여러 가지 형태를 가질 수 있는 능력을 의미한다. 오버로딩(Overloading)과 오버라이딩(Overriding)을 통해 구현된다.

② 메서드 오버로딩 : 같은 이름의 메서드를 여러 번 정의하는 것

③ 메서드 오버라이딩 : 부모 클래스에서 정의된 메서드를 자식 클래스에서 재정의하는 것

④ 특징 : 다형성은 코드의 유연성과 확장성을 높여주며, 같은 이름의 메서드나 함수를 다양한 방식으로 사용할 수 있게 해준다.

　예 자동차라는 부모 클래스에서 소리내기 메서드를 정의하고, 이를 상속받은 스포츠카와 트럭 클래스에서 각기 다른 방식으로 소리내기를 구현할 수 있음

(5) 캡슐화(Encapsulation)

① 정의 : 캡슐화는 객체의 속성과 메서드를 하나의 단위로 묶고, 외부에서 접근할 수 없도록 제한하는 개념으로, 주로 private과 public 접근 제어자를 사용해 외부 접근을 제어한다.

② 특징 : 캡슐화는 객체의 상태를 보호하고, 데이터 변경을 제어하는 방법으로 소프트웨어의 안정성을 높여준다.

　예 자동차 클래스에서 속도를 private으로 설정하고, 속도 증가나 속도 감소 메서드를 통해 속도에 접근하도록 제한할 수 있음

(6) 추상화(Abstraction)

① 정의 : 추상화는 객체가 어떤 기능을 수행할 것인지를 정의하고, 그 구현은 숨기는 개념으로, 복잡한 시스템의 내부 구현을 외부에서 몰라도 사용할 수 있도록 하는 것이다.

② 특징 : 추상화는 시스템을 더 간단하고 명확하게 만들어주므로, 인터페이스나 추상 클래스를 사용하여 구현된다.

예 자동차라는 클래스에서 운전이라는 행동을 추상화하고, 그 구현은 각 차량에 맞게 다르게 구현할 수 있음

객체지향 기술에 대한 설명 중 옳지 않은 것은?
→ 객체(Object)란 필요한 자료구조와 이에 수행되는 함수들을 가진 하나의 소프트웨어 모듈이다.
→ 클래스(Class)란 객체의 타입(Object Type)을 말하며 객체들이 갖는 속성과 적용 연산을 정의하고 있는 툴(Templet)이다.
→ 상속(Inheritance)은 상위 클래스가 갖는 속성과 연산을 그대로 물려받는 것을 의미한다.
→ 분석과 설계, 구현 작업이 폭포수 모형과 같이 뚜렷하게 구별된다(×).
▶ 객체지향 기술은 분석과 설계, 구현 작업이 거의 구분되지 않는다. 반면, 폭포수 모형은 폭포수가 단계별로 떨어지는 것처럼 분석과 설계, 구현 작업이 명확하게 구별되는 특징이 있다.

다음 중 객체지향 언어의 특징으로 알맞지 않은 것은?
→ 상속성   → 다형성
→ 구조화(×)   → 추상화
▶ 객체지향 언어의 특징으로는 상속성, 다형성, 캡슐화, 추상화 등이 있다.

44　객체지향 모델링 언어

1　객체지향 모델링 언어(UML ; Unified Modeling Language)

① 요구분석, 설계, 구현 등의 과정에서 사용되는 표준화된 모델링 언어로 객체 관련 표준화 기구인 OMG에서 1997년 11월 여러 단체와 연합하여 만든 통합 모델링 언어이다.
② Booch, Rambaugh, Jacobson 등의 객체지향 방법론의 통합이다.
③ UML은 표현 방법이 탁월하고 비교적 문제가 적은 논리적인 표기법을 가진 언어이다.

2　UML의 주요 특징

① **시각적인 표현** : UML은 복잡한 시스템을 도식화하여 이해하기 쉽게 만들어준다.
② **표준화** : UML은 표준화된 언어이므로 다양한 도구와 개발자들이 일관된 방식으로 시스템을 모델링할 수 있다.
③ **다양한 다이어그램** : 시스템을 구조적, 동적, 행위적으로 표현할 수 있는 여러 종류의 다이어그램을 제공한다.
④ **객체지향 접근** : 객체, 클래스, 상속, 다형성 등의 객체지향 개념을 명확하게 반영한 모델링을 할 수 있다.

(1) 구조 다이어그램 : 시스템의 정적인 구조를 표현하는 다이어그램들

① 클래스 다이어그램 : 클래스, 속성, 메서드, 클래스 간의 관계(상속, 연관 등)를 나타낸다.

② 객체 다이어그램 : 객체와 객체 간의 관계를 표현한다.

③ 컴포넌트 다이어그램 : 시스템의 구성 요소(컴포넌트)와 그들 간의 관계를 나타낸다.

④ 배치 다이어그램 : 하드웨어 구성 요소와 그들 간의 관계를 다룬다.

⑤ 패키지 다이어그램 : 시스템을 패키지로 나누어 모듈 간의 관계를 표현한다.

(2) 행위 다이어그램 : 시스템의 동적인 동작을 모델링하는 다이어그램

① 유스케이스 다이어그램 : 시스템의 기능을 사용자 관점에서 모델링하여, 시스템이 제공하는 주요 기능을 시각적으로 표현한다.

② 시퀀스 다이어그램 : 객체 간의 메시지 교환 순서를 시간 흐름에 따라 나타낸다.

③ 활동 다이어그램 : 시스템 내에서 작업 흐름과 제어 흐름을 나타낸다.

④ 상태 다이어그램 : 객체가 상태를 어떻게 변하는지, 상태 간의 전이를 나타낸다.

기출 Point

다음 그림은 전자계산기(Calculator)를 객체지향적으로 분석한 다이어그램이다. 어떤 다이어그램인가?

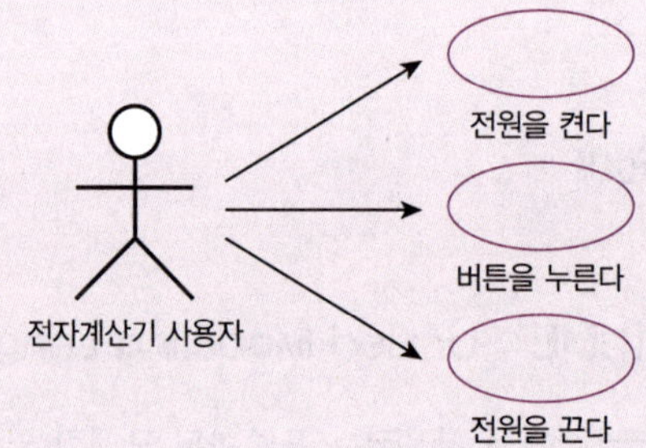

→ Usecase Diagram

▶ 유스케이스 다이어그램(Usecase Diagram)은 시스템의 기능을 나타내기 위하여 사용자의 요구를 추출하고 분석하는 데 사용한다. 유스케이스 다이어그램은 외부에서 보는 시스템의 기능에 초점을 두고 있다.

1 개념

① 소프트웨어가 명시된 요구 사항에 맞게 동작하는지, 결함이 없는지를 확인하는 과정이다.

② 목표는 시스템이 정확하게 작동하는지, 오류나 결함이 없는지, 그리고 사용자가 예상한 대로 동작하는지를 확인한다.

③ 소프트웨어 테스트는 소프트웨어 개발 과정의 중요한 부분으로, 품질 보증(QA) 및 리스크 감소에 기여하며, 소프트웨어의 신뢰성을 높이고, 배포 전에 결함을 미리 발견하여 비용을 절감할 수 있다.

2 소프트웨어 시험의 목적

① 결함 발견 : 소프트웨어의 버그나 결함을 찾아내고 수정할 수 있도록 도와준다.

② 요구 사항 충족 여부 확인 : 소프트웨어가 요구된 기능을 제대로 수행하는지 검증할 수 있다.

③ 성능 보증 : 소프트웨어가 예상대로 성능을 발휘하는지 확인하고, 시스템의 효율성을 점검할 수 있다.

④ 안전성 및 보안성 검토 : 시스템이 외부의 악의적인 공격이나 보안 위협에 대해 안전하게 보호될 수 있는지 점검한다.

⑤ 사용자 경험 확인 : 실제 사용자가 소프트웨어를 사용할 때의 경험을 평가하고, 사용자 인터페이스(UI)가 직관적이고 편리한지 확인할 수 있다.

3 소프트웨어 시험 기법

(1) Black-box Testing

① 내부 구조나 동작을 알지 못한 채 입력과 출력만을 기반으로 테스트하는 방법이다.

② 테스트 대상 시스템의 기능이 제대로 동작하는지 검증한다.

　예 기능 요구 사항을 바탕으로 하는 기능 테스트나 UAT

(2) White-box Testing

① 내부 구조나 코드를 기반으로 하는 테스트 방법이다.

② 코드가 올바르게 작동하는지, 구조적 결함을 찾는 데 사용한다.

　예 단위 테스트, 코드 커버리지 검사

(3) Grey-box Testing

① 내부 구조에 대한 부분적인 지식을 가지고 테스트하는 방법이다.

② 보통 흑박스 테스트와 백박스 테스트를 결합한 형태이다.

　예 로그인 시스템 테스트(입력 방식은 외부에서 확인하되, 일부 내부 동작을 알며 테스트)

4 소프트웨어 시험 절차

① 요구 사항 분석 : 소프트웨어가 충족해야 하는 요구 사항을 명확히 분석

② 테스트 계획 수립 : 어떤 테스트를 할지, 어떤 조건에서 실행할지 계획을 세움

③ 테스트 케이스 작성 : 테스트의 세부 조건을 정의한 테스트 케이스를 작성

④ 테스트 실행 : 실제로 테스트를 진행하고, 결과를 기록

⑤ 결과 분석 및 결함 보고 : 테스트 결과를 분석하여 결함을 찾고, 이를 개발 팀에 보고

⑥ 재시험 : 결함이 수정되면 다시 테스트를 진행해, 수정 사항이 제대로 적용되었는지 확인

46 소프트웨어 재공학의 CASE

1 소프트웨어 재공학(Software Reengineering)의 개념

(1) 개념

① 기존의 소프트웨어 시스템을 분석하고, 이를 재구성하거나 개선하여 기능을 향상시키거나 유지보수 비용을 절감하려는 과정이다.

② 소프트웨어가 시간이 지남에 따라 기능적 요구 사항이나 기술적 요구 사항을 충족하지 못하거나, 변경 및 유지보수하기 어려운 상태가 될 수 있기 때문에, 이를 개선하기 위한 방법으로 소프트웨어 재공학이 필요하다.

③ 소프트웨어 재공학에서 CASE(Computer-Aided Software Engineering) 도구

- 소프트웨어 재공학의 과정에서 자동화된 지원을 제공하는 도구들로, 시스템 분석, 설계, 코드 수정, 테스트 등을 효율적으로 수행할 수 있게 돕는 중요한 역할을 한다.

2 소프트웨어 재공학의 주요 과정

① **소프트웨어 분석(Software Analysis)** : 기존 시스템을 분석하여 기능적 요구사항, 비기능적 요구사항, 그리고 기존 시스템의 한계를 파악한다.

② **소프트웨어 구조 개선(Software Restructuring)** : 소프트웨어 시스템의 구조를 개선하여 유지보수성을 높이고, 성능을 향상시킬 수 있는 방법을 모색한다.

③ **소프트웨어 리팩토링(Refactoring)** : 코드를 재구성하여 가독성, 성능, 유지보수성 등을 개선하고, 불필요한 코드를 제거하는 과정이다.

④ **기능 추가 또는 변경(Functionality Addition/Modification)** : 기존 시스템에 새로운 기능을 추가하거나, 요구사항 변경에 맞게 기존 기능을 수정하는 작업을 한다.

⑤ **테스트 및 검증(Testing and Validation)** : 재공학된 소프트웨어가 기존 요구 사항을 충족하고, 수정된 기능들이 제대로 작동하는지 검증한다.

3 소프트웨어 재공학에서 CASE 도구의 역할

CASE 도구는 소프트웨어 재공학의 각 과정에서 중요한 역할을 하며, 효율성과 정확성을 높이는데 기여한다.

(1) 소프트웨어 분석 지원

① CASE 도구는 기존 시스템의 구조와 동작을 시각적으로 모델링하거나 분석할 수 있도록 도와준다.

　예 UML 다이어그램이나 데이터 흐름 다이어그램을 이용해 시스템의 구조를 파악할 수 있음

(2) 구조 개선 및 리팩토링

① 코드 분석과 구조 개선 도구를 사용해, 기존 코드의 불필요한 부분을 제거하고, 최적화된 코드로 리팩토링할 수 있다.

　예 코드 복잡도를 분석하거나, 모듈화가 필요한 부분을 찾는 데 사용될 수 있음

(3) 자동화된 코드 생성

① CASE 도구는 디자인 모델을 바탕으로 자동으로 코드를 생성하거나 수정할 수 있는 기능을 제공한다.

② 수작업으로 코드를 작성하는 시간을 줄이고, 코드의 일관성을 유지할 수 있다.

(4) 버전 관리 및 추적

① 재공학 작업은 기존 시스템에 대한 변경 작업이므로, 버전 관리 시스템을 사용해 코드 변경 사항을 추적하고 관리할 수 있다.

② 재공학 과정에서 발생할 수 있는 문제나 충돌을 방지할 수 있다.

(5) 테스트 및 검증 지원

① CASE 도구는 자동화된 단위 테스트, 회귀 테스트, 성능 테스트 등을 지원하여, 재공학 후 시스템이 요구 사항을 충족하고 정상적으로 작동하는지 검증할 수 있다.

> **기출 Point**
>
> **CASE에 관한 설명으로 옳지 않은 것은?**
> → 개발 도구와 개발 방법론이 결합된 것이다.
> → 유지보수성을 향상시키기 위해 기존 소프트웨어를 재구성하고 새로운 기술을 적용하는 것이다(×).
> → 시스템 개발 과정의 전체 또는 일부를 컴퓨터와 전용 소프트웨어 도구를 사용하여 자동화하는 것을 말한다.
> → 정형화된 구조 및 방법을 소프트웨어 개발에 적용하여 생산성 향상을 구현하는 공학 기법이다.
> ▶ 유지보수성을 향상시키기 위해 기존 소프트웨어를 재구성하고 새로운 기술을 적용하는 것은 재공학에 관한 설명이다.

1 개념

① 프로젝트를 수행하는 데 필요한 작업(Task)을 정의하고, 작업 간의 순서와 소요 시간을 정리하여 효율적인 일정을 수립하는 과정이다.

② 프로젝트 관리에서 일정 계획은 매우 중요한 요소이며, 예산, 자원, 마감 기한 등을 효과적으로 조정하는 데 필수적이다.

2 프로젝트 일정 계획의 주요 단계

(1) 작업 분해(WBS ; Work Breakdown Structure)

① 프로젝트를 작은 단위의 작업(Task)으로 나누는 과정이다.

② 계층적인 구조로 표현하여 작업의 범위를 명확하게 한다.

③ 각 작업의 책임자, 기간, 필요한 자원을 정의한다.

④ 작업을 체계적으로 관리할 수 있고, 담당자별 역할을 명확히 정의할 수 있다.

(2) 작업 간의 관계(Dependency) 정의

① 프로젝트 작업들 간의 의존 관계(Dependency)를 설정한다.

② 특정 작업이 완료되어야 다음 작업을 수행할 수 있는지 확인한다.

③ 종류

- 선행 작업(FS, Finish-to-Start) → A가 끝나야 B 시작 가능
- 병렬 작업(SS, Start-to-Start) → A와 B가 동시에 시작 가능
- 후속 작업(FF, Finish-to-Finish) → A가 끝나야 B도 끝남

④ 장점 : 프로젝트 진행 중에 병목(Bottleneck)이 발생하지 않도록 미리 방지할 수 있다.

(3) 일정 산정(Estimation) 및 일정 차트 작성

① 각 작업별 소요 시간(Time)을 추정한다.

② 적절한 일정 계획 도구를 활용하여 시각적으로 표현한다.

③ 대표적인 일정 산정 기법

- PERT(Program Evaluation and Review Technique) : 낙관/기대/비관값을 활용해 일정 예측
- CPM(Critical Path Method) : 프로젝트의 가장 중요한 경로(지연되면 일정이 늦어지는 작업)를 식별하여 일정 관리
- 간트 차트(Gantt Chart) : 일정 계획을 한눈에 볼 수 있도록 막대 그래프로 표현

④ 장점 : 프로젝트의 진행 상태를 쉽게 파악하고, 마감 일정 관리에 유리하다.

(4) 일정 조정 및 자원 할당(Resource Allocation)

① 일정이 너무 길거나, 특정 작업에 과부하가 걸릴 경우 자원을 조정한다.

② 필요하면 작업을 병렬화하거나, 추가 인력을 투입하여 일정을 조정한다.

③ 조정 방법

- 작업의 병렬화(Parallel Processing) : 동시에 진행할 수 있는 작업을 병렬로 배치
- 자원 재할당(Resource Reallocation) : 특정 작업에 더 많은 인력을 투입
- 작업의 중요도 재설정(Priority Adjustment) : 중요도가 낮은 작업을 후순위로 조정

④ 장점 : 일정 지연을 최소화하고, 자원의 낭비를 방지할 수 있다.

(5) 일정 모니터링 및 리스크 관리(Risk Management)

① 프로젝트 진행 중 일정이 지연되지 않도록 모니터링한다.

② 예상치 못한 문제(인력 부족, 기술적 문제 등)가 발생할 경우의 리스크를 관리한다.

③ 리스크 예측 및 해결책

- 리스크 예측 : "서버 배포 단계에서 오류 발생 가능성 있음"
- 해결책 마련 : "배포 이전에 테스트 환경에서 충분히 검증하고, 긴급 대응팀 배치"

④ 장점 : 예기치 않은 일정 지연을 방지하고, 신속한 대응이 가능하다.

3 CPM(Critical Path Method, 중요 경로 기법)

(1) 개념

① 프로젝트 일정 관리 기법 중 하나로, 프로젝트 내 모든 작업의 수행 순서와 소요 시간을 분석하여 프로젝트 완료까지 걸리는 최소 기간을 결정하는 방법이다.

② 작업(Activity) : 프로젝트를 구성하는 개별 작업

③ 노드(Node) : 작업 간의 연결점을 나타내는 요소

④ 경로(Path) : 시작 노드에서 종료 노드까지의 작업 흐름

⑤ 중요 경로(Critical Path) : 프로젝트 전체 일정에 가장 영향을 미치는 경로로, 여유 시간이 0인 경로(지연되면 전체 프로젝트 일정도 지연됨)

⑥ 완충 시간(Float, Slack Time) : 특정 작업이 지연되더라도 프로젝트 완료 일정에는 영향을 주지 않는 시간

(2) 목표

① 프로젝트 완료 기간을 최소화

② 일정 상의 병목 구간(Bottleneck)을 파악하여 자원 할당 최적화

③ 작업 간 의존 관계(Dependency) 분석

(3) CPM 수행 단계

① 작업 및 관계 정의 : 프로젝트를 이루는 모든 작업(Task)과 각 작업 간의 의존 관계를 정리

② 작업 기간 추정 : 각 작업(Task)의 예상 소요 시간을 결정

③ 네트워크 다이어그램 작성 : 작업을 노드(원) 또는 활동(화살표)으로 표현한 작업 흐름도(Flowchart)를 작성

④ 각 경로의 총 소요 시간 계산 : 시작부터 종료까지 가능한 모든 경로의 총 기간을 계산

⑤ 중요 경로(Critical Path) 식별

- 가장 긴 소요 시간을 가지는 경로가 중요 경로가 된다.
- 중요한 작업은 지연되면 프로젝트 전체 일정에 영향을 미치므로 우선적으로 관리해야 한다.

기출 Point

[표]의 CPM(Critical Path Method) 소작업 리스트에서 작업 C의 가장 빠른 착수일, 가장 늦은 착수일, 여유 기간은?

[CPM 소작업 리스트]

소작업	선행 작업	소요 기간(일)
A	없음	15
B	없음	10
C	A, B	10
D	B	25
E	C	15

→ CPM에서 CP(Critical Path)는 핵심 주요 구간(경로)으로 각 활동을 연결했을 때 수행 기간이 가장 긴 경로를 의미한다.
- 작업 C의 가장 빠른 착수일 : 15일(가장 긴 경로를 선택하므로 10일은 아님)
- 전체 시간(일) : 40일(A → C → E는 15 → 10 → 15이므로 모두 더하면 40일, 가장 긴 경로를 선택)
- 작업 C의 가장 늦은 착수일 : 15일(전체 시간−(C 작업 시간+E 작업 시간))이므로 40−(10+15)=15
- 여유 기간 : 0일(가장 늦은 착수일−가장 빠른 착수일이므로 15−15=0)

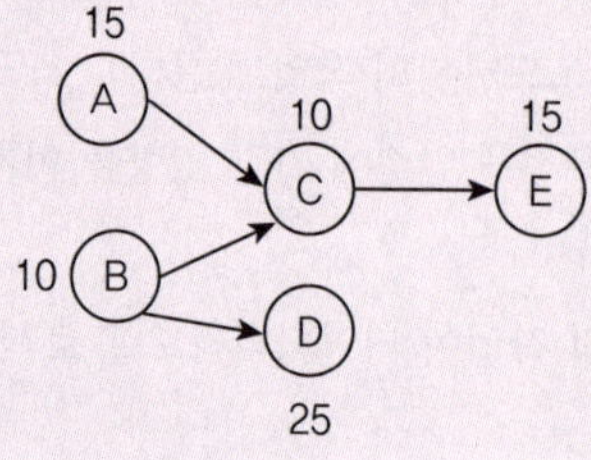

1 상대참조

행과 열이 상대적으로 지정되는 방식으로 가장 일반적이다.

[예] B7

2 절대참조

특정 행과 열을 고정시키고자 할 경우 지정한다.

[예] B7 : 다른 셀에 복사하여 사용할 경우에도 B열과 7행 모두 고정된다. 고정되는 숫자 앞에 $를 붙인다.

3 혼합참조

상대참조와 절대참조가 혼합된 방식이다.

[예] B$7 : 다른 셀에 복사하여 사용할 경우에도 7행은 고정된다. 고정되는 숫자 앞에 $를 붙인다.

기출 Point

MS Excel의 워크시트에서 사원별 수주량과 판매금액, 그리고 수주량과 판매금액의 합계가 입력되어 있다. 이때 C열에는 전체 수주량 대비 각 사원 수주량의 비율을, E열에는 전체 판매금액 대비 각 사원 판매 금액의 비율을 보이고자 한다. 이를 위해 C2셀에 수식을 입력한 다음에 이를 C열과 E열의 나머지 셀에 복사하여 사용하고자 한다. C2셀에 입력할 내용으로 옳은 것은?

	A	B	C	D	E
1	사 원	수주량	비 율	판매금액	비 율
2	김철수	78		8,000,000	
3	홍길동	56		7,500,000	
4	김민호	93		13,000,000	
5	나영철	34		10,000,000	
6	최 건	80		8,000,000	
7	합 계	341		46,500,000	

→ =B2/B$7*100

▶ C2에는 전체 수주량 대비 김철수 사원 수주량의 비율이 들어가게 되는데, =B2/B7*100이 된다. 그런데 이 셀을 복사하여 C열과 E열 나머지 셀에도 붙이려고 하므로, 혼합주소를 사용하는 것이 좋다. 열은 바뀌더라도 7행이 고정된다. 따라서 C2에는 =B2/B$7*100이 와야 한다.

1 통계 함수

① SUM(1,3,5) : 인수의 합을 계산하므로 1+3+5=9가 결괏값이다.

② AVERAGE(1,3,5) : 인수의 평균을 계산하므로 (1+3+5)/3=3이 결괏값이다.

③ MAX(1,3,5) : 인수 중 최댓값을 계산하므로 5가 결괏값이다.

④ MIN(1,3,5) : 인수 중 최솟값을 계산하므로 1이 결괏값이다.

⑤ COUNT(1,3,a) : 인수 중 숫자의 개수를 구하는 것으로 2가 결괏값이다.

⑥ COUNTA(1,3,a) : 인수의 개수를 구하는 것으로 3이 결괏값이다.

⑦ SUMIF(인수1,인수2,인수3) : 조건을 만족하는 값들에 대해서만 합계를 구한다는 뜻이다.

2 문자 함수

① LEFT(문자열,개수) : 문자열의 왼쪽에서부터 개수만큼의 문자를 구한다.

　예 =LEFT("019-2119-9019",9)=019-2119-

② RIGHT(문자열,개수) : 문자열의 오른쪽에서부터 개수만큼의 문자를 구한다.

　예 =RIGHT("019-2119-9019",9)=2119-9019

③ MID(문자열,시작위치,개수) : 문자열의 시작 위치에서 개수만큼의 문자를 구한다.

　예 =MID("019-2119-9019",3,7)=9-2119-

④ LEN(문자열) : 문자열의 개수를 구한다.

　예 =LEN("019-2119-9019")=11

⑤ LOWER(문자열) : 문자열 중 영어를 소문자로 변환한다.

　예 =LOWER("TARGET")=target

⑥ UPPER(문자열) : 문자열 중 영어를 대문자로 변환한다.

　예 =UPPER("target")=TARGET

⑦ PROPER(문자열) : 문자열 중 영어 단어 첫 글자를 대문자로 변환한다.

　예 =PROPER("target")=Target

⑧ REPLACE(바꿀 문자열,시작위치,바꿀 문자 개수,바뀔 문자열) : 바꿀 문자열의 시작 위치에서 바꿀 문자 개수만큼의 글자를 바뀔 문자열로 바꾼다.

　예 =REPLACE("019-2119-9019",5,4,"011-3456-7890")=019-3456-9019

⑨ REPT(문자열,수치) : 문자열을 지정수치만큼 반복한다.

　예 =REPT("*",5)=*****

3 참조 함수

① CHOOSE(번호,인수1,인수2,인수3) : 번호에 해당하는 인수를 구한다는 뜻이다.

② HLOOKUP(기준값,배열,행번호) : 배열에서 기준값에 해당하는 열을 찾은 후 행번호에 해당하는 셀의 값을 구한다는 뜻이다.

③ INDEX(배열,행번호,열번호) : 배열에서 행번호와 열번호에 해당하는 행을 찾은 후 열번호에 해당하는 셀의 값을 구한다는 뜻이다.

4 수치 함수

① ABS(숫자) : 숫자의 절댓값을 구한다는 뜻이다.

② SQRT(숫자) : 제곱근을 구한다는 뜻이다.

③ INT(숫자) : 숫자를 넘지 않는 최대의 정수를 구한다는 뜻이다.

④ SIGN(숫자) : 부호를 구한다는 뜻이다.

⑤ RAND( ) : 0과 1 사이의 난수를 구한다는 뜻이다.

⑥ ROUNDDOWN(숫자,자릿수) : 자릿수에 맞게 숫자를 내림한다.

⑦ ROUNDUP(숫자,자릿수) : 자릿수에 맞게 숫자를 올림한다.

⑧ MOD(숫자1,숫자2) : 숫자1을 숫자2로 나눈 나머지를 구한다는 뜻이다.

5 날짜 함수

① DATE(year,month,day) : 차례대로 연, 월, 일을 표시한다.

② YEAR(날짜) : 날짜에서 년(年)을 추출한다.

③ MONTH(날짜) : 날짜에서 월(月)을 추출한다.

④ DAY(날짜) : 날짜에서 일(日)을 추출한다.

⑤ TIME(hour,minute,second) : 차례대로 시, 분, 초를 표시한다.

⑥ HOUR(시간) : 시간에서 시(時)를 추출한다.

⑦ MINUTE(시간) : 시간에서 분(分)을 추출한다.

⑧ SECOND(시간) : 시간에서 초(秒)를 추출한다.

⑨ NOW( ) : 현재의 날짜와 시간을 날짜와 시간 형식으로 구한다.

⑩ TODAY( ) : 현재 날짜를 날짜 서식으로 표시한다.

① AND 또는 & : 두 개의 논리식을 합친다.

② OR : OR 연산한다.

③ NOT : NOT 연산한다.

④ IF(조건,값1,값2) : 조건이 참이라면 값1을, 조건이 거짓이면 값2를 구한다.

기출 Point

MS Excel의 워크시트에서 D4셀에 =RIGHT(C4,LEN(C4)-4)& " **** " 을 입력했을 때 결괏값으로 알맞은 것은?

	A	B	C
1	이 름	학 번	연락처
2	김철수	208-4101	010-2109-8765
3	이영희	208-4102	011-3456-7890
4	홍길동	208-4103	019-2119-9019

→ 2119-9019****
▶ RIGHT, LEN, & 엑셀 함수의 의미를 알면 구할 수 있다.
  • RIGHT(문자열,개수) : 문자열의 오른쪽에서부터 개수만큼의 문자를 구한다.
    =RIGHT("019-2119-9019",9)=2119-9019
  • LEN(문자열) : 문자열의 개수를 구한다. LEN(C4)=13
  • =RIGHT(C4,LEN(C4)-4)=RIGHT(C4,9)=2119-9019
  • =2119-9019& " **** " =2119-9019****

50 해킹 기법과 악성 코드

1 해킹 기법

(1) 스푸핑(Spoofing)

① 스푸핑은 타인이나 다른 시스템을 속이는(Spoof) 행위를 의미하며 침입하고자 하는 호스트의 IP 주소를 바꾸어서 해킹하는 기법을 말한다.

② 악의적 네트워크 침입자가 임의로 웹사이트를 구성해 일반 사용자들의 방문을 유도, 인터넷 프로토콜인 TCP/IP의 구조적 결함을 이용해 사용자의 시스템 권한을 획득한 뒤 정보를 빼가는 해킹 수법을 말하기도 한다.

③ 스푸핑은 방법에 따라 IP 스푸핑, 메일 스푸핑, 웹 스푸핑 등이 있다.

(2) 스니핑(Sniffing)

① 스니핑은 통신망상에 전송되는 패킷 정보를 엿보는(Sniff) 것을 말한다.

② 다른 사람의 계정이나 비밀번호를 알아내기 위해 사용되며, 이를 방지하기 위해서는 데이터 패킷을 암호화하여 전송한다.

(3) 피싱(Phishing)

피싱은 금융기관이나 공공기관 등의 웹사이트나 거기서 보내온 메일로 위장하여 개인의 인증번호나 신용카드번호, 계좌정보 등을 빼내 이를 불법적으로 이용하는 사기수법이다.

(4) DoS 공격

① 서비스 거부(Denial of Service)는 공격 대상이 되는 서버에 과도한 트래픽을 유발시키거나 비정상적인 접속 등을 시도하여 해당 서버의 네트워크를 독점하거나 시스템 리소스의 낭비를 유발함으로써 서버가 정상적으로 작동하지 못하도록 만드는 공격 기법이다.

② DoS 공격의 한 유형인 DDoS(Distribute Denial of Service)는 분산 서비스 거부라고 하는데, 공격자가 원격지에서 좀비(Zombie)라고 불리는 복수의 컴퓨터에 악성 코드를 심어놓은 후 원격 제어를 통해 동시적으로 특정 사이트를 공격하여 마비시키는 공격 기법이다.

> **기출 Point**
>
> 자신을 타인이나 다른 시스템에게 속이는 행위를 의미하여 침입하고자 하는 호스트의 IP 주소를 바꾸어서 해킹하는 기법을 가리키는 것은?
> → 스푸핑(Spoofing)

2 보안 공격

① **능동적 공격(적극적 공격)** : 데이터를 변조하거나, 직접 패킷을 전송하여 시스템의 무결성·가용성·기밀성을 공격하는 것으로 직접적인 피해를 준다. 재전송, 변조, 신분 위장, DDoS 공격 등이 있다.

② **수동적 공격(소극적 공격)** : 데이터 도청, 수집된 데이터 분석 등이 있으며, 직접적인 피해를 주지 않는다. 스니핑, 패킷 분석, 도청 등이 있다.

> **기출 Point**
>
> 능동적 보안 공격에 해당하는 것은?
> → 신분 위장, 서비스 거부, 메시지 변조 (○)
> → 도청, 감시, 트래픽 분석 (×)

3 악성 코드

① 스파이웨어(Spyware) : 사용자의 적절한 동의 없이 설치되어 사용자의 정보를 수집하거나 검색 정보, 패스워드 등을 빼가는 프로그램이다.
② 랜섬웨어(Ransomware) : 사용자 시스템에 침투하여 파일을 암호화하여 접근할 수 없게 하고 암호를 푸는 대가로 금전을 요구한다.
③ 애드웨어(Adware) : 광고를 표시하거나 클릭 수를 증가시켜 수익을 얻으려는 목적으로 설치된 악성 코드이다.
④ 봇넷(Botnet) : 감염된 컴퓨터들을 원격으로 제어하여 대규모의 네트워크 공격이나 스팸 전송에 이용된다.

4 침입 방지 시스템(IPS ; Intrusion Prevention System)

(1) 개념

① IPS는 네트워크 트래픽을 실시간으로 감시하고, 악의적인 공격을 탐지하여 자동으로 차단하는 보안 시스템이다.
② 침입 탐지 시스템(IDS ; Intrusion Detection System)이 탐지만 하는 역할이라면, IPS는 탐지 후 차단까지 수행하는 기능이 추가된 것이다.
③ 주요 기능
  • 실시간 패킷 검사 : 네트워크를 흐르는 데이터를 분석해 악성 코드나 해킹 시도를 탐지
  • 자동 차단 : 악성 트래픽이 감지되면 해당 트래픽을 자동으로 차단
  • 행위 기반 탐지 : 특정한 공격 패턴이 아닌, 이상한 행동 패턴을 감지하여 차단 가능
  • 보안 정책 적용 : 기업이나 기관의 보안 정책에 따라 특정한 IP 차단, 특정 포트 차단 등 설정 가능
④ 예시
  • 기업 내부 네트워크 보호 : 대기업의 내부 네트워크에서 IPS를 설치하여, 직원들이 피싱 사이트에 접속하거나 해커가 외부에서 불법적인 접근을 시도할 경우 차단한다.
  • DDoS 공격 방어 : 웹사이트가 대량의 트래픽 공격을 받을 때, IPS가 이를 감지하고 악성 트래픽을 차단하여 서버 다운을 방지한다.
  • 은행의 온라인 뱅킹 보호 : 금융 기관이 IPS를 활용하여 고객들의 온라인 뱅킹 접속 시, 악성 트래픽이나 해킹 시도를 차단한다.

5 침입 차단 시스템(방화벽, Firewall)

(1) 개념

① 방화벽(Firewall)은 네트워크 내부와 외부를 구분하고, 허용된 트래픽만 통과시키고, 불법적인 트래픽은 차단하는 역할을 하는 보안 시스템이다.

② IPS처럼 정교한 분석을 수행하지는 않지만, 특정 IP, 포트, 프로토콜을 기반으로 차단하는 기본적인 보안 장치이다.

③ 주요 기능

- 네트워크 트래픽 필터링 : 허용된 IP나 포트만 접근 가능하게 설정한다.
- 접근 제어(ACL ; Access Control List) : 특정 사용자, 기기, 애플리케이션이 네트워크에 접근할 수 있도록 허용 또는 차단한다.
- 내부 보안 강화 : 내부 네트워크에서 허가되지 않은 외부 서버로의 연결을 차단한다.
- 패킷 필터링 : 특정한 패킷(데이터)이 방화벽을 통과할 수 있는지 여부를 결정한다.

④ 예시

- 회사 내부망 보호 : 회사 내부 직원들이 인터넷을 사용할 때, 특정 웹사이트(예 SNS, 유해 사이트 등) 접속을 차단한다.
- 학교 네트워크 관리 : 학생들이 해킹 사이트나 위험한 사이트에 접근하지 못하도록 방화벽에서 차단한다.
- 클라우드 보안 : AWS, Azure 같은 클라우드 서비스에서 방화벽을 설정하여 허용된 IP만 서버에 접근하도록 설정한다.

[IPS vs 방화벽(차이점 비교)]

구 분	침입 방지 시스템(IPS)	방화벽(Firewall)
기 능	악성 트래픽 탐지 및 차단	네트워크 접근 제어 및 차단
차단 방식	패턴 분석, 행위 기반 탐지	IP, 포트, 프로토콜 기반 차단
보안 수준	고급 보안 기능 제공 (자동 차단)	기본적인 접근 제어
위 치	방화벽 뒤쪽(내부 네트워크)	네트워크 경계(외부와 내부 사이)
예 시	해킹 시도 차단, DDoS 공격 방어	회사 내부망 보호, 특정 웹사이트 차단

기출 Point

사용자 컴퓨터의 데이터를 암호화시켜 파일을 사용할 수 없도록 한 후 암호화를 풀어주는 대가로 금전을 요구하는 악성 프로그램은?

→ 랜섬웨어

1 공개키 암호화 기법

① 비대칭 암호화 기법이라고도 한다.

② 구조적 측면에서는 '공개키 기반 구조(PKI ; Public Key Infrastructure)'라고도 한다.

③ 데이터를 암호화할 때 사용하는 키(공개키, Public key)는 공개하고, 복호화할 때의 키(비밀키, Secret key)는 비밀로 한다.

④ 서로 다른 키로 데이터를 암호화하고 복호화한다.

⑤ 대표적인 암호화 방식 : RSA(Rivest Shamir Adleman)

2 비밀키 암호화 기법

① 대칭키 기법 또는 단일키 암호화 기법이라고 한다.

② 동일한 키로 데이터를 암호화하고 복호화한다.

③ **장점** : 암호화와 복호화의 속도가 빠르며, 알고리즘이 단순하고 파일 크기가 작다.

④ **단점** : 사용자의 증가에 따라 관리해야 하는 키의 수가 상대적으로 많아진다.

⑤ 대표적인 암호화 방식 : DES(Data Encryption Standard)

기출 Point

공개키 기반 구조(Public Key Infrastructure)에 대한 설명으로 옳지 않은 것은?
→ 인증기관은 공개키 인증서의 발급을 담당
→ 공개키 기반 구조는 부인 방지 서비스 제공이 가능
→ 공개키 알고리즘을 통한 암호화와 전자서명을 제공하는 복합적인 보안 시스템 환경
→ 공개키로 암호화한 데이터는 암호화에 사용된 공개키로 해독 (×)
▶ 공개키 암호 방식은 서로 다른 키로 데이터를 암호화하고 복호화한다.

| 52 | 정보보완 및 개인정보 보호 |

1 정보보안의 3요소(CIA Triad)

(1) 기밀성(Confidentiality) : 정보의 비밀 유지

① 허가된 사용자만 정보에 접근할 수 있도록 보호하는 것이다.

② 정보 유출 방지가 핵심 목표이다.

③ 접근 통제, 암호화, 인증 기술 등을 사용하여 기밀성을 보장한다.

④ 예시

- 회사의 기밀 문서를 암호화하여 인가된 직원만 열람 가능하게 설정
- 온라인 뱅킹 로그인 시 2단계 인증(OTP, 생체인증) 적용
- VPN을 사용하여 외부에서 안전하게 내부 네트워크에 접속

(2) 무결성(Integrity) : 정보의 정확성과 신뢰성 유지

① 정보가 인가된 방식으로만 수정되고, 변조나 손상이 발생하지 않도록 보호하는 것이다.

② 데이터가 전송되거나 저장될 때 조작되지 않도록 보장해야 한다.

③ 해시 함수, 디지털 서명, 접근 권한 제어 등을 사용하여 무결성을 유지한다.

④ 예시

- 파일 다운로드 시 해시값(SHA-256)을 제공하여 파일이 변조되지 않았음을 확인
- 데이터베이스의 중요한 정보는 권한이 있는 사용자만 수정 가능하도록 설정
- 이메일이 위조되지 않도록 디지털 서명(PGP, S/MIME) 적용

(3) 가용성(Availability) : 정보의 지속적인 사용 가능성 보장

① 정보 시스템이 장애 없이 정상적으로 운영되어야 한다.

② 시스템 다운타임을 최소화하고, 데이터가 항상 접근 가능하도록 관리한다.

③ 백업, DDoS 방어, 이중화 시스템, 장애 복구 계획 등을 통해 가용성을 유지한다.

④ 예시

- 정전이나 서버 오류 대비를 위해 데이터 센터에 무정전 전원 장치(UPS) 설치
- 사이버 공격(DDoS)으로부터 보호하기 위해 방화벽 및 침입 방지 시스템(IPS) 적용
- 정기적인 데이터 백업 및 복구 시스템 운영

(4) CIA의 균형이 중요한 이유

① 정보보안의 3요소는 각각 독립적인 개념이 아니라 서로 균형을 유지해야 한다.

② 기밀성을 강화하려고 지나치게 접근을 제한하면 가용성이 낮아질 수 있다.

③ 무결성을 강조하다 보면 정보 수정이 어려워져 업무 효율성이 떨어질 수 있다.

④ 가용성을 높이기 위해 보안 수준을 낮추면 기밀성과 무결성이 약화될 위험이 있다.

2 개인정보 보호의 7대 원칙

(1) 수집 최소화 원칙(Minimal Collection Principle)

① 개인정보는 적법하고 공정한 방법으로 수집해야 하며, 목적에 필요한 최소한의 범위에서만 수집해야 한다.

　예 온라인 쇼핑몰 회원가입 시, 필수 정보(이름, 연락처)만 수집하고, 불필요한 정보(가족 정보 등)는 요구하지 않아야 함

(2) 목적 제한 원칙(Purpose Limitation Principle)

① 개인정보는 수집 목적과 명확하게 연결된 용도로만 사용해야 한다.

② 수집할 때 명시한 목적 외의 용도로 활용해서는 안 된다.

> 예 A 회사에서 고객의 주소를 배송 목적으로만 사용하고, 마케팅 광고 목적으로 임의 활용하면 안 됨

(3) 이용 · 제공 제한 원칙(Use and Provision Limitation Principle)

① 개인정보는 정보 주체의 동의 없이 제3자에게 제공되거나, 목적 외 사용이 불가능해야 한다.

② 법률에서 허용하거나 공익 목적 등 예외적인 경우에는 가능하다.

> 예 병원이 환자의 의료 정보를 제약회사에 동의 없이 제공하는 것은 원칙적으로 금지됨

(4) 안전성 확보 원칙(Security Safeguards Principle)

① 개인정보는 분실, 도난, 유출, 변조, 훼손되지 않도록 안전하게 보호해야 한다.

② 암호화, 접근 통제, 보안 시스템 적용 등의 조치를 강구해야 한다.

> 예 금융 회사가 고객의 계좌 정보를 보호하기 위해 2단계 인증을 적용하고, 데이터 암호화를 실시함

(5) 정보 주체의 권리 보장 원칙(Data Subject Rights Principle)

① 정보 주체(개인정보를 제공한 사람)는 본인의 개인정보에 대해 열람, 정정, 삭제, 처리 정지 요구권을 가진다.

② 기업이나 기관은 이러한 요청이 있을 경우 정당한 사유가 없으면 적극적으로 조치해야 한다.

> 예 SNS 사용자가 회원 탈퇴를 원할 경우, 해당 서비스가 개인정보를 완전히 삭제해야 함

(6) 투명성 원칙(Transparency Principle)

① 개인정보 처리 과정이 명확하고 투명해야 하며, 정보 주체가 쉽게 이해할 수 있도록 공개해야 한다.

② 이용 약관, 개인정보 처리 방침 등을 분명하게 제공해야 한다.

> 예 웹사이트에서 개인정보 처리 방침을 쉽게 찾을 수 있도록 명확하게 공지하고, 사용자가 쉽게 이해할 수 있도록 설명

(7) 책임성과 감시 원칙(Accountability Principle)

① 개인정보를 처리하는 기관, 기업 등은 개인정보 보호를 위한 책임을 져야 하며, 법적 · 윤리적 기준을 준수해야 한다.

② 내부 관리 체계를 갖추고, 주기적으로 점검해야 한다.

> 예 대기업이 개인정보 보호 책임자를 지정하고, 주기적으로 개인정보 보호 교육을 시행

1 OSI 참조 모델의 개념

① 서로 다른 시스템 간의 원활한 통신을 위해 ISO(국제 표준화 기구)에서 제안한 통신 규약(Protocol)을 말하며, 모두 7단계의 계층으로 되어 있다.

② 국제 표준화 기구인 ISO는 단말기부터 컴퓨터, 네트워크, 프로세스, 사용자 간의 표준화된 절차를 규정하도록 한 표준 프로토콜(Open System Interconnection, OSI)을 발표하였다.

2 OSI 7 계층 구조와 기능

- 하위 계층 : 물리 계층 → 데이터 링크 계층 → 네트워크 계층
- 상위 계층 : 트랜스포트(전송) 계층 → 세션 계층 → 프리젠테이션(표현) 계층 → 응용 계층

(1) 물리 계층(Physical Layer)

① 전송 매체와 전송 신호를 액세스하기 위한 기계적 · 전기적 · 기능적 · 절차적 특성을 규정짓는 최하위 계층이다.

② 통신 케이블, 전송 신호 방식, 물리적 장비를 정의한다.

(2) 데이터 링크 계층(Data Link Layer)

① 두 개의 인접한 개방 시스템들 간에 신뢰성 있고 효율적인 정보 전송을 할 수 있도록 하고, 물리적 연결(데이터 링크) 간의 신뢰성 있는 정보 전송을 할 수 있는 기술과 관계된다.

② 동기화, 오류, 흐름 제어로 프레임(전송 데이터 구조)을 효과적으로 전송한다.

③ 전화를 이용한 인터넷 접속 프로토콜(PPP) 기능을 담당한다.

④ 프레임을 동기화한다(BASIC 동기, HDLC 동기, SDLC 동기).

(3) 네트워크 계층(Network Layer, 망 계층)

① 개방 시스템들 간의 네트워크 연결 관리(네트워크 연결을 설정, 유지, 해제), 데이터의 교환 및 중계 기능을 한다.

② 경로 설정(Routing), 트래픽 제어, 패킷 정보 전송을 수행한다.

③ 송 · 수신지의 IP 주소를 헤더에 포함하여 전송하는 논리주소 지정 기능과 송신지에서 수신지까지 데이터가 전송될 수 있도록 최단 전송 경로를 선택하는 라우팅 기능 등을 수행한다.

④ 체증 제어(폭주 제어)를 한다.

(4) 전송 계층(Transport Layer)

① 종단 시스템(End-to-End) 간에 투명한 데이터 전송을 가능하게 한다.

② 전송 연결 설정, 데이터 전송, 전송 연결 해제 기능을 한다.

③ 주소 설정, 다중화, 에러 제어, 흐름 제어를 수행한다.

(5) 세션 계층(Session Layer)

① 송·수신 측 간의 관련성을 유지하고 대화 제어를 담당한다.

② 대화(회화) 구성 및 동기 제어 및 데이터 교환 관리 기능을 한다.

③ 체크점(동기점) : 오류가 있는 데이터의 회복을 위해 사용하는 것으로 소동기점과 대동기점이 있다.

(6) 표현 계층(Presentation Layer)

① 응용 계층으로부터 받은 데이터를 세션 계층에 맞게, 세션 계층에서 받은 데이터는 응용 계층에 맞게 변환하는 기능을 한다.

② 코드 변환, 데이터 암호화, 데이터 압축, 구문 검색, 정보 형식(포맷) 변환, 문맥 관리 기능을 한다.

③ 데이터 표현에 존재하는 차이점들을 극복하게 해준다.

(7) 응용 계층(Application Layer)

① 네트워크 환경에서 사용자 인터페이스를 제공한다.

② 사용자가 OSI 환경을 이용할 수 있도록 파일 처리 서비스나 파일 전송 서비스를 관리한다.

기출 Point

OSI 참조 모델에서 송·수신지의 IP 주소를 헤더에 포함하여 전송하는 논리주소 지정 기능과 송신지에서 수신지까지 데이터가 전송될 수 있도록 최단 전송 경로를 선택하는 라우팅 기능 등을 수행하는 계층으로 옳은 것은?
→ 네트워크 계층

기출 Point

OSI 참조 모델 중 각 계층의 기능 설명이 옳지 않은 것은?
→ 물리 계층 – 전기적, 기능적, 절차적 규격에 대해 규정
→ 데이터 링크 계층 – 흐름 제어와 에러 복구
→ 네트워크 계층 – 경로 설정 및 폭주 제어
→ 전송 계층 – 코드 변환, 구문 검색(×)
▶ 코드 변환(코드 번역), 구문 검색 등은 표현 계층의 기능이다.

1 인터넷의 주소 체계

① IP 주소(IPv4) : 인터넷에 연결된 모든 컴퓨터의 자원을 구분하기 위한 고유한 주소로, 숫자로 8비트씩 4부분, 총 32비트로 구성되며, A~E 클래스까지 총 5단계로 나뉜다.

② IPv6 : IPv4의 주소 부족 문제를 해결하기 위해 개발된 것으로, 16비트씩 8부분, 총 128비트로 구성되며, 각 부분은 16진수로 표현하고, 콜론으로 구분한다.

③ 서브넷 마스크 : 4바이트의 IP 주소 중에 네트워크 주소와 호스트 주소를 구분하기 위한 비트이다.

④ 도메인 네임 : 숫자로 된 IP 주소를 사람이 이해하기 쉬운 문자 형태로 표현한 것으로, 호스트 컴퓨터명, 소속 기관 이름, 소속 기관의 종류, 소속 국가명 순으로 구성되어 있다.

⑤ DNS : 문자로 된 도메인 네임을 컴퓨터가 이해할 수 있는 IP 주소로 변환한다.

2 클래스의 호스트 연결 개수

클래스	용 도	상위 비트	네트워크 어드레스 비트 수	호스트 어드레스 비트 수	최대 호스트 수
A 클래스	사용자용	0	8(7)	24	$2^{24}=256 \times 256 \times 256$
B 클래스	사용자용	10	16(14)	16	$2^{16}=256 \times 256$
C 클래스	사용자용	110	24(21)	8	$2^8=256$
D 클래스	멀티캐스트용	1110	28비트의 연속 정의	–	–
E 클래스	실험용	1111	미정의	–	–

3 서브넷의 구성과 주소 할당

① 서브넷 마스크를 255.255.255.224로 설정한 경우, 서브넷 주소 할당을 위해서는 서브넷 마스크의 맨 끝 3자리를 이진수로 표현한다.

② 여기서는 224를 이진수로 표현하면 $11100000_{(2)}$이다. 이진수에서 앞쪽에 1 부분이 3자리이고, 뒤쪽 0 부분이 5자리인데, 앞쪽 3자리가 서브넷 수를 가리키고, 뒤쪽 5자리가 호스트 수와 관련된다. 서브넷 수는 $2^3=8$개, 호스트 수는 $2^5=32$개이다.

③ 서브넷은 총 8개이므로 #1부터 #8까지 서브넷 주소를 책정하고, 각 서브넷당 호스트 수는 32개로 배치한다.

④ 서브넷 마스크와 대응하는 공인 IP의 호스트 ID 부분을 전부 0으로 만들면 해당 서브넷의 네트워크 주소가 되고, 각 서브넷 주소 범위 중 마지막 주소가 브로드캐스트 주소가 된다.

55 서버의 종류

1 DNS 서버(Domain Name System Server)

도메인 주소를 IP 주소로 변환시켜주거나, 반대로 IP 주소를 도메인 주소로 변환시켜주는 시스템을 말한다.

2 PROXY 서버

웹 브라우저에서 "대리자"로 지칭하는 프락시(PROXY)를 지정하면 웹 클라이언트에서 요청되는 URL이 해당 서버에 연결되는 것이 아니라 프락시 서버에 연결된다. 프락시 요청을 받은 프락시 서버는 URL의 해당 서버와 접속하여 요청을 보내고, 클라이언트 대신 응답을 받아 이를 클라이언트에 넘겨주는 역할을 한다.

3 DHCP 서버

동적 호스트 설정 통신 규약(Dynamic Host Configuration Protocol)은 호스트 IP 구성 관리를 단순화하는 IP 표준이다. DHCP 서버는 이와 관련하여 동적 IP 주소를 할당하는 서버를 말한다. DHCP를 사용하면 네트워크에 연결되어 있는 컴퓨터가 시동될 때 DHCP 서버로부터 IP 주소와 구성 매개 변수를 동적으로 할당받아 자동으로 TCP/IP 설정이 이루어진다.

4 WEB 서버

클라이언트/서버 모델과 웹의 HTTP를 사용하여 웹 페이지가 들어 있는 파일을 사용자들에게 제공하는 서버를 말한다.

> **기출 Point**
>
> 인터넷에서는 도메인 주소를 IP 주소로 변환시켜주는 컴퓨터가 있어야 하는데 이러한 컴퓨터의 이름으로 알맞은 것은?
> → DNS 서버

---

56 통신 대역폭 공식

1 디지털 비디오 데이터 용량

애니메이션이나 비디오의 경우 연속된 동작을 표현하고자 할 경우 최소 초당 15프레임을 보여주어야 연속된 동작으로 인식한다. 영화의 경우에는 초당 24프레임, 텔레비전의 경우에는 세계적으로 지역에 따라 다르지만 초당 25 또는 30프레임을 사용한다.

2 초당 전송 비디오 용량인 통신 대역폭

가로 픽셀 수×세로 픽셀 수×픽셀 크기×프레임 수×초

> **기출 Point**
>
> 화소(Pixel)당 24비트 컬러를 사용하고 해상도가 352×240 화소인 TV영상프레임(Frame)을 초당 30개 전송할 때 필요한 통신 대역폭으로 가장 가까운 것은?
> → 60,825,600≒60Mbps
> ▶ 초당 전송 비디오 용량인 통신 대역폭
>   =가로 픽셀 수×세로 픽셀 수×픽셀 크기×프레임 수×초
>   =352×240×24×30×1=60825600≒60Mbps

1 디지털 사운드 데이터 용량

디지털 사운드 데이터 용량은 샘플링 주파수(샘플링률)와 샘플링 비트 수로 결정된다. 그 외 채널의 형태에 따라 달라진다. 채널수는 모노＝1, 스테레오＝2이다.

2 사운드 용량(Byte)

샘플링 주파수(샘플링률)×샘플당 비트수×채널수×초/8

기출 Point

오디오 CD에 있는 100초 분량의 노래를 MP3 음질의 압축되지 않은 WAV 데이터로 변환하여 저장하고자 한다. 변환시 WAV 파일의 크기는 대략 얼마인가?(단, MP3 음질은 샘플링률이 44.1KHz, 샘플당 비트수는 16bit이고 스테레오이다. 1K ＝1,000으로 계산함)
→ 17,640,000byte≒17.6MB
▶ 사운드 용량(byte)
 ＝샘플링 주파수(샘플링률)×샘플당 비트수×채널수×초/8
 ＝44,100×16×2×100/8＝17,640,000byte＝17.6MB

1 VoIP

컴퓨터 네트워크상에서 음성 데이터를 IP 데이터 패킷으로 변환하여 전화 통화와 같이 음성 통화를 가능하게 해주는 기술을 말한다.

2 VPN

가상사설망(Virtual Private Network)은 인터넷과 같은 공중망(Public Network)을 마치 전용선으로 사설망(Private Network)을 구축한 것처럼 사용할 수 있는 방식을 말한다.

3 IPSec(Internet Protocol Security)

① 네트워크 계층인 인터넷 프로토콜에서 보안성을 제공해 주는 표준화된 기술로 데이터 송신자의 인증을 허용하는 인증 헤더(AH)와 송신자의 인증 및 데이터 암호화를 함께 지원하는 ESP(Encapsulating Security Payload) 등 2가지의 보안 서비스 등이 있으며, 보안 게이트웨이간의 보안 터널을 제공하는 터널 모드와 종단 호스트 간의 보안 터널을 제공하는 트랜스포트(전송) 모드 등 2가지 모드를 제공한다.

② IPv4에서는 선택으로, IPv6에서는 필수로 제공하도록 되어 있다.

4 IPv6

① 기존의 IPv4의 용량은 총 4바이트(32비트)로, 주소 부족 문제가 발생하게 되어 개발된 차세대 IP가 IPv6이다.

② IPv6는 용량이 16바이트(128비트)로 확장하였다.

기출 Point

컴퓨터 네트워크상에서 음성 데이터를 IP 데이터 패킷으로 변환하여 전화 통화와 같이 음성 통화를 가능하게 해주는 기술로 알맞은 것은?
→ VoIP

59 최신 IT 기술

1 클라우드 컴퓨팅 개요

이용자가 공통적으로 필요로 하는 IT 자원(서버, 스토리지, 소프트웨어 등)을 빌려서 사용하는 개념으로 인터넷 서버에서 정보를 불러와 사용하는 웹 기반 소프트웨어 서비스이다.

2 클라우드 서비스 모델의 종류

① IaaS(Infrastructure as a Service) : 사용자의 필요에 따라 가상화된 서버, 스토리지, 네트워크 등의 인프라 자원을 제공하는 서비스이다.

② PaaS(Platform as a Service) : 응용소프트웨어 개발에 필요한 개발 요소들과 실행 환경을 제공하는 서비스이다. 응용 프로그램 개발자는 하드웨어 및 소프트웨어 계층을 구매하고 관리하는 비용이나 복잡성 없이도 소프트웨어 솔루션을 클라우드 플랫폼에서 개발할 수 있다.

③ SaaS(Software as a Service) : 응용소프트웨어 및 관련 데이터는 클라우드에 호스팅되고 사용자는 웹브라우저 등을 통해 접속하여 응용소프트웨어를 사용할 수 있다. 이메일, ERP, CRM 등 다양한 응용 프로그램을 제공한다.

(1) 머신러닝(ML ; Machine Learning) : 데이터 기반 학습

① 개념

- 컴퓨터가 데이터에서 패턴을 학습하고, 명시적인 프로그래밍 없이 스스로 예측을 수행하는 기술이다.
- 기존 프로그래밍 방식은 명확한 규칙을 코딩해야 하지만, 머신러닝은 데이터에서 학습하여 규칙을 자동으로 생성한다.
- 지도학습(Supervised Learning), 비지도학습(Unsupervised Learning), 강화학습(Reinforcement Learning) 등의 학습 방식이 있다.

② 예시

- 스팸 필터링 : 이메일의 내용을 분석하여 스팸 여부를 자동으로 판단 예 Gmail의 스팸 필터
- 음성 인식 : 스마트폰의 음성 비서 예 Google Assistant, Siri
- 추천 시스템 : 넷플릭스, 유튜브, 아마존에서 개인 맞춤형 콘텐츠 추천

(2) 인공신경망(ANN ; Artificial Neural Network) : 인간의 뇌 구조 모방

① 개념

- 인간의 뇌에서 뉴런(Neuron)이 신호를 전달하는 방식을 수학적으로 모델링한 알고리즘이다.
- 여러 개의 뉴런(노드)이 층(layer)을 이루며 연결되고, 데이터가 이 네트워크를 통과하면서 학습이 이루어진다.
- 머신러닝보다 더 복잡한 패턴을 학습할 수 있다.

② 예시

- 손글씨 인식 : MNIST 데이터셋을 활용한 숫자 필기 인식
- 이미지 분류 : 페이스북의 얼굴 자동 태깅 기능
- 자율주행 차량 : 도로 상황을 인식하여 운전 판단 수행 예 테슬라

(3) 딥러닝(DL ; Deep Learning) : 다층 신경망을 이용한 고도화된 학습

① 개념

- 인공신경망을 깊게(Deep) 확장한 기술로, 다층 신경망(Deep Neural Network, DNN)을 사용하여 더욱 복잡한 패턴을 학습하는 방식이다.
- 데이터가 많을수록 성능이 향상되며, 특히 이미지, 음성, 자연어 처리 분야에서 강력한 성능을 발휘한다.
- 대표적인 알고리즘으로 CNN(Convolutional Neural Network), RNN(Recurrent Neural Network), Transformer 등이 있다.

② 예시

- 자연어 처리(NLP) : ChatGPT, Google 번역, 네이버 Papago
- 자율주행 AI : 카메라와 센서를 통해 실시간 도로 인식 및 주행
- 딥페이크(Deepfake) : 사람의 얼굴을 합성하여 가짜 영상을 생성

(4) 인지 컴퓨팅(Cognitive Computing) : 인간처럼 사고하는 AI

① 개념

- 인간의 사고 방식을 모방하여 판단하고 결정을 내리는 AI 기술이다.
- 단순한 데이터 분석을 넘어 맥락(Context)을 이해하고, 감성적인 요소까지 고려하여 의사 결정을 지원한다.
- 주로 자연어 처리, 음성 인식, 시각 인식 등 다양한 AI 기술이 결합된다.

② 예시

- IBM Watson : 의료 분야에서 의사의 진단을 돕는 AI
- AI 상담 챗봇 : 감정 분석을 통해 고객 상담을 수행 예 감성 분석 AI
- 스마트 비서 : 음성을 듣고 문맥을 이해하는 Siri, Google Assistant

(5) 뉴로모픽 컴퓨팅(Neuromorphic Computing) : 뇌를 모방한 하드웨어 AI

① 개념

- 인간의 뇌 신경망을 모방한 하드웨어 및 소프트웨어 기술로, 기존의 디지털 컴퓨팅 방식보다 더 효율적인 연산을 목표로 한다.
- 딥러닝 같은 기존 AI 기술이 GPU 같은 강력한 하드웨어를 필요로 하는 반면, 뉴로모픽 칩은 저전력으로 AI 연산을 가능하게 한다.
- AI가 사람처럼 빠르고 효율적으로 학습할 수 있도록 설계된다.

② 예시

- IBM TrueNorth : 인간의 뉴런과 시냅스를 모방한 AI 칩
- Intel Loihi : 스스로 학습하는 뉴로모픽 프로세서
- 스마트 센서 및 로봇 : 뉴로모픽 칩을 활용한 저전력 AI 로봇

(6) 기타 AI 관련 기술

① 강화학습(Reinforcement Learning, RL) : 보상을 기반으로 AI가 스스로 학습하는 방식

  예 알파고(AlphaGo), AI 기반 게임 플레이어(스타크래프트 AI)

② 생성형 AI(Generative AI) : 새로운 콘텐츠(이미지, 텍스트, 음악 등)를 생성하는 AI 기술

  예 ChatGPT, DALL · E, Midjourney

③ 자연어 처리(NLP ; Natural Language Processing) : 인간의 언어를 이해하고 처리하는 AI 기술

  예 구글 번역, AI 챗봇, 음성 비서

기출 Point

라벨(Lavel) 정보를 포함하고 있는 훈련 데이터를 사용하며, 주가나 환율 변화, 예측 등의 회귀 문제에 적용되는 것은?
→ 지도 학습

 ## 유비쿼터스

유비쿼터스는 언제 어디서나 컴퓨터의 존재 여부를 의식하지 않고 어떤 사람이나 어떤 사물과도 상호 작용이 가능한 최첨단 환경이다.

① 웨어러블 컴퓨팅(Wearable Computing) : 컴퓨터를 옷이나 안경처럼 착용할 수 있게 해줌으로써 컴퓨터를 인간의 몸의 일부로 여길 수 있도록 하는 컴퓨팅 기술이다.

② 엑조틱 컴퓨팅(Exotic Computing) : 스스로 생각하여 현실 세계와 가상 세계를 연계해주는 컴퓨터 기술이다.

③ 노매딕 컴퓨팅(Nomadic Computing) : 장소에 상관없이 다양한 정보기기가 편재되어 있어 사용자가 정보기기를 휴대할 필요가 없는 컴퓨팅 기술이다.

④ 퍼베이시브 컴퓨팅(Pervasive Computing) : 컴퓨터가 도처에 편재되도록 하는 컴퓨팅 기술이다.

⑤ 감지 컴퓨팅(Sentient Computing) : 컴퓨터가 센서 등을 이용하여 사용자의 행위 또는 주변 환경을 인식하여 필요 정보를 제공하는 기술이다.

⑥ 디스포절 컴퓨팅(Disposable Computing) : 1회용 컴퓨팅은 컴퓨터가 일회용품처럼 가격이 매우 저렴화될 수 있는 것을 실현하는 기술이다.

---

60 최신 IT 기술 용어

1 사물 인터넷

사물 인터넷(IoT ; Internet of Things)은 인간, 사물, 서비스의 세 가지 분산된 환경 요소에 대해 인간의 개입 없이 사물끼리 상호 협력적으로 센싱, 네트워킹, 정보 처리 등 지능적 관계를 형성하는 사물 공간 연결망이다.

2 증강현실

증강현실(AR ; Augmented Reality)은 가상현실(VR)의 한 분야로 실제로 존재하는 환경에 가상의 사물이나 정보를 합성하여 마치 원래의 환경에 존재하는 사물처럼 보이도록 하는 컴퓨터 그래픽 기법이다.

3 가상현실

가상현실(VR ; Virtual Reality)은 컴퓨터 등을 이용하여 인공적인 기술로 만들어낸 실제와 유사한 어떤 특정한 환경이나 상황 혹은 그 기술 자체를 의미한다.

4 비트코인과 블록체인

(1) 비트코인(Bitcoin)

① 중앙 기관(정부, 은행) 없이 운영되는 디지털 화폐(암호화폐)이다.

② 블록체인 기술을 기반으로 거래가 기록되고, 위조나 변조가 어렵도록 설계된다.

③ P2P 방식으로 개인 간 직접 송금이 가능하며, 수수료가 낮고 국제 송금이 빠르다.

④ 총 발행량이 2,100만 개로 한정되어 있어 희소성이 있다.

⑤ 비트코인 활용 예시 : 해외 송금(빠르고 저렴한 거래), 온라인 결제(일부 기업에서 비트코인 결제 지원), 투자 및 자산 저장(디지털 금 역할)

(2) 블록체인(Blockchain) 개념

① 거래 데이터를 블록(Block) 단위로 저장하고, 이를 체인(Chain)처럼 연결하는 기술이다.

② 모든 거래가 공개되고 분산 저장되므로, 조작이 어렵고 보안성이 높다.

③ 비트코인을 비롯한 다양한 암호화폐에서 사용되지만, 금융, 의료, 부동산 등 다양한 산업에서도 활용된다.

④ 블록체인 활용 예시
- 금융 : 은행 없이 빠르고 투명한 송금 가능
- 의료 : 환자 기록을 안전하게 관리하고 공유
- 공공 행정 : 전자 투표, 계약서 관리, 신원 인증

5 빅데이터

① 빅데이터(Big Data)는 수집·저장된 대량의 정형 또는 비정형 데이터 집합으로부터 가치를 추출하고 결과를 분석하는 기술이다.

② 빅데이터의 특징은 데이터의 규모(Volume), 데이터의 정형화 정도에 따른 형태(Variety), 데이터 빠른 생성 속도(Velocity)로, 이를 V3로 표현하기도 한다.

작은 기회로부터 종종 위대한 업적이 시작된다.

– 데모스테네스 –

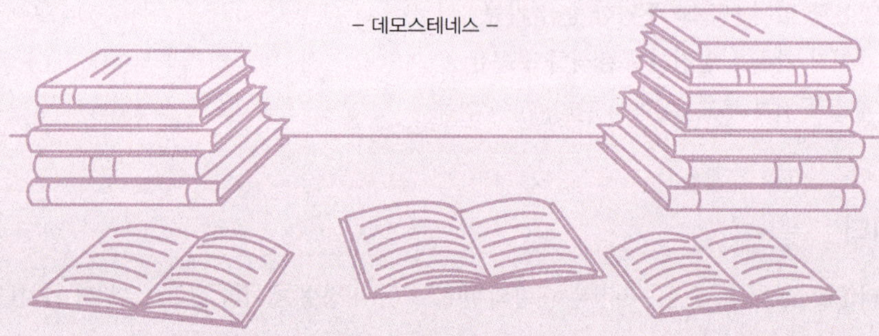

부록

2025 최신기출문제

01   우편일반

02   예금일반

03   보험일반

04   컴퓨터 일반(기초영어 포함)

부록 2025 최신기출문제

※ 2025년도 기출문제 출제 당시 적용된 2025 학습교재를 바탕으로 해설이 작성되어 있습니다.
※ 보험상품의 보험 명칭과 특약의 일부가 변경되었습니다. 해당 부분은 반드시 2026 학습교재를 참고하여 학습하시길 바랍니다.

01 우편일반

01 우편엽서의 규격요건에 대한 설명으로 옳지 않은 것은? ★★

① 세로 크기가 125mm인 경우, 규격 외로 취급한다.
② 문자, 도안 표시에 발광, 형광, 인광 물질은 사용할 수 없다.
③ 50g까지 규격 외 사제엽서는 450원의 우편요금을 적용한다.
④ 가로 크기가 155mm이고 중량이 2g인 경우, 규격 외로 취급한다.

> **해설** ① 우편엽서의 크기 요건 중 세로 크기는 최소 90mm, 최대 120mm(허용 오차 ±5mm)이다. 따라서 125mm는 허용 오차 안에 포함되므로 규격으로 취급한다.

02 등기통상 우편물에 대한 설명으로 옳지 않은 것은? ★★

① 준등기 우편물이 우편집중국으로 발송된 이후에 반환청구될 경우, 반환청구수수료는 일반통상 기본 우편요금을 적용한다.
② 민원우편을 신청하는 발송인이 회송할 때의 취급요금(50g 규격우편요금 + 등기취급수수료 + 익일특급수수료)을 선납한다.
③ 동문내용증명 우편물의 취급수수료는 수취인 수 1명 초과마다 내용문서 매수와 관계없이 내용문서 최초 1매의 반값으로 계산한다.
④ 수취인에게 배달되지 못하고 발송인에게 반송된 착불배달 일반형 계약등기 우편물은 발송인에게 착불수수료를 제외한 우편요금(등기취급수수료 포함)과 반송수수료를 징수한다.

> **해설** ③ 동문내용증명의 경우, 수취인 수 1명 초과마다 내용문서 매수와 관계없이 내용문서 최초 1매의 금액으로 계산한다.

03 배달증명 서비스에 대한 설명으로 옳은 것은? ★

① 인터넷우체국의 '발송 후 배달증명' 신청은 배달완료일 다음 날부터 가능하다.
② 선택등기 우편물이 무인우편함에 배달된 경우에는 '발송 후 배달증명' 청구가 가능하다.
③ 배달증명 우편물은 수취인이 부재인 경우에는 지정된 대리 수령인에게 배달이 가능하다.
④ '발송 시 배달증명'을 청구하면 배달증명서 송달요금은 5g 등기통상 우편요금을 적용한다.

> **해설** ① 인터넷우체국의 '발송 후 배달증명' 신청은 배달완료일 D+2일부터 가능하다.
> ③ 특별송달, 배달증명, 내용증명, 보험등기(안심소포), 맞춤형계약등기(회신, 본인 지정)의 경우, 대리 수령인에게 배달할 수 없다.
> ④ '발송 시 배달증명'을 청구하면 배달증명서 송달요금은 5g 일반통상 우편요금을 적용한다.

04 특별송달 우편물에 대한 설명으로 옳지 않은 것은? ★★

① 등기취급하는 통상우편물에 한하여 취급할 수 있다.
② 우편송달통지서는 일반통상 기본우편요금을 기준으로 한다.
③ 첨부된 우편송달통지서 용지의 무게는 우편물의 무게에 합산한다.
④ 발송인은 우편물이 배달되기 전에 수취인의 주소 변경청구가 가능하다.

> **해설** ④ 우편물이 배달되기 전에 발송인이나 수취인이 수취인의 주소나 성명을 바꾸려고 하는 경우(단, 수취인은 주소 변경청구만 가능) 우편관서에 청구가 가능하나, 특별송달, 내용증명, 선거우편, 외화현금배달우편물, 냉장·냉동 보관이 필요한 우편물의 경우는 수취인의 주소 변경청구 우편물에 해당하지 않는다.

05 우체국쇼핑 서비스에 대한 설명으로 옳은 것은? ★

① 우체국쇼핑 상품 설명서는 소포우편물에 동봉할 수 없다.
② '꽃배달'은 우체국 집배원이 수취인에게 배달하는 서비스이다.
③ '꽃배달' 신청인이 배달 하루 전 주문을 취소할 경우, 전액을 환불받을 수 있다.
④ '전통시장'은 출하 시기의 농수산 신선식품, 소포장 가공식품, 친환경식품을 적기에 판매하는 서비스이다.

> **해설** ① 소포우편물에는 원칙적으로 서신을 넣을 수 없으나 물건과 관련이 있는 납품서, 영수증, 설명서, 감사인사 메모 등(예 우체국쇼핑 상품 설명서, 선물로 보내는 소포와 함께 보내는 감사인사 메모)은 함께 보낼 수 있다.
> ② '꽃배달'은 화훼업체에서 직접 수취인에게 배달하는 서비스이다.
> ④ '전통시장'은 대형 유통업체의 상권 확대로 어려워진 전통시장 소상인들의 판로 확보를 위해 전국의 전통시장 상품을 인터넷몰에서 판매하는 서비스이며, 출하 시기의 농수산 신선식품, 소포장 가공식품, 친환경식품을 적기에 판매하는 서비스는 '제철식품'이다.

06 전자우편 서비스에 대한 설명으로 옳은 것은? ★★★

① 동봉서비스로 접수된 동봉물은 위탁제작센터로 발송하되 무료 등기소포우편물로 30kg까지 가능하다.

② 동봉서비스(B5규격) 이용 시 봉함식(소형)에는 최대 6장, 봉함식(대형)에는 최대 20장까지 동봉 가능하다.

③ 봉함식(대형)에 내용문 없이 동봉물 3장만 발송할 경우, 기본 1장은 해당 규격 흑백 이용수수료(90원)를 적용한다.

④ 접착식 전자우편은 봉투 없이 제작 발송되며 흑백(B5규격) 양면인 경우, 전자우편 이용수수료(80원)를 적용한다.

해설 ① 동봉서비스로 접수된 동봉물은 최선편으로 위탁제작센터가 지정한 제작센터로 무료 등기소포우편물(무게 20kg까지)로 발송한다. 동봉물이 20kg을 초과하면 초과분에 대해 등기소포 우편요금을 적용하고 신청인이 그 요금을 납부하여야 한다.

② 동봉서비스(A4규격만 취급 가능) 이용 시 규격봉투(소형)에는 최대 6장, 대형봉투에는 최대 20장까지 동봉 가능하다.

③ 봉합식(대형)에 내용문 없이 동봉물 3장만 발송할 경우, 기본 1장은 해당 규격 흑백 이용수수료(130원)을 적용한다.

07 요금후납 계약을 위한 담보금에 대한 설명으로 옳은 것만을 모두 고르면? ★★

> ㄱ. 최초 후납계약일부터 요금체납 없이 2년간 성실히 요금을 납부한 사람은 담보금 전액 면제 대상이다.
>
> ㄴ. 계약우체국장은 우편요금 체납을 이유로 면제 취소를 받은 사람에 대해서 담보금 면제 혜택을 3년간 금지할 수 있다.
>
> ㄷ. 담보금 50% 면제 대상이 담보금 제공을 면제받은 후 2년 이내에 요금납부를 2회 체납한 경우, 담보금 제공 면제가 취소된다.
>
> ㄹ. 우체국소포 계약자는 담보금 제공을 면제받은 후 요금을 최근 1년 이내에 3회 이상 체납한 경우, 담보금 제공 면제가 취소된다.

① ㄱ, ㄴ

② ㄱ, ㄹ

③ ㄴ, ㄷ

④ ㄷ, ㄹ

해설 ㄱ. 최초 후납계약일부터 요금체납 없이 2년간 성실히 요금을 납부한 사람은 담보금의 1/2 면제 대상이다.

ㄴ. 계약우체국장은 우편요금 체납을 이유로 면제 취소를 받은 사람에 대해서 담보금 면제 혜택을 2년간 금지할 수 있다.

08 감액요건을 충족한 우편물 중 우편요금 기본 감액률이 가장 낮은 것은? ★★★

① 1회에 3만 통 발송하는 요금후납 동일지역 상품광고우편물

② 1회에 15만 통 발송하는 요금별납 타지역 다량우편물

③ 1회에 5,000통 발송하는 요금후납 주간신문(등록)

④ 1회에 100통 발송하는 요금별납 서적우편물

> **해설** ① 1회에 3만 통 발송하는 요금후납 동일지역 상품광고우편물의 경우, 기본 감액률은 1%이다.
> ② 1회에 15만 통 발생하는 요금별납 타지역 다량우편물의 경우, 기본 감액률은 1.5%이다.
> ③ 1회에 5,000통 발송하는 요금후납 주간신문(등록)의 경우, 기본 감액률은 59%이다.
> ④ 1회에 100통 발송하는 요금별납 서적우편물의 경우, 기본 감액률은 일반우편요금의 40%이다.

09 손실보상 제도에 대한 설명으로 옳은 것만을 모두 고르면? ★★

> ㄱ. 조력자의 경우에는 일반노무비, 교통비, 도움에 소요된 실비를 청구할 수 있다.
> ㄴ. 우편관서의 고의나 과실을 요건으로 청구인이 입은 재산적 손실을 보상하는 제도이다.
> ㄷ. 우체국장은 손실보상청구서의 내용을 심사하여 청구인에게 손실보상금을 현금 일시불로 지급한다.
> ㄹ. 우편물을 발송한 날부터 1년 이내에 청구해야 하며, 손실보상결정에 불복하는 사람은 그 통지를 받은 날부터 3개월 이내에 소송을 제기할 수 있다.

① ㄱ

② ㄱ, ㄴ

③ ㄷ, ㄹ

④ ㄱ, ㄷ, ㄹ

> **해설** ㄴ. 손실보상 제도는 우편업무를 수행 중인 운송원·집배원과 항공기, 차량, 선박 등이 통행료를 내지 않고 도로나 다리를 지나간 경우, 우편업무 수행 중에 도로 장애로 담장 없는 집터, 논밭이나 그 밖의 장소를 통행하여 생긴 손실에 대한 보상을 피해자가 청구하는 경우, 운송원이 도움을 받은 경우 도와준 사람에게 보상을 하는 제도이다.
> ㄷ. 지방우정청장은 손실보상청구서의 내용을 심사하여 청구내용이 정당하다고 인정하는 때에는 청구한 보수나 손실보상금을 청구인에게 지급하여야 하며, 보수나 손실보상금액은 현금으로 일시불로 지급해야 한다.
> ㄹ. 그 사실이 있었던 날로부터 1년 이내에 청구해야 하며, 손실보상결정에 불복하는 사람은 그 통지를 받은 날부터 3개월 이내에 소송을 제기할 수 있다.

10 국제특급우편물(EMS)의 운송과 배달에 대한 설명으로 옳은 것은?　　　　★★★

① 수취인 주소가 무인우체국으로 되어 있다면 무인우체국의 배달함에 배달할 수 있다.

② 도서지역 등 배달이 곤란한 지역이 아닌 경우, 국내등기소포 우편물 배달의 예에 따라 처리한다.

③ 국명표 바코드에서 '서비스 종류'를 표시하는 번호는 EMS 프리미엄과 동일한 숫자를 사용한다.

④ 발송할 우편물량이 많아 1편의 운송편으로 일시에 발송할 수 없을 경우, 국제특급우편물(EMS)을 최우선으로 발송한다.

> **해설** ① 국제특급우편물(EMS)은 무인우체국 배달 서비스의 제외 우편물이다.
>
> > **무인우체국 배달 서비스 제외 우편물**
> > • 보험취급, 특별송달, 계약등기(회신, 본인지정) 우편물 등 우정사업본부 고시 제2022-32호에서 규정한 무인우편물 보관함에 배달할 수 없는 우편물
> > • 국제우편물(국제통상 · 국제등기 · 국제소포 · EMS 등)
>
> ② 도서지역 등 배달이 곤란한 지역이 아닌 경우, 국제특급우편물은 국내특급우편물 배달의 예에 따른다.
> ③ 국명표 바코드에서 '서비스 종류'를 표시하는 번호는 EMS는 (8), EMS 프리미엄은 (9)이다.

11 우편물 수집 및 처리 업무를 바르게 수행한 사례만을 모두 고르면?　　　　★★

> ㄱ. 우편창구 직원이 국전(우체국 앞) 우체통에 투함된 우편물을 수거하고 시스템에 물량을 등록하였다.
> ㄴ. 선편을 통해 해외로 발송하는 우편물이 발견되어, 우표면에 국제날짜도장을 찍은 후 국제우편물류센터로 발송하였다.
> ㄷ. 붙어 있는 우표의 액면가가 해당 일반우편요금보다 부족한 우편물이 발견되어, 우표면에 우편날짜도장을 찍어 발송인에게 반환하였다.
> ㄹ. 표면에 '등기'라고 표시된 우편물이 발견되었지만, 등기취급 수수료에 미달되는 금액의 우표가 붙어 있어 일반우편물로 취급하였다.

① ㄱ, ㄴ

② ㄱ, ㄹ

③ ㄴ, ㄷ

④ ㄷ, ㄹ

> **해설** ㄴ. 선편을 통해 해외로 발송하는 우편물이 발견된 경우, 우표면에 국제날짜도장을 찍은 후 부산국제우체국으로 발송한다.
> ㄷ. 우편물 표면에 붙여진 우표의 액면가격이 해당 일반우편요금보다 부족한 우편물(요금부족 우편물)이 발견되면, 반환사유를 적고 우편날짜도장을 날인한 부전지를 그 우편물에 붙여 발송인에게 반환한다.

12 다음 설명에 모두 해당하는 우편서비스에 대한 설명으로 옳지 않은 것은?　★★

> - 우편물의 접수에서 배달 전(前) 단계까지는 등기우편으로 취급함
> - 등기우편으로 취급되는 단계까지만 손해배상함
> - 우편수취함에 투함하여 배달을 완료함
> - 등기번호의 첫째 자리가 '5'로 시작함

① 우편수취함에 투함하여 배달을 완료하므로 그 결과를 PDA로 등록할 필요가 없다.

② 고객이 희망하거나 긴급한 경우라도 접수 시 국내특급(익일특급)을 부가할 수 없다.

③ 반송할 경우에는 일반통상우편 취급방법에 따라 처리하며 반송취급수수료를 징수하지 않는다.

④ 접수부터 배달증을 생성할 때까지 발생한 손해에 대해서만 배상하며 그 한도는 최대 5만 원이다.

> **해설**　설명에 해당하는 우편서비스는 '준등기 우편'이다.
>
> ① 준등기 우편물의 배달 시 담당집배원은 일반통상우편 취급방법과 동일하게 준등기 우편물을 수취함 등에 투함하고, 배달결과를 PDA로 등록한다. 집배원이 배달결과를 PDA에 등록하면 발송인은 준등기 우편서비스의 배달결과를 문자 또는 전자우편(e-Mail)으로 통지받을 수 있다.

13 다음 법령에서 (가)~(라)에 들어가는 수를 모두 더한 것으로 옳은 것은?　★★

> **「우편법」 제37조의2(고층건물의 우편수취함 설치)**
>
> 　(가)　층 이상의 고층건물로서 그 전부 또는 일부를 주택·사무소 또는 사업소로 사용하는 건축물에는 대통령령으로 정하는 바에 따라 우편수취함을 설치하여야 한다.

> **「우편법 시행규칙」 제131조(고층건물우편수취함의 설치)**
>
> 영 제50조 제1항의 규정에 의한 고층건물의 우편수취함(이하 "고층건물우편수취함"이라 한다)은 건물구조상 한 곳에 그 전부를 설치하기가 곤란한 경우에는　(나)　층 이하의 위치에　(다)　개소이내로 분리하여 설치할 수 있다. 다만, 고층건물우편수취함 설치대상 건축물로서 그　(라)　층 출입구, 관리사무실 또는 수위실 등 (출입구 근처에 있는 것에 한한다)에 우편물 접수처가 있어 우편물을 배달할 수 있는 경우에는 고층건물우편수취함을 설치하지 아니할 수 있다.

① 8　　　　　　　　　　　② 9

③ 10　　　　　　　　　　④ 11

> **해설**　(가) 3, (나) 3, (다) 3, (라) 1이므로, 모두 더하면 10이다.
>
> **「우편법」 제37조의2(고층건물의 우편수취함 설치)**
> 3층 이상의 고층건물로서 그 전부 또는 일부를 주택·사무소 또는 사업소로 사용하는 건축물에는 대통령령으로 정하는 바에 따라 우편수취함을 설치하여야 한다.
>
> **「우편법 시행규칙」 제131조(고층건물우편수취함의 설치)**
> 영 제50조 제1항의 규정에 의한 고층건물의 우편수취함(이하 "고층건물우편수취함"이라 한다)은 건물구조상 한 곳에 그 전부를 설치하기가 곤란한 경우에는 3층 이하의 위치에 3개소 이내로 분리하여 설치할 수 있다. 다만, 고층건물우편수취함 설치대상 건축물로서 그 1층 출입구, 관리사무실 또는 수위실 등(출입구 근처에 있는 것에 한한다)에 우편물 접수처가 있어 우편물을 배달할 수 있는 경우에는 고층건물우편수취함을 설치하지 아니할 수 있다.

14 K-Packet 서비스에 대한 설명으로 옳은 것은?　　★★

① 내용품이 고가일 경우에는 보험 취급이 가능하다.

② 우편물 접수 시 내용품의 생산지를 필수로 입력한다.

③ 실중량이 3kg, 부피중량이 4kg일 경우에는 부피중량의 요금으로 접수한다.

④ 미국행 K-Packet은 상대국가에서 제공하는 종추적 정보, 행방조사 청구가 가능하다.

해설　② K-Packet은 사전통관정보제공 대상 우편물로, 내용품의 생산지를 필수로 입력한다.
　　　① K-Packet은 보험 등 부가서비스 이용이 불가하다.
　　　③ K-Packet은 2kg 이하 소형물품의 해외배송에 적합한 국제우편서비스에 해당한다.
　　　④ 미국행 K-Packet은 상대국가에서 제공하는 종추적 정보 외의 행방조사, 손해배상 등 기타 청구는 할 수 없다.

15 EMS프리미엄 서비스에 대한 설명으로 옳은 것은?　　★

① 30kg 초과 70kg 이하의 고중량 우편물 배송 부가서비스는 전국 우체국(우편취급국 포함)에서 접수 가능하다.

② 비서류 접수 시 우편물의 실중량이 5,500g이고 가로 10cm, 세로 20cm, 높이 30cm이면 체적중량의 요금을 적용한다.

③ 부가서비스 중 수출신고서 발급 및 통관 대행은 부가 요금이 무료이며, 전국 우체국(우편취급국 포함)에서 접수 가능하다.

④ 우편물의 도착국가에서 발생한 관세 및 세금을 발송인이 지불하는 부가서비스는 전국 우체국(우편취급국 포함)에서 접수 가능하다.

해설　① 30kg 초과 70kg 이하의 고중량 우편물 배송 부가서비스는 전국 총괄우체국(5급국 이상)에서 접수 가능하다.
　　　② 비서류 접수 시 체적중량과 무게(실)중량 두가지를 비교하여 높은 중량을 적용한다. 체적중량을 산출공식{가로(cm) ×세로(cm)×높이(cm)÷6,000}에 따라 계산하면, 체적중량 = 10(cm)×20(cm)×30(cm)÷6,000 = 1kg로 실중량 (5.5kg)보다 낮다. 따라서 높은 중량인 실중량의 요금을 적용한다.
　　　④ 우편물의 도착국가에서 발생한 관세 및 세금을 발송인이 지불하는 부가서비스는 전국 총괄우체국(5급국 이상)에서 접수 가능하다.

16 국제회신우표권(IRC)에 대한 설명으로 옳은 것은? ★★

① 우표류에 속하므로 우리나라에서는 20장 초과 시 할인하여 판매한다.

② 국제회신우표권을 교환해 줄 때에는 오른쪽 해당란에 국제날짜도장을 날인한다.

③ 현재 우리나라는 이스탄불 국제회신우표권을 850원에 해당하는 우표류와 교환해 준다.

④ 우표류와 교환을 마친 국제회신우표권은 '반납 및 인수증'을 첨부하여 국제우편물류센터로 반납한다.

> **해설** ① 우리나라에서는 1매당 1,450원에 판매하며, 20장 이하는 자유판매, 20장 초과 판매를 요구할 때에는 구체적인 사용
> 목적을 확인한 후 판매하는 등 판매수량을 합리적으로 제한한다.
> ③ 이스탄불 국제회신우표권 교환은 2021. 12. 31부로 마감(유효기간 만료)되었다.
> ④ 우표류와 교환을 마친 국제회신우표권은 포스트넷에 '반납 및 인수증(청구 및 송증)'을 등록(첨부)하고 우정사업조달
> 센터로 반납한다.

17 국제특급우편물(EMS)의 접수와 취급에 관한 설명으로 옳은 것만을 모두 고르면? ★★★

> ㄱ. 비계약 고객이 국제우편스마트접수를 이용하여 1회에 2통의 우편물을 방문접수 신청할 경우, 방문접수 수수
> 료 5,000원을 납부해야 한다.
> ㄴ. 발송우체국은 발송인이 원화(KRW)로 기재한 보험가액을 특별인출권(SDR)으로 환산하여 기표지(운송장) 해
> 당란에 작성한다.
> ㄷ. 노르웨이로 비서류 발송 시 도착국가 세관으로부터 승인 완료(AC)를 받은 후 발송해야 한다.
> ㄹ. 우편물이 도착국가에서 배달불능으로 반송되어 돌아온 경우, 반송취급료는 무료이다.

① ㄱ, ㄴ　　　　　　　　　　② ㄱ, ㄷ

③ ㄴ, ㄹ　　　　　　　　　　④ ㄷ, ㄹ

> **해설** ㄱ. EMS 방문접수 수수료(계약고객 제외)는 1회 방문 1통 당 3,000원, 추가 1통 당 1,000원(최대 5,000원)이므로, 비계
> 약 고객이 국제우편스마트접수를 이용하여 1회에 2통의 우편물을 방문접수 신청할 경우 방문접수 수수료는 4,000
> 원이다.
> ㄴ. 발송우체국에서 발송인이 원화(KRW)로 기재한 보험가액을 특별인출권(SDR)으로 환산하여 기표지(운송장) 해당란
> 에 작성하는 경우는 국제 보험소포우편물을 접수할 때이다.

18 국제우편 요금에 관한 설명으로 옳지 않은 것은?　　★

① 요금체계는 구성 내용에 따라 국내 취급비, 도착국까지의 운송요금, 도착국 내에서의 취급비로 구분한다.

② 요금은 만국우편협약에서 정한 범위 안에서 과학기술정보통신부장관이 결정한다.

③ 우편물 종별에 따라 선편요금과 항공요금으로 구분한다.

④ 선편우편물은 실중량으로 우편요금을 계산한다.

> **해설**　③ 운송편별에 따라 선편요금과 항공요금으로 구분하며, 우편물 종별에 따라 통상우편물, 소포우편물, EMS(국제특급), K-Packet, 한중해상특송의 요금 등으로 구분한다. 또한 부가취급에 따른 부가취급수수료가 있다.

19 만국우편연합(UPU)에 관한 설명으로 옳은 것만을 모두 고르면?　　★★

> ㄱ. 제21차 UPU 총회는 1995년 서울에서 개최되었다.
> ㄴ. 연합의 상설기관인 관리이사회는 연합업무의 수행, 지원, 연락, 통보 및 협의 기관으로 기능한다.
> ㄷ. 기준화폐는 국제통화기금(IMF)의 국제준비통화인 특별인출권(SDR)을 사용한다(1SDR = 1,749원).
> ㄹ. 공용어는 프랑스어이며, 회의와 문서 발간을 위하여 프랑스어, 영어, 스페인어, 독일어, 포르투갈어, 러시아어, 중국어, 아랍어를 함께 사용한다.

① ㄱ, ㄴ　　　　　　　　　② ㄱ, ㄷ
③ ㄴ, ㄹ　　　　　　　　　④ ㄷ, ㄹ

> **해설**　ㄱ. 1994년 8월 22일부터 9월 14일까지 제21차 UPU 총회를 서울에서 성공리에 개최하였다.
> 　ㄴ. 연합의 상설기관 중 관리이사회(CA)는 우편에 관한 정부 정책 및 감사 등과 관련된 사안을 담당하며, 국제사무국(IB)이 연합업무의 수행, 지원, 연락, 통보 및 협의 기관으로 기능한다.

20 한중해상특송 우편물에 관한 설명으로 옳은 것만을 모두 고르면?　　★

> ㄱ. 사전 통관정보 제공 대상 우편물이다.
> ㄴ. 국제우편스마트접수 대상 우편물이다.
> ㄷ. 우체국과 계약한 고객이 이용할 수 있는 전자상거래 전용 서비스이다.
> ㄹ. 부산항-위해(威海, Weihai)항 간 운항하는 여객선 및 화물선을 활용한다.

① ㄱ, ㄷ　　　　　　　　　② ㄴ, ㄹ
③ ㄱ, ㄴ, ㄷ　　　　　　　④ ㄱ, ㄷ, ㄹ

> **해설**　ㄴ. 국제우편스마트접수 대상 우편물은 EMS, EMS프리미엄, 국제소포(항공·선편), 등기소형포장물(항공)만 해당한다.
> 　ㄹ. 한중해상특송 우편물은 인천-위해(威海, Weihai)간 운항하는 여객선 및 화물선을 활용한다.

01 실질금리가 가장 높은 국가는? ★★

국가	물가상승률 (연, %)	1년 만기 정기예금 금리 (명목금리 연, %)
A	−3.0	3.0
B	−2.0	2.0
C	3.0	2.0
D	4.0	1.0

① A
② B
③ C
④ D

해설 '실질금리 = 명목금리 − 물가상승률'이므로,
- A국가 실질금리 = 3.0% − (−3.0%) = 6.0%
- B국가 실질금리 = 2.0% − (−2.0%) = 4.0%
- C국가 실질금리 = 2.0% − (3.0%) = −1.0%
- D국가 실질금리 = 1.0% − (4.0%) = −3.0%

02 저축상품에 대한 설명으로 옳은 것만을 모두 고르면? ★★★

> ㄱ. 시장금리부 수시입출금식예금(MMDA)은 시장실세금리가 적용되는 실적배당 상품이다.
> ㄴ. 단기금융상품펀드(MMF)는 입출금은 자유롭게 할 수 있지만, 이체 및 결제는 할 수 없다.
> ㄷ. 정기예탁금은 거치식 예금상품으로 우체국, 은행, 상호금융, 신용협동조합이 취급한다.
> ㄹ. 양도성예금증서(CD)는 만기 후에 이자 없이 액면금액만 지급하며 예금자보호 대상에서 제외된다.

① ㄱ, ㄷ
② ㄱ, ㄹ
③ ㄴ, ㄷ
④ ㄴ, ㄹ

해설 ㄱ. 시장금리부 수시입출금식예금(MMDA)은 시장실세금리가 적용되나 실적배당 상품에 해당되지 않는다.
　　 ㄷ. 정기예탁금은 거치식 예금상품으로 상호금융, 새마을금고, 신용협동조합 등 신용협동기구들이 취급하고 있는 상품이다.

 펀드의 운용 구조에서 (가)~(라)에 해당하는 회사에 대한 설명으로 옳은 것만을 모두 고르면?　★★

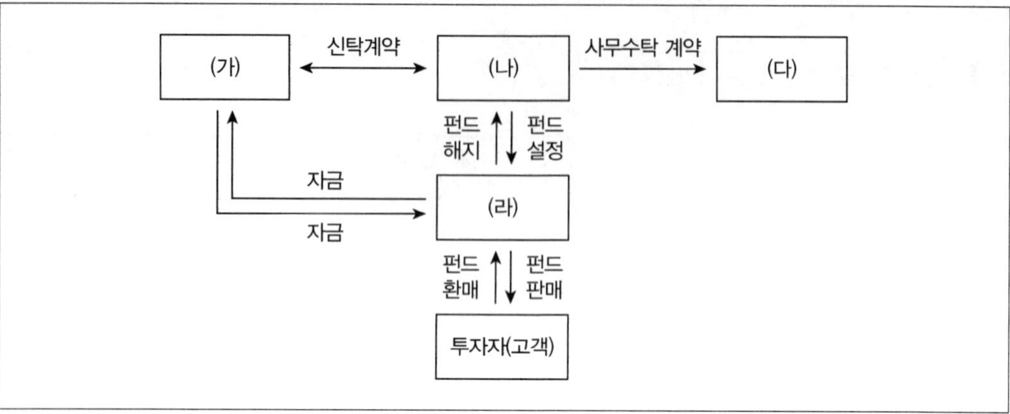

ㄱ. (가)는 펀드 판매 대금을 별도 관리하는 역할을 한다.
ㄴ. (나)는 펀드를 설정하고 운용하는 역할을 한다.
ㄷ. (다)는 펀드 기준가격을 산정하는 역할을 한다.
ㄹ. (라)는 수익증권 발행 업무 등의 역할을 한다.

① ㄱ, ㄴ
② ㄱ, ㄹ
③ ㄴ, ㄷ
④ ㄷ, ㄹ

해설　ㄱ, ㄴ, ㄷ이 옳은 설명이다.
- (가)는 신탁업자로, 펀드 판매 대금을 보관 및 관리하는 역할을 한다.
- (나)는 집합투자업자(자산운용사)로, 펀드를 설정하고 운용하는 역할을 한다.
- (다)는 일반사무수탁회사로, 자산의 투자과정에서 발생하는 수익증권의 발행 및 명의개서업무, 계산업무, 준법감시 업무 및 펀드 기준가격 산정 등의 역할을 한다.
- (라)는 판매사(은행, 증권사)로, 투자자에게 펀드 투자를 권유하고 투자계약을 체결하는 펀드판매회사로서의 역할을 한다.

04 다음 설명에 맞는 채권이 옳게 짝지어진 것은?　★

> (가) 특별법에 의하여 설립된 금융회사가 발행하는 채권으로 특정한 금융회사의 중요한 자금 조달 수단 중 하나이다.
> (나) 채권 발행 당시에 비해 금리가 하락한 경우에 발행 회사가 기존 고금리 채권을 상환하고 저금리 채권을 새로 발행할 목적으로 활용되는 채권이다.

	(가)	(나)
①	특수채	조기상환권부채권(callable bond)
②	특수채	조기변제요구권부채권(puttable bond)
③	금융채	조기상환권부채권(callable bond)
④	금융채	조기변제요구권부채권(puttable bond)

해설 (가) 금융채 : 특별법에 의하여 설립된 금융회사가 발행하는 채권으로서, 금융채의 발행은 특정한 금융회사의 중요한 자금조달수단의 하나이다.
　(나) 조기상환권부채권(callable bond) : 채권 발행 당시에 비해 금리가 하락한 경우에 발행 회사가 기존의 고금리 채권을 상환하고 새로 저금리로 채권을 발행할 목적으로 주로 활용된다.
　• 특수채 : 특별한 법률에 의해서 설립된 기관이 특별법에 의하여 발행하는 채권으로서 공채와 사채의 성격을 모두 지니고 있으며 정부가 원리금의 지급을 보증하는 것이 일반적이어서 안정성과 수익성이 비교적 높다.
　• 조기변제요구권부채권 : 발행 당시에 비해 금리가 상승하거나 발행회사의 재무상태 악화로 채권 회수가 힘들어질 것으로 예상되는 경우 채권투자자가 만기 전에 채권을 회수할 목적으로 주로 활용된다.

05 기업 재무비율 분석 및 주가배수 평가에 관한 설명으로 옳지 않은 것은?　★★

① 유동성지표는 기업이 보유 자산을 얼마나 잘 활용하고 있는가를 보여주는 지표로, '자산회전율 = $\dfrac{\text{영업이익}}{\text{총자산}}$'으로 측정할 수 있다.

② 주가장부가치비율(PBR)은 시장가치의 주가를 장부가치의 주당순자산으로 나눈 비율이다.

③ 현재 수익은 작아도 성장성이 높은 산업은 일반적으로 주가 이익비율(PER)이 높게 형성되는 경향이 있다.

④ 자기자본이익률(ROE)은 주주의 몫인 자기 자본을 얼마나 효율적으로 활용하여 이익을 창출하였는지 보여주는 지표이다.

해설 ① 기업이 보유 자산을 얼마나 잘 활용하고 있는가를 보여주는 지표는 활동성지표(activity measures)이며, 주로 총자산 대비 매출액으로 측정한 자산회전율로 측정한다.
　유동성지표(liquidity measures)는 기업이 부담하고 있는 단기부채를 충분하게 상환할 수 있는 능력을 살펴보는 지표로, 1년 이내에 만기가 돌아오는 유동부채 대비 현금성이 있는 유동자산의 비율로 측정된다.

06 우체국 금융에 대한 설명으로 옳지 않은 것은?　　　　★

① 우편 서비스의 지속적인 운영을 위해 우체국 금융 사업에서 발생한 수익의 일부를 우편사업에 지원하고 있다.
②「우정사업 운영에 관한 특례법」에 의거 통신사업특별회계를 우편사업 · 예금사업 · 보험사업 특별회계로 분리하였다.
③ 우체국 예금의 타인 자본에는 예금을 통한 예수 부채 및 다른 금융 기관으로부터의 차입을 통한 차입 부채가 있다.
④ 우체국 금융의 사업상 이익 발생 시 이익금 중 일부를 국가 재정으로 귀속하고 있으며 공적자금상환기금으로도 출연하고 있다.

> **해설** ③ 우체국 예금의 타인 자본에는 예금을 통한 예수 부채만 있고, 은행채의 발행 등을 통한 차입 혹은 금융 기관 등으로부터의 차입을 통한 차입 부채는 없다.

07 예금압류에 대한 설명으로 옳은 것만을 모두 고르면?　　　　★★

> ㄱ. 예금에 대한 압류가 있는 경우, 은행(우체국)은 그 압류의 사실을 예금주에게 통지할 법적 의무가 있다.
> ㄴ. 압류 예금에 질권이 설정되어 있는 경우, 은행(우체국)은 질권자에게도 압류 사실을 통지할 필요가 있다.
> ㄷ. 추심명령은 예금채권의 추심권을 제3채무자에게 부여하여 직접 추심을 이행할 수 있도록 하는 집행법원의 명령을 말한다.
> ㄹ. 예금주에게 여러 종류의 예금이 여러 계좌로 있는 경우, 집행채권의 총액보다 예금총액이 하회한다면 압류명령은 효력이 없다고 본다.

① ㄴ
② ㄱ, ㄷ
③ ㄴ, ㄹ
④ ㄴ, ㄷ, ㄹ

> **해설** ㄱ. 예금에 대한 압류가 있는 경우에 은행(우체국)이 그 압류의 사실을 예금주에게 통지해 줄 법적인 의무는 없다.
> ㄷ. 추심명령이란 집행채무자(예금주)가 제3채무자(우체국)에 대하여 가지는 예금채권의 추심권을 압류채권자에게 부여하여 그가 직접 제3채무자에게 이행의 청구를 할 수 있도록 하는 집행법원의 명령을 말한다.
> ㄹ. 예금주에게 여러 종류의 예금이 여러 계좌로 있는 경우, 집행채권의 총액이 예금총액을 상회하는 경우에는 압류명령이 유효하다고 본다.

08 내부통제에 대한 설명으로 옳지 않은 것은?　★

① 조직이 추구하는 최종목표를 달성하기 위한 과정으로 금융회사 내 모든 구성원에 의해 수행되는 일련의 통제 활동이다.

② 준법의 목적, 보고의 목적, 운영의 목적을 각각의 부서가 달성함으로써 전체 조직의 목표를 달성하도록 하는 수단이다.

③ 내부통제기준을 마련할 때에는 임직원의 금융관계법령 위반 행위 등을 방지하기 위한 절차나 기준이 포함되어야 한다.

④ 내부통제 구성요소 중 모니터링은 조직이 직면하고 있는 리스크를 업무별·종류별로 인식하고 정기적으로 측정·분석하는 것이다.

> **해설** ④ 내부통제 구성요소에는 통제환경, 리스크평가, 통제활동, 정보와 의사소통, 모니터링이 있으며, 이 중 조직이 직면하고 있는 리스크를 업무별·종류별로 인식하고 정기적으로 측정·분석하는 것은 리스크평가(Risk Assessment)이다.

09 예금자 보호에 대한 설명으로 옳지 않은 것은?　★

① 금융회사가 파산 등으로 고객의 예금을 지급하지 못하게 될 경우를 방지하기 위해 우리나라는 「예금자보호법」을 제정하여 고객의 예금을 보호하고 있다.

② 우체국은 예금보험공사의 보호 대상은 아니지만, 「우체국예금·보험에 관한 법률」 제4조에 의거하여 예금(이자 포함) 전액을 보호한다.

③ 예금을 대신 지급할 재원이 금융회사가 납부한 예금 보험료만으로 부족할 경우, 예금보험공사가 직접 채권을 발행하는 등의 방법으로 재원을 조성한다.

④ 파산한 금융회사의 예금자가 해당 금융회사에 예금 및 대출이 있는 경우, 예금은 보호금액한도 내에서 전액 보호받고, 대출금은 차후 예금보험공사에 상환해야 한다.

> **해설** ④ 파산한 금융회사의 예금자가 해당 금융회사에 예금 및 대출이 있는 경우, 예금에서 대출금을 먼저 상환(상계)시키고 남은 예금을 기준으로 보호한다.

10 다음 A의 기준으로 표기한 상속 가계도로 볼 때 A의 사망으로 인한 상속에 대한 설명으로 옳은 것은? (단, C는 A의 사망 전에 이미 사망하였고, D는 A의 사망 후 즉시 상속을 포기하였다. 그 외는 생존하고 있는 것으로 본다) ★★

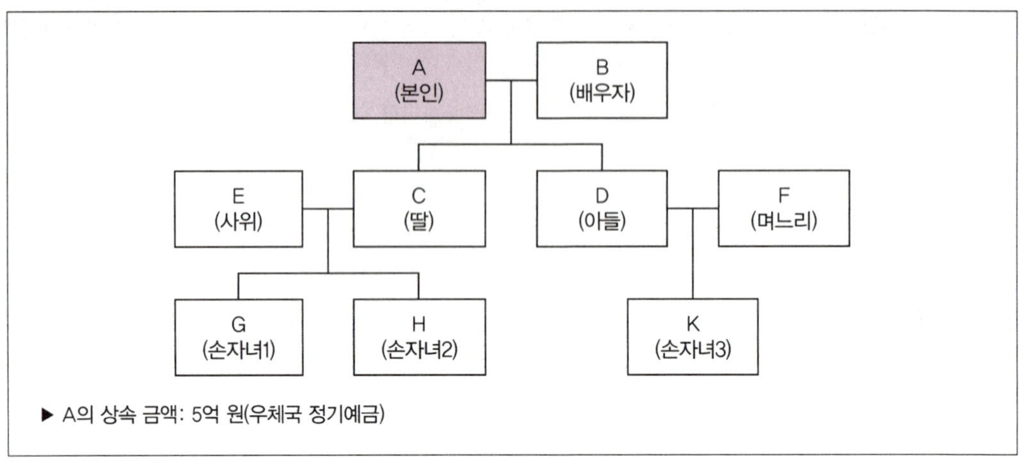

① E와 F의 상속비율과 상속재산은 동일하다.

② 공동상속인 중 대습으로 상속받는 상속인은 총 3명이다.

③ D가 즉시 상속을 포기함으로써 공동상속인은 총 6명이다.

④ D의 상속 포기로 F와 K는 유류분을 청구할 수 있는 권리가 있다.

해설 ② 공동상속인 중 대습으로 상속받는 상속인은 E, G, H 총 3명이다.
　　① · ③ D가 즉시 상속을 포기하였으므로 F 및 K에게도 상속이 이루어지지 않는다. 따라서 E와 F의 상속비율과 상속재산은 동일하지 않으며, 공동상속인은 총 4명(B, E, G, H)이다.
　　④ D의 상속 포기로 F와 K에게는 상속받을 수 있는 권리가 없다. 유류분 청구는 상속받을 수 있는 법적 권리가 있어야 가능하므로 F와 K는 유류분 청구를 할 수 없다.

 자금세탁방지제도에 대한 설명으로 옳은 것은? ★★★

① 금융회사는 강화된 고객확인의무로 거래실적에 따라 고객 등급을 평가하고, 그 등급에 따른 차등화된 고객확인을 실시하고 있다.

② 금융회사 등은 금융거래에서 수수한 재산이 범죄수익이라고 알게 되어 관할 수사기관에 신고한 경우에도 금융정보분석원에 의심거래보고를 하여야 한다.

③ 금융회사 등은 고객이 고액현금거래보고를 회피할 목적으로 금액을 분할하여 금융거래를 한다고 의심되는 합당한 근거가 있는 경우에도 고액현금거래보고를 하여야 한다.

④ 고객확인제도는 금융회사 입장에서 자신의 고객이 누구인지 정확히 알고, 범죄자에게는 금융서비스를 제공하지 않도록 하는 정책이라 하여 고객보호정책이라고도 한다.

> **해설** ① 금융회사는 강화된 고객확인의무(Enhanced Due Diligence, EDD)로, 고객과 거래유형에 따른 자금세탁 위험도를 평가하고 위험도에 따라 차등화된 고객확인을 실시하고 있다.
> ③ 금융회사 등은 고객이 고액현금거래보고를 회피할 목적으로 금액을 분할하여 금융거래를 하고 있다고 의심되는 합당한 근거가 있는 경우에는 의심거래보고(STR)를 해야 한다.
> ④ 고객확인제도는 금융회사 입장에서 자신의 고객이 누구인지 정확하게 알고, 범죄자에게는 금융서비스를 제공하지 않도록 하는 정책이라 하여 고객알기정책(Know Your Customer Policy)이라고도 한다.

12 **다음 내용에 대한 설명으로 옳지 않은 것은?** ★

> 채권의 준점유자란 예금 통장을 소지하고, 그에 찍힌 인영과 동일한 인장 및 비밀번호에 의해 예금을 청구하는 자로 채권의 준점유자에 대한 변제는 변제자가 선의이며 과실이 없는 때에 효력(변제자 면책)이 있다.

① 채권의 준점유자에게 선의·무과실로 예금을 지급했다면, 그 청구자가 진정한 권리자인지 여부와 관계없이 그 지급은 유효하다.

② 변제자의 선의란 채권의 준점유자에게 변제 수령의 권한이 없음을 알지 못하고, 적극적으로 수령 권한이 있다고 믿는 것이다.

③ 예금 통장·증서 및 신고인감 등을 절취하여 예금주의 대리인임을 주장해 예금을 지급받은 자는 채권의 준점유자로 볼 수 없다.

④ 채권의 준점유자에 대한 변제는 민법의 이론을 구체화하여 「예금거래기본약관」 제16조(면책)에서 명확히 규정하고 있다.

> **해설** ③ 예금 통장·증서를 소지하고 신고인감 등을 절취하여 예금주의 대리인임을 주장하며 예금을 지급받은 자도 채권의 준점유자에 대한 변제규정의 취지가 선의의 변제자를 보호하기 위한 규정이므로 채권의 준점유자로 볼 수 있다.

13 「금융실명거래 및 비밀보장에 관한 법률」에 대한 설명으로 옳은 것은? ★★

① 금융회사 등은 거래자의 실지명의로 금융거래를 해야 하며, "실지명의"란 주민등록표상의 명의, 사업자등록증상의 명의, 그 밖에 대통령령으로 정하는 명의를 말한다.

② 실명이 확인된 계좌에 보유하고 있는 금융자산은 명의자의 소유로 확정된다.

③ 금융회사 등에 종사하는 자는 명의인의 동의를 받지 아니하고 거래 정보 등의 제공을 요구받은 경우, 그 내용을 금융감독원에 신고해야 할 의무가 있다.

④ 거래 정보 등의 요구자가 공정한 사법절차 진행을 방해할 우려가 있는 명백한 사유로 정보제공 사실 통보를 1년간 유예 요청하면, 금융회사는 1년 동안 명의자에게 통보를 유예하여야 한다.

해설 ② 실명이 확인된 계좌 또는 외국의 관계 법령에 따라 이와 유사한 방법으로 실명이 확인된 계좌에 보유하고 있는 금융자산은 명의자의 소유로 추정한다(법 제3조 제5항).

③ 금융회사 등에 종사하는 자는 명의인의 서면상의 요구나 동의를 받지 아니하고는 그 금융거래의 내용에 대한 정보 또는 자료(이하 "거래정보 등")를 타인에게 제공하거나 누설하여서는 아니 되며, 누구든지 거짓 또는 그 밖의 부정한 수단이나 방법으로 금융회사 등에 종사하는 자에게 거래정보 등의 제공을 요구하여서는 아니 된다. 금융회사 등에 종사하는 자는 제1항 또는 제2항을 위반하여 거래정보 등의 제공을 요구받은 경우에는 그 요구를 거부하여야 한다(법 제4조 제1항 및 제3항 참고).

④ 금융회사 등은 통보 대상 거래정보 등의 요구자로부터 다음 각 호의 어느 하나에 해당하는 사유로 통보의 유예를 서면으로 요청받은 경우에는 제1항에도 불구하고 유예요청기간(제2호 또는 제3호의 사유로 요청을 받은 경우로서 그 유예요청기간이 6개월 이상인 경우에는 6개월) 동안 통보를 유예하여야 한다(법 제4조의2 제2항).

1. 해당 통보가 사람의 생명이나 신체의 안전을 위협할 우려가 있는 경우
2. 해당 통보가 증거 인멸, 증인 위협 등 공정한 사법절차의 진행을 방해할 우려가 명백한 경우
3. 해당 통보가 질문 · 조사 등의 행정절차의 진행을 방해하거나 과도하게 지연시킬 우려가 명백한 경우

13 ① **정답**

14 다음 금융직원 갑~병의 예금업무 처리 내용의 근거로 A~F를 바르게 연결한 것은? ★★

갑: 고객이 통장을 분실했다고 재발행 요청을 하셔서 수수료를 받고 통장을 재발행했어.

을: 고객에게 불법 차명거래가 금지된다는 사실을 설명하고, 고객이 그 내용을 이해하였음을 서명으로 확인받았어.

병: 고객의 계좌를 신규로 개설할 때 고객 본인이 아닌 타인을 위한 거래라고 의심되어 실제 소유자를 새로 파악했어.

A. 금융실명법
B. 우체국예금 · 보험에 관한 법률
C. 금융소비자보호법
D. 입출금이 자유로운 예금약관
E. 특정금융정보법
F. 국제조세조정에 관한 법률

	(갑)	(을)	(병)
①	B	C	A
②	B	A	E
③	C	A	F
④	D	F	E

해설 ・갑 : 「우체국예금 · 보험에 관한 법률」 제20조(예금통장 등의 재발급)에서는 예금자가 통장을 분실한 경우 예금자의 신청을 받아 예금통장을 재발급할 수 있으며, 예금통장 등의 재발급 수수료와 그 납입 또는 면제, 그 밖의 재발급 절차 등에 관하여는 과학기술정보통신부령으로 정한다고 제시하고 있다.

・을 : 「금융실명거래 및 비밀보장에 관한 법률(금융실명법)」 제3조(금융실명거래)에서는 타인의 실명으로 금융거래를 하여서는 아니 되며, 이러한 내용을 거래자에게 설명하여야 한다고 제시하고 있다.

・병 : 「특정 금융거래정보의 보고 및 이용 등에 관한 법률(특정금융정보법)」 제5조의2(금융회사 등의 고객 확인의무) 제1항에서는 고객이 실제 소유자인지 여부가 의심되는 등 고객이 자금세탁행위나 공중협박자금조달행위를 할 우려가 있는 경우, 고객의 신원에 관한 사항 등을 확인하도록 하고 있다.

15 우체국 예금상품에 대한 설명으로 옳지 않은 것은?　　★★

① '우체국 국민연금안심통장'은 실명의 개인이 가입 대상이며 예금 평균 잔액이 30만 원 이상인 경우에 우대이율을 제공한다.

② '기업든든MMDA통장'은 법인, 고유번호증을 부여받은 단체, 사업자등록증을 가진 개인사업자 등에게 예치 금액별로 차등금리를 제공한다.

③ '우체국 다드림통장' 베이직 패키지는 실명의 개인, 개인사업자, 법인, 단체, 금융기관이 가입 대상이며 공과금 자동이체 약정이 되어 있는 경우에 우대이율을 제공한다.

④ '우체국 건설하나로 통장'은 건설업 종사자임을 확인할 수 있는 실명의 개인 또는 개인사업자가 가입 대상이며 '우체국 건설올패스카드' 이용 고객을 우대한다.

해설 ③ '우체국 다드림통장' 베이직 패키지는 실명의 개인, 개인사업자, 법인, 단체(금융기관 제외)가 가입 대상이며, 매 결산일 기준으로 우체국 예금 · 보험 · 우편 우수고객 또는 스마트뱅킹을 통한 가입인 경우에만 우대이율(0.1~0.15)을 제공한다.

16 우체국 적립식 예금에 대한 설명으로 옳은 것만을 모두 고르면?　　★★

> ㄱ. '우체국 다드림적금'은 우체국예금 우수 고객에게 우대이율을 제공한다.
> ㄴ. '2040⁺ᵅ자유적금'은 우체국예금 3년 이상 장기거래 고객에게 우대이율을 제공한다.
> ㄷ. '달달하이(high) 적금'은 청년 고객(19세 이상 34세 이하)에게 우대이율을 제공한다.
> ㄹ. '우체국 매일모아e적금'은 목표저축액을 설정하고 달성한 경우에 우대이율을 제공한다.

① ㄱ, ㄴ
② ㄱ, ㄷ
③ ㄴ, ㄹ
④ ㄷ, ㄹ

해설 ㄴ. 우체국예금 3년 이상 장기거래 고객에게 우대이율을 제공하는 것은 '우체국 다드림적금'이다.
ㄹ. 목표저축액을 설정하고 달성한 경우에 우대이율을 제공하는 것은 '우체국 가치모아적금'이다.

17 우체국 거치식 예금에 대한 설명으로 옳지 않은 것은? ★★

① '우체국 소상공인정기예금'은 실명의 개인 또는 개인사업자인 소상공인·소기업 대표자를 대상으로 서민자산 형성을 지원하는 공익형 정기예금이다.

② '초록별 사랑 정기예금'은 실명의 개인이 가입 대상이며 종이통장 미발행, 친환경 활동 및 기부 참여 시 우대 혜택을 제공하는 정기예금이다.

③ 'e-Postbank정기예금'은 온라인 전용 상품으로 우체국 수시입출식 예금에 자동이체 약정이 2건 이상 되어 있는 경우에 우대이율을 제공한다.

④ '2040$^{+\alpha}$정기예금'은 인터넷뱅킹·스마트뱅킹을 통해 가입하는 경우에는 실명의 개인, 개인사업자가 가입 대상이며 우체국 우수 고객에게 우대이율을 제공한다.

> **해설** ④ '2040$^{+\alpha}$정기예금'은 인터넷뱅킹·스마트뱅킹을 통해 가입하는 경우에는 실명의 개인이 가입 대상이며, 우체국 예금·보험·우편 우수고객인 경우 우대이율을 제공하는데, 이때 우편 우수고객 우대는 우체국창구 가입 시 적용된다.

18 우체국 해외송금 업무에 대한 설명으로 옳은 것은? ★★★

① 우체국은 신한은행과 제휴하여 신한은행 SWIFT 망을 통해 전 세계 수취인의 주소지로 SWIFT 해외송금을 하고 있다.

② Eurogiro 해외송금은 Eurogiro社의 네트워크를 사용하는 EDI(전자문서 교환) 방식의 국제금융 송금 서비스로 CD/ATM에서는 서비스 이용이 불가능하다.

③ 간편 해외송금은 소액해외송금업체인 ㈜와이어바알리社와의 제휴를 통해 제공하는 핀테크 해외송금으로 인터넷뱅킹에서는 서비스 이용이 불가능하다.

④ MoneyGram 특급송금은 미국 머니그램社와 제휴한 에이전트(Agent) 간의 네트워크 정보에 의해 자금을 송금·수취한 후 수취인의 계좌번호로 이체하는 서비스이다.

> **해설** ③ 간편 해외송금 서비스 이용은 스마트뱅킹만 가능하고, 창구, 인터넷뱅킹, CD/ATM에서는 불가능하다.
> ① 우체국은 신한은행과 제휴하여 신한은행 SWIFT 망을 통해 전 세계 금융기관을 대상으로 해외송금 서비스를 운영하고 있는데, 수취인의 해외은행계좌로 송금하는 당발송금과 해외은행으로부터 수취인의 한국 우체국계좌로 송금을 받는 타발송금 업무가 있다.
> ② Eurogiro 해외송금은 Eurogiro社의 네트워크를 사용하는 EDI(전자문서 교환) 방식의 국제금융 송금 서비스로, CD/ATM에서도 서비스 이용이 가능하다.
> ④ MoneyGram 특급송금은 미국 머니그램社와 제휴한 Agent 간 네트워크 상 정보에 의해 자금을 송금·수취하는 무계좌 거래로, 송금 후 약 10분 뒤에 송금번호(REF.NO)만으로 수취가 가능한 특급해외송금 서비스이다.

19 우체국 체크카드에 대한 설명으로 옳은 것은?　　　　　　　　　　　　　　　　　　★★★

① '우체국 영리한PLUS 체크카드'는 페플라스틱을 재활용한 친환경 카드로 12세 이상 발급이 가능하며 선불교통 기능 선택이 가능하다.

② '우체국 브라보 체크카드'는 중장년 세대를 위한 카드로 해외원화결제(DCC) 차단 서비스를 제공하며 선불교통 기능 선택이 가능하다.

③ '우체국 우리동네PLUS 체크카드'는 지역별 특성을 고려하여 특화서비스를 제공하는 카드로 12세 이상 발급이 가능하며 후불교통기능 선택이 가능하다.

④ '우체국 건설올패스카드'는 건설근로자가 출퇴근 기록을 남길 수 있는 기능과 체크카드 기능이 합쳐진 통합카드로 후불교통기능 선택이 가능하다.

> **해설** ② '우체국 브라보 체크카드'는 중장년 세대를 위한 카드로 해외원화결제(DCC) 차단 서비스를 제공하며, 선불교통 기능 선택은 불가능하다.
> ③ '우체국 우리동네PLUS 체크카드'는 지역별 특성을 고려하여 특화서비스를 제공하는 카드로 12세 이상 발급이 가능하며, 후불교통기능 선택은 불가능하다.
> ④ '우체국 건설올패스카드'는 건설근로자가 출퇴근 기록을 남길 수 있는 기능과 체크카드 기능이 합쳐진 통합카드로, 후불교통기능 선택은 불가능하다.

20 다음 고객이 가장 높은 우대이율을 받을 수 있는 우체국 예금상품은?　　　　　　　　　★★

> • 나이: 65세
> • 거주지: 읍 · 면 단위 지역
> • 고객 등급: 우체국예금 우수 고객
> • 우체국 체크카드: 매월 30만 원 이상 사용
> • 자동이체 약정: 공과금 3건, 우체국보험 보험료 납입 5건 약정
> • 공무원연금: 매월 200만 원을 우체국 수시입출식 예금으로 수령

① 챔피언 정기예금

② 이웃사랑 정기예금

③ 시니어 싱글벙글 정기예금

④ 우체국 퇴직연금 정기예금

> **해설** ③ 시니어 싱글벙글 정기예금 우대조건 중,
> • 가입 시 50세 이상 고객인 경우 : 0.1%
> • 우체국 체크카드 20만원 이상 이용 우대 : 0.1%
> • 우체국 수시입출식 예금으로 연금 또는 급여이체 실적 우대 : 0.2%
> 적용으로, 총 연 0.4%의 우대이율을 받을 수 있다.
> ② 이웃사랑 정기예금의 경우, 읍 · 면 단위 지역 거주자 우대조건으로 0.2%(1억원 이하) 또는 0.1%(1억원 초과)의 우대이율을 받을 수 있다.
> ① · ④ 챔피언 정기예금과 우체국 퇴직연금 정기예금에서는 우대조건과 관련된 내용이 제시되어 있지 않다.

01 보험계약의 법적 성질에 대한 설명으로 옳은 것은? ★

① 보험계약에서 보험자의 보험금 지급의무는 우연한 사고의 발생을 전제로 하는 불요식계약이다.

② 보험계약자는 보험료 납부의무를 가지며, 보험자는 보험사고의 발생을 조건으로 보험금 지급의무를 가지는 낙성계약이다.

③ 보험자가 미리 마련한 정형화된 약관에 따라 계약을 체결하는 부합계약이며, 보험계약자는 약관을 승인하거나 거절하는 형식을 취한다.

④ 모든 계약은 신의성실의 원칙이 요구되며, 보험계약자에게 고지의무, 위험 변경·증가의 통지 의무 등의 규정을 지키도록 하는 사행계약이다.

> **해설** ① 보험계약에서 보험자의 보험금 지급의무는 우연한 사고의 발생을 전제로 하는 사행계약이다.
> ② 보험계약자는 보험료 납부의무를 가지며, 보험자는 보험사고의 발생을 조건으로 보험금 지급의무를 가지는 쌍무계약이다.
> ④ 모든 계약은 신의성실의 원칙이 요구되며, 보험계약자에게 고지의무, 위험 변경·증가의 통지 의무 등의 규정을 지키도록 하는 선의계약이다.

02 「상법」상 보험의 종류에 대한 설명으로 옳은 것은? ★

① 인보험, 손해보험, 제3보험으로 분류한다.

② 생명보험은 보험사고로 인하여 발생한 피보험자의 생명이나 재산상의 손해를 대상으로 한다.

③ 질병보험은 피보험자의 질병에 관한 보험사고가 발생할 경우, 보험자가 약정한 보험금을 지급한다.

④ 보증보험은 피보험자가 보험기간 중의 사고로 인하여 제3자에게 배상할 책임을 지는 경우, 보험자가 이로 인한 손해를 보상할 것을 목적으로 한다.

> **해설** ① 보험은 상법상 손해보험과 인보험으로 분류한다.
> ② 생명보험은 계약자의 사망 또는 일정 연령까지 생존 시 약정한 보험금을 지급하는 보험이다.
> ④ 보증보험은 각종 거래에서 발생하는 신용위험을 감소시키기 위해 보험의 형식으로 하는 보증제도로서 보증보험회사가 일정한 대가(보험료)를 받고 계약상의 채무이행 또는 법령상의 의무이행을 보증하는 특수한 형태의 보험이다.

03 보험소비자 보호에 대한 설명으로 옳지 <u>않은</u> 것은? ★

① 예금보험공사에서는 「예금자보호법」에 따라 개인이 가입한 보험계약, 보증보험계약, 재보험계약 등을 보호하고 있다.

② 과학기술정보통신부장관은 「우체국예금 · 보험에 관한 법률」에 따라 체신관서가 우체국보험소비자의 권리 보호를 위하여 준수하여야 할 사항을 고시하여야 한다.

③ 보험금 대리청구인 지정제도는 보험계약자, 피보험자, 보험수익자가 모두 동일한 계약에서 보험계약자 스스로 보험금 청구가 현실적으로 어려운 경우를 대비하는 제도이다.

④ 「금융소비자 보호에 관한 법률」에 따라 금융상품판매업자 등은 일반금융소비자에게 보장성 상품의 계약 체결을 권유하는 경우, 보장성 상품의 내용, 보험료 및 위험보장의 범위 등을 설명하여야 한다.

> **해설** ・예금보험공사에서 「예금자보호법」에 따라 보호하고 있는 상품 : 개인이 가입한 보험계약, 퇴직보험, 변액보험계약 특약 및 최저보증금, 예금자 보호대상 금융상품으로 운용되는 확정기여형 퇴직연금제도 및 개인형 퇴직연금제도의 적립금, 원본이 보전되는 금전신탁 등
> ・비보호상품 : 보험계약자 및 보험료납부자가 법인인 보험계약, 보증보험계약, 재보험계약, 변액보험계약 주계약, 확정급여형 퇴직연금제도의 적립금 등

04 보험계약에 대한 설명으로 옳은 것은? ★★

① 보험자가 보험약관의 교부 · 명시 의무를 위반한 경우, 보험계약자는 보험계약이 성립한 날부터 6개월 이내에 보험계약을 취소할 수 있다.

② 보험자는 보험계약자로부터 보험의 청약과 함께 보험료를 받은 경우, 다른 약정이 없으면 30일 이내에 계약을 승낙 또는 거절하여야 한다.

③ 보험자는 보험사고 발생의 통지를 받은 후 지체없이 지급할 보험금액을 정하고, 그 정하여진 날부터 15일 이내에 보험금을 지급해야 한다.

④ 보험계약자는 보험가입증서(보험증권)를 받은 날부터 30일 이내에 청약을 철회할 수 있으나, 청약일로부터 90일이 초과한 계약은 청약을 철회할 수 없다.

> **해설** ① 보험자가 보험약관의 교부 · 명시 의무를 위반한 경우, 보험계약자는 보험계약이 성립한 날부터 <u>3개월 이내에</u> 보험계약을 취소할 수 있다.
> ③ 보험자는 보험금액의 지급에 관하여 약정기간이 있는 경우에는 그 기간 내에, 약정기간이 없는 경우에는 보험사고 발생의 통지를 받은 후 지체없이 지급할 보험금액을 정하고 그 정하여진 날부터 <u>10일 내에</u> 피보험자 또는 보험수익자에게 보험금액을 지급하여야 한다.
> ④ 보험계약자는 보험가입증서(보험증권)를 받은 날부터 <u>15일 이내에</u> 청약을 철회할 수 있다. 다만, 진단계약, 보험기간이 90일 이내인 계약 또는 전문금융소비자가 체결한 계약은 청약을 철회할 수 없으며, 청약일로부터 <u>30일이 초과한</u> 계약도 청약철회가 불가하다.

05 다음 보험료에 대한 설명으로 옳은 것은? ★★

영업보험료	위험보험료	순보험료	부가보험료	저축보험료
10,000원	7,000원	8,000원	(가)	(나)

① 위험보험료는 사망보험금, 장해보험금 등의 지급 재원이 되는 보험료로 예정사업비율을 기초로 계산된다.

② 순보험료는 보상금 및 수당, 보험증서 발행 등에 사용되는 보험료를 포함한다.

③ 부가보험료는 보험회사가 보험계약을 체결, 유지 및 관리하기 위한 경비에 사용되는 보험료이며, (가)는 2,000원이다.

④ 저축보험료는 만기보험금, 중도보험금 등의 지급 재원이 되는 보험료이며, (나)는 3,000원이다.

> **해설** ③ 부가보험료는 보험회사가 보험계약을 체결, 유지 및 관리하기 위한 경비에 사용되는 보험료이며, 부가보험료 (가)는 영업보험료에서 순보험료를 뺀 값이므로 10,000원 − 8,000원 = 2,000원이다.
>
> ① 위험보험료가 사망보험금, 장해보험금 등 보험사고 발생 시 보험금 지급 재원이 되는 보험료인 것은 옳으나, 예정사업비율을 기초로 계산되는 것은 부가보험료이다.
>
> ② 순보험료에는 보상금 및 수당, 보험증서 발행 등에 사용되는 보험료인 부가보험료가 포함되지 않는다.
>
> ④ 저축보험료는 만기보험금, 중도보험금 등의 지급 재원이 되는 보험료이며, 저축보험료 (나)는 순보험료에서 위험보험료를 뺀 값이므로 8,000원 − 7,000원 = 1,000원이다.

06 언더라이팅(청약심사)의 절차 중 1단계에 대한 설명으로 옳은 것은? ★

① 고객의 고지의무 사항 위반 수준에 따라 해당 계약을 취소 처리할 수 있다.

② 계약조건 결정에 필수적인 기본정보를 고객에게 정확히 고지 · 안내해야 한다.

③ 보험계약자가 보험금 지급을 신청한 경우, 고지 내용 중 의심사항에 대해 실시한다.

④ 병원진단 등으로 객관적인 입장에서 피보험자의 중요 고지 내용에 대한 확인을 수행하기 위한 과정이다.

> **해설** ① 고객의 고지의무 사항 위반 수준에 따라 해당 계약을 취소 처리할 수 있는 단계는 4단계– 계약적부확인 단계이다.
>
> ③ 보험사고 발생으로 보험계약자가 보험금 지급을 신청한 경우, 고지의무와 관련하여 의심가는 사항이 있는 계약에 대해 실시하는 사후적 심사과정은 사고 및 사망조사 단계이다.
>
> ④ 병원진단 등으로 객관적인 입장에서 피보험자의 중요 고지 내용에 대한 확인을 수행하기 위한 과정은 2단계–건강진단에 의한 선택 단계이다.

07 우체국 보험계약 부활에 관한 설명으로 옳지 않은 것은? ★

① 부활 청구는 보험기간의 만기일까지 가능하나, 보험기간 만기일이 비영업일인 경우, 그 전 영업일까지만 청구가 가능하다.

② 보험료 납입 연체로 인하여 계약 해지 후 이미 해약환급금을 수령한 경우, 계약 해지 일자와 상관없이 부활 청약이 불가능하다.

③ 최초 가입 시와 직종(운전 등 포함)이 다른 경우, 위험 등급별 가입 한도 초과 및 상품별 가입 거절 직종에 해당하지 않아야 한다.

④ 보험계약자 또는 피보험자가 미성년자(19세 미만)이고 부모 공동으로 친권을 행사할 때는 친권자 각각의 서명 또는 날인을 받아야 하나, 보험계약자가 친권자일 경우, 나머지 친권자 1인의 자필서명을 받아야 한다.

> **해설** ① 부활 청구는 계약해지(효력상실)일로부터 3년 이내, 보험기간의 만기일까지 가능하며, 보험기간 만기일이 비영업일인 경우 그 다음 업무 개시 영업일까지 청구가 가능하다. 계약해지(효력상실) 후 3년 이내라도 만기일이 경과하면 부활이 불가능하다.

08 다음 우체국보험의 '기존 계약 부당 소멸 행위'에 대한 설명에서 밑줄 친 부분에 해당하지 않는 것은? ★★

> 새로운 보험계약을 청약하게 한 날부터 6개월 이내에 기존 보험계약을 소멸하게 하는 경우, 해당 보험계약자 또는 피보험자에게 기존 보험계약과 새로운 보험계약의 <u>6가지 중요한 사항</u>을 비교하여 알리지 아니하는 행위

① 분쟁조정절차에 관한 사항
② 예정 이자율 중 공시 이율
③ 보험가입금액 및 주요 보장 내용
④ 우정관서의 면책사유 및 면책사항

> **해설** ① '분쟁조정절차에 관한 사항'은 해당되지 않는다.
>
> **비교하여 알려야 하는 6가지 중요한 사항**
> 1. 보험료, 보험기간, 보험료 납입주기 및 납입기간
> 2. 보험가입금액 및 주요 보장 내용
> 3. 보험금액 및 환급금액
> 4. 예정 이자율 중 공시 이율
> 5. 보험 목적
> 6. 우정관서의 면책사유 및 면책사항

09 우체국 보험료 자동대출 납입에 대한 설명으로 옳지 않은 것은? ★★

① 어깨동무보험 3종(상해보장형), 평생OK보험은 신청할 수 없다.

② 신청 기한은 보험료 납입 유예기간이 끝나는 날의 전 영업일까지이다.

③ 보험계약자의 신청으로 해약환급금 범위 안에서 자동대출하여 보험료를 납입하는 제도이다.

④ 최초 보험료 자동대출 납입일부터 1년마다 자동 연장되며 해지를 위해서는 신청이 필요하다.

> **해설** ④ 보험료의 자동대출 납입 기간은 최초 자동대출 납입일부터 1년을 한도로 하며, 그 이후의 기간에 대한 보험료의 자동대출 납입을 위해서는 재신청을 하여야 한다.

10 다음 보험계약자가 최대로 받을 수 있는 보험료 할인율로 옳은 것은? (2025년 3월 현재 기준) ★★★

> 김우정씨는 두 자녀(21세의 아들, 17세의 딸)의 아버지이다. 2024년 7월에 김우정씨는 본인을 보험계약자로, 딸을 피보험자로 하여 '무배당 우체국암케어보험 2406'에 가입했다. 가입 당시에는 현금으로 보험료를 납부하였으나 그다음 달부터 우체국 계좌로 자동이체를 신청하여 납부하고 있다. 2024년 9월에 다자녀가구 할인을 신청하면서 딸의 B형 간염 항체 보유 증명 서류와 고혈압·당뇨병이 없다는 건강검진 서류를 제출하였다.

① 3.3%　　　　　　　　　② 3.8%

③ 5.3%　　　　　　　　　④ 5.8%

> **해설** • 다자녀가구 할인(두 자녀) : 0.5%,
> • 우체국 계좌로 자동이체 할인 : 0.3%
> • B형 감염 항체 보유 할인 : 3%
> 따라서 총 3.8%의 할인을 적용받는다.

11 우체국보험에서 '고지의무 위반 시 해지(또는 보장제한) 불가사유'로 옳지 않은 것은? ★

① 계약을 체결한 날부터 2년이 지났을 때

② 체신관서가 고지의무 위반 사실을 안 날부터 1개월 이상 지났을 때

③ 보험모집자가 보험계약자 또는 피보험자에게 고지할 기회를 주지 않았을 때

④ 체신관서가 계약 당시에 고지의무 위반 사실을 과실로 인하여 알지 못하였을 때

> **해설** ① '계약을 체결한 날부터 3년이 지났을 때'이다.
>
> **고지의무 위반 시 해지(또는 보장제한) 불가사유**
> • 체신관서가 계약 당시에 그 사실을 알았거나 과실로 인하여 알지 못하였을 때
> • 체신관서가 그 사실을 안 날부터 1개월 이상 지났거나 또는 보장개시일부터 보험금 지급사유가 발생하지 않고 2년이 지났을 때
> • 계약을 체결한 날부터 3년이 지났을 때
> • 보험을 모집한 자가 계약자 또는 피보험자에게 고지할 기회를 주지 않았거나 계약자 또는 피보험자가 사실대로 고지하는 것을 방해한 경우, 계약자 또는 피보험자에게 사실대로 고지하지 않게 하였거나 부실한 고지를 권유했을 때

12 다음 (가), (나)에 들어갈 우체국 보험상품의 주계약과 특약이 잘못 짝지어진 것은? ★★

> ┌─(가)─┐ 가입 시 ┌─(나)─┐은/는 의무부가(고정부가) 된다.

	(가)	(나)
①	무배당 우체국암케어보험 2406 암진단형	무배당 소액암진단특약Ⅳ 2406
②	무배당 우체국더든든한자녀지킴이보험 2203	무배당 어린이보장특약 2203
③	무배당 우체국간병비보험 2309	무배당 입원간병인미사용특약 (5년/10년갱신형) 2309
④	무배당 우체국급여실손의료비보험 (갱신형) 2109	무배당 비급여실손의료비특약 (갱신형) 2109

> **해설** ② 무배당 우체국더든든한자녀지킴이보험 2203 가입 시, 의무부가 특약은 무배당 선천이상특약Ⅱ 2109, 무배당 신생아보장특약 2203이며, 무배당 어린이보장특약 2203은 선택 특약이다.

13 해약환급금 50%지급형으로 가입 가능한 우체국 보험상품으로 옳은 것만을 모두 고르면? ★★

> ㄱ. 무배당 우체국치매간병보험 2109
> ㄴ. 무배당 우체국실속정기보험 2109
> ㄷ. 무배당 우체국와이드건강보험 2112
> ㄹ. 무배당 우체국간병비보험 2309
> ㅁ. 무배당 우체국하나로OK건강종신보험 2402

① ㄱ, ㄴ, ㄹ
② ㄱ, ㄷ, ㄹ
③ ㄱ, ㄷ, ㅁ
④ ㄴ, ㄹ, ㅁ

> **해설** **해약환급금 50%지급형으로 가입 가능한 우체국 보험상품**
> • 무배당 우체국든든한종신보험 2109
> • 무배당 우체국New100세건강보험 2203
> • 무배당 우체국하나로OK건강종신보험 2402 (ㅁ)
> • 무배당 우체국와이드건강보험 2112 (ㄷ)
> • 무배당 우체국치매간병보험 2109 (ㄱ)

14 피보험자가 18세인 경우, 가입 가능한 우체국 보험상품으로 옳은 것은? ★★

① 무배당 우체국간편건강보험(355)(20년갱신형) 2409

② 무배당 우체국치아보험(갱신형) 2109

③ 무배당 우체국온라인암보험 2109

④ 무배당 내가만든희망보험 2109

> **해설** ② 무배당 우체국치아보험(갱신형) 2109의 최초계약 가입 나이는 15~65세이다.
> ① 무배당 우체국간편건강보험(355)(20년갱신형) 2409의 최초계약 가입 나이는 30~80세이다.
> ③ 무배당 우체국온라인암보험 2109의 가입 나이는 20~50세(보험기간 30년) 또는 20~60세(보험기간 20년)이다.
> ④ 무배당 내가만든희망보험 2109의 가입 나이는 20~60세이다.

15 우체국 보험상품 중 주계약에서 건강관리자금을 지급하지 않는 것은? ★★

① 무배당 우체국치매간병보험 2109

② 무배당 우체국건강클리닉보험(갱신형) 2109

③ 무배당 우체국더간편건강보험(갱신형) 2407

④ 무배당 우체국간편건강보험(325)(20년갱신형) 2409

> **해설** ① 무배당 우체국치매간병보험 2109 : 80세 계약해당일에 생존 시 건강관리자금 지급(중증치매 미발생 시)
> ② 무배당 우체국건강클리닉보험(갱신형) 2109 : 10년 만기 생존 시마다 건강관리자금 지급
> ③ 무배당 우체국더간편건강보험(갱신형) 2407 : 15년 만기 생존 시마다 건강관리자금 지급(주계약)

16 우체국 보험상품에 대한 설명으로 옳은 것은? ★★★

① '무배당 우체국건강클리닉보험(갱신형) 2109' 주계약은 재해로 인하여 장해지급률 중 3% 이상 50% 미만 장해 시 재해장해 생활자금을 지급한다.

② '무배당 우체국간편실손의료비보험(갱신형) 2109'는 입원 시 하나의 질병·상해당 최대 1억 원, 통원 시 회(건)당 최대 100만 원(단, 처방조제비 제외)을 보장한다.

③ '무배당 우체국치매간병보험 2109' 주계약은 보험기간 중 계약일 이후에 질병으로 인한 경도치매상태로 진단되고 90일이 지난 이후에 경도치매상태로 최종 진단 확정되었을 때 경도치매진단보험금을 지급(단, 최초 1회에 한함)한다.

④ '무배당 우체국당뇨안심보험 2109' 주계약은 보험기간 중에 장해분류표 중 동일한 재해 또는 재해 이외의 동일한 원인으로 여러 신체부위의 합산 장해지급률이 50% 이상인 장해상태가 되었을 때 장해보험금을 지급(단, 최초 1회에 한함)한다.

해설 ① '무배당 우체국건강클리닉보험(갱신형) 2109' 주계약은 동일한 재해로 인하여 장해지급률 50% 이상 장해 시 재해장해 생활자금을 지급한다.
② '무배당 우체국간편실손의료비보험(갱신형) 2109'는 입원 시 하나의 질병·상해당 최대 5천만원, 통원 시 회(건)당 최대 20만원(단, 처방조제비 제외)을 보장한다.
③ '무배당 우체국치매간병보험 2109' 주계약은 보험기간 중 치매보장개시일[계약일(부활일)부터 그 날을 포함하여 1년이 지난 날의 다음 날] 이후에 질병으로 인한 "경도치매상태"로 진단되고 90일이 지난 이후에 "경도치매상태"로 최종 진단 확정되었을 때(단, 최초 1회에 한함) 경도치매진단보험금을 지급(단, 최초 1회에 한함)한다.

17 (가)~(라)에 들어갈 내용을 순서대로 바르게 연결한 것은? ★

- '무배당 우체국급여실손의료비보험(갱신형) 2109' 주계약의 보장내용 변경주기는 [(가)]년이다.
- '무배당 우체국더든든한자녀지킴이보험 2203' 주계약 보험기간은 상품유형에 따라 30세 만기, [(나)]세 만기, 100세 만기가 있다.
- '무배당 우체국나르미안전보험 2109'는 교통재해로 인하여 그 직접적인 치료를 목적으로 중환자실에 입원하였을 때(1일 이상 입원일수 1일당, [(다)]일 한도) 교통재해 중환자실 입원보험금을 지급한다.
- '무배당 우체국암케어보험 2406' 주계약 암진단형에서 암보장 개시일은 계약일(부활일)부터 그날을 포함하여 90일이 지난 날의 다음 날로 한다. 단, 피보험자 나이가 [(라)]세 미만인 경우, 암보장개시일은 계약일(부활일)로 한다.

	(가)	(나)	(다)	(라)
①	3	80	120	15
②	3	90	60	20
③	5	80	60	15
④	5	90	120	20

 • '무배당 우체국급여실손의료비보험(갱신형) 2109' 주계약의 보장내용 변경주기는 5년이다.
• '무배당 우체국더든든한자녀지킴이보험 2203' 주계약 보험기간은 상품유형에 따라 30세 만기, 80세 만기, 100세 만기가 있다.
• '무배당 우체국나르미안전보험 2109'는 교통재해로 인하여 그 직접적인 치료를 목적으로 중환자실에 입원하였을 때(1일 이상 입원일수 1일당, 60일 한도) 교통재해 중환자실 입원보험금을 지급한다.
• '무배당 우체국암케어보험 2406' 주계약 암진단형에서 암보장 개시일은 계약일(부활일)부터 그날을 포함하여 90일이 지난 날의 다음 날로 한다. 단, 피보험자 나이가 15세 미만인 경우, 암보장개시일은 계약일(부활일)로 한다.

18 우체국 보험상품에 대한 설명으로 옳은 것만을 모두 고르면? ★★★

ㄱ. '무배당 알찬전환특약 2109'는 적립부분 순보험료를 신공시이율Ⅲ으로 부리하는 저축성 보험으로 최저 1.0% 금리를 보증한다.
ㄴ. '무배당 파워적립보험 2109' 2종(이자지급형)은 보험기간이 3년, 5년, 10년이며 기본보험료 납입한도액은 5만~50만 원이다.
ㄷ. '무배당 그린보너스저축보험플러스 2203'은 보험기간 5년 만기까지 유지 시 계약일부터 최초 1년간 보너스금리 1.5%를 추가 제공한다.
ㄹ. '무배당 우체국온라인저축보험 2109'는 계약일 이후 1개월이 지난 후부터 보험기간 중에 보험연도 기준 연 12회에 한하여 적립금액의 일부를 인출할 수 있다.

① ㄱ, ㄴ
② ㄱ, ㄹ
③ ㄴ, ㄷ
④ ㄷ, ㄹ

 ㄱ. '무배당 알찬전환특약 2109'는 적립부분 순보험료를 신공시이율Ⅳ으로 부리하는 저축성 보험으로 최저 1.0% 금리를 보증한다.
ㄴ. '무배당 파워적립보험 2109' 2종(이자지급형)은 보험기간이 10년이며, 기본보험료 납입한도액은 5만~50만 원이다.

19 우체국 보험상품에 대한 설명으로 옳은 것만을 모두 고르면? ★★

> ㄱ. '무배당 우체국연금보험 2109'에서 확정기간연금형은 연금개시 후에도 해지가 가능하다.
> ㄴ. '우체국연금보험 2312'에서 생존연금은 종신연금형, 상속연금형, 확정기간연금형, 더블연금형이 있다.
> ㄷ. '어깨동무연금보험 2109'에서 보험수익자는 피보험자와 동일하여야 하며 보험수익자 변경은 불가하다.
> ㄹ. '우체국연금저축보험 2109'는 제1보험기간 중에는 재해장해보험금을 지급하고 제2보험기간 중에는 생존연금을 지급한다.

① ㄱ, ㄴ
② ㄱ, ㄷ
③ ㄴ, ㄹ
④ ㄷ, ㄹ

해설 ㄴ. '우체국연금보험 2312'에서 생존연금은 종신연금형과 확정기간연금형이 있다.
　　　ㄹ. '우체국연금저축보험 2109'는 제1보험기간 중의 지급은 없으며, 제2보험기간 중에 생존연금(종신연금형, 확정기간연금형)을 지급한다.

20 우체국보험 관련 세제에 대한 설명으로 옳은 것은? ★★

① '무배당 에버리치상해보험 2109'에 가입한 근로소득자는 납입한 보험료(연간 600만 원 한도)에 대하여 12%의 세액공제를 받을 수 있다.
② '무배당 우체국연금보험 2109'는 근로소득자 이외의 종합소득이 있는 사람이 가입한 경우, 납입한 보험료에 대하여 12%의 세액공제를 받을 수 있다.
③ '어깨동무연금보험 2109'에 가입한 근로소득자는 피보험자가 장애인일 경우, 납입한 보험료(연간 100만 원 한도)에 대하여 15%의 장애인전용보험 세액공제를 받을 수 있다.
④ '우체국연금저축보험 2109'를 중도에 해지하는 경우, 가입자의 사망 등 부득이한 사유로 인한 연금 외 수령이 인정되는 때에는 연금소득세(지방소득세 포함 3.3~5.5%)를 부과한다.

해설 ① '무배당 에버리치상해보험 2109'에 가입한 근로소득자는 납입한 보험료(연간 100만 원 한도)에 대하여 12%의 세액공제를 받을 수 있다.
　　　② '무배당 우체국연금보험 2109'는 납입한 보험료에 대한 세액공제 혜택은 없으며, 관련 세법에서 정하는 요건에 부합하는 경우 이자소득 비과세 및 금융소득종합과세 제외가 적용된다.
　　　③ '어깨동무보험 2109'에 가입한 근로소득자는 피보험자가 장애인일 경우, 납입한 보험료(연간 100만 원 한도)에 대하여 15%의 장애인전용보험 세액공제를 받을 수 있다.

01 다음 기법이 예방(prevention)하는 교착상태 발생 조건은? ★

> 운영체제는 시스템 내 모든 자원에 번호를 지정한다. 낮은 번호의 자원을 점유한 프로세스가 높은 번호의 자원을 요청할 때, 이를 허용한다. 그러나 높은 번호의 자원을 점유한 프로세스가 낮은 번호의 자원을 요청할 때, 이는 허용하지 않는다.

① 비선점(nonpreemption)
② 원형 대기(circular waiting)
③ 상호 배제(mutual exclusion)
④ 점유와 대기(hold-and-wait)

해설 ② 교착상태의 발생 조건 중 하나로 여러 프로세스가 자원을 점유한 채 다음 프로세스가 가진 자원을 요구하며 계속 기다리는 상태를 '원형 대기(circular waiting, 순환 대기)'라고 한다. 이를 예방하기 위해서는 자원을 점유한 프로세스가 자원을 요청하는 순서를 정하여 이 순서대로만 요청할 수 있도록 해야 한다.

02 다음 '검사 시점'에서 자식 프로세스를 좀비(zombie) 프로세스 혹은 고아(orphan) 프로세스와 바르게 연결한 것은? (단, 부모 프로세스는 자식 프로세스의 종료 상태를 확인한 후 자원을 회수한다) ★★

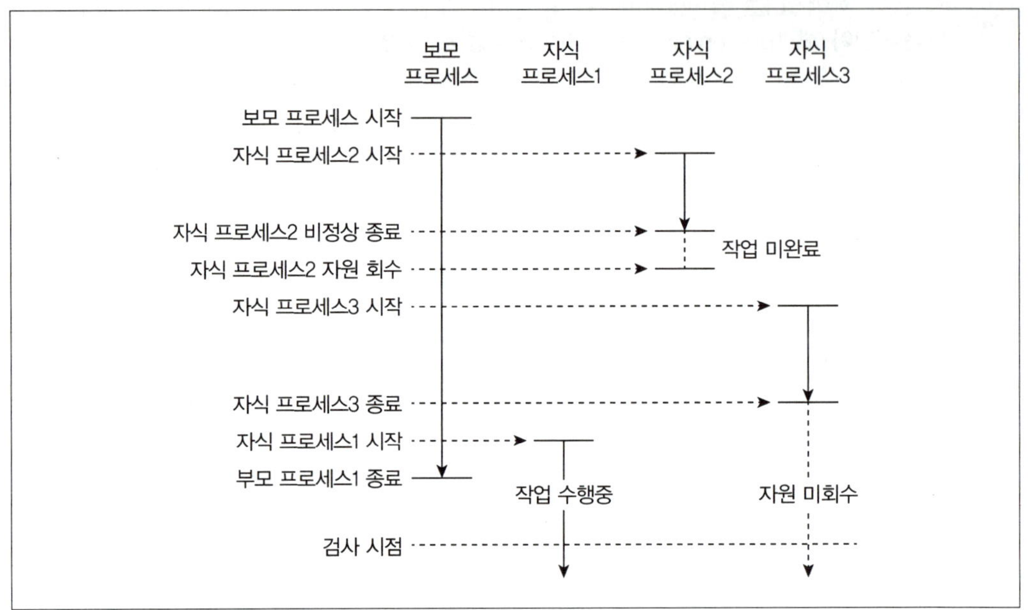

	고아 프로세스	좀비 프로세스
①	자식 프로세스2	자식 프로세스1
②	자식 프로세스3	자식 프로세스1
③	자식 프로세스1	자식 프로세스2
④	자식 프로세스1	자식 프로세스3

해설 ④ 좀비(zombie)는 자식이 종료했으나 부모가 회수하지 않은 경우를 의미하고, 고아(orphan)는 부모가 종료했으나 자식이 아직 실행 중인 경우를 의미한다. 이에 따라 각 프로세스를 살펴보면 다음과 같다.
- 자식 프로세스2는 비정상 종료 후 부모가 즉시 자원 회수하였으므로 좀비도 아니고 고아도 아니다.
- 자식 프로세스3은 종료했으나 부모가 종료할 때까지 자원을 회수하지 않았으므로 좀비라고 볼 수 있다.
- 자식 프로세스1은 부모 프로세스가 자식 프로세스보다 먼저 종료했으나 자식이 살아 있으므로 고아라고 볼 수 있다.

따라서 고아 프로세스는 자식 프로세스1, 좀비 프로세스는 자식 프로세스3이 된다.

03 프로세스가 요구하는 크기에 따른 메모리 영역 할당 방식(가변 분할 방식)으로 구성된 다음의 메모리 구조에 대한 설명으로 옳지 않은 것은? (단, 음영 처리하지 않은 부분은 프로세스 종료에 따라 이미 반납이 완료된 메모리 영역이고, 음영 처리한 부분은 현재 프로세스가 사용 중인 메모리 영역이다) ★★

← 낮은 주소		메모리(주기억 장치)			높은 주소 →
사용 중	100MB	사용 중	150MB	사용 중	200MB

① 내부 단편화에 해당하는 메모리 영역의 합은 250MB, 외부 단편화에 해당하는 메모리 영역의 합은 200MB이다.

② 새 프로세스가 300MB를 요구하는 경우, 조각 모음(defragmentation) 기능을 통해 해당 프로세스를 배치하고 실행할 수 있다.

③ 낮은 주소에서 높은 주소로 탐색할 경우, 80MB를 요구하는 새 프로세스의 배치 위치는 최초적합과 최적적합 정책에 상관없이 동일하다.

④ 높은 주소에서 낮은 주소로 탐색할 경우, 120MB를 요구하는 새 프로세스의 배치 위치는 최초적합과 최악적합 정책에 상관없이 동일하다.

> **해설** ① 내부 단편화는 메모리를 할당할 때, 프로세스의 크기보다 큰 블록을 할당받아 블록 안에서 사용되지 않고 남는 공간을 의미하며, 외부 단편화는 메모리 공간이 충분히 있으나 프로세스들이 할당 및 해제되는 과정에서 생성된 공간들이 흩어져 연속적인 공간이 부족한 상태를 의미한다. 해당 문제에서는 단편화된 공간으로 남아 있는 메모리가 내부 단편화로 발생한 것인지 외부 단편화로 발생한 것인지에 대한 근거가 제시되어 있지 않다.

04 다음 워크시트에서 전화번호가 저장된 B열에서 국번만을 추출하여 C열을 채울 때, C2셀에 필요한 수식은? ★

	A	B	C
1	이름	전화번호	국번
2	신○○	(02)○○○-○○○○	
3	이○○	(032)○○○-○○○○	032
4	정○○	(042)○○○-○○○○	042
…	…(하략)…	…(하략)…	…(하략)…

① =MID(B2,2,FIND("$)$",B2)-2)

② =MID(B2,2,FIND("$)$",B2)-4)

③ =LOOKUP(B2,2,FIND("$)$",B2)-2)

④ =LOOKUP(B2,2,FIND("$)$",B2)-4)

> **해설** ① 전화번호 문자열 중 국번만 추출해야 하므로 우선 특정 위치부터 지정된 개수만큼의 문자를 추출하는 MID 함수를 이용한다. MID(문자열, 시작위치, 추출할 문자의 개수)에서 FIND 함수로 ')'까지 4값을 반환하고, B2의 2번째 자리부터 국번 2자리를 추출하기 위해 −2를 한다. 따라서 정답은 MID(B2,2,FIND(")",B2)−2)가 된다.

05 다음 설명에 해당하는 것은?　★★

> 셀 안에 표시하는 작은 차트(chart)로, 데이터의 추세를 시각적으로 확인할 수 있다. 선(꺾은 선형), 열(세로 막대형), 승패(음수 혹은 양수)의 방식으로 표현할 수 있다.

① 슬라이서(slicer)
② 스파크라인(sparkline)
③ 파워 쿼리(power query)
④ 피벗 테이블(pivot table)

해설 ② 셀 안에 삽입되어 데이터의 추세나 패턴을 시각적으로 보여주는 작은 차트를 스파크라인(sparkline)이라고 한다.
① 슬라이서(slicer)란 일종의 대화형 필터링 도구로 피벗 테이블, 피벗 차트, 테이블 데이터 등을 시각적으로 필터링할 수 있게 해주는 기능을 의미한다.
③ 파워 쿼리란 데이터 준비 및 변환 도구로 다양한 원본의 데이터를 사용자가 원하는 형태로 추출 · 변환할 수 있는 기능을 의미한다.
④ 피벗 테이블이란 데이터 분석기능으로 사용자가 원하는 기준에 맞춰 재배열하고 요약하여 보여주는 기능을 의미한다.

06 해시 색인(hash index)에 대한 설명으로 옳은 것만을 모두 고르면?　★★★

> ㄱ. 레코드 개수가 n일 때 최악의 경우에 검색 시간 복잡도는 $O(n)$이다.
> ㄴ. 충돌 해결을 위해 개방 주소 지정(open addressing) 기법을 사용할 수 있다.
> ㄷ. 분할 해싱(partitioned hashing)은 범위 질의(range query)를 효율적으로 처리할 수 있다.
> ㄹ. 확장성 해싱(extendible hashing) 함수는 레코드 키를 가변 길이 스트링으로 변환시킨다.

① ㄱ, ㄴ
② ㄱ, ㄹ
③ ㄴ, ㄷ
④ ㄷ, ㄹ

해설 ① 보기 중 옳은 설명은 ㄱ, ㄴ이다.
ㄷ. 분할 해싱(partitioned hashing)은 해시값으로 균일하게 분산되기 때문에 데이터의 자연스러운 그룹핑이 없어 특정 범위의 데이터를 조회할 경우 효율이 떨어진다.
ㄹ. 확장성 해싱(extendible hashing)은 해시 테이블을 동적으로 확장하는 동적 해싱의 한 종류로 비트 스트링의 길이는 동적으로 변환시킨다. 대용량 데이터 처리에 유리하다.

07 릴레이션 R(A, B, C, D)의 함수 종속(FD)에 관한 설명으로 옳지 않은 것은?　★★★

> $FD = \{A \rightarrow B,\ AB \rightarrow C,\ C \rightarrow D\}$

① 함수 종속 A → C가 성립한다.
② 함수 종속 AB → D가 성립한다.
③ A는 R의 후보키(candidate key)이다.
④ 릴레이션 R은 제3정규형을 만족한다.

해설　④ 릴레이션 R은 이행적 종속으로 제3정규형(3NF)을 만족하지 않는다.

> **더 알아보기**　**함수종속의 추론규칙**
>
> ① 기본 규칙
>   – 재귀 규칙: Y ⊆ X이면, X → Y이다.
>   – 증가 규칙: X → Y이면, XZ → YZ이다.
>   – 이행 규칙 (Transitive Rule): X → Y이고 Y → Z이면, X → Z이다.
> ② 부가 규칙
>   – 분해 규칙: X → YZ이면, X → Y이고 X → Z이다.
>   – 합집합 규칙(유니온 규칙): X → Y이고 X → Z이면, X → YZ이다.
>   – 합성 규칙: X → Y이고 Z → W이면, XZ → YW이다.

08 개발된 소프트웨어에 새로운 기능을 추가하는 유지보수는?　★

① 수정(corrective) 유지보수
② 예방(preventive) 유지보수
③ 완전(perfective) 유지보수
④ 적응(adaptive) 유지보수

해설　③ 완전(perfective) 유지보수는 개발된 소프트웨어에 새로운 기능을 추가하는 유지보수로 오류 수정보다는 시스템을 최적의 상태로 유지하고 발전시키는 데 중점을 둔다.
　① 수정(corrective) 유지보수란 개발된 소프트웨어나 시스템을 사용하면서 발견되는 오류, 결함, 버그를 찾아 수정하고 정상 작동 상태로 복구하는 유지보수를 의미한다.
　② 장비나 시스템이 고장 나기 전에 정기적으로 점검하고 정비하는 유지보수를 의미한다.
　④ 소프트웨어가 운영체제 등 환경 변화에 맞춰 소프트웨어의 기능을 변경하고 수정하는 유지보수를 의미한다.

09 소프트웨어 요구분석 명세서(SRS)에 대한 설명으로 옳은 것만을 모두 고르면? ★★★

> ㄱ. 시스템에 영향을 주는 제약 조건을 기술한다.
> ㄴ. 시스템의 자료 구조에 대한 명세를 기술한다.
> ㄷ. 사용자 인터페이스에 대한 명세를 기술한다.
> ㄹ. 시스템 인수를 위한 테스트 기준을 제공한다.

① ㄱ, ㄴ

② ㄱ, ㄹ

③ ㄴ, ㄷ

④ ㄷ, ㄹ

해설 ② 소프트웨어 요구분석 명세서(SRS)란 개발될 소프트웨어가 무엇을 해야 하는지, 어떻게 작동해야 하는지 등을 문서화한 것으로 보기 중 이에 대한 설명으로 옳은 것은 ㄱ, ㄹ이다.
ㄴ. 시스템의 자료구조 등은 설계에 대한 영역으로 소프트웨어 정의 스트리지(SDS)에 해당되는 내용이다.
ㄷ. 전기전자공학자협회(IEEE)의 SRS 작성 방법에 대한 권장 사례 및 지침인 STANDARD 830에서는 사용자 인터페이스의 상세 내용은 SRS가 아닌 별도의 사용자 인터페이스 문서에 명세한다고 제시하고 있다.

더 알아보기 IEEE STANDARD 830의 SRS 작성 항목

1. 개요(Intrduction)
2. 전체적인 설명(Overall Description)
3. 환경(Environment)
4. 외부 인터페이스(External Interface Requirements)
5. 성능 요구사항(Performance Requirements)

10 버퍼 오버플로우(buffer overflow) 공격에 대한 설명으로 옳지 않은 것은? ★

① 버퍼 오버플로우 공격은 데이터 유형(data type)에 대한 불명확한 정의로 인한 것이다.

② 공격 대응방안은 스택가드(stack guard), 스택쉴드(stack shield), 주소공간의 임의추출(ASLR) 등이 있다.

③ 스택(stack) 버퍼 오버플로우 공격은 SetUID가 설정된 루트 권한의 프로그램을 공격대상으로 할 수 있다.

④ 힙(heap) 오버플로우 공격에서 힙에 요청되는 메모리는 레코드의 연결리스트와 같은 동적 데이터 구조를 위해 사용된다.

해설 ① 버퍼 오버플로우 공격은 데이터의 유형이 아닌 프로그램이 할당된 메모리 공간(버퍼)의 크기를 초과하는 양의 데이터를 입력받아 인접한 메모리를 덮어쓰는 현상을 의미한다.

11 정보보호의 3요소인 기밀성(confidentiality), 무결성(integrity), 가용성(availability)에 대한 설명으로 옳은 것은? ★★

① 스니핑(sniffing)은 가용성에 대한 공격이다.

② DoS 또는 DDoS공격은 기밀성에 대한 공격이다.

③ 기밀성은 허가받은 사용자 또는 객체만이 정보의 내용을 수정할 수 있다는 의미이다.

④ 두 시스템 간의 데이터를 중간에 변조하는 중간자 공격(MITM)은 무결성에 대한 공격이다.

> **해설** ④ 무결성은 정보가 인가된 방식으로만 수정되고, 변조나 손상이 발생하지 않도록 보호하는 것으로 공격자가 통신 대상 중간에서 데이터를 약탈 및 변조하는 중간자 공격(MITM)은 무결성에 대한 공격이다.
> ① 스니핑(sniffing)은 기밀성에 대한 공격이다.
> ② DoS 또는 DDoS공격은 가용성에 대한 공격이다.
> ③ 기밀성은 허가된 사용자만 정보에 접근할 수 있도록 보호하는 것을 의미한다.

12 UDP(User Datagram Protocol)에 대한 설명으로 옳은 것은? ★★

① UDP는 비연결 지향 프로토콜이며 패킷을 주고받기 전에 미리 연결을 맺고 가상 경로를 설정한다.

② UDP를 사용하는 응용 계층 프로토콜은 DHCP(UDP 포트: 443), SNMP(UDP 포트: 161) 등이다.

③ UDP 헤더는 송신 포트(port), 수신 포트, 전체 길이(total length), 체크섬(checksum)으로 구성된다.

④ UDP 헤더의 크기는 16바이트로 TCP 헤더의 크기인 20바이트보다 작고 간단하여 TCP에 비해 상대적으로 통신 부하가 적다.

> **해설** ③ UDP(User Datagram Protocol)이란 인터넷에서 데이터를 빠르고 효율적으로 전송하기 위한 비연결 지향 프로토콜로 헤더는 송신 포트, 수신 포트, 전체 길이(total length), 체크섬(checksum)으로 구성된다.
> ① UDP는 비연결 지향 프로토콜이나 패킷을 뿌리는 방식이다. 연결을 맺고 가상 경로를 설정하는 것은 연결 지향 프로토콜인 TCP(Transmission Control Protocol)의 특징이다.
> ② UDP를 사용하는 응용 계층 프로토콜로는 DNS, DHCP, SNMP 등이 있으나 DHCP의 UDP 포트는 443이 아닌 67(서버), 68(클라이언트)을 사용한다.
> ④ UDP 헤더의 크기는 8바이트이다.

더 알아보기 UDP 구성

헤더 ← 8바이트 →		데이터
송신 포트번호	수신 포트번호	
전체 길이(total length)	체크섬(checksum)	

13 ARP spoofing 공격에 대한 설명으로 옳은 것은? ★★★

① 공격대상자의 라우팅(routing) 테이블을 위조한다.

② 전송계층 공격으로 공격자의 MAC 주소를 공격대상자의 MAC 주소로 위조하는 것이다.

③ 공격 대응방안은 'arp - s' 명령어를 이용하여 정적 ARP 테이블로 만들고 ARP reply를 무시한다.

④ 스위치의 MAC 테이블 버퍼를 오버플로우 시켜서 스위치가 더미허브(dummy hub)처럼 동작하도록 스위치의 기능을 마비시키는 공격이다.

> **해설** ③ ARP 스푸핑(spoofing) 공격은 ARP 프로토콜의 취약점을 이용하여 공격자가 자신의 MC 주소를 다른 장치의 MC 주소인 것처럼 속여, 데이터를 중간에서 약탈 및 변조하는 공격이다.
>
> ① 공격자가 패킷을 자신에게 전달하도록 만든 라우팅 경로를 ICMP 메시지로 보내 라우팅(routing) 테이블을 위조하는 것은 ICMP Redirect 공격에 대한 설명이다.
>
> ② ARP 스푸핑(spoofing) 공격은 IP 주소와 자신의 MC 주소에 관한 공격으로 3계층(네트워크 계층)에 관한 공격이다.
>
> ④ 스위치 재밍(Switch Jamming)에 대한 설명이다. 스위치 재밍은 MAC 테이블의 오버플로우를 발생시켜 네트워크 패킷의 수신자를 확인해 해당 패킷을 적재적소에 보내주는 스위치의 기능을 마비시키는 공격이다.

14 ★

A: So, when are you leaving for India?
B: This weekend. I've finished almost everything I had to do.
A: What did you do?
B: A lot. I bought a plane ticket, of course. And I got a visa.
A: ______________________
B: Yes, it's an e-visa. I also got a new passport and made a hotel reservation.

① Did you get it online?
② Did it take a long time to process?
③ Did you need a letter of invitation?
④ Did you have to apply for it at the embassy?

해설 ① 주어진 대화는 이번 주말에 인도로 떠나는 B에게 A가 어떤 일을 했는지 물어보는 대화이다. B는 빈칸 앞에서 비자를 받았다고 말했고, 빈칸 뒤에서는 그 비자가 e-visa라고 대답했으므로 빈칸에 들어갈 말로 가장 적절할 것은 'Did you get it online?(온라인으로 받으셨나요?)'이다.
② 처리하는 데 시간이 오래 걸렸나요?
③ 초대장이 필요했나요?
④ 대사관에 신청해야 했나요?

해석 A : 인도로 언제 떠나세요?
B : 이번 주말에요. 해야 할 일은 거의 다 끝냈어요.
A : 뭘 했나요?
B : 많이 했어요. 물론 비행기표도 샀고, 비자도 받았어요.
A : 온라인으로 받으셨나요?
B : 네, e-비자예요. 새 여권도 받고 호텔도 예약했어요.

어휘 leave : 떠나다
weekend : 주말
finish : 끝내다
reservation : 예약

15
★★

A: Hello! I need to send this package to my mom for her birthday. Can you help me with that?

B: Absolutely! Let's take a look at what you've got. Where are you sending it and how quickly do you need it to arrive?

A: I'm sending it to Vancouver, and her birthday is in two weeks, so there's no rush.

B: Got it. We have a few different shipping options depending on how quickly you want it to arrive. Let's see what works best for you.

A: Sounds good. ______________________, as long as it gets there in time for her birthday.

B: In that case, our standard ground shipping should do the trick. It's the most cost-effective option for non-urgent deliveries.

A: Perfect! Let's go with that.

① I'll call you back immediately

② I'd like to send this present to her

③ I don't mind if it takes a little longer

④ I want it to arrive as quickly as possible

해설 ③ 주어진 대화에서 B가 빈칸 앞에서 소포가 얼마나 빨리 도착하길 원하는지를 A에게 물었고, 빈칸 다음에서 B가 A의 대답을 들은 후, 긴급 배송이 아닌 경우엔 일반 배송이 적합하다고 말했으므로, 빈칸에 들어갈 말로 가장 적절한 것은 'I don't mind if it takes a little longer(시간이 조금 더 걸려도 괜찮아요)'이다.

① 바로 전화드릴게요.

② 이 선물을 그녀에게 보내고 싶어요.

④ 최대한 빨리 도착했으면 좋겠어요.

해석 A : 안녕하세요! 어머니 생신 선물로 이 소포를 보내야 합니다. 도와주실 수 있나요?

B : 물론이죠! 어떤 소포인지 한번 볼게요. 어디로 보내실 예정이며, 얼마나 빨리 도착하길 원하세요?

A : 벤쿠버로 보낼 예정인데, 생신이 2주 후라 서두를 필요는 없어요.

B : 네, 얼마나 빨리 도착하기를 원하시는지에 따라 달라지는 배송옵션이 몇가지 있어요. 어떤 옵션이 당신에게 가장 적합한지 봅시다.

A : 좋아요. 어머니의 생신에 맞춰 도착하기만 한다면 시간이 조금 더 걸려도 괜찮아요.

B : 그러면, 일반 배송이 적합하겠어요. 긴급하지 않은 배송에는 일반 배송이 가장 비용 효율이 높은 옵션이에요.

A : 완벽해요! 그것으로 하죠.

어휘 quickly : 빨리

arrive : 도착하다

there's no rush : 서두를 필요는 없다.

as long as : ～하는 한

cost-effective : 비용 효율이 높은

16 다음 글의 빈칸에 들어갈 말로 적절하지 않은 것은?   ★★

> Waste Medicine Pickup Service raised public awareness of the need to separately dispose of waste medicines and ________________________ preventing environmental pollution by improving the recollection rate of unused medications.

① played a pivotal role in

② hindered efforts toward

③ made a contribution to

④ was instrumental in

해설 ② 주어진 글은 폐의약품 수거 서비스의 장점에 관한 내용이고, 폐의약품 수거 서비스는 사용하지 않은 의약품의 수거율을 높여 환경오염을 예방하는 데 긍정적인 역할을 했다는 의미가 들어가야 하므로, 빈칸에 들어갈 말로 적절하지 않은 것은 부정적인 의미인 'hindered efforts toward(노력을 방해하다)'이다.
① ~에 중추적인 역할을 하다
③ ~에 기여를 하다
④ ~에 중요한 역할을 하다

해석 폐의약품 수거 서비스는 폐의약품의 분리 배출 필요성에 대한 대중의 인식을 높였고, 사용되지 않은 약품의 재수거율을 높여 환경오염을 예방하는 데 중추적인 역할을 / 기여를 / 중요한 역할을 했습니다.

어휘 public : 대중의
awareness of : ~에 대한 인식
separately : 별도로, 분리하여
dispose of : ~을 처리하다, 처분하다
play a role in : ~에서 역할을 하다
pivotal : 중추적인
hinder : 방해하다

17 다음 글의 빈칸에 들어갈 말로 적절한 것은? ★★

> We reconstructed 50 old post offices across the country to create a safe and comfortable environment for both employees and customers. We also ______________ exterior designs that reflect unique regional characteristics, helping the post offices serve as Social Overhead Capital (SOC) to improve residents' convenience, promote local areas, and boost the local economy.

① came in

② got in

③ put in

④ took in

해설 ③ 주어진 글은 전국의 50여 개의 오래된 우체국을 재건축한 것에 관한 내용이다. 빈칸 뒤에서는 지역의 특색을 반영한 외부 디자인에 대한 내용이 왔으므로, 문맥상 빈칸에 들어갈 말로 적절한 것은 'put in(~을 적용하다)'이다.
① ~에 들어오다
② ~에 들어가다
④ ~을 받아들이다, 흡수하다

해석 직원과 고객 모두에게 안전하고 안락한 환경을 만들기 위해 전국의 50여 개 오래된 우체국을 재건축했습니다. 또한, 우체국이 지역 주민들의 편리성을 증진하고, 지역 홍보 및 지역경제 활성화를 위한 사회간접자본(SOC)으로서 역할을 할 수 있도록 독특한 지역적 특색을 반영한 외부 디자인을 적용했습니다.

어휘 reconstruct : 재건하다, 재구성하다
comfortable : 편안한
reflect : 반영하다
regional : 지역의
characteristics : 특성, 특색
convenience : 편의, 편리

Prior to the marvels of the computer and its e-mail service, snail mail was the only economical way that foreigners in Korea could keep in touch with their families back home. Snail mail, as the name implies, was slow and letters to and from the United States frequently took a week or more to arrive. In the Joseon era, the first modern postal services in Korea were operated by the Japanese. In Seoul, the mail was delivered to the Japanese post office and then collected by an American and taken to the legation, where a certain flag was flown notifying the Americans that the mail had arrived. Sometimes the mail was merely placed in a sack and sent around to each house - "each person helping himself." Of course, this was far from perfect and letters were occasionally lost. During the late 1880s, one American allegedly took letters from American advisors to the Korean government and printed the contents in newspapers in Hong Kong.

① The Ruthless Postal Service of Old Korea
② The Advent and Development of Snail Mail
③ The Contribution of Hong Kong to Korean Postal Service
④ The Conflict between American and Japanese Postal Service

[해설] ① 주어진 글은 컴퓨터와 이메일 서비스가 등장하기 전의 우편 서비스에 관한 내용이다. 그 당시 우편은 속도가 느리고, 우편물이 분실되는 경우도 많았다는 부정적인 내용을 강조하고 있으므로 글의 제목으로 적절한 것은 'The Ruthless Postal Service of Old Korea(옛날 한국의 무자비한 우편서비스)'이다.
② 느린 우편의 등장과 발전
③ 홍콩의 한국 우편 서비스에 대한 공헌
④ 미국과 일본의 우편 서비스 갈등

[해석] 컴퓨터와 전자우편 서비스가 등장하기 전에는, 한국에 있는 외국인들이 고향에 있는 가족들과 연락할 수 있는 유일하게 저렴한 방식은 느린 우편이었습니다. '느린 우편'은 이름에서도 내포하듯이 속도가 느렸고, 편지가 미국으로 오고 가는 데 일주일 이상 걸리는 경우가 많았습니다. 조선 시대에는 일본이 처음 현대화된 우편 서비스를 한국에서 운영했습니다. 서울에서 우편물이 일본 우체국으로 배달된 다음에 미국인이 수집하여 공사관으로 가지고 갔고, 공사관에서는 미국인들에게 우편물이 도착했다고 알려주기 위해 깃발을 흔들었습니다. 때로는 "각자 알아서" 하는 방식으로 각 집으로 우편물을 자루에 담아 보내기도 했습니다. 물론 이 방법은 완벽하지 않았고 편지가 분실되는 경우도 있었습니다. 전해지는 바에 따르면 1880년대 후반에 한 미국인이, 한국 정부에 보낸 미국인 고문의 편지를 탈취하여 편지 내용을 홍콩 신문에 게시하기도 했습니다.

[어휘] Prior to : ~에 앞서, ~전에
snail mail : 느린 우편
economical : 경제적인
frequently : 자주, 흔히
operate : 운영하다
legation : 공사관
flag : 깃발
sack : 자루
advisor : 고문

Genealogy, the study of family history, is certainly nothing new. Family trees have been used for thousands of years to demonstrate claims to wealth and power. But the rise of the Internet has led to the pursuit of new life. According to some sources, genealogy is now one of the most popular topics on the Internet. Modern genealogists have a huge amount of information available online, and are able to connect with people from all around the world with ease. One popular ancestry website provides access to approximately 16 billion historical records. But what's behind our motivation to find out about our ancestors? Some people may have specific reasons. Tracing your family tree may help you reconnect with lost relatives. Others may want to discover a connection to a historical figure. Perhaps the most common motivation, though, is simple curiosity.

① Genealogy has only recently become a subject of interest with the rise of the Internet.

② Family trees were originally created to preserve cultural traditions rather than claim power.

③ Genealogy websites are only accessible to trained historians and professionals.

④ People often study genealogy to find out if they are related to someone famous.

해설 ④ 주어진 글의 뒷부분에서 사람들이 조상에 대해 알고자 하는 동기로 역사적 인물과의 연결성을 발견하고 싶은 것 때문일 수도 있다고 했으므로, 내용과 일치하는 것은 'People often study genealogy to find out if they are related to someone famous(사람들은 종종 자신이 유명인과 관련이 있는지 알아보기 위해 계보를 연구한다)'이다.
　① 계보학은 인터넷의 등장으로 최근에서야 관심의 대상이 되었다.
　② 가계도는 원래 권력을 얻기 위해서가 아니라 문화적 전통을 보존하기 위해 만들어졌다.
　③ 조상 관련 웹사이트는 오로지 훈련된 역사가와 전문가만 접근할 수 있다.

해석 계보학은 가족의 역사를 연구하는 학문이며, 이는 확실히 새로운 학문은 아닙니다. 가계도는 부와 권력에 대한 권리를 증명하기 위해 수천 년간 사용됐습니다. 그러나 인터넷의 등장으로 새로운 국면을 맞이했습니다. 일부 근거에 따르면 계보는 이제 인터넷에서 가장 인기 있는 주제 중 하나입니다. 현대 계보학자들은 온라인에서 방대한 양의 정보를 가지고 전 세계 사람들과 쉽게 소통할 수 있습니다. 한 인기 있는 조상 관련 웹사이트는 대략 160억 개의 접근할 수 있는 역사적 기록을 제공합니다. 그런데 우리가 조상에 대해 알고자 하는 동기 뒤에는 어떤 의도가 있을까요? 어떤 사람들은 특정한 이유가 있을 수 있습니다. 가계도를 추적하는 것이 잃어버린 친척들과 연락할 수 있도록 도울지도 모릅니다. 또 어떤 사람들은 역사적 인물과의 연결성을 발견하고 싶은 것일 수도 있습니다. 그럼에도 불구하고 가장 일반적인 동기는 아마도 단순한 호기심일 것입니다.

어휘 Genealogy : 계보학, 계보
demonstrate : 보여주다, 입증하다
pursuit : 추구
according to : ～에 따르면
a huge amount of : 엄청난, 막대한
motivation : 동기
curiosity : 호기심

The Korea Stamp Exhibition 2023, highlighting the __(A)__ of stamps with content incorporated with emerging technology, was held at the Sejong Center for the Performing Arts in Gwanghwamun for eight days from September 21 to 28, 2023. The exhibition showcased dynamic and realistic stamp content by using AI technology to accentuate the sentimentality of stamps and philately. The future value of stamps was stressed through encounters with the famous people on stamps using generative AI and experiential AI programs. A total of 201,316 people visited the exhibition, attracting not just the stamp collectors who submitted their collections but people from all walks of life who __(B)__ beauty and culture.

	(A)	(B)
①	accessibility	proclaim
②	compatibility	augment
③	vulnerability	interrupt
④	sustainability	appreciate

[해설] ④ 주어진 글은 2023 대한민국 우표전시회와 관련된 내용으로, 뒤에서 AI 기술을 활용한 우표의 미래가치에 대해 말하고 있으므로 (A)에 적절한 것은 'sustainability(지속가능성)'이다. 그리고 문맥상 아름다움과 문화를 인정한다는 내용이 어울리므로 (B)에 적절한 것은 'appreciate(인정하다)'이다.
① accessibility(접근성), proclaim(선언하다)
② compatibility(양립성), augment(증가하다)
③ vulnerability(취약성), interrupt(방해하다)

[해석] 첨단기술이 융합된 내용으로 (A) 지속가능성을 강조하는 2023 대한민국 우표전시회가 광화문 세종 문화회관에서 2023년 9월 21일부터 28일까지 8일간 개최되었습니다. 그 전시는 AI 기술을 활용하여 우표와 우표 수집의 감성을 돋보이게 함으로써 역동적이고 사실적인 우표 콘텐츠를 보여줬습니다. 생성형 AI와 경험형 AI 프로그램을 활용한 우표 속 유명인과의 만남으로 우표의 미래가치를 강조했습니다. 총 201,316명이 전시회를 방문했고, 자신들의 수집품을 제출한 우표 수집가뿐만 아니라 미적인 것과 문화를 (B) 인정하는 사회 각계각층의 사람들도 이에 매료됐습니다.

[어휘] exhibition : 전시
incorporated with : ~에 포함된, ~와 결합된
realistic : 사실적인
encounter with : ~와 우연히 마주치다, 만나다
submit : 제출하다
appreciate : 인정하다, 감상하다, 감사하다

2026 시대에듀 우정 9급 계리직 공무원 한권으로 합격
(우편일반·예금일반·보험일반·컴퓨터일반)

개정15판1쇄 발행	2026년 03월 05일 (인쇄 2026년 01월 15일)
초 판 발 행	2012년 01월 25일 (인쇄 2011년 12월 06일)
발 행 인	박영일
책 임 편 집	이해욱
편 저	시대공무원시험연구소
편 집 진 행	장민영 · 김시아
표지디자인	박종우
편집디자인	김예슬 · 임창규
발 행 처	(주)시대고시기획
출 판 등 록	제10-1521호
주 소	서울시 마포구 큰우물로 75 [도화동 538 성지 B/D] 9F
전 화	1600-3600
팩 스	02-701-8823
홈 페 이 지	www.sdedu.co.kr

I S B N	979-11-434-0563-0 (13350)
정 가	40,000원

시대에듀의
계리직 합격 라인업

계리직 한권으로 합격
(우편·예금·보험·컴퓨터일반)

- 개정사항 반영
- 과목별 알찬 핵심이론 수록

계리직 9개년 기출문제집

- 학습자료 반영한 기출 수록
- 최신기출문제 특강 무료 제공

계리직 전과목 최종모의고사

- 전과목 5회분 최종모의고사 수록

※ 개정판 준비중입니다.

시대에듀의
지텔프 최강 라인업

1주일 만에 끝내는
지텔프 문법

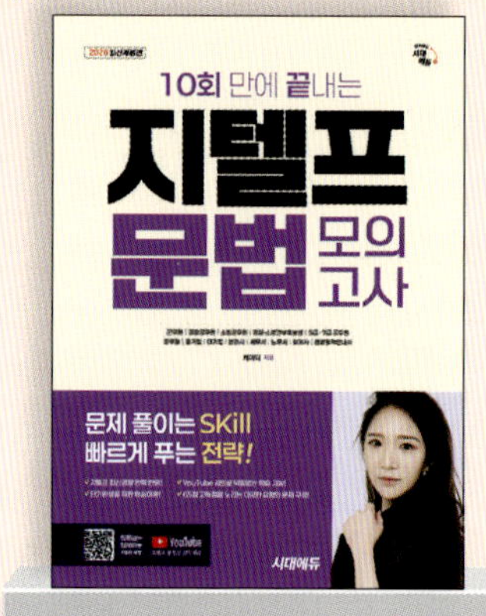

10회 만에 끝내는
지텔프 문법 모의고사

답이 보이는 지텔프 독해

스피드 지텔프 레벨2

시대에듀
모든 자격증·공무원·취업의 합격정보

시대
에듀

YouTube 합격 구독 과 좋아요! 정보 알림설정까지!